Kursbuch Erziehungswissenschaft

(Foto: vario-images)

Kursbuch Erziehungswissenschaft

Georg Bubolz (Hrsg.)

Cornelsen

Kursbuch Erziehungswissenschaft
Georg Bubolz (Hrsg.)

Redaktion: Berthold Frinken
Bildassistenz: Bettina Schaschke und pixx@work, München
Umschlaggestaltung: Ulrike Kuhr
Umschlagfoto: Georg Bubolz, Erkelenz
Illustration: Ferdinand Lutz, Köln
Layoutkonzept: Wladimir Perlin, Berlin
Technische Umsetzung: Uwe Rogal, Berlin

www.cornelsen.de

1. Auflage, 1. Druck 2014

Alle Drucke dieser Auflage sind inhaltlich unverändert und können im Unterricht nebeneinander verwendet werden.

Druck: Mohn Media Mohndruck, Gütersloh

ISBN 978-3-06-064629-6

Vorwort

Das neue einbändige Lese- und Arbeitsbuch für das Fach Erziehungswissenschaft ist in mehrfacher Hinsicht innovativ. Es zeigt Zugänge zur Erziehungswissenschaft auf verschiedenen Wegen auf:

Im Teil A des Buches werden Texte und andere Materialien angeboten, die es ermöglichen, sich mit unterschiedlichen Bereichen pädagogischen Denkens und Handelns diskursiv auseinanderzusetzen. Dabei wurden die Texte so gewählt, dass sie größtenteils selbstständig erarbeitet werden können – auch unter Zuhilfenahme des Glossars am Ende des Bandes. Bei der Auswahl der Materialien wurde besonderer Wert auf deren Aktualität und Motivationskraft gelegt. Der gegenwärtigen erziehungswissenschaftlichen Diskussionslage wird entsprochen.

Im Teil B des Buches sind Methoden vorgestellt, die das eigenständige Lernen und Arbeiten fördern. Ohne Beherrschung grundlegender Lern- und Arbeitstechniken ist die Fülle der heute verfügbaren Informationen nicht mehr effektiv zu bewältigen. Zugleich ist es sinnvoll zu wissen, mithilfe welcher Forschungsmethoden Erziehungswissenschaft zu ihren Ergebnissen gelangt. Im Horizont zentraler Prüfungen sind methodische Überlegungen und Praxisanleitungen von der operatorengesteuerten Texterschließung bis zur methodischen Bearbeitung von Klausuraufgaben von Interesse. Spezifische methodische Hilfen für den Umgang mit einzelnen Unterrichtsmedien in Erziehungswissenschaft schließen sich an.
Am Ende werden Hilfen für die Präsentation eines Referates angeboten. Praxismodelle geben jeweils Anstöße für die Arbeit.

Im Teil C geht es schließlich um die fachliche und methodische Wiederholung und Vertiefung von Gelerntem durch ein Kompendium, das in darlegender Form das Wichtigste zum Lernen zusammenfasst. Hier werden Ergebnisse der Beschäftigung mit erziehungswissenschaftlichen Fragestellungen präsentiert und im Hinblick auf deren pädagogische Relevanz erneut reflektiert. Ein „roter Faden" soll zur inhaltlichen Vorbereitung auf Klausuren sowie die mündliche und schriftliche Abiturprüfung dienen.

Die verschiedenen Angebote in allen Teilen des Buches ermöglichen sinnvoll-entdeckendes wie auch rezipierendes Lernen, haben dabei stets auch das Methodische im Blick, das Nachhaltigkeit im Lernen stützt.

Bei der Neufassung wurden die curricularen Vorgaben des Kernlehrplans „Erziehungswissenschaft" (2013) in NRW berücksichtigt. Daneben werden weiterhin alle für die Abiturprüfung erforderlichen Themen und Inhalte – dem gegenwärtigen Stand entsprechend – präsentiert.

Inhaltsverzeichnis

(Foto: Georg Bubolz, Erkelenz)

Teil A

I. Was in Erziehungswissenschaft Sache ist ... – die pädagogische Perspektive
1. Annäherungen an die Wahrnehmung und Reflexion von Erziehungssituationen und Erziehungsprozessen
2. Was ist das – „Erziehung", „Bildung", „Sozialisation" und „Enkulturation"?

II. Lernen und Erziehung
1. Was im Unterricht über „Lernen" so alles gelernt werden soll – Ein erster Ausblick auf den zukommenden Lernprozess
2. Wie wird gelernt? – Zugänge zu gängigen Lerntheorien und ihrer pädagogischen Relevanz
3. Von pädagogischen Konsequenzen aus der Reflexion über Lernen

III. Erziehung, Sozialisation und Identitätsbildung im Lebenszyklus
1. Entwicklung und Sozialisation: Erfahrungen und Berichte im Blick auf den Lebenszyklus
2. Pädagogisches Handeln und Modelle der Beschreibung psychosexueller und psychosozialer Entwicklung: Sigmund Freud, Anna Freud und besonders ihr Schüler Erik H. Erikson
3. Pädagogisches Handeln auf der Grundlage des Modells der Beschreibung der kognitiven Entwicklung: Jean Piaget
4. Die Entwicklung des moralischen Bewusstseins nach Lawrence Kohlberg
5. Sozialisation als Rollenlernen: George Herbert Mead
6. „Identität" – Zu einem pädagogisch relevanten Begriff

IV. Pädagogische Theorie- und Praxisbezüge in Kindheit, Jugend und Erwachsenenalter – Auf der Suche nach Identität
1. Kindheit
2. Jugend und Erwachsenenalter

V. Werte, Normen und Ziele in der Erziehung
1. Historische und kulturelle Bedingtheit von Erziehungsprozessen
2. Erziehung im Nationalsozialismus
3. Konzepte der Moralerziehung im Überblick
4. Bildungs- und schultheoretische Perspektiven
5. Interkulturelle Erziehung

VI. Pädagogische Professionalisierung in Institutionen
1. Institutionalisierung von Erziehung
2. Nicht-professionelles und professionelles pädagogisches Handeln

(Foto: Mauritius Images/Alamy)

Themen, Texte und Strukturen – Inhalte erarbeiten und erörtern

I. Was in Erziehungswissenschaft Sache ist ... – die pädagogische Perspektive

(Foto: Boris Schmalenberger)

„Der Mensch ist das einzige Geschöpf, das erzogen werden muss."

Immanuel Kant

1. Annäherungen an die Wahrnehmung und Reflexion von Erziehungssituationen und Erziehungsprozessen

1.1 Hinführung: Assoziationen zu Fotos – ein erster Einstieg zu Fragen im Fach Erziehungswissenschaft

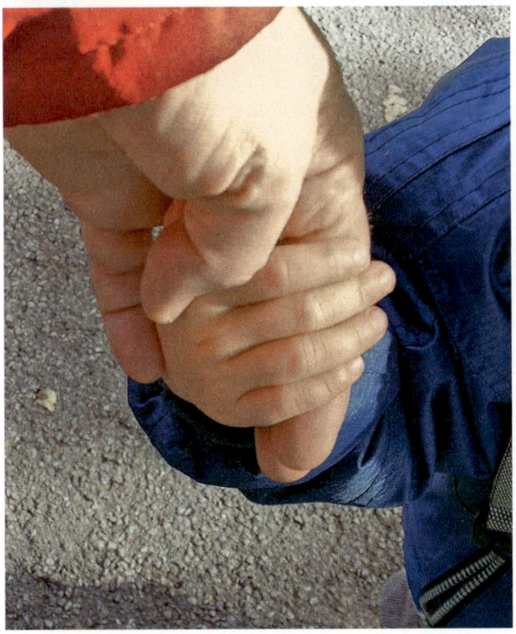

Hauptschule
Realschule
Gartenstraße

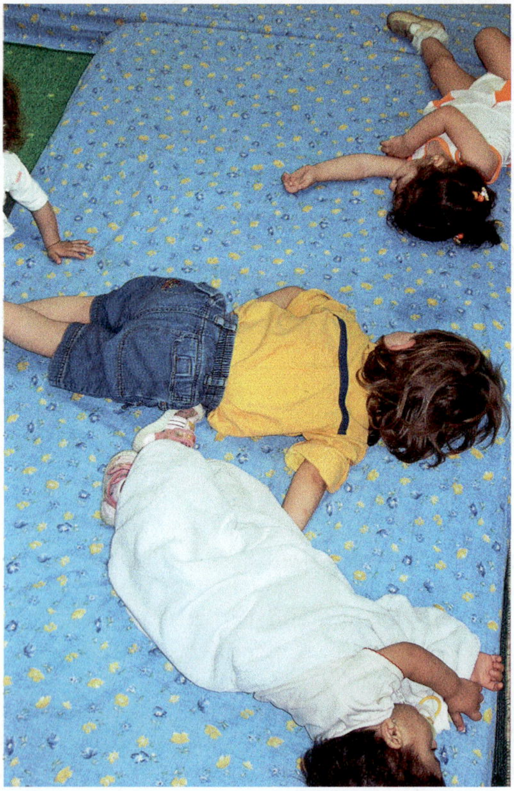

(Foto S. 23 oben: © United Photos/Reuters/Corbis. 24 oben, 25 alle: Mauritius Images/Alamy. 24 unten links: Mauritius Images, Imagebroker. Die weiteren Fotos: Georg Bubolz, Erkelenz)

1 Notieren Sie zu jedem der Fotos Ihre Assoziationen. Stellen Sie diese in einen pädagogischen Kontext und tauschen Sie sich darüber im Kurs aus.
2 Sammeln Sie eigene Fotos, die in einen pädagogischen Zusammenhang gestellt werden können, und präsentieren Sie diese im Kurs.
3 Erläutern Sie, inwiefern die vorgestellten Fotos etwas mit den eigenen Erwartungen an den Unterricht im Fach Erziehungswissenschaft zu tun haben.

1.2 Was erwarten Sie vom Fach „Erziehungswissenschaft“? – Fragebogen zum Einstieg in ein neues Fach

Das Fach Erziehungswissenschaft setzt neu in der Oberstufe ein.
Wie sind Sie auf den Gedanken gekommen, gerade dieses Fach zu wählen?

Ich wurde durch Gespräche mit Schülerinnen und Schülern angeregt, die in früheren Jahren EW gewählt hatten.	☐ trifft zu	☐ trifft nicht zu
Ich möchte einen pädagogischen Beruf ergreifen und erhoffe mir, dass ich Anfangskenntnisse erwerben kann, die mir später behilflich sein können.	☐ trifft zu	☐ trifft nicht zu
Ich bin der Meinung, dass jeder Grundkenntnisse in Sachen Erziehung haben sollte, um einmal in der eigenen Familie mit Kindern gut zusammenleben zu können.	☐ trifft zu	☐ trifft nicht zu
Ich glaube, dass pädagogische Grundkenntnisse jedem in unserer Gesellschaft nützlich sein dürften, wenn er bzw. wenn sie mit anderen Menschen kommuniziert.	☐ trifft zu	☐ trifft nicht zu
Ich denke mir, dass ich mich selber besser verstehen kann, da ich selbst von Erziehung durch Eltern, Lehrer u. a. „betroffen“ war und noch bin.	☐ trifft zu	☐ trifft nicht zu

Das Fach Erziehungswissenschaft hat bestimmte Schwierigkeiten zu überwinden. Jede Schülerin und jeder Schüler haben vor allem Erfahrungen mit dem eigenen Erzogenwerden gemacht, weniger mit der Erziehung anderer.

Das halte ich nicht für problematisch: Ich kann mich ja in andere Menschen einfühlen und dann aus ihrer Sicht überlegen, wie ich erziehen könnte.	☐ trifft zu	☐ trifft nicht zu
Das halte ich nicht für problematisch: Ich kann ja bei jüngeren Geschwistern oder bei Kindern meiner Umgebung wenigstens ansatzweise sehen, wie man pädagogisch handeln kann.	☐ trifft zu	☐ trifft nicht zu
Das halte ich nicht für problematisch: Ich bin gerne Babysitter und habe meine intuitiven Erfahrung mit kleinen Kindern.	☐ trifft zu	☐ trifft nicht zu
Das halte ich nicht für problematisch: Ich bin gespannt, was die Wissenschaft für Anregungen geben kann, um besser erziehen zu können.	☐ trifft zu	☐ trifft nicht zu
Das halte ich nicht für problematisch: Es gibt ja vielleicht die Chance, an Praktika oder an Projekten teilzunehmen, die praktisch ausgerichtet sind und in denen man Erziehung schon einmal praktisch ausprobieren kann.	☐ trifft zu	☐ trifft nicht zu

1 Werten Sie den Fragebogen aus.
2 Erörtern Sie Aussagewert und Grenzen der Befragung.
3 Beurteilen Sie, ob der Fragenkatalog modifiziert bzw. ergänzt werden sollte. Wenn ja, machen Sie entsprechende Vorschläge.

1.3 Eltern-, Erzieher-, Erwachsensein einfach einmal praktisch ausprobieren? – Eine Fernsehsendung erregt die Gemüter

Essen. Schon im Vorfeld ging ein Aufschrei durchs Land: Babys verleihen für eine Fernsehsendung? Doch genau darum geht es in der Doku-Serie „Erwachsen auf Probe“ bei RTL. Sonja Mersch ist Mutter einer kleinen Tochter und hat die Sendung für „Der Westen“ geguckt.

Als Mutter bin ich vorsichtshalber mal auf das Schlimmste gefasst. „Erwachsen auf Probe“ – der Titel klingt zwar harmlos, aber wie die ganze Nation inzwischen weiß, sollen hier echte Babys an Teenager verliehen werden. Pädagogischer Sinn? Eher Quoten heischender Unsinn, soweit mein Vorurteil. Und es geht gleich so los wie erwartet: dramatische Teasermusik, reißerische Slogans aus dem Off: „Die wichtigste Reifeprüfung ihres jungen Lebens – werden sie an ihren Aufgaben wachsen – oder zerbrechen?“ Bei solchen Sätzen möchte ich schon das erste Mal ausschalten, dabei läuft die Sendung gerade mal zwei Minuten. Nein danke, ich möchte keine Teenager im deutschen Fernsehen zerbrechen sehen.

Aber es fängt ja alles ganz harmlos an: Vier Pärchen beziehen ihre Einfamilienhäuser, der Einfachheit halber verteilt man sie auf rotes Haus, gelbes Haus, grünes Haus und blaues Haus. So muss man sich die vielen Namen nicht merken. Beim Casting haben die Produzenten ganze Arbeit geleistet: Da ist der vorbestrafte Mario, dessen Freundin schon mal ein Kind verloren hat, der angehende Erzieher Basti mit Tamara, die unbedingt ein Kind will, außerdem der 17-jährige Elvir, der seiner Gelfrisur mehr liebevolle Zuwendung schenkt als seiner Freundin. Fast alle rauchen.

Die erste Prüfung heißt: Nestbauen. Einige scheitern beim Zusammenschrauben eines Ikea-Stuhls. Ansonsten sehen die Häuser aus wie im Katalog, eine schöne heile Welt. Mal im Ernst: So sieht im Leben keine erste gemeinsame Wohnung aus. Immerhin, sie sollen arbeiten gehen. Als die 17-jährige Nadine bitterlich weinend in Großaufnahme gezeigt wird, weil ihr Freund den Job gekündigt hat, möchte ich zum zweiten Mal wegschalten: Bitte macht die Kamera aus!

Noch bevor überhaupt ein Baby im Spiel ist, frage ich mich: Welche Eltern lassen es zu, dass ihre Söhne und Töchter so vorgeführt werden? Könnte jemand diese jungen Mädchen, die sich verzweifelt nach einem Kind sehnen, bitte einfach mal in den Arm nehmen und ihnen wirklich zuhören?

Babybauchattrappen und programmierte Puppen sind ja erprobte Mittel, um Jugendlichen die anstrengenden Seiten von Schwangerschaft und Kinderpflege näher zu bringen. Damit sich alles noch ein bisschen echter anfühlt, müssen die Pärchen für ihre „Reifeprüfung“ sogar zu einem echten Geburtsvorbereitungskurs – um zu erfahren, dass Kinderkriegen richtig wehtut. So ernst wie Angji („Du musst die Puppe versorgen wie ein richtiges Baby, sonst schreit sie dir das ganze Haus voll.“) oder Basti, der mit dem programmierten Baby nachts schuckelnd durchs Haus läuft, nehmen andere ihre Aufgabe nicht. Eine Puppe erstickt im Elternbett. Zur Strafe gibt's für Elvir und Nadine kein echtes Baby. Vorerst jedenfalls nicht.

Die anderen haben ihren Babyführerschein gemacht und dürfen sich jetzt am lebenden Objekt versuchen. Sie haben Glück: Die echten Mütter geben ihnen eine schriftliche „Gebrauchsanweisung“ (O-Ton einer Mutter!) für ihre Kinder mit und bleiben in der Nähe, falls doch mal was ist. Und dann geht's los: wickeln, baden, Fläschchen machen. Wie zu erwarten war, scheitern die Pärchen grandios, auch wenn Katja Kessler als Babyexpertin Tipps in Sachen Fliegergriff und Pucken geben darf. [Anm. des Hrsg.: Der *Fliegergriff* ist eine Trageweise, die sich besonders für Babys mit Bauchschmerzen eignet. Dabei liegt das Kind mit dem Bauch nach unten auf den Armen. Der Fliegergriff ist möglich mit einem oder zwei Armen, je nach-

dem wie stark der Träger bzw. wie schwer das Kind ist. Das *Pucken* ist eine spezielle Wickeltechnik, bei der Säuglinge in den ersten drei Lebensmonaten eng in ein Tuch eingewickelt werden. Es handelt sich um eine sehr alte Methode der Säuglingspflege. Die besonders enge Wickeltechnik setzt dem Neugeborenen Grenzen für die Bewegung seiner Arme und Beine.] Die Babys schreien und schreien und schreien. Das sollen sie ja auch, die Jugendlichen müssen so hilflos wie möglich aussehen. Dabei stellen sich einige von ihnen nach dem ersten Schock gar nicht mal so schlecht an. Aber wie soll das auch funktionieren? Eltern haben nicht einfach „ein Kind", sie haben ihr eigenes Kind, das sie seit der ersten Sekunde seines Lebens kennen – und das ist ein riesiger Unterschied. Wo soll der pädagogische Nutzen darin bestehen, nachts für ein fremdes Kind aufzustehen? Das würde jeden aggressiv machen. RTL behauptet: „Erwachsen auf Probe ist kein Spiel. Es ist das wahre Leben!" Aber wie realistisch ist es, „eigenverantwortlich" ein Baby zu wickeln, während ein Team von Kameraleuten und Betreuern drum herum wuselt und die echte Mutter nur ein paar Schritte entfernt mit Argusaugen über jeden Handgriff wacht? Warum eigentlich?
Ab und zu werden sie von der Kamera gezeigt, diese Eltern, die im Nachbarhaus vor dem

„Es bringt dich an den Rand des Wahnsinns, wenn du, gerade wieder eingeschlafen, das Baby erneut schreien hörst. Nicht beim ersten Mal, aber wenn du um 2, 3 und 4 Uhr aus dem Bett musst und um 6 Uhr die Nacht sowieso vorbei ist, dann ist Schluss mit lustig", meint Kim Darset (17) aus Mainz.
Jugendliche sammeln im RealCare®-Elternprogramm eigene Erfahrungen, was Elternschaft angeht. Dabei erhalten sie ein lebensgroßes RealCare®-Baby, das sich wie ein echter Säugling verhält. Das Baby schreit, wenn es Hunger hat, aufstoßen muss oder gewiegt werden möchte oder ein Wechsel der Windeln ansteht. Beim Füttern mit dem Fläschchen gibt es Schluckgeräusche von sich. Wurde es gut versorgt, hört man es zufrieden glucksen. Bei mangelnder Versorgung allerdings wird das Schreien lauter. Und manchmal ist das Baby einfach nur nörgelig, aber nie länger als drei Minuten.
Jedenfalls will das Baby rund um die Uhr versorgt werden. Sein Computer speichert alle Daten des Elternpraktikums. Es kann von einem oder zwei Jugendlichen versorgt werden. Die unlösbaren Armbänder stellen sicher, dass die Verantwortung nicht an andere abgegeben werden kann. Mit Hilfe spezieller Software werden die Baby-Simulatoren zuvor auf ihren jeweiligen „Einsatz" und seine Bedingungen hin programmiert.

Ziel des Programms ist nicht zuletzt die Vermeidung von Kindesvernachlässigung und -misshandlung, zudem die Aufklärung über Schädigung von Neugeborenen durch Alkohol- und Drogenkonsum während der Schwangerschaft.
(Nach: Informationen zum RealCare®-Elternprogramm: www.babybedenkzeit.de)

Überwachungsbildschirm sitzen und gequält gucken, als hätte man sie zum Mitmachen gezwungen. Die Mundwinkel von Theresas Mutter zucken, als sie ihr neun Monate altes Töchterchen in den Armen fremder Menschen verzweifelt weinen sieht. Und: Ja, ich kann mir denken, wie sie sich fühlt. Mies. Die Mama von Lasse, zehn Monate, sagt, gerne mache sie das hier nicht. Ja, aber warum denn dann eigentlich, fragt man sich.
Fast alle Eltern geben an, sie wollten Jugendlichen zeigen, wie anstrengend das Leben mit Kindern sei, „damit sie es sich noch einmal überlegen". Muss man diesen Weltverbesserungsanspruch haben und vor allem, muss man ihn in einem solchen Format ausleben? Oder darf einem das eigene Kind für derart fragwürdige Experimente auch einfach zu schade sein? Fazit: Nachhilfe im Erwachsensein brauchen in dieser Sendung nicht die zu recht überforderten Teenies, sondern wohl eher die Programmverantwortlichen bei RTL.

(Aus: Sonja Mersch: „Erwachsen auf Probe" – Wer braucht hier Nachhilfe im Erwachsensein? 04. 06. 2009). In: http://www.derwesten.de/nachrichten/kultur/fernsehen/2009/6/4/news-121732731/detail.html)

1 Skizzieren Sie Ihre Empfindungen und Eindrücke angesichts der RTL-Sendung und der Darstellung/Kommentierung durch Sonja Mersch.

2 Nehmen Sie Stellung zu der folgenden Meinung aus einem Internet-Forum, in dem es um die Sendung geht.

Eine Stellungnahme

[…] Wer die Sendung gesehen hat, weiß, dass die Mütter ihre Kinder nicht zur Schlachtung freigegeben haben und zusätzlich auch noch am Fernsehen mitbestimmen können, dort einzuschreiten und ihr Baby abzuholen. Somit ist das echt vergleichbar mit Babysitter, die man sogar noch mehr alleine lässt, weil nicht gefilmt und vorbereitet wird. Hatte hier schon mal jemand eine Tagesmutter, die nicht vom Jugendamt vermittelt wurde? Das ist viel spannender und überraschender als so eine Serie. Denn da weiß man wirklich nicht, was mit seinem Kind ist den ganzen Tag. Und da gibt es manchmal wirklich hübsche Überraschungen […]. Das sind jedoch sogenannte Bezugspersonen, die das Kind dann haben darf.
Ich finde das Experiment zu klein. Man sollte das nicht unter einer Käseglocke testen, sondern unter realen Bedingungen. Wo ist die Familie und Freunde, wenn den ersten Tag das Baby nach Hause kommt? Die frisch gebackene Mutter muss da meist schon wieder die liebe Gastgeberin spielen, nebenbei stillen, Windeln wickeln und freundlich lächelnd die Getränke in die Runde reichen … – wie, was 50er-Jahre? Nee, so ist das bei vielen noch immer. […] Übrigens ist mein Eindruck eher, dass man mit der Sendung vermeiden will, mehr Babys zu haben. Auf jeden Fall scheint es eher zu vermitteln, wie viel Power da drauf geht. Aber mit ein wenig Liebe braucht das gar nicht so viel Power und geht wie von selbst. Schade RTL, Geburtenkontrolle geht echt anders […].

(#13 von Missy, am 04. 06. 2009 um 15:09; in: http://www.derwesten.de/nachrichten/kultur/fernsehen/2009/6/4/news-121732731/detail.html#trackbacks)

3 Eltern-, Erzieher-, Erwachsensein einfach einmal praktisch ausprobieren? – Nehmen Sie Stellung, ob Jugendliche dies tatsächlich tun sollten.

4 Erörtern Sie Möglichkeiten, wie sich Teilnehmerinnen/Teilnehmer am Unterricht im Fach Erziehungswissenschaft – unter den Bedingungen der gymnasialen Oberstufe – mit ihrem zukünftigen Eltern-, Erzieher-, Erwachsensein auseinandersetzen könnten.

5 Erörtern Sie auch, welche Rolle dabei Praktika spielen könnten.

1.4 Eltern-, Erzieher-, Erwachsensein nur probeweise als Jugendliche im Voraus bedenken? – Unterricht in „Erziehungswissenschaft" als Ort mentaler Antizipation pädagogisch relevanter Situationen und Prozesse ohne Praxisbezug?

Der Vergleich mit anderen Fächern, die im gesellschaftswissenschaftlichen Aufgabenfeld Schülerinnen und Schülern in der gymnasialen Oberstufe zur Wahl angeboten werden, zeigt, dass das Fach Erziehungswissenschaft als ein didaktischer Sonderfall anzusehen ist. Denn es geht in diesem Unterrichtsfach darum, dass Schülerinnen und Schüler in ihrer Doppelrolle gesehen werden: Einerseits sind diese von Erziehung und Bildung als Edukanden, also „Zu-Erziehende", (noch) selbst betroffen, andererseits sind sie potenziell Erziehende, denen es in Erziehungswissenschaft ermöglicht werden soll, die Kompetenz zu erwerben, in erzieherischen Situationen als Edukatoren („Erziehende") verantwortlich handeln zu können.
Auf didaktischer Ebene findet diese Konfiguration eine Entsprechung: Erziehungswissenschaft ist nicht nur ein Ort, an dem Erziehung und Bildung erfolgen, sondern gerade der Ort, an dem Erziehung und Bildung zum genuinen Unterrichtsgegenstand werden, sei es metakommunikativ, an den aktuellen und biografischen Schülererfahrungen anknüpfend, die im Unterricht und außerhalb des Unterrichts erworben sein können, oder wissenschaftsorientiert (wissenschaftspropädeutisch).
Die Thematisierung von Erziehung und Bildung ist in Erziehungswissenschaft allerdings noch nicht hinreichend, insofern der Unterricht folgendes Ziel verfolgt: Schülerinnen und Schüler sollen nicht nur als „gebildete Laien" in „Sachen Erziehung" mitreden können, sondern sollen selbst die Fähigkeit erwerben, (gegebenenfalls) gegenwärtig und zukünftig pädagogisch urteilen und handeln zu können. Insofern stellt pädagogische Kompetenzbildung eine gesonderte Aufgabe von Pädagogikunterricht dar: Disposition und Bereitschaft zu pädagogischem Handeln sind vorzubereiten, pädagogische Verantwortungsfähigkeit und Verantwortungsbereitschaft sind zu ermöglichen und zu wecken. […]

Durch die Teilnahme an Praktika, Trainings und Projekten kann jede Schülerin bzw. jeder Schüler erzieherische Primärerfahrungen machen, die im Unterricht auszutauschen und zu reflektieren sind. Im Unterschied zum Unterricht mit jüngeren Schülerinnen und Schülern aus der Sekundarstufe I muss der Unterricht allerdings nicht immer an gegenwärtigen oder vergangenen (biografischen) Primärerfahrungen von Schülerinnen und Schülern ausgerichtet werden; mit wachsendem Alter können durch mentale Antizipation potenzielle Erfahrungen einen größeren Raum einnehmen.
Wissenschaftsorientierung ermöglicht Lernfortschritte, indem mehr oder weniger gesichertes Wissen aufgenommen und verarbeitet wird. Durch wissenschaftspropädeutisches Arbeiten im Unterricht soll es Schülerinnen und Schülern möglich werden, wissenschaftliche Ergebnisse aufgrund der Kenntnis betreffender Forschungsmethoden nachzuvollziehen oder erforschend selbst zu entdecken und kritisch zu prüfen. […]
Oftmals lässt sich der Erwerb pädagogischer Kompetenz nur zum Teil im Unterricht ermöglichen. Erwägenswert bleibt dabei die Erkenntnis, dass Handlungskompetenz häufig eher durch Handlungen selbst zu fördern ist als durch rein gedankliche Vorwegnahme pädagogischer Praxis, wie sie im herkömmlichen Unterricht zumeist im Blick ist.
Ein Schulfach wie Erziehungswissenschaft impliziert von seinem Gegenstand her bereits den offenen Blick über die Grenzen der eigenen Fachdisziplin hinaus. Es gilt – im Sinne der Ermöglichung von Bildung – Kultur nach der subjektiven Seite ihrer Aneignung zu bedenken, d. h. auch die Vielfalt der unterschiedlichen Kulturen zu reflektieren. […] Ein solcher Unterricht, der den Dialog mit anderen Kulturen aufgreift, Empathie und Toleranz dem

Fremden gegenüber zu fördern intendiert, erscheint im Kontext anderer Unterrichtsfächer auch im Blick auf soziale Ziele qualifiziert.
(Aus: Georg Bubolz: Methodenhandbuch. Cornelsen Verlag: Berlin 2003, S. 6–8)

1 Skizzieren Sie die Grundgedanken des vorliegenden Textes.
2 Stellen Sie dar, welche Möglichkeiten der Autor – unter den Bedingungen der gymnasialen Oberstufe – dem Fach Erziehungswissenschaft einräumt, Schülerinnen und Schüler auf die zukünftige Eltern-, Erzieher-, Erwachsenenrolle vorzubereiten.
3 Das Fach EW bietet bestimmte Themen und Inhalte an, über die nachgedacht wird. Erörtern Sie, für wie wichtig Sie die folgenden Inhalte halten.

- Was ist das überhaupt: Erziehung?
- Welche Rolle spielt Erziehung in unserer Gesellschaft?
- Welche Rolle spielen „geheime Miterzieher“?
- Wie wird Erziehung in anderen Gesellschaften betrachtet und durchgeführt?
- Wie wurde Erziehung in früheren Zeiten gesehen, wie wurde erzogen? Und ist das für uns heute noch lehrreich?
- Welche Mittel werden in der Erziehung eingesetzt?
- Was ist „Lernen“ und wie kann ich mein eigenes Lernverhalten und das von anderen erfolgreich strukturieren und organisieren?
- Welchen Entwicklungs- und Entscheidungsspielraum haben Kinder und Jugendliche zwischen Anlage und Umwelt?
- Was sollten Erziehende wissen, um die emotionale, kognitive und moralische Entwicklung von Kindern und Jugendlichen angemessen begleiten zu können?
- Wie ist es zu verstehen, dass Erziehung auch fehlschlägt?
- Welche Normen und Ziele wirken in der Erziehung mit?
- In welchen Institutionen wird erzieherisch auf Menschen eingewirkt?
- Was trägt Erziehung dazu bei, eine eigene Identität zu bilden?

4 „Im Fach Erziehungswissenschaft kann grundsätzlich alles zum Gegenstand des Unterrichts werden. Es ist nur unter der pädagogischen Perspektive zu betrachten.“ Beurteilen Sie diese Auffassung.

Richard Artschwager: Question mark. Three periods (1994)
(Foto: André Morin/© VG Bild-Kunst, Bonn 2014)

2. Was ist das – „Erziehung“, „Bildung“, „Sozialisation“ und „Enkulturation“?

2.1 Erziehung?

2.1.1 Hinführung: Was heißt Erziehung? – Fallbeispiele

(Illustration: Ferdinand Lutz, Köln)

„Erziehung ist Liebe und Vorbild, sonst nichts.“ (Friedrich Fröbel) – Setzen Sie diesen Satz von Fröbel in Bezug zum Spruch auf der Karte.

- Philipp interessierte sich mit vierzehn Jahren zum Erstaunen seiner Eltern von einem auf den anderen Tag für Botanik. Der Eifer, mit dem er Pflanzen zu bestimmen begann und mit dem er im häuslichen Garten jätete, anpflanzte, goss und erntete fand eine Erklärung: Ein neuer Lehrer war in sein Leben getreten, ein Lehrer, den er verehrte und der ein begeisterter Botaniker und Gärtner war. Mit ihm hatte Philipp manchen Nachmittag verbracht, sie waren gemeinsam durch Wald und Wiesen gewandert und hatten den Garten des Lehrers gestaltet. Zum ersten Mal erlebten Philipps Eltern …

- Die Schüler der neunten Klassenstufe unternahmen eine Studienfahrt nach München. Die begleitenden Lehrer hatten ihnen zuvor mitgeteilt, dass jeder, der sich nicht an die Regeln halte, sofort [...] zurückgeschickt werde. Schon nach einer Stunde Bahnfahrt verschwanden drei Schüler in der Toilette. Ein Lehrer entdeckte sie dort rauchend. Nach kurzer Beratung entschieden die Lehrer ...

- Das Kind sitzt entgegen der Vereinbarung vor dem Fernseher, der Vater entdeckt die unerlaubte Handlung, will sie unterbrechen und wird in eine Debatte verwickelt, die meistens typisch verläuft: Das Kind mobilisiert das ganze Spektrum der Argumente, nur noch dieses eine Mal, eine besondere Sendung, alle anderen dürfen, und dann zückt es die emotionalen Waffen, erst eine Charmeoffensive, dann Weinen oder Wut. Der Vater ...

- Ein Lehrer bemerkt scheinbar übertrieben lobend zu einem Schüler, er habe in der Klassenarbeit wieder einmal ein Beispiel seiner mathematischen Begabung geliefert, tatsächlich hat er nichts gekonnt. ...

- (Wie) verhält es sich bei der Frage, ob die sechzehnjährige Tochter zum ersten Mal bis spät in die Nacht in die Disco darf. Diese Frage ist rechtlich klar geregelt, die Eltern können einen Besuch verbieten. Ein Verbot kann pädagogisch falsch oder richtig sein, je nach Temperament der Tochter, nach Stand der Beziehung zwischen Eltern und Tochter und nach den äußeren Umständen. Was die Sicherheit angeht, da gibt es keinen Kompromiss: Die Disco muss einigermaßen bekannt sein, die Tochter darf nicht alleine gehen und in kein von Jugendlichen gesteuertes Auto steigen. Ansonsten ist die Entscheidung eine Frage des Vertrauens. Trägt das Vertrauen in die Tochter so weit, dass Eltern ihr Widerstand gegen mögliche Verführungen zutrauen, Verführungen durch Drogen und Alkohol, und in der Folge Standhaftigkeit gegen bedrängende Jungen?

- Als Vater habe ich beschlossen, dass meine Tochter nur zu bestimmten Anlässen Süßigkeiten erhalten soll. Täglich gibt es mehrere Situationen, die mich als Vater verführen, diesem Beschluss untreu zu werden: Im Supermarkt glaube ich nur dann das peinliche Geschrei vermeiden zu können, wenn ich dem Verlangen nach Süßigkeiten nachgebe; abends ist die Tochter nur bereit, gnädig einzuschlafen, wenn der gesüßte Tee statt des gesunden Tees gereicht wird; das Gequengel am Sonntagmorgen kann ich nur dadurch unterbrechen und endlich den wichtigen Brief fertig schreiben, indem ich aus dem „Geheimfach" doch ein Stück Schokolade hervorzaubere. Das Ergebnis: ...

(Aus: Bernhard Bueb: Von der Pflicht zu führen. Neun Gebote der Bildung. Ullstein Buchverlage: Berlin 2008, S. 79; ders.: Lob der Disziplin. Eine Streitschrift. Ullstein Buchverlage: Berlin 2006, S. 108 ff.)

1 Analysieren Sie die Fallbeispiele. Untersuchen Sie vor allem, was unter „Erziehung" verstanden wird.

2 Erörtern Sie eigene Erfahrungen, die mit „Erziehung" zu tun haben.

2.1.2 Thesen und Meinungen von Bernhard Bueb: Zündstoff für die Erziehungsdebatte

Wer wissen will, was unter „Erziehung“ zu verstehen ist und wie „Erziehung“ angemessen ablaufen soll, stößt auf eine schier unermesslich scheinende Zahl verschiedenster Definitionen und Vorstellungen. In den folgenden Abschnitten werden Thesen von Bernhard Bueb (geb. 1938) vorgestellt, die es Ihnen ermöglichen sollen, in Dialog und Auseinandersetzung zu einer ersten eigenen Arbeitsdefinition von „Erziehung“ zu kommen. Die pädagogischen Anschauungen von Bueb basieren auf Erfahrungen, die er als Leiter der Internatsschule Schloss Salem von 1974 bis 2005 gemacht hat.
Als „Gegenbilder“ zu seiner Konzeption können zuweilen Szenenbilder der Fernsehserie „Die Simpsons“ fungieren. Zur Kontrastierung werden Bilder/Comics aus Büchern zur Serie vorgestellt, die in überspitzter und ironisierender Form zu Vergleichen anregen sollen.

2.1.2.1 „Erziehung hat mit ‚Führung‘ zu tun ...“ (Bernhard Bueb)

Bernhard Bueb untersucht in dem Textauszug die grundsätzliche Frage: „Was heißt Erziehung?“ Zugleich beschäftigt ihn auch die Problematik, wie Kinder und Jugendliche durch Erziehung und Bildung zu Zuversicht und Lebensmut geführt werden können.

a) Erster Zugang

Der Trainer führte seine Schüler mit harter Hand durch die hohe Schule des Handballs. Zügig flog der Ball von Mann zu Mann, ein atemberaubendes Tempo ließ auch den Zuschauern das Herz schneller schlagen, präzise und wie nach einem geheimen Plan bewegten sich die Spieler. Intellektuell und körperlich verlangte der Trainer höchste Anstrengung. Handballtraining hieß bei ihm, eine Gruppe durchtrainierter junger Menschen zu strategischem Denken, taktisch wendigem Zusammenspiel und zu einer Haltung des Fair Play zu führen. Was zunächst wie eine Folge schneidender Befehle klang, wurde von den Spielern als fortlaufende Liebeserklärungen erlebt. Die Führung seiner Schüler mit Disziplin und Liebe

Einschulung am Gymnasium
(© Friedrich Haun, Borken)

bildete das Geheimnis seines Erfolges. Mit jedem Handballtraining demonstrierte er, was Erziehung bedeuten kann. Dieser Trainer war Lehrer und Erzieher am Internat Salem, er war Argentinier, sein Anspruch an sich und die Schüler erinnerte eher an Preußen als an Südamerika. Wie er die Handballmannschaft trainierte, so erzog er seine Schüler im Internat. Die Schüler liebten und verehrten ihn. Wir anderen Lehrer und Erzieher bewunderten, wie er mit Konsequenz und Fürsorge die Jugendlichen erreichte; wir beneideten ihn auch ein wenig, dass er so unbefangen mitten im Deutschland der Jahre nach 1968 Disziplin forderte.
Sein Erziehungsstil fand erstaunlicherweise allgemeine Zustimmung in einem Umfeld, das Erziehung eher als verständnisvolle Begleitung aufwachsender junger Menschen propagierte, weil die Leidenschaft seiner Zuwendung und sein pädagogischer Eros jeden Einwand theoretisch und dürr erscheinen ließen. Es gibt geborene Lehrer und Erzieher, er war so einer.

(Aus: Bernhard Bueb: Lob der Disziplin. Eine Streitschrift. Ullstein Buchverlage: Berlin 2006, S. 14–17)

1 Nennen Sie das „Erfolgsrezept" des von Bueb geschilderten Lehrers. Vergleichen Sie Buebs Vorstellung von Erziehung mit eigenen Erfahrungen.
2 „Es gibt geborene Lehrer und Erzieher [...]" Erörtern Sie diese Meinung von Bernhard Bueb.

b) Zweiter Zugang

Zur gleichen Zeit arbeitete an der Schule eine Lehrerin, deren Erziehungsstil gegensätzlicher nicht hätte sein können, die aber denselben Anspruch auf Führung der Schüler erhob, nur tat sie es mit anmutiger, stiller Autorität, aber keinem geringeren pädagogischen Eros als der Argentinier und mit derselben Gefolgschaft der Schüler.
Führen oder wachsen lassen – so charakterisieren wir traditionell die gegensätzlichen Pole der Erziehung. Sie lassen sich im Bild des Töpfers oder des Gärtners anschaulich darstellen. Der Erzieher, der das Bild des Töpfers zu seiner Leitidee erkoren hat, will den jungen Menschen formen, er greift ein, steuert, fordert heraus, diszipliniert, schafft Freiräume, um ihn auf die Selbstständigkeit vorzubereiten, ja er wird ihn in die Selbstständigkeit und Freiheit zwingen. Wer sich am Bild des Gärtners orientiert, wird eher darauf achten, dass der junge Mensch gute Bedingungen des Aufwachsens vorfindet, er wird ihn mehr fördern als fordern, weniger eingreifen, aber darauf vertrauen, dass er sich selbst diszipliniert, also wenig Zwang und Autorität braucht.

(Aus: Bernhard Bueb: Lob der Disziplin. Eine Streitschrift. Ullstein Buchverlage: Berlin 2006, S. 14–17)

1 „Führen oder Wachsenlassen" – was spricht für das eine, was für das andere Konzept?
2 Selbstdiziplin oder Disziplin durch Autorität – was erscheint Ihnen pädagogisch sinnvoller? Begründen Sie Ihre Auffassung.

c) Zur Diskussion gestellt ...

Der Töpfer und der Gärtner repräsentieren zwei legitime Stile der Erziehung, die in Reinform selten vorkommen, meistens treffen wir eine Mischung mit einer Neigung zum einen oder anderen Pol an. Beide Stile bergen Gefahren in sich, der Stil des Töpfers kann in autoritäre Erziehung ausarten und der Stil des Gärtners in Nicht-Erziehung.
Wir wollten nach den Erfahrungen einer autoritären Erziehungstradition, die in einer Diktatur endete, eine Nation von Gärtnern werden, sind aber zu einer Nation von Nicht-Erziehern geworden, denn es herrscht das Missverständnis, dass der Gärtner auf Führung verzichten dürfe. Aber auch er greift ein, beschneidet die Pflanzen, bindet sie an Stangen und bewahrt sie vor Befall und Fehlentwicklung, wenn er ein guter Gärtner sein will.
Erziehung bedeutet immer Führung, diese Wahrheit wird durch den Begriff „Pädagoge" bestätigt.
Er stammt aus dem Griechischen und heißt Knabenführer. Wer führt, erwartet Gefolgschaft. Da Kinder nicht gehorsam geboren

werden, ignorieren sie Anweisungen, rebellieren gegen Erziehungsmaßnahmen, missachten Gebote und wenden alle Mittel an, um ihren eigenen Willen durchzusetzen. Wutanfälle eines dreijährigen Kindes auszuhalten, dessen Äußerungen ohne Verstand sind, und sich nicht ab und an zu Klapsen oder gar Schlägen hinreißen zu lassen bedarf gehöriger Selbstdisziplin von Vater oder Mutter. Solche Selbstdisziplin wächst mit dem Bildungsgrad der Eltern. Gebildete Eltern wissen, dass Erziehung nicht ohne Konflikte gelingen kann. Sich ihnen zu stellen, nicht gleich nachzugeben und auch die Öffentlichkeit nicht zu scheuen, wenn konsequentes Handeln Ärgernis erregt, braucht Mut zur Erziehung. Supermärkte, Restaurants und Eisenbahnabteile sind beliebte öffentliche Austragungsorte pädagogischer Konflikte. Wer konsequent Unterordnung eines Kindes verlangt, beweist Mut vor Zuschauern, die in Deutschland konsequentes Handeln zu häufig missbilligen. Das gilt auch für die kleinere Öffentlichkeit der weiteren Familie oder der Freunde.

Mut zur Erziehung heißt vor allem Mut zur Disziplin. Disziplin ist das ungeliebte Kind der Pädagogik, sie ist aber das Fundament aller Erziehung. Disziplin verkörpert alles, was Menschen verabscheuen: Zwang, Unterordnung, verordneten Verzicht, Triebunterdrückung, Einschränkung des eigenen Willens. Disziplin setzt an die Stelle des Lustprinzips das Leistungsprinzip […].

(Aus: Bernhard Bueb: Lob der Disziplin. Eine Streitschrift. Ullstein Buchverlage: Berlin 2006, S. 14–17)

1 Bueb schildert zwei Lehrertypen mit ihrem je verschiedenen Erziehungsstil. Erläutern Sie die Charakteristika des jeweiligen Erziehungsstils.
2 Nehmen Sie Stellung, welchen der beiden Stile Sie favorisieren. Begründen Sie Ihre Vorliebe.
3 Wodurch ist Erzieherverhalten nach Bueb legitimiert? Erörtern Sie auch, wodurch nach Ihrer Auffassung Erzieherverhalten legitimiert sein sollte.
4 Als Schulleiter hatte Bueb auch mit Lehrern zu sprechen, über die Beschwerden eingingen. Dabei ging es nicht selten auch um den Erziehungsstil. Setzen Sie sich mit der Stilproblematik anhand der Schilderung Buebs und seiner Position dazu auseinander.

Ich erinnere mich an einen Lehrer, über dessen Unterrichtsstil es häufig Beschwerden gab, der mich aber durch seine Ehrlichkeit beeindruckte. Deswegen entschied ich mich, ihm ehrlich meine Meinung zu sagen. In regelmäßig vereinbarten Gesprächen wiederholte ich gebetsmühlenartig: „Sie entmutigen die Schüler, Sie bauen ihr Selbstwertgefühl nicht auf, Sie strafen zu schnell mit schlechten Noten …“ Seine Antwort lautete dann jeweils: „Wie soll ich Schüler ermutigen, die ihre Hausaufgaben nicht machen, herumalbern und nicht einmal den Förderunterricht besuchen, den ich nachmittags anbiete.“ Darauf erwiderte ich: „Ich will keineswegs das Verhalten der Schüler beschönigen, es geht mir um Ihren Stil, um die Art und Weise, wie Sie die Schüler ansprechen, immer

(Foto: coverpicture)

(Foto: Vladimir Godnik/beyond fotomedia/vario-images)

vorwurfsvoll, abwertend, ohne Humor und Takt, und das gerade in Mathematik und auch im Förderunterricht."

Die Gespräche drehten sich im Kreis. Meine Kritik blieb dennoch nicht ganz ohne Wirkung. Er akzeptierte einzelne Vorwürfe, vor allem solche, die nicht an die Substanz gingen. Seine Verhaltensänderung erschöpfte sich darin, dass er nicht mehr gleich lospolterte, wenn ein Schüler etwas nicht verstanden hatte, ein Lob kam aber nicht über seine Lippen. Das hielt er ein paar Tage durch, dann verfiel er wieder seinen bekannten Schwächen.

Ein Dilemma erschwerte meine Rolle als Mahner und Kritiker: Der Lehrer besaß eine lobenswerte Eigenschaft, nämlich den Mut zu Konflikten, und setzte die von Leitung und Mitarbeitern gemeinsam verabschiedeten Standards konsequent durch. Aber mit der gleichen Beharrlichkeit, die dann unbarmherzig wirkte, wies er die Schüler fortwährend auf ihre Schwächen hin. Er besaß keinen Humor, konnte nicht zwischen wichtig und unwichtig unterscheiden und erklärte zu kompliziert. Was kann ein Schulleiter gegen didaktisches Unvermögen, Humorlosigkeit und Gerechtigkeit ohne Güte unternehmen? Er ist ohnmächtig. Die Erfahrung zeigt, dass solche Lehrer unbehelligt weitermachen, auch wenn die Schüler darunter leiden.

Ich war mit meinem Latein am Ende.

(Aus: Bernhard Bueb: Von der Pflicht zu führen. Ullstein Buchverlage: Berlin 2008, S. 46–48)

d) Kommentar

Bueb beschreibt Erziehung als Gratwanderung zwischen den gegensätzlichen Polen des Führens und Wachsenlassens, illustriert durch die Metaphern des Töpfers und des Gärtners: Im Hinblick auf die Ausbildung charakterlicher Tugenden spricht gerade in jüngster Zeit vieles dafür, dass Bueb den Erzieher zu sehr als Töpfer versteht und zu wenig als Gärtner. Er sieht nicht die biologischen Anlagen, die durch einen Gärtner nur gut genährt und zur Ausbildung gebracht werden brauchen. Vielmehr fasst er den jungen Menschen – gerade im Hinblick auf Werte und Tugenden – zu sehr als unbeschriebenes Blatt, als leere Wachstafel (um das von Steven Pinker aufgegriffene Bild Platons zu verwenden) auf, und muss daher ein „härteres" Bild der Erziehung und auch der Disziplin zeichnen als wirklich notwendig ist.

[...] Wenn Bueb „die vorbehaltlose Anerkennung von Autorität und Disziplin" als das vor Jahrzehnten weggebrochene „Fundament der Erziehung" bezeichnet, weiß er, dass er sich damit kaum Freunde schaffen wird. Ihm ist zuzustimmen, wenn er konstatiert: „Unsere pädagogische Kultur in Deutschland wurde durch den Nationalsozialismus in ihren Grundfesten erschüttert. Die Werte und Tugenden, die das Herz der Pädagogik ausmachen, haben sich bis heute nicht vom Missbrauch durch den Nationalsozialismus erholt." Und wenn Bueb das Fernsehen, den Erzieher Nummer eins in unserer Gesellschaft, als „ungewollt aggressiv präsent" bezeichnet, kann man nur beipflichten. Wenn er jedoch davon ausgeht, dass Menschen als Rohlinge auf die Welt kommen, die mittels viel Disziplin geschliffen werden müssen, dann wird es falsch: Das Glücksempfinden des Menschen hat gar nicht die Funktion, uns dauerhaft glücklich zu machen, sondern hat die Funktion, uns alles, was gut für uns ist, rasch aneignen zu lassen. Wir lernen also vor allem mit Freude und mit Glück, auch die Werte und die Ziele (ebenso wie wir Spaß am Laufen- und Sprechenlernen haben)!

„Rezepte sind der Feind aller Pädagogik" – konstatiert Bueb vollkommen zu Recht. Daher sei hier auch sein Rezept der „knallharten" Disziplin verworfen. Auch bei Disziplin geht es um Vorbild, Freiheit, moralische Dilemmata (z. B. zwischen Freiheit und Gerechtigkeit oder zwischen Leistungsprinzip und Solidarität), die jeder von uns lebenslang bewältigen muss. [...]

(Aus: Manfred Spitzer: Kritik der Disziplin aus (neuro-)biologischer Sicht. In: Micha Brumlik [Hrsg.]: Vom Missbrauch der Disziplin. 4. Aufl., Beltz Verlag: Weinheim und Basel 2007, S. 198, 202, 203)

1 Welche Kritik äußert Spitzer an Buebs Vorstellungen von Erziehung?
2 Nehmen Sie Stellung zum „Rezept" der „Disziplin".

2.1.2.2 „Erziehung ist eine Gratwanderung zwischen Extremen ..." (Bernhard Bueb)

a) Zur Diskussion gestellt ...

Erziehung ist eine nicht endende Gratwanderung zwischen Gegensätzen. Mütter, Väter, Lehrer und Erzieher suchen nach der rechten Mitte zwischen Führen und Wachsenlassen, Gerechtigkeit und Güte, Disziplin und Liebe, Konsequenz und Fürsorge, Kontrolle und Vertrauen, aber nicht nach einer arithmetischen Mitte, sondern einer dialektischen Mitte, weil die Gegensätze sich gegenseitig bedingen und ihre gelungene Synthese wahre Pädagogik begründet. Dialektisch heißt, der Erziehende muss sein Handeln jedes Mal wieder, intuitiv oder rational, dem Wechselspiel der Begründungen für diese oder jene Maßnahme aussetzen und auf Rezepte verzichten. Der Blick auf das einzelne, unverwechselbare Kind soll sein Denken steuern. „Vergleiche nie ein Kind mit einem anderen, sondern immer nur mit ihm selbst." (Pestalozzi) Ein kaum erfüllbarer und doch unverzichtbarer Anspruch an alle Erziehung.

Das mühselige tägliche Geschäft der Erziehung erzeugt eine Sehnsucht nach Rezepten, nach schematischen Lösungen von pädagogischen Problemen, weil das Scheitern kluger Überlegungen und abgewogener Maßnahmen Eltern und Lehrer zermürbt und weil das immer neue Abwägen des Für und Wider einer pädagogi-

Was kann man diesem Foto an erzieherisch relevanten Momenten entnehmen? *(Foto: Georg Bubolz, Erkelenz)*

schen Entscheidung manche überfordert. Aber gerade Rezepte sind der Feind aller Pädagogik, weil die schematische Anwendung von Regeln dem Wesen der Erziehung widerspricht. Wer die Gratwanderung verlässt und simple Lösungen sucht, hat den Pfad der pädagogischen Tugend schon verlassen.
Wer pädagogisch tätig ist, muss sich darauf einlassen, immer wieder Entscheidungen zu treffen, die er verantworten, die er aber nicht als die einzig richtigen begründen kann. Eltern, Erzieher und Lehrer müssen mit Zweifeln leben können, ob eine Entscheidung richtig ist; sie müssen aber zu ihrer Entscheidung stehen. Den fünfzehnjährigen Sohn eine Party besuchen zu lassen, wo sicher Alkohol fließt und der Konsum von Haschisch nicht ausgeschlossen ist, fordert Mut, setzt Vertrauen in den Sohn und einen Schuss Gottvertrauen voraus. Die Entscheidung kann sogar dann richtig gewesen sein, wenn der Sohn angetrunken zurückkommt. Erziehung muss Gelegenheiten für Bewährung bieten und muss auch die Erfahrung des Scheiterns zulassen. Versagt zu haben und den daraus resultierenden Konflikt zu meistern stärkt den Charakter eines Jugendlichen manchmal mehr, als wenn er sich kontinuierlich wohl verhält. Unsere Großeltern wussten meist zu genau und zweifelsfrei, welche Entscheidung richtig war. Frei von Zweifeln zu sein stärkte ihre Autorität und konnte oft bei den Kindern Sicherheit erzeugen, aber ebenso oft ging etwas zu Bruch, weil das Kind oder den Jugendlichen die Botschaft der Liebe oder der Fürsorge nicht erreichte. Das Scheitern wurde allzu schnell als moralisches Versagen verurteilt und nicht als Chance der Bewährung gesehen. Dass das Geständnis, gelogen zu haben, eine größere moralische Leistung sein kann als die Stärke, gleich die Wahrheit zu sagen, war nicht allgemeine pädagogische Auffassung. Wir haben es heute als Eltern und Lehrer schwerer, weil wir uns in wichtigen Fragen leisten, einen allgemeinen Grundsatz zu verlassen, mehr zu wagen und individuell auf ein Kind zu reagieren. Unsere Autorität gewinnt nicht durch das Festhalten an Prinzipien, sondern durch den Mut zu persönlichen Entscheidungen. Das ist anstrengend, fordert Souveränität, und die bringen manche nicht auf, oft aus Zeitmangel oder weil ein Partner fehlt, der durch ein Gespräch Distanz und Gelassenheit schaffen kann.

(Aus: Bernhard Bueb: Lob der Disziplin. Eine Streitschrift. Ullstein Buchverlage: Berlin 2006, S. 18–22)

1 Skizzieren Sie den Gedankengang Bernhard Buebs.
2 Erläutern Sie die Position Buebs an Beispielen.
3 Erörtern Sie Grenzen, Wert und Nutzen von Beispielen zur Stützung einer Auffassung von Erziehung.

b) Ein erstes Beispiel

Betrachten wir den pädagogischen Alltag. Er erzeugt die ewige Wiederkehr des Gleichen. Das Kind sitzt entgegen der Vereinbarung vor dem Fernseher, der Vater entdeckt die unerlaubte Handlung, will sie unterbrechen und wird in eine Debatte verwickelt, die meistens typisch verläuft: Das Kind mobilisiert das ganze Spektrum der Argumente, nur noch dieses eine Mal, eine besondere Sendung, alle anderen dürfen, und dann zückt es die emotionalen Waffen, erst eine Charmeoffensive, dann Weinen oder Wut.
Der Vater hatte schon verloren, als er sich auf die Debatte einließ. Es gibt Situationen, in denen man als Erziehender schnell und klar entscheiden muss, weil eine Vereinbarung verletzt oder eine geltende Regel übertreten wurde. Das gilt besonders für unwichtige Themen. Fernsehen einfach so, gegen das erlaubte oder vereinbarte Programm, da ist kurzer Prozess angesagt, es bedarf keiner Begründung, hier muss der Vater der Regel beherzt Geltung verschaffen.
Der Vater hätte erkennen müssen, dass in diesem Fall kompromisslose Klarheit der richtige Weg gewesen wäre. Einer sicher und eindeutig vorgetragenen Entscheidung folgen Kinder in der Regel. Spüren sie Unsicherheit, beginnen sie zu argumentieren. Die Fürsorge gebietet manchmal Disziplin ohne Debatte.

(Aus: Bernhard Bueb: Lob der Disziplin. Eine Streitschrift. Ullstein Buchverlage: Berlin 2006, S. 18–22)

1 Wie reagiert der Vater im Beispiel von Bueb auf die geschilderte Situation?
2 Teilen Sie die Einschätzung von Bueb dazu?

c) Ein zweites Beispiel

Anders verhält es sich bei der Frage, ob die sechzehnjährige Tochter zum ersten Mal bis spät in die Nacht in die Disco darf. Diese Frage ist rechtlich klar geregelt, die Eltern können einen Besuch verbieten. Ein Verbot kann pädagogisch falsch oder richtig sein, je nach Temperament der Tochter, nach Stand der Beziehung zwischen Eltern und Tochter und nach den äußeren Umständen. Was die Sicherheit angeht, da gibt es keinen Kompromiss: Die Disco muss einigermaßen bekannt sein, die Tochter darf nicht alleine gehen und in kein von Jugendlichen gesteuertes Auto steigen. Ansonsten ist die Entscheidung eine Frage des Vertrauens. Trägt das Vertrauen in die Tochter so weit, dass Eltern ihr Widerstand gegen mögliche Verführungen zutrauen, Verführungen durch Drogen und Alkohol, und in der Folge Standhaftigkeit gegen bedrängende Jungen?
Die beiden Beispiele zeigen den Unterschied zwischen einer trivialen Frage, wo eine schematische Entscheidung richtig ist, und einer wichtigen Frage, wo die Entscheidung Vertrauen und Mut zum Vertrauen verlangt. Viele pädagogische Situationen im Alltag lassen sich ohne Energie und Zeitaufwand regeln, wenn die Erziehenden die Belanglosigkeit der geforderten Unterordnung klar erkennen und konsequent handeln. In solchen Fällen wird den Erziehenden Selbstdisziplin abverlangt.
Solche Klarheit in kleinen Dingen schafft Platz für die Lösung schwieriger Fragen, die Zeit und Ruhe brauchen, wo ein diffiziler Sachverhalt zu klären ist und man im besten Fall mit dem Jugendlichen zusammen eine Lösung finden kann.

(Aus: Bernhard Bueb: Lob der Disziplin. Eine Streitschrift. Ullstein Buchverlage: Berlin 2006, S. 18–22)

1 Erörtern Sie die Frage der Disziplin in der Erziehung vor dem Hintergrund des folgenden Zeitschriftenartikels.

d) Eine Stellungnahme

Disziplin ist ein Wort, das ich in meiner Kindheit oft zu hören bekommen habe. Es war verbunden mit der unkontrollierten Allmacht von Erwachsenen. Kinder durften keine Wut äußern und hatten nichts zu kritisieren. Schon damals habe ich mir vorgenommen, meine eigenen Kinder anders zu erziehen.
Meine drei Babys habe ich immer sofort auf den Arm genommen, wenn sie mich riefen. Und sie gestillt, bis sie satt waren. Dabei hatte ich nie den Eindruck, dass sie „das Schreien zur Unzeit" benutzten, um den Eltern „ihre rechtmäßige Macht" abzusprechen, wie Bernhard Bueb es Säuglingen unterstellt. Sie haben doch nichts als ihre Stimme, um zu überleben.
Natürlich waren die Kinder auch anstrengend und nervenzehrend, zumal sie so rasch nacheinander gekommen sind: Drei Kinder in vier Jahren. Ich hatte aber nie den Eindruck, dass ausgerechnet Disziplin mir bei der Erziehung geholfen hätte. Wenn die Kinder unruhig waren, wenn sie sich stritten und mit Legosteinen um sich warfen, habe ich ihnen kurzerhand die Anoraks angezogen und bin mit ihnen nach draußen gegangen. Stundenlang sind wir im Wald herumgerannt, haben gebuddelt und sind auf Spielplätzen herumgeklettert, auch bei Regen und Matschwetter. Danach steckte ich die Kinder zu dritt in die warme Wanne, wir kuschelten gemütlich auf dem Sofa, und die Unruhe hatte sich ausgetobt.
Einer meiner Söhne war ziemlich zappelig, er kippelte ständig auf dem Stuhl und klapperte nervös mit dem Löffel auf dem Tisch herum. Da bin ich manchmal sauer geworden und habe „Lass das jetzt!" gebrüllt. Aber das hat natürlich nicht geholfen. Mein Mann hat dann einen besseren Weg gefunden: Er nahm den Jungen auf den Schoss, drückte ihn zärtlich an sich und plauderte ein wenig mit ihm. Danach war das Zappeln verschwunden. Unsere kleine Tochter hat sich manchmal geweigert, ihre Hausaufgaben zu machen. Und sie hatte oft keine Lust, in die Schule zu gehen. Auch da habe ich keine Disziplin eingefordert, sondern erst einmal gefragt, was in der Schule denn so los ist. Fast immer steckte hinter der Verweigerung eine

unausgesprochene Not: ein Streit unter Mitschülerinnen, die Furcht vor prügelnden Klassenkameraden oder blanke Versagensangst.

In all den Jahren, wo ich nun Mutter bin, habe ich weder Hausarrest noch Fernsehverbot oder Taschengeldkürzung verhängt. Obwohl wir ständig diskutieren und unser Zusammenleben oft mühsam aushandeln, sind meine Kinder keine Tyrannen geworden. Dafür, dass sie jetzt in dem wechselvollen Alter von 14, 16 und 18 Jahren sind, sind sie einigermaßen kooperativ. Sie halten sich weitgehend an Abmachungen, schlagen sich wacker durch die Schulen, haben Freunde und Hobbys und räumen hin und wieder ihre Zimmer auf. Sicher sind sie weniger leicht zu steuern als ich in ihrem Alter. Aber das halte ich für einen Gewinn. Disziplin ist für mich kein Mittel der Kindererziehung. Sie ist allenfalls ein Anspruch an mich selbst: Wenn mein eigenes Leben Struktur und Richtung hat, können die Kinder sich daran orientieren.

„Erziehung ist Vorbild und Liebe“, schreibt Bernhard Bueb im letzten Satz seines Buches. Da stimme ich ihm zu. Aber ich frage mich, wofür wir dann noch Disziplin brauchen.

(Aus: Eva Baumann-Lerch: Ohne Strafe und Hausarrest. Meine Erfahrungen als Mutter. In: Publik-Forum, Nr. 8, 24. April 2009, S. 15)

2 Beziehen Sie begründet Stellung zu den beiden Positionen.

Tröstender Vater bei kindlichen Tränen
(Foto: Georg Bubolz, Erkelenz)

e) Zum Stand der Forschung: Erziehungsstile

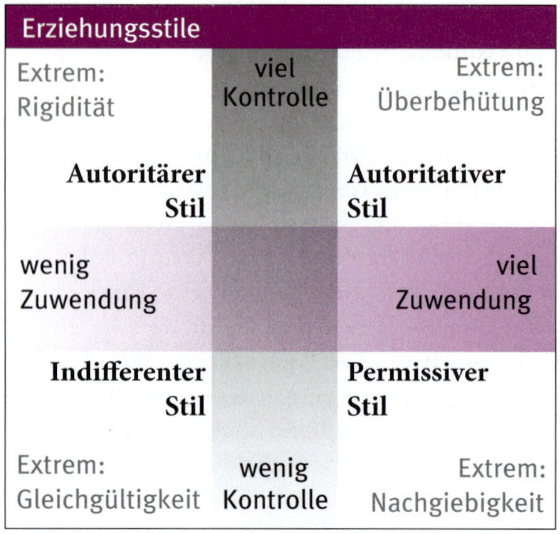

Autoritärer Stil: *wenig Zuwendung* mit *viel Kontrolle.* Wir treffen auf diesen Stil, wenn Lehrerinnen und Lehrer sich beispielsweise unter Verwendung eines Arsenals von Sanktionen auf Fragen der Disziplin konzentrieren oder permanente Leistungsmessungen durchführen, dabei aber nur unzureichend das Gefühl vermitteln, dass ihnen an den Kindern gelegen ist. Mit dem hohen Maß an Kontrolle ist interaktionale Distanz verbunden, sodass das Klima als distanziert und kühl empfunden wird. Im Extrem kann dieser Stil als rigide erfahren werden.

Autoritativer Stil: *viel Zuwendung* mit *viel Kontrolle.* Dieser Stil könnte auch als „Leitung mit und durch Autorität“ bezeichnet werden. Die Koppelung von Zuwendung und Kontrolle nimmt der Kontrolle die Härte. Kontrolle wird weniger als ein disziplinarisches Element wahrgenommen, sondern kann aufgrund der starken emotionalen Zuwendung als „Interesse“ (Dazwischen-Sein) gedeutet werden. Die Zuwendung wiederum steht nicht allein, sondern findet zu einer ausgewogenen Balance von Sachinteresse und Personinteresse. In der Extremform liegt die Gefahr, Schülerinnen und Schüler von der Liebesgunst der Lehrerin oder dem Lehrer abhängig zu machen bzw. die Behütung so weit zu treiben, dass die Selbstständigkeit der Lernenden Schaden erleidet.

Indifferenter Stil: *wenig Zuwendung* und *wenig Kontrolle.* Die Kombination dieser Akzente führt im Extrem zur Gleichgültigkeit. Wenn Lehrerinnen und Lehrer keine Zuwendung zeigen und auch nicht an Kontrolle interessiert sind, können die Schülerinnen und Schüler nur den Schluss ziehen, dass sie den Lehrkräften persönlich und in der Sache gleichgültig sind. In der weniger extremen Form trifft man auf diesen Stil in einem Unterricht, der den Schülern sehr viel Freiraum zur Selbstbestimmung lässt und kaum Instrumente aktiviert, die eine Ziel- und Wertorientierung erkennen lassen. In diesem Fall gibt es auch keinen Reibungsgrund. Wenn man die in der frühen Pädagogik diskutierte Alternative zwischen „Führen“ und „Wachsenlassen“ auf diesen Stil anwendet, handelt es sich um eine Pointierung des Wachsenlassens – allerdings mit der möglichen Konsequenz pädagogischer Verwahrlosung.

Permissiver Stil: *viel Zuwendung* mit *wenig Kontrolle.* Der permissive Stil schließlich zeigt den Schülerinnen und Schülern persönliches Interesse. Lehrerinnen und Lehrer engagieren sich interaktional, aber vernachlässigen Aspekte wie Leistungskontrolle, Einhaltung bestimmter Regeln usw. Gut gemeintes Gewährenlassen kann somit zum Extrem einer nachgiebigen Pädagogik führen, die zu wenig Stimuli bietet, sich für Sachfortschritt einzusetzen, und die darauf verzichtet, Fortschritt zu evaluieren und zu kontrollieren.

Die vier Stile sind auf diese Weise voneinander zu unterscheiden. Zugleich sind sie jeweils für sich genommen nicht „auf den Punkt“ zu definieren. Jeder Stil impliziert die Möglichkeit von „mehr“ oder „weniger“ Zuwendung und Kontrolle. Der autoritative Stil ist vermutlich pädagogisch am ergiebigsten, jedoch sollte die Balance von Kontrolle und Zuwendung innerhalb dieses Quadrates hinreichend beachtet werden.

(Aus: Hans-Georg Ziebertz: Erziehungsstile. In: Georg Hilger, Stephan Leimgruber, H.-G. Ziebertz: Religionsdidaktik. Kösel Verlag: München 2001, S. 188/189)

1 Erklären Sie die Skizze und die Anmerkungen zu den Erziehungsstilen.

2 Erörtern Sie, inwiefern die vorliegende Klassifikation Hilfen bietet, um mehr Klarheit in die Kontroverse um Bernhard Buebs Erziehungsvorstellungen zu bringen.
3 Erörtern Sie, inwiefern die Überlegungen zum Erziehungsstil auf die folgende Schilderung einer anonymen Autorin anwendbar sind.

Das sich selbst erziehende Kind

Als ich zur Welt kam, waren meine Eltern gerade mal Anfang zwanzig und seit einem Jahr ein Paar. Vier Jahre später folgte mein kleiner Bruder [...].

Mit fünf Jahren bat mich meine Kindergärtnerin darum, in einem Theaterstück des Kindergartens die Hauptrolle zu spielen. Ich fragte meine Mutter nach ihrer Meinung. „Das musst du selbst wissen" – die Antwort. Eine andere Antwort habe ich nie kennen gelernt.

Auch nicht, als die Entscheidung anstand, welche weiterführende Schule ich nach der Grundschule besuchen sollte. Ich wollte unbedingt aufs Gymnasium, weil alle meine Freunde dort hingingen. Meine Grundschullehrerin befürwortete diese Idee nicht. Auch das folgende schulpsychologische Gutachten nicht. „Zusammenfassend lässt sich sagen, dass die Hauptschule als am ehesten geeignet betrachtet wird, um die Leistungsmöglichkeit und Leistungsfähigkeit Ihrer Tochter am ehesten ..."

Pünktlich zum neuen Schuljahr besuchte ich die fünfte Klasse eines Gymnasiums, welches ich nach anderthalb Jahren gefrustet und völlig überfordert wieder verließ.

Meinen Bruder, der Schule ungefähr genau so schmackhaft fand wie Möhrengemüse, steckten sie gleich auf die Hauptschule, danach auf eine Schule für Kinder mit Lese-Rechtschreib-Schwäche. Ein Kind, welches im zarten Alter von 10 Jahren bereits einen IQ von 110 aufwies, aber einfach nur zu faul war.

„Ich weiß ja, wie das ist, wenn man so ungern zur Schule geht", die Aussage meiner Mutter.

Wann und wie wir unsere Hausaufgaben erledigten, wurde uns mehr oder weniger selbst überlassen. Auch wie wir unsere Freizeit gestalteten. Im Alter von 14 Jahren wurde uns freigestellt, wann wir ins Bett gingen.

Ein Jahr später durfte ich Partys bis in die frühen Morgenstunden besuchen, ohne nähere Angaben des Veranstaltungsortes, der anderen Besucher etc. „Vertrauen" war das Zauberwort meiner Eltern. Sie vertrauten schlichtweg darauf, dass wir einfach keinen „Blödsinn" anstellen würden. In Bezug auf meine Person sollten sie überwiegend Recht behalten; ich mutierte zu einem launischen Teenager, der sich in seine eigene Welt zurückzog, Unfrieden aller Art mied, Konflikten aus dem Weg ging und immer wieder mit einem immensen Ehrgeiz gute Leistungen in der Schule erzielte, alleine um den Eltern damit zu imponieren, was mir nur sehr bedingt gelang.

Mein Bruder wurde ein kleiner Rebell, schleppte die schrägsten Typen mit nach Hause, fuhr im Wissen unserer Eltern mit frisierten und nicht versicherten Mofas durch die Gegend, wurde etliche Male dabei erwischt. „Ach Männlein."

Papi zahlte die Bußgelder, sagte aber nichts weiter. Teure Wertgegenstände meiner Eltern verschwanden stets nach den Besuchen der ganz ominösen Freunde meines Bruders. „Nein, die Jungs können ruhig wiederkommen. Besser sie sind hier im Haus, da wissen wir wenigstens was geschieht."

Von den diversen Drogen-Trips meines Bruders und seiner Clique, die unter den Augen meiner Eltern stattfanden, habe ich erst vor ein paar Jahren erfahren, unsere Eltern bis heute nicht. „Da darf ich gar nicht mehr drüber nachdenken", sagt mein Bruder heute sehr nachdenklich. Fremde Jugendliche besaßen Schlüssel zu unserem Haus.

„Männlein, so geht das aber nicht."

Am liebsten hätte ich meine Mutter geohrfeigt. Meinen Vater, als wir feststellen mussten, dass er sein Gewehr nebst Patronen weiterhin für jedermann frei zugänglich im Kleiderschrank lagerte, das sich mein Bruder mit 16 Jahren im geladenen Zustand an den Kopf hielt. Aus Liebeskummer.

Als ich mit 17 eine Beziehung mit einem verheirateten Mann anstrebte, kam der Satz, der kommen musste.

„Musst du selber wissen."

Mein Bruder, knappe 14 Jahre alt, sah mich mit großen Augen an. „Das kannst du doch nicht machen! Hör auf damit, solange du kannst." Und trotzdem durfte ich mich zweieinhalb Jahre später an seiner Schulter ausheulen. Als ich meinen Eltern verkündete, dass ich meine erste Lehrstelle hinschmeißen wolle, wurde mein Vater tierisch sauer.
„Lehrjahre sind keine Herrenjahre."
„Wenn sie doch nicht will", der Protest meiner Mutter.
„Mach doch, was du willst."
„Wisst ihr überhaupt, was ich möchte?"
„Das musst du selber wissen. Du machst das schon."
Erst ein halbes Jahr, nachdem mein Bruder seine Lehrstelle heimlich, still und leise aufgegeben hatte, fiel auf, dass er morgens nicht dorthin ging, wo er vorgab hinzugehen.
„Ach Männlein, so geht das nicht."
Heute ist er EDV-Leiter eines mittelständischen Unternehmens, verdient auf gut Deutsch gesagt eine Schweine-Kohle und versteht sich außerordentlich gut darin, seine Mitarbeiter zu führen. Meine Wenigkeit hat mit süßen 19 Jahren ihre Ausbildung abgeschlossen, verdient zwar nicht so viel, aber so viel, um seit zehn Jahren auf eigenen Füßen zu stehen. In emotionaler Hinsicht sind mein Bruder und ich uns sehr ähnlich geworden, zweifeln ständig an uns selber, sind eher konfliktscheu, haben Verlustängste.
Unsere Eltern sind sehr stolz auf uns. Nur wir nicht auf uns selbst. Bei der alljährlichen Weihnachtsaussage unserer Eltern „Wir sind ja stolz

(© Johann Mayr)

auf Euch und darauf, dass Ihr Eure eigenen Wege geht", sehen wir uns skeptisch an. Wir haben uns jeder für sich selbst Grenzen geschaffen, übertreten und sind diverse Male gestürzt. Haben es nicht immer verstanden; konnten wir auch nicht. Über manche Grenzen sind wir immer wieder schmerzhaft gestolpert, bis wir alt genug waren, um zu erkennen, weshalb.

Mein Bruder ist inzwischen Vater einer kleinen Tochter, die auf liebevolle Weise durch ihre Eltern auch von Zeit zu Zeit ihre Grenzen aufgezeigt bekommt.

Neulich gab es einen kleinen Disput zwischen Eltern und Großeltern, da meine Mutter der Ansicht ist, die Lütte mit ihren zweieinhalb wisse schon selbst, wann es Schlafenszeit sei. Etwas brüsk reagierte sie auf den ausdrücklichen Wunsch meines Bruders, dass sie seine Tochter um die von ihm und seiner Frau vorhergesehene Zeit ins Bett bringt, wenn sie die Aufsicht über das Kind hat. Als sie sich hilfesuchend an mich wandte, gab es nur einen Satz von mir.

„Das muss er schon selber wissen."

(Aus: The actress: Selfmade Personalities. Das sich selbst erziehende Kind. Aus: http://www.neon.de/kat/fuehlen/erwachsenwerden/162451.html. [10.10.2006])

1 Skizzieren Sie die „Bilder" dessen, was Kindsein nach der Textvorlage ausmacht, und erörtern Sie deren Geltung.
2 Vergleichen Sie die Bilder vom Kind mit dem, was François Rabelais im folgenden Spruch zum Ausdruck gebracht hat: „Ein Kind ist kein Gefäß, das gefüllt, sondern ein Feuer, das entzündet werden will."
3 Beziehen Sie Stellung.

2.1.2.3 „Erziehung hat mit Werten zu tun ..." (Bernhard Bueb)

a) Zur Diskussion gestellt ...

Erziehung ist immer Werteerziehung und folgt einem Bild vom Menschen. [...] Wir können nur den Weg der Aufklärung gehen. Sie hat die Menschlichkeit des Menschen zum Leitbild erhoben und einen Kanon von Werten und Rechten als verbindlich erklärt: Freiheit, Gleichheit, Brüderlichkeit, Gerechtigkeit, Wahrheit und Menschenliebe, um nur die wichtigsten zu nennen. Die Werte der Aufklärung sind nichts anderes als säkularisierte christliche Werte. Nun könnte man sagen: Die Erziehenden haben den Auftrag, diese Werte bei Kindern und Jugendlichen in Tugenden zu verwandeln. Jedem Wert entspricht eine Tugend, dem Wert der Wahrheit die Tugend der Ehrlichkeit, dem Wert der Gleichheit die Tugend der Toleranz, dem Wert der Freiheit die Tugend der Freiheit. Manche Werte und Tugenden unterscheiden sich begrifflich, zum Beispiel Wahrheit und Ehrlichkeit, manche sind begrifflich identisch, dem Wert der Freiheit zum Beispiel entspricht die Tugend der Freiheit. Die fundamentalen Werte unserer Kultur und Moral werden ernsthaft von niemandem bezweifelt, aber ihre Umsetzbarkeit in Tugenden sehr wohl. Nicht der Verfall der Werte ist das Problem unserer Zeit, sondern der Verfall des Glaubens, dass diese Werte auf die Erde geholt werden können, dass die Menschen ihnen in ihrem Leben noch eine Chance geben. Der Auftrag der Erziehung lautet gleichwohl, den Glauben an die Umsetzbarkeit der Werte in Tugenden bei jungen Menschen zu stärken. Der Satz „der Ehrliche ist der Dumme" drückt den Zweifel an der Umsetzbarkeit des Wertes der Wahrheit aus, weil die Realität und die aus der unzulänglichen Realität gewonnenen Argumente stärker sind als der Glaube an die Durchsetzbarkeit der Wahrheit.

Die Ideen und Ideale, an denen wir die unvollkommene Wirklichkeit erkennen, haben ihre Kraft verloren. Das hängt auch mit dem Verlust der Religion zusammen. Der Wert der Wahrheit wandelt sich nicht durch Argumente zur Tugend der Ehrlichkeit, sondern durch Vorbilder und durch ihre erziehende Wirkung. Es gibt die öffentlichen Vorbilder in der Gesellschaft. Wir leben in dürftiger Zeit, was ihre Zahl und Überzeugungskraft angeht. Dann gibt es die persönlichen Vorbilder wie Väter, Mütter,

Lehrer und Erzieher, die in täglicher Anstrengung versuchen, die Tugend der Ehrlichkeit in den Herzen der Jugend zu verankern. Das ist ein hartes Brot. Ein Kind flunkert, redet sich heraus, wirft Nebelkerzen, gibt schwammige Auskünfte, schiebt andere vor – der Erziehende muss jedes Mal reagieren und Klarheit, Eindeutigkeit und den Mut, die Wahrheit zu sagen, fordern.

Ertappt ein Kind oder Jugendlicher den Erziehenden selbst bei der Unehrlichkeit, fallen alle Bemühungen um Ehrlichkeit in sich zusammen. Allerdings darf auch ein Erziehender versagen. Wenn er lügt, muss er den Mut haben, die Lüge einzugestehen. Das akzeptieren Jugendliche. Wem das einmal passiert ist, wird sich erinnern, wie unendlich schwer es fällt, eine Lüge zu beichten. Erziehende, die selbst

(© Gerhard Glück)

einmal moralisch versagt haben und sich das ehrlich eingestehen, werden Jugendlichen gegenüber glaubwürdiger auftreten.

(Aus: Bernhard Bueb: Lob der Disziplin. Eine Streitschrift. Ullstein Buchverlage: Berlin 2006, S. 23–25)

1 Geben Sie den Inhalt des Textes mit eigenen Worten wieder.

2 Setzen Sie sich mit dem folgenden Kommentar auseinander.

b) Kommentar

Heißt das Lösungswort wirklich „Disziplin"? Ich bin seit zwölf Jahren Lehrerin, und seitdem erfüllt mich der Wunsch, meine Schüler zu demokratiebewussten, selbstverantwortlichen und eigenständigen Menschen zu erziehen. Zugegeben: Diese Aufgabe ist zunehmend schwerer geworden. Vieles ist heute tatsächlich zu beliebig. Es wird unendlich diskutiert über Selbstverständlichkeiten. Ich muss tatsächlich nicht mit einem Schüler erörtern, ob er in der Mensa sein Geschirr wegräumt oder nicht. Aber ich möchte diese Probleme nicht mit einer „Disziplin" lösen, die letztlich nichts anderes ist als Angst vor Sanktionen. Ich für meinen Teil möchte nicht nur aufgrund meines Amtes respektiert werden: Ich möchte aufgrund meiner Kompetenz und aufgrund meines Menschseins Wertschätzung erhalten! Denn wenn es an unseren Schulen an etwas fehlt, dann nicht an Disziplin, sondern an dieser gegenseitigen Wertschätzung. […]
Demokratische Systeme brauchen selbstverständlich Regeln und Konsequenzen. Solche Regeln sind umso erfolgversprechender, wenn sie von der Basis kommen. Das muss gemeinsam ausgehandelt werden. Freiheit ist eben anstrengend, „Disziplin" geht schneller. Wird deshalb dieser Ruf so laut?
Im „Lob der Disziplin" von Bernhard Bueb ist nun sogar wieder von „bedingungslosem Gehorsam" die Rede. […]
An unserer Schule gehen wir einen anderen Weg, der sich schon sehr bewährt hat. Er nennt sich „Trainingsraum". Schüler, die unruhig sind, die stören und die Regeln verletzen, können aus dem Unterricht zu unserer Sozialpädagogin in den Trainingsraum geschickt werden. Dort beschäftigt sie sich mit dem Schüler und versucht herauszufinden, was in ihm vorgeht: Warum braucht er so viel Aufmerksamkeit? Was löst seine Unruhe aus? Was kann ihm helfen, sich sinnvoller in die Klasse einzubringen? Der Trainingsraum entlastet die anderen, die ein Recht auf störungsfreien Unterricht haben. Aber er soll vor allem dem Schüler helfen, zu neuem Verhalten zu finden.
Nachdem ich mich intensiv mit Buebs Ruf nach „Disziplin" auseinandergesetzt habe, bin ich mir wieder ganz sicher: Ich werde meine Ideale nicht aufgeben und mir mein positives Menschenbild nicht nehmen lassen. Fast bin ich dankbar, dass die Debatte mich so provoziert hat. Denn ich weiß jetzt wieder, was ich will und warum ich Lehrerin bin.

(Aus: Monika Soyer-Bauer: Meditation statt Disziplin. In: Publik-Forum, Nr. 8, 24. April 2009, S. 16)

2.1.2.4 „Erziehung hat mit Konsequenz zu tun ..." (Bernhard Bueb)

a) Zur Diskussion gestellt ...

Von einer maßgebenden Tugend aller Erziehenden war bisher nur beiläufig die Rede: von der Konsequenz. Als Vater habe ich beschlossen, dass meine Tochter nur zu bestimmten Anlässen Süßigkeiten erhalten soll. Täglich gibt es mehrere Situationen, die mich als Vater verführen, diesem Beschluss untreu zu werden: Im Supermarkt glaube ich nur dann das peinliche Geschrei vermeiden zu können, wenn ich dem Verlangen nach Süßigkeiten nachgebe; abends ist die Tochter nur bereit, gnädig einzuschlafen, wenn der gesüßte Tee statt des gesunden Tees gereicht wird; das Gequengel am Sonntagmorgen kann ich nur dadurch unterbrechen und endlich den wichtigen Brief fertig schreiben, indem ich aus dem „Geheimfach" doch ein Stück Schokolade hervorzaubere. Das Ergebnis: schlechte Zähne, weil der süße Tee die Regel wurde, undiszipliniertes Verhalten in der Öffentlichkeit, weil meine Tochter ihre Macht bald erkannt hat, wenig Ruhe zu Hause ohne ein Bonbon, weil meine Tochter auf meine schlechten Nerven setzt. Als gelernter Pädagoge weiß ich, dass ich mit meinem Verhalten gegen die Prinzipien meiner Zunft verstoße. Die Folgen habe am Ende nicht ich zu tragen, sondern meine Tochter.

Konsequent erziehen, das heißt, unbeirrt die Maßstäbe täglich durchzusetzen, die ein Erziehender sich als Richtschnur seines pädagogischen Handelns vorgenommen hat. Um den besonderen Charakter pädagogischer Konsequenz zu beschreiben, will ich sie vergleichen mit der Konsequenz bei der Dressur eines Hundes. Mit mechanischer Gleichmäßigkeit muss man ihn am Halsband zerren, um ihm

(© Johann Mayr)

„bei Fuß“ einzutrimmen, ihm mit der Leine drohen, wenn er nicht sitzen bleibt, oder ihn mit denselben Worten und Gesten zum „Platz“ zwingen. Eiserne Regelmäßigkeit ist das Geheimnis des Erfolgs. Mit solcher an Sturheit grenzenden Konsequenz will man erreichen, dass der Hund reflexartig bestimmte Verhaltensmuster übernimmt. Einen Menschen dagegen erzieht man konsequent, um ihn unabhängig von Verhaltensmustern zu machen. Konsequenz in der Erziehung soll immer Konsequenz mit Augenmaß sein, sie darf nie heißen, mechanisch ein Verhaltensschema um seiner selbst willen einzuüben; vielmehr soll die erzwungene Wiederholung einen jungen Menschen vorbereiten, einer Regel eines Tages aus Einsicht folgen zu können. Nur in einem Bereich ähnelt Konsequenz in der Erziehung der Konsequenz der Dressur, im Bereich der Sicherheit und Gesundheit. Die Einübung in den Umgang mit Feuer, mit Medikamenten, mit Elektrizität und in das Verhalten im Verkehr darf an Formen der Abrichtung erinnern, aber natürlich auch hier mit dem Ziel späterer Einsicht.

Wir sind in Deutschland Meister der Inkonsequenz. Der Mangel an konsequenter Erziehung macht Eltern, Lehrern, Erziehern und Kindern das Leben schwer. Wir können keine Regel aufstellen, ohne gleich drei Ausnahmen zu machen, wir psychologisieren zu viel und wir fürchten, dass die Härte, die jede Konsequenz mit sich bringt, die Zuneigung der Kinder vermindert.

(Aus: Bernhard Bueb: Lob der Disziplin. Eine Streitschrift. Ullstein Buchverlage: Berlin 2006, S. 26–28)

1 Wie steht Bueb zur Frage der Konsequenz in der Erziehung?
2 Vergleichen Sie eine Position mit der von Erich E. Geißler im folgenden Text.

b) Eine Alternative

Man muss bei der Herstellung einer Grundordnung in einer Gruppe oder Klasse und entsprechend natürlich auch bei allen anderen pädagogischen Disziplinierungen langsam und stufenweise vorgehen, sonst erstickt der Heranwachsende womöglich unter der Fülle von Regeln und Geboten, deren Vielzahl leicht unübersehbar wird und deren Menge ein Kind glatt überfordern kann. Aber auch der Lehrende selber könnte die für ihn auftretenden, meist erhebliche Mühe und Zeit beanspruchenden Konsequenzen einer schnellen Disziplinierung nicht bewältigen. Nehmen wir als Beispiel eine undisziplinierte Klasse: Hausaufgaben werden nicht gemacht, die Ordnung in den Schulsachen ist miserabel, die Verhaltensweisen in der Klasse sind mangelhaft. Wollte ein neuer Lehrer das alles auf einmal verändern, würde er nach wenigen Tagen kapitulieren müssen. Deshalb empfiehlt es sich – wenn wir bei diesem Beispiel einer gewissen Extremsituation bleiben –, Hausarbeiten und Schulsachen zunächst überhaupt nicht zu beachten. Vielleicht überlegt sich der Lehrer, dass er eine Zeit lang nur Anerkennung für geleistete Arbeiten oder bestimmte Formen der Mit- und Zusammenarbeit ausspricht. Dafür konzentriert er sich auf Verhaltensformen im Schulhaus. Auch hier sollte wiederum Schritt für Schritt vorgegangen werden:

- Erläuterung einer Ordnung, wenn möglich unter Hinzuziehung der Schüler selber in Diskussionen, Vorschlägen und in Kritik, kurz: Erarbeitung von gemeinsamen Ordnungsregeln;
- danach, wenn nötig, Training bestimmter Verhaltensweisen (etwa schnelles, lautloses Aufstellen und Umstellen von Möbeln);
- Gespräche über bestimmte fehlerhafte Verhaltensweisen; Suche nach Gründen und nach Möglichkeiten der Abstellung, Diskussion und Erläuterung disziplinierender Konsequenzen.

Erst wenn die Verhaltensform in diesen Bereichen einigermaßen gefestigt ist, sollte sich der Lehrende anderen Ordnungsbereichen zuwenden. Dann übernehmen die Heranwachsenden die gewünschte, nach Möglichkeit von ihnen selbst mitgetragene und entwickelte Ordnung Schritt für Schritt. Sie werden nicht überfordert und auch der Lehrende behält genügend Kraft und Freude an seinem Beruf.

(Aus: Erich E. Geißler: Erziehungsmittel. Verlag Julius Klinkhardt: Bad Heilbrunn/Obb. 1973, S. 165–166)

a) Zur Diskussion gestellt ...

Konsequente Erziehung braucht Zeit. Ich habe mich immer wieder zur Inkonsequenz verführen lassen, weil der nächste Termin drängte und ich den Konflikt nicht in Ruhe zu Ende führen konnte. Wenn Kinder merken, dass Vater oder Mutter unter Zeitdruck stehen, haben die Eltern schon verloren. Eilige Mahlzeiten verhindern, Manieren einzuüben. Konsequent Manieren beim Essen zu üben verlängert die Mahlzeiten. Pflichten im Haushalt zu erfüllen braucht Zeit. Wie oft greifen Mütter selbst zum Besen, weil es sonst so lange dauert. Ein Kardinalfehler, der sich rächt, wie ich bezeugen kann. Eltern wollen Zähneputzen ritualisieren; Geduld ist angesagt. Erziehungsnotstand entsteht auch aus Zeitmangel.

„Des Menschen guter Engel ist die Zeit“ (Fontane), diese anthropologische Weisheit gilt ganz sicher für jede pädagogische Praxis. Keine Zeit haben oder sich keine Zeit nehmen gehört zu den Todsünden in der Erziehung. Alleinerziehende, Manager, berufstätige Mütter, nervöse Menschen, die keine Prioritäten setzen können, sind besonders gefährdet. Golo Mann wurde gefragt, warum er ins Internat gegangen sei. Seine Antwort: „Ein nervöser Künstler hatte keine Zeit.“ Thomas Mann blieb seinen Kindern informelle, ungeplante Zeit schuldig. Zeit, die der Lebensrhythmus und die spontanen Einfälle oder Nöte der Kinder forderten, fand im Tagesplan des Genies keinen Platz.

„Time is money“, mit dieser Formel hat Benjamin Franklin, Ideologe des Kapitalismus, das Lebensgefühl der Menschen dieser Wirtschaftsform charakterisiert. Dieses Lebensgefühl hat auch die Welt der Pädagogik erobert. Das zweckfreie Spiel, die Muße, das schöpferische Ruhen sind rar geworden und bilden doch gerade den Humus, auf dem Erziehung gedeiht. Wenn der angestrengte Vater von der Arbeit nach Hause kommt, wollen die Kinder sein knappstes Gut, seine Zeit. Zeit haben heißt in ihren Augen aufmerksames Zuhören, Basteln, Vorlesen, Mensch-ärgere-dich-nicht-Spielen oder auch nur Herumtollen. Sein Traum, die Ruhe, das Bier, das Fernsehen, die Zeitung, dieser Traum ist für Jahre ausgeträumt und der Zeit für Kinder gewichen.

Wer sich auf die Gratwanderung der Erziehung begeben will, sollte vorher mit sich zurate gehen, wie es mit seiner Zeit steht. Und er sollte die Zeit, die er mit seinen Kindern verbringt, als Gewinn für sich verbuchen. Auf die Charakterbildung von berufstätigen Müttern und Vätern kann sich das segensreich auswirken.

(Aus: Bernhard Bueb: Lob der Disziplin. Eine Streitschrift. Ullstein Buchverlage: Berlin 2006, S. 28–30)

1 Wie sieht Bueb den Faktor „Zeit“ im Rahmen von Erziehung?

2 Vergleichen Sie seine Vorstellung mit dem folgenden Kommentar.

b) Kommentar

Was wir wirklich brauchen, ist Zeit für die Zuwendung zum einzelnen Kind und für neue Methoden, die den Frontalunterricht ergänzen. Und Zeit bedeutet: kleinere Klassen!

Im Rahmen des Religionsunterrichts gehe ich manchmal mit den Schülern in den Meditationsraum. Wir konzentrieren uns auf den Atem, wir fühlen, wie wir da sind, wir hören in die Stille hinein.

Das ist eine wunderbare Alternative zu den herkömmlichen Disziplinierungsmaßnahmen. Immer wieder bestätigen mir die Schüler, wie gut ihnen die Ruhe tut und wie sehr sie diese Stunden genießen.

(Aus: Monika Soyer-Bauer: Meditation statt Disziplin. In: Publik-Forum, Nr. 8, 24. April 2009, S. 16)

2.1.2.6 Die mehr oder weniger „geheimen Miterzieher" – oder: Vom Modell indirekter Erziehung

a) Zur Diskussion gestellt …

Bildung und Erziehung im 19. und in der ersten Hälfte des 20. Jahrhunderts fanden vornehmlich in den Familien statt, und zwar in hohem Grade spielerisch. Man erinnere sich an die Hausmusik, die Gesellschaftsspiele, den Sport, die Scharaden, die Indianerspiele, auch die Kriegsspiele und vor allem das Puppentheater, die das bürgerliche Leben in den Familien prägten. Goethe berichtet in „Dichtung und Wahrheit" anschaulich, welche Bedeutung für ihn das Spielen auf seinem Weg zu sich selbst besaß. Heute ist das Spiel weitgehend aus dem familiären Alltag verschwunden. An die Stelle des Spiels sind die größten Feinde des spielenden Aufwachsens getreten, die Spielwarenindustrie und die Medien, vor allem das Fernsehen.

Thordis Rüggeberg: „Couch-potatoes"
(© Inkognito, Berlin)

Das Fernsehen hat die Welt des Spiels zerstört, die Fantasie und die schöpferischen Kräfte der Kinder finden in den perfekten Spielzeugen keine Nahrung mehr. Der amerikanische Soziologe Neil Postman hat in dem aufschlussreichen Buch „Das Verschwinden der Kindheit" bereits Anfang der achtziger Jahre davor gewarnt, dass die Kindheit, die vom Schutz vor der Welt der Erwachsenen lebt, durch den Einfluss des Fernsehens im Verschwinden begriffen sei. Längst wird die Fantasie der Kinder von der Bilderwelt des Fernsehens beherrscht. Sie lernen die Welt hauptsächlich durch dieses Medium zu verstehen, sie erleben Konflikte und deren Lösungen nicht mehr durch persönliche Erfahrung, sondern das Fernsehen prägt ihr Verständnis davon. Primärerfahrungen werden von Erfahrungen aus zweiter Hand abgelöst.
Es sind nicht nur die Inhalte, die die kindliche Fantasie verderben, es ist auch die passive Haltung, die Fernsehen so bedrohlich macht. Das Spiel aktiviert alle Sinne, den Verstand und die Gefühlswelt. Im Spiel erfahren Kinder das Glück der Anstrengung. Das Fernsehen macht solche Erfahrungen zunichte. Glück kommt von außen, der Dauerkonsum des Fernsehens macht Kinder süchtig nach immer mehr glücklich machenden Anregungen. Das setzt sich fort in Computerspielen und später im Konsum von Alkohol, Hasch und Nikotin und in der passiven Art, Musik zu konsumieren. Ich kenne eine Gesamtschule, die ein Kind nicht in die fünfte Klasse aufnimmt, wenn in seinem Zimmer ein Fernsehapparat steht. Der Dauerpräsenz dieses Mediums ist keine Pädagogik gewachsen. Statistiken berichten, dass Kinder und Jugendliche im Durchschnitt täglich drei bis vier Stunden vor dem Fernseher verbringen. Den Gefahren des Fernsehens kann man nicht durch Verbote begegnen, sondern nur durch gestaltete Gemeinschaften.
Der Mensch ist nun einmal ein Gemeinschaftswesen und das Spiel ist eine der elementaren Ausdrucksformen des Gemeinschaftslebens. Die Qualität einer guten Schule kann man daran erkennen, in welchem Maße das Spiel als Medium der Erkenntnis, der Charakterbildung und der Selbstfindung der Jugendlichen gepflegt wird.

(Aus: Bernhard Bueb: Lob der Disziplin. Eine Streitschrift. Ullstein Buchverlage: Berlin 2006, S. 198–150)

1 Was sagt Bueb über die „geheimen Miterzieher"?
2 Welche Erfahrungen haben Sie selbst zu dieser Thematik gemacht?
3 Erörtern Sie, ob es sich bei der „indirekten Erziehung" tatsächlich um „Erziehung" handelt.

b) Erläuterung

Das Modell der „indirekten Erziehung" signalisiert eine gewisse Verbindung von funktionalem und intentionalem Erziehungsverständnis. Als Beispiel macht dies die Praxis vieler Eltern deutlich, ihre […] Kinder für ein Jahr ins Ausland zu schicken, damit sie […] wichtige Erfahrungen machen: Die Erziehungsprozesse laufen funktional ab (Wirkungen des Auslandsaufenthaltes), die pädagogischen Absichten (Intentionen) der Eltern sind aber deutlich.

(Aus: Herbert Gudjons: Pädagogisches Grundwissen. 10. Aufl., UTB Klinkhardt: Bad Heilbrunn 2008, S. 195)

2.1.2.7 Ein Strukturmodell von Erziehung – Elemente einer vorläufigen Arbeitsdefinition

1. Erziehung ist *intentional,* sie sucht Ziele, Normen und Werte zu verwirklichen. Das Erziehungsgeschehen ist [...] von seiner intentionalen Struktur her letztlich darauf gerichtet, sich selbst aufzuheben. Erziehung ohne Ziele und Bewusstsein gibt es nicht.
2. Das Erziehungsgeschehen ist ein *Interaktionsprozess* (auch in vermittelter, nicht-direkter Form), in dem sich Sinndeutungen und Handlungen des einen am Tun des andern ausrichten. Erzieher und Educand treten sich dabei in Rollen gegenüber, deren Charakter von der gesellschaftlichen Art und Weise der Institutionalisierung von Erziehung abhängt. In der Regel impliziert dies ein Kompetenzgefälle, das zur „Symmetrisierung" (Tenorth 1988, 15) auffordert. Aber: Erziehung ohne wechselseitige Beeinflussung gibt es nicht.
3. Die dabei auftretenden Prozesse sind vielfältig methodisch organisiert und auf die Lernbedingungen des Adressaten ausgerichtet, der aber letztlich zur Selbst-Tätigkeit aufgefordert bleibt.
4. Erziehung als „Machen" gibt es nicht.

Erziehung ist – einschließlich der Ziele und Interaktionsprozesse – eingebunden in einen umfassenden *historisch gesellschaftlichen Kontext,* der Wandlungsprozessen unterliegt. „Die" Erziehung gibt es nicht.

Erziehung erfolgt in Auseinandersetzung mit *Inhalten, Gegenständen, Themen* etc., welche die kognitive Ebene (z. B. Wissen, Einsichten), die affektive Ebene (z. B. Einstellungen) oder die Handlungsebene (z. B. Fertigkeiten) in wechselseitigem Zusammenhang betreffen. Auch das nichtverbale Stirnrunzeln der Mutter bezieht sich auf ein „Thema". Erziehung im inhaltsfreien („luftleeren") Raum gibt es nicht.

(Aus: Herbert Gudjons: Pädagogisches Grundwissen. 10. Aufl., UTB Klinkhardt: Bad Heilbrunn 2008, S. 196)

Erziehung ist das eine und ganze Thema der Pädagogik; Erziehung und nicht Sozialisation, auch nicht nur Entwicklung oder Lernen oder Kommunikation, und schon gar nicht Therapie, Fürsorge oder Sozialarbeit, Lebensbegleitung oder was sonst noch alles angeführt wird, um dem offenbar etwas unbequemen und unübersichtlichen Sachverhalt der Erziehung auszuweichen.

(Klaus Prange: Plädoyer für Erziehung. Schneider Verlag: Hohengehren 2000, S. 7)

1 Analysieren Sie die in diesem Zitat enthaltene Vorstellung von Erziehung. Vergleichen Sie diese mit dem folgenden Zitat von Herbert Gudjons und kommen Sie zu einer eigenen Stellungnahme.

„In jedem Fall ist Professionalität von pädagogisch Handelnden nicht mehr denkbar ohne eine umfassende sozialwissenschaftliche, humanwissenschaftliche und ethisch-philosophische Reflexionskompetenz."

Vater und Sohn
(Foto: Olesia Bilkei/shutterstock)

2.1.3 Das „pädagogische Verhältnis" – zu einem Erziehungsverständnis aus der Geschichte der Pädagogik

2.1.3.1 Hinführung: Was einen guten Lehrer ausmacht ... (Jurek Becker)

Der deutschsprachige Dichter Jurek Becker (1937–1997) lässt Lehrer Karl Simrock als Protagonisten im Roman „Schlaflose Tage" (1978) sein Verständnis eines guten Lehrers äußern.

Da tief in ihm, wie Simrock während der folgenden Tage beschämt erkannte, die Überzeugung saß, er könne seinen Schülern nicht helfen, hatte er sich vor ihnen verschlossen und galt als strenger Lehrer. Dabei wusste er, dass sie ihn eigentlich mochten, denn er gab sich Mühe, das Gerechtigkeitsempfinden der Kinder nicht zu verletzen. Auch forderte er keine unsinnige Disziplin, sie brauchten, wenn sie vorgeschriebene Respektsbezeigungen vergaßen, keine Nachteile zu befürchten. Simrock ging davon aus, dass man sich zueinander in einer Art Arbeitsverhältnis befand, dessen Wirksamkeit einzig daran gemessen werden konnte, wie viele der Lehrersätze sich in den Kinderköpfen einnisteten. Vertrautheit mied er, weil er sich sagte, sie könne eine Quelle von Bevorzugung und Benachteiligung sein: mit allen gleichmäßig vertraut zu sein, kam ihm unmöglich vor. Die Kinder konnten sich darauf verlassen, dass ihnen Unaufmerksamkeit oder Faulheit unweigerlich schlechte Zensuren eintrugen, und deshalb, vermutete Simrock, hielten sie ihn für streng.
Er sagte sich: Es hat keinen Sinn, die Augen länger davor zu verschließen, dass die entscheidenden Veränderungen in der Schule zu geschehen haben. Meine Pläne lassen sich nicht verwirklichen, solange ich mich verhalte, als erledige sich das Schwierige von selbst. Bis heute, dachte er, habe ich den Ring um mich herum an seiner schwächsten Stelle gesprengt, bei der Familie. Ich lebe in der Höhle wie ein Fuchs, bin einsam, fühle mich unglücklich, verkomme. Sollte das mein ganzer Erfolg gewesen sein? Die Erwartungen, dachte er, ohne die mein gegenwärtiges Leben eine Hölle wäre, sind durch nichts gerechtfertigt, wenn ich länger die Hände im Schoß halte.
Simrock machte sich daran zu erkunden, welche Eigenschaften des Lehrers, der er bis jetzt war, verändert und welche seiner Gewohnheiten aufgegeben werden sollten. Gleichzeitig zerbrach er sich den Kopf, welche Eigenschaften und Gewohnheiten er an die Stelle der abzuschaffenden setzen musste, denn er wollte nicht wieder vor einem Loch stehen. Lange hatte er nicht mehr darüber nachgedacht, welches die Vorzüge eines guten Lehrers sind. Entweder war ihm die Frage nicht gekommen, oder er rechnete sich in ehrgeizigen Augenblicken einfach zu den guten Lehrern.
Er konnte sich nicht daran erinnern, welches Idealbild ihm als Student vor Augen gewesen war. Er wusste nicht einmal mehr, ob es je eins gegeben hatte.
Gegen die Gefahr, Merkmale guter Lehrer auf flüchtige Weise zu erkennen, um sie, sich faul mit dem bloßen Erkennen zufriedengebend, bald wieder zu vergessen, nahm er ein Blatt Papier. Als er zu schreiben anfangen wollte, kam ihm der Gedanke, es könnte gut sein, zuvor mit anderen Lehrern zu sprechen oder, wenn schon nicht mit Lehrern, mit anderen Personen. Dann sagte er sich, es gehe ausschließlich um die Meinung des Lehrers, der er in diesem Moment war. Er nahm den Bleistift wieder zur Hand, fühlte sich aber abgelenkt durch die Sehnsucht nach einer Frau, die nicht Ruth sein durfte. Für wenige Minuten überließ er sich dieser Sehnsucht, dann dachte er: Wenn viele Probleme gleichzeitig einer Lösung bedürfen, so wie bei mir jetzt, wird stets der Gedanke an das eine die Bewältigung des anderen behindern. Da ich mich nicht selbst zur Untätigkeit verurteilen will, muss ich bereit sein, auch in abgelenktem Zustand eins meiner Vorhaben zu beginnen. Dann, nachdem er soweit war, zwang er sich zur Konzentration. Abwechselnd überlegte und schrieb er den Abend hindurch und einen Teil der Nacht.
1. Mein guter Lehrer muss ein Verbündeter der Kinder sein. Nicht in der Absicht, einen päda-

gogischen Trick anzubringen, nicht wie ein Taschenspieler, der mit Hilfe seines Verbündet-Tuns andere Ziele verfolgt, sondern ohne Vorbehalt. Nur auf Grund der Überzeugung, dass Kinder Verbündete brauchen.

2. Verbündeter sein heißt, sich gegen jemanden zu verbünden bereit sein, und sei es die mächtige Schule. Sich verbünden gegen sinnlose Bräuche und Anordnungen, von denen es die Fülle gibt. Niederlagen nicht vor den Kindern verheimlichen, sondern offen mit ihnen darunter leiden. Sich aber mit Niederlagen nicht zu früh abfinden, nicht kämpfen wie ein Fallsüchtiger. Wie kannst du ruhig bleiben, wenn dem einen Kind infolge von Offenheit Unannehmlichkeiten entstehen und dem anderen, das nach dem Mund redet, Vorteile.

3. Im Extremfall bereit sein, Konsequenzen zu ziehen (denn es sind Niederlagen denkbar, die nicht hingenommen werden dürfen). Bereit sein, nicht länger Lehrer zu sein, sich mit dieser Bereitschaft Bewegungsfreiheit verschaffen. Doch nicht eine zu kleine Währung daraus machen, für jeden Tag.

4. Er muss sich den Kindern verantwortlich fühlen, mehr als der Schulbehörde. Über den vielgebrauchten Satz, die Schule sei dazu da, die Kinder aufs Leben vorzubereiten, darf er nicht vergessen, dass die Gegenwart ja schon das Leben der Kinder ist. Dass sie schließlich nicht Tote sind, die erst zum Leben erweckt werden müssen.

5. Gespielte Anteilnahme ist schlimmer als eingestandene Interesselosigkeit, denn sie verführt die Kinder zu Offenbarungen vor verschlossenen Ohren. Stell dir einen Blinden vor, dem weisgemacht wird, in einem in Wirklichkeit leeren Raum sitzen Zuhörer, die an seinem Schicksal interessiert sind. Wie er anfängt zu erzählen, bis er durch das Ausbleiben von Reaktionen erkennt, dass er betrogen wurde.

6. Der gute Lehrer muss gute Nerven haben. Die kann er sich nicht antrainieren, ebenso wenig kann er sie erzwingen. Nur die Liebe kann sie ihm geben. (Aber wen lassen sie nicht alles Lehrer werden.)

7. Er muss neugierig auf verschiedene Anlagen der Kinder sein, er muss sie erkennen wollen. Er darf nicht ein fertiges Kind im Kopf haben, an das er alle anderen heranführen will, gebrochen und gleich.

8. Es wird geschehen, dass seine Ansichten von denen abweichen, die er laut Lehrplan den Kindern vorzutragen hat. (Ihm, meinem guten Lehrer, wird das immer wieder geschehen.) Wie sich verhalten? Nur die andere Ansicht sagen? Oder nur die eigene? Oder beide? Wahrscheinlich gibt es keinen anderen Weg, als den Kindern zu erklären, wie Überzeugungen zustande kommen: nicht nur aus Urteilen, sondern auch aus Vorurteilen. Das ist ein abenteuerliches Thema. Er darf die Kinder nicht lähmen mit Endgültigem, sondern muss sie vergleichen lehren und somit zweifeln.

9. Sich selbst darf er über keine Auseinandersetzungen stellen, also auch nicht über den Zweifel. Er hat gewonnen, wenn die Kinder ihn akzeptieren, obwohl sie ihn ungestraft ablehnen könnten.

Simrock hörte auf zu schreiben [...].

Dann las er seine Notizen. Er strich die Zahlen aus, die die einzelnen Absätze voneinander trennten, verbesserte hier und da ein Wort. Dann las er noch einmal und dachte: Was für ein Bemühen. einen guten Lehrer in Theorien darstellen zu wollen! Er zerriss die Notizen.

(Jurek Becker: Was einen guten Lehrer ausmacht. Aus: Jurek Becker, Schlaflose Tage. Suhrkamp Verlag: Frankfurt/Main 1978)

1 Geben Sie wieder, welche Vorstellungen von der idealen Beziehung zwischen Lehrer und Schülern Lehrer Simrock in Jurek Beckers erzählter Episode entwickelt.

2 Entwickeln Sie entsprechende eigene Vorstellungen und vergleichen Sie diese mit den von Karl Simrock vertretenen. Beurteilen Sie Beckers Romanauszug.

3 Interpretieren Sie den letzten Satz „Er zerriss die Notizen." und erörtern Sie den Wert von Erziehungsidealen angesichts von Erziehungswirklichkeit.

2.1.3.2 Momente des „pädagogischen Bezuges“ (Herman Nohl)

Im Werk Herman Nohls (1879–1960) – einem geisteswissenschaftlichen Pädagogen – wird öfter auf den „pädagogischen Bezug“ rekurriert. In seinem Hauptwerk „Die pädagogische Bewegung in Deutschland und ihre Theorie“ aus dem Jahr 1935 geht er sogar in einem eigenen Kapitel auf den „pädagogischen Bezug“ ein. Dort heißt es: „Die Grundlage der Erziehung ist also das leidenschaftliche Verhältnis eines reifen Menschen zu einem werdenden Menschen, und zwar um seiner selbst willen, dass er zu seinem Leben und seiner Form komme.“ Demnach ist

- *das Verhältnis des Erziehers zum Zögling von Leidenschaft geprägt, hat also eine emotionale Komponente.*
- *geht es um das Verhältnis eines reifen Menschen zu einem werdenden Menschen; der pädagogische Bezug hat es also grundsätzlich mit unterschiedlichen Entwicklungsniveaus zu tun und fordert auf Seiten des Erziehers einen Zustand der Reife.*
- *orientiert sich der pädagogische Bezug primär am „Zögling“, am Educanden, d. h. an dem, der zu erziehen ist – wie wir es heute wohl formulieren würden.*

Wolfgang Klafki (1980) hat Nohls Theorie des pädagogischen Bezuges auf sechs tragende Momente reduziert:

Einstellung auf das subjektive Leben des Zöglings
Eines der wichtigsten Kriterien pädagogischen Handelns besteht in der Einstellung auf das subjektive Leben des Zöglings. Die Aktivität des Pädagogen ist nach Nohl (1949, S. 152) „… entscheidend dadurch charakterisiert, dass sie ihren Augenpunkt unbedingt im Zögling hat, das heißt, dass sie sich nicht als Vollzugsbeamten irgendwelcher objektiven Mächte dem Zögling gegenüber fühlt …“. Pädagogik darf sich also keinesfalls als Erfüllungsgehilfe objektiver Gegebenheiten – wie gesellschaftlichen Normen und Werten, weltanschaulichen Orientierungen, wirtschaftlichen oder religiösen Überzeugungen – verstehen, denen sie bei der Durchsetzung ihrer Ziele zur Seite steht. Solchen Einflüssen gegenüber muss die Pädagogik vielmehr unabhängig sein und ihr Handeln einzig in den Dienst des Kindes stellen. Die Forderungen und Ansprüche der Kultur sind von Nohl jedoch nicht vollständig in Frage gestellt oder gar verworfen worden. Im Gegenteil, Nohl (1970, S. 128) sagt ausdrücklich: „Das Kind ist nicht bloß Selbstzweck, sondern ist auch den objektiven Gehalten und Zielen verpflichtet … “. […]
Allerdings hat Nohl diese Anliegen stets im Hinblick auf den Zögling gedacht und erzieherisch umgesetzt. „Was immer an Ansprüchen aus der objektiven Kultur und den sozialen Bezügen an das Kind herantreten mag, es muss sich eine Umformung gefallen lassen, die aus der Frage hervorgeht: welchen Sinn hat diese Forderung im Zusammenhang des Lebens dieses Kindes für seinen Aufbau und die Steigerung seiner Kräfte und welche Mittel hat dieses Kind, um sie zu bewältigen“ (Nohl 1970, S. 127). Erziehung realisiert sich also nicht in der Passung des Zöglings an gesellschaftliche Rahmenbedingungen, sondern vielmehr in der Passung solcher Anliegen an den Zögling. Im Ergebnis kommen also beide Seiten – gesellschaftliche wie individuelle Perspektive – zum Tragen, jedoch immer mit Blick auf das Subjekt des Erziehungsprozesses. Der pädagogische Bezug versteht sich an dieser Stelle als Anwalt des Kindes.

Historischer Wandel des pädagogischen Bezuges
In der Tradition eines geisteswissenschaftlichen Verständnisses von Pädagogik stehend, ist der pädagogische Bezug nicht als zeitlos gültiges sondern als historisches – und damit sich veränderndes – Phänomen zu verstehen. Klafki (1980, S. 61) spricht an dieser Stelle vom „… Sachverhalt des historischen Wandels pädagogischer Verhältnisse oder Meinungen“. Den pädagogischen Bezug mit „Leben“ füllende Elemente wie Autorität, Gehorsam, Vertrauen, sind also keine festen Größen, sondern immer wieder neu zwischen den Generationen auszuhandeln und inhaltlich zu bestimmen. Von einer zunächst einmal durch die eigenen Erfahrungen geprägten und auf diese Erfahrungen

zurückgreifenden Generation an Pädagogen muss folglich eine angemessene Offenheit für Diskussion und Veränderung erwartet werden. Auch hier gilt der Grundsatz der Orientierung am Zögling.

Der pädagogische Bezug als ein Verhältnis der Wechselwirkung

Der pädagogische Bezug ist kein einseitiges und vom Erzieher auf den Zögling hin ausgerichtetes Beeinflussungsverhältnis, sondern vielmehr ein Verhältnis der Wechselwirkung (vgl. Giesecke 1997, S. 226). In den „Gedanken für die Erziehungstätigkeit" von 1926 spricht Nohl (1949, S. 157) von einer „modernen" und, wie er in Anlehnung an Gregor feststellt, „aktiven Pädagogik", die ihr Gegenüber nicht mehr als bloß passiv aufnehmendes Objekt erzieherischer Handlungen und Maßnahmen sieht: „Überall handelt es sich darum, die Selbsttätigkeit wachzurufen und den Willen zu gewinnen, wo die alte Pädagogik … mit Dressur, Zwang und Gewohnheit vorwärtszukommen dachte." Diese „neue" Pädagogik hat Nohl schon 1914 (S. 114) beschrieben: „An die Stelle des Zieles unbedingten Gehorsams und Brechung des Eigenwillens wird Selbständigkeit und Aktivität verlangt, die in der sittlichen Autonomie gipfelt." Eine solche Perspektive ebnet den Weg hin zu einer Pädagogik der Interaktion zwischen den Generationen.

In dieses wechselseitige Verhältnis bringen beide Seiten, wie Giesecke (1997, S. 226) feststellt, „… allerdings nicht Gleiches ein. Der Erzieher hat als Erwachsener und als jemand, der sich in der Auseinandersetzung mit der Welt zu einer reifen Persönlichkeit gebildet hat, einen entsprechenden Vorsprung vor dem Zögling, auf dem u. a. seine Autorität beruht. Der Zögling andererseits bringt als unverwechselbare Persönlichkeit seine Spontaneität in diese Beziehung ein sowie seine gegenwärtige Bedürftigkeit und seine noch unentdeckten künftigen Möglichkeiten, die er nur im Rahmen des pädagogischen Bezugs gemeinsam mit seinem Erzieher entdecken kann."

Das mögliche Misslingen des pädagogischen Bezuges

So wichtig der Aufbau und die Gestaltung einer pädagogischen Beziehung auch ist, der Pädagoge wird nicht „… vergessen dürfen, dass sie nicht zu erzwingen ist, dass hier irrationale Momente wirksam sind, wie Sympathie und Antipathie, die beide Teile nicht in der Hand haben, und er darf darum nicht gekränkt sein oder es gar den Zögling entgelten lassen, wenn ihm der Bezug nicht gelingt … " (Nohl 1949, S. 154). Ein auf Freiheit und Freiwilligkeit gründendes Verhältnis beinhaltet stets die Möglichkeit des Misslingens. An dieser Stelle zeigt sich die Anerkennung der Subjektivität und Souveränität des Zöglings. Nohl (1929, S. 113) selbst sieht einen wesentlichen Fortschritt der Pädagogik in der „… Erkenntnis, dass der Zögling sein Eigenrecht hat und das pädagogische Wirken von der Berücksichtigung dieses Rechts bedingt ist". Gerade auch der in weiten Teilen irrationale Charakter des pädagogischen Bezuges verbietet es dem Pädagogen, wie Klafki (1980, S. 63) mit Recht fordert, das Verhältnis zum Zögling über Täuschung oder bewusste sympathieerzeugende Maßnahmen manipulativ zu arrangieren. Das Misslingen des pädagogischen Bezuges darf auf Seiten des Erziehers weder zu Kränkung und schon gar nicht zu Vorwürfen dem Zögling gegenüber führen. Wegen der grundsätzlichen Bedeutung eines gelingenden erzieherischen Verhältnisses ist der Pädagoge vielmehr verpflichtet, den Zögling „… an jemand anderen zu binden, wenn die Bindung nur überhaupt erfolgt" (Nohl 1949, S. 154).

Die Auflösung des pädagogischen Bezuges

„Die Erziehung endet da, wo der Mensch mündig wird" (Nohl 1970, S. 132). Es liegt folglich in der Natur erzieherischen Handelns, mit zunehmender Selbständigkeit des Heranwachsenden schrittweise zurückgeführt und schließlich ganz aufgehoben zu werden. „Die Pädagogik hat so das Ziel, sich selbst überflüssig zu machen … " (ebd.). Auch das pädagogische Verhältnis beinhaltet von Anfang an „… die Tendenz zu seiner Trennung" (Nohl 1929,

S. 120). Es ist gleichsam das unwiederbringliche Schicksal aller pädagogischen Bemühungen, mit jedem Entwicklungsfortschritt des Zöglings diese Trennung selbst herbeizuführen. Im Ergebnis streben beide Seiten – Erzieher wie Zögling – eine Auflösung des pädagogischen Bezuges an; der Erzieher, indem er die Entwicklung fördert, aber „… auch der Zögling will bei aller Hingabe an seinen Lehrer im Grunde doch sich, will selber sein und selber machen … " (Nohl 1970, S. 137).

Wenn auch jede Erziehung auf Selbständigkeit hin ausgerichtet ist, so bleibt doch das grundsätzliche Verhältnis zwischen den Generationen erhalten. Es ist Nohl (1929, S. 120) zuzustimmen, wenn er sagt: Das pädagogische Verhältnis „… erschöpft sich nicht in seinen Zwecken, auch nicht in dem Ziel der Entwicklung der Autonomie der Jugend, sondern als Lebenszusammenhang und Träger der Kontinuität des Geistes ist es ein Unendliches".

Gegenwarts- und Zukunftsorientierung des pädagogischen Bezuges

Die pädagogische Beziehung muss immer zugleich auf die Gegenwart wie auf die Zukunft des Zöglings hin ausgerichtet sein. Nohl (1970, S. 135 f.) sagt an dieser Stelle: „Das Verhältnis des Erziehers ist immer doppelt bestimmt: von der Liebe zu ihm in seiner Wirklichkeit und von der Liebe zu seinem Ziel, dem Ideal des Kindes, beides aber nicht als Getrenntes, sondern als ein Einheitliches." Auf Seiten des Erziehers setzt das das Wahrnehmen und Erkennen aktueller Kenntnisse und Kompetenzen aber auch zukünftiger Möglichkeiten des Zöglings voraus. Mehr noch: im Handeln des Erziehers sollten beide Perspektiven – Gegenwart wie Zukunft – miteinander verbunden werden. Lee (1989, S. 88) sagt: „Der Erzieher muss realistisches Sehen und idealistisches Wollen in sich tragen." Zukünftige Möglichkeiten und daraus abgeleitete Ziele dürfen dabei jedoch keinesfalls die Erfüllung gegenwärtiger Anliegen und Bedürfnisse verhindern. Nohl (1949, S. 152) sieht vielmehr in jeder Lebensstufe, ja in jedem Augenblick des Kindes einen Eigenwert, „… der nicht bloß der Zukunft geopfert werden darf, sondern nach seiner selbständigen Erfüllung verlangt".

Der schwierige Balanceakt einer für Erzieher und Zöglinge angemessenen und dabei gleichzeitig akzeptablen Verknüpfung gegenwärtiger und zukünftiger Anliegen macht pädagogisches Handeln in jedem Moment zu einer „… Doppelleistung …, die das zukünftige Ziel mit dem Gegenwartsglück der Jugend in eins bringen muss" (Nohl 1929, S. 116).

(Aus: Thomas Martens: Der Pädagogische Bezug bei Herman Nohl. http://lms.fh-kiel.de/mod/resource/view.php?id=33068>. Kiel: Fachhochschule Kiel [Fachbereich Soziale Arbeit und Gesundheit], 2013)

1 Erläutern Sie die sechs tragenden Momente des „pädagogischen Bezugs" nach Nohl.
2 Vergleichen Sie diese mit den 9 Punkten von Karl Simrock aus dem Roman Jurek Beckers.
3 Erörtern Sie mögliche Kritik an Nohls Theorie.
4 Vergleichen Sie Ihre eigene Kritik mit den kritischen Stimmen aus dem folgenden Referat von Thomas Martens.

(Foto: Georg Bubolz, Erkelenz)

2.1.3.3 Kritik an Nohls Theorie des pädagogischen Bezuges

Auch wenn das Thema „pädagogischer Bezug" im Rahmen geisteswissenschaftlicher Pädagogik zentral ist, ist Nohl vielfach mit seiner Theorie auf Widerstand gestoßen. Im Folgenden werden einzelne Argumente gegen seine Theorie aus dem Blickwinkel unterschiedlicher Autoren von Thomas Martens vorgestellt.

Theodor Litt: Isolierung des pädagogischen Vorgangs

Schon früh machte Litt (1960, S. 118) auf das „Grundgebrechen" des pädagogischen Bezuges, „... den pädagogischen Vorgang unzulässig von der Gesamtlage (zu) isolieren ... ", aufmerksam. Die Reduzierung des Erziehungsvorgangs auf das Verhältnis von Erzieher und Zögling birgt zweifellos das Risiko, zu einem abgesonderten Schonraum zu werden, der an der Realität des Lebens vorbei wirkt. Die Theorie des pädagogischen Bezuges hat, so nochmals Litt (1960, S. 117), „... die überpersönlichen Mächte aus den Augen verloren, die in jedem erzieherischen Vorgang im Spiel sind. Erzieher und Zögling stehen einander niemals wie im luftleeren Raum gegenüber. Jede, auch die geringfügigste erzieherische Handlung ist durchwirkt von Beziehungen, die über die Grenzen dieses interpersonalen Verhältnisses hinausführen."

Wolfgang Klafki: Mangelnder Ernstcharakter

Klafki (1975, S. 61) führt die Kritik Litts weiter, indem er die einseitige Konzentration erzieherischen Geschehens auf die „Binnenstruktur" des Verhältnisses zwischen Erzieher und Zögling mit „pädagogischen Provinzen" vergleicht, „... in die die Real- und Ernsterfahrungen und -ansprüche des Lebens nur gleichsam gefiltert Einlass finden ... ". Das Erfahren von Realität durch den permanenten „Filter" des Erziehers hindurch erschwert die Bildung adäquater, d. h. auf eben diese Realität zugeschnittener Handlungskompetenzen. Insbesondere die Entwicklung sozialer Tugenden, wie etwa der Übernahme von Verantwortung, ist nach Klafki (a. a. O., S. 62) jedoch zwingend an einen realen Kontext, der erzieherisch in Form exemplarischer Ernsterfahrungen umgesetzt werden kann, gebunden: „Die entscheidende Frage lautet: Erfährt der junge Mensch sein Handeln als Aufgabe, als ernsthaftes Tun, als Bewährungsprobe, als Hingabe an Forderungen, denen er sich nicht entziehen kann?"

Anton Semjonowitsch Makarenko: Subjektive Beliebigkeit

Der russische Pädagoge Makarenko übt scharfe Kritik an einem Bild von Erziehung, das sich zwar an der Vermittlung gesellschaftlich relevanter Kompetenzen orientiert, den Faktor Gesellschaft – Makarenko spricht vom Kollektiv – in der Umsetzung jedoch stark vernachlässigt, schlimmer noch, in das Belieben des Erziehers stellt. „Die Erreichung der Ziele des Kollektivs, die gemeinsame Arbeit, Pflicht und Ehre des Kollektivs dürfen nicht zum Spielball zufälliger Launen einzelner Menschen werden" (Makarenko 1961, S. 353).
Auftrag und Inhalt pädagogischen Tätigseins dürfen sich also keinesfalls aus der Hinwendung zum Einzelnen ableiten, sondern müssen einzig auf die Planung und Schaffung gemeinschaftlicher Strukturen bzw. Organisationsformen beschränkt sein. „Kein Moralpauken unter vier Augen, sondern eine taktvolle und weise Lenkung des richtigen Wachstums des Kollektivs: das ist des Lehrers Berufung" (a. a. O., S. 353 f.).

Hermann Giesecke: Mangelnde Professionalität

Gieseckes Kritik orientiert sich an einem modernen und professionellen Selbstverständnis pädagogischen Handelns. Die Theorie des pädagogischen Bezuges ist seiner Meinung nach Ausdruck eines familiären Leitbildes, das sich auf professionelle pädagogische Anliegen und Tätigkeiten nicht ohne weiteres übertragen lässt (vgl. Giesecke 1975, S. 222). Obwohl schon zu Nohls Zeiten pädagogisches Handeln – etwa das des Lehrers – in einem deutlich professionellen Kontext stand, fehlt seinem Konzept doch die „... Ablösung von seiner familiären Herkunft" (Giesecke 1997, S. 230). Der durch Begriffe wie Vertrauen und Liebe sehr persönliche und emotional zugeschnittene pädagogische Bezug Nohlscher Prägung ist für eine professionelle Deutung und Wahrnehmung pädagogischer Tätigkeiten als „Lernhelfer" (Giesecke 1975, S. 226) ungeeignet: „Pädagoge sein ist ein moderner Dienstleistungsberuf wie viele andere auch. Und genau so wenig, wie man von anderen Berufen einen ständigen Einsatz der gesamten personalen Existenz erwartet, darf man dies heute von einem professionellen Pädagogen erwarten." (ebd.).

Hans Jochen Gamm: Herrschaftsorientiertes Sozialverhältnis

Die ungeachtet der grundsätzlichen Orientierung pädagogischen Handelns am Zögling bestehende herausragende Bedeutung des Erziehers, die sich nicht zuletzt in den von Nohl (vgl. 1970, S. 138 f.) benutzten Begriffen Autorität und Gehorsam widerspiegelt, lässt den pädagogischen Bezug für Gamm (1970, S. 29 f.) zu einem „herrschaftsorientierten Sozialverhältnis" und in der Konsequenz zu einem „fragwürdigen Nachfolgeverhältnis" werden. Im pädagogischen Bezug drückt sich eine Über- bzw. Unterordnung der beteiligten Akteure aus, die im Widerspruch zu stehen scheint zu demokratisch orientierten. Schäfer/Schaller (1976, S. 166 f.) stellen daher fest: „... Eine Erziehung, die zur Emanzipation in Wort und Tat erziehen möchte, wird den Erziehungsprozess nicht in einem Herrschaftsverhältnis ansiedeln dürfen, sonst könnte allzu leicht das Gegenteil von dem erreicht werden, was erreicht werden soll, nämlich Unmündigkeit und Untertanengeist."

Klaus Bartels: Lähmung der Selbsttätigkeit des Zöglings

Eine überstarke Betonung der Erzieherrolle führt auf Seiten des Zöglings fast zwangsläufig zu einer Reduzierung seiner Eigeninitiative. Aus schulischer Sicht stellt Bartels (1979, S. 279) fest: „Die alleinige Repräsentation der Welt durch die Person des Lehrers kann, zur conditio sine qua non gemacht, die geistige Selbsttätigkeit zumal des älteren Schülers geradezu lähmen."

Die moderne Entwicklungspsychologie beschreibt die Aneignung von Welt schon lange als Prozess und Ergebnis einer aktiven Auseinandersetzung der sich entwickelnden Person mit seiner Umwelt. Auf der Ebene der pädagogischen Umsetzung finden sich an dieser Stelle Begriffe wie Selbststeuerung, entdeckendes Lernen, Partizipation – um nur einige Beispiele zu nennen. Für den Erzieher leitet sich daraus – als eines der tragenden Elemente des pädagogischen Taktes, wie ihn Muth (1967) beschreibt – größtmögliche Zurückhaltung ab.

Fazit

Nohls Theorie des pädagogischen Bezuges ist mehr als eine vorübergehende Erscheinung aus der Epoche einer sich entwickelnden geisteswissenschaftlichen Pädagogik. Von den spezifischen Aussagen Nohls einmal absehend, zeigt sich im pädagogischen Bezug ein menschliches „Urverhältnis" (Giesecke 1997, S. 227), das auch in der heutigen Pädagogik uneingeschränkte Gültigkeit verlangen darf und verlangen muss. „In ihrer primären Struktur ist ... Erziehung ein interpersonales Geschehen, dessen fundamentale Voraussetzungen die umfassende Sorge des Erziehenden für den Educandus sowie die Erwiderung dieser Haltung durch die vertrauende Einstellung des letzteren bilden" (Xochellis 1974, S. 96). Auch die in Teilen berechtigte Kritik darf das Faktum einer lebendigen Beziehung zwischen den am Erziehungsprozess beteiligten Personen nicht grundsätzlich in Frage stellen, sondern höchstens zu einer inhaltlichen Neubestimmung tragender Elemente, wie Liebe, Autorität und Gehorsam, führen.

(Aus: Thomas Martens: Der Pädagogische Bezug bei Herman Nohl. http://lms.fh-kiel.de/mod/resource/view.php?id=33068>. Kiel: Fachhochschule Kiel [Fachbereich Soziale Arbeit und Gesundheit], 2013)

1 Erarbeiten Sie die vorgestellten Kritikpunkte.
2 Erörtern Sie deren Berechtigung.

(Foto: Georg Bubolz, Erkelenz)

2.1.3.4 Das „pädagogische Verhältnis“ – Elemente zur Weiterarbeit

In der Modellvorstellung vom pädagogischen Verhältnis wird die aus der Modellvorstellung funktional-intentionale Erziehung bereits bekannte intentionale Erziehung neu bestimmt. In Bezug auf das vorgenannte Modell besteht aber ein großer Unterschied, der sich auf verschiedenen Ebenen zeigt:

1. In der Modellvorstellung vom pädagogischen Verhältnis wird von der Geschichtlichkeit, d.h. vom Wandel der Erziehung aufgrund des gesellschaftlichen und kulturellen Wandels ausgegangen.
2. In den Blick rückt die Beziehung zwischen Erzieher und seinem „Zögling“.
3. Ihr verbindendes Medium sind diese Beziehung und die Kultur in ihren ideellen und realen Ausformungen.
4. Die erzieherische Absicht, d.h. Intentionalität des Erziehers, wird ausdrücklich gemacht.
5. Der Heranwachsende in seiner Individualität und in seiner individuellen Entwicklung wird ins Zentrum aller erzieherischen Bemühungen und aller pädagogischen Reflexion und Theorienbildung gerückt.

Seit der ersten systematischen Bearbeitung des Phänomens vom pädagogischen Verhältnis durch Herman Nohl (1879–1960) haben sich bis in die Gegenwart hinein eine Reihe synonymer Begriffe etabliert. Dies hat zu einer Begriffsverwirrung geführt, so dass vor einiger Zeit vorgeschlagen worden ist, als Oberbegriff für das Phänomen eines Face-to-face-Verhältnisses zwischen einem Erzieher und einem Educandus den Begriff „pädagogisches Verhältnis“ zu gebrauchen (Klafki u. a. 1970 Bd. I, 53; Kluge 1973, VII). Folgt man diesem sinnvollen Vorschlag, dann lassen sich unter dem Begriff „Pädagogisches Verhältnis“ (...) weitere Begriffe subsummieren.

(Aus: Friedrich W. Kron: Grundwissen Pädagogik, 7. Auflage, Ernst Reinhardt UTB: München 2009, S. 172)

Erwartungsfrohe Kinder am ersten Schultag
(Foto: picture alliance)

2.2 Bildung?

2.2.1 Hinführung: „Ansprache zum Schulbeginn" (Erich Kästner)

Erich Kästner, 1899 in Dresden geboren, hat erste Gedichte bereits in der Schülerzeitung des Gymnasiums veröffentlicht. 1918 absolvierte er das Strehlener Lehrerseminar. Er studierte weiter in Leipzig – später auch Rostock und Berlin – die Fächer Germanistik, Geschichte, Philosophie und Theatergeschichte und arbeitete als freier Schriftsteller. Von 1933 an wurden verschiedene seiner Arbeiten durch die Nationalsozialisten verboten. Er wurde wiederholt verhaftet, aber immer wieder freigelassen. Trotz späteren völligen Schreibverbots emigrierte er nicht. Erich Kästner starb 1974 im Alter von 75 Jahren in München. – Seine „Ansprache zum Schulbeginn" spiegelt etwas von seiner humanistischen Einstellung wider, die sein gesamtes literarisches Werk durchzieht.

Liebe Kinder,
da sitzt ihr nun, alphabetisch oder nach der Größe sortiert, zum ersten Mal auf diesen harten Bänken, und hoffentlich liegt es nur an der Jahreszeit, wenn ihr mich an braune und blonde, zum Dörren aufgefädelte Steinpilze erinnert. Statt an Glückspilze, wie sich's eigentlich gehörte.
Manche von euch rutschen unruhig hin und her, als säßen sie auf Herdplatten. Andre hocken wie angeleimt auf ihren Plätzen. Einige kichern blöde, und der Rotkopf in der dritten Reihe starrt, Gänsehaut im Blick, auf die schwarze Wandtafel, als sähe er in eine sehr düstere Zukunft. Euch ist bänglich zumute, und man kann nicht sagen, dass euer Instinkt tröge. Eure Stunde X hat geschlagen. Die Familie gibt euch zögernd her und weiht euch dem Staate. Das Leben nach der Uhr beginnt, und es wird

erst mit dem Leben selber aufhören. Das aus Ziffern und Paragraphen, Rangordnung und Stundenplan eng und enger sich spinnende Netz umgarnt nun auch euch. Seit ihr hier sitzt, gehört ihr zu einer bestimmten Klasse. Noch dazu zur untersten. Der Klassenkampf und die Jahre der Prüfungen stehen bevor. Früchtchen seid ihr, und Spalierobst müsst ihr werden! Aufgeweckt wart ihr bis heute, und einwecken wird man euch ab morgen! So, wie man's mit uns getan hat. Vom Baum des Lebens in die Konservenfabrik der Zivilisation? Das ist der Weg, der vor euch liegt. Kein Wunder, dass eure Verlegenheit größer ist als eure Neugierde.

Hat es den geringsten Sinn, euch auf einen solchen Weg Ratschläge mitzugeben? Ratschläge noch dazu von einem Manne, der, da half kein Sträuben, genau so „nach Büchse" schmeckt wie andre Leute auch? Lasst es ihn immerhin versuchen und haltet ihm zugute, dass er nie vergessen hat, noch je vergessen wird, wie eigen ihm zumute war, als er selber zum ersten Mal in der Schule saß. In jenem grauen, viel zu groß geratenen Ankersteinbaukasten. Und wie er ihm damals das Herz abdrückte.

Damit wären wir schon beim wichtigsten Rat angelangt, den ihr euch einprägen und einhämmern solltet wie den Spruch einer uralten Gedenktafel:

Lasst euch die Kindheit nicht austreiben! Schaut, die meisten Menschen legen ihre Kindheit ab wie einen alten Hut. Sie vergessen sie wie eine Telefonnummer, die nicht mehr gilt. Ihr Leben kommt ihnen vor wie eine Dauerwurst, die sie allmählich aufessen, und was gegessen worden ist, existiert nicht mehr.

Man nötigt euch in der Schule eifrig von der Unter- über die Mittel- zur Oberstufe. Wenn ihr schließlich droben steht und balanciert, sägt man die „überflüssig" gewordenen Stufen hinter euch ab, und nun könnt ihr nicht mehr zurück! Aber müsste man nicht in seinem Leben wie in einem Hause treppauf und treppab gehen können? Was soll die schönste erste Etage ohne den Keller mit den duftenden Obstborten und ohne das Erdgeschoss mit der knarrenden Haustür und der scheppernden Klingel? Nun – die meisten leben so! Sie stehen auf der obersten Stufe, ohne Treppe und ohne Haus, und machen sich wichtig. Früher waren sie Kinder, dann wurden sie Erwachsene, aber was sind sie nun?

Nur wer erwachsen wird und Kind bleibt, ist ein Mensch. Wer weiß, ob ihr mich verstanden habt. Die einfachen Dinge sind schwer begreiflich zu machen. Also gut, nehmen wir etwas Schwieriges, womöglich begreift es sich leichter. Zum Beispiel:

Haltet das Katheder weder für einen Thron noch für eine Kanzel! Der Lehrer sitzt nicht etwa deshalb höher, damit ihr ihn anbeten, sondern damit ihr einander besser sehen könnt. Der Lehrer ist kein Schulwebel und kein lieber Gott. Er weiß nicht alles, und er kann nicht alles wissen. Wenn er trotzdem allwissend tut, so seht es ihm nach, aber glaubt es ihm nicht! Gibt er hingegen zu, dass er nicht alles weiß, dann liebt ihn! Denn dann verdient er eure Liebe. Und da er im Übrigen nicht eben viel verdient, wird er sich über eure Zuneigung von Herzen freuen. Und noch eines:

Der Lehrer ist kein Zauberkünstler, sondern ein Gärtner. Er kann und wird euch hegen und pflegen. Wachsen müsst ihr selber!

Nehmt auf diejenigen Rücksicht, die auf euch Rücksicht nehmen! Das klingt selbstverständlicher, als es ist. Und zuweilen ist es furchtbar schwer. In meine Klasse ging ein Junge, dessen Vater ein Fischgeschäft hatte. Der arme Kerl, Breuer hieß er, stank so sehr nach Fisch, dass uns anderen schon übel wurde, wenn er um die Ecke bog. Der Fischgeruch hing in seinen Haaren und Kleidern, da half kein Waschen und Bürsten. Alles rückte von ihm weg. Es war nicht seine Schuld. Aber er saß, gehänselt und gemieden, ganz für sich allein, als habe er die Beulenpest. Er schämte sich in Grund und Boden, doch auch das half nichts. Noch heute, fünfundvierzig Jahre danach, wird mir flau, wenn ich den Namen Breuer höre. So schwer ist es manchmal, Rücksicht zu nehmen. Und es gelingt nicht immer. Doch man muss es stets von neuem versuchen.

Seid nicht zu fleißig! Bei diesem Ratschlag müssen die Faulen weghören. Er gilt nur für die Fleißigen, aber für sie ist er sehr wichtig. Das Leben besteht nicht nur aus Schularbeiten.

2. Was ist das – „Erziehung", „Bildung", „Sozialisation" und „Enkulturation"?

Der Mensch soll lernen, nur die Ochsen büffeln. Ich spreche aus Erfahrung. Ich war als kleiner Junge auf dem besten Wege, ein Ochse zu werden. Dass ich's, trotz aller Bemühung, nicht geworden bin, wundert mich heute noch. Der Kopf ist nicht der einzige Körperteil. Wer das Gegenteil behauptet, lügt. Und wer die Lüge glaubt, wird, nachdem er alle Prüfungen mit Hochglanz bestanden hat, nicht sehr schön aussehen. Man muss nämlich auch springen, turnen, tanzen und singen können, sonst ist man mit seinem Wasserkopf voller Wissen ein Krüppel und nichts weiter.

Lacht die Dummen nicht aus! Sie sind nicht aus freien Stücken dumm und nicht zu eurem Vergnügen. Und prügelt keinen, der kleiner und schwächer ist als ihr! Wem das ohne nähere Erklärung nicht einleuchtet, mit dem möchte ich nichts zu tun haben. Nur ein wenig warnen will ich ihn. Niemand ist so gescheit oder so stark, dass es nicht noch Gescheitere und Stärkere als ihn gäbe. Er mag sich hüten. Auch er ist vergleichsweise schwach und ein rechter Dummkopf.

Misstraut gelegentlich euren Schulbüchern. Sie sind nicht auf dem Berge Sinai entstanden, meistens nicht einmal auf verständige Art und Weise, sondern aus alten Schulbüchern, die aus alten Schulbüchern entstanden sind, die aus alten Schulbüchern entstanden sind, die aus alten Schulbüchern entstanden sind. Man nennt das Tradition. Aber es ist ganz etwas Anderes.

Der Krieg zum Beispiel findet heutzutage nicht mehr wie in Lesebuchgedichten statt, nicht mehr mit geschwungener Plempe [spöttisch für: breites Seitengewehr, plumper Säbel; Anm. des Hrsg.] und nicht mehr mit blitzendem Kürass [franz.: Brustharnisch; Anm. des Hrsg.] und wehendem Federbusch wie bei Gravelotte und Mars-la-Tour. In manchen Lesebüchern hat sich das noch nicht herumgesprochen.

Glaubt auch den Geschichten nicht, worin der Mensch in einem fort gut ist und der wackre Held vierundzwanzig Stunden am Tage tapfer! Glaubt und lernt das, bitte, nicht, sonst werdet ihr euch, wenn ihr später ins Leben hineintretet, außerordentlich wundern! Und noch eins: Die Zinseszinsrechnung braucht ihr auch nicht mehr zu lernen, obwohl sie noch auf dem Stundenplan steht. Als ich ein kleiner Junge war, mussten wir ausrechnen, wie viel Geld im Jahre 1925 aus einem Taler geworden sein würde, den einer unserer Ahnen 1525, unter der Regierung Johannes des Beständigen, zur Sparkasse gebracht hätte. Es war eine sehr komplizierte Rechnerei. Aber sie lohnte sich. Aus dem Taler, bewies man uns, entstünde durch Zinsen und Zinseszinsen das größte Vermögen der Welt. Doch dann kam die Inflation, und im Jahre 1925 war das größte Vermögen der Welt samt der ganzen Sparkasse keinen Taler mehr wert. Aber die Zinseszinsrechnung lebte in den Rechenbüchern munter weiter. Dann kam die Währungsreform, und mit dem Sparen und der Sparkasse war es wieder Essig. Die Rechenbücher haben es wieder nicht gemerkt.

Und so wird es Zeit, dass ihr einen Rotstift nehmt und das Kapitel „Zinseszinsrechnung" dick durchstreicht.

Genauso wie die Attacke auf Gravelotte und den Zeppelin. Und wie noch manches andere. Da sitzt ihr nun, alphabetisch oder nach der Größe geordnet und wollt nach Hause gehen. Geht heim, liebe Kinder. Wenn ihr etwas nicht verstanden haben solltet, fragt eure Eltern! Liebe Eltern, wenn Sie etwas nicht verstanden haben sollten, fragen Sie Ihre Kinder!

(Aus: Erich Kästner: Ansprache zum Schulbeginn. In: Ders.: „ …was nicht in euren Schulbüchern steht". Fischer Taschenbuch Verlag: Frankfurt/Main 1968, S. 53–56)

1 Erläutern Sie die Imperative der Ansprache und setzen Sie sich damit auseinander.

2 Erörtern Sie, was die Ansprache zum Schulbeginn mit „Bildung" zu tun hat.

3 Beurteilen Sie die „Ansprache zum Schulbeginn" von Kästner unter pädagogischen und literarischen Gesichtspunkten.

2.2.2 „Der Schulanfang ist ein Versprechen von Glück …" – Bernhard Bueb zum Bildungsbegriff

Auch der ehemalige Internatsleiter von Salem, Bernhard Bueb, bezieht sich bei seinen Überlegungen auf den Schulanfang. Allerdings erscheint hier „Bildung" in einem etwas anderen Licht.

a) Zur Diskussion gestellt …

Der Schulanfang ist ein Versprechen von Glück. Kinder begegnen ihrer ersten Lehrerin oder ihrem ersten Lehrer wie Moses, der sie in das gelobte Land führen wird, in das Land der Bildung. Die Lehrer der ersten Stunde nehmen die Kinder an die Hand und beginnen mit ihnen eine Reise der Entdeckungen. Die Kinder lernen neue Wege der Fortbewegung kennen, Lesen, Schreiben und Rechnen heißen die Vehikel ihrer Forschungsreise. Damit öffnet sich ihnen die Welt auf neue Weise: Sie können die Zeichen der Kultur entziffern und zugleich die ordnende Kraft kultureller Leistungen erkennen. Lesen macht sie unabhängig. Sie können den Weg in die fernen Welten der Prinzen, Feen und Hexen selbst antreten, bisher waren sie auf kundige Erwachsene angewiesen, die ihnen erzählten oder vorlasen. Sie erfahren, wie das geschriebene Wort die Welt ordnet und wie sie diese Ordnung verstehen und nutzen können, den Fahrplan des Busses zum Beispiel, die Gebrauchsanleitung eines Spielzeugs, die Botschaften auf Plakaten oder die Informationen in der Fernsehzeitschrift. Rechnen können heißt einkaufen können, die Zeit einteilen lernen, die Tage bis Weihnachten zählen oder sein Taschengeld verwalten können. Schreiben können schließlich erweitert den Radius der Mitteilung, Briefe oder E-Mails lassen sich verschicken und die Erinnerung kann schriftlich bewahrt werden.

Wissen wandelt sich zu Bildung, wenn Kinder und Jugendliche beim Entdecken der Welt sich selbst entdecken. Wenn sie lesen, Theater spielen, malen, rechnen, schreiben, Sport treiben oder musizieren, lernen sie, die Welt besser zu verstehen. Sie erfahren, dass sie die Welt verändern können, dass sie sich dabei selbst verändern und dass das Vertrauen in ihre eigenen Kräfte wächst. Bildung wird dann zur Richtschnur ihres Handelns, sie liefert den Kompass ihrer zunehmenden Unabhängigkeit und Selbstständigkeit. Werde, der du bist!, lautet die Maxime, der sie folgen sollen. Wer in sich ruht, weil er zu sich gefunden hat, wird sich anderen Menschen zuwenden können und ihre Zuwendung beglückend erfahren.

Sich zu bilden heißt, sich durch Erkenntnis die Welt zu eigen zu machen, dadurch zu Selbsterkenntnis zu gelangen und aus begründeter Einsicht im persönlichen und öffentlichen Leben handeln zu können. Das erfordert Anstrengung. […]

Schon immer wurde die Vorstellung von dem, was Bildung sein soll, durch Überlegungen der Nützlichkeit eingeengt. Heutzutage sind wir dieser Gefährdung erlegen. Unter Bildung verstehen wir oft nur noch die Ausbildung, die auf den Beruf vorbereiten soll. Das Ziel von Bildung, seinen Charakter nach einem humanistischen Menschenbild zu formen, sich durch Selbsterkenntnis finden zu können und daraus Impulse für das eigene Handeln zu gewinnen, tritt in den Hintergrund. […]

(Aus: Bernhard Bueb: Von der Pflicht zu führen. Neun Gebote der Bildung. Ullstein Buchverlage: Berlin 2008, S. 15ff.)

b) Ein Beispiel

Zur Bildung gehört auch, Widerstandskräfte der Kinder gegen die Einflüsse des Fernsehens zu stärken. Um dieses Ziel zu erreichen, sollten sie gemeinsam mit den Kindern das Fernsehprogramm einer Woche im Voraus studieren und Sendungen, die angeschaut werden dürfen, festlegen. Kriterien der Auswahl könnten Themen, das Niveau von Sendungen und ein festgelegtes Zeitpensum sein. Der Verführung „herumzuzappen", werden die Kinder trotzdem erliegen. Eltern können aber das sorgfältige, vorausschauende Studium des Fernsehprogramms zur Gewohnheit machen und ihnen dadurch ein Mittel an die Hand geben, das sie nicht zum Knecht dieses Mediums macht, sondern sein Herr bleiben lässt. Dass sich Eltern für die Auswahl der Fernsehsendungen Zeit nehmen, trägt allein schon zur psychischen Festigung von Kindern bei.

(Aus: Bernhard Bueb: Von der Pflicht zu führen. Neun Gebote der Bildung. Ullstein Buchverlage: Berlin 2008, S. 106)

1 Skizzieren Sie Buebs Überlegungen zum Bildungsbegriff.
2 Vergleichen Sie diese mit den Intentionen von Erich Kästner. (Denken Sie vor allem daran, in welcher Hinsicht Kinder „Widerstandskräfte" bilden sollen.)
3 Erörtern Sie, ob bzw. inwiefern „Bildung" neben „Erziehung" – trotz der Sinnüberschneidungen der beiden Begriffe – als wesentlicher Begriff im pädagogischen Kontext berechtigt verwendet wird.
4 Beurteilen Sie Bernhard Buebs Verständnis von Bildung.

Die Erziehung eines Menschen vollendet sich durch Bildung. Bildung heißt, sich das Wissen der Vorfahren aneignen, mithilfe dieses Wissens sein Leben deuten und daraus Impulse für sein Handeln gewinnen können. Jugendliche stärken wir in ihrer Persönlichkeit durch Erziehung und Bildung. Erst die Fähigkeit, die Gültigkeit moralischer Werte erkennen und im Kontext des Wissens der Vorväter reflektieren zu können, wappnet junge Menschen gegen die Anfechtungen unserer Zeit. Erziehung und Bildung heißt daher, einen Menschen instand zu setzen, sich selbst und die Welt zu erkennen und in ihr mutig zu handeln.

(Aus: Bernhard Bueb: Lob der Disziplin. Eine Streitschrift. Ullstein Buchverlage: Berlin 2006, S. 25–26)

(Foto: Georg Bubolz, Erkelenz)

2.2.3 Bildung der Zukunft durch das „Wissensquintett“ (Howard Gardner) – Fünf Intelligenzen für das 21. Jahrhundert

Der 1943 in den USA geborene Howard Gardner ist Professor für Erziehungswissenschaften an der Harvard Graduate School of Education, außerordentlicher Professor für Psychologie an der Harvard University und außerordentlicher Professor für Neurologie an der Boston University School of Medicine. – Im folgenden Textauszug wird referiert, inwiefern nach Gardners Überzeugung das, was im alten Bildungsbegriff gemeint ist, auch für die Zukunft bedeutsam ist.

Verlässliche Antworten darauf, was Bildung in Zukunft und für die Zukunft sein soll, gibt es noch nicht. [...] Bis dahin hilft möglicherweise das Bildungs- und Wissenskonzept, das der Harvard-Psychologe Howard Gardner vorgelegt hat: Five Minds for the Future. Der Kognitions- und Intelligenzforscher versteht es als eine Art Quintessenz seiner jahrzehntelangen Forschung: Diszipliniertes, synthetisches und kreatives Denken werden durch respektvolles und ethisches Handeln komplettiert.
Als elementare, notwendige Grundlagen für persönliche Karriere und öffentliche Kultur sollen sie für alle Akteure und alle gesellschaftlichen Bereiche und Berufe gelten: Von den Kindergärten bis zu den Unternehmen – Schüler, Studenten, Arbeiter, Angestellte und Manager sollen sie lernen, Lehrer, Trainer und Mentoren lehren, Eltern ihren Kindern und Führungsverantwortliche in der Wirtschaft ihren Mitarbeitern und Politiker uns allen vorleben.

1. Diszipliniertes Denken umfasst „Disziplin“ in dreifacher Bedeutung. Sie wird verstanden als

- Konzentrationsfähigkeit („diszipliniert lernen“)
- Expertentum durch Aneignen von Faktenwissen in Schulfächern oder Berufsrollen
- Beherrschung einer der grundlegenden „Disziplinen“, etwa in der Naturwissenschaft, Geschichte, Mathematik oder in den Handwerken und Künsten.

Wissenschaftlich diszipliniert denken zu können bedeutet etwa, dass man eigene „Weltbilder“ und Überzeugungen immer wieder an den realen Gegebenheiten überprüft oder einfachen Zusammenhängen keine Verursachungen unterstellt („Wer BMW fährt, gibt auch Trinkgeld“). Es bedeutet, individuelle Meinungen nicht als verallgemeinerbare Sachverhalte anzusehen. Historisch-diszipliniertes Denken begreift, dass unser Wissen sich entwickelt hat

und alle „Fakten“ einem menschlichen Interpretationsprozess unterliegen, der immer wieder neu gestaltet wird.
Berufliche Expertise entwickeln und ein wirklicher Meister seines Faches werden kann nur, wer mindestens eine der großen Denk- oder Kulturschulen wirklich beherrscht – und für sein „Metier“ anwenden kann. Nur mit Faktenwissen und ohne ein Mindestmaß solch disziplinärer Wissensstrukturen wäre man dagegen hilflos – ein hoch qualifizierter Fachidiot.
Die Kultur der Disziplin erfordert einen langen Lernprozess: Unter 10 Jahren „Lehrzeit“ kann niemand wirklich meisterlich sein. So schrieb Mozart zwar schon mit 14 Jahren große Musik, aber er begann seine formale Ausbildung bereits im Alter von vier Jahren.
2. Synthetisches Denken: Der zweite Schritt der Kulturfähigkeit besteht im Wortsinne aus dem Zusammen-Bringen oder -Setzen der Dinge. Es geht darum, ihren jeweiligen Kern und das Wesentliche zu erfassen und den Sinn für das Ganze zu entwickeln. Woran der Fachidiot scheitert, sollten andere lösen: aus der Unmenge von Informationen, Daten und Faktenfluten ein zuverlässiges, gültiges Wissen zu schaffen. Dabei ist weniger das Was der Information entscheidend, sondern das Wie der Informationsverarbeitung: Wir müssen Daten, Fakten und auch Ideen so bewerten und organisieren, dass wir höhere, integrierte Bedeutungs-, Wissens- oder Sinneinheiten und Konzepte entwickeln und verständlich kommunizieren oder auch lehren können. […]
3. Kreatives Denken: Neues entdecken, über das Bekannte hinausgehen, ungewohnte Fragen stellen, Probleme und Zusammenhänge erkennen und hinterfragen, den „anderen Blick“ entwickeln und neue Perspektiven und Handlungswege öffnen – Kreativität ist für Gardner eine zentrale Zukunftsfähigkeit. Sie setzt immer zwei Bedingungen voraus. So muss man zunächst eine gewisse Meisterschaft im disziplinierten und synthetischen Denken erreicht haben. Kreativität ist immer außerhalb des Bekannten – der „Schublade“: Man kann nur kreativ sein und „außerhalb der Schublade denken“, betont Gardner, „wenn man eine hat und sich darin auskennt“. Und: Kreative müssen bestimmte Persönlichkeitseigenschaften mitbringen oder entwickeln – vor allem Kritikfähigkeit, Ausdauer und Selbstbehauptung.
„Vor einem Jahrzehnt hätte ich an dieser Stelle wohl mein Konzept geschlossen“, betont Gardner die Bedeutung der restlichen beiden Zukunftskompetenzen, „da war ich noch zu stark der kognitive Psychologe, der sich mit Denken, Problemlösen und Intelligenz beschäftigte“. Er habe aber besonders in seiner großangelegten Forschung über Good Work (Gute Arbeit) erkannt, dass disziplinär, synthetisch und kreativ noch so herausragende Leistungen an sich nicht gut und wertvoll sind, sondern völlig inakzeptabel und schädlich sein können – wie beispielsweise die permanenten kognitiven „Höchstleistungen“ der Investmentbanker mit ihren hochkomplexen Finanzdienstleistungen und -produkten leidvoll beweisen. „Ich habe nichts gegen Spitzenleistungen“, erklärt der Psychologe, „aber am Ende des Tages brauchen wir nicht noch mehr schlaue Spitzenleister, sondern mehr von denen mit einem guten Charakter“ – wir brauchen also Menschen, die „vor den anderen Achtung haben und anständig handeln“.
4. Respektvolles Denken meint daher aktive Wertschätzung anderer Menschen und die Fähigkeit zur Loyalität. Respekt bedeutet also nicht passive, halbherzige Duldung oder Toleranz – schon gar nicht bedingungsabhängiges Respektieren nach dem Prinzip „Wenn du deine Hausaufgaben machst, spreche ich wieder mit dir.“ Respekt und Achtung beruhen auf der Erkenntnis, dass keiner für sich oder nur innerhalb seines „Stammes“ leben kann, sondern dass die Welt aus Menschen besteht, die anders aussehen, anders denken, anders fühlen und unterschiedliche, aber prinzipiell völlig gleichwertige Freuden erleben oder Ziele verfolgen. Respekt ist der erste entscheidende Schritt für das konstruktive Miteinander. Es ist die Kompetenz, die wir am frühesten erwerben und entwickeln können und sollen: Der Prozess der Wertschätzung und der Sensibilisierung für unsere Mitmenschen beginnt für Gardner mit der Geburt – und er gründet auf der Art und Weise, wie die Eltern und die Geschwister miteinander umgehen.

5. Ethisches Denken: Emotionales Wertschätzen und Respektieren sind elementare Grundlagen eines sinnvollen Daseins. Für das wirklich gute Leben müssen sie aber noch ergänzt werden: Wir benötigen ein ethisch-moralisches Orientierungs- und Wertesystem. Nur mit diesem Leitstern können wir die entscheidenden Fragen beantworten: Wer bin ich? Wie kann ich als Bürger anständig leben? Wie kann ich in meinem Beruf wertvoll arbeiten?
Es geht also nicht nur um das Recht des individuellen Respektiertwerdens, sondern um die persönliche Erfüllung der Werte und Pflichten in Privatleben und Beruf: Welche Verpflichtungen habe ich gegenüber meinen Mitmenschen – Lebenspartnern, Angehörigen, Freunden, Kollegen oder Kunden? Was dürfen sie von mir erwarten? Welche Verantwortlichkeiten habe ich?

(Aus: Andreas Huber: Das Wissensquintett – Fünf Intelligenzen für das 21. Jahrhundert. In: Psychologie heute, Juli 2009, S. 37–39)

1 Arbeiten Sie heraus, was unter den fünf Intelligenzen für das 21. Jahrhundert nach Gardner zu verstehen ist.

2 Im Englischen umfasst der Begriff „education“ neben „Erziehung“ auch „Bildung“. Arbeiten Sie heraus, inwiefern Gardner das, was im Deutschen unter „Bildung“ verstanden wird, mit in seine Überlegungen einbezieht.

3 Vergleichen Sie Gardners Ausführungen mit den thematisch entsprechenden von Bernhard Bueb und beziehen Sie Stellung. Beziehen Sie in Ihren Vergleich auch die Frage mit ein, aus welchen Gründen die jeweiligen Autoren zu ihrer Position gekommen sind. Zusatzinformationen zu Gardner sind dem folgenden Textausschnitt zu entnehmen.

Warum hat sich Gardner gerade für diese fünf Schlüsselkompetenzen entschieden? Weil nur sie die Kriterien der absoluten und verallgemeinerbaren Notwendigkeit für alle Akteure erfüllen. Aussortiert hat er beispielsweise viele andere modische „Bewusstseinsschulungen“ wie technologische, digitale, demokratische, emotionale, strategische, spirituelle oder gar marktbezogen-kapitalistische, unternehmerische Kompetenzen – weil sie entweder nur randständige, spezielle Bedeutung haben oder bereits im definierten Wissensquintett enthalten sind.
Die fünf Gardnerschen Elemente des Denkens und Bewusstseins schließen sich nicht aus, sondern bedingen einander, sie ergänzen und erweitern sich gegenseitig: Kreatives Denken beispielsweise wird immer eine gewisse disziplinäre Meisterschaft voraussetzen, ethisches und wertvolles Handeln wäre ohne eine gewisse intellektuelle Flexibilität ebenso schwierig wie sie ohne Respekt und Loyalität zur kalten Prinzipienreiterei verkommen müsste.
Mitunter können die Elemente des Quintetts auch in Konflikte geraten: Sind kreative Leistungen noch respektvoll, wenn man mit den Neuerungen traditionelle Positionen bloßstellt? Zudem stehen wir häufig vor moralischen Abwägungen und Dilemmata – loyal oder ehrlich handeln?
Solche Zwickmühlen stellen sich jedem. Letztlich lösen kann sie nur, wer gelernt hat, was elementare Werte wie Hilfsbereitschaft oder Gerechtigkeit bedeuten. „Moral muss und kann man trainieren“, so der deutsche Pädagoge und Moralforscher Georg Lind, sie sei eine „Bildungsaufgabe wie Rechnen und Schreiben“.
Die Zukunft der Bildung kann nur in einer umfassenden Persönlichkeitsbildung bestehen. Fachlich hochentwickeltes, kreatives Denken und Handeln, geistige Flexibilität und breite Lernfähigkeit sind kein Selbstzweck. Sie werden getragen von einer Persönlichkeit mit hoher Sozialkompetenz und ethisch fundierter Werthaltung. Gardners Credo entspricht dem seines Landsmannes Martin Luther King, der „Intelligenz plus Charakter als das wahre Ziel der Bildung“ verstand. Und Friedrich Schiller sah den einzig zukunftstauglichen Menschen als jemanden, bei dem sich ein „heller Geist mit einem empfindenden Herzen gattet“. Gardners „fünf Intelligenzen“ erfüllen diese Poesie mit der Pragmatik einer umfassenden Kulturkompetenz.

(Aus: Andreas Huber: Das Wissensquintett – Fünf Intelligenzen für das 21. Jahrhundert. In: Psychologie heute, Juli 2009, S. 37–39)

2.2.4 Bildung für nachhaltige Entwicklung

(Foto: Georg Bubolz, Erkelenz)

„Nachhaltigkeit" bezeichnet zunächst ein Konzept, dem zufolge ein regenerierbares System in einer Weise bewirtschaftet wird, dass dieses System in seinen wesentlichen Eigenschaften erhalten bleibt und sein Bestand auf natürliche Weise regeneriert wird. Ursprünglich ging es um ein forstwirtschaftliches Prinzip, nach dem nicht mehr Holz gefällt werden darf, als nachwachsen kann. In anderen Kontexten bedeutet der Begriff „Nachhaltigkeit", dass etwas lange andauert, besteht oder nachwirkt, nachdem es in Gang gesetzt wurde.
Im pädagogischen Zusammenhang wird unter „Bildung für nachhaltige Entwicklung " eine bis 2014 konzipierte „Bildungsstrategie für nachhaltige Entwicklung" verstanden, die sich auf die Bildungsaktivitäten der UN-Dekade über diesen Zeitraum hinaus erstreckt.
In Nordrhein-Westfalen wurden eine Reihe Projekte entwickelt, die sich dem Anliegen der Vereinten Nationen verpflichtet wissen. Ein Baustein der Landesregierung besteht im Schulbereich in der Kampagne „Schule der Zukunft – Bildung für Nachhaltigkeit", die Schulen auf ihrem Weg zu einem zukunftsorientierten Schulleben im Sinne einer Bildung für nachhaltige Entwicklung unterstützt und die dazu beiträgt, wirtschaftliche, ökologische und soziale Entwicklungen im Zusammenhang zu verstehen und entsprechende Gestaltungskompetenzen von jungen Menschen fördert. Unter anderem geht es um Themen wie beispielsweise „Klimaschutz", „Energie" oder „nachhaltiger Konsum". Auf der Homepage „Bildung für nachhaltige Entwicklung" wird zunächst der Nachhaltigkeitsgedanke erläutert, der bereits 1992 in Rio de Janeiro auf der Konferenz der Vereinten Nationen für Umwelt und Entwicklung in der Agenda 21 diskutiert wurde.

2.2.4.1 Was ist Nachhaltigkeit?

Der Kerngedanke: Zukünftige Generationen sollen dieselben Chancen auf ein erfülltes Leben haben wie wir. Gleichzeitig müssen Chancen für alle Menschen auf der Erde fairer verteilt werden. Es geht zum einen um Gerechtigkeit zwischen den Generationen und zum anderen um Gerechtigkeit zwischen den verschiedenen Weltregionen, Nationen und Kulturen.

(Bildung für nachhaltige Entwicklung – Weltdekade der Vereinten Nationen 2005–2014, in: http://www.bne-portal.de/coremedia/generator/unesco/de/02__UN-Dekade_20BNE/01__Was_20ist_20BNE/Was_20ist_20BNE_3F.html – [01. 04. 2013])

Weiter heißt es unter dem Titel „Bildung für nachhaltige Entwicklung":

Bildung für nachhaltige Entwicklung vermittelt Kindern, Jugendlichen und Erwachsenen nachhaltiges Denken und Handeln. Sie versetzt Menschen in die Lage, Entscheidungen für die Zukunft zu treffen und dabei abzuschätzen, wie sich das eigene Handeln auf künftige Generationen oder das Leben in anderen Weltregionen auswirkt.
Der Einzelne erfährt durch Bildung für nachhaltige Entwicklung: Mein Handeln hat Konsequenzen. Nicht nur für mich und mein Umfeld, sondern auch für andere. Ich kann etwas tun, um die Welt ein Stück zu verbessern. Ein solches Denken ist dringend notwendig, um Veränderungen anzustoßen und drängende globale Probleme wie den Raubbau an der Natur oder die ungleiche Verteilung von Reichtum anzugehen. Regierungen, Organisationen und Unternehmen müssen Nachhaltigkeit lernen und umsetzen.
Bildung für nachhaltige Entwicklung vermittelt Wissen über:

(Foto: Georg Bubolz, Erkelenz)

- globale Zusammenhänge und Herausforderungen wie den Klimawandel oder globale Gerechtigkeit;
- die komplexen wirtschaftlichen, ökologischen und sozialen Ursachen dieser Probleme.

Bildung für nachhaltige Entwicklung vermittelt Kompetenzen:
Mit Gestaltungskompetenz wird die Fähigkeit bezeichnet, Wissen über nachhaltige Entwicklung anwenden und Probleme nicht nachhaltiger Entwicklung erkennen zu können. Sie umfasst zum Beispiel folgende Fähigkeiten:

- vorausschauendes Denken;
- interdisziplinäres Wissen;
- autonomes Handeln;
- Partizipation an gesellschaftlichen Entscheidungsprozessen.

Hintergrund: Gestaltungskompetenz
Die UN-Dekade „Bildung für nachhaltige Entwicklung"
Mit der UN-Dekade „Bildung für nachhaltige Entwicklung (2005–2014)" haben sich die Staaten der UN verpflichtet, dieses Konzept zu stärken – vom Kindergarten, Schule, beruflicher Ausbildung, Universität über Forschungsinstitute, außerschulische Weiterbildungseinrichtungen bis zum informellen Lernen außerhalb von Bildungseinrichtungen. Die Agenda 21, das internationale politische Aktionsprogramm für nachhaltige Entwicklung, nennt in Artikel 36 Bildung als Schlüsselfaktor auf dem Weg zu mehr Nachhaltigkeit.

(Aus: http://www.bne-portal.de/coremedia/generator/unesco/de/02__UN-Dekade_20BNE/01__Was_20ist_20BNE/Einf_C3_BChrung__neu.html – [01. 04. 2013] Das Portal wird mit Förderung des BMBF von der Deutschen UNESCO-Kommission e.V. umgesetzt.)

1 Formulieren Sie anhand der Textvorlage eine Definition von „Nachhaltigkeit" und „Bildung für nachhaltige Entwicklung"

2 Erläutern Sie – in einem ersten Zugriff – den Zusammenhang von „Bildung" und „Nachhaltigkeit".

2.2.4.2 Grundzüge von Bildung für nachhaltige Entwicklung

Werner Rieß, Professor an der Pädagogische Hochschule Freiburg, erläutert:

Ein ganz bedeutsames Kennzeichen des Konzeptes der Nachhaltigkeit ist dessen Mehrdimensionalität. Zumindest drei Dimensionen, in welchen gleichermaßen eine nachhaltige Entwicklung anzustreben ist, werden nahezu immer genannt. Es sind dies:
Ökologie („ökologische Dimension"), Gesellschaft („sozio-kulturelle oder soziale Dimension") und Ökonomie („ökonomische Dimension"). Aus dieser Mehrdimensionalität erwächst die Notwendigkeit eines vielperspektivischen Zugangs bei der Beschäftigung und Auseinandersetzung mit Fragen einer nachhaltigen Entwicklung (vgl. bspw. Gärtner & Hellberg-Rode, 1999, Schleicher, 1997).
Die Agenda 21 selbst umfasst 40 Kapitel. In Kapitel 36 wird unmissverständlich der Schul- und Berufsbildung eine entscheidende Funktion bei der Umsetzung der Agenda 21 zugewiesen. Dort heißt es: „Bildung ist eine unerlässliche Voraussetzung für die Förderung einer nachhaltigen Entwicklung und die Verbesserung der Fähigkeit der Menschen, sich mit Umwelt- und Entwicklungsfragen auseinanderzusetzen …
Sowohl die formale als auch die nichtformale Bildung sind unabdingbare Voraussetzungen für die Herbeiführung eines Bewusstseinswandels bei den Menschen, damit sie in der Lage sind, ihre Anliegen in Bezug auf eine nachhaltige Entwicklung abzuschätzen und anzugehen. Sie sind auch von entscheidender Bedeutung für die Schaffung eines ökologischen und ethischen Bewusstseins sowie von Werten und Einstellungen, Fähigkeiten und Verhaltensweisen, die mit einer nachhaltigen Entwicklung vereinbar sind, sowie für wirksame Beteiligung der Öffentlichkeit an der Entscheidungsfindung" (BMU, o. J., S. 261).

Feuchtgebiet Grevenbroich
(Foto: Georg Bubolz, Erkelenz)

Der Begriff und die Vorstellung einer „nachhaltigen Entwicklung“ wurden im Bereich der Umweltbildung und der Entwicklungspädagogik rasch aufgegriffen (vgl. Rieß, 2002). Die Umweltbildung entwickelte sich zur „Bildung für nachhaltige Entwicklung (BNE)“ und die Entwicklungspädagogik zum „Globalen Lernen“.

(Aus: Werner Rieß, Einleitung, in: Umweltministerium Baden-Württemberg/Ministerium für Kultus, Jugend und Sport Baden-Württemberg (Hrsg.), Auf dem Weg zu einer nachhaltigen Entwicklung im Klassenzimmer – Ein Unterrichtskonzept am Beispiel Energie, Stuttgart 2009, S. 5 ff., nach: http://www2.um.baden-wuerttemberg.de/servlet/is/25368/BNE_Handreichung_Grundschule.pdf – [01. 04. 2013]; © 1. Auflage, 2009, Prof. Dr. habil. Werner Rieß, Pädagogische Hochschule Freiburg)

1 Geben Sie den Inhalt des Textauszuges wieder.
2 Entwickeln Sie mögliche Ziele, Inhalte und Methoden der Bildung für nachhaltige Entwicklung (BNE) und vergleichen Sie diese mit dem im folgenden Text Gesagten.

2.2.4.3 Ziele, Inhalte und Methoden der Bildung für nachhaltige Entwicklung (BNE)

Welche Ziele sollen in einer BNE angestrebt werden?

Etwas grundsätzlicher formuliert ist zunächst zu klären, welche konkreten Persönlichkeitsmerkmale (Kompetenzen, Wissen, Fähigkeiten, Verhaltensdispositionen) eine Person besitzen soll, die im Sinne einer „Bildung für nachhaltige Entwicklung“ als gebildet gelten kann. In der Umweltbildung hat man zwischen drei großen Zieldimensionen unterschieden, die so auch für die BNE umformuliert werden könnten:
Es gilt in der Umweltbildung
a) Umweltwissen zu vermitteln,
b) bestimmte wünschenswerte Umwelteinstellungen und
c) umweltgerechtes Verhalten zu fördern.
Übertragen auf eine BNE würde dies bedeuten, dass im Rahmen der BNE die Schüler/-innen beim Erwerb von Persönlichkeitsmerkmalen in den drei Bereichen „Wissen“, „Einstellungen“ und „Verhalten“ unterstützt werden sollen, die im Hinblick auf eine nachhaltige Entwicklung von Bedeutung sind.
Beispielhaft können anzustrebende Merkmale genannt werden wie „Wissen und Kenntnisse über Strategien zur Förderung einer nachhaltigen Entwicklung“, die „Fähigkeit, eine Gruppendiskussion moderieren oder sich in eine öffentliche Diskussion einbringen können“, die „Kenntnis und Akzeptanz wichtiger nachhaltigkeitsrelevanter Normen wie inter- und intragenerationale Gerechtigkeit“ und die „Fähigkeit zu einem Verhalten, das eine nachhaltige Entwicklung fördert“.
Mit der Forderung, im Bildungsprozess Einfluss auf das nachhaltigkeitsrelevante Verhalten der Schüler/-innen zu nehmen, begibt man sich allerdings auf ein umstrittenes Terrain. Unter manchen Pädagogen aus der BNE bzw. der Umweltbildung war und ist es eine ausgemachte Sache, dass „ökologisch wünschenswertes Handeln [und damit auch nachhaltiges Handeln] zwar konkretes und unmittelbares Ziel praktischen und pädagogisch zu ermöglichenden, nicht aber direktes Ziel pädagogischen Handelns sein kann“ (Heid, 1992, S. 133).
Kurz gesagt: Nachhaltiges Handeln soll ermöglicht werden, darf aber nicht direkt Ziel der Bildung bzw. Erziehung sein. Weshalb? Wer konkret Einfluss auf das Umwelthandeln bzw. nachhaltigkeitsbezogene Handeln der Schüler/-innen nehmen will, instrumentalisiert damit „nicht nur Bildung, sondern auch Gebildete“ (a. a. O.).
Der Versuch, Schüler/-innen zu umweltgerechtem und damit auch nachhaltigem Verhalten zu erziehen, wird deshalb als „moralisch aufgeladene Erziehung“ begriffen. Versucht man gar bestimmte nachhaltigkeitsfördernde Verhaltensweisen einzuüben, steht ein entsprechendes pädagogisches Handeln „unter dem Indoktrinationsverdacht“, „dem Verdacht einer ideologisch bedingten Manipulation des Verhaltens der nachfolgenden Generation“ (BLK, 1999,

(Foto: Georg Bubolz, Erkelenz)

S. 61). Welche Ziele also sollen in einer BNE angestrebt werden? Eine der populärsten Zielformulierungen ist die von de Haan und Harenberg 1999 in die Diskussion eingebrachte „Gestaltungskompetenz". Darunter verstanden sie zunächst die Gesamtheit der Fähigkeiten, die den Bürgern „bei der Beteiligung an Verständigungs- und Entscheidungsprozessen abverlangt" wird (BLK, 1999, S. 60). In einer aktuellen Version wird Gestaltungskompetenz folgendermaßen definiert: „Mit Gestaltungskompetenz wird die Fähigkeit bezeichnet, Wissen über nachhaltige Entwicklung anwenden und Probleme nicht nachhaltiger Entwicklung erkennen zu können. Das heißt, aus Gegenwartsanalysen und Zukunftsstudien Schlussfolgerungen über ökologische, ökonomische und soziale Entwicklungen in ihrer wechselseitigen Abhängigkeit ziehen und darauf basierende Entscheidungen treffen, verstehen und individuell, gesellschaftlich und politisch umsetzen zu können, mit denen sich nachhaltige Entwicklungsprozesse verwirklichen lassen" (de Haan, 2008, S. 31). Eine entsprechende Gestaltungskompetenz umfasst dabei zehn Teilkompetenzen:

- Weltoffen und neue Perspektiven integrierend Wissen aufbauen,
- vorausschauend denken und handeln,
- interdisziplinär Erkenntnisse gewinnen und handeln,
- gemeinsam mit anderen planen und handeln können,
- an Entscheidungsprozessen partizipieren können,
- andere motivieren können, aktiv zu werden,
- die eigenen Leitbilder und die anderer reflektieren können,
- selbstständig planen und handeln können,
- Empathie und Solidarität für Benachteiligte, Arme, Schwache und Unterdrückte zeigen können,
- sich motivieren können, aktiv zu werden (de Haan, 2008, 32ff., für die Grundschule BMU, 2009, S. 25ff).

Eine weitere beachtenswerte Zielbestimmung der BNE findet sich bei Rost, Lauströer und Raack (2003). Sie greifen dabei auf die von de Haan und Harenberg empfohlene Gestaltungs-

kompetenz zurück. Sie wird in diesem Entwurf jedoch nur als eine Teilkompetenz unter anderen Teilkompetenzen betrachtet, die erst in ihrer Gesamtheit die Verwirklichung des in enger Anlehnung an die Agenda 21 formulierten Ziels der BNE möglich machen:
„Bildung für nachhaltige Entwicklung soll Schüler/-innen befähigen und über die Bewertung von Umweltveränderungen motivieren, sich an einer gesellschaftlichen Entwicklung zu beteiligen, die die Lebensqualität der jetzt lebenden Menschen einander angleicht und die Entfaltungsmöglichkeiten zukünftiger Generationen nicht einschränkt" (a. a. O., S. 10).
Um die Schüler/-innen hierfür zu befähigen bedürfen sie, nach Ansicht der Autoren, dreier Teilkompetenzen. Im Rahmen der BNE gilt es Systemkompetenz zu vermitteln. Das ist die Fähigkeit „mit globalen Systemzusammenhängen umgehen zu können und diese zu verstehen ..." (a. a. O.). Die zweite Teilkompetenz ist, wie schon erwähnt, die Gestaltungskompetenz, die als Zieldimension von de Haan und Harenberg ohne größere Änderungen übernommen wird. Die dritte vorgeschlagene Teilkompetenz ist die Bewertungskompetenz. Darunter verstehen die Autoren die Fähigkeit, in Entscheidungssituationen unterschiedliche Werte erkennen, gegeneinander abwägen und in den Entscheidungsprozess einfließen lassen zu können. Neben der Kenntnis kultureller Besonderheiten sollen den Schüler/-innen „auch eine gewisse Akzeptanz und Toleranz gegenüber den Werten anderer Kulturen vermittelt" werden (a. a. O.).
Im Gegensatz zu diesen beiden genannten Zielempfehlungen aus dem deutschsprachigen Bereich ist man im internationalen Kontext allerdings der Auffassung, dass im Rahmen der BNE nicht nur die Vermittlung von grundlegendem Wissen und grundlegenden Kompetenzen angestrebt, sondern auch Persönlichkeitsmerkmale im Bereich der Werte, Einstellungen und Verhaltensweisen gefördert werden sollen, ohne dass dies als indoktrinierend oder manipulierend empfunden wird. Als Beleg für eine entsprechende Sichtweise kann beispielsweise die Zielformulierung der von den Vereinten Nationen ausgerufenen UN-Dekade „Bildung für nachhaltige Entwicklung" genannt werden. Demnach ist es das Ziel der BNE „allen Menschen Bildungschancen zu eröffnen, die es ermöglichen, sich Wissen und Werte anzueignen sowie Verhaltensweisen und Lebensstile zu erlernen, die für eine lebenswerte Zukunft und eine positive gesellschaftliche Veränderung erforderlich sind" (UNESCO, 2005, S. 26, Hervorhebung durch den Verfasser).

(Aus: Werner Rieß, Pädagogische Hochschule Freiburg, Einleitung, in: Umweltministerium Baden-Württemberg/Ministerium für Kultus, Jugend und Sport Baden-Württemberg [Hrsg.], Auf dem Weg zu einer nachhaltigen Entwicklung im Klassenzimmer – Ein Unterrichtskonzept am Beispiel Energie, Stuttgart 2009, S. 5ff., nach: http://www2.um.baden-wuerttemberg.de/servlet/is/25368/BNE_Handreichung_Grundschule.pdf – [01. 04. 2013] © 1. Auflage, 2009, Prof. Dr. habil. Werner Rieß, Pädagogische Hochschule Freiburg)

Welche Themen und Inhalte einer BNE sollten gewählt werden?
Immer wieder wird in der BNE die Frage nach geeigneten Gesichtspunkten gestellt, mit Hilfe derer man aus der Fülle möglicher Inhalte und Themen, die in einer BNE aufgegriffen werden könnten, geeignete Themen herausfiltern kann. Im Rahmen des Modellprogramms [...] einigte man sich beispielsweise auf vier allgemeine Kriterien für die Auswahl von Inhalten und Themen für die BNE.
Mit Hilfe dieser Kriterien sollen Lehrer/-innen in die Lage versetzt werden, potentielle Unterrichtsthemen im Hinblick auf ihre Relevanz für eine nachhaltige Entwicklung und für die BNE einzuschätzen.
Die vier Kriterien sind (BLK „21", 2003, S. 15):
1. Zentrales lokales/globales Thema (Leitfrage: Erschließt der Inhalt den Bedarf, die Bedingungen und Perspektiven zukunftsfähiger Entwicklung im lokalen und globalen Raum?),
2. längerfristige Bedeutung (Leitfrage: Ist die längerfristige Bedeutung des Inhaltes anzunehmen oder gesichert?),
3. differenziertes Wissen (Leitfrage: Werden verschiedene Fächer, Wissenschaften, Disziplinen an der Konstituierung des Gegenstandes beteiligt?) und

An vielen Orten in der Welt sind Menschenrechte gefährdet.
(Foto: Georg Bubolz, Erkelenz)

4. Handlungspotenzial (Leitfrage: Werden Handlungsmöglichkeiten für den Einzelnen und/oder Sozietät und/oder Betroffenen für die Politik, Wirtschaft sowie Wissenschaft und Technik aufgezeigt?)

Welche Themen gelten nun unter den Fachleuten der BNE als besonders geeignet? Häufig genannt werden unter anderem:

- Klimawandel, Treibhauseffekt
- Süsswasserverknappung
- Ökosysteme (z. B. Wald)
- aktiver Natur- und Umweltschutz im Schulbereich (z. B. Schulgarten)
- Verlust der biologischen Vielfalt (Biodiversitätskrise)
- Weltwirtschaft und Globalisierung
- Konsum und Lebensstil
- nachhaltige Mobilität
- Ressourcenverbrauch
- Nutzung alternativer Energien
- Sicherung der Grundbedürfnisse: Gesundheit, Ernährung, Bildung, …
- Menschenrechte
- interkulturelles Zusammenleben
- internationale Beziehungen
- Konflikte global und lokal
- Flucht und Migration
- Nachhaltige Entwicklung/Agenda 21
- Bevölkerungsentwicklung
- Massentourismus
- Müllvermeidung, Recycling
- Urbanisierung
- Nachhaltige Entwicklung der eigenen Schule (vgl. auch Seybold, 2000).

(Aus: Werner Rieß, Pädagogische Hochschule Freiburg, Einleitung, in: Umweltministerium Baden-Württemberg/Ministerium für Kultus, Jugend und Sport Baden-Württemberg (Hrsg.), Auf dem Weg zu einer nachhaltigen Entwicklung im Klassenzimmer – Ein Unterrichtskonzept am Beispiel Energie, Stuttgart 2009, S. 5 ff., nach: http://www2.um.baden-wuerttemberg.de/servlet/is/25368/BNE_Handreichung_Grundschule.pdf – [01. 04. 2013] © 1. Auflage, 2009, Prof. Dr. habil. Werner Rieß, Pädagogische Hochschule Freiburg)

1 Setzen Sie sich mit den Auswahlkriterien für Themen und Inhalte einer BNE sowie den angeführten Themen und Inhalten einer BNE auseinander.

2 Arbeiten Sie heraus, welche Methoden zu den genannten Inhalten am besten passen.

2.2.4.4 „Umweltverantwortung“ als Thema von „Erziehungswissenschaft“

„Verantwortung“ kann eine Zielkategorie pädagogischen wie auch didaktischen Handelns darstellen. Der Educand soll so erzogen und unterrichtet werden, dass er die Kompetenz erwirbt, verantwortlich handeln zu können.

Soll herausgestellt werden, inwiefern „Verantwortung“ aus ethischer Sicht von anderen ethischen Modellen differiert, kann eine Unterscheidung von Max Weber aus dem Jahr 1920 weiterhelfen. Weber grenzt „Gesinnungsethik“

(Foto: Georg Bubolz, Erkelenz)

von „Verantwortungsethik" ab. Ein Handeln, das sich ausschließlich an für gut gehaltenen Prinzipien orientiert, rechnet Weber der „Gesinnungsethik" zu, während der verantwortungsethisch Handelnde bei seinem Tun auch mögliche Folgen bedenkt. So werden vorgegebene politische, gesellschaftliche, bewusstseins- und einstellungsmäßige Voraussetzungen mit in die verantwortungsethische Reflexion eingeschlossen, während sich der Gesinnungsethiker „nur seinen Prinzipien" verpflichtet fühlt. Nach Weber geht es darum, Motivation und Handlungsentwurf – abstrakt trennbar, aber in actu notwendig verbunden – als zu verwirklichende Elemente sittlicher Praxis zu verstehen und dabei dem Subjekt uneingeschränkte Verantwortung zu unterstellen.

Nicht nur der in der Absicht liegende Erfolg, sondern auch die nicht intendierten Nebenwirkungen einer Handlung sind zu verantworten. Und das Subjekt darf diese Verantwortung nicht scheuen, sofern es als verpflichtend erfahrene Motive bestimmen.

Dass eine derartige Verantwortungsethik gerade für erzieherisches Handeln von eminenter Bedeutung ist, darauf ist verschiedentlich hingewiesen worden (vgl. Wilhelm 1967; Derbolav 1971; u. a.). So hat Derbolav deutlich gemacht, dass „die Ethik des erzieherischen Handelns in betonter Weise eine Verantwortungsethik" (Derbolav 1971, 132) darstellt. „Als Erfolgs- oder Gesinnungsethik würde sie nämlich unter ihrem Anspruch hoffnungslos zurückbleiben. Denn weder kann sie sich damit begnügen, das Beste gewollt (aber nicht getan) zu haben, noch kann sie ihre Genugtuung an die Erfolge ihres Tuns knüpfen, da ihr dieser Erfolg … gar nicht in kontrollierbarer Weise greifbar wird. Man könnte – um ihre Besonderheit zu charakterisieren – die pädagogische (Ethik) eine potenzierte Verantwortungsethik nennen, insofern sie von der Verantwortung inspiriert ist, im Erziehungspartner selber Verantwortung hervorzubringen. Ihre Motivation ist also, Motivation zu stiften, der ihr vorgesetzte Zweck, dem Educandus Zwecksetzung zu ermöglichen. – In dieser Potenzierung ihres sittlichen Anspruchs aber liegt zugleich eine Nötigung zu intensiverem Engagement und das Risiko einer höheren Gefährdung jeder anderen Form praktischer Aufgaben" (Derbolav 1971, 132 f.). Diese Gefährdung liegt unter anderem darin, dass die Zukunft des Educandus in pädagogische Verantwortung zu nehmen ist und der objektive Bildungsanspruch der „Sache" und das subjektive Fragebewusstsein des Educanden dialektisch zu vermitteln sind (vgl. Derbolav 1971, 134). Bezüglich des erzieherischen Erfolges wird mit Derbolav auf die doppelte Begrenzung des pädagogisch Tätigen hingewiesen: „einmal aktuell in Bezug auf das offene Ergebnis seiner konkreten Bildungsarbeit, zum anderen virtuell in Bezug auf die spätere Bewährung des im Bildungsprozess Erworbenen. Die Bewährung des Zöglings aber ist für den Erzieher gänzlich unbelangbar, und sie muss es auch bleiben, sofern Erziehung und Bildung eben nur ein Ermöglichen, nicht aber ein Bestimmen und Determinieren sind" (Derbolav 1971, 134).

So unmöglich es sein wird, die ethische Differenzierung von Motivation und Handlungsentwurf in der Praxis zu treffen, so wertvoll kann sie doch sein, um die Akzentuierung der Folgen eines Handelns, das sich auf Umwelt in ihrer Vernetztheit bezieht, herauszustellen.

(Aus: Georg Bubolz: Umwelterziehung im Pädagogikunterricht, Europäische Hochschulschriften Band 257, Peter Lang: Frankfurt/Main – Bern – New York 1985, S. 96–97 © beim Autor)

1 Erklären Sie den Unterschied von Gesinnungsethik und Verantwortungsethik.

2 Erläutern Sie, was im Text über pädagogische Verantwortung gesagt wird.

3 Erörtern Sie, inwiefern „Umweltverantwortung" im Rahmen von Umwelterziehung als entscheidendes Erziehungsziel gelten kann.

2.2.5 Bildung – Elemente einer Arbeitsdefinition

Bildung meint
- die Befähigung zu vernünftiger Selbstbestimmung und Solidaritätsfähigkeit,
- die Subjektentwicklung im Medium der Objektivationen bisheriger menschlicher Kultur; das bedeutet: Bildung ist immer als ein Selbst- und als ein Weltverhältnis auszulegen, das nicht nur rezeptive, sondern verändernd produktive Teilnahme an der Kultur meint,
- die Gewinnung von Individualität und Gemeinschaftlichkeit,
- eine allgemein gültige, d. h. für alle Menschen gleich gültige Bildung,
- Vielseitigkeit, vor allem die moralische, kognitive, ästhetische und praktische Dimension.

(Aus: Herbert Gudjons: Pädagogisches Grundwissen. 10. Aufl., UTB Klinkhardt: Bad Heilbrunn 2008, S. 200)

Kinder!
(Foto: Frank Kunert)

2.3 Sozialisation?

Von den verschiedenen Instanzen, in denen die heranwachsende Generation in die Gesellschaft eingeführt wird, steht neben der Familie die Schule an herausgehobener Position. Anhand dieser Sozialisationsinstanz soll im Folgenden exemplarisch verdeutlicht werden, wie der Vorgang des Hineinwachsens in gesellschaftliche Kontexte vonstatten geht, wie dieser Vorgang theoretisch erfasst werden kann und wo neuralgische Punkte der Kategorie „Sozialisation“ zu suchen sind.

2.3.1 Hinführung: „Apropos, was wird eigentlich aus denen, aus denen etwas geworden ist?“ – Sozialisation in einem herkömmlichen Verständnis weitergedacht ...

Der französischsprachige Dichter Daniel Pennac (geboren 1944) erzählt in seinem Buch „Schulkummer“ (2009) von Rollenproblemen, mit denen sich Menschen konfrontiert sehen, wenn sie aus dem Berufsleben ausscheiden. In einem herkömmlichen Verständnis ist der sozialisierte – in die Gesellschaft eingegliederte – Mensch derjenige, der die üblichen Institutionen durchlaufen hat: Kindergarten, Schule, Berufsausbildung. Dass dieses Verständnis auf Schwierigkeiten stoßen muss, wenn das Rentnerdasein beginnt, liegt auf der Hand.

Apropos, was wird eigentlich aus denen, aus denen etwas geworden ist?

F. war ein paar Monate auf Rente, als er starb. J. hat sich wenige Wochen vor seiner Pensionierung aus dem Fenster gestürzt. G. ist in eine Depression abgeglitten. Ein anderer Bekannter hat sie gerade überstanden. Die Ärzte von J. F. meinen, mit dem Alzheimer habe es bei ihm kurz nach seinem vorzeitigen Ruhestand begonnen. Auch bezüglich P.B. sagen das die Ärzte. Die arme L. weint sich die Augen aus dem Kopf, weil ihr der Medienkonzern gekündigt hat, bei dem sie glaubte, die Nachrichten bis ans Ende ihrer Tage machen zu können. Und schließlich denke ich noch an den Schuster aus R., der daran zugrunde gegangen ist, dass niemand seine Werkstatt übernehmen wollte. „Hat denn mein Leben keinen Wert?“, hörte er nicht zu fragen auf. „Soll alles für die Katz gewesen sein?“ Und so ist er aus Kummer gestorben, weil niemand sein Werk fortsetzen wollte.

Oder der Diplomat: Die Vorstellung, dass er in einem halben Jahr als Rentner mit sich und seinen vier Wänden allein ist, ängstigt ihn, er sucht nach einer anderen Beschäftigung: Berater für eine internationale Firmengruppe oder Seniorexperte irgendwo? Oder auch der Mann, der eine Weile Premierminister war. Dreißig Jahre lang, seit den ersten Wahlerfolgen, hatte er davon geträumt. Seine Frau hat ihn stets ermuntert. Er war ein alter Hase in der Politik und wusste, dass diese Titel-Rolle, „die Regierung XY“, von Natur aus zeitlich begrenzt ist. Und gefährlich. Er wusste, dass er bei der erstbesten Gelegenheit zum Gespött der Medien würde, eine exzellente Zielscheibe, auch im eigenen Lager, der führende Sündenbock. Bestimmt kannte er den Witz, den Clemenceau 1917 über seinen Kabinettschef riss: „Wenn ich einen fahren lasse, stinkt er.“ (Tja, die Politik hat so ihre vornehmen Wendungen, die umso schonungsloser sind, je mehr man „unter Freunden“ ist, müssen doch die öffentlichen Äußerungen nach Milligramm gewogen werden.) Der Mann wird also Premierminister. Er geht diesen riskanten und zeitlich begrenzten Vertrag ein. Seine Frau und er legen sich ein dickes Fell zu. Premierminister also, ein paar Jahre lang. Gut. Die paar Jahre gehen herum, wie erwartet wird er abgeschossen, verliert seinen Ministersessel. Seine Umgebung sagt, die Sache nehme ihn schwer mit: „Er sorgt sich um seine Zukunft.“ So sehr, dass eine Depression ihn an den Rand des Selbstmords bringt.

Der Fluch der gesellschaftlichen Rolle, für die wir ausgebildet und erzogen wurden und die

wir „unser Leben lang“, mit anderen Worten, die Hälfte unseres Daseins, gespielt haben: Nimmt man uns die Rolle weg, so sind wir nicht mehr der Akteur.
Diese dramatischen Berufsabbrüche führen zu einer Verzweiflung, die in meinen Augen den Qualen des Jugendlichen ziemlich gleicht, der, von seiner Zukunftslosigkeit überzeugt, darunter leidet, dass er lebt. Zurückgeworfen auf uns selbst, schrumpfen wir auf nichts zurück. Sodass die Versuchung auftritt, sich aus dem Weg zu räumen. Hier zeigt sich zuallermindest eine Schwachstelle in unserer Erziehung.

(Aus: Daniel Pennac: Schulkummer. Kiepenheuer & Witsch: Köln 2009, S. 66–67)

1 Erläutern Sie, worin im vorliegenden Text „zuallermindest eine Schwachstelle in unserer Erziehung“ gesehen wird.
2 Erörtern Sie, wie diese „Schwachstelle“ behoben werden könnte. Berücksichtigen Sie dabei die Frage, welche Rolle Sozialisation dabei spielen sollte.

2.3.2 Ohne Sozialisation durch Schule ein glücklicher Mensch? – André Stern erzählt vom Wegfall einer üblichen Sozialisationsinstanz in seinem Leben

Kann man – auf dem Hintergrund des von Pennac beschriebenen „Schulkummers“ – darauf schließen, dass Sozialisation auch ohne Schule möglich und vielleicht sogar im Einzelfall besser verlaufe? André Stern scheint auf den ersten Blick dieser Meinung zu sein. Sein Buch „... und ich war nie in der Schule“ trägt den Untertitel „Geschichte eines glücklichen Kindes“.

Wenn ich eingeladen werde, einen Vortrag zu halten, dann fasse ich mich am liebsten kurz: „Meine Damen und Herren, guten Abend! Als kleiner Junge hatte ich die immerwährenden Fragen der Leute irgendwann satt, die erstaunt waren, mich frei herumlaufen zu sehen, während alle anderen Kinder in der Schule saßen. Also legte ich mir einen kleinen Satz zurecht, um mich ein für alle Mal vorzustellen:
‚Guten Tag, ich heiße André, bin ein Junge, esse keine Bonbons und zur Schule gehe ich nicht!‘“
Diese letzte Äußerung sorgte üblicherweise für eine gewisse Aufregung; und das ist auch heute noch der Fall.
Ich gehe inzwischen auf die vierzig zu, bin Journalist, Musiker und Gitarrenbauer und habe nie einen Fuß in eine Schule gesetzt.
Meine Damen und Herren, mit diesen Worten beende ich meinen Vortrag. Und wie es den Gepflogenheiten entspricht, stehe ich nun zu Ihrer Verfügung, um alle Fragen zu beantworten, die er hervorgerufen hat.“ [...]
Die erste Frage, die mir gestellt wird, lautet immer:
„Aber hat dir der Kontakt zu anderen Kindern nicht schrecklich gefehlt?“
Ich weiß aus Erfahrung, dass dieser Frage oft unmittelbar ein argumentierender Nachsatz folgt:
„Der Unterricht ist ja nicht die einzige Aufgabe der Schule: Sie ist vor allem der Ort, an dem man lernt, in der Gesellschaft zu leben, der Ort, wo man die soziale Kompetenz erwirbt, die unabdingbar ist für das Zusammenleben mit anderen.“
Darauf möchte ich mit einer Gegenfrage antworten: Warum wird der Kontakt mit anderen Kindern als so bedeutend angesehen? Kommt es nicht vielmehr auf den Kontakt mit anderen Menschen an?
Indem man Kinder und Erwachsene in gesonderte Kategorien einordnet, trennt man sie. Man schafft eine Kluft, zieht eine Grenze, und bewacht sie streng.
Den Kindern bleibt nur, sich dieser Grenze in kleinen Etappen zu nähern, ähnlich den Bewährungsproben in einem Computerspiel, in dem man zu bestimmten Orten oder Hilfsmitteln erst Zugang erhält, wenn man den Übergang zum nächsten Level geschafft hat.

Es gilt, die Spielregeln zu beachten, Fallen zu umgehen, sie von Weitem schon auszumachen, die kleinen Tricks zu kennen, die erwarteten Antworten im richtigen Moment zu geben – auf diese Weise gewinnt man Punkte. Verliert man seine Bonuspunkte nicht, dann muss man keinen Level noch mal spielen und kommt pünktlich zur abschließenden Prüfung an.

Kann man vernünftigerweise glauben, dass eine Sozialisierung stattfindet, indem man Umgang mit Kindern desselben Alters in einem hermetischen Klassenverband hat, indem man täglich eine Ration desselben Standard-Düngers teilt, der nach einem von oberster Stelle festgelegten Programm versprüht wird? Kann man allen Ernstes annehmen, dass Alter und Wohnort des Kindes die gelungenen Kriterien zur Gruppeneinteilung sind?

Ich habe in ständigem Kontakt und Austausch mit anderen Menschen gelebt, manche waren jünger, manche älter. Die gegenseitige Bereicherung ergab sich gerade aus diesem vielfältigen und kosmopolitischen Umfeld.

Es gab immer etwas, was man von jemandem lernen konnte, ebenso wie es immer etwas gab, was man jemand anderem vermitteln konnte. Ich durfte meine Freunde wählen, so wie sie mich gewählt haben. Das Leben, unsere Wege, Interessen und Fähigkeiten führten uns zusammen und nicht die Daten unseres Personalausweises.

Unsere Freundschaften ergaben sich aus unserem Alltag und wuchsen darin. Und wenn manche sich wieder lösten, dann kam es nicht zum Kalten Krieg, denn wir konnten uns aus dem Weg gehen und waren nicht zum täglichen Umgang gezwungen, wie er in einer Klasse unvermeidbar ist. […]

„Und wenn du nun Arzt, Anwalt, Ingenieur oder Architekt hättest werden wollen?“

Ein weiterer Klassiker …

Auf der Erde wimmelte es nur so von Ärzten, Anwälten, Ingenieuren und Architekten, würde sich der Ehrgeiz aller Eltern verwirklichen. […]

Die gegenwärtige Gesellschaft belässt die Menschen in den Zweifeln an ihren eigenen Fähigkeiten. Zur Beruhigung stellt sie ihnen einen ganzen Katalog an genormten Optionen zur Verfügung, die es erlauben, die meisten Verantwortlichkeiten an höhere Instanzen abzugeben. Deren weiße Kittel lassen auf ihren Sachverstand schließen und ihre Expertise ermutigt dazu, sich auch im Hinblick auf die Elternschaft nicht auf Natur und Instinkt zu verlassen. So haben die Eltern jemanden, an den sie sich erleichtert wenden können, der dazu gedacht ist, besser als sie selbst zu wissen, wie eine geregelte Schwangerschaft, eine sichere Geburt und eine effiziente Erziehung ablaufen […]

Ich habe nie mit Geringschätzung auf jene herabgesehen, die an die Norm glauben, aber ich habe auch nie versucht, es ihnen gleichzutun. Ihre Allgegenwart beeinflusst meine Wanderung nicht, und gegen den Strom zu schwimmen macht mir keine Angst, aber ich tue es nicht aus Prinzip.

Bei der Musterung gab es eine bezeichnende und lustige Begebenheit: Ich sollte meinen Ausbildungsstand angeben. Es gab fünf Kästchen auf dem Formular, das der Rekrut, der mit meiner Befragung betraut war, auszufüllen hatte: „Studium“, „mittlere oder höhere Schule“, „Grundschule“, „Vorschule, erstes Jahr Grundschule“, „Analphabet“. Ich passte in keine Kategorie.

„Ja, aber“, entgegnete der junge Mann ziemlich ratlos, als ich mich dagegen wehrte, dass er das Kästchen „Analphabet“ ankreuzte, „wenn Sie weder ein Studium absolviert noch eine höhere oder mittlere Schulausbildung haben oder die Grund- oder Vorschule besucht haben, dann können Sie doch nur Analphabet sein!“

„Nein“, erklärte ich, „ich bin kein Analphabet: Ich kann lesen und schreiben. Sie sehen doch selbst, dass ich dieses Formular hier ausgefüllt habe.“ Daraufhin entgegnete der Rekrut: „Ich will Ihnen ja gerne glauben, aber was soll ich machen, ich habe kein Kästchen für Sie!“ […]

„Du bist also für die Abschaffung der Schule? Aber was passiert dann mit all den Kindern, deren Eltern arbeiten müssen oder Alkoholiker, Drogenabhängige, Kriminelle sind?“

Ich muss immer wieder betonen, dass ich nicht für eine Abschaffung der Schule kämpfe und ohnehin keine Universallösung anzubieten habe. Ganz im Gegenteil, denn ich glaube nur an individuelle Lösungen!

2. Was ist das – „Erziehung“, „Bildung“, „Sozialisation“ und „Enkulturation“?

Aber um diese zu finden, braucht es allenthalben eine umfassende Information. Dazu – und nur dazu – soll mein Bericht gut sein. Ich stelle den Schulbesuch und den Verzicht darauf nicht als Gegensätze einander gegenüber. Ich plädiere nicht dafür, das eine Dogma und Programm durch ein anderes zu ersetzen. Ich trete in keiner Weise für eine Abschaffung der Schule ein – das wäre angesichts der gegenwärtigen Sachlage fatal. Es gäbe sicher viele Eltern, die mit dieser neuen Situation überhaupt nicht umgehen könnten oder wollten. Und angesichts der derzeitigen Lebensumstände vieler Menschen wäre es unrealistisch, wenn nicht sogar gefährlich, ihre Kinder nicht zur Schule zu schicken.

(Aus: André Stern: ... und ich war nie in der Schule. Geschichte eines glücklichen Kindes. ZS Verlag Zabert Sandmannn: München 2009, S. 151–153, 166, 180–181)

1 Welche diskussionswürdigen Thesen vertritt der Autor?
2 Setzen Sie sich damit auseinander.

2.3.3 „Warum muss ich zur Schule gehen?" – Der Erziehungswissenschaftler Hartmut von Hentig bekräftigt die politisch-gesellschaftliche Funktion von Schule

„Warum muss ich eigentlich zur Schule gehen?", fragt der 10-jährige Tobias seinen Onkel, den Professor für Erziehungswissenschaft Hartmut von Hentig (geboren 1925 in Posen). Und diese Frage stellt Tobias just in dem Moment, als er bereits auf dem Bahnsteig steht, um abzureisen. Deshalb bekommt Tobias seine Antwort in Briefen, in denen von „schlechten" und „guten" Schulen die Rede ist. In dem hier vorgestellten Brief geht es um die Zielsetzung einer „guten" Schule, die das Ziel „Selbstständig handeln — ein Bürger werden" verfolgt. Dabei fußt sie auf dem antiken Ideal der „Polis". So nannte man im alten Griechenland jede Stadt mit ihrem Umland, die

Erster Schultag
(Sabina Bobst/remotephoto.com)

auch ein unabhängiger Staat war. Die Regelung der gemeinsamen Angelegenheiten nannten sie polis-Kunst oder „Politik“. „Wir haben das Wort von ihnen übernommen. Die polis war klein genug, um tatsächlich durch die Bürger (man nannte sie Politen) gemeinsam regiert zu werden. Diese kamen dazu täglich auf dem Marktplatz zusammen, erörterten die anstehenden Aufgaben“, erläutert Onkel Hartmut.

Lieber Tobias,

hier noch ein ganz wichtiges – und für dich sicher erfreuliches – Gebot jener Schule: „Es wird nur das Notwendigste angeordnet. So viel wie möglich machen die Kinder freiwillig. Auch wo sie etwas tun müssen, sollten sie die Wahl zwischen verschiedenen Weisen haben, dieser Pflicht zu genügen.“

Wo Freiwilligkeit und freie Wahl herrschen, lernen die Kinder dreierlei: Sie lernen zwischen zwei (oder mehr) gleich guten Möglichkeiten zu entscheiden – je sorgfältiger sie sie prüfen, umso geringer ist die Gefahr, dass sie sich falsch entscheiden; sie lernen, bei einer Sache auszuharren – sie haben sie ja selber gewählt; sie lernen schließlich, sich von ihr zu trennen, wenn sie sich als falsch herausgestellt hat – das jedenfalls soll die Schule ihnen erleichtern.

Etwas freiwillig zu tun, ist zwar angenehmer, als dazu gezwungen zu werden, aber es ist auch schwerer. Man muss es üben. Wer als Kind nie hat wählen dürfen – seine Kleider, seine Freunde, die Reihenfolge seiner Tätigkeiten –, wird es auch als Erwachsener nicht gerne tun. Er folgt lieber einem Befehl oder dem Gesetz oder der Notwendigkeit. Wer aber frei sein will, muss bereit sein, selber zu entscheiden. Und das muss man üben.

In der Schule, an die ich denke, darf ein Schüler bis zu einem Drittel seiner Gegenstände (oder „Kurse“) aus einem größeren Angebot wählen. Es ist ganz selbstverständlich, dass Max zu seiner Lehrerin sagt: „Ich bin mit meinem Aufsatz fertig, ich möchte, statt hier herumzusitzen, in die Bibliothek gehen und mein Buch weiterlesen.“ Und dass Elke zu ihrem Lehrer sagt: „Was Sie jetzt den anderen erklären, habe ich schon verstanden; ich möchte im Labor meinen Versuch mit den Bohnen fortsetzen.“ Die Lehrer werden sich überzeugen, dass es so ist, wie die Kinder sagen, sich freuen und sie gehen lassen. Unter bestimmten Bedingungen dürfen die Kinder auch die Gruppe wechseln. So lernen sie, ihre eigenen Vorlieben und Möglichkeiten zu prüfen und über ihre Zeit und ihren Einsatz selbstständig zu verfügen. „Untertanen“ werden sie wohl nicht werden.

Es gibt noch viele andere gute Bürger-Gewohnheiten, die man so, gleichsam nebenbei, lernt – neben den Unterrichtsgegenständen. Freilich muss man dafür Aufmerksamkeit und anfangs auch etwas mehr Zeit aufbringen. Diese Zeit bekommen die Schüler und die Lehrer hinterher reichlich zurück, wenn man die Regeln des Zusammenlebens gelernt hat: Alles läuft dann besser.

Wo man gemeinsame Mahlzeiten und gemeinsame Mittagsruhe hält, wo man im Winter die schmutzigen Stiefel neben der Tür stehen lässt und in seine Hausschuhe schlüpft, wo man in jedem Augenblick Rücksicht auf andere nimmt, weil sie auch Rücksicht auf „mich“ nehmen – da wird aus der Pflichtschule „unsere Schule“ – unsere kleine Stadt, unser Land, unsere polis. (Weißt du noch, was das ist? ...) Das geht so weit, dass manche Kinder am späten Nachmittag nur ungern nach Hause gehen, ja, dass gelegentlich eine Gruppe in der Schule übernachtet. Das dürfen sie, wenn sie einen Lehrer dazu überreden, auch zu bleiben – und wenn sie die Regel einhalten: „Hinterher gemeinsam aufräumen.“

Es gibt Schulen, in denen die Kinder tatsächlich wohnen, von denen aus sie nur in den Ferien zu ihren Eltern „heimfahren“. Man nennt sie Internate. Jeder junge Mensch sollte irgendwann einmal zwei Jahre in einer solchen Schule gelebt haben, weil man da in aller fröhlichen Härte lernt, mit anderen zurechtzukommen und eine größere Gemeinschaft zu bilden. In einer Familie lernt man vornehmlich, in der Familie zu leben. Die Familie besteht aus „uns“. Und „wir“ haben die gleichen Gewohnheiten und teilen die meisten Ansichten. Später aber, im sogenannten Leben, muss man mit Fremden auskommen, sich mit Menschen ganz unterschiedlicher Meinungen verständigen und

2. Was ist das – „Erziehung“, „Bildung“, „Sozialisation“ und „Enkulturation“?

erträgliche Lebensformen vereinbaren. Es ist besser, wenn man das vorher gelernt hat – in der polis-Schule.

Es grüßt dich, den ich nun einen jungen Politen nenne, dein alter Onkel Hartmut.

(Aus: Hartmut von Hentig: Warum muss ich zur Schule gehen? Eine Antwort an Tobias in Briefen. Carl Hanser Verlag: München 2001, S. 79–81)

1 Vergleichen Sie von Hentigs Position vom Wert des Schulbesuchs mit der von André Stern.

2 Nehmen Sie Stellung zu von Hentigs Auffassung.

2.3.4 Sozialisation – Elemente einer Arbeitsdefinition

Der Begriff Sozialisation wurde von dem französischen Soziologen Emile Durkheim (1858 bis 1917) eingeführt, um den Vorgang der Vergesellschaftung des Menschen, die (ungeplante) Prägung der menschlichen Persönlichkeit durch gesellschaftliche Bedingungen zu kennzeichnen (Überblick zum Begriff bei Zimmermann 2000, Faulstich-Wieland 2000, Baumgart 2004, Veith 2008). In den 60er-Jahren gewinnt er im Zuge der sozialwissenschaftlichen Öffnung der Erziehungswissenschaft große Bedeutung, führte aber auch zu Kontroversen um das Verhältnis von „Sozialisation" und „Personalisation". Man fürchtete, Erziehung würde nunmehr gleichgesetzt mit Vergesellschaftung. Die Gesellschaft erscheint dabei als übermächtige, den Einzelnen anpassende Macht und Sozialisationseinflüsse werden zum „Schicksal", wobei das Subjekt als eher passiv gedacht wird. In der älteren Sozialisationsforschung spielte denn auch die Aneignung eines sozial erwünschten Repertoires an gesellschaftlich vorgegebenen Verhaltensweisen, Rollen und Orientierungen die Hauptrolle. Heute stehen dagegen die Prozesse der menschlichen Subjektwerdung, die Reflexionsfähigkeit, die aktive Steuerung der Umweltaneignung und Umweltgestaltung im Zentrum der Forschung. (Geulen 2005)

Im Laufe der Diskussion seit der ersten Auflage des „Handbuch der Sozialisationsforschung" (1980) bis zur 7,. vollständig überarbeiteten Auflage (2008) sind die unterschiedlichen Linien sozialisationstheoretischer Orientierungen immer stärker zusammengeflossen. Der aktuelle Stand lässt sich in vier Punkten zusammenfassen:

1. Ein starkes Interesse an der innerpsychischen Verarbeitung sozialer Erfahrungen,
2. stärkere Berücksichtigung der Gestaltungsprozesse der sozialen Umwelt durch die Akteure,
3. eine zunehmende Ausdifferenzierung von sozialen Umwelten (bis hin zur Analyse von Arbeitsplätzen, Schulklassen oder Nachbarschaften) und
4. die Berücksichtigung von Zusammenhängen zwischen einzelnen Sozialisationskontexten.

(Hurrelmann, Grundmann, Walper 2008)

Definition und wichtige Begriffe

Grundlage für die Forschung in Theorie und Praxis ist eine Definition von Sozialisation, die heute als allgemein anerkannt gelten dürfte. Sie klingt zunächst ein wenig kompliziert, erweist sich aber bei näherer Betrachtung als ausgesprochen plausibel: „Sozialisation ist ein Prozess, durch den in wechselseitiger Interdependenz zwischen der biopsychischen Grundstruktur individueller Akteure und ihrer sozialen und physischen Umwelt relativ dauerhafte Wahrnehmungs-, Bewertungs- und Handlungsdispositionen auf persönlicher ebenso wie auf kollektiver Ebene entstehen."(Ebd. 25) In dieser Definition kommt die Verwobenheit von Individuum und Gesellschaft sehr schön zum Ausdruck, und zwar ohne dass einer der beiden Größen eine „ursprüngliche" Bedeutung beigemessen wird! Außerdem fließen die person-/subjektzentrierte Perspektive und die gesellschafts-/interaktionszentrierte Perspektive zusammen. Sie sind zwei Seiten einer Medaille. Aus der Perspektive der Persönlichkeitsentwicklung kann erforscht werden, wie Personen durch ihre Lebensverhältnisse beeinflusst werden, aber nicht als „Opfer“, sondern in aktiver Teilhabe und Gestaltung ihrer sozialen und kulturellen Lebensverhältnisse. Auch das Subjekt wirkt im Sinne der Reziprozität (Wechselseitigkeit) auf seine Umwelt zurück. Aus der Perspektive der Gesellschaft lässt sich nach der Beeinflussbarkeit der Gestaltungspotenziale von Sozialisationsprozessen fragen, – einfacher gesagt: Wie etabliert sich im Zusammenleben von Personen eine gemeinsame Lebenspraxis und Lebensführung, wie groß sind dabei die gesellschaftlich-institutionellen Spielräume und Einflussmöglichkeiten, kurz: Wie muss eine Gesellschaft verfasst sein, um – auch bei Konflikten, z. B. „Alte“ und „Junge“ oder „Reiche“ und „Arme“ – sozial verträglich zu sein? Hier zeigt sich, dass Sozialisationsforschung durchaus auch ein erheblich gesellschaftskritisches Potenzial enthält.

Schließlich zeichnet sich in der modernen Sozialisationsforschung im Unterschied zu früher eine klare Anerkennung der genetischen Bedingungen von Sozialisationsprozessen ab (Asendorpf 2008). Wenn soziale Handlungsorientierungen immer auch biologisch verankert sind, dann sind genetische Ausstattung und sozialisatorische Umwelteinflüsse nur als komplexes Zusammenspiel verstehbar. Dabei haben biologische Ausstattungsmerkmale keinen determinierenden, sondern nur einen moderierenden Einfluss auf die Persönlichkeitsentwicklung: „Sie stellen Dispositionen dar, die erst durch Umweltimpulse aktiviert ... und mit Bedeutung versehen werden.“ (Bauer/Hurrelmann 2007, 675)

(Aus: Herbert Gudjons: Pädagogisches Grundwissen. 10. Aufl., UTB Klinkhardt: Bad Heilbrunn 2008, S. 150–151)

(Foto: Interfoto)

2.4 Enkulturation?

2.4.1 Hinführung: „Welche Himmelsrichtung führt in die Türkei?“ – Ein Rückblick

Fensterladen – halb geschlossen
(Foto: Your photo today.A1 pix-Superbild)

Saliha Y., Jahrgang 1951, lebt seit 1967 in Deutschland. Im folgenden Text erzählt sie von den Anfängen in der neuen Heimat. Ihre Gedanken hat Hasan Çil aus dem Türkischen übersetzt und aufgezeichnet.

Nach Deutschland kam ich im Jahr 1967, als ich 16 Jahre alt war. Ich war frisch verheiratet. Weil ich an einen mir fremden Ort zog, hatte ich Angst. Und noch eins: Ich vermisste meine Familie, denn mein Leben dort war völlig anders. Die Tochter von meinem Onkel und ihre Kinder waren diejenigen, mit deren Hilfe ich mich hier eingewöhnte. Durch sie konnte ich mich hier heimisch fühlen. Sie behandelten mich sehr gut, so als ob ich ein Familienmitglied wäre. Zuerst fanden wir bei ihnen Unterkunft, später fanden sie für uns eine möblierte

Wohnung. Ich dachte zuerst, das Mobiliar gehöre uns. In diesem Haus wohnten nur Ausländer; Griechen und Italiener. Wir waren die einzigen Türken. Ein paar Monate später zogen wir in eine leere Wohnung, kauften Stück für Stück das Mobiliar.

Hier ging ich sogar zur Schule.
Ich ging hier sogar zur Schule, als ich hierher kam, denn ich war noch zu jung. Damals ging mein Mann zur Arbeit, ich blieb den ganzen Tag zu Hause. Eines Tages klingelte es; es war ein Polizist. An seiner Uniform erkannte ich ihn. „Schule", sagte er; „Nein, Saliha", erwiderte ich. Ich dachte also, dass er nach meinem Namen fragte. Er erzählte mir etwas, aber ich verstand kein Wort. Ein Türke, der Deutsch verstand, half und mir wurde erzählt, dass ich noch minderjährig sei und deswegen nicht arbeiten dürfe und zur Schule gehen müsse. Sie fragten sogar, wie es dazu kam, dass ich in diesem Alter geheiratet habe! Sie brachten mich sogar zur ärztlichen Kontrolle und ließen mich dort untersuchen.
In der Schule gingen sie mit mir sehr gut um, in der Klasse waren etwa 20–25 Leute. „Guten Tag, Morgen", sagten sie. Natürlich weiß ich nicht, was der Lehrer ihnen erzählt hatte. An diesem Tag war auch dieser Polizist dort, der zu uns kam. Ich ging für eine kurze Zeit zur Schule, gab sie aber dann auf. Mir war in der Schule langweilig, ich verstand gar nichts. War ich einen Tag in der Schule, ging ich drei Tage nicht hin. Ich kannte die Straßen nicht, hatte Angst allein in diesem großen Gebäude zu sein. Manchmal sage ich zu mir, hätte ich doch damals die Schule richtig besucht …

Welche Himmelsrichtung führt in die Türkei?
Weil ich fern von der Türkei war, war ich in diesen ersten Jahren sehr traurig, ich weinte sehr oft. Den ganzen Tag dachte ich, welche Himmelsrichtung denn in die Türkei führt, hinter welchen Bergen sie denn liegt. Ich betrachtete meinen Pass und träumte von den Tagen, an denen ich in die Türkei zurückkehren würde. Innerlich wollte ich in die Türkei gehen. Das war aber unmöglich! Weil ich gehört hatte, dass die Leute, die erkrankt waren, in die Türkei, zu den Eltern geschickt würden, überlegte ich mir sogar, mir eine Lungenentzündung zu holen. Nach einer schönen Kindheit in einer Großfamilie in der Türkei war es für mich besonders schwierig, hier so zu leben. Jedes Mal, wenn ich ein Flugzeug am Himmel sah, sagte ich: „Liebes Flugzeug, bring meinem Vater Grüße von mir!" Mein Mann, der mein Heimweh sehr gut verstand, schickte mich anfangs drei bis viermal im Jahr in die Türkei.
Mit der Zeit fing ich an, aus dem Haus zu geben. Es wurde für mich eine Gewohnheit, meinen Mann bei seiner Rückkehr von der Arbeit an der Straßenbahnhaltestelle abzuholen. Egal, welche Schicht er hatte, egal, wie das Wetter war – ich wartete auf ihn manchmal stundenlang, wir kehrten dann zusammen nach Hause zurück. Einmal soll ich eingeschlafen sein, als ich auf ihn wartete; eine Hand, die meine Schulter berührte, weckte mich auf. Es war mein Mann; er kam mit der letzten Bahn von der Arbeit …

Gute Menschen
In der Nähe unserer damaligen Wohnung gab es eine Polizeischule. Ein Polizist kam öfters zu uns, zeigte mir unser Viertel und die Umgebung. Später kaufte mein Mann mir ein Fahrrad, Radfahren lernte ich auf dem Freigelände vor dem Polizeirevier, das neben unserer Wohnung war. Ich lernte auch in dieser Zeit den Tante-Emma-Laden kennen, wo ich einkaufen konnte. Da ich aber kein Deutsch konnte und mich mit den Geldscheinen noch nicht auskannte, nahm ich immer große Scheine mit. Der Ladenbesitzer half mir sehr viel. Zuerst dachte er, ich sei Deutsche, denn ich hatte blonde Haare. Eines Tages musste ich Salz kaufen. Doch ich konnte Salz, Mehl und Zucker nicht voneinander unterscheiden. Dieser Mann kam zu mir, riss die Ecken der einzelnen Packungen auf und zeigte mir den Inhalt. So lernte ich, was in welcher Packung war. Er nahm mir immer den großen Schein ab, den ich mit hatte, ging zur Kasse und gab den Rest laut zählend zurück. Nach jedem Einkauf schenkte er mir ein Stück Schokolade. Heutzutage gibt es solche Menschen nicht mehr – weder von der Sorte dieses Ladenbesitzers noch von der Sorte des

alten Deutschen, der mich immer zum Krankenhaus brachte, damit ich meinen Mann besuchen konnte, dann auf mich wartete und nachher mich zurück nach Hause brachte … Wir wohnten mit diesem alten Herrn auf der gleichen Etage. Eines Tages kam ein Polizist zu uns nach Hause. Mein Mann soll einen Arbeitsunfall gehabt haben. Ich verstand nicht, was er erzählte. Ich kannte aber das Wort Krankenhaus. Er sprach mit diesem alten Nachbarn. Er brachte mich zum Krankenhaus. Ich meine, es waren so gute Menschen … Die Deutschen taten mir bis heute nichts Böses an.

„Ja, ja!" – „Nein!"

Als ich nach Deutschland kam, konnte ich kein Wort Deutsch; wahrscheinlich hatte ich aber Glück. Die Kinder der Tochter von meinem Onkel sprachen immer Deutsch. Sie kamen im Jahr 1959 nach Deutschland. Der Älteste ging schon zur Schule, jetzt ist er Ingenieur. Er übersetzte jahrelang für mich. Der Jüngere war damals vier Jahre alt, ging in den Kindergarten; oft brachte ich ihn dort hin. Eines Tages kam er in der Wohnung zu mir und wollte Brot. Er wiederholte sich ständig und ich sagte immer „ja, ja", aber verstanden hatte ich nichts. Ich kann nicht vergessen, wie er mir den Hausschuh entgegen schleuderte. „Nein", schrie er, ging hin, holte Brot und gab es mir. Ich verstand, dass er Brot haben wollte. So lernte ich das Wort Brot. Von diesen Kindern lernte ich vieles. In Deutschland arbeitete ich insgesamt 13 Jahre. Damals, als ich hierher kam, fragte man kaum nach der Arbeitserlaubnis; man konnte sofort anfangen zu arbeiten. Und ich begann, in der Nähwerkstatt einer Freundin, die ich hier kennengelernt hatte, kleine Arbeiten zu erledigen. Ich war noch zu jung, hatte von nichts eine Ahnung, doch mit Hilfe von türkischen und deutschen Freunden lernte ich in kurzer Zeit nähen. Dort verbrachte ich eine schöne Zeit. Nachdem ich da ein Jahr gearbeitet hatte, bekam ich im Jahr 1968 mein erstes Kind. Zuerst arbeitete ich nicht weiter. In Deutschland arbeitete ich insgesamt 13 Jahre. Im Schlachthof, im Kindergarten, als Putzkraft in Anwaltskanzleien …

Wir sind jetzt von hier.

Ich kam nach Deutschland nicht mit der Vorstellung, dass ich ein paar Jahre hier bleiben, dies und jenes machen und dann zurückkehren würde. Ich wusste nicht mal, was Deutschland war und was es bedeuten würde, in Deutschland zu leben. Ich kam nach der Heirat hierher und habe zwei Drittel meines Lebens hier verbracht. Wenn ich in Urlaub in die Türkei fahre, merke ich, dass nichts mehr so ist, wie es einmal war. Die großen Familien, die Beziehungen … Es gibt sie nicht mehr. Deswegen fühlt man sich bedrückt … Andererseits, nach dem Tode meiner Verwandten in den letzten vier, fünf Jahren, habe ich niemanden mehr dort. Wenn man stirbt, ist es egal, ob dort oder hier. Aber ich möchte hier in Deutschland begraben werden. Wer ist denn noch in der Türkei von den mir Nahestehenden? Alles ist hier. Ich heiratete und kam hierher; meine Kinder kamen hier zur Welt, wuchsen hier auf; meine Enkelkinder sind hier. Kurz, wir haben uns hier eingerichtet, uns an das Leben hier gewöhnt. Wir sind jetzt von hier.

(Aus: Saliha Y., Welche Himmelsrichtung führt in die Türkei, in: Hasan Çil (Hrsg.), Anfänge einer EPOCHE – Ehemalige türkische Gastarbeiter erzählen, Verlag Hans Schiler: Berlin 2003, S. 125–129; übersetzt vom Hrsg.)

1 Geben Sie wieder, welche Erfahrungen Saliha Y. in Deutschland gemacht hat.
2 Erläutern Sie, welche Probleme bei einem Wechsel der Kulturen auftreten können. Berücksichtigen Sie auch solche Probleme, die mit Erziehung und Bildung zu tun haben.
3 Erörtern Sie auf dem Hintergrund Ihres bisherigen Kenntnisstandes, wie solche Probleme gelöst werden können. Vertiefen Sie Ihre Kenntnisse anhand der folgenden Texte.

2.4.2 Ein Beispiel: Zur Erziehung türkischer Eltern in Deutschland

Der promovierte Pädagoge Ahmet Toprak hat in seinem Buch „Das schwache Geschlecht – die türkischen Männer" die Frage nach den Erziehungspraktiken türkischer Eltern in Deutschland thematisiert. Als Erziehungswissenschaftler geht der Autor bei seinen Darlegungen idealtypisch vor. Er hat vor allem Familien aus bildungsarmen Verhältnissen vor Augen. Er vertritt mit seiner Untersuchung nicht den Anspruch, repräsentativ zu sein.

Eltern türkischer Herkunft in Deutschland teilen sich die erzieherische Disziplinierung der Kinder in der Regel nach Geschlecht auf. Das heißt die Mutter unterweist die Töchter und der Vater die Söhne. Während der Vater auch die Töchter disziplinieren kann und sie gehorchen müssen, können sich Söhne den Anforderungen der Mutter widersetzen. Im frühkindlichen Alter (von 0 bis 3 Jahren) wird noch nicht zwischen den Geschlechtern unterschieden. Die Kinder tragen in dieser Zeit für ihr Verhalten beziehungsweise ihre Haltung keine Verantwortung. Dies ist im Vorschulalter, zwischen drei und sechs Jahren, nur noch bedingt der Fall. Das Kind erfährt die bis dahin schützende Familie nun auch als strafende Instanz. Mit der physischen und der intellektuellen Entwicklung des Kindes verändert sich gleichzeitig das Verhalten der Eltern, das nun deutlich geschlechtsspezifisch ausgerichtet ist.

Jungenerziehung

Da sich der Junge zunächst – bis zur Pubertät – in der häuslichen Umgebung aufhält, sind die wichtigsten Bezugspersonen die Mutter und gegebenenfalls die älteste Schwester (büyük abla). Bereits im Vorschulalter ist das Verhältnis des Jungen zur Mutter beziehungsweise zur Schwester zwiespältig: Einerseits ist es noch von körperlicher Zärtlichkeit geprägt, andererseits wird von beiden Seiten diese Körperlichkeit abgelehnt. Diese ambivalente Haltung spiegelt sich ebenso gegenüber der Autorität von Mutter und Schwester wider. Alle Aufforderungen der weiblichen Erziehungsberechtigten appellieren an seinen freien Willen. Er soll ihnen zwar nachkommen, aber außer einem Tadel geschieht ihm nichts, wenn er sich verweigert. Diese Aufforderungen werden häufig von einer Art von Vorlob begleitet. Damit er den Aufforderungen nachkommt, wird der Junge zwar von der Mutter ermahnt, sie lässt ihn jedoch gewähren und setzt ihre Autorität ihm gegenüber nicht durch. Dieses Gewährenlassen führt beim Jungen teilweise zur Verunsicherung hinsichtlich der Autorität seiner weiblichen Bezugspersonen und auf der Handlungsebene zu Provokationen diesen gegenüber. Im Extremfall kommt es dazu, dass der Junge auf seine Mutter einschlagen, sie treten und boxen kann, ohne dass er mit ernsthafter Bestrafung rechnen muss; er wird lediglich ermahnt.

In dieser Zeit beginnt der Vater den Sohn zu unterweisen: Er weist ihn in den männlichen Aufgabenbereich ein; er achtet auf sein Verhalten, bestraft und lobt ihn. Im Gegensatz zur Mutter, deren Aufgaben sich zunehmend auf Fürsorge sowie Rückhalt beschränken, wird der Sohn vom Vater in allen Bereichen gefordert: „Während der Sohn den Anforderungen des Vaters gerecht werden muss, bleibt die Beziehung zur Mutter davon unbelastet, die zudem das Erziehungsmittel der körperlichen Züchtigung, wenn sie damit droht, auf den Vater überträgt und kaum selbst ausführt." (Pfluger-Schindlbeck, 1989, 139 f.) Die Jungen dürfen ab der Pubertät ihre Freizeit eigenständig organisieren, dürfen Tanzlokale und Kneipen aufsuchen, ohne von den Eltern reglementiert zu werden. Außerdem dürfen die Jungen in der Jugend sexuelle Erfahrungen sammeln und sich mit Mädchen befreunden, auch wenn sie nicht unbedingt heiraten wollen. Rauchen und Alkoholkonsum werden als männertypisches Verhalten geduldet, während es bei den Mädchen stark abgelehnt und reglementiert wird.

Mädchenerziehung

Das Mädchen hält sich in der unmittelbaren Nähe der Mutter und der älteren Schwester auf, die ihre Hauptbezugspersonen sind. Der Aufenthaltsort des Mädchens ändert sich nicht, der räumliche Bezug ist das Haus und die nähere

Umgebung. Das Mädchen kommt mit anderen Haushalten und deren Familienmitgliedern erst dann in Kontakt, wenn die Mutter die Tochter zum Besuch bei Verwandten oder Nachbarn mitnimmt. Im Gegensatz zum Jungen werden die Kontakte des Mädchens über die Mutter vermittelt und berühren primär Nachbarschaft und Verwandtschaft. Während die Mutter den Jungen bei der Orientierung am männlichen Geschlecht ohne Strenge positiv unterstützt, wird der gleiche Prozess beim Mädchen durch die Festlegung der weiblichen Geschlechterrolle mit mütterlicher Rigidität begleitet. Hier muss das Mädchen den Aufforderungen der Mutter zu Hilfsdiensten folgen. Die Autorität der Mutter ist unangreifbar, und die Mutter bestraft das Mädchen, wenn es nicht gehorcht. Am Anfang hilft die Tochter gelegentlich bei leichten Arbeiten, wie zum Beispiel Aschenbecher leeren und bereitstellen oder das Zimmer aufräumen. Weiterhin soll das Mädchen lernen, sich in Anwesenheit anderer ruhig zu verhalten und nicht zu sprechen, außer wenn es etwas gefragt wird. Die Mutter-Tochter-Beziehung ist kaum von körperlicher Zärtlichkeit geprägt, so dass das Mädchen selten von der Mutter auf den Schoß genommen und zärtlich umarmt und geküsst wird. Zudem wird jedem Mädchen prinzipiell die Fürsorge für jüngere Geschwister übertragen; dies ist beim Jungen nicht der Fall. Wenn die Tochter diese Fürsorge nicht nach den Vorstellungen der Mutter erfüllt, bestraft die Mutter sie dafür. Die Autorität des Vaters besteht unangetastet und ist aufgrund der relativ großen sozialen Distanz und den Prinzipien der Achtung über die der Mutter gestellt. Bei den Konflikten zwischen Mutter und Tochter schaltet sich der Vater oft ein, indem er ihn durch einen lauten Befehl beendet. In vielen Fällen droht die Mutter dem Mädchen mit dem Vater, überträgt aber die Disziplinierungsmaßnahmen nicht auf den Vater, sondern führt diese selbst durch. Da der Vater sich aus der Erziehung der Tochter weitgehend heraushält, ist die Vater-Tochter-Beziehung freundlich. Wenn zwischen Vater und Tochter direkte Interaktionen stattfinden, dann haben sie den Charakter von kleineren Dienstleistungen der Tochter sowie seinerseits von milden Korrekturen ihres Verhaltens.
Zusammenfassend ist Folgendes festzuhalten: Beim Jungen fällt ins Auge, dass er viele Freiheiten genießt, ihm wird vieles nachgesehen und sein Fehlverhalten wird mit seiner Jugend entschuldigt. Das heißt, ihm werden kaum Grenzen gesetzt und er erfährt weniger scharf die Übergänge von der Kindheit über die Adoleszenz zum Erwachsensein. Weiterhin wird der Junge nicht altersadäquat behandelt, indem immer betont wird, dass er gewisse Sachverhalte nicht wissen muss. Um pointierter zu argumentieren: In der Adoleszenz bis zum Erwachsenenalter werden die Jungen wie kleine Kinder behandelt, sie tragen für ihr Verhalten selten Verantwortung und erst ab einem bestimmten Alter müssen sie auf „Knopfdruck" erwachsen werden. Ohne diese Entwicklungsübergänge zu „erleben", müssen die Jungen erwachsen werden und eine Familie gründen. Wenn die Jungen sich nicht diszipliniert verhalten (haben mehrere Freundinnen, kommen abends nicht nach Hause, werden strafrechtlich auffällig, Alkoholmissbrauch etc.), ergreifen die Eltern gewisse Maßnahmen, um das Erwachsenwerden der Jungen zu forcieren, nämlich: Militärdienst in der Türkei, die Heirat und schließlich Vaterschaft.

(Ahmet Toprak: Das schwache Geschlecht – die türkischen Männer. Zwangsheirat, häusliche Gewalt, Doppelmoral der Ehre. 2. Auflage, Lambertus Verlag: Freiburg/Br.2007, S. 109–112)

1 Geben Sie die Grundannahmen des Autors geordnet wieder.
2 Erörtern Sie mögliche pädagogische Folgerungen – vorausgesetzt seine Thesen sind zutreffend.
3 Erörtern Sie, inwiefern die folgenden Überlegungen zum Thema „Sozialisation und Geschlecht" bzw. „Doing Gender" des Erziehungswissenschaftlers Herbert Gudjons mit denen von Ahmet Toprak kompatibel sind.

Doing Gender – Der Begriff zielt darauf, dass „Geschlecht" sozusagen „getan werden muss, weil man es nicht ein für alle mal „hat" (Faulstich-Wieland 2008, 241). Mädchen und Jungen verleihen ihrer Geschlechtszugehörigkeit dadurch Kontinuität, dass sie „sich in den Interaktionen jeweils wieder als Mädchen bzw. Jungen inszenieren und ihren Interaktionspartnerinnen und -partnern jeweils Gleich- oder Gegengeschlechtlichkeit zuschreiben." Dieses, der Geschlechtszugehörigkeit gemäße Wahrnehmen als „gleich" oder „gegensätzlich" und das entsprechende Handeln wird in jeder Interaktion lebenslang praktiziert. Auf diese Weise schreibt sich die komplexe Wirkung von biologischen und sozialen Prozessen tief in den Körper ein, sodass man keineswegs von heute auf morgen sein Geschlecht wechseln könnte. Diese weitgehend unbewusste „Konstruktion" von Geschlecht orientiert sich zwar an den kulturell geltenden Idealvorstellungen von Männlichkeit und Weiblichkeit, man kann aber auch dagegen „verstoßen" (dann ist man kein „richtiger" Junge/Mann, kein/e „richtige/s" Mädchen/Frau).

Der ältere Begriff „geschlechtsspezifische Sozialisation" legte hingegen nahe, dass die Geschlechtsidentität in der frühen Kindheit im Wesentlichen ausgeprägt und späteres Verhalten dann davon abhängig sei, wobei „-spezifisch" unterstellte, dass Sozialisationsprozesse für Mädchen komplett anders verliefen als für Jungen (tatsächlich gibt es aber viele Gemeinsamkeiten) (ebd. 240).

Mit der Namensgebung bei der Geburt ist es also noch nicht getan, die „Zuordnung" zu einem Geschlecht muss „angeeignet" werden. In der alltäglichen Lebensführung (mit Kleidung, Frisur, Schmuck, Körperhaltung, Reden, Gehen, Fühlen, Denken und vielen subtilen, von der Kultur abhängigen Unterscheidungsmerkmalen) wird die Vereindeutigung der Zugehörigkeit zu einem der beiden Geschlechter (bipolare Geschlechtlichkeit) verfestigt. Schon kleine Kinder kategorisieren sich selbst als Mädchen oder Junge, später nutzen sie Geschlechtsidentität, um soziale Kompetenz zu demonstrieren: man will doch kein „Baby" mehr sein, sondern ein richtiger Junge, ein richtiges Mädchen ... Das kommt z. B. auch im Spielen zum Ausdruck: Mädchen spielen weniger konkurrenzorientiert, stärker kooperativ, mit selbst gesetzten Zielen, Jungen haben eher Interesse an geregelten Wettkämpfen mit festgesetzten Zielen (ebd. 247). Vor allem die jugendlichen Peergroups sind dabei von großer Bedeutung: Geschlechtshomogene Mädchengruppen und Jungengruppen fördern dabei die Identifikation mit weiblichen und männlichen Mustern. Gemischte Gruppen der Geschlechter dienen eher der Abgrenzung gegenüber Erwachsenen und zur Stärkung der eigenen Selbstbehauptung. Gleichwohl präsentieren sich untersuchte Jungen und Mädchen keineswegs nur noch geschlechtsstereotyp: Mädchen zeigten sich selbstbewusst, Jungen einfühlsam und rücksichtsvoll, andererseits sind auch Mädchen zunehmend gewalttätig (ebd. 248 f).

(Aus: Herbert Gudjons: Pädagogisches Grundwissen. 10. Aufl., UTB Klinkhardt: Bad Heilbrunn 2008, S. 377)

2.4.3 Enkulturation: Das grundlegende Lernen von Kultur

Ein Definitionsversuch:

Ohne Kultur – kein menschliches Überleben, so können wir zusammenfassen. Der grundlegende Prozess des Hineinwachsens in die Kultur, also das Erlernen der Teilnahme an Sprache, gefühlsmäßigen Ausdrucksformen, Rollen, Spielregeln, Arbeits- und Wirtschaftsformen, Künsten, Religion, Recht, Politik usw., wird nach Loch (1968) als Enkulturation bezeichnet. Wir verstehen den Begriff hier (mit Loch 1968 und Fend 1969) als einen der Sozialisation übergeordneten Begriff. Nach Fend bezieht sich Sozialisation „auf das Lernen einer besonderen Klasse kultureller Inhalte: das Lernen der moralischen Ordnung einer Gesellschaft". (1969, 48) Kurz gefasst: In der Enkulturation lernt das Kind z. B. die deutsche Sprache, in der Sozialisation, dass es die Sprache nicht zum Fluchen benutzen soll. – Erziehung betont dabei den intentionalen Aspekt dieses Prozesses.

Zusammengefasst. – „Erziehung wird als ‚Sozialmachung' beschrieben, Sozialisation als ‚Sozialwerdung', beide als Moment der ‚Enkulturation' …" (Tenorth 1992, 17). Unter dem Aspekt der Individuation gewinnt der Mensch dabei seine singuläre, ja persönliche, einzigartige Individualität.

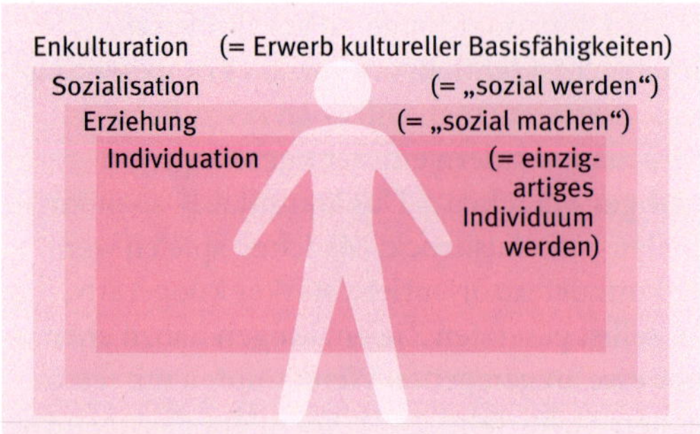

Aber: Wenn die unter anthropologischem Aspekt geschilderte hochgradige Abhängkeit des Menschen zugleich die Bedingung (und Chance) für die Entwicklung des Menschen ist – dann deutet sich hier zugleich die prinzipielle Widersprüchlichkeit des erzieherischen Prozesses an: Wie kann aus Abhängigkeit Autonomie werden, aus einem Verhältnis von Hilflosigkeit und Angewiesensein Unabhängigkeit und Eigenständigkeit?

(Aus: Herbert Gudjons, Pädagogisches Grundwissen. 10. Aufl., UTB Klinkhardt: Bad Heilbrunn 2008, S. 180)

1 Erörtern Sie, ob die vorgenommene Begriffsklärung weiterhilft.

2 In der Abbildung kommt der Begriff „Bildung" nicht vor. Erörtern Sie, was „Bildung" mit „Kultur" und „Enkulturation" zu tun hat. Berücksichtigen Sie gegebenenfalls das Wort Theodor W. Adornos, der „Bildung" einmal als „Kultur nach der Seite ihrer subjektiven Zueignung" bezeichnet hat (vgl. Theorie der Halbbildung, in: Sociologica II, Frankfurter Beiträge zur Soziologie, Suhrkamp, Frankfurt 1962).

3 Vergleichen Sie Ihre Vorstellungen zu „Enkulturation" mit den folgenden kritischen Aspekten zum Enkulturationsbegriff.

2.4.4 Kritische Aspekte zum Enkulturationsbegriff

Viele erziehungswissenschaftliche Autoren (unter anderem Nieke 2000) ziehen gegenüber dem Terminus „Kultur" den Begriff „Lebenswelt" vor. Lebenswelt im Sinn von Alfred Schütz ist der fraglose Rahmen oder Horizont unserer Welt- und Selbstauslegung, der selbst per definitionem nicht thematisch wird. Sie umfasst die uns selbstverständlichen „Deutungsmuster", über die wir uns normalerweise keine Gedanken machen. Erst in der Konfrontation mit einer fremden Lebenswelt werden sie problematisch, was Schütz 1944 im amerikanischen Exil in seinem Essay „Der Fremde" (1972) überzeugend dargestellt hat. Der Vorzug des Lebensweltbegriffs mag sein, dass er die Selbstverständlichkeit, Unreflektiertheit unserer Orientierungsmuster verdeutlicht und außerdem – anders als „Kultur" – von fragwürdigen umgangssprachlichen Nebenbedeutungen frei ist. Andererseits schließt er das diskursive Moment und damit die Machtthematik aus.

(Georg Auernheimer: Einführung in die Interkulturelle Pädagogik. 4. Auflage, WBG: Darmstadt 2005, S. 76)

1 Nennen Sie die Kritik, die Auernheimer am Kulturbegriff anführt.

2 Erörtern Sie die Berechtigung dieser Kritik. Berücksichtigen Sie dabei die weiteren Ausführungen von Auernheimer.

Aufschlussreich ist die Unterscheidung des Anthropologen Thurnwald, der […] drei Alternativen des Umgangs mit einer Fremdkultur nennt, nämlich die partielle Übernahme von Elementen der Fremdkultur (selektive Prozesse), die Zurückweisung von Elementen der Fremdkultur (rejektive Prozesse) und die Transformation von Elementen der Fremdkultur (transformative Prozesse). Diese drei, sicher

Die „richtige" Puppe für jeden!
(Foto: Georg Bubolz, Erkelenz)

2. Was ist das – „Erziehung", „Bildung", „Sozialisation" und „Enkulturation"?

einander nicht ausschließenden Möglichkeiten sind bei der Interpretation von Eingliederungsprozessen im Auge zu behalten. [...] Einwanderer können nämlich beispielsweise im Arbeitsleben voll die Rollenerwartungen erfüllen, ohne manche innere Einstellung ändern zu müssen. Sie können auch am öffentlichen, politischen Leben teilnehmen, sobald sie die Verfassungsnormen anerkennen, ohne dass sie deshalb in anderen, als privat definierten Bereichen (z. B. im religiösen Bereich) traditionelle oder scheinbar traditionelle Werte und Normen aufgeben müssten.

(Georg Auernheimer: Einführung in die Interkulturelle Pädagogik. 4. Auflage, WBG: Darmstadt 2005, S. 77–78)

2.4.5 Erziehung und Bildung im Verhältnis zu Sozialisation und Enkulturation

Zur erziehungswissenschaftlichen Relevanz von Sozialisation:

[...] Sozialisation wird in der deutschsprachigen sozialwissenschaftlich modernisierten Erziehungswissenschaft meist als ein pädagogischer Grundvorgang begriffen (vgl. etwa Lenzen 1994). Das Verhältnis von Sozialisation zu anderen grundlegenden Konzepten, besonders zum Erziehungsbegriff, ist jedoch seit jeher unklar. Dies erscheint schon deshalb unvermeidlich, weil es dem Erziehungsbegriff an Kohärenz mangelt (Heid 1994). Seine Mehrdeutigkeit, ja: Widersprüchlichkeit, beruht nicht zuletzt darauf, dass er auch ein Begriff der Alltagssprache ist. [...]
Im Kern beschreibt Erziehung jedoch ein soziales Geschehen im Kontext der Perspektive des/der Erziehenden, gleichsam als Handlungsentwurf. Von Erziehung zu sprechen heißt daher primär, pädagogische Absichten zu begründen und zu rechtfertigen. Erziehung muss dabei allerdings immer schon unter dem Gesichtspunkt ihres Gelingens gedacht werden; »Gesellschaft ist dann eine Zielvariable oder eine störende Randbedingung (vgl. Neumann 2008). Das Konzept »gelingender Erziehung« als Wirklichkeitszugang bindet die Frage nach den empirischen Bedingungen des Geschehens an normative Maßstäbe des Gelingens; die Erkenntnis gelingender Erziehung wird damit an eine soziale Genese gebunden und vollzieht sich performativ. Der Erzieher muss den Erfolg seiner Interventionen dem Zögling zurechnen, weil er auf dessen Aneignungstätigkeit setzen muss; sie liegt aber außerhalb seiner Reichweite. Er weiß also nicht, wie Erziehung bewirkt, was sie leistet. Man könnte geradezu pointieren: Es ist gerade das Scheitern von pädagogischen Absichten, das auf die Eigentätigkeit des Zöglings verweist.
Sozialisation dagegen ist funktional konzipiert; ein Geschehen wird aus der Beobachtungsperspektive, gleichsam äußerlich, auf seine Wirkungen hin beschrieben. Sozialisationswirkungen lassen keinen Raum für Eigentätigkeit des Sozialisanden. Erziehung ist dem Sozialisationsbegriff lediglich eine Quelle von Sozialisationswirkungen unter anderen, d. h. gegenüber dem reflexiv-ethischen Gehalt des Erziehungsbegriffs ist er indifferent. Würde der Erziehungsbegriff unter diesem Gesichtspunkt konzipiert, verlöre er seinen auf die Selbststeuerungsfähigkeit des Zöglings gerichteten normativen Gehalt. Wie die Abhängigkeit der Persönlichkeitsentwicklung von den Sozialisationsbedingungen durch eine eigentätige Auseinandersetzung des Sozialisanden mit diesen Bedingungen gebrochen werden kann, muss ein objekttheoretisches Sozialisationskonzept offen lassen.
Die Frage, wie Neues entstehen kann, ist aus der Perspektive beider Konzepte schwer zu beantworten und führt eher in Widersprüche und Unverträglichkeiten. [...] Sie stehen vielmehr einerseits für Praktiken der Vermittlung von Handlungswissen, andererseits ist Erziehung auf die Kultivierung verlässlicher kooperativer Lebensformen, anders gesagt: auf sozialisatorische Praxis angewiesen, weil diese erst die aktive Auseinandersetzung der Individuen mit ihren Lebensbedingungen ermöglicht (vgl. auch Grundmann 2006). Erziehung setzt Sozialisationsprozesse aber nicht nur voraus, sie

selegiert sie auch. Selektion meint die kulturelle und politisch-ökonomische Überformung von Sozialisations-Prozessen durch das Erziehungssystem, indem es Maßstäbe für gelingende und misslingende Sozialisationsprozesse institutionalisiert (vgl. Betz 2006). [...]
Erziehung ist also keine Steigerung von Sozialisation, und Sozialisation ist auch nicht der gegenüber Erziehung umfassendere Begriff. Sozialisation ist auch nicht lediglich ein Wirkungsbegriff von Erziehung. Erziehung und Sozialisation liegen vielmehr auf unterschiedlichen logischen Ebenen. Das Sozialisationskonzept [...] formuliert das Problem, wie Erziehung möglich ist.

(Aus: Michael-Sebastian Honig: Sozialisation, in: Sabine Andresen, Rita Casale, Thomas Gabriel, Rebekka Horlacher, Sabina Larcher Klee und Jürgen Oelkers (Hrsg.): Handwörterbuch Erziehungswissenschaft. Beltz Verlag: Weinheim und Basel 2009, S. 794–796)

1 Bestimmen Sie die erziehungswissenschaftliche Relevanz von Sozialisation nach den Überlegungen von Michael-Sebastian Honig.
2 Erläutern und erörtern Sie das Verhältnis von „Erziehung und Bildung" im Verhältnis zu „Sozialisation und Enkulturation".

(Foto: Georg Bubolz, Erkelenz)

II. Lernen und Erziehung

(Foto: Boris Schmalenberger)

„Erziehen heißt Vorleben.
Alles andere ist höchstens Dressur."

Oswald Bumke

1. Was im Unterricht über „Lernen“ alles gelernt werden soll – Ein erster Ausblick auf den zukommenden Lernprozess

1.1 Hinführung: „Der Club der toten Dichter“ (Nancy H. Kleinbaum) – Lernen durch Unterweisung im „Richtigen“

Nancy H. Kleinbaum (geboren 1948) ist US-amerikanische Schriftstellerin und Journalistin. Bekannt wurde sie als Co-Autorin des Romans „Der Club der toten Dichter“, der im Jahr 1989 in der Folge des erfolgreichen gleichnamigen Films geschrieben worden ist. Entstanden ist ihr Roman unter Mitarbeit von Peter Weir auf der Grundlage des Filmscripts von Tom Schulman. Kleinbaums Roman ist weniger ein eigenständiges literarisches Werk als eine Art Merchandising-Produkt, das sich den Produktionsverhältnissen Hollywoods verdankt. Dieses Buch, ein Movie-Tie-In, wendet sich an die Zuschauer, die den Eindruck des Films durch eine nachträgliche Lektüre vertiefen oder nochmals evozieren wollen. Die Wahrnehmung des Romans wird von der Bildersprache des Films gesteuert und ganz allgemein durch Erwartungen, die sich weniger aus Erfahrungen mit Literatur als vielmehr mit dem Kino speisen. Nancy H. Kleinbaum ist verheiratet und hat drei Kinder. Sie lebt in Mt. Kisco im US-Bundesstaat New York. – In dem Roman „Der Club der toten Dichter“ wird die Geschichte von John Keating erzählt, einem jungen Englischlehrer, der eine Stelle an der Wetton Academy, einem elitären, streng konservativen Jungeninternat in Neuengland, angenommen hat. Keating überrascht seine Englischklasse anlässlich seiner Antrittsstunde mit einer ungewöhnlichen Lektion.

Als die Jungen hereinkamen, ging Keating in der Halle umher. Er betrachtete die Klassenfotos, die an den Wänden hingen und die zum Teil noch aus dem vorigen Jahrhundert stammten. Außerdem schmückten Trophäen jeder Art die Regale und Glaskästen.

Nach einer Weile hatte Keating das Gefühl, dass alle Platz genommen hatten. Nun wandte er sich ihnen zu. […] „Schlagen Sie das Textbuch auf Seite 542 auf, Pitts, und lesen Sie die erste Strophe des Gedichts!“

Pitts blätterte in dem Buch. „Rat an eine Jungfrau, etwas aus ihrem Leben zu machen?“, fragte er.

Die übrige Klasse prustete vor Lachen. „Das meine ich“, sagte Mr. Keating.

„Ja, Sir“, sagte Pitts und räusperte sich. Dann las er: „Pflücke die Knospe, solange es geht, und die Blüten, wenn sie noch prangen. Denn bald sind die Rosenblätter verweht. Wie schnell kommt der Tod gegangen.“

Er hielt inne. Mr. Keating wiederholte: „Pflücke die Knospe, solange es geht. Der lateinische Ausdruck für dieses Gefühl lautet Carpe diem. Weiß jemand, was das heißt?“

„Carpe diem“, sagte Meeks, das Ass in Latein. „Nutze den Tag!“

„Sehr gut, Meeks.“

„Nutze den Tag“, sagte Keating noch einmal. „Warum hat der Dichter diese Verse geschrieben?“

„Weil er es eilig hatte!“, rief ein Schüler. Die anderen wieherten vor Lachen.

„Nein, nein, nein! Sondern weil wir Nahrung für die Würmer sind, Jungs!“, schrie Keating. „Weil wir Frühjahr, Sommer und Herbst nur in begrenzter Anzahl erleben werden. Es ist kaum zu glauben, aber eines Tages wird jeder Einzelne von uns aufhören zu atmen, wird erkalten und sterben!“

Er machte eine dramatische Pause. „Stehen Sie auf“, drängte er die Schüler, „und lesen Sie in den Gesichtern dieser Jungen, die die Schule hier vor 60, 70 Jahren besucht haben! Seien Sie nicht schüchtern! Sehen Sie sie sich an!“

Die Jungen standen auf und gingen zu den Klassenfotos, die rings an den Wänden der Ehrenhalle hingen. Sie blickten in die Gesichter

Szenenfoto aus „Der Club der toten Dichter"
(Foto: picture alliance/dpa)

junger Männer, die ihnen aus der Vergangenheit entgegensahen.
„Sie sehen kaum anders aus als Sie, nicht wahr? Aus ihren Augen strahlt Hoffnung, wie bei Ihnen. Sie halten sich für wunderbare Dinge bestimmt, genau wie viele von Ihnen. Nun, wohin sind diese lächelnden Gesichter verschwunden? Was wurde aus ihren Hoffnungen?"
Mit ernsten und nachdenklichen Mienen betrachteten die Jungen die Fotos. Keating ging rasch herum und zeigte von einem Foto zum nächsten.
„Haben die meisten von ihnen nicht gewartet, bis es zu spät war, um in ihrem Leben nur ein Quäntchen von dem zu verwirklichen, wessen sie fähig waren? Sie jagten dem allmächtigen Götzen Erfolg nach – haben sie dadurch nicht die Träume ihrer Jugend verraten? Jetzt besehen sich die meisten dieser Gentlemen die Radieschen von unten! Doch wenn ihr sehr nahe herangeht, Jungs, dann hört ihr sie flüstern. Gehen Sie näher heran!", forderte er sie auf: „Lauschen Sie! Los! Hören Sie es? Ja?" Die Jungen waren still, und einige neigten das Ohr zu den Fotos. „Carpe diem", flüsterte Keating. „Nutze den Tag! Macht etwas Ungewöhnliches aus eurem Leben!"
[…] Alle Jungen schauten, in Gedanken verloren, auf die Fotos an den Wänden, bis das Läuten sie jäh dabei störte. Pitts sagte: „Seltsam." „Aber mal was anderes", sagte Neil nachdenklich. „Gespenstisch", sagte Knox und schauderte leicht, als er die Halle verließ. „Ob er uns eine Prüfungsarbeit darüber schreiben lässt?", fragte Cameron unsicher. „Ach, komm, Cameron", sagte Charlie lachend. „Du begreifst wohl überhaupt nichts!"

(Aus: Nancy H. Kleinbaum: Der Club der toten Dichter. Aus dem Amerikanischen von Ekkehart Reinke. Lübbe Verlag: Bergisch-Gladbach 2004, S. 36)

1 Erklären Sie, welche „Lektion" der Lehrer Keating seinen Schülern vermitteln will.
2 Erörtern Sie, was diese Lektion mit dem Thema „Lernen" zu tun hat.
3 Beziehen Sie Stellung, ob die Lektion hilfreich zur Lebensführung sein dürfte.

Szenenfoto aus „Der Club der toten Dichter"
(Foto: picture alliance/dpa)

1.2 „Mein junger Sohn fragt mich" (Bertolt Brecht) – Die Frage nach dem Wert des Lernens wird selbstständig gestellt ...

Bertolt Brecht (1898–1956) ist ein bedeutender Dramatiker, Lyriker, Regisseur und Erzähler des 20. Jahrhunderts. Das folgende Gedicht stammt aus dem Jahr 1940.

Mein junger Sohn fragt mich:
Soll ich Mathematik lernen?
Wozu, möchte ich sagen.
Daß zwei Stück Brot mehr ist als eines,
Das wirst du auch so merken.
Mein junger Sohn fragt mich:
Soll ich Französisch lernen?
Wozu, möchte ich sagen.
Dieses Reich geht unter. Und
Reibe du nur mit der Hand den Bauch und
stöhne
Und man wird dich schon verstehen.
Mein junger Sohn fragt mich:
Soll ich Geschichte lernen?
Wozu, möchte ich sagen.
Lerne du deinen Kopf in die Erde stecken
Da wirst du vielleicht übrigbleiben.

Ja, lerne Mathematik, sage ich
Lerne Französisch, lerne Geschichte!

(Aus: Bertolt Brecht: Gedichte. Suhrkamp Verlag: Berlin 1961, Bd. 4, S. 230)

1 Interpretieren Sie das Gedicht von Bertolt Brecht. Verwenden Sie entsprechende Methoden, die Sie aus dem Deutschunterricht kennen.
2 Erörtern Sie die im Gedicht implizierten pädagogisch relevanten Problemstellungen.

1.3 Die zwei Arten von Lehrplan (Guy Claxton) – oder: Sie sollten beim eigenen Lernen ...

1.3.1 ... neben dem „einvernehmlichen Lehrplan" den „Lern-Lehrplan" berücksichtigen ...

An Schulen und Colleges gibt es nicht nur einen Lehrplan, sondern zwei. Den ersten könnte man den traditionellen, den einvernehmlichen Lehrplan nennen: Er umfasst all das Wissen und Know-how, um das zu erwerben man sich in Bildungsanstalten befindet – Rechenaufgaben, Französisch, Philosophie, Zahnheilkunde und so weiter. Sowohl Schüler als auch Lehrer sind sich über den Lernstoff und den Bewertungsmaßstab der Leistungen im Klaren. Wäre dies der einzige Lehrplan, so könnten die Lehrer uneingeschränkt alle möglichen Hilfsmittel einsetzen, um das Lernen zu erleichtern, es zu beschleunigen, angenehmer und Erfolg versprechender zu gestalten. Doch so ist es nicht. Denn sofern eine Einvernehmlichkeit in Sachen Lehrstoff besteht, gibt es immer auch eine andere Seite, eine, die tiefer liegt, einen Lehrplan also, der sich weniger sichtbar abzeichnet, doch ebenso wichtig ist: den Lern-Lehrplan. Er ist ein Lehrplan, der den Studenten etwas über das Lernen an sich beibringt: was es ist, was sie, die Studenten, als Lernende sind, worin ihre Stärken liegen und worin nicht. Und wenn [...] die Zukunft des sozialen wie auch des persönlichen Wohlergehens vom Selbstvertrauen und der Kompetenz des Einzelnen als Lernenden abhängt, dann kann dieser zweite Lehrplan nicht einfach ignoriert werden. Vor allem aber braucht das Bildungswesen ein Erziehungssystem, das alle jungen Menschen – nicht nur die akademisch Gebildeten – mit dem geistigen Rüstzeug versieht, auch mit Unsicherheiten umgehen zu können.

(Aus: Guy Claxton: Der Takt des Denkens. Über die Vorteile der Langsamkeit. Aus dem Englischen von Regina Schneider. Ullstein-Verlage: Berlin 1998, S. 374–375)

1 Arbeiten Sie den Unterschied zwischen dem „einvernehmlichen Lehrplan" und dem „Lern-Lehrplan" nach Claxton heraus.

2 Erörtern Sie, ob bzw. inwiefern diese Unterscheidung pädagogisch bedeutsam werden kann.

1.3.2 ... sich bewusst sein, was über den Erfolg des Lernens mitbestimmt, und die Nachhaltigkeit der Wirkungen im Blick behalten ...

Lernerfahrungen werden gemacht mit einer ganzen Reihe von Lernfähigkeiten und Lerngepflogenheiten – in Verbindung mit der Lernaufgabe und der umgebenden Lernkultur –, die alle über den Lernerfolg mitbestimmen. Diese Lernfähigkeiten und -bedingungen verändern sich wiederum durch die Erfahrung an sich: Das Lernvermögen als Lernender, die geistige Stärke angesichts von Lernschwierigkeiten, das implizite Verständnis dessen, was Lernen mit sich bringt, und das Bild von sich selbst in der Rolle als Lernender werden sich mit jedem Lernvorgang etwas verändert oder auch nur gefestigt oder gestärkt haben. Dass der Lern-Lehrplan am Lernvorgang beteiligt wird, liegt an eben diesen Veränderungen, die mit der Zeit immer mehr werden. Er geht der Frage nach: Wie kann diese Aufeinanderfolge von Lernherausforderungen und Lernaufgaben konzipiert und präsentiert werden, damit das Lernvermögen sich auf längere Zeit hin positiv gestaltet? [...]

Egal, um welches Wissensgebiet es sich handelt, ein Teil der pädagogischen Aufmerksamkeit muss der geschickten Förderung der spezifischen Lernfähigkeit und Lehrmaterialien gelten. Ein weiterer Teil jedoch muss die nachhaltige Wirkung im Auge behalten, die aus den

jeweiligen Lernbedingungen resultiert und den erworbenen Befähigungen zum Nutzen oder Schaden gereicht.
Wir können nicht einfach davon ausgehen, dass, was im Sinne des einen Lehrplans gut und nützlich ist, ebenso gut und nützlich im Sinne des anderen ist. Soll eine Schwimmerin ihre persönliche Bestzeit steigern, so könnte man ihr schwere Bestrafungen androhen, falls sie es nicht schafft. Man könnte sie gar im Schlepptau pfeilschnell durchs Wasser ziehen. Doch keiner dieser Scherze würde zu einer langfristigen Leistungsverbesserung beitragen. Die Angst zu versagen, würde sie wahrscheinlich verkrampft und widerwillig machen. Das Schlepptau, sollte es tatsächlich wiederholt eingesetzt werden, würde nur ihre Muskeln schwächen. Es ist also ganz offensichtlich, dass die beiden Lehrpläne gerade diesbezüglich doch manchmal sehr auseinanderklaffen.

(Aus: Guy Claxton: Der Takt des Denkens. Über die Vorteile der Langsamkeit. Aus dem Englischen von Regina Schneider. Ullstein-Verlag: Berlin 1998, S. 375–376)

1 Skizzieren Sie die angesprochenen pädagogischen Probleme des Textes.
2 Überprüfen Sie am Beispiel des Textes von John Holt zum Schwimmenlernen von Tommy (siehe S. 104 ff.), ob bzw. inwiefern die angesprochene pädagogische Problematik praxisrelevant ist.

1.3.3 ... berücksichtigen, was die Qualität des „richtigen Lernens“ ausmacht ...

Carol Dweck von der University of Illinois hat in einer detaillierten Studie untersucht, was die Qualität des „richtigen Lernens“ ausmacht – Lernfreude, so könnte man diese Qualität bezeichnen: die Fähigkeit, enttäuschende Erlebnisse und Lernschwierigkeiten, die im Laufe des Lernvorgangs nicht ausbleiben, zu akzeptieren, ohne sich aufzuregen oder die Sache vorschnell hinzuschmeißen. Dweck fand heraus, dass die Freude am Lernen bei jedermann sehr unterschiedlich ist, und das quer durch alle Altersstufen, von der Vorschule bis zum Promotionsstudium. Manche Leute verlieren schnell den Mut, sobald sich ihnen Schwierigkeiten in den Weg stellen, und anstatt sich weiter mit der Aufgabe zu beschäftigen, suchen sie nach Wegen, ihre Selbstachtung zu wahren. Dieser Lerntyp hatte Schwierigkeiten, den Stoff aufzunehmen, und die Lernerfahrung war entsprechend negativ. Von allen getesteten Schülern, so geht aus Dwecks Ergebnissen hervor, waren es die „aufgeweckten Mädchen“, bei denen sich am ehesten ein Fehlen dieser Lernfreude feststellen ließ – oder anders gesagt, die beim Lern-Lehrplan versagten. Dweck mutmaßte, dass es sich bei den aufgeweckten Mädchen um einen Lerntypus handelt, der über eine sehr empfindsame und feinfühlige geistige Auffassungsgabe verfügt, vielleicht gerade, weil sie sich am wenigsten von Schwierigkeiten verwirren lassen und damit (zuweilen) Erfolg haben. Da sie „aufgeweckt“ sind, lernen sie relativ leicht und haben auch weniger Schwierigkeiten mit dem Lernen an sich als ein weniger „lernbegabtes“ Kind. Zudem sind sie Mädchen, und im Unterschied zu Jungen werden sie eher getröstet, wenn sie mit einer Aufgabe nicht weiterkommen, oder der Lehrer bietet ihnen eine anderweitige Beschäftigung an. Jungen hingegen, so zeigt das Forschungsergebnis, werden viel eher angehalten, „bei der Aufgabe zu bleiben und sie durchzuziehen“. Somit sind die aufgeweckten Mädchen die Schüler, welche die wenigsten Möglichkeiten hatten, ihre „Lernmuskeln“ zu trainieren, und folglich haben sie beim Lernen auch wenig Ausdauer.
Wer als Lernender nicht über die nötige Lernfreude verfügt, wird sich nur so lange mit dem Lernen leicht tun, wie er auf keine größeren Probleme stößt, wird aber sehr schnell über Aufgaben stolpern, sobald sie etwas schwieriger werden. Aus dieser Verletzbarkeit heraus suchen sich solche Lerntypen lieber konservative Lernmethoden aus. Wem es an Lernfreude mangelt, der wird sich Aufgaben suchen, von denen er weiß, wie er damit umzugehen hat, er wird schnell unruhig werden, sobald der Lehrer die gewohnten Methoden ändert oder eine

andere, weniger vertraute Art der Lernerfahrung anbietet. Als Folge werden diese Lernenden nur ein begrenztes Repertoire an Lernfähigkeiten entwickeln, vornehmlich solche, welche die höchste Wahrscheinlichkeit für einen Erfolg bieten. „Ein guter Schüler sein“ – wenn in den Schulen damit die Fähigkeit gemeint ist, sich ausdrücken und erklären zu können, so wird dort ausschließlich die D-Denkweise gebraucht und gefördert (Anmerkung des Hrsg.: Guy Claxton bezeichnet das schnelle Denken in seinem Buch als D-Denkweise. Im Alltag treffen wir Entscheidungen aufgrund sachlogischer Überlegungen.). Die Gefahr dabei ist, dass einige junge Schüler, die „erfolgreichen“, eine Seite ihres gesamten Lernpotenzials überentwickeln und eine andere brachliegen lassen, während andere, die relativen „Versager“, wohl kaum überhaupt Lernqualitäten entwickeln werden, sich womöglich gar „zurückentwickeln“. Im schlimmsten Fall steht jeder Schüler vor der wenig beneidenswerten Wahl, entweder geistig zu verkrüppeln oder sich einseitig geistig zu entwickeln.

(Aus: Guy Claxton: Der Takt des Denkens. Über die Vorteile der Langsamkeit. Aus dem Englischen von Regina Schneider. Ullstein-Verlage: Berlin 1998, S. 376–378)

1 Skizzieren Sie, was die Qualität des richtigen Lernens nach Claxton ausmacht.
2 Analysieren Sie die im Text angesprochenen empirischen Untersuchungen.
3 Erörtern Sie, wie Lernfreude nachhaltig gefördert werden kann.

1.3.4 ... einen Überblick über Lernarten, Denkarten und Lerntypen geben können ...

Der Lern-Lehrplan muss deshalb zuallererst und vordringlich auf die Lernfreude eingehen und sie stärken. Dies erfordert, den Schülern einen umfassenden Überblick über die unterschiedlichen Lernarten, Denkarten und Lerntypen zu vermitteln. Zum Lernvorgang gehören mitunter gewisse Unklarheiten und Unverständlichkeiten einfach dazu, und insofern macht es beispielsweise auch keinen Sinn, einen einvernehmlichen Lehrplan aufzustellen, der die jungen Menschen systematisch der Gelegenheiten beraubt, sich an unklare Situationen zu gewöhnen und zu lernen, damit produktiv umzugehen. Es macht auch keinen Sinn, Lerngepflogenheiten zu kultivieren oder zu fördern, die implizit alle Unklarheiten als dem Lernerfolg abträglich auslegen oder davon ausgehen, dass Lernen nur ohne Wirrwarr vollzogen werden kann und/oder sollte. Ebenso ist ein Lehrplan sinnlos, der Schülern das Gefühl vermittelt, ihr Selbstwertgefühl hinge von einem klaren Verständnis ab, und Unwissenheit zerstöre es nur. Wenn Kinder lernen, dass Unwissenheit, wie auch Lernschwächen oder

(© Voller Ernst/Gerd Pfeiffer)

Misserfolge, mit einem bedrohlichen Gefühl verbunden sind, so wird ihre Lernfreude nachlassen.

(Aus: Guy Claxton: Der Takt des Denkens. Über die Vorteile der Langsamkeit. Aus dem Englischen von Regina Schneider. Ullstein-Verlag: Berlin 1998, S. 378–379)

1 Skizzieren Sie den im Text dargestellten Gedanken.
2 Erörtern Sie, inwiefern es hilfreich ist, einen umfassenden Überblick über die unterschiedlichen Lernarten, Denkarten und Lerntypen zu erhalten, um eigene Lernprozesse besser zu vollziehen.

1.3.5 ...einen angemessenen Begriff von „Intelligenz" entwickeln, der in Einklang mit „Lernfreude" steht ...

Carol Dweck hat zudem nachgewiesen, dass Lernfreude auch durch eine falsche Auffassung von „Intelligenz" unterbunden wird. Sie unterschied zwischen zwei generellen Auffassungen von Intelligenz oder „geistigen Fähigkeiten". Nach der einen Auffassung – die genauere der beiden, welche ich auch hier verwende –, wird Intelligenz als eine Art entwicklungsfähiges geistiges Werkzeug für Lern- und Erkenntnisweisen gesehen. Beim Lernen kann man auch Lernen lernen – und ein besserer Lerner werden. Nach der anderen Auffassung, die bedauerlicherweise in vielen pädagogischen Ansichten durchsickert, ist Intelligenz eine von Natur aus festgelegte geistige Voraussetzung des allgemeinen Denkvermögens, ein angeborenes Maß, das bestimmt, welchen Lernerfolg man erwarten kann oder zu erwarten hat. Sagt man von einem Kind: „Sally ist groß, hat braune Augen und ist sehr intelligent", so pflichtet man der letzteren Auffassung von Intelligenz bei – und veranlasst auch Sally, dies ebenfalls zu tun. Denn nach dieser Auffassung braucht sich Sally keine Mühe zu geben, da sich ihre Größe, Augenfarbe und eben auch ihre „Intelligenz" sowieso nicht ändern werden.
Das Tragische dabei ist, dass nach allem, was Dweck herausgefunden hat, diese zweite, deterministische Auffassung der mangelnden Lernfreude häufig noch Vorschub leistet. Ist ein Kind davon überzeugt, dass „es möglich ist, gescheiter zu werden", wird es auch eher ein ausdauerndes und phantasievolles Lernverhalten an den Tag legen. Ist es hingegen der Meinung, „Intelligenz" sei etwas Festgelegtes, so wird es bei einer erbrachten mangelhaften Leistung auch eher den Mut verlieren. Warum? Weil die „offene Theorie" über Intelligenz ein Kind ermutigt, sich unter Anspannung aller Fähigkeiten anzutesten, und indem es dies tut, kann es auch intelligenter werden. Es hat eine Entwicklungsmöglichkeit, die dem weniger begünstigten Mitschüler nicht vergönnt ist. Dieser hat nämlich vielmehr das Gefühl, ohnehin ein gewisses unveränderliches Maß an Intelligenz zu besitzen. Versagt er bei einer Aufgabe oder hat Mühe sie zu verstehen, so ist das für ihn nichts weiter als ein Beweis für seine mangelnde geistige Fähigkeit. Je mehr er dadurch entmutigt wird, desto mehr sieht er sich genötigt, sich innerlich zurückzuziehen, eine Abwehr- oder Angriffshaltung zu entwickeln.
Die Ergebnisse dieser Studie im Lern-Lehrplan praktisch umzusetzen heißt, dass Lehrer die Veränderlichkeit und Vielfältigkeit der Lernfähigkeit begreifen und eine Sprache gebrauchen müssen, die diese Auffassung von Lernen den Schülern vermittelt.
Zunächst muss also die Auffassung von einem entwicklungsfähigen Geist durchgesetzt werden. Die nächste Forderung des Lern-Lehrplans besteht darin, Lernmöglichkeiten zu bieten, die helfen, die ganze Bandbreite der Lern- und Erkenntnisweisen auch zu entfalten. Arbeitet man auf einer breiten Grundlage der Lernfreude, so kann sich ein großer Ideenreichtum entwickeln. […]

(Aus: Guy Claxton: Der Takt des Denkens. Aus dem Englischen von Regina Schneider. Ullstein-Verlag: Berlin 1998, S. 379–380)

1 Arbeiten Sie die Überlegungen von Claxton heraus.
2 Erörtern Sie die angesprochenen Vorstellungen von „Intelligenz" unter pädagogischer Perspektive.

1.3.6 ... intuitives Denken schärfen und eine entspanntere Geisteshaltung kultivieren ...

Intuitives Denken kann zum Beispiel ohne weiteres geschärft werden, indem man es in das jeweilige Lernumfeld mit einbezieht. Wie aus neueren Forschungsarbeiten hervorgeht, entwickeln Kinder beim Erlernen von systematischem Wissen eine größere Einsicht, eine stärkere und flexiblere geistige Auffassungsgabe für wissenschaftliche Denkweisen, wenn sie ermutigt werden, ihr intuitives Denken einzubringen, und wenn sie ihre eigenen Vorstellungen über die Zusammenhänge in der Welt in ein wissenschaftliches Forschungslabor hineintragen dürfen, damit sie sie teilen, untersuchen und ausprobieren können. [...] Indem Kinder ihre Intuition einsetzen und sie nicht ignorieren, erfahren sie Wissenschaft nicht einfach nur als ein Wissenssystem, sondern sie lernen auch, wie ein Wissenschaftler zu denken.

Eine weitere Aufgabe des Erziehungssystems könnte darin liegen, eine entspanntere Geisteshaltung zu kultivieren, eine, in der einem „die Dinge zufliegen können". Bei einigen jungen Schülern fällt der Groschen von alleine, anderen muss man vielleicht auf die Sprünge helfen. Erzbischof William Temple gehörte eindeutig zur ersten Gruppe:

„Als kleiner Junge gab man mir in der Schule oft die Aufgabe, lateinische Verse zu dichten, was, wie jeder weiß, ziemlich schwierig ist. Wie auch immer, ich arbeitete bei Kerzenlicht, und jedes Mal, wenn ich ‚steckenblieb' und mir die rechten Worte nicht einfallen wollten, kratzte ich einen Wachskrümel von der Kerze und schob ihn ganz sacht wieder in die Flammen zurück. Und dann flogen mir die Worte einfach so zu."

Der Wert des phantasievollen Denkens ist nachweislich ein sinnvolles Lernwerkzeug für das ganze Leben. Es kann vielseitig eingesetzt werden: beim Erlernen von körperlichen Fähigkeiten, wie etwa Sport, für die Vorbereitungen auf schwierige Verabredungen oder wenn man sich über die eigenen Wertvorstellungen und Überzeugungen klar werden möchte. Aktive Erfindungskraft, Phantasie und Ideenreichtum können sich als effektiver erweisen als ein rationales Selbstverständnis. Im Erfinden und Phantasieren sind Kinder natürlicherweise besonders begabt, und insofern kann auf diesen Gebieten das Lernvermögen auch besonders leicht herangebildet und weiterentwickelt werden. Umgekehrt wird das Lernvermögen beeinträchtigt und vermindert, wenn man dieses natürliche Erbe verkümmern lässt, indem man es fortwährend vernachlässigt.

(Aus: Guy Claxton: Der Takt des Denkens. Über die Vorteile der Langsamkeit. Aus dem Englischen von Regina Schneider. Ullstein-Verlag: Berlin 1998, S. 381–382)

1 Fassen Sie die These des Textes zusammen.
2 Erörtern Sie mögliche pädagogische Konsequenzen, die sich ergeben, wenn man der These des Autors folgt.

1.3.7 ... entdeckendes Lernen erproben und üben ...

Beim Lern-Lehrplan jedoch brauchen Kinder Hilfe, um ein größeres Bewusstsein für den Lernprozess zu entwickeln, für die Aneignung und den Erwerb von Wissen. Und das heißt auch, Wissen mehrdeutiger zu präsentieren, als ein menschliches Produkt, das stets für Fragen und Überprüfung offen ist. Wollen wir die Kinder auf eine Reise schicken, die, wie weit das Ziel auch entfernt sein mag, in Richtung Weisheit führt, so müssen wir das Risiko auf uns nehmen und einige erkenntnistheoretische Unsicherheiten schaffen.

Inwiefern steht die Unterscheidung zwischen dem einvernehmlichen und dem Lern-Lehrplan in Zusammenhang mit der alten Debatte, die zwischen klassischem „Tafel-und-Kreide"-Unterricht und der Methode „Lernen entdecken" unterscheidet? Aus Sicht des einvernehmlichen Lehrplans scheint es völlig unnütz, Kindern zu erlauben, herumzuprobieren und

„das Rad neu zu entdecken", wo es so viele verschiedene Räder gibt, über die man sich Kenntnisse aneignen sollte. Ist die wichtige Sache dabei das Rad, so ist dieser Einwand berechtigt. Doch im Lern-Lehrplan geht es nicht so sehr um das Rad als um das Erfinden – und um das Stärken der Erfindungskräfte, die sich entfalten, indem man erfinden darf und dazu auch ermutigt und angeregt wird. Die Zeit, die man damit verbringt, den Dingen selber auf den Grund zu gehen, auch wenn da jemand ist, der einem die Antwort oder die Information einfach hätte geben können, ist mitunter gut genutzte Zeit, da das Ergebnis dem Forschergeist mehr Vertrauen und Kompetenz gibt.
Lernen durch Entdecken stützt sich auf das „Lernen durch Osmose" und entwickelt diese Lernkräfte weiter. Wie bei der Intuition, der Vorstellungs- und Erfindungskraft, ist auch hier die Fähigkeit, die der Erfahrung zugrunde liegenden Muster erkennen zu können, ohne zwangsläufig sagen zu können, um welche Muster es sich handelt, von unschätzbarem Wert für das ganze Leben. Sowohl der Erwerb von Wissen und Fähigkeiten als auch die Entwicklung der Lernkräfte sind wichtig. Lernenden, egal ob Kindern oder Erwachsenen, gelingt es, unproduktiv hin und her zu probieren, wenn sie weder über das Werkzeug noch über Informationen verfügen, die sie vielleicht bräuchten, um an eine Aufgabe heranzugehen. Der wirkliche Feind des Lern-Lehrplans heißt Dogmatismus, egal von welcher Seite.

(Aus: Guy Claxton: Der Takt des Denkens. Über die Vorteile der Langsamkeit. Aus dem Englischen von Regina Schneider. Ullstein-Verlag: Berlin 1998, S. 383–384)

1 Skizzieren Sie den Unterschied zwischen „Tafel-und-Kreide-Unterricht" und „entdeckendem Lernen".
2 Erörtern Sie die pädagogischen Schlussfolgerungen von Claxton zur Kontroverse um diese beiden Formen des Lernens.

1.3.8 ... verschiedene Erkenntnisweisen berücksichtigen ...

In diesem Sinne heißt findig und einfallsreich sein, die ganze Bandbreite von Lern-Hilfsmitteln zur Verfügung haben – verschiedene Erkenntnisweisen also – sowie einen ausgeprägten intuitiven Sinn dafür, für welche Art Aufgabe welche Erkenntnisweise am besten geeignet ist und welche Art von Kenntnis jede Aufgabe vermittelt.
Der findige und einfallsreiche Lerner ist in der Lage, verworrenen Situationen mit präziser und konzentrierter Aufmerksamkeit ebenso wie mit entspannter Weitschweifigkeit zu begegnen. Er ist fähig, „die Dinge sprechen zu lassen", zu erkennen, was tatsächlich vorhanden ist, und nicht, wie Hesse es ausdrückt, alles durch „den beschlagenen Spiegel des eigenen Wunschdenkens" zu beobachten. Er weiß Anhaltspunkte und Hinweise gut zu nutzen. Er kann analysieren und forschend prüfen, aber auch sich der Tagträumerei hingeben und nachsinnen. Er ist in der Lage, Fragen zu stellen und zusammenzuarbeiten, aber auch zu schweigen und die Dinge nachdenklich zu betrachten. Er kann nüchtern sein oder bildlich sprechen, klar und deutlich oder phantasievoll, wissenschaftlich oder poetisch: wissen wie Madame Curie und wissen wie Emily Dickinson.
Ein findiger und einfallsreicher Lerner sein heißt auch, Gelegenheiten gehabt zu haben, mit jeder dieser Erkenntnisweisen zu spielen, zu forschen und zu experimentieren, sodass all deren Kräfte, Genauigkeit und Angemessenheit sämtlich aufgedeckt werden konnten.

(Aus: Guy Claxton: Der Takt des Denkens. Über die Vorteile der Langsamkeit. Aus dem Englischen von Regina Schneider. Ullstein-Verlag: Berlin 1998, S. 384–385)

1 Beschreiben Sie die Kompetenzen, die nach Claxton erforderlich sind, um die Wirklichkeit in ihrer Vielfalt zu erfassen.
2 Erörtern Sie mögliche Konsequenzen für die Gestaltung eigener Lernprozesse, wenn Sie den Überlegungen des Autors folgen.

1.3.9 ... selbstorganisiertes Lernen einüben ...

Der findige Lerner muss auch Fähigkeiten entwickeln, ein guter Manager der eigenen Lernvorhaben zu sein. Er muss imstande sein, die Dinge einzuschätzen, wenn etwa eine Herangehensweise für ein Problem nicht zum Erfolg führt, muss er wissen, wann er unbeirrt damit fortfahren soll, wann er die Gangart wechseln und wann er besser aufgeben sollte. Erfolgreiches Lernen erfordert die Fähigkeit, reflektierend zu denken, eine strategische wie auch eine taktische Perspektive für das eigene Lernen und Wissen einzunehmen, sich darüber bewusst zu sein, „wie die Dinge liegen" und welche alternativen Herangehensweisen es noch geben könnte. Folglich verlangt der Lern-Lehrplan von den Lernern auch, dass sie in angemessenem Maße eine gewisse Verantwortung übernehmen und selbst entscheiden, was, wann und wie sie lernen, und ihre eigenen Anstrengungen auch selbst kritisch beurteilen.

(Aus: Guy Claxton: a. a. O., S. 385–386)

1 Skizzieren Sie die Forderung des Autors zum Thema „selbstorganisiertes Lernen".
2 Erörtern Sie Möglichkeiten, wie Sie Ihr eigenes Lernverhalten optimieren können.

1.4 Lernbedürftigkeit und Lernfähigkeit als anthropologische Voraussetzungen

Pädagogische Maßnahmen setzen weithin zunächst wohl dieses voraus, dass es sich bei den Menschen um lernfähige Wesen handelt, womit die Fähigkeit des Menschen gemeint ist, sein Verhalten so zu ändern, dass die zufolge einer Situationsänderung heraufbeschworene Verunsicherung überwunden und die Sicherheit verbürgende An- und Einpassung in die veränderte Situation wieder gewährleistet ist. [...]

Lernfähigkeit wird in der zeitgenössischen pädagogischen Anthropologie als positives Korrelat der Lernbedürftigkeit des Menschen gegenübergestellt. Seine Instinktarmut führt zu fortgesetzten Störungen des Gleichgewichts zwischen Mensch und Situation. Unter der unreflektierten Voraussetzung nun, dass bei jedem Wesen solch eine sichere Stabilität zwischen Lebenseinheit und seiner Welt anzunehmen ist, hat man immer wieder nach Kompensatorien gesucht und in diesem Zusammenhang beim Menschen etwa auf die Vernunft, die Sprache und die Geschichte hingewiesen. [...] Menschliches Lernen ist damit in einen Kontext eingeordnet, der es bestimmen lässt als auf Lebenssicherheit bedachte Verhaltensänderung.

(Aus: Klaus Schaller, Das Menschenbild des Geisteswissenschaftlers, in: Wolfgang Laskowski (Hrsg.), Geisteswissenschaft und Naturwissenschaft: Ihre Bedeutung für den Menschen, Walter de Gruyter: Berlin 1970, S. 143–144)

1 Erläutern Sie, inwiefern die Klärung von Lernbedürftigkeit und Lernfähigkeit als anthropologische Voraussetzungen für die Erforschung von Lernen sinnvoll ist.
2 Belegen Sie die Aussagen Schallers mithilfe von selbst gewählten Beispielen.

Projektvorschlag
zum Thema „Lernen"

Sie können ...

- Unterstufenunterricht hospitieren und dabei beobachten, wie gelehrt und gelernt wird.
- Nachhilfestunden bei jüngeren Schülerinnen und Schülern erteilen und Rückschläge beim Lernen und Lernfortschritte beobachten.
- eine Klassenpatenschaft in der Unterstufe übernehmen und das Verhalten und Verhaltensänderungen bei Kindern beschreiben.
- als Babysitter Erfahrungen sammeln mit Verhaltensänderungen.

2. Wie wird gelernt? – Zugänge zu gängigen Lerntheorien und ihrer pädagogischen Relevanz

2.1 Beobachtungen bei Kindern, die schwimmen oder die es erlernen sollen

2.1.1 Hinführung: Babyschwimmen – ein fehlender Lernvorgang

(Foto: picture alliance)

Desmond Morris ist zeitgenössischer Zoologe, Buch- und Fernsehautor, der komplizierte naturwissenschaftliche Zusammenhänge in einfache Sprache zu fassen versteht.

Ein Neugeborenes ist körperlich hilflos und verbringt die meiste Zeit in der Körperhaltung, die ihm aus seiner Zeit im Mutterleib so vertraut ist. Seine Hände sind zu Fäusten geballt und die Zehen oft eingekrallt. Nackt strampelt es mit den Armen und Beinen. Wenn dabei der Daumen in die Nähe des Mundes kommt, nuckelt es daran. Es ist nicht fähig, seinen Körper von A nach B zu bewegen – außer im Wasser.

Schwimmende Babys

Eine der erstaunlichsten Entdeckungen der letzten Jahre ist, dass Neugeborene schwimmen können. Versuche zeigten, dass ein Baby, das man mit dem Gesicht nach unten in warmes Wasser hält, während man es am Bauch stützt, keine Panik zeigt. Es hält unwillkürlich den Atem an, lässt sich mit weit geöffneten Augen frohgemut im Wasser treiben und betrachtet die Unterwasserwelt. Wird die stützende Hand vorsichtig weggenommen, beginnt das Baby, mit Armen und Beinen Schwimmbewegungen zu machen, und bewegt sich im Wasser vorwärts.

Obwohl sich ein Neugeborenes an Land nicht von einem Ort zum anderen bewegen kann, wird es im Wasser plötzlich bemerkenswert mobil. Es ist von Geburt an und ohne Training fähig, gut koordinierte, aufeinander abgestimmte Schwimmbewegungen auszuführen, die es gekonnt vorwärtsbringen. Mit anderen Worten: Ein Baby kann schwimmen, bevor es laufen kann. Wie ist das zu erklären?

Rückkehr in den Mutterleib?

Die offensichtliche Antwort ist, dass ein Baby sich im Wasser zuhause fühlt, da es an die Welt erinnert wird, in der es die ersten neun Monate seines Lebens verbracht hat. Diese Erklärung ist jedoch nicht zufriedenstellend. Im Mutterleib gebraucht das Baby seine Lungen noch nicht. Schwimmt es aber im Wasser, kann es seine Atmung kontrollieren. Sobald sein Mund unter Wasser ist, unterdrückt es automatisch die Atmung. Außerdem ist im Mutterleib kein Platz, um zu schwimmen. Im Wasser setzt das Baby aber koordinierte Arm- und Beinbewegungen ein, die es gemächlich vorwärts bringen.

Unsere aquatilen Ursprünge

Das Schwimmen ist für das Baby eine neue Form der Bewegung. Diese Fähigkeit kann nur damit erklärt werden, dass das Kind einen Abschnitt unserer Entwicklungsgeschichte durchläuft, in dem unsere Vorfahren besser an das Leben im Wasser angepasst waren, als wir es heute sind. Leider handelt es sich nur um ein Verhaltensrelikt, das verschwindet, wenn das Baby drei bis vier Monate alt ist. Von nun an bekommt es Panik, wenn man es ins Wasser hält, und es dauert lange, bis es die Schwimmfähigkeit wiedererlangt. Dann handelt es sich jedoch um etwas völlig Anderes – um eine Fähigkeit, die erlernt wird, wenn das Kind einige Jahre älter ist.

An dieser Stelle muss betont werden, dass außerordentliche Vorsicht geboten ist, wenn man ein Neugeborenes schwimmen lässt. Ein Baby kann sehr schnell in nur wenige Zentimeter tiefem Wasser ertrinken. Mehrere Erwachsene müssen deshalb in der Nähe bereitstehen. Außerdem muss das Wasser viel wärmer sein als in einem üblichen Schwimmbecken. Am wichtigsten ist, dass man ein Baby nie in stark gechlortem Wasser schwimmen lässt, wie dies in Schwimmbädern heute meist der Fall ist. Da es die Augen unter Wasser weit öffnet, könnten sie durch die Chemikalien geschädigt werden. Aus diesen Gründen ist Babyschwimmen viel seltener, als es eigentlich wünschenswert wäre. Das ist sehr schade, denn es böte eine weitere Gelegenheit, bei der Mütter und Väter erleben können, dass sie die Eltern eines wirklich erstaunlichen Babys sind.

(Aus: Desmond Morris: Das Wunder der ersten Lebensjahre. Übersetzung Eva Sixt. Dorling Kindersley: London – New York – Melbourne – München und Delhi 2008, S. 27)

1 Anlage oder Umwelt? Skizzieren Sie, wie nach Desmond Morris das Verhältnis dieser beiden Faktoren beim Babyschwimmen zu bestimmen ist.

2 Im Rahmen von Definitionsversuchen von „Lernen" wird davon gesprochen, Lernen bewirke eine Veränderung von Verhaltensmöglichkeiten (Verhaltenspotenzial). Erläutern Sie, ob bzw. inwiefern beim Babyschwimmen eine Veränderung des Verhaltenspotenzials erkennbar wird, die sich nicht auf Lernprozesse zurückführen lässt.

(© Tom)

2.1.2 Papi als Schwimmlehrer (Ephraim Kishon) – Von einem misslungenen Lernversuch

Der israelische Satiriker Ephraim Kishon (1924–2005) geht auf Probleme beim Schwimmenlernen seines Sohnes ein.

Mein Sohn Amir steht am Rand des Schwimmbeckens und heult.
„Komm ins Wasser!“, rufe ich. „Ich hab Angst!“, ruft er zurück.
Seit einer Stunde versuche ich, den kleinen Rotschopf ins Wasser zu locken, damit ihn Papi im Schwimmen unterweisen kann. Aber er hat Angst. Er heult vor lauter Angst. Auch wenn sein Heulen noch nicht die höchste Lautstärke erreicht hat – bald wird es so weit sein, ich kenne ihn.
Ich kenne ihn und bin ihm nicht böse. Nur allzu gut erinnere ich mich, wie mein eigener Papi versucht hat, mir das Schwimmen beizubringen, und wie ich heulend vor Angst am Rand des Schwimmbeckens stand. Mein Papi ist damals recht unsanft mit mir umgegangen. Seither haben sich die Methoden der Kindererziehung grundlegend geändert und verfeinert. Nichts liegt mir ferner, als meinem Sohn etwas aufzuzwingen, wozu er keineLust hat. Er soll den entscheidenden Schritt aus eigenem Antrieb tun. Wie ein junger Adler, der zum ersten Mal den elterlichen Horst verlässt und in majestätischem Flug durch die Lüfte zu schweben beginnt. Es braucht nur einen kleinen Stoß, den Rest besorgt dann schon die Natur. Verständnis für die kindliche Seele: darauf kommt es an. Verständnis, Güte und Liebe, sehr viel Liebe.
„Komm her, mein Kleiner“, flöte ich. „Komm her und sieh selbst. Das Wasser reicht dir kaum bis zum Nabel, und Papi wird dich festhalten. Es kann dir nichts geschehen.“
„Ich hab Angst.“
„Alle anderen Kinder sind im Wasser und spielen und schwimmen und lachen. Nur du stehst draußen und weinst. Warum weinst du?“
„Weil ich Angst hab.“
„Bist du denn schwächer oder dümmer als die anderen Kinder?“ „Ja.“ Dass er das so freimütig zugibt, spricht einerseits für seinen Charakter, andererseits nicht. Vor meinem geistigen Auge erscheint ein Schiff auf hoher See, das im Begriffe ist, zu sinken. Die Passagiere haben sich auf Deck versammelt und warten ruhig und diszipliniert auf die Anweisungen des Kapitäns. Nur ein untersetzter, rothaariger Mann boxt sich durch die Reihen der Kinder und Frauen, um als Erster ins Rettungsboot zu gelangen. Es ist Amir Kishon, der sich geweigert hat, von seinem Papi das Schwimmen zu erlernen.
„Wovor hast du Angst, Amirlein?“ „Vor dem Ertrinken.“
„Wie kann man in diesem seichten Wasser ertrinken?“ „Wenn man Angst hat, kann man.“

„Nein, nicht einmal dann." Ich versuche, von Psychologie auf Intellekt umzuschalten. „Der menschliche Körper hat ein spezifisches Gewicht, weißt du, und schwimmt auf dem Wasser. Ich zeig's dir."

Papi legt sich auf den Rücken und bleibt gemächlich liegen. Das Wasser trägt ihn.

Mitten in dieses lehrreiche und überzeugende Experiment springt irgendein Idiot dicht neben mir ins Wasser. Die aufspritzenden Wellen überschwemmen mich, ich schlucke Wasser, mein spezifisches Gewicht zieht mich abwärts, und mein Sohn heult jetzt bereits im dritten Gang.

Nachdem ich nicht ohne Mühe wieder hochgekommen bin, wende ich mich an den Badewärter, der den Vorgang gleichmütig beobachtet hat.

„Bademeister, bitte sagen Sie meinem kleinen Jungen, ob hier im Kinderschwimmbecken jemand ertrinken kann." „Selbstverständlich", antwortet der Bademeister. „Und wie!"

So sieht die Unterstützung aus, die man von unserer Regierung bekommt. Ich bin wieder einmal ganz auf mich selbst angewiesen.

Jeder andere Vater hätte jetzt seinen Sohn mit Gewalt ins Wasser gezerrt. Nicht so ich. Ich liebe meinen Sohn trotz allen seinen Fehlern und Defekten, trotz dem mörderischen Geheul, das er jetzt aufs neue anstimmt, ich liebe ihn jetzt sogar mehr als je zuvor, weil er so zittert, weil er solche Angst hat, weil er so hilflos dasteht, so armselig, so dumm, so vertrottelt.

„Ich mach dir einen Vorschlag, Amir. Du gehst ins Wasser, ohne dass ich dich anrühre. Du gehst so lange, bis dir das Wasser an die Knie reicht. Wenn du willst, gehst du weiter. Wenn du nicht weitergehen willst, bleibst du stehen. Wenn du nicht stehen bleiben willst, steigst du aus dem Wasser. Gut?"

Amir nickt, heult und macht ein paar zögernde Schritte ins Wasser hinein. Noch ehe es ihm bis an die Knie reicht, dreht er sich um und steigt aus dem Wasser, um sein Geheul am Land wieder aufzunehmen. Dort heult sich's ja auch leichter.

„Mami!", heult er. „Mami!"

Das macht er immer. Wenn er sich meinen erzieherischen Maßnahmen widersetzen will, heult er nach Mami. Gleichgültig, ob sie ihn hören kann oder nicht.

Ich zwinge mich zu souveräner Gelassenheit und väterlicher Autorität.

„Wenn du nicht sofort ins Wasser kommst, Amir, gibt's heute kein Fernsehen."

Sollte ich meine väterliche Autorität überzogen haben? War ich zu streng mit dem Kleinen? Er heult und rührt sich nicht. Er rührt sich nicht und heult.

Ich mache einen weiteren, diesmal praktischen Versuch.

„Es ist doch ganz einfach, Amir. Du streckst die Arme aus und zählst. Eins-zwei-drei. Schau, ich zeig's dir. Eins-zwei-dr …"

Es ist klar, dass man nicht gleichzeitig schwimmen und zählen kann. Niemand hat mich das gelehrt. Außerdem bin ich kein Schwimmer, sondern ein Schriftsteller. Ich kann ja auch nicht gleichzeitig schwimmen und schreiben. Kein Mensch kann das.

Mittlerweile hat sich Amir in den höchsten Diskant gesteigert und röhrt drauflos, umringt von einer schaulustigen Menge, die mit Fingern auf seinen Vater weist. Ich springe aus dem Wasser und verfolge ihn rund um das Schwimmbecken. Endlich erwische ich ihn und zerre ihn ins Wasser. Dem Balg werde ich noch beibringen, wie man freiwillig schwimmen lernt!

„Mami!", brüllt er. „Mami, ich hab Angst!"

Das alles kommt mir irgendwie bekannt vor. Der Franzose spricht in solchen Fällen von „déjà vu". Hat mich nicht auch mein eigener Vater ins Wasser gezerrt? Hab nicht auch ich verzweifelt nach meiner Mami gerufen? So ist das Leben. Alles wiederholt sich. Der Zusammenstoß der Generationen lässt sich nicht vermeiden. Die Väter essen saure Trauben und die Söhne heulen.

„Will nicht ins Wasser!", heult mein Sohn. „Will Mami!" Ich halte ihn auf beiden Armen, etwa einen halben Meter über dem Wasserspiegel, und schenke seiner Behauptung, dass er ertrinkt, keinen Glauben.

„Eins-zwei-drei", kommandiere ich.

„Schwimm!"

Er folgt meinen Anweisungen, wenn auch heulend. Ein Anfang ist gemacht. Aber da ich ihn nicht das Fliegen lehren will, sondern das Schwimmen, muss ich ihn wohl oder übel mit dem Wasser in Berührung bringen. Vorsichtig senke ich meine Arme abwärts. Amir beginnt zu strampeln und schlägt wild um sich. Von Schwimmbewegungen keine Spur.

„Schwimm!“, höre ich mich brüllen. „Eins-zwei-drei!“ Jetzt hat er mich gebissen. Er beißt die Hand, die ihn nährt. Er beißt den eigenen Vater, der für ihn sorgt und ihm nichts als Liebe entgegenbringt.

Zum Glück bin ich noch immer stärker als er. Ich zwänge seine Hüften in die eiserne Umklammerung meiner athletischen Schenkel, so dass sein Oberkörper auf der Wasserfläche liegt, und vollführe mit seinen Armen die vorgeschriebene Eins-zwei-drei-Bewegung.

Eines Tags wird er's mir danken. Eines Tags wird er wissen, dass er ohne meine Fürsorge und meine engelsgleiche Geduld niemals die Wasser beherrscht hätte. Eines Tags wird er mich dafür lieben.

Vorläufig tut er nichts dergleichen. Im Gegenteil, er schlägt seine verhältnismäßig freien Fersen unablässig in meinen Rücken. Vorne heult er, hinten tritt er. Der junge Adler will das elterliche Nest ganz offenkundig nicht verlassen. Aber es muss sein. Trink, Vogel, oder schwimm! Einst war auch mein Vater zwischen den muskulösen Schenkeln meines Großvaters eingeklemmt und hat es überstanden. Auch du wirst es überstehen, mein Sohn, das garantiere ich dir.

Durch das Megafon schallt die Stimme des Bademeisters:

„Sie dort! Ja, Sie! Lassen Sie den Kleinen in Ruh! Sie bringen das Kind ja in Lebensgefahr!“

Das ist typisch für die israelischen Verhältnisse. Statt einem Vater in seinen erzieherischen Bemühungen zu helfen, statt dafür zu sorgen, dass eine starke junge Generation heranwächst, schlagen sich die Behörden auf die Seite einer lärmenden Minorität. Bitte sehr. Mir kann's recht sein.

Ich steige mit dem jungen Adler ans Ufer, lasse ihn brüllen und springe mit elegantem Schwung in die kühlen Wogen zurück, mit einem ganz besonders eleganten Schwung, der mich kühn über die aus dem Wasser herausragenden Köpfe hinweg trägt ... weit hinaus – in das Schwimmbecken ... dorthin, wo es am seichtesten ist ... Die Wiederbelebungsversuche des Badewärters hatten Erfolg.

„Unglaublich“, sagt er, indem er meine Arme sinken lässt. „Und Sie wollen einem Kind das Schwimmen beibringen.“

(Aus: Ephraim Kishon: Kishons beste Familiengeschichten. Satiren. Übertragen von Friedrich Torberg. 2. Aufl., Albert Langen/Georg Müller Verlag: München und Wien 1975, S. 200–205)

1 Interpretieren Sie die Satire von Ephraim Kishon.

2 Erörtern Sie die pädagogisch relevanten Probleme, die dem Ich-Erzähler begegnen.

3 Beurteilen Sie, wie die pädagogischen Probleme in der Geschichte „gelöst“ werden. Entwerfen Sie pädagogische Alternativen.

2.1.3 Tommy lernt schwimmen (John Holt) – Von einem gelungenen Lernprozess

Heute nahmen wir Tommy mit ins Freibad; es war unser erster Ausflug in diesem Jahr. Gleich zu Anfang passierte ihm etwas, das auf die meisten Kinder seines Alters entmutigend gewirkt hätte. Er stand auf den beiden ersten Treppenstufen des Beckens, die in das niedrige Wasser führten. Das war genau so weit, wie er zu gehen bereit und willens war; mein Angebot, ihn zu einem „Ritt“ durchs Wasser mitzunehmen, hatte er abgelehnt. Stattdessen hielt er sich um die Stufen herum auf, schaute das Wasser an und befühlte es mit den Händen. Doch plötzlich trat er daneben und fiel kopfüber ins Wasser. Seine ältere Schwester, die aus der Nähe zugeschaut hatte, zog ihn fast im selben Augenblick wieder heraus. Er keuchte und prustete, schien aber nicht sichtlich erschrocken zu sein. Nachdem er kurze Zeit außen geblieben war, um sich zu beruhigen und frischen Atem und Mut zu schöpfen, ging er wieder hinein. Diesmal bat er mich um den Ritt, den er vorher abgelehnt hatte. Ich hielt ihn mit den Armen an mich und ging ein wenig im Wasser umher, das ihm bis zur Hüfte reichte. Er klammerte sich fest an mich und hielt sich dabei, wie Babys, mit Armen und Beinen fest. Einige wenige Male beugte ich mich so weit herunter, dass das Wasser bis zu seinen Schultern kam; da er es aber nicht sehr gerne hatte, tat ich es nicht oft. Er lockerte seine Umklammerung während der ganzen Zeit, die wir im Wasser verbrachten, nicht ein einziges Mal und wollte bald wieder zu den Treppenstufen zurück. An diesem Tag verlangte er nichts anderes mehr zu tun.

9. Juni

Heute ging Tommy viel bereitwilliger ins Wasser. Er klammerte sich bei seinem ersten Ritt nicht mehr so fest an und hatte nichts dagegen, dass das Wasser manchmal bis zu seinen Schultern kam, sondern hatte eher Spaß daran. Nach einer Weile dachte ich, es sollte möglich sein, dass ich ihn hielt, ohne dass er sich an mir festhielt. Vorsichtig lockerte ich den Griff seiner Beine. Er leistete dem keinen Widerstand und schien es, angenehm zu empfinden, sie frei im

(Foto: f1online.de)

Wasser bewegen zu können. Dann löste ich allmählich seine Arme, die er um meinen Hals geschlungen hatte. Er hielt sich nun nur noch an meinen Armen fest, während ich ihn um die Hüften gefasst hielt. Auf diese Weise konnte ich ihn ungefähr in Schwimmhaltung durchs Wasser ziehen. Ich wartete wieder kurze Zeit und hieß ihn dann, mit den Beinen zu stoßen, wobei ich seine Beine bewegte, um zu zeigen, was ich meinte. Es schien ihm zu gefallen, denn er machte sofort kräftige Schwimmbewegungen. Von Zeit zu Zeit konnte ich ihn dazu bringen, auch meine Arme loszulassen, sodass sich seine Hände frei im Wasser bewegen konnten. Ein- oder zweimal paddelte er sogar regelrecht allein.

Tommy machte nicht ununterbrochen Fortschritte [...]. Der Mut und die Zuversicht kleiner Kinder sind Schwankungen unterworfen – und das ist nicht nur bei ihnen so. [...]

Vor nicht langer Zeit beobachtete ich folgende Szene in den Parkanlagen von Boston: Mehrere

Mütter saßen plaudernd auf einer Bank, während die Kinder in der Nähe herumtollten und so mutig und unabhängig auf Entdeckungen ausgingen, als seien ihre Mütter gar nicht da. Doch irgendwann hatten sie regelmäßig ihren Vorrat an Mut und Selbstvertrauen aufgebraucht und rannten zurück an die Seite der Mütter, an die sie sich eine Zeit lang anhängten, als müssten sie ihre verbrauchten Batterien wieder aufladen. Nach einer oder zwei Minuten waren sie zu neuen Erkundungen bereit, verschwanden wieder, kamen dann wieder zurück usw.

Wie diese Kinder, so hatte auch der kleine Tommy im Schwimmbecken seine Zeiten des Erforschens und seine Zeiten des Rückzugs und der Sammlung. Manchmal konnte ich ihn durchs Wasser führen und er bewegte Arme und Beine frei im Wasser, paddelnd und stoßend, während er zu anderen Zeiten wieder sich fest an mich heranzog und anklammerte und mir dadurch zu verstehen gab, dass er wieder so wie am Anfang gehalten werden wollte. Es kam sogar vor, dass er mich bat, zu den Stufen zurückzugehen oder auch ganz aus dem Becken herauszugehen. Nach wenigen Minuten war er wieder im Wasser und zu neuen Abenteuern bereit.

Gelegentlich beobachtete ich schon Eltern, die versuchten, ihren noch sehr kleinen Kindern das Schwimmen beizubringen. Sie erreichen gewöhnlich nicht sehr viel, weil sie meistens kein Gefühl für die Stimmungsschwankungen ihrer Kinder haben. Bemerken sie nichts, oder wollen sie nichts bemerken? Vielleicht meinen sie, die Gefühle eines Kindes seien deshalb so unbedeutend, weil man sich so leicht über sie hinwegsetzen kann. Die Skala der Mittel reicht von der Ermutigung und der Ermahnung bis zu Drohungen und Zornesausbrüchen. Wahrscheinlicher ist aber, dass jene Leute deshalb nicht viel von den Gefühlen eines Kindes bemerken, weil sie ihnen gleichgültig sind. Auf jeden Fall verlieren diese Möchte-Gern-Lehrer eine Menge auch dann, wenn sie nicht völlig scheitern. Denn ein Kind, dem man erlaubt, in sein früheres Baby-Dasein zurückzufallen, um neuen Mut und Zuversicht zu schöpfen, wird viel schneller in das Unbekannte vorstoßen, als unter dem Druck, unter den wir Erwachsenen es gerne setzen.

Allerdings war Tommy auch in anderer Hinsicht schon immer ein sehr mutiges und abenteuerliches Kind. Auch bei noch so bedachter und rücksichtsvoller Erziehung werden nur wenige Kinder so rasche Fortschritte machen wie er. Das Prinzip bleibt dennoch richtig. Wenn wir ein Kind ständig zwingen, etwas zu tun, wovor es Angst hat, so wird es immer scheuer werden und seinen Verstand und seine Energie nicht mehr zur Erforschung des Unbekannten verwenden, sondern dazu, Wege zu finden, auf denen es unserem Druck ausweichen kann. Auf der anderen Seite kann man sagen, dass ein Kind fast mit Sicherheit immer mutiger wird, wenn wir seinen Mut nicht über Gebühr beanspruchen.

Tommys Schwester Lisa war zum Beispiel viel ängstlicher als er. Als sie zum ersten Mal im Schwimmbad war, tat sie nichts anderes als auf der obersten Stufe sitzend mit den Füßen im Wasser zu plätschern. Ihr Gesichtsausdruck und ihre ganze Art, sich zu bewegen, wiesen darauf hin, dass sie selbst dies für eine gefährliche Angelegenheit hielt. Es dauerte Wochen, bis sie sich bis zur Hüfthöhe ins Wasser wagte oder sich von einem von uns zu einem Ritt ins Wasser mitnehmen ließ. Und erst im folgenden Sommer ließ sie sich durchs Wasser tragen, ohne sich mit den Armen festzuklammern. Aber wir respektieren ihre natürliche Ängstlichkeit und Vorsicht. Die Folge war, dass sie versuchte, ihre Ängste zu beherrschen, was ihr schließlich gelang. Inzwischen ist sie sechs Jahre alt und eine furchtlose Skiläuferin, die schwierige Hänge, zusammen mit Kindern, die doppelt so alt sind wie sie, hinabfährt. Im Sommer lernt sie eifrig schwimmen und hat ihre Altersgenossinnen bereits eingeholt.

10. Juni

Heute war quer über das Schwimmbecken ein Seil gespannt, das den niedrigen [...] Teil vom Rest des Beckens trennte. Tommy zeigte sofort starkes Interesse für dieses Seil und besonders für die beiden blau-weißen Plastikschwimmer, die es über der Wasseroberfläche hielten. Er schien überhaupt nicht daran interessiert, unsere Schwimmübungen vom anderen Tag wieder aufzunehmen. Stattdessen begann er das Seil und die Schwimmer zu untersuchen. Mein erster Gedanke […] war der, dass ihn dies vom Schwimmenlernen ablenken würde. Ich hatte aber Unrecht, denn er fand bald heraus, dass er sich mithilfe des Seils ohne meine Hilfe über Wasser halten konnte. Außerdem konnte er vom Seil aus die Natur des ungewohnten Elements viel besser erforschen. Als wir das Seil erreichten, fasste er es an und fing an, dessen Festigkeit zu prüfen und herauszufinden, ob er sich auch auf es verlassen könnte, während ich allmählich meinen Haltegriff lockerte, bis es den Anschein hatte, als ob sein ganzes Gewicht vom Seil getragen würde. Natürlich war es nicht so, denn der Auftrieb seines Körpers, zusammen mit dem kleinen Schwimmgürtel, den er trug, hielt ihn hauptsächlich über dem Wasser. Zuerst blieb ich immer in seiner Nähe, wenn er sich am Seil festhielt. Dann entfernte ich mich sehr langsam von ihm, je mehr er sich daran gewöhnte, dass ich ihn nicht mehr hielt. Dadurch vergrößerte sich sein Gefühl der Unabhängigkeit noch mehr. Nicht mehr gehalten zu werden, war für ihn eine sehr aufregende Sache und stellte gewiss eine hohe Anforderung an seinen Mut. Denn nachdem er sich kurze Zeit am Seil festgehalten hatte, bat er mich wieder: „Halt mich fest!“ Kaum hielt ich ihn eine Sekunde, kam seine Bitte: „Lass mich los!“ Er wünschte jedoch immer seltener gehalten zu werden und forderte mich sogar hin und wieder auf, wegzugehen.

Dann entdeckte er, dass man die Plastikschwimmer auf dem Seil verschieben konnte; daraus machte er ein spannendes Spiel und verbrachte den Rest unserer Zeit im Wasser damit, die Schwimmer von einem Ende des Seils zum anderen zu schieben. Während er sich mit den Händen am Seil festhielt, entdeckte er auch, dass er in dieser Stellung mit den Füßen unter dem Seil durchschwingen und auf diese Weise praktisch auf demRücken schwimmen konnte. Obwohl es ihm Spaß machte, war es jedes Mal ein Kampf für ihn, die richtige Seite wieder nach oben zu bekommen.

Außer Tommy waren noch viele andere Kinder im Schwimmbecken, die herumschwammen, spritzten und planschten. Das brachte eine weitere Schwierigkeit für Tommy mit sich. Ständig spritzte jemand Wasser in sein Gesicht und dann und wann kam eine Welle, die seinen Mund und manchmal sogar seine Nase bedeckte. Bevor ich ihm dabei zusah, waren mir die Dinge nicht völlig bewusst, die man beim Schwimmen alle lernen muss. Eine der wichtigsten Eigenschaften, die ein Schwimmer entwickeln muss, ist der Reflex, der automatisch Nase und Mund verschließt, wenn das Wasser sie erreicht. Ein guter Schwimmer tut dies ganz unbewusst und atmet sogar noch durch den oberen Teil seines Mundes, wenn der untere schon vom Wasser bedeckt ist. Tommy konnte natürlich dies alles nicht. Er wusste nicht, wie man das Wasser davon abhält, in Mund und Nase einzudringen, ja er sah noch nicht einmal die Notwendigkeit dazu ein. Es war tatsächlich eher umgekehrt, wenn eine Welle über sein Gesicht ging, verblüffte ihn das so, dass er mit offenem Mund dastand und regelmäßig seine volle Ladung Wasser bezog. Daraufhin bekam er einen Erstickungsanfall, gefolgt von Husten, Spucken und am Schluss einem lauten Rülpser. Zum Glück konnte er das Wasser fast so schnell aus sich herausbefördern, wie er es vereinnahmt hatte. Er hatte es nicht sehr gerne und meistens musste man ihn zur Beruhigung einen Moment zu sich nehmen, aber er weinte nie und verließ auch nie das Schwimmbecken deswegen. Hin und wieder wurde er ungehalten: „Zu viele Leute!“ Dem konnte ich nur zustimmen.

Ein Kind lernt leichter, sich in Acht zu nehmen, wenn seine Nase oder sein Mund unter Wasser sind, wenn es im Schwimmbecken nicht allzu wild hergeht. Dieses war jedoch klein und überfüllt und hatte keine Überfließrinnen, um die Wellen aufzunehmen. So war es an uns, mit der Situation fertig zu werden. Ganz durch Zufall entwickelten wir ein nützliches Spiel. Ich hielt gerade Tommy, als er überraschend einen Mund voll Wasser abbekam. Instinktiv blies er ihn sofort wieder aus – mir ins Gesicht. Ich machte daraus ein großes Ereignis, machte Grimassen, hustete, würgte und spuckte, was er wiederum schrecklich lustig fand. Nun füllte er seinen Mund absichtlich mit Wasser, um mir noch einige Ladungen ins Gesicht zu spritzen.

Dieses Spiel verfolgte Ziele. Einmal zeigte es ihm, dass auch Erwachsene husten, würgen und nach Atem japsen; er war also nicht der Einzige, dem dies passieren konnte. Zweitens sah er, dass ein Mund voll Wasser kein Unfall oder Unglück sein musste. Und schließlich fand er heraus, dass er es bestimmen konnte, ob das Wasser in seinen Mund fließen sollte oder aus ihm heraus. Als wir eine Weile gespielt hatten, dachte ich, ich könnte ihn dazu bringen, dass er unter Wasser Luft ausblies, und machte es ihm vor. Er zeigte aber keine Neigung, mich nachzuahmen, und so unterließ ich den Versuch wieder.

12. Juni

Der heutige Tag brachte größere Abenteuer als je zuvor. Sowie wir im Wasser waren, wollte er mit dem Schwimmen anfangen. Ich zog ihn im niedrigen Wasser eine Zeit lang hin und her. Er hielt sich nicht an mir fest, sondern machte heftige Paddel- und Stoßbewegungen.

Ich unterstütze ihn zuerst ganz leicht und dann, nach einiger Zeit, überhaupt nicht mehr. Ich sagte zu ihm: „Du schwimmst, du schwimmst!" und sein aufgeregterAusdruck zeigte mir, dass er es auch wusste. Schließlich nahm ich meine Hände ganz von ihm weg und hielt sie aus dem Wasser, um ihm und seiner Mutter zu zeigen, dass er tatsächlich ganz sich selbst überlassen war. Mehr als ein paar Sekunden lang wollte er dies nicht riskieren, und so gab ich ihm ein wenig Unterstützung, bevor er anfing, sich zu beunruhigen.

Später schwamm ich ein wenig für mich selbst, während er sich in der Sonne ausruhte und wärmte. Als ich das tiefe Ende des Beckens erreichte, traf ich ihn mit seiner Mutter zusammen an. Sie sagte mir, dass er gerne vom Sprungbrett springen wollte, und ich sollte ihn auffangen. Ich sagte: „Das meinst du doch nicht im Ernst? Bist du dir sicher, dass du das tun willst?" Er bestand darauf, kletterte auf das Brett, schritt bis zum Ende und sprang, ohne eine Sekunde zu zögern, herunter. Ich fing ihn auf und schleppte ihn zu der Steigleiter am Rande des Beckens. Kaum draußen, sprang er schon zum zweiten Mal, dann ein drittes Mal, und er wäre wohl noch öfter gesprungen, wenn sich nicht eine lange Reihe älterer Kinder gebildet hätte, die alle zum Brett wollten. An diesem Punkt ging das Abenteuer in eine Krise über.

Der Sprung vom Brett hatte ihn zur Überzeugung gebracht, das ganze Schwimmbecken gehöre nur ihm. Als wir wieder ins Wasser gingen, wollte er durch den tiefen Teil geschleppt werden. Sobald wir das Seil überquert hatten, begann er mit aller Kraft in Richtung des tiefen Endes zu schwimmen. Ich folge ihm ein Stück weit, und als ich gerade noch stehen konnte, drehte ich ihn in Richtung des niedrigen Teiles um. Er sagte, er wolle die ganze Strecke bis zum Ende des tiefen Teiles durchschwimmen, und drehte auch sogleich um. Ich wendete ihn zurück. Er protestierte und drehte sich um. Bald darauf kamen seine Mutter und der Bademeister dazu, um ihn zu überzeugen, dass er im niedrigen Teil zu bleiben hatte und dass er nicht groß genug sei und nicht gut genug schwimmen könne, um zum tiefen Ende zu schwimmen. Eine Zeit lang widersprach er nach Kräften, aber dann sah er ein, dass wir ihn wirklich nicht überall im Becken schwimmen lassen würden und fing an zu weinen oder, besser gesagt, zu brüllen. Er war enttäuscht, zornig und fühlte sich erniedrigt. Unsere Versuche, ihn zu versöhnen, waren vergebens. Er glaubte, sich bewiesen und damit das Recht erworben zu haben, das ganze Becken zu benützen. Ihn nur in das niedrige Wasser zu lassen, erschien ihm daher als eine Diskriminierung.

16. Juni

Schlechtes Wetter hielt uns einige Tage vom Schwimmbad fern. Heute schien die Sonne wieder. Schon unterwegs sagte Tommy zu mir mehrere Male: „Du brauchst mich nicht zu halten, John, ich tu's alleine." Er musste sich im Geiste vorgestellt haben, was er tun würde, wenn er im Schwimmbad angelangt sei. Mir scheint, dass dies eine jener geistigen Leistungen ist, von der die Gelehrten behaupten, Kinder seines Alters, und sogar noch ältere, seien dazu nicht imstande. Als wir ankamen und Tommys Schwimmblase auf seinem Rücken festgemacht hatten, ging er sofort ins Wasser und begann, ohne irgendwelche Hilfe meinerseits zu schwimmen. [...]

18. Juni.
Heute reagierte er auf das Wasser, das über sein Gesicht floss, zum ersten Mal richtig. Er begann seine täglichen Entdeckungen, wie schon öfters, mit Sprüngen von der Treppe. Er muss sich jedoch etwas unsicherer als sonst gefühlt haben, denn ich musste ihn in meinen Armen halten statt in meinen Händen. Er hatte schon längere Zeit nicht mehr danach verlangt. Jetzt musste ich ihn jedes Mal zu den Stufen zurücktragen, von wo aus er wieder in meine aufgehaltenen Hände sprang. Als wir dies einige Male wieder-

Schwimmen lernen bedeutet zugleich Regeln lernen …
(Foto: Georg Bubolz, Erkelenz)

holt hatten, fühlte er sich mutiger und war bereit, zu den Stufen zurückzuschwimmen, während ich ihn nur zum Schein unterstützte. Und auch darauf verzichtete er bald; sowie er mich erreicht hatte, kehrte er um und schwamm zu den Stufen oder zur Kante des Beckens zurück. Dabei entdeckte er nach einigem Probieren, dass er sich im Wasser drehen konnte und in jede beliebige Richtung schwimmen. Auch das war sehr aufregend. Er hatte so viel Spaß daran, dass er gleich zeigte, wie gut er es konnte, indem er sich mehrere Male im Kreis drehte.

Während wir ausruhten, sah ich einem Manne zu, der versuchte, seinen drei kleinen Kindern das Schwimmen beizubringen. Er war geradezu ein Paradebeispiel jener Eltern, die glauben, sie könnten ihren Kindern beliebige Dinge beibringen und sich auf ihren stärkeren Willen und grobe Gewalt stützen. Als wir ankamen, hielt er gerade seine kleine, vierjährige Tochter in den Armen und bewegte sie im Wasser herum. Sie leistete keinen Widerstand, ihr Körper war aber ganz steif und bewegungslos und ihr Ausdruck verriet, wie unwohl sie sich fühlte. Der Vater sah aus wie ein früherer Sportler, der inzwischen, obwohl noch jung, Fett angesetzt hatte. Nach etwa zwei oder drei Minuten hielt er es für angebracht, mit dem ernsthaften Schwimmunterricht zu beginnen. Sein Plan war offenbar, sie in Schwimmhaltung im Wasser zu halten, das heißt, mit dem Gesicht und Vorderkörper nach unten, während sie Schwimmbewegungen machte. Zum rechten Zeitpunkt keine schlechte Idee, nur war der noch nicht gekommen [...]. Das kleine Mädchen fand sich plötzlich des Halts an ihrem Vater beraubt und hing hilflos über dem neuen, ihr immer noch fremden und beängstigenden Element. Sie sah wie erstarrt in seinen Händen aus, bog sich zurück, als könnte sie sich so aus dem Wasser heben, und versuchte loszukommen. Alles vergebens. Ihr Vater hielt sie fest und rief ihr mit immer lauter werdender Stimme zu: „Stoß die Beine ab! Vorwärts mit den Händen!“ Das kleine Mädchen fing zu schreien an, teils aus Angst und Zorn, teils in der Hoffnung, das laute Geschrei würde ihn zum Einhalten zwingen. Dem versuchte er entgegenzutreten, indem er seinerseits laut zu rufen begann: „Rink! Rink! Hör auf! Hörst du mich! Du brauchst keine Angst zu haben! Sei ruhig!“ Aber sie hatte den längeren Atem. Das ganze Becken war von Menschen umgeben, und als Rinks Schreie immer lauter wurden, richteten sich immer mehr missbilligende Blicke auf ihn, bis er schließlich aufgab und Rink wütend aus dem Wasser zog. Kurz darauf wiederholte er die gleiche Prozedur mit einem kleinen Jungen. Und noch bevor wir unseren kurzen Aufenthalt im Schwimmbad beendeten, hatte er jedes seiner drei kleinen Kinder in ein Häuflein Elend voller Tränen verwandelt.

Das Schwimmbad war heute wieder überfüllt; von überall her sprangen Kinder ins Wasser und die Wogen schlugen höher als sonst. Dennoch lernte Tommy, wie er sich zu verhalten hat, wenn Wasser über sein Gesicht kommt. Hin und wieder schluckte er ein bisschen und man musste ihn zur Beruhigung halten, bis er es wieder herausbrachte. Er verstand es jedoch immer besser, seinen Mund geschlossen zu halten oder doch das Wasser sofort wieder auszuspucken, wenn er welches erwischte. Die Gischt, die ihm ständig ins Gesicht gespritzt wurde, machte ihm nun nichts mehr aus; so war es eben, wenn man im Wasser war. Damit, und mit einigen anderen Äußerungen, zeigte er, dass das Wasser sein Element geworden war; er war in ihm daheim.

(Aus: John Holt: Wie Kinder lernen. Aus dem Amerikanischen von Werner Gussmann. Beltz Verlag: Weinheim und Basel 1971, S. 110–120)

1 Arbeiten Sie Schritte des Schwimmenlernens von Tommy heraus.
2 Skizzieren Sie, wie der „Schwimmlehrer“ jeweils pädagogisch auf die Schwierigkeiten bzw. den Lernprozess beeinflussende Faktoren in Interaktion mit Tommy eingeht.
3 Analysieren Sie den Text daraufhin, welche pädagogischen Erkenntnisse sich – über den Vorgang des Schwimmenlernens hinaus – auch auf andere pädagogisch herausfordernde Lernsituationen übertragen lassen.

2.2 Klassische Konditionierung: Auch Emotionen werden „erlernt“

2.2.1 Hinführung: „Angst?“ – „Ich doch nicht! Nee, ich hab bloß keine Zeit zum Zahnarzt zu gehen.“

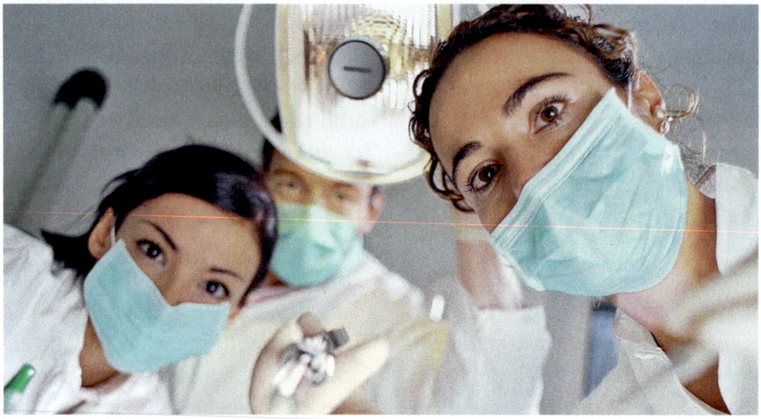

(© Peter Wattendorff/Corbis)

Es gibt sie immer, die Dinge, die getan werden müssten, zu denen aber keine Zeit ist. Termindruck, familiäre Verpflichtungen, einfach keine Lust – Gründe, etwas nicht zu tun, gibt es im Überfluss, deshalb werden gerade Termine, die weniger angenehm sind, gerne aufgeschoben bis zum zutreffend sogenannten „Gehtnichtmehr“.
Arzt- und besonders Zahnarztbesuche gehören für sehr viele Zeitgenossen zu eben diesen Dingen, die, wenn es sich irgendwie einrichten lässt, umgangen werden. Erst, wenn's wirklich weh tut, wird ein Termin vereinbart, schweren Herzens hingegangen und sich hinterher vorgenommen, beim nächsten Mal nicht so lange zu warten. Business as usual, nur nicht für alle.
In einer Studie des Instituts der Deutschen Zahnärzte (IDZ) aus dem Jahre 1989 zeigten etwa drei Viertel der Befragten eine leichte bis mittlere Angstausprägung, lediglich jeder Zwanzigste gab an, angstfrei zum Zahnarzt zu gehen, aber immerhin 15 Prozent litten an großer Zahnarztangst.
Ein gewisses Unwohlsein beschleicht wohl jeden beim Gedanken an einen bevorstehenden Zahnarztbesuch. Schließlich besteht immer die Gefahr, dass die Notwendigkeit einer Behandlung festgestellt oder man schlicht einer nachlässigen Zahnpflege überführt wird. So ein „Bammel“ ist o.k. – solange er sich nicht zur Angst auswächst! Wenn das Unwohlsein dazu führt, dass Schmerzen und Beschwerden ignoriert oder mit Medikamenten und Alkohol betäubt werden, Fehlfunktionen durch entsprechende Verhaltensänderungen kaschiert, die Nahrung auf die beschränkte Funktionsfähigkeit des Kauapparates angepasst und Festes ganz vermieden wird und das Ganze vielleicht sogar in Akten der Selbstverstümmelung gipfelt? Spätestens dann ist Angst krankhaft und muss ihrerseits therapiert werden. Einem solchen Szenario stellt sich ungern, wer davon nicht betroffen ist, aber diejenigen, die es trifft, leben damit und brauchen Hilfe.
Die Gründe für Angst vor dem Zahnarzt sind vielfältig und meist Kombinationen aus Teilempfindungen wie:

- Angst vor Schmerz
- Angst vor den Geräuschen
- Angst vor Hilflosigkeit
- Angst vor Spritzen
- Angst zu ersticken
- Angst vor Gesundheitsschäden
- Angst, der Arzt könnte „schimpfen“
- oder einfach Scham

An welchen Zeichen können Freunde und Verwandte einer ängstlichen Natur erkennen, wann diese Hilfe erforderlich ist?

Augenfällig sind Verhaltensweisen, bei denen die Betroffenen alles daran setzen, niemandem die Zähne zeigen zu müssen, indem sie direkten Blicken ausweichen, den Kopf beim Sprechen senken oder drehen, hinter vorgehaltener Hand lachen, auf kraftvolles Zubeißen in Gesellschaft verzichten, extrem warme oder kalte Speisen meiden, nichts Hartes mehr zu sich nehmen und so fort.

Eher versteckte Signale ergeben sich beispielsweise, wenn in Gesprächen das Thema Zahnarzt zur Sprache kommt. Angstgeplagte versuchen dann oft, den Gesprächsgegenstand zu wechseln, schweigen oder reagieren unangemessen scharf. In extremen Fällen führt das Stichwort allein zu einem Schweißausbruch, einem Erbleichen oder gar zu panikartiger Flucht.

Auch für den Zahnarzt gibt es Hinweise auf das Vorhandensein einer Oralphobie (oral = den Mund betreffend; Phobie = Angst). Die Deutsche Gesellschaft für Zahnbehandlungsphobie (DGZP) nennt:

- Körperverkrampfung,
- Zittern,
- Brechreiz,
- Schwitzen,
- Herzrasen,
- Übelkeit,
- Kurzatmigkeit,
- Brustschmerzen,
- Erstickungsgefühl und
- Angst vor einem Verlust der Kontrolle.

Die Ursachen für eine extreme Zahnarztangst finden sich oft in der Kindheit der Betroffenen. Eigene schlechte Erfahrungen mit rustikal bis rabiat empfundenen Zahnärzten, Oralphobien in der Verwandtschaft oder im Freundeskreis oder auch beängstigende Schilderungen anderer können Auslöser und Verstärker der eigenen Angst vor der Zahnbehandlung sein.

Angst ist kein „persönliches Pech“. Kann ein Betroffener sich nicht selbst oder mithilfe von Freunden und Verwandten aus seiner Lage befreien, gibt es auch die Möglichkeit, professionelle Hilfe beim Überwinden der Angst in Anspruch zu nehmen.

(Aus: http://www.zahn-online.de/zahninfo/oralphobie.shtml) [17. 11. 2009]

1 Erläutern Sie, wie nach dem vorliegenden Text Angst vor dem Zahnarzt „erlernt“ wird.

2 Erklären Sie, wann es sich um eine zu behandelnde Oralphobie handeln dürfte.

3 Sammeln Sie Ideen, wie Sie auf Kinder mit Zahnarztängsten pädagogisch angemessen eingehen könnten.

2.2.2 Klassische Konditionierung – Signallernen: ein Deutungsmodell, etwa zur Erklärung von Angstzuständen

Die grundlegenden Experimente zur klassischen Konditionierung stammen vom russischen Physiologen Iwan Petrowitsch Pawlow (1849–1936): Bei einem Hund wird der Speichel aus dem Maul abgeleitet und gemessen. Sobald das hungrige Tier Futter erhält, setzt der Speichelfluss ein. Das Futter ist ein unkonditionierter Reiz bzw. Stimulus (UCS), der einen angeborenen Reflex (das Speicheln) auslöst.

Wenn man dem Hund mehrmals kurz vor der Futtergabe irgendeinen Reiz präsentiert, z. B. einen Glockenton, dann löst schon dieser Reiz das Speicheln aus. Aus dem ursprünglich neutralen Stimulus wird somit ein konditionierter Stimulus (CS), dem eine konditionierte Reaktion (CR) folgt. Mit jeder neuen Darbietung des Stimulus wird die Verbindung stabiler. Wenn andererseits der UCS (das Futter) öfters ausbleibt, wird die Verknüpfung schwächer und die konditionierte Reaktion wird schließlich gelöscht.

Klassische Konditionierung bezieht sich auf Reflexe und reflexartige emotionale Reaktionen. Beim Menschen sind z. B. Angst-Reaktionen leicht konditionierbar. Ein Kind, das von einem Hund gebissen worden ist, wird auch auf den Anblick anderer Hunde mit Angst reagieren (Reizgeneralisierung). Wenn ein solches Kind schon auf ein Bild mit einem Hund oder auf das Wort „Hund“ mit Angst reagiert, ist ein an sich neutraler Reiz mit einem konditionierten Reiz verbunden worden. Man nennt diese Phänomene bedingte Reflexe höherer Ordnung. Auch die frühen Vertreter des Behaviorismus verstehen Lernen als assoziative Verknüpfung eines ursprünglich neutralen mit einem biologisch bedeutsamen Reiz (z. B. John Broadus Watson, Clark Leonard Hull und Edwin Ray Guthrie).

(Aus: Mathilde Bauer: Lerntheorien. In: Helmwart Hierdeis, Theo Hug [Hrsg]: Taschenbuch der Pädagogik 3. 5. Aufl., Schneider Verlag: Hohengehren 1997, S. 1041–1042)

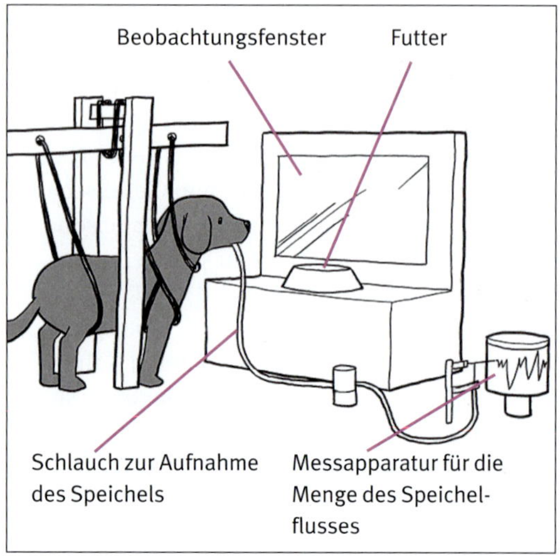

Pawlow-Hund
(Illustration: Ferdinand Lutz, Köln)

Schema der klassischen Konditionierung am Beispiel des Hundes		
Neutraler Reiz ⟶	keine spezifische Reaktion NS (neutraler Stimulus), z. B. Glockenton ⟶	NR (neutrale Reaktion), z. B. Ohren spitzen
Unbedingter Reiz ⟶	Unbedingte Reaktion UCS, z. B. Futter ⟶	UCR, Speichelfluss als biologische Reaktion
Lernen durch Reiz-Kopplung	neutraler Reiz + unbedingter Reiz, z. B. Futter + NS, z. B. Glockenton ⟶	unbedingte Reaktion UCR, z. B. Speichelfluss
Diese Kopplung muss mehrere Male wiederholt werden. Nur durch die Wiederholung setzt der Lernvorgang ein.		
Bedingter Reiz ⟶ Glockenton		Bedingte Reaktion CS, Speichelfluss
Reizgeneralisierung …		

1 Erläutern Sie den Lernprozess nach dem Modell der klassischen Konditionierung anhand des Schemas und darüber hinaus. Beziehen Sie sich dabei auch auf die Termini UCS, Reflex, CS, CR, Reizgeneralisierung, bedingter (konditionierter) Reiz höherer Ordnung.

2 Erläutern Sie anhand eines selbst erstellten Schemas, wie Angst vor dem Zahnarzt nach dem Modell der klassischen Konditionierung „gelernt" wird.

3 Erörtern Sie Möglichkeiten, wie Angstzustände „verlernt" werden können. Berücksichtigen Sie dabei, welche pädagogischen Probleme auftreten können und wie diese angemessen behoben werden können.

2.3 Operante Konditionierung – Ein Instrument zur Verhaltensformung

2.3.1 Hinführung: Operante Konditionierung – Eine ungewöhnliche Verhaltensänderung in der Schule

Gewöhnlich stellt man sich vor, nur der Lehrer verwende im Unterricht bewusst Techniken der Verhaltensmodifikation, um Problemverhalten der Schüler zu verändern. Diese Annahme muss jedoch nicht in jedem Fall zutreffen, wie die folgende wirklich passierte Begebenheit verdeutlicht.

Jess war 14 Jahre alt, mehr als den Sport liebte er kämpferische Auseinandersetzungen. Er schlug andere Schüler mit Flaschen und Stühlen zu Boden. Aber auch einen Schuldirektor vertrimmte er mit einem Stock. Jess' Verhaltensrepertoire bestand in der Hauptsache aus Aggressionen gegen andere. Jess' Lehrer waren sich darüber einig, dass er unerziehbar war – alle Strafen hatten bisher nichts genützt –, und steckten ihn in eine Klasse verhaltensgestörter Kinder. Wenn sie geahnt hätten, dass Jess sich heimlich darauf vorbereitete, ihr Verhalten zu ändern, dann … kaum auszudenken.
Die Mathematiklehrerin war sein erstes Opfer. Jess hat ein Problem mit einer Aufgabe und bittet um Erklärung. Nach der Erklärung sieht er die Lehrerin an und sagt: „Sie helfen mir wirklich, es zu schaffen, wenn Sie so nett zu mir sind." Die Lehrerin schnappt nach Luft und bringt heraus: „Mach schon weiter." Jess lächelt darauf und meint: „Ich mag es, wenn Sie mich loben."
Und so ging es weiter. Jess machte plötzlich solche und ähnliche Bemerkungen. Er war früh in der Klasse und ging spät, um mit den Lehrern zu schwatzen. Einige seiner Lehrer führten diese dramatische Wende in seinem Verhalten auf einen speziellen Lehrer zurück, der wohl ein Wunder getan hatte. Aber Jess exerzierte nur bekannte Strategien, wie z. T. die bisher erzählte Geschichte zeigt. Lehrer wurden mit Lächeln und positiven Äußerungen seinerseits bedacht, wenn sie das von ihm Gewünschte taten, und er ignorierte sie, falls sie sich negativ ihm gegenüber verhielten.

(Aus: Ernst Timaeus, Helmut Lück: Sozialpsychologie der Erziehung. Luchterhand Verlag, Neuwied und Darmstadt 1976, S. 22)

1 Skizzieren Sie die „bekannten Strategien" , die Jess verwendete, um das Verhalten seiner Lehrer ihm gegenüber zu ändern.
2 Vergleichen Sie seine „Strategien" mit dem S. 126 f. illustrierten Vorgehen.
3 Erörtern Sie dieses unter pädagogischer Perspektive.

2.3.2 Operante Konditionierung – ein Modell zur Erklärung von Verhaltensänderungen

Burrhus F. Skinner (1904–1990), der bedeutendste behavioristische Theoretiker, analysierte mit einer genial einfachen Versuchsanordnung die Gesetzmäßigkeiten der operanten Konditionierung: Seine sog. Skinner-Box enthält einen Mechanismus für hereinfallendes Futter und einen Fressnapf. Setzt man eine hungrige Ratte hinein, dann wird sie beim Herumlaufen irgendwann zufällig den Hebel drücken, worauf etwas Futter in den Napf fällt (positiver Verstärker). Das wiederholt sich jedes Mal, wenn sie den Hebel betätigt (Reaktion R). Bald wird diese verstärkte Reaktion häufiger: Die Ratte hat gelernt, dass sie durch Hebeldrücken an das Futter kommen kann. – Die Grundbegriffe des operanten Konditionierens sind in der folgenden komprimierten Übersicht zusammengefasst.

Da Behavioristen sich auf Beobachtbares beschränken, fassen sie alle inneren Zustände wie eventuelle Wahrnehmungen, Gefühle und Gedanken in „Black Box" zusammen. Auf diese Black Box wirken nun Umweltreize (Stimulus) in der Weise, dass Verhalten (Response) hervorgerufen wird. Diese Antwort hat eine Konsequenz (Outcome), die als Feedback auf das

Verhalten wirkt. Wenn also in einem bestimmten Kontext (Stimulus) irgendeine beliebige Handlung gezeigt wird, wird diese Handlung künftig (unter gleichen Umständen) häufiger ausgeführt, wenn die Konsequenz angenehm war, und seltener, wenn die Konsequenz unangenehm war. Im ersten Fall spricht man von „Verstärkung", im zweiten Fall von „Bestrafung".

Verstärkung geschieht, wenn die Konsequenz des Verhaltens ein angenehmer Reiz (positive Verstärkung) oder der Wegfall eines unangenehmen Reizes ist (negative Verstärkung). Entsprechend geschieht Bestrafung, wenn die Konsequenz ein unangenehmer Reiz (positive Bestrafung) oder der Wegfall eines angenehmen Reizes ist (negative Bestrafung, omission training oder „DRO" = Differential Reinforcement of Other behavior).

Die Begriffe „angenehm/unangenehm" bzw. „appetitiv/aversiv" sind nicht als subjektiv erlebte Zustände zu verstehen – als solche hätten sie in einer behavioristischen Theorie keinen Platz –, sondern als Ausdruck dafür, ob diese Zustände gesucht oder gemieden werden. Thorndike definierte wie folgt: „Mit angenehmer Zustand ist ein Zustand gemeint, den das Tier nicht vermeidet, oft sogar aufsucht und aufrechterhält. Unangenehm bezeichnet einen Zustand, den das Tier normalerweise meidet oder verlässt."

Verstärker

Verstärker sorgen beim operanten Konditionieren dafür, dass das Auftreten einer bestimmten Reaktion (sog. instrumentelle oder operante

(Illustration: Ferdinand Lutz, Köln)

Reaktion) begünstigt oder erschwert wird. Verstärker können in den einzelnen Fällen recht unterschiedliche Dinge sein, für ein Kind vielleicht etwas Schokolade, bei einem Erwachsenen kann auch Kopfnicken oder Schulterklopfen Verstärkung genug sein (sozialer Verstärker). Was letztendlich als Verstärker funktioniert, bestimmt jedoch die Versuchsperson (also die Person, bei der eine bestimmte Verhaltensweise verstärkt werden soll). Wichtig ist, dass die Verstärker kontingent (also unmittelbar, erkennbar, regelhaft) und motivationsadäquat sind und Bedürfnisse (z. B. Hunger, Aktivitätsbedürfnis) befriedigen. Bei einem Verstärker, der erst Stunden nach der gewünschten Reaktion eintritt, ist nicht mehr erkennbar, wofür er vergeben wurde, und er hat deshalb keine Wirkung.

Das Kontingenzschema

Positive Verstärkung bedeutet die Erhöhung der Auftretenswahrscheinlichkeit eines Verhaltens, wenn das Verhalten einen angenehmen Reiz auslöst (z. B. Anerkennung, Achtung, Nahrung, Geld).

Negative Verstärkung bedeutet die Erhöhung der Auftretenswahrscheinlichkeit eines Verhaltens, wenn das Verhalten einen unangenehmen Reiz verhindert oder beendet (z. B. jeweils das Entfernen von Lärm, grellem Licht, Hitze oder Kälte).

Positive Bestrafung oder *Bestrafung I* bedeutet die Senkung der Auftretenswahrscheinlichkeit eines Verhaltens, wenn das Verhalten einen aversiven Reiz auslöst (z. B. Lärm, grelles Licht, Hitze oder Kälte, Stromschlag).

Negative Bestrafung oder *Bestrafung II* bedeutet die Senkung der Auftretenswahrscheinlichkeit

eines Verhaltens, wenn das Verhalten einen appetitiven Reiz verhindert oder beendet (z. B. Wegnahme von Futter, Wärme, Weihnachtsgeld. Ein Beispiel hierfür ist, wenn ein Kind einen Trotzanfall bekommt und ihm die Eltern daraufhin das liebste Spielzeug wegnehmen). *Negative Verstärkung* und *Bestrafung* werden häufig miteinander verwechselt. Das Wort positiv steht hier nur für das Hinzufügen eines Reizes, das Wort negativ für das Entfernen. Diese Arten der Beeinflussung von Verhalten können in folgender Tabelle festgehalten werden:

	Verhalten ...	
	erzeugt	verhindert/ beendet
appetitive Konsequenz	positive Verstärkung	negative Bestrafung (II)
aversive Konsequenz	positive Bestrafung (I)	negative Verstärkung

Negative Verstärkung hat klinisch die größte Bedeutung, da sie zur Aufrechterhaltung von Vermeidungsverhalten z. B. bei phobischen Störungen und Zwangsstörungen massiv beiträgt: Die Patienten unternehmen alles, um einen als aversiv empfundenen Zustand (enge Räume, ungewaschene Hände) zu meiden, sodass sie niemals die Erfahrung machen, ob sie den Zustand inzwischen aushalten bzw. die Situation meistern können.

Arten von Verstärkern

Primäre und sekundäre Verstärker
Man unterscheidet verschiedene Arten von Verstärkern. Zwei klassische Arten sind: primäre Verstärker und sekundäre Verstärker. *Primäre Verstärker* sind jene Verstärker, die bereits von Geburt an wirken. Laut Miller und Dollard wirkt jede Reduktion eines allzu intensiven Reizes als primäre Verstärkung. Primäre Verstärker sind beispielsweise Essen und Trinken, da sie Hunger und Durst reduzieren, aber auch Körperkontakt ist ein primärer Verstärker. *Sekundäre Verstärker* (siehe auch Token-System) dagegen sind gelernte Verstärker. Sie sind also zunächst neutrale Reize, die durch die wiederholte Kopplung mit primären Verstärkern sekundäre Verstärkerqualität erhalten. Ein Beispiel für sekundäre Verstärker ist das Geld, denn die Funktion wird erst gelernt. Zunächst ist Geld ein komplett neutraler Reiz, bis gelernt wird, dass es zur Bedürfnisbefriedigung herangezogen werden kann.

Token-Konditionierung
Ähnlich zu sekundären Verstärkern gibt es das Prinzip, für eine Verstärkung sogenannte Token zu vergeben. Diese können dann später – nach ausreichender Akkumulation von Token – gegen andere Dinge, Handlungen, Dienstleistungen usw. eingetauscht werden. Häufig findet das Prinzip bei der Verhaltensformung Anwendung, wenn in therapeutischen Einrichtungen das Verhalten der Patienten in einer bestimmten Art und Weise geformt werden soll.

Premack-Prinzip
„Die Gelegenheit zu wahrscheinlicherem Verhalten kann weniger wahrscheinliches Verhalten verstärken." (David Premack, 1962[3]) Verhalten, das wir gerne und häufig tun, hat eine verstärkende Wirkung auf Verhalten, das wir weniger gern und häufig tun. Nehmen wir als Beispiel ein Kind mit einem Nachmittag zur freien Verfügung. Wenn wir es vollkommen frei vor die Wahl zwischen „Fernsehen", „Hausaufgaben machen" und „Zimmer aufräumen" stellen, wird es mutmaßlich die meiste Zeit mit Fernsehen verbringen, etwas Hausaufgaben machen und das Zimmer unaufgeräumt lassen. Nun können wir das Verhalten mit der jeweils höheren Auftretenswahrscheinlichkeit als Verstärker benutzen: Das Kind wird mehr Zeit mit Hausaufgaben verbringen, wenn es erst danach fernsehen darf, und es wird mehr Zeit mit Aufräumen verbringen, wenn es erst danach Hausaufgaben machen darf.
In Ergänzung zum Premack-Prinzip konnte in Tierversuchen mit Ratten nachgewiesen werden, dass auch ein Verhalten, das eine niedrigere Auftretenswahrscheinlichkeit besitzt, als Verstärker dienen kann: Nehmen wir an, eine Ratte, die eine Stunde in einem Käfig sitzt, verbringt ohne äußere Zwänge 50 Minuten

damit, an einem Wasserspender zu lecken, und zehn Minuten damit, in einem Laufrad zu rennen. Man kann nun nach dem Premack-Prinzip ohne Probleme das längere Rennen im Laufrad durch das Lecken verstärken. Es geht jedoch auch anders herum. Wenn die Ratte zwei Minuten lecken muss, um danach eine Minute im Laufrad zu rennen, wird dies nicht als Verstärker wirken, da die Ratte nach diesem Verstärkerplan leicht auf ihre Basis-Verhaltenshäufigkeit von 10 Minuten Rennen in der Stunde kommt. Wenn die Ratte aber fünfzehn Minuten lecken muss, um eine Minute rennen zu dürfen, wirkt dieses Verhalten als Verstärkung für das Lecken. Somit kann auch ein Verhalten mit einer niedrigeren Auftretenshäufigkeit als Verstärker dienen.

Verstärkerpläne

Kontinuierliche Verstärkung
Hier wird bei jeder gewünschten Reaktion verstärkt. Dies führt zu einem starken Anstieg der Lernkurve. Die Versuchsperson lernt also schnell, vergisst aber auch ebenso schnell wieder, wenn nicht mehr verstärkt wird. Dieser Verstärkerplan ist optimal in der Akquisitionsphase, also beim ersten Erlernen des Zielverhaltens.
Um einer Extinktion vorzubeugen, muss die Kopplung gelegentlich wiederholt werden. Dabei haben sich die folgenden, unterschiedlich erfolgreichen Verstärkerpläne herauskristallisiert.

Quotenverstärkung
Bei dieser Variante verstärkt man erst, wenn eine bestimmte Anzahl von gewünschten Reaktionen erfolgt ist. Beispiel: Bei jedem fünften (fixed ratio) oder durchschnittlich jedem fünften (variable ratio) Auftreten des Zielverhaltens erfolgt eine Verstärkung.

Intervallverstärkung
Bei dieser Methode wird nach dem letzten verstärkten Verhalten frühestens wieder nach in einem konstanten oder variablen Zeitintervall verstärkt, sobald das erwünschte Verhalten auftritt. Beispiel: Für die Dauer von 20 Sekunden (fixed interval) oder durchschnittlich 20 Sekunden (variable interval) wird kein Verhalten verstärkt.

Ratenverstärkung
Verstärkt wird, wenn das Zielverhalten mit hoher Frequenz oder niedriger Frequenz gezeigt wird. Die Verstärkung hoher Frequenzen führt zum selben Ergebnis wie Verhältnispläne, die Verstärkung niedriger Frequenzen führt zum selben Ergebnis wie Intervallpläne.

Neues Verhalten
Durch positive oder negative Verstärkung und Methoden wie *Shaping* und *Chaining* können auch neue Verhaltensweisen gefördert werden. Eine elegante Methode, auf gleichermaßen anschauliche wie reproduzierbare Weise einem Testtier neue Verhaltensweisen beizubringen, stellt das Lernen mithilfe einer sogenannten Skinner-Box dar.

Shaping
Beim Shaping (auch Approximation genannt) wird nicht erst die komplette Handlung verstärkt, sondern bereits jede Annäherung an die gewünschte Handlung. Soll eine Taube etwa auf einen roten Punkt auf einer Scheibe picken, so wird bereits verstärkt, wenn die Taube den Kopf zur Scheibe bewegt; dann, wenn sie zur Scheibe schaut; dann, wenn sie sich der Scheibe nähert; dann, wenn sie auf die Scheibe pickt und schließlich, wenn sie den roten Punkt auf der Scheibe trifft. Insbesondere dient diese Technik der Erlernung komplexerer Handlungsweisen. Auf diese Weise können auch recht unnatürliche Handlungsweisen bei Tieren konditioniert werden, wie sie etwa im Zirkus zu sehen sind.

Kritik
Die Erforschung des Lernens durch Konditionierung beschränkt sich rigoros auf beobachtbares Verhalten und spekuliert nicht über Konstrukte, die dem Verhalten eventuell zugrunde liegen. Daher kann sie nicht erklären, wie Lernen durch intrinsische Motivation (z. B. Neugier) funktioniert.
(Aus: http://de.wikipedia.org/wiki/Instrumentelle_und_operante_Konditionierung – [01.09.2010])

1 Erklären Sie die Grundbegriffe/Prinzipien der operanten Konditionierung.
2 Erläutern Sie die Wirkung der im Text genannten Formen operanter Konditionierung, indem sie die jeweiligen Vorgänge mit Beispielen illustrieren.
3 Erörtern Sie die ethischen Implikationen von klassischer und operanter Konditionierung. Berücksichtigen Sie das folgende Zitat aus der Enzyklopädie Wikipedia: „Die erzieherischen Konsequenzen des Behaviorismus werden als problematisch angesehen, sofern sie in einer Weise eingesetzt werden, die an Dressur und Gehirnwäsche erinnert. Die operante und klassische Konditionierung sollte in einer ethisch vertretbaren Weise eingesetzt werden. Dazu ist erforderlich, dass dem Lernenden der Konditionierungsprozess ausführlich erklärt wird und er sich bewusst dafür oder dagegen entscheiden kann. Dazu gehört auch, dass der Lernende die Lernziele selbst bestimmt."
4 Bestimmen Sie Anwendungsmöglichkeiten und Grenzen der Anwendung operanten Konditionierens bei pädagogischem Handeln. Berücksichtigen Sie dabei auch die folgenden Überlegungen.

Leistung auch ohne Lohn?

„Bereits in den 70er-Jahren stellten einige Forscher den Sinn von Belohnungsplänen infrage", sagt Warneken. „Sie widersetzten sich damit dem Zeitgeist." 30 Jahre später ist die Mehrheit der Psychologen überzeugt, dass die Grundsätze des sogenannten Behaviorismus fragwürdig sind.
Verhalten lässt sich nicht durch äußere Anreize oder Sanktionen beliebig an- und ausschalten. Und Projekte wie die Online-Enzyklopädie Wikipedia beweisen mittlerweile, dass motivierte Menschen auch für Null-Honorar ihr Bestes geben. Wenn es aber möglich ist, das größte Lexikon der Welt zu verfassen, ohne die Mitarbeiter dafür zu bezahlen, warum sollte es nicht eines Tages gelingen, mithilfe von Null-Euro-Jobbern Qualitätszeitungen zu verlegen oder besonders humane Krankenhäuser zu leiten? Vielleicht gibt es ja innere Belohnungssysteme, die wirkungsmächtiger sind als äußere. Noch scheuen sich die Wissenschaftler aus ihren Befunden politische Ratschläge abzuleiten. Sie befürchten, dass ihre Erkenntnisse von reinen Kostensparern instrumentalisiert werden könnten.
[...] Ob Boni oder Orden, Preise oder Zertifikate – im Berufs- und Wirtschaftleben wimmelt es nur so von Belohnungen aller Art. Und in den Medien wird häufig der Eindruck erzeugt, als erkrankten Menschen an Depressionen, wenn sie nicht unmittelbar für ihr berufliches Tun belohnt würden. Solche Gratifikationskrisen seien schädlich für die Psyche.
Das Gegenteil ist wahr. Menschen lernen von Kindesbeinen an, Belohnungen aufzuschieben. Wenn dem nicht so wäre, gäbe es keine Menschen, die sechs Jahre studieren, ehe sie Geld verdienen. Und erst recht gäbe es keine Häuslebauer, die sich 30 Jahre abmühen, um einen Kredit abzuzahlen. Die einfache Regel, wonach ein Mehr an Belohnung automatisch zu einem Mehr an Leistung führt, ist schlicht falsch. Immerhin beginnen einige Ökonomen zumindest von der Idee einer simplen linearen Beziehung von Geld und Leistung abzurücken, so etwa Uri Gneezy von der University of California in San Diego. In einer seiner Untersuchungen analysierte er den Arbeitseifer von Kindern. Er teilte 80 junge Probanden, die Geld für Krebskranke sammeln sollten, in drei Gruppen. Der ersten wurde erklärt, wie wichtig es sei, ehrenamtlich für einen guten Zweck zu sammeln. Sie bekam keine Belohnung. Die zweite Gruppe wurde minimal fürs Sammeln bezahlt, die dritte stattlich.
Wie auch klassische Markttheoretiker erwartet hätten, waren jene Kinder am fleißigsten, die man fürstlich entlohnte. Überraschend war hingegen, dass jene, die eine geringe Belohnung bekamen noch weniger motiviert waren als jene, an die gar nichts ausgezahlt wurde. Gneezy kam deshalb zu einer Folgerung, die neue Maßstäbe für Tarifverhandlungen setzen könnte: „Zahle genug oder zahle gar nichts."

(Aus: Nikolas Westerhoff: Geld macht faul. In: Süddeutsche Zeitung, Nr. 200, 1. September 2009, S. 16)

2.4 Imitationslernen – ein Modell zum Erlernen komplexen Verhaltens

2.4.1 Hinführung: „Wie die Mama und der Papa“ – Wenn Kinder ihre Eltern nachzuahmen beginnen …

Der Vater öffnet den Mund, weil er mit dem Nachahmungstrieb des Kindes rechnet, das seinen Mund ebenfalls öffnet und sich so die Nahrung zuführen lässt.
(Foto: Inspirestock/Corbis)

Die Fernsehmoderatorin Gundula Gause, geboren 1965 in Berlin, hat einen Erziehungsratgeber für Eltern unter dem Titel „Elternuni – Die ersten 12 Semester“ zusammengestellt. Im Kapitel zum 3. Semester geht es bei ihr um die Thematik „Der kleine Imitator“.

Etwa um seinen ersten Geburtstag herum beginnt Ihr Kind damit, einfache Handlungen nachzumachen. Das passiert entweder direkt, indem es selber versucht, mit dem Löffel zu essen, oder verzögert, indem es erlebte Situationen nachspielt und beispielsweise seine Puppe mit dem Löffel füttert. Diese Phase, in der Ihr Kind beginnt, seine Handlungen auf eine dritte Person oder einen Gegenstand zu übertragen, bezeichnen Pädagogen als repräsentatives Spiel. Die Puppe wird gefüttert, gebürstet und angezogen. Mit der Zeit wandelt sich die Rolle der Puppe, sie ist nicht mehr passiv, sondern wird in der Fantasie Ihres Kindes zu einer handelnden Person. Bei diesem Nachahmungsspiel spielt Ihr Kind eine von ihm selbst erlebte Handlung nach, „als ob“ die Puppe lebte. Ihr Kind nimmt liebevoll die Puppe in den Arm und tröstet sie oder setzt sie aufs Töpfchen, lobt sie, wenn sie fein ins Töpfchen gemacht hat, oder schimpft auch mal mit der ungezogenen

(Foto: vario-images)

Puppe, die nicht ins Bett will. Die Vorstellungskraft Ihres Kindes spielt jetzt zunehmend eine größere Rolle. Beim symbolischen Spiel ersetzt Ihr Kind die Bedeutung eines Gegenstandes durch eine andere. Die Puppen fahren jetzt mit dem Schuhkarton in den Urlaub (anstelle eines Flugzeugs) und Ihr Kind benutzt jetzt stundenlang die Toilettenpapierrolle als Handy. […]

In dieser Zeit des repräsentativen Spiels setzte mein Sohn seinen Stoffbären auf die Toilette, weil er dringend Pipi musste. Leider fiel der Bär dabei ins Toilettenbecken. Entsetzt fischte er ihn wieder heraus und schüttelte ihn über den frischen Handtüchern trocken. Anschließend legte er seinen Stoffbären zum Trocknen und Aufwärmen unter weiche, kuschelige Decken und holte mich. Und so fand ich das pitschnasse Stofftier dann auch, nämlich auf meinem Kopfkissen, gut zugedeckt mit meiner Bettdecke…

(Aus: Gundula Gause in Zusammenarbeit mit Maren Franz: Die Elternuni. Die ersten 12 Semester. Ihr Kind von 0 bis 6 Jahren. Pendo, Piper Verlag: München 2008, S. 92)

1 Erläutern Sie, was die Autorin über das Nachahmungsverhalten von Kindern zu berichten weiß.

2 Nennen Sie eigene Beobachtungen von Nachahmung bei Kindern. Beziehen Sie sich auf pädagogisch relevante Situationen.

3 Erörtern Sie erzieherische Chancen und Gefahren, die sich aus der Tendenz zur Nachahmung bei Kindern ergeben können.

2.4.2 Imitationslernen – ein Deutungsmodell, etwa zur Erklärung von komplexen Handlungen und Handlungsketten

2.4.2.1 Ein Überblick

Lernen am Modell – Lernen durch Beobachtung. Bandura begründete einen Forschungszweig über eine Lernart, die lange Zeit in der Lernpsychologie vernachlässigt wurde, obwohl sie im Alltag allgegenwärtig ist: Modelllernen. Bei kleinen Kindern fällt häufiges Nachahmen geradezu auf; komplexe Tätigkeiten, Sprach- und Rollenverhalten oder Autofahren können durch Beobachtung schneller und mit weniger Risiko gelernt werden als durch Versuch und Fehlerbeseitigung. Unter Lernen am Modell versteht man eine Tätigkeit der Informationsverarbeitung, wobei Informationen über die Struktur eines Verhaltens und die damit zusammenhängenden situationsbedingten Vorgänge in symbolische Repräsentationen übertragen werden, die als Anleitung zum Handeln dienen (Bandura 1986). Ein Verhaltensmodell kann auch von schriftlichen, bildlichen und auditiven Medien übermittelt werden. Der Vorgang des Modelllernens besteht aus komplizierten Interaktionen verschiedener Informationsverarbeitungsprozesse, die von unterschiedlichen Variablen beeinflusst werden (vgl. Übersicht: Teilprozesse des Modelllernens).

Die modernen Medien präsentieren den Zuschauern eine nie vorher dagewesene Vielfalt an Modellen. Das Lernen von Vorbildern wurde in zahlreichen empirischen Studien nachgewiesen bei Aggressionen, aber auch bei kooperativem und moralischem Verhalten, Selbstkontrolle, sozialer Kompetenz, Leistungsmotivation und Förderung geistiger Fähigkeiten, Ätiologie und

Therapie psychischer Störungen (Bandura 1986, Bauer 1979).

(Aus: Mathilde Bauer: Lerntheorien. In: Helmwart Hierdeis, Theo Hug [Hrsg.]: Taschenbuch der Pädagogik 3. 5. Aufl., Schneider Verlag: Hohengehren 1997, S. 1045–1046)

1 Stellen Sie die Grundgedanken zum Modelllernen mit eigenen Worten dar.
2 Setzen Sie sich mit der Modell- und Vorbildfunktion anderer Menschen auseinander, wie sie Arthur Schopenhauer einschätzt: „Für sein Tun und Lassen darf man keinen anderen zum Muster nehmen, weil Lage, Umstände, Verhältnisse nie die Gleichen sind und weil die Verschiedenheit des Charakters auch der Handlung einen verschiedenen Anstrich gibt.“ (Aphorismen zur Lebensweisheit. Insel Verlag: Leipzig 1917)

(Foto: Georg Bubolz, Erkelenz)

2.4.2.2 Spiegelneuronen

Wie gelingt es uns, spontan die Absichten unserer Mitmenschen zu lesen und uns in andere hineinzuversetzen? Laut Neurowissenschaftlern sind Spiegelneuronen maßgeblich daran beteiligt.
Ob wir Handlungen bei anderen beobachten – oder sie selbst ausführen: Für Spiegelneuronen ist das offenbar ein und dasselbe. [...] Das Besondere an Spiegelneuronen: Sie scheinen für das innere Imitieren fremder Aktionen zuständig zu sein. Möglicherweise bildet diese Fähigkeit sogar das Fundament von Mitgefühl, Sprache und Denken. Denn wie aktuelle Studien mittels bildgebender Verfahren zeigen, erzeugt das bloße Beobachten der Handlungen anderer in verschiedenen Hirnarealen von Homo sapiens eine neuronale Resonanz. Genau dies könnte helfen, die Absichten anderer intuitiv nachzuvollziehen.
Der Neurowissenschaftler Christian Keysers von der Universität Groningen setzt große Hoffnungen in die Spiegelzellforschung [...]: So weiß man heute, dass die für Spiegelneuronen typischen Hirngebiete beispielsweise bei Autisten nur schwach aktiv werden. Dies könnte erklären, warum es den Betroffenen schwer fällt, die Intentionen ihrer Mitmenschen zu erkennen. Auch bei der Entstehung der Sprache waren Spiegelneuronen möglicherweise beteiligt: Machten sie unseren Urahnen den mit bestimmten Gesten verbundenen Sinn „begreifbar“ – durch inneres Simulieren?

(http://www.gehirn-und-geist.de/artikel/859922&_z=798884 [30. 09. 09])

1 Erklären Sie, inwiefern der vorliegende Text neue Informationen über das Imitationsverhalten anbietet.
2 Erörtern Sie, welche möglichen neuen Fragen aufkommen können.

2.4.2.3 Neuere Forschungsergebnisse: Kinder imitieren mit Köpfchen

Kleinkinder ahmen zielgerichtete Aktionen nur dann nach, wenn ihnen dies als die rationalste Alternative erscheint, um ein anvisiertes Ziel zu erreichen. Das hat Harold Bekkering, Wissenschaftler am Münchner Max-Planck-Institut für psychologische Forschung und inzwischen an der Universität Groningen/Niederlande, gemeinsam mit György Gergely und Ildiko Kiraly vom Institut für Psychologie der Ungarischen Akademie der Wissenschaften nachgewiesen (NATURE, 14. Februar 2002). Damit wird eine seit 15 Jahren in der Entwicklungspsychologie bestehende Theorie widerlegt, wonach Kleinkinder sich beim Nachahmen lediglich darum bemühen, die eigene Mimik und Gestik mit dem zur Deckung zu bringen, was eine Modellperson tut. Die Imitation ist eine wichtige Form des Lernens. Durch sie kann man sich innerhalb kurzer Zeit komplexe Verhaltensmuster aneignen. Bisher bestand in der Psychologie die Tendenz, den Begriff der Imitation für jedes Verhalten zu gebrauchen, das sich als Kopie eines zuvor beobachteten Vorbilds erkennen lässt. Vor allem das Nachahmungsverhalten von Säuglingen und Kleinkindern steht derzeit im Fokus verschiedener Forschungsprojekte. Mittlerweile ist es auch über die Grenzen der Fachwelt hinaus bekannt, dass die moderne psychologische Forschung bei wenige Monate alten Säuglingen erstaunliche kognitive und motorische Fähigkeiten nachweisen konnte (Max Planck Forschung 1/2002, S. 72 ff.). Eine wichtige Frage bleibt jedoch weiterhin, wie sich die Imitation vom Säugling bis zum Erwachsenen grundsätzlich entwickelt: Bedeutungsvoll ist dabei nicht nur die Tatsache, wie früh Babys über sehr anspruchsvolle Kompetenzen verfügen, sondern vielmehr die Revision bisher bestehender Auffassungen, wie sich die verschiedenen Fähigkeiten Schritt für Schritt entwickeln. So dominiert seit längerer Zeit in der Entwicklungspsychologie die Auffassung, dass Kleinkinder die Bewegungen oder Handlungen von Modellpersonen lediglich motorisch kopieren, indem sie einen Vergleich zwischen den wahrgenommenen und den selbst ausgeführten Bewegungen anstellen. Grundlage dafür war eine Studie des Amerikaners Andrew Meltzoff aus dem Jahr 1988: Vor den Augen 14 Monate alter Babys drückte eine Person ihre Stirn auf die Oberseite einer geheimnisvollen Box, die daraufhin aufleuchtete. Eine Woche später durften die Einjährigen sich selbst mit der Box beschäftigen – und sofort senkten sie ihr kleines Köpfchen in der zuvor gesehenen Weise auf die Box herunter. Exakt 67 Prozent der Babys kopierten damals diese Kopfbewegung, während die Kinder in einer neutralen Vergleichsgruppe nichts mit der Box anzufangen wussten. Meltzoff stellte damals die folgenreiche These auf, die Kinder differenzierten das Ziel von den Mitteln, mit denen es erreicht wird; sie „imitierten die Mittel, nicht einfach nur das Ziel".

Die Wissenschaftler am Münchner Max-Planck-Institut für psychologische Forschung stellten sich jedoch die Frage, warum die Kinder die Box nicht einfach nur mit ihren Händen berührten, um sie zum Leuchten zu bringen, sondern stattdessen die ungewöhnliche Kopfbewegung imitierten. Die Forscher vermuteten, dass in diesem Versuch Elemente gewesen sein könnten, die es den Kindern ermöglichten, die Kopfbewegung zu durchdenken. So könnten sie sich gefragt haben, warum ihr erwachsenes Vorbild, obwohl die Hände frei waren, diese nicht benutzte, sondern die Box mit der Stirn berührte. Möglicherweise hätten die Kinder daraus geschlossen, dass es irgendeinen Vorteil geben muss, genau auf diesem Weg ans Ziel zu gelangen. Die Münchner Psychologen vermuteten, dass die Kinder deshalb in derselben Situation das Gleiche taten.

Um ihre Hypothese zu testen, stellten die Forscher die Studie von Meltzoff noch einmal nach – mit einer Modifikation: Die Hände der Modellperson waren diesmal bei der Kopfbewegung sichtbar beschäftigt. Dazu legte sich diese – unter dem Vorwand, ihr sei kalt – eine Decke um die Schultern und hielt sie mit beiden Händen fest. In diesem Fall sank die Imitation der Kopfbewegung drastisch auf 21 Prozent ab; die Kinder benutzten vielmehr ihre Hände. Waren in diesem Test jedoch die Hände der

Modellperson sichtbar frei, kopierten wieder 69 Prozent der Babys die Kopfbewegung. Der Grund für diesen Unterschied ist einfach: Waren die Hände der Modellperson mit der Decke beschäftigt, konnte sie die Box zwangsläufig nur mit dem Kopf zum Leuchten bringen. Die Kinder dagegen hatten ihre Hände frei und verwendeten diese deshalb, um die Box einzuschalten. Waren jedoch die Hände der Modellperson frei und deshalb der Kopf nicht unbedingt das probateste Mittel, mussten die Kinder wohl glauben, so argumentieren die Forscher, dass die Kopfbewegung aus irgendeinem Grund notwendig ist, um die Box zum Leuchten zu bringen. Doch die Forscher fanden auch heraus, dass alle Kinder – egal ob sie die Kopfbewegung kopierten oder nicht – immer auch ihre Hände benutzten. Das bedeutet, dass 14 Monate alte Babys zwar noch Subjekt eines automatischen Nachahmungstriebs sind, dass aber die Erinnerung des Effekts („Ich erreiche Beleuchtung durch Berührung“) eine Handlung aktiviert, die noch viel stärker mit dem Herstellen eines Kontakts assoziiert wird, nämlich die Berührung mit den Händen. Damit wird deutlich, dass das Imitationsverhalten von Kleinkindern weit über das pure Nacheifern hinausgeht. Wir schließen daraus, dass die Imitation zielgerichteter Handlungen bereits bei Kleinkindern ein selektiver, gefolgerter Prozess ist, in dem der Sinn der eingesetzten Mittel im Verhältnis zu den konkreten Rahmenbedingungen überprüft wird“, sagt Harold Bekkering. „Dies ist ein weiterer Beweis, dass Kleinkinder wirklich viel schlauer sind, als man denkt.“

Die neuen Erkenntnisse über das Nachahmungsverhalten von Kleinkindern haben darüber hinaus Bedeutung für die Robotik, denn inzwischen weiß man, dass sich einem Roboter neues Verhalten beibringen lässt, ohne ihm dieses vorher explizit einzuprogrammieren. Vielmehr kann der Roboter auch durch Nachahmen lernen. Dass er dabei – ebenso wie kleine Kinder – zwischen einer einfachen Imitation und einer durchdachten Imitation unterscheiden sollte, wird ihm im Rahmen eines europäischen Forschungsprojekts jetzt noch bei Harold Bekkering beigebracht.

(http://www.mpg.de/bilderBerichteDokumente/multimedial/mpForschung/2002/heft02/mpf02_2_06_07.pdf
Max Planck Forschung 2/2002, S. 7–8)

1 Arbeiten Sie die These des vorliegenden Textes sowie mögliche pädagogische Implikationen heraus.
2 Erläutern Sie, wie die These gestützt wird.
3 Beurteilen Sie, ob die These tatsächlich bestätigt wurde.

(© Wilfried Gebhard)

2.4.3 Vom Erlernen aggressiven Verhaltens – Die Forschungen Albert Banduras

Albert Bandura, geboren 1925, ist amerikanischer Psychologe. Bis zu seiner Emeritierung arbeitete er an der Stanford Universität.

Bandura [...] nimmt an, dass *zwischen Reiz und Reaktion höhere Prozesse ablaufen.* Im Gegensatz zu anderen Lernpsychologen beschäftigt sich Bandura gezielt mit der Frage, wie Verhaltensweisen speziell im sozialen und sprachlichen Bereich erworben werden.
Für ihn erklärt sein Ansatz des Modelllernens die schnelle und effiziente Übernahme solcher Verhaltensweisen. Durch das Lernen am Modell ist der Mensch in der Lage, sich auch komplexe soziale Handlungen anzueignen. Der Mensch wird hierbei von einem Modell beeinflusst. Dieses Modell kann sowohl eine konkrete Person als auch beispielsweise ein Buch oder eine Person in einem Film sein. Durch das Betrachten eines Modells wird man dazu angeregt, bestimmte Verhaltensalternativen genauer zu hinterfragen. Es kann hierbei zu drei verschiedenen *Lerneffekten* kommen.

- **Der modellierende Effekt**
  Eine in einer bestimmten Situation neue Verhaltensweise wird erlernt. Es besteht die Möglichkeit, diese in einer adäquaten Situation abzurufen.
- **Der enthemmende/hemmende Effekt**
  Durch das beobachtete Verhalten, welches mir bereits bekannt ist, sinkt/steigt meine Hemmschwelle, selbiges Verhalten in einer ähnlichen Situation an den Tag zu legen. Wirkt eine Verhaltensweise des Modells positiv, so wird meine Hemmschwelle, dieses Verhalten auszuwählen, sinken. Führt das Verhalten beim Modell nicht zum gewünschten Erfolg, so wird hier die Schwelle steigen, besonders dann, wenn das Modell für sein Verhalten bestraft wird.
- **Der auslösende Effekt**
  Bei der beobachtenden Person wird ein bereits vorhandenes Verhalten ausgelöst. Zum Beispiel verspürt ein „Fußballfan" das Bedürfnis, sich mit einer gegnerischen „Fangruppe" anzulegen. Da er noch unschlüssig ist, beobachtet er seine Freunde. Von diesen beginnen nun einige mit Schmährufen gegen den „Gegner". Der Fan beginnt daraufhin, mit zu grölen. Das beobachtete Verhalten löst das bei ihm bereits vorhandene Verhalten aus.

Das Beobachten eines Modells kann also dazu führen, dass neue Verhaltensweisen erlernt werden, dass die Hemmschwelle für bereits vorhandene Verhaltensweisen steigt oder sinkt und es kann dazu führen, dass bestehendes Verhalten ausgelöst wird.
[...] [D]ie Modifikationen des Verhaltens, die durch das Beobachten entstehen, müssen **nicht sofort** zur Ausführung gelangen, sondern können auf unbestimmte Zeit gespeichert werden.
Bandura unterscheidet zwei Abschnitte des Modelllernens:

Aneignungsphase (Akquisition)

- **Aufmerksamkeitszuwendung (attention)**
  Damit ein Modell als solches angenommen wird, muss es bestimmte Charakteristika haben, die es in den Augen des Beobachters als solches geeignet erscheinen lässt. So kann zum Beispiel in einer Clique für einige der Anführer ein Modell sein, für andere ein Außenseiter. Ebenso kann eine Romanfigur zum Modell werden, weil ihr ein bestimmtes Charakteristikum eigen ist, das die Aufmerksamkeit des Lesers auf sich zieht. *Bei komplexen Modellen* sind Aufmerksamkeitslenkungen erforderlich (verbal or visual cues, alternating good and poor performance), um die wesentlichen Aspekte des Modells hervorzuheben [...].
- **Behaltensphase (retention)**
  Das beobachtete Verhalten wird nach seiner Wahrnehmung in leicht erinnerliche Schemata umgeformt, klassifiziert und organisiert. Es wird im Gedächtnis so gespeichert, dass es bei Bedarf schnell und problemlos abgerufen werden kann. Das Verhalten kann hier bei auf zweierlei Art und Weise repräsentiert sein. Es kann als konkretes Bild der Situation vorhanden sein *(bildhafte Repräsentation)* oder es kann *symbolhaft/sprachlich*

gespeichert sein. Beide Repräsentationssysteme ermöglichen den schnellen Zugriff auf die Informationen. Am Beginn des Lernprozesses oder bei (raum-zeitlich-strukturierten) Bewegungen ist das *imaginale oder visuelle Gedächtnis vorrangig.* [...]

Ausführungsphase (Performanz)

- **Motorische Reproduktionsphase (production)**
  Hiermit ist die konkrete Ausführung der erlernten Verhaltensweise gemeint. Diese wird bestimmt und gesteuert durch die kognitive Organisation des Beobachters. Sie stand allerdings nicht im Zentrum des Interesses von Bandura, dem es vorrangig um die Aneignung sozialer Verhaltensweisen ging.
- **Verstärkungs- und Motivationsphase (motivation)**
  Ein Verhalten wird nur dann zur Ausführung durch den Beobachter gelangen, wenn es für ihn sinnvoll erscheint. Die Ausführung ist also abhängig von den antizipierten *Erwartungen* des Beobachters, die dieser an das Verhalten knüpft. Diese Erwartungen können variieren, sodass zum Beispiel in einer bestimmten Situation unter verschiedenen Rahmenbedingungen durchaus von einer Person verschiedene Verhaltensweisen als geeignet angesehen werden können. Der Einfluss des äußeren Ansporns („external incentive“) auf das Beobachtungslernen konnte deutlich gezeigt werden, wobei einmal mehr Belobigung stärker als Bestrafung wirkte. Auch Selbst-Ansporn und Selbst-Evaluation hat großen motivationalen, lernfördernden Einfluss.

Bandura versteht soziales Lernen als Integration von Informationen über bestimmte Verhaltensweisen, die durch Beobachtung erworben wurden, in kognitive Repräsentationssysteme, aus denen sie jederzeit abgerufen werden können.

Schließlich verweist Bandura auch auf die *Unterscheidung zwischen Leistung und Lernen* [...].

Vorschulkinder wurden in vier Gruppen eingeteilt, die unterschiedliche Erfahrungen machten:

Gruppe 1 machte die Beobachtung eines aggressiven Erwachsenen.

Gruppe 2 beobachtete den gleichen Erwachsenen in einem Film.

Gruppe 3 wurde eine als Katze verkleidete Figur in einem Film mit gleichem aggressivem Verhalten präsentiert.

Gruppe 4 war Kontrollgruppe ohne aggressives Modell. Das aggressive Verhalten bestand in der Misshandlung einer großen Puppe. Anschließend wurden die Kinder in einen Raum gebracht, in dem sich die Spielpuppe befand.

Die Ergebnisse sind beeindruckend: Die Kinder der Experimentalgruppen 1–3 zeigten fast doppelt so viele aggressive Akte wie die der Kontrollgruppe 4. Das menschliche Filmmodell (Gruppe 1) hat dabei offensichtlich die stärkste Wirkung gehabt.

Albert Bandura führte in einem weiteren Laborexperiment mit 96 Kindern (Alter im Schnitt: 4,5 Jahre) eine weitere Untermauerung seiner Konzeption des Modelllernens durch. Dazu wurden die Kinder in fünf Gruppen eingeteilt, von denen

- die erste erwachsene Personen beobachtete, die einer Plastikpuppe körperlich und verbal aggressiv zusetzten.
- Die zweite Gruppe sah die gleiche Szene als Film,
- die dritte dasselbe modifiziert als Trickfilm.
- Die vierte Gruppe sah einen Film, in dem die Erwachsenen keinen aggressiven Handlungen nachgingen.
- Die fünfte Gruppe schließlich erhielt gar keine Darbietung.

Anschließend wurden alle Kinder durch die Wegnahme ihres momentanen Spielzeugs frustriert und in einen Raum gebracht, der neben anderen Gegenständen die gleiche Plastikpuppe enthielt, die während der Darbietung verwendet worden war.

Es zeigte sich eindeutig, dass alle Kinder, denen ein sich aggressiv verhaltendes Modell präsentiert worden war, in der anschließenden Spielsituation deutlich mehr aggressive Verhaltensweisen insgesamt zeigten als Kinder, denen ein nicht-aggressives Modell oder gar keins angeboten worden war. Diese Ergebnisse werden vor allem im Zusammenhang mit der Wirkung von Aggressionen im Fernsehen und anderen Medien diskutiert.

Theunert (1996, S. 40) kritisiert die Lernexperimente Banduras gerade unter diesem Generalisierungsaspekt: Erstens seien Banduras Befunde nicht auf die alltägliche Fernsehrezeption von Kindern übertragbar, da sie in einer künstlich geschaffenen und realitätsfernen Umgebung gewonnen wurden. Zweitens seien Befunde, die in Experimenten mit Kleinkindern gewonnen würden, nicht auf andere Altersgruppen übertragbar, und drittens hätten die Befunde keine Aussagekraft über das Verhalten der Kinder in der Realität, da z. B. „die Bobo-Puppe ein denkbar ungeeignetes Äquivalent für reale Gewalttätigkeit“ darstelle. Die bei Bandura angeführten Argumente seien kaum geeignet, die Stimulationswirkung medialer Gewaltdarstellungen zu belegen.

(Aus: FernUniversität Gesamthochschule in Hagen, Kurs 03250, Einführung in die Psychologie, http://arbeitsblaetter.stangl-taller.at/LERNEN/Modelllernen.shtml [14. 06. 2009])

1. Arbeiten Sie den Ablauf der Forschungen Banduras heraus, stellen Sie seine Ergebnisse dar und interpretieren Sie diese.
2. Vergleichen Sie die Lernart der operanten Konditionierung mit dem Imitationslernen.
3. Erörtern Sie pädagogische Chancen und Grenzen von Imitationslernen.

2.4.4 Medien und Lernen

2.4.4.1 Gewalt im Fernsehen – Über den Zusammenhang von medialer und realer Gewalt

Manfred Spitzer, geboren 1958, ist deutscher Psychiater, Psychologe und Hochschullehrer. Seit 1998 ist er ärztlicher Direktor der Psychiatrischen Universitätsklinik in Ulm, an der er auch die Gesamtleitung des 2004 dort eröffneten Transferzentrums für Neurowissenschaften und Lernen (ZNL) innehat, das sich vor allem mit Neurodidaktik beschäftigt.

Nicht erst […] während der letzten Jahre aufgetretene spektakuläre Ausbrüche von Gewalt in Schulen machten deutlich, dass Gewalt im Leben der Schüler eine zunehmende Rolle spielt. Bei einer […] in den USA durchgeführten Umfrage sagten 35 Prozent aller amerikanischen Schüler im 12. Schuljahr, sie würden nicht alt, denn sie glaubten, vorher erschossen zu werden.

Ein Grund für die Zunahme der Gewalt in der realen Welt ist die Darstellung von Gewalt in den Medien, insbesondere im Fernsehen. Dieses Medium ist sehr weit verbreitet, und für seine Produktionen zahlen wir alle jedes Jahr einige Milliarden Euro. Eine Gesellschaft, die sich die Produktion und Verbreitung von Fernsehunterhaltung derartig viel kosten lässt, sollte sich darüber Gedanken machen, wie dieses Geld angelegt ist. Erstaunlicherweise wird hierüber jedoch wenig nachgedacht. Dabei sind die Effekte des Fernsehens seit dessen Einführung Gegenstand zahlreicher umfangreicher wissenschaftlicher Untersuchungen. […] Als Mediziner bin ich es gewohnt, über die Einflüsse auf den Menschen nach pharmakologischer Manier nachzudenken. Betrachten wir Gewalt im Fernsehen einmal mit den Augen des Arztes.

Dosis und Inhalt: 25 000 Stunden

Die publizierten Fakten zur Gewalt, im Fernsehen beziehen sich vor allem auf die USA. Der US-amerikanische Durchschnittsschüler hat nach Abschluss der Highschool (d. h. nach zwölf Schuljahren) nicht nur 13 000 Stunden in der Schule verbracht, sondern vor allem auch 25 000 Stunden vor dem Fernsehapparat. Der amerikanische Medizinerverband American Medical Association hat geschätzt, dass ein Kind nach Abschluss der Grundschule bereits mehr als 8 000 Morde und mehr als 100 000 Gewalttaten im Fernsehen gesehen hat.

Um den Einfluss des Rauchens auf die Gesundheit zu studieren, untersucht man im Allgemeinen nicht starke Raucher und Gelegenheitsraucher, sondern vergleicht ganz einfach Raucher mit Nichtrauchern. Als man in denUSA in den 60er-Jahren beginnen wollte, den Einfluss des Fernsehens unter anderem auf die kindliche Intelligenz, das Freizeitverhalten von Jugendlichen, die Persönlichkeit von Erwachsenen und nicht zuletzt auch auf die Gewaltbereitschaft der Menschen zu untersuchen, stellte sich heraus, dass es so etwas wie Nichtraucher im Hinblick auf das Fernsehen nicht gab: Praktisch jeder sah fern. Dies machte epidemiologische Studien nahezu unmöglich.
Es ist einigen aufmerksamen Wissenschaftlern zu verdanken, dass man hier dennoch weiter kam. Sie spürten eine kleine Stadt in Kanada auf, in der es bis ins Jahr 1973 aufgrund der geografischen Lage in einem Tal kein Fernsehen gab. Um die Anonymität zu wahren, wurde diese Stadt in allen Publikationen mit dem Namen Notel (für „no television") bezeichnet. Die Stadt war bis auf das fehlende Fernsehen in jeder Hinsicht normal, was bedeutsam ist im Hinblick auf die Allgemeinheit der Ergebnisse. Man wählte zwei weitere Gemeinden als Kontrollgruppen aus. In einer gab es bereits seit sieben Jahren Fernsehen, jedoch nur einen Kanal (man gab ihr daher den Namen Unitel), in der anderen (mit Multitel bezeichneten) gab es bereits seit 15 Jahren Kabelfernsehen mit vielen Kanälen. Es zeigte sich, dass innerhalb des nachfolgenden Zeitraums von zwei Jahren in der Gemeinde mit eingeführtem Fernsehen das beobachtete und mittels Fragebogen erfasste Aggressionsniveau zunahm: Die verbale Aggressivität verdoppelte sich, die körperliche Aggressivität war nahezu verdreifacht. Dies betraf sowohl Jungen als auch Mädchen in allen untersuchten Altersklassen.

Langfristige Wirkungen

Auch zu den langfristigen Auswirkungen von Gewalt im Fernsehen liegen Untersuchungen vor. Zu den eindrucksvollsten diesbezüglichen Daten zählen die von Bernard Fron und Gabriel Huesmann (1986), die eine prospektive Langzeitstudie an 875 Jungen über einen Zeitraum von insgesamt 22 Jahren von 1960 bis 1981 durchführten. Diejenigen Jungen, die bei der ersten Untersuchung im achten Lebensjahr überdurchschnittlich viele Gewaltszenen im Fernsehen sahen, wurden mit größerer Wahrscheinlichkeit von ihren Lehrern als gemein und aggressiv eingeschätzt. Die gleichen Jungen waren im Alter von 19 Jahren mit größerer Wahrscheinlichkeit mit dem Gesetz in Konflikt geraten und im Alter von 30 Jahren mit größerer Wahrscheinlichkeit wegen Gewaltkriminalität verurteilt oder gewalttätig gegenüber Ehefrauen und Kindern.
Die Studie zeigte eindeutig, dass die Menge der Gewaltszenen, die die Kinder im achten Lebensjahr im Fernsehen gesehen hatten, die Gewalttätigkeit der Menschen im späteren Leben beeinflusst. Die Ergebnisse der angeführten Studien sind wichtig. Die Frage jedoch, ob Gewalt im Fernsehen zu mehr Gewalt in der realen Welt führt, ist mit solchen sogenannten naturalistischen Studien nicht zu beantworten, denn es können, rein theoretisch, immer andere Faktoren angeführt werden, die vielleicht auch einen Einfluss gehabt haben, der nicht kontrollierbar war.

Wirkungsmechanismen: Gewalt im Labor

Der Psychologe Albert Bandura und seine Mitarbeiter zeigten bereits zu Anfang der 60er-Jahre Kindern im Kindergarten Filme von anderen Kindern, die entweder gewalttätig oder nicht gewalttätig miteinander umgingen. Danach hatten die Kinder Gelegenheit, miteinander und mit Spielzeugen zu spielen. Sie wurden dabei gefilmt, und diese Filme wurden dann von unabhängigen Personen betrachtet, die nicht über die Art der vorherigen Ex-Position (Gewalt gesehen oder nicht) der Kinder informiert waren. Diese Personen hatten das Vorkommen von Gewalt im Verhalten der Kinder zu verzeichnen, wobei sich ein deutlicher Effekt der vorherigen Exposition durch Gewaltszenen auf das nachfolgende Verhalten zeigte. Wer Gewalt sieht, wird selbst gewalttätig. Gesehene Gewalt wird imitiert, was sich sowohl beim Umgang mit Spielzeug als auch im Spiel der Kinder miteinander sowie deren Umgang mit Erwachsenen zeigte.

„Verstehen Sie Spaß?“ – Anregung zur Nachahmung aus dem Fernsehen?
(© Wilfried Gebhard)

Wirkungsmechanismen: Modelllernen und Desensibilisierung
Wenn Organismen einem bestimmten Reiz oder einer bestimmten Reizklasse dauernd ausgesetzt sind, so nimmt die Reaktion auf diesen Reiz immer mehr ab. Man spricht von Desensibilisierung. Wissenschaftliche Untersuchungen ergaben entsprechend, dass derjenige, der immer wieder Gewaltfilme anschaut, weniger stark auf einzelne Gewaltszenen in einzelnen Filmen reagiert. Zudem generalisiert er das Verhalten vom Film auf die Realität. Das dauernde Anschauen von Gewalt im Fernsehen führt dazu, dass gewalttätige Verhaltensweisen dem Betrachter zunehmend normaler vorkommen. Nicht nur das Erleben und die vegetativen Reaktionen, sondern vor allem auch das Verhalten der Personen ändern sich entsprechend, wie eine 1992 von der amerikanischen Psychologievereinigung (American Psychological Association, APA) durchgeführte Umfrage ergab. Kurz: Das Betrachten von Gewalt führt zur Abstumpfung und zu gleichgültigerem Verhalten gegenüber Gewalt.

(Aus: Manfred Spitzer: Gewalt im Fernsehen – Über den Zusammenhang von medialer und realer Gewalt. In: Forum Schule, 3/2002, S. 8–11)

1 Arbeiten Sie die Thesen Spitzers aus dem vorliegenden Text heraus.
2 Erörtern Sie deren Fundierung.

2.4.4.2 Sind die Ergebnisse methodisch abgesichert?

Feldstudien
Der Nachteil der künstlichen Laborumgebung wird bei experimentellen Feldstudien vermieden, die in methodischer Hinsicht zwischen den naturalistischen Studien und den Laborexperimenten stehen. Die Ergebnisse der meisten Feldstudien stimmen mit den aus Laborexperimenten gewonnenen Daten gut überein. Das Problem solcher Untersuchungen besteht darin, dass sie praktisch nur in Internaten durchgeführt werden können. Damit beziehen sich diese Studien nicht mehr unbedingt auf die Gesamtbevölkerung, sondern auf eine Teilgruppe, von der man unter Umständen annehmen kann, dass es sich um von vornherein aggressivere Kinder handelt. Dies wiederum schränkt die Verallgemeinerungsfähigkeit der Resultate ein.
Ein Beispiel: Jungen aus Heimen, die für einen Zeitraum von sechs Wochen entweder Fernsehprogramme mit oder ohne Gewalt angeschaut hatten, wurden im Hinblick auf ihr Verhalten beobachtet. Es zeigte sich, dass die Jungen, die gewaltlose Programme anschauten, zu mehr Gewalt neigten als diejenigen, die Gewalt anschauten. Das Ergebnis widersprach damit den oben beschriebenen Befunden. Bei genauerem Hinsehen jedoch ergibt sich ein ganz anderes Bild: Die Jungen sahen Fernsehprogramme mit Gewalt lieber als gewaltfreies Fernsehen und waren über die verordnete sechswöchige Einschränkung ihrer Auswahl verärgert. Dieser Ärger äußerte sich dann in aggressiven Handlungen.

Epidemiologie
Die medizinische Disziplin der Epidemiologie befasst sich mit dem Auftreten von Krankheiten in größeren geografischen und zeitlichen Zusammenhängen. Auch für die Gewalt im Fernsehen liegen Untersuchungen zur Epidemiologie vor. Centerwall untersuchte den Zusammenhang zwischen der Einführung des Fernsehens und der Häufigkeit von Tötungsdelikten in der weißen Bevölkerung der USA, der gesamten Bevölkerung von Kanada (97 Prozent Weiße) und der weißen Bevölkerung von Südafrika. Das Kriterium für Gewalt in der realen Welt war hierbei das – sehr harte – Kriterium der Anzahl der Tötungsdelikte in den jeweiligen Staaten.
Nachdem in den 50er-Jahren in den USA und Kanada das Fernsehen eingeführt wurde, kam es dort zu einer Verdopplung von Tötungsdelikten innerhalb von 10–15 Jahren. Während des gleichen Zeitraums nahm die Zahl der Tötungsdelikte in Südafrika um 7 Prozent ab. Nach der

Einführung des Fernsehens in diesem Land im Jahre 1975 stiegen im Zeitraum bis 1987 die Tötungsdelikte um 130 Prozent.

Nicht selten wird argumentiert, dass sich die wissenschaftlichen Daten zu Gewalt im Fernsehen nur auf Jungen, nicht aber auf Mädchen bezögen. Dies allein zeige bereits, dass es mit der These, die Gewalt sei durch Fernsehen gelernt, nicht weit her sein könne. Auch Mädchen müssten dann ja Gewalt lernen. Zum anderen wurde eingewandt, dass nur derjenige, der bereits eine Tendenz zur Gewaltbereitschaft aufweise, durch Gewalt in den Medien zur tatsächlichen Gewalt angeleitet würde. Wer diese Tendenz also nicht schon in sich habe, den würde auch die Gewalt in den Medien nicht verderben. Drittens wurde nicht selten eingebracht, dass die Zusammenhänge nur für kleine Kinder gelten würden (die noch sehr beeinflussbar seien und auch noch nicht zwischen Fiktion und Realität unterscheiden könnten).

In Bezug auf diese Argumente ist eine Untersuchung jüngeren Datums an 707 Familien mit einem Kind im Alter von 1–10 Jahren von Bedeutung. Mütter und Kinder wurden im Hinblick auf Fernsehgewohnheiten und aggressive Verhaltensweisen untersucht. Die Familien wurden zufällig aus zwei Landkreisen im nördlichen Staat New York ausgewählt. Interviews mit diesen Familien wurden in den Jahren 1975, 1983, 1985/86 und 1991/93 durchgeführt. Gemessen wurden zusätzlich der sozioökonomische Status, die verbale Intelligenz sowie die Vernachlässigung der Kinder anhand von Selbst- und Fremdbeurteilungen. Weiterhin wurden die Nachbarschaftsverhältnisse, die Aggressivität unter Gleichaltrigen und die Gewalt in der Schule untersucht.

Die Ergebnisse zeigten Folgendes: Vernachlässigung als Kind, Aufwachsen in einer unsicheren Nachbarschaft, geringes Einkommen der Familie, geringes Ausbildungsniveau sowie psychiatrische Erkrankungen der Eltern korrelierten signifikant positiv mit dem Fernsehkonsum im Alter von 14 Jahren. Der Fernsehkonsum im Alter von 14 Jahren stand in einem signifikanten Zusammenhang mit späteren aggressiven Akten gegenüber anderen Personen, nicht jedoch mit späteren Diebstahlsdelikten, Brandstiftung oder Vandalismus, also nicht mit Kriminalität überhaupt. Besonders wichtig ist der Befund, dass der Fernsehkonsum mit späterer Aggressivität auch bei denjenigen Jugendlichen verbunden war, die zuvor keine aggressiven Verhaltensweisen aufwiesen. Das Fernsehen macht also nicht nur diejenigen gewalttätig, die hierzu ohnehin neigen, sondern auch diejenigen, die eigentlich nicht dazu neigen. Auch zeigte sich, dass der Zusammenhang zwischen Fernsehkonsum und Gewalt nicht nur für die Jungen, sondern auch für die Mädchen zutraf.

Schlussfolgerungen: Gewalt im Fernsehen ist wie Umweltverschmutzung

Es ist erstaunlich, dass bis heute der Zusammenhang zwischen Gewalt im Fernsehen und Gewalt bei Kindern/Jugendlichen und späteren Erwachsenen immer wieder bestritten wird. Die mit unterschiedlichen Methoden gewonnenen Ergebnisse sind jedoch eindeutig und der Zusammenhang zwischen dem Betrachten von Gewalt im Fernsehen und Gewalt in der realen Welt zweifelsfrei nachgewiesen. Tückisch an diesem Zusammenhang ist, dass er sich mit einer zeitlichen Verzögerung von mindestens einem Jahrzehnt realisiert. Steigt die Gewalt an, ist es also bereits zu spät!

Es wird Zeit, dass wir damit aufhören, diese Zusammenhänge systematisch zu leugnen. Wer [...] die Waffengesetze verschärft und glaubt, damit sei es getan, der irrt. Wirklich und nachhaltig kann man Gewalt nur dann bekämpfen, wenn man den Menschen im Hinblick auf ihr Repertoire der Konfliktlösungsmöglichkeiten besseren Lernstoff anbietet, als das die Medien derzeit tun.

Die Industrie (Hollywood, Fernsehanstalten, Programmmacher etc.) redet von freiwilliger Selbstkontrolle, von Verantwortung der Eltern und beruft sich nach wie vor auf das Recht der freien Meinungsäußerung. Die Medien selbst vertuschen die Sachverhalte und tragen ihrerseits zur Misere bei. [...] Es wurde argumentiert, dass Kinder, die nicht fernsehen, zu Außenseitern in Gruppen werden können. Wenn aber, wie die amerikanische Akademie für

Kinderheilkunde feststellt, Kinder bis zum Alter von 18 Jahren in den USA 200 000 Gewaltakte allein im Fernsehen gesehen haben, dann wäre es besser, wenn wir alle zu Außenseitern würden!

(Aus: Manfred Spitzer: Gewalt im Fernsehen – Über den Zusammenhang von medialer und realer Gewalt. In: Forum Schule, 3/2002, S. 8–11)

1 Erörtern Sie, wie die Ergebnisse methodisch abgesichert sind.

2 Beziehen Sie Stellung zu den Schlussfolgerungen Spitzers.

3 Entwickeln Sie Handlungspläne, die pädagogisch auf die potenzielle Gefährdung von Kindern und Jugendlichen angesichts moderner Medien angemessen eingehen.

2.5 Lernen aus der Sicht der Neurobiologie

2.5.1 Hinführung: „Wenn Lernen nicht mehr fade ist …" (Robert Fulghum)

Robert Fulghum, geboren 1937, ist US-amerikanischer Theologe und Autor.

Der Lehrer schweigt. Er denkt: Es darf nicht wahr sein, dass ich es tue. Er zieht Gummihandschuhe an, greift in eine weiße Plastiktüte und holt ein menschliches Gehirn heraus. Ein echtes menschliches Gehirn.

Die Schüler schweigen. Sie denken: Es darf nicht wahr sein, dass er es wirklich tut.

Die Schüler denken jeder für sich: Wenn er es mir in die Hand gibt, sterbe ich!

Selbstverständlich reicht er es herum. Keiner stirbt.

Als das Gehirn wieder bei ihm ankommt, wirft der Lehrer es über den Tisch dem gummibehandschuhten Stürmer der Footballmannschaft zu, und der wirft es seinem gummibehandschuhten Verteidiger zu. Gelächter, als der Verteidiger das Gehirn auf den Tisch fallen lässt. Das Gehirn hüpft auf und ab.

Zur Erklärung: Zu Beginn dieses Zeichenkurses hatte ich von den Erkenntnissen der Gehirnforschung über den künstlerischen Prozess berichtet und meinen Vortrag mit Bildern, Diagrammen und anatomischen Schaubildern erläutert. Wir hatten eine Melone herumgeworfen, um ein Gefühl für die Größe eines Gehirns zu bekommen, aber irgendwie blieben Gehirne etwas abstrakt. Die Schüler hatten diesen leeren Gesichtsausdruck bekommen, der besagte, jetzt wurde es langsam f-a-d-e.

In diesem Augenblick von Schullangweile sagte ein Mädchen: „Ich könnte ein menschliches Gehirn mit in die Schule bringen, wenn Sie wollen – mein Vater hat jede Menge davon."

Sofort war die Klasse wieder hellwach. „Sie tut was?"

Ihr Daddy, erklärte sie, forsche auf dem Gebiet der Neurochirurgie an der medizinischen Fakultät und habe massenhaft Gläser mit Gehirnen in seinem Labor, und er würde uns sicher gerne auch ein echtes Gehirn sehen lassen. Na schön, damit würde ich fertig werden. „Bringt ein Gehirn mit in die Schule!", rief ich den Schülern beim Hinausgehen zu. „Alle!" Und tatsächlich, eine Woche später kam das Mädchen, auf immer Königin im „Schaut mal, was ich hier habe …", mit einem Gehirn in einer Tüte an.

„Na, Mr. Fulghum, was denken Sie?"

Wenn das Wort „ratlos" jemals angebracht war, dann jetzt. Ich war total perplex, wie die Schüler so was gerne nannten.

„Ich habe so ein Dings zwischen den Ohren", sagte ich. „Es besteht im Moment ganz aus rohem Fleisch. Es wird angetrieben von dem Mortadellabrot, den Kartoffelchips und dem Kakao von gestern. Und alles, was ich im Moment tue – alles, was ich jemals tat oder tun werde –, geht durch diesen Klumpen. Ich habe es aufgepäppelt, es ist meins. Und es ist das Geheimnisvollste auf Erden."

(Das Gehirn in meiner Hand war allerdings nicht roh – es war in Formalin konserviert. Und es war durchaus nicht abstoßend oder eklig. Von hellbeiger Farbe, ein wenig feucht, weich und gummiartig, wie Lehm. Und fast genau von der Größe der Melone, die wir herum gereicht hatten – bloß wog es ungefähr drei Pfund.)

(Illustration: Ferdinand Lutz, Köln)

„Die mechanischen Funktionen des Gehirns kann ich vielleicht einigermaßen nachvollziehen – Atmung anregen, Blut bewegen, Proteintransport dirigieren. Lauter Chemie und Elektrizität. Ein Motor. Mit Motoren kenne ich mich aus.

Aber dieser dreipfündige Motor aus rohem Fleisch enthält auch alle Limericks, die ich kenne, ein Rezept für Truthahnbraten, den erinnerten Geruch meines Schulspindes, alle meine Kümmernisse, die Fähigkeit, einen Transporter mit Zwischengas zu schalten, das Gesicht meiner Frau, als sie jung war, Formeln wie $e = mc^2$ und $a^2 + b^2 = c^2$, den Prolog zu Chaucers Canterbury Erzählungen, den ersten Schrei meines erstgeborenen Sohnes, das Heilmittel für Schluckauf, den Text des Kampfliedes vom St. Olaf's College, die Träume von fünfzig Jahren, das Wissen, wie ich meine Schuhe zubinden muss, den Geschmack von Lebertran, van Goghs ‚Sonnenblumen' und das Verstehen von Deweys Dezimalsystem. Das ist alles in dem Stück Fleisch.

Ein Kubikzentimeter Gehirn enthält zehn Milliarden Bits Informationen und verarbeitet fünftausend Bits pro Sekunde. Und es hat sich im Laufe von vielen Millionen Jahren aus einer Kugel flüssigen Gesteins, der Erde, entwickelt, die ihrerseits eines Tages in die Sonne stürzen und nicht mehr sein wird. So sehe ich das."

„Unglaublich!", kommt es im Chor von den Schülern. Der Lehrer ist aus dem Schneider – er hat sie gepackt.

Wieder geht das Gehirn von Hand zu Hand, langsam und feierlich. Wieder ist es ganz still. Das Geheimnis aller Geheimnisse ist gegenwärtig und schließt uns mit ein.

Die gewaltigste Aussage, die die Gehirnforschung in den letzten fünfundzwanzig Jahren hervorgebracht hat, ist übrigens folgende Erkenntnis: Wir sind innerhalb unserer Köpfe so verschieden, wie wir außerhalb unserer Köpfe zu sein scheinen.

Schauen Sie sich um und sehen Sie die unendliche Vielfalt menschlicher Köpfe – Haut, Haare, Alter, Rassenmerkmale, Größe, Farbe und Form. Und Sie wissen, dass im Innern die Unterschiede noch größer sind – was wir wissen, wie wir lernen, wie wir Informationen verarbeiten, an was wir uns erinnern und was wir vergessen, unsere Strategien, in dieser Welt zurechtzukommen und schmerzvolle Erfahrungen zu bewältigen. Machen Sie sich zudem bewusst, dass die „Welt" da „draußen" ebenso sehr eine Projektion ist, und bald schon packt

Sie die Erkenntnis, dass es ein Wunder ist, dass wir uns überhaupt verständigen. Es ist nahezu unglaublich, dass wir es mit ein und derselben Realität zu tun haben. Wir operieren bestenfalls mit einer Art lockerem Konsensus über die Existenz an sich.
Praktisch gesehen macht mich diese Einsicht Tag für Tag ein wenig geduldiger mit meinen Mitmenschen. Ich bin weniger geneigt zu protestieren: „Warum siehst du das nicht so wie ich?“ Eher sage ich schon: „So siehst du das, Heiliger Strohsack! Höchst erstaunlich!“
Dabei fällt mir Einsteins Gehirn ein, das jetzt irgendwo in Missouri in einem Laborglas ist. Man hat es entnommen und untersucht, um zu sehen, ob etwas Besonderes daran sei. (Nein, da

(Illustration: Ferdinand Lutz, Köln)

Themen, Texte und Strukturen – Inhalte erarbeiten und erörtern

A

war nichts. Nicht Einsteins Rüstzeug, sondern was er damit machte, hat das Geheimnis der Geheimnisse gelüftet.) Als der große Albert sich am Institute for Advanced Studies in Princeton aufhielt, bat ein Gast Einstein, ihm sein Laboratorium zu zeigen. Der große Mann lächelte, nahm seinen Füllfederhalter hoch und deutete damit auf seinen Kopf. (Unglaublich!)

(Aus: Robert Fulghum: Mit einem Lächeln leben lernen. Ungewöhnliche Betrachtungen über gewöhnliche Dinge. Übers. von Margarete Längsfeld. Wilhelm Goldmann Verlag: München 1991, S. 43–46)

1 Skizzieren Sie die Charakteristika des vorgestellten Lernprozesses.
2 In einem Interview wird der Neurowisssenschaftler Gerhard Hüther gefragt, welche pädagogischen Schlussfolgerungen er aus der Gehirnforschung ziehe. Seine Antwort lautet: „Der beste Weg ist das Wecken von Neugier. Lösungen, die man angesichts solcher geweckten Neugier findet, werden unter Beteiligung der emotionalen Zentren verankert. Eine solche Neugier kann jedoch nur von jemand geweckt werden, dem sich das Kind verbunden fühlt. Wenn Kinder keine solche Neugier stiftenden und Orientierung bietenden Anregungen bekommen, sondern lediglich mit Reizen überflutet werden, die sie nicht verarbeiten können, bricht ihr Neugierverhalten in sich zusammen, neue Erfahrungen können nicht gemacht und die entsprechenden Verschaltungen nicht gebildet werden."
Erläutern Sie, wie aus der Perspektive von Gerhard Hüther die von Fulghum geschilderte Unterrichtssituation gedeutet werden kann.

2.5.2 Welcome to Your Brain – Lernen aus der Perspektive der Neurowissenschaften

Sandra Aamodt ist Chefredakteurin der Zeitschrift „Nature Neuroscience", die sich mit Hirnforschung befasst. Samuel Wang ist Professor für Neurowissenschaften an der Princeton University.

Der Lernprozess variiert auch unter den Individuen derselben Spezies. Unterschiedliche Verhaltensmuster sind in erster Linie auf Unterschiede in ihrer Hirnanatomie zurückzuführen, insbesondere auf die Verbindungen zwischen Neuronen. Sind Sie eine impulsive Person, die rasch auf Ereignisse reagiert, oder verhalten Sie sich ruhig und abgeklärt? Sind Sie ein begabter Skifahrer? Kennen Sie die Hauptstädte aller europäischen Staaten? Fällt Ihnen die Lösung mechanischer Probleme leicht? Alle diese Fähigkeiten beruhen darauf, wie die Neuronen miteinander kommunizieren: zum einen auf der Verdrahtung des Gehirns, als Sie noch ein Baby waren, und zum anderen auf den Verbindungen, die sich über einen Lernprozess seither gebildet haben oder wieder aufgelöst wurden. Als erste Grundregel halten sich neuronale Verbindungen an die bekannte Weisheit: Übung macht den Meister. Neuronen stärken Synapsen, die eifrig aktiv sind, und schwächen oder entfernen Synapsen, die stumm bleiben, wenn andere Synapsen genutzt werden. Dieser Prozess verläuft im Kleinkindalter völlig mühelos, setzt sich aber durch das ganze Erwachsenenleben hindurch fort. Jeden Tag kommen die Kinder aus der Schule – oder vom Fußballtraining – mit Gehirnen zurück, deren Nervenzellen sich leicht von denen unterscheiden, mit denen sie am Morgen aufgewacht sind.
[...] Sobald ein elektrisches Signal am Ende eines Axons eintrifft, löst es die Ausschüttung eines chemischen Neurotransmitters aus, der mit den Rezeptoren an der Nervenzelle am anderen Ende der Synapse eine Verbindung eingeht. In den meisten Fällen müssen mehrere Synapsen gleichzeitig aktiv werden, um ein Aktionspotenzial im nächsten Neuron in der Reihe auszulösen. Jedes Mal, wenn das geschieht, werden sämtliche aktiven Synapsen gestärkt und haben dadurch nächstes Mal stärkeren Einfluss auf das Empfangsneuron, entweder indem sie mehr Neurotransmitter freisetzen oder indem ihnen mehr Rezeptoren für die Aufnahme des Signals zur Verfügung stehen. Dieser Prozess wird Langzeitpotenzie-

rung, englisch abgekürzt LTP, genannt. An den meisten Synapsen gleicht die Regel für das Auslösen einer LTP einer allgemeinen Verhaltensregel für das Lernen: Reize werden miteinander assoziiert, wenn sie zur gleichen Zeit eintreten. Analog dazu werden in Neuronen Synapsen gestärkt, wenn sie gleichzeitig aktiv sind, was häufig darauf zurückzuführen ist, dass zwei Reize zeitgleich eintreffen.

Natürlich können Synapsen nicht endlos gestärkt werden, sonst würden sie alle ihre maximale Leistung erreichen, und das Gehirn würde die Fähigkeit, Neues zu erlernen, verlieren. Das Gehirn umgeht dieses Problem mit etlichen Tricks; der einfachste ist eine nutzungsabhängige Schwächung der synaptischen Verbindungen namens Langzeitdepression (englisch abgekürzt: LTD). Synapsen werden geschwächt, wenn sie zu einer Zeit aktiv werden, in der die Zielzelle nicht genügend Stimulation empfängt, um ein Aktionspotenzial auszulösen. Ein weiterer Trick besteht darin, dass über längere Zeiträume hinweg neue Synapsen gebildet und alte entfernt werden können. Das ermöglicht eine ständige Neuverteilung der Verbindungen. Diese Veränderungen, die zusammen „synaptische Plastizität" genannt werden, treten in bestimmten Phasen wie der frühen Kindheit stärker auf. Bei Erwachsenen geht die synaptische Plastizität eher von bestimmten Teilen des Gehirns wie dem Hippokampus aus. Das Gehirn verfügt über rund ein Dutzend verschiedene, derzeit bekannte Methoden, Informationen zu erlernen, von denen jede eine etwas andere Kombination von Gehirnregionen nutzt. Das Lernen neuer Fakten und Orte löst etwa Änderungen im Hippokampus und im Kortex aus, das Einstudieren eines neuen Tanzschritts hingegen verändert das Kleinhirn.

Die Forscher wissen mittlerweile viel über die Botenbahnen und Moleküle, die an der synaptischen Plastizität beteiligt sind. Anhand dieses Wissens ist es Genforschern gelungen, Mäuse zu produzieren, denen das Lernen nur deshalb schwerer oder leichter fällt, weil ihnen ein einziges Gen aus ihrer DNA fehlt. Das Forschungsprojekt legt die Vermutung nahe, dass die Abänderung von Synapsen zu den wichtigsten Aufgaben des Gehirns zählt. Es gibt sage und schreibe Hunderte von Genen, die die Lernfähigkeit betreffen, und Dutzende, die sich auf die gesamte Intelligenz auswirken. Viele Bahnen üben vergleichbare Aufgaben aus und können einander notfalls ersetzen. Das bietet einen gewissen Schutz gegen den völligen Ausfall des Lernprozesses, der für ein Tier verheerende Folgen hätte. [...]

Die Amygdala überträgt auch die Wirkungen von Emotionen auf andere Lernformen. Durch emotionale Erregung wird die Aufmerksamkeit auf das wichtigste Detail eines Erlebnisses gelenkt. Beispielsweise erinnern sich die Opfer eines Raubüberfalls ihr Leben lang daran, wie die Pistole aussah. Umgekehrt können sich Patienten mit einer beschädigten Amygdala auch in stressreichen Augenblicken auf völlig irrelevante Details konzentrieren. Bei Ratten und bei Menschen fördert vorübergehender Stress den Lernprozess mit zwei Mitteln: durch die Freisetzung von Adrenalin und Glucocorticoiden. Beide Hormone wirken sich auf Rezeptoren in der Amygdala und im Hippokampus aus und beeinflussen so die synaptische Plastizität. Chronischer Stress kann die Lernfähigkeit jedoch wiederum erheblich beeinträchtigen.

(Aus: Sandra Aamodt/Samuel Wang: Welcome to Your Brain. Ein respektloser Führer durch die Welt unseres Gehirns. 4. Aufl., C. H. Beck Verlag: München 2009, S. 120–126)

1 Arbeiten Sie die Grundaussagen des Textes heraus.
2 Erörtern Sie denkbare pädagogische Handlungskonsequenzen.

(Foto: Fotex/Johanna Liebsch)

2.6 Entdeckendes Lernen als Alternative zu unterweisendem Unterricht

2.6.1 Hinführung: „Frag' die Bohne – sie hat immer recht!" – Erfahrungen zum entdeckenden Lernen im offenen Unterricht

Karin Ernst, geboren 1949, ist promovierte Erziehungswissenschaftlerin, Medienexpertin. Sie ist seit 2002 bei LIFE e.V. Expertin für neue Lernformen, Konzeption und Entwicklung von Lernsoftware und eLearning.

Eigentlich hatte ich es immer für selbstverständlich gehalten: Man „öffnet" seinen Unterricht allmählich, und je mehr die Kinder als unterscheidbare Persönlichkeiten sichtbar werden und je mehr die Themen, die im Mittelpunkt des Unterrichts stehen, die Kinder faszinieren, weil sie etwas mit ihrem Leben zu tun haben, desto mehr wird schulisches Lernen zu einer Möglichkeit, sich einen Reim auf die Welt zu machen, und desto mehr treten die Zutaten des traditionelleren Unterrichts in den Hintergrund – das Ausfüllen von Arbeitsbögen als einzige Tätigkeit, das (Schul-)Buch als einzige Informationsquelle, die richtige Benennung von Gegenständen und das Hersagen von Merksätzen als Beweis für Lernen […]. Weit gefehlt! Stattdessen folgende Szene:
In einem mit anregenden Materialien gut ausgestatteten Klassenzimmer sitzt Nadire und schreibt sorgfältig aus einem Sachbuch einen Text über das Eichhörnchen ab. Einen Text, der mir, als ich ihn lese, für eine Zweitklässlerin, für die Deutsch dazu nicht die Muttersprache ist, reichlich kompliziert erscheint. Ich frage Nadire, was sie denn da schreibt. „Na, so irgendwie, was das Eichhörnchen frisst, und so." Ich frage weiter, warum sie denn auf das Eichhörnchen gekommen sei. „Ja … also … manchmal, wenn

ich aus dem Fenster kucke, aber wirklich nur manchmal … dann kommt da vorne ein Eichhörnchen raus, und das hüpft rum und … Dann würde ich am liebsten rauslaufen und mit dem Eichhörnchen spielen." – „Willst du denn das nicht lieber aufschreiben?" – „Aber wir haben jetzt doch ‚Projekt Tiere', und da sollte sich jeder ein Tier aussuchen, und die Lehrerin hat alles so Bücher mitgebracht …" Ich überrede Nadire, das aufzuschreiben, was ihr beim Eichhörnchen wichtig ist. Es dauert lange, bis sie ihre eigenen Überlegungen in zwei Sätze gepackt hat, ich muss viel helfen, aber schließlich sind wir fertig. Am Ende der Stunde erzähle ich der Lehrerin von unserer gemeinsamen Arbeit. Sie fällt aus allen Wolken. „Aber unser Ziel ist doch, die Kinder so schnell wie möglich zu selbstständigen Lernern zu machen, und dazu gehört doch auch, dass sie Informationen aus Büchern entnehmen können – wie die Erwachsenen!"

Diese Szene liegt bereits einige Jahre zurück. Alternative Unterrichtsformen sind in der Regelschule inzwischen viel weiter verbreitet, Lernecken und Wochenpläne keine Fremdwörter mehr. Am Verhältnis der „offen" unterrichtenden Lehrer/-innen zu ihren Lerngegenständen hat sich jedoch wenig geändert.

Vor kurzem traf ich einen Freund, der seit seinem Studium keinen Zweifel daran gelassen hat, dass er niemals „frontal" unterrichten würde. Nun hat er seine erste eigene Klasse. „Also weißt Du, 'n bisschen Schiss hab' ich ja, zum ersten Mal ein richtig großes Projekt mit den Kindern", erzählt er. „Ich hab an ‚Tiere' gedacht, das zieht ja immer, aber es gibt so wenig Bücher, die auf dem Niveau der Kinder sind!" – „Wie willst Du's denn angehen?" – „Na, ich dachte, erst schreiben wir auf, was wir alles über ‚Tiere' wissen wollen, dann sucht sich jedes Kind eine Frage zum Beantworten aus, dann können alle in den Büchern wühlen … Und außerdem gehen wir in den Zoo, und dafür bereiten die Kinder natürlich auch Fragen vor. Oder vielleicht sollte sich lieber jedes Kind ein Tier aussuchen und darüber arbeiten?" – „Haben die Kinder denn schon Erfahrungen mit konkreten Tieren und wollen deshalb mehr wissen?" – „???" – „Und wenn die Kinder nun rausfinden wollen, wie schnell ein Löwe rennen kann, und der Löwe im Zoo schläft gerade?" – „Dann müssen sie im Buch nachgucken." – „Und warum gehen sie dann in den Zoo?"

Was macht es so schwer, Lernen als eine reale und produktive Auseinandersetzung mit der wirklichen Welt zu begreifen? Warum sind die Schulbücher immer zuerst da, während die Wirklichkeit zur Illustration verkommt? Steckt da die Angst dahinter, dass die Kinder, wenn sie eigenen Fragen nachgehen, nicht lernen, was das Schulbuch weiß, und deshalb im späteren Leben versagen? Dass offener Unterricht mehr ist als die selbstständige Bearbeitung von Schulstoff in einem wohnlich eingerichteten Klassenzimmer, begriff ich selbst erst an einer Erzählung aus Afrika.

Ameisenlöwen sind in vielen Gebieten Afrikas vertraute Insekten. Sie zum Unterrichtsgegenstand zu machen, löst in der Regel bei den Kindern eine Flut von Fragen aus – wo Ameisenlöwen am liebsten leben, was sie nachts tun, was sie fressen, wie viele Kinder sie kriegen … Manche Kinder können schon Beobachtungen und Vermutungen beisteuern, andere weniger. Der Lehrer steht als Quelle für Antworten zunächst im Mittelpunkt, aber er sagt rätselhafterweise: „Wenn ihr das wissen wollt, dann müsst ihr die Ameisenlöwen schon selber fragen." – „Aber die können doch gar nicht sprechen." – „Na, vielleicht könnt ihr sie dazu bringen, dass sie sich mit euch unterhalten. Sie geben euch übrigens immer Antwort." – Die Kinder begreifen allmählich: Wenn sie wissen wollen, was Ameisenlöwen fressen, müssen sie ihnen verschiedene Dinge anbieten und beobachten, was verschwindet und was übrigbleibt. Wenn sie wissen wollen, wo Ameisenlöwen leben, müssen sie sie in ihrer natürlichen Umgebung zu finden versuchen. […] Und die Ameisenlöwen machen auch wirklich nichts falsch: Was sie nicht fressen, bleibt übrig, wenn ihnen ein Lebensraum nicht behagt, ziehen sie an einen besseren Platz.

Wenn ich diese Geschichte weitererzähle, zündet sie bei vielen in ihrer Einfachheit und Plausibilität. Das Aha-Erlebnis hat jedoch noch

Ameisenlöwe *(Foto: Naturfoto.CZ.de/ Pavel Krasensky)*

keinen veränderten Unterricht zur Folge. Was steht dem entgegen?

(Aus: Karin Ernst: „Frag' die Bohne – sie hat immer recht!“ Anmerkungen zum Entdeckenden Lernen im Offenen Unterricht. In: Grundschultreffen Entdeckendes Lernen, Klingberg 1987, Lernwerkstatt Berlin 1988, S. 46–50. © Karin Ernst 1988, 2001. Hier entnommen aus: http://www.entdeckendes-lernen.de/3biblio/praxis/bohne.htm [19. 06. 2009])

1 Stellen Sie die Absichten bei „entdeckendem Lernen“ dar, wie es im Text gesehen wird.
2 Erläutern Sie, mit welchen Problemen im Zusammenhang mit „entdeckendem Lernen“ zu rechnen ist.
3 Erörtern Sie – auf dem Hintergrund Ihrer ersten Informationen zur Thematik – mögliche Vorzüge und Nachteile bei entdeckendem Lernen.
4 Setzen Sie sich mit weiteren Erfahrungen der Autorin auseinander, wie sie im folgenden Bericht geschildert werden.

Ich besuche wieder eine zweite Klasse – diesmal geht es offensichtlich um Pflanzen, denn mir kommen Kinder entgegen, die konzentriert in Blumentöpfe blicken und diese durch die Gegend tragen. „Willst du mal sehen? Da sind Bohnen drin.“ Ich höre einem Gespräch zwischen zwei Kindern zu: „Wenn du deine Bohne einpflanzt, stell' sie auf jeden Fall in den Schrank! Dann wächst sie schneller!“ – „Ja, warum denn?“ – „Weiß nicht, ist aber auf jeden Fall richtig. Die Bohnen, die die Kinder auf der Fensterbank wachsen lassen, sind noch viel kleiner. Und draußen im Garten ist noch gar nichts zu sehen. Also pflanz' sie auf keinen Fall in den Garten!!!“ – Ich bin von diesen Überlegungen völlig fasziniert – endlich passiert bei einem Arbeitsvorhaben etwas, was nicht ins Lehrbuch passt, dafür umso mehr ins wirkliche Leben. Die Lehrerin zuckt allerdings hilflos die Schultern: „Aber das ist doch falsch! Das kann ich doch nicht so stehen lassen! Und ausgerechnet bei Jochen, der sowieso schon hinterher hinkt!“ Es mag sein, dass Jochen sich bei seinen ersten Beobachtungen in Bezug auf das Lernziel der Lehrerin irrt, die den Kindern beibringen möchte, was im Buch steht: dass Pflanzen ohne Licht nicht leben können. Die Bohne jedoch irrt sich nicht, sie verhält sich nur komplexer: Im dunklen Schrank wachsen die Bohnen anfangs schneller heran. Dies hat Jochen richtig beobachtet. Da er noch keine Erfahrungen mit dem

Keimen von Samen und den Wachstumsbedingungen von Pflanzen hat, sind seine Schlussfolgerungen allerdings falsch. Was „richtig“ ist, lernt er am besten, wenn er der Bohne weiter zusieht: Im dunklen Schrank werden die Bohnen im Laufe der Zeit immer größer, dünner und fahler, schließlich fallen sie um und sind nicht mehr zum Leben zu erwecken. Die Bohnen auf der Fensterbank und im Garten werden gleichzeitig immer kräftiger. [...] Die Bohne selbst bringt den Kindern bei, dass sie ohne Licht nicht wachsen kann. An der Auseinandersetzung mit diesem Stückchen offenen Unterrichts wurden mir einige der Gründe klar, die das Einlassen auf entdeckendes Lernen weiterhin schwer machen [...]: Auch im offenen Unterricht sollen die Kinder möglichst „effektiv“ lernen. Aus der Beobachtung realer, alltäglicher Gegebenheiten wird aber nicht sofort das zu erreichende Lernziel deutlich – es gibt Beobachtungen, die scheinbar in die Irre führen und „falsche“ Handlungen und Ratschläge nach sich ziehen. Wer das um jeden Preis vermeiden möchte, vielleicht, um den Kindern Frustrationen zu ersparen, vergibt sich auch eine Chance. Falsche Ratschläge haben im Leben reale Konsequenzen, aus denen man lernen kann, ohne dass Zensuren nötig sind: Jochen, der den Rat erteilt hat, die Bohnen im Schrank wachsen zu lassen, wird von den anderen schon zur Rechenschaft gezogen werden, wenn die Pflanzen erst einmal eingegangen ist. Und er selbst wird auch nie wieder eine Bohne im Schrank wachsen lassen. [...] Hier verbirgt sich allerdings eine weitere Fußangel des entdeckenden Lernens: Wenn die Lehrerin selbst nicht genügend über das komplexe Verhalten von Pflanzen weiß, wird sie die Kinder danach beurteilen, ob sie das „sehen“, was – meist sehr vereinfacht – im Schulbuch steht. Reale Beobachtungen, die dazu nicht passen, werden als „falsch“ zurückgewiesen. Für ein Kind, besonders für ein schulisch nicht besonders erfolgreiches, gehört viel Kraft dazu, eine so widersprüchliche Situation auszuhalten. Wenn es dem Kind gelingt, zu seinen Beobachtungen zu stehen, hat es ein Stück innerer Unabhängigkeit gewonnen. Wenn es der Lehrerin gelingt, die verwirrenden Beobachtungen und Fragen der Kinder ernst zu nehmen und mit ihnen gemeinsam weiter zu fragen, wenn sie sich dabei vom handlich aufbereiteten Schulstoff wegwagt, trägt sie dazu bei, die Welt begreifbarer und die Kinder in ihr handlungsfähiger zu machen. Sie muss dazu allerdings von einer verbreiteten Illusion über offenen Unterricht Abschied nehmen: dass er dann am besten sei, wenn die Kinder die Lehrer nicht mehr brauchen.

(Ebenda)

1 Arbeiten Sie die Prinzipien des entdeckenden Lernens aus dem folgenden Text heraus.
2 Nehmen Sie begründet Stellung zu dieser „Art“ des Lernens.

Entdeckendes Lernen ist in mancher Hinsicht verwirrend: Wann Begreifen eintritt, lässt sich nicht voraussagen, und die Verhaltensweisen beim Entdecken entsprechen so gar nicht dem, was man unter einer „vernünftigen Arbeitshaltung“ versteht: Entdecker starren häufig Löcher in die Luft oder laufen ziellos in der Gegend umher, weil sie einen bestimmten Gedanken noch nicht fassen können. Entdecker machen Unordnung, weil sie Materialien kennenlernen und Arbeitstechniken ausprobieren müssen, bis sie auf ihr Ziel lossteuern können. Entdecker mögen nicht immer über das reden, was sie untersuchen, weil sie ihre Ideen nicht zu jedem Zeitpunkt sinnvoll strukturieren können. All das verbindet man nicht mit Schule. Entdeckendes Lernen „kostet Zeit“. Diese scheinbare Zeitverschwendung [...] lässt viele Lehrerinnen verzagen, bevor sie angefangen haben. Die Kinder sollen doch nicht hinterherhinken oder weniger lernen, als die anderen. [...] Es lässt sich nicht ableugnen: Reale Begebenheiten lassen sich schwer auf eine Schulstunde zusammenziehen. Die Bohne braucht für ihren „Unterricht“ einige Wochen, und in dieser Zeit muss man sie regelmäßig beobachten. Wichtige Ereignisse im Leben der Bohne lassen sich nicht auf die Schulstunde genau vorherbestimmen [...]. Nimmt man die Bohne ernst, muss vielleicht die Mathe-Arbeit um einen Tag verschoben werden. Und außerdem brauchen die Kinder Zeit, immer wieder auf eine Beobachtung oder Frage zurückzukom-

men, frühere Überlegungen im Licht neuer Erkenntnisse zu prüfen, Experimente in verbesserter Form zu wiederholen […].
Will man die Vorteile, die offener Unterricht und entdeckendes Lernen für das Lernen von Kindern bieten, wirklich nutzen, muss sich die Erkenntnis durchsetzen, dass erfolgreiches Lernen nicht unbedingt etwas mit der Menge des gespeicherten Wissens pro Zeiteinheit zu tun hat und Leistung nichts mit der perfekten Wiedergabe des gespeicherten Wissens. Was Lernen und Leistung im offenen Unterricht sind […] kann man jedoch erst erfahren, wenn man sich über längere Zeit auf dieses Wagnis einlässt. Risiken geht man am ehesten ein, wenn man keine Angst haben muss, plötzlich alle Sicherheiten zu verlieren. Deshalb möchte ich abschließend die unbestreitbaren Vorteile des entdeckenden Lernens gegenüber der herkömmlichen Wissensvermittlung skizzieren:
Entdeckendes Lernen erlaubt Kindern und Lehrer/-innen, sich so lange mit einer „Sache" zu beschäftigen, bis die Fragen beantwortet und die Probleme gelöst sind – bis Begreifen möglich wird. Zusammenhänge, die man selbst aufgedeckt und durchschaut hat, vergisst man nicht mehr – es sei denn, man kommt später zu tieferer Einsicht.
Entdeckendes Lernen enthält vielfältige Zugänge zu einer Fragestellung. Verschiedene kulturelle und soziale Hintergründe, verschiedene Vorlieben und Talente bereichern die Beschäftigung mit einem Problembereich, und das Lernen beschränkt sich nicht auf die Tätigkeit des Kopfes.
Entdeckendes Lernen ist mit der Wirklichkeit außerhalb der Schule in Verbindung. Das Lernen macht Sinn im Leben und das Leben wirkt in die Schule hinein – nicht nur über die Fragen, die man stellt, sondern auch über die Art und Weise, wie man mit ihnen umgeht.
Mich persönlich fasziniert am entdeckenden Lernen, dass es so unpädagogisch ist: Jeder kann es überall und zu jeder Zeit tun. Und damit erfüllt sich schließlich doch der heimliche Lehrerwunsch – überflüssig zu werden.
(Ebenda)

2.6.2 Entdeckendes Lernen als Unterrichtsmethode

Das entdeckende Lernen hat sich aus der kognitiven Psychologie heraus entwickelt. Unterrichtssequenzen, denen ein kleinschrittiges Frage-Antwort-Prinzip oder gar dozierender Unterricht zugrunde liegt, bieten den Lernenden zu wenig Spielraum, ihre kognitiven Fähigkeiten einzusetzen und zu erweitern. Erkenntnisgewinn lässt sich nicht durch passives Konsumieren erreichen, sondern nur durch aktives Lernen. Für den Lehrer bedeutet dies, dass er den Schülern den Stoff nicht häppchenweise zum leichten Verständnis darbietet, sondern eine günstige Lernumgebung schafft, in welcher die Schüler unter Einbeziehung ihres Vorwissens ein Problem selbstständig lösen.
[…]
Traditioneller Unterricht lässt die Schüler meist über die Leistungen anderer (Lehrer oder Wissenschaftler) staunen, statt sie auf den Gedanken zu bringen, selbst etwas zu tun.
Entdeckendes Lernen bevorzugt – basierend auf der Theorie des genetischen Lernens und des Konstruktivismus – das „Selbstmachen als Weg zum Lernen". Beim genetischen Lernen werden Entwicklungsprozesse besonders betont und über „materielle" Ergebnisse gestellt. Der Weg ist das Ziel! Bereits bei Heraklit (550–480 v. Chr.) findet man dieses Prinzip: „Vielwisserei Denken nicht lehrt!"
Entdeckendes Lernen hat viel mit Interaktion zwischen Lernenden und Lerngegenstand zu tun: „Sage es mir, und ich vergesse es. Zeige es mir, und ich erinnere mich. Lass' es mich tun, und ich behalte es!" Dieses zweieinhalb Jahrtausende alte Zitat von Konfuzius (551–479 v. Chr.) deutet auf einen wichtigen Aspekt des entdeckenden Lernens hin: Bildungsinhalte, die ein Schüler selbst entdeckt hat, prägen sich viel stärker ins Gedächtnis ein als Inhalte, die der Schüler einfach vom Lehrer vorgesetzt bekommt. Das aktive Beschäftigen mit einem Thema stärkt, besonders wenn es dann auch noch wiederholt wird, das Verschalten kortikaler Neuronen und das Entstehen von topografi-

schen Karten im Gehirn. Deshalb ist es nicht verwunderlich, dass gerade Neurologen und Psychologen, welche sich mit der Erkenntnistheorie der Kognition beschäftigen, entdeckendes Lernen für eine sehr geeignete Unterrichtsmethode halten.

Entdeckendes Lernen ist unabhängig von der Unterrichtsform. Es kann sowohl im geleiteten als auch im stark schülerzentrierten Unterricht praktiziert werden. Kennzeichnend für entdeckendes Lernen ist allein die Tatsache, dass der Lehrer den Schülern so weit wie möglich die Chance gibt, selbstständig Erkenntnisse zu gewinnen. Der Lernende soll unter den jeweils gegebenen Umständen so viel wie möglich am Lerngegenstand selbst entdecken. Der Lehrer darf den Weg dabei nicht bis ins Letzte festlegen, er muss dem Schüler Chancen für selbstständiges Suchen offenhalten, auch wenn er dabei Irrwege beschreitet. Häufig lernt man ja aus Fehlern mehr, als wenn man sofort alles richtig macht. Wird entdeckendes Lernen konsequent angewandt, hält der Unterricht auch für den Lehrer manche Überraschung parat. Häufig finden die Schüler Lösungswege, welche dem Lehrer bei der Vorbereitung des Themas gar nicht in den Sinn gekommen sind.

Im eher lehrergeleiteten Unterricht wird entdeckendes Lernen dadurch praktiziert, dass der Lehrer die Schüler geschickt motiviert und sie dann durch weite Fragen in eine Diskussion über das Thema einbindet. Diese Diskussion wird er dann bei Bedarf im Sinn der sokratischen Methode durch gezielte Fragen steuern, er wird die Schüler Hypothesen aufstellen lassen und die Hypothesen werden überprüft. Dies geschieht im Wechselspiel so lange, bis das Problem gelöst ist.

Auch im schülerzentrierten offenen Unterricht wird der Lehrer die Schüler mit einem für sie lösbaren Problem konfrontieren, bzw. ein Phänomen o. Ä. vorstellen, und ihnen danach die Möglichkeit geben, dieses allein oder in Gruppen zu bearbeiten – evtl. auch durch Versuche, welche die Schüler selbst durchführen können. Unterschiedliche Lösungen werden von den Schülern anschließend vorgestellt, damit alle von den gemeinsamen Ideen profitieren können. Der Lehrer hat dabei die Aufgabe, die Gruppen zu beobachten und nach einiger Zeit denjenigen durch gezielte Fragen bzw. kleine Hinweise weiterzuhelfen, die alleine mit dem gestellten Problem überfordert sind.

Zur wichtigsten Aufgabe des Lehrers gerät die Planung und Gestaltung einer Lernumgebung, welche es den Schülern gestattet, so selbstständig wie möglich einen persönlichen Prozess der Wissenserweiterung zu durchlaufen. Die Schüler sollen sich in einer aktiven Auseinandersetzung mit dem Stoff Methoden zum Problemlösen selbst erschließen. Es ist klar, dass den Schülern dazu während des Unterrichts genügend Zeit gelassen werden muss! Bei der Präsentation der Lösungen durch die Schüler sollte die Aufgabe möglichst aus unterschiedlichen Perspektiven betrachtet werden.

Entdeckendes Lernen setzt bei den Schülern Kreativität voraus. Diese wird gefördert, indem der Lehrer eine angstfreie Arbeitsatmosphäre schafft und die Schüler auch bei Fehlschlägen ermutigt. Beiträge, Ideen und Kritiken der Schüler sollten immer positiv aufgenommen werden, um Abwehrreaktionen und ein Nachlassen des Arbeitseifers zu vermeiden. Der Lehrer tritt dabei nicht als besserwissender Präsentator auf, sondern als Berater und Moderator. Dies bedeutet für viele Lehrer eine Abkehr vom traditionellen Lehrerverhalten und eine Hinwendung zu einer neuen Unterrichtskultur. Die Kunst des Lehrers besteht vor allem darin, Probleme zu finden bzw. Aufgaben zu formulieren, welche die Schüler einerseits nicht überfordern und andererseits nicht langweilen.

(Aus: Alfred Böhm: Entdeckendes Lernen. In: http://www.sembs.rv.bw.schule.de/forum/_disc/00000029.htm [14.07.2009])

1 Vergleichen Sie „entdeckendes Lernen" mit herkömmlichem Unterricht.
2 Erklären Sie, inwiefern sich die Rolle des Lehrers verändert hat.
3 Erörtern Sie, was sich in der Ausbildung von Pädagogen tendenziell ändern sollte, wenn entdeckendes Lernen stärker gefördert werden soll.

2.6.3 Internetrecherche als Anwendung entdeckenden Lernens

Entdeckendes Lernen beschränkt sich nicht nur auf die Erforschung von Naturphänomenen. Auch die neuen Technologien bieten ein weites Anwendungsfeld, etwa das Internet. Der darauf bezogene Begriff „Hypermedia" ist ein Konstrukt aus „Hypertext" und „Multimedia" und wird gerade im World Wide Web auf ideale Weise repräsentiert. – Zum Themenfeld „Konstruktivismus" finden Sie Erläuterungen in A II, 3.2.

Eine neue Variante des entdeckenden Lernens ist sicher der „Schüler als Rechercheur" im Internet. Gerade das Internet bietet den Schülern die Möglichkeit, ständig Neues zu entdecken. Das Internet ist dabei als hypermediales Lernsystem einerseits besonders benutzerfreundlich, bietet andererseits durch seine multimedialen Möglichkeiten eine besonders günstige Umgebung für entdeckendes Lernen. Ein entscheidender Faktor für die „Konstruktion" von Wissen ist das Vorwissen der Lernenden. Der besondere Vorteil hypermedialer Lernumgebungen besteht gerade darin, dass dem Lernenden auf einfache Weise eine breite Palette von Wissensbausteinen auf unterschiedlichem Anspruchsniveau zur Verfügung gestellt werden kann, auf welche dieser dann, seinem individuellen Bedürfnis entsprechend, zugreifen kann.

Da das Internet zunächst einmal kein Lernmedium im eigentlichen Sinne ist, sind die Inhalte weder strukturiert noch didaktisch aufbereitet. Es macht dabei keinen Sinn, Schüler vor den Computer zu setzen und sie einfach im Internet surfen zu lassen in der Hoffnung, dass sie schon etwas Interessantes finden werden. Zu schnell werden sie abdriften und in Chat-Räumen, Sportseiten oder sonstigen Web-Seiten der „leichten Muse" landen. Das Lernen im Internet muss durch Aufgaben angeregt werden! Von besonderer Bedeutung ist dabei auch, dass die Schüler das Entdeckte nicht unreflektiert aufnehmen, sondern mit einer „Lehrkraft" die gefundenen Informationen analysieren und bewerten. Die nahezu grenzenlose Datenmenge des World Wide Web, ungefiltert durch pädagogische Autoren und Schulbehörden, wirft Fragen auf, die für das Arbeits- und Lernverhalten der Kinder eine hohe Relevanz haben:

- Wie finde ich aus dem Datenmeer die für mich interessanten Inhalte heraus?
- Woran und wie kann ich die Qualität einer Information erkennen?
- Welche Möglichkeiten gibt es, Fehlinformationen, Propaganda usw. zu erkennen?

Bereits die Nutzung des Internet selbst stellt häufig genug einen Akt des entdeckenden Lernens dar. Ständig wird der Benutzer mit neuen Problemen konfrontiert (Wie drucke ich den Text oder das Bild aus? Wie übertrage ich den Inhalt der Web-Seite in eine Textverarbeitung? ...). Um die Probleme zu lösen, fragt man dann Bekannte, greift zu Büchern oder Zeitschriften, setzt problemlösendes Denken und Selbstreflexion ein.

Die funktionalen und didaktischen Vorteile eines selbstständigen Lernens im Internet lassen sich kurz in folgenden Punkten zusammenfassen.

- Es ist eine starke Interaktivität vorhanden.
- Die verfügbaren Informationen sind sehr vielfältig.
- Wegen der Vielfalt der Informationen lässt sich ein Problem leicht von verschiedenen Seiten betrachten.
- Interaktive Lehr-Lern-Umgebungen ermöglichen ein individuelles Lerntempo sowie eine internetunterstützte Reflexion des Lernfortschritts.
- Es bietet die Möglichkeit, orts- und zeitunabhängig zu lernen.

(Aus: Alfred Böhm: Entdeckendes Lernen. In: http://www.sembs.rv.bw.schule.de/forum/_disc/00000029.htm [14.07.2009])

1 Entwickeln Sie – im Anschluss an Alfred Böhms Überlegungen – pädagogische Perspektiven, wie mit Informationen aus dem Internet umzugehen ist.

2 Beziehen Sie Stellung zu seiner Einschätzung der Internetnutzung im Sinne entdeckenden Lernens.

3. Von pädagogischen Konsequenzen aus der Reflexion über Lernen

Entdeckendes Lernen
(Foto: Hartmut W. Schmidt, Freiburg)

3.1 Vom Wandel der Lernkulturen – Ideen für ein lebendiges Lernen in Schulen

Rolf Arnold, geboren 1952, ist Professor für Pädagogik an der Universität Kaiserslautern; Ingeborg Schüßler, geboren 1967, ist Diplompädagogin.

Früher war der Lehrende Unterweiser, der seine Lehre u. a. nach den Prinzipien des Vormachens und Nachmachens bzw. des Vordenkens und der Präsentation von Inhalten strukturierte. Heute wird er mehr und mehr zum Lernberater bzw. zum Coach der Lernenden, der ihnen Aufgabenstellungen (sog. Arbeitsaufträge) übergibt und sie zum selbstständigen Durchdenken und Durcharbeiten dieser Aufgabenstellungen motiviert. Früher hat die Lehrperson nahezu alle Informationen vorgegeben und die Lernenden Schritt für Schritt angeleitet, während sie heute viele der notwendigen Informationen selbst beschaffen lässt, sich zurückhält und den Lernprozess beobachtet, für Rückfragen zur Verfügung steht und abwartet, ob und wann wirklich eingegriffen werden muss. Früher hat der Lehrende dazu verholfen, dass die richtige Lösung nachvollzogen werden konnte, heute lässt er gezielt und absichtsvoll eigene Erfahrungen und Lösungen zu, und er versucht, den Lernenden durch Fragen selbst einen richtigen Weg finden zu lassen (vgl. Brater u. a. 1988). „Es gehört zu der aufregenden Dialektik der Globalisierung, die überkommene ‚Belehrungsgesellschaft' (Mut zum Missverständnis) zu ersetzen." (Beck 1997, S. 231)

Vom mechanistischen (toten) zum lebendigen Lernen (nach: C. Rogers)		
Missverständnisse einer mechanistischen Lerntheorie		**Ansätze eines lebendigen Lernens**
Die bloße Präsentation von Information durch den Lehrenden führt automatisch zum Lernen.	↔	Relevantes Lernen schließt stets die Veränderung der eigenen Person mit ein. Wirkliches Lernen ist oft exemplarisches Lernen.
Den Lernenden kann keine Verantwortung für ihren eigenen Lernprozess anvertraut werden.	↔	Lernende besitzen – wie alle Menschen – ein natürliches Potenzial zum Lernen, das durch eine bessere Ausbildungsorganisation gefördert und entfaltet werden kann.
Lernende betrachtet man am besten als manipulierbare Objekte und nicht als Personen.	↔	Lernen, das auf Eigeninitiative beruht, mit Beteiligung der ganzen Person – Gefühl wie Intellekt –, ist am eindringlichsten und hat den am längsten anhaltenden Lerneffekt zur Folge.
Prüfungen sind ein geeignetes Mittel, um herauszufinden, welche beruflichen Qualifikationen Lernende erworben haben.	↔	Nachhaltiges und signifikantes Lernen findet statt, wenn der Lerninhalt vom Lernenden als für seine eigenen Zwecke relevant wahrgenommen wird.

Eine zunehmende Bedeutung für das Handeln von Pädagoginnen und Pädagogen in den Nicht-Belehrungs-Gesellschaften gewinnt dabei die Sensibilisierung für die Kreativität von Selbstorganisationsprozessen. Dies setzt voraus, dass Lehrende sich von der Illusion der Planbarkeit und Beherrschbarkeit verabschieden und zu einem professionellen, situationsangemessenen pädagogischen Handeln in der Lage sind. Sie müssen auf den produktiv-gestaltenden Umgang mit „Überraschungen im Unterricht“ vorbereitet werden.
Nicht die vorweg determinierende Unterrichtsplanung, sondern die „situative Unterrichtsplanung“ gewinnt deshalb an Bedeutung. In diesem Sinne wendet sich Ulf Mühlhausen gegen den „schulpädagogischen Mythos“ bzw. die „Illusion“, „dass Unterricht durch Vorabplanung und Vorbereitung des Lehrers weitgehend steuerbar sei, wenn sie denn nur gründlich genug erfolge“ (Mühlhausen 1994, S. 26).
Bezogen auf die Lehrerbildung stellt er fest:

In kritischer Abgrenzung gegenüber einer Überschätzung vorausschauender Planung und in Absetzung gegenüber der gegenwärtigen Praxis der Lehrerausbildung gilt es, Lehrer vor der maßlos überhöhten Forderung nach einer vollständigen Festlegung des Unterrichts allein durch vorausschauende Planung zu schützen. Eine Lehrerausbildung, die sich an dieser verengten Sichtweise von Unterrichtsplanung orientiert und das Ausarbeiten von Entwürfen ins Zentrum rückt, kann angehende Lehrer nur unzureichend auf ihre unterrichtlichen Planungsaufgaben vorbereiten und entlässt sie mitunter ziemlich hilflos gegenüber den Überraschungen im Schulalltag. [...]
Abweichungen vom vorab Geplanten werden nicht länger als Betriebsunfälle aufgrund schlechter Planung missverstanden, sondern als genuiner, unvermeidlicher Bestandteil von Unterricht. Die Beschäftigung mit überraschenden Unterrichtssituationen, die Auseinandersetzung mit der gelegentlich ernüchternden Beschreibung und Einschätzung von Unterricht durch die beteiligten Schüler ist m. E. die entscheidende Voraussetzung für eine Förderung und stärkere Verbreitung schülerorientierten Unterrichts. Schülerorientierung verstehe ich dabei nicht eingeschränkt auf bestimmte Unter-

richtskonzepte, wie z. B. Projektunterricht, Freiarbeit oder Wochenplanunterricht, sondern i. S. einer grundlegenden Neugier des Lehrers darauf, was Schüler mit dem (meist von ihm entworfenen) Unterrichtsarrangement machen, wie sie es interpretieren, sich einlassen oder sich gelegentlich auch widersetzen (ebd., S. 27 f.). Zur Herausbildung einer solchen, stärker auf die Lebendigkeit und Unberechenbarkeit von Lernprozessen bezogenen Professionalität müssen sich Pädagoginnen und Pädagogen einen veränderten didaktischen Blick bzw. eine neuartige berufliche Identität und Kompetenz aneignen, die sie zur „produktive(n) Gelassenheit im Umgang mit Selbstorganisation" (Arnold/Müller 1992a, S. 108) in die Lage versetzt: Der veränderte didaktische Blick – man könnte auch sagen: weg von der Erzeugungs-Professionalität, hin zur Ermöglichungs-Professionalität – findet in einer Form der konzentrierten Zurückhaltung des Pädagogen bzw. der Lehrerin in den unterrichtlichen Lern- und Interaktionsprozessen seinen Ausdruck.

(Aus: Rolf Arnold, Ingeborg Schüßler: Wandel der Lernkulturen. Ideen und Bausteine für ein lebendiges Lernen. Wissenschaftliche Buchgesellschaft: Darmstadt 1998, S. 73 ff.)

1 Skizzieren Sie den Gedankengang des Textes.
2 Beurteilen Sie, ob die Einschätzungen der Autoren bez. einer neuen Lernkultur tatsächlich noch zeitgemäß sind. Denken Sie in diesem Zusammenhang auch an die Tendenz zu zentralen Abschlussprüfungen.
3 Erörtern Sie – auf dem Hintergrund eigener Erfahrungen – die Chancen dafür, dass sich Formen entdeckenden Lernens zunehmend durchsetzen.

3.2 Konstruktivismus und Pädagogik – Selbststeuerung und Selbstverantwortlichkeit in Lernprozessen

3.2.1 Worum es geht ... – Das Anliegen

Schon in Bruners Ansatz deutet sich die gegenwärtig vorherrschende Tendenz an, Lernen als aktiven Prozess der Informationsverarbeitung zu betrachten. Vor allem der zunehmende Einfluss des Konstruktivismus führte dazu, dass innerhalb der Lehr-Lernpsychologie eine lebhafte Diskussion über die Gestaltung von Unterricht entbrannte. Das Konzept des radikalen Konstruktivismus stellt dabei eine wissenschafts- bzw. erkenntnistheoretische Grundposition dar, die vor allem auf Ansätzen der (Neo-) Kybernetik, der Systemtheorie sowie der Neurobiologie basiert. [...] Wissen stellt demzufolge auch keine bloße Reflexion einer außerhalb des Menschen existierenden, objektiven „Realität" dar, sondern ein subjektives „Konstrukt", das innerhalb des Individuums durch Erkenntnisprozesse neu geschaffen werden muss. Lernen ist für konstruktivistisch orientierte Wissenschaftler kein rezeptiver Vorgang, bei dem eine objektiv bestimmbare und begrenzte Menge an Fakten und Regeln aus dem Kopf des Lehrenden in den des Lernenden „transportiert" wird, sondern ein kreativer Prozess, der unbedingt die aktive und völlig selbstgesteuerte Beteiligung des Lernenden am und im Lernprozess erfordert [...]. In einer Zeit, in der der Computer – auch in der Schule – immer mehr an Bedeutung gewinnt, werden auch die Stimmen immer lauter, die eigenständiges Lernen fordern und Modelle zur Gestaltung entsprechender Lernumgebungen entwickeln.

(Aus: Tanja Lindemeier, M.A., Universität des Saarlandes, Fachrichtung 6.1: Erziehungswissenschaft, Materialien zum Seminar „Microteaching – Das Lehren lernen" [15/03/99]. Aus: http://ddi.cs.uni-potsdam.de/Lehre/SPS/MaterialMicroteaching.htm#ausubel)

1 Stellen Sie dar, wie „Lernen" nach den Vorstellungen des Konstruktivismus grundsätzlich gesehen wird.
2 Arbeiten Sie mithilfe des folgenden Textes Grundannahmen des Konstruktivismus als Theorie der Wahrnehmung heraus.

3.2.2 Was versteht man unter Konstruktivismus und was ergibt sich daraus pädagogisch?

Stefan Nehrkorn referiert in einem Vortrag vor der Humboldt-Gesellschaft die Grundzüge des Konstruktivismus nach Paul Watzlawick. Paul Watzlawick wurde 1921 in Villach (Österreich) geboren. Der promovierte Philologe und Philosoph hatte Lehraufträge in Venedig, Zürich und San Salvador. Seit 1960 war er am Mental Research Institut in Palo Alto (Kalifornien) und beschäftigte sich hauptsächlich mit Verhaltensforschung und Psychiatrie. – Der Konstruktivismus ist – zunächst – keine Theorie der Pädagogik, sondern beschreibt die Möglichkeiten und Grenzen menschlicher (wissenschaftlicher und alltäglicher) Theoriebildung. Konstruktivisten analysieren, wie im Alltag oder in der Wissenschaft Wirklichkeit beobachtet und dadurch erzeugt wird.

„Die Lage jedes Menschen beim Versuch, Wissen zu erlangen, ist der Situation eines Kapitäns vergleichbar, der in dunkler, stürmischer Nacht – von einer bestimmten Stelle aus – eine Meerenge durchsteuern muss, deren Beschaffenheit er nicht kennt, für die keine Seekarte besteht und die keine Leuchtfeuer oder andere Navigationshilfen besitzt. Er wird entweder scheitern oder jenseits der Meerenge wohlbehalten das sichere, offene Meer erreichen. Läuft er auf eine Klippe auf und verliert Schiff und Leben, so beweist sein Scheitern, dass der von ihm gewählte Kurs nicht der richtige für die Meerenge war. Er hat sozusagen erfahren, wie die Durchfahrt nicht ist. Kommt er dagegen heil durch die Enge, lehrt ihn sein Erfolg nichts über die wahre Beschaffenheit der Meerenge, nichts darüber, wie nahe er der Katastrophe vielleicht war. Sein Kurs passte in die ihm unbekannte Gegebenheit.“

[…]

Die Forschungsmethoden Watzlawicks schließen von den Phänomenen auf allgemeine Theorien. […] Bei Watzlawicks Untersuchungen spielt die Kommunikation eine wesentliche Rolle. *Sprache schafft Wirklichkeit*, und die Grenzen der Sprache sind die Grenzen des einzelnen Weltbildes (Wittgenstein). […]

Viele Erscheinungen sind nicht mit dem klassischen Ursachendenken erfassbar, so z. B. „*sich selbst erfüllende Prophezeiungen*“: Im März 1979 berichteten kalifornische Zeitungen über eine bevorstehende Benzinknappheit. Die Autofahrer stürmten die Tankstellen, 12 Millionen Benzintanks – die sonst zu 75 % leer waren – wurden gefüllt und erschöpften die enormen Kapazitäten. Hier versagt herkömmliches Ursachendenken. Ein zukünftiges Ereignis löst Wirkungen in der Gegenwart aus, die ihrerseits erst das vorausgesagte Ereignis Wirklichkeit werden lassen. […]

Ein weiteres Phänomen ist Interdependenz, hier am *Gefangenendilemma* dargestellt: Zwei Männer sitzen in U-Haft und werden einer Tat verdächtigt. Die gegen die beiden vorgebrachten Indizien reichen aber nicht aus, um sie zu verurteilen. Der Staatsanwalt lässt die beiden vorführen und erklärt, dass er für die Anklage ein Geständnis braucht. Ferner erklärt er ihnen, dass – wenn *beide* die Tat leugnen – sie mit einer kurzen Haftdauer rechnen können. Gestehen beide die Tat ein, so werde er dafür sorgen, dass sie lediglich zwei Jahre Haft bekommen. Legte aber nur einer ein Geständnis ab, wäre er Kronzeuge – straffrei! –, und der andere bekäme 20 Jahre. Man versuche, die Gedankengänge der Häftlinge und mögliche Konsequenzen nachzuvollziehen. Kooperatives Verhalten böte sich für die Gefangenen untereinander an, kann im Fall des Gefangenendilemmas aber auch die Maximalstrafe nach sich ziehen.

Als Kernfrage des Konstruktivismus kann: „*Wie wissen wir, was wir zu wissen glauben?*“ betrachtet werden.

„*Was* wir wissen“ gilt im Allgemeinen für das Ergebnis unserer Erforschung der Wirklichkeit. Von dieser wird angenommen, dass sie gefunden werden kann.

„*Wie* wir wissen“ ist ein schwierigeres Problem. Zur Erforschung muss der Verstand aus sich heraustreten, um den Erkenntnisvorgang „von außen“ zu betrachten (Hirn untersucht Hirn). Das Was und das Wie sind nicht voneinander unabhängig.

Das „glauben“ steht dafür, dass das vermeintlich Gefundene ein Erfundenes ist, dessen Erfinder sich des Aktes seiner Erfindung nicht bewusst ist, sondern sie als etwas von ihm Unabhängiges zu entdecken glaubt.

Versuch: Blinder Fleck
Nimm dieses Blatt in die rechte Hand, schließe das linke Auge und fixiere mit dem rechten Auge das Kreuz. Bewege das Papier dann entlang der Sichtachse vor oder zurück, bis der schwarze Kreis bei einer bestimmten Entfernung – die zwischen 30 und 35 cm beträgt – verschwindet. Sofern Du das Kreuz auch weiter scharf im Auge behältst, bleibt der Kreis auch dann unsichtbar, wenn Du das Blatt in der Sichtebene verschiebst.

Erklärung:
Diese örtliche Blindheit beruht darauf, dass an der Stelle der Netzhaut, an der die Nervenfasern aus der lichtempfindlichen Schicht des Auges zum Sehnerv zusammenlaufen, keine Lichtsinneszellen (Zäpfchen und Stäbchen) vorhanden sind. Wird der schwarze Kreis auf genau diese Stelle projiziert, ist er nicht mehr zu sehen. Man beachte, dass diese örtliche Blindheit nicht durch einen dunklen Fleck im Gesichtsfeld auffällt – einen dunklen Fleck sehen, würde „Sehen“ voraussetzen –, sondern überhaupt nicht wahrnehmbar ist. Erst die „Beobachtung der Beobachtung“ lässt den blinden Fleck erkennen.
Aus der Experimentalpsychologie stehen einige Versuche in erklärendem Zusammenhang mit dem Konstruktivismus. Es handelt sich um die sogenannten *non-contingent reward experiments*, bei denen jegliche Kausalbeziehung zwischen Leistung und Bewertung fehlt, dies aber der Versuchsperson nicht bekannt ist. […]
In seinem reinen, radikalen Sinne ist der Konstruktivismus unvereinbar mit dem traditionellen Denken. Er gilt sogar als kühl und kritisch oder einfach dem „gesunden Menschenverstand“ widersprechend.
Man braucht aber gar nicht sehr tief in das konstruktivistische Denken einzudringen, um sich darüber klar zu werden, dass diese Anschauung unweigerlich dazu führt, den denkenden Menschen und ihn allein für sein Denken, Wissen und Tun verantwortlich zu machen.
Der radikale Konstruktivismus behauptet, dass wir die Operationen, mit denen wir unsere Erlebniswelt zusammenstellen, weitgehend erschließen können und dass uns dann die Bewusstheit des Operierens helfen kann, es anders und vielleicht besser zu machen. […] Der radikale Unterschied zwischen dem Konstruktivismus und der traditionellen Erkenntnislehre liegt in dem Verhältnis zwischen Wissen und Wirklichkeit. Während die traditionelle Auffassung dieses Verhältnis stets als eine mehr oder weniger bildhafte Übereinstimmung betrachtete, sieht der radikale Konstruktivismus es als Anpassung im funktionalen Sinn. Es ist der Unterschied zwischen stimmen und passen.
Ein Schlüssel passt, wenn er das Schloss aufschließt. Das Passen beschreibt die Fähigkeit des Schlüssels, nicht aber das Schloss. Durch Berufseinbrecher ist schließlich bekannt, dass es eine Menge Schlüssel gibt, die zwar anders geformt sind als die rechtmäßigen, aber trotzdem das Schloss öffnen. […]
Unser Wissen ist in allgemeiner Betrachtung brauchbar, relevant und lebensfähig, wenn es der Erfahrungswelt standhält und uns befähigt, Vorhersagen zu machen und Situationen zu bewerkstelligen. Das heißt aber nicht, dass wir nun wissen, wie die objektive Welt beschaffen ist, sondern dass wir einen gangbaren Weg zu einem Ziel kennen.
Gibt man auf die Frage „*Was ist Wissen?*“ die Antwort „*Was ich erblicke, muss ein Abbild der Wirklichkeit sein*“, ergibt sich in der Erkenntnistheorie ein unvermeidliches wie unauflösbares Dilemma: Wenn Erkenntnis ein Abbild der Welt an sich sein soll, dann brauchen wir ein Kriterium, mit dem wir beurteilen können, wann unser Abbild richtig oder falsch ist.
Ein Apfel z. B. erscheint uns glatt, duftend, süß und gelb. Wie wollen wir entscheiden, dass er nicht noch andere Eigenschaften hat, die unseren Sinnen verborgen sind? Diese Frage ist nicht zu beantworten, da wir Wahrnehmungen

nur mit anderen Wahrnehmungen vergleichen können und den Apfel niemals erkennen, bevor wir ihn wahrnehmen. [...]
Sobald Erkenntnis nicht mehr als bildhafte Übereinstimmung mit der objektiven Wirklichkeit verstanden wird – sondern als *Suche nach passenden Verhaltensweisen und Denkarten* –, verschwindet für Konstruktivisten ein traditionelles Problem der Philosophie, nämlich die Suche nach absoluter, objektiver Realität.
Die Möglichkeit, eine Ordnung im formlosen Fluss des Erlebens zu konstruieren, wird stets durch vorhergehende Schritte der Konstruktion bestimmt. Das heißt, dass sich die wirkliche *Welt immer dort offenbart, wo unsere Konstruktionen scheitern*. Da wir das Scheitern aber immer nur mit den Begriffen beschreiben können, die wir zum Bau der gescheiterten Strukturen verwendet haben, kann es uns niemals ein Bild der Wirklichkeit vermitteln. Wer das verstanden hat, wird es als selbstverständlich betrachten, dass der radikale Konstruktivismus nicht als Abbild einer absoluten Wirklichkeit betrachtet werden darf, sondern als ein mögliches Modell der Erkenntnis in denkenden Lebewesen. Nach Meinung Heinz von Foersters leiten sich aus dem Konstruktivismus zwei Imperative ab: *Willst du erkennen, lerne zu handeln* (ästhetischer Imperativ) und *Handle stets so, dass weitere Möglichkeiten entstehen* (ethischer Imperativ).
Das Prinzip der „Wirklichkeitsforschung" ist die Verantwortlichkeit für die eigene und die Toleranz gegenüber den Konstruktionen anderer.
(Stefan Nehrkorn. In: http://www.humboldtgesellschaft.de/inhalt.php?name=konstruktivismus [14. 07. 2007])

1 Skizzieren Sie die Grundzüge der „Wirklichkeitsforschung" nach Watzlawick.
2 Ziehen Sie aus den Überlegungen zum Konstruktivismus Konsequenzen in Hinblick auf pädagogisches Handeln. Berücksichtigen Sie dabei auch die folgenden Ausführungen von Horst Siebert in pädagogischer Absicht.

Wenn von Wirklichkeitskonstruktion in pädagogischer Absicht die Rede ist, so lassen sich mehrere Phasen und Formen der subjektiven Welterzeugung unterscheiden:

- **Konstruktion:** Aufbau von Wissensnetzen, aber auch von komplexen „Fühl-Denk-Verhaltensprogrammen" (Ciompi 2003, 62), die unsere Lebenswelt ausmachen, die eine mentale Orientierung und viables Handeln ermöglichen. Konstruktion ist nicht nur gedeutete, sondern erzeugte Wirklichkeit.
- **Rekonstruktion:** Wissensnetze werden aufgebaut, indem wissenschaftliche, fachliche Wissensbestände selbstständig und eigenwillig angeeignet, transformiert, in bestehende kognitive Strukturen integriert, mit dem individuellen Erfahrungswissen verschmolzen werden. Das Rekonstruktionskonzept unterscheidet sich prinzipiell von einer Fachdidaktik, die fachliches Wissen von A (Sender) nach B (Empfänger) zu transportieren versucht. Rekonstruktion von Wissen findet im Spannungsfeld von Sachlogik, Psychologik und Verwendungslogik statt.
- **Dekonstruktion:** Vielfach müssen überholte, disfunktionale, nicht viable Konstrukte – z. B. unzulässige Verallgemeinerungen, Fremdbilder, Stereotype – dekonstruiert, d. h. relativiert, problematisiert, differenziert werden (vgl. Reich, 141). Solche Dekonstruktionen sind z. B. in der interkulturellen Pädagogik und der Geschlechterbildung häufig.
- **Ko-Konstruktion:** Wir konstruieren unsere gesellschaftliche Wirklichkeit gemeinsam mit anderen und auch in der Auseinandersetzung mit anderen. Die mentale Erzeugung von Lebenswelten ist ein kommunikativer, interaktiver Prozess, in dem nicht zuletzt durch Differenzerfahrungen und Perspektivenwechsel gelernt wird.
- **Selbst-Konstruktion:** Auch das Selbst, die Ich-Identität ist ein Konstruktionsprozess. Wir konstruieren unser Selbst, indem wir unsere Vergesellschaftung reflexiv verarbeiten. Selbst-Konstruktion ist zu einer lebenslangen Lernaufgabe geworden. Zur Selbstkonstruktion gehört die Vergewisserung der eigenen Möglichkeiten und Grenzen, der Deutungsmuster und Affektlogiken (Ciom-

pi), der personalen und sozialen Verantwortung.

- **Aktion:** Wir konstruieren unsere Lebenswelt nicht nur mental, sondern wir gestalten sie auch durch unser „Dasein“, durch unser Handeln, durch unsere Versäumnisse. Der Konstruktivismus trennt nicht zwischen Erkenntnistheorie und Handlungstheorie: Erkennen (z. B. sensorische Wahrnehmung) ist Handeln – und handelnd erkennen wir.“

(Aus: Horst Siebert: Konstruktivismus – eine Wende der Wahrnehmung. In: http://www.jsse.org/2004-2/sozialkonstruktivismus_siebert.htm – [01. 08. 2009])

3 Interpretieren und beurteilen Sie das folgende Zitat von Horst Siebert:

Der Konstruktivismus legt es nahe, den Konstruktionsmethoden in der Bildungsarbeit mehr Aufmerksamkeit zu widmen – im Vergleich zu den vorherrschenden Instruktionsmethoden. Allerdings lässt sich aus einer Erkenntnistheorie nicht ein methodischer „Königsweg“ der Bildungsarbeit ableiten. Der systemisch-konstruktivistische Diskurs regt eine Reflexion des pädagogischen Selbstverständnisses an. Die Wissensvermittlungsfunktion der Lehrenden wird relativiert zugunsten der Gestaltung von Lernsituation, der Moderation von Lerngruppen, der Beratung von Lernenden und lernenden Organisationen. Die Aneignung von metakognitiven Lerntechniken und reflexiven Lern- und Denkstrategien gewinnt an Bedeutung gegenüber einer Stoffvermittlung (vgl. Siebert 1999, 2003).
Der Konstruktivismus kann dazu anregen, den eigenen pädagogischen „Habitus“, die Haltung sich selbst und der Gesellschaft gegenüber neu zu bedenken.

(Aus: Horst Siebert: Konstruktivismus – eine Wende der Wahrnehmung. In: http://www.jsse.org/2004-2/sozialkonstruktivismus_siebert.htm– [01. 08. 2009])

3.3 Wie kann noch effektiver gelernt werden? – Ein Baustein zum Lernmanagement durch Lerntypenbestimmung

Um zu erfahren, welcher Lerntyp man ist, zuerst einmal die Fragen durchgehen. Durchzählen, alle mit Ja beantworteten Fragen zeigen die stärksten Lerntypen an.

Ich kann Referate/Präsentationen gut wiedergeben.	☐ Ja	☐ Nein	Auditiver Lerntyp
Ich höre gerne Hörbücher etc.	☐ Ja	☐ Nein	
Ich erinnere Melodien gut.	☐ Ja	☐ Nein	
Ich lerne z. B. Vokabeln am besten laut.	☐ Ja	☐ Nein	
Ich bewege mich oder laufe beim Lernen.	☐ Ja	☐ Nein	Haptisch-Motorischer Lerntyp
Ich experimentiere gerne.	☐ Ja	☐ Nein	
Ich kaue Kaugummi oder esse beim Lernen.	☐ Ja	☐ Nein	
Ich kann Baupläne gut lesen und umsetzen.	☐ Ja	☐ Nein	
Ich rede gerne und viel.	☐ Ja	☐ Nein	Kommunikativer Lerntyp
Ich behalte Infos in Gesprächen gut.	☐ Ja	☐ Nein	
Ich stelle Fragen zum Stoff.	☐ Ja	☐ Nein	
Ich lerne gerne mit anderen, in einer Lerngruppe.	☐ Ja	☐ Nein	
Ich behalte Bilder, Skizzen, Tabellen gut.	☐ Ja	☐ Nein	Visueller Lerntyp
Ich träume farbig und detailreich.	☐ Ja	☐ Nein	
Ich lese gerne und kann Gelesenes gut wiedergeben.	☐ Ja	☐ Nein	
Ich mache mir viele Notizen beim Lernen.	☐ Ja	☐ Nein	

(Tests für Kinder, lernfoerderung.de)

Die Lerntypen fördern

Auditiver Lerntyp
Gehörtes wird leicht aufgenommen, behalten und wiedergegeben. „Selbstgespräche" gehören bei diesen Lernern zum Lernalltag. Ablenkende Geräuschquellen sollten vermieden werden. Beim Lernen kann ein Diktiergerät hilfreich sein. *Beispiel:* Die eigenen „Referate" auf dem Weg zur Uni und zurück hören.

Haptisch-motorischer Lerntyp
Diese Lerner brauchen die Aktion, Bewegung, Handlung im Lernprozess. In Form von Experimenten und Nachbauten prägen sich diesem Lerntyp Informationen am besten ein. *Beispiel:* Modelle verschiedener Brücken-Konstruktionen entwickeln.

Kommunikativer Lerntyp
Für diesen Lerntyp steht der Austausch mit anderen im Vordergrund. Diskussion und Interaktion beleben den Lernvorgang. Zur Not auch im fiktiven Rollenspiel. *Beispiel:* Ein Streitgespräch zwischen Politikern des Kalten Krieges ausdenken.

Visueller Lerntyp
Betrachten und Beobachten bringen diesem Lerntyp Erfolg. (Selbsterstellte) Mindmaps, Photos, Schaubilder, Tabellen, Zeichnungen helfen diesem Lerner am meisten. Als Medium eignen sich sowohl kleine Karteikarten als auch die große Pinnwand. *Beispiel:* Farbige Skizzen zu komplexen Themen wie Erbfolgen erarbeiten.

(Aus: http://www.pruefungsamt.de/pruefungsvorbereitungen_lerntyp.php– [01. 08. 2009])

1 Bestimmen Sie Ihren Lerntyp nach dem vorliegenden Modell.
2 Entwickeln Sie einen Handlungsplan zum Lernen, der Ihrem Lerntyp entspricht.
3 Erproben Sie an einen selbst gewählten Lerngegenstand Ihren Handlungsplan.
4 Entwerfen Sie pädagogische Kriterien, nach denen Sie entscheiden können, ob der „Lernerfolg" verbessert wurde, und evaluieren Sie Ihr Lernverhalten.

3.4 Pädagogische Förderung von Lernprozessen – Mögliche Schlussfolgerungen auf dem Hintergrund von Behaviorismus, Kognitivismus und Konstruktivismus

Die Autorinnen Christine Schwarzer und Petra Buchwald sind Erziehungswissenschaftlerinnen an der Heinrich-Heine-Universität in Düsseldorf. Sie untersuchen die gängigen Lerntheorien in Hinblick auf ihre pädagogische Relevanz. Dabei geht es ihnen darum aufzuzeigen, wie eine pädagogische Förderung von Lernprozessen ermöglicht werden kann.

Die zugrunde liegende Auffassung von der Natur des Lernens verlangt eine jeweils andere Gestaltung der Lernsituation. Nach behavioristischer Auffassung wird erfolgreiches Lernen gefördert, wenn neue Wissensinhalte oder Verhaltensweisen aktiv geübt werden. Es sollte möglichst fehlerfrei gelernt werden können, sodass in kleinen Lerneinheiten nur Richtiges enthalten ist, das zielstrebig und ausschließlich geübt wird. Nach dem Prinzip der unmittelbaren Rückmeldung greift der Lehrer bei Fehlern sofort ein und fordert zur Wiederholung auf (Ewert/Thomas 1990).

Nach kognitivistischen Lerntheorien ist Dazulernen und Umlernen besonders gut möglich, wenn die kognitiven Verarbeitungsprozesse optimal genutzt werden. Lernen ist aktiv, insofern, als dass Informationen aktiv verarbeitet werden. Bei der Lösung besonders schwieriger Probleme kommt es zu einer tieferen Informationsverarbeitung, die sogar eine völlige Veränderung des Weltbildes nach sich ziehen kann.

Lernen baut auf Vorwissen auf, das mitbestimmt, was gelernt wird und wie die nachfolgenden Informationen in das Vorwissen integriert werden (Ausubel 1974). Neue Informationen werden elaboriert und zu bereits vorhandenen Informationen in Beziehung gesetzt, um so das Neue besser zu verstehen. Zu den Elaborationsstrategien zählen neben der Aktivierung des Vorwissens z. B. das Fragenstellen, das Generieren von Vorstellungsbildern, das Aufstellen von Vermutungen und das Ziehen von Schlussfolgerungen. Beim Elaborieren steht das Anreichern der Information im Zentrum, wohingegen beim Organisieren der neuen Informationen die Informationsfülle geordnet wird, um sie zu reduzieren und den Abruf von Informationen über Strukturen zu lenken. Beispiele sind das Zusammenfassen von Texten oder das Erstellen von „Mindmaps". Da kognitivistische Lerntheorien davon ausgehen, dass Wissen unabhängig vom Lernenden existiert, ist es objektiv definierbar und muss für die Vermittlung optimal strukturiert werden (Ubben 2003). Dementsprechend folgt man bei der Förderung von Lernprozessen dem Paradigma der Instruktion. Lerninhalte werden dabei so aufbereitet, dass sie optimal in die bereits vorhandenen Vorkenntnisse integriert werden können. Der Lernende ist dabei Rezipient. Als unerwünschte – aber verbreitete – Nebenwirkung dieser Art des Lernens entsteht sogenanntes „träges Wissen", das auf lebensnahe Kontexte kaum übertragbar ist und wenig lebenspraktische Relevanz hat.

Geht man, wie im Konstruktivismus, von einer dem Menschen nicht direkt zugänglichen Welt aus, resultieren für das Lernen völlig andere Folgerungen. Man folgt dann eher einem Problemlöse-Paradigma, bei dem Lernende eine aktive und Lehrende eine stützende Rolle einnehmen. Nach konstruktivistischer Auffassung ist Lernen eine Eigenleistung des Lerners. Möglichkeiten des Transfers durch den Lehrer stehen nicht im Vordergrund. Eine Lehrperson kann Wissen nicht auf direktem Wege vermitteln, sondern z. B. in Form von Fallstudien oder Problemstellungen zur Verfügung stellen, da jeder Mensch die Welt auf andere Weise betrachtet und Wissen immer selber konstruiert. Wissen wird optimal im Kontext komplexer, möglichst realitätsnaher Problemstellungen aufgenommen, die es ermöglichen, Neues aus verschiedenen Perspektiven zu betrachten. Sprechen und Nachdenken über Problemstellungen fördern die selbstständige Konstruktion des Gelernten. Geschieht dies im sozialen Austausch,wird die Übereinstimmung von Lerninhalten in Sinne einer intersubjektiven Weltanschauung gesichert und eigene Ansichten werden überdacht.

(Aus: Christine Schwarzer, Petra Buchwald: Umlernen und Dazulernen. In: Michael Göhlich, Christoph Wulf, Jörg Zirfas [Hrsg.]: Pädagogische Theorien des Lernens. Beltz Verlag: Weinheim und Basel 2007, S. 219–220)

1 Fassen Sie den pädagogischen Ertrag der Beschäftigung mit den drei Richtungen der Lernforschung zusammen.

2 Beziehen Sie Stellung, welche der Richtungen der pädagogischen Perspektive am nächsten kommt. Belegen Sie Ihre Auffassung anhand von Beispielen.

Blick in ein Lehrerzimmer nach dem Unterricht
(Foto: Georg Bubolz, Erkelenz)

3.5 „Lehrer – Doch, er ist wichtig!“ – Was Lernen auch ausmacht …

Die Studie von John Hattie regt zum Nachdenken über einen entscheidenden Faktor bei Lernprozessen an: den Lehrer/die Lehrerin. Michael Felten referiert.

Was macht einen guten Lehrer aus? Eine Frage, die solche, die den Beruf ergreifen möchten, Lehramtsstudenten also, oft mit einer Gemengelage aus pädagogischer Vorsicht und technischer Faszination beantworten: „Kindern auf Augenhöhe begegnen“ oder aber „mit interessanten Medien arbeiten“, heißt es dann vage. Stellt man dieselbe Frage amtierenden Lehrern, dann lautet die Antwort zunächst: „Hängt vom jeweiligen Kultusminister ab.“ Geht es um ihr eigenes Handeln, wirkt die Zunft seltsam gespalten. „Meistens Frontalunterricht“, heißt es verschämt hier, „viel selbstständiges Lernen, möglichst offener Unterricht“, tönt es beinahe euphorisch da – das Traditionelle wirkt unterlegen, die Moderne scheint auf dem Vormarsch. Allerdings wird das Freie und Offene im real existierenden Alltag schnell zur Farce – statt

Klassengespräch werden Arbeitsblätter aufgetürmt, statt Lehrer-Schüler-Beziehung dominiert Papiersteuerung. Referendare können in Prüfungsstunden meist dann mit einem Prädikatsexamen rechnen, wenn sie sich in ihrer Lehrerrolle eher zurückhalten. Und auch das Ergebnis von Schulinspektionen fällt dann ungünstig aus, wenn der Lehrer zu viel Aktion zeigt. Selbst wenn die Leistungsergebnisse der Schule gut sind.

Dabei hat dieser „Triumph des Selbst“ seinen Zenit längst überschritten. Die Schulleistungsbefunde anderer Länder sprechen eine ganz andere Sprache. Japan zum Beispiel: Seine „Paukschüler“ sind deutschen Schülern keineswegs nur im Reproduzieren weit voraus. Ihre Lehrer verfügen über eine differenzierte Choreografie der Lernprozesssteuerung. Ebenso Finnland: Viele Beobachter ließen sich vom Gesamtschulsystem hypnotisieren und übersahen – neben der hohen Förderqualität – den vorherrschenden Frontalunterricht.

Hierzulande fiel es leicht, solche Evidenzen einfach auszublenden. Die Bildungsdebatte war viele Jahre eine ideologische, die auch ohne empirische Bildungsforschung auskam. Dabei resümierte der Gründungsrektor des Max-Planck-Instituts für psychologische Forschung in München, Franz E. Weinert, schon vor zehn Jahren: Nicht eine Unterrichtsform sei besonders lernwirksam, sondern viele – all diejenigen nämlich, die „ein hohes Maß an themenbezogener Schüleraktivität mit einem hohen Maß an schülerorientierter Lehrersteuerung verbinden“. Auch im Klassenzimmer führen also viele Wege nach Rom – wenngleich keineswegs alle.

Dieser recht unspektakulär daherkommende Befund – kein Wort von Spaß, keinerlei Betonung von Selbstbestimmung – leitete eine empirische Wende in der Bildungsdebatte ein: Hilbert Meyer, eine Art Papst der Lehrerausbildung, gab 2004 in seinem Buch *Was ist guter Unterricht?* öffentlich zu, sich geirrt zu haben. Seine langjährige Meinung, dass ein hoher Anteil an Selbstregulation der Schüler dem traditionellen Unterricht weit überlegen sei, könne er nicht aufrechterhalten. Mit unterschwelligem Zähneknirschen wurde lehrergesteuerten Arbeitsformen nun eine gewisse Gleichwertigkeit zuerkannt.

Indes erwiesen sich die Fanatiker des Offenen als zäh und gut vernetzt, an den Hochschulen ebenso wie in den Lehrerseminaren und Kultusbehörden. Zumal empirische Bildungsforschung vielfach skeptisch beäugt wird. Was lässt sich nicht alles „beweisen“, wenn man nur geeignet zählt und auswertet! Metaanalysen dagegen, Studien also, die die Ergebnisse vieler Einzeluntersuchungen bündeln und gewichten, lassen sich nicht ohne Weiteres von der Hand weisen. Dem hessischen Amt für Lehrerfortbildung ist deshalb zu danken, dass es die Pädagogen hierzulande von einer neuen Metastudie in Kenntnis gesetzt hat: Visible Learning lautet ihr Titel, verfasst von John Hattie, einem neuseeländischen Bildungsforscher. Rund 800 internationale Metastudien hat er ausgewertet, sie beziehen sich auf rund 50 000 Einzelstudien. 138 Einflussfaktoren für den Lernerfolg hat Hattie darin ausgemacht. Aber anstatt sich in der Unübersichtlichkeit zu verheddern, stellt er die entscheidenden Fragen: Was wirkt nachhaltig, besitzt also eine besonders hohe Effektstärke – „What works best?“

Hatties Befunde belegen den absoluten Vorrang personaler vor strukturellen Einflussfaktoren. Nicht auf Schulorganisation oder Schulpolitik, sondern auf die Lehrer kommt es an („the teacher matters“)! Aber nicht der geborene Lehrer als Ausnahmetalent ist gemeint, sondern sein erlernbares Handeln („What teachers do matters“). Und dann folgt eine Liste wirkungsmächtiger Faktoren, die sich wie eine Rehabilitierung, aber auch Psychologisierung des Pädagogischen liest: strukturierte, klare und störungspräventive Unterrichtsführung; zugewandtes, ermutigendes, fehlerfreundliches und unterstützendes Lernklima; eine breite Palette an aktivierenden Lehr- und Lernstrategien; evaluative Vorgehensweisen, also das Einholen möglichst vielfältiger Informationen über Vorwissen, Arbeitsprozesse und Lernerträge der Schüler; schließlich fachliche Materialien und Programme zur spezifischen Unterstützung leistungsschwächerer Schüler.

Eigentlich ein Paukenschlag: vier Jahrzehnte Schulsystemdebatte umsonst, Regalkilometer an didaktischen Beschwörungen des Offenen und Autonomen überflüssig! Welch veritables Stück Bildungsgerechtigkeit hätte sich in der Zeit und mit dem Papier schaffen lassen! Denn „nahezu alles, was die moderne Schulpädagogik für fortschrittlich hält" – so warnt der Göttinger Erziehungswissenschaftler Hermann Giesecke schon seit Langem –, „benachteiligt die Kinder aus bildungsfernem Milieu".

Auf das Handeln der Lehrer kommt es also an – auf die richtige Einstellung und auf viel Kleinarbeit: dass sie das Vorwissen für neue Lernschritte bei ihren Schülern nicht einfach voraussetzen (Startillusion), sondern sorgfältig in Erfahrung bringen – und rechtzeitig und fantasievoll aktivieren. Dass sie nicht der gemütlichen These anhängen, Kinder wüssten selbst am besten, was gut für sie ist (Autonomieillusion), sondern deren entwicklungspsychologischem Bedürfnis nach Anleitung, Erklärung und Orientierung nachkommen. Dass sie sich nicht mit zwei, drei bestätigenden Schülerantworten zufriedengeben (Verständnisillusion), sondern eine Palette an Verstehens-, Trainings- und Überprüfungsaktivitäten organisieren.

Die Befunde [...] wirken wie ein Gegenstück zur gängigen Reformeuphorie – sie sprechen für die Verfeinerung von Bewährtem: Der gute Lehrer als leidenschaftlicher Erzieher und Erklärer, der seine Schüler ernst nimmt – er vermag ihre Perspektive als Lernende einzunehmen, und er verdeutlicht ihnen die seinige als Unterrichtender. Die Hattie-Studie ist beileibe kein Freibrief für monotonen Lehrervortrag – aber eine Absage an jede Selbstlernidyllik.

(Aus: Michael Felten, LEHRER: Doch, er ist wichtig! Wie gut Kinder lernen, hängt vom Können ihrer Lehrer ab. Der Umbau von Schulstrukturen ist zweitrangig. DIE ZEIT, 3. 11. 2011 Nr. 45, aus: http://www.zeit.de/2011/45/C-Lehrer-Studie/komplettansicht – [01. 04. 2013])

1 Geben Sie die Grundgedanken der Hattie-Studie wieder.

2 Beurteilen Sie den folgenden Leserbrief.

„Wie gut Kinder lernen, hängt vom Können ihrer Lehrer ab. Der Umbau von Schulstrukturen ist zweitrangig."

Das Können der Lehrer ist jedoch direkt abhängig von den Schulstrukturen. Die Strukturen beeinflussen, wer sich für den Lehrerberuf entscheidet, wer genommen wird und wer dabei bleibt. Die Strukturen entscheiden, wie sich Lehrer entwickeln, welche Chancen sie haben, ob sie motiviert bleiben, sich weiterentwickeln können.

Determinanten sind z. B. die Hierarchiestrukturen. Können motivierte Lehrer mit neuen Ideen von älteren einfach abgekanzelt werden? Entscheiden sie mit, wie die Schule geführt wird? Andere strukturelle Faktoren sind Entlohnung und Status. Noch muss man sich entscheiden, ob man lehren (an Schule oder Uni) oder ob man etwas verdienen will.

Wie sieht es aus mit Personalentwicklung und psychologischer Unterstützung? Gerade auch bezüglich Burnout?

Kurzum: Der Lehrer mag das Wichtigste sein, aber die Schulstruktur setzt den Rahmen, in dem er oder sie sich entfalten kann. Die Struktur setzt das Maximum und ohne sie zu verbessern können Lehrer auch nur schwer mehr leisten. Dies zu verkennen bedeutet, strukturelle Probleme Individuen anzulasten. Denn wenn der Lehrer das Wichtigste ist, dann ist er auch primär Schuld an allem, das schief läuft.

(aus: http://www.zeit.de/2011/45/C-Lehrer-Studie/komplettansicht – [01. 04. 2013])

3 Erörtern Sie mögliche pädagogische Konsequenzen.

Blick in einen Klassenraum derselben Schule
(Foto: Georg Bubolz, Erkelenz)

3.6 Inklusion

3.6.1 Hinführung: „Wunder“ – Aus einem Roman von Raquel J. Palacio

„Sieh mich ~~nicht~~ an!“ – Schaufensterdekoration zum genannten Buchtitel „Wunder“
(Foto: Georg Bubolz, Erkelenz)

Ich weiß, dass ich kein normales zehnjähriges Kind bin. Ich meine, klar, ich mache normale Sachen. Ich esse Eis. Ich fahre Fahrrad. Ich spiele Ball. Ich habe eine Xbox. Solche Sachen machen mich normal. Nehme ich an. Und ich fühl mich normal. Innerlich. Aber ich weiß, dass normale Kinder nicht andere normale Kinder dazu bringen, schreiend vom Spielplatz wegzulaufen. Ich weiß, normale Kinder werden nicht angestarrt, egal, wo sie hingehen.

Wenn ich eine Wunderlampe finden würde und einen Wunsch frei hätte, würde ich mir wünschen, ein normales Gesicht zu haben, das nie jemandem auffallen würde. Ich würde mir wünschen, dass ich die Straße entlanggehen könnte, ohne dass die Leute diese Sache machen, sobald sie mich sehen, dieses Ganz-schnell-woanders-Hinschauen. Ich glaube, es ist so: Der einzige Grund dafür, dass ich nicht normal bin, ist der, dass mich niemand so sieht.

Aber inzwischen bin ich es irgendwie schon gewohnt, dass ich so aussehe. Ich kann so tun, als würde ich nicht merken, was die Leute für Gesichter machen. Wir sind alle schon ganz gut darin: ich und Mom und Dad und Via. Nein, ich nehm das zurück: Via ist nicht so gut darin. Sie kann echt sauer werden, wenn die Leute gemein sind. Einmal auf dem Spielplatz zum Beispiel, da haben einige ältere Kinder so Geräusche gemacht. Ich weiß nicht mal, was genau das für Geräusche sein sollten, weil ich sie gar nicht selber gehört habe, aber Via hat sie gehört, und sie hat gleich angefangen, die Kinder anzubrüllen. So ist sie eben. Ich bin nicht so.

Für Via bin ich nicht normal. Sie behauptet es, aber wenn ich normal wäre, hätte sie nicht so sehr das Gefühl, mich beschützen zu müssen. Und auch Mom und Dad halten mich nicht für normal. Sie halten mich für etwas ganz Besonderes. Ich glaube, der einzige Mensch auf der Welt, der merkt, wie normal ich wirklich bin, bin ich.

Ich heiße übrigens August. Ich werde nicht beschreiben, wie ich aussehe. Was immer ihr euch vorstellt – es ist schlimmer.

[…]

Nächste Woche komme ich in die fünfte Klasse. Da ich noch nie auf eine richtige Schule gegangen bin, stehe ich total und komplett neben mir. Die Leute glauben, ich wäre nie zur Schule gegangen, weil ich so aussehe, aber das ist es nicht. Es liegt an all den Operationen, die ich gehabt habe. Siebenundzwanzig seit meiner Geburt. Die größeren wurden durchgeführt, bevor ich vier war, an die kann ich mich nicht mehr erinnern. Aber seitdem hatte ich jedes Jahr etwa zwei oder drei (größere und weniger große), und weil ich klein bin für mein Alter und die Medizin auch vor einige Rätsel stelle, die die Ärzte einfach nicht lösen können, war ich oft krank. Deshalb hatten meine Eltern entschieden, dass es besser wäre, wenn ich nicht zur Schule gehen würde. Jetzt bin ich aber viel kräftiger. Meine letzte Operation liegt schon acht Monate zurück, und wahrscheinlich wird auch in den nächsten paar Jahren keine weitere nötig sein.

Mom unterrichtet mich zu Hause. Sie war früher Kinderbuchillustratorin. Sie zeichnet echt tolle Feen und Meerjungfrauen. Ihr Jungskram ist allerdings nicht ganz so cool. Sie hat mal versucht, einen Darth Vader für mich zu zeichnen, aber der sah am Ende eher aus wie ein komischer Roboter in Pilzform. Ich hab sie schon sehr lange nicht mehr zeichnen sehen. Ich glaube, sie hat einfach zu viel damit zu tun, sich um mich und Via zu kümmern.

Ich kann nicht behaupten, dass ich schon immer zur Schule gehen wollte, denn das wäre nicht ganz wahr. Ich wäre gern zur Schule gegangen, aber nur wenn ich wie jedes andere Kind gewesen wäre, das zur Schule geht. Viele Freunde haben und nach der Schule zusammen abhängen und so.

Ich habe jetzt ein paar echt gute Freunde. Christopher ist mein bester Freund, und dann kommen Zachary und Alex. Wir kennen uns schon, seit wir Babys waren. Und weil sie mich schon immer so kennen, wie ich bin, sind sie an mich gewöhnt. Als wir klein waren, haben wir ständig zusammen gespielt, aber dann ist Christopher nach Bridgeport in Connecticut gezogen. Das ist mehr als eine Stunde entfernt von North River Heights, der äußersten Spitze von Manhattan, wo ich lebe. Und Zachary und Alex gehen jetzt zur Schule. Es ist komisch:

Obwohl Christopher der ist, der weggezogen ist, sehe ich ihn häufiger als Zachary und Alex. Die haben jetzt diese ganzen neuen Freunde. Wenn wir uns auf der Straße über den Weg laufen, sind sie aber immer noch nett zu mir. Sie sagen immer Hallo.

Ich hab auch noch andere Freunde, aber nicht so gute wie Christopher und Zack und Alex früher. Zack und Alex haben mich zum Beispiel immer zu ihren Geburtstagspartys eingeladen, als wir klein waren, aber Joel und Eamonn und Gabe haben das noch nie gemacht. Emma hat mich mal eingeladen, aber die hab ich schon lange nicht mehr gesehen. Und natürlich gehe ich immer zu Christophers Geburtstagen. Vielleicht mache ich auch einfach zu viel Wind um Geburtstagspartys.

[…]

Es war eine lange Heimfahrt. Ich schlief auf dem Rücksitz ein wie immer, den Kopf auf Vias Schoß, als wäre sie mein Kissen, und mit einem Handtuch um den Gurt, damit ich sie nicht vollsabberte. Auch Via schlief ein, und Mom und Dad unterhielten sich leise über Erwachsenenkram, der mich nicht interessierte.

Ich weiß nicht, wie lang ich geschlafen hatte, aber als ich aufwachte, schien der Vollmond draußen vor dem Autofenster. Der Nachthimmel sah lila aus, und wir fuhren über einen Highway voller Autos. Und dann hörte ich, wie Mom und Dad über mich sprachen.

„Wir können ihn nicht weiter abschirmen“, flüsterte Mom Dad zu, der den Wagen fuhr. „Wir können nicht so tun, als würde er morgen aufwachen und das alles wäre nicht mehr die Realität, denn das wird nicht passieren, Nate. Wir müssen ihm helfen, dass er lernt, damit umzugehen. Wir können nicht weiterhin alle Situationen vermeiden, die … “

„Aber ihn zur Middle School zu schicken wie das Lamm zur Schlachtbank … “, antwortete Dad wütend, doch er beendete den Satz nicht, weil er im Rückspiegel sah, wie ich aufschaute.

„Was meinst du mit Schlachtbank?“, fragte ich schläfrig.

„Schlaf weiter, Auggie“, sagte Dad sanft.

„In der Schule werden mich alle anstarren“, sagte ich und fing plötzlich an zu weinen.

„Schatz“, sagte Mom. Sie drehte sich um und legte ihre Hand auf meine Hand. „Du weißt, wenn du das nicht tun willst, musst du es auch nicht. Aber wir haben mit dem Schulleiter gesprochen und ihm von dir erzählt, und er möchte dich wirklich gerne kennenlernen.“

„Was habt ihr ihm von mir erzählt?“

„Wie witzig du bist, und wie freundlich und klug. Als ich ihm gesagt habe, dass du schon mit sechs Drachenreiter gelesen hast, hat er nur gesagt: Wow, den Jungen muss ich kennenlernen.“

„Hast du ihm sonst noch was erzählt?“, fragte ich.

Mom lächelte mich an. Ihr Lächeln kam mir irgendwie wie eine Umarmung vor.

„Ich hab ihm von all deinen Operationen erzählt und davon, wie tapfer du bist“, sagte sie.

„Also weiß er, wie ich aussehe?“, fragte ich.

„Tja, wir hatten Fotos vom letzten Sommer in Montauk dabei“, sagte Dad. „Wir haben ihm Fotos von der ganzen Familie gezeigt. Auch den tollen Schnappschuss, wo du die Flunder im Boot hochhältst.“

„Du warst auch dabei?“ Ich muss zugeben, ich war ein wenig enttäuscht, dass er bei alldem mitgemacht hatte.

„Wir haben beide mit ihm gesprochen, ja“, sagte Dad. „Er ist ein wirklich netter Mann.“

„Du würdest ihn mögen“, fügte Mom hinzu.

Plötzlich fühlte es sich an, als stünden sie auf derselben Seite.

„Wartet mal, wann habt ihr euch denn mit ihm getroffen?“, fragte ich.

„Er hat uns letztes Jahr durch die Schule geführt“, sagte Mom.

„Letztes Jahr?“, wiederholte ich. „Ihr denkt seit einem Jahr darüber nach und habt mir nichts davon gesagt?“

„Wir wussten gar nicht, ob du überhaupt zugelassen würdest, Auggie“, antwortete Mom. „Es ist nicht leicht, auf diese Schule zu kommen. Man muss einen kompletten Aufnahmeprozess durchlaufen. Ich sah keinen Sinn darin, dass ich dir davon erzähle und du dich womöglich ganz umsonst verrückt machst.“

„Aber du hast recht, Auggie. Wir hätten es dir sagen sollen, als wir letzten Monat erfuhren, dass du zugelassen wurdest“, sagte Dad.

„Im Nachhinein betrachtet", seufzte Mom, „stimmt das, nehme ich an."
„Hatte die Frau, die damals zu uns nach Hause kam, irgendwas damit zu tun?", fragte ich. „Die, die mit mir diesen Test gemacht hat? "
„Ja, schon ", sagte Mom und sah schuldbewusst aus. „Ja."
„Ihr habt mir gesagt, es wäre ein IQ-Test ", sagte ich.
„Ich weiß. Na ja, das war eine Notlüge", erwiderte sie. „Es war ein Test, den du für die Schule machen musstest. Ganz nebenbei – du hast sehr gut abgeschnitten."
„Also habt ihr mich angelogen", sagte ich.
„Eine Notlüge. Aber, ja, stimmt. Tut mir leid", sagte sie und versuchte zu lächeln, aber als ich nicht zurücklächelte, drehte sie sich um und schaute wieder nach vorn.
„Was hast du gemeint mit dem Lamm und der Schlachtbank?", fragte ich. Mom seufzte und warf Daddy einen ihrer ganz besonderen Blicke zu.
„Ich hätte das nicht sagen sollen", sagte Dad und schaute mich im Rückspiegel an. „Es stimmt auch gar nicht. Es ist folgendermaßen: Mommy und ich haben dich so lieb, dass wir dich auf jede nur mögliche Weise beschützen möchten. Es ist nur so, dass wir das manchmal auf unterschiedliche Weise tun wollen."
„Ich will nicht zur Schule gehen", sagte ich und verschränkte meine Arme.
„Es wäre gut für dich, Auggie", sagte Mom.
„Vielleicht geh ich nächstes Jahr", erwiderte ich und schaute aus dem Fenster.
„Dieses Jahr wäre besser, Auggie", sagte Mom. „Weißt du, warum? Weil du in die fünfte Klasse kommen würdest, und das ist das erste Jahr der Middle School – für alle. Dann bist du nicht der einzige Neue."
„Ich bin der einzige Neue, der so aussieht wie ich. "
„Ich sage ja nicht, dass es keine große Herausforderung für dich sein wird, denn das weißt du ja sowieso", sagte sie. „Aber es wird dir guttun, Auggie. Du wirst viele neue Freunde finden. Und du wirst Sachen lernen, die du bei mir nie lernen würdest." Sie drehte sich wieder auf ihrem Sitz um und schaute mich an. „Als wir den Rundgang gemacht haben, weißt du, was sie da in ihrem Biologieraum hatten? Ein kleines Hühnerküken, das gerade aus seinem Ei schlüpfte. Das war so niedlich! Weißt du, das hat mich ein bisschen an dich erinnert, Auggie, als du ein kleines Baby warst ... mit deinen großen braunen Augen ... "
Normalerweise liebe ich es, wenn sie von der Zeit sprechen, als ich ein Baby war. Manchmal möchte ich mich zu einem winzig kleinen Ball zusammenrollen, und dann sollen sie mich bloß noch knuddeln und küssen. ich vermisse es, ein Baby zu sein und noch von nichts eine Ahnung zu haben. Aber für all das war ich jetzt nicht in der Stimmung.
„Ich will da nicht hin", sagte ich.
„Wie wär's denn mit folgendem Vorschlag? Kannst du dich nicht wenigstens mit Mr. Pomann treffen, bevor du dich entscheidest? ", fragte Mom.
„Mr. Pomann?", fragte ich.
„Das ist der Schulleiter", antwortete Mom.
„ Mr. PO-mann? ", wiederholte ich. [...]

(Raquel J. Palacio: Wunder, aus dem Englischen von André Mumot, Carl Hanser Verlag: München 2013, S. 9–12, 18–21)

1 Interpretieren Sie den Textausschnitt und erörtern Sie, wie das Gespräch zwischen dem Jungen und dem Schulleiter ausfallen könnte.
2 Erläutern Sie die Metapher vom „Lamm, das zur Schlachtbank" geführt wird und beziehen Sie diese auf die Thematik „Inklusion".
3 Skizzieren Sie Probleme zur Thematik, die im UN-Übereinkommen über die Rechte von Menschen mit Behinderungen vorgestellt sind.

Robert Prem (Jahrgang 1957) ist seit seinem Sturz aus dem 1. Stock 1991 querschnittsgelähmt. Er wurde mit Mitte 40 Bürokaufmann und erreichte Gold- und Silbermedaille im Sportsegeln bei Paralympics. Wenn man hinter einer Sache stehe und werde gefördert, so Robert Prem, dann könne man gut darin werden, egal ob man behindert sei oder nicht.

Betrachter vor einem Foto von Frank Roesner

(Foto: Georg Bubolz, Erkelenz)

3.6.2 Von Ausgrenzung zu Gleichberechtigung – UN-Übereinkommen über die Rechte von Menschen mit Behinderungen

Das Übereinkommen in Stichworten

Zweck des Übereinkommens
Nach Artikel 1 des Übereinkommens über die Rechte von Menschen mit Behinderungen ist es Zweck dieses Übereinkommens, „den vollen und gleichberechtigten Genuss aller Menschenrechte und Grundfreiheiten durch alle Menschen mit Behinderungen zu fördern, zu schützen und zu gewährleisten und die Achtung der ihnen innewohnenden Würde zu fördern."

Geltungsumfang des Übereinkommens
Das Übereinkommen fördert und schützt die Menschenrechte von Menschen mit Behinderungen im wirtschaftlichen, sozialen, politischen, rechtlichen und kulturellen Leben. Es postuliert eine nicht diskriminierende Behandlung und Gleichberechtigung beim Zugang zur Justiz, bei der Behandlung durch die Gerichte und die Polizei und bei der Wahrnehmung von Verwaltungsaufgaben durch die erforderlichen angemessenen, verfahrensbezogenen und altersgemäßen Vorkehrungen im Bildungsbereich, in der Gesundheitsversorgung, am Arbeitsplatz, im Familienleben, bei Kultur- und Sportaktivitäten und bei der Teilhabe am politischen und öffentlichen Leben. Das Übereinkommen stellt sicher, dass alle Menschen mit Behinderungen Anerkennung vor dem Recht genießen. Außerdem verbietet es Folter, Gewalt und Missbrauch und schützt das Leben, die Freiheit und die Sicherheit von Menschen mit Behinderungen, ihre Freizügigkeit und ihr Recht der freien Meinungsäußerung sowie das Recht auf Achtung der Privatsphäre.

Definition von Behinderung
Der Begriff „Behinderung" wird in dem Übereinkommen nicht explizit definiert; in der Präambel wird sogar darauf hingewiesen, dass das Verständnis von „Behinderung" sich ständig weiterentwickelt […]. Auch der Begriff „Menschen mit Behinderungen" wird in dem Übereinkommen nicht definiert. Allerdings wird erklärt, dass zu den Menschen mit Behinderungen Menschen zählen, die langfristige körperliche, seelische, geistige oder Sinnesbeeinträchtigungen haben, welche sie in Wechselwirkung mit verschiedenen negativen Einstellungen oder physischen Hindernissen an der vollen Teilhabe an der Gesellschaft hindern können (Artikel 1).
Die Erkenntnis, dass das Verständnis von „Behinderung" sich ständig weiterentwickelt, bestätigt, dass die Gesellschaft und die Meinungen innerhalb der Gesellschaft nicht statisch sind. Dementsprechend zwingt das Übereinkommen keine strenge Vorstellung von „Behinderung" auf, sondern geht von einem dynamischen Ansatz aus, der im Verlauf der Zeit und unter unterschiedlichen sozioökonomischen Rahmenbedingungen Anpassungen erlaubt.

Mit dem in dem Übereinkommen verfolgten Ansatz im Hinblick auf Menschen mit Behinderungen wird auch klar herausgestellt, dass einstellungs- und umweltbedingte Barrieren in der Gesellschaft beträchtliche Auswirkungen auf den Genuss der Menschenrechte durch Menschen mit Behinderungen haben. Anders ausgedrückt könnten die Schwierigkeiten, die eine auf den Rollstuhl angewiesene Person bei der Benutzung öffentlicher Verkehrsmittel oder bei der Arbeitssuche hat, nicht auf ihren körperlichen Zustand zurückzuführen sein, sondern auf die umweltbedingten Hindernisse wie etwa nicht barrierefreie Busse oder Treppen am Arbeitsplatz, die ihr den Zugang erschweren. Ähnlich könnte ein Kind mit einer geistigen Behinderung Schwierigkeiten in der Schule haben, die auf die Einstellung der Lehrer ihm gegenüber, auf die Inflexibilität der Schulbehörden und möglicherweise auf Eltern mit mangelnder Anpassungsfähigkeit an Schüler mit unterschiedlichen Lernfähigkeiten zurückzuführen sind. Daher ist es ganz besonders wichtig, diese Einstellungen und Umweltbedingungen zu ändern, die Menschen mit Behinderungen die volle Teilhabe an der Gesellschaft erschweren.

Anstelle einer Begriffsbestimmung enthält das Übereinkommen eine genaue Beschreibung der Menschen, die Menschen mit Behinderungen sind. Zu den Menschen mit Behinderungen zählen Menschen, die langfristige körperliche, seelische, geistige oder Sinnesbeeinträchtigungen haben; anders ausgedrückt schützt das Übereinkommen diese Menschen auf jeden Fall. Dadurch wird impliziert, dass die Staaten den geschützten Personenkreis beispielsweise unter Einbeziehung von Menschen mit kurzzeitigen Behinderungen erweitern können.

Im Übereinkommen verankerte Rechte und Grundsätze

Allgemeine Grundsätze
Die Allgemeinen Grundsätze dienen als Orientierung für die Auslegung und Umsetzung des Übereinkommens durch die Staaten und die übrigen Akteure. Die acht allgemeinen Grundsätze lauten wie folgt:

- die Achtung der dem Menschen innewohnenden Würde, seiner individuellen Autonomie, einschließlich der Freiheit, eigene Entscheidungen zu treffen, sowie seiner Selbstbestimmung;
- die Nichtdiskriminierung;
- die volle und wirksame Teilhabe an der Gesellschaft und Einbeziehung in die Gesellschaft;
- die Achtung vor der Unterschiedlichkeit von Menschen mit Behinderungen und
- die Akzeptanz dieser Menschen als Teil der menschlichen Vielfalt und der Menschheit;
- die Chancengleichheit;
- die Barrierefreiheit;
- die Gleichberechtigung von Mann und Frau;
- die Achtung vor den sich entwickelnden Fähigkeiten von Kindern mit Behinderungen und die Achtung ihres Rechts auf Wahrung ihrer Identität.

Rechte
Während die in dem Übereinkommen genannten bürgerlichen, kulturellen, wirtschaftlichen, politischen und sozialen Rechte alle Menschen betreffen, richtet sich sein ganz besonderes Augenmerk auf die von den Staaten zu unternehmenden Schritte, um sicherzustellen, dass Menschen mit Behinderungen diese Rechte gleichberechtigt mit anderen genießen. Das Übereinkommen befasst sich auch mit den besonderen Rechten von Frauen und Kindern als Bereiche, in denen staatliche Maßnahmen geboten sind, wie etwa die Sammlung von Daten und die Schärfung des Bewusstseins sowie internationale Zusammenarbeit.
Die von dem Übereinkommen ausdrücklich vorgesehenen Rechte sind:

- Gleichheit vor dem Gesetz ohne Diskriminierung
- Recht auf Leben, Freiheit und Sicherheit der Person
- Gleiche Anerkennung vor dem Recht sowie Rechts- und Handlungsfähigkeit
- Freiheit von Folter
- Freiheit von Ausbeutung, Gewalt und Missbrauch
- Recht auf Achtung der körperlichen und seelischen Unversehrtheit
- Freizügigkeit und Staatsangehörigkeit
- Recht, in der Gemeinschaft zu leben
- Recht der freien Meinungsäußerung, Meinungsfreiheit
- Achtung der Privatsphäre
- Achtung der Wohnung und der Familie
- Recht auf Bildung
- Gefahrensituationen und humanitäre Notlagen – eine Ursache von Behinderung, die besondere Maßnahmen des Staates zur Gewährleistung des Schutzes von Menschen mit Behinderungen erfordert;
- Zugang zur Justiz – besonders wichtig für Menschen mit Behinderungen, um ihre Rechte geltend zu machen;
- persönliche Mobilität – zur Förderung der Selbstbestimmung von Menschen mit Behinderungen;
- Habilitation und Rehabilitation – für Menschen mit einer angeborenen Behinderung bzw. für Menschen, die eine Behinderung erworben haben, um sie in die Lage zu versetzen, ein Höchstmaß an Selbstbestimmung und Fähigkeiten zu erreichen und zu bewahren;
- Statistik und Datensammlung – als Grundlage für die Ausarbeitung und Umsetzung

Mit dem Alter werden oft die Mobilitätsprobleme größer.
(Foto: Georg Bubolz, Erkelenz)

politischer Konzepte zur Förderung und zum Schutz der Rechte von Menschen mit Behinderungen.

Internationale Zusammenarbeit
Es wird allgemein anerkannt, dass die internationale Zusammenarbeit besonders wichtig ist, um zu gewährleisten, dass Menschen mit Behinderungen ihre Menschenrechte voll genießen können. Das Übereinkommen anerkennt diesen Zusammenhang ausdrücklich und verpflichtet die Vertragsstaaten, mit anderen Staaten und/oder den einschlägigen internationalen und regionalen Organisationen und der Zivilgesellschaft zusammenzuarbeiten, und zwar:

- beim Aufbau von Kapazitäten, unter anderem durch den Austausch und die Weitergabe von Informationen, Erfahrungen, Ausbildungsprogrammen und vorbildlichen Verfahrensweisen;
- durch Forschungsprogramme und Erleichterung des Zugangs zu wissenschaftlichen Kenntnissen;
- durch technische und wirtschaftliche Hilfe, unter anderem durch Erleichterung der Nutzung barrierefreier und unterstützender Technologien.

Durch Aufnahme eines getrennten Artikels über die internationale Zusammenarbeit unterstreicht das Übereinkommen die dringende Notwendigkeit, dass alle diese Bemühungen, einschließlich internationaler Entwicklungsprogramme, für Menschen mit Behinderungen barrierefrei sind und sie einbeziehen. Da in vielen Ländern der Anteil der Menschen mit Behinderungen, die in Armut leben, höher ist als der Anteil derer, die in anderen Gesellschaftsschichten leben, würde eine Nichteinbeziehung von Menschen mit Behinderungen in die Planung und Umsetzung von Entwicklungsprogrammen die vorhandene Ungleichheit und Diskriminierung innerhalb der Gesellschaft nur noch verschärfen.
Das Übereinkommen bekräftigt die wichtige Rolle, die nicht nur den Vertragsstaaten, sondern auch der Zivilgesellschaft, einschließlich der Menschen mit Behinderungen vertretenden

Organisationen, sowie internationalen und regionalen Organisationen wie den Sonderorganisationen der Vereinten Nationen, der Weltbank und anderen Entwicklungsbanken und regionalen Organisationen wie der Europäischen Kommission und der Afrikanischen Union bei der Stärkung der internationalen Zusammenarbeit zur Förderung der Rechte von Menschen mit Behinderungen zukommt.

(Deutscher Bundestag, Sekretariat PA 11 – Ausschuss für Arbeit und Soziales (Hrsg.), Von Ausgrenzung zu Gleichberechtigung – Verwirklichung der Rechte von Menschen mit Behinderungen. Ein Handbuch für Abgeordnete zu dem Übereinkommen über die Rechte von Menschen mit Behinderungen und seinem Fakultativprotokoll. Deutsche Übersetzung des Handbuches der Vereinten Nationen und der Interparlamentarischen Union. Von Ausgrenzung zu Gleichberechtigung – Verwirklichung der Rechte von Menschen mit Behinderungen. Deutsche Übersetzung des Handbuches der Vereinten Nationen und der Interparlamentarischen Union, Anlage 1, S. 12–18; Übersetzung: Brigitte Müller-Landau in Zusammenarbeit mit dem Sprachendienst des Deutschen Bundestages – aus: http://www.behindertenrechtskonvention.hessen.de/global/show_document.asp?id=aaaaaaaaaaabskm – [13. 03. 2013])

Zur Vertiefung ein Rekurs auf den Artikel 24:
Artikel 24: **Bildung**

(1) Die Vertragsstaaten anerkennen das Recht von Menschen mit Behinderungen auf Bildung. Um dieses Recht ohne Diskriminierung und auf der Grundlage der Chancengleichheit zu verwirklichen, gewährleisten die Vertragsstaaten ein integratives Bildungssystem auf allen Ebenen und lebenslanges Lernen mit dem Ziel,

a) die menschlichen Möglichkeiten sowie das Bewusstsein der Würde und das Selbstwertgefühl des Menschen voll zur Entfaltung zu bringen und die Achtung vor den Menschenrechten, den Grundfreiheiten und der menschlichen Vielfalt zu stärken;

b) Menschen mit Behinderungen ihre Persönlichkeit, ihre Begabungen und ihre Kreativität sowie ihre geistigen und körperlichen Fähigkeiten voll zur Entfaltung bringen zu lassen;

c) Menschen mit Behinderungen zur wirklichen Teilhabe an einer freien Gesellschaft zu befähigen.

(2) Bei der Verwirklichung dieses Rechts stellen die Vertragsstaaten sicher, dass

a) Menschen mit Behinderungen nicht aufgrund von Behinderung vom allgemeinen Bildungssystem ausgeschlossen werden und dass Kinder mit Behinderungen nicht aufgrund von Behinderung vom unentgeltlichen und obligatorischen Grundschulunterricht oder vom Besuch weiterführender Schulen ausgeschlossen werden;

b) Menschen mit Behinderungen gleichberechtigt mit anderen in der Gemeinschaft, in der sie leben, Zugang zu einem integrativen, hochwertigen und unentgeltlichen Unterricht an

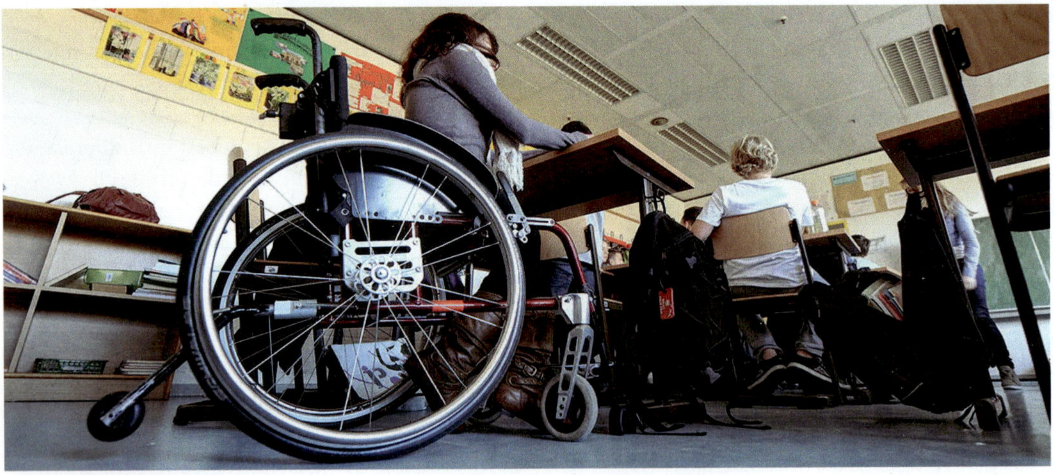

(Foto: dpa/picture alliance)

Grundschulen und weiterführenden Schulen haben;
c) angemessene Vorkehrungen für die Bedürfnisse des Einzelnen getroffen werden;
d) Menschen mit Behinderungen innerhalb des allgemeinen Bildungssystems die notwendige Unterstützung geleistet wird, um ihre erfolgreiche Bildung zu erleichtern;
e) in Übereinstimmung mit dem Ziel der vollständigen Integration wirksame individuell angepasste Unterstützungsmaßnahmen in einem Umfeld, das die bestmögliche schulische und soziale Entwicklung gestattet, angeboten werden.

(3) Die Vertragsstaaten ermöglichen Menschen mit Behinderungen, lebenspraktische Fertigkeiten und soziale Kompetenzen zu erwerben, um ihre volle und gleichberechtigte Teilhabe an der Bildung und als Mitglieder der Gemeinschaft zu erleichtern. Zu diesem Zweck ergreifen die Vertragsstaaten geeignete Maßnahmen; unter anderem
a) erleichtern sie das Erlernen von Brailleschrift, alternativer Schrift, ergänzenden und alternativen Formen, Mitteln und Formaten der Kommunikation, den Erwerb von Orientierungs- und Mobilitätsfertigkeiten sowie die Unterstützung durch andere Menschen mit Behinderungen und das Mentoring;
b) erleichtern sie das Erlernen der Gebärdensprache und die Förderung der sprachlichen Identität der Gehörlosen;
c) stellen sie sicher, dass blinden, gehörlosen oder taubblinden Menschen, insbesondere Kindern, Bildung in den Sprachen und Kommunikationsformen und mit den Kommunikationsmitteln, die für den Einzelnen am besten geeignet sind, sowie in einem Umfeld vermittelt wird, das die bestmögliche schulische und soziale Entwicklung gestattet.

(4) Um zur Verwirklichung dieses Rechts beizutragen, treffen die Vertragsstaaten geeignete Maßnahmen zur Einstellung von Lehrkräften, einschließlich solcher mit Behinderungen, die in Gebärdensprache oder Brailleschrift ausgebildet sind, und zur Schulung von Fachkräften sowie Mitarbeitern und Mitarbeiterinnen auf allen Ebenen des Bildungswesens. Diese Schulung schließt die Schärfung des Bewusstseins für Behinderungen und die Verwendung geeigneter ergänzender und alternativer Formen, Mittel und Formate der Kommunikation sowie pädagogische Verfahren und Materialien zur Unterstützung von Menschen mit Behinderungen ein.

Abstand halten oder sich annähern – wie wird man betroffenen Menschen am ehesten gerecht?
(Foto: Georg Bubolz, Erkelenz)

(5) Die Vertragsstaaten stellen sicher, dass Menschen mit Behinderungen ohne Diskriminierung und gleichberechtigt mit anderen Zugang zu allgemeiner Hochschulbildung, Berufsausbildung, Erwachsenenbildung und lebenslangem Lernen haben. Zu diesem Zweck stellen die Vertragsstaaten sicher, dass für Menschen mit Behinderungen angemessene Vorkehrungen getroffen werden.
(Ebenda, S. 129–130; Übersetzung: Brigitte Müller-Landau in Zusammenarbeit mit dem Sprachendienst des Deutschen Bundestages – aus: http://www.behindertenrechtskonvention.hessen.de/global/show_document.asp?id=aaaaaaaaaabskm – [13. 03. 2013])

1 Erörtern Sie, wie die Vorgaben des UN-Übereinkommens über die Rechte von Menschen mit Behinderungen praktisch umgesetzt werden können.
2 Nennen Sie mögliche Gründe für ein denkbares Scheitern der pädagogischen Umsetzung in der Praxis. Entwerfen Sie Perspektiven, wie möglichen Hindernissen entgegengearbeitet werden kann.

3.6.3 Inklusion in der Schule – Erfahrungen im Unterricht

3.6.3.1 Erste Eindrücke

Ruth Beckmann, Iris Gruslewski, Dana Langner berichten von ihren Erfahrungen.

Seit Verabschiedung der UN-Behindertenrechtskonvention 2008 ist häufig von Inklusion die Rede. Das gemeinsame Lernen von behinderten und nicht behinderten Menschen ist nun ein Recht. Von Interesse ist jetzt, wie die politische und die pädagogische Umsetzung dieses Rechts aussehen kann. Ein Pädagoginnenteam beschreibt, wie sie Inklusion als Herausforderung genutzt und gemeinsam mit den Schülern realisiert haben.

Die neue Situation

In der aktualisierten Fassung des Bremer Schulgesetzes (ebd. 2009) heißt es, dass sich alle Schulen zu inklusiven Schulen entwickeln sollen. Bremen konkretisiert damit als erstes Bundesland die UN-Konvention über die Rechte von Menschen mit Behinderungen. Schüler (stets incl. Schülerinnen) in ihrer Verschiedenheit sollen gemeinsam lernen und Unterricht soll für behinderte und nicht behinderte Schüler gemeinsam gestaltet werden. Eltern können deshalb seit dem Schuljahr 2010/11 wählen, ob ihr Kind in einem Förderzentrum oder einer Regelschule lernen soll. Der inklusive Unterricht ist eine Weiterung der bisher schon engen Kooperation zwischen Förderzentren und Regelschulen in Bremen.
Die neue Herausforderung besteht darin, den Unterricht so zu gestalten, dass die Bedürfnisse aller Schülerinnen und Schüler befriedigt werden – vom sonderpädagogischem Förderbedarf bis zur Förderung überdurchschnittlicher Leistungen.
Viele Gesamtschulen haben Erfahrungen mit heterogenen Lerngruppen. Dass sich aber mehrere Schüler mit ausgewiesenem Förderbedarf in einer Klasse befinden, ist eine neue Herausforderung. In einer Inklusionsklasse sind bis zu fünf Kinder mit diagnostiziertem sonderpädagogischen Förderbedarf vorgesehen. Damit verbunden ist die Zusammenarbeit mit einem Sonderpädagogen, der mit drei Stunden pro Kind zusätzlich im Unterricht ist. So ergibt sich die Notwendigkeit von gemeinsamer Planung und Lehre. Unterschiedliche Erfahrungen und Ideen sollen sich dabei gegenseitig befruchten; deshalb arbeiten auch Referendare in Inklusionsklassen. Im Austausch miteinander entstehen Unterrichtsmodelle, die den neuen Ansprüchen gerecht zu werden versuchen.

Vorüberlegungen

Am Beispiel der Deutschstunde „Märchenforscher“ in Klasse 5 sollen Gelingensbedingungen für einen inklusiven Unterricht anschaulich gemacht werden. Die Elemente sind nicht neu, aber sie wurden bisher möglicherweise nicht in dieser Form identifiziert, konsequent umgesetzt oder kombiniert. Sie sind nicht spezifisch für das Fach Deutsch und können auf jedes andere Unterrichtsfach übertragen werden.

... zum Umgang mit der Lerngruppe

Die Klasse, in der die Referendarin unterrichtet, setzt sich aus 16 Regelschulkindern sowie den vier Schülern U., E., E., A. und der Schülerin W. mit ausgewiesenem Förderbedarf zusammen. Die Klassenlehrerin ist gleichzeitig Sonderpädagogin; sie ist während des Hauptfachunterrichts anwesend. Sie unterstützt die fünf Schüler mit Förderbedarf bei der Bearbeitung des Lernmaterials. Verschieden zusammengestellte Gruppen arbeiten bei Bedarf in einem Differenzierungsraum.
Die Schüler mit Förderbedarf im Bereich Lernen benötigen neben einer intensiven Betreuung der Sonderpädagogin zusätzlich differenziertes Arbeitsmaterial, damit sie dem Unterrichtsgeschehen folgen können. U. benötigt zusätzlich Unterstützung im sozial-emotionalen Bereich und E. viel Unterstützung im erzieherischen Bereich.
W. benötigt eine intensivere Lernförderung, ihr Verhalten gegenüber Mitschülern stößt bei vielen auf Abwehr und Unverständnis. Dies führte in ihrer bisherigen Schullaufbahn zu

einer sozialen Isolation. A. ist sehr in sich zurückgezogen und es bedarf einer vorsichtigen Annäherung, um ihn in Kontakt mit der Umwelt, den Mitschülern und dem Lernen zu bringen. E. ist ein überaus freundlicher und hilfsbereiter Junge, der das Gelernte leicht vergisst und Neues nicht so schnell versteht. Er fragt aber nach und ist in seiner selbstbewussten Art beliebt.
Die Lernvoraussetzungen sind insgesamt sehr heterogen. Die Schüler, die keinen diagnostizierten Förderbedarf haben, aber dennoch viele kleinschrittige Lernhilfen benötigen, profitieren von dem differenzierten Material. Sieben Kinder haben einen Migrationshintergrund. Bei zwei Schülern wurde ADHS diagnostiziert. Einige Schüler bewältigen ihre Arbeitsaufträge ohne nähere Erklärungen; sie können Aufgaben in Einzel- oder Partnerarbeit bearbeiten.
Bei der Gestaltung des Arbeitsmaterials hat sich eine Differenzierung auf vier Niveaus als erfolgreich erwiesen.

... zur methodischen Gestaltung

Der Unterricht beginnt immer mit dem Lied „Herzlich Willkommen“ und dem Ablaufplan der Stunde. Diesen ritualisierten Stundeneinstieg fordern die Schüler mittlerweile ein. Zum Ende jeder Stunde werden Smileys an die Schüler verteilt, die besonders gut mitgearbeitet haben. Wenn Schüler acht Smileys gesammelt haben, dürfen sie in eine Fühl-Box greifen und eine Belohnung nehmen. Die Box ist mit Hausaufgabengutscheinen, Spielgutscheinen oder kleineren Sachpreisen gefüllt.
Die Arbeit mit differenzierten Arbeitsmaterialien hat die Gruppe akzeptiert.
Trotz der unterschiedlichen Leistungsniveaus arbeiten leistungsschwächere mit leistungsstärkeren Schülern problemlos zusammen und beide Seiten lernen voneinander. Die Leistungsschwächeren schauen sich Arbeitsstrategien von den Stärkeren ab und die Leistungsstärkeren weiten ihre sozialen Kompetenzen aus, indem sie lernen, Rücksicht zu üben und Sachverhalte adressatengerecht zu erklären. Diese Partnerarbeit wird zielgerichtet arrangiert.
Die Lerngruppe ist bereits mit einigen methodischen Prinzipien vertraut, wie z. B. der „Redekette“ oder dem „stummen Impuls“. Sie wird schrittweise darauf eingestellt, sich selbstständig Sachverhalte zu erarbeiten, so dass der Frontalunterricht abgelöst werden kann. Dies erweist sich an den Stellen als problematisch, an denen die Schüler vom (Gesprächs-)Thema abweichen. Durch den Einsatz eines akustischen Signals (einen Klangstab) gelangen sie jedoch schnell wieder zum Arbeitsauftrag zurück.

(Aus: Ruth Beckmann, Iris Gruslewski, Dana Langner: Inklusion in der Schule. Erfahrungen im Unterricht, in: Pädagogik 6/11 [Beltz Verlag, Weinheim], S. 36–38) http://www.beltz.de/fileadmin/beltz/aktionen/Inklusion_Paed_6_11.pdf – [01. 04. 2013])

1 Nennen Sie die Überlegungen der Autorinnen, die sie im Vorfeld ihres Vorhabens erwägen.
2 Erörtern Sie, wo gegebenenfalls Probleme auftauchen können, und erklären Sie, wie diese gegebenenfalls überwunden werden können.

3.6.3.2 Sieben Elemente des inklusiven Lernens

1. Bewegung ins Lernen bringen

Ein ritualisierter Stundenbeginn – Aufstehen und abwechselndes Klatschen – animiert die Schüler, alles andere in diesem Moment loszulassen und sich durch Bewegung bei gleichzeitigem Sprechen und Zuhören ganz auf die Stunde einzustellen. Die Lehrerin steht vorn, zwei Kinder neben ihr, im Wechsel-Sprechgesang mit der Klasse folgt die Begrüßung: „Herzlich Willkommen“/„Herzlich Willkommen“ – in unsrer Klasse“/„in unsrer Klasse“ – „Schön, dass du da bist.“/„Schön, dass du da bist.“ – „Dann kann's jetzt losgehn.“/„Dann kann's jetzt losgehn.“
Auch im weiteren Stundenverlauf ist beim Abgleichen der Arbeitsergebnisse immer wieder Aufstehen und Bewegen in zielgerichteter Form notwendig. Gerade für Kinder mit ADHS ist dies sehr hilfreich.

2. Orientierung

Der Stundenverlauf wird zu Beginn transparent gemacht und die Schüler wissen, was der Sinn ihrer Arbeit ist.

3. Impulse

Mit Hilfe von Bildern oder anderen (stummen) Impulsen können Schüler auf Vorerfahrungen zurückzugreifen und Erinnerungen abrufen. Schüler werden zu Sprechhandlungen animiert, ohne dass sie einem gelenkten Frage-Antwort-Spiel Folge leisten müssen. Sie praktizieren angemessene Äußerungen in natürlichen Kommunikationssituationen. Zu diesen Impulsen gehören auch Symbole beispielsweise für Stillarbeit oder Partnerarbeit, die den Schülern auf einen Blick klar machen, wie was zu tun ist. Mit diesen Mitteln wird der sonst oft hohe Sprechanteil des Lehrers im Unterricht zugunsten von zielgerichteten Sprechanlässen für die Schülerinnen und Schüler reduziert.

4. Klare Regeln

Sind die Schüler gewohnt, mit Regelketten zu arbeiten, ist ihnen klar, dass sie aufmerksam alle Schritte verfolgen müssen. Ein Schüler liest die erste Regel vor und benennt den nächsten, der die folgende Regel vorträgt. Regeln können sich sowohl auf den Arbeitsablauf der Stunde beziehen als auch auf das Verhalten. Regeln müssen transparent und sinnhaft sein und ihre Einhaltung wird im Feedback rückgemeldet. Schüler erhalten auch eine Begründung auf ihre Frage, warum sie sich so verhalten sollen oder warum die Arbeitsschritte in der Reihenfolge erfolgen. Sie erfahren somit im täglichen Umgang, wo bei zielgerichteter Arbeit Grenzen und wo individuelle Spielräume sind.

5. Individuelle Arbeit

Die vier Anforderungsniveaus der Materialien sind farblich gekennzeichnet:
Rot – Gelb – Weiß – Blau (von schwierig zu leicht). Jeder Schüler findet den Klebepunkt des Niveaus, auf dem er arbeitet, an der Kopfseite seines Tisches und bearbeitet im Folgenden in Stillarbeit „seinen" Märchen-Forschungsauftrag. Die Schüler holen sich ihre Arbeitsaufträge. Der Lehrer sollte dabei beachten, dass er bei der Verteilung der Materialien diese nicht von leicht nach schwer oder von schwer nach leicht austeilt. Begonnen wurde hier mit „Gelb", dann „Blau" usw. Wenn die Schüler auf ihre individuelle Arbeit konzentriert sind, rückt die Zuteilung der entsprechenden Niveaus nicht in den Vordergrund. Differenziert wurde sowohl in der Aufgabenmenge als auch im Schwierigkeitsgrad. Ziel des kompetenzorientierten Unterrichtes war jedoch, dass zum Schluss alle Schüler einen Mindeststandard erfüllen. Jeder Schüler kannte das Märchen, konnte den Anfang und das Ende identifizieren und aufschreiben, einzelne Textelemente extrahieren und den Verlauf skizzieren.
Auf dem Niveau „Blau" für die Schüler mit sonderpädagogischem Förderbedarf gab es hierzu farbig markierte Hilfestellungen. Die Schüler auf dem Regelstandard konnten Detailinformationen miteinander verknüpfen, auf dem Regelstandard „plus" Inhalte übertragen und auf Expertenniveau auch darüber hinaus sprachliche Bezüge herstellen.
Diese farblichen Zuordnungen kann man für wenige aufeinander folgende Stunden verwenden, sie sollten dann aber den Kompetenzen entsprechend variiert und inhaltsbezogen neu gruppiert werden oder es sollte mit neuen Symbolen gearbeitet werden. Zuordnungen zu einem Niveau sollten also nicht dauerhaft gelten, so dass keine Stigmatisierung eingeleitet wird. Das Niveau, auf dem der Schüler arbeitet, verändert sich zudem im Laufe des Schuljahres, so dass eine neue Zuordnung erfolgen muss.

6. Persönliche Momente

Der Fachlehrer und der Sonderpädagoge haben bei dieser Unterrichtsform Zeit, sich um einzelne Schüler zu kümmern, auf Fragen einzugehen oder Hilfen anzubieten. Ein individualisierter Briefumschlag mit Puzzleteilen zu dem bearbeiteten Märchen als Abschluss der Stunde bietet einen Anreiz zum Fertigstellen der Arbeitsblätter und ein abgerundetes Stundenende mit einem weiteren sichtbaren Produkt.

7. Herausfordernde Momente

Die Schüler waren fast alle zeitgleich fertig. Zwei schnellere Schülerinnen konnten sich nach der Fertigstellung ihrer Aufgaben mit Märchenbüchern beschäftigen und sich so auf einem erweiterten Niveau mit dem Thema auseinandersetzen.

(Aus: Ruth Beckmann, Iris Gruslewski, Dana Langner: Inklusion in der Schule. Erfahrungen im Unterricht, in: Pädagogik 6/11 [Beltz Verlag: Weinheim], S. 36–38; http://www.beltz.de/fileadmin/beltz/aktionen/Inklusion_Paed_6_11.pdf – [01. 04. 2013])

1 Setzen Sie sich mit den 7 Elementen inklusiven Lernens auseinander.

2 Beurteilen Sie die Elemente inklusiven Lernens.

3.6.3.3 Würdigungen und Anfragen

Lehren im Team

Wichtig ist die Abstimmung der Rollen und der Organisation zwischen dem Fachlehrer und dem Sonderpädagogen. Dies bezieht sich auf die Vorbereitung der Stunde, die Bereitstellung des Materials und der Aufgaben sowie auf die Durchführung des Unterrichts und die Begleitung der Schüler.

Der Sonderpädagoge ist besonders den Schülern mit Förderbedarf zugeordnet, ist aber auch ein fester Lernbegleiter der Klasse. Auch wenn sich eine gute Kooperation nicht von selbst einstellt – die kooperative Erstellung der Aufgaben sowie die gegebenenfalls getrennte Vorbereitung und das Miteinander im Unterricht machen die Sinnhaftigkeit von Kooperation und Austausch deutlich.

Diese Zusammenarbeit beinhaltet eine grundlegende Veränderung auf der Ebene von Einstellungen und Handlungen. Deshalb kann der Beginn einer kooperativen Arbeit durchaus konflikthaft sein. In der Ausbildung kann die Kompetenz zur Arbeit im Team zwar ansatzweise geübt werden; sie bedarf aber vor allem einer allmählichen Entwicklung im Berufsalltag. Insofern ist für Klassenlehrer, Sonderpädagogen, Fachlehrer und das gesamte Jahrgangsteam eine regelmäßige Supervision unerlässlich. In den meisten sozialen Einrichtungen und häufig auch in der Wirtschaft ist diese Form der professionellen Unterstützung selbstverständlich geworden.

Hilfreich ist auch die Variante einer kollegialen Beratung, sie kann aber eine professionelle Supervision nicht ersetzen; beides sollte aber als Fortbildung anrechenbar sein. Gleichzeitig wird für Lehrer durch die Annahme eines solchen Unterstützungssystems die Inanspruchnahme von Hilfe selbstverständlich.

Was sie Schülern empfehlen, nämlich sich Hilfe zu holen, um ihre (Lern-)Prozesse zu reflektieren und sich zu professionalisieren, kann besser gelingen, wenn auch auf der Ebene der Lehrenden das Lernen und die Nutzung von Unterstützung selbstverständlich wird.

Vom Wert der Inklusion

Zu beobachten ist, dass Schüler mit sonderpädagogischem Förderbedarf unerwartet große Entwicklungssprünge machen. Wenig-Leser lesen auf einmal gern oder Schüler mit Verhaltensauffälligkeiten stehen nicht mehr im Fokus der Aufmerksamkeit.

Leistungsstarke Schüler schauen sich bei den Lehrenden die Rolle der Lernberater ab und empfinden es als völlig selbstverständlich, Mitschüler auf Nachfrage zu unterstützen. Und nicht zuletzt hat der Lehrer durch die „gewonnene" Zeit die Möglichkeit, sich auch den leistungsstarken Schülern individuell zu widmen. Diese Schüler entwickeln dabei ein anderes Arbeitsverständnis. Sie müssen nicht auf langsamer Arbeitende warten und nicht „immer die schweren Aufgaben, bei denen so viel zu schreiben ist", bewältigen. Sie sehen, dass alle im Wesentlichen das Gleiche erarbeiten, sind aber auf ihren Arbeitsauftrag fokussiert und ungefähr zur gleichen Zeit fertig. So begegnet jeder Schüler einem herausfordernden Lerninhalt auf seinem Level. Entscheidend für das Funktionieren dieses „Systems" sind motivierende Materialien und Arbeitsweisen.

Der Mehraufwand bei der Vorbereitung lohnt sich, denn nicht nur die Schüler sind zufriedener, sondern auch die Lehrer profitieren davon. Durch die Variation von Unterrichtsformen erleben Schüler mit Förderbedarf oft schneller einen Erfolg. Besonders im Umgang mit Medien sind sie den leistungsstärkeren Schülern häufig gleichgestellt, so dass Defizite weniger in Erscheinung treten. Für leistungsstarke Schüler werden die Unterrichtsinhalte problemorientiert präsentiert, d. h. bekannte Inhalte müssen neu reflektiert werden, wenn sich ein Widerspruch auftut. So entsprechen Märchen aus anderen Ländern nicht in allen Punkten dem erarbeiteten Schema. Durch diese Erkenntnis entstehen Fragen wie: „Ist das noch ein Märchen?“ Oder: „Was sind die Unterschiede?“ Die leistungsstarken Kinder können bei der Bearbeitung solcher Aufgaben Transferleistungen erbringen, z. B. die Merkmale von Sagen herausfinden.

Gerade die Eltern leistungsstarker Kinder betrachten Inklusionsklassen oft skeptisch. Sie befürchten, ihre Kinder würden als Minilehrer missbraucht und lernten selbst nicht genug. Die hier aufgezeigte Aufgabendifferenzierung und individualisierte Beratung zeigt, dass dies nicht so sein muss. Bekannt ist, dass die fachlichen

(Foto: Georg Bubolz, Erkelenz)

Leistungen in homogenen und heterogenen Gruppen bei gleicher Ausstattung vergleichbar sind. Überdurchschnittliche Leistungen für lernstarke und lernschwache Schüler sind das Ergebnis einer Doppelbesetzung von Lehrern, die für Differenzierung genutzt wird (vgl. dazu Wocken 1999).

Wechsel der Unterrichtsformen

Die hier vorgestellte Stunde enthält eine gelungene Kombination von Elementen, die gut für einen inklusiven Unterricht geeignet sind. Aber ebenso, wie „immer dasselbe" langweilig wird, kann auch guter inklusiver Unterricht nur in der Variation der Stundengestaltung liegen. In diesem Fall können die Schüler im Verlauf der Unterrichtseinheit „Märchen" im PCLabor ihr Lieblingsmärchen aus aller Welt finden, kopieren, formatieren, gestalten und ausdrucken oder ein Unterrichtsvorhaben für einen Märchen-Zeichentrickfilm in den „Make Media Studios" umsetzen. Ähnlich ist allen Planungen allerdings, dass den Schülern Herausforderungen ermöglicht werden, dass der Erwerb inhaltlicher und sozialer Kompetenzen gleichermaßen eingeplant wird und dass die Lernmöglichkeiten über den Lernort Schule hinausgehen.

Wechsel in der Haltung

Eine inklusive Schule und gelingender Unterricht bedürfen nicht nur eines neuen und differenzierenden Methoden- und Aufgabenspektrums, sondern vor allem auch einer neuen Haltung dem Lernen gegenüber, vielleicht sogar eines neuen Menschenbildes.
Der defizitäre Blick auf den Schüler, der selektiert und bewertet, sollte einem ressourcenorientierten Blick weichen. Erst die Wertschätzung, die positive Bindung, die Reibung und Bestätigung bei der Lernberatung durch wohlwollende Erwachsene und Mitschüler ermöglichen Entwicklung für jeden Einzelnen mit seinen individuellen Fähigkeiten. Und für die Kinder mit sonderpädagogischem Förderbedarf gilt: Nicht die Behinderung ist das Problem, sondern die gesellschaftliche Isolierung. Die Inklusion, die den engen Kontakt mit ehemals sozial isolierten sogenannten „Behinderten" ermöglicht, verlangt nach einer neuen Sicht der Zweiteilung von „Norm und Abweichung ". Weder hilft eine Haltung des gleichmacherischen „Wir sind doch alle ein wenig behindert" noch eine Haltung, die im „Behinderten" den ganz Anderen sieht und bestenfalls herablassendes Mitleid übrig hat.

Rahmenbedingungen

Ohne förderliche äußere Rahmenbedingungen – und das sind ein Differenzierungsraum, Differenzierungsmaterialien, Doppelbesetzung und Supervision – kann ein noch so gut geplanter inklusiver Unterricht kaum gelingen. Dies ist allen Beteiligten bewusst, aber aufgrund knapper Haushaltsmittel manchmal schwer umsetzbar. Deshalb sind gute Konzepte und die kooperative Entwicklung einer guten Praxis die eine Seite von Inklusion – die andere sind bessere Rahmenbedingungen, ohne die der Erfolg nicht gewährleistet werden kann.

(Aus: Ruth Beckmann, Iris Gruslewski, Dana Langner: Inklusion in der Schule. Erfahrungen im Unterricht, in: Pädagogik 6/11 [Beltz Verlag: Weinheim], S. 36–38) http://www.beltz.de/fileadmin/beltz/aktionen/Inklusion_Paed_6_11.pdf – [01. 04. 2013])

1 Nennen Sie mögliche Kritikpunkte, die sich aus dem Textauszug an inklusivem Lernen ergeben können.
2 Beurteilen Sie das pädagogische Vorhaben und erörtern Sie mögliche pädagogische Schlussfolgerungen.

III. Erziehung, Sozialisation und Identitätsbildung im Lebenszyklus

(Foto: Boris Schmalenberger)

„Die wichtigste und nützlichste Regel jeder Erziehung lautet, nicht Zeit zu gewinnen, sondern Zeit zu verlieren."

Jean-Jacques Rousseau

1. Entwicklung und Sozialisation: Erfahrungen und Berichte im Blick auf den Lebenszyklus

1.1 Erste Annäherung: „Mein Leben in 20 Jahren“: Was sich Kinder wünschen – Ein Blick nach vorne

Kinderwünsche – aus einem Zeitschriftenartikel

Wovon Kinder in Deutschland träumen? Von intakter Familie und eigenem Nachwuchs, zeigt eine Aufsatzsammlung.

Im realen Leben driften viele Familien auseinander, werden immer weniger Babys geboren. Doch wenn es nach den Kindern von heute ginge, sähe das in zwanzig Jahren ganz anders aus: Sie träumen von intakten Familien und eigenem Nachwuchs.

Das zeigt die Auswertung von mehreren hundert aktuellen Aufsätzen von zehn- und elfjährigen Schulkindern aus ganz Deutschland, die die pensionierte Lehrerin Dorothee Hölscher aus Bonn gesammelt hat.

Auch eine gute Bildung und Ausbildung steht bei fast allen Kindern ganz oben. Hierin decken sich die Aufsatz-Inhalte – ebenso wie bei dem Hang zur Familie – mit den Ergebnissen der jüngsten Shell-Studie über Jugendliche zwischen 12 und 25 Jahren, nach der immer mehr junge Menschen in Bildung den Schlüssel für ihre Zukunft sehen. Schon im Grundschulalter scheint dieses Bewusstsein breit verankert.

Die Familie kann helfen – der Staat nicht

Bei Viertklässlern gibt es landauf, landab keinen Abgesang auf die Familie. Im Gegenteil: Sie gilt als Mittelpunkt, Glücksrefugium und Sicherheitsanker. Fast alle wollen verheiratet sein, mehrere Kinder und für diese auch genug Zeit haben. Hin und wieder schwingen auch Sorgen vor – möglicherweise selbst erlebten – Trennungen durch. Manche Kinder führen auch nützliche Gründe für eine Familie an: „Mein Papa sagt, dass der Staat uns nicht mehr helfen könne – da ist es gut, eine große Familie zu haben“, schreibt der elfjährige Jakob aus Stahnsdorf in Brandenburg.

Beruf und Familie verbinden will Sophie aus dem hessischen Gießen, die sich drei Kinder wünscht: „Trotz der Kinder möchte ich einen guten Beruf haben und genug Geld verdienen, um meine Familie zu ernähren.“ Nach einer geteilten Arbeitszeit mit einem verständnisvollen Partner sehnt sich Vanessa aus Hamburg, die gerne Arzthelferin, aber auch Mutter sein will: „Wenn ich um 8 Uhr losgehe, dann bleibt er da und passt auf mein Kind auf. Wenn ich um 13 Uhr wiederkomme, dann geht er los und kommt um 18 Uhr wieder. Dann haben wir beide Zeit für uns und unser Kind.“

Ein türkischer Junge aus Ulm will lieber bei seinen Sitten bleiben und „eine Frau mit einem Kopftuch. Sie soll nicht arbeiten, sie soll sich wie eine richtige Türkin benehmen und darf keinen kurzen Rock anziehen.“

Noch kaum Angst vor der Zukunft

Auffallend ist in den Aufsätzen, dass Zukunftsängste in dieser Altersklasse – anders als bei Älteren in der Shell-Jugendstudie – offenbar noch kaum vorhanden sind. Die Kinder blicken fast durchweg optimistisch nach vorn. „Ich freue mich auf die Zukunft, denn ich werde sicher ein schönes Leben führen“, schreibt ein Junge aus Bayern.

Bei den Berufswünschen hat die Fußball-WM ihre Spuren hinterlassen: Viele Jungen wollen später Profifußballer werden. „Da verdiene ich viel Geld“, meint ein Zehnjähriger aus Bayern. Ansonsten dominieren übliche Flausen wie Regisseur, Schauspielerin oder berühmter Wissenschaftler. Oft werden aber auch helfende Berufe genannt.

Materiell reichen die Träume vom „einfachen Häuschen“ über das Cabrio bis zur „Villa mit großem Garten“. Der zehnjährige Lennart aus Wettenberg in Hessen etwa will Radiomoderator werden und in einer Villa in München wohnen: „Wenn ich mit meinem roten Ferrari

F 320 durch meine Hausauffahrt brause, jubeln mir meine Fans zu." Etwas nachdenklicher schreibt der zehnjährige Maximilian aus dem bayerischen Burglengenfeld: „Gott sei Dank kann keiner in die Zukunft schauen, so bleibt alles ein Rätsel."

(Aus: http://www.focus.de/schule/familie/erziehung/kinderwuensche_aid_25258.html, 10. 10. 06, 15:02, Kinderwünsche „Mein Leben in zwanzig Jahren" Quelle: sup/dpa © FOCUS Online 1996–2009)

1 Geben Sie in Grundzügen die Vorstellungen wieder, die in den Kinderwünschen zum Ausdruck kommen.
2 Wodurch unterscheiden sich Wünsche, die nach vorne gerichtet sind, von Überlegungen, die zurück in die Kindheit blicken?
3 „Lernen ist Vorfreude auf sich selbst", schreibt der Philosoph Peter Sloterdijk über Bildung für den Ernstfall. Interpretieren und beurteilen Sie diesen Aphorismus.

1.2 Zweite Annäherung: „Das schrecklichste Geschenk, das ich jemals bekam" ... – Ein Blick zurück auf Kindheit und Jugend

Der Schriftsteller Burkhard Spinnen wurde 1956 im Westfälischen geboren. Seine autobiografischen Prosaminiaturen „Lego-Steine. Kindheit um 1968" verdeutlichen, wie Spinnen seine Kinder- und Jugendzeit erlebt hat.

Mein Schlauchboot

Für ein Schlauchboot, das etwa fünfzig oder sechzig Mark kostete, habe ich sehr gelitten. Meine Eltern, die mir aus einem einfachen pädagogischen Konzept heraus längst nicht jeden Wunsch erfüllten, quälten mich wochenlang mit Fragen, wann, wie und wo ich es nutzen wollte. Die Regel bestand nämlich, dass auch die Ausgabe für ein Vergnügen sich zu lohnen und die Freude, die etwas bereiten sollte, sich auch einzustellen habe. Ich versicherte schließlich das Unmöglichste: das Schlauchboot regelmäßig zusammengefaltet auf dem Gepäckträger des Fahrrades zu einem zwanzig Kilometer entfernten See zu transportieren, es dort zu Wasser zu lassen, ausgiebigst damit herumzupaddeln und es am Abend wieder nach Hause zu verfrachten. Dazu kam es glücklicherweise nie; meine Eltern sparten nicht nur an Geld, sondern auch an Starrheit oder unsinnigem Beharren. Aber Vorwürfe gab es reichlich; denn das Schlauchboot zahlte sich einfach nicht aus. Fuhr mein Vater mich einmal zum See, so holte ich mir darin einen Sonnenbrand; die empfindlichen Innenseiten der Oberarme, mit denen ich beim Paddeln über die Nähte des Bootes strich, wurden wund; und die Tochter von Freunden meiner Eltern, die ich einmal mitnahm, sang während der ganzen Fahrt immer nur das eine, grenzenlos alberne Lied, ihre eigene Übersetzung einer Limonadenreklame ins Englische.

Das Schlimmste aber: Noch nach Jahren konnte man mir mit dem Hinweis auf das Schlauchboot die Anfechtbarkeit aller meiner Vorstellungen, das Haltlose aller meiner Wünsche beweisen – und dabei hatte ich doch als Besitzer eines Schlauchbootes nur zu werden gehofft, was meine Eltern vergeblich in mir suchten und was auch mir das Mühseligste ebenso wie das Erstrebenswerteste zu sein schien: ein richtiger Junge.

Lego-Steine

Ich besaß nicht mehr als einen mittelgroßen Kasten voll davon. Aus den grauen Platten, roten und weißen Steinen, den Fenstern, Türen und Dachsteinen baute ich zahllose Varianten des immergleichen Hauses mit dem einen Ziel, möglichst alle vorhandenen Teile zu einem abgeschlossenen Ganzen zu fügen. Das gelang nie. Wenn die Mauern zu ausladend wurden, reichten die Ziegel nicht aus, den Rohbau zu decken, oder er hatte nicht genug Fenster. Gelang das Dach, so blieben allzu viele Mauersteine übrig. Aber das war kein Problem, und nach neuen oder anderen Steinen zu verlangen, kam mir nie in den Sinn. Wichtig war aber dies: Vor Beginn des Spielens stürzte ich den Kasten so vor mir aus, dass er, hochkant stehend, die

Öffnung zu mir gewandt, seinen Inhalt ausgoss wie ein Füllhorn. Wenn dieser Vorgang kein befriedigendes Ergebnis brachte, wiederholte ich ihn so lange, bis mir das Bild gelungen schien.

Musik

Ich war neun Jahre alt, da bekam ich meine erste Platte. Es war eine Single; Frank Sinatra sang auf der A-Seite „Strangers in the Night". Ich hatte das Lied im Radio gehört, und was immer mich an diesem doch damals schon erkennbar antiquierten, orchesterumrauschten Schlager in den Bann zog – es war stark genug, dass ich darum bat, man solle mir die Platte kaufen. Eine Single kostete damals 4,95. Es war aber weniger der Preis, der meine Eltern zögern ließ, als vielmehr ein etwas ungewöhnlicher Begleitumstand meiner Bitte: Wir besaßen nämlich keinen Plattenspieler! Was um alles in der Welt wollte ich also mit einer Platte? Ich aber wusste schon, dass die Musik im Radio kam und ging, dass sie in der Hitparade stieg und fiel. Und „Strangers in the Night" wollte ich auf gar keinen Fall irgendwann einmal nicht mehr hören können. Was würde mir also später ein Plattenspieler nutzen, wenn dazu die Musik, die ich hören wollte, fehlte? Also wurde die Platte gekauft.

In unserem ländlichen Vorort sprach sich das schnell herum. Da hatte einer eine Platte, aber keinen Plattenspieler. Mein kräftiger Schulfreund vermittelte mich an seine Oma, eine alte Bauerswitwe, die auf dem Hof zwei altdeutsch möblierte Zimmer bewohnte und einen riesigen Grammofonschrank besaß. Dort saßen wir dann öfter, immer am späten Nachmittag, die Greisin in ihrem schwarzen Witwenkleid mit weißem Spitzenkragen, ihr stämmiger Enkel in kurzer Lederhose und ich; und immer wieder hörten wir zweimal die A-Seite von Sinatras großem Hit, komponiert von Burt Bacharach. Der Weg zu mir nach Hause führte durch die Küche des Hofs. Dort saßen die Bauersleute und die Knechte beim Abendbrot. Sie nickten mir schweigend zu; die Single trug ich unter dem Hemd.

Lateinlehrer

Unser erster Lateinlehrer war, aber wir nannten es anders, ein schwieriger Fall. An den ausbleibenden Beförderungen bemerkten auch wir mit den Jahren, dass er sich nicht nur mit den Schülern schlecht stand. Ganz spät erfuhren wir, dass er trank, und hatten dann eine Erklärung für den starken Geruch nach Hustendragees und Eukalyptus, der immer von ihm ausging, und für das Zittern seiner Hände. Doch lange Zeit mussten wir seine Kauzigkeiten für etwas Gegebenes und Unabänderliches halten, in das wir uns zu schicken hatten. Wir schlugen unseren Profit aus seinen Schwächen, indem wir ihn immer wieder zu allerlei Stoff- und Unterrichtsfremdem bewogen, ihn stundenlang von seinen Erlebnissen und Reisen erzählen ließen oder ihn in sinnlose Debatten über erzieherische Maßnahmen verstrickten. Wenn nichts anderes verfing, veranstalteten wir Wettbewerbe um das höchste Maß an Strafarbeiten, in deren Verlauf diese so umfangreich wurden, dass auf ihrer Ausführung zu bestehen unmöglich war. In den Klassenarbeiten betrogen wir schändlich, weil wir wussten, dass es dem Lehrer an Energie mangelte, uns unseren Betrug nachzuweisen.

Unsere Lateinkenntnisse waren mangelhaft bis ungenügend; spätere Lehrer konnten nichts mehr retten. In der Abschlussklasse gab man uns denselben Lateinlehrer wieder, als wollte man ihn, was er verdorben hatte, auch hinausschaffen lassen. Er gab schließlich fürs Reifezeugnis jedem die Note, die er bekommen hätte, wäre der Unterricht gut gewesen.

Die meisten Schulgeschichten, die ich erzähle, haben sich um diesen Lehrer herum abgespielt. Ohne ihn wären die wildesten, die komischsten und die misslungensten Streiche nie verübt, die schlimmsten Konfrontationen nicht ausgestanden worden. Wo uns seine gleichaltrigen Kollegen mit dem Stoff und den pädagogischen Konzepten fütterten, die älteren mit ihrer Ruhe und Autorität verschreckten, da stellte er sich uns als ein beschädigter Mensch und gab mit sich die Geschichten preis, die die anderen uns verwehrten.

Große Fahrt

Fast mit dem fünfzehnten Geburtstag erhielt ich ein Mofa, welche Abkürzung besagte, dass es einen Motor hatte, ansonsten aber verkehrstechnisch weiterhin als Fahrrad galt. Benzin brauchte es, den Führerschein nicht. Seine Höchstgeschwindigkeit war per Gesetz und Konstruktion auf 25 Stundenkilometer festgesetzt. Radfahrer, die das wollten, konnten mich auf dem Radweg, den ich benutzen musste, mühelos überholen. Aber der Bus hatte ausgespielt. Ich war frei.

Gleich an einem der ersten Tage beschloss ich, über Landstraßen, die Autobahn durfte ich nicht benutzen, in die nächste Großstadt zu fahren. Was Entfernung und Geschwindigkeit sind, habe ich an diesem kühlen Frühlingstag erfahren. Zwei Stunden dauerte es, bis ich in der fremden Stadt war, deren Labyrinth von Einbahnstraßen nur konstruiert schien, mich gleich wieder auszuspucken, mich nirgendwohin gelangen zu lassen, wo gewesen zu sein sich gelohnt hätte. Das Zentrum fand ich nicht und keinen Ort, an dem ich hätte absteigen mögen. Nichts gesehen, nichts erlebt, nichts gelernt, als dass ich, der ich mich befreit wähnte, der schwächste und hilfloseste Straßenbenutzer geworden war, fuhr ich frierend wieder zurück nach Hause.

Heiligabend

Mein schrecklichstes Weihnachtsgeschenk war eine Carrera-Bahn. Ich bekam sie genau ein Jahr, nachdem ich so furchtbar an einer Modelleisenbahn-Platte gescheitert war; und nun sollte es wieder, wenngleich viel schneller, im Kreis herum gehen.

Aber daher rührte der Schrecken nicht. Er hatte andere Gründe. Kurz vor der Bescherung saß ich in unserer Küche und wartete darauf, ins Weihnachtszimmer gerufen zu werden. Bis zu dieser Minute hatte ich es mit einem gewaltigen Aufwand an Weghören und Selbstüberredung noch gerade eben geschafft, mir den Glauben an das Christkind zu bewahren. An ein heiliges Geschöpf, wesenlos und überall gleichzeitig bei seiner wunderbaren Arbeit. Doch es fiel mir schwer. In meiner Welt aus Autos und Düsenflugzeugen und Fernsehen gab es keinen Platz mehr für das Übersinnliche.

Da kam meine Mutter aus dem Wohnzimmer. In der Hand hielt sie Streichhölzer und eine Packung jener kleinen roten Kerzen, die jedes Jahr das Christkind auf den Gabentisch stellte. Da konnte ich plötzlich nicht anders: Überführt! dachte ich und sagte es auch. Ertappt auf frischer Tat! Den Beweis in der Hand! – Und meine Mutter, die wohl selbst nur mit dem schlechtesten Gewissen ihrem Sohn noch immer ein Wunderwesen vorgaukelte, sie machte keine Anstrengung, das Christkind zu verteidigen. Sie gab alles zu.

Ich habe sehr geweint. Teils aus Erleichterung, teils aus Enttäuschung. Ich spüre noch die Hand meiner Mutter, als sie mich ins Wohnzimmer schob. Und ich musste auch geschoben werden, denn was erwartete mich wohl in dem Zimmer, in dem sich erstmals kein Wunder ereignet hatte? Mich erwartete die Carrera-Bahn! Und weil man ein Ding, das eben erst von Gott verlassen worden ist, niemals zu einem geliebten Spielzeug machen kann, deshalb ist die Carrera-Bahn bis heute das schrecklichste Geschenk, das ich jemals bekommen habe.

Fußball

Ich war gerade so alt, dass mein Vater mich mit ins Fußballstadion nehmen konnte, da stieg unsere Borussia in die Bundesliga auf. Das Gefühl, dabei gewesen zu sein, verpflichtete mich zu treuester Anhängerschaft. Ich verwahrte, jede auf ein großes, weißes Blatt geklebt, die Eintrittskarten zu den Spielen der Aufstiegsrunde. Im Jahr darauf zogen wir in einen Vorort, der noch etwas weiter entfernt von der Innenstadt lag, in der ich mich als Sextaner des dortigen Gymnasiums gerade heimisch zu fühlen begann. Nun fürchtete ich, kein Recht mehr zu haben, mich als Borussenanhänger zu betrachten. Meine Eltern bewiesen mir, dass auch der neue Wohnort innerhalb der Stadtgrenzen lag. Aber das nutzte nichts, ich fühlte mich ausgeschlossen oder zumindest unzureichend legitimiert.

Heute wohne ich weit weg von der Borussia; aber ich bin ein Anhänger geblieben. Man bekomme, sagt ein Schriftsteller, seine Kindheit über den Kopf gestülpt wie einen Eimer, und den Rest des Lebens rinne dann dessen Inhalt an einem herab. Dies ist ein unappetitliches Bild, aber ein gutes.

(Aus: Burkhard Spinnen: Das schrecklichste Geschenk, das ich jemals bekam. Die Kindheit ist ein Eimer, der uns über den Kopf gestülpt wird: Szenen meiner Jugend. In: Frankfurter Allgemeine Zeitung, 04. 05. 2004, Nr. 103, S. 40)

1 Charakterisieren Sie die Vorstellungen von Burkhard Spinnen über seine Kindheit und Jugend.
2 Erörtern Sie, ob die Bewertung seiner Impressionen auch ganz anders hätte ausfallen können.
3 Beurteilen Sie, welchen Stellenwert Kindheit und Jugend im gesamten Lebenszyklus einnehmen können.

Projektvorschlag
zum Thema „Eigener Lebenslauf“

Sie können…
- eigene Geschichten über Ihre ersten Jahre zu Papier bringen.
- eruieren, welche Rolle Erziehung in der eigenen Biografie bislang gespielt hat.
- Lebenskrisen und deren Bewältigung beschreiben und analysieren.
- usw.

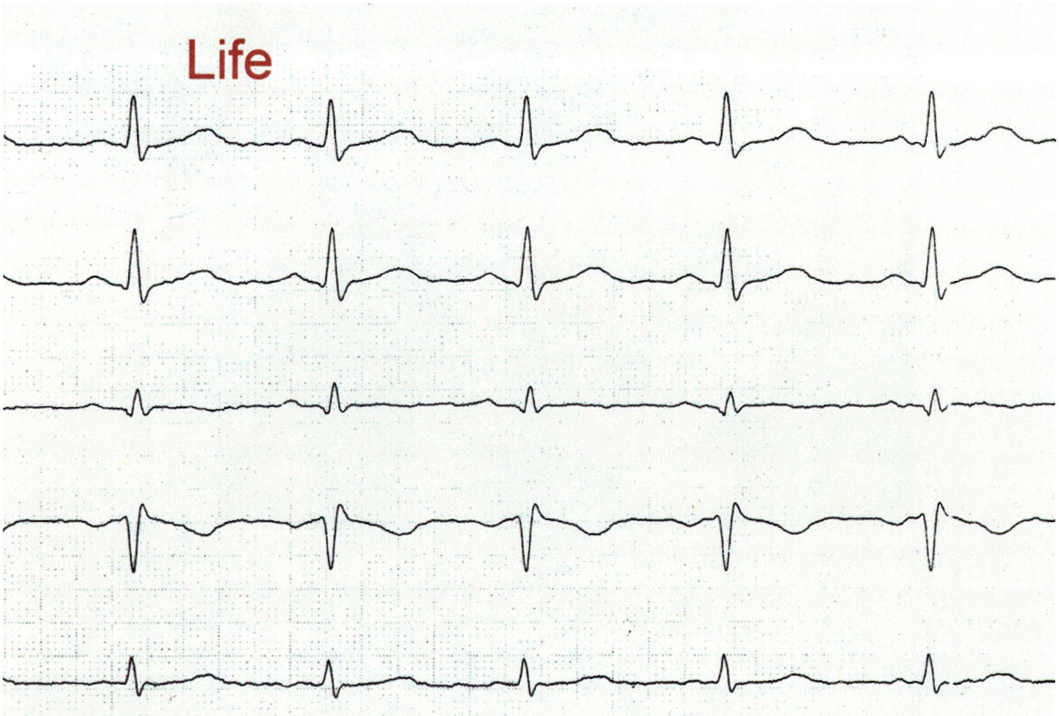

Miroslav Nevjel: „Life“
(© Inkognito, Berlin)

1.3 Entwicklung, Sozialisation und Erziehung in der Familie

1.3.1 Hinführung: Morris Rosenfeld, Mein Söhnchen – Ein Gedicht

(Foto: Georg Bubolz, Erkelenz)

Morris Rosenfeld (1861–1923), der 1886 nach Amerika ausgewandert ist, lässt sein lyrisches Ich, einen jüdischen Arbeiter New Yorks, zu Worte kommen. Dieser sieht seinen Jungen immer nur schlafend, nachdem er von seinem langen Arbeitstag nach Hause zurückgekehrt ist.

Ich hab' einen kleinen Jungen,
Ein gar feines Söhnchen.
Wenn ich ihn ansehe, dann scheint mir,
Dass mir die ganze Welt gehört.
Nur selten seh' ich ihn,
Meinen Schönen, wenn er wach ist.
Ich treff' ihn immer schlafend an,
Ich seh' ihn nur bei Nacht.
Die Arbeit treibt mich früh hinaus
Und lässt mich spät heimkommen.
Oh, fremd ist mir mein eigen Fleisch und Blut,
Oh, fremd ist mir der Blick meines Kindes.
Wenn ich zermürbt nach Hause komme,
In Finsternis gehüllt,
Dann erzählt mir mein blasses Weib,
Wie fein unser Kind spielt.
Wie süß es plaudert, wie klug es fragt:
Oh, Mutter, gute Mutter,
Wann bringt mir einen Penny
Mein guter, guter Papa?
Ich höre zu und ja, es muss,
ja, ja, es muss geschehn!
Die Vaterliebe flammt in mir auf:
Mein Kind, ich muss es sehn!
Ich steh' an seinem Bettchen
Und seh' und hör' und schau'.
Ein Traum bewegt seine Lippen:
„Oh, wo ist der Papa?"
Ich küsse die blauen Äugelein,
Sie öffnen sich, oh Kind!
Sie sehen mich,
Und schließen sich geschwind.
Da steht dein Vater, Teurer.
Da hast du einen Penny!
Ein Traum bewegt die Lippen:
„Oh, wo ist der Papa?"
Ich werde traurig und bedrückt,
Verbittert denke ich:
Wenn du endlich aufwachst, mein Kind,
Findest du mich nicht mehr …

(Aus: Hai und Topsy Frankl (Hrsg.), Jiddische Lieder, Fischer TB, Frankfurt/M. 1981, S. 136ff.)

1 Interpretieren Sie das Gedicht unter Würdigung seines zeitgeschichtlichen Hintergrunds.

2 Erörtern Sie, wie die Rolle des Vaters innerhalb der Familie aus der Perspektive des Gedichts bestimmt wird. Erschließen und beschreiben Sie auch die Rollen in der Familie, die nicht explizit genannt werden.

3 Entwerfen Sie ein „modernes Gedicht", in dem heute übliche familiäre Rollenkonstellationen zum Tragen kommen.

1.3.2 Familiäre Sozialisation – Heterogene Annäherungen

In der Regel steht zu Beginn der Sozialisation ganz zentral die Familie als Sozialisationsinstanz, der die primäre Sozialisation zukommt. Während früher ein klassisches Wirkungsmodell favorisiert wurde, dem gemäß hier etwa die emotionale Fundierung das Neugeborene soziabel machte (Soziabilisierung), in die Kultur/Lebenswelt einführte (Enkulturation) und eine Internalisierung von Werten ermöglichte (sekundäre soziale Fixierung), wird der Blick erweitert, insofern zunehmend auch die Einflüsse des Sozialisanden auf das Interaktionsgeschehen mitberücksichtigt werden. Die Entwicklung eines Individuums innerhalb der Familie wird in verschiedenen Modellen gefasst. Zur Diskussion der psychosexuellen Entwicklung stehen Überlegungen der Psychoanalyse nach Freud und Erikson, der kognitiven Entwicklung Piagets Modell, der moralischen Entwicklung Kohlbergs Stufenmodell, der Sprachentwicklung nach Gerd E. Schäfer, zur Entwicklung von Spielverhalten … Jede Entwicklung und Sozialisation verläuft nicht homogen. Daher sind stets auch heterogene Voraussetzungen und Tendenzen bei der Beschreibung und Reflexion solcher Vorgänge mitzubedenken. Zur Klärung des Begriffs Heterogenität der folgende Textauszug, der sich grundsätzlich mit Erziehungs- und Bildungsinstitutionen beschäftigt, allerdings die Schule in den Vordergrund rückt. Grundsätzlich gilt auch das, was im Hinblick auf Schule gesagt wird, entsprechend auch im Blick auf Familie als Sozialisationsinstanz.

Heterogenität meint im Zusammenhang mit institutionalisierter Bildung unterschiedliche Kategorien. Deren Aufgliederung verdeutlicht die Verwendungen von Heterogenität. Generell sind dabei institutionsinterne von -externen Kategorien zu unterscheiden:

- *Leistungsbedingte* Heterogenität meint im Lernprozess z. B. Unterschiede in Geschwindigkeit, Fähigkeit oder Bereitschaft und im Anschluss abweichende Ergebnisse. Bei diesem institutions*internen* Kriterium setzt die Institution die Leistungsanforderungen. Institution meint hier das Bildungswesen und seine Unterbereiche, nicht die Einzelschule.
- *Alters*heterogenität und Heterogenität des Entwicklungsstandes sind ebenfalls institutions*interne* Kriterien; die Idee der Jahrgangsklasse setzt erst als didaktische Erfindung Standards.
- *Sozialkulturelle* Heterogenität bekommt durch bestimmte soziale Erwartungen in der Schule Relevanz, die z. B. „kulturelles Kapital“ (Bourdieu 1983) voraussetzen. Dies wurde schon in den 1970er-Jahren als „Mittelschichtorientierung“ der Schule diskutiert und ist eine alte institutions*interne* Kategorie.
- *Sprachliche* Heterogenität hat mehrere Formen: Als dialektal oder soziokulturell bedingte Abweichung von Standardsprache ist sie eine schul*interne* Kategorie mit langer Tradition der Durchsetzung. Als ethnische bzw. migrationsbedingte Abweichung ist sie eher eine institution*externe* Kategorie, weil Politik die Schulsprache vorgibt.
- *Migrationsbedingte* Heterogenität wird zumeist als kulturelle diskutiert. Kulturelle Erfahrungen und Handlungsmuster weichen zum Teil von denen ab, die in der Schule als Standard gelten. Auch dies ist eine Mischung von institutions*interner* und *-externer* Kategorie. Die damit verknüpfte Kategorie „Kultur“ ist problematisch; der bildungsbezogene Umgang damit zeigt sich etwa in kulturspezifischen Zielen von Bildungseinrichtungen, die Richtlinien und Schulgesetze zum Ausdruck bringen.
- *Gesundheits- und körperbezogene* Heterogenität kommt von außen in Bildungsinstitutionen. Formen der Abweichung, als „Behinderung“ beschrieben, gewinnen in Schule durch die spezifische Organisation von Lernprozessen (medienorientiert, gleichschrittig usw.) und durch bauliche Gegebenheiten, z. B. Treppen, Bedeutung. Heterogenität wird so auch durch Bildungseinrichtungen hervorgerufen, ist also institutions*intern*. Andere Formen, wie z. B. physische oder psychische Erkrankungen,

Drogenabhängigkeit, Gewalterfahrungen, beeinträchtigen alle organisierten Erziehungs- und Bildungsprozesse, sind institutions*extern* und nur begrenzt von Bildungseinrichtungen zu beeinflussen.

- *Geschlechtsbezogene* Heterogenität kommt ebenfalls von außen in die Bildungseinrichtungen hinein. Die gesellschaftliche Festlegung von Geschlechtern und geschlechtsspezifischen Mustern wirkt in die Schule hinein und ist dort nur wenig zu beeinflussen.

Neben der institutionsinternen bzw. -externen Bedingtheit gibt es für Heterogenitätskategorien zwei weitere Muster: Heterogenität gilt als „soziales“ Phänomen, als Ungleichheit in einem Sozialzusammenhang, etwa einer Lerngruppe. Andererseits ergibt sich Heterogenität bezogen auf *Normalitätsvorstellungen* über die Schülerschaft. Dabei beschreibt Heterogenität Abweichungen vom gesetzten Standard, der ohne konkrete Gruppe existiert.

Solche Normalitätsvorstellungen sind bisher wenig erforscht. Ihre Analyse sowie der reflexive Umgang damit könnten Probleme im Umgang mit Heterogenität in Bildungseinrichtungen abschwächen (Wenning 1999 a, S. 132 f.),

(Aus: Norbert Wenning, Heterogenität als Dilemma für Bildungseinrichtungen, in: Sebastian Boller/Elke Rosowski/Thea Stroot (Hrsg.), Heterogenität in Schule und Unterricht. Handlungsansätze zum pädagogischen Umgang mit Vielfalt. Beltz Verlag: Weinheim und Basel 2007, S. 21–31 [25–27])

(Foto: Georg Bubolz, Erkelenz)

1.3.2.1 Die Macht der Familie – Von den Auswirkungen des Systems Familie auf die Mitglieder

Sie prägt unser Leben und entscheidet darüber, ob wir als Kinder glücklich und als Erwachsene erfolgreich sind. Wie sehr können wir unser Leben selbst bestimmen?

(© Luis Enrique Ascui/Getty Images)

Die Familie hat unbestreitbar einen prägenden Einfluss auf die Menschen und ihre Entwicklung. Glück und Erfolg können von der Familie abhängen.

Früher oder später muss der Satz ja fallen, wenn man über Familie spricht, darüber, wie sie das Leben formt, es bestimmt, einen nie wieder richtig loslässt: „Blut ist nun einmal dicker als Wasser", sagt Gert, dreifacher Vater, fünffacher Großvater, seit 15 Jahren mit einem Zahnarzt aus Berlin zusammen. Der 68-Jährige sitzt in seinem Trödelladen zwischen Kaffeekannen und bunten Vasen, ein Stockwerk höher wohnt seine Exfrau, im Haus nebenan seine Tochter Telse mit fünf Kindern, gerade ist sein Sohn aus der Stadt zu Besuch gekommen, und Gert denkt über Familie nach. Er zieht noch einmal am Zigarillo, schaut seinen Sohn an und sagt: „Dieses Zusammenhalten, dieses Füreinander-da-Sein, gerade wenn es jemandem schlecht geht, das ist für mich Familie."

Gerts Familie, Familie I. aus einer Kleinstadt in Norddeutschland, ist keine klassische Familie, aber eine typische. Heute sind Familien vielfältiger und dynamischer als früher, sie sind Beziehungsgeflechte, die sich ständig verändern, in denen Verbindungen reißen und an anderer Stelle neue entstehen. Manche Politiker mögen angesichts steigender Trennungszahlen und sinkender Geburtenraten den Niedergang der Familie beklagen, Konservative wegen Patchworkfamilien und homosexueller Eltern vor dem Ende aller Tradition warnen. Die Realität aber sieht anders aus: Familie lebt. Und sie ist lebendiger denn je.

„Es gab nie so viele Intensivfamilien: Eltern mit Wunschkindern, für die sie unglaublich viel tun", sagt Helmut Fend, emeritierter Professor für Entwicklungspsychologie an der Universität Konstanz, der seit mehr als 30 Jahren die Lebensläufe junger Menschen erforscht. Oft sind die Eltern weit über die Jugendzeit hinaus für ihren Nachwuchs da: Jede zweite Frau zieht erst dann bei ihren Eltern aus, wenn sie älter als 21 Jahre ist, jeder zweite Mann, wenn er älter als 24 Jahre ist. Mehr als zwei Drittel der über 60-Jährigen wohnen im selben Ort wie ihre Nachkommen, in der Nachbarschaft oder sogar im selben Haus – im Osten sogar drei Viertel. Nie hielten familiäre Bande länger als heute: Die Menschen leben so lange, dass viele Rentner noch Eltern haben. Und vieles deutet darauf hin, dass die emotionalen Bindungen zwischen den Generationen noch nie so stark waren.

Das hat weitreichende Folgen: Obwohl wir unsere Unabhängigkeit immer stärker beschwören, unsere Individualität, unsere Freiheiten, ist der Einfluss der Familie nach wie vor entscheidend. Zwar ist er subtiler als in Zeiten, da man selbstverständlich den Beruf der Eltern ergriff oder den Hof übernahm – aber nicht minder stark. Wie groß die Bildungschancen eines Menschen sind, welche politischen oder kulturellen Wertvorstellungen er hat oder wie zufrieden er mit seiner Beziehung ist – all das ist auch eine Frage seiner Herkunft, seiner Familie. Ob er glücklich wird, erfolgreich oder selbstbewusst. Jeder ist das Kind seiner Eltern, ist Teil einer Familie. Und damit unter Menschen aufgewachsen, gegenüber denen er sich positioniert, von denen er sich abgrenzt – und von denen er doch meist mehr übernimmt, als ihm lieb ist.

Je enger die Bindung ist, desto prägender wirkt die Sippe. Egal, ob sie friedlich war oder zerstritten, traditionell oder ausgeflippt, emotional oder sachlich, ernsthaft oder voller Leichtigkeit: Die Familie ist eine Schablone, die die Konturen des späteren Lebens vorgibt. Und wer daraus ausbrechen will, der muss sich dieser Vorgaben erst einmal bewusst werden.

„Ich bin überzeugt, dass die Familie einem ganz viel mitgibt", sagt Gerts Tochter Telse. Die 43-jährige Raumausstatterin, ältestes von drei Geschwistern, sitzt in ihrer Küche, die Wände hat sie hellgrün gestrichen, an der Wand hängt eine Tafel, auf der mit Kinderschrift geschrieben steht: „Mama, wir haben Dich lieb". „Ich habe meine Eltern immer als sehr mutig empfunden, sie haben uns sehr vertraut und uns viel Freiraum gelassen. Das hat mich geprägt, mein freies Denken kommt sicher daher", sagt Telse. Sie erinnert sich an Nachmittage, sie war vielleicht sechs, an denen sie mit dem kleinen Bruder und einem Picknickkorb in der Hand vom Haus der Eltern in den nahen Wald wanderte. Ein großes Abenteuer damals, das Gefühl unermesslicher Freiheit. Als sie ihre Mutter kürzlich darauf ansprach, ob das nicht leichtsinnig gewesen sei, antwortete diese, der Vater sei doch immer heimlich hinterhergegangen.

(Aus: Eva-Maria Schnurr, Mitarbeit: Alexandra Grossmann: Familie und Sozialisation. Die Macht der Familie; in: Die Zeit Wissen 1/2010, vom 03. 02. 2010 – 08:24 Uhr; aus: http://www.zeit.de/zeit-wissen/2010/01/Die-Macht-der-Familie – [01. 04. 2013])

1 Geben Sie den Gedankengang der Autorin wieder.

2 Zuweilen wird die Position vertreten, die Familie befinde sich in einer „Krise". Als Beleg werden angegeben: Reduzierung der Familie auf die Ehepartner, Abgabe der Pflege von Alten und Kranken an andere Institutionen, Teilen der Erziehungsfunktion mit anderen Erziehungsinstitutionen usw. Vergleichen Sie diese Position mit der von Eva-Maria Schnurr.

3 Erörtern Sie die – zu Beginn des Textausschnitts angesprochene – Auffassung, die Familie präge unser Leben wesentlich und entscheide darüber, ob wir als Kinder glücklich und als Erwachsene erfolgreich seien. Berücksichtigen Sie dabei u. a. auch, dass „das Schwergewicht der Einflussnahme im Beziehungsprozess einmal beim Kind, ein andermal bei den Eltern" (Klaus A. Schneewind) liegen kann, also nicht stets von einer einseitigen Einwirkung der Eltern auf die Kinder auszugehen ist.

4 Überprüfen Sie, ob die Überlegungen von Eva-Maria Schnurr hinreichend empirisch belegt sind. Greifen Sie gegebenenfalls auf Kapitel B. II, 3. in diesem Buch zurück.

(Foto: Georg Bubolz, Erkelenz)

1.3.2.2 „Grüne Eltern haben praktisch nur grüne Kinder" – zum Phänomen von „Transmission"

Telse schaut aus dem Küchenfenster hinaus in den Garten, wo ihre vier Söhne mit dem Kaninchen spielen, streicht der zweijährigen Tochter auf ihrem Schoß die Haare aus dem Gesicht: „Wenn man darüber nachdenkt, wie viel man übernimmt von seinen Eltern, wird man sich auch der Macht bewusst, die man als Mutter hat, und dass man sorgsam damit umgehen sollte."

Mithilfe von Langzeitstudien untersuchen Soziologen, Psychologen, Wirtschaftswissenschaftler und Pädagogen, inwieweit Telses Verdacht stimmt und Kinder auch als Erwachsene noch von ihrer Familie geprägt sind.

Helmut Fend beobachtete 2000 Menschen aus Telses Altersgruppe, die heute Anfang-40-Jährigen, vom 12. bis zum 35. Lebensjahr. Er fragte sie, wie ihr Lebensweg verlaufen ist und welche Rolle die Herkunftsfamilie darin spielt. Die Ergebnisse dieser LifE-Studie („Lebensläufe ins frühe Erwachsenenalter") bestätigen Telses Eindruck. „Wir haben überraschend enge Zusammenhänge zwischen der Herkunftsfamilie und den Einstellungen der Menschen festgestellt. So verändert sich eher die Persönlichkeit als das Wertegerüst, das einem das Elternhaus vermittelt hat", sagt Fend. Wer aus einer CDU-nahen Familie kommt, wählt zu 80 Prozent wieder CDU, unter den Grünen fällt die Quote noch höher aus: „Grüne Eltern haben praktisch nur grüne Kinder." Auch religiöse Werte werden vor allem im Elternhaus vermittelt. Und wer Vater und Mutter hat, die viel lesen, sich für Jazz interessieren oder ins Theater gehen, hat als Erwachsener deutlich häufiger ähnliche Vorlieben als Menschen, in deren Kindheit die ganze Zeit der Fernseher lief.

„Transmission“ nennen Forscher das Weiterreichen von Einstellungen, Verhaltensweisen oder Lebenschancen von Eltern an ihre Kinder. In zahlreichen Lebensbereichen haben sie solche Phänomene entdeckt, nicht immer nur gute: Kinder von Langzeitarbeitslosen werden, statistisch gesehen, selbst oft langzeitarbeitslos. Töchter von Teenagermüttern werden selbst häufig jung Mutter. Und Gewalt in Familien überträgt sich ebenso häufig über Generationen wie Missbrauch, Sucht oder Panikattacken.

All das wird keineswegs nur über die Gene vererbt. Denn in der Familie entfaltet alles seine Wirkung, was Menschen beeinflusst, auch Gelerntes und Gefühle. Verwandtschaft mag eine Frage der Biologie sein, doch Familie ist eine durch und durch kulturelle Angelegenheit, die es in dieser Form nur beim Menschen gibt. Sie entsteht nicht nur durch Blutsverwandtschaft, sondern etwa auch durch Recht, durch bestimmte Aufgaben und Besitz. Wer wen heiraten darf, wer zur Sippe gehört, welche Rollen Männer und Frauen spielen, wie Kinder aufgezogen werden und bei wem sie leben, nach welchen Gesetzen das Familienvermögen vererbt wird – all das hat sich über die Jahrhunderte verändert und unterscheidet sich noch heute in verschiedenen Kulturkreisen.

Forscher haben angesichts unzähliger, sich ständig wandelnder Familienformen Probleme, zu definieren, was Familie eigentlich ist. Meist verstehen sie darunter Menschen, die mit Kindern leben, egal, ob alle biologisch verwandt sind oder nicht. Allein deshalb müssen die Spuren, die die Familie im Leben jedes Einzelnen hinterlässt, neben biologischen auch soziale Ursachen haben.

Es hat daher auch nicht unbedingt mit Intelligenz zu tun, dass Kinder aus höheren Schichten hierzulande eine zwölfmal höhere Chance haben, Abitur zu machen, als Kinder aus Arbeiterhaushalten. „Das hängt vor allem damit zusammen, dass diese Eltern am meisten Energie in die Förderung ihrer Kinder investieren. Für Akademikereltern wird dies für viele Jahre zum Mittelpunkt ihrer Lebensgestaltung“, sagt Helmut Fend. Markus Neuenschwander, Professor für Pädagogische Psychologie an der Pädagogischen Hochschule Solothurn in der Schweiz, zeigte zudem, dass die Erwartungen der Eltern entscheidend dazu beitragen, wie gut der Nachwuchs in der Schule ist. Gerade in Mathe und Deutsch beeinflussten die Eltern die Leistungen bis zu 50 Prozent, sagt der Psychologe: Je höher die Erwartungen, je mehr man seinen Kindern zutraut, desto besser die Noten. Die Kinder halten sich dann selbst für besser und sind es auch.

Solche Zusammenhänge bemerken die Betroffenen selbst meist nicht. „Wenn Kinder die Erwartungen ihrer Eltern oder bestimmte Verhaltensweisen ihrer Familien übernehmen, spielt sich das in vielen Fällen unbewusst ab“, sagt die Hamburger Psychologin und Psychotherapeutin Brigitte Gemeinhardt, die generationsübergreifende Muster in den Familien Alkoholkranker untersucht hat.

Es ist das Zusammenspiel von Abschauen und Nachahmen, von Lernen, Lieben und Loyalitäten, das der Familie ihre Macht verleiht.

Unbewusst bestimmt sie sogar ganz persönliche Entscheidungen wie die Partnerwahl. Männer bevorzugen Frauen, deren Gesichter ähnliche Züge aufweisen wie das ihrer Mutter, Frauen wählen Partner, die Ähnlichkeiten mit dem Vater haben, fanden ungarische Wissenschaftler [...] heraus. Allerdings: War die Beziehung zum Vater schlecht, spielte dessen Aussehen bei der Partnerwahl offenbar keine Rolle – ein weiterer deutlicher Hinweis, dass nicht nur die Einflüsse der Biologie, sondern auch Erfahrungen entscheidend sind. Und die schlagen nicht nur bei der Wahl des Partners durch: Haben sich die Eltern oft gestritten, steigt auch die Wahrscheinlichkeit, dass die Beziehung der Kinder nicht allzu harmonisch verläuft, das gilt vor allem für die Töchter.

Telses Eltern trennten sich, als sie 18 war – ihre eigene Ehe scheiterte vor fünf Jahren; die vier Kinder, ein Haus, das mehr eine Ruine war und viel zu viel Kraft kostete, oft auch die Sorge ums Geld: Irgendwann gab es mehr Streit als Gemeinsames zwischen ihr und ihrem Mann Sven.

„Manchmal erschreckt mich das: Ich bin geschieden, meine Tochter auch, es ist, als würde sich alles wiederholen", sagt Telses Mutter Elisabeth.

Vielleicht hatte Telses Scheidung nichts mit der ihrer Eltern zu tun. Statistisch gesehen aber ist dies tatsächlich wahrscheinlich: In der LifE-Studie war das Scheidungsrisiko von Scheidungskindern in der Anfangszeit der Ehe doppelt so hoch wie das von Kindern, deren Eltern zusammenblieben. Die Vermutung der Forscher: Kinder aus Scheidungsfamilien sind früher eigenständig, heiraten eher – und die frühe Heirat erhöht das Trennungsrisiko.

(Aus: Eva-Maria Schnurr, Mitarbeit: Alexandra Grossmann: Familie und Sozialisation. Die Macht der Familie; in: Die Zeit Wissen 1/2010, vom 03. 02. 2010 – 08:24 Uhr; aus: http://www.zeit.de/zeit-wissen/2010/01/Die-Macht-der-Familie – [01. 04. 2013])

1 Fassen Sie die Hauptgedanken der Textautorin zusammen.
2 Erörtern Sie die wertvermittelnde Funktion von Familie.

(Foto: Georg Bubolz, Erkelenz)

1.3.2.3 Schon der Name entscheidet über Chancen im Leben mit – Zur Interdependenz von Entwicklung und Sozialisation

Leider dienen die Eltern in Beziehungsdingen meist nur als negatives Vorbild. Denn wer glücklich zusammenlebende Eltern hat, ist nicht unbedingt ein besserer Partner. So blieben zum Beispiel die Eltern von Sven, Telses geschiedenem ersten Mann, bis zum Tod des Vaters 45 Jahre lang verheiratet.

Schicksal ist ein großes Wort, aber Familie kommt dem schon ziemlich nahe. Schließlich hat jeder Eltern, die er sich nicht aussuchen konnte, und Geschwister, die einfach da waren. Er trägt lebenslang einen Namen, den andere ausgewählt haben, und bekommt das Erbgut der Familie ebenso wie Traditionen und Geheimnisse mit auf den Lebensweg. Untersuchungen der Oldenburger Erziehungswissenschaftlerin Astrid Kaiser belegen, dass schon der Name über Chancen im Leben mitentscheidet – Kevins und Mandys schätzen Lehrer weniger leistungsstark ein als Charlottes und Simons.

Doch wie sich die Familie auf das spätere Leben auswirkt, ob gut oder eher schlecht, hängt vor allem von einem ab: von der Kommunikation, der verbalen und der nonverbalen. Wer seine Eltern als Kind im Alter von etwa zehn Jahren unterstützend und zugewandt erlebt, kommt als junger Erwachsener sozial und emotional besser zurecht, zeigten die Regensburger Psychologen Klaus und Karin Grossmann. Ein weiteres Indiz liefern Versuche mit Ratten: Wurden diese von ihren Müttern kaum geleckt und mit wenig Körpernähe bedacht, waren sie später eher ängstlich. Die Erfahrungen, folgern die Forscher, verändern die genetischen Informationen im Gehirn der Rattenbabys derart, dass sie stressanfälliger werden. Die Ergebnisse zeigen, dass sich biologische Anlagen und Umwelt im Laufe des Lebens wechselseitig beeinflussen. Und weil die meisten Menschen ihre Jugend vor allem mit der Familie verbringen, hat diese eben einen enormen Einfluss.

Menschen etwa, deren Eltern autoritär waren, viel verboten und wenig auf sie eingingen, haben später öfter Suizidgedanken, weniger Sozialkompetenz und ein geringeres Selbstwertgefühl. Doch ein schlechtes Familienleben schadet nicht nur dem Einzelnen, sondern auch der ganzen Sippe: Familien, in denen Regeln mit Bestrafung und Demütigung statt mit Belohnung und Aufmerksamkeit durchgesetzt werden, geraten in eine Abwärtsspirale, erkannten Forscher vom Social Learning Center in Eugene im amerikanischen Bundesstaat Oregon. Die Kinder werden immer aggressiver, die Eltern auch, irgendwann ist die Situation hoffnungslos verfahren. Was aber passiert, wenn man lernt, Familienkonflikte ohne Streit und Aggression auszutragen? Die Wissenschaftler testeten das an alleinerziehenden Müttern. Und nach zweieinhalb Jahren zeigten sich überraschende Ergebnisse: Die Mütter waren zufriedener, verdienten mehr Geld als vorher und hatten stabilere Partnerschaften.

Solche Untersuchungen machen deutlich: Familie ist ein System, in dem jeder von jedem abhängt. Ändert sich ein Teil, spüren alle anderen die Folgen. So erziehen nicht nur die Eltern ihre Kinder, umgekehrt manipulieren auch die Kinder ihre Eltern mehr oder weniger bewusst, ihre Begabungen und Eigenheiten zu fördern: Sportliche Kinder bewegen ihre Eltern eher dazu, sie im Verein anzumelden, besonders intelligente luchsen Vater oder Mutter ständig neue Bücher ab.

Auch die Geschwister wirken in diesem verflochtenen Netzwerk aufeinander ein. Vor allem solche, die nicht mehr als drei Jahre auseinander sind: Weil sie um die Aufmerksamkeit der Eltern konkurrieren, grenzen sie sich voneinander ab, suchen Nischen, in denen sie einzigartig sind – und entwickeln auch dank dieser Abgrenzung eine eigene Identität.

„Wir sind auf der Welt, um uns zu unterscheiden“, hat Telses ältester Sohn Keno mal über die Beziehung zu seinem nächstjüngeren Bruder Boje gesagt: Der eine spielt stundenlang Gitarre und liest, der andere ist am liebsten in der Natur. Boje versteht sich am besten mit seinem nächstjüngeren Bruder Kaare – die beiden mittleren der vier Brüder halten zusammen.

Ein häufiges Muster: Selbst wenn Eltern noch so gerecht sein wollen, bekommen die ältesten und die jüngsten Geschwister doch tendenziell mehr Aufmerksamkeit als die „Sandwichkinder“ dazwischen.

Einzelkinder dagegen müssen keine Kämpfe ausfechten, sie können ihre Interessen daher später oft diplomatischer, weniger direkt durchsetzen. Die meisten Klischees über Einzelkinder stimmten ohnehin nicht, meint der Familienforscher Hartmut Kasten vom Staatsinstitut für Frühpädagogik in München. Sie seien weder besonders oft egozentrisch noch häufiger Einzelgänger. Freunde ersetzen für sie Brüder und Schwestern, sodass sie sich im Großen

Raue Zeiten für Familien?
(Foto: Georg Bubolz, Erkelenz)

und Ganzen nicht anders entwickeln als Geschwister.
Einen Nachteil haben sie jedoch ebenso wie Kinder, die nur unter Brüdern aufwachsen: Sie haben keine Schwestern. Denn die machen offenbar glücklich. Wer mit mindestens einem Mädchen an seiner Seite groß wird, fühlt sich als junger Erwachsener ausgeglichener und meistert Krisen besser, schrieben amerikanische Forscher kürzlich. Die mögliche Erklärung: Schwestern reden mehr über ihre Gefühle, fördern damit eine offene Kommunikationskultur in der Familie und stärken so das Gemeinschaftsgefühl.
Tatsächlich sind es meist Frauen, die Familien zusammenhalten. Stimmt das Verhältnis zu den Eltern, bleiben junge Frauen länger zu Hause, sie fühlen sich verpflichtet, Mutter und Vater zu unterstützen. Im Gegensatz zu jungen Männern: Verstehen sich diese gut mit ihren Eltern, werden sie eher selbstständig – und ziehen aus.
Ebenso sind es fast immer Frauen im mittleren Alter, die die Verwandtschaft vernetzen. Sie rufen Onkel zu Geburtstagen an, organisieren Sippentreffen, geben Klatsch und Tratsch weiter.

(Aus: Eva-Maria Schnurr, Mitarbeit: Alexandra Grossmann: Familie und Sozialisation. Die Macht der Familie; in: Die Zeit Wissen 1/2010, vom 03. 02. 2010 – 08:24 Uhr; aus: http://www.zeit.de/zeit-wissen/2010/01/Die-Macht-der-Familie – [01. 04. 2013])

1 Geben Sie die zentralen Überlegungen der Textautorin wieder.
2 Erläutern Sie anhand selbst gewählter Beispiele, wie sich biologische Anlagen und Umwelt im Laufe des Lebens wechselseitig beeinflussen.
3 Erörtern Sie, ob die Wahl des Vornamens tatsächlich schon über zukünftige Lebenschancen mit entscheidet.

1.3.2.4 Kommunikation ist der Kitt im System Familie – Zum Spracherwerb als Teil von sozialer Entwicklung

Kommunikation ist eben der Kitt im System Familie. Sie sorgt dafür, dass der eine weiß, was den anderen beschäftigt, dass Nähe und Vertrautheit herrschen. Und sie lässt eine Familienidentität entstehen, ein Wirgefühl, einen bestimmten Blick auf die Welt, der die Sippe zusammenschweißt und besonders macht. In jeder Familie gelten andere Regeln, andere Rituale, andere Glaubenssätze. Jede streitet anders, zeigt Zuneigung anders, feiert anders.
Da gibt es Familien, für die Weihnachten ohne den gemeinsam bereiteten Lachstatar misslungen wäre, andere, die nicht feiern, bevor die gläserne Trompete von Oma am Tannenbaum hängt, und solche, die es zum Ritual gemacht haben, keine festen Bräuche zu haben, sondern gemeinsam zu entscheiden, wie man denn in diesem Jahr feiern möchte.
In Telses Familie werden Geburtstage immer zelebriert. Abends bügelt Telse die rosa-orangefarbene Geburtstagstischdecke und backt Kuchen, morgens versammelt sich die ganze Familie dann am Fuß der Treppe und nimmt, noch im Schlafanzug, das Geburtstagskind in Empfang. „Ich habe Telse immer um ihre Geburtstagsrituale beneidet. Bei uns in der Familie gab es so etwas nicht“, sagt Telses Exmann Sven. Familien, die Ritualen viel Bedeutung beimessen, sind glücklicher, stellte die amerikanische Familienforscherin Barbara Fiese fest: Die Eltern sind mit ihrer Beziehung zufriedener, und die Kinder haben seltener Verhaltensprobleme. Oft werden die Bräuche über Generationen weitergegeben: 65 Prozent der befragten Großeltern sagten in einer amerikanischen Untersuchung, dass sie Rituale aus ihrer Familie bei ihren Kindern oder Enkeln wiederentdeckten.
Doch nicht nur Feste, auch den Alltag strukturieren Rituale und Regeln. Wie begrüßt man sich? Wer übernimmt welche Aufgabe? Und wie redet man miteinander? Wer mit einer fremden Familie beim Essen sitzt, fühlt sich bisweilen wie bei einem fremden Volksstamm – nur wer dazugehört, versteht die Regeln, Abläufe und Umgangsformen.

Die Soziologin Angela Keppler hat typische Familiensituationen untersucht und festgestellt: Familien erzählen oft die immergleichen Geschichten, reden auf typische Art miteinander über ähnliche Themen. Dabei kommt es gar nicht so sehr darauf an, dass alle Familienmitglieder die gleiche Sicht auf die Dinge haben, sondern dass sie sich einig sind, auf welche Weise sie mit unterschiedlichen Meinungen umgehen.

So entstehen Gewohnheiten und Regeln, die Kinder übernehmen – oder gegen die sie sich abgrenzen. „Meine Eltern haben sich nur gestritten. So wollte ich auf keinen Fall leben", erzählt Telses Schwiegermutter Gudrun. „Ich habe deshalb meistens nachgegeben, um des lieben Friedens willen." Eigentlich wollte sie immer weg von den Eltern, anderswo leben. Doch dann heiratete sie früh und baute mit ihrem Mann ein Haus – auf dem Nachbargrundstück der Eltern, in Rufweite der Mutter, die sie immer als herrisch und dominant empfunden hatte. „Bei uns gab es keine offenen Konflikte, meine Mutter war geradezu harmoniesüchtig, ist Konfrontationen immer aus dem Weg gegangen. Ich musste mir richtig antrainieren, mit Konflikten umzugehen", sagt Sven, Gudruns Sohn und Telses Exmann, während er bei Chips und Bionade am Esstisch seiner Eineinhalb-Zimmer-Wohnung sitzt, ein paar Minuten zu Fuß von dem Haus entfernt, in dem Telse mit den Kindern lebt.

Die Hamburger Psychologin Brigitte Gemeinhardt sucht verbreitete Muster in der Familiengeschichte: Dazu zeichnet sie sogenannte Genogramme auf, eine Art von Stammbäumen, bei deren Betrachtung manchmal klar wird, dass eine Familie schon über Generationen auf die gleiche Weise streitet oder dass ein Familiengeheimnis seit Ururomas Zeiten alle bedrückt. Manche Therapieforscher sind davon überzeugt, dass man die vorherigen drei Generationen einbeziehen muss, will man die Emotionen in einer Familie, die Loyalitäten oder die unbewussten Verpflichtungen verstehen.

„Viele Menschen arbeiten sich ihr Leben lang an den unbewussten Aufträgen ihrer Eltern ab", sagt Gemeinhardt: Aus Loyalität leben sie immer ein bisschen das Leben der Eltern weiter. Da denken Frauen, sie dürften nicht glücklicher sein als ihre immer unglückliche Mutter – und suchen sich Partner, mit denen es nie funktioniert. Da verlassen Väter ihre Familie, obwohl sie genau das an ihrem Vater verachtet haben. Oder Paare leben jahrelang aneinander vorbei, weil in der einen Familie ein bestimmtes Verhalten – Schweigen zum Beispiel – schon von jeher eine völlig andere Bedeutung hatte als in der anderen.

„Die Menschen tun eben das am liebsten, was ihnen von klein auf vertraut ist. Das gibt ihnen Sicherheit, denn sie können es ja auch am besten", erklärt Gemeinhardt. Ergebnisse der Lernforschung kommen zum gleichen Schluss. Immer wenn Menschen etwas lernen, sei es bewusst oder unbewusst, bilden sich neue Verknüpfungen zwischen Nervenzellen im Gehirn. Je häufiger das Gelernte dann wiederholt wird, desto dichter werden die Verbindungen. So fällt das Immergleiche ganz leicht, während neue Verhaltensmuster mühsam gelernt werden müssen.

Was Hänschen lernt, verlernt Hans also nimmermehr? Können wir dem Schicksal, das unsere Familie für uns vorzeichnet, nicht mehr entrinnen? Zum Glück gibt es Auswege, denn die menschliche Entwicklung endet nicht mit Anfang 20, selbst das Gehirn und wahrscheinlich auch die genetische Aktivität verändern sich bis ins hohe Alter – und das kann jeder beeinflussen. „Wichtig ist, dass man sich bewusst macht, was man von den Eltern oder Großeltern übernommen hat und warum, und dann entscheidet, ob man es beibehalten möchte oder nicht", sagt die Therapeutin Gemeinhardt.

(Aus: Eva-Maria Schnurr, Mitarbeit: Alexandra Grossmann: Familie und Sozialisation. Die Macht der Familie; in: Die Zeit Wissen 1/2010, vom 03. 02. 2010 – 08:24 Uhr; aus: http://www.zeit.de/zeit-wissen/2010/01/Die-Macht-der-Familie – [01. 04. 2013])

1 Nennen Sie die Hauptgedanken des Textabschnittes.

2 Erörtern Sie die Bedeutung der in der Familie erworbenen Kommunikationsstrukturen und Kommunikationsmuster für die weitere Entwicklung.

Großmutter und Enkel
(Foto: Georg Bubolz, Erkelenz)

1.3.2.5 „Trennungen schaden Kindern nicht per se – wirklich?" – Zur Erforschung von Wirkungen parentaler Konflikte

Telses Mutter Elisabeth, die von einem Bauernhof in Schleswig-Holstein stammt, hatte sich zum Beispiel entschieden, anders zu leben als ihre Familie – ihre Kinder sogar anders zu erziehen. „Meine Eltern waren sehr konservativ, ich hatte sehr wenig Freiräume", erzählt sie. „Ich habe das als Last empfunden, ich wollte mich daraus lösen. Und ich wollte meinen Kindern unbedingt mehr Freiheit vermitteln." So ließ sie Telse gewähren, als die mit 14, 15 häufiger in der Stadt bei Freunden als zu Hause war, mit flauem Gefühl im Bauch manchmal, doch in dem Vertrauen, dass Telse ihren Weg schon gehen werde.

In der Familie muss sich Geschichte nicht wiederholen. Wer sich abgrenzt, auflehnt, alles anders machen will, tut dies jedoch fast immer auf die Art seiner Herkunftsfamilie. Auch dann ist diese der Maßstab, nur diesmal im Negativen, das Beispiel, wie man es nun ganz bestimmt nicht machen will.

Allerdings deuten Umfragen darauf hin, dass Generationskonflikte, wie sie die Nachkriegsgeneration und deren Nachkommen, die 68er, zerrissen, heute seltener sind. In der Shell-Jugendstudie von 2006 behaupteten neun von zehn Jugendlichen, dass sie mit ihren Eltern bestens auskämen, zwei Drittel würden auch ihre Kinder erziehen, wie sie erzogen wurden. „Ich habe nicht bewusst entschieden, vieles anders zu machen als meine Eltern, dazu bin ich viel zu nah an meiner Mutter dran", sagt auch Telse. Trotzdem: Zumindest mit der Trennung möchte sie anders umgehen als ihre Eltern. Weil sie darunter litt, dass der Kontakt zum Vater so schlecht wurde, achtet sie darauf, dass das Verhältnis der Kinder zu ihrem Exmann gut bleibt und dass sie auch als Trennungsfamilie Wichtiges gemeinsam erleben: „Als Kaare im Herbst in die fünfte Klasse kam, waren Sven und ich bei der Schulanfangsfeier dabei – das war richtig schön."

Gut möglich, dass sie durch dieses Verhalten die Scheidungsgeschichte ihrer Familie stoppt. „Trennungen schaden Kindern nicht per se", fasst der Familienforscher Wolfgang Bohrhardt von der Hochschule Coburg den Stand der Forschung zusammen. Nur wenn die getrennten Eltern auch nach der Trennung viel stritten oder wenig Erziehungskompetenz mitbrächten, drohten Spätfolgen.

Es gibt in der Entwicklung von Menschen eben nichts Vorbestimmtes. Ständig verändert sich etwas, eines ergibt das andere. Man kann sich einen Lebensweg vorstellen wie die Bahn einer Flipperkugel: Einmal abgeschossen, verändert sie die Richtung immer wieder, je nachdem, worauf sie stößt. Und im echten Leben sind es meistens Menschen, die einen in die eine oder andere Richtung lenken – und dafür sorgen, dass manchmal sogar schwierigste Familienverhältnisse keine Folgen haben. Die deutschamerikanische Psychologin Emmy Werner beobachtete seit den fünfziger Jahren 700 Kinder auf Hawaii von ihrer Geburt bis zum 40. Lebensjahr. Sie stellte fest, dass ein Drittel der Kinder, die unter schlechten Bedingungen aufwuchsen – mit Eltern, die sie vernachlässigten oder misshandelten –, trotz aller Widrigkeiten mit 40 Jahren gut im Leben standen. Diese Kinder hatten feste Vertrauenspersonen außerhalb der Familie: Nachbarn, Freunde, Lehrer oder ältere Geschwister, die ihnen Halt gaben.

Es kommt drauf an, was man aus dem macht, was man mitbekommen hat. Zwar ist die Familie „die zentrale lebensbegleitende Instanz", wie es Fend nennt, zwar sind Verwandte wichtige Vertraute – aber eben nicht die einzigen. Die LifE-Studie jedenfalls ergab: Im Laufe des Lebens gewinnen Freunde und Partner an Einfluss – und natürlich die eigene, neue Familie. Dass man die braucht zum Glück, davon sind zwei Drittel der Menschen fest überzeugt. Zu Recht, das zeigen Studien: Menschen mit Familie sind tatsächlich zufriedener.

(Aus: Eva-Maria Schnurr, Mitarbeit: Alexandra Grossmann: Familie und Sozialisation. Die Macht der Familie; in: Die Zeit Wissen 1/2010, vom 03. 02. 2010 – 08:24 Uhr; aus: http://www.zeit.de/zeit-wissen/2010/01/Die-Macht-der-Familie – [01. 04. 2013])

1 Geben Sie wieder, was der Text über Trennungen zu sagen hat.
2 Erarbeiten Sie, was im Text über Konflikte der Ehepartner miteinander gesagt wird. Vergleichen Sie dies mit den Aussagen aus dem folgenden Text.

Vor allem chronisch ungelöste Konflikte zwischen den Eltern lösen bei Kindern auf direktem Wege gehäuft Verhaltensauffälligkeiten im Sinne externalisierenden (d. h. abweisenden, aggressiven, antisozialen) und internalisierenden (d. h. scheuen, ängstlichen, depressiven) Verhaltens aus – dies umso mehr, wenn die Kinder selbst Gegenstand des Konflikts sind (Cummings/Goeke-Morey/Graham 2002; Grych/Cardoza-Fernandez 2001). Im Gegensatz dazu haben elterliche Konflikte, die auf konstruktive Weise ausgetragen werden, einen positiven Modellierungseffekt für Kinder (Goeke-Morey et al. 2003). Insofern lassen sich je nach Qualität der elterlichen Konfliktregulation negative und positive „spillover"-Effekte (Übertragungseffekte; Anm. des Hrsg.) nachweisen. Welche Prozesse im Falle destruktiver Elternkonflikte auf Kindseite eine Rolle spielen, ist teilweise noch nicht geklärt, obwohl die emotionale Sicherheitshypothese von Davis und Cummings (1998), wonach Kinder vor allem Angst empfinden und deswegen eine Herstellung positiver Elternbeziehungen anstreben, in einer Reihe von Studien empirisch bestätigt wurde.
Darüber hinaus können massive Elternkonflikte auch die Qualität der Eltern-Kind-Beziehung beeinträchtigen und auf diesem indirekten Wege abträgliche Auswirkungen auf die kindliche Entwicklung haben. [...] Die abträglichen Effekte anhaltender interparentaler Konflikte in Scheidungsfamilien auf die Entwicklung von Kindern konnten z. B. Schmidt-Denter und Beelmann (1997) in einer mehrjährigen Längsschnittstudie nachweisen.

(Aus: Klaus A. Schneewind: Sozialisation in der Familie, in: Klaus Hurrelmann/Matthias Grundmann/Sabine Walper (Hrsg.), Handbuch Sozialisationsforschung. 7. Auflage, Beltz Verlag: Weinheim und Basel 2007, S. 265)

3 Beurteilen Sie die These, Trennungen schadeten den Kindern nicht per se.

1.3.3 Sozialisation und Erziehung in der Familie – Elemente zur Weiterarbeit

Der Erziehungswissenschaftler Herbert Gudjons fasst zusammen:

Zu der Pluralität der Lebensformen in der modernen Gesellschaft zählt auch die Familie. Ein wichtiger Wandel liegt heute bereits darin, dass – im Unterschied zur traditionellen Bedeutung der Familie in den vergangenen Jahrhunderten – die Familienphase (tendenziell als Kleinfamilie) nur noch ein Viertel der Lebensspanne ausmacht. (Nave-Herz 2002) Vorher liegen die unterschiedlichsten Formen nichtehelichen Zusammenlebens (oder Alleinlebens), ebenso lang ist der postfamiliale Lebensabschnitt.
Für die Sozialisation des Nachwuchses ist die Familie von höchster Bedeutung (Nave-Herz/Markefka 1989, Nave-Herz 2002, 2004, Marotzki/Nohl/Ortlepp 2005, zum Folgenden: Schneewind 2005, 2008). Die Familie wirkt als System mit folgenden Merkmalen: Es grenzt sich von andern Systemen (z. B. Nachbarn) ab, bildet spezifische Beziehungsmuster zwischen den Mitgliedern aus, es gibt Subsysteme, Koalitionen und Allianzen. Auch ist das System eine sich ständig im Lebensverlauf wandelnde und entwickelnde Einheit, die ein inneres Gleichgewicht zu halten hat. Es hat sich ständig anzupassen, z. B. an innere Veränderungen (z. B. Beziehungskrisen) und äußere (z. B. Wiedereintritt der Frau ins Berufsleben). Das System wird auch von Kindern (und Eltern) je nach „Eintrittszeitpunkt" eines Kindes unterschiedlich erlebt. Das drittgeborene Kind findet ein Beziehungsnetz und Umweltbedingungen vor, die sich erheblich von denen des erstgeborenen unterscheiden (non-shared environment). So wird dieselbe Familie zu unterschiedlichen „Familien".

Im Kontext der Familie kommen den Eltern als zentrale Aufgaben zu: Aufbau entwicklungsförderlicher Beziehungen, Pflege, Erziehung und Bildung (Eltern beeinflussen nicht nur die sozio-emotionale, sondern auch die kognitive Entwicklung der Kinder erheblich!), wobei die Kinder als nicht zu unterschätzende Akteure das Geschehen in der Familie mitgestalten. Darüber hinaus ist (begrifflich kontrovers) eine Selbstsozialisation bzw. -erziehung zu beobachten (z. B. beim Alleinspielen von Kindern). Im Mittelpunkt der Sozialisation durch die Familie stehen die „kindbezogenen Entwicklungseffekte" (Schneewind 2008, 259 ff.). Sie lassen sich (über die Wirkung des Gesamtfamiliensystems hinaus, s. u.) als Wirkungen von drei Subsystemen darstellen.

a) Eltern-Kind-Subsystem: Von zentraler Bedeutung für die kindliche Entwicklung sind zwei Verhaltensmuster der Eltern in der Interaktion mit ihren Kindern: Responsivität (also angemessenes und promptes Reagieren auf kindliche Signale) und Wärme (also Bekundung positiver Emotionalität im Umgang mit dem Kind), – beides aber im rechten Maß und situationsangemessen! Die Beziehungsqualität muss auch für eine sichere Bindungsbeziehung sorgen, ein Aspekt, der in der neueren Bin-

(Foto: Georg Bubolz, Erkelenz)

dungsforschung stark betont wird (Fuhrer 2008). Ganz praktisch zeigt sich diese Qualität im elterlichen Erziehungsstil. Am günstigsten ist ein „autoritativer" Erziehungsstil (Eltern stellen hohe Anforderungen, sind aber zugleich emotional zugewandt) gegenüber einem „autoritären" Stil (Eltern stellen hohe Anforderungen, bleiben dabei aber emotional in einer ablehnenden Haltung) und einem „permissiven" Stil (Eltern stellen geringe Anforderungen, kombiniert mit einer liebevollen Haltung).

Ausgehend von den drei kindlichen Grundbedürfnissen nach Bezogenheit, Kompetenz und Autonomie sind von ausschlaggebender Bedeutung: „vor allem elterliche Responsivität und emotionale Wärme (d. h. Befriedigung des Bedürfnisses nach Bezogenheit), emotionale und sachbezogene Unterstützung (d. h. Befriedigung des Bedürfnisses nach Kompetenz) sowie ein Minimum an autonomieeinschränkender Kontrolle und angstprovozierenden Disziplinierungsmaßnahmen (d. h. Befriedigung des Bedürfnisses nach Autonomie) …" (Schneewind 2008, 263)

b) Auswirkungen des Ehe-/Eltern-Subsystems auf die Kinder: Vor allem chronisch ungelöste Konflikte der Eltern sind gehäuft Ursache von Verhaltensauffälligkeiten von Kindern (aggressiv, antisozial, aber auch scheu und depressiv). Dies gilt umso mehr, wenn Kinder selbst Konfliktgegenstand sind. Belegt sind auch abträgliche Effekte anhaltender Elternkonflikte in Scheidungsfamilien auf die Entwicklung von Kindern (ebd. 265). Im Gegensatz dazu tragen harmonische und emotional warme (auch mit dem Element konstruktiver Konfliktlösung!) Eltern-Kind-Triaden zu positiven Entwicklungseffekten bei (übrigens auch bei geschiedenen Eltern).

c) Geschwister- und Eltern-Geschwister-Beziehungen: Geschwisterbeziehungen untereinander und die Beziehung, die Eltern zu dem jeweils andern Geschwisterkind pflegen, können zu entwicklungshemmenden Auswirkungen führen. Insbesondere ein chronischer Geschwisterkonflikt kann Verhaltensstörungen begünstigen. Aber es gibt auch gesicherte Belege für positive Effekte (ebd. 266): gegenseitige Unterstützung in belastenden Situationen (Todesfall in der Familie, Arbeitslosigkeit), ältere Geschwister als Tutoren im Problemlöseverhalten der jüngeren, frühere Fortschritte in der sozial-kognitiven Entwicklung bei Geschwisterkindern.

Nicht übersehen werden darf natürlich die Wirkung des Gesamtsystems Familie, z. B. ist das „Familienklima" mitverantwortlich für die Förderung von Kontrollüberzeugungen (also wieweit man sich selbst für verantwortlich für das eigene Handeln hält); der Anregungsgehalt einer Familie beeinflusst maßgeblich die sozioemotionale und die kognitive Entwicklung der Kinder (intellektuelle Leistungsfähigkeit und intrinsische Motivation); schließlich sind Familienrituale (z. B. Geburtstagsfeiern) wichtig für das eigene Selbstwertgefühl von Kindern und (vor allem positive) Familiengeschichten fördern das familiale Selbstbewusstsein und das Werteprofil. Erfreulich ist auch der Wandel der Erziehungsziele, die in den letzten Jahrzehnten einer erheblichen zeitgeschichtlichen Dynamik unterworfen waren: Hatte in den 50er und 60er Jahren noch ein erheblicher Anteil der Eltern Gehorsam und Unterordnung für die höchsten Ziele gehalten, so sind es heute eher Selbstständigkeit und freier Wille. Empirische Studien (Marotzki/Nohl/Ortlepp 2005) zeigen den damit verbundenen Wandel der Familie vom „autoritären Befehlshaushalt" zum „Verhandlungshaushalt" mit eigenen Freiräumen für die Kinder. […] Über diese Tendenzen hinaus gibt es natürlich eine Fülle von Ergebnissen zu den aktuellen Problemen der Familie – von Alleinerziehenden über Scheidungsanstiege bis zu besonderen Konfliktlagen in (immer noch nicht voll legitimierten) neuen Formen familialen Zusammenlebens […].

(Aus: Herbert Gudjons, Pädagogisches Grundwissen, 10. Auflage, Klinkhardt UTB, Bad Heilbrunn 2008, S. 165–168)

1 Geben Sie den von Gudjons entwickelten Gedankengang wider.

2 Erörtern Sie, welche pädagogischen Konsequenzen sich aus der Darstellung von Gudjons ergeben. Berücksichtigen Sie dabei Interdependenzen von Sozialisation und Erziehung.

2. Pädagogisches Handeln und Modelle der Beschreibung psychosexueller und psychosozialer Entwicklung: Sigmund Freud, Anna Freud und besonders ihr Schüler Erik H. Erikson

Um die Entwicklungstheorie des Neo-Psychoanalytikers Erik H. Erikson angemessen verstehen zu können, ist es erforderlich zu wissen, inwiefern seine Vorstellung menschlicher Entwicklung auf den Überlegungen Sigmund Freuds aufbaut. In den folgenden Texten geht es daher zunächst um Sigmund Freuds psychoanalytische Entwicklungsvorstellung, Grundbegriffe der Psychoanalyse sowie um die Übernahme und Ausprägung dieser Lehre bei seiner Tochter Anna, die wesentliche Impulse ihres Vaters für die Kinderanalyse fruchtbar gemacht hat. Der Schüler Anna Freuds, Erik H. Erikson, hat diese Entwicklungslehre aufgegriffen und modifiziert. Sein Beitrag kommt zur Sprache, bevor schließlich auch einzelne Aspekte der Psychoanalyse in einem Beitrag von Heinrich Zankl einer kritischen Würdigung unterzogen werden.

2.1 Hinführung: „Nie mehr allein“ (Amelie Fried) – Gedanken einer Mutter

Niemals werde ich diesen Junimorgen vergessen. Vor den großen Fenstern des Kreißsaals zwitscherten die Vögel, diesiges Morgenlicht drang in den Raum. Es war zehn vor sieben, und ich hielt mein erstes Kind im Arm.

Staunend betrachtete ich den verknautschten kleinen Kerl, der zweifellos wie eine Mischung aus E.T. und einer Schildkröte aussah. Trotzdem erschien er mir wunderschön.

Ich empfand nicht dieses Gefühl von grenzenloser Freude oder Euphorie, das ich mir vor der Geburt ausgemalt hatte. Es war eher Neugier, mit der ich dieses Wesen betrachtete, das gerade einen Weg von wenigen Zentimetern zurückgelegt hatte und doch aus einer anderen Welt zu kommen schien.

Ich suchte nach etwas Vertrautem, etwas, das ich wiedererkannte. Schließlich war dieses Kind ein Teil von mir, da musste doch was Verwandtes sein? Ich fand nichts. Ein ganz und gar eigenständiges Wesen lag vor mir, nicht etwa eine Teilsumme meiner selbst.

Gerührt war ich. Von der Hilflosigkeit dieses Menschleins. Und von den Freudentränen, die sein Vater gerade vergoss. Ich fand es immer ein bisschen peinlich, Männer aus Kummer weinen zu sehen. Ich fühle mich einfach hilflos angesichts eines in Tränen aufgelösten Kerls, dem gerade die Freundin weggelaufen ist oder dem einer das Auto zu Schrott gefahren hat. Aber dass mein Mann vor Freude weinte, vor Glück und aus Erleichterung, das fand ich wunderbar! Überhaupt war ich stark beeindruckt, welche Qualitäten er als Geburtshelfer an den Tag gelegt hatte. Als hätte er nie was anderes gemacht, hatte er mich in den vergangenen Stunden gehalten, beruhigt und angefeuert, je nachdem, was nötig war. In Extremsituationen (und das ist eine Geburt zweifellos) erfährt man Dinge über einen Menschen, die man vorher nicht wusste. Ich wusste jetzt, der Mann hatte Nerven wie Drahtseile – zumindest, solange es darauf ankam!

Ein bisschen verunsichert war ich schon, dass ich nicht vom Mutterglück überschwemmt wurde, ja, nicht mal weinen konnte. War das normal, dieses merkwürdige Gefühl von Leere, diese innere Ruhe, die leichte Distanz zu den geschäftigen Vorgängen im Kreißsaal? Ich wollte ihn nur immer anschauen, meinen Sohn, sein Bild in mich aufnehmen. Zumal ich panische Angst hatte, dass er vertauscht werden könnte. Ich merkte mir ein kleines Muttermal neben seinem Ohr, damit man mir auf keinen Fall ein anderes Baby würde unterjubeln können!

Als am Abend eine Schwester kam und Leo für die Nacht ins Säuglingszimmer bringen wollte, protestierte ich heftig. Keine Sekunde würde ich mein Kind aus den Augen lassen! Nur die bleischwere Müdigkeit, die mich nach den zwei durchwachten Nächten befallen hatte, schwächte meinen Widerstand. Schließlich ließ ich mich überreden, Leo herzugeben. Also gut, dann würde ich mich jetzt einfach richtig ausschlafen, das hatte ich mir wirklich verdient! Ich war sehr erstaunt, dass die Nacht bereits nach vier Stunden zu Ende war. Das Telefon neben meinem Bett klingelte und die Schwester rief mich ins Säuglingszimmer. Mein Sohn dachte nicht daran, seine erschöpfte Mutter schlafen zu lassen. Er hatte Hunger und brachte dies durch martialisches Gebrüll zum Ausdruck. In diesem Moment ging mir ein Licht auf. Mit der Geburt war keineswegs, wie ich undeutlich gehofft hatte, die größte Anstrengung geschafft. Im Gegenteil, jetzt ging's erst richtig los! Ich würde Monate, wenn nicht Jahre, nicht mehr ausschlafen können. Immer würde jemand da sein, der mich brauchte und für den ich verantwortlich wäre. Ich würde *nie mehr allein* sein.

Diese Erkenntnis traf mich wie ein Keulenschlag. Bevor ich ein Kind hatte, dachte ich, nach der Geburt würde mein Leben weitergehen wie bisher – nur eben mit einem Kind. Dass von dieser Sekunde an mein Leben ein komplett anderes sein würde, das hatte ich nicht im Entferntesten vermutet.

Die Angst, Leo nicht wiederzuerkennen, war übrigens völlig unbegründet. Als ich ins Säuglingszimmer kam, hätte ich ihn unter hundert anderen Babys sofort gefunden. Und, was noch faszinierender war: Schon auf dem Flur hörte ich seine Stimme aus dem vielstimmigen Chor der anderen Schreihälse heraus! Zwei Tage später erlebte ich dann, was ich nach der Geburt vermisst hatte: Ich saß da, hatte meinen winzigen Sohn im Arm und sah zu, wie er schlief. Plötzlich übermannte mich ein nie gekanntes Glücksgefühl, eine unendliche Zärtlichkeit. Ich heulte los und konnte nicht mehr aufhören. Erschrocken fragte Peter, was passiert sei. Ich schluchzte: „Und irgendwann ist er groß und hat eine Freundin und will nichts mehr von mir wissen!"

Gut, dass bis dahin noch ein wenig Zeit ist ...

(Aus: Amelie Fried: Die Störenfrieds. Mosaik Verlag: München 1995, S. 16–21)

1 Skizzieren Sie, welche Empfindungen die Mutter angesichts des Neugeborenen bewegen.
2 „Gut, dass bis dahin noch ein wenig Zeit ist ..." Erläutern Sie, was sich in dieser Zeit alles entwickeln dürfte bzw. könnte.
3 Erörtern Sie, inwiefern man Entwicklung psychologisch „als eine Abfolge von Gleichgewichtszuständen" verstehen kann, „die sich immer einpendeln zwischen den Wünschen des Ich und den Anforderungen des Lebens". (Günther Bittner)
4 Entwickeln Sie Grundsätze pädagogischen Handelns, die vor allem den Entwicklungsaspekt im Blick haben.

2.2 Der psychische Apparat nach Sigmund Freud

Sigmund Freud, geb.1856 in Freiberg, gest.1939 in London, lebte bis zu seiner Emigration 1938 in Wien. Er gilt als Begründer der Psychoanalyse, die neben dem Bewusstsein vor allem das „Unbewusste" im Menschen untersucht und in ihre Theorie und Therapie mit einbezieht. Um die Entwicklungslehre Freuds angemessen verstehen zu können, ist die Kenntnis seiner Theorie des „psychischen Apparates" wichtig.

Zur Kenntnis dieses psychischen Apparates sind wir durch das Studium der individuellen Entwicklung des menschlichen Wesens gekommen. Die älteste dieser psychischen Provinzen oder Instanzen nennen wir das Es; sein Inhalt ist alles, was ererbt, bei Geburt mitgebracht, konstitutionell festgelegt ist, vor allem also die aus der Körperorganisation stammenden Triebe, die hier einen ersten uns in seinen Formen unbekannten psychischen Ausdruck finden. Unter dem Einfluss der uns umgebenden realen Außenwelt hat ein Teil des Es eine besondere Entwicklung erfahren. Ursprünglich als Rindenschicht mit den Organen zur Reizaufnahme und den Einrichtungen zum Reizschutz ausgestattet, hat sich eine besondere

Sigmund Freud mit Tochter Anna
(Foto: akg-images/Imagno)

Organisation hergestellt, die von nun an zwischen Es und Außenwelt vermittelt. Diesem Bezirk unseres Seelenlebens lassen wir den Namen des Ich.

Die hauptsächlichen Charaktere des Ich
Infolge der vorgebildeten Beziehung zwischen Sinneswahrnehmung und Muskelaktion hat das Ich die Verfügung über die willkürlichen Bewegungen. Es hat die Aufgabe der Selbstbehauptung, erfüllt sie, indem es nach außen die Reize kennen lernt, Erfahrungen über sie aufspeichert (im Gedächtnis), überstarke Reize vermeidet (durch Flucht), mäßigen Reizen begegnet (durch Anpassung) und endlich lernt, die Außenwelt in zweckmäßiger Weise zu seinem Vorteil zu verändern (Aktivität); nach innen gegen das Es, indem es die Herrschaft über die Triebansprüche gewinnt, entscheidet, ob sie zur Befriedigung zugelassen werden sollen, diese Befriedigung auf die in der Außenwelt günstigen Zeiten und Umstände verschiebt oder ihre Erregungen überhaupt unterdrückt. In seiner Tätigkeit wird es durch die Beachtungen der in ihm vorhandenen oder in dasselbe eingetragenen Reizspannungen geleistet. Deren Erhöhung wird allgemein als Unlust, deren Herabsetzung als Lust empfunden.
Wahrscheinlich sind es aber nicht die absoluten Höhen dieser Reizspannung, sondern etwas im Rhythmus ihrer Veränderung, was als Lust und Unlust empfunden wird. Das Ich strebt nach Lust, will der Unlust ausweichen. Eine erwartete, vorausgesehene Unluststeigerung wird mit dem Angstsignal beantwortet, ihr Anlass, ob er von außen oder innen droht, heißt eine Gefahr. [...]
Als Niederschlag der langen Kindheitsperiode, während der der werdende Mensch in Abhängigkeit von seinen Eltern lebt, bildet sich in seinem Ich eine besondere Instanz heraus, in der sich dieser elterliche Einfluss fortsetzt. Sie hat den Namen des Über-Ichs erhalten. Insoweit dieses Über-Ich sich vom Ich sondert und sich ihm entgegenstellt, ist es eine dritte Macht, der das Ich Rechnung tragen muss.
Eine Handlung des Ichs ist dann korrekt, wenn sie gleichzeitig den Anforderungen des Es, des Über-Ichs und der Realität genügt, also deren Ansprüche miteinander zu versöhnen weiß. Die Einzelheiten der Beziehung zwischen Ich und Über-Ich werden durchwegs aus der Zurückführung auf das Verhältnis des Kindes zu seinen Eltern verständlich.
Im Elterneinfluss wirkt natürlich nicht nur das persönliche Wesen der Eltern, sondern auch der durch sie fortgepflanzte Einfluss von Familien-, Rassen- und Volkstradition sowie die von ihnen vertretenen Anforderungen des jeweiligen sozialen Milieus. Ebenso nimmt das Über-Ich

im Laufe der individuellen Entwicklung Beiträge vonseiten späterer Fortsetzer und Ersatzpersonen der Eltern auf, wie Erzieher, öffentlicher Vorbilder, in der Gesellschaft verehrter Ideale.

Man sieht, dass Es und Über-Ich bei all ihrer fundamentalen Verschiedenheit die eine Übereinstimmung zeigen, dass sie die Einflüsse der Vergangenheit repräsentieren, das Es den der ererbten, das Über-Ich im Wesentlichen den der von anderen übernommenen, während das Ich hauptsächlich durch das selbst Erlebte, [...] bestimmt wird.

(Aus: Sigmund Freud: Abriss der Psychoanalyse. Fischer-Tb 6043. Fischer Taschenbuch Verlag: Frankfurt/Main 1972 – ohne Anmerkungen)

1 Erschließen Sie den Text, indem Sie in einer Skizze die Beziehung von Es, Ich und Über-Ich darstellen.

2 Verdeutlichen Sie das Zusammenspiel von Es, Ich und Über-Ich nach Freud.

2.3 Psychoanalytische Grundbegriffe nach Erich Fromm: Verdrängung, Widerstand, Übertragung

Die grundlegenden Begriffe werden in den folgenden Texten von Erich Fromm (1900–1980), der sich als Psychoanalytiker einen Namen gemacht hat, vorgestellt. Die Begriffserläuterungen sollen helfen, zentrale Denkansätze der Psychoanalyse besser zu verstehen.

2.3.1 Verdrängung

Zunächst einmal: das Verdrängte. Häufig sind wir von Motiven bestimmt, derer wir uns gänzlich unbewusst sind.

Lassen Sie mich mit einem kleinen, banalen Beispiel beginnen. Vor einiger Zeit besuchte mich ein Kollege, und ich wusste, dass er mich nicht besonders mochte, und war sogar ein wenig erstaunt, dass er zu mir kommen wollte. Er klingelt, ich öffne die Tür, er reicht mir die Hand und sagt fröhlich: „Auf Wiedersehen!“ Das heißt doch: unbewusst wollte er schon wieder gegangen sein. Er hatte diesem Besuch nicht mit Freude entgegengesehen, und das kam zur Sprache, indem er sagte: „Auf Wiedersehen“ – statt: „Guten Tag.“

Was konnte man da sagen? Gar nichts. Da er selbst Psychoanalytiker war, wusste er genau, dass und wie er sich enthüllt hatte. Und er konnte sich nicht entschuldigen: „Das habe ich nicht gemeint!“ Das wäre nur naiv gewesen, da wir beide wussten, dass es nicht darauf ankam, die Fehlleistung nachträglich umzuinterpretieren, sondern sie zu durchschauen. So war die Situation nur peinlich und wir schwiegen. Aber das ist ein Beispiel, wie es hundertmal passiert, und Freud hat auf vielen solchen Beispielen seine Lehren aufgebaut.

Oder nehmen Sie ein anderes Beispiel, einen sadistischen Vater, der seinen Sohn prügelt. Das gibt's heutzutage seltener, denke ich, als vor fünfzig Jahren. Ein sadistischer Vater, ein Mann also, der ein Vergnügen daran hat, anderen Schmerzen zuzufügen oder seine strenge Kontrolle über sie auszuüben. Wenn Sie dabei fragen, warum er sich so verhält (und gewöhnlich brauchen Sie ihn das gar nicht zu fragen, er sagt das immer gern von selbst), so antwortet er: „Ich muss das tun, damit mein Sohn ein anständiger Mensch wird oder bleibt; ich tue das aus Liebe zu ihm.“ Glauben Sie ihm das? Vielleicht, vielleicht auch nicht. Aber sehen Sie sich einmal sein Gesicht an! Sehen Sie sich einmal an, wie er aussieht, wenn er prügelt – die Augen, die einen leidenschaftlichen Zug annehmen. Sie erkennen in Wirklichkeit in diesem Gesicht einen Mann, der voller Hass ist und zugleich voller Freude, prügeln zu können. Sie können dasselbe finden bei Polizisten (nicht bei allen natürlich) oder bei Krankenschwestern oder bei Gefängniswärtern oder in vielen anderen Privatsituationen. Es wird mehr oder weniger verhüllt, je nachdem der Mensch es aus Selbstinteresse geheimhalten muss. Aber bleiben wir beim Beispiel dieses Vaters. Wenn man ihn sieht, weiß man: Sein Motiv ist nicht das, das er vorgibt. Er hat eben nicht das Heil seines Kindes im Sinn: Das ist eine „Rationalisierung"; sein Motiv ist sein sadistischer Trieb; aber davon weiß er gar nichts.

Oder nehmen Sie ein Beispiel von größerer geschichtlicher Bedeutung: Adolf Hitler. Hitler hat bewusst immer nur angenommen, dass er das Beste für Deutschland will: Deutschlands Größe, Deutschlands Gesundheit, Deutschlands Weltbedeutung, und was nicht alles. Obwohl er die grausamsten Befehle gegeben hat, hat er nie deutlich – soweit wir das erkennen können – gefühlt, dass er aus Grausamkeit handelt. Er hat immer gefühlt: Er handelt aus dem Wunsch, Deutschland zu helfen; er handelt, um die geschichtlichen Gesetze zu verwirklichen, im Namen des Schicksals, im Namen der Rasse, im Namen der Vorsehung. Aber er war sich nicht bewusst, dass er ein Mensch ist, der eine Lust hat an der Zerstörung. Er konnte keine gefallenen Soldaten, keine zerstörten Häuser sehen; deshalb ging er im Zweiten Weltkrieg nie an die Front. Nicht aus persönlicher Feigheit, sondern er konnte es nicht ertragen, die konkreten Folgen seiner eigenen Zerstörungslust wahrzunehmen. Das ist ganz ähnlich wie bei Menschen, die beispielsweise einen Waschzwang haben. Bewusst wollen sie immer rein sein.

Wenn man aber solche Menschen analysiert, dann findet man, dass sie unbewusst wissen: Sie haben Blut oder Dreck an den Händen, nicht nur am Stecken, und wollen sich von dem befreien, was unbewusst in ihnen gegenwärtig ist: ein Verbrechen, ein latentes vielleicht, eine verbrecherische Absicht, die man ständig wegwaschen muss. Hitler selbst hatte etwas davon. Er hatte zwar keinen Waschzwang; aber viele Beobachter haben festgestellt, dass er überreinlich war, über das normale Maß des sauberen Menschen hinaus. Aber ich habe nur die Parallele gezogen: Er wollte die Realität seiner eigenen Zerstörungslust nicht sehen, sondern er hat sie verdrängt und hat nur seine guten Absichten erlebt. Das allerdings war nur bis zu einem gewissen Punkt möglich. Als es schließlich so weit war, dass er wusste, Deutschland oder – besser gesagt – er selber hatte den Krieg verloren, hörte die Verdrängung seiner Zerstörungslust schon fast auf. Plötzlich wollte er ganz Deutschland, das deutsche Volk vernichten. Er sagte: „Dieses Volk ist nicht wert, weiterzuleben, weil es den Krieg nicht gewinnen konnte." Und so kam am Ende die reine Zerstörungslust dieses Mannes zum vollen Ausdruck. Doch die war immer vorhanden, war immer in seinem Charakter, war nur verdrängt und rationalisiert, bis die Verheimlichung eines Tages nicht mehr gelingen konnte. Und selbst jetzt hat er sich noch um eine Rationalisierung bemüht: „Alle Deutschen müssen sterben, weil sie nicht verdienen, weiterzuleben."

Solche Beispiele – dramatische und undramatische – findet man überall, jeden Tag: Menschen werden sich ihrer wirklichen Motive nicht bewusst, weil sie die Einsicht, die Erkenntnis aus vielen Gründen nicht ertragen können, von sich etwas zu wissen, was entweder ihrem Gewissen oder der öffentlichen Meinung so widerspricht, dass sie in eine für sie selbst sehr unangenehme Lage gerieten, wenn sie dessen, was sie eigentlich treibt, inne würden. So ziehen sie es vor, sich dessen nicht bewusst zu sein und also nicht in Konflikt zu kommen mit einem Teil von sich selbst, mit ihrem „besseren Selbst" oder auch mit dem, was die meisten „anständigen Menschen" denken.

(Aus: Erich Fromm: Einführung. In: Psychologie für Nichtpsychologen. Hrsg. v. Hans Jürgen Schultz. 2. Auflage, Kreuz Verlag: Stuttgart, Berlin 1975, S. 19–22)

1 Arbeiten Sie aus dem Text eine Definition von „Verdrängung" und „Rationalisierung" heraus.

2 Erläutern Sie den Zusammenhang zwischen den beiden Begriffen, indem Sie auf die drei im Text angegebenen Beispiele eingehen.

3 Erörtern Sie, inwiefern die Ausführungen von Erich Fromm einen Beitrag zum Verstehen von Erzieherverhalten leisten können.

2.3.2 Widerstand

Nun zeigt sich aber eine sehr interessante Folge der Verdrängung. Wenn man Menschen andeutet, was die wirklichen Motive des Handelns sind, dann reagieren sie mit dem (und damit komme ich zu dem zweiten Punkt), was Freud „Widerstand" genannt hat: Sie wehren sich gegen die Information. Sogar die aus gutem Willen und in ihrem Interesse ihnen angebotene Information weisen sie aufs Heftigste von sich. Sie wollen nicht wissen, was die Realität ist, die in ihnen vorgeht. Sie verhalten sich nicht so gegenüber dieser Information wie etwa ein Autofahrer, dem ein anderer sagt, dass seine Tür nicht geschlossen ist oder dass seine Lichter nicht funktionieren: Er nimmt ja diesen Hinweis dankbar zur Kenntnis. Ganz anders die Menschen, die man auf Verdrängtes aufmerksam macht. Sie reagieren mit Widerstand. In all den Fällen von Verdrängung, die ich vorher erwähnt habe, kann man erwarten, dass die Menschen Widerstand produzieren, wenn man sie darüber aufklärt, was eigentlich in ihnen passiert, das heißt, was die Realität, ihre innere Realität ist, statt der Fiktion, die sie sich aufbauen.

Wie benehmen sich nun die Menschen im Widerstand? Eine hauptsächliche Reaktion ist Ärger, Wut, Aggression. Wenn die Menschen hören, was sie nicht hören wollen, werden sie wütend; sie wollen sozusagen den Zeugen der Tat entfernen. Sie können ihn nicht gut umbringen – das wäre zu riskant –, so entfernen sie ihn gewissermaßen in symbolischer Weise. Sie werden zornig und sagen: „Du handelst nur aus Neid, aus schlechten Motiven. Du hasst mich. Du hast Freude daran, mir etwas Übles nachzusagen" usw. Und sie werden manchmal so wütend, dass sie sogar gefährlich sein können. Wie weit sie ihre Wut gehen lassen, hängt wiederum von den Umständen ab. Wenn es heikel ist, seine Wut so zu zeigen (beispielsweise ein Untergebener seinem Vorgesetzten gegenüber), dann sagt man lieber gar nichts; man geht nur nach Hause und lässt den Unmut an seiner Frau aus. Wenn es aber nicht heikel ist, wenn man nämlich selber der Vorgesetzte ist, dann kann man auf die Kritik eines Untergebenen (und es handelt sich hier bei dieser Kritik ja nur um einen Hinweis auf etwas, was wahr ist), dann kann man darauf höchst souverän reagieren, beispielsweise so, dass man den Untergebenen seine Unterlegenheit spüren lässt oder – ihn einfach entlässt. Und natürlich entlässt man ihn nicht mit dem Bewusstsein, dass dieser Mann einen verletzt hat – wie könnte denn dieser kleine Mann einen verletzen –, sondern mit der Begründung, dass dieser kleine Mann eben ein Verleumder, ein gemeiner Kerl ist.

Eine andere, einfachere Weise des Widerstandes ist: Man überhört es. Besonders wenn der Hinweis nicht sehr massiv ist, wenn er ohne große Betonung vorgebracht ist, wird man häufig finden, dass der andere das missversteht oder gar nicht hört. Das ist natürlich nicht immer möglich; aber es ist die simpelste und eine weit verbreitete Form des Widerstandes.

Eine andere: Man wird müde oder deprimiert. Viele Eheleute kennen das voneinander. Wenn sie irgendetwas sagen, was ein wahres Motiv an dem Handeln des andern zum Vorschein bringt, dann wird der Betroffene betrübt und resigniert, häufig so, dass er dann seinerseits anklagt und den Vorwurf erhebt – schweigend oder ausdrücklich: „Du siehst ja, was du angerichtet hast. Jetzt bin ich wieder im Stande der Depression, weil du diese Bemerkung gemacht hast." Ob die Bemerkung wahr oder unwahr ist, spielt gar keine Rolle. Die Frau oder der Mann, die die Bemerkung gemacht haben, werden sich nach einiger Zeit hüten, noch einmal auf ein unbewusstes Motiv hinzudeuten; denn sie wissen: Sie haben dafür zu teuer zu bezahlen.

Oder man läuft davon. Das geschieht manchmal in der Ehe, weil man erlebt, dass der andere oder die andere entdeckt hat, was man verhüllen will. Womöglich war man sich des Versteckspiels gar nicht bewusst, aber fing doch an zu spüren, dass der oder die andere mehr sah als man selbst. Und das kann man nicht ertragen; man will es nicht zur Kenntnis nehmen, weil man sich ja nicht ändern will. Man will so sein, wie man ist, also muss man weggehen.

Und dasselbe beobachtet man häufig auch in der Psychoanalyse. Patienten brechen nicht

selten, wenn der Analytiker etwas sagt, was sie nicht hören wollen, die Behandlung ab, und natürlich heißt es dann: „Ich habe nun Schluss gemacht, weil der Analytiker selbst verrückt ist. Der hat Sachen über mich gesagt, die beweisen, dass er wahnsinnig ist; wie könnte er sonst so etwas behaupten ... !" Jeder andere würde wissen, dass der Analytiker ganz recht hatte; der Mensch jedoch, der davon berührt ist und der furchtbare Angst davor hat, sich zu ändern, kann nur mit Gewalt (und das sind ja alles Formen der Gewalt, von denen hier die Rede ist) reagieren: „Ich will dich nicht sehen, und ich will das nicht wieder hören."
Das alles ist anders, wenn ein Mensch bereit ist, sich zu ändern. Wenn ein Mensch sich wirklich verstehen, wenn er wirklich die Wahrheit über sich wissen will, um sich ändern zu können, dann reagiert er im Großen und Ganzen nicht mit Ärger, nicht mit Fortlaufen usw., sondern er ist im Grunde dankbar, dass man ihm etwas sagt, was für seine Entwicklung notwendig ist – so dankbar, wie er dem Arzt wäre, wenn er eine Krankheit diagnostiziert, die es zu heilen gilt. Aber die meisten Menschen sind nicht darauf bedacht, sich zu ändern, sondern nur zu beweisen, dass sie sich nicht zu ändern brauchen. Ändern sollen sich die anderen.
Im Grunde genommen kann man wohl ohne Übertreibung feststellen, dass ein großer Teil unserer Energie darauf verwendet wird, zu verdrängen und dann Widerstand zu leisten, wenn das Verdrängte berührt wird. Das ist natürlich eine ungeheure Verschwendung an Kraft, die viele Menschen daran hindert, ihre Vorräte und Fähigkeiten für fruchtbarere Zwecke zu verwenden.

(Aus: Erich Fromm: Einführung. In: Psychologie für Nichtpsychologen. Hrsg. v. Hans Jürgen Schultz. 2. Auflage, Kreuz Verlag: Stuttgart, Berlin 1975, S. 22–24)

1 Erläutern Sie den Zusammenhang von Verdrängung und Widerstand. Verdeutlichen Sie den Begriff Widerstand anhand der angeführten Beispiele.
2 Erläutern Sie, inwiefern „Widerstände" als Folge von „Verdrängung" in Erziehungssituationen bedeutsam werden können.

2.3.3 Übertragung

Jetzt komme ich zu einem anderen Freud'schen Begriff: Übertragung. Im engeren Sinn hat Freud damit gemeint, dass der Patient den Analytiker erlebt als eine Person der frühen Kindheit, also als den Vater oder die Mutter, und dass seine Reaktion gegenüber dem Analytiker im Grunde genommen gar nicht dem Menschen entspricht, der ihm real gegenüber oder der hinter ihm sitzt, sondern dass er in ihm einen anderen (eben den Vater oder die Mutter oder einen Großvater) erlebt, wie er für ihn als Kind eine Bedeutung gehabt hat.
Ich will nur ein kleines Beispiel erzählen, das das recht drastisch zeigt. Ein Analytiker erzählte mir einmal von einer Patientin, die ihn schon drei Wochen lang gesehen hatte. Nach dieser Zeit guckte sie ihn, gerade als sie aus dem Zimmer gehen wollte, genau an und sagte: „Was? Sie haben ja gar keinen Bart?" Der Analytiker hat nie einen Bart getragen. Sie hat für drei Wochen geglaubt, dass er einen Bart hat, weil ihr Vater einen Bart hatte. Dieser Mann, dieser Analytiker war ein X, war nicht dieser reale Mensch, sogar visuell gesehen, sondern er war der Vater, sodass das zu der Illusion geführt hat, er trage einen Bart.
Aber der Begriff der Übertragung hat eine Bedeutung, die weit über das hinausgeht, was man in der psychoanalytischen Therapie beobachten kann. Ganz allgemein gesehen ist vielleicht die Übertragung eine der wichtigsten Ursachen für menschliche Irrtümer und Konflikte in der Einschätzung der Wirklichkeit. In der Übertragung sehen wir die Welt durch die Brille unserer Wünsche und Ängste und verwechseln Illusion mit Realität. Wir sehen andere Menschen nicht so, wie sie wirklich sind, sondern wie wir uns wünschen oder wie wir fürchten, dass sie seien. Diese Illusion vom andern Menschen nimmt den Platz seiner

Realität ein. Wir erkennen ihn nicht, wie er ist, sondern nur, wie er uns erscheint, und wir verhalten uns zu ihm nicht als zu einem realen, eigenständigen Menschen, sondern als zu einem Produkt unserer Phantasie.

Ich will nur ein paar Beispiele zur Erläuterung anbieten. Man stelle sich vor: Zwei Menschen verlieben sich. Das kommt ja jetzt weniger vor als früher, weil es für alles einfachere Methoden gibt – aber darüber will ich nicht reden. Nehmen wir also an, es ereignet sich, dass Menschen sich wirklich verlieben. Sie sind dann ganz erfüllt von der Schönheit, den Tugenden, den guten Eigenschaften des andern und fühlen sich mächtig angezogen. Manchmal führt das zur Heirat, und dann nach einem halben Jahr entdeckt man: Das ist ja gar nicht der Mensch, in den man sich verliebt hatte; das ist ein ganz anderer Mensch. Man hatte sich verliebt in ein Phantom, in einen Gegenstand der Übertragung, weil man in diesem anderen Menschen nur das gesehen hatte, was man sehen wollte, vielleicht mütterliche, vielleicht väterliche Züge, vielleicht Güte, Gescheitheit, Ehrlichkeit. Und man hat nicht bemerkt, dass das eine Illusion ist. Man hasst dann häufig den anderen Menschen, weil man glaubt, dass er einen enttäuscht habe; in Wirklichkeit hat man sich selber getäuscht, weil man nicht die Realität, sondern die Illusion im Blick hatte. Aber das muss nicht so sein, das sollte nicht so sein. Und es würde nicht so sein, wenn die Menschen lernen würden, die Übertragung zu verstehen.

Das Gleiche gilt auch von einem andern Gebiet, nämlich dem der Politik. Man halte sich einmal die Begeisterung, den Enthusiasmus vor Augen, den Millionen von Menschen für Führer haben (das hat es nicht nur in Deutschland, sondern auch in anderen Ländern gegeben). Manchmal waren die Führer schlecht, manchmal waren sie auch gut. (Doch das ist nicht die entscheidende Frage, obwohl diese Frage sehr wichtig ist.) Viel erheblicher ist die Tatsache, dass man sehen kann, dass die meisten Menschen – und wir können sogar sagen: Gott sei Dank, obwohl dieser Zug, von dem ich spreche, höchst gefährlich ist – eine tiefe Sehnsucht haben nach einem, der da kommt und heilt, nach einem, der die Wahrheit spricht, nach einem, der Sicherheit bietet, nach einem, der führt, nach einem, der es gut meint. Und wenn einer kommt, der es versteht, sich als dieser, der es gut meint, aufzuspielen, dann übertragen sie ihre Erwartung auf ihn und glauben, dass er der Retter, der Heiland, der Erlöser ist – selbst wenn er in Wirklichkeit ein Zerstörer ist, der sie und ihr Land ins Unglück bringt. Diese großen Erwartungen werden oft auch von kleinen Führern genutzt. Viele Politiker, die einen Eindruck machen, weil sie im Fernsehen schön wirken, weil sie den Leuten nach dem Munde reden, weil sie kleine Kinder küssen und weil sie die Illusion scheinbar bestätigen, einen Menschen zu finden, der es gut meint, der wenigstens die Kinder gern hat, also nicht alle hassen kann, bedienen sich ganz planmäßig der Übertragungsneigung der Menschen und bauen ihre Erfolge darauf auf. Alles das würde nicht vorkommen, wenn die Menschen mehr verstünden von der Übertragung, wenn sie sich mehr Mühe gäben, zu unterscheiden, wo sie Dinge mit der Prägung durch ihre eigene Erwartung und wo sie sie unvoreingenommen sehen, und wenn sie endlich versuchten, kritisch zu sein.

Manchmal sind unwichtige kleine Handlungen weit aufschlussreicher als das, was die Menschen so betonen, und als die großen Reden, die sie halten. Würde man das künftig besser durchschauen, so könnten sowohl die Liebe, die Ehe wie auch das politische Leben ganz wesentlich von einer Plage, von einem Fluch befreit werden – von dem Fluch der Verwechslung zwischen fiktivem Bild und Wirklichkeit.

Das ist allerdings nicht einfach zu lernen. Es erfordert ein Studium, Praxis jeden Tag. Jedermann hat das Laboratorium – wie ich schon sagte – zu Hause, bei sich, in seinem täglichen Umgang. Beobachten Sie sich, beobachten Sie Ihre Mitmenschen. Und im Übrigen hat das Fernsehen hier einen großen Vorteil – neben den vielen Nachteilen, die es hat: Es verrät recht genau Eigenschaften von andern Menschen, weil wir das Gesicht, die Gesten und den Ausdruck so unerbittlich beobachten können; wir können eine Menge erfahren über den politischen „Führer“, wenn er im Fernsehen spricht und wir ihn dort sehen. Aber wir werden eben nur eine Menge erfahren, wenn wir wissen, wie man richtig beobachtet. Mit alledem möchte ich andeuten, dass die Erkenntnis der Übertragung in persönlichen ebenso wie in politischen Beziehungen von entscheidender Wichtigkeit für eine Verbesserung des politischen und persönlichen Lebens der Menschen sein könnte.

(Aus: Erich Fromm: Einführung. In: Psychologie für Nichtpsychologen. Hrsg. v. Hans Jürgen Schultz. 2. Auflage, Kreuz Verlag: Stuttgart, Berlin 1975, S. 24–26)

1 Erläutern Sie den Begriff der Übertragung.
2 Verdeutlichen Sie ihn anhand der im Text genannten Beispiele.
3 Erarbeiten Sie Handlungsvorschläge, wie Pädagogen mit „Übertragungssituationen" umgehen können. Berücksichtigen Sie dazu auch die Überlegungen von Philipp Berg aus der Sicht Psychoanalytischer Pädagogik:

Übertragung meint, dass „unverarbeitete, nicht angeeignete Erfahrungen der Vergangenheit [...] mit Stellvertreterinnen und Stellvertretern im Hier und Jetzt unbewusst neu belebt werden [d. Verf.]" (Trescher 1993, S. 173 f.). Somit handelt es sich hierbei um Einschränkungen und Verzerrungen der aktuellen Realität, was zur Konsequenz haben kann, „dass Pädagog/-innen so erlebt werden, als ob sie z. B. unzuverlässige Eltern, verführende Väter, kontrollierende Mütter, rivalisierende Geschwister etc. wären" (ebd., S. 174). Pädagogen und Pädagoginnen werden in solchen Interaktionsmustern (intrapsychisch) mit wichtigen Personen verwechselt. Eine Übertragung führt im Sinne einer „Antwort" in aller Regel meist zu einer ergänzenden Gegenübertragung.
Für pädagogisches Handeln im Sinne der Psychoanalyse bestehen hier sowohl Chancen als auch Gefahren. Positiv zu handhaben ist dies, „sofern es sich um relativ konfliktfreie Übertragungsreaktionen handelt: Z. B. erhalten wir häufig einen Vertrauensvorschuss von Kindern und Jugendlichen, der sich (zumindest zu Beginn) keinesfalls aus der pädagogischen Beziehung heraus begründen lässt, sondern Ergebnis von sogenannten positiven Übertragungsreaktionen ist. Sofern es sich jedoch bei Übertragungsreaktionen um die Wiederbelebung konflikthafter Erfahrungen mit einem primären Objekt handelt, liegt im Sinne des Wiederholungszwangs, d. h. der Tendenz zur Reinszenierung traumatischer Erfahrungen, die Gefahr nahe, dass nicht nur die pädagogische Beziehung scheitert, sondern dass der Klient erneut traumatisiert wird" (ebd., S. 174 f.).
Übertragungsreaktionen äußern sich unbewusst in konkreten, meist verschlüsselten Interaktionsformen und Beziehungsangeboten. In solchen Interaktionsformen versucht der Klient oder das Kind, meist den Pädagogen zu einer bestimmten Rollenübernahme zu drängen, um seine unbewussten Bedürfnisse zu befriedigen, was zwangsläufig das Erleben und Verhalten des Pädagogen erheblich beeinflusst.
„Dieses dynamische Wechselspiel von Übertragung und (komplementärer) Gegenübertragung bildet eine für die Arbeit mit dem jeweiligen Klienten konflikt- und/oder belastungstypische Szene" (ebd. S. 175).
Entscheidend ist nun, wie der Pädagoge mit konflikthaften Übertragungsreaktionen umgeht. Eine große Gefahr besteht darin, dass sich konflikthafte Interaktionsmuster, in denen der Pädagoge die Rolle des primären Objekts übernimmt und sich damit identifiziert, chronifizieren.
„Ist ein solches Wechselspiel in der pädagogischen Interaktion fest installiert, ist es zu einer Chronifizierung auch im erlebnis- und handlungsleitenden Bereich des Pädagogen im Sinne der Rollenübernahme gekommen, finden wir eine verschlüsselte Reproduktion der ursprünglich stark belastenden Beziehungssituation. Kennzeichen dieser Form der Wiederinszenierung, die unter dem Diktat des Wiederholungszwangs steht, ist die unbewusste Identifizierung des Pädagogen mit der Übertragungsfigur" (ebd., S. 175 f.). Die unbewusste Identifizierung mit der Rolle eines primären Objekts bezeichnen Finger-Trescher als „Übertragungsidentifizierung".
An dieser Stelle stellt sich nun die Frage, wie der Pädagoge eine solche Situation lösen kann und welche Konsequenzen im Falle einer nicht

adäquaten Lösung folgen. „Gelingt es dem professionell Beteiligten spätestens an dieser Stelle nicht, über Selbstreflexion und Metakommunikation sich dem Reinszenierungsdruck seines Klienten durch Bewusstwerdung zu entziehen, indem er die Zuschreibung seines Klienten als Übertragungsreaktion und seine Reaktion als im Sinne des Wiederholungszwangs angemessene Antwort zu verstehen sucht, scheitert die pädagogische Beziehung – zumindest in diesem Bereich – zwangsläufig" (ebd., S. 176).

Projektion und projektive Identifikation

Bei der projektiven Identifizierung „handelt es sich hier ebenfalls nicht nur um ein bloß intrapsychisches Geschehen wie bei der ‚einfachen' Projektion, in der der andere durch die projektive Überlagerung abgewehrter Selbstanteile gleichsam nur verzerrt wahrgenommen wird. Im Gegensatz zur Übertragungsidentifizierung werden hier jedoch nicht die Objekt-, sondern die Selbstanteile der ursprünglich traumatischen Situation (einschließlich der Abwehrbewegungen) beim Pädagogen mobilisiert" (Trescher 1993, S. 176).

Die projektive Identifikation ist somit auch ein Prozess, der sich immer in einer realen Interaktion entfaltet, im pädagogischen Bezug zwischen Kind/ern und Pädagoge/in. Ein Beispiel hierfür wäre, wenn ein Kind „versucht, der drohenden traumatisierenden Situation dadurch zu entgehen, dass es den Pädagogen in die Rolle des traumatisierten Kindes zu drängen versucht" (ebd.).

Somit handelt es sich bei der projektiven Identifikation um einen Rollentausch, den „häufig sogenannte hochaggressiv Kinder inszenieren [d.Verf.], wenn sie andere hemmungslos schlagen und die Pädagogen in einen scheinbar ohnmächtigen, hilfslosen Zustand versetzen, weil sie scheinbar nicht zu ‚bändigen' sind" (vgl. Ahrbeck 1992, zit. n. Trescher 1993, S. 176). So lässt sich der Interaktionsverlauf als Rache verstehen. Es muss aber gesehen werden, dass es sich um einen Versuch psychischen Überlebens und Entlastens handelt, indem die traumatische Erfahrung bei anderen Wirklichkeit wird, dass er/sie sie stellvertretend erleben und beim Kind oder Klienten es als solche nicht erfahren wird (vgl. Trescher 1993, S. 176 ff.).

An dieser Stelle stellt sich wieder die Frage nach dem professionellen pädagogischen Handeln in solch konflikthaften Situationen. Entscheidend für die Lösung und Durchbrechung solcher Beziehungsverläufe ist die Reaktion des/der Pädagogen/in. Der Pädagoge, der dabei selbst in den Zustand von Ohnmacht, Wut, Selbstzweifel usw. kommen kann, hat die Möglichkeit, diese Empfindungen abzuwehren, z. B. in Form von verstärkter Zuwendung, depressivem Rückzug usw. (vgl. ebd., S. 178).

„Das Kind hofft aber gleichzeitig, einen Interaktionspartner zu finden (und dies wäre eine Aufgabe professioneller Pädagogik), der sich aus der traumatischen Situation befreien kann, der den fatalen Teufelskreis durchbrechen und das Trauma stellvertretend bearbeiten kann. Im Sinne eines professionellen Umgangs müsste der Pädagoge seine Gegenübertragungsreaktion, seine emotionale Verstrickung reflektieren, die in ihm mobilisierten Gefühle und Phantasien zunächst einmal ertragen (‚Containing-Funktion'), eigene unbewusste Anteile von denen des Kindes zu unterscheiden suchen (hier wäre z. B. Supervision hilfreich), um dann einen geeigneten, professionellen Umgang damit zu finden. […] Er wird so vielleicht verstehen, dass sein Bemühen nur z. T. diesem Kind gilt, zum anderen Teil aber seiner eigenen narzisstischen Befriedigung. Hieraus kann eine realistische Wahrnehmung des Kindes resultieren und eine Anerkennung der eigenen Grenzen. […] Es dient ihm als Modell, mit dem es sich identifizieren und das es strukturbildend verinnerlichen kann" (ebd.).

(Aus: Philipp Berg: Handlungstheoretische Aspekte der Psychoanalytischen Pädagogik. In: Martin R. Textor [Hrsg.]: Kindergartenpädagogik. Online-Handbuch. In: http://www.kindergartenpaedagogik.de/1906.html [9. 8. 2009])

2.4 Weitere psychoanalytische Begriffe in Kurzform

Die folgenden Abbildungen wollen in lustiger Weise eine Reihe weiterer psychoanalytischer Begriffe illustrieren.

Wenn du ein Bild von einem Drachen malst und es „Pappi“ nennst, dann ist das SUBLIMIERUNG.

Wenn dir das öfter passiert, dann ist das eine ZWANGSVORSTELLUNG.

Das Bild selbst wird SYMBOL genannt. Das bedeutet, Pappi ist in Wirklichkeit kein Drache.

Wenn du meinst, du bist auch ein Drache, dann heißt das IDENTIFIKATION.

Wenn du darauf bestehst, er sei einer, dann nennt man das eine ILLUSION.

Wenn du dir vorstellst, dass der kleine Drache den großen erschlägt, nennt man das FANTASIEREN.

Wenn du dir das oft vorstellst, dann ist das ein WIEDERHOLUNGSZWANG.

Wenn du es nicht schaffst, es dir vorzustellen, dann ist es UNTERDRÜCKT.

(Illustration: Ferdinand Lutz, Köln. Nach: Louise Armstrong, Whitney Darrow Jr.: Freud für Kinder. Gießen 1976)

Die angesprochenen einzelnen psychoanalytischen Begriffe sind in ein theoretisches Gesamtkonzept einzufügen. Der Auszug aus dem Lexikonartikel von Leonardo Ancona verfolgt diese Absicht.

Es ist vor allem Freuds Verdienst, erkannt zu haben, dass die Erstursache der Verdrängung in der Misshandlung (Versagung) der Triebimpulse, der libidinösen Wünsche in der frühen Kindheit liegt. Verdrängte Triebe sind vom Wachstum ausgeschlossen, d. h., sie bleiben primitiv, und da sie einen dynamischen Charakter haben, beeinflussen sie dennoch andauernd das Verhalten ihres Trägers: Dieser – biologisch ein Erwachsener – beträgt sich hinsichtlich jener Triebe, die im Kindesalter verdrängt wurden, infantil.
Freud beschrieb vom 1. bis zum 6. Lebensjahr die verschiedenen Stadien, die die Libido bei ihrer Entwicklung durchläuft (1905), und fand in den neurotischen Erwachsenen – fast in kristallisierter Form – die unreifen Formen der Libidoentwicklung (1908, 1931) wieder. Er bewies danach, dass die Unreife der Libido immer verbunden ist mit einem Zustand von „Narzissmus“, d. h. mit einer Verliebtheit in die eigene Person, die die freie Verfügbarkeit der Gefühle des Betroffenen anderen gegenüber verhindert; nur wenn die Libido sich von den unmittelbar körperlichen Interessen löst, um sich auf die zwischenpersönliche Beziehung zu konzentrieren, gelangt sie zur Reife; und das vollzieht sich in einem langen Prozess vom 6. Lebensjahr bis zur Adoleszenz und vollendet sich mit ihr. Freud hat die Libido dem Eros angeglichen, dem Lebenstrieb, und stellte später (1926) neben die Libido eine weitere Grundenergie, die Aggression, in Angleichung zum Todestrieb.
Diese letztgenannte Zuweisung fand nicht den Beifall aller Psychoanalytiker, zumal in der Perspektive, dass „das Leben dem Tode dient“; dennoch hat man immer mehr das Prinzip akzeptiert, dass die Aggression eine von den ersten Lebensmonaten an wirksame Grundenergie des seelischen Lebens ist. Die englische Schule der Psychoanalyse – begründet von M. Klein – hat diese Gedanken ausführlich erarbeitet.
Libido und Aggression bilden also die beiden Pole, zwischen denen sich die Dialektik des Gefühlslebens abspielt, und sind der Inhalt jenes unbewussten seelischen, instinktiven Vorgangs, gespannt zur Entladung, den Freud „Es“ nannte und mit diesem Begriff den vorhergehenden vom „Unbewussten“ ersetzte. Dem

„Es“ stellte Freud das „Ich“ als vom „Es“ abgeleitete Instanz gegenüber, damit es die Wirklichkeit erwägt und den geeigneten Moment bewertet, um seine Impulse zu verwirklichen. Freud erkannte schließlich eine dritte psychische Instanz, das „Über-Ich“, das innerlich das Subjekt der Gesellschaft mit ihren Verboten, mit ihren Standardvorstellungen konformistischer Perfektion darstellt.

In jüngster Zeit haben, vor allem in den USA, viele Psychoanalytiker die Existenz eines „Ich“ postuliert, das nicht vom „Es“ hergeleitet wird, sondern vom Ursprung her autonom ist, nicht konfliktgebunden und in Wechselwirkung steht mit den drei von Freud festgelegten Instanzen. Diesem „Ich“ wird die Ausübung der intellektuellen Mechanismen zugeschrieben (H. Hartmann, 1939), die eine optimale Anpassung und die Synthese der Wirklichkeit erlauben, also die Kreativität und die höheren Denkoperationen (E. Kris, 1950), die im ursprünglichen Schema Freuds dagegen aus einer „Sublimierung“ der Instinkte entstanden (Freud, 1917).

Die moderne Psychoanalyse hat im Übrigen Freud darin bestätigt, seinem „Ich“ die Bildung jener Alarm- und Schutzsysteme, die „Abwehrmechanismen“ genannt werden, zuzuschreiben (A. Freud, 1946).

In diesem Zusammenhang hat das „Ich“ eine doppelte Funktion: Als Instanz, die die innere und äußere Wirklichkeit erwägt, bemerkt das „Ich“ eine eventuelle Bedrohung und mobilisiert die Angst; als Instanz, die Reaktionen auslöst, bestimmt das „Ich“ den bestmöglichen Abwehrmechanismus, um einer Situation entgegenzutreten, vor allem den der Verdrängung (1926).

(Aus: Leonardo Ancona: Artikel „Psychoanalyse“. In: Wilhelm Arnold, Hans Jürgen Eysenck, Richard Meile [Hrsg.]: Lexikon der Psychologie. Band 2. Neuausgabe. Herder: Freiburg, Basel, Wien 1980, S. 1716–1718)

1 Klären Sie die bislang noch nicht bekannten psychoanalytischen Fachbegriffe.
2 Erarbeiten Sie ein Schaubild, in dem die verschiedenen Grundbegriffe der Psychoanalyse in ihrem inneren Zusammenhang deutlich werden (z. B. durch Mindmapping).

2.5 Entwicklungsphasen aus der Sicht der Psychoanalyse nach Anna Freud

Anna Freud (1895–1982) ist die Tochter Sigmund Freuds. Sie gilt als Begründerin der Kinderanalyse.

In den ersten Lebenswochen spielt die Ernährung des Kindes die wichtigste Rolle in seinem Leben: Zu dieser Zeit ist der Mund und die ihn umgebende Zone für es der wichtigste Teil seines Körpers. Das Saugen an der Mutterbrust und das Einfließen der Nahrung in den Mund ist dem Kind angenehm und der Wunsch nach der Fortsetzung und Wiederholung dieser lustvollen Empfindung bleibt in ihm bestehen, auch wenn es gesättigt ist. Es versteht bald, sie sich unabhängig von der Nahrungsaufnahme, auch unabhängig von der ihn Nährenden durch Saugen am eigenen Finger wieder zu verschaffen. Wir sagen, das Kind „lutscht“. Sein Gesicht zeigt bei dieser Beschäftigung den gleichen befriedigten Ausdruck wie beim Saugen an der Brust, sodass man sich über das Motiv dieser Lutschtätigkeit niemals im Unklaren war. Man sieht: Das Kind lutscht zum Vergnügen. Der Lustgewinn am Saugen, der früher nur ein Nebengewinn bei der Nahrungsaufnahme war, hat sich selbstständig gemacht und ist zu einer vom Kind bevorzugten, von den Erwachsenen beanstandeten Tätigkeit, einer Unart des Kindes, geworden. Dabei beschränkt sich die Lust bringende Tätigkeit des Mundes zu dieser Zeit gar nicht auf die Nahrungsaufnahme und das Lutschen. Das Kind benimmt sich, als wollte es die ganze ihm erreichbare Welt mit dem Mund kennenlernen. Es beißt, beleckt und kostet alle ihm erreichbaren Gegenstände […]. Diese bevorzugte Rolle des Mundes als Quelle lustvol-

ler Empfindungen erhält sich ungefähr das ganze erste Lebensjahr. Wenn Sie an unsere Aufzählung der „Anklagen“ gegen das Kind zurückdenken, so werden Sie darin auch noch Unarten enthalten finden, die zwar hier ihren Ausgangspunkt haben, aber noch weit in das spätere Alter hineinreichen: Ich meine die Naschhaftigkeit und die Gefräßigkeit.
Auch die nächste Körperzone, die in den Vordergrund tritt, um den Mund in seiner Bedeutung abzulösen, wird durch Erlebnisse von außen her mitbestimmt. Bisher hatte die erwachsene Welt sich dem Kind gegenüber tolerant verhalten, sich tatsächlich fast ganz auf seine Pflege beschränkt und als einzige Ausnahme nur eine gewisse Gewöhnung an Ordnung und Regelmäßigkeit in Nahrungsaufnahme und Schlafzeiten gefordert. Jetzt tritt allmählich ein sehr wichtiger Faktor in das Leben des Kindes ein: die Erziehung zur Reinlichkeit. Die Mutter oder Pflegerin des Kindes bemüht sich, ihm das Nässen und Beschmutzen abzugewöhnen. Das Kind ist nicht leicht zu einer Beherrschung dieser Funktionen zu bringen, man könnte sagen, das ganze zweite Lebensjahr steht unter dem Zeichen dieser oft sehr energischen Bemühungen vonseiten der Erziehung. Aber Sie meinen, man hätte wirklich kein Recht, dem Kind die lange Zeitdauer, die das Reinwerden in Anspruch nimmt, als Unart vorzuhalten.
Seine Schließmuskeln seien eben noch nicht so weit entwickelt, dass es seinen Harn zurückhalten und seinen Stuhlgang regulieren kann. Das stimmt sicher für die erste Zeit der Reinlichkeitserziehung. Später wird der Eindruck ein anderer. Bei näherem Zusehen kommt man auf die Vermutung, dass das Kind nicht mehr unfähig ist, sich sauber zu halten, sondern dass es nur sein Recht darauf verteidigt, seinen Stuhl eben dann abzusetzen, wenn es ihm selber gefällt, und dass es sich überhaupt sein Besitzerrecht an diesem Erzeugnis seines eigenen Körpers nicht nehmen lassen will. Es zeigt ein auffälliges Interesse für seinen eigenen Kot; es versucht, ihn zu berühren, mit ihm zu spielen, ja, wenn es nicht rechtzeitig daran gehindert wird, ihn sogar in den Mund zu stecken. Auch hier können wir wieder aus seinem Gesichtsausdruck und dem Eifer, den es bei solcher Beschäftigung zeigt, ohne Schwierigkeit das Motiv der Tätigkeit erraten. Sie macht dem Kind offenbares Vergnügen, ist lustvoll. Diese

Innige Minuten für Mutter und Kind sind die Stillzeiten während der ersten vier Monate.
(Foto: Ronald Frommann/Laif)

Lust aber hat nichts mehr mit der Schwäche oder Stärkung der Schließmuskeln von Blase oder After zu tun. So wie der Säugling bei seiner Nahrungsaufnahme als Nebengewinn eine Lust an der Mundgegend verspürt hat, so zeigt sich hier als Nebengewinn bei der Exkretionstätigkeit eine Lust, die das Kind am After empfindet. Die Gegend um den After wird ihm zu dieser Zeit zur wichtigsten Körperzone. Wie es sich im Lutschen die Mundlust unabhängig von der Ernährung immer wieder selbst zu verschaffen versuchte, so versucht es hier durch das Zurückhalten des Kotes und durch Spielen an dieser Körpergegend das Gleiche. Und wenn es von der Erziehung ganz energisch daran gehindert wird, so gelingt es ihm doch wenigstens, in dem erlaubteren Spiel mit Sand, Wasser, Straßenkot oder in dem späteren „Schmieren" mit Farben die Erinnerung an das einmal sehr hoch geschätzte Vergnügen festzuhalten.

Die Anklagen der Erwachsenen gegen das Kind behaupten, dass es zu dieser Zeit schmutzig und unappetitlich ist. Gleichzeitig mit diesen Klagen aber war man immer geneigt, das Kind zu entschuldigen: Es sei eben noch klein und dumm, sein ästhetisches Gefühl eben noch nicht so fein ausgebildet, dass es den Unterschied zwischen sauber und schmutzig richtig verstehen könne, oder sein Geruchsinn noch zu ungeübt, um die richtigen Unterscheidungen zwischen Duft und Gestank zu treffen.
Ich meine, die Beobachter des Kindes haben sich hier in einem von Vorurteilen bedingten Irrtum befunden. Wer immer ein kleines Kind, etwa um das zweite Lebensjahr, aufmerksam beobachtet, wird merken müssen, dass seine Unterscheidung für Gerüche durchaus korrekt ist. Der Unterschied gegen den Erwachsenen liegt hier nur in der Wertung. Der Duft irgendeiner Blume, der den Erwachsenen begeistert,

(Foto: Profimedia/vario-images)

lässt das Kind gleichgültig, wenn man es nicht durch längere Zeit hindurch daran gewöhnt, an einer Blume riechend Ah! zu sagen. Was uns aber schlecht riecht, riecht dem Kind gut. Man kann es, wenn man will, zu seinen Unarten rechnen, dass Gestank ihm Vergnügen macht. [...] Nachdem die Reinlichkeitserziehung ihr Ziel vollkommen erreicht und das Kind trotz seines Widerstandes zur Beherrschung seiner Exkretionsvorgänge gebracht hat, verliert auch die Zone um den After an Bedeutung für den Lusterwerb. An ihre Stelle tritt eine andere, noch wichtigere.

Das Kind fängt an, mit seinen Geschlechtsteilen zu spielen. Sein Wissensdrang richtet sich zu dieser Zeit auf die Entdeckung der Unterschiede zwischen seinem eigenen Körper und dem seiner Brüder, Schwestern oder Gespielen. Es hat Freude daran, gerade die Geschlechtsgegend anderen Kindern nackt zu zeigen, und verlangt dann, zum Entgelt auch sie zu sehen. Seine Fragelust, über die sich die Erwachsenen beklagen, hat im Grunde gerade diese Probleme, den Unterschied zwischen den Geschlechtern und die damit irgendwie dunkel in Zusammenhang gebrachte Herkunft der Kinder zum Inhalt.

Aber der Höhepunkt, den die kindliche Entwicklung in vielen Beziehungen gerade zu dieser Zeit, dem vierten oder fünften Lebensjahr, erreicht, erscheint den erziehenden Erwachsenen auch als der Höhepunkt des Verdammenswerten. Wir wissen, das Kind benimmt sich die ganze geschilderte Entwicklungszeit so, als gäbe es nichts Wichtigeres als die Ausnützung seiner Lustquellen und die Durchsetzung seiner Triebwünsche – die Erziehung so, als sei die Verhinderung dieser Absichten ihre wichtigste Aufgabe. Daraus entsteht ein unaufhörlicher, nie zur Ruhe kommender Kleinkampf zwischen Erziehung und Kind. Die Erziehung will die Freude am Schmutz durch den Ekel ersetzen, die Schamlosigkeit durch die Scham, die Grausamkeit durch das Mitleid, die Zerstörungswut durch Schonung der Dinge. Die Neugier und das Hantieren am eigenen Körper sollen durch Verbote beseitigt werden, die Rücksichtslosigkeit in die Rücksicht, der Egoismus in den Altruismus verwandelt.

Schritt für Schritt will die Erziehung das genaue Gegenteil von dem, was das Kind will, zu jedem Zeitpunkt erscheint ihr der Gegensatz zu der beim Kind vorgefundenen Triebregung als das Erwünschte. Für das Kind ist, wie wir gesehen haben, die Erwerbung von Lust das Hauptziel des Lebens; der Erwachsene will es lehren, die Anforderungen der Außenwelt wichtiger zu nehmen als diese innere Triebforderung. Das Kind ist ungeduldig, verträgt keinen Aufschub und arbeitet nur für den Augenblick; der Erwachsene lehrt, seine Triebbefriedigungen hinauszuschieben und für die Zukunft zu sorgen.

(Aus: Anna Freud: Einführung in die Psychoanalyse für Pädagogen. 4. Auflage, Verlag Hans Huber: Bern 1965, S. 29–32)

1 Stellen Sie die Phasenlehren Freuds grafisch dar.

2 Nehmen Sie Stellung zu der Aussage von Anna Freud: „Schritt für Schritt will die Erziehung das genaue Gegenteil von dem, was das Kind will, zu jedem Zeitpunkt erscheint ihr der Gegensatz zu der beim Kind vorgefundenen Triebregung als das Erwünschte."

3 Setzen Sie sich mit der Darstellung normaler Entwicklung der Kindheit nach Anna Freud im folgenden Abschnitt auseinander.

Kinder leiden [...] unter entwicklungsbedingten Umständen, d. h. unter den Versagungen, Forderungen und Anpassungsschwierigkeiten, denen ihre Abhängigkeit von der Objektwelt und die Unreife ihres psychischen Apparats sie aussetzt. In der ersten Kindheit wirken die Unfähigkeit, eigene Körperbedürfnisse und Triebwünsche zu befriedigen, die Trennungsängste, die unvermeidliche Enttäuschung unrealistischer Erwartungen als Unlust- und Angstquellen; in der nächsten (ödipalen) Phase sind es die Eifersüchte, Rivalitäten und Kastrationsängste. Auch die normalsten Kinder sind nie lange „glücklich" und Ausbrüche von Tränen, Ärger, Zorn sind keine Seltenheiten. Je besser ein Kind sich entwickelt, desto stärker antwortet es affektiv auf die Vorkommnisse des täglichen Lebens. Anders als beim Erwachsenen erwarten wir auch nicht, dass Kinder normalerweise ihre Gefühle beherrschen, nachgeben, einsehen, sich in das Unvermeidliche ergeben etc. Im Gegenteil, wo wir solche Gefügigkeit finden, haben wir den Verdacht, dass etwas mit dem Kind nicht in Ordnung ist, und vermuten organische Schädigung oder verlangsamte Ichentwicklung oder übergroße Passivität im Triebleben. Kleinkinder, die sich ohne Widerspruch von den Eltern trennen lassen, sind wahrscheinlich (aus inneren oder äußeren Gründen) libidinös nicht genug an sie gebunden. Kinder, die Liebesverlust nicht als Bedrohung empfinden, können auf dem Weg sein, sich autistisch zu entwickeln. Wo der Druck von Schuldgefühl fehlt, fehlt auch die normale Über-Ich-Entwicklung: Schmerzliche innere Konflikte sind der Preis, den jedes Individuum für die Höherentwicklung seiner Persönlichkeit zu zahlen hat. So paradox es klingt: Subjektives Leiden gehört zu jeder normalen Kindheit und kann an und für sich nicht als Anhaltspunkt für pathologische Entwicklung gewertet werden. [...] Wir wissen [...] nicht, welche kindliche Leistung verdient, „lebenswichtig“ genannt zu werden. Spielen, Lernen, freie Fantasietätigkeit, Wärme der Objektbeziehungen, Fähigkeit zur Anpassung sind alle wichtig für das Kind. [...] Ich gehe auf einen früheren Vorschlag zurück (1945), wenn ich vertrete, dass nur eine einzige Fähigkeit im kindlichen Leben diesen Platz verdient, nämlich die Fähigkeit, sich normal zu entwickeln, die in der Anlage vorgezeichneten Stufen zu durchlaufen, alle Seiten der Persönlichkeit auszubilden und die Ansprüche der Außenwelt in angemessener Weise zu erfüllen. Solange diese Vorgänge mehr oder weniger ungestört vor sich gehen, können wir auftauchende Symptome leichtnehmen.

(Aus: Anna Freud: Wege und Irrwege der Kinderentwicklung. 2. Auflage, Gemeinschaftsverlag Hans Huber: Bern, Ernst Klett Verlag: Stuttgart 1971, S. 116ff.)

(Foto: fotolia)

Kinder, die lernen sollen, aufs Töpfchen zu gehen, stehen vor dem ersten großen Konflikt ihres Lebens. Einerseits haben die Eltern die Nase voll vom Windeln wechseln und wollen, dass das Kind so schnell wie möglich sauber wird. Andererseits haben kleine Kinder eine ausgesprochene Abneigung dagegen, auf Kommando zu produzieren. Frustrierte Eltern sollten sich Folgendes vor Augen halten, bevor ihnen der Kragen platzt: Das Nervensystem eines Kleinkindes ist ohnehin bis zum Alter von etwa zwei Jahren von der Entwicklung her nicht in der Lage, den Schließmuskel zu kontrollieren. Und nach der Freud'schen Lehre kann falsches Toilettentraining lebenslange Konsequenzen haben. Kinder, die dafür bestraft werden, dass sie in die Windeln machen, könnten Hemmungen entwickeln, Dinge wegzuwerfen oder Entscheidungen zu treffen. Außerdem können Eltern ihre Kinder selbst dann verletzen, wenn sie kein Wort sagen: Kleinkinder betrachten ihre ersten Häufchen im Töpfchen als Geschenk an Mama und Papa und vertragen es gar nicht gut, wenn man sie gleich entsorgt.

(1000 SIGNS. Colors Magazin. Hrsg.: Carlos Mustienes, Thomas Hilland. Deutsche Fassung: Karen Gerhards. Taschen Verlag: Köln 2004, S. 402f.)

2.6 Das Entwicklungsmodell des Anna-Freud-Schülers Erik H. Erikson

2.6.1 Der Ansatz

Erik Erikson, ein Schüler von Sigmund Freuds Tochter Anna Freud, nahm an, dass jedes Individuum eine Reihe von psychosozialen Stadien erfolgreich durchlaufen muss, von denen jedes einen bestimmten Konflikt oder eine Krise bereithält. Erikson identifizierte acht Stadien im Lebenszyklus. In jedem Stadium rückt eine bestimmte Krise in den Mittelpunkt, wie man in der Tabelle [s. S. 226] sehen kann. Obwohl jeder dieser Konflikte nie vollständig verschwindet, muss er in einem bestimmten Stadium hinreichend bewältigt werden, damit eine Person die Konflikte in den folgenden Stadien erfolgreich meistern kann.
In Eriksons erstem Stadium muss ein Säugling durch die Interaktion mit Fürsorge-Personen ein grundlegendes Vertrauen in seine Umwelt entwickeln. Vertrauen ist eine natürliche Begleiterscheinung einer engen Bindung an einen Elternteil, der Nahrung, Wärme und das gute Gefühl körperlicher Nähe an das Kind weitergibt. Ein Kind, dessen Grundbedürfnisse nicht befriedigt werden, das wechselhafte Behandlung erfährt und einem Mangel an körperlicher Nähe und Wärme und der häufigen Abwesenheit elterlicher Fürsorge ausgesetzt ist, kann ein tief liegendes Gefühl von Misstrauen, Unsicherheit und Angst entwickeln. Sobald das Kind laufen lernt und beginnt, eine Sprache zu lernen, kommt es zu einer Erweiterung der Erkundung und Manipulation von Objekten (und manchmal auch von Menschen). Mit diesen Aktivitäten sollte sich auch ein angenehmes Gefühl von Autonomie, Kompetenz und Selbstwertgefühl entwickeln. Übermäßige Einschränkungen oder Kritik können in diesem zweiten Stadium zu Selbstzweifeln führen, wohingegen Anforderungen jenseits der Fähigkeiten des Kindes, wie etwa zu frühe oder zu strenge Sauberkeitserziehung, das Kind entmutigen könnten, beim Meistern neuer Aufgaben nicht aufzugeben.
Gegen Ende des Vorschulalters kann ein Kind, das ein grundlegendes Vertrauen zunächst in seine unmittelbare Umgebung und dann in sich selbst entwickelt, sowohl geistige als auch körperliche Aktivitäten initiieren. Die Art und Weise, in der Eltern auf die vom Kind selbst initiierten Aktivitäten reagieren, fördert entweder das Gefühl von Freiheit und Selbstvertrauen, das für das nächste Stadium benötigt wird, oder verursacht Schuldgefühle und das Gefühl, ein unfähiger Eindringling in die Welt der Erwachsenen zu sein.
Während der Grundschuljahre ist ein Kind, das die Krisen früherer Stadien erfolgreich bewältigt hat, bereit, über das zufällige Erkunden und Probieren hinauszugehen und seine Kompetenzen systematisch zu entwickeln. Schule und Sport bieten Bereiche für das Lernen geistiger und motorischer Fertigkeiten, die Interaktion mit Gleichaltrigen bietet einen Bereich für die Entwicklung sozialer Fertigkeiten. Erfolgreiche Anstrengungen bei diesen Bemühungen führen zu Kompetenzgefühlen. Einige Kinder werden jedoch Zuschauer statt Akteure oder erleben genügend Misserfolg, um ein Gefühl der Minderwertigkeit zu entwickeln, was sie unfähig macht, den Anforderungen der nächsten Stadien gerecht zu werden.
Erikson nahm an, dass die essenzielle Krise der Adoleszenz zur Entdeckung der wahren eigenen Identität führt, trotz der Verwirrung, die durch die Übernahme vieler unterschiedlicher Rollen für unterschiedliches Publikum in einer sich expandierenden sozialen Welt entsteht. Die Bewältigung dieser Krise hilft dem Individuum dabei, ein kohärentes Selbstbild zu entwickeln; wird die Krise nicht bewältigt, kann ein Selbstbild ohne stabilen Kern entstehen.
Die essenzielle Krise, die ein junger Erwachsener zu bewältigen hat, ist die Lösung des Konflikts zwischen Intimität und Isolation – die Entwicklung der Fähigkeit, tiefe emotionale, moralische und sexuelle Bindungen an andere Menschen einzugehen. Das Eingehen solcher Bindungen erfordert vom Individuum den Verzicht auf einige persönliche Präferenzen, die Übernahme gewisser Verantwortungen und die Aufgabe eines gewissen Maßes an Privatsphäre

und Unabhängigkeit. Wird diese Krise nicht angemessen bewältigt, dann führt dies zur Isolation und einer Unfähigkeit, mit anderen in psychologisch bedeutsamer Weise in Kontakt zu kommen.

Die nächste größere Gelegenheit zum Wachstum, die sich im mittleren Erwachsenenalter ergibt, wird als Generativität bezeichnet. Menschen zwischen 30 und 50 Jahren konzentrieren sich nicht mehr so stark auf sich selbst und ihren Partner und erweitern ihre Bindungen an Familie, Arbeit, Gesellschaft und zukünftige Generationen. Menschen, die frühere Entwicklungsaufgaben nicht gelöst haben, sind immer noch mit sich selbst beschäftigt, stellen vergangene Entscheidungen und Ziele infrage und streben nach Freiheit auf Kosten der Sicherheit. Die Krise im späten Erwachsenenalter ist der Konflikt zwischen der Ich-Integrität und der Verzweiflung. Eine Bewältigung der Krisen früherer Stadien bereitet einen älteren Erwachsenen darauf vor, ohne Bedauern zurückzublicken und ein Gefühl der Ganzheit zu genießen. Wenn frühere Krisen unbewältigt geblieben sind, gibt es nach wie vor unerfülltes Verlangen, und die Person hat Gefühle von Nichtigkeit, Verzweiflung und Selbstabwertung. [...] Eriksons Rahmenmodell [ist] sehr hilfreich, wenn man die Fortschritte einer Person im Laufe des Lebens verfolgen möchte.

Psychosoziale Stadien nach Erikson

Ungefähres Alter (Jahre)	Krise	Angemessene Lösung	Unangemessene Lösung
0–1,5	Vertrauen vs. Misstrauen	Grundlegendes Gefühl der Sicherheit	Unsicherheit, Angst
1,5–3	Autonomie vs. Selbstzweifel	Wahrnehmung des eigenen Selbst als Person, die ihren Körper kontrolliert und Ereignisse verursacht	Gefühl der Unfähigkeit, Ereignisse zu kontrollieren
3–6	Initiative vs. Schuldbewusstsein	Vertrauen auf eigene Initiative und Kreativität	Mangelndes Selbstwertgefühl
6–Pubertät	Kompetenz vs. Minderwertigkeit	Kompetenz in grundlegenden sozialen und intellektuellen Fertigkeiten	Mangelndes Selbstwertgefühl, Gefühl des Versagens
Adoleszenz	Identität vs. Rollendiffusion	Entspanntes Erleben des eigenen Selbst	Das eigene Selbst wird als bruchstückhaft, schwankend und diffus wahrgenommen
Frühes Erwachsenenalter	Intimität vs. Isolation	Fähigkeit zur Nähe und zur Bindung an andere	Gefühl der Einsamkeit, Trennung: Leugnung des Bedürfnisses nach Nähe
Mittleres Erwachsenenalter	Generativität vs. Stagnation	Über die eigene Person hinaus Sorge um Familie, Gesellschaft und zukünftige Generationen	Hedonistische Interessen; fehlende Zukunftsperspektive
Seniorenalter	Ich-Integrität vs. Verzweiflung	Gefühl der Ganzheit, grundlegende Zufriedenheit mit dem Leben	Gefühl der Sinnlosigkeit, Enttäuschung

Soziale Entwicklung in der Kindheit
Das Überleben von Kindern hängt von ihrer Fähigkeit ab, sinnvolle und funktionierende Beziehungen zu anderen Menschen herzustellen. Sozialisation ist ein lebenslanger Prozess, in dem die Verhaltensmuster, Werte, Standards, Fertigkeiten, Einstellungen und Motive einer Person so geformt werden, dass sie mit denen übereinstimmen, die in einer bestimmten Gesellschaft als wünschenswert erachtet werden.
An diesem Vorgang sind viele Personen – Verwandte, Freunde, Lehrer – und Institutionen – Schulen, Kirchen – beteiligt, die Druck auf das Individuum ausüben, sozial akzeptierte Werte und Verhaltensstandards zu übernehmen.
Das wichtigste Formungs- und Regulierungselement der Sozialisation ist jedoch die Familie.
Der Familienbegriff wird gegenwärtig verändert, um dem Umstand Rechnung zu tragen, dass viele Kinder mit weniger (ein allein erziehender Elternteil) oder mehr (ein erweiterter Haushalt, beispielsweise eine Wohngemeinschaft) als Vater, Mutter und Geschwistern aufwachsen. Unabhängig von ihrer Zusammenstellung hilft die Familie einer Person dabei, grundlegende Muster der zwischenmenschlichen Interaktion zu entwickeln – und diese Muster werden ihrerseits zur Basis des lebenslangen Stils, mit dem eine Person zu anderen in Beziehung tritt.

(Aus: Philip G. Zimbardo, Richard J. Gerrig: Psychologie. 16. aktualisierte Auflage, bearbeitet und herausgegeben von Ralf Graf, Markus Nagler und Brigitte Ricker. Pearson Studium: München 2004, S. 470–472)

1 Geben Sie die Grundgedanken der Entwicklungstheorien von Erik H. Erikson wieder. Bedienen Sie sich gegebenenfalls einer selbstentworfenen schematischen Darstellung.
2 Vergleichen Sie das 1. Stadium von Erikson (im folgenden Text) mit der 1. Entwicklungsphase nach Anna Freud.

Als erste Komponente der gesunden Persönlichkeit nenne ich das Gefühl eines *Ur-Vertrauens,* worunter ich eine auf die Erfahrungen des ersten Lebensjahres zurückgehende Einstellung zu sich selbst und zur Welt verstehen möchte. Mit „Vertrauen“ meine ich das, was man im Allgemeinen als ein Gefühl des Sich-Verlassen-Dürfens kennt, und zwar in Bezug auf die Glaubwürdigkeit anderer wie die Zuverlässigkeit seiner selbst. Wenn ich davon als einer *Ur*-Erfahrung spreche, so meine ich damit, dass weder diese noch die später hinzutretenden Komponenten sonderlich bewusst sind, in der Kindheit so wenig wie im Jugendalter. Tatsächlich gehen alle diese Kriterien, wenn sie sich in der Kindheit entwickeln und im Jugendalter integriert werden, in der Gesamtpersönlichkeit auf. Dagegen sind ihre Krisen in der Kindheit und ihre späteren Schädigungen im Erwachsenenalter deutlich abgegrenzt.
Um dieses Wachstum und seine Krisen als die Entwicklung einer Reihe von „Grundhaltungen“ darzustellen, bedienen wir uns der Umschreibung durch den Ausdruck „ein Gefühl von“. Das Gefühl der Gesundheit oder das Gefühl, dass einem nicht wohl ist – solche Gefühle durchdringen Oberfläche und Tiefe, Bewusstsein und Unbewusstes. Es sind Weisen bewussten *Erlebens,* die der Introspektion zugänglich sind; Weisen des *Verhaltens,* die von anderen beobachtet werden können; und unbewusste *innere Zustände,* die man durch Test und Analyse feststellen kann. Für das Folgende wollen wir diese drei Dimensionen im Auge behalten.
Beim Erwachsenen drückt sich die Verletzung des Ur-Vertrauens in einem Ur-Misstrauen aus. Ein solcher Mensch zieht sich in einer bestimmten Weise in sich selbst zurück, wenn er mit sich selbst und anderen uneins ist. Deutlicher wird diese Verhaltensweise, wenn die Betroffenen in psychotische Zustände regredieren, etwa sich einschließen, Nahrung und Zuspruch verweigern und jede menschliche Beziehung vergessen. Um ihnen mittels Psychotherapie helfen zu können, muss man versuchen, sie auf diesem Rückzugsweg zu erreichen, um sie die Überzeugung zurückgewinnen zu lassen, dass sie dem

Therapeuten, der Welt und sich selber vertrauen dürfen (Fromm-Reichmann, 1950).

Das Ur-Vertrauen ist der Eckstein der gesunden Persönlichkeit; das hat uns die Kenntnis solcher radikaler Regressionen und die Entdeckung der tiefsten und am weitesten in die Kindheit zurückreichenden Schichten bei leichter erkrankten Patienten gelehrt. Was berechtigt uns nun, die Krise und den Ursprung dieser Komponente an den Beginn des Lebens zu setzen? Sobald das neugeborene Kind von der Symbiose mit dem Mutterleib getrennt ist, trifft seine angeborene und mehr oder weniger koordinierte Fähigkeit, Nahrung durch den Mund aufzunehmen, auf die ebenfalls mehr oder weniger koordinierte Fähigkeit und Bereitschaft der Mutter, es zu nähren und anzunehmen. An diesem Punkte lebt es und liebt es mit dem Munde, und die Mutter lebt und liebt durch ihre Brust.

Für die Mutter ist dies eine relativ späte und komplizierte Errungenschaft: hochgradig abhängig von ihrer Entwicklung als Frau; von ihrer unbewussten Haltung zum Kinde; von der Art und Weise, wie sie die Schwangerschaft und Geburt erlebt hat; von der Ansicht, die sie und ihre Umwelt vom Stillen haben; und schließlich von der Reaktion des Säuglings. Für ihn ist der Mund das Zentrum einer ersten allgemeinen Annäherung an das Leben, und zwar auf dem Wege der *Einverleibung*. Daher wird diese Zeit in der Psychoanalyse gewöhnlich die „orale" Phase genannt. Es ist jedoch klar, dass der Säugling neben seinem mächtigen Bedürfnis nach Nahrung bald auch in vielen anderen Richtungen rezeptiv wird. Wie er an allen geeigneten Gegenständen saugen und alle von diesen hergegebenen Flüssigkeiten schlucken will und kann, so will und kann er bald auch mit den Augen „aufnehmen", was in sein Gesichtsfeld tritt. Auch sein Tastsinn scheint „aufzunehmen", was sich gut anfühlt. In diesem Sinne könnte man also von einer „Einverleibungs-Phase" sprechen, in welcher sich das Kind, relativ gesprochen, zu dem, was ihm geboten wird, rezeptiv verhält. Und doch sind auch schon viele Säuglinge empfindlich und feinfühlig. Da ihre ersten Erfahrungen in dieser Welt sie nicht nur am Leben erhalten, sondern auch dazu beitragen sollen, ihre empfindliche Atmung und ihre metabolischen und Kreislaufrhythmen zu koordinieren, müssen wir ihnen außer der Nahrung auch Sinnesreize in der richtigen Stärke und zur rechten Zeit bieten, damit ihre Aufnahmebereitschaft nicht plötzlich in diffusen Widerstand oder in Lethargie umschlägt.

Während es nun ganz klar ist, was geschehen muss, damit das Kind am Leben bleibt (ein Mindestmaß an Nahrung und Anregung), und was nicht geschehen darf, damit es nicht körperlich geschädigt und chronisch gestört wird (Überschreitung eines eben noch zulässigen Maßes an früher Frustration), bestehen Meinungsverschiedenheiten im Hinblick darauf, was geschehen *darf*; und die verschiedenen Kulturen machen ausgedehnten Gebrauch von ihrem Vorrecht zu entscheiden, was sie für richtig und notwendig halten. So glauben manche Leute, dass das Kind unbedingt den größten Teil des Tages und fast das ganze erste Jahr hindurch fest gewickelt werden muss, damit es sich nicht die Augen auskratzt; zugleich glauben sie, dass man es wiegen und füttern muss, sobald es schreit. Anderswo glaubt man, das Kind müsse so früh wie möglich seine Glieder frei bewegen können, zugleich aber auch, es dürfe ohne Schaden so lange um seine Mahlzeiten schreien, bis es buchstäblich blau im Gesicht ist. All das scheint (mehr oder weniger bewusst) mit dem allgemeinen Ziel und System einer Kultur zusammenzuhängen. Ich habe einige Indianerinnen kennen gelernt, die es scharf verurteilten, dass wir unsere Kinder oft schreien lassen, „weil das die Lungen stärkt". Kein Wunder, sagten die Indianerinnen, dass der weiße Mann nach einem solchen Empfang auf dieser Welt es so eilig zu haben scheint, in die „bessere Welt" zu kommen. Aber dieselben Indianerinnen schlagen ihre bis ins zweite Jahr gestillten Kinder auf den Kopf, wenn sie in die Brustwarzen der Mutter beißen, und sind geradezu stolz, wenn die Kinder dann ganz blau vor Wut werden: Sie behaupten, dass sie davon tüchtige Jäger würden.

Es steckt verborgene Weisheit, unbewusstes Planen und auch viel Aberglauben in den scheinbar willkürlichen Formen der Kindererziehung: Was „gut für das Kind ist“, was mit ihm geschehen darf, hängt davon ab, wozu es und wo es heranwachsen soll.

Jedenfalls stößt das Menschenkind schon bei seinem ersten Kontakt auf die grundlegenden Modalitäten seiner Kultur. Die einfachste und früheste soziale Verhaltensweise ist das „Nehmen“, nicht im Sinne des Sich-Beschaffens, sondern in dem des Gegeben-Bekommens und Annehmens. Das klingt einfacher, als es ist. Denn der tastende und noch unsichere Organismus des Neugeborenen lernt diese Verhaltensweise nur, indem er seine Bereitschaft zu nehmen nach den Methoden der Mutter reguliert, die ihm wiederum erlauben wird, seine Fähigkeit zu nehmen in dem Maße zu entwickeln, wie sie selbst ihre Fähigkeit des Spendens entwickelt und koordiniert. Die so hergestellte Wechselseitigkeit der Entspannung ist für die erste Erfahrung eines freundlichen Anderen von höchster Bedeutung; die Psychoanalyse hat uns gelehrt, dass das Kind, indem es nimmt, was ihm gegeben wird, und indem es lernt, die Mutter zum Geben zu veranlassen, auch die notwendigen Grundlagen dafür entwickelt, ein Gebender zu werden, sich mit der Geberin zu „identifizieren“.

Wenn diese wechselseitige Regelung versagt, zerfällt die Situation in eine Reihe von Versuchen, durch einseitige Willensakte in die Gewalt zu bekommen, was durch beiderseitiges Entgegenkommen nicht erreicht wurde. Der Säugling versucht durch ziellose Aktivität zu erlangen, was er im zentrierten Saugen nicht findet; er erschöpft sich im Suchen oder findet seinen Daumen und kehrt der Welt den Rücken. Die Mutter wird nervös und versucht vielleicht, die Angelegenheit durch wechselnde Stillzeiten, eine andere Haltung oder Zusammensetzung der Nahrung zu lösen. Man weiß nicht genau, was das für das Kind bedeutet; aber der klinische Eindruck deutet darauf hin, dass für manche empfindliche Menschen (oder für Menschen, bei denen die frühe Frustration nicht kompensiert worden ist) eine solche Situation das Muster sein kann für eine radikale Störung in ihrem Verhältnis zur „Welt“, zu den Menschen und besonders zu geliebten und sonst bedeutsamen Personen. Man kann die Gegenseitigkeit der Beziehung erhalten, indem man das Kind mit der Flasche füttert und die fehlende orale Befriedigung auf nicht-oralem Wege ausgleicht: indem man es im Arm hält, wärmt, anlächelt, mit ihm spricht, es wiegt usw. Neben solchen „horizontalen“ Kompensationen (im gleichen Entwicklungsstadium) gibt es auch „longitudinale“ im Leben: Kompensationen, die auf späteren Stufen des Lebenszyklus erlangt werden können.

Während der zweiten „oralen Phase“ reift die Fähigkeit zu und das Vergnügen an einer aktiveren und zielgerichteten Einverleibungstätigkeit. Die Zähne entwickeln sich und mit ihnen die Lust, auf harte Gegenstände zu beißen, etwas durchzubeißen, abzubeißen. Dieses aktive Einverleibungsverhalten charakterisiert auch eine Vielfalt von anderen Betätigungen (wie auch schon das erste Einverleib-Verhalten). Die Augen, die zuerst nur passiv Eindrücke aufnahmen, wie sie vor ihnen auftauchten, haben gelernt, etwas zu fixieren, herauszugreifen, Gegenstände auf einem undeutlicheren Hintergrund zu „erfassen“ und zu verfolgen. Die Hörorgane haben gelernt, bestimmte Laute zu unterscheiden, zu lokalisieren und durch entsprechende Körperbewegungen zu begleiten (durch Heben und Wenden des Kopfes, Heben und Wenden des Oberkörpers). Die Arme haben gelernt, sich in einer bestimmten Richtung zu strecken, und die Hände, fest zuzugreifen. Wir sind hier mehr interessiert an der Gesamtkonfiguration und Integration der sich entwickelnden Hinwendung zur Welt als an dem jeweiligen ersten Auftreten einer spezifischen Fähigkeit, das ja in der Literatur über die kindliche Entwicklung gut beschrieben ist.

Mit alledem hat sich eine Anzahl zwischenmenschlicher Verhaltensmuster herausgebildet, die auf die soziale Modalität des Ergreifens und Festhaltens von Dingen ausgerichtet sind – von Dingen, die dem Kind mehr oder weniger direkt dargeboten und gegeben werden, und von Dingen, die mehr oder weniger die Tendenz zeigen, ihm wieder zu entschlüpfen. Und während das Baby lernt, seine Körperlage zu verändern, sich herumzudrehen und sich ganz allmählich auf dem Thronsitz seines König-

reichs einzurichten, muss es zugleich die Mechanismen des Greifens und Nehmens, Festhaltens und Kauens von allem, was in seiner Reichweite ist, vervollkommnen. Die Krise der oralen Phase (im zweiten Teil des ersten Jahres) ist schwer zu beurteilen und noch schwerer zu belegen. Sie scheint in der zeitlichen Koinzidenz von drei Entwicklungen zu bestehen:
1. einer physiologischen, nämlich der allgemeinen Spannung, die mit einem heftigeren Trieb zu aktiverer Einverleibung, Aneignung und Beobachtung verknüpft ist (wozu sich noch das Unbehagen des Zahnens und anderer Veränderungen des oralen Apparates gesellen); 2. einer psychologischen, nämlich des wachsenden Bewusstseins seiner selbst als eines Einzelwesens; und 3. einer Umweltentwicklung, indem nämlich die Mutter sich scheinbar von dem Kinde ab- und anderen Beschäftigungen zuwendet, die sie gegen Ende der Schwangerschaft und während der Pflege des Neugeborenen aufgegeben hatte. Dazu gehört auch die Wiederaufnahme der vollen ehelichen Beziehungen, was bald zu einer neuen Schwangerschaft führen kann.
Falls das Stillen bis in das Beiß-Stadium hinein fortgesetzt wird (und das war ja allgemein die Regel), muss das Kind nun lernen zu saugen, ohne zu beißen, da die Mutter ihm sonst die Brust aus Schmerz oder Ärger entzieht. Unsere klinische Arbeit lässt darauf schließen, dass sich hier in der Frühgeschichte der Persönlichkeit ein grundsätzliches Verlustgefühl einschleichen kann, das den allgemeinen Eindruck hinterlässt, als sei irgendwann einmal die Einheit mit einer mütterlichen Matrix zerstört worden. Daher sollte die Entwöhnung mit dem Verlust der Mutterbrust nicht zugleich auch den Verlust der Sicherheit verleihenden mütterlichen Gegenwart bringen, falls sich nicht eine andere Frau findet, die sich ähnlich wie die Mutter anhört und anfühlt. Der plötzliche Verlust der gewohnten Mutterliebe ohne geeigneten Ersatz kann (bei zusätzlich erschwerenden Umständen) zu einer akuten kindlichen Depression oder zu einem zwar milderen, aber chronischen

(Foto: Mauritius Images/Image Source)

Trauergefühl führen, das vielleicht dem ganzen späteren Leben einen depressiven Unterton verleiht. Aber selbst unter günstigen Umständen scheint diese Phase im Seelenleben ein Gefühl von Trennung und eine undeutliche, doch umfassende Sehnsucht nach einem verlorenen Paradies zu hinterlassen. Gegen diese sich häufenden Eindrücke von Enttäuschung, Trennung und Verlassenwerden, die zusammen einen Niederschlag von Ur-Misstrauen bilden können, muss das Ur-Vertrauen aufrechterhalten und gefestigt werden.

(Aus: Erik H. Erikson: Identität und Lebenszyklus. Suhrkamp Verlag: Frankfurt/M. 1973)

2.6.2 Der Lebenszyklus schreitet fort und geht zu Ende

Von allen Aufgaben, die während des Jugendalters von Bedeutung sind, werden hier drei behandelt, die üblicherweise die Jugendlichen in den westlichen Gesellschaften beschäftigen:
(a) Annehmen der körperlichen Reife und der ausgereiften Sexualität;
(b) Neubestimmung sozialer Rollen, einschließlich der Loslösung von den Eltern; und
(c) Festlegung von Berufszielen.
Jedes dieser Anliegen ist Bestandteil der Gesamtaufgabe, eine integrierte Identität aufzubauen. lm Einklang mit Eriksons [...] Beschreibung des sozialen Identitätskontextes kann jede dieser Aufgaben als ein spezieller Entwicklungspfad betrachtet werden, der es Jugendlichen ermöglicht, sich selbst in Bezug auf andere zu definieren.

Pubertät und Sexualität

Das erste konkrete Anzeichen für das Ende der Kindheit ist der pubertäre Wachstumsschub. [...] Zwei oder drei Jahre nach Einsetzen des Wachstumsschubs ist die Pubertät oder Geschlechtsreife erreicht. Bei den Mädchen entspricht die Pubertät der Menarche, das ist die erste Menstruation. [...]

Ein Jugendlicher erwirbt seine persönliche Identität, indem er sich selbst als körperliches Wesen annimmt, d. h. indem er ein realistisches Bild seiner körperlichen Erscheinung entwickelt und sich dabei akzeptiert. Obwohl Attraktivität erwiesenermaßen auf allen Altersstufen einen Einfluss darauf hat, wie eine Person von anderen gesehen wird [...], ist sich der Mensch doch besonders während der Adoleszenz seines Aussehens bewusst. Der Ausdruck Körperkonzept bezieht sich auf die subjektive Erfahrung des Aussehens des eigenen Körpers. Dieses Konzept ist nicht nur davon abhängig, wie jemand objektiv aussieht, d. h. wie groß er ist und wie viel er wiegt, sondern auch davon, wie andere Menschen sein Aussehen bewerten, und davon, in welchem Verhältnis dieses zu allgemeinen Schönheitsidealen steht. Die einschneidenden körperlichen Veränderungen im Zuge der Pubertät und die erhöhte Bedeutung des Akzeptiertwerdens durch Gleichaltrige, besonders solche des anderen Geschlechts, können während der Adoleszenz zu einer gesteigerten, wenn nicht übertriebenen Beschäftigung mit dem eigenen Körperkonzept führen.

Die körperliche Reifung wird von einer neuen Bewusstheit für sexuelle Gefühle und Impulse begleitet. In einer umfangreichen Untersuchung amerikanischer Jugendlicher gab die Mehrheit der Mädchen und Jungen im Alter von 13 bis 18 Jahren an, sie beschäftigten sich in ihren Gedanken oft mit Sexualität. Dennoch fehlt es an Wissen und an offener Kommunikation über erste sexuelle Gefühle, sodass viele Jugendliche durch das Erwachen der Sexualität verwirrt und verängstigt sind. Das erschwert wiederum die erfolgreiche Integration der sexuellen Gefühle mit möglicherweise widersprüchlichen Anforderungen und Wertvorstellungen von Eltern und Gleichaltrigen. Die Entwicklung einer sexuellen Identität, die die Einstellung zur Sexualität festlegt und das Sexualverhalten bestimmt, ist somit eine wichtige Aufgabe des Jugendalters.

Sexuelle Identität zu entwickeln erfordert mehr, als sich für eine sexuelle Orientierung zu entscheiden und Erfahrungen zu sammeln. Jugendlichen steht es bevor, sich für persönliche Werte zu entscheiden, nach welchen sie ihr

Sexualleben gestalten. Das kann bedeuten, dass die Moralvorstellungen von Gleichaltrigen, auch die der Eltern, die bis dahin möglicherweise als selbstverständlich übernommen wurden, hinterfragt werden. Diejenigen, die sich dafür entscheiden, sexuell aktiv zu werden, stehen vor der Aufgabe, mit ihren sexuellen Beziehungen verantwortungsvoll umzugehen. Verantwortung für das eigene Sexualverhalten bringt es mit sich, dass man die unmittelbaren wie die späteren Konsequenzen der eigenen Handlungen überblickt und dass man sich den Bedürfnissen des Partners und den eigenen Bedürfnissen gegenüber sensibel verhält. Die hohe Inzidenzrate von Teenagerschwangerschaften und sexuell übertragenen Krankheiten scheint zu belegen, dass viele Jugendliche sich sexuell betätigen, bevor sie fähig sind, die zugehörige Verantwortung zu übernehmen. Man schätzt beispielsweise, dass über ein Drittel der Mädchen, die voreheliche Geschlechtsverkehr haben, schwanger werden, bevor sie 19 Jahre alt sind […].

Fazit: Eine der größten Aufgaben der Adoleszenz besteht darin, eine individuell verbindliche Sexualmoral zu entwerfen und danach zu handeln. Eine solche Moral sollte nicht nur die eigenen Maßstäbe, Wertvorstellungen und Präferenzen widerspiegeln, sondern sie sollte auch auf einem realistischen Verständnis der Konsequenzen des Sexualverhaltens ruhen. Es mag Jahre dauern dieser Aufgabe nachzukommen, in der Adoleszenz wird jedoch die Grundlage für eine gesunde sexuelle Identität geschaffen.

Soziale Beziehungen

Die Familienbande lockern sich während der Jugendzeit, da mehr Zeit außerhalb des Elternhauses verbracht wird. In den westlichen Gesellschaften bedeutet dies üblicherweise,

- dass nun weniger Anweisungen und Anleitungen durch Erwachsene vorgegeben werden,
- dass neue, möglicherweise widersprüchliche Wertvorstellungen entdeckt werden,
- dass ein starkes Bedürfnis nach Unterstützung und Anerkennung durch Gleichaltrige (peers) entsteht.

Wenn sich die Rolle des Jugendlichen in der Familie während dieser Zeit auch ändert, so bleiben die familiären Beziehungen doch wichtig.

Die Adoleszenz ist vorwiegend eine Zeit der Erweiterung der sozialen Kontakte und der Entwicklung neuer sozialer Rollen. […]

Während der Adoleszenz werden die Gleichaltrigen (peers) zu einer immer wichtigeren Quelle sozialer Kontakte und emotionaler Unterstützung. Es scheint jedoch, dass mit den Bedürfnissen nach engen Freundschaften und Anerkennung durch Altersgenossen auch die Angst vor möglicher Zurückweisung steigt. Die Konformität mit den Werten und Verhaltensweisen der Gleichaltrigengruppe ist zwischen 12 und 13 Jahren am ausgeprägtesten. Die Beschäftigung mit der Anerkennung durch Gleichaltrige und mit der eigenen Popularität ist besonders bei Mädchen ganz offensichtlich, scheinen sie sich doch mehr für soziale Beziehungen zu interessieren als ihre männlichen Altersgenossen. Es ist allerdings bei Mädchen weniger wahrscheinlich als bei Jungen, dass sie sich an antisozialem Gruppenverhalten beteiligen […].

Einsamkeit ist auch eine wichtige Erfahrung dieser Altersstufe – zwischen 15 und 25 Prozent aller Jugendlichen berichten, sie fühlten sich sehr einsam. Jugendliche, die bei ihren Altersgenossen nicht beliebt sind, können dennoch wenigstens eine Freundschaft haben, aus der sie Unterstützung erhalten.

Darüber hinaus scheinen die meisten Jugendlichen im Lauf der Adoleszenz immer mehr Gefallen an ihren Beziehungen zu Gleichaltrigen zu finden. Das beobachtete Absinken des Konformitätsniveaus während der späten Adoleszenz deutet darauf hin, dass die Aufgabe der Identitätsbildung schließlich doch eine gewisse Unabhängigkeit sowohl von den Altersgenossen als auch von den Eltern voraussetzt, sodass die erhöhte Abhängigkeit von Gleichaltrigen eine „normale“ Phase darstellt.

Ein zentraler Bestandteil jugendlicher Identitätsbildung ist das Erlangen eines gewissen Maßes an psychischer Unabhängigkeit von den Eltern. Im Gegensatz zu populären Ansichten gibt es jedoch keinerlei empirische Belege für

die Existenz eines „Generationenkonflikts“ zwischen den Jugendlichen und der Welt der Erwachsenen. […]
Der Prozess der Identitätsfindung wird durch eine unterstützende familiäre Umwelt erleichtert, in der die Eltern die Bedürfnisse ihrer Kinder nach wachsender Unabhängigkeit und fortgesetzter Verbundenheit respektieren. Das bestätigen sowohl empirische Untersuchungen als auch klinisches Material. Beide liefern Belege dafür, dass zu wenig elterliche Kontrolle und zu geringes emotionales Engagement die Entwicklung der Autonomie genauso schädlich beeinflussen wie ein Übermaß an Kontrolle und Engagement […].
Zeigen Jugendliche Verhaltensweisen, die die Eltern nicht teilen oder gutheißen, so kann das eine konkrete Maßnahme zur Erlangung von Unabhängigkeit und zur Bestätigung der Solidarität mit den Altersgenossen sein. Wie bereits angedeutet, ist der Einfluss der Gleichaltrigen jedoch nicht allumfassend. Während sich Jugendliche sehr von ihren Eltern unterscheiden mögen, was ihre Präferenzen für Musik, Mode und andere Fragen des persönlichen Geschmacks angeht, so sind ihre grundlegenden Werte doch den elterlichen ähnlich […].
Wenn Konflikte entstehen, so drehen diese sich meistens um eher oberflächliche Aspekte der Jugendkultur.
Manchmal allerdings stehen im Zentrum des Konflikts bedeutsamere Formen von „Problemverhalten“, wie Trinken, unerlaubter Drogenkonsum und verantwortungsloser Umgang mit Sexualität. Richard Jessor, eine bekannte Autorität zur Frage jugendlicher Verhaltensstörungen, vermutet: „Den Umgang mit Alkohol, Drogen und Sexualität zu lernen, ist zu einer neuen Entwicklungsaufgabe geworden, mit der sich alle Jugendlichen konfrontiert sehen, weil sie Teil des normalen Aufwachsens in der gegenwärtigen amerikanischen Gesellschaft ist.“ […]
Durch den gleichzeitigen Einfluss von Eltern und Gleichaltrigen geraten Jugendliche zuweilen in Konflikte, die als Spiegelung des dynamischen Prozesses der Ablösung von den Eltern bei gleichzeitigem Aufbau der Identifikation mit Gleichaltrigen interpretiert werden können.
Im Allgemeinen allerdings haben Eltern und Altersgenossen komplementäre Funktionen und tragen zur Erfüllung unterschiedlicher Bedürfnisse im Leben des Jugendlichen bei […]. Identitätsbildung bedeutet letzten Endes das Eingehen von Verpflichtungen, die sowohl auf die Welt der Eltern als auch auf die der Gleichaltrigen abgestimmt sind, aber mehr sind als bloße Widerspiegelungen der sozialen Anforderungen.

Berufswahl

Folgt man Erikson, so ist die Entscheidung für einen bestimmten Berufsweg das Kennzeichen der jugendlichen Identitätsbildung. Die Berufswahl schließt Aufgaben ein, die für alle Aspekte der Identitätsbildung zentral sind: Einschätzung der eigenen Fähigkeiten und Interessen, Kenntnis realistischer Alternativen und die Fähigkeit, die „beste“ Entscheidung zu treffen und ihr zu folgen.
Durch die Berufswahl kann der Jugendliche sich sowohl von den Werten der Eltern und der Gesellschaft unabhängig machen als auch deren Übernahme bestätigen. Das Bewusstsein zeitlicher Kontinuität und der Verbundenheit mit der eigenen sozialen Umwelt trägt entscheidend dazu bei, dass jemand ein Bewusstsein stabiler persönlicher Identität erlangt. Die Aufgabe, sich für einen Berufsweg zu entscheiden, kann jedoch durch widrige soziale und ökonomische Bedingungen, die außerhalb der persönlichen Kontrolle liegen, untergraben werden.
Man hat viele Persönlichkeitsfaktoren gefunden, die Berufspläne und Berufserfolg beeinflussen […]. Unter anderem hat man die Intelligenz, spezielle Fähigkeiten und Interessen, den Schulerfolg, die Stellung in der Geschwisterreihe und die Leistungsmotivation untersucht.
Den stärksten Einfluss auf die Berufswahl und den Berufserfolg hat jedoch der sozioökonomische Hintergrund: Je höher der sozioökonomische Status der Familie des Jugendlichen, umso wahrscheinlicher ist es, dass er eine akademische Ausbildung anstrebt und auch abschließt, und umso höher werden sein beruflicher Ehrgeiz und sein Berufserfolg sein. […]
Die Entscheidungen bezüglich Ausbildung und Berufswahl, die in der späteren Adoleszenz

getroffen werden, können künftige Wahlmöglichkeiten entscheidend beeinflussen; wie alle Aspekte der Identität betrachtet man die berufliche Identität jedoch am besten im Kontext des gesamten Lebenszyklus.
Berufswahl ist kein diskretes Ereignis, eine Entscheidung, die einmal, nach Abschluss der Schule oder mit der Wahl des Studienfaches, getroffen wurde und fürderhin gilt. Eher handelt es sich um einen vorsichtigen ersten Schritt zu einem lebenslangen Prozess, der mehrere Arbeitsplatzwechsel, Phasen der Arbeitslosigkeit oder Umschulung oder gar Berufswechsel beinhalten kann.

(Aus: Philip G. Zimbardo: Psychologie. Deutsche Bearbeitung von Siegfried Hoppe-Graff, Barbara Keller und Irma Engel. Hrsg. der deutschen Ausgabe: Siegfried Hoppe-Graff und Barbara Keller. 6., neu bearbeitete und erweiterte Auflage. Springer Verlag: Berlin, Heidelberg 1995, S. 93–97)

1 Setzen Sie sich mit den Ausführungen zu Erikson auseinander und diskutieren Sie mögliche pädagogische Schlussfolgerungen.
2 Führen Sie auf dem Hintergrund der Überlegungen zu Erikson eine Befragung unter Jugendlichen durch, die Identitätsprobleme im Jugendalter zum Inhalt hat, indem Sie
   - zunächst einen Fragenkatalog (mögliche Themenbereiche: Sexualität, Loslösung von den Eltern, Einnehmen neuer Rollen, Festlegung von Berufszielen) erarbeiten,
   - die Befragung unter Mitschülerinnen und Mitschülern vornehmen,
   - die Ergebnisse auswerten und auf ihre Relevanz hin überprüfen und im Kurs diskutieren.
3 Erörtern Sie pädagogische Maßnahmen, die Sie angesichts der Befragungsergebnisse für sinnvoll halten, um die Identitätsbildung von Jugendlichen zu stärken.

2.6.3 Das Erwachsenenalter

Der Übergang zum jungen Erwachsenenalter ist gekennzeichnet durch Entscheidungen über die Fortsetzung der Ausbildung, den Berufsweg und, für viele, den Lebensgefährten.
Erikson bestimmt als wichtigste Aufgabe des jungen Erwachsenenalters die Intimität, d. h. die Fähigkeit zur festen Bindung – sexuell, emotional, moralisch – an eine andere Person. Identität setzt Offenheit voraus, Mut, moralische Stärke und gewöhnlich auch die Fähigkeit, etwas aufzugeben und Kompromisse bei den Vorlieben zu schließen. Intimität kann nicht nur in der Ehe, sondern auch in anderen engen Beziehungen auftreten.
Erikson beschreibt in seinem Werk in Einzelheiten junge Erwachsene, die ein klares und stabiles Identitätsbewusstsein aufbauen und sich so darauf vorbereiten, sich den Risiken und Möglichkeiten der Intimität zu stellen. Der Schritt von der Identität zur Intimität entspricht jedoch möglicherweise nicht den gegenwärtigen Realitäten. Die meisten Menschen werden schon während der Teenagerjahre sexuell aktiv und beginnen sich mit Fragen der Intimität zu befassen. Außerdem hat es in den letzten Jahren unter jungen Leuten Trends zur Ehe ohne Trauschein und zu einem späteren Zeitpunkt der Eheschließung gegeben [...]. Diese Entwicklungen lassen vermuten, dass die Menschen sich oft mit der Identitätsfindung, wie etwa bei der Berufswahl, innerhalb intimer Beziehungen herumschlagen und dass sie sich, umgekehrt, mit Fragen der Intimität beschäftigen, lange bevor sie eine persönliche Identität aufgebaut haben. Wie die Scheidungsraten zeigen, ist die Ehe selbst, der Prototyp des erfolgreichen Abschlusses der Suche nach Intimität, mehr als die einmalige Bewältigung einer Aufgabe, die im jungen Erwachsenenalter erledigt wird. In den Vereinigten Staaten endet die Hälfte, in der Bundesrepublik ein Drittel aller Ehen mit der Scheidung [...]. Dadurch werden viele Erwachsene zu späteren Zeitpunkten im Laufe des Lebens gezwungen, ihre Vorstellungen von dem, was Intimität ist und wie ihre entsprechenden Fähigkeiten beschaffen sind, erneut zu prüfen. Dies ist ein weiteres Beispiel dafür, wie soziale Strömungen den Verlauf individueller Entwicklungen beeinflussen.

Tibet: Ein junger Mönch hilft einem alten Meister auf seinem Spaziergang
(Foto: akg-images)

Die Alternative zur Intimität liegt nach Erikson in der Isolation, dem Fehlen eines stabilen Gefühles der Verbundenheit, einem Gefühl tiefer Einsamkeit. Diejenigen, die einen Partner finden, der sie unterstützt, mit dem sie persönliche Gefühle, Ängste und Erfolge teilen können, sind meist sowohl glücklicher als auch körperlich gesünder als die, denen das nicht gelingt. Aus vielen Teilgebieten der Psychologie ist bekannt, dass alles, was Menschen von sozialer Unterstützung isoliert, sie einer erhöhten Anfälligkeit für körperliche und seelische Probleme aussetzt.
Für diejenigen, die die Herausforderungen von Identität und Intimität erfolgreich bewältigten, bietet sich die nächste Chance – und Herausforderung – die Zeugungsfähigkeit (Generativität). Im Mittelpunkt der Interessen steht nun eine Verpflichtung jenseits der eigenen Person – für eine Familie, eine berufliche Arbeit, die Gesellschaft, Generationen der Zukunft. Dies ist typischerweise der entscheidende Entwicklungsschritt im vierten und fünften Lebensjahrzehnt. Diejenigen, denen es nicht gelungen ist, ihre Krisen um Identität und Intimität erfolgreich zu bewältigen, sind in diesem Lebensabschnitt möglicherweise immer noch damit beschäftigt, vielleicht mit einem wachsenden Gefühl der Unsicherheit und des Versagens. […]

Der Prozess des Sterbens

Das Alter wird begleitet von der Gewissheit sterben zu müssen. Die Erkenntnis, dass […] die Tage, die man hat, gezählt sind, kann einen bedeutenden Einfluss auf die seelische Gesundheit und auf das Verhalten haben. Je nachdem, welche Strategien eine Person entwickelt hat, um das Wissen um die eigene Sterblichkeit zu verkraften, kann sie Lebensziele mit neuer Energie angehen, versuchen, die verbleibende Zeit mit allen Kräften auszuschöpfen, oder mit

(Foto: Boris Schmalenberger)

Verleugnung (Nicht-wahr-haben-Wollen) und anderen Abwehrstrategien reagieren.
(Aus: Philip G. Zimbardo: Psychologie. Deutsche Bearbeitung von Siegfried Hoppe-Graff, Barbara Keller und Irma Engel. Hrsg. der deutschen Ausgabe: Siegfried Hoppe-Graff und Barbara Keller. 6., neu bearbeitete und erweiterte Auflage, Springer Verlag: Berlin, Heidelberg 1995, S.97f., 102)

1 Erläutern Sie den Text, indem Sie sich auf das folgende Schema beziehen. Suchen Sie dabei auch nach Beispielen, die Eriksons Entwicklungstheorie stützen.

2 Johannes Bilstein schreibt: „Die Kritik an Erikson hat sich vor allem darauf bezogen, dass er allzu harmonistisch das Zusammenwirken von individueller Entwicklung und gesellschaftlichen Anforderungen schildert. Die Konfliktmöglichkeiten zwischen den beiden – z. B. in der Familie – wie auch die Frage, ob denn die Ansprüche und Rollenerwartungen immer gerechtfertigt sind, würden dagegen vernachlässigt [...].“ (Johannes Bilstein: Entwicklung – Erziehung – Sozialisation. Ernst Klett Verlag: Stuttgart 1982) Ist die geäußerte Kritik berechtigt?

Psychosoziale Krisen	Umkreis der Beziehungspersonen	Elemente der Sozialordnung	Psychosoziale Modalitäten	Psychosexuelle Phasen
Vertrauen gg. Misstrauen	Mutter	Kosmische Ordnung	Gegeben bekommen, geben	Oral ... (Einverleibungsmodi)
Autonomie gg. Scham, Zweifel	Eltern	Gesetz und Ordnung	Halten (Festhalten) Lassen (Loslassen)	Anal ... Muskulär ...
Initiative gg. Schuldgefühl	Familienzelle	Ideale Leitbilder	Tun (Drauflosgehen) Tun als ob (Spielen)	Infantil-genital Lokomotorisch (eindringend, einschließend)
Werksinn gg. Minderwertigkeitsgefühl	Wohngegend Schule	Technologische Elemente	Etwas „Richtiges“ machen, etwas mit anderen zusammen machen	Latenzzeit
Identität und Ablehnung gg. Identitätsdiffusion	„Eigene“ Gruppen „die Anderen“ Führer-Vorbilder	Ideologische Perspektiven	Wer bin ich (Wer bin ich nicht) Das Ich in der Gemeinschaft	Pubertät
Intimität und Solidarität gg. Isolierung	Freunde, sexuelle Partner, Rivalen, Mitarbeiter	Arbeits- und Rivalitätsordnungen	Sich in anderen verlieren und finden	Genitalität
Generativität gg. Selbstabsorption	Gemeinsame Arbeit Zusammenleben in der Ehe	Zeitströmung in Erziehung und Tradition	Schaffen Versorgen	
Integrität gg. Verzweiflung	„die Menschen“ „Menschen meiner Art“	Weisheit	Sein, was man geworden ist, wissen, dass man einmal nicht mehr sein wird	

(Aus: Erik H. Erikson: Wachstum und Krisen der gesunden Persönlichkeit. In: Erik H. Erikson: Identität und Lebenszyklus. Drei Aufsätze. Suhrkamp: Frankfurt/M. 1966, S. 214/215)

2.7 Zur Würdigung und Kritik der psychoanalytischen Entwicklungstheorie

Die Anfänge der Psychoanalyse werden oft im Jahr 1895 gesehen, weil zu dieser Zeit Sigmund Freud gemeinsam mit Josef Breuer die „Studien über Hysterie" verfasste. Freud selbst benutzte das Wort „Psychoanalyse" allerdings erst 1896 in einer Arbeit über die Ätiologie der Neurosen. Er verwendete ihn als Ersatz für die Begriffe „Suggestion" (Beeinflussung) und „Katharsis" (Läuterung). Zum Durchbruch verhalf der neuen Lehre aber wohl erst das Buch „Die Traumdeutung", das 1900 erschien.

Die Freud'sche Lehre von der Dynamik des unbewussten Seelenlebens hat das Geistesleben des 20. Jahrhunderts vor allem in Europa und Amerika in vielfältiger Weise geprägt. Der Philosoph Richard Rorty verglich Freud in seiner Wirkung auf die Gesellschaft sogar mit Platon und Christus, wobei er hervorhob, dass es bei Freud weniger als ein Jahrhundert gedauert habe, bis seine Ideen sich auf der ganzen Welt verbreitet hätten. Nicht nur zahlreiche Psychologen, Mediziner und Philosophen, sondern auch eine Vielzahl von Kulturschaffenden waren von den Freud'schen Ideen fasziniert. Zu seinem 80. Geburtstag gratulierten ihm 197 bekannte Schriftsteller und Künstler aus der ganzen Welt, darunter James Joyce, Pablo Picasso und Virginia Woolf.

An der überragenden Bedeutung von Sigmund Freud für die Entwicklung des geistigen Lebens und insbesondere der Psychologie kann dabei kein Zweifel bestehen. Im Laufe seines vielseitigen und oft auch sehr spekulativen Schaffens sind Freud aber auch einige schwerwiegende Irrtümer unterlaufen, die zum Teil bis heute noch nachwirken.

Der problematischste Bereich der Freud'schen Psychoanalyse ist zweifellos das triebtheoretische Modell, wonach der Mensch in seinem Erleben und Handeln fast ausschließlich von psychosexuellen und aggressiven Triebwünschen abhängig ist. Da nach dieser Theorie viele kindliche Triebäußerungen im sozialen Umfeld Konflikte verursachen, müssen sie von den Kindern unterdrückt werden, was schließlich zu einer Verdrängung ins Unterbewusstsein führen soll. Da sich die Triebimpulse aber nicht ganz unterdrücken lassen, äußern sie sich laut Freud in Fantasien, Träumereien und zum Teil auch in pathologischen Symptomen.

Die extrem starke Betonung der Sexualität machte sich schon sehr früh in den Freud'schen Arbeiten bemerkbar. Bereits 1896 vertrat Freud im Wiener Verein für Psychiatrie und Neurologie in einem Vortrag über die Entstehung der Hysterie die Meinung, dass für jeden hysterischen Fall „ein oder mehrere Erlebnisse von vorzeitiger sexueller Erfahrung" ursächlich sind.

Mit dieser damals sehr anstößigen Hypothese erzeugte Freud in der Öffentlichkeit einerseits großes Interesse, andererseits aber auch starke Empörung. Im Kollegenkreis wurden seine Vorstellungen weitgehend abgelehnt. Der damals sehr angesehene Psychiater Krafft-Ebing fasste die vorherrschende Meinung kurz und bündig wie folgt zusammen: „Es klingt wie ein wissenschaftliches Märchen."

Aus einem Brief an seinen damaligen Freund Wilhelm Fließ aus dem Jahr 1897 geht hervor, dass Freuds Ideen wahrscheinlich ein selbst erlebter sexueller Missbrauch in der Kindheit zugrunde gelegen hat. Fließ war der Begründer einer Theorie, wonach das sexuelle Erleben des Menschen nicht in der Pubertät, sondern schon in der Kindheit beginnt und dass alle Menschen zunächst bisexuell veranlagt sind.

Diese Hypothesen griff Freud auf und führte sie weiter, indem er eine „orale, anale und phallische Phase" im „psychosexuellen Reifungsprozess" unterschied. In der oralen Phase befriedigt der Säugling nach Freuds Vorstellungen sein Lustbedürfnis durch das Saugen an der Mutterbrust. Während der analen Phase erlebt das Kind Befriedigung durch die Beschäftigung mit seinem Darmausgang (Anus) und dessen Ausscheidungen. Die phallische oder infantilgenitale Phase ist geprägt durch die lustvolle Beschäftigung mit dem Penis beim Knaben bzw. der Klitoris beim Mädchen. In dieser Zeit soll auch die Geschlechtsidentität entstehen.

Später erweiterte Freud seine sexuellen Entwicklungstheorien, indem er annahm, dass während der Phase der Geschlechtsidentifizierung beim Knaben der „Ödipus-Komplex“ entsteht. Die Bezeichnung bezieht sich auf die Sage vom griechischen König Ödipus, der – jeweils ohne es zu wissen – seinen Vater tötete und danach seine eigene Mutter zur Frau nahm.

Die Freud'sche Psychoanalyse sieht bei Knaben in der infantil-genitalen Phase eine gewisse Parallele zu dieser tragischen Legende, weil sie angeblich eine erotische Beziehung zu ihrer Mutter und eine Rivalität gegenüber ihrem Vater entwickeln. Bei Mädchen wird ein angeblich ähnlich ablaufender Prozess „Elektra-Komplex“ genannt. Der Name leitet sich von der griechischen Königstochter Elektra her. Sie soll die Tötung ihrer Mutter veranlasst haben, als sie erfuhr, dass diese ihren geliebten Vater ermordet hatte.

Nur wenn Kinder diese Entwicklungsphasen störungsfrei durchlaufen haben, können sie laut Freud später ein normales Geschlechtsleben entwickeln. Negative Einflüsse während der präsexuellen Entwicklung sollen zu sogenannten Fixierungen führen, die ein abnormes Verharren auf einer der Entwicklungsstufen verursachen. Freud sprach deshalb bei Erwachsenen z. B. von einem „oralen“ oder „analen“ Charakter und ordnete ihm bestimmte psychische Eigenschaften zu. In der damals noch außerordentlich prüden bürgerlichen Welt

(Foto: DER SPIEGEL)

stießen die Freud'schen Theorien auf Entsetzen und Ablehnung, während sich viele Intellektuelle und Künstler von der Betonung der Sexualität und dem dadurch erfolgten Tabubruch inspirieren ließen. Freud selbst betonte die Bedeutung des Geschlechtlichen für die Psychoanalyse bei vielen Gelegenheiten. An seinen Schüler C. G. Jung schrieb er einmal: „Mein lieber Jung, versprechen Sie mir, niemals die Sexualtheorie aufzugeben. Das ist das Allerwichtigste. Sehen Sie, wir müssen ein Dogma daraus machen, ein unerschütterliches Bollwerk."

Diese extreme Betonung der frühkindlichen Sexualität für die spätere Persönlichkeitsentwicklung konnten aber einige Schüler Freuds trotz aller Ermahnungen des großen Meisters nicht nachvollziehen, sodass es zum Bruch kam und sich mehrere psychoanalytische Schulen entwickelten. Insbesondere C. G. Jung bekämpfte den Freud'schen „Pansexualismus" und begründete die „Analytische Psychologie". Die Beweislage für die allumfassende Sexualtheorie war auch eher dürftig. Freud hat nur über wenige Patienten ausführlich berichtet, bei denen seiner Meinung nach ein Zusammenhang zwischen einem frühkindlichen Trauma und einer späteren psychischen Entwicklungsstörung feststellbar gewesen sein soll.

Einer der bekanntesten Fälle war der sogenannte „Rattenmann", bei dem es sich um einen Offizier der österreichischen Armee namens Ernst Lanzer handelte. Er litt unter der Vorstellung, eine von ihm verehrte Dame, aber auch sein Vater seien einer besonders grausamen Folter ausgesetzt, weil er selbst einem Offizierskollegen Geld schuldig geblieben sei. Bei dieser Folter fraßen sich Ratten in den After der Opfer. Als sich herausstellte, dass Lanzers Geldschuld in Wirklichkeit gar nicht bestand, hatte das

Das Sofa von Freud. Bei einer psychoanalytischen „Sitzung" ruhten die Patienten auf diesem Sofa, während Freud am Fußende auf einem Schemel saß.
(Foto: Peter Abrahamian/corbis)

nicht den erwarteten positiven Effekt auf den Patienten, sondern dessen Wahnvorstellungen wurden eher noch schlimmer. Freud unterzog den Offizier angeblich einer elfmonatigen Psychoanalyse und kam zu dem doch recht überraschenden Ergebnis, dass bei ihm der geheime Wunsch bestünde, Analverkehr sowohl mit seiner Freundin als auch mit seinem Vater zu haben. Aus diesem verdrängten Wunsch hätte sich dann seine Zwangsneurose entwickelt.

Freud schilderte diesen Fall seinem staunenden Publikum 1908 auf dem ersten internationalen Kongress für Psychoanalyse in Salzburg. Er berichtete auch, er habe die „vollständige Wiederherstellung der Persönlichkeit des Patienten" erreicht, indem er mit ihm in langen Sitzungen seine frühe Kindheit rekonstruierte. Dabei sei zu Tage gekommen, dass der Vater des Patienten seinem Sohn in dessen Knabenzeit die Kastration angedroht habe. Durch die Aufdeckung dieses Traumas sei der Patient geheilt worden.

Der Geschichtswissenschaftler Frank Sulloway überprüfte später den Fall und kam zu einem völlig anderen Ergebnis: Lanzer hatte die Psychoanalyse bei Freud schon nach wenigen Wochen abgebrochen und konnte auch nicht als geheilt bezeichnet werden.

Auch der Fall des „Wolfsmannes" Sergei Pankejeff wurde von Freud publiziert, um die Richtigkeit seiner Sexualtheorie zu belegen. Bei ihm wurde angeblich eine Zwangsneurose durch Psychoanalyse geheilt. Ausgangspunkt für den Behandlungserfolg war die Analyse eines Kindheitstraums des Patienten, bei dem er weiße Wölfe vor dem Fenster seines Zimmers gesehen hatte. Freud entnahm diesem Traum, dass der junge Pankejeff seine Eltern beim Geschlechtsverkehr beobachtet habe, wobei Freud die weißen Wölfe als Symbol für die Unterwäsche der Eltern deutete. Nach dieser zweifellos fantasievollen Erklärung des Traumes war nach Freuds Angaben der Patient geheilt.

Bei einem nach vielen Jahren geführten Gespräch mit der Journalistin Katrin Obholzer konnte Pankejeff die Freud'sche Erfolgsmeldung allerdings nicht bestätigen. Er sagte vielmehr: „Es ist alles falsch. In Wahrheit ist die ganze Sache eine reine Katastrophe. Ich bin noch immer in derselben Verfassung, in der ich war, als ich zum ersten Mal Freud aufsuchte."

Es ist schon sehr erstaunlich, dass die Freud'sche Psychoanalyse einen so großen Erfolg hatte, obwohl nur wenige in ihrer Beweiskraft dürftige Fallbeispiele vorgelegt wurden. Eine ausschlaggebende Rolle spielte dabei wahrscheinlich, dass Freud von der Richtigkeit seiner Hypothesen völlig überzeugt war und sie deshalb mit der entsprechenden Leidenschaft und Eindringlichkeit vertrat. Auf seine Patienten gewann er im Verlauf der vielen Sitzungen vermutlich so viel Einfluss, dass sie ihm die Ergebnisse seiner Kindheitsanalysen weitgehend bestätigten. Dadurch musste Freud den Eindruck gewinnen, dass er auf dem richtigen Weg war. Heute ist bekannt, dass man bei der Analyse psychisch labiler Personen sehr vorsichtig vorgehen muss, um zu verhindern, dass Pseudoerinnerungen entstehen, die so intensiv werden können, dass sie für die Patienten nicht mehr von echten Erinnerungen unterscheidbar sind.

Manche Hypothesen Freuds werden deshalb zunehmend als Irrtümer eingestuft, was aber natürlich keinesfalls bedeutet, dass seine gesamte Arbeit wertlos war. Er hat vielmehr durch seine hochinteressanten Theorien ganz neue Denkansätze geschaffen, die ganz neue Blickwinkel auf die menschliche Psyche eröffnet haben.

(Aus: Heinrich Zankl: Der große Irrtum. Wo die Wissenschaft sich täuschte. Wissenschaftliche Buchgesellschaft: Darmstadt 2004, S. 59–62)

Salvador Dalí: Das Bild verschwindet (1938). Öl auf Leinwand, 55,9 × 50,8 cm. Figueras, Fundació Gala-Salvador Dalí
(Foto: akg-images/© Salvador Dalí, Fundació Gala-Salvador Dalí, VG Bild-Kunst, Bonn 2014)

2.8 Psychoanalytische Pädagogik – Aspekte für erzieherisches Handeln

Entgegen einer weit verbreiteten Vorstellung sind Psychoanalyse und Pädagogik längst nicht mehr zwei unabhängig voneinander existierende Bereiche. Vielmehr ist psychoanalytisches Gedankengut im Rahmen der „Psychoanalytischen Pädagogik" schon seit den 20er-Jahren des 20. Jahrhunderts rezipiert worden. Der folgende Textauszug vermittelt einen Überblick über diese Disziplin der Pädagogik.

Die Psychoanalytische Pädagogik ist eine Strömung, die im Rahmen einer Ausweitung und Ausdifferenzierung psychoanalytischer Inhalte auf andere Felder – in diesem Fall vor allem der Pädagogik, aber auch der Gesellschaftstheorie – entstanden ist. Sie hat ihre Anfänge etwa in den 1920er-Jahren und geht hauptsächlich auf die Namen Alfred Adler, Siegfried Bernfeld und Nelly Wolffheim zurück. Letztere eröffnete 1914 einen Privatkindergarten und führte ihn acht Jahre später nach den Ideen der Psychoanalytischen Pädagogik. Die Pioniere der Psychoanalytischen Pädagogik waren meist jüdischen Hintergrunds und sozialistischen Positionen zugeneigt. Ziel war es, zu einer gerechten, friedlichen Gesellschaft und zur Neurosenprophylaxe beizutragen. Allerdings entstand erst in den 1970er-Jahren eine aufsteigende Psychoanalytische Pädagogik, als eine von mehreren Schulen und Anwendungen der Psychoanalyse. […]

Da in der Psychoanalytischen Pädagogik ein potenziell herrschaftsfreies Verhältnis zwischen Pädagogen/in und Kind die Grundlage ist, ist dies jedoch nicht damit gleichzusetzen, dass sich der Dialog auch konfliktfrei gestaltet. Dynamiken der gemeinsamen Beziehungen entfalten sich in Widerstand, Übertragung und Gegenübertragung, projektiver und Übertragungsidentifizierung. Instrumente, diese Dynamiken, die sich im gemeinsamen Dialog vollziehen, wahrzunehmen und für den pädagogischen Prozess nutzbar zu machen, sind Selbstreflexion, Reflexion und Metakommunikation und die teilnehmende Beobachtung.

Aufgrund des Freud'schen Junktims „Heilen und Forschen" lässt sich für die Pädagogik das Junktim „Fördern und Forschen" oder „Erziehen und Forschen" ableiten, denn gerade im Sinne von pädagogischem Handeln wird die Veränderung von Bewusstsein und Lebenspraxis deutlich (vgl. ebd., S. 168 ff.). So wird auch die immerwährende Wechselwirkung zwischen Theorie und Praxis, zwischen Forschung und Veränderung im Sinne der Pädagogik klar.

Angemessene Förderung setzt angemessenes, nämlich psychoanalytisches Verstehen der Interaktion, des Erziehungsgeschehens voraus. Psychoanalytisches Verstehen eröffnet qualitativ neue entwicklungsfördernde und konfliktverarbeitende Handlungs- und Gestaltungsspielräume pädagogischen Handelns, weil es unbewusste Motive und Sinnzusammenhänge insbesondere in konflikthaften und belastenden Interaktionsverläufen erschließen kann (Muck 1993, zit. n. Trescher 1993, S. 170). […]

Um die Psychoanalyse im Sinne einer Pädagogik in die Praxis umsetzen zu können, muss die Prämisse gesetzt werden, dass die psychoanalytischen Grundlagen nicht als ein bloßes Formelwissen verstanden werden. Um die Psychoanalytische Pädagogik ihrem Anspruch gerecht umzusetzen, sind „zunächst sozialisationstheoretische und zeitdiagnostische Kenntnisse nötig, um im Wissen um die Wechselwirkung von Gesellschaft, Institution, Interaktion und Subjekt sowie deren aktueller Erscheinungsformen vorschnelle infantilistische, familialistische oder pädagogische Verkürzungen zu vermeiden" (vgl. Lorenzer 1980, S. 320, zit. n. Naumann 2008, S. 18). Somit verlangt die Psychoanalytische Pädagogik interdisziplinäre Kenntnisse, Fähigkeiten und Kompetenzen zu ihrer anspruchsgerechten Umsetzung.

Um aber auch einem Bildungsanspruch im Sinne der Selbstbildung gerecht zu werden, „sind bildungstheoretische Kenntnisse erforderlich, die das Zusammenspiel von Selbstbildung und Verständigung berücksichtigen. Dadurch wird die fachlich begründete Widerständigkeit gegen Instruktionslernen und verhaltensorientierte Trainingsprogramme in der pädagogischen Praxis gestützt" (Naumann 2008, S. 18).

Das Wissen, z. B. über Psychoanalytische Entwicklungstheorien (z. B. Ansätze von Freud, Mahler oder Kohut), Selbstpsychologie und Narzissmustheorie (Heinz Kohut), Objektbeziehungstheorie (Melanie Klein), intersubjektive Theorie (Jessica Benjamin) und Bindungstheorien (John Bowlby, Mary Aintsworth), ist deshalb von sehr großer Wichtigkeit, weil es „für die Themen, Phasen und etwaigen Schwierigkeiten kindlicher Entwicklung, insbesondere im Gruppenkontext“ (ebd.) sensibilisiert. Somit ist die Psychoanalytische Pädagogik als ein Prozess anzusehen. „Ziel dieses Prozesses, der psychoanalytischen Haltung, des Verstehens und daraus ableitbarer pädagogischer Handlungsprozesse und absichtsvoller Situationsgestaltungen ist die möglichst optimale Förderung der Klienten im sozialen und institutionellen Beziehungskontext. Dies kann Klienten (mit Blick auf die Objektbeziehung) als Ausdifferenzierung und Korrektur von Selbst- und Objektrepräsentanz beschrieben (vgl. Datler 1985, 1988) und strukturell i. S. der klassischen Psychoanalytischen Pädagogik als Ich-Stärkung (vgl. im Überblick Trescher 1985a, 12 ff.) und Überich-Bildung gefasst werden“ (Trescher 1993, S. 180). […]
Nach Adorno können Bildung und eine Erziehung zur Mündigkeit nur gelingen, wenn die Erziehung eine Erziehung zum Widerspruch und zum Widerstand ist (Adorno 1971, S. 145). Indem die Psychoanalytische Pädagogik darauf hinarbeitet, unbewusste, nicht verarbeitete und verdrängte Konflikte und Traumen, die aus verschiedenen konflikthaften und angstbesetzten Beziehungen sowie traumatisierenden institutionellen und sozialen Zusammenhängen resultieren, bewusst zu machen und diese konstruktiv zu leiten, kann hier durch wichtige Selbstexplorationswerte eine Fähigkeit im Sinne Adornos Erziehung zum Widerspruch und Widerstand gegen beschädigende Lebensumstände und Situationen entstehen.
Die Selbsterfahrung bzw. Selbstexploration spielt in Adornos Vorstellungen zur gesunden und mündigen Erziehung und Bildung eine fundamental wichtige Rolle: „Eine Demokratie, die nicht nur funktionieren, sondern ihrem Begriff gemäß arbeiten soll, verlangt mündige Menschen. Man kann sich verwirklichte Demokratie nur als eine Gesellschaft von Mündigen vorstellen. […] Die Herstellung von Erfahrungsfähigkeit bestünde sehr wesentlich im Bewusstmachen und damit im Abbau dieser Verdrängungsmechanismen und Reaktionsbildungen, die in den Menschen selber ihre Erfahrungsfähigkeit verkrüppeln. […] Insofern sind Erziehung zur Erfahrung und Erziehung zur Mündigkeit, so, wie wir versucht haben es auszuführen, miteinander identisch“ (Adorno 1971, S. 107 ff.). Aufgrund dessen muss man sagen, dass die Psychoanalytische Pädagogik inhaltlich wichtige Beiträge zum Abbau von Verdrängung und somit zur Erziehung zur Mündigkeit liefert, welche nach Adorno eine Demokratie verlangt […].

(Philipp Berg: Handlungstheoretische Aspekte der Psychoanalytischen Pädagogik. In: Martin R. Textor [Hrsg.]: Kindergartenpädagogik – Online-Handbuch. In: http://www.kindergartenpaedagogik.de/1906.html [9. 8. 2009])

1 Geben Sie den Gedankengang des Textes strukturiert wieder.

2 In dem vorliegenden Text von Philipp Berg wird der (Neo-)Psychoanalytiker Erik H. Erikson nicht erwähnt. Wenden Sie die Überlegungen psychoanalytischer Pädagogik von Berg selbstständig auf das Modell von Erikson an.

3 Erörtern Sie den Wert und Nutzen von Psychoanalyse für pädagogisches Handeln. Berücksichtigen Sie dabei auch das folgende Zitat von Sigmund Freud: „Nur an einem Thema kann ich nicht so leicht vorbeigehen, nicht, weil ich besonders viel davon verstehe oder selbst so viel dazugetan habe. Ganz im Gegenteil, ich habe mich kaum je damit beschäftigt. Aber es ist so überaus wichtig, so reich an Hoffnungen für die Zukunft, vielleicht das Wichtigste von allem, was die Analyse betreibt. Ich meine die Anwendung der Psychoanalyse auf die Pädagogik, die Erziehung der nächsten Generation. […]“ (Aus: Sigmund Freud: Neue Folge der Vorlesungen zur Einführung in die Psychoanalyse. Gesammelte Werke Band XV. S. Fischer Verlag: Frankfurt/Main 1965, S. 157)

3. Pädagogisches Handeln auf der Grundlage des Modells der Beschreibung der kognitiven Entwicklung: Jean Piaget

3.1 Hinführung: Wer ist Papis Frau?

Die Eltern sitzen mit ihren Töchtern (Lotte, 8 Jahre, und Paula, 4 Jahre alt) um den Tisch im Arbeitszimmer des Vaters.
Im vorausgegangenen, hier nicht wiedergegebenen Abschnitt der Szene geht es um das Problem gerechten Verteilens von Keksen und Fruchtsaft. Da für vier Personen nur drei Tüten Saft vorhanden sind, stellt sich die Frage, wer der Mutter, die keine Tüte hat, etwas abzugeben hätte: die Kinder, weil sie deren Mutter ist, oder Vater, weil sie dessen Frau ist.

Paula: „Jetzt lass meiner Mami auch einen Schluck!"
Lotte: „Ach Papi, gib der Mami doch auch etwas."
Vater: „Gebt ihn doch der Mami, sie ist doch schließlich eure Mutter."
Lotte: „Aber deine Frau!"
Vater: „Nee! Paula behauptet immer, die Mami sei die Frau von Paula." *Mutter lacht erheitert auf.*
Paula: (mit dem Brustton der Überzeugung) „Ja!"
Vater: „Paula, wer ist dann meine Frau?"
Paula legt nachdenklich den Kopf von einer Seite auf die andere, noch keine Antwort.
Vater: „Ist die Mami meine Frau?"
Paula schüttelt verneinend den Kopf.
Lotte: (die entstandene Lücke nutzend) „Dann bin ich dem Papi seine Frau!"
Paula: (mit energischem Kopfschütteln) „Mm!" *(Nein!)* „Die Anne!" *Anne ist die nicht anwesende älteste, 11-jährige Tochter.*
Vater: (rückfragend) „Die Anne ist meine Frau?"
Kopfnicken bei Paula.
Vater: „Warum ist die Anne meine Frau?"
Paula: „Weil sie so groß ist."
Doch dieses Argument sticht bei Lotte nicht.
Lotte: „Die Mami ist aber noch größer als die Anne, gell?"
Vater: „Wie ist das jetzt, Paula?"
Es entsteht eine längere Pause mit Essen und Trinken; Mami hilft Paula beim Safttrinken. Dann, ganz unvermittelt und vehement,
Paula: (zu Vater) „Wenn du meine Frau liebst, aber dann hau' ich dir eine runter!" *Dabei droht sie mit dem Zeigefinger der einen Hand und stützt die andere energisch in die Hüfte.*
Vater: „Wenn ich deine Frau lieb', dann haust du mir eine runter?!"
Paula: (bestätigend) „Mhm !"
Lotte: (vorwurfsvoll zu Paula) „Du bist doch kein Mann!"
Mutter: (entsprechend zu Paula) „Ich bin doch aber nicht deine Frau, ich bin doch deine Mutter!"
Pause. Man isst Kekse.
Vater: „Lotte, was meinst du, warum die Paula immer sagt, die Mami sei ihre Frau?"
Lotte: (vertraulich, zu Vater gewandt) „Weil sie sie so lieb hat, und deswegen denkt sie … so meine ich."
Vater: „Du hast doch die Mami auch lieb und meinst trotzdem nicht, dass die Mami deine Frau ist."
Lotte: „Nnein, nnein … ich bin ja kein Mann!"
Vater: „Paula, bist du ein Mann?"
Paula schüttelt verneinend den Kopf – man denkt, sie habe es nun begriffen.
Vater: „Paula, wirst du mal ein Mann?"
Paula nickt.
Lotte: (korrigiert entrüstet) „Nein!" *(Zu Paula)* „Du bist als Mädchen aus dem Bauch der Mami rausgekommen. Also, also bleibst du auch ein Mädchen." „Guck mal, die Anne ist schon so groß, aber sie ist immer noch ein Mädchen."
Paula murmelt unverständliche Worte vor sich hin.
Mutter: (zu Paula) „Was ist?"
Paula murmelt weiter, lacht verschmitzt, albert herum.
Mutter: „Also wirst du doch kein Mann."
Paula: „Doch!" […]

Mutter: „Ach du! … jedenfalls bin ich dem Papi seine Frau und deine Mutter."

Paula: „Mami, wenn ich verzaubert werd' als Vater, dann brauch ich dich!"

Mutter: „Was?"

Vater: „Wenn du verzaubert wirst als Vater…"

Paula: „… dann brauch ich die Mami!"

Während des nun folgenden Gesprächs zwischen Vater und Lotte steigt Paula auf ihren Stuhl und hebt langsam die Arme über den Kopf wie um sich „groß" zu machen, sich zu „verzaubern", sich zum Mann, zum Vater zu machen.

(Aus: Martin Hirzel: Wer ist Papis Frau? In: Deutsches Institut für Fernstudien in der Universität Tübingen [Hrsg.]: Zeitungskolleg Achtung: Kinder. Textsammlung Tübingen 1978, S. 118 f.)

1 Analysieren Sie das Gespräch in Hinblick auf die divergierenden Denkmuster.

2 Erörtern Sie Möglichkeiten, mit diesen Divergenzen zurechtzukommen. Berücksichtigen Sie dazu auch die folgenden Überlegungen von Hellgard Rauh.

Stellen Sie sich einmal vor, Sie sollten mit Zahlen logisch umgehen; aber die Zahlen ändern plötzlich dadurch, dass Sie mit ihnen umgehen, ihre absolute Wertigkeit: 3 ist nicht mehr drei, wenn es Teil der Menge 6 ist; 3 ist mehr, wenn es aus einer großen Menge stammt, als wenn es aus einer kleinen Menge stammt. – Ein Viereck ist nicht mehr als Viereck, sondern ein ganz anderer Gegenstand, wenn es auf der Spitze steht. – Ein Draht ist nicht mehr derselbe, wenn er verbogen wird, und zwar vor Ihren Augen! – Eine Katze kann sich ohne Weiteres in ein Kaninchen verwandeln oder in einen Hund. – Sogar für Sie selbst steht nicht fest, ob Sie Ihre Geschlechtszugehörigkeit stets behalten. – Und Altern tun Sie nach ganz individuellem Tempo.

Möglicherweise existieren für Sie Menschen und Dinge nur so lange, wie Sie sie wahrnehmen, und lösen sich z. B. hinter einem Schirm oder unter einer Decke auf bzw. verlieren ihre Identität bei kleinen äußeren Veränderungen. Das klingt wie ein utopischer Gruselroman. In einer solchen Welt, in der nichts sicher ist, nichts vorhersagbar ist, könnten wir auf die Dauer nicht leben. Ständig müssten wir mit Überraschungen rechnen. Dabei könnten wir Überraschungen als solche gar nicht erkennen, weil wir ja auch keine Regel haben, von denen sie sich als Ausnahme unterscheiden.

Mit großer Sicherheit war aber auch Ihr Denken einmal so oder ähnlich. Denn die aufgezählten Beispiele stammten aus Untersuchungen mit Kindern und charakterisieren kindliches Denken auf verschiedenen Entwicklungsniveaus.

(Aus: Hellgard Rauh: Entwicklung des Denkens. In: Franz Weinert u. a. [Hrsg.]: Funkkolleg Pädagogische Psychologie 1. Frankfurt/Main 1974, S. 215)

3.2 Grundbegriffe der Theorie

Der folgende Textauszug, in dem wichtige Grundbegriffe der Theorie von Piaget erläutert werden, ist einem amerikanischen Psychologielehrbuch entnommen. Die Autoren beschreiben dort, wie der Entwicklungsprozess intellektueller Fähigkeiten verstanden werden kann. Der unmittelbar anschließende Text von Kurt Müller bietet Beispiele zur Verdeutlichung der Begriffe „Schema", „Assimilation" und „Akkommodation". Es empfiehlt sich, beide Text in unmittelbarem Zusammenhang zu erarbeiten.

Kinder entwickeln mit der Zeit immer komplexere intellektuelle Fähigkeiten dadurch, dass sie fortlaufend ein Gleichgewicht anstreben auf der einen Seite zwischen dem, was sie gegenwärtig wahrnehmen, wissen und verstehen, und auf der anderen Seite dem, was für sie aus irgendeinem neuen Phänomen, einer neuen Erfahrung oder einem neuen Problem ersichtlich wird. Wenn die gegenwärtig in ihnen vorhandenen Bedingungen dazu ausreichen, mit der neuen Situation fertig zu werden, so bleibt das Gleichgewicht ungestört. Wenn sie nicht ausreichen, dann ist in irgendeiner Form intellektueller Aufwand notwendig, damit das Gleichgewicht wiederhergestellt wird. Das heißt, der Organismus muss sich an seine Umwelt anpassen.

Die Anpassung nimmt zweierlei Formen an, die simultan auftreten: Assimilation und Akkommodation. Assimilation ist der Prozess, über den das, was wahrgenommen wird, so verändert wird, dass es zu den gegenwärtig vorhandenen kognitiven Strukturen passt; Akkommodation ist dagegen der Prozess, über den die kognitiven Strukturen so verändert werden, dass sie zu dem Wahrgenommenen passen. [...]

Assimilation kann auch mit den Vorgängen des Kauens und Verdauens von Nahrung verglichen werden, die dazu dienen, diese Nahrung in etwas zu verwandeln, das für den Körper nutzbar wird.

Über die Assimilation werden neue Ideen so verwandelt, dass sie in die vorhandene kognitive Struktur passen. Die Akkommodation kann mit den Maßnahmen verglichen werden, die der Körper beim Essen und Verwerten von Nahrung trifft, wie z. B. dem Öffnen des Mundes, den Kontraktionen der Schlundmuskulatur, des Ösophagus und des Magens und der Sekretion von Verdauungssäften. Auf die gleiche Weise muss eine vorhandene kognitive Struktur modifiziert, erweitert oder verfeinert werden, damit sie mit einer bislang neuen oder ungewöhnlichen Idee fertig wird.

Assimilation und Akkommodation sind unter Umständen schwierig auseinanderzuhalten. Sie finden gleichzeitig statt, sie stellen bei der Verarbeitung von Ideen, bei dem Prozess, über den ein Gleichgewicht zwischen dem Menschen und seiner Umwelt aufrechterhalten wird, zwei Seiten ein und derselben Münze dar. Wenn wir interpretieren, Konstruktionen und Strukturen errichten, dann verändern wir die Struktur eines realen Ereignisses, um zu erreichen, dass es zu unserer vorhandenen kognitiven Struktur passt. Das bezeichnen wir als Assimilation.

Wenn wir die vorhandenen Vorstellungen so zurechtrücken, z. B. wenn wir uns eine Erinnerung ins Gedächtnis rufen, eine Ähnlichkeit oder eine Analogie deutlich machen, um so einem realen Ereignis Sinn zu verleihen, dann akkommodieren wir.

Die Auswirkungen der Assimilations- und Akkommodationsprozesse auf die beteiligten kognitiven Strukturen sind ziemlich dauerhaft. Als Prozesse, über die sich ein Organismus an seine kognitive Umwelt anpasst, sind sie den biologischen Prozessen der Anpassung vergleichbar, die auf die körperliche Struktur und Funktion eines Organismus Auswirkungen haben.

Das kognitive Schema eines Kindes, d. h. seine kognitive Organisation und Struktur, ändert sich also in Abhängigkeit von seinen Erfahrungen. [...]

(Aus: Nathaniel L. Gage, David C. Berliner: Pädagogische Psychologie. Übersetzt und herausgegeben von Gerhard Bach. 5. vollst. überarb. Auflage. Psychologie Verlags Union: Weinheim 1996, S. 114–116)

Beispiele:

Das Kind sieht in seiner Umgebung kleine, wuschelige, vierbeinige Lebewesen, die bestimmte Laute von sich geben. Beim Anblick dieser Lebewesen sagt die Mutter jedes Mal „wauwau".

Das Kind bildet ein kognitives Schema (eine Primitivkategorie), in das alle vierbeinigen, sich bewegenden Wesen eingeordnet werden: das Wauwau-Schema [...].

Unter Assimilation versteht Piaget die Angleichung neuer Wahrnehmungen, Informationen und Erfahrungen an ein bestehendes Schema. Man könnte auch sagen: Assimilation ist Einpassung von Neuem in eine vorhandene Ordnungsstruktur.

Verdeutlichen wir uns dies am Beispiel. Das Kleinkind verfügt über das Wauwau-Schema. Eines Tages kommt es an einer Wiese vorbei, zeigt auf eine Kuh und sagt: „Wauwau." Das Kind hat also den neuen Eindruck seinem Wauwau-Schema assimiliert, das Erlebnis „Kuh" wurde dem alten Schema „Wauwau" eingepasst. [...]

Später geht das Kind durch den zoologischen Garten und sieht dort eine Menge neuer Tierformen; es lernt Lebewesen kennen, die lange Hälse, die keine Beine, zwei Beine oder vier Beine haben, die brüllen, pfeifen, klettern oder fliegen. Das bestehende Wauwau-Schema kann diese neuen Formen nicht mehr „verdauen", nicht mehr assimilieren. Es muss sich selbst den neuen Eindrücken angleichen; muss sich akkommodieren. Die Bezeichnung Akkommodation ist der Optik entnommen: dort versteht man unter Akkommodation die Anpassung der Linse des Auges an die Entfernung, damit die Gegenstände auf der Netzhaut scharf abgebildet werden. […]

(Aus: Kurt Müller: Telekolleg für Erzieher. Psychologie II. TR-Verlagsunion: München 1975, S. 88 f.)

1 Erläutern Sie die nach Piaget innerhalb des Entwicklungsprozesses bedeutsamen Vorgänge: Streben nach Gleichgewicht, Assimilation, Akkommodation.

2 Nehmen Sie Stellung zu dem Satz: „Akkommodation ist streng genommen […] immer Assimilation.“
(Leo Montada. Nach: H. M. Trautner: Lehrbuch der Entwicklungspsychologie. Band 1. Hogrefe: Göttingen 1978, S. 327)

Ursprüngliches kognitives Schema „Wauwau“

Beobachtbare Eigenschaften
groß
bellt
wedelt mit dem Schwanz
leckt die Hand
heißt Wauwau

Eigenes Handeln
hinlaufen
streicheln
„Wauwau“ sagen

Assimilation durch Begegnung mit einem anderen Hund

Zwar hat der andere Hund ein etwas anderes Aussehen als die zuvor erlebten, unterscheidet sich aber in wesentlichen Eigenschaften nicht. Er wird in das kognitive Schema aufgenommen (**Assimilation**).

Akkomodation durch Begegnung mit einem weiteren anderen Hund

Dieser Hund sieht völlig anders aus als die bislang getroffenen und unterscheidet sich in einer wesentlichen Eigenschaft: er ist klein und beißt. Das kognitive Schema erfährt Anpassung (**Akkomodation**).

Neues kognitives Schema „Wauwau“

Beobachtbare Eigenschaften
groß **oder klein**
bellt, wedelt mit dem Schwanz
leckt die Hand, **beißt**
heißt Wauwau …

Eigenes Handeln
hinlaufen **oder weglaufen**
streicheln **oder nicht**
„Wauwau“ sagen **oder nicht …**

(Nach: Rainer Jaszus u. a.: Sozialpädagogische Lernfelder für Erzieherinnen. Stuttgart 2008, S. 279. Illustration: Ferdinand Lutz, Köln)

3.3 Derek

Mary Sime beobachtete Kinder jahrelang durch die Brille der Theorien Piagets. Reaktionen Dereks, die er beim ersten Anblick einer echten Geige im Alter von drei Jahren und neun Monaten zeigte:

Derek war in diesem Alter fernsehsüchtig. Deshalb erkannte er die Geige als etwas, was unter sein Kinn gehörte: Es blieb jedoch während des kurzen Zeitraums, indem er sich in dieser Haltung abmühte, ein ängstlicher Ausdruck auf seinem Gesicht, bevor er eine bessere Idee hatte.
Als Kontrabass gab das neue „Spielzeug" immerhin Töne von sich und so machte seine Angst einem flüchtigen Interesse Platz.
Reines Entzücken zeigte sich in dem Moment auf seinem Gesicht, als er sein Spielzeug zu einer Gitarre machte. Seine Freude war vollständig und andauernd. Er hatte das Spielzeug sich und sich dem Spielzeug angepasst.
„Das Kind ist der Architekt seines eigenen Wachstums", sagt Nathan Isaacs. […] Jede Erfahrung wie diejenige, die Derek mit der Geige machte, […] wird ein Teil des internalisierten Modells seiner Welt.

(Aus: Mary Sime: So sieht ein Kind die Welt. Piaget für Eltern und Erzieher. Walter-Verlag: Olten und Freiburg i. Br. 1978, S. 10 f.)

Derek. Erster Versuch. Angst, Misserfolg.

Derek. Zweite Idee. Teilerfolg und Fortfall der Angst.

Derek. Völlige Zufriedenheit.

(Illustrationen: Ferdinand Lutz, Köln)

1 Zeigen Sie anhand der Bilder auf, inwiefern Derek ein Streben nach „Gleichgewicht" zeigt.
2 Erläutern Sie, wie Derek die Geige sich anzupassen versucht (Assimilation).
3 Wo lässt sich ein Anpassungsvorgang Dereks selbst an sein Spielzeug beobachten (Akkommodation)?

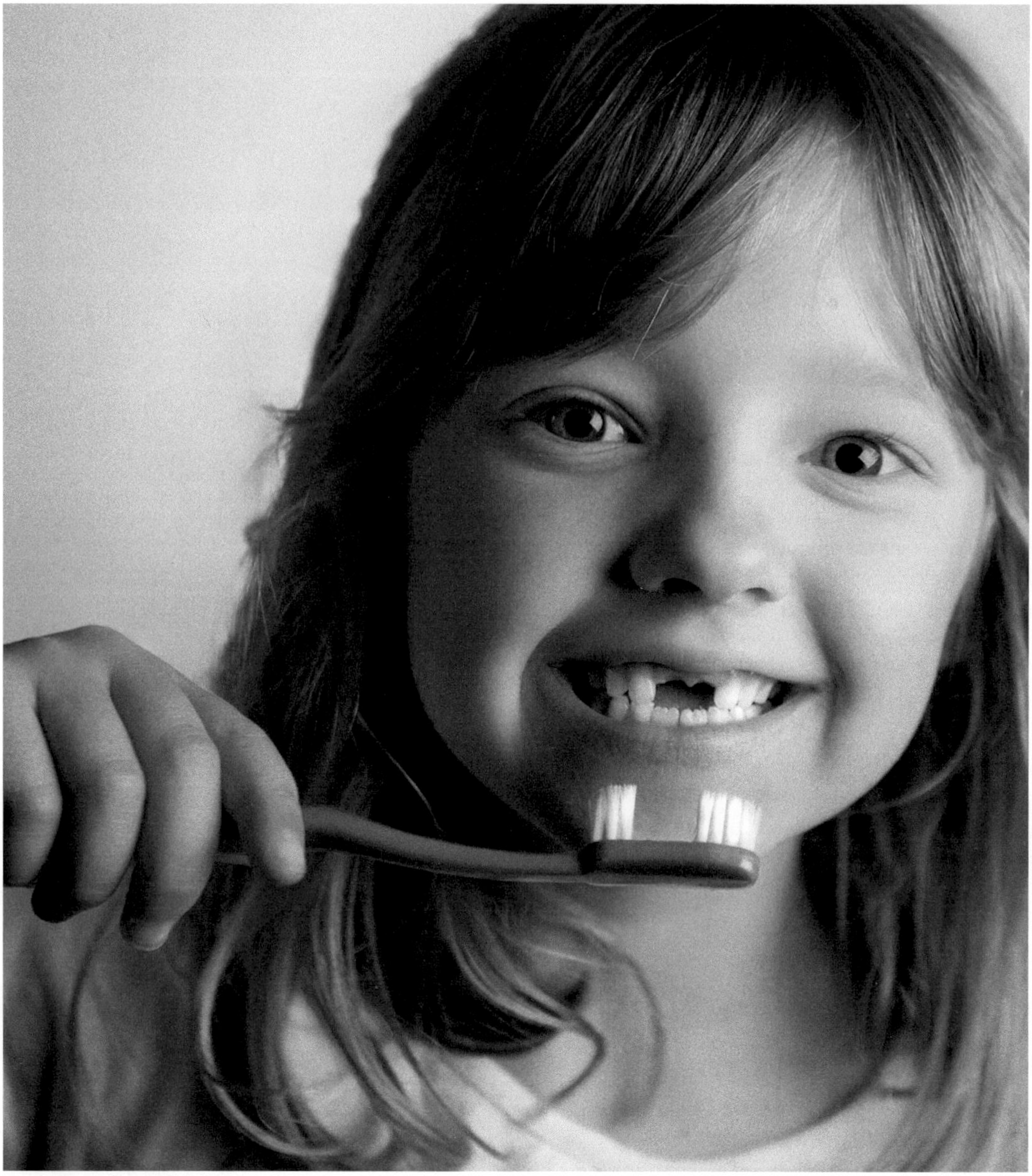

The Not-Teeth-Brush
(Foto: Getty Images)

Das Bild – Beispiel für Streben nach Gleichgewicht, Akkommodation, Assimilation oder …?

Grundbegriffe der Theorie Jean Piagets

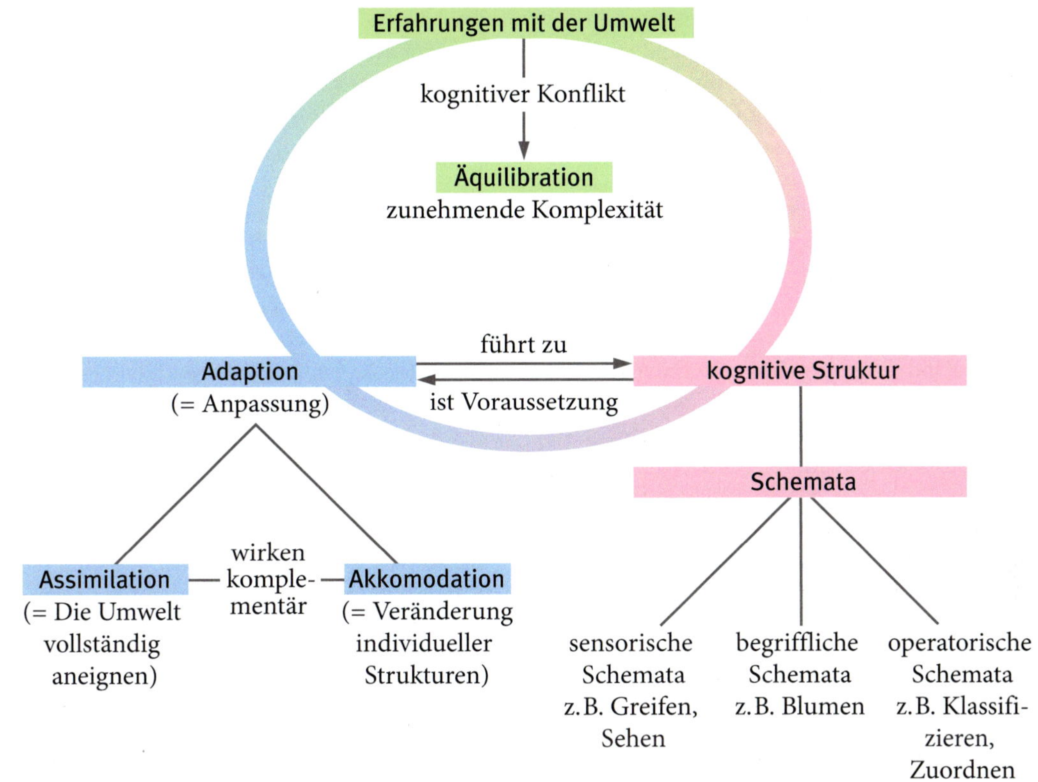

(Aus: Rainer Jaszus u. a.: Sozialpädagogische Lernfelder für Erzieherinnen. Holland + Josenhans Verlag: Stuttgart 2008, S. 278)

3.4 Die Stufenlehre

Die Psychologen Gage und Berliner geben in ihren Ausführungen über die Stufenlehre Piagets einen zunächst recht schwer verständlich erscheinenden Überblick.
Sie können sich die Lektüre durch den Gebrauch des Glossars erleichtern.

Piaget unterscheidet in der intellektuellen Entwicklung generell vier Hauptstufen: die sensomotorische, die präoperationale (die er nochmal in eine präoperationale und eine intuitive unterteilte), die konkret-operationale und die formal-operationale. […]
Die Zuordnung eines bestimmten Lebensalters zu jeder einzelnen Stufe ist nicht streng, sondern als Annäherung aufzufassen. Die Übergänge zwischen den einzelnen Stufen sind nicht abrupt, sondern fließend. Ein Kindes kann z. B. in einigen Bereichen noch präoperational denken, während es in anderen bereits logisch denken kann. […]
Die *sensomotorische Stufe* erstreckt sich in etwa über die ersten beiden Lebensjahre. […]
Das Kind lernt,

- sich selbst als von den Objekten seiner Umwelt getrennt wahrzunehmen;
- sich der Stimulation durch Licht und Geräusche zuzuwenden;
- den Versuch zu unternehmen, interessante Erfahrungen auszudehnen;

- Dinge durch Manipulation zu bestimmen;
- ein Objekt trotz seiner Ortsveränderungen oder trotz der Veränderungen des eigenen Blickwinkels als konstant zu betrachten. […]

Auf der zweiten, der *präoperationalen Stufe,* die sich etwa vom dritten bis zum fünften Lebensjahr erstreckt, gebraucht das Kind eifrig seine Sprache. Es verhilft sich so selbst zur Entwicklung von Konzepten. Es entwickelt seine eigenen Konzepte, die häufig zunächst falsch sind und an der Realität überprüft werden müssen. […]

Auf der präoperationalen Entwicklungsstufe

- ist das Kind ausgesprochen selbstbezogen und meist nicht dazu imstande, bei der Wahrnehmung der physischen Welt den Standpunkt eines anderen Menschen einzunehmen;
- kann das Kind Objekte auf der Grundlage eines einzelnen, deutlich sichtbaren Merkmals klassifizieren;
- ist das Kind nicht dazu imstande, festzustellen, dass Objekte, die in einer Hinsicht ähnlich sind, sich in anderer Hinsicht unterscheiden können;
- ist das Kind dazu imstande, Dinge nach einem Kriterium, einschließlich eines Kriteriums, das sich auf Veränderungen bezieht, einander zuzuordnen;
- kann das Kind Dinge in eine Reihenfolge bringen, jedoch keine Schlüsse über Dinge ziehen, die nicht unmittelbar nebeneinander in der Reihenfolge liegen.
  Wenn z. B. vorgegeben ist: Hans ist größer als Jakob und Jakob ist größer als Fritz, dann kann das Kind nicht angeben, ob Hans größer ist als Fritz. Ein derartiger Schluss ist auf der präoperationalen Stufe noch nicht möglich. […]

In der *intuitiven Phase* der präoperationalen Stufe, die sich vom fünften bis zum achten Lebensjahr erstreckt, kommt das Kind zu Schlussfolgerungen, die von vagen Eindrücken und von Beurteilungen ausgehen, die sich eng an Wahrnehmungen anlehnen und nicht in Worte gefasst werden. Diese Schlussfolgerungen bilden allmählich eine Grundlage für ein mehr logisches und rationales Verständnis. […]

Auf dieser intuitiven präoperationalen Entwicklungsstufe

- erwirbt das Kind die Fähigkeit, Klassen oder Kategorien von Objekten zu bilden, ist sich dieser Klassen oder Kategorien jedoch nicht bewusst;
- entwickelt das Kind die Fähigkeit, logische Beziehungen mit zunehmender Komplexität zu verstehen;
- entwickelt das Kind die Fähigkeit, mit Zahlenbegriffen zu arbeiten;
- eignet sich das Kind *das Prinzip der Erhaltung* an, d. h. die Vorstellung, dass ein Gegenstand gleich groß oder schwer bleibt, unabhängig von Veränderungen in der Form oder der Anzahl der Teile, in die er geteilt wird. Die Erhaltung der Masse wird mit fünf Jahren, die des Gewichts mit sechs Jahren, die des Volumens mit sieben Jahren erreicht. Bis zur vollständigen Beherrschung dieser Konzepte kann es jedoch noch ein bis zwei Jahre dauern. […]

Auf der *Stufe der konkreten Operationen,* die sich ungefähr vom achten bis zum zwölften Lebensjahr erstreckt, entwickelt das Kind die Fähigkeit, verschiedene logische Operationen durchzuführen, jedoch nur mit konkreten Dingen. […]

Während dieser Stufe erwirbt das Kind die Fähigkeit, mit Klassifikationssystemen […] umzugehen. Das heißt, es wird dazu fähig, mit komplexen logischen Denkabläufen wie den folgenden umzugehen:

- *Komposition:* Die Denkmöglichkeit, dass immer dann, wenn zwei Elemente eines Systems kombiniert werden (z. B. Autos mit Kolbenmotor, A, und andere Autos, A'), ein weiteres Element des Systems resultiert (d. h. Autos, B). Oder wenn Autos (B) und andere Transportmittel (B') kombiniert werden, dann resultieren Transportmittel (C).
- *Austauschbarkeit:* Die Denkmöglichkeit, dass die Summe unabhängig von der Reihenfolge ist, in der Dinge addiert werden. Also im obigen Beispiel: A+ A' = B und A' + A = B.
- *Reversibilität:* Die Denkmöglichkeit, dass man nicht nur nicht Autos (B') mit Autos (B)

addieren kann und dabei Transportmittel (C) erhalten, sondern dass man auch Nicht-Autos von Transportmitteln subtrahieren kann und dann Autos erhält. [...]

Dass es auf dieser Stufe noch gewissen Beschränkungen unterworfen ist, liegt darin begründet, dass es noch konkrete Darstellungen braucht, mit denen es seine Denkabläufe verknüpfen kann. Das sieben bis elf Jahre alte Kind hat noch seine Probleme mit hochabstrakten Denkabläufen. [...]

Auf der *Stufe der formalen Operationen,* die etwa das Alter von 11 bis 14 Jahren umfasst, erwirbt das Kind – bzw. jetzt der Jugendliche – die Fähigkeit, logisches Denken mit Abstraktionen durchzuführen; d. h., er kann das, was „möglich" ist, ebenso gut logisch durchdenken wie das, was „hier und jetzt" gegeben ist. Wissenschaftliches Denken ist jetzt möglich. Er kann Schlüsse ziehen, Interpretationen vorschlagen und Hypothesen entwickeln. Sein Denken ist nun flexibel und wirkungsvoll geworden.

Er kann auf dieser Stufe

- alle logischen Möglichkeiten erarbeiten, ohne dass er dabei festlegen muss, welche Möglichkeit tatsächlich in der realen Welt vorkommt; mit dieser Fähigkeit ist nicht gemeint, dass lediglich die Möglichkeit zur Vorstellungskraft vorhanden ist; vielmehr ist damit die gesetzmäßige und systematische Darstellung logischer Alternativen gemeint.
- eine Kombinationsanalyse von Möglichkeiten durchführen. Wenn also zwei mögliche Ursachen, C_1 und C_2, und ein Ergebnis, r, gegeben ist, kann der Schüler folgende Möglichkeiten formulieren:
  - entweder C_1 oder C_2 ist die Ursache von r,
  - sowohl C_1 als auch C_2 sind die Ursachen von r,
  - weder C_1 noch C_2 sind Ursache von r,
  - C_2 kann die Ursache von r sein, nicht jedoch C_1
  - C_1 und C_2 können zusammen die Ursache von r sein, aber keines für sich allein,
  - C_1 kann die Ursache von r sein, jedoch nur, wenn C_2 abwesend ist usw.
- kann auf dieser Stufe in logischen Sätzen denken; er kann z. B. Sätze derart, wie sie eben über C_1, C_2 und r aufgestellt wurden, nehmen und sie miteinander kombinieren und zu neuen Sätzen höherer Ordnung zusammensetzen, z. B.: „Entweder S_1 oder S_2 kann wahr sein, jedoch nicht beide."
- von Sätzen, die sich inhaltlich auf bestimmte Objekte, z. B. Ton oder Perlen, beziehen, auf viele andere Inhalte generalisieren, z. B. auf Wasser, Holzstücke, Schachfiguren, physische Objekte allgemein, alle Flüssigkeiten und alle numerisch abgrenzbaren Quantitäten.

(Aus: N. L. Gage/D. C. Berliner: Pädagogische Psychologie. Übers. u. hrsg. von Gerhard Bach. 5. vollständig überarbeitete Auflage 1996; © Psychologie Verlags Union: Weinheim 1996, S. 104–112)

(Illustrationen: Ferdinand Lutz, Köln)

3.5 Experimente und Aufgaben

A.
Übertragen Sie das Schema in Ihr Arbeitsheft und setzen Sie in Anlehnung an den Text von Gage und Berliner die Begriffe für die verschiedenen Phasen in die einzelnen Kästchen ein.

Stufenmodell der kognitiven Entwicklung

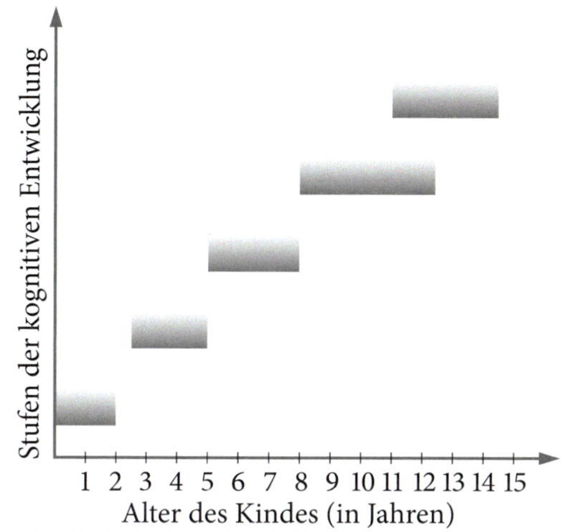

B.
Am bekanntesten sind von den Experimenten Piagets und seiner Mitarbeiter die Umfüllversuche.

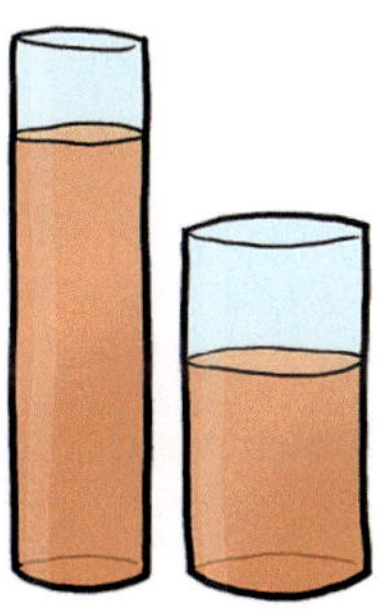

Ein Kind wird gefragt, ob in beiden Gläsern gleich viel Flüssigkeit ist.

Der Inhalt wird vor den Augen des Kindes in ein höheres Glas umgeschüttet.

Der Inhalt wird vor den Augen des Kindes in ein breiteres Glas umgeschüttet. *(Illustrationen: Ferdinand Lutz, Köln)*

1 Die Menge der Perlen hat sich für das Kind durch das Umschütten in ein höheres Glas oder ein breiteres Glas verändert, obgleich das Vergleichsglas unverändert bleibt. Versuchen Sie dieses Ergebnis kindlichen Denkens zu erklären. Orientieren Sie sich dabei am Text von Gage und Berliner.

2 Wie alt könnte das Kind sein, wenn die Frage nach „mehr“, „weniger“ oder „gleich“ nicht korrekt beantwortet wird? Versuchen Sie mit jüngeren Geschwistern oder Kindern aus dem Bekanntenkreis das kleine Experiment nachzuvollziehen (statt der Perlen können Sie auch Wasser nehmen).

C.
Als Nächstes ein Beispiel *zur Vorstellung von Zeit und Alter,* wie die viereinhalbjährige Rose sie äußerte:

E: „Wie alt ist deine Schwester Erika?“
R: „Weiß ich nicht.“
E: „Ist sie noch ein Baby?“
R: „Nein, sie kann schon laufen.“
E: „Wer ist denn älter von euch beiden?“
R: „Ich.“
E: „Warum meinst du das?“
R: „Weil ich größer bin.“
E: „Und wenn Erika einmal in die Schule geht, wer von euch beiden wird dann älter sein?“
R: „Weiß ich nicht.“
E: „Und wenn ihr einmal beide große Fräulein seid, wird dann eine älter sein als die andere?“
R: „Ja.“
E: „Wer von euch beiden?“
R: „Weiß nicht.“
E: „Ist deine Mama älter als du?“
R: „Ja.“
E: „Ist deine Großmutter älter als deine Mama?“

R: „Nein."
E: „Sind sie gleichaltrig?"
R: „Ich glaube ja."
E: „Ist denn deine Großmutter nicht älter als deine Mama?"
R: „Oh nein!"
E: „Wird deine Großmutter jedes Jahr älter?"
R: „Sie bleibt immer gleich."
E: „Und deine Mama?"
R: „Auch gleich."
E: „Und du?"
R: „Ich? Nein, ich werde älter."
E: „Und deine Schwester?"
R: „Sie auch."

(Aus: G. Petter: Die geistige Entwicklung des Kindes im Werk von Jean Piaget. Huber Verlag: Bern 1966, S. 171. Mit leichter Verbesserung der Übersetzung in: Funk-Kolleg Pädagogische Psychologie, Bd. 1. Hrsg. von F. E. Weinert u. a.. Fischer-Tb 6115, Fischer Taschenbuch Verlag: Frankfurt/M. 1978, S. 218)

1 Interpretieren Sie den vorliegenden Dialog, indem Sie ihn auf die Denkentwicklung des Kindes beziehen.
2 „Petra ist größer als Monika; Petra ist kleiner als Ulrike; wer ist die Größte?" Welche Voraussetzungen sind nötig, um die vorliegende Frage richtig zu beantworten?

D.

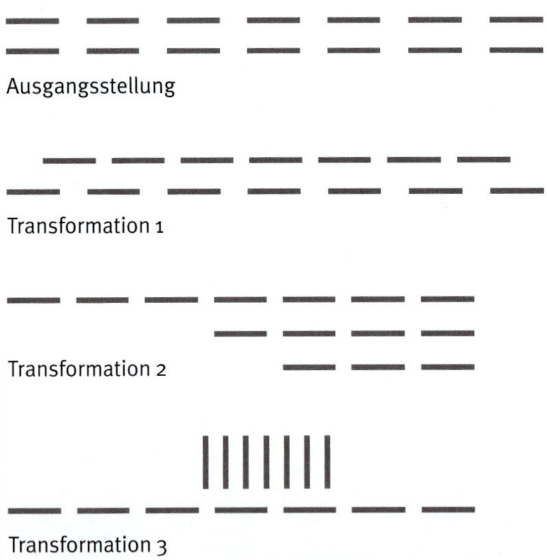

(Aus: Hellgard Rauh, a. a. O., S. 218)

Zunächst legt man zwei Reihen von je 7 Stäbchen genau parallel nebeneinander und lässt sie zählen (Ausgangsstellung). Anschließend verändert man die Zwischenräume zwischen den Stäbchen der einen Reihe (Transformation 1). Man kann auch eine Reihe teilen (Transformation 2) oder die Stäbchen einer Reihe quer stellen (Transformation 3). Zwischen jeder Transformation wird die Ausgangslage wieder hergestellt.
In jeder Position werden die Kinder gefragt, wo „mehr" bzw. „weniger" Stäbchen sind. Nach falscher Antwort kann man die Stäbchen noch einmal durchzählen lassen, was allerdings bis zu einer bestimmten Entwicklungsstufe (Alter) nichts an einer Wiederholung der falschen Antwort ändert, sobald die Frage noch einmal gestellt wird.

(Text nach: Hellgard Rauh: Entwicklung des Denkens. In: Funk-Kolleg Pädagogische Psychologie. Bd. 1. Hrsg. von F. E. Weinert u. a.. Fischer-Tb 6115, Fischer Taschenbuch Verlag: Frankfurt/M. 1978, S. 218)

1 Versuchen Sie mit jüngeren Geschwistern oder Kindern aus dem Bekanntenkreis das kleine Experiment nachzuvollziehen. Statt der Stäbchen können Sie auch Streichhölzer verwenden.
2 Wie wird ein 4 Jahre altes Kind auf die Frage: „Wo sind mehr/weniger Streichhölzer?" reagieren, wie ein 6 Jahre altes Kind? Begründen Sie Ihre Auffassung mithilfe der Stufenlehre Piagets.

E.

Dem Kind wird eine Modelllandschaft (Abb. auf der nächsten Seite) gezeigt. Aus mehreren Bildern soll es zunächst dasjenige herausfinden, das seiner eigenen Blickrichtung entspricht, anschließend diejenigen, die den Blickrichtungen einer Puppe entsprechen, die verschiedene Standpunkte einnimmt.

1 Um welches Problem ging es wohl Piaget bei der Durchführung dieser Versuchsanordnung?
2 Ab welcher Phase ist dieses Problem wahrscheinlich zu lösen?

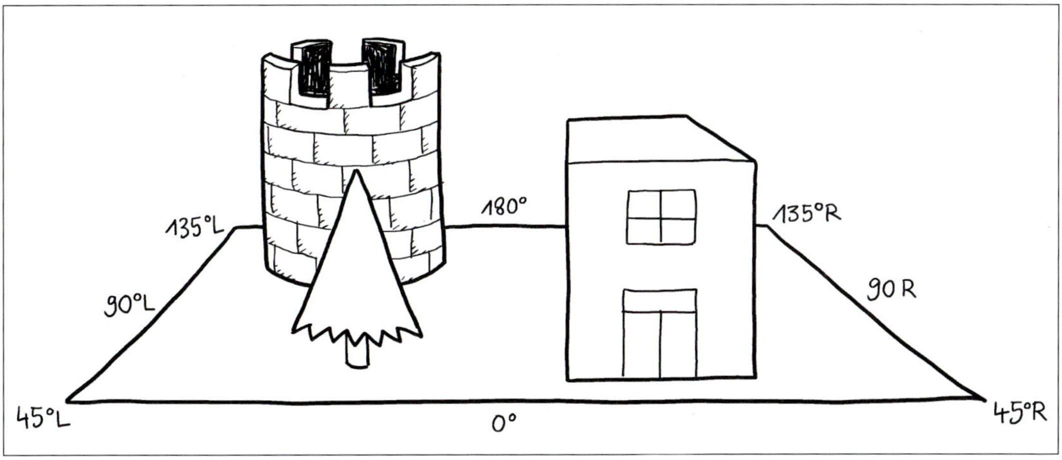

Versuchsanordnung zum Raumegozentrismus
(Illustration: Ferdinand Lutz, Köln. Nach: J. Youniss und A. de Shazo Robertson: Child Development, 1970, 41, S. 218 und Funkkolleg Pädagogische Psychologie. Studienbegleitbrief 3. Weinheim und Basel 1972, S. 103)

3.6 Zur Kritik der kognitiven Entwicklungslehre Jean Piagets

Bei aller Anerkennung der Leistungen Piagets sind doch auch vereinzelte kritische Stimmen zu vernehmen, die sich in ihrer Stoßrichtung gelegentlich stark voneinander unterscheiden.

a) Die Bedeutung von Piagets Beitrag zur genauen Erforschung der Entwicklung kognitiver Prozesse bei Kindern ist unbestritten. Die Fragen, die er stellte, die Phänomene, die er untersuchte, die Begriffe, die er prägte, um seine Einsichten zu formulieren, sind von bleibender Bedeutung. Seine Theorie des dynamischen Wechselspiels von Assimilation und Akkommodation wird allgemein als Beschreibung der Prozesse der geistigen Entwicklung anerkannt. Die Sequenz der vier globalen *Entwicklungsstufen* fand auch die Unterstützung anderer Wissenschaftler.
Mit seinem Stufenmodell schuf er ein Vorbild für jegliche psychologische Theoriebildung über Entwicklungsprozesse.
Andererseits scheint es, dass Piaget die kognitiven Fähigkeiten von Kindern unterschätzt hat. Dafür lassen sich drei Gründe nennen:
(1) Da ihm moderne Untersuchungstechniken nicht zur Verfügung standen, war er auf einfachere Methoden der Beobachtung leicht zugänglichen Verhaltens angewiesen.
Um zum Beispiel die Vorstellungen von Kleinkindern zur Objektpermanenz zu untersuchen, beobachtete er, ob und wie sie nach versteckten Gegenständen suchten […]. Das heißt, die Kinder mussten zweierlei leisten: Sie mussten erstens „wissen", dass ein Gegenstand weiterexistierte, auch wenn er außer Sicht geriet. Zweitens mussten sie auch die sensomotorischen Fähigkeiten besitzen, um den versteckten Gegenstand suchen zu können. Die zweite Anforderung, die nichts mit der Objektpermanenz zu tun hat, kann dazu führen, dass das Wissen des Kindes über Objekte unterschätzt wird […].
(2) Ein anderer Grund für Piagets Unterschätzung der kognitiven Kompetenz von Kindern liegt darin, dass er sich bei älteren Kindern stark auf die Beschreibung verließ, die sie selbst für ihre Denkprozesse gaben.
Kinder können aber durchaus etwas verstehen, ohne dass sie in der Lage sind, es auch zu erklären. Es ist nicht überraschend, dass andere Wissenschaftler Piagets Entdeckungen ergänzen und, in einigen Fällen, infrage stellen. Zum

	Angenommen, du fängst hiermit an: →		Dann veränderst du die Situation so: →	Die Frage, die dem Kind zu stellen ist, ist:
(a) Erhaltung der Masse	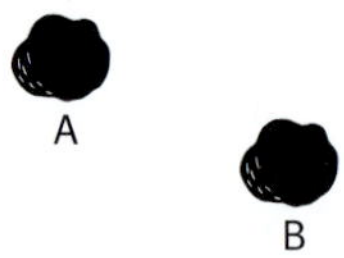	Rolle die Tonkugel B aus		Welche ist größer, A oder B?
(b) Erhaltung des Gewichts		Rolle die Tonkugel B aus		Welche wird mehr wiegen, A oder B?
(c) Erhaltung des Volumens	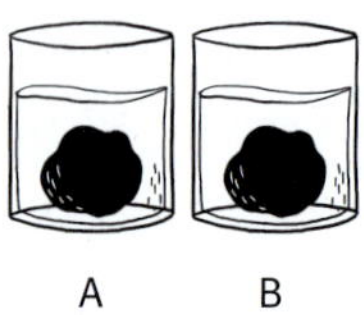	Nimm die Tonkugel aus dem Wasser und rolle die Tonkugel B aus	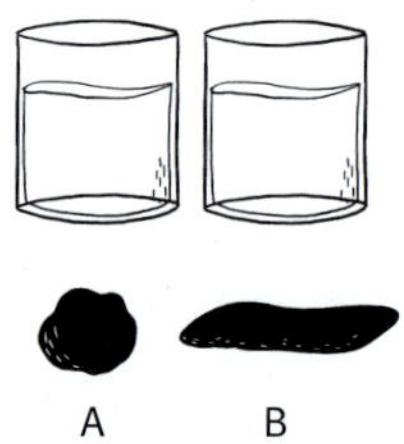	Wenn ich den Ton wieder in den Wasserbehälter lege, in welchem Behälter wird das Wasser höher ansteigen?

(Nach: N. L. Gage/J. G. Berliner, a. a. O., S. 109. Illustration: Ferdinand Lutz, Köln)

Wovon hängt die richtige Beantwortung der gestellten Aufgabe ab? Beziehen Sie sich bei der Beantwortung der Frage auf den Text 3.4.

Beispiel gibt es immer mehr Belege dafür, dass Kinder früher über einige kognitive Fähigkeiten verfügen, als Piaget es für möglich hielt […]. Wenn man Kinder im Vorschulalter ein Verständnis von Ursache-Wirkungs-Zusammenhängen durch nonverbales Verhalten anstelle von verbalen Äußerungen mitteilen lässt, so zeigen sie ein viel differenzierteres Kausaldenken, als man aufgrund der Lektüre von Piagets Interviews mit Kindern erwartet hätte […]. Die Versuche, Piagets übergroßes Vertrauen auf die verbalen Berichte der Kinder zu korrigieren, hatten ein weiteres unerwartetes, dennoch wichtiges Ergebnis. Sie haben uns auf die prinzipielle Diskrepanz zwischen dem, was Kinder über ihre Denkprozesse berichten, und dem, was sie im nichtverbalen Verhalten zeigen, hingewiesen. […]

(3) Ein dritter Grund dafür, dass die Kompetenz von Kindern bei Piagets Aufgaben möglicherweise unterschätzt wurde, liegt darin, dass in diesen Aufgaben fast immer die Realität von Regeln und Begriffen (Konzepten) gegen den Augenschein ausgespielt wurde. Man kann das an der Umschüttaufgabe (Aufgabe zur Invarianz von Flüssigkeiten, s. oben) verdeutlichen. In dieser Aufgabe besagt die konzeptuelle Realität, dass das Volumen einer Flüssigkeit dadurch nicht verändert wird, dass man sie von einem Behälter in einen anderen gießt. Schüttet man die Flüssigkeit aus einem breiten in ein schmales Glas, wodurch der

Flüssigkeitsspiegel höher zu liegen kommt und die Flüssigkeitssäule schmaler und länger wird, so sind solche Veränderungen irrelevant für Einschätzungen des Volumens. Kleine Kinder jedoch neigen dazu, Volumen nach der Höhe einzuschätzen, und so werden sie dazu verleitet anzunehmen, das schmale Glas enthalte mehr Flüssigkeit als das breite. Um zeigen zu können, dass sie die Erhaltung des Volumens verstanden haben, müssen Kinder nicht nur die Realität der Regeln und Begriffe beherrschen, sie müssen zusätzlich den zwingenden Augenschein ignorieren (Flavell 1985).

Ohne diesen „überwältigenden“ Augenschein zeigen Kinder manchmal ein viel besseres Verständnis für die Realität der Begriffe. [...]

Kurz gesagt, besteht eine wichtige Einsicht aus neueren Arbeiten zur kognitiven Entwicklung darin, dass es wichtig ist, zwischen Kompetenz und Performanz zu unterscheiden. Um zu einem Verständnis der kognitiven Kompetenz sehr kleiner Kinder zu gelangen, ist es notwendig, „kinderfreundliche Aufgaben“ zu benutzen, in denen irrelevante Anforderungen gering gehalten werden.

(Aus: Philip G. Zimbardo: Psychologie. Deutsche Bearbeitung von Siegfried Hoppe-Graff, Barbara Keller und Irma Engel. Hrsg. der deutschen Ausgabe: Siegfried Hoppe-Graff und Barbara Keller. 6., neu bearbeitete und erweiterte Auflage. Springer Verlag: Berlin-Heidelberg 1995, S. 77–80)

1 Charakterisieren Sie die zum Ausdruck kommende Kritik bei Zimbardo. Wird der Ansatz von Piaget grundsätzlich infrage gestellt?

2 Vergleichen Sie die Kritik von Philip G. Zimbardo mit der folgenden von Guy Claxton.

b) Um die gemächlichen Denk- und Erfahrungsweisen zu erschließen, muss man den Mut haben abzuwarten. Wissen erwächst aus Nicht-Wissen und ist eine Reaktion darauf. Lernen – der Prozess, um zu Wissen zu gelangen – erwächst aus dem Gefühl, im Unklaren zu sein. Lernen will diese Ungewissheit vermindern, indem Fremdes zu Vertrautem gemacht wird, was auf eine Art ambivalent ist, denn Lernen muss Ungewissheit auch zulassen können, und zwar als Brutstätte, in der Ideen keimen und Antworten ersonnen werden. Überwiegt eine der beiden Seiten, ist das seelische Gleichgewicht gestört.

Wird Nicht-Wissen untätig hingenommen, geht die aktive Suche nach Bedeutungsinhalten und Beherrschung der Dinge verloren, was zu Fatalismus und Abhängigkeitsdenken führen kann. Wächst sich dagegen der Drang nach Wissen und Klarheit übermäßig aus und untergräbt die geistige Fähigkeit, auch unklare Gedanken zuzulassen, stoßen Demagogie und Lehrsätze auf offene Türen, Meinungen und Überzeugungen, an denen man festhalten kann, die den Anforderungen vielleicht nicht so ganz entsprechen, aber immerhin den Wissensdurst stillen.

Der Hauptgrund für den Rückgang der langsamen Erkenntniswege liegt vielleicht aber auch darin, dass wir als Kulturgemeinschaft den Sinn für die unbewusste Intelligenz verloren haben, zu der die ruhigeren Denkweisen Zugang schaffen, ein Verlust, für den gemeinhin René Descartes verantwortlich gemacht wird. Wenn wir unserem viel beschäftigen, bewussten Verstand einmal die Zeit gönnen, still und schweigend zu verharren, zu warten auf etwas, das aller Voraussicht nach einer Quelle jenseits seines Wissenshorizontes und seiner Kontrolle entspringen wird, so muss unser Verstand zumindest die Existenz einer solchen Quelle anerkennen.

Die moderne westliche Kultur hat das intelligente Unbewusste – den Unterverstand, wie ich es bisweilen bezeichne – derart vernachlässigt, dass wir nicht einmal mehr wissen, dass wir es haben, uns nicht erinnern, zu was es gut ist, und es daher bei Bedarf auch nicht finden können. Wir halten das Unbewusste nicht für eine wertvolle Quelle, sondern – falls wir überhaupt darüber nachdenken – für ein ungebändigtes und unkontrollierbares „Ding“, das unseren Verstand und unser kontrolliertes Denken bedroht und im gefährlichen freudianischen Verlies unserer Seele zu Hause ist. Stattdessen schenken wir dem bewussten, überlegten, zielgerichteten Denken – der D-Denkweise – ausschließlich Glauben. [...]

Der noch unentwickelte Verstand von Kindern muss sich eher auf die unbewusst als auf die bewusst ablaufenden geistigen Tätigkeiten verlassen. Babys lernen die Menschen zu erkennen, die für sie von Bedeutung sind, und sie lernen am festen, familiären Tagesablauf immer mehr teilzuhaben – Badezeit, Essenszeit, Schlafenszeit –, und das lange bevor sie sich zu ihrem Tun äußern oder es reflektieren können. Laufen lernen sie durch die Trial-and-error-Methode; aus dem Wechselspiel zwischen dem Muskelapparat von Schultern, Rumpf und Beinen und den Sinnesorganen für Sehvermögen, Tast- und Gleichgewichtssinn ergeben sich mit der Zeit tausende von automatischen Bewegungen. Sprechen lernen sie, indem sie die Sprache ihres Kulturkreises hören, ohne dabei über bestimmte grammatische Kenntnisse zu verfügen. Sie entwickeln Techniken, mit denen sie Dinge zueinander ins Verhältnis setzen, ohne dafür in einem Lehrbuch nachschlagen zu müssen. Und wenn sie dann älter werden, lernen sie Rad fahren, Geige spielen, Fußball spielen, Rendezvous zu haben, Essen zu machen, einzukaufen, zu fliegen und zu lieben, ohne vernünftig erklären zu können, wie es sich mit all den Dingen verhält, warum sie tun, was sie tun, oder wie sie all das erlernt haben.

Das meiste, was wir an brauchbarem Wissen im Laufe unseres Lebens erwerben, sind nicht explizite, bewusste Kenntnisse, sondern implizites, intuitives Wissen. Es geht uns in erster Linie nicht darum, dass wir imstande sind, über das zu reden, was wir tun, sondern es geht darum, es schlicht und einfach zu tun – gekonnt, mühelos, weitgehend unbewusst und ohne darüber nachdenken zu müssen. Und die dazugehörige Art und Weise von Lernen, die, mit der wir dieses intuitive Wissen erlangen – „Lernen durch Osmose", wie ich es bezeichne –, legen wir nicht einfach mit der Zeit ab. Es ist unser biologisches Erbe in der Lage zu sein, mit Hirn und Verstand fast unmerkliche Regelmäßigkeiten in den durch Erfahrung erworbenen Kenntnissen aufzuspüren und sie als Leitfaden zur Entfaltung und Entwicklung von wirksamen Handlungsmustern nutzen zu können.

Diese elementare Befähigung wird durch das Ausbilden von komplizierteren Lernmethoden ergänzt, nicht aber ersetzt. Die Präsenz der unbewussten Intelligenz, die nicht vom bewussten, klaren Verstand überlagert wird, fällt bei Tieren und kleinen Kindern viel mehr auf, doch ist es ein Fehler zu meinen, dass wir mit dem Älterwerden über sie hinauswachsen.

Dennoch wird dieser Fehler gemacht und das ist teilweise das Verdienst des Schweizer Experimentalpsychologen – oder „Entwicklungsepistemologen", wie er sich lieber bezeichnet – Jean Piaget. Die Fähigkeit, diese intuitive Erfahrenheit vollkommen zu beherrschen, nannte Piaget „sensorisch-motorische Intelligenz". Er behauptete, dass sie während der ersten beiden Lebensjahre von höchster Bedeutung sei, mit der Zeit aber von anderen, stärkeren, abstrakten und in zunehmendem Maße auch intellektuellen Erkenntnisweisen eingeholt und verändert werden. In seiner außerordentlich einflussreichen „Entwicklungsstufen-Theorie" pflichtet Piaget stillschweigend der im Erziehungswesen verbreiteten Ansicht bei, dass die D-Denkweise die höchste Form von Intelligenz wäre. Durch den nachhaltigen Einfluss, den seine Betrachtungsweise auf ganze Erziehungsgenerationen hatte, half er ungewollt mit, dass die Schulen – auch bereits Vorschulen und Kindergärten – ihre Aufgabe vorwiegend darin sahen, Kinder davon abzubringen, sich auf ihre Sinne und ihre Intuition zu verlassen, als sie vielmehr so schnell wie möglich zu verstandesgesteuerten Welterklärern zu machen.

(Aus: Guy Claxton: Der Takt des Denkens. Über die Vorteile der Langsamkeit. Aus dem Englischen von Regina Schneider. Ullstein Verlag: Berlin 1998, S. 22–23 und 46–47)

1 Welchen Fehler wirft Guy Claxton dem Entwicklungsepistemologen Jean Piaget vor? (Siehe auch Abschnitt 3.4.)

2 Hat Guy Claxton mit seinem Vorwurf Piaget gegenüber Recht?

3 Beurteilen Sie die pädagogische Bedeutung des Entwicklungsmodells von Piaget. Beziehen Sie gegebenenfalls pädagogische Schlussfolgerungen, die Hanns Martin Trautner im Blick auf die Praxis sieht, mit in Ihre Stellungnahme ein:

(1) Prinzipiell ist bei Maßnahmen der Erziehung und Unterrichtung von den jeweils gegebenen Denkstrukturen des Kindes auszugehen.
(2) Anstelle von oder zusätzlich zu verbalen Unterweisungen sollte möglichst viel Gelegenheit zur aktiven Manipulation mit Gegenständen gegeben werden.
(3) Optimale Bedingung für Lernen ist die Gewährleistung mittlerer Grade der Abweichung vom Vertrauten.
(4) Jeder hat möglichst nach seinem individuellen Tempo zu arbeiten.
(5) Die geistige Entwicklung wird durch soziale Interaktion und Kommunikation gefördert. Frontalunterricht ist demnach eine wenig förderliche Lernbedingung.
(6) Große Bedeutung für die geistige Entwicklung kommt dem „spontanen" oder beiläufigen außerschulischen Lernen zu.

(Aus: Hanns Martin Trautner: Lehrbuch der Entwicklungspsychologie. Bd. 1. Verlag für Psychologie. D. Hogrefe: Göttingen 1978, S. 360 f.)

4 Überlegen und diskutieren Sie, inwiefern neben der Entwicklung kognitiver Intelligenz auch die Entwicklung emotionaler Intelligenz pädagogisch erforderlich ist. Beziehen Sie sich dabei auf die folgende Einteilung emotionaler Intelligenz nach Daniel Goleman.

Die fünf Dimensionen der emotionalen Intelligenz

Selbstbewusstheit
Die Fähigkeit eines Menschen, seine Stimmungen, Gefühle und Bedürfnisse zu akzeptieren und zu verstehen und [...] deren Wirkung auf andere einzuschätzen.
Merkmale: Selbstvertrauen; realistische Selbsteinschätzung; selbstironischer Humor.

Selbststeuerung
Die Fähigkeit, „kurzschlüssige", jähzornige Impulse oder Stimmungen zu kontrollieren oder umzuleiten; Tendenz, Urteile greifen zu lassen und erst zu denken, bevor man handelt.
Merkmale: Glaub-/Vertrauenswürdigkeit und Integrität; offen gegenüber Veränderungen; Fähigkeit, mit unklaren oder mehrdeutigen Situationen umgehen zu können.

Motivation
Begeisterungsfähigkeit für die Arbeit, sich selbst unabhängig von finanziellen Anreizen oder Status anfeuern können. Die Einstellung, Ziele ausdauernd und mit Hingabe zu verfolgen.
Merkmale: Hohe Leistungsbereitschaft; Optimismus, auch wenn es einmal schief geht; Identifizierung mit dem Unternehmen.

Empathie
Die Fähigkeit, emotionale Befindlichkeiten anderer Menschen zu verstehen und angemessen darauf zu reagieren.
Merkmale: Erkennen und Fördern der Fähigkeiten anderer; kulturübergreifende Sensibilität; Dienst am Kunden und Geschäftspartner.

Soziale Kompetenz
Die Fähigkeit, Kontakte zu knüpfen und tragfähige Beziehungen aufzubauen; gutes Beziehungsmanagement und Netzwerkpflege.
Merkmale: Das Wissen, wie man andere für einen neuen Weg gewinnt; die Kompetenz, Teams zu bilden und zu führen; Überzeugungskraft.

(Aus: Daniel Goleman: Intelligenz mit viiiel Gefühl. In: Psychologie heute. April 1999, S. 29)

3.7 Zur Würdigung und Kritik der Theorie Piagets aus psychologischer und pädagogischer Perspektive – Was ist von Piagets Theorie geblieben?

Viele seiner Grundbehauptungen sind heute so breit akzeptiert, dass wir sie für selbstverständlich halten. Die meisten Psychologen stimmen darin überein, dass menschliche Organismen auf der Grundlage allgemeiner Struktur- und Anpassungsprinzipien funktionieren, dass Kinder ihre Welt aktiv konstruieren und nicht passiv auf äußere Reize reagieren und dass die kognitive Entwicklung Ergebnis kontinuierlicher Interaktion zwischen dem Kind und der Umwelt ist. Sie weisen auch auf die bahnbrechende Bedeutung von Piagets empirischen Untersuchungen für das Verständnis der kindlichen Entwicklung hin, obwohl Kinder heute als formbarer und weniger abhängig von reifebedingten Einschränkungen gesehen werden, als Piaget annahm.

Andererseits lehnen zahlreiche Wissenschaftler heute Piagets These der diskontinuierlichen und breiten Entwicklungsstufen zugunsten enger definierter Fortschritte in den kognitiven Fähigkeiten ab. Qualitative Veränderungen im Denken lassen sich nachweisen, aber viele Fähigkeiten entwickeln sich allem Anschein nach sehr viel allmählicher und kontinuierlicher, als Piagets Theorie annimmt.

Wissenschaftler, die kognitive Prozesse quantitativ und in Begriffen fassen wollen, sind mit drei grundlegenden Problemen konfrontiert: In welchem Ausmaß lässt sich aus dem Verhalten auf das Denken schließen? Wie kann man zwischen Kompetenz und Leistung unterscheiden? Soll man Kompetenz sehr breit oder sehr eng definieren? Es gibt kontroverse Ansichten in der Psychologie über die Frage, ob und wie weit man nicht beobachtbares Denken aus beobachtbarem Verhalten ableiten kann. Strenge Behavioristen halten das beobachtbare Verhalten für den einzig legitimen Forschungsgegenstand. Andererseits wollen viele Psychologen aber auch wissen, welche Ereignisse in den Köpfen von Kindern ablaufen. Für die meisten Forscher ist beobachtbares Verhalten das wesentliche Kriterium zur Überprüfung von Theorien.

Unter Kompetenz versteht man das Wissen und die Fähigkeiten eines Kindes, unter Leistung (Performanz) deren Einsatz in beobachtbaren Problemlösesituationen. Kinder wenden vorhandenes Wissen nicht immer an, selbst dann nicht, wenn es angebracht wäre. Gelegentlich entspricht ihre Leistung ihrer tatsächlichen Kompetenz deshalb nicht, weil sie das Problem missverstehen, das sie lösen sollen. Die meisten Wissenschaftler fassen den Begriff der Kompetenz relativ eng, weil sich dadurch verschiedene Gruppen von Kindern besser vergleichen lassen. Piaget hat angenommen, dass die biologischen Merkmale des Kindes der Reihenfolge und dem Zeitraum, in dem bestimmte kognitive Kompetenzen auftauchen, gewisse Grenzen setzen. Gleichzeitig war die aktive Erfahrung mit der Umwelt seiner Meinung nach ausschlaggebend für kognitives Wachstum. Seine zentrale These lautet, dass Menschen ihr Leben lang aktiv, neugierig und erfinderisch sind. Kinder konstruieren demnach ihre Welt, indem sie die Information ordnen, die sie über die Sinne aufnehmen.

Die beiden Grundprinzipien der menschlichen Entwicklung sind laut Piaget Organisation und Anpassung. Kinder organisieren ihre Erfahrung in kognitiven Strukturen. Eine solche Struktur ist zum Beispiel die Operation, die Arbeit an einer Gedankenkette, die sich umkehren lässt. Bei der Interaktion mit der Umwelt passen die Kinder diese Strukturen an neue Erfahrungen an. Der Anpassungsprozess verläuft über die Prozesse der Assimilation (vorhandene Vorstellungen oder Begriffe werden genutzt, um neue zu begreifen) und Akkommodation (Abwandlung vorhandener Begriffe entsprechend den Anforderungen der Umwelt). Diese Prozesse lassen einen zeitlich begrenzten Zustand der Äquilibration oder des kognitiven Gleichgewichts entstehen. Piaget hat behauptet, dass

Entwicklung diskontinuierlich in vier aufeinanderfolgenden Stufen verläuft. Beim Übergang von einer Stufe zur anderen wird die Art und Weise, in der das Kind seine Welt konstruiert und interpretiert, grundlegend neu organisiert. Die Reihenfolge der Stufen ist unveränderlich, denn jede Phase baut auf den Leistungen der früheren auf. Es gibt aber individuelle Unterschiede während der einzelnen Stufen. In der sensomotorischen Stufe stützt sich die kognitive Entwicklung überwiegend auf sinnliche Erfahrung und motorische Handlungen. Der Übergang zur präoperatorischen Stufe findet zwischen 18 Monaten und 2 Jahren statt.
Kennzeichen dieses Übergangs ist die geistige Repräsentation oder die Fähigkeit, über Objekte und Ereignisse außerhalb der unmittelbaren Umgebung nachzudenken. Kennzeichnend für die präoperatorische Stufe ist auch die beginnende Fähigkeit, mit Symbolen umzugehen. Trotz dieser Leistungen sind Denken und Sprache des Kindes häufig egozentrisch.
Zwischen dem sechsten und achten Lebensjahr beginnt die Stufe der konkreten Operationen. Die Kinder können flexible und vollständig umkehrbare (reversible) geistige Operationen durchführen und dezentrieren, das heißt, sie können sich auf mehrere Attribute eines Objekts oder Ereignisses gleichzeitig konzentrieren. Außerdem verlassen sie sich nicht mehr ausschließlich auf perzeptive Information, sondern benutzen *logische Prinzipien* wie das Identitäts- und das Äquivalenzprinzip. Andere Merkmale der konkret-operatorischen Phase sind die *Reihenbildung*, das heißt die Fähigkeit, Gegenstände nach quantifizierbaren Dimensionen zu ordnen; *relationales Denken*, das heißt das Wissen, dass viele Begriffe sich auf Beziehungen und nicht auf absolute Eigenschaften beziehen, und schließlich die *Klasseninklusion*, das heißt die Erkenntnis, dass manche Kategoriengruppen zueinander gehören und Objekte gleichzeitig zu mehr als einer Kategorie oder Beziehung gehören können.
Kinder, die die formal-operatorische Stufe erreicht haben, verwenden eine größere Bandbreite kognitiver Operationen und Strategien zur Problemlösung, sind sehr gewandt und flexibel im Denken und Argumentieren und können Dinge von verschiedenen Perspektiven aus betrachten. Sie können über hypothetische Situationen nachdenken und systematisch nach Lösungen suchen. Formal-operatorisches Denken organisiert geistige Operationen auf höherem Niveau, das heißt, es ermöglicht die Verwendung abstrakter Regeln zur Lösung einer ganzen Problemgruppe.
Für Piaget hemmt der Reifungsprozess die Geschwindigkeit, in der Kinder die Entwicklungsstufen durchlaufen; alle Bemühungen, Kindern eine Fertigkeit beizubringen, bevor sie dazu bereit sind, sind zum Scheitern verurteilt. Neuere Untersuchungsergebnisse jedoch haben diese Behauptung erschüttert, genauso wie Piagets These, der zufolge Kinder stärker von unstrukturierter Erkundung ihrer Umwelt als von strukturierter Übung profitieren.
Erhaltung und andere konkrete Operationen lassen sich auch bei präoperatorischen Kindern durch Übung erlernen. Wenn die Aufgaben einfach sind, können sie die Erhaltung der Zahlen verstehen und Schlussfolgerungen ziehen mithilfe der Klasseninklusion. Es konnte ebenfalls nachgewiesen werden, dass Kinder schon vor der Schulzeit die Perspektive anderer einnehmen können. Piagets grundlegende These, nach der Kinder aktiv nach Wissen suchen, ist in der Psychologie heute unbestritten. Heutige Entwicklungspsychologen sind aber der Auffassung, dass es nicht nur eine körperliche, sondern auch eine geistige Aktivität gibt. Außerdem geht man mittlerweile davon aus, dass kognitive Fähigkeiten stärker an Inhaltsbereiche gebunden sind, als Piaget annahm. Spezifische Kenntnisse in einem inhaltlichen Bereich sind außerordentlich wichtig, und die Problemlösestrategien sind bei vertrautem Material andere als bei weniger vertrautem.
Die Annahme schließlich, dass die Prinzipien des logischen Denkens universell gültig sind, wird ebenfalls fraglich, wenn Kinder die Phase der formalen Operationen erreichen. Auch wenn viele Psychologen heute die Behauptung nicht mehr akzeptieren, dass das Denken von Kindern an bestimmten Punkten ihrer Entwicklung eine völlig neue Form erhält, nimmt man weiterhin an, dass es bestimmte qualitative

Veränderungen im Denken zwischen der Kindergarten- und der Schulzeit gibt. Außerdem glaubt man heute, dass sich entwicklungsbedingte Veränderungen nicht abrupt, sondern allmählich vollziehen und auf bestimmte inhaltliche Bereiche bezogen sind.

(Aus: Paul Henry Mussen, John Janeway Conger, Jerome Kagan, Aletha Carol Huston [Hrsg.]: Lehrbuch der Kinderpsychologie. Band 1. Aus dem Amerikanischen übersetzt von Irmgard Hölscher. 1. Auflage der kartonierten Sonderausgabe, Klett-Cotta: Stuttgart 1999, S. 326–329)

1 Beschreiben Sie die drei grundlegenden Probleme bei der Messung und begrifflichen Beschreibung kognitiver Prozesse.
2 Stellen Sie dar, welchen Einfluss laut Piaget biologische Reifung und aktive Erfahrung auf die kognitive Entwicklung haben.
3 Erläutern Sie die Bedeutung von Organisation und Anpassung, Assimilation und Akkommodation.
4 Untersuchen Sie, ob Kinder notwendig mit Materialien umgehen und aktiv mit der Umwelt interagieren müssen, um etwas zu lernen.
5 In einem Artikel von Burkhard Vollmers zur pädagogischen Würdigung Piagets heißt es, Piagets genetische Erkenntnistheorie habe diverse pädagogische Implikationen. Mit dem Umschwung vom Strukturalismus zum Konstruktivismus habe Piaget etwa zur Mitte des 20. Jahrhunderts eine der ersten konstruktivistischen Lerntheorien geschaffen. Obwohl Piagets Theorie nicht alle Formen des menschlichen Lernens erfasse, enthalte sie einige wichtige Anregungen für pädagogische Praktiker. Eine adäquate didaktische Umsetzung der Lerntheorie Piagets könne durch Unterrichtskonzepte erfolgen, die die spontane Aktivität und die Interessen der Schüler systematisch unterstützten.
Erörtern Sie die Berechtigung dieses Statements.

Martin Honert: Foto (1993). Polyester, Holz, Farbe, Stuhl mit Figur 107 cm; Tisch 79 x 133 x 86 cm
(Foto: Museum für Moderne Kunst, Frankfurt am Main – Axel Schneider/© VG Bild-Kunst, Bonn 2014)

4. Die Entwicklung des moralischen Bewusstseins nach Lawrence Kohlberg

4.1 Hinführung: Mark Twain, Die Geschichte vom unartigen kleinen Jungen

Es war einmal ein böser kleiner Junge, der hieß Jim – obgleich böse kleine Jungen fast immer James heißen, wie ihr finden werdet, wenn ihr in den Sonntagsschulbüchern lest. Es war sonderbar, aber wahr, dass dieser Jim hieß.
Er hatte auch keine kranke Mutter – eine kranke Mutter, die fromm war und die Schwindsucht hatte, die sich gern ins Grab gelegt und ausgeruht hätte, wenn nicht die große Liebe zu ihrem Sohne sie abgehalten hätte und die Angst, die Welt könnte hart und kalt gegen ihn sein, wenn sie fort wäre. Die meisten bösen Jungen in den Sonntagsbüchern heißen James und haben kranke Mütter, die sie lehren zu sagen: „Müde bin ich, geh' zur Ruh'" usw. und sie in den Schlaf singen mit süßen, klagenden Stimmen und sie zur Gutenacht küssen und am Bett niederknien und weinen. Aber bei diesem Jungen war's anders. Er hieß Jim und seiner Mutter fehlte gar nichts – sie hatte weder Schwindsucht noch sonst etwas Derartiges. Sie war eher derb zu nennen, auch war sie nicht fromm; außerdem ängstigte sie sich nicht um Jim. Wenn er seinen Hals brechen sollte, meinte sie, wäre das kein großer Verlust. Sie trieb ihn stets mit etlichen Klapsen ins Bett und küsste ihn nie zur Gutenacht; im Gegenteil, sie gab ihm Ohrfeigen beim Fortgehen.
Einstmals stahl dieser böse Junge die Schlüssel zur Speisekammer, schlüpfte hinein und verhalf sich zu etwas Marmelade. Dann füllte er das Gefäß wieder mit Teer, sodass seine Mutter den Unterschied nicht merken konnte; aber wunderbarerweise kam kein schreckliches Gefühl über ihn und nichts schien ihm zuzuflüstern: „Ist es recht, dass ich meiner Mutter nicht gehorche? Ist es nicht eine Sünde? Wohin kommen die bösen kleinen Jungen, die ihrer lieben, gütigen Mutter die Marmelade wegessen?" Und dann kniete er nicht von ganz allein nieder und versprach nicht nie wieder bös sein zu wollen und stand nicht auf mit leichtem, glücklichem Herzen und ging nicht und erzählte seiner Mutter alles und bat sie um Verzeihung und wurde nicht von ihr gesegnet mit Tränen des Stolzes und Dankes in den Augen. Nein – so machen es alle andern bösen Jungen in den Büchern; aber mit Jim war es sonderbarerweise anders. Er aß die Marmelade und sagte in seiner sündigen, gewöhnlichen Art, es wäre famos, und er tat den Teer hinein und sagte, das wäre auch famos, und lachte, indem er bemerkte, „dass die Alte schön schnauben würde", wenn sie es entdeckte; und als sie es entdeckte, leugnete er alles und sie bläute ihn tüchtig durch und das Weinen verrichtete er selber. Alles war sonderbar an diesem Jungen – alles schlug anders für ihn aus als für die bösen Jameses in den Büchern.
Einstmals kletterte er auf den Apfelbaum des Bauern Acorn, um Äpfel zu stehlen, und der Ast brach nicht, Jim fiel nicht herunter und brach nicht den Arm und wurde nicht von des Bauern großem Hund zerrissen, um dann wochenlang krank im Bett zu liegen und zu bereuen und gut zu werden. O nein! Er stahl so viel Äpfel, wie er wollte, und kam wohlbehalten unten an; dem Hund war er ganz gewachsen, den schlug er derb mit einem Ziegelstein, als er ihn zerreißen wollte. Es war sehr sonderbar – nichts dergleichen geschah je in jenen harmlosen, kleinen Büchern mit marmorierten Rücken und mit Bildern von Männern mit Schwalbenschwanzröcken, glockenförmigen Hüten und kurzen Beinkleidern und Frauen mit kurzen Taillen und ohne Reifröcke. Nichts dergleichen steht in irgendeinem Sonntagsschulbuch.
Einmal stahl er dem Schullehrer das Federmesser und als ihm angst wurde, dass es herauskommen könnte, steckte er es in George Wilsons Mütze – der armen Witwe Wilson Sohn, der Musterknabe, der beste kleine Junge des Dorfes, der immer seiner Mutter gehorchte und nie die Unwahrheit sagte und die Sonntagsschule zärtlich liebte.
Und als das Messer aus der Mütze fiel und der arme George den Kopf hing und wie schuldbewusst errötete und der bekümmerte Lehrer ihn

des Diebstahls bezichtigte und eben im Begriffe war, die Rute auf seinen zitternden Schultern niedersausen zu lassen, erschien nicht plötzlich in ihrer Mitte ein weißhaariger, unmöglicher Friedensrichter und stellte sich in Positur und rief: „Schone diesen lieben Jungen – dort steht der feige Bösewicht! Ich ging an der Schultür vorüber, als die Schule aus war und, selbst ungesehen, sah ich ihn den Diebstahl begehen!" Und dann wurde Jim nicht geschlagen und der ehrwürdige Friedensrichter hielt der in Tränen zerfließenden Schule keine Predigt und nahm George nicht bei der Hand und sagte, solch ein Junge verdiene, erhöht zu werden, und ließ ihn nicht zu sich kommen und nicht bei sich wohnen und die Amtsstube ausfegen und Feuer anmachen und Botengänge besorgen und Holz spalten und Jura studieren und seiner Frau im Hause helfen und alle übrige Zeit zum Spielen verwenden und vierzig Cent den Monat verdienen und glücklich sein. Nein; das würde in den Büchern so geschehen sein, aber bei Jim war's anders. Kein nörgelnder alter Klotz von Friedensrichter kam herein, um Unfrieden zu stiften, und so wurde der Musterknabe George durchgeprügelt und Jim freute sich darüber, weil Jim [...] Musterknaben hasste. Er sagte, er wäre „wütend auf diese Memmen". So roh drückte sich der böse, verwahrloste Junge aus. Aber das Wunderbarste, was Jim begegnete, war das eine Mal Boot fahren am Sonntag, wobei er nicht ertrank, und das andere Mal Fischen auch am Sonntag, wobei ihn das Gewitter erwischte und der Blitz ihn doch nicht erschlug. Wahrhaftig, ihr könnt alle Sonntagsschulbücher von jetzt bis nächste Weihnachten durchstudieren, ohne irgendetwas Ähnliches anzutreffen. O, ihr würdet finden, dass alle bösen Jungen, die am Sonntag Boot fahren, ohne Ausnahme ertrinken und alle bösen Jungen, die vom Gewitter überrascht werden, wenn sie sonntags fischen, vom Blitz erschlagen werden. [...]

Wie Jim dem entging, wird mir stets ein Geheimnis bleiben.

Dieser Jim war verzaubert – das muss des Rätsels Lösung sein. Nichts konnte ihn verletzen. Er gab selbst dem Elefanten in der Menagerie eine Prise Tabak und der Elefant schlug ihm mit seinem Rüssel nicht den Schädel ein. Er umkreiste den Speiseschrank nach Pfefferminzessenz und irrte sich nicht und trank nicht Scheidewasser. Er stahl seines Vaters Flinte und ging sonntags jagen und schoss sich nicht drei oder vier Finger ab. Seine kleine Schwester schlug er im Zorn mit der Faust auf die Schläfe und sie siechte nicht elend dahin in langen Sommertagen und starb nicht mit süßen Worten der Vergebung auf den Lippen, die die Angst seines brechenden Herzens verdoppelten. Nein, sie überlebte es.

Schließlich lief er davon und ging zur See und er kam nicht zurück traurig und allein in der Welt, fand nicht seine Lieben auf dem stillen Kirchhof schlummernd und das weinumrankte Heim seiner Kindheit zusammengestürzt und zerfallen. Ach nein! Er kam heim, betrunken wie ein Stadtpfeifer, und ging zuerst auf die Polizeiwache.

Er wuchs auf und heiratete und gründete eine große Familie und zerschmetterte ihnen allen eines Abends den Schädel und wurde wohlhabend durch alle Arten von Betrug und Schurkerei; jetzt ist er der verteufelste Schurke seiner Heimat und ist allgemein geachtet und gehört zur obersten Behörde.

Wie du siehst, gab es nie einen bösen James in den Sonntagsschulbüchern, der solch fortgesetztes Glück hatte wie dieser sündige Jim mit dem verzauberten Leben.

(Mark Twain: Die Geschichte vom unartigen kleinen Jungen. In: Die besten Kurzgeschichten von Mark Twain. Ausgewählt von Dieter Zimmer. Falken Verlag: Niedernhausen/Ts. 1989, S. 76–80. Aus: Mark Twain, Skizzen. Bibliographisches Institut: Leipzig/Wien 1893, Übersetzung: H. Löwe)

1 Interpretieren Sie die Geschichte unter Berücksichtigung von Form und Inhalt. Beziehen Sie dabei auch die moralischen/ethischen Implikationen in Ihre Überlegungen mit ein.
2 Nehmen Sie Stellung zu der vermuteten Aussageabsicht der Geschichte von Mark Twain.
3 Moralerziehung – ein sinnvolles Vorhaben?

4.2 Grundlagen: Das Stufenmodell Kohlbergs

4.2.1 Zur Methode: Der flexible Interviewansatz

Lawrence Kohlberg stellte ein eigenes Modell zur Entwicklung des moralischen Urteils vor, das auf Piagets Konzept aufbaut. Als Methode verwandte er einen flexiblen Interviewansatz. Das heißt: Die Reaktionen der Befragten werden bei weiterführenden Fragen berücksichtigt, sodass es zu einem eher offenen Gespräch kommt. Die Geschichten, die er 10- bis 16-jährigen Jungen vortrug, enthielten ein moralisches Dilemma. Kohlberg (1963) interessierte sich für die Kriterien und Orientierungen, nach denen die Probanden den Konflikt beurteilten.

Das bekannteste Beispiel ist die folgende Geschichte.

„Eine Frau lag im Sterben, sie hatte Krebs. Es gab ein Medikament, von dem die Ärzte annahmen, dass es helfen könnte. Es war eine Art von Radium, das von einem Apotheker derselben Stadt, in der die Frau lebte, vor kurzem entdeckt worden war. Das Mittel war teuer in der Herstellung, aber der Apotheker verlangte zehnmal mehr, als ihn die Herstellung des Mittels kostete. Er selbst musste 200 Dollar für das Radium bezahlen, verlangte aber 2 000 Dollar für eine kleine Dosis des Mittels. Heinz, der Ehemann der kranken Frau, ging zu jedem, den er kannte, um sich das Geld zu borgen. Er kam jedoch nur auf 1 000 Dollar, die Hälfte des Preises. Er erzählte dem Apotheker, dass seine Frau im Sterben läge, und bat ihn das Medikament billiger abzugeben oder ihn den Rest später bezahlen zu lassen. Aber der Apotheker sagte: ‚Nein, ich habe das Mittel entdeckt und will damit Geld verdienen.‘ Heinz war verzweifelt und brach in die Apotheke ein, um das Mittel für seine Frau zu stehlen."

Einige der nachfolgenden Fragen lauteten sinngemäß:

- Durfte Heinz das Medikament stehlen?
- Hat der Ehemann die Pflicht, das Mittel für seine Frau zu stehlen, wenn er es auf andere Weise nicht bekommen kann?
- Hatte der Apotheker das Recht, so viel zu verlangen, wenn es kein Gesetz gibt, das die Höhe des Preises festsetzt?
- Wäre der Diebstahl ebenso gerechtfertigt, wenn die Kranke eine Fremde wäre und nicht die eigene Frau?
- Heinz wird für den Diebstahl des Medikamentes verhaftet. Soll der Richter ihn verurteilen oder freisprechen?

Von den Argumentationen der Probanden ausgehend konstruierte Kohlberg (1969/74) sechs Stadien der moralischen Entwicklung, die auf drei unterschiedlichen Niveaustufen angeordnet sind [...].

(Aus: Ulrich Schmidt-Denter: Soziale Entwicklung. Ein Lehrbuch über soziale Beziehungen im Laufe des menschlichen Lebens. Psychologie Verlags-Union: München, Weinheim 1988, S. 267)

1 Legen Sie die vorgestellte Geschichte Kindern und Jugendlichen Ihrer Umgebung vor und notieren Sie die Antworten.

2 Analysieren Sie die erhaltenen Antworten und versuchen Sie eine Ordnung in die Ergebnisse Ihrer Befragung zu bringen.

3 Überlegen Sie, wo Vorteile und wo Nachteile der Methode des flexiblen Interviewansatzes liegen könnten.

4 Kohlberg trug seine Dilemma-Geschichte lediglich männlichen Probanden vor. Diskutieren Sie, ob bei Mädchen ähnliche Argumente zu erwarten sind wie bei Jungen.

4.2.2 Die Stufen Kohlbergs – Darstellung und Argumentationsbeispiele

Je nachdem, mit welchen Argumenten die Antworten auf Fragen zu den von Kohlberg erzählten Dilemmageschichten ausfielen, ordnete Kohlberg sie in der Regel einer von sechs Stufen zu, die im Folgenden beschrieben werden.

Prä-konventionelle Ebene

Stufe I: Die Orientierung an Bestrafung und Gehorsam. Ob eine Handlung gut oder böse ist, hängt ab von ihren physischen Konsequenzen und nicht von der sozialen Bedeutung bzw. Bewertung dieser Konsequenzen. Vermeidung von Strafe und nicht hinterfragte Unterordnung unter Macht gelten als Werte an sich, nicht vermittelt durch eine tiefer liegende, durch Strafe und Autorität gestützte Moralordnung (Letzteres entspricht Stufe IV).

Stufe II: Die instrumentell-relativistische Orientierung. Eine richtige Handlung zeichnet sich dadurch aus, dass sie die eigenen Bedürfnisse – bisweilen auch die Bedürfnisse anderer – instrumentell befriedigt. Zwischenmenschliche Beziehungen erscheinen als Markt-Beziehungen. Grundzüge von Fairness, Gegenseitigkeit, Sinn für gerechte Verteilung sind zwar vorhanden, werden aber stets physisch oder pragmatisch interpretiert.
Gegenseitigkeit ist eine Frage von „eine Hand wäscht die andere", nicht von Loyalität oder Gerechtigkeit.

Konventionelle Ebene

Stufe III: Orientierung an personengebundener Zustimmung oder „guter Junge/nettes Mädchen"-Modell. Richtiges Verhalten ist, was anderen gefällt oder hilft und ihre Zustimmung findet. Diese Stufe ist gekennzeichnet durch ein hohes Maß an Konformität gegenüber stereotypen Vorstellungen von mehrheitlich für richtig befundenem oder „natürlichem" Verhalten. Häufig wird Verhalten nach der Absicht beurteilt: „Er meint es gut", wird zum ersten Mal wichtig. Man findet Zustimmung, wenn man „nett" ist.

Stufe IV: Orientierung an Recht und Ordnung. Autorität, festgelegte Regeln und die Aufrechterhaltung der sozialen Ordnung bilden den Orientierungsrahmen. Richtiges Verhalten heißt seine Pflicht tun. Autorität respektieren und für die gegebene soziale Ordnung um ihrer selbst willen eintreten.

Post-konventionelle autonome oder prinzipiengeleitete Ebene

Stufe V: Die legalistische oder Sozialvertrags-Orientierung. Im Allgemeinen mit utilitaristischen Zügen verbunden. Die Richtigkeit einer Handlung bemisst sich tendenziell nach allgemeinen individuellen Rechten und Standards, die nach kritischer Prüfung von der gesamten Gesellschaft getragen werden. Man ist sich der Relativität persönlicher Werthaltungen und Meinungen deutlich bewusst und legt dementsprechend Wert auf Verfahrensregeln zur Konsensfindung. Abgesehen von konstitutionellen und demokratischen Übereinkünften ist Recht eine Frage persönlicher Wertsetzungen und Meinungen.
Das Ergebnis ist eine Betonung des legalistischen Standpunktes, wobei jedoch die Möglichkeit von Gesetzesänderungen aufgrund rationaler Reflexion sozialen Nutzens nicht ausgeschlossen wird (im Gegensatz zur rigiden Aufrechterhaltung von Recht und Ordnung, wie sie für Stufe IV charakteristisch ist). Außerhalb des gesetzlich festgelegten Bereichs basieren Verpflichtungen auf freier Übereinkunft und Verträgen.

Stufe VI: Orientierung an allgemein gültigen ethischen Prinzipien. Das Recht wird definiert durch eine bewusste Entscheidung in Übereinstimmung mit selbst gewählten ethischen Prinzipien unter Berufung auf umfassende logische Extension, Universalität und Konsistenz.
Diese Prinzipien sind abstrakt und ethischer Natur (die goldene Regel, der kategorische Imperativ), nicht konkrete Moralregeln wie etwa die Zehn Gebote.
Im Kern handelt es sich um universelle Prinzipien der Gerechtigkeit, der Gegenseitigkeit und

Gleichheit der Menschenrechte und des Respekts vor der Würde des Menschen als individueller Person.

(Aus: Lawrence Kohlberg: Moralische Entwicklung und demokratische Erziehung. In: Georg Lind/Jürgen Raschert (Hrsg.): Moralische Urteilsfähigkeit. Eine Auseinandersetzung mit Lawrence Kohlberg über Moral, Erziehung und Demokratie. Beltz Verlag: Weinheim u. Basel 1987, S. 26 f.)

Zur Illustration der Stufen werden einige Argumentationsbeispiele vorgestellt, die auf die Dilemmageschichte des vorausgehenden Abschnittes eingehen.

Ebene I: Tommy, 10 Jahre alt: „Heinz sollte nicht stehlen, er sollte das Medikament kaufen. Wenn er das Medikament stiehlt, könnte er ins Gefängnis kommen und müsste das Medikament dann doch zurückgeben."
„Aber vielleicht sollte Heinz das Medikament doch stehlen, weil seine Frau vielleicht eine bedeutende Dame ist wie Betsy Ross, sie hat die erste Fahne genäht." Hier wird offenbar die öffentliche Bedeutung einer Person zum Kriterium der Entscheidung.

Ebene 2: Tommy, 13 Jahre alt: „Heinz sollte das Medikament stehlen, um das Leben seiner Frau zu retten. Er mag dafür ins Gefängnis kommen, aber er hätte immer noch seine Frau."
Versuchsleiter: „Tommy, du sagtest, er sollte das Medikament für seine Frau stehlen. Sollte er es auch stehlen, wenn es für einen sterbenden Freund wäre?" „Das ginge zu weit. Er wäre im Gefängnis, während sein Freund gesund und frei sein würde. Ich glaube nicht, dass ein Freund dies für ihn tun würde."

Ebene 3: Tommy, 16 Jahre alt: „Wäre ich Heinz, ich hätte das Medikament für meine Frau gestohlen. Liebe hat keinen Preis, noch können Geschenke Liebe erzeugen. Auch das Leben hat keinen Preis."

4.3 Pädagogische Anwendung der Stufenlehre Kohlbergs in der Schule? – Ein Beispiel

An einem Beispiel aus dem Unterricht der Klasse 8 soll demonstriert werden, wie sich Unterrichtsprozesse mithilfe der Kohlberg-Stufen beschreiben und didaktisch auswerten lassen. Besprochen wurde der folgende Text von Klaus Baumgärtner:

Reinhold (16) und sein Schulfreund Joseph (14) haben früher Schule aus und schlendern nach Hause. Reinhold fragt: „Sag mal, hast du eigentlich schon mal richtigen Whisky getrunken?" und als Joseph verneint, sagt er: „Los, dann komm mal mit mir und ich zeig' dir was." Die beiden gehen auf Reinholds Zimmer, Reinhold kniet sich vors Bett, schlägt die hängende Bettdecke weg, schiebt zwei Kisten zur Seite und deutet nach unten.
Joseph weiß nicht, was er sagen soll, so verdutzt ist er. Vor seinen Augen sieht er gut ein Dutzend voller Whisky-Flaschen und auch noch andere Schnapssorten.
„Wo hast du die denn her?" „Na, aus dem SB-Selbstbesorger. So einen kleinen Vorrat für die Bar muss man schon haben. Außerdem kommt man da im Moment günstig dran. Willst du einen Schluck?" Reinhold bietet Joseph die Flasche an. Dieser tut so, als trinke er und fragt dann: „Was willst du denn mit den ganzen Flaschen machen, Mensch? Stell dir vor, du wirst erwischt …!" „Mensch, erzähl nicht, ich bin clever und außerdem, hast du noch nie etwas mitgehen lassen?" „Doch schon, ein Pfund Erbsen, als wir mit den Blasrohren geschossen haben, aber das war mehr eine Mutprobe, weil alle mit waren. Außerdem waren die Erbsen nur 45 Pfennig wert. Aber du mit deinem Whisky!"
„Ach Quatsch, das ist der klassische Mundraub und deshalb straffrei", lacht Reinhold. „Pass auf, wir machen Folgendes: Wir gehen in den Supermarkt und ich zeige dir dann, wie man es macht. Das ist für dich ja ungefährlich, kommst

nur mit zum Gucken. Und wenn jemand kommt, dann sagst du Bescheid …!“
Joseph fühlt sich sehr unwohl in seiner Haut.

Bei der Besprechung des Textes wurde zuerst unter Heranziehung von Paragrafen des StGB die Strafbarkeit der von Reinhold beabsichtigten Tat festgestellt. Zugleich kreisten Schülerfragen immer wieder um die Frage, wie die Geschichte wohl ausginge, d. h. ob die Jungen (der Junge) erwischt würden. Dann lenkte der Lehrer die Besprechung.

Lehrer: Zurück zum Fall – was sagt der Schlusssatz?
Mehrere Schüler: (erläutern den Sinn des Schlusssatzes)
Lehrer: Wenn ihr Joseph wärt, wie würdet ihr euch verhalten?
Mehrere Schüler: Ich würde dem Reinhold widerstehen/Man darf nicht alles mitmachen, was andere sagen/(und Ähnliches)
Lehrer: Der Reinhold würde aber sagen, du bist ein Frosch.
Mehrere Schüler: (ähnlich wie vorher: man sollte nicht, dürfte trotzdem nicht usw.)
Lehrer: Ja, was ist denn mit dem Argument, das ist eh nicht verwerflich – die haben das nämlich einkalkuliert!?
Ein Schüler: (geht zurück zur Frage des Erwischtwerdens und zu der Überlegung, man müsse der Überredung der anderen widerstehen)
Lehrer: (stoppt den Beitrag, wiederholt seine Frage)
Ein Schüler: Dann müssen ja alle anderen Käufer das mitbezahlen. Die werden geschädigt.
Hier endet die Szene.

Nach dem Vortragen der Geschichte hatten sich sofort Schüler zu Wort gemeldet. Sie stellten die vermeintliche Sachfrage, ob denn die Tat strafbar sei. Als Sachfrage würde diese Frage einen analytischen Aspekt des Vorgangs erfassen; die Interpretation mithilfe von Kohlberg ergibt eine konkurrierende Deutung: Die Schüler interessiert zuerst einmal die in der Geschichte gestellte Handlungsfrage nicht als genuin moralische Frage, nämlich als Frage nach gut und böse, richtig oder falsch, nach eigener Beurteilung und Verantwortung. Sondern sie erfragten die Konsequenzen der Handlung, also, was als Sanktion passiert, wenn man so handelt. Die Strafbarkeit ist dann keine Sachinformation, sondern sie ist das Entscheidungskriterium, das zählt – die Argumentation der Schüler orientiert sich hier also vermutlich an Bestrafung, an Vermeidung von Schwierigkeiten (Stufe 1).
Die weiteren Schülerfragen, wie die Geschichte wohl ausgehe, d. h. ob die Jungen wohl erwischt würden, bestätigt diese Sicht der Dinge; denn nur im Falle des Erwischtwerdens ergibt sich die Konsequenz der Bestrafung.
Der Unterrichtende hatte an dieser Stelle übrigens den Schülern suggeriert, man werde in Supermärkten eigentlich immer erwischt. Diese Lehrer-Intervention, die natürlich spontan geschah, denn mit diesen o. g. Schülerfragen hatte der Referendar nicht gerechnet, hat eine Reihe von Implikationen. Zum einen widerspricht sie den Informationen, die die Geschichte vermittelt – der Junge Reinhold hat ja offensichtlich erfolgreich geklaut. Zum anderen wird durch die klare Antwort – so vermute ich – den Schülern implizit eine Aussage über richtiges und falsches Verhalten gegeben, es wird also keine Sachaussage, sondern eine inhaltlich-normative Antwort gegeben. Die moralische Entscheidungsfrage, ob diese Handlungsweise zu vertreten ist, wird nicht offen gehalten, sondern indirekt mit einer für die Institution Schule typischen Antwort versehen: Man klaut nicht! Diese Botschaft wird von der Öffentlichkeit von Schule erwartet; vielleicht hat beim Referendar auch Angst mitgespielt, was im anderen Falle Schüler zu Hause vielleicht erzählen und Eltern daraus entnehmen. Der Referendar kann natürlich auch aus eigener Überzeugung und/oder aus Verblüffung über die Schüler-Reaktionen auf eine Reaktion verfallen sein, die die Wertungsfrage vorschnell klärt.
Über die Erläuterung des Schlusssatzes („Joseph fühlt sich sehr unwohl in seiner Haut.“) – bei der die Schüler sich ohne weiteres in die Gefühle und den Situations-Zusammenhang des Joseph einfühlten – und die folgende

Lehrerfrage nach dem Handeln („Wenn ihr Joseph wärt …“) wird die Entscheidungsfrage wieder offen formuliert. Sie kommt aber bei den Schülern wohl nicht als offen an: Alle Antworten von Schülern geben dieselbe Handlungsregel wieder, aus der im konkreten Fall folgt, dass sie nicht in die geringste Versuchung kämen, im Supermarkt zu stehlen. Dem entspricht unsere soziale Realität aber recht wenig: Wir wissen, auch aus Umfragen unter Schülern im Unterricht, dass die Delikthäufigkeit auch bei Gymnasiasten recht hoch ist.

Die Handlungsregel, die formuliert wird (man sollte nicht, man dürfte nicht), geht über das Konsequenzen-Urteil der Stufe 1 hinaus und bezieht sich auf gegebene, akzeptierte Regeln

(Illustration: Ferdinand Lutz, Köln)

für das Verhalten. Das Bild des „guten Jungen“, der das Richtige tut, wird aufgerichtet. Außer der Struktur der Stufe 3 kann natürlich auch die Stufe 4 in den Äußerungen enthalten sein. (Die Trennschärfe der Analyse solcher Sätze darf nicht überschätzt werden.)

Dass die Entscheidung keine offene mehr ist, entnehme ich auch daraus, dass der Lehrer mit seinem Einwand, dass der Junge aber unter den Druck seiner Bezugsgruppe geraten würde („Der Reinhold würde aber sagen, du bist ein Frosch“), wenn er nicht mitgeht, nicht einmal verbales Verständnis hervorruft. Die Schüler wiederholen hier eine inhaltlich klare Antwort, deren Strukturbezug aber viel komplizierter ist: die Orientierung an der Bezugsgruppe für die Entscheidung, also die Urteilsstruktur auf Stufe 3, ist auf die Verstrickung in Konflikte hin angelegt, die auf derselben Stufe nicht zu lösen sind: Wenn jemand nämlich unterschiedlichen Bezugsgruppen angehört, die konfligierende inhaltliche Erwartungen haben, dann gibt diese Orientierung kein Entscheidungskriterium. Die Schüler sind aber in solchen konfligierenden Gruppenbezügen – z. B. können peer group und Institution Schule entgegengesetzte Auffassungen vertreten. In unserem Fall haben die Schüler sich auf den Konflikt nicht mehr eingelassen. Andernfalls wäre es wohl ein wirklicher pädagogischer Anstoß mit kognitiver Dissonanz gewesen und eine Chance zur Reflexion und zum Lernen. Die Schüler äußern sich so, als sei nur eine Bezugsgruppe die maßgebende, nämlich die Schule.

Der nächste Lehrerimpuls versucht mit einem Versatzstück aus einer kritischen Gesellschaftstheorie zu provozieren: Die Aussage „die haben das ja einkalkuliert“ scheint das Stehlen zu rechtfertigen, es wird so getan, als seien in die Käufer-Verkäufer-Situation nur zwei Beteiligte involviert, die voneinander die Absicht der Übervorteilung erwarten und sich deshalb – in ausgleichender Fairness – darauf einstellen und alles wieder ins Gleichgewicht bringen. Dass dieses Argument zur Rationalisierung von Partikularinteressen dienen kann, wird nur dann deutlich, wenn in die Antwort die Interessen anderer, nicht in der Frage genannter, möglicher Beteiligter einbezogen werden. Die soziale Perspektive muss also erweitert werden auf die Frage, ob die gefundene Handlungsanweisung wohl den Interessen vieler oder aller Betroffener gerecht wird. Angezielt wird also die Stufe 5 bzw. 6 nach Kohlberg.

Der Schüler, der zuerst antwortet, geht auf die Begründung durch „Erwischtwerden“ und „Man muss widerstehen“ zurück. Auf die wiederholte Lehrerfrage hin meldet sich lediglich ein Schüler, der in seiner Antwort möglicherweise eine Ahnung der Verallgemeinerungsfähigkeit von Argumenten ausdrückt („alle anderen“). Hierauf geht kein weiterer Schüler ein. Damit beendet der Lehrer diese Szene.

Bei dieser Interpretation der letzten Schülerantwort als einer, die in die Richtung post-konventionellen Urteilens geht, muss eine Relativierung angebracht werden. Die geschilderte Unterrichtsszene liegt Jahre zurück. Inzwischen sind in Supermärkten Schilder aufgetaucht, die an die Kunden appellieren, „im Interesse der anderen, die das bezahlen müssen“, nicht zu stehlen.

Dies kann bedeuten, dass heutige Jugendliche dieses Argument einfach als Ausdruck guten und ordentlichen Benehmens lernen, also als Inhalt übermittelt bekommen. Damit wäre es kein Argument einer umgreifenden sozialen Perspektive mehr, sondern Konvention. Dann wären Schüleräußerungen dieser Art eher der Stufe 3 und 4 zuzuordnen. Zu erwarten wäre auch, dass eine ganze Reihe Schüler dieses „Argument“ nennen würde, weil es ja nur übernommen und nicht selbst erarbeitet werden muss.

(Aus: Sibylle Reinhardt: Was heißt „Anwendung“ von Sozialwissenschaften in der schulischen Praxis? In: Zeitschrift für Pädagogik. 33. Jg. Heft 2/87. Beltz Verlag; Weinheim S. 209–212)

1 Erörtern Sie anhand des vorliegenden Beispiels Möglichkeiten und Grenzen von Moralerziehung im Rahmen von Schule und Unterricht.
2 Analysieren Sie die Bildergeschichte mithilfe des Kohlberg-Modells.

4.4 Anfragen an Kohlberg – Zur Auseinandersetzung um das Stufenmodell der Entwicklung moralischer Urteilsfähigkeit: Ist Tugend lehrbar ...?

Die folgenden „Anmerkungen zur ‚Kohlberg-Diskussion'" von Aloysius Regenbrecht geben als Textauszug nur einen Teil möglicher Kritik an der Stufenlehre Kohlbergs wieder. Dem Autor geht es weniger um die methodischen Schwierigkeiten, die in den Forschungen zur Entwicklung des moralischen Bewusstseins liegen, als vielmehr um grundsätzliche Fragen zur Moralerziehung. In dem zuerst zitierten Textabschnitt greift Aloysius Regenbrecht auf Überlegungen aus der Geschichte der Pädagogik zurück.

Die Frage nach der sittlichen Erziehung der Schüler hat nicht nur bei allen klassischen Pädagogen von Friedrich Wilhelm Foerster über Herbart, Schleiermacher, Pestalozzi und Rousseau bis hin zu Comenius, um hier nur einige zu nennen, eine zentrale Rolle gespielt, sie steht auch in unübersehbarer Weise ganz am Beginn der abendländischen Philosophie. Manche meinen, mit der Frage nach dem guten, dem richtigen Leben habe das Philosophieren der Menschen überhaupt angefangen. Ausdrücklich thematisiert wird unser Problem in den platonischen Dialogen Protagoras' und Menons. Da trifft der Menon den Sokrates auf der Straße und fragt ihn: „Kannst du mir sagen, Sokrates, ist die Tugend lehrbar? Oder ist sie nicht lehrbar, sondern eine Sache der Übung? Oder ist sie weder eine Sache der Übung noch des Lernens, sondern etwas, was dem Menschen von Natur aus oder auf irgendeine Weise sonst zuteil wird?"

Der Menon formuliert hier in fast unüberholbarer Prägnanz unsere Fragen: Ist die Tugend oder auch seine Untugend dem Menschen angeboren, sodass seine Anlage sein Schicksal ist und alle erzieherischen Bemühungen fehlschlagen müssen?

Wenn sie aber erzieherisch beeinflusst werden kann, ist das eher mit Worten, also in der kognitiven Dimension, um mit Kohlberg zu sprechen, oder mehr durch Übung, d. h. durch die Anleitung zu praktischem Handeln zu fördern?

Ich denke, dieses sind exakt die Fragen, unter denen wir die Theorie Kohlbergs prüfen müssen, und wir sind wahrscheinlich gespannt, was der Sokrates darauf zu antworten weiß.

Sokrates verblüfft uns auch hier wieder einmal mit seinen Gedanken, indem er uns über die hier formulierten Fragen hinaus auf das Grundsatzproblem bringt, von dem seiner Meinung nach die Art der Antwort auf die oben gestellten Einzelfragen abhängt. Hören wir ihn selbst: „Oh, Fremdling, wie es scheint, hältst du mich für der Glücklichen einen, welche etwas wissen, wenigstens von der Tugend, ob sie lehrbar sei, oder welcher Weise man ihrer sonst teilhaftig werde. Ich aber, weit entfernt, dass ich wüsste, ob sie lehrbar oder nicht lehrbar ist, weiß ja nicht einmal so viel, was überhaupt Tugend ist."

Das Weitere muss man nachlesen. Es mag aber deutlich geworden sein, dass vor der Beantwortung der Frage nach der Möglichkeit einer moralischen Erziehung die Klärung der Probleme stehen muss, was wir denn unter Sittlichkeit, Wert, Tugend, Norm, Gesetz, Freiheit und Verantwortung verstehen müssen. Tun wir das nicht, so geraten wir in die Situation, dass wir uns zwar hektisch in Bewegung setzen, aber gar nicht wissen, wo wir eigentlich hinwollen.

Dieses sind also die beiden Grundfragen aller moralischen Erziehung:

- Was ist das moralisch Gute?
- Warum soll der Mensch überhaupt gut sein?

Die Beantwortung dieser Fragen steht nicht zeitlich, wohl aber logisch am Anfang aller moralischen Erziehung. [...]

Wir haben einleitend die drei Hauptmerkmale der Theorie Kohlbergs genannt:

(1) Moralerziehung geschieht durch Förderung der moralischen Urteilsfähigkeit, die sich in Stufen entwickelt.

(2) Urteilsfähigkeit ist eine notwendige, aber keine hinreichende Bedingung für moralisches Handeln. Die Schulen sind daher als Stätten der Kooperation aller Beteiligten einzurichten.

(3) Moralische Erziehung in der Schule ist politische Erziehung und steht unter der regulativen Idee der Gerechtigkeit.

Die Einsichten und Leistungen einer solchen Theorie liegen auf vier Gebieten.

Die Moralität eines Menschen, und auch die des Kindes, besteht nicht darin, dass er eine möglichst große Zahl von sittlichen Normen und Regeln kennt, sondern dass er diese Normen aus Einsicht anerkennt. Kohlberg kritisiert mit Recht jene pädagogischen Maßnahmen, die sich auf die bloße Weitergabe eines Tugendkatalogs beschränken, oder auch der Werte der Verfassung oder der Zehn Gebote, ohne dass das Kind und der Jugendliche selber die Verbindlichkeit dieser Normen einsehen lernt. Er lehnt es ab, dass die Erwachsenen den Kindern die aus ihrer Sicht „richtigen" Lösungen vorgeben; die Kinder sollen von den Lehrern nicht die „richtigen" Antworten erhalten, sondern durch Dilemma-Geschichten zu eigenen Fragen und Entscheidungen geführt werden. Die bloße Präsentation von Tugendkatalogen bezeichnet er als Indoktrination.

Moralität und richtiges moralisches Handeln ist für Kohlberg rational diskutierbar. Er lehnt den moralischen Relativismus in jeder Form ab. Sittliches Handeln ist nicht Privatsache und auch nicht gewissermaßen naturwüchsig gegeben, sondern kann und muss rational gerechtfertigt werden. Aufgabe des Erziehers ist es, den Schüler gemäß seiner Entwicklungsstufe bei solchen Rechtfertigungen moralischen Handelns zu unterstützen.

Kohlberg weist uns darauf hin, dass auch auf dem Gebiet der moralischen Erziehung das Kind in seiner jeweiligen Entwicklungsstufe ernst zu nehmen ist. Gute Eltern und Lehrer haben zwar immer schon gewusst, dass kleinere Kinder mit anderen Argumenten zu gewinnen sind als größere, es fehlt uns aber trotz Piaget, der Ähnliches schon gedacht hat, eine in sich geschlossene, empirisch fundierte Theorie der Stufenfolge moralischer Entwicklung.

Es wäre auch sicher ganz abwegig zu meinen, in der Mathematik oder im Geschichtsunterricht oder im Kunstunterricht müssten wir den sachstrukturellen Entwicklungsstand beachten, d. h. die Art, wie das Kind sich seiner Entwicklung gemäß mit dem jeweiligen Gegenstand auseinandersetzt, nur in der moralischen Erziehung könnten wir dem Kleinkind mit den gleichen Argumenten begegnen wie dem Erwachsenen.

Soweit uns die Untersuchungen Kohlbergs ein gesichertes Wissen um die Entwicklungsstufen der moralischen Urteilsfähigkeit verschaffen, haben diese Ergebnisse eine große Bedeutung für alle unsere erzieherischen Bemühungen.

Eine Schule, die sich bewusst den Aufgaben der moralischen Erziehung stellt, muss dieses auch im Verhältnis der Lehrer zu den Schülern und der Schüler untereinander zum Ausdruck bringen. Moralische Entwicklung als Erziehungsziel verlangt nach Kohlberg daher die Schaffung moralischer, das sind in seinem Sinne gerechte Interaktionsstrukturen. Diese finden in der Anerkennung der Rechte der Schüler und in besonderen Formen der Kooperation ihren Ausdruck. [...]

Kohlbergs Arbeiten betrachten die Entwicklung des Kindes und Jugendlichen aus der sogenannten kognitiv-entwicklungspsychologischen Perspektive, das heißt, sie untersuchen die Entwicklung der rationalen Fähigkeiten des Menschen. Nun ist es sicher richtig, dass Schule vornehmlich eine Stätte rationaler Auseinandersetzung und damit des kognitiven Lernens ist. Es darf aber nicht übersehen werden, dass der Mensch nicht allein aus dem Kopf besteht, sondern dass auch und gerade in der moralischen Erziehung die emotionalen Komponenten eine wichtige Rolle spielen. Emotionale Faktoren wie Gefühlsansprechbarkeit und Einfühlungsvermögen, Gemütsbindungen und Vertrauen, Mitleid und Nächstenliebe sind dabei von grundlegender Bedeutung. Liebe kommt als pädagogischer Begriff in der Kohlberg-Theorie nicht vor! Dabei kennen wir aus der Hospitalismusforschung die Bedeutung der emotionalen Zuwendung einer ständigen Kontaktperson zu Säuglingen und Kleinkindern. In der Zuwendung, die dem Menschen zuteil wird, erfährt er sich selbst als liebenswert, gewinnt Vertrauen in die Welt und die Mitmenschen und wird fähig, selber Vertrauen und Liebe zu schenken. Mit der Annahme des Menschen wird die Grundlage zu seiner Liebes-

fähigkeit, zu Wohlwollen und Gerechtigkeit gelegt.
Mit solchen Hinweisen möchte ich die Bedeutung einer Klärung der Stufen kognitiver Entwicklung in der Erziehung nicht mindern und ich denke, auf diesem Feld hat Kohlberg Bedeutendes geleistet. Für pädagogisch bedenklich halte ich jedoch die Isolierung und Monopolisierung der kognitiven Dimension gegenüber der emotionalen.
Ein anderes Modell einer Stufenfolge moralischer Erziehung jedenfalls hat Pestalozzi entwickelt. Er nimmt die Kinder in eine gesittete Gemeinschaft auf, hält sie dann zur Übung moralischer Tugenden an und zum Schluss erst begründet er sein Vorgehen und klärt sittliche Forderungen im Gespräch. Er schreibt darüber in seinem Stanser Brief: „Meine diesfällige Handlungsweise ging von dem Grundsatz aus: Suche deine Kinder zuerst warmherzig zu machen, und Liebe und Wohltätigkeit bei ihnen durch die Befriedigung ihrer täglichen Bedürfnisse, ihrer Empfindungen, ihrer Erfahrung und ihrem Tun nahe zu legen, sie dadurch in ihrem Innern zu gründen und zu sichern, dann ihnen viele Fertigkeiten anzugewöhnen, um dieses Wohlwollen in ihrem Kreise sicher und ausgebreitet ausüben zu können.
Endlich und zuletzt kommt man mit dem gefährlichen Zeichen des Guten und Bösen, mit den Wörtern."
Soll das nach Kohlberg alles überholt sein? [...] Das oberste moralische Prinzip heißt bei Kohlberg Gerechtigkeit. Gerechtigkeit ist in seiner Theorie das Grundprinzip der Moralität, von dem her alle Handlungsnormen zu legitimieren sind. Die einzelnen Stufen der Moralentwicklung werden definiert durch eine jeweilige Neustrukturierung des Gerechtigkeitsverständnisses. Ein gleichrangiges oder gar umfassendes Prinzip des Mitgefühls oder der Liebe scheint Kohlberg nicht zu akzeptieren.
Gerechtigkeit besteht nach Kohlberg im Ausgleich der Interessen der von einer Konfliktsituation betroffenen handelnden Individuen. Ein Handeln unter der regulativen Idee der Gerechtigkeit schließt daher ein, dass der Handelnde sich in die Lage des anderen hineinversetzt, sich in dessen Rolle eindenkt.
Im Konfliktfall ist dann jene Lösung gerecht, die diesen Ansprüchen Rechnung trägt, die man selber aufrechterhalten würde, auch wenn man nicht wüsste, welche Person in der Situation ist.
[...]
Nun kennt auch Kohlberg den Begriff der Empathie („Besorgnis um das Wohl anderer") und spricht ihr neben der Gerechtigkeit („Streben nach Gleichheit und Gegenseitigkeit") den Charakter einer „universalen menschlichen Disposition" zu. Die Idee der Empathie verengt sich in seiner Entwicklungstheorie jedoch zu einem bloß rationalen Begriff der Rollenübernahme (role-taking), zur Wahrnehmung des Standpunkts und der Interessen einer anderen Person, um im Konfliktfall einen gerechten Interessenausgleich herbeiführen zu können.
Empathie wird dadurch funktionalisiert und der Gerechtigkeit nachgeordnet, sodass er nur noch einem obersten Prinzip, dem der Gerechtigkeit reden kann. „Die emotionale Seite der Empathie, die Fähigkeit zur Ein- und Nachfühlung spielt in seinem Modell eine untergeordnete Rolle."
Hier ist die Frage zu stellen, wie weit dieser „kalte" Gerechtigkeitsbegriff geeignet ist, moralisches Handeln zu motivieren. Damit wird zugleich die Frage nach der Bedeutung von Mitgefühl und Liebe für moralisches Handeln aufgeworfen, die den Horizont eines bloßen Interessensausgleiches übersteigen und dem anderen um seiner Menschlichkeit willen wohlwollen. Auch bleibt in seiner Gerechtigkeitstheorie die Frage offen, warum der Mensch überhaupt „gerecht" sein soll, wo der letzte Grund dafür liegt, dass er moralisch handeln soll.
Kohlberg hat sich in einer Arbeit, die sich mit der moralischen Entwicklung im Erwachsenenalter beschäftigt, selber mit solchen Fragen auseinandergesetzt. Er konstatiert bei Erwachsenen eine existenzielle Unsicherheit, die sich auch nach Klärung der universellen ethischen Prinzipien einstellen kann, wenn der Mensch sich vor die Frage gestellt sieht, warum er in einer Welt, die zum Teil ungerecht ist, selber gerecht sein soll. Kohlberg spekuliert über die Existenz einer siebenten Stufe, wo, wie Schreiner es formuliert, „existenzielle Verzweiflung in

einer Art kosmischen Perspektive aufgelöst wird, wo sich das Individuum als eins mit der Welt begreift, von daher den Sinn seines Lebens bestimmt und die Antizipation des Todes ertragen kann".

Kohlberg hat diese Stufe in einem weiteren Aufsatz folgerichtig als „faith orientation" bezeichnet. Eine rein rationale Begründung und damit auch eine rein kognitive Entwicklung der moralischen Urteilsfähigkeit schienen demnach auch für Kohlberg zur Gewinnung einer moralischen Haltung nicht auszureichen. Der Mensch benötigt nach Kohlberg den Glauben, um für moralisches Handeln motiviert zu sein. „Zwar ist weder für die Ausformulierung noch für die Rechtfertigung moralischer Prinzipien Glaube notwendig", so schreibt er. „Im gewissen Sinne jedoch ist Glaube erforderlich, um bestmöglich nach moralischen Prinzipien zu leben."

Kohlberg überschreitet hier sein System der sechs kognitiv-moralischen Stufen, ohne jedoch die Konsequenzen für die innere Stimmigkeit seines Systems zu erörtern. Er kann den religiösen Aspekt moralischen Handelns in seine Theorie der Moralerziehung in der Schule auch nicht aufnehmen, weil er [...] von der strikten Trennung zwischen Kirche und Staat ausgeht. Umso mehr sollten wir es uns angelegen sein lassen, nach dem „gewissen Sinn" zu fragen, in dem nach Kohlberg Moral und Glauben zusammenhängen, und die Konsequenzen für den Unterricht in unseren Schulen zu bedenken.

[...]

Kohlberg hat Probleme thematisiert, die in der heutigen Zeit und auch für die Erziehungsarbeit in der Schule nicht zu überschätzen sind. [...] Die Beschäftigung mit der Theorie Kohlbergs schließt Überlegungen in moralphilosophischer, moraltheologischer, moralpsychologischer und schulpraktischer Hinsicht ein als da sind:

a) Was ist das moralisch Gute und warum soll der Mensch überhaupt moralisch handeln?

b) Welche Bedeutung haben die verschiedenen menschlichen Kräfte und Fähigkeiten in der moralischen Erziehung? Wie entwickeln sie sich?

c) Wie kommt der Mensch vom Wissen um das Gute zum Tun des Rechten? Ist Wissen gleich Tugend?

d) Wie müssen die menschlichen Beziehungen, die von Lehrern zu Schülern und der Schüler untereinander in der Schule aussehen, damit moralische Erziehung erfolgreich sein kann?

Das alles sind sehr komplexe, weil miteinander zusammenhängende Fragen. Es scheint aber möglich zu sein, Probleme der moralischen Erziehung heute auch öffentlich zu erörtern, weil sie in unserer richtungslosen Zeit immer drängender werden.

(Aus: Aloysius Regenbrecht: Moralische Erziehung in der Schule. Anmerkungen zur „Kohlberg-Diskussion". In: Schule heute, 26. Jg. 1986, Heft 2, S. 21–24, gekürzt)

1 Welche Bedeutung misst Aloysius Regenbrecht der Frage nach der Begründung des moralisch Guten im Rahmen von Moralerziehung bei?

2 Worin liegen nach Regenbrecht die Einsichten und Leistungen der Kohlberg-Theorie? Können Sie seiner Beurteilung folgen?

3 Setzen Sie sich mit der Kritik Regenbrechts an Kohlberg auseinander.

4 An Kohlberg wird zuweilen kritisiert,
a) die von ihm genannten Stufen seien nicht in allen Kulturen anzutreffen (keine Universalität der Stufen),
b) man könne beobachten, dass Rückschritte von einer höheren zu einer niedrigeren Stufe bei einzelnen Probanden gemacht werden (keine Irreversibilität),
c) Kinder und Jugendliche könnten je nach Situation auf unterschiedlichem moralischen Niveau argumentieren (keine Homogenität der Stufen).
Was ist von diesen Kritikpunkten zu halten? Welche Folgerungen ergeben sich gegebenenfalls für die Anwendung der Stufenlehre in der erzieherischen Praxis?

Wann hat das Übertreten von Normen und Vorschriften eine moralisch-ethische Qualität, wann nur konventionelle?
(Foto: Georg Bubolz, Erkelenz)

4.5 Demokratische Erziehung im Anschluss an das Konzept von Kohlberg

4.5.1 Hinführung: Was ist unter „Demokratie-Erziehung" zu verstehen?

4.5.1.1 Grundlegendes zum Begriff von „Demokratie" als Lebensform und „sozialer Idee"

Die folgenden Textauszüge sind einer Veröffentlichung des Landesinstituts für Schule und Medien Berlin-Brandenburg entnommen.

Aus den Schriften der vielen Autoren, die sich mit dem Problem und den Zukunftschancen unserer Demokratie und Zivilgesellschaft auseinandergesetzt haben, wissen wir, dass die politische Demokratie als Herrschaftsform auch eine feste sozial-moralische Unterfütterung braucht. Mit Kindern und Jugendlichen, die in der einen oder anderen Form zur Gewalttätigkeit neigen, die autoritäre Verhaltensstrukturen zeigen und anderen mit sozialer Rücksichtslosigkeit begegnen, lässt sich eine Demokratie als Herrschaftsform auf Dauer nicht stabil halten. Aus dieser Erkenntnis haben besorgte Autoren folgende Leitsätze als Erinnerung, Empfehlung und Mahnung formuliert:

- Niemand wird als Demokrat geboren! (Michael Greven)
- Demokraten fallen nicht vom Himmel! (Theodor Eschenburg)
- Noch nie war Demokratie ein Selbstläufer! (Siegfried Schiele)
- Demokratie ergibt sich nicht „naturwüchsig"! (Jürgen Habermas)
- Demokratie muss gelernt werden, um gelebt werden zu können! (K. G. Fischer)
- Demokratie muss gelebt werden, um gelernt werden zu können! (Gisela Behrmann)
- Demokratie ist ein ständiger „Selbst-„ und „Neuschöpfungsprozess"! (Hans Joas)
- Demokratie ist nicht nur eine Regierungsform, sondern vor allem eine spezifische „Form des Zusammenlebens"! (John Dewey)
- Demokratie ist eine „soziale Idee"! (John Dewey)
- Demokratie hat die beste Stütze in bewussten Demokraten! (Adolf Schüle)

In diesen Äußerungen wird bewusstgemacht, dass die Erziehung und die sozialemotionale Lage von Kindern und Jugendlichen auch eine wichtige Systembedeutung für unsere Demokratie hat. Es gibt keine Demokratie ohne überzeugte Demokraten, die die Grunderfordernisse der Demokratie in ihrer Lebenswelt selbst erlernt, eingeübt und verinnerlicht haben. Demokratie bedeutet in diesem Zusammenhang: gegenseitige Anerkennung und Teilhabe an Entscheidungen, Offenheit und ernsthafte Diskussion über die Grundlagen des gemeinsamen Zusammenlebens. Sie bedeutet Gewaltlosigkeit, Rücksicht, Empathie, Toleranz und Solidarität im Verhalten zu Anderen. Das „Große" fängt im „Kleinen" an. Demokratie-Erziehung muss bei denjenigen ansetzen, die noch klein, jung und „ungeübt" sind. Sie sollen von Anfang an die Universalität und Unteilbarkeit der Grund- und Menschenrechte als Wert ansehen. Sie sollen lernen, diese Werte in ihrem konkreten Leben zu akzeptieren, anzuerkennen und zu praktizieren. Die Achtung der Würde, des Wertes und der Freiheit eines jeden anderen Menschen gehören dazu, allerdings auch die Akzeptanz von legitimierter Herrschaft und der Geltung des Rechts, das Streben nach Gerechtigkeit und die Anerkennung der Gleichwertigkeit und Gleichbehandlung in einer Welt voller Unterschiede. […]

Der bisher so sehr geläufige und übliche Begriff der „politischen Demokratie" („Demokratie als Herrschaftsform") beruht auf der Anerkennung der Menschen- und Bürgerrechte, auf Volkssouveränität und Rechtsstaat, auf Kontrolle der Macht und auf Gewaltenteilung, auf Repräsentation und Parlamentarismus, Parteienwettbewerb, Mehrheitsprinzip und Minderheitenschutz sowie auf der Gewährleistung einer fairen sozialen Sicherung für die Menschen. Dies alles ist bekannt. Allerdings grenzt dieser Begriff der Demokratie das Demokratie-Lernen auf den Bereich des Staates, seiner Funktionen und Aufgaben ein. Oft liegt der eingeengte Gegensatz von repräsentativer und direkter Demokratie nahe. Doch in der Realität gestalten sich die Dinge doch weitaus komplizierter, als dieser Gegensatz vorgibt. In der neuen Literatur wird Demokratie inzwischen sehr viel weiter definiert. Aus philosophischer Perspektive wird Demokratie heute vielmehr als eine spezifische Form menschlicher, gesellschaftlicher und politischer „Kooperation" betrachtet. Sie wird als stets neuer gesellschaftlicher „Lernprozess", als ein stetiger gesellschaftlicher „Selbst- und Neuschöpfungsprozess" beschrieben, der von der Basis her immer wieder neu aufgebaut werden muss. Demokratie wird nicht als gesicherter „Zustand" oder allein als „institutionelles Arrangement" für die Staatsmacht betrachtet, sondern als stets gefährdetes „soziales Experiment", das sich in gewaltfreier sozialer Interaktion und in „Zusammenarbeit zu gemeinschaftlichen Zwecken" stets – auch bei Rückschlägen – neu bewähren muss. Demokratie wird in ihrer Offenheit zugleich als „Instrument" und als „Motor" der sozialen Reform und der Verbesserung der bestehenden Verhältnisse interpretiert. Damit gewinnt der Demokratiebegriff eine neue, lebensnahe, vor allem offene, zukunftsgerichtete, auch normative Dynamik. […] Neben der „Demokratie als Herrschaftsform" tritt damit die „Demokratie als Gesellschaftsform" ins Blickfeld. Die „gesellschaftliche" Verankerung der politischen Demokratie kann in Umrissen umschrieben werden 1. mit der Existenz des gesellschaftlichen Pluralismus (sozial, politisch, religiös etc. durch Verbände, Vereine, Initiativen), 2. mit einem funktionsfähigen System der autonomen gesellschaftlichen Konfliktregulierung (vielfältige Dialog-, Verhandlungs- und Mitbestimmungssysteme), 3. mit der Ausgestaltung eines fairen Systems von (sozialer und nachhaltiger) Marktwirtschaft (Sozialpolitik etc./Ökologie), dann 4. mit einer freien und vielfältigen Öffentlichkeit (Medien) und schließlich 5. mit einem breiten öffentlichen Engagement der Bürger (zivile Bürgergesellschaft). Diese Elemente der „Demokratie als Gesellschaftsform" sollten für ein breiteres Demokratie-Lernen neben den Elementen der repräsentativen Demokratie in konkrete Inhalte und Themen des Unterrichts umgewandelt oder an entsprechenden Beispielen oder Projekten schon in der Schule als „Möglichkeitsraum" lebendig gemacht werden. Die Auffassung, dass Demokratie nicht nur ein recht kompliziertes Herrschafts- und Regierungssystem ist, sondern auch als eine spezifische, sehr differenzierte „Gesellschaftsform" auf der Basis von Gegenseitigkeit interpretiert werden muss, war gerade jenen Autoren der frühen Politikwissenschaft und Soziologie in Deutschland besonders bewusst, die sich um eine gesellschaftlich soziologisch fundierte „Demokratiewissenschaft" in der Nachkriegszeit verdient gemacht haben (Ernst Fraenkel/Ralf Dahrendorf). […]

Aus der frühen Zeit der Demokratieanalyse in der Bundesrepublik ist aber neben der Demokratie als „Herrschaftsform" und der Demokratie als „Gesellschaftsform" auch eine dritte Interpretation überliefert. Sie umfasst die alltagsspezifische „Demokratie als Lebensform", d. h. die besondere Ausprägung der demokratischen „Kultur", die besondere Form des sozialen Zusammenlebens der Menschen in einer Demokratie, letztlich die Demokratie als „soziale Idee". In der politischen Wissenschaft hat sich der Zweig der politischen Kulturforschung lange Zeit den hier relevanten Fragen von politischen Verhaltenseinstellungen der Menschen gewidmet. In neuerer Zeit findet man immer wieder Hinweise auf den erweiterten Interpretationsansatz der „Demokratie als Lebensform". Auch in der pädagogischen Psychologie taucht der Begriff „Demokratie als Lebensform" auf. Die neuere Reformbewegung in der Pädagogik schließt sich hier an. Zahlreiche Programme zur „Konfliktregulierung" und „Mediation" in der Schule sowie zur „Gewaltprävention" und gegen Rechtsradikalismus wurden inzwischen aufgelegt und durchgeführt und treffen damit die Probleme des lebensnahen „gesellschaftlichen" Zusammenlebens recht genau. Sie zielen auf die offenbar immer wieder neu notwendige „demokratisch-politische Zivilisierung" von Kindern und Jugendlichen. Rechtsradikale Jugendliche sind z. B. keineswegs „unpolitisch", sondern allzu oft sehr undemokratisch, sogar unmenschlich.

Die Interpretation von „Demokratie als Lebensform" geht also zurück an die Basis. Sie sucht in diesem Sinne Anschluss an die individual- und sozialmoralischen Grundlagen der bestehenden politischen Demokratie. Sie vermeidet allerdings die Versuchung, in einen weitläufigen, oft philosophisch abgeleiteten Tugenddiskurs einzumünden (Lernen durch „Appell", statt Lernen „am Modell"). Es geht dabei nicht um „Belehrung", sondern um die Ermöglichung der Sammlung von konkreten „Erfahrungen" mit lebens- und gesellschaftsnaher Demokratie in der vielfältigsten Form. Das ist gewiss nicht leicht! Es geht um das „Wachstum dieser Erfahrung". „Demokratie als Lebensform" kann insofern als „Rückgrat", als „Urform", als „Keim-" oder „Vorform", als „Unterfütterung", als „Graswurzel" oder sogar als „Voraussetzung" dafür angesehen werden, dass die Demokratie „in ihrer Ganzheit" wirklich gelebt werden und dauerhaft stabil bleiben kann. Demokratie wird also inzwischen nicht mehr (allein und ausschließlich) „politisch" oder etatistisch-institutionell interpretiert, sondern bis in die zwischenmenschlichen Verhaltensweisen und in die Aktivitäten von Gruppen hinein zurückverfolgt und auf die Interaktionen in Stadtteilen, Familien, Schulen und Klassenzimmern zurückprojiziert. Gemeint ist dabei die „face-to-face"-Ebene der Demokratie.

Zuweilen finden sich in der Literatur auch die Begriffe „Alltags-Demokratie", „Nahraum-Demokratie", oder „Lebenswelt-Demokratie". Es wird gesprochen von der „Mikro-Ebene" der Demokratie oder von Demokratie „im alltäglichen Vollzug". Hier muss jede Lehrkraft, jedes Kollegium, jede Schule ihren eigenen – auch fächerverbindenden – Ansatz finden.

Die Interpretation der „Demokratie als Lebensform" geht also tiefer als der Ansatz der Demokratie als Herrschaftsform und noch tiefer als der Ansatz der Demokratie als Gesellschaftsform.

Im Konzept der Demokratie als Lebensform finden sich jene theoretischen Ansatzpunkte, die es z. B. sehr viel leichter machen, trotz aller Widrigkeiten auch von „Demokratie in der Schule" oder von einem „demokratischen Klassenzimmer" zu sprechen, als wenn man den Demokratiebegriff allein aus einem staatsbezogenen Demokratiedenken ableitet. In der Literatur gibt es dazu außerordentlich variantenreiche Anregungen.

1 Skizzieren Sie das bisher zu Demokratie als Lebensform Gesagte.
2 Kommen Sie zu einer ersten Einschätzung.

Kindergartenkind
(Foto: Georg Bubolz, Erkelenz)

4.5.1.2 Schulische Relevanz des Demokratie-Lernens

Der folgende Textauszug schließt sich unmittelbar an den vorhergehenden an.

Insgesamt ergibt sich ein recht weites und dichtes Netz der Argumentation zugunsten eines neuen praktischen Demokratie-Lernens an Schulen. An dieser Stelle lässt sich nur andeuten, dass die Dreiteilung des Demokratiebegriffs in: Demokratie als Herrschaftsform, Demokratie als Gesellschaftsform und Demokratie als Lebensform als Ausgangspunkt eines neuen Demokratie-Lernens bildungspolitisch legitimiert und fachlich wie pädagogisch einleuchtend begründet werden kann. Jede Ebene hat ihre eigene schulische Relevanz. Doch erst in der Verknüpfung der drei Ebenen Lebensform, Gesellschaftsform und Herrschaftsform, und unter Berücksichtigung der diesen drei Ebenen eigenen Dynamik und Besonderheit liegt der ganze „Pfiff".

Das Demokratie-Lernen in der vorgetragenen Dreiteilung kann in pädagogisch-didaktischer Sicht analytisch mit den je differenzierten Aufgaben der verschiedenen Schulstufen verknüpft werden. Es kann die eingangs genannte Dreiteilung von Lebenshilfe, sozialem Lernen und politischem Lernen ebenfalls in sich aufnehmen. Hier sind jeweils – nach den gegebenen Bedingungen – eigene Schwerpunkte in den jeweiligen Schulstufen zu setzen. Die fachlichen Anforderungen der drei Demokratiebegriffe lassen sich ebenso differenziert in Beziehung setzen mit den Entwicklungsphasen und Erfahrungshorizonten der Kinder und Jugendlichen. Auch die konkrete Schulkultur und die praktizierte Unterrichtsform kommen hier ins Blickfeld. Lerntheoretisch ergibt sich darüber hinaus eine enge Beziehung zu den Ansätzen von Jean Piaget und Lawrence Kohlberg. Schülerinnen und Schüler sollten die persönlichen, sozialen und die politisch-institutionellen Herausforderungen, die das „Projekt Demokratie" – auch die Gefahren und Schwierigkeiten, denen es immer wieder ausgesetzt ist, – konkret kennen und darüber nachdenken lernen (John Dewey: „thinking about what we are doing"). Kinder und Jugendliche müssen doch – fast wie in einem Schnellkurs – in ihrer Person jene Entwicklungen nachvollziehen, die das Projekt der Demokratie – mit allen Erfolgen, Brüchen und Fehlentwicklungen – historisch bereits hinter sich hat. Schülerinnen und Schüler sollten dieses Projekt gemäß selbst gewonnener „Erfahrungen" schließlich schätzen lernen, um es später selbst tragen und weiterführen zu können.

Es gilt, dass Kinder bereits in der Eingangsstufe „Am Kleinen das Große" lernen. Daher sollte es mit der Gewinnung von Erfahrungen im Umfeld der Demokratie als Lebensform bereits in den Grundschulen beginnen, sonst hängt die Demokratie als Gesellschafts- und Herrschaftsform für die Jugendlichen später gleichsam „in der Luft". Das „Konkrete", das „Allgemeine" und das „Elementare" liegt darin, dass Kinder und Jugendliche zunächst vertiefte Erfahrungen in der Demokratie als sozial-kooperative, d. h. Verantwortung einübende sowie auf Gewaltverzicht und Toleranz beruhende, aber nicht konfliktlose oder schlicht „harmonische" Lebensform sammeln können. [...]

Im Folgenden sollen abschließend zehn Ebenen angesprochen werden, die für das Sammeln solcher Erfahrungen mit Demokratie in der Schule von hoher Bedeutung sind:

1. Die erste Ebene betrifft die Beziehungen zwischen den Lehrkräften und den Schülerinnen und Schülern. Diese Beziehungen sollten auf einem „demokratischen Erziehungsstil" (Kurt Lewin) beruhen, der auf wechselseitige „Achtung", auf gegenseitige „Anerkennung" und auf „Vertrauen" aufbaut. Auch Schülerinnen und Schüler haben – bei allen patronatsorientierten Erziehungsbemühungen – Rechte, vor allem das Recht auf Respekt vor ihrer Persönlichkeit. Darüber hinaus gilt der pädagogische Grundsatz, dass, wer „Partizipation" von Schülern am Unterricht erwartet, zunächst selbst am Leben und an den Problemen der Schülerinnen und Schüler partizipieren sollte. Erst dann kann sich eine vertrauensvolle, gleichberechtigte und kenntnisreiche Wechselseitigkeit der Beziehungen herstellen.

2. In gleicher Weise muss die Ebene der Beziehungen unter den Schülerinnen und Schülern einbezogen werden. Die vielen einschlägigen Ansätze des „Sozialen Lernens", des Lernens im Umgang mit Emotionen, mit Konflikten, Fremden und Besonderheiten zeigen die Ziele und die Methoden des Erlernens eines demokratischen Miteinanders unter den Schülerinnen und Schülern, des Erlernens von Toleranz, von Selbstvertrauen, von Selbstbestimmung und von Selbstkontrolle im sozialen Kontext.

3. Aus dem Zusammenwirken der beiden erstgenannten Ebenen kann sich die Atmosphäre eines „demokratischen Klassenzimmers" (Rudolf Dreikurs) ergeben, in der auch die „schwierigen", die „unangepassten" und die „fremden" Schülerinnen und Schüler integriert werden können und in dem ein insgesamt förderliches Lernklima erzeugt werden kann. Disziplinlosigkeit unter Schülerinnen und Schülern sollte nicht nur der „schlechten Erziehung" zugerechnet und den Eltern oder dem Umfeld zugeschrieben werden, sondern auch als „undemokratisches Verhalten" gegenüber den Lehrkräften und den Mitschülern betrachtet werden. Dem kann auch ein neues Demokratie-Lernen entgegenwirken.

4. Mehrere solcher „demokratischer Klassenzimmer" können dann zu einem „demokratischen Schulklima" (Hartmut v. Hentig) führen, in das sich das Kollegium selbst mit einbinden lassen muss. Schulische Konflikte sollten in demokratischen Verfahren reguliert werden, um in der Schule die Basis für eine demokratische Bürgergesellschaft zu legen und die Schule zur „Schule der Demokratie" (Andreas Flitner) zu entwickeln.

5. Der Fachunterricht zur politischen Bildung sollte im Sinne des Demokratie-Lernens selbst als „Initialzünder" solcher Prozesse der „Demokratiepflege" fungieren. Politische Bildung sollte sich dementsprechend auf ihre Kernaufgabe des Demokratie-Lernens besinnen, sonst bleibt sie inhaltlich für die Schülerinnen und Schüler so relativ unattraktiv wie bisher. Sie sollte entsprechende Erfahrungen ermöglichen, Möglichkeiten und Grenzen des Demokratie-Lernens reflektieren und vor allem konkrete demokratiepädagogische Erfahrungs- und Handlungsfelder erschließen.

6. Die Unterrichtsinhalte und die Unterrichtsformen sollten mit den Intentionen und Qualifikationszielen des so definierten Demokratie-Lernens konform gehen. Vom Demokratie-Unterricht müssen übergreifende, handlungsorientierte Projekte des demokratischen Handelns in der Schule ausgehen. Dazu bedarf es eines offenen, fächerübergreifenden und kommunikativen Unterrichts, in dem die Schülerinnen und Schüler auch Erfahrungen mit den vielen Schwierigkeiten, Problemen, Hemmnissen, Konflikten und Anforderungen des demokratischen Willensbildungs- und Entscheidungsprozesses sammeln. In Projekten anhand konkreter Probleme lässt sich das Lernen von Demokratie als Lebensform („Ich-Bezug", „Wir-Bezug") mit Ansätzen des Lernens von Demokratie als Gesellschaftsform und von Demokratie als Herrschaftsform wohl immer noch am besten verknüpfen. In solchen Projekten des „Demokratischen Handelns" werden auch konkrete und elementare Formen „direkter Demokratie" sichtbar, da Schülerinnen und Schülern anhand konkreter Probleme auch eigene konkrete Mitwirkungs- und Gestaltungsperspektiven angeboten werden können. Denn: Demokratie-Lernen vollzieht sich kaum allein anhand von Textlektüre aus dem Schulbuch oder Frontalunterricht durch die Lehrkräfte.

Zu all diesen Ebenen des Demokratie-Lernens gibt es in der Literatur inzwischen außerordentlich vielschichtige Hinweise, die hier nicht einzeln erörtert werden können. Demokratie-Lernen erschöpft sich, dies sei als Erweiterung angemerkt, freilich nicht allein in den genannten sechs Ansatzpunkten eines schulisch organisierten, animatorischen Demokratie-Lernens. Vielmehr bedarf das Demokratie-Lernen in der Schule eines „entgegenkommenden" Umfeldes und erweiterter Aktionsfelder.

Daher sollen vier weitere Ebenen des Demokratie-Lernens zumindest angesprochen werden: Zu nennen wären hier die neueren Programme für die Bildung von Jugendforen, Kinder- und Jugendbeiräten oder Kinder- und Jugendparlamenten in den Kommunen und Stadtteilen.

Demokratie in komplexer Wechselwirkung

Herrschaftsform	Gesellschaftsform	Lebensform
• Menschenrechte/Rechtsstaat • Wahlen/Volkssouveränität • Parlamentarismus/Parteienwettbewerb • Gewaltenteilung • Soziale Sicherung	• Pluralismus • soziale Differenzierung • friedliche Konfliktregelung • Konkurrenz/Marktwirtschaft • Offenheit/Öffentlichkeit • Zivilgesellschaft	• Zivilität/Fairness • Toleranz • Vielfalt der Lebensstile (pursuit of happiness) • Chancenvielfalt • Solidarität • Selbstorganisation

Hier liegt ein weiteres Feld „animatorischer" Demokratiepädagogik. Wer von Kindern „Partizipation" erwartet, dies gilt auch hier, muss zunächst selbst an den Lebensbedingungen und Alltagsproblemen von Kindern und Jugendlichen ansetzen und sich dem Weltverständnis von Kindern und Jugendlichen direkt und unmittelbar zuwenden, es erweitern und in ein demokratisch-politisches Verstehen überführen.

7. Auch die Bildung von „Jugend-Netzwerken" aus Schulen, Verbänden, Vereinen, Gruppen, Initiativen etc. kann ebenfalls wesentlich zur sozial-kooperativen Demokratiebildung in der Schule beitragen und den Gemeinschaftssinn fördern.

8. In einem weiteren Bereich bedarf es oft auch der „nachholenden" demokratischen Beteiligung der Eltern, damit sie ihren Beitrag erbringen für die Schulentwicklung, für die Förderung der Nachbarschaft, für die soziale Erfüllung des kommunalen Gemeinschaftslebens und für die Unterstützung jener Vereine und Gruppen, bei denen sie ihre Kinder allzu oft nur zur Freizeitbeschäftigung abliefern und wieder abholen.

9. In Sonderfällen muss schließlich eine begleitende Sozial- und Jugendpädagogik eingerichtet werden, die besondere Kinder- bzw. Jugend-Delinquenz-Programme durchführt und die allgemeine „Civic Education" unterstützt.

(Aus: Gerhard Himmelmann, Demokratie-Lernen – Eine Aufgabe moderner Schulen, in: LISUM Landesinstiut für Schule und Medien Berlin-Brandenburg (Hrsg.), Ein Handbuch für Beraterinnen und Berater für Demokratiepädagogik. Demokratie erfahrbar machen – demokratiepädagogische Beratung in der Schule, Berlin/Brandenburg 2007, S. 20–27, in: http://bildungsserver.berlin-brandenburg.de/fileadmin/bbs/unterricht_und_pruefungen/UETK/demokratie/pdf/Handbuch_Demokratie_14_11.pdf – [20. 09. 2011]; © Landesinstitut für Schule und Medien Berlin-Brandenburg (LISUM); Oktober 2007 – Internet: www.lisum.berlin-brandenburg.de)

1 Erläutern Sie die Unterscheidung von Demokratie als Lebens-, Gesellschafts- und Herrschaftsform.

2 Beurteilen Sie die Anwendung auf die Schule.

4.6 Der Ansatz der „Just Community“ nach Kohlberg

4.6.1 Ziele und Realisierung

Ziele
„Just Community“ heißt wörtlich „gerechte Gemeinschaft“, wird häufig aber auch mit „demokratische Gemeinschaft“ übersetzt. Der pädagogische Ansatz, der damit verbunden ist, geht zurück auf das Modell zur Entwicklung des moralischen Urteilens des amerikanischen Psychologen und Pädagogen Lawrence Kohlberg. Nach Kohlberg vollzieht sich die Moralentwicklung in sechs Stufen. Die Stufen bezeichnen kognitive Strukturen, die zunehmend komplexer, abstrakter und allgemeiner werden. Die soziale Perspektive erweitert sich vom Individuum über die Gruppe zur idealen Allgemeinheit, der Begriff Gerechtigkeit orientiert sich nicht mehr nur an den Interessen des urteilenden Einzelnen, sondern an denen aller potentiell Beteiligten.
Höhere Ebenen sind im menschlichen Potenzial angelegt und können durch pädagogische Einflussnahme angestoßen und gefördert werden. Hierfür entwickelte Kohlberg die „Dilemma-Diskussionen“. Der Wunsch eines Schulleiters, mit seinen Schülerinnen und Schülern auch reale Probleme seiner Schule in solchen Diskussionen zu erörtern, gab laut Kohlberg den Anstoß für die Begründung der „Just Community“.
Die „Just Community“ ist mehr als ein Partizipationsansatz für Schülerinnen und Schüler, der in jeder Regelschule eingeführt werden könnte. Letztlich handelt es sich dabei um das alternative Konzept einer Schule mit demokratischer Verfassung und umfassender moralischer Schulkultur. Die grundsätzlichen Ziele der „Just Community“ sind

- Schaffung und Anwendung von gerechtfertigten geteilten Regeln durch alle Teilnehmerinnen und Teilnehmer (Solidarität)
- Stimulation von moralischer Urteilskompetenz
- Aufrechterhaltung der Übereinstimmung zwischen moralischem Urteil und moralischem Handeln
- Training von moralischer Empathie und Förderung von prosozialem Engagement
- Entwicklung eines soliden Wertsystems, welches auf Toleranz und Offenheit basiert.

(Aus: Fritz Oser, Moralpsychologische Perspektiven. In: Gottfried Adam/Friedrich Schweitzer (Hg.): Ethisch erziehen in der Schule, Vandenhoeck & Ruprecht, Göttingen 1996, S. 97/98).

Realisierung
Kernpunkt einer Just Community ist die Gemeinschaftsversammlung oder Vollversammlung aller Schulangehörigen, also nicht nur aller Schülerinnen und Schüler, sondern auch aller Lehrerinnen und Lehrer einschließlich der Schulleitung. Die Versammlung debattiert Fragen des Schullebens und ist berechtigt, im Hinblick auf bestimmte Themengebiete Entscheidungen zu treffen nach dem Prinzip: ein Mensch – eine Stimme. Die Bereiche, bei denen der Versammlung Mitentscheidungs- und Selbstbestimmungskompetenzen eingeräumt werden sollen und können, müssen vorab festgelegt werden. Für die Durchführung der Versammlung sollte jede Schule das zu ihr passende Zeitraster finden. Sie kann regelmäßig alle 14 Tage oder alle 4 Wochen stattfinden oder mehrmals im Jahr an besonderen „Parlamentstagen“. Die Versammlung ist keine Freizeitveranstaltung, sondern findet in der Unterrichtszeit statt.
Die Gemeinschaftsversammlungen werden von einer gewählten Vorbereitungsgruppe aus Schülerinnen, Schülern und Lehrkräften geplant und geleitet. Die Vorbereitungsgruppe entscheidet bei mehreren vorliegenden Themen auch, was verhandelt werden soll. Das Mandat für die Vorbereitungsgruppe wechselt regelmäßig.
Ein Fairness- oder Vermittlungsausschuss, ebenfalls aus Schülerinnen, Schülern und Lehrkräften vermittelt bei Konflikten zwischen Personen und sucht nach Lösungen mit denen beide Seiten gut leben können. Der Vermitt-

lungsausschuss ist außerdem dafür verantwortlich, dass Beschlüsse der Gemeinschaftsversammlung nicht vergessen werden, die nicht sofort ausgeführt werden können oder die eine weitere Behandlung erfordern.

Zur Vorbereitung der Diskussionen in den Gemeinschaftsversammlungen sollte jede Klasse regelmäßig an Dilemma-Diskussionen teilnehmen, in denen moralische Probleme bearbeitet und auf moralische Fragen moralische Antworten gesucht werden. Zum Einstieg können zunächst eigene Erfahrungen mit Gerechtigkeit und Ungerechtigkeit thematisiert werden.

Im schulischen Alltag sind Dilemma-Diskussionen in unterschiedlichen Situationen denkbar, in speziellen Kursen, aber auch in die Schulfächer integriert. Optimal ist es, wenn es sich dabei nicht um hypothetische, sondern um echte Dilemmata handelt. Dilemma-Diskussionen sollen regelmäßig stattfinden, aber nicht zur Routine erstarren. Lehrkräfte müssen sich außerdem vor einer moralisierenden Bewertung der Argumente ihrer Schülerinnen und Schüler hüten. Und: Dilemma-Diskussionen brauchen Zeit.

Die Einrichtung einer Just Community braucht eine besondere Begleitung bzw. Fortbildung des Lehrerkollegiums. Alle Lehrerinnen und Lehrer müssen das Modell kennen, verstehen und mittragen. Die Entwicklung eines demokatischen Schullebens und einer umfassenden moralischen Schulkultur stellt neue Anforderungen an die Lehrkräfte. Sie müssen ihre Rolle neu definieren und ertragen, dass auch ihr eigenes moralisches Ich in Frage gestellt wird.

(Aus: Georg Lind, Moral ist lehrbar. Oldenbourg Schulbuchverlag: München 2003, S. 101)

Die beschriebenen Elemente können und müssen entsprechend den spezifischen Bedingungen einer Schule modifiziert und ausgestaltet werden. Bei großen Schulen (über 250 Personen) stößt das Modell an seine Grenzen. Hier ist es kaum mehr möglich, eine Gemeinschaftsversammlung durchzuführen, bei der noch alle mit allen kommunizieren können. In der Praxis haben sich deshalb komplizierte Mischungen aus direkter und repräsentativer Demokratie entwickelt, z. B. in Form von Teil-Just Communities (die halbe Schule, einzelne Jahrgänge, mehrere Jahrgänge zusammen), die durch Delegierte ihre Arbeitsergebnisse synchronisieren, oder durch Just Commu-

Elemente der demokratischen Schulgemeinschaft

Nach Kohlberg, Higgins, Oser, u. a.

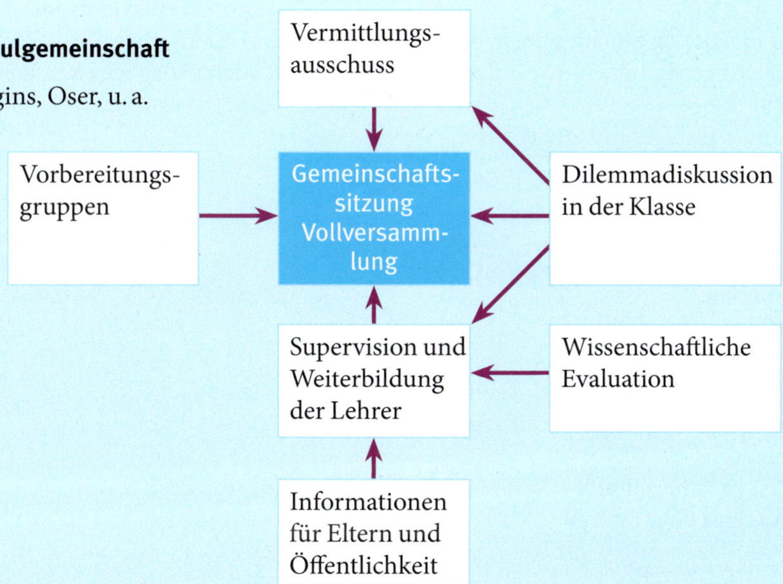

nities, an der nur eine kleine Anzahl von Schülerinnen und Schülern teilnimmt, die von ihren Klassen als Delegierte in die Just Community gewählt werden oder sich aus eigenem Interesse für den moralischen Ansatz Kohlbergs engagieren. Solchen Sonderformen können spezielle Aufgaben für eine Schule übertragen werden, z. B. das Konfliktmanagement.

(Aus: Gernot Stiwitz, Just Community, In: Hompage: MBWK RlP, Mainz, in: http://demokratielernenundleben.rlp.de/themenschwerpunkte/beteiligung-und-demokratie/beteiligung-in-der-schule/partizipative-strukturen/just-community/ – [22. 09. 2011])

1 Erläutern Sie Ziele und Realisierung des Konzepts der Just Community.
2 Beurteilen Sie das Konzept der Just Community unter pädagogischer Perspektive.

4.6.2 Pädagogische Praxishilfen

Bewusstmachen von gerecht/ungerecht erlebten Situationen

Diese Übung ist eine „Aufwärmübung“, um in das Thema „Gerechtigkeit“ einzuführen. Schülerinnen und Schüler werden aufgefordert, sich persönliche Erlebnisse und Gefühle ins Gedächtnis zu rufen, in denen nach ihrer Ansicht Fairness, Gleichheit, Belohnung und Strafe eine Rolle spielen. Die Schülerinnen und Schüler müssen nicht alle Situationen ausfüllen. Die Übung wird mit einem gemeinsamen Auswertungsgespräch über „Was ist gerecht? Was ist ungerecht?“ beendet. Dabei darf niemand gezwungen werden, die eigenen Erfahrungen preiszugeben.

Erinnere dich an Situationen, in denen Gerechtigkeit/Ungerechtigkeit eine Rolle gespielt haben:

Jemand war ungerecht zu dir:
- Situation:
- Was hast du gefühlt?
- Was hast du getan?

Du warst einem anderen gegenüber ungerecht:
- Situation:
- Was hast du gefühlt?
- Was hast du getan?

Jemand war einem anderen gegenüber ungerecht und gab dir mehr, als dir zustand:
- Situation:
- Was hast du gefühlt?
- Was hast du getan?

Jemand anders wurde einer Sache beschuldigt, die du getan hast:
- Situation:
- Was hast du gefühlt?
- Was hast du getan?

Du wurdest einer Sache beschuldigt, die du nicht getan hattest:
- Situation:
- Was hast du gefühlt?
- Was hast du getan?

(Aus: Landesinstitut für Schule und Weiterbildung [Hrsg.]: Schule und Werteerziehung, Soest 1991, S. 149–151)

1 Skizzieren Sie die wesentlichen Elemente der vorgelegten pädagogischen Praxishilfe.
2 Untersuchen Sie die Hilfe und beurteilen Sie den pädagogischen Wert.

Die schützende Hand – Kind beim Spiel in Portugal
(Foto: Georg Bubolz, Erkelenz)

4.7 Pädagogische Konsequenzen – auf den Punkt gebracht

Unter Berücksichtigung der Moralphilosophie kann man davon ausgehen, dass die Entwicklungsstufen auch als Qualitätsstufen des moralischen Denkens angesehen werden können (weil: prinzipienorientiert / nicht orientiert an konkreten Regeln).

Wichtig für die Pädagogik:
Die Fähigkeit, auf einem hohen Niveau moralisch argumentieren zu können, bedeutet nicht automatisch, dass auch so gehandelt wird! Reifes moralisches Urteilen ist eine notwendige, aber nicht hinreichende Bedingung für reifes moralisches Handeln. Aber Urteilen und Handeln sind umso enger verknüpft, je höher die Stufe des moralischen Urteilsvermögens ist. Test: In einem moralpsychologischen Test wird Teilnehmern Gelegenheit gegeben, vermeintlich unbemerkt zu betrügen. 70 % der präkonventionellen, 15 % der postkonventionellen betrügen. Wichtig ist vor allem der Kontext: Wenn die Bestrafung für moralisch reifes Handeln sehr hart ist (z. B. harte Konkurrenzsituation im Betrieb), wird evtl. eine vorkonventionelle Handlungsorientierung erzwungen.

Neuere Untersuchungsergebnisse (Lind)
Mit MUT (Moralisches-Urteil-Test: neuer Test) wurde die Theorie Kohlbergs zum größten Teil gestützt, aber auch teilweise revidiert:
1) Moralisches Verhalten bedarf nicht nur „richtiger" Einstellung, sondern auch entwickelter Urteilsfähigkeit (Diskursfähigkeit): Entscheidungen müssen (ethisch) begründet werden können (moralisches Verhalten als Fertigkeit).
2) Moralisches Versagen in realen Situationen beruht meist auf falscher Wahrnehmung der moralischen Intentionen und Kompetenzen anderer.
3) Ohne allgemeine Bildungsverfahren findet kaum eine Entwicklung statt, es kommt sogar zu einer Rückentwicklung (vs. Kohlberg).
4) Der Entwicklung förderlich sind Diskurse über hypothetische oder reale moralische Dilemmasituationen.

Was folgern wir daraus für die Moralerziehung?
Moralerziehung sollte diesen Gang der Entwicklung anregen und unterstützen. Dazu gehört, dass die Schüler/-innen sich und ihre Urteile mit anderen abgleichen (vgl. LP BaWü: Schule soll Urteils- und Entscheidungsfähigkeit vermitteln, die zur Wahrnehmung der verfassungsgemäßen staatsbürgerlichen Rechte/Pflichten notwendig ist). (Konzept: Erziehung zur Demokratie)

Realisierungsmöglichkeiten in der Schule
Erfolgreiche Vorgehensweisen: Entwicklung der moralischen Urteilsfähigkeit wird stimuliert durch
- Förderung der allgemeinen kognitiven Entwicklung
- kooperative Lernformen, v. a. Rollenspiele
- Diskussionen über moralische Dilemmasituationen

Schaffung demokratischer Schulstrukturen

Möglichkeit 1: Rollenspiele
Ablaufplan – Besprechung des Anlasses und des Ziels (sich in jemand hineinversetzen können usw.) – Beschreibung der Situation – Charakterisierung der Rollen – Auswahl der Mitspieler, Aufgaben für Beobachter (wichtig: Kein Schüler darf langfristig auf bestimmte Rolle festgelegt sein) – Durchführung; höchstens 15 min – Diskussion (Gefühle und Erlebnisse der Spieler werden mit Beobachtungen der Zuschauer in Zusammenhang gebracht und mit zu Beginn besprochenen Zielen verglichen)

Möglichkeit 2: Dilemma-Diskussionen

Schülerinnen und Schüler werden durch Präsentation eines moralischen Konflikts dazu angeregt, Argumente zu formulieren und Konsens zu suchen. Lehrer konfrontiert Schüler mit Begründungen, die bis zu einer Moralstufe über ihrem eigenen Niveau liegen.

„Bei richtigem und konsequentem Einsatz von Dilemma-Diskussionen konnten Fortschritte bis zu einer halben Entwicklungsstufe innerhalb eines Schuljahres nachgewiesen werden." (z. B. Geschichte: Bauernkriege – ist Gewalt für eine „gerechte Sache" legitim?)

Schön auch: Variationen wie Pro-Kontra-Abstimmungen, Gruppenarbeit, Gerichtsverhandlung usw.

Demokratie als Mittel der Erziehung

Konsequenteste Umsetzung ist Umstrukturierung von Schulen zu demokratischen Anstalten, auf dass die Schülerinnen und Schüler stets moralisch handeln und sich abstimmen müssen (Kohlberg gründete „Just Community Schools"): Mehr Gleichberechtigung zwischen Lehrern und Schülern, informeller Umgang miteinander, Komitees zur Entscheidung / Diskussion bei Disziplinproblemen, Vollversammlungen mit vollem Stimmrecht.

(http://www.lehrerfreund.de/in/schule/1s/moralerziehung-kohlberg/ – [01. 08. 2009])

1 Beurteilen Sie die aufgezeigten pädagogischen Konsequenzen.

2 Erörtern Sie weitere erzieherische Handlungsmöglichkeiten.

(© Johann Mayr)

5. Sozialisation als Rollenlernen: George Herbert Mead

In jeder Zeit werden unter den jeweils herrschenden pädagogischen Bedingungen Möglichkeiten gesucht, wie in einer Theorie pädagogische Probleme erfasst werden können. Dabei werden Begrifflichkeit und Problembewusstsein geschärft, es entsteht Neues, das zuvor noch nicht in dieser Form vorhanden war. Hat sich eine solche neue Theorie bewährt, wird sie zumeist verfeinert, werden weitere Klärungen vorgenommen. Falls sich die Bedingungen so verändern, dass die Theorie ihre Klärungsaufgabe nicht mehr zeitgemäß erfüllen kann, wird nach weiteren Klärungen gesucht; gelegentlich kommt es in der Forschung zum Paradigmenwechsel, d. h., eine als unbrauchbar erfahrene Theorie wird fallen gelassen und durch eine völlig neue ersetzt. – Die folgenden Texte lassen exemplarisch den Prozess erkennen, wie in einer bestimmten geschichtlichen Situation jeweils durch den Ansatz, „Sozialisation als Rollenlernen" zu beschreiben, Neues entdeckt wurde, das weiterführt, wie aber auch durch Verfeinerung und Kritik die Zeitgebundenheit pädagogischen Forschens zum Vorschein tritt.

Felix Droese: Die Schublade (1981). Holz, Papierschnitt, 50 × 35 × 12 cm *(Foto: ARTAX, Dusseldorf/© VG Bild-Kunst, Bonn 2014)*

5.1 Entwicklung im Rahmen von Sozialisation als Erlernen sozialer Rollen

George Herbert Meads Modell symbolisch-sprachlicher Kommunikation und Interaktion sowie die Weiterentwicklung dieses Ansatzes sind geschichtlich nur auf dem Hintergrund der Sozialisationstheorie von Talcott Parsons angemessen einzuordnen. Daher wird zunächst Bezug auf die Rollentheorie genommen, deren theoretischer Rahmen hier allerdings sehr komprimiert dargestellt ist. Die Ausführungen von Ralf Dahrendorf führen wegen ihrer Anschaulichkeit zur Betrachtung der herkömmlichen Rollentheorie hin und ermöglichen es, den Ansatz von Parsons nachzuvollziehen, aber auch zugleich pädagogisch kritisch einzuordnen. Erst auf dieser Folie wird deutlich, wie richtungweisend George Herbert Meads Gesellschaftstheorie für pädagogisches Denken werden konnte.

5.1.1 Hinführung: Was ist eine soziale „Rolle"? – Ralf Dahrendorfs „Homo sociologicus", der Mensch der Soziologie

Ralf Dahrendorf (1929–2009) illustriert die Rollentheorie, indem er zunächst eine Person namens Hans Schmidt beschreibt. Es folgt in einem weiteren Textauszug die Entwicklung der Rollentheorie, die in einer rudimentären Form aus der Welt des Theaters bekannt ist.

5.1.1.1 Ein Mann namens Schmidt und seine gesellschaftlichen Rollen

Nehmen wir an, wir seien auf einer Gesellschaft, auf der uns ein bisher unbekannter Herr Dr. Hans Schmidt vorgestellt wird. Wir sind neugierig, mehr über diesen neuen Bekannten zu erfahren. Wer ist Hans Schmidt? Einige Antworten auf diese Fragen können wir unmittelbar sehen: Hans Schmidt ist (1) ein Mann, und zwar (2) ein erwachsener Mann von etwa 35 Jahren. Er trägt einen Ehering, ist daher (3) verheiratet. Anderes wissen wir aus der Situation der Vorstellung: Hans Schmidt ist (4) Staatsbürger; er ist (5) Deutscher, (6) Bewohner der Mittelstadt X, und er trägt den Doktortitel, ist also (7) Akademiker. Alles Weitere aber müssen wir von gemeinsamen Bekannten erfahren, die uns erzählen mögen, dass Herr Schmidt (8) von Beruf Studienrat ist, (9) zwei Kinder hat, also Vater ist, (10) als Protestant in der vorwiegend katholischen Bevölkerung von X einige Schwierigkeiten hat, (11) als Flüchtling nach dem Krieg in die Stadt gekommen ist, wo er sich indes (12) als 3. Vorsitzender der lokalen Organisation der Y-Partei und (13) als Schatzmeister des Fußballklubs der Stadt bald einen guten Namen zu verschaffen wusste. Herr Schmidt, so erfahren wir von seinen Bekannten, ist (14) ein leidenschaftlicher und guter Skatspieler sowie (15) ein ebenso leidenschaftlicher, wenn schon weniger guter Autofahrer. Seine Freunde, Kollegen und Bekannten haben uns noch manches andere über Herrn Schmidt zu erzählen, doch ist unsere Neugier mit diesen Auskünften vorerst befriedigt. Wir haben das Gefühl, dass Herr Schmidt uns nunmehr kein Unbekannter mehr ist. Was berechtigt uns zu diesem Gefühl?
Man könnte meinen, dass alles, was wir über Herrn Schmidt in Erfahrung gebracht haben, ihn nicht eigentlich von anderen Menschen unterscheidet. Nicht nur Herr Schmidt ist Deutscher, Vater, Protestant und Studienrat, sondern viele andere mit ihm; und obwohl es zu jedem Zeitpunkt nur einen Schatzmeister des 1. F.C. X-Stadt geben mag, gab es doch andere vor ihm. Auch dieses Amt ist nicht ein persönliches Merkmal von Herrn Schmidt. Unsere Informationen über Herrn Schmidt beziehen sich sämtlich auf gewisse Stellungen, die er innehat,

d. h. auf Punkte oder Orte in einem Koordinatensystem sozialer Beziehungen. Denn jede Position impliziert für den Kundigen ein Netz anderer Positionen, die mit dieser verknüpft sind, ein Positionsfeld. Als Vater steht Herr Schmidt in einem Positionsfeld mit Mutter, Sohn und Tochter; als Studienrat ist er auf seine Schüler, deren Eltern, seine Kollegen und die Beamten der Schulverwaltung bezogen; sein Posten als dritter Vorsitzender der Y-Partei verbindet ihn mit Vorstandskollegen, höheren Parteifunktionären, Parteimitgliedern und der wählenden Öffentlichkeit. Manche dieser Positionsfelder überschneiden sich, doch keine zwei decken einander völlig. Für jede der 15 Positionen des Herrn Schmidt, die wir kennen, lässt sich ein eigenes Positionsfeld angeben, das in einem bestimmten Gesellschaftszusammenhang mit diesen Positionen gewissermaßen automatisch gegeben ist. [...] Zu jeder Stellung, die ein Mensch einnimmt, gehören gewisse Verhaltensweisen, die man von dem Träger dieser Position erwartet; zu jeder sozialen Position gehört eine soziale Rolle. Indem der Einzelne soziale Positionen einnimmt, wird er zur Person des Dramas, das die Gesellschaft, in der er lebt, geschrieben hat. Mit jeder Position gibt die Gesellschaft ihm eine Rolle in die Hand, die er zu spielen hat. Durch Positionen und Rollen werden die beiden Tatsachen des Einzelnen und der Gesellschaft vermittelt; dieses Begriffspaar bezeichnet homo sociologicus, den Menschen der Soziologie, und es bildet daher das Element soziologischer Analyse. [...]

Wie Positionen sind auch Rollen prinzipiell unabhängig vom Einzelnen denkbar. Die vom Vater, Studienrat, Parteifunktionär und Skatspieler erwarteten Verhaltensweisen und Attribute lassen sich formulieren, ohne dass wir an irgendeinen bestimmten Vater, Studienrat, Parteifunktionär oder Skatspieler denken. Mit den Positionen entfallen auf jeden Einzelnen viele soziale Rollen, deren jede der Möglichkeiten nach eine Mehrzahl von Rollensegmenten umschließt. Die Erwartungen, die sich an den Spieler der sozialen Rolle „Studienrat" knüpfen, lassen sich aufgliedern in Erwartungen im Hinblick auf die Beziehung „Studienrat–Schüler", „Studienrat–Eltern" usw. Insofern ist jede einzelne Rolle ein Komplex oder eine Gruppe von Verhaltenserwartungen [...]

Soziale Rollen sind ein Zwang, der auf den Einzelnen ausgeübt wird – mag dieser als eine Fessel seiner privaten Wünsche oder als ein Halt, der ihm Sicherheit gibt, erlebt werden. Dieser Charakter von Rollenerwartungen beruht darauf, dass die Gesellschaft Sanktionen zur Verfügung hat, mit deren Hilfe sie die Vorschriften zu erzwingen vermag. Wer seine Rolle nicht spielt, wird bestraft; wer sie spielt, wird belohnt, zumindest aber nicht bestraft. Konformismus mit den vorgeprägten Rollen ist keineswegs nur die Forderung bestimmter

(Illustration: Ferdinand Lutz, Köln)

moderner Gesellschaften, sondern ein universelles Merkmal aller gesellschaftlichen Formen. […]

(Aus: Ralf Dahrendorf: Homo sociologicus. Ein Versuch zur Geschichte, Bedeutung und Kritik der Kategorie der sozialen Rolle. 14. Aufl., Westdeutscher Verlag: Opladen 1974, S. 29f., 32, 33, 36 – ohne Anmerkungen)

1 Skizzieren Sie die Charakteristika von Herrn Schmidt als „homo sociologicus".
2 Erläutern Sie das Menschenbild, das hinter den Ausführungen von Dahrendorf steht.
3 Nehmen Sie Stellung zu dem Satz: „Konformismus mit den vorgeprägten Rollen ist […] ein universelles Merkmal aller gesellschaftlichen Formen."

5.1.1.2 Die Metapher von der „ganzen Welt" als „Bühne"

Der Soziologe Ralf Dahrendorf (1929–2009) erläutert unter Bezug auf Shakespeares Dramentheorie.

In der Komödie „As You Like It" legt Shakespeare Jacques einen Gedankengang in den Mund, der in hervorragender Weise Eigenart und Möglichkeit der Kategorie der sozialen Rolle vorwegnimmt und an dem viele Merkmale des soziologischen Rollenbegriffs sich verdeutlichen lassen (Shakespeare: As You Like It, II/7):

Die ganze Welt ist eine Bühne
Und alle Frau'n und Männer bloße Spieler.
Sie treten auf und gehen wieder ab,
Sein Leben lang spielt einer manche Rollen
Durch sieben Akte hin. Zuerst das Kind,
Das in der Wärtrin Armen greint und sprudelt;
Der weinerliche Bube, der mit Bündel
Und glattem Morgenantlitz, wie die Schnecke,
Ungern zur Schule kriecht; dann der Verliebte,
Der wie ein Ofen seufzt, mit Jammerlied
Auf seiner Liebsten Brau'n; dann der Soldat,
Voll toller Flüch' und wie ein Pardel bärtig,
Auf Ehre eifersüchtig, schnell zu Händeln,
Bis in die Mündung der Kanone suchend
Die Seifenblase Ruhm. Und dann der Richter
Im runden Bauche, mit Kapaun gestopft,
Mit strengem Blick und regelrechtem Bart
Voll weiser Sprüch' und neuester Exempel
Spielt seine Rolle so. Das sechste Alter
Macht den besockten, hagern Pantalon,
Brill' auf der Nase, Beutel an der Seite;
Die jugendliche Hose, wohl geschont,
'ne Welt, zu weit für die verschrumpften Lenden,
Die tiefe Männerstimme, umgewandelt
Zum kindischen Diskante, pfeift und quäkt
In seinem Ton. Der letzte Akt, mit dem
Die seltsam wechselnde Geschichte schließt,
Ist zweite Kindheit, gänzliches Vergessen
Ohn' Augen, ohn Zahn, Geschmack und alles.

All the world's a stage,
And all the men and women merely players;
They have their exits, and their entrances;
And one man in his time plays many parts,
His acts being seven ages. At first the infant,
Mewling and puking in the nurse's arms;
Then the whining schoolboy, with has satchel;
And shining morning face, creeping like snail
Unwillingly to school: and then, the lover,
Sighing like furnace, with a woeful ballad
Made to his mistress' eyebrow: Then, a soldier;
Full of Strange oaths, and bearded like a pard,
Jealous in honor, sudden and quick in quarrel,
Seeking the bubble reputation
Even in the cannon's mouth: and then, the justice;
In fair round belly, with good capon lind,
Wich eyes severe, and beard of formal cut,
Full of wise saws, and modern instances.
And so he plays his part. The sixth age shifts
Info the lean and slipper'd pantaloon:
With spectacles on nose and pouch on side;
His youthful hose well sav'd, a world too wide
For his shrunk shank; and his big manly voice
Turning again toward childish treble, pipes
And whistles in his Sound.
Last scene of all,
That ends this Strange eventful history.
Is second childishness, and mere oblivion,
Sans teeth, sans eyes, sans taste, sans everything.

Shakespeare handelt hier vor allem von einem Typ sozialer Rollen, den Altersrollen, doch spielen andere, sozial geprägte Verhaltensformen (z. B. Berufsrollen) in seine Beschreibung zumindest hinein. „Die Welt“ ist eine Bühne, auf der der Einzelne auftritt und von der er wieder abtritt. Aber er hat nicht nur einen einzigen Auftritt, er erscheint mehrfach und in immer verschiedenen Masken. Derselbe Einzelne kommt als Kind auf die Bühne und verlässt sie, um als Jüngling, erwachsener Mann und Greis wiederzukehren. Erst wenn er stirbt, tritt er zum letzten Male ab; doch neue, andere Menschen bevölkern dann die Bühne und spielen „seine“ Rollen.
Shakespeares Metapher ist heute zum konstruktiven Grundprinzip der Wissenschaft von der Gesellschaft geworden. Der Einzelne und die Gesellschaft sind vermittelt, indem der Einzelne als Träger gesellschaftlich vorgeformter Attribute und Verhaltensweisen erscheint. Hans Schmidt als Schuljunge hat eine Mappe, ein glänzendes Morgengesicht und schleicht unwillig zur Schule; als Liebhaber seufzt er und besingt seine Geliebte; als Soldat trägt er einen Bart, flucht, ist streitlustig und unempfindlich in seiner Ehre; als Richter kleidet er sich sorgsam und ist voll weiser Sprüche. „Schuljunge“, „Liebhaber“, „Soldat“, „Richter“ und „Greis“ sind auf merkwürdige Weise zugleich dieser bestimmte Einzelne Hans Schmidt und etwas von ihm Ablösbares, über das sich ohne Hinblick auf Hans Schmidt sprechen lässt. Shakespeares Beschreibung dessen, was der Richter hat und was er tut, mag für die Bühne unserer Zeit nicht mehr gelten – auch wir können indes angeben, welche Merkmale und welches Verhalten zum Richter gehören, gleichgültig, ob er Hans Schmidt oder Otto Meyer heißt; auch für uns ist die Gesellschaft noch jene ärgerliche Tatsache, die den Einzelnen, indem sie ihm Profil und Bestimmtheit gibt, aus seiner Einzelheit heraus in ein Allgemeines und Fremdes hebt.

Deutsches Theater Berlin „Was ihr wollt“ (von William Shakespeare), Regie: Michael Thalheimer, Bühne: Olaf Altmann, Kostüme: Katrin Lea Tag, Premiere am 28. 08. 2008 im ZELT. Hier: Bernd Stempel (als Sir Toby Rülps), Michael Benthin (als Malvolio) und Niklas Kohrt (als Sir Andrew Bleichenwang).
(Foto: Claudia Esch-Krenkel/dpa-Report/picture alliance)

Die Tatsache der Gesellschaft ist ärgerlich, weil wir ihr nicht entweichen können. Gewiss gibt es auch Liebhaber, die weder seufzen noch die Augenbrauen ihrer Geliebten besingen; aber solche Liebhaber spielen eben ihre Rolle nicht, sie sind, in der Sprache der modernen amerikanischen Soziologie, *deviants,* Abweichler. Für jede Position, die ein Mensch haben kann, sei sie eine Geschlechts- oder Alters-, Familien- oder Berufs-, National- oder Klassenposition oder von noch anderer Art, kennt „die Gesellschaft" Attribute und Verhaltensweisen, denen der Träger solcher Positionen sich gegenübersieht und zu denen er sich stellen muss. Übernimmt und bejaht er die an ihn gestellten Forderungen, dann gibt der Einzelne seine unberührte Individualität zwar auf, gewinnt aber das Wohlwollen der Gesellschaft, in der er lebt; sträubt der Einzelne sich gegen die Forderungen der Gesellschaft, dann mag er sich eine abstrakte und hilflose Unabhängigkeit bewahren, doch verfällt er dem Zorn und den schmerzhaften Sanktionen der Gesellschaft. Der Punkt, an dem solche Vermittlung von Einzelnen und Gesellschaft sich vollzieht und mit dem Menschen als gesellschaftlichem Wesen auch *homo sociologicus* geboren wird, ist jener „Auftritt als ..." auf der Bühne des Lebens, den Cicero in dem Begriff der „Person", Marx in dem der „Charaktermaske" und Shakespeare – und mit ihm die meisten neueren Soziologen – in dem der „Rolle" zu fassen sucht.

Es ist sicher kein Zufall, dass der bislang nur angedeutete Sachzusammenhang seit der Antike immer wieder mit Wörtern aus der Welt des Theaters beschrieben worden ist. Die Analogie zwischen dem verdichteten und objektivierten Verhaltensmuster der Person des Dramas und den gesellschaftlich gesetzten Normen positionsbezogenen Sozialverhaltens liegt nahe. Doch ist der Einwand nicht von der Hand zu weisen, dass die Analogie auch eine Gefahr in sich birgt. Das Bild des Schauspiels kann, auf die Gesellschaft übertragen, irreführen. Während die Uneigentlichkeit des Geschehens für das Schauspiel konstitutiv ist, wäre sie im Bereich der Gesellschaft eine höchst missverständliche Annahme. Der Terminus „Rolle" darf also nicht dazu verführen, in der rollen-„spielenden" Sozialpersönlichkeit gewissermaßen einen uneigentlichen Menschen zu sehen, der seine „Maske" nur fallen zu lassen braucht, um in seiner wahren Natur zu erscheinen. *Homo sociologicus* und der integre ganze Einzelne unserer Erfahrung stehen in einem paradoxen und gefährlichen Missverhältnis zueinander, das zu ignorieren oder zu bagatellisieren wir uns schwerlich leisten können. Dass der Mensch ein gesellschaftliches Wesen sei, ist mehr als eine Metapher, seine Rollen sind mehr als ablegbare Masken, sein Sozialverhalten mehr als eine Komödie oder Tragödie, aus der auch der Schauspieler in die „eigentliche" Wirklichkeit entlassen wird. [...]

Es ist vielleicht ein wenig ungerecht, das – wenn schon unvermeidliche – Ärgernis des *homo sociologicus* zu betonen, bevor dieser neue Mensch die Chance hat, seine Qualitäten zu bewähren. Wir haben die Vorväter des soziologischen Menschen und die Probleme, denen er uns gegenüberstellt, zur Sprache gebracht; aber wer dieser Mensch ist und was er zu leisten vermag, ist noch offen geblieben. Es wäre leicht, dieses Versäumnis durch den Hinweis zu rechtfertigen, dass *homo sociologicus* ja ein sehr lebendiger Mensch ist, der in den Werken der meisten Sozialwissenschaftler der Gegenwart erscheint und dessen Eigenart sich anhand dieser Werke demonstrieren lässt. [...]

Gewiss bezieht der Mensch viele seiner Sorgen und Nöte aus der Tatsache, dass die Gesellschaft ihn in Bahnen und Formen zwingt, die er sich nicht selbst gewählt oder geschaffen hat. Doch sind es nicht nur Sorgen und Nöte, die ihm hieraus erwachsen. Dass die Tatsache der Gesellschaft ein Gerüst sein kann, das uns aufrechterhält und Sicherheit gibt, gilt auch für die, die bemüht sind, sich von ihren Rollen nach Möglichkeit zu distanzieren. Ob der Mensch in der Lage wäre, sein gesamtes Verhalten ohne die Assistenz der Gesellschaft selbst schöpferisch zu gestalten, ist eine spekulative Frage, die überzeugend zu beantworten kaum möglich ist. [...]

Es ist zumindest denkbar, dass der sämtlicher Rollen entkleidete Mensch es schwierig finden würde, seinem Verhalten sinnvolle Muster aufzuprägen, und es scheint sicher, dass die Befriedigungen, die wir erfahren, uns häufig aus

den Rollen, die nicht unser Werk sind, erwachsen. Das Problem der Freiheit des Menschen als gesellschaftlichem Wesen ist ein Problem des Gleichgewichts zwischen rollenbestimmtem Verhalten und Autonomie, und die Analyse des homo sociologicus scheint zumindest in diesem Punkt das dialektische Paradox von Freiheit und Notwendigkeit zu bewähren.
Die Rollen des Schauspielers sind auf angebbare Weise definiert und garantiert. Ihr bestimmter Inhalt geht zurück auf das Werk eines Autors; dass dieser Inhalt richtig reproduziert wird, überwacht neben dem Autor ein Regisseur. Beide sind als Personen identifizierbar. Wer aber definiert soziale Rollen und überwacht ihre Einhaltung?

(Aus: Ralf Dahrendorf: Homo sociologicus. 16. Auflage VS Verlag für Sozialwissenschaft: Wiesbaden 2006, S. 25–28, 42)

1 Erörtern Sie den Zusammenhang von „Theaterrolle“ und „sozialer Rolle“.
2 Beschreiben Sie, worin Dahrendorf „das Ärgernis der Gesellschaft“ sieht.
3 „Wer aber definiert soziale Rollen und überwacht ihre Einhaltung?“ Setzen Sie sich mit dieser Frage und möglichen Antworten auseinander.

5.1.1.3 Rollentheorie – aus pädagogischer Perspektive betrachtet

In einem Buch über „Erziehungsinstitutionen“ geht Helmwart Hierdeis an Dahrendorf anknüpfend auf die Grenzen der soziologischen Rollentheorie für die Erklärung von „Sozialisation“ ein. Seine Überlegungen stehen im Zusammenhang von „Institution und sozialer Rolle“.

Die Gesellschaft zumal ist daran interessiert, dass die in ihr geltenden Verhaltensschemata, wie sie in den Rollen zum Ausdruck kommen, erhalten bleiben. Daher versucht sie, ihre Mitglieder in die sozialen Rollen einzuführen, sie diese Rollen erlernen zu lassen, sie – soziologisch gesprochen – zu „sozialisieren“. Hand in Hand damit geht ein Prozess der „Internalisierung“ (Verinnerlichung), durch den die in der Gruppe geltenden Verhaltensnormen zu denen des Individuums werden sollen. […] Diese Aufgabe überträgt die Gesellschaft der Gegenwart in zunehmendem Maße den Erziehungsinstitutionen.
Die Frage ist, ob diese sich damit begnügen können, im genannten Sinne zu sozialisieren und zu internalisieren. Sie steht im Zusammenhang mit jenem anderen Problem, ob der Mensch durch seine Rollen hinlänglich gekennzeichnet ist, ob der „homo sociologicus“, der von der Soziologie beschriebene Mensch, das ganze Menschsein repräsentiert. Mit R. Dahrendorf: „Beginnt der Mensch Schmidt, wo seine Rollen enden? Lebt er in seinen Rollen? Oder gehört ihm eine Welt, in der Rollen und Positionen so wenig existieren wie Neutronen und Protonen in der Welt der Hausfrau, die den Tisch für das Abendessen deckt? Dies ist das drängende Paradox des homo sociologicus, dessen Erörterung an die Grenzen der Soziologie und der philosophischen Kritik führt“ (R. Dahrendorf).
Die Soziologie kann diese Frage – zumindest theoretisch – offenhalten. Die Pädagogik dagegen kann sich nicht mit der bloßen Internalisierung der gerade gültigen Verhaltensnormen begnügen, da ein solches Sozialisationsverfahren das Recht des Einzelnen auf Mündigkeit ebenso überginge wie den für die Weiterentwicklung notwendigen Bedarf der Gesellschaft an emanzipierten Menschen. Beides aber ist nur über die Personalisation der Individuen zu erreichen. […]

(Aus: Helmwart Hierdeis: Pädagogik. Eine Einführung. Band 3. Erziehungsinstitutionen. Verlag Ludwig Auer: Donauwörth 1977, S. 18 – ohne Anmerkungen)

1 Erläutern Sie, wie nach dem Text die Kritik an der Übernahme des soziologischen Rollenbegriffs in die Pädagogik betrachtet wird.
2 Erörtern Sie, wodurch das Erziehungsziel Mündigkeit im Rahmen der Sozialisation gefördert bzw. behindert wird.

5.1.2 Sozialisaton als Übernahme von Normen und Rollen – Die gesellschaftliche Makro-Perspektive

Der Psychologe Rolf Oerter ordnet die Rollentheorie in ihren jeweiligen perspektivischen Kontext ein.

Die Inhalte, die von der Gesellschaft übernommen werden, sind mannigfaltig und zahlreich. Aber sie stellen nicht eine ungeordnete und beliebige Ansammlung von Einzelheiten dar. [...]

Das Verhalten der Menschen zueinander und in einzelnen Situationen oder Lebenslagen wird durch Vorschriften geregelt. Diese Vorschriften oder soziale Normen sind innerhalb eines gewissen Spielraumes verbindlich. Wer sie übertritt, muss mit „Sanktionen" (Strafen) rechnen. Es gibt für alle Bereiche des Lebens soziale Normen; besonders wichtige Normen sind Altersnormen, Geschlechtsnormen, Normen des familiären und sexuellen Zusammenlebens (Inzest-Tabu), Normen der Leistung, des Wettbewerbs und des Konsums sowie Normen bezüglich des Eigentums, des Schutzes von Menschenleben (Tötungsverbot) und der Gleichberechtigung. Die meisten dieser Normen gelten nicht generell. Töten ist dem Soldaten im Krieg erlaubt, ja sogar geboten. Hoher Konsum ist für Erwachsene gefordert, für Kinder hingegen eher verboten, weil hier die Norm der Einschränkung von Bedürfnissen wichtiger ist („Kinder sollen nicht alles haben, was sie sich wünschen").

Da wir den lebenslangen Entwicklungsprozess betrachten, sind für uns Altersnormen besonders interessant. Sie legen fest, was man in einem bestimmten Alter tun darf oder leisten muss. Ein starker Wechsel der Altersnormen vollzieht sich bei uns beim Schuleintritt, beim Eintritt ins Berufsleben und beim Ausscheiden aus dem Berufsleben. Beim Schuleintritt ändern sich die Verhaltensvorschriften schlagartig. Das Kind muss stillsitzen, längere Zeit konzentriert arbeiten können und bestimmte Verhaltensnormen (aufzeigen, nur nach Stundenwechsel auf die Toilette gehen) beachten. Der Eintritt ins Berufsleben bringt eine Reihe von Privilegien, aber auch neue Verhaltensnormen mit sich. Eine feste Arbeitszeit muss eingehalten werden, während der bestimmte Tätigkeiten auszuführen sind. Dem steht ein größerer Verhaltensspielraum durch Verfügung über eigene Geldmittel gegenüber.

Das Ausscheiden aus dem Berufsleben bringt wiederum eine starke Veränderung der Normen mit sich. Viele Aufgaben und Vorrechte gehen verloren. Die neuen Normen lassen sich am ehesten als „Vorschrift" bezeichnen, möglichst wenig aufzufallen, im Weg zu stehen und Arbeit zu machen. Positive Normen gibt es hingegen wenig.

Die Gesellschaft hat nicht nur Normen für das Verhalten aufgestellt, sondern auch *Positionen* oder Plätze für die Individuen vorgesehen. In der Sozialisationsagentur Familie gibt es einen Platz für den Vater, einen für die Mutter und Positionen für die Kinder. Großeltern haben keine fest umrissene Position mehr so wie etwa früher. In der Schule gibt es die Position des Lehrers und die des Schülers, im Berufsleben sprechen wir wie auch im Alltag von (guten und schlechten) Positionen. Soziale *Rollen* werden als das Verhalten verstanden, das man von einem Individuum in einer Position erwartet. Das erwartete Verhalten wird durch soziale Normen weitgehend vorgeschrieben. Schon das Kind ist sich seiner „Rolle" bewusst und spielt sie mehr oder minder angemessen. Die Rolle des Schülers und Lehrers ist durch ein ganzes Bündel von Verhaltensvorschriften geregelt und Disziplinprobleme stellen oft nichts anderes als den Versuch des Schülers dar, seine Rolle auszuloten.

Die Rolle ist als Konzept oder Konstruktion (in der Fachsprache „Konstrukt" genannt) zu verstehen und soll die geordneten Verhaltensmuster im menschlichen Zusammenleben erklären. Ohne soziale Rollen (oder Verhaltensordnungen) wäre das Leben in der Tat zu kompliziert und unberechenbar.

Wenn wir ein Geschäft betreten, versuchen wir nicht, dem Verkäufer eine Ware anzubieten, sondern bekleiden die Rolle des Käufers. Kinder, denen man täglich „Halt den Mund“ sagt, äußern dies dennoch in der Regel nicht gegenüber Erwachsenen, weil es ihre „asymmetrischen“ Beziehungen bei den Erwachsenen beinhaltet.
In allen Situationen des Alltags spielen wir unsere Rollen ganz selbstverständlich und erwarten ebenso selbstverständlich von den anderen angemessenes Rollenverhalten. Auf diese Weise vereinfacht sich das Zusammenleben gewaltig. Es ist einfacher, für bestimmte typische Situationen feste Verhaltens- und Interaktionsstrukturen zur Verfügung zu haben, als jedesmal neu ein Verhalten zu planen und auszuprobieren. Nur durch Rollenverhalten erhält der andere zudem Gewissheit darüber, wie wir ihm gegenüber reagieren werden, genau wie wir selbst das Verhalten des anderen ziemlich gut abschätzen können, weil es eben Rollenverhalten ist. Für Kinder wie für Erwachsene gibt es typische Verhaltensmuster, die festlegen, was man als Träger einer bestimmten Alters-, Geschlechts- und Berufsrolle in einer bestimmten Situation zu tun und zu sagen hat. Man denke an Gespräche mit dem Tischnachbarn bei einer Einladung, an das Verhalten bei einer Beerdigung, an Redewendungen, die man gegenüber Vorgesetzten gebraucht, und an das Rollenverhalten von Ehemann und Ehefrau.
[...]
Das [...] macht deutlich, dass Rollen einen beträchtlichen Spielraum haben können. Die Aufgabe des Individuums, das solche Rollen übernimmt, ist daher eine doppelte: Es muss Rollen lernen und zugleich die Variationsmöglichkeiten solcher Rollen erkunden und ausprobieren. [...] Es gibt eine Reihe von Rollen, die jeder Mensch in seiner Entwicklung zu lernen hat. [...]
Die *Altersrolle* ist innerhalb des menschlichen Lebenslaufes eine durchgängige, aber sich permanent wandelnde Rolle. In allen Altersstufen gibt es Schwierigkeiten beim Verlassen der bisherigen Altersrolle und der Übernahme der nächsten Altersrolle. Das Kleinkind, das zum Schulkind wird, hat eine Menge an Verhaltensweisen, vor allem Leistungen der Selbststeuerung und Selbstständigkeit zu lernen. Der Jugendliche hat mit seiner Rolle, die unscharf abgegrenzt und ungenau definiert zwischen der Erwachsenen- und Kindesrolle liegt, besondere Schwierigkeiten. Der 40er will es nicht wahrhaben, dass er nicht mehr zur jungen, dynamischen Generation gehört. Der 50er gerät häufig in Panikstimmung, da er das Alter auf sich zukommen sieht und Versäumnisse nachholen möchte. Der 60er muss sich damit abfinden, dass er aus vielen Aktivitäten und Verantwortungen entlassen wird. [...]

(Aus: Rolf Oerter: Entwicklung und Sozialisation. Psychologie für Grundstudium und Sekundarstufe II. Auer Verlag: Donauwörth 1977, S. 30–35)

1 Erläutern Sie die im Textauszug genannten Begriffe „Rolle“ und „Position“.

2 Belegen Sie den Wert der dargestellten Rollentheorie anhand von Beispielen aus dem pädagogischen Alltag.

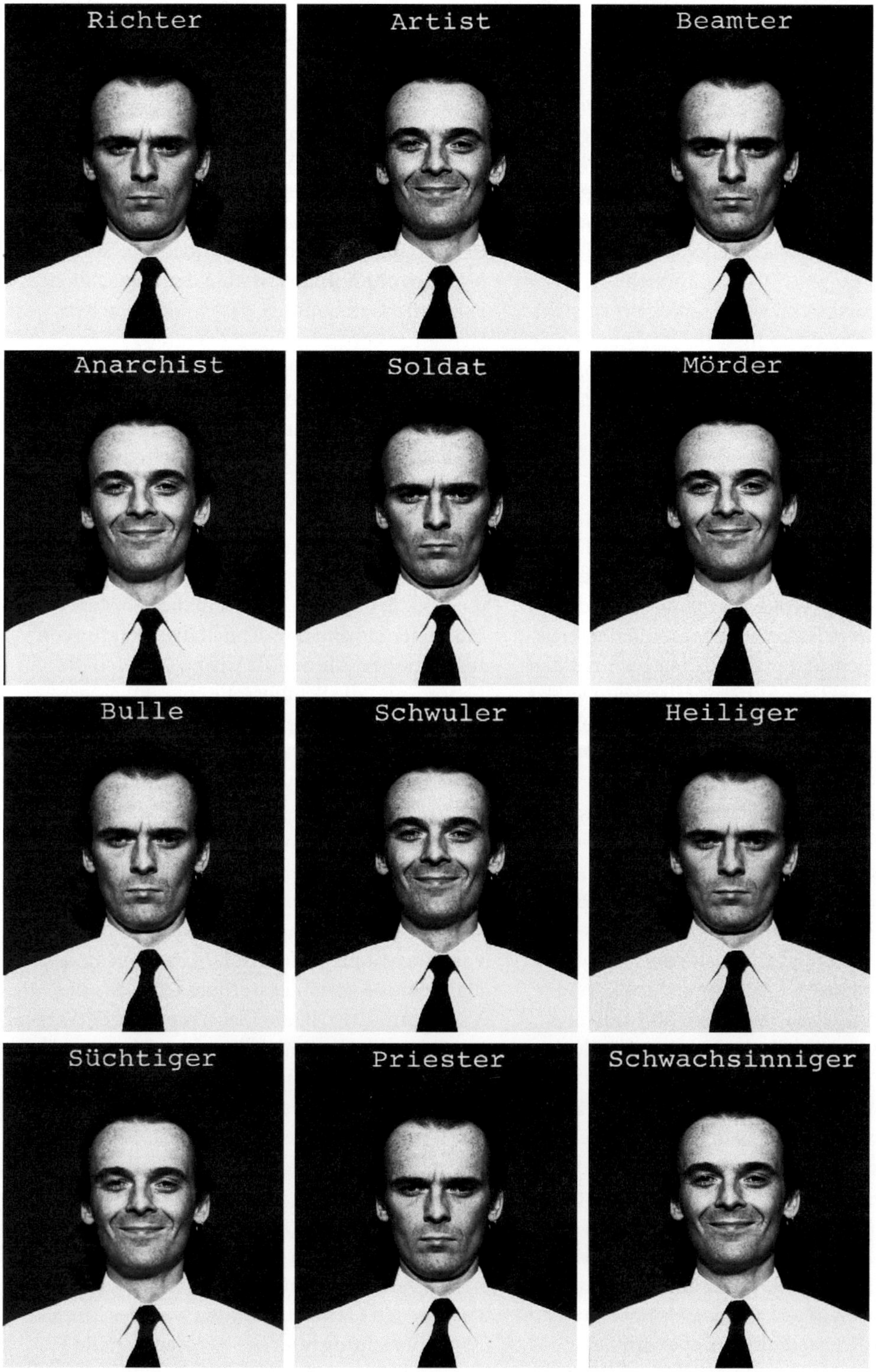

Jürgen Klauke: Das menschliche Antlitz im Spiegel soziologisch-nervöser Prozesse (1976/77)
(Foto: © Jürgen Klauke)

5.1.3 Die struktur-funktionale Theorie von Talcott Parsons als Sozialisationstheorie

Der Erziehungswissenschaftler Herbert Gudjons erläutert in seinem Kompendium „Pädagogisches Grundwissen“ den theoretischen Rahmen der herkömmlichen Rollentheorie. Er geht dabei zunächst auf den Begriff der „struktur-funktionalen Theorie“ ein.

Diesen kompliziert klingenden Begriff versteht man am ehesten, wenn man sich die zentrale Fragestellung des Begründers dieser Theorie, Talcott Parsons' (1902 bis 1979), klarmacht: Wie ist bei der unendlichen Vielzahl sozial Handelnder z. B. in der riesigen Gesellschaft der USA überhaupt eine gesellschaftliche Ordnung möglich? Welches sind die Bedingungen für die Stabilität des gesellschaftlichen Systems? Diesem Problem kommt man auf die Spur, wenn man postuliert, dass jedes System (und jedes Subsystem wie z. B. das Schulwesen) eine Struktur hat. Der Begriff der Struktur bezeichnet den statischen Aspekt des Systems (also wie z. B. das Schulwesen als gesellschaftliches Subsystem aufgebaut ist, wie es organisiert ist etc.). Der Begriff der Funktion hingegen meint den dynamischen Aspekt, also welchen Beitrag ein Subsystem für die Stabilität des Gesamtsystems leistet (die Schule sorgt z. B. durch ihre Auslesefunktion für soziale Verteilung von Chancen, durch ihre Qualifikationsfunktion für das Erlernen der benötigten Inhalte und Fähigkeiten und durch ihre Legitimationsfunktion für die Vermittlung der wichtigsten Normen und Werte, die diese Gesellschaft überhaupt „legitimieren“).
Eine strukturell-funktionale Analyse soll also klären, ob und wie die Abläufe in Subsystemen und die Austauschprozesse zwischen den Subsystemen zur Stabilität des Gesamtsystems und zu seinem „Funktionieren“ beitragen oder ob sie diese Integrationsprozesse gefährden. Das soziale Handeln des Individuums tritt dabei nicht isoliert auf, sondern immer in bestimmten Konstellationen, spezifischen Verbindungen: den Systemen. Parsons' Theorie des sozialen Systems zielt damit fast auf eine umfassende „Supertheorie“, um „die Mikroperspektive der individuell-psychischen Dynamik und die Makroperspektive gesellschaftlicher Sozialstrukturen in eine Synthese zu bringen“ (Hurrelmann 1998, 41).
Parsons unterscheidet verschiedene Systeme. Mit dem organischen System der menschlichen Persönlichkeit meint er die physiologischen Grundfunktionen.
Das psychische System hat die Aufgabe, diese Antriebsenergien des Menschen in gesellschaftlich akzeptierte Bahnen zu lenken. Zur Erklärung dieses Teils seiner Theorie lehnt sich Parsons eng an Freuds psychodynamische Entwicklungstheorie an.
Das soziale System meint das (oder die) Beziehungsmuster zwischen den Handelnden, also die Rollen, in denen sie aufeinander bezogen interagieren (und damit auch die Struktur von Institutionen: die Schule wird u. a. durch die Lehrer- und die Schülerrolle charakterisiert, nicht nur durch einen idealistischen „pädagogischen Bezug“).
Das umfassendste System ist das der Gesellschaft.
Entscheidend ist: Das Hineinwachsen in die Gesellschaft geschieht durch das Erlernen von Rollen. In den Rollen verdichten und konkretisieren sich die normativen Erwartungen, die von den Mitgliedern sozialer Gruppen an den Handelnden gerichtet werden: Die Rolle des Vaters umfasst z. B. die Erwartung der Fürsorge, des Schutzes, der Anleitung eines Kindes, nicht aber seine Berufsausbildung, die Führung einer Personalakte oder das gemeinsame Besäufnis.
Der Prozess der Sozialisation ist also die Übernahme einer wachsenden und immer differenzierter werdenden Zahl von Rollen, über die der Mensch die Wertsetzungen und Normen der sozialen Umwelt verinnerlicht, sodass sie schließlich zu Zielen und Motivierungskräften des eigenen Handelns werden: von der Mutter-Kind-Beziehung über die Kernfamilie, die Gleichaltrigengruppe, Schule, Jugendgruppen bis zu Beruf und gesellschaftlichen Rollen. Die

für die gesamte Theorie zentrale Kategorie der Rolle ist damit unmittelbar angesiedelt am Schnittpunkt zwischen Persönlichkeit und Gesellschaft.
Damit sind wir zur Eingangsfrage zurückgekehrt: Mit der Übernahme von Rollen in das Persönlichkeitssystem wird das Handeln der Menschen kalkulierbar. Diese Abstimmung zwischen den Systemen Organismus, Persönlichkeit und Gesellschaft zielt nämlich auf mehr oder weniger stabile Gleichgewichtszustände, wobei Sozialisation ein gleichgewichtsstabilisierender Mechanismus ist.

Kritik

Sozialisation meint letztlich doch einseitig die Vergesellschaftung, denn die reife Persönlichkeit ist Spiegelbild der Gesellschaftsstruktur. Das „Gelingen" von Sozialisation sollte nach Parsons am Grad der Übereinstimmung mit geltenden Normen ablesbar sein, – Konformität als Indiz für personale Autonomie? Trotz der Kritik hat dieser Ansatz große Bedeutung auch für die Pädagogik, weil er uns nachdrücklich darauf hinweist, dass Institutionen wie z. B. Schule oder Heim sich nicht allein nach pädagogischen Gesetzen ausrichten (lassen), sondern in einen gesellschaftlichen Funktionszusammenhang eingebunden sind. […]
Während die struktur-funktionale Theorie Sozialisation gleichsam aus der Zuschauerperspektive (oder auf der Makro-Ebene) betrachtet, geht der Interaktionismus von der Perspektive der Teilnehmer (oder von der Mikro-Ebene) aus. Die alltägliche Interaktion steht im Mittelpunkt. […]

(Aus: Herbert Gudjons: Pädagogisches Grundwissen. 10. Auflage, UTB Klinkhardt: Bad Heilbrunn 2008, S. 158–160)

1 Skizzieren Sie die Kernaussagen des Textes.
2 Erörtern Sie, ob es sich bei „Rollen" um weitgehend festgelegte Muster handelt, die sich „wie Topf und Deckel" zur beiderseitigen Befriedigung ergänzen.
3 Erläutern Sie, inwiefern neben dem Begriff der „Rolle" auch der Begriff der „Gruppe" erforderlich ist, um Sozialisation zu beschreiben.
4 Überprüfen Sie, ob die Kritik von Gudjons an Parsons plausibel erscheint.
5 Erläutern Sie, was Gudjons unter Makro-Ebene einerseits und Mikro-Ebene andererseits versteht. Arbeiten Sie heraus, worin der Unterschied zwischen diesen beiden Ebenen besteht. (Informieren Sie sich anschließend über die Perspektive der Mikro-Ebene in den folgenden Textauszügen, die bei George Herbert Mead fokussiert wird.)

5.2 George Herbert Meads Modell symbolisch-sprachlicher Kommunikation und Interaktion

5.2.1 Zum theoretischen Ansatz

Mead (geboren 1863 in den USA; 1931 in Chicago gestorben; Anmerkung des Hrsg.) hat zu seinen Lebzeiten nur einige Aufsätze (meist zu philosophischen Themen) und kein einziges Buch veröffentlicht. Das meiste, was wir von ihm wissen, stammt aus Notizen seiner Zuhörer oder aus seinem Nachlass. Das von Charles W. Morris herausgegebene Buch „Mind, Self and Society. From the standpoint of a social behaviorist“ (1934; deutsch: Geist, Identität und Gesellschaft, 1968) blieb für lange Zeit der einzige Versuch, einen Überblick über das Werk Meads zu geben. Im Jahre 1956 erfolgte eine neue Zusammenstellung von Auszügen aus dem Werk Meads (vgl. Strauss 1964, S. 11) durch Anselm Strauss unter dem Titel „The Social Psychology of George Herbert Mead“, das 1964 in einer überarbeiteten Form unter dem Titel „On Social Psychology“ (deutsch: Sozialpsychologie, 1969) erschien. In „Philosophie der Sozialität“ (1969) sind schließlich ausgewählte Schriften Meads zusammengestellt, die sein philosophisches Interesse, das er neben seiner Sozialpsychologie verfolgte, belegen.
Das Hauptwerk Meads ist zweifellos „Geist, Identität und Gesellschaft“. Da es aus Notizen aus vielen Vorlesungen besteht und Mead selbst seine Theorie immer wieder umformuliert hat, ist es nicht einfach, sich in dem Werk zurechtzufinden. Vieles wiederholt sich oder wird mit anderen Worten neu interpretiert, manches fehlt. Wie schon bei seinen philosophischen Aufsätzen, die wohl selbst für seine Schüler unverständlich (Kellner 1969, S.7) gewesen sind, ist auch hier die Sprache oft kompliziert. Das alles macht es schwierig, einen systematischen Zugang zu Mead zu bekommen. Dieses Buch enthält eine Theorie der Persönlichkeit und legt die Grundlagen für eine Theorie der Kommunikation, die später von Herbert Blumer unter dem Titel „Symbolischer Interaktionismus“ weiterentwickelt worden ist.

(Aus: Heinz Abels: Interaktion, Identität, Präsentation. 3. Auflage, VS Verlag für Sozialwissenschaften: Wiesbaden 2004, S. 17 f.)

5.2.2 Sozialisation als Interaktion – Die symbolische Mikro-Perspektive

Im Rahmen des folgenden Textauszuges ist die Entwicklung von Identität eine leitende Fragestellung. Der Religionspädagoge Hans-Georg Ziebertz erläutert:

Interaktionistische Konzepte (John Dewey, William James, George Herbert Mead) […] zeigen, dass Identität auf einer Balance zwischen Selbstbild und Fremdbild beruht und dass diese Balance permanent in und *durch* Interaktion hergestellt werden muss. Drei theoretische Konzepte sind für das interaktionistische Identitätsmodell bedeutsam: Rollenübernahme, I und Me sowie Ich-Identität (vgl. Ziebertz 1990, 48–74). […]

Der Rollenbegriff hat eine lange Tradition. So haben etwa klassische Sozialisationskonzepte den Prozess der „Selbstwerdung“ durch „Rollenübernahme“ erklärt. Damit war gemeint, dass die Identität eines Menschen die Folge der Internalisierung normativer Erwartungen der Eltern, der Gesellschaft oder der Kirche sei. „Rollen“ sind Einstellungen, Werte, Normen oder Glaubensüberzeugungen. Im extremsten Fall kann Rollenübernahme zur Aufhebung der aktiven Selbstleistung des Subjekts führen: Identität wäre in diesem Fall „Rollenidentität“, also eine Identität, die externe Erwartungen widerspiegelt.
Interaktionistische Ansätze greifen zwar auf das „Rollenmodell“ zurück, aber sie verstehen

Identitätsentwicklung nicht als eine monologische Rollenübernahme. Mead zeigt, dass das Individuum nicht nur externe Erwartungen internalisiert und sich diese zu eigen macht, sondern dass es auch zu diesen Erwartungen interpretativ Stellung nimmt. Diese Interpretationen und Stellungnahmen wirken wiederum zurück auf andere beteiligte Interaktionsteilnehmer und vice versa. Mit anderen Worten: Menschen „erschließen" sich wechselseitig und alle Teilnehmer sind aktiv, die Äußerungen des/der Anderen zu rekonstruieren und sich auf diese Weise zu ihm/ihr in Beziehung zu setzen.
Für die Interaktionisten liegt hier ein Schlüssel zum Verstehen, wie sich Identität bildet: In Interaktionen findet die innere symbolische Rekonstruktion des Verhaltens, Erlebens und der Erwartungen anderer statt, mit denen sich ein Subjekt (real oder imaginär) in Interaktion befindet. Die internale Rekonstruktion der sozialen Interaktionsstruktur ermöglicht die wechselseitige Antizipation von Erwartungen und macht sie zum Ausgangspunkt für dialogisches Handeln. Selbst- und Fremdbild werden „balanciert". Es gibt also tatsächlich Rollenübernahme, aber nicht in einem monologischen Sinn. Die entscheidende Einsicht der interaktionistischen Theorie bei der Erklärung der Rollenübernahme ist, dass ein Individuum aktiv die Haltungen anderer in sich selbst rekonstruiert. Das geschieht nicht zwangsläufig nur interpersonal, also im Dialog zwischen zwei oder mehreren Menschen. Diese Rekonstruktion kann sich auch intrapersonal vollziehen, also ausschließlich im Bewusstsein einer Person. Um diesen Vorgang zu verstehen, werden die Instanzen I und Me bemüht. […]
Menschen können rekonstruieren, wie sie andere zum Objekt ihrer Erfahrungen und sich selbst zum Objekt ihrer Reflexion machen können. Mead erklärt die Struktur dieser reflexiven Bewusstseinsakte durch die zwei Instanzen „Me" und „I" (Mead 1978, 216 ff.).
Das Me ist das Bewusstsein, das einem Individuum im Selbstbewusstsein als Ergebnis der Rollenübernahme erscheint: Ego sieht sich mit den Augen anderer und nimmt deren Standpunkt sich selbst gegenüber ein, d. h. ein Mensch kann zutreffend die Erwartungen rekonstruieren, die von außen an ihn gerichtet werden. Das Me ist das *erkennende Selbst*, das im Prozess der reflexiven Selbstobjektivierung in den Blick kommt. Gäbe es aber nur das Me, wäre Sozialisation der monologische Prozess der Einführung Heranwachsender in die bestehenden gesellschaftlichen Verhältnisse. Dies wird durch das I verhindert.
Im I erkennt Mead jene spontanen Kräfte im Handeln des Menschen, die aus den privilegiert zugänglichen Erlebnissen der subjektiven Welt resultieren. Das I ist nicht objektivierbar, weil es durch die Objektivierung zu einem Me würde. Das I ist eine unabdingbare Voraussetzung für Erfahrungen, aber es kann niemals selbst zum Gegenstand der Erfahrung werden. Sobald ein Vorgang reflexiv in die Erinnerung zurückgeholt wird, wird er in der reflektierenden Erinnerung zu einem historischen Objekt. Dem entzieht sich das I, es ist empirisch nicht zu fassen. Durch das I wird Neues in das Handeln eingeführt, es ist der Motor und Statthalter der Individuierung und der Grund für das subjektive Bewusstsein von Freiheit. Das I repräsentiert, was ein Subjekt zu verwirklichen sucht, ohne es in Besitz nehmen zu können. Wie jemand handelt, tritt erst nach Ablauf der Handlung in seine Erfahrung ein. Die Bedeutung des I liegt also vor allem in dem Vermögen, aus den im Me verankerten gesellschaftlichen Orientierungen hinauszutreten.
Mit I wird somit die unverwechselbare Selbstdarstellung des Subjekts bezeichnet („self as knower"), mit Me das Objekt der Kenntnis („self as known"). Menschen können sich gewissermaßen dabei zusehen, wie sie handeln. Sie können nicht nur über sich nachdenken und ihre eigenen Erfahrungen auf subjektive Weise interpretieren, sie können darüber hinaus auch nachvollziehen, wie sie selbst mit anderen Menschen interagieren und wie Andere mit ihren Aussagen, Wünschen oder Befehlen Teil des eigenen Denkens und Fühlens geworden sind, und schließlich, wie man wiederum auf diese Erfahrung reagiert. In allen diesen Interaktionsbewegungen werden Informationen und Bedeutungen ausgetauscht, mit denen sich die Partner auseinandersetzen. Identität resultiert insofern aus Interaktion, weil das, was jemand

von sich weiß, *das er ist, ist er auch* durch andere, *die ihn* dafür *halten*, dass er so ist. Wenn also Fremdäußerungen nicht das Bild von mir bestätigen, das ich selber von mir habe, gibt es ein Identitätsproblem, das wiederum nur durch Interaktion zu lösen ist.

(Aus: Hans-Georg Ziebertz. In: Georg Hilger, Stephan Leimgruber, Hans-Georg Ziebertz [Hrsg.]: Religionsdidaktik. Ein Leitfaden für Studium, Ausbildung und Beruf. Kösel Verlag: München 2001, S. 127f.)

1 Skizzieren Sie die Kernaussagen des Textes.
2 Erörtern Sie, ob bzw. inwiefern der Begriff „Rollenübernahme" zur Charakterisierung von Interaktionen hinreichend ist. Erörtern Sie zudem, welche Bedeutung „Rolleninterpretation" zur Erklärung von Verhaltensweisen zugemessen werden kann.
3 Erläutern Sie die Unterscheidung von „I" und „Me" nach Mead und beurteilen Sie den Wert dieser Unterscheidung für pädagogisches Handeln.
4 Nehmen Sie Stellung zur Position von Gudjons, die Übernahme von Rollen sei bei Parsons „etwas grundlegend anderes" als bei Mead, der Rollenhandeln „interpretativ", also potenziell immer von Brüchen bedroht und mit Handlungsspielräumen versehen betrachte.
5 Erörtern Sie, inwiefern der symbolische Interaktionismus in Hinblick auf Identitätsbildung noch ergänzungsbedürftig ist. Beziehen Sie sich dabei auf den folgenden Textauszug von Hans-Georg Ziebertz.

In der Weiterführung des interaktionistischen Ansatzes ist versucht worden, mit dem Begriff der Ich-Identität ein Qualitätsmerkmal zu formulieren, mit dem das interaktionistische Konzept von Identität von Rollenidentität abgegrenzt werden kann. Der Begriff der Ich-Identität sieht in der unabhängigen und schöpferischen Energie des I die wichtigste Voraussetzung dafür, dass ein Handelnder Individualität ausdrücken kann. Ich-Identität wird als Prozess, nicht als Produkt verstanden. Sie konstituiert sich „in" Interaktionen und wird zur Ich-Identität „aus" Interaktionen (U. Peukert 1976, 162). Der Prozessaspekt beinhaltet, dass sich ein Mensch nicht nur fragt, wer er geworden ist, sondern auch, wer er sein will. Die kommunikativen Rollen Ego-Alter-Neuter übernehmen eine wichtige Funktion bei der Ausbildung von Ich-Identität (Mead 1978, 356ff.). Indem ein Subjekt sich in die Situation eines anderen (Alter) versetzt, schafft es eine erste Voraussetzung zur Distanz gegenüber eigenen Erwartungen. Ein weiterer Schritt, auch die „Gefangenheit" der dualen Interaktion (Ego–Alter) zu erkennen, ermöglicht die Übernahme einer „dritten Perspektive" (Neuter). In dieser Perspektive ist eine kritische Distanz zu Ego- und Alter-Positionen genetisch angelegt. Die Fähigkeit zur wechselseitigen Perspektivenübernahme ist an die Möglichkeit menschlicher Kommunikation gebunden, deren wichtigstes Symbol die Sprache ist. Die Sprache ist das intersubjektiv gültige Symbolsystem, mit dem Menschen ihr Verhalten und ihre Handlungen koordinieren können. Kommunikation ist das sinnstiftende und sinnerhaltende Handeln, das den Menschen ermöglicht, sich über Normen, Regeln und Ziele der gemeinsamen Interaktion zu verständigen. Sie hat ihren Zweck im Subjekt selbst (Mollenhauer 1976, 42).
Die Stärke des interaktionistischen Ansatzes liegt darin, den Erwerb von Identität mit dem Prozess der *Individuierung* in Zusammenhang zu bringen. Das Ziel ist Ich-Identität, keine Rollenidentität. Ich-Identität entsteht des Weiteren nicht nur durch die Bewältigung von Krisen, sondern sie kann in der Interaktion schlechthin lokalisiert werden. In der Interaktion beziehen sich Menschen wechselseitig aufeinander, vornehmlich auf der Basis des Symbolsystems „Sprache". Die Aufmerksamkeit für sprachlich-kommunikatives Handeln hat letztlich den Blick für eine Lerndimension geöffnet, die die Frage nach den Lerninhalten weit übersteigt. Sprachliche Kommunikation ist nicht nur ein „Instrument", sondern eine Identität-konstituierende Praxis.

(Aus: Hans-Georg Ziebertz. In: Georg Hilger, Stephan Leimgruber, Hans-Georg Ziebertz [Hrsg.]: Religionsdidaktik. Ein Leitfaden für Studium, Ausbildung und Beruf. Kösel Verlag: München 2001, S. 128f.)

1 Vergleichen Sie die Sozialisationsmodelle von Parsons und Mead.

2 Erörtern Sie, ob bzw. inwiefern der Identitätsbegriff pädagogisch weiterführend ist.

3 Analysieren Sie den folgenden kleinen Fall aus einem Kindergarten unter der Fragestellung, ob die Theorie von Parsons oder die von Mead jeweils bessere pädagogisch relevante Erklärungsmöglichkeiten bereitstellt.

Auf der Terrasse entsteht ein Streit. Zwei Kinder, der Seppi, 6 Jahre, und der Michael, 5 Jahre, streiten um das Kett-Car. Jeder möchte zuerst fahren. Der Seppi behauptet: „Ich fahre zuerst, weil ich älter und größer bin."
Der Michael sagt: „Du lügst, ich bin genauso groß wie du."
Das Kett-Car wird nun für eine Weile Nebensache. Die Kinder prüfen ihre Größe. Sie stellen sich zusammen und jeder versucht sich zu strecken. Die beiden werden sich nicht einig, wer nun größer ist. Sie kommen zur Erzieherin und lassen sich messen. Nach einer genauen Messung stellt sich heraus, dass beide gleich groß sind. Beide rennen nun zum Auto zurück. Das Auto wird hin- und hergezerrt. Der Michael muss auch noch eine Ohrfeige einstecken. Der Seppi verlässt sich nun ganz auf seine Körperkraft. Endlich hat er es geschafft und sitzt im Auto.
Nun hat der Michael eine Idee. Er sagt: „Mein Vater ist Polizist und regelt manchmal in der Bruckstraße den Verkehr. Spielen wir doch Verkehrspolizei."
Diese Idee gefällt auch dem Seppi. Der Michael macht den Verkehrspolizisten, und der Seppi kann so lange mit dem Auto fahren, bis er abgestoppt wird. Dann erfolgt ein Rollentausch, das Spiel geht friedlich weiter.
(Sr. M. Luzilla Klein)
(Aus: Rolf Oerter: Entwicklung und Sozialisation, Psychologie für Grundstudium und Sekundarstufe II. Auer Verlag: Donauwörth 1977, S. 34)

(© Voller Ernst/Wolfgang Wiese)

4 Im Anschluss an die Theorie Meads werden in der Erziehungswissenschaft folgende Grundqualifikationen des Rollenhandelns (Krappmann, Habermas, Mollenhauer, Brumlik) genannt:
- Ambiguitätstoleranz,
- Fähigkeit zur Metakommunikation,
- kontrollierte Selbstdarstellung (reflektiertes Rollenhandeln),
- flexible Über-Ich-Formation (kein repressives und kein konformes Rollenhandeln).

Erläutern Sie diese Grundqualifikationen.

5 Untersuchen Sie im Hinblick auf erzieherisches Handeln, inwiefern die folgenden Momente aus der Theorie Meads den Einzelnen in seiner Entwicklung fördern:
- Bedeutung des Anregungsgehalts der Umwelt, nicht nur der unmittelbaren erzieherischen Handlung
- altersgemäßes (besser entwicklungsadäquates) Lehren und Lernen
- anschauliches Lernen, insbesondere während der Stufe der konkreten Operationen
- konkrete Erfahrung und verbales Lernen
- Prinzip der Passung
- individuelle Unterschiede der Entwicklung (individualisierter Unterricht)
- soziale Erfahrung, Prinzip der Interaktion (Entdeckung der kognitiven Seite, nicht ausschließlich emotionale Seite)
- Überwindung egozentrischen Denkens (Perspektivenübernahme)

5.2.3 Heinz Abels bezieht Stellung ...

Der Autor Heinz Abels schließt unmittelbar an seine Darstellung der Theorie Meads seine Beurteilung an. – Was er zum Beitrag Meads zur Soziologie sagt, ist in Bezug auf seine Wirkung auf die Pädagogik übertragbar.

Wenn man den Beitrag Meads zur Soziologie würdigen will, liegt es nahe, ihn mit der anderen großen soziologischen Theorie, dem Strukturfunktionalismus von Talcott Parsons, zu vergleichen. Dafür gibt es zwei Gründe: Zum einen überschneiden sich beide Theorien in zentralen Themen, und zum anderen ist die Theorie von Mead in der Geschichte der Soziologie benutzt worden, um die Theorie von Parsons zu kritisieren. Letzteres ist umso erstaunlicher, als Mead ja zeitlich früher gearbeitet hat. Die Gründe, warum das so ist, hängen auch damit zusammen, dass Mead bis auf wenige Aufsätze zu seinen Lebzeiten nichts veröffentlicht hat. Warum hat seine Theorie eine solche Bedeutung bekommen?
Die Antwort kann man in einen Satz fassen: Mead hat einen prozessualen Ansatz zur Erklärung des Verhältnisses zwischen Individuum und Gesellschaft verfolgt, der die Bedeutung des Individuums als Gestalter seiner Welt herausstellt. Mead hat dies nie als Anspruch vorgetragen, sondern einfach konstatiert. Das tätige Subjekt schafft sich seine Welt in der Kommunikation mit Anderen. Natürlich ist es dabei nicht ganz frei. Die Orientierung am generalisierten Anderen kann man durchaus mit dem Sozialisationsprozess in der Theorie von Parsons gleichsetzen. Ein entscheidender Unterschied liegt aber in der sozialpsychologischen Perspektive auf das widerständige impulsive Ich. Während Parsons eine solche Differenz zwischen Individuum und gesellschaftlichen Erwartungen als Defizit interpretiert, ist es für Mead geradezu Voraussetzung für die Veränderung von Gesellschaft. Ganz nebenbei ist es auch Voraussetzung für Identität. Mead hat dem Individuum in der Soziologie ein Stück Freiheit zurückgegeben und gleichzeitig gezeigt, dass gesellschaftliche Ordnung dadurch nicht nur nicht gefährdet, sondern letztlich sogar gestärkt wird – allerdings als Ordnung im Wandel. Parsons ist der Soziologe einer Ordnung, die gültig ist und der wir uns anpassen müssen. Mead ist der Soziologe einer Ordnung, an deren Entstehung wir ständig beteiligt sind und die wir mitgestalten. Mead hat dem Individuum auch noch mit einer anderen Annahme ein Stück Freiheit zurückgegeben, die auf den ersten Blick genau das Gegenteil zu bedeuten

scheint: mit der These von der Funktion der Rollenübernahme. In der Rollenübernahme setzt sich das Individuum nämlich auch zu sich selbst in Bezug. Indem es sich auf die Perspektive der Anderen einlässt, erhält es Maßstäbe der Beurteilung des eigenen Selbst. In der wechselseitigen Verschränkung der Perspektiven können die Handelnden nicht nur ihr gemeinsames Handeln sicherer machen, sondern sie können auch ihrer eigenen Identität sicherer werden. Bei Parsons steht die Rolle im Zentrum, bei Mead die Identität. Was muss man kritisch gegen Mead einwenden?

(Illustrationen: Ferdinand Lutz, Köln))

Ein wichtiger Einwand ist, dass er seine Analyse der Identitätsbildung nicht in konkreten historischen, ökonomischen und sozialen Verhältnisse verortet. Auch im Hinblick auf eine Theorie der Gesellschaft liege das Defizit in einer fehlenden historischen Perspektive: „Zwar enthüllt Mead vortrefflich in allgemeiner Form die sozialpsychologischen Mechanismen der Interaktion von Persönlichkeit und Gesellschaft, lässt dabei aber den historischen Charakter dieser Beziehungen aus dem Blickfeld." (Kon 1967, S. 70 f.) Schließlich kann man sich fragen, ob die Annahme der Funktion signifikanter Symbole tatsächlich so hoch ist. Immerhin ist die moderne Gesellschaft durch eine Konkurrenz der Sinnwelten, durch diffuse Erwartungen und Pluralität in allen sozialen Mustern gekennzeichnet.
Diese Kritik ist berechtigt, aber Mead hat das alles gar nicht übersehen, sondern seine Fragestellung war ganz anders: Mead wollte unabhängig von Zeit und Raum eine generelle Theorie des Handelns entwerfen. Dabei ist er auf die entscheidende Voraussetzung spezifisch menschlichen Handelns gestoßen: die Fähigkeit des Menschen, sein Handeln zu verzögern, indem er denkt. In heutiger Terminologie würden wir sagen: Der Mensch ist das Wesen, das sich und seine Welt interpretiert, indem es handelt. Von diesem Ansatz nimmt die interpretative Soziologie ihren Ausgang.

(Aus: Heinz Abels: Interaktion, Identität, Präsentation. 3. Auflage. VS Verlag für Sozialwissenschaften: Wiesbaden 2004, S. 17–35)

1 Erarbeiten Sie sich die Theorie von George Herbert Mead, indem Sie eine Mindmap herstellen.

2 Erörtern Sie, ob bzw. inwiefern George Herbert Mead mit seinen Überlegungen entscheidend über den Ansatz von Talcott Parsons hinausgeht.

5.2.4 Symbolischer Interaktionismus im Blick auf Entwicklung und Sozialisation

Der folgende Text charakterisiert den Begriff des „symbolischen Interaktionismus“ als übergeordneten Terminus, mit dem die unterschiedlichen Theorieansätze zusammengefasst werden.

Ausgangspunkt ist die Bestimmung von Interaktion als einer symbolisch vermittelten: Der Annahme liegt zugrunde, dass sowohl die Bedeutungen, die wir unserer dinglichen und sozialen Umwelt zuschreiben, wie das Bild, das wir von uns machen, Produkte von Interaktionen und Interaktionserfahrungen sind. Die Reziprozität des Handelns in einer sozialen Interaktion ist nur unter der Voraussetzung möglich, dass die an der Interaktion beteiligten Individuen (oder Gruppen) ein kulturell überliefertes System gemeinsamer Symbole haben. Denn erst ein solches System gestattet die Verständigung über individuelle wie gemeinsame Bedürfnisse und Erwartungen. Das wichtigste Symbolsystem ist die Sprache. Nach G. H. Mead ist der Mensch das einzige Wesen, das „Geist“ („mind“) und eine „Identität“ („self“) ausbilden kann. Die Existenz von Geist, Identität und Moral als gesellschaftliche Phänomene ist eben nur möglich durch Sprache als System signifikanter Symbole. Individuum und Gesellschaft beeinflussen sich gegenseitig: Der Prozess der Sozialisation, „in dem aus dem unbewusst kommunizierenden biologischen Individuum das mit Geist und Identität versehene bewusst kommunizierend gesellschaftliche Individuum wird“, kann mit dem Mechanismus der Rollenübernahme („role-taking“) erklärt werden. Rollenübernahme ist die Voraussetzung intelligenten Verhaltens, denn durch die symbolische Interaktion ist ein Austausch von Gesten da, die im Gegenüber identische Bedeutung hervorruft; somit ist dem Menschen Antizipation des Antwortverhaltens und Hineinnahme der Reaktionen des anderen in sein eigenes Rollenverhalten möglich.

Von der Sprachfähigkeit hängt also bei Mead auch die Handlungsfähigkeit des Menschen ab. Damit ist die Fähigkeit gemeint, in anderen die gleiche Bedeutung durch Symbole hervorzurufen und deren Verhalten antizipierend in sein eigenes Verhalten hineinnehmen zu können. Als soziales Produkt entsteht das self (= Ich-Identität) in Interaktionsprozessen, bei denen man sich das Bild, das man vor den anderen abgibt, und die Reaktionen der anderen auf sich selbst vor Augen hält. Die verschiedenen Phasen, die das Kind braucht, um das self entwickelt zu haben, sieht Mead als:

- „play“, in dem Kind z. B. die Mutter-Kind-Beziehung imitiert,
- „game“, in dem auch die Handlungen anderer an diesem Spiel teilnehmender Personen antizipiert werden, z. B. Vater, Geschwister (Rolle des „signifikanten Anderen“),
- Übernahme der Rolle des „generalisierten Anderen“ (Ausdruck für die abstrakte Gemeinschaft aller Handelnden); jetzt lernt das Kind die Rollen und Einstellungen, die „man“ (in einer gesellschaftlichen Gruppe) hat, vorwegzunehmen und in seine Handlungsweisen aufzunehmen.

Das self besteht aus zwei Komponenten, dem „me“ und dem „I“. Die an anderen orientierte Auffassung, die man durch Rollenübernahme gewinnt, ist das „me“, also die mehr kontrollierende und voraussagbare Seite des self, – das „I“ ist die nicht voraussagbare, kreative Seite des self. Ergebnis der Dialektik zwischen „me“ und „I“ ist menschliches Verhalten („role-making“ und „role-taking“). Neben „self“ ist der Begriff „mind“ bei den Interaktionisten wesentlich; „mind“ entsteht durch sprachlich fundierte Rollenübernahme in Interaktionsprozessen und kann – als Grundlage für die Bildung des self – als „Bewusstsein“, „Geist“ verstanden werden. Zusammenfassend lässt sich sagen, dass das Ziel des Sozialisationsprozesses nach diesem Ansatz die Entwicklung und Behauptung des self (= Ich-Identität) ist (Mead selbst benutzt diese Begriffe nicht als Versatzstücke einer zusammenhängenden Theorie, dies erst später). Gesellschaft wird als doppelgründige Wirklichkeit gesehen, sie ist einmal durch Rollen, Sprache, andere Symbolsysteme objektive Gegebenheit und andererseits subjektive Wirklichkeit, da sie von jedem in Besitz genommen werden muss, und zwar durch die Internalisierung der Rollen (= Sozialisation). Kritisiert wurde am symbolischen Interaktionismus, dass ein adäquater Gesellschaftsbegriff fehle, d. h., Herrschafts- und Machtaspekte blieben unberücksichtigt, gesellschaftliche Konflikte würden nicht erwähnt. Ebenso bleiben Meads Hauptbegriffe unscharf; seine Voraussetzungen zur Rollenübernahme und zur Interaktion sind letztlich ontologisch fixiert und nicht aus anthropologischen Annahmen abgeleitet.

(Aus: Ernst M. Wallner, Margret Funke-Schmitt-Rink [Hrsg.]: Soziologie der Erziehung. Quelle & Meyer: Heidelberg 1979, S. 66 ff. – ohne Anmerkungen)

Schule in Äthiopien (2007)
(Foto: Mauritius Images/Alamy)

Themen, Texte und Strukturen – Inhalte erarbeiten und erörtern

A

6. „Identität" – Zu einem pädagogisch relevanten Begriff

6.1 „Wer bin ich – und wenn ja wie viele?" – „Identität" unter quantitativer Perspektive

Viele Hirnforscher neigen [...] der Ansicht zu, dass es nicht ein Ich gibt, sondern viele verschiedene Ich-Zustände: mein *Körper-Ich* sorgt dafür, dass ich weiß, dass der Körper, mit dem ich lebe, tatsächlich mein eigener Körper ist; mein *Verortungs-Ich* sagt mir, wo ich gerade bin; mein *perspektivisches Ich* vermittelt mir, dass ich der Mittelpunkt der von mir erfahrenen Welt bin; mein *Ich als Erlebnissubjekt* sagt mir, dass meine Sinneseindrücke und Gefühle tatsächlich meine eigenen sind und nicht etwa die von anderen; mein *Autorschafts- und Kontroll-Ich* macht mir klar, dass ich derjenige bin, der meine Gedanken und meine Handlungen zu verantworten hat, mein *autobiografisches Ich* sorgt dafür, dass ich nicht aus meinem eigenen Film falle, dass ich mich durchgängig als ein und derselbe erlebe; mein *selbstreflexives Ich* ermöglicht mir, über mich selbst nachzudenken und das psychologische Spiel von „I" und „Me" zu spielen; das *moralische Ich* schließlich bildet so etwas wie mein Gewissen, das mir sagt, was gut und was schlecht ist. [...]

Man kann also, wenn man so will, sagen, dass es mehrere Ichs gibt. Aber auch das ist natürlich nur ein Schema. Denn zu wissen, wie einzelne Zutaten schmecken, sagt eben noch nichts über das ganze Menü. Denn so säuberlich diese Ich-Zustände hier geschieden werden, so zusammengekocht sind sie in der Realität unseres Gehirns. Mal drängt sich der Geschmack des einen auf und mal der des anderen. Nahezu ununterscheidbar in unserem Alltagsbewusstsein spielen sie alle zusammen. Manches liegt nur manchmal auf der Zunge, anderes ist immerzu allgegenwärtig. Und auch die Herkunft der Zutaten scheint eine ganz unterschiedliche zu sein. Einiges ist nur gefühlt, anderes ist auf gewisse Weise gewusst. Für mein perspektivisches Ich kann ich wenig, es ist jedem normalen Menschen vorgegeben, ebenso das Körper-Ich. Aber mein autobiografisches Ich ist ohne Zweifel etwas, das ich mir selbst schaffe, und zwar dadurch, dass ich rede. Ich erzähle von mir und erzähle dadurch mir selbst und anderen mein Ich und bilde es gleichzeitig dadurch aus. Das Gleiche gilt auch für mein selbstreflexives Ich und vielleicht auch für mein moralisches Ich (falls es dies wirklich geben sollte ...).

Die verschiedenen Ich-Zustände der Hirnforschung sind sinnvolle Einteilungen, aber man darf sich nicht täuschen: Sie sind gleichwohl Konstruktionen, die sich nicht immer mit holzhackerischer Sicherheit aufspalten lassen. Keinesfalls beweisen sie, dass aus alledem nicht eine Gesamtbefindlichkeit entsteht, die man, wie manche Hirnforscher, einen „Strom der Ich-Empfindung" nennen kann – aber warum nicht mit ebenso gutem Gewissen auch schlicht und einfach „Ich"?

Zu den etwas seltsamen Vorgängen in der Hirnforschung gehört, dass manche Neurowissenschaftler zwar das Ich bestreiten, aber gleichzeitig untersuchen, wie es entsteht. Nicht selten ist das Ich der Lieblingsfeind im Labor, den man allerdings erstmal voraussetzen muss, um ihn bekämpfen zu können. So etwa können Hirnforscher genaue Angaben darüber machen, wie sich eine Persönlichkeit – mithin also das Ich – ausbildet. Schon im frühen Embryonalstadium entsteht das limbische System. Nach der Geburt tritt das Gehirn mit der Außenwelt in Kontakt und wird noch einmal völlig revolutioniert. Die Gehirnstrukturen passen sich an, sie verringern die Zahl der Nervenzellen und ummanteln dabei gleichzeitig die Leiterbahnen. Im Alter von 18 bis 24 Monaten bildet sich das „Ich-Gefühl" aus. Es ist die Zeit, in der Kleinkinder sich das erste Mal auf Fotos erkennen können. Und noch später entsteht die gesellschaftlich-juristische „Person": das Ich als mehr oder weniger verantwortlich handelndes Mitglied der Gesellschaft. Manche dieser Fähigkeiten und Eigenschaften entwickeln sich im Gehirn erst während und nach der Pubertät. Alle diese Beschreibungen erklären die Entwicklung der Persönlichkeit und sind damit zugleich untrennbar verbunden mit dem Ich-Gefühl. Denn Personen sagen zu sich selbst „Ich". Etwa die Hälfte dieser Persönlichkeitsentwicklung, so wird mehrheitlich angenommen, hängt sehr eng mit angeborenen Fähigkeiten zusammen. Etwa 30–40 Prozent ist abhängig von Prägungen und Erlebnissen im Alter zwischen 0 und 5 Jahren. Und nur 20–30 Prozent werden offensichtlich maßgeblich durch spätere Einflüsse im Elternhaus, in der Schule usw. beeinflusst.

(Aus: Richard David Precht: Wer bin ich – und wenn ja wie viele? Eine philosophische Reise. Wilhelm Goldmann Verlag: München 2007, S. 69–71)

1 Skizzieren Sie die angesprochene Problemstellung.
2 Analysieren Sie den Textauszug unter der Fragestellung, wie die Theorie von George Herbert Mead integriert wurde.
3 Nehmen Sie unter Berücksichtigung pädagogischer Gesichtspunkte Stellung zu den Ausführungen des Autors.
4 Untersuchen Sie anhand des folgenden Textauszuges, wie quantitative Gesichtspunkte durch qualitative ergänzt werden.

Katharina Fritsch: Tischgesellschaft (1988). Polyester, Holz, Baumwolle, 14 × 16 × 1,75 m
(Foto: Museum für Moderne Kunst, Frankfurt am Main – Axel Schneider/© VG Bild-Kunst, Bonn 2014)

6.2 Was bedeutet Identität nach Lothar Krappmann? – „Identität" unter qualitativer Perspektive

„Identität ist die Leistung, die das Individuum als Bedingung der Möglichkeit seiner Beteiligung an Kommunikations- und Interaktionsprozessen zu erbringen hat." (S. 207)

Für Lothar Krappmann ist Identität keine feststehende, vererbbare oder von Geburt an vorhandene Eigenschaft des Menschen, sondern etwas dynamisches, veränderbares, das sich mit jedem Kommunikations- und Interaktionsprozess neu definiert. Zur Begründung seiner Theorie geht er von seiner Beobachtung aus, dass jeder Mensch sich in unterschiedlichen Kommunikationsprozessen je nach Interaktionspartnern unterschiedlich verhält. [...]

Ein Bankangestellter, der in seiner Freizeit Motorrad fährt, trifft auf einem Stadtfest gleichzeitig seinen Vorgesetzten und seinen Kumpel aus der Rocker-Szene. In der nun folgenden Interaktion haben beide Gespächspartner unterschiedliche, zum Teil sogar gegensätzliche Erwartungen an das Verhalten des Bankangestellten. Gelingt es dem Bankangestellten nicht, sich auch in dieser Situation als „identisches Individuum" zu behaupten – sei es, weil ungünstige Sozialisationsbedingungen ihm nicht die Fähigkeit vermittelt haben, Identität auch bei diskrepanten Erwartungen zu wahren – kann dies z. B. einen Abbruch der Interaktion zur Folge haben.

Das Streben nach Identität ist für das Individuum demzufolge nicht als eine Art „anthropologischer Naturkonstante" zu verstehen, sondern als unerlässlich für die erfolgreiche Partizipation des Individuums in Kommunikations- und Interaktionsprozessen.

Identität zu gewinnen und zu präsentieren, beschreibt Krappmann als einen „in jeder Situation angesichts neuer Erwartungen und im Hinblick auf die jeweils unterschiedliche Identität von Handlungs- und Gesprächspartnern zu leistenden kreativen Akt. (S. 11)" Dieser „kreative Akt" schafft etwas noch nicht Dagewesenes, nämlich die Aufarbeitung der Lebensgeschichte des Individuums für die aktuelle Situation.

Durch den Rückgriff auf frühere Interaktionserfahrungen und andere Anforderungen, die mit in die Formulierung seiner Position einfließen, schafft es das Individuum, sich dieser Situation gegenüber in Distanz zu setzen. Dies hilft ihm, da seine Position Bestandteil der Situation ist und wiederum von den anderen Gesprächspartnern berücksichtigt werden muss, bei dem Versuch, eine Interpretation der Situation durchzusetzen, die seinen Handlungsmöglichkeiten und Absichten weitgehend entspricht.

Krappmann greift für seine Erläuterung des Identitätsbegriffs auf den soziologischen Interaktionismus zurück, der sich auf die sozialen Beziehungen des Individuums in einer symbolischen Umwelt konzentriert und von der Analyse von Alltagserfahrungen ausgeht, die jedermann zugänglich sind. Der Interaktionismus ist der Auffassung, dass das Individuum auf soziale Beziehungen zu anderen angewiesen ist, „weil es nur in diesen Beziehungen ein ‚Selbst' aufbauen beziehungsweise Identität gewinnen kann (S. 20)". Aus dem Interaktionismus entstammt auch die Idee, dass das soziale Geschehen ein offener, dynamischer Prozess sei. Jedes Individuum muss demzufolge sich ständig bemühen, seine Beteiligung an Interaktionen und damit auch seine Identität neu zu stabilisieren. (S. 21) Das Individuum besitzt Identität immer nur in bestimmten Situationen und unter anderen, die sie anerkennen. (S. 35)

Krappmann vertritt die Auffassung, dass die hier beschriebene Vorstellung von balancierender Identität jedoch nicht unter harmonischen gesellschaftlichen Verhältnissen möglich ist. Sondern die Struktur der Interaktionsprozesse verlangt gerade, widersprüchliche Erwartungen, unzureichende Bedürfnisbefriedigung und unzulängliche Versuche der Übersetzung subjektiver Interpretationen und Intentionen auszuhalten und nicht zu verdrängen. Die sei erforderlich, weil nur auf diese Weise ein Handlungsspielraum geschaffen werden könne. Laut Krappmann führt der strukturelle Zwang,

Diskrepanzen zu überbrücken, zugleich zur Kritik unzufriedenstellender Verhältnisse. (S. 30)

(Aus: Britta Daniel: Was bedeutet Identität nach Lothar Krappmann? – Klärung des Identitätsbegriffs auf der Grundlage seines Buches „Soziologische Dimensionen der Identität". Grin Verlag: München, Ravensburg, S. 5–7; Dokument Nr. V31852, über: http://www.grin.com/ – [14. 01. 2008])

1 Erläutern Sie die qualitative Leistung des Individuums im Rahmen von Interaktionen.
2 Untersuchen Sie den Identitätsbegriff Krappmanns unter der Fragestellung, ob bzw. wie dieser mit dem Erziehungsziel „Mündigkeit" korrespondiert. Berücksichtigen Sie dazu folgenden Lexikoneintrag zum Stichwort „Mündigkeit":

Mündigkeit: gesellschaftlicher Sachverhalt und moralisch-politische Idee; Emanzipation; ursprünglich die Entlassung aus der väterlichen Gewalt. Mündigkeit meint faktisch die Volljährigkeit des Individuums als Rechtsmündigkeit bzw. Strafmündigkeit (mit 18 Jahren) sowie als politische Mündigkeit: Zuerkennung des aktiven Wahlrechts (unterschiedliche Regelungen). Als Idee meint Mündigkeit die moralisch-politische Autonomie des Individuums. Als solche wird sie in Pädagogik und Erziehungswissenschaft pragmatisch beansprucht und als Ziel von Erziehung normativ gesetzt. Mündigkeit als Erziehungsziel wird mit Selbstständigkeit im Denken, Handeln und Urteilen umschrieben. Diese Bestimmung basiert auf der Moralphilosophie des vernunftbestimmten, daher autonomen Willens bei Kant. Sie setzt Moralität dieses Willens voraus.

(Aus: Heinz-Elmar Tenorth, Rudolf Tippelt: Beltz Lexikon Pädagogik. Beltz Verlag: Weinheim und Basel 2007, S. 517)

3 Entwerfen Sie pädagogische Perspektiven, die sich aus Krappmanns Vorstellung von Identitätsbildung durch die Förderung von „Rollendistanz", „Ambiguitätstoleranz", „Identitätsdarstellung", „Empathie" bzw. „Role-taking" ziehen lassen.
4 Erörtern Sie aus pädagogischer Perspektive anhand des folgenden biografischen Textes von Friedrich Paulsen (1846–1908), dem einstigen nordfriesischen Bauernkind und späteren Philosophieprofessor, wie eine Entwicklung zur Mündigkeit aussehen kann und wie Identitätsbildung erfolgen kann. Beziehen Sie sich auch auf die Überlegungen von Tenorth und Tippelt sowie von Krappmann.

Eines Tages, es wird in meinem 14. Lebensjahr gewesen sein, dass mir, als ich mit den Eltern beim Abendtee saß, wieder Vorhaltungen in jenem Sinne: ich werde nie ein tüchtiger Bauer werden, gemacht wurden. Mit unvermuteter, aber nicht unüberlegter Antwort sagte ich rasch dazwischen: Ich will auch gar nicht Bauer werden. Nun, was willst du denn werden? fragte die Mutter. Ich will studieren.
Damit war denn auf lange Zeit das Thema für unsere Gespräche gegeben. Im ersten Erstaunen wurde meine Äußerung wohl kaum ernst genommen. Als ich aber beharrlich darauf zurückkam und mich mehr und mehr mit der der Jugend eigenen Hartnäckigkeit darauf versteifte, stieß ich auf nicht minder entschiedenen Widerstand. Vor allem war es die Mutter, die, mit rascherer Zunge begabt, alle möglichen Gründe solchem Vorhaben entgegenstellte, sie wusste die Vorzüge des Landlebens sehr lebendig darzustellen; vor allem kam sie immer wieder auf einen Punkt zurück: Der Bauer ist der einzige freie Mann im Lande. Alle andern, vor allem alle Studierten, müssen andern dienen, er besorgt seine eigenen Angelegenheiten, und zwar so, dass ihm niemand dareinredet, wie er es für recht hält, so macht er es, und niemand fragt darnach. Dagegen müssen Beamte, Geistliche, Lehrer immer nach Geboten handeln und sich von andern ihre Leistungen beurteilen und kontrollieren lassen; und

Themen, Texte und Strukturen – Inhalte erarbeiten und erörtern

A

werden sie getadelt, dürfen sie nicht widersprechen.

Ich habe seitdem oft an die Worte meiner guten Mutter denken müssen und hätte es wohl noch öfter getan, wenn ich nicht das Glück gehabt hätte, im akademischen Lehramt meinen Beruf zu finden: In der Tat, wenn ich nicht Professor geworden wäre, wäre es doch am Ende das beste für mich gewesen, Bauer zu werden. Indessen, damals machten diese Erwägungen, deren Bedeutung noch ganz außerhalb meines Gesichtskreises lag: ich hatte überhaupt einstweilen nur das Studium selbst, nicht den Beruf vor Augen, auf mich nicht den geringsten Eindruck. Ich hielt ihnen vor allem eines entgegen: wenn ich nun gezwungen würde, wider meinen Willen Bauer zu werden, was wird die Folge sein? Offenbar die, und ich wusste durch Hinweisungen auf konkrete Fälle die Sache sehr einleuchtend und dringlich zu machen, dass ich einmal als mein eigener Herr mich dem Müßiggang hingebe, mit der langen Pfeife im Mund Zeitungen und Bücher lese und bestenfalls einmal einen Spaziergang über die Felder mache, wie H. oder L. euch dies Ärgernis alle Tage vormachen. Ob sie, so tätige Menschen, wünschen könnten, dass ich einmal ein so unnützes Dasein führe?

Allmählich gewöhnten sich so die Eltern an den Gedanken, und die Frage wurde erwogen: was ich denn studieren wolle? Nur eines nicht, meinte die Mutter: Advokat, das seien die schlechtesten Menschen, die von anderer Leute Unglück lebten. Und als ich mich nun ohne große Schwierigkeit bereit finden ließ, die Theologie zu wählen, da begann die Aussicht, ihren Sohn einmal auf der Kanzel zu sehen, auf das Mutterherz ihren Zauber auszuüben. Auch ihr Gewissen begann sich zu regen: wenn ich nun vielleicht berufen sei, ein auserwähltes Rüstzeug Gottes zu werden, ob es dann nicht Schuldigkeit sei, die eigenen Wünsche zurückzustellen? Sie selbst verdankte Predigern so Großes, ihr ganzes geistiges Leben und ihr Seelenheil, dass es für ihre Anschauung einen größeren und wichtigeren, freilich auch schwereren Beruf auf Erden nicht gab als den des „Priesters", wie die friesische Sprache ihn heut noch nennt.

War so die Mutter für eine freundlichere Betrachtung meiner Neigung gewonnen, so hatte auch der Vater, der von vornherein zurückhaltender gewesen war, vor dem geistlichen Amt und vor geistiger Arbeit überhaupt so viel angeborene und erworbene Hochachtung, dass er einem entschiedenen Willen, wie er ihn vor sich sah, ein entschiedenes Nein entgegenzusetzen nicht über sich gewinnen konnte. Zureden vonseiten meines Lehrers Brodersen tat ein Übriges, und so gewann ich im Sommer 1861 eine bedingte Gewährung meines Wunsches: Er wolle mit Pastor Thomsen über mich sprechen, und wenn dieser bereit sei, mit mir einen Versuch zu machen, so wolle er einer Probe, ob ich die nötigen Fähigkeiten zum Studieren habe, nicht länger entgegen sein. Pastor Thomsen, der schon mehrere junge Leute aus dem Ort und der Umgebung für das Gymnasium vorbereitet hatte, ließ sich bereit finden, und so wurde der Beginn des Unterrichts auf den Anfang des Herbstes verabredet.

Wie groß das Opfer war, das meine Eltern mir brachten, habe ich damals nicht empfunden. Ich war voll Freude und Dank und dachte an mich und die nunmehr erlangte Freiheit, meiner Neigung zu den Büchern zu folgen; an die Eltern, und was für sie dieser Schritt bedeutete, dachte ich überhaupt kaum. Es war die naive Selbstsucht der Jugend; geschieht ihr der Wille, so ist alles in Ordnung. Dass für die Eltern die Einwilligung zum Studium den Verzicht auf lange gehegte Hoffnungen, die Übernahme langer und schwerer Sorgen, Sorgen um das innere und äußere Gedeihen des einzigen Sohnes, sie haben über zehn lange Jahre gedauert, endlich die Aussicht auf ein einsames Alter bedeute, das alles sind mir damals, wenn nicht ganz fremde, so doch unwirksame Vorstellungen geblieben. Jugend kennt kein Mitleid. Dass dem alternden Vater, er war 56 Jahre alt, wenn er mit seinem langsam festen Schritt über die Felder oder hinter dem Pflug herging, nun nicht mehr die Hoffnung zur Seite schritt, dass nach ihm sein Sohn die Früchte des Nachdenkens und Schweißes, die er an die Verbesserung des Bodens setzte, ernten werde: Mir ist der Gedanke wohl kaum einmal gekommen. Und er sprach ihn sicherlich gegen niemand aus, am wenigsten gegen mich; er war nicht ein Mann vieler Worte, vor allem nicht vergeblicher Worte: Hab ich meine Zustimmung gegeben, so sind die Folgen zu tragen; und leeres Klagen erleichtert die Sache nicht. Arbeiten, einfach weil es die Sache fordert, ohne viel Gedanken über den letzten Zweck der Arbeit, das war seine Art, – er ist ihr bis in sein Alter treu geblieben und glücklich dabei gewesen. Ich weiß nicht, ob nicht, was ihn die Natur lehrte, auch der Weisheit letzter Schluss ist. Goethe scheint der Ansicht zu sein: „Die Forderung des Tages erfüllen", das war auch ihm die Antwort auf die Frage nach der Bestimmung des Menschen [...]. Der Gedanke an das Elternhaus, durch häufige Rückkehr dahin immer frisch erhalten, hat nie aufgehört, mir als Mahner gegenwärtig zu sein; er hat den größten Anteil daran gehabt, dass ich mich endlich auf dem rechten Weg zurückgefunden habe.

(Aus: Friedrich Paulsen: Aus meinem Leben. Eugen Diederichs Verlag: Jena 1910, S. 101–113; aus: http://www.zeno.org/Geschichte/M/Paulsen,+Friedrich/Aus+meinem+Leben/Der+Beginn+meiner+Studien [23. 08. 2009] Lizenz: Gemeinfrei)

(Foto: Georg Bubolz, Erkelenz)

6.3 Identität und Bildung – pädagogische Aufgaben im Erwachsenenalter

6.3.1 Hinführung: Direkter Draht zu Domain – 0800 220 5050

Der Radiomoderator Jürgen Domian erlernte das journalistische Handwerk beim Westdeutschen Rundfunk (WDR) und beim Deutschlandfunk. Es begann damit, dass er Talkshows in Kölner Cafés ausrichtete, für die er viele Prominente als Gäste gewinnen konnte. Von 1993 an moderierte er die beliebte Talksendung Heiße Nummer, die jeden Freitag im Jugendprogramm des damaligen Hörfunksenders WDR 1 lief. In den folgenden Telefon-Talkshows hat er mit tausenden Interviewpartnern gesprochen, die ihm oft höchst Persönliches anvertrauten, das einen Blick in ihr Inneres eröffnete und etwas von ihrer „Identität" preisgab. Die Sendezeiten sind eher ungewöhnlich. Sie laufen dienstags bis samstags von 1.00 Uhr bis 2.00 Uhr am frühen Morgen.

(Foto: picture alliance/dpa-Fotoreport)

Es ist schon dunkel, als Jürgen Domian, […] die Kölner Mensa betritt. In der Cafeteria wird das Abendessen ausgegeben. Domian ist gerade erst aufgestanden. Seit […] Jahren ist er der Late-Night-Kummerkasten im WDR. Er nimmt nur ein belegtes Brötchen und stellt sich in die Warteschlange. […]

Zeit Campus: Kommen Sie aus einer religiösen Familie?
Domian: Nicht aus einer streng religiösen. Trotzdem wurde ich als Jugendlicher ein fanatischer Christ. Ich war getrieben von existenziellen Fragen. Und von der Angst vor dem Tod. Die Vorstellung, irgendwann nicht mehr zu

sein, war für mich unerträglich. Ich habe darüber in meinem Buch Interview mit dem Tod geschrieben. Ich ging so oft wie möglich in den Gottesdienst und verteilte missionarische Flugblätter. Kurz vor dem Studium aber las ich dann Feuerbach und Nietzsche. Diese beiden Denker haben meinen ganzen Glauben zum Einsturz gebracht. Ich empfand das damals als Katastrophe. Vielleicht war die Bulimie so eine Art Flucht.

Zeit Campus: Wie sind Sie damit umgegangen?

Domian: Es dauerte etwa drei Jahre. Irgendwann wurde mir klar: Entweder du greifst jetzt radikal durch oder du stirbst.

Zeit Campus: Haben Sie sich Hilfe geholt?

Domian: Ich war nur ein Mal in einer Selbsthilfegruppe. Das war nicht mein Ding. Ich habe es schließlich allein geschafft, aus der Krankheit herauszukommen, ohne Arzt, ohne Therapeut. Nur mit Disziplin und mit selbst auferlegten Regeln. […]

Zeit Campus: Haben Sie in der Philosophie Antworten auf Ihre existenziellen Fragen gefunden?

Domian: Ich hatte natürlich die Hoffnung. Aber die Fragen nach dem Lebenssinn und dem Sinn des Todes konnte mir kein Philosoph schlüssig beantworten. Ich bin gegen Betonwände gelaufen. Überhaupt bin ich zu idealistisch an das Studium herangegangen. Zwar konnte ich von Literatur nicht genug bekommen, aber ich bin einfach kein Theoretiker.

Zeit Campus: Warum haben Sie nicht hingeschmissen?

Domian: Ich habe mich nicht getraut. Was hätte ich sonst machen sollen? Ich hatte keinen Plan B.

Zeit Campus: Bereuen Sie es, studiert zu haben?

Domian: Auf keinen Fall. Es war eine prägende, wenn auch dunkle Phase in meinem Leben. Ich habe das Studium durchgezogen. Ein Zufall hat mich dann gerettet: Ich suchte einen Studentenjob und landete als Kabelträger beim WDR. Bei allen großen Fernsehproduktionen war ich dabei. Das fand ich sensationell! Über eine Hospitanz bin ich dann zum Radio gekommen. Das war der Einstieg, später wurde ich dort Redakteur. […]

Zeit Campus: Sie sind ein Einzelgänger, aber Sie führen fast jede Nacht intime Gespräche mit Anrufern. Wie passt das zusammen?

Domian: Das ist ein Widerspruch. Aber das eine ist eben privat, das andere ist mein Job. Meine Sendung mache ich mit großer Begeisterung. Ich mag die Diskussionen. […]
Wir reden auch über mein Lebensthema, den Tod, über Trauer und über schwere Schicksalsschläge. Und wir haben dabei sogar höhere Quoten als bei Sexthemen. Die Sendung ist natürlich ein Unterhaltungsformat, und sie lebt auch vom Voyeurismus. Aber genauso ist sie der mediale Versuch, Menschen zu helfen. Ich weiß sehr zu schätzen, dass der WDR und meine Intendantin Monika Piel das auch so sehen und deshalb das Format ermöglichen und hinter mir stehen.

Zeit Campus: Sie sind kein Psychologe.

Domian: Und ich habe auch bewusst keine psychologischen Fortbildungen gemacht.

Zeit Campus: Aber die könnten Sie doch gebrauchen.

Domian: Nein, ich würde sonst anders an die Gespräche herangehen. Vorbild für unser Konzept ist das amerikanische Talkradio. Ich spreche mit den Leuten quasi als Privatperson, nicht als Experte oder Therapeut.

Zeit Campus: Fühlen Sie sich als Laie mit manchen Anrufen nicht überfordert?

Domian: Für solche Fälle arbeitet bei uns im Hintergrund der Sendung ein Team aus Psychologen mit. Sie betreuen die Anrufer weiter, die professionelle Hilfe benötigen.

Zeit Campus: Hätten Sie sich als Student während Ihrer Krise vorstellen können, bei einer Sendung wie „Domian“ anzurufen?

Domian: Vielleicht. Allerdings wäre eine solche Sendung in der deutschen Medienlandschaft undenkbar gewesen. In jedem Fall sind die persönlichen Krisen, die ich erlebt habe, gut für meine Arbeit. So kann ich mich besser in die Menschen hineinfühlen.

Zeit Campus: Bei Ihnen rufen auch Täter an.

Domian: Ja, prinzipiell finde ich, dass man mit jedem Menschen sprechen sollte. Egal, was er getan hat. Zeigt er Reue und hat seine Strafe abgesessen, sollte er auch eine neue Chance bekommen. Schwierig ist es allerdings immer dann, wenn ein Anrufer uneinsichtig ist.

Zeit Campus: Wenn Sie das Verhalten eines Anrufers verwerflich finden, werden Sie auch laut.

Domian: Das kommt vor. Ein Mauerschütze hat sich mal in der Sendung beschwert, dass die Exgrenzer heute schlecht angesehen sind. Er hatte zwei Menschen bei dem Versuch erschossen, aus der DDR zu fliehen, und zeigte keine Reue. Den habe ich aus der Leitung geschmissen. Ähnliches passierte neulich bei einem Sexualstraftäter, der gerade aus der Sicherungsverwahrung entlassen worden war und versuchte, seine Tat zu relativieren.

Zeit Campus: Ist es anstrengend, immer als moralische Instanz aufzutreten?

Domian: Das tue ich gar nicht. Ich nehme jeden ernst und sage meine Meinung. Das ist alles. Und manchmal liege ich auch daneben. Ich habe gelernt, dass man jeden Tag darum ringen muss, auf der richtigen Spur zu bleiben. Die Versuchungen sind allzu groß. Ich finde, leben ist ziemlich schwierig. Sich richtig zu verhalten, allen Menschen gegenüber – das ist eine lebenslange Herausforderung.

(Aus: Lisa Srikiow, Jürgen Domian: „Leben ist ziemlich schwierig" – Der Moderator Jürgen Domian hat in Köln studiert. In seiner alten Mensa spricht er über Voyeurismus und seine Bulimie-Erkrankung, in: Zeit-online. 28. Mai 2012; in: http://www.zeit.de/campus/2012/03/mensa-domian/seite-1 – [08. 09. 2013])

1 Beschreiben Sie das Format der Sendung.

2 Erörtern Sie, ob bzw. inwiefern den Anrufenden durch eine Sendung wie die von Domian möglicherweise geholfen werden dürfte, gegebenenfalls sogar ihre „Identität" gestärkt wird.

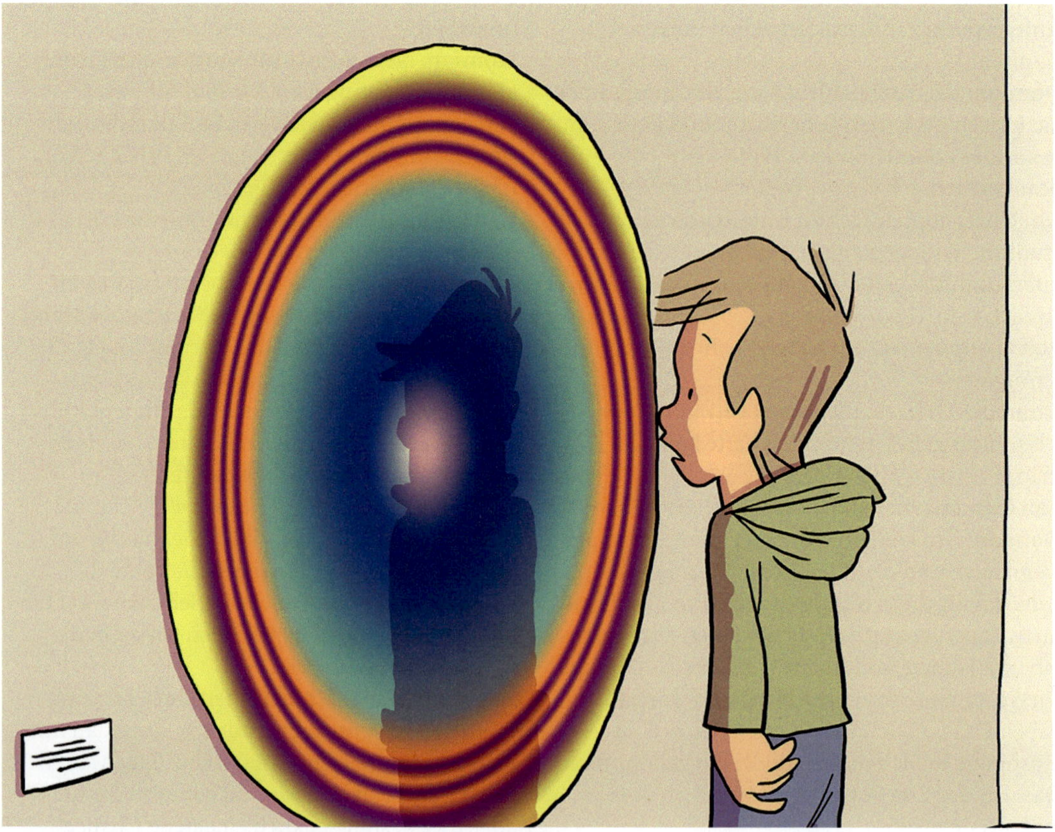

(Illustration: Ferdinand Lutz, Köln)

6.3.2 Identität und Bildung

Thomas Philipp rekurriert im Folgenden u.a. auch auf die Sendung von Domian und stellt sie in den Zusammenhang von „Identität und Bildung".

Ein Blick in die einschlägige Literatur macht eines schnell klar: Es gibt keine, zumindest keine allgemein akzeptierte, Begriffsbestimmung dessen, was gemeinhin als personale Identität bezeichnet wird. Angesichts dieser Sachlage ist es wenig sinnvoll, einzelne Begriffsdefinitionen miteinander zu vergleichen, droht man sich doch so nur in der Gemengelage verschiedener Beobachtungsperspektiven zu verlieren. Einen alternativen Weg bietet Hannah Arendt an, indem sie danach fragt, „was wir eigentlich tun, wenn wir tätig sind" (Arendt, Hannah: Vita activa, 9. Aufl., München 1997, S. 14). Sie richtet also das Interesse vorrangig darauf, herauszufinden, welche Grundtätigkeiten der Mensch imstande ist auszuführen. Und sie kommt bei ihren Überlegungen zu dem Ergebnis, dass es im Prinzip drei Grundtätigkeiten gibt, nämlich: Arbeiten, Herstellen und Handeln. [...]

Mit dem Fokus auf das Tätigsein eines Menschen bekommen Individuen sprichwörtlich ein Gesicht. Denn tätig zu sein heißt in aller Regel, identifizierbar zu sein, werden doch irgendwelche Spuren hinterlassen. Der alte Tisch beispielsweise, den man beim Antiquitätenhändler kauft, ist ein Produkt aus Menschenhand. Ebenso Kunstwerke, sie überdauern oft die Jahrhunderte und zeugen von der Schaffenskraft eines Künstlers. Kurzum: Das, was Menschen herstellen, bleibt durch das Erschaffene selbst in Erinnerung; es ist als „Ding" identifizierbar. Wie aber verhält es sich bei Personen selbst? Was bleibt von einem Subjekt nach dessen Ableben in Erinnerung?

Der Mensch hinterlässt nach seinem Tod nichts von seinem Körper. Personen bleiben demzufolge nur identifizierbar, wenn ihre Geschichte präsent bleibt. [...]

Freilich hat es letztlich nur Sinn, etwas über sich selbst zu erzählen, die eigene Sicht der Dinge kund zu tun, wenn auch andere zuhören. Jemand, der sich irgendwo in eine Höhle zurückzieht, um über sich, das Leben oder die Welt nachzudenken, wird sich kaum jeden Tag seine eigene Geschichte erzählen wollen. Und auch in Veranstaltungen der Erwachsenenbildung würde es schnell zu Protesten kommen, versuchte jemand, sich ständig in den Vordergrund zu drängen, um seine Sichtweisen monologisch abzuspulen. Personale Identität hat also vornehmlich einen dialogischen Charakter. [...]

Taylor nennt als Beispiel familiäre Problemkonstellationen – zu denken ist hier etwa an eine umstrittene Berufswahl oder das „Coming Out" eines Familienmitglieds. (Vgl. Taylor, Charles: Multikulturalismus und die Politik der Anerkennung, Frankfurt/Main 1997, S. 20) Solche Konfliktlagen bleiben allerdings häufig nicht auf das enge familiäre Umfeld beschränkt, auch wenn sie dort ihren Ursprung haben. Im Gegenteil. Oft werden Probleme bewusst nach außen getragen, um sie mit Freunden oder anderen Personen des Vertrauens zu besprechen. Doch manchmal helfen auch solche Beratschlagungen nicht weiter. Der Nachttalk „Domian" im WDR-Programm etwa zeigt dies auf eindrucksvolle Weise. Zuweilen wenden sich völlig verzweifelte Menschen an einen Fremden, den Moderator der Sendung, um in einem Gespräch die eigenen Deutungs- und Handlungsmöglichkeiten zu hinterfragen.

Auch Bildungsveranstaltungen bieten ein Forum der „biographischen Selbstvergewisserung" (Arnold, Rolf/Schüßler, Ingeborg: Deutungslernen in der Weiterbildung – zwischen biographischer Selbstvergewisserung und transformativem Lernen. In: Grundlagen der Weiterbildung, Heft 1, 1996, S. 9–14, hier S. 13) – nicht ausgeschlossen, dass das Thema einer Weiterbildungsveranstaltung nur entfernt oder womöglich gar nichts mit den subjektiven Unsicherheiten einer Person im eigentlichen Sinne zu tun hat.

Die Beispiele machen eines deutlich: Nur in einem dialogischen Miteinander ist es Menschen möglich, „neue Deutungs- und Handlungsmöglichkeiten zu erfahren oder aber sich den [sic] bisherigen Handlungsmuster zu vergewissern.“ (Ebd.) Gadamer hat dies einmal aus der Perspektive der Hermeneutik auf die Formel gebracht: „Sein, das verstanden werden will, ist Sprache.“ Damit ist im Prinzip jedes Gespräch ein Teil der personalen Identität. Für die inhaltliche Kennzeichnung von „personaler Identität“ ist es allerdings sinnvoll, noch einen anderen Aspekt zu betonen, nämlich den der Problemstellung. Was ist damit gemeint?

„Solange sich die subjektive Wirklichkeit des Einzelnen mit der im sozialen Kontext ausgetauschten objektiven Wirklichkeit entsprechen, ist die Sicherheit gegeben, die Welt zu verstehen.“ (Arnold, Rolf/Schüßler, Ingeborg: a. a. O.)

Die Lage ändert sich, wenn Verunsicherungen entstehen, mithin eine Diskrepanz zwischen beiden Wirklichkeitsdeutungen zu Tage tritt. Habermas macht dies an dem Beispiel einer Brückenüberquerung deutlich. Solange eine Person nicht an der Stabilität einer Brücke zweifelt, wird sie ohne Bedenken die Brücke überqueren.(Habermas, Jürgen: Wahrheit und Rechtfertigung. Philosophische Aufsätze. Frankfurt/Main 2004, S. 51 f.) Bestehen hingegen ernsthafte Zweifel an der Tragfähigkeit der Brücke, disponiert der Handelnde um – er wird mit einem Boot den Fluss überqueren, ein andere Brücke benutzen oder sonstige Alternativen realisieren.

Ein Beispiel aus der Erwachsenenbildung: Arbeitnehmer, die vierzig Jahre und älter sind, gelten heute bereits oft als „schwer vermittelbar“. Beschäftigte ab vierzig werden daher besonders aufmerksam die Personalpolitik ihres Betriebes verfolgen. Zeigen doch viele Fälle aus der jüngsten Vergangenheit, dass trotz hoher Gewinne Beschäftigte ohne langes Zögern seitens der Unternehmensleitung entlassen werden. Unsicherheit gehört unter solchen Bedingungen also zur Tagesordnung der Beschäftigten. Was aber tun? Eine Möglichkeit ist zweifelsohne, sich durch Fortbildungen weiter zu qualifizieren, um für den Fall der Entlassung möglichst gute Chancen auf dem Arbeitsmarkt zu haben. Lernen kann also mit anderen Worten persönlichen Unsicherheiten entgegenwirken.

In beiden Beispielen wird eine Person erst durch eine bestimmte Problemlage aktiv. Aber nur im zweiten Fall ist unmittelbar die Identität eines Einzelnen tangiert, denn den Arbeitsplatz zu verlieren, berührt unter den gegenwärtigen Bedingungen unmittelbar die personale Identität, also das Selbst-Verständnis einer Person.

Was folgt aus den beiden Argumentationssträngen? Und welche Konsequenzen ergeben sich aus den Überlegungen für die Erwachsenenpädagogik?

Zum einen ist deutlich geworden, dass selbstreflexive Prozesse nicht monologisch, sondern dialogisch zu betrachten sind. Im Dialog bzw. dialogischen Widerstreit konstituiert sich personale Identität und justiert sich das Selbst.

Hierbei spielen, wie der zweite Argumentationsschritt gezeigt hat, vor allem solche Unsicherheiten eine Rolle, die bis an den Kern des Selbst vordringen. In dem Fall wird ein Prozess in Gang gesetzt, Subjektivität zu hinterfragen; jemand ist dann sozusagen, wie schon eingangs erwähnt, Subjekt und Objekt zugleich. Erwachsenenpädagogische Bildungsangebote bieten dafür eine besonders gute Plattform. Denn gerade die Darlegungen zur globalen Temporalisierung haben gezeigt, dass Menschen schnell Opfer einer Dynamik werden können und den Wandel kaum allein zu bewältigen imstande sind. Der Einzelne ist also mit anderen Worten, wenn er monologisch versucht, sich und seine Lage zu durchleuchten, in Gefahr, sich gewissermaßen in sich selbst zu verlieren. Vor allem aber besteht im Monolog bzw. in der Selbstpsychologisierung das Problem, die politischen und gesellschaftlichen Dimensionen der Verunsicherung aus dem Auge zu verlieren. Man macht sich somit womöglich für Dinge verantwortlich, die gar nicht primär in den Bereich der personalen Identität bzw. individuellen Verantwortung fallen, sondern viel mehr aus Defiziten der kollektiven Selbstverständigung und gesamtgesellschaftlichen Entwicklung herrühren.

Festzuhalten bleibt somit: Angebote der Erwachsenenbildung können Subjekte stützen und notwendige Selbst-Reflexionen befördern. Ferner besteht in dem Lernforum des gemeinsamen Sprechens die Möglichkeit, die gesellschaftlichen Dimensionen ins Visier zu nehmen. Identitätslernen im Rahmen der organisierten Weiterbildung kann so gleichsam eine erweiterte Funktion übernehmen, nämlich strukturell-institutionelle Zusammenhänge herstellen und thematisieren. Deshalb bezeichnet Oskar Negt die Identitätskompetenz auch als eine gesellschaftliche Schlüssel-Qualifikation; er schreibt:
„Der innengeleitete, kritikfähige Mensch bedarf der Reserven, der inneren Lagerhaltung, die ihm situationsunabhängige Selbstdeutungen im gesellschaftlichen Zusammenhang ermöglichen. Bildung ist wesentlich auch Entwicklung von Eigensinn, von Wissens- und Urteilsvorräten, die nicht immer gleich anwendungsfähig sind und aufgebraucht werden. Nur das macht Menschen widerstandsfähig gegen Manipulationen und Verführungen. Gerade uns Deutschen obliegt es, Misstrauen zu entwickeln gegenüber Lern- und Erziehungszielen, die den allseitig verfügbaren Menschen zum Resultat haben, unter welchen Rationalisierungsbedingungen sie auch auftreten mögen." (Negt, Oskar: Lernen in einer Welt gesellschaftlicher Umbrüche. In: Dieckmann, Heinrich/Schachtsiek, Bernd (Hrsg.): Lernkonzepte im Wandel. Die Zukunft der Bildung. Stuttgart 1998, S. 21–44, hier S. 33)
Identitätskompetenz, also die Fähigkeit, sich sprechend und handelnd in die Welt einzuschalten, um etwas aktiv mit zu gestalten, aber auch abzuwehren, ist für die Erwachsenenpädagogik Aufgabe und Ziel zugleich. Sollte dies richtig sein, dann kann der Zusammenhang von Identität und Bildung nicht ad acta gelegt werden, wenngleich die Begriffe, auch dies haben die voranstehenden Ausführungen gezeigt, keineswegs messerscharf definiert werden können, noch lässt sich mit Gewissheit das Verhältnis der beiden Kenngrößen präzise bestimmen. Umgekehrt wird die schlichte Negierung der Verkoppelung von Identität und Bildung der komplexen Lage ebenfalls nicht gerecht, weil insbesondere die Notwendigkeit der reflexiven Selbst-Justierung im Zuge der gesellschaftlichen Beschleunigung die Reziprozität von Identität und Bildung untermauert.
[...]

(Aus: Thomas Philipp, Identität und Bildung – Zur Kompetenzentwicklung von Erwachsenen im Zeichen gesellschaftlicher Umbrüche, In: Deutsches Institut für Erwachsenenbildung http://www.die-bonn.de/doks/philipp0701.pdf; Online veröffentlicht am: 05. 09. 2007; Stand Informationen: Februar 2007; http://www.die-bonn.de/publikationen/online-texte/index.asp – [28. 08. 2013])

1 Skizzieren Sie den Gedankengang des Autors.
2 Erörtern Sie den Zusammenhang von „Identität und Bildung".

6.3.3 Die zentrale These und ihre pädagogisch-anthropologische Fundierung

Thomas Philipp fasst zusammen:

Meine These lautet: Die Ausbildung und Stärkung einer Identitätskompetenz bekommt zukünftig aufgrund der gesellschaftlichen Dynamik immer größeres Gewicht. Die Erwachsenenpädagogik steht daher vor der Herausforderung, das alte Postulat „Die Menschen stärken, die Sachen klären“ (Hentig, Hartmut von: Die Menschen stärken, die Sachen klären. Ein Plädoyer für die Wiederherstellung der Aufklärung. Stuttgart 2003, S. 3) durch neue Lernkonzepte so zu fundieren, dass es Individuen möglich wird, kompetent mit identitären Umbruchsituationen umzugehen. […]
Krappmann beschreibt sie wie folgt: „So, wie in den soziologischen Ansätzen die Identität einer Person nie als abgeschlossen, sogar stets als gefährdet betrachtet wird, weil sie immer noch mit neuen, in sich unstimmigen Erwartungen konfrontiert oder von unbegriffenen Bedürfnissen getrieben werden kann, so geht auch die psychologische Forschung heute von einem dynamischen Selbst-System aus, das sich im Rahmen der in der sozialen Umwelt gemeinsamen Vorstellungen und Orientierungen entwickelt und verändert. Es gibt Lebensabschnitte, in denen Personen ihre Identität weitgehend an Rollen und anderen vorgegebenen Angeboten oder auch an der Aussicht auf diese Rolle festmachen und andere Entwicklungsphasen und soziale Verhältnisse, in denen Personen ihre Identität vor allem in der Art und Weise darstellen, in der sie mit widersprüchlichen und sich nicht deckenden Bedürfnissen umgehen.“ (Krappmann, Lothar: Identität. In: Lenzen, Dieter/Mollenhauer, Klaus (Hrsg.): Enzyklopädie Erziehungswissenschaft, Band 1 [Theorien und Grundbegriffe der Erziehung und Bildung]. Stuttgart – Dresden 1995, S. 434–437, hier S. 434)
Im Kontext der Erwachsenenpädagogik ist besonders die Dynamik des Selbst-Systems von Belang, lässt sich damit doch auch aus der Perspektive der psychologischen Forschung die Notwendigkeit einer fortwährenden Selbst-Justierung ableiten. Krappmann spricht deshalb auch von einer „balancierenden Ich-Identität“ (Krappmann, Lothar: Soziologische Dimensionen der Identität. Strukturelle Bedingungen für die Teilnahme an Interaktionsprozessen, 5. Aufl. Stuttgart 1978, S. 79). Nach diesem ersten Sondieren können nun die Facetten der Dualität von Identität und Bildung bzw. Lernen genauer ausgeleuchtet werden. […]
Wenngleich vieles dafür spricht, den „Prozess der kommunikativen Suche, Erprobung und Reflexion von Deutungsmustern“ (Arnold, Rolf/Schüßler, Ingeborg: a. a. O.) als Erwachsenenpädagoge fördernd zu unterstützen, da allem Anschein nach eine Homogenisierung der Gesellschaft nicht zu erwarten ist, müssen die Verunsicherungen der Menschen angesichts zunehmender Diversität ernst genommen werden. […]
Individuen können sich das Leben nicht so einrichten, dass sie vor Wechselfällen geschützt sind. Freilich, Wandel ist ein Teil des Lebens, auch früher konnten die Menschen nicht damit rechnen, dass sich die Dinge nicht verändern. Dennoch hatten die Wechselverhältnisse nicht so viel Dynamik wie heute – allein schon persönliche und soziale Mobilität lassen heute mehr Freiräume entstehen. Die individuelle Freiheit, entscheiden zu können, hat indes auch zur Konsequenz, die Verantwortung selbst zu tragen. Beck hat in diesem Zusammenhang ganz treffend von „Riskanten Freiheiten“ (Beck, Ulrich/Beck-Gernsheim, Elisabeth (Hrsg.): Riskante Freiheiten. Individualisierung in modernen Gesellschaften. Frankfurt/Main 1994) gesprochen, was eben genau dieses Spannungsverhältnis zwischen der Möglichkeit zur Selbstfindung einerseits und der Notwendigkeit zur Selbstbestimmung andererseits aufzeigt. […]
Identität und Bildung haben immer eine gesellschaftliche und damit auch politische Dimension. In vielen Weiterbildungsprojekten mit Langzeitarbeitslosen wird etwa darauf hingear-

beitet, die Betroffenen wieder fit für den ersten Arbeitsmarkt zu machen. Dagegen ist selbstverständlich nichts einzuwenden. Im Gegenteil: Gerade solche Menschen brauchen Unterstützung, verlieren sie mit der Zeit doch immer mehr Mut und Selbstvertrauen; sie ziehen sich zunehmend zurück und führen nicht selten ein sozial isoliertes Leben. Freilich wird den Menschen auch nur allzu oft suggeriert, dass ein weiteres Bewerbungstraining, eine zusätzliche Schulungsmaßnahme den erhofften Erfolg bringt. Arbeitslosigkeit, genauer: Langzeitarbeitslosigkeit, ist primär ein strukturelles Problem, das mit individuellem Versagen nur bedingt etwas zu tun hat. […]

Am Anfang der Untersuchung wurde das Leben der Menschen als eine tätige Existenz definiert, so dass jeder Mensch Spuren seines Wirkens in der Gesellschaft hinterlässt. Identitätslernen kann deshalb auch bedeuten, die Biographie, also die Summe der Tätigkeiten einer einzelnen Person (auch als Teil einer Gruppe) zum Anlass zu nehmen, sich selbstreflexiv mit der eigenen Situation zu beschäftigen. So wird an Schulen und in anderen Institutionen schon seit längerer Zeit erfolgreich mit Zeitzeugen gearbeitet, die über die Erlebnisse und Wechselfälle ihres eigenen Lebens berichten. Damit wird Geschichte buchstäblich lebendig und erfahrbar. Auch für Erwachsenenpädagogik bieten solche Ansätze eine interessante Perspektive, lassen sich doch so viele Themen behandeln, die eine besonders große Sensibilität erfordern. […]

(Aus: Thomas Philipp, Identität und Bildung – Zur Kompetenzentwicklung von Erwachsenen im Zeichen gesellschaftlicher Umbrüche. In: Deutsches Institut für Erwachsenenbildung http://www.die-bonn.de/doks/philipp0701.pdf; Online veröffentlicht am: 05. 09. 2007 http://www.die-bonn.de/publikationen/online-texte/index.asp – [28. 08. 2013])

1. Stellen Sie im Anschluss an die Ausführungen von Philipp dar, welche Rolle im Rahmen von Identitätsbildung Sprache und ihre Deutung spielen.
2. Erläutern Sie die gesellschaftliche und politische Dimension von Identitätsbildung nach Philipp und beurteilen Sie die Ausführungen zur Thematik „Freiheit" und „Verantwortung". Berücksichtigen Sie den Entwicklungsaspekt, der in der Pädagogik bei dieser Thematik mitzudenken ist.
3. Erörtern Sie, inwiefern die Überlegungen zur Geschichtlichkeit im Rahmen der Thematik „Identität und Bildung" pädagogisch-anthropologisch bedeutsam sind.
4. Erörtern Sie zusammenfassend anthropologische Grundannahmen zur Identität und ihre Auswirkungen auf pädagogisches Denken und Handeln.
5. Beurteilen Sie die These des Autors.

Projektvorschlag
zum Thema „Identität"

Sie können …
- „Simpsons"-Filme analysieren und dabei die Identitätsproblematik bei den Akteuren untersuchen.
- Das Buch von William Irwin, Mark T. Conrad und Aeon J. Skoble „Die Simpsons und die Philosophie" (Tropen Verlag: Berlin 2007) zum Gegenstand eines Symposiums über „Erziehung bei den Simpsons" machen.
- Ein Projekt über Identitätsbildung in den sozialen Netzwerken (Facebook etc.) in Angriff nehmen.
- usw.

Wie wirken sich die Erziehungseinstellungen der Eltern auf die Identitätsentwicklung der Kinder aus?
(Foto: Georg Bubolz, Erkelenz)

6.4 Pädagogische Konsequenzen

Maßgeblich für die Entwicklung der Interaktionstheorie ist der symbolische Interaktionismus G. H. Meads. [...]
Für die Pädagogik ist der Begriff der Interaktion von Interesse, weil er die für die Persönlichkeitsentwicklung bedeutsamen Interaktionen beschreibbar werden lässt:
(1) In der *Sozialisationsforschung* wird unter dem Interaktionstheorem die Mikroebene von Sozialisation in Form der gegenseitig vorgenommenen Definitionsprozesse untersucht. Unter dem normativen Paradigma wird Sozialisation als die Fähigkeit verstanden, sich den in der Interaktionssituation bestehenden sozialstrukturellen Vorgaben (Erwartungen, Normen, Werte) gemäß zu verhalten. Die einflussreichere Entwicklungslinie unter dem interpretativen Paradigma dagegen versteht Sozialisation nicht als Übernahme einer statisch vorgegebenen sozialen Wirklichkeit, sondern als interpretierende Austastung der jeweils bestehenden Auslegungsspielräume in Interaktionssituationen.
(2) *Erzieherische* Interaktion versteht den pädagogischen Bezug als ein gegenseitiges Verhältnis und nicht vornehmlich aus dem zum Edukanden hin bestehenden Autonomiegefälle.
(3) Interaktionsprozesse im *Unterricht* sind Gegenstand der kommunikativen Didaktik.
(4) Auch *Medienrezeption* wird unter dem Prinzip der Wechselseitigkeit verstanden: Durch Mediennutzung finden Sozialisationsprozesse statt und Interaktivität ist eine Qualität der neuen Medien. [...]
Kommunikation beschreibt den Austauschvorgang zwischen den Interaktionspartnern. [...] Die umfassende Bedeutung von Kommunikation kommt im kommunikativen Prinzip zum Ausdruck. Es besagt, dass Kommunikation Gemeinschaft konstituiert. Wie Aristoteles festhält (Praxis), gründet die Selbstfindung und die Entfaltung der menschlichen Person ebenso in kommunikativer Gemeinschaft mit anderen wie die Tradition und die Übermittlung von Wissen, Regeln und Normen als Voraussetzung aller Gemeinschaftsbildung von der Familie bis zum Staat. Daher ist auch jedes Erziehungshandeln ein kommunikatives Handeln, das Verständigung über Sinnorientierungen und Handlungsziele erreichen sowie die kommunikative Kompetenz des Menschen ausprägen will, nämlich seine Fähigkeit, innerhalb einer Sprachgemeinschaft erfolgreich selbst kommunikativ handeln zu können.

(Aus: Manuela Pietraß, Hans Wagner: Interaktion und Kommunikation. In: Heinz-Elmar Tenorth, Rudolf Tippelt [Hrsg.]: Beltz Lexikon Pädagogik. Beltz Verlag: Weinheim und Basel 2007, S. 346 f.)

1 Arbeiten Sie heraus, worin die Autoren den pädagogischen Wert der Theorie George Herbert Meads sehen.
2 Beurteilen Sie die Theorie Meads auf dem Hintergrund des vorliegenden Auszugs aus einem Lexikon unter pädagogischer Perspektive.
3 Erörtern Sie die Bedeutung von Identitätsbildung im Rahmen des symbolischen Interaktionismus.

IV. Pädagogische Theorie- und Praxisbezüge in Kindheit, Jugend und Erwachsenenalter – Auf der Suche nach Identität

(Foto: Georg Bubolz, Erkelenz)

*„Wir könnten Menschen sein,
einst waren wir schon Kinder.“*

Max Frisch

1. Kindheit

1.1 Ein elementarpädagogisches Modell: Montessori-Pädagogik

1.1.1 Hinführung: „Als ich ... zum ersten Mal einen Montessori-Kindergarten besuchte, war ich überwältigt." – Ein Erlebnisbericht

Heidi Maier-Hauser leitete viele Jahre lang einen Montessori-Kindergarten in Zürich.

Als ich vor Jahren zum ersten Mal einen Montessori-Kindergarten besuchte, war ich überwältigt! Ich erinnere mich noch genau an dieses eher düstere, aber geräumige, einstmalige Ladenlokal, in dem sich ungefähr dreißig Jungen und Mädchen aufhielten. An kleinen Tischchen widmeten sie sich vielerlei Tätigkeiten. Zwei Jungen wuschen Kartoffeln, schälten sie und brieten sie dann auf dem Herd. Auf einem Teppich legten vier Kinder große Holzbuchstaben aus und versuchten, daraus Wörter zu bilden. Zwei Mädchen wogen verschiedene Gegenstände und notierten das Ergebnis fein säuberlich auf ein Blatt Papier. Ein Junge und ein Mädchen versuchten, mithilfe eines batteriegespeisten, kleinen Stromkreislaufes herauszufinden, ob ein Radiergummi, ein Lineal, ein Stück Metall den Strom leiten und die winzige Glühbirne zum Leuchten bringen würde. Man sägte, nähte, diskutierte, experimentierte.
Diese frohe Schaffensfreude der Kinder begeisterte mich so sehr, dass ich mich noch am selben Tag entschloss, die Montessori-Methode zu studieren. Nach der Ausbildung in London gründete ich meinen eigenen Montessori-Kindergarten. Ich bin Montessori-Kindergärtnerin mit Leib und Seele!
Fast täglich gehen Besucher/-innen bei uns ein und aus. Meist stehen sie ungläubig vor diesem scheinbaren Wunder, diesen zwanzig Jungen und Mädchen im Alter von zweieinhalb bis acht Jahren, die zufrieden, selbstständig und ausgeglichen spielen und arbeiten. Die Gesichtszüge der Kinder sind offen und heiter, und nur ganz selten kommt es vor, dass sie sich ernsthaft in Streit verwickeln. Sie helfen sich gegenseitig, wo es ihnen sinnvoll erscheint. Es ist ein buntes, frohes, ruhiges Treiben, ein konzentriertes Schaffen. Doch ein Wunder ist es nicht, dass sich die Kinder ihrem Tun mit dieser einzigartigen Freude und Ausdauer hingeben. Es ist ganz einfach die Folge davon, dass man ihnen gewährt, was sie zum Glücklichsein brauchen, nämlich Selbstständigkeit, sinnvolle Beschäftigungsmöglichkeiten, viel Freiheit innerhalb klarer Grenzen, Liebe und Achtung. Auch heute noch bin ich immer wieder tief ergriffen von diesem Klima hingebungsvollen Tuns und sich gegenseitig Gutwollens. [...]

(Aus: Heidi Maier-Hauser: Lieben – ermutigen – loslassen. Erziehen nach Montessori. Beltz Taschenbuch. 7. Auflage, Beltz Verlag: Weinheim und Basel 2000, S. 9–10)

1 Beschreiben Sie, wie Heidi Maier-Hauser ihren ersten Besuch im Montessori-Kindergarten erlebt hat.
2 Erklären Sie, aus welchen Gründen sie vermutlich so positiv reagiert.
3 Vergleichen Sie Ihre Vermutungen mit den folgenden Erläuterungen von Heidi Maier-Hauser.

Kürzlich wurde ich in ein exklusives Lokal zum Essen eingeladen. Und wie immer machte ich mir einen Sport daraus, die Kellner diskret zu beobachten, wie sie mit ihrer anspruchsvollen Aufgabe zurechtkommen. Das interessiert mich ganz speziell, weil Maria Montessori die Haltung geschickter Erzieher/-innen mit der eines guten „Waiters" vergleicht. Ich habe erwähnt, dass ich meine Ausbildung zur Montessori-Kindergärtnerin in London gemacht habe. Lassen Sie mich deshalb diesen Vergleich in der englischen Sprache anstellen, weil er mir so treffend erscheint. „To wait" heißt ja „warten". Ein „Waiter" (Butler, Kellner, Diener) kann warten. Und ein guter „Waiter" zeichnet sich vor allem auch dadurch aus, dass er es versteht, sich diskret im Hintergrund aufzuhalten und erst dann einzuspringen, wenn er wirklich gebraucht wird, um sich dann ebenso unbemerkt wieder zurückzuziehen, ohne dass der Gast sich belästigt zu fühlen braucht. Neben einem vorzüglichen Essen machen geschickte Kellner/-innen weitgehend die Qualität eines Restaurants aus.

Oder haben Sie schon einmal einen Kellner gesehen, der seinem Gast immer wieder das Besteck oder das Glas zurechtrückt oder ihm gar im Teller herumfummelt? Sicher nicht! Aber Hand aufs Herz: Wie oft „fummeln" wir in den Angelegenheiten unserer Kinder herum! Unnötigerweise! Und wie viele Chancen zur Selbstständigkeit verbauen wir ihnen damit! Machen wir es uns zur Regel: Was unser Kind selbst tun kann, sollten wir es tun lassen, denn:

Es gibt eine Hilfe, die keine Hilfe ist!

Wenn man sein Kind zur Selbstständigkeit anleitet, richtet sich seine Seele auf, wird stark und widerstandsfähig. Es wird sich, wenn wir uns konsequent, sicher und klar an die Spielregeln halten, die ich Ihnen in diesem Buch nennen werde, in Richtung des selbstständigen Kindes entwickeln, das wir vorher geschildert haben. Sein Tun wird Sinn bekommen, und es wird zur Eigenständigkeit und zur Eigenverantwortung finden.

Das Kind zur Selbstständigkeit anleiten heißt nicht, es verwahrlosen lassen. Denken wir an den „Waiter". Er sorgt bestens für seinen Gast, doch er drängt sich nicht auf. Er hält die notwendige Distanz und ist ein ausgezeichneter Beobachter. Er wacht darüber, dass es seinem Herrn oder Gast an nichts fehlt. Er springt nur ein, wenn es wirklich erforderlich ist, zieht sich dann aber gleich wieder zurück. Sein Gast soll sich in keiner Weise bedrängt fühlen.

Auf das Kind bezogen heißt das nicht, dass wir es bedienen sollen. Wir dienen lediglich seiner Entwicklung zu einem starken, intelligenten und eigenverantwortlichen Menschen und lassen es an nichts fehlen, das ihm dazu verhelfen könnte. Das ist unsere Haltung des „Waiters". Begleiten wir es mit unserer ganzen Liebe, wachsam, froh und voller Vertrauen. Lassen wir ihm genügend Spielraum, damit seine Seele atmen und sich entfalten kann. Dann kann es sich mit unserer Hilfe, sich selbst zu helfen, zu einem widerstandsfähigen, lebensoffenen und gesunden Menschen entwickeln, nicht fremdbestimmt, sondern eigenverantwortlich.

Unser innigstes Anliegen soll sein, das Kind zu sich selbst zu führen. Dann kommt unerwartet viel Gutes nach, wenn wir einige Regeln kennen und sie in unserem Alltag umsetzen. Was wir brauchen, ist Offenheit für manch Neues, Unbekanntes und die Bereitschaft, einiges am gewohnten Erziehungsstil zu ändern. Auch den Willen zu unserer ganz persönlichen Eigenständigkeit, damit wir die Kraft finden, unserem Kind seine Unabhängigkeit zu gewähren und zu behüten.

(Aus: Heidi Maier-Hauser: Lieben – ermutigen – loslassen. Erziehen nach Montessori. Beltz Taschenbuch. 7. Auflage, Beltz Verlag, Weinheim und Basel 2000, S. 25–27)

1.1.2 Zum entstehungsgeschichtlichen Hintergrund – Maria Montessori

Die folgenden Textauszüge sind einem Materialheft entnommen, in dem vor den praktischen Anregungen zunächst theoretische Grundlagen im Überblick erläutert werden.

„Hilf mir, es allein zu tun!" Mit dieser Bitte wandte sich einst ein Kind an Maria Montessori. Diesen Wunsch hat sie oft als Leitmotiv für ihr gesamtes Erziehungskonzept ausgegeben. Maria Montessori war Ärztin, Naturwissenschaftlerin und Pädagogin. Mehr als fünfzig Jahre beobachtete sie Kinder, interpretierte ihr Verhalten und zog daraus wichtige pädagogische Schlüsse, die heute so aktuell sind wie nie zuvor. Ihre Pädagogik orientiert sich unmittelbar am Kind mit seinen Bedürfnissen nach spontaner Aktivität, Selbstbestimmung und dem Streben nach Unabhängigwerden vom Erwachsenen. Im Wesentlichen waren es drei Einsichten, die sie gewann: Kinder benötigen *entwicklungsgemäße Mittel* zur sinnvollen Beschäftigung, Kinder müssen zur Entfaltung ihrer geistigen Kompetenzen *Sinneserfahrungen* machen und Kinder brauchen *Bewegung*.

Maria Montessori (1870–1952)
(Foto: Rapho/Laif)

„Die neue Erziehung ist eine Revolution ohne Gewalt." Wer war nun diese Frau, die als bekannteste Pädagogin dieses Jahrhunderts gilt und die die Times als „the most interesting woman in Europe" bezeichnete.

Kindheit und Jugend

Maria Montessori wurde 1870 als Kind wohlhabender Eltern in Italien in der Nähe von Ancona geboren. Schon früh zeigte sie außergewöhnliche Begabung für Mathematik und Naturwissenschaften. Von Kramer ist uns überliefert, dass sie das Mathematikbuch sogar mit ins Theater nahm, um während der Vorstellung darin zu lesen. Gegen den Willen des Vaters besuchte sie mit 13 Jahren eine wissenschaftlich-technische Sekundarschule, unserem heutigen naturwissenschaftlichen Gymnasium vergleichbar. Marias Mutter, aufgeschlossen für die Veränderungen ihres Jahrhunderts, unterstützte den für ein Mädchen der damaligen Zeit ungewöhnlichen Weg. Schon früh wurde Maria zu sozialverantwortlichem Handeln erzogen. So soll sie zum Beispiel für arme Familien gestrickt und ein behindertes Mädchen aus der Nachbarschaft regelmäßig auf seinen Spaziergängen begleitet haben. Über die Persönlichkeit des Kindes Maria schreibt Kramer: „Das Mädchen, das durch diese Geschichte hindurchschimmert, ist selbstsicher, willensstark, ein wenig selbstgefällig. Maria hat jenes Pflichtgefühl, das manchmal zur Intoleranz gegenüber anderen führt. Kurzum, sie war die geborene Sozialreformerin und gewiss eine auffallende Einzelgängerin dort und damals."
Gegen Ende der Schulzeit änderte sie ihr ursprüngliches Berufsziel, Ingenieurin zu werden, und strebte ein Medizinstudium an.

Medizinstudium

Eine Frau als Medizinstudentin – das war im Italien dieser Zeit undenkbar. Der Arztberuf galt bislang als allein den Männern vorbehalten. So belegte sie zunächst Mathematik, Physik und Naturwissenschaften, denn der erfolgreiche Abschluss dieser Fächer war Zulassungsvoraussetzung für das eigentliche Medizinstudium. Wie ihr letztlich der Zugang zur medizinischen Fakultät doch noch gelang, ist nicht eindeutig überliefert. Fest steht jedoch, dass Maria Montessori im Herbst 1892 die erste Medizinstudentin Italiens war. Unter erschwerten Bedingungen absolvierte sie ihre Vorlesungen und Pflichtkurse. So galt es zum Beispiels als unschicklich, dass eine weibliche Person in der Anatomie gemeinsam mit ihren männlichen Kollegen arbeitete. Erst abends, wenn das Institut verlassen war, konnte Maria Montessori im Seziersaal beginnen, immer begleitet von einer Anstandsdame. Gegen Bezahlung hatte sie außerdem einen Mann engagiert, der Pfeife rauchen sollte, um den schrecklichen Geruch zu überdecken. Kramer berichtet, dass sie später sogar versuchte, selbst zu rauchen. 1896 beendete Maria Montessori ihr Studium mit überragendem Erfolg und erhielt als erste „dottoressa" Italiens die Doktorwürde in Chirurgie und Medizin.

Erfahrungen als Ärztin

In den nun folgenden Jahren eröffnete sie eine eigene Praxis und arbeitete gleichzeitig als Assistenzärztin in verschiedenen Kliniken Roms. Die Frauenabteilung des psychiatrischen Krankenhauses beherbergte auch die Kinder der Patientinnen, die dort, sich selbst überlassen, ohne jede Anregung lediglich beaufsichtigt wurden. Die Aufseherin gab sich keine Mühe, ihre Abneigung gegen die Kinder zu verbergen, und als die junge Ärztin sie fragte, warum sie die Kinder nicht leiden möge, antwortete die Frau: „Weil sie sich, kaum dass sie aufgegessen haben, auf den Boden stürzen und die Krümel aufklauben.“ Maria Montessori sah sich im Raum um: Er enthielt nicht nur keinerlei Spielzeug, sondern überhaupt keinerlei Gegenstände, nichts, was die Kinder in die Hand nehmen, womit sie sich hätten beschäftigen können. Ob sie vielleicht gar nicht nach Nahrung, sondern nach etwas ganz anderem und Höherem hungerten? Sehr wahrscheinlich konnten die armen Geschöpfe ihre Intelligenz nur auf einem Wege nähren: durch ihre Hände und instinktiv hätten sie diesen Weg auf die einzige ihnen mögliche Weise gesucht […].

Diese erschütternde Begegnung bewegte Maria Montessori tief. Sie gab Anlass für eine intensive Beschäftigung mit den Problemen verwahrloster und geistig zurückgebliebener Kinder und stellte gleichzeitig einen Wendepunkt in ihrem beruflichen Leben dar. Auf der Suche nach Hilfen für diese Kinder befasste sie sich eingehend mit den Arbeiten der französischen Ärzte Itard und Seguin. Beide hatten Methoden und Materialien entwickelt, die die sinnliche Wahrnehmung geistig behinderter Kinder schulen und damit ihren Intellekt aktivieren sollten. Diese Ideen wurden von Maria Montessori aufgegriffen und auf die Erziehung normaler Kinder übertragen. „Es gelang mir, einigen geistig Zurückgebliebenen aus dem Irrenhaus Lesen und korrektes Schreiben in Schönschrift beizubringen. Diese Kindern konnten danach in einer öffentlichen Schule zusammen mit normalen Kindern eine Prüfung ablegen, die sie auch bestanden. […] Während alle die Fortschritte meiner Idioten bewunderten, machte ich mir Gedanken über die Gründe, aus denen glückliche und gesunde Kinder in gewöhnlichen Schulen auf so niedrigem Niveau gehalten werden, dass sie bei Prüfungen der Intelligenz von meinen unglücklichen Schülern eingeholt wurden. Ich war ganz sicher, dass ähnliche Methoden, wie ich sie bei den Schwachsinnigen angewandt hatte, auch normaler Kinder Persönlichkeit entwickeln und auf das Wunderbarste und Überraschendste befreien würde.“

Erfahrungen als Pädagogin

Maria Montessori, die inzwischen ein Institut leitete, das Lehrer für geistig behinderte Kinder ausbildete, begann im Jahre 1902 mit dem Studium der Pädagogik. Nach bestandenem Examen hielt sie selbst Vorlesungen und stellte dabei das von ihr entwickelte Material für die heilpädagogische Betreuung vor. Fünf Jahre später wurde ihr die Einrichtung eines Kindergartens in Rom angetragen. In diesem „casa dei bambini“ bot sich ihr die Möglichkeit, ihr didaktisches Material bei der Erziehung „normaler“ Kinder einzusetzen. Ihre Beobachtungen und Erfahrungen im Kinderhaus bilden die Grundlagen ihres gesamten Erziehungskonzepts, das sie in den folgenden Jahren entwickelte und systematisierte. Mit dem Erscheinen ihres ersten Buches „Il metodo“ (1910) gewann sie schlagartig internationale Anerkennung. Die Montessori-Pädagogik begann ihren Siegeszug rund um die Welt.

Von nun ab widmete sich Maria Montessori ausschließlich der Verbreitung ihrer Methoden und Materialien sowie der Aus- und Fortbildung von Lehrkräften und der Neugründung von Schulen. Die meisten ihrer Vorträge wurden als Mitschriften veröffentlicht und einem breiten Publikum zugänglich gemacht. Es würde den Rahmen dieses Buches sprengen, über alle Stationen ihres weiteren Lebens zu berichten. Hunderte von Schulen entstanden in über 40 Ländern. Maria Montessori blieb Zeit ihres Lebens die zentrale Figur der Montessoribewegung. Für ihr pädagogisches Werk erhielt sie viele Auszeichnungen und Anerkennungen, dreimal wurde sie für den Friedensnobelpreis vorgeschlagen. Sie starb am 6. Mai 1952 in Holland.

(Aus: Christel Fisgus, Gertrud Kraft: „Hilf mir, es selbst zu tun!“ 6. Auflage, Auer Verlag: Donauwörth 1999, S. 8–9)

1 Arbeiten Sie anhand des vorliegenden Textes die biografischen Hintergründe für die Entwicklung der Montessori-Pädagogik heraus.

2 Konkretisieren Sie die angesprochenen pädagogischen Überlegungen.

„Das Kind allein ist der Bildner seiner Persönlichkeit." Das von Maria Montessori erstellte pädagogische Konzept umfasst die gesamte kindliche Entwicklung, angefangen bei der Geburt bis hin zum Eintritt in das Erwachsenenalter. Unser Anliegen soll es sein, die für das Grundschulkind relevanten pädagogischen Prinzipien Montessoris aufzuzeigen. Das Kind ist für Maria Montessori kein passives und rezeptives Wesen, sondern eine Persönlichkeit mit großer Eigenaktivität und Konzentrationsfähigkeit.

Sensible Phasen

Von dem Begründer der Mutationstheorie Hugo de Vries übernahm Maria Montessori den Begriff der *sensiblen Phasen* und übertrug ihn auf den Menschen. Sie bezeichnete damit Entwicklungsabschnitte vorübergehender Dauer zum Erwerb bzw. zur Entwicklung bestimmter Kompetenzen oder Fertigkeiten. Montessori spricht von einem Bauplan der Entwicklung, d. h. die menschliche Entwicklung vollzieht sich gesetzmäßig und regelhaft. Jede Stufe der Entwicklung ist verbunden mit körperlichen und geistigen Merkmalen. Der Bauplan wird bestimmt von Reifegesetzen und von den Gesetzen der sozialen Bedingungen, unter denen das Kind aufwächst.

Montessori unterscheidet drei große Entwicklungsstufen. In den einzelnen Stufen, die ein Kind durchläuft, zeigen sich jeweils bestimmte Lernbereitschaften, die sensiblen Phasen. Sie sind reifungs- und lernabhängig, wobei Montessori den Schwerpunkt auf das Lernen, auf die Erziehung legt: Das Kind von Geburt an in seiner psychischen Entwicklung unterstützen, ihm den Weg zur Unabhängigkeit vom Erwachsenen zu ermöglichen.

Für jede dieser Stufen, von denen keine übersprungen werden kann, benötigt das Kind eine spezifisch vorbereitete Umgebung. Erziehung nach Maria Montessori kann nur gelingen, wenn alle Gesetzmäßigkeiten dieser Entwicklungsstufen beachtet werden. Ein Kind darf weder über- noch unterfordert sein. Nur dann ist es in der Lage, sich einem Lerngegenstand konzentriert zuzuwenden. Montessori nennt diesen Zustand *Polarisation der Aufmerksamkeit.*

Polarisation der Aufmerksamkeit

Dieser Begriff ist als *Montessoriphänomen* in die Geschichte der Pädagogik eingegangen. Gemeint ist damit die totale Konzentration eines Kindes auf einen selbst gewählten Gegenstand, die erst dann nachlässt, wenn die selbst gewählte Aufgabe gelöst ist. Montessori beobachtete diese Konzentration erstmals während ihrer Arbeit im Kinderhaus in Rom: „Ich beobachtete [...] ein etwa dreijähriges Mädchen, das tief versunken war in eine Übung mit den kleinen Holzzylindern, die es aus den Vertiefungen des Holzblocks herausnahm und dann wieder an ihren richtigen Platz brachte. Der Ausdruck des Kindes zeugte von einer so tiefen Aufmerksamkeit, dass es für mich eine Offenbarung war: Bis dahin hatten die Kinder noch nie eine derartige Stetigkeit der Aufmerksamkeit auf einen Gegenstand gezeigt und infolge meiner Überzeugung von der charakteristischen Unstetigkeit der Aufmerksamkeit des kleinen Kindes, das

(Foto: Mauritius Images/Stockbroker RF)

ruhelos von einer Sache zur anderen eilt, frappierte mich dieses Phänomen noch mehr. Ich beobachtete die Kleine mit Spannung, ohne sie zu stören. Ich zählte 44 Wiederholungen und als sie endlich aufhörte, tat sie das ganz unabhängig von den Ablenkungen um sie her, die sie hätten stören können, und blickte glücklich umher, als ob sie von erquickendem Schlaf erwacht wäre.“ Maria Montessori folgerte aus dem Erlebnis, dass diese Konzentration offensichtlich inneren Ursprungs ist und immer dann auftritt, wenn ein Mensch sich aus innerstem Interesse einer Sache hingibt. Die Bedeutung dieses Phänomens wurde auch von anderen Pädagogen erkannt. Pestalozzi sprach von einer „Sternstunde der Pädagogik“. Aus der Neuropsychologie kennen wir den Orientierungs- und Aktivierungsreflex und neuere Forschungen aus Amerika befassen sich mit dem Flow-Phänomen. Maria Montessori schenkte dieser Beobachtung ganz besondere Aufmerksamkeit. Ihr gesamtes Erziehungskonzept ist ausgerichtet auf das Erreichen dieser Konzentration, von der sie sagt: „Das ist offenbar der Schlüssel der ganzen Pädagogik.“ Da die mangelnde Konzentrationsfähigkeit unserer Kinder heute, diese Unfähigkeit zu ausdauernder Tätigkeit, eines der Hauptprobleme beim Lernen darstellt, ist vielleicht gerade durch diesen Schwerpunkt der Montessori-Pädagogik ihre Renaissance zu erklären.

Stufen der Polarisation

Nach Montessori verläuft die Sammlung der Aufmerksamkeit in drei Phasen. In der Stufe der *Vorbereitung* können wir Kinder beobachten, die suchend, noch unentschlossen, vor dem Angebot an Lernmaterialien verweilen, bis sie sich schließlich einer Tätigkeit, einem Gegenstand ihres Interesses zuwenden. Oft wird, scheinbar umständlich, der Arbeitsplatz vorbereitet. Sorgsam werden alle benötigten Hilfsmittel herbeigeschafft und auf dem Tisch angeordnet. Diese Vorbereitung erfolgt mit Freude und Hingabe. In kleinen Schritten wendet sich das Kind seiner Aufgabe zu. Hat es sich für einen Lerngegenstand entschieden, der ihm neu ist, gibt der Lehrer ihm in dieser Stufe der Vorbereitung Einführung und Anleitung.

Es beginnt die *Phase der großen Arbeit.* Kind und Sache werden eins. Das so in seine Beschäftigung vertiefte Kind lässt sich durch nichts mehr ablenken, weder Unruhe noch Aktivitäten seiner Mitschüler können es stören. Die Bewegung der Hände unterstützt die geistige Entwicklung. Das Kind übt und perfektioniert seine Fähigkeiten. Ist die selbst gewählte Aufgabe gelöst, wirkt das Kind ausgeglichen und zufrieden. Zustimmung, Anteilnahme und Interesse des Lehrers an der Arbeit stärken die kindliche Motivation und die Freude am erfolgreichen Tun. Dies ist die *Stufe der Ruhe und des Ausruhens:*

„Und jedes Mal, wenn eine solche Polarisation der Aufmerksamkeit stattfand, begann sich das Kind vollständig zu verändern. Es wurde ruhiger, fast intelligenter und mitteilsamer. Es offenbarte außergewöhnliche innere Qualitäten, die an die höchsten Bewusstseinsphänomene erinnern, wie die der Bekehrung.“

Das sich so veränderte Kind bezeichnete Maria Montessori als normalisiertes Kind. Damit ist kein durchschnittliches normales Verhalten gemeint, sondern es geht um die Freisetzung der typisch kindlichen Fähigkeiten und deren individuelle Entfaltung: immer stärkere Kon-

(Foto: Mauritius Images/Stockbroker RF)

zentrationsfähigkeit und Sachlichkeit, Liebe zur Arbeit, Ausdauer, Ordnung und Disziplin. „Das schönste Zeichen eines normalisierten Kindes ist ein freudiges Kind."

Die vorbereitete Umgebung

„Und von nun an war es mein ganzes Streben, Übungsgegenstände zu suchen, die die Konzentration ermöglichten: und ferner studierte ich gewissenhaft, welche Umgebung die geeignetsten äußeren Bedingungen für diese Konzentration bietet." Eine der Hauptaufgaben des Lehrers besteht bei Maria Montessori in der Gestaltung der *vorbereiteten Umgebung*, um dem Kind zu helfen, selbstständig und unabhängig vom Erwachsenen zu werden. Sie muss Mittel zur Selbsterziehung enthalten. Diese Mittel sind nicht vom Zufall bestimmt. Die vorbereitete Umgebung ist einerseits Lebens-, Lern- und Entwicklungsraum, der den Bedürfnissen des Kindes angepasst ist. Andererseits richtet sie sich nach den Erfordernissen der Kultur, der Zivilisation, in die das Kind hineinwachsen soll. Es geht hier um die Bereitstellung von Entwicklungsmaterial, damit das Kind anhand dieser Arbeitsmittel seine Kompetenzen entwickeln kann. Kulturspezifische Lerngelegenheiten für Sprache, Mathematik und alle übrigen Schulfächer gehören dazu, aber auch Möglichkeiten der Sinnesschulung, der Pflanzen- und Tierpflege sowie Anleitung zur Pflege der eigenen Person. Alle Materialien greifen ineinander, sind aufeinander aufgebaut. Sie stellen eine Leiter dar, auf der das Kind selbstständig von einer Schwierigkeit zur anderen schreiten kann. Maria Montessori erstellte für Mathematik und Sprache umfangreiches und umfassendes Material. Abstrakte Lerninhalte werden so versinnbildlicht und dem Kind über konkretes Handeln zugänglich gemacht. In anderen Bereichen genügt es nicht, bei dem Materialangebot von 1910 stehen zu bleiben; die Veränderungen der Zeit verlangen Anpassung und Weiterentwicklung. Lerninhalte, die für Kinder heute wichtig sind, müssen ebenso aufbereitet und angeboten werden – man denke nur an die Verkehrserziehung.

Für die Erstellung ihrer Materialien forderte Maria Montessori strenge Kriterien.
Neben ihrer *Entwicklungsgemäßheit* und *didaktischen Kontinuität* sollen alle Materialien *Sinne und Bewegung* einbeziehen. Die Arbeitsmittel müssen ganzheitlich wirksam sein, denn für die geistige Entwicklung hat die Bewegung große Bedeutung. Die ganze Psyche organisiert sich im Zusammenhang mit ihr. Diesen Anspruch untermauern auch neuere lernpsychologische Erkenntnisse aus dem Bereich der Psychomotorik und der Lerntypenforschung. Die Unterrichtsgegenstände müssen *Wiederholungen und variantenreiche Anwendung* ermöglichen. Jedes Material ist *einem Lernziel* zugedacht, es beinhaltet *Selbstkontrolle*. Durch seine *ästhetische Gestaltung* besitzt es einen hohen Aufforderungscharakter.
Die vorbereitete Umgebung funktioniert nicht ohne eine bestimmte Ordnung. Die äußere Ordnung gibt Orientierungshilfe, die auch im Geist Ordnung stiftet. Alle Materialien sind in offenen Regalen untergebracht, frei zugänglich und nach Lernbereichen übersichtlich eingeordnet. Das Kind kann sich allein im Raum zurechtfinden, auch soll die Einteilung der Arbeitsmittel nach Sachgebieten die Hinführung zu den Wissenschaften anbahnen.
„Freiheit ist die Unabhängigkeit, die durch eigene Anstrengung erreicht wird."

Die freie Wahl

Der Kern der Montessori-Pädagogik ist die *freie Wahl*. Ein frei handelndes Kind ist ein Kind, das von sich aus etwas tut, freiwillig, spontan und ohne Zwang, frei von Angst, Leistungs- und Gruppendruck, frei von psychischer Not. Die Kinder müssen die Fähigkeit des Freiwählens erst entwickeln. Das Entscheiden und Wählen müssen sie erst lernen und in vielfältiger Weise üben. Voraussetzung beim Kind ist ein Interesse, ein Lernbedürfnis. Oft wird das vitale Interesse erst durch die freie Wahl geweckt. Für die Kinder ist die freie Wahl ein Weg zur Selbsterkenntnis, ein Weg zum Entdecken eigener Bedürfnisse und Fähigkeiten. Freie Wahl offenbart Begabungen und fördert intrinsische Motivation, zeigt dem Kind aber auch seine

Schwächen und Defizite. Gleichzeitig ermöglicht die freie Wahl dem Lehrer die Beobachtung individueller Lernvoraussetzungen und Lernfortschritte. Danach wird er das Angebot der vorbereiteten Umgebung erweitern und ausbauen. Freie Wahl ist nach Montessori kein Plädoyer für den Laissez-faire-Stil, sie bedeutet nicht Freiheit *wovon*, sondern Freiheit *wozu*. Das Kind entscheidet sich für den Zeitpunkt einer Arbeit, für deren Dauer, es bestimmt die Anzahl der Wiederholungen, wählt seinen Arbeitsplatz und eventuelle Partner selber aus. Freiheit kann nicht grenzenlos sein. Die Freiheit des Einzelnen hört da auf, wo die Freiheit der anderen beeinträchtigt wird. Die vorbereitete Umgebung, die verantwortete Auswahl von Zielen schränkt die Wahlfreiheit des Kindes ein. Dies gilt auch für den Umgang mit dem Material. Jedes Arbeitsmittel ist nur einmal vorhanden, denn Überfülle überfordert. Die Einmaligkeit hebt den Wert des Materials und fördert soziale Prozesse. Absprachen mit Klassenkameraden müssen getroffen, Vereinbarungen eingehalten werden. Die Begrenzung der Materialien und der Umgang mit ihnen lässt auch die Begrenzung in der Wirklichkeit erfahren. Kinder suchen Grenzen und solche Grenzerfahrungen sind wichtig für die Ausbildung von verantwortlichem und humanem Verhalten. Das Kind hat seine Freiheit erlangt, wenn es *„Herr und Meister seiner selbst“* ist.

Selbsttätigkeit und Bewegung

„Der Zweck der Intelligenz ist die Arbeit der Hände, die Bewegung der Hände zu leiten und umgekehrt.“

Das Prinzip der Selbsttätigkeit korrespondiert eng mit dem der freien Wahl. Alle menschlichen Funktionen entwickeln sich aufgrund von Aktivität: Sprechen lernen wir durch Sprechen, Radfahren nur durch Radfahren. Diese Beispiele ließen sich endlos fortsetzen. Selbsttätigkeit und Bewegung haben grundlegende Bedeutung für die physische und psychische Entwicklung, für Intelligenz, für Willen, Charakter sowie für Unabhängigkeit und Selbstständigkeit des Menschen.

Bewegung ist also wesentlicher Faktor zum Aufbau der Intelligenz. Intelligenz entwickelt sich nur in Auseinandersetzung mit der Umwelt, und das ist nur durch Bewegung möglich. Dem Kind müssen Gelegenheiten zu Selbsttätigkeit und Aktivität geboten werden, denn nur durch die Bewegung wird die Wirklichkeit für den Menschen erfassbar und erfahrbar. Für Montessori war es wichtig zu betonen, dass die Funktion der Hand nicht festgelegt ist: Die Hände passen sich den Dingen der Umwelt an und sie passen die Dinge der Umwelt der Hand an. Der Hand- und Fingerentwicklung kommt demnach besondere Bedeutung zu. Erst das Begreifen mit den Händen schafft die Voraussetzung für die Bildung von Begriffen. Abstrakte Vorstellungen reifen durch Kontakte mit der Wirklichkeit.

Hier wird Montessoris Nähe zu Piaget deutlich. Dreißig Jahre später formulierte Vester ähnliche Gedanken: „Statt nur mit Begriffen von Dingen sollten wir auch mit den Dingen selbst arbeiten, mit ihren Wechselwirkungen, mit ihrer Beziehung zur Umwelt. Und sofort würden auch die Begriffe sich im Gehirn nicht spärlich, sondern vielfach verankern können. Sie würden den visuellen, den haptischen, den gefühlsmäßigen und den auditiven Kanal in gleicher Weise nutzen und dadurch viel stärkere Assoziationsmöglichkeiten bieten als bei einem realitätsfremden Eintrichtern.“

Selbstständigkeit durch Selbsttätigkeit

Selbsttätigkeit und Bewegung unterstützen das Streben des Kindes nach Unabhängigkeit vom Erwachsenen. In seinen Aktivitäten manifestiert sich auch die Freiheit seines Willens. Geordnete, sinnvolle Bewegungen sind Ausdruck eines denkenden, wollenden Ichs. Kinder müssen spontan auswählen und handeln dürfen, nur dadurch lernen sie zu wollen und ihre Bewegungen zu organisieren. Die Beherrschung der Bewegung bedeutet nicht nur motorische Geschicklichkeit, sondern auch Koordination im zweckmäßigen und zielgerichteten Handeln und führt somit zu Disziplin. Montessori sah nie allein die Freiheit der Handlung, sondern auch die Disziplinierung der Bewegung in der Handlung. Das Kind muss seine Bewegungen immer an die Erfordernisse der Umgebung anpassen. […]

Das Gehen auf der Linie
„Das Gehen auf der Linie" ist eine weitere Übung, die Montessori entworfen hat, um den Kindern die innere Ruhe erfahrbar zu machen. Die Kinder „balancieren" auf einer Ellipse, die auf dem Boden aufgemalt oder -geklebt ist. Sie halten das Gleichgewicht und verfeinern ihre Bewegungen durch genaues Aufsetzen der Füße auf der vorgegebenen Bahn. Im Rhythmus leiser Musik bewegen sie sich und achten dabei auf gleich bleibenden Abstand zum Vordermann. Soll die Aufmerksamkeit nicht nur auf die Füße, sondern auch auf die Hand gerichtet sein, so können die Kinder brennende Kerzen oder mit Wasser gefüllte Gefäße mit sich tragen. Die Stille der Kinder setzt die Stille des Lehrers voraus. Montessori fordert vom Lehrer die Fähigkeit zu ruhiger Bewegung und Sprache. Der Erzieher unterstützt die Übungen der Stille durch die Vorbereitung des Raumes, aus dem alles Ablenkende entfernt sein soll. „Die vorbereitete Umgebung und die *Vorbereitung des Lehrers sind das praktische Fundament unserer Erziehung.*"

(Aus: Christel Fisgus, Gertrud Kraft: „Hilf mir, es selbst zu tun!" 6. Auflage, Auer Verlag: Donauwörth 1999, S. 9–14)

1 Beschreiben Sie die Methoden der Pädagogik Maria Montessoris.
2 Entwerfen Sie Leitlinien für erzieherisches Handeln im Sinne Montessoris.
3 Erörtern Sie die Frage, wie Freiheit im Sinne Montessoris aufzufassen ist. Berücksichtigen Sie den folgenden Textauszug:

Bei aller Freiheit, die den Kindern in ihrer Entfaltung und in der Gestaltung der Projekte und Regeln eines Kinderhauses gewährt wird, ist offensichtlich, dass antiautoritäres Machen-Lassen nicht Montessoris Sache ist. Der Rahmen ist sowohl für die Erwachsenen als auch für die Kinder recht strikt. Dieses Prinzip geht so weit, dass Eltern in den meisten Montessori-Häusern den Gruppenraum, in dem die Kinder arbeiten, nicht betreten dürfen. Sie sollen nicht vergleichen, was das eigene Kind und die anderen geleistet haben, damit sie nicht eingreifen, bewerten und versuchen zu lenken. Ein Verhalten, in das die meisten Eltern unbewusst verfallen.

(Aus: Parvin Sadigh: Lob der Kinderarbeit. In den Montessori-Kindergärten dürfen die Kinder so schnell oder so langsam lernen, wie sie wollen. Und die Erwachsenen müssen sich zusammenreißen. In: Die Zeit, 7. 7. 2006)

1.1.4 Zur Anwendung der Montessori-Methode

Maria Montessori hatte die universalen Merkmale der Kindheit erkannt und richtete nun ihr Hauptaugenmerk auf die bestmögliche Anwendung ihrer Entdeckungen beim Auf- und Erziehen von Kindern. Hierzu formulierte sie die sogenannte Montessori-Methode. Hauptziele sind dabei:
- die Entwicklung der einzigartigen Persönlichkeit des Kindes zu fördern,
- ihm behilflich zu sein, sich sozial und emotional einzufügen und als physisch starkes und glückliches Kind aufzuwachsen,
- ihm zu ermöglichen, seine intellektuellen Fähigkeiten voll auszuschöpfen.

Aufbau der Persönlichkeit
Seit Montessori hat es zahlreiche Untersuchungen zum Thema Persönlichkeitsentfaltung gegeben und viele ihrer Auffassungen finden sich auch in heutigen Forschungsberichten. Montessori sah jede Person als integriertes Ganzes. Sie war der Ansicht, dass ein Kind auf der Suche nach Selbstfindung seine Persönlichkeit durch aktive Teilnahme an seiner Umwelt formt und gestaltet. Sie unterschied mehrere Entwicklungsstufen und glaubte, man könne sich nur dann angemessen zu einem Erwachsenen entwickeln, wenn man jede dieser Stufen erfolgreich durchschritten habe.
- In der ersten Phase (frühe Kindheit) muss Ihr Kind ein Gefühl von Sicherheit bekommen und eine zufriedenstellende Beziehung

zu Ihnen (der Mutter, dem Vater oder der Ersatzperson) aufbauen. Auch seinen körperlichen Bedürfnissen sollte man gerecht werden.

- In der nächsten Stufe muss das Kind unabhängiger werden. Es braucht Sie noch immer, besonders wenn es versucht, Dinge selbst zu tun. Denn sollten diese Versuche häufiger fehlschlagen, so wird es leicht den Mut verlieren und beginnen, an sich selbst zu zweifeln. Montessori war überzeugt davon, dass bei Kindern im Alter von drei Jahren „schon die Grundlage der Persönlichkeit festgelegt ist“ – die meisten Eltern werden dies sicher durch das Beobachten ihrer Kinder bestätigen können.
- Die letzte Stufe umfasst das Alter von drei bis sechs Jahren, entsprechend der Phase des „Geistes in der Bewusstseinsentwicklung“. Die Persönlichkeit Ihres Kindes wird nun ausreichend geformt sein, um als „normalisiert“ bezeichnet zu werden, wie Montessori es nannte. Bei umsichtiger und liebevoller Behandlung wird das Kind in der Lage sein, sich selbst und seine Umwelt in Einklang zu bringen und dabei glücklich und zufrieden erscheinen.

Montessori zufolge kommen Kinder mit unterschiedlichen Neigungen und unterschiedlichen Charakterstärken zur Welt. Einige Kinder sind stark und einige schwach, wobei keine dieser Bezeichnungen als Wertschätzung gesehen werden sollte – jedes Kind hat seinen Platz. Die Tabelle veranschaulicht, welche unterschiedlichen Merkmaltypen in den ersten sechs Lebensjahren eines Kindes auftreten. […] Die nachfolgende Tabelle wird Ihnen beim Entdecken und Nachvollziehen der Entwicklungsschritte behilflich sein. Maria Montessori unterstrich die Bedeutung des absorbierenden Geistes – sie sah in den ersten sechs Lebensjahren die wichtigste Zeit in der Entwicklung des Kindes. Die Rolle der Eltern sollte daher nicht unterschätzt werden.

Entscheidende kreative Kräfte im Kind

in Wechselwirkung mit Umweltbedingungen

starker Charakter — schwacher Charakter

schlechte Wechselwirkung	gute Wechselwirkung	schlechte Wechselwirkung
Verhaltensprobleme	**normalisiertes Kind**	**Verhaltensprobleme**
Stark	Harmonie und Einheit	Schwach
1 schlecht angepasst	1 Ordnungsliebe	1 unordentlich
2 geistig verwirrt	2 Arbeitsliebe	2 untätig, gelangweilt
3 ausschweifende Einbildungskraft	3 Bezug zur Relität	3 zeigt Angst
4 laut, stört andere	4 liebt Ruhe und arbeitet gerne allein	4 braucht immer Hilfe beim Arbeiten
5 besitzergreifend, selbstsüchtig	5 nicht besitzergreifend	5 stiehlt oft
6 ungehorsam	6 gehorsam	6 gehorsam aus Angst
7 zur Konzentration unfähig	7 konzentriert	7 zur Konzentration unfähig
8 aggressiv	8 zeigt Unabhängigkeit und Eigeninitiative	8 anhänglich, passiv
9 geringe Selbstdisziplin	9 Selbstdisziplin	9 geringe Selbstdisziplin
10 unfreundlich anderen gegenüber	10 fröhlich	10 weint, hat Alpträume, fürchtet sich vor der Dunkelheit

Alter und Entwicklungsstufen

2 Jahre – Phase und Entwicklungsstand

Unbewusster absorbierender Geist:
körperliche Merkmale/Fähigkeiten
+ Gleichgewicht, Körperbewusstsein und Beweglichkeit verbessern sich zusehends
+ klettert Stufen hoch und runter
+ nimmt alles Sichtbare wahr
+ lernt laufen und springen
+ schiebt, zieht und hebt Gegenstände und Spielzeuge in seiner Umgebung
+ lernt, einen Ball zu kicken, zu werfen und zu fangen
+ ist sich seiner in einem Raum bewusst
+ Feinmotorik verbessert und verändert sich; fängt an, kleine Gegenstände zu bearbeiten
+ Hand-Augen-Koordination entwickelt sich

Emotionale und soziale Fähigkeiten
+ eigene Identität wird ausgebildet
+ entwickelt eine Vorstellung von Geschlechterrollen – durch Reaktion der Eltern verstärkt
+ Angst vor Fremden und Trennung – oft besonders auffällig in diesem Alter

Intellektuelle Entwicklung
+ Nervenverbindungen im Gehirn auf dem Höchststand: es überleben die, die genutzt werden
+ Lernen durch die Sinne: Seh- und Hörsinn verbessern sich erheblich
+ genaue Beobachtung kleiner Dinge (sensible Phase)
+ neigt dazu, leblosen Dingen Leben zu verleihen und Tieren menschliche Attribute zuzuschreiben, spricht zum Beispiel mit ihnen wie mit Menschen
+ Denkfähigkeit entwickelt sich: Kind fängt an, bildhafte Ausdrücke zu verwenden
+ viele Fantasiespiele in dieser Phase
+ Erinnerungsvermögen und Aufmerksamkeit: stetige Verbesserung der Lang- und Kurzzeiterinnerung
+ Fähigkeit, sich längere Zeit zu konzentrieren

Sprache + benennt Dinge, befolgt Befehle, versteht vieles

Wörter
+ 200–300 aktiver Wortschatz

3 Jahre – Phase und Entwicklungsstand

Bewusster absorbierender Geist:
körperliche Merkmale/Fähigkeiten
+ körperliche Fähigkeiten im stetigen Fortschritt + geht und läuft sicher
+ geht körperliche Wagnisse ein, klettert überall hin
+ Feinmotorik: Zeichnungen enthalten erkennbare Formen

Emotionale und soziale Fähigkeiten
+ Selbstbild wird noch geformt und von der Reaktion anderer beeinflusst
+ beschreibt sich mithilfe von Körpermerkmalen – Haarfarbe usw.
+ schließt Freundschaften; im Mittelpunkt stehen gemeinsame Spiele
+ starke Anhänglichkeit in unbekannten Situationen
+ Wunsch nach Unabhängigkeit
+ emotionale Stabilität von der Qualität der Beziehung zu Erwachsenen abhängig

Intellektuelle Entwicklung
+ lebhafte Fantasie
+ komplexere Vorstellungen vom Bild der Welt
+ starkes Bedürfnis, Dinge zu untersuchen
+ allmähliche Verbesserung des Kurzzeitgedächtnisses: kann sich drei Ziffern merken
+ kann langsam Ereignisse aus Vergangenheit und Zukunft unterscheiden

Sprache
+ rasche Sprachentwicklung
+ stellt unentwegt Fragen

Wörter
+ 1000 aktiver Wortschatz

4 Jahre – Phase und Entwicklungsstand	
Körperliche Merkmale/Fähigkeiten + sehr aktiv, turnt gern, kann seine Bewegungen kontrollieren und Anweisungen Erwachsener befolgen + nutzt allmählich beide Füße abwechselnd zum Treppensteigen + Feinmotorik weiter fortgeschritten: zeichnet, was es kennt – nicht, was es sieht + kann Figuren zeichnen, Schreiben wird kontrollierter *Emotionale und soziale Fähigkeiten* + Geschlechterrolle: spielt am liebsten mit Freund bzw. Freundin des eigenen Geschlechts + Freundschaften spielen eine größere Rolle: unterscheiden, was sie tun und was andere tun, und entscheiden, mit wem sie spielen wollen + Sozialverhalten schon entwickelt, selbstbewusste Kinder verlassen die Eltern und gehen ohne Probleme in den Kindergarten oder zu anderen Leuten	*Intellektuelle Entwicklung* + Verständnis wird mehr und mehr beeinflusst von dem Gebrauch von Symbolen (Buchstaben und Ziffern), geistigen Bildern und Sprache; nimmt weitere Umgebung wahr, zum Beispiel Nachbarschaft + neigt zu ausgeprägten Fantasien und Geschichten + wahre Geschichten helfen, zwischen Dichtung und Wahrheit zu unterscheiden *Sprache* + Sprache grammatikalisch korrekt + zählt bis 20 + beginnt zu lesen und zu schreiben *Wörter* + 1500 aktiver Wortschatz
5 Jahre – Phase und Entwicklungsstand	
Körperliche Merkmale/Fähigkeiten Haltung und Körperbeherrschung sind entwickelt, Kind läuft nicht mehr ständig rastlos umher + mag gern Bewegungsspiele, Gemeinschaft dabei wichtig + fährt gern Fahrrad und Rollschuh, Sportarten, die Koordination und Fertigkeit erfordern + Feinmotorik gut – zählt und zeichnet gern – spielt Spiele, die feinmotorische Fähigkeiten erfordern: Zusammensetzen einzelner Teile + Zeichnen und Schreiben werden weiter verbessert *Emotionale und soziale Fähigkeiten* + Geschlechterrolle; die meisten Kinder entwickeln stereotypische Ansichten von einem angemessenen männlichen oder weiblichen Verhalten + Freundschaften beständiger; Individualität und Interessen wichtig bei der Wahl der Freunde + Gewissen stärker entwickelt; Kinder verstehen und befolgen Regeln	*Intellektuelle Entwicklung* + größeres Verständnis von Beziehungen in der Welt und um das Kind + versteht komplexe Vorgänge, zum Beispiel wo die Nahrung herkommt + entwickelt Fähigkeiten im Lesen, Schreiben und Zählen + gefördert durch eine strukturierte und die Sinne ansprechende Lernmethode *Sprache* + fließend + liest und schreibt Wörter *Wörter* + 2000 aktiver Wortschatz

(Aus: Lesley Britton: Mit Montessori spielen und lernen. Kinder entdecken ihr Wohnumfeld. Auer Verlag: Donauwörth 1999, S. 24–25 und 32–33)

1 Erörtern Sie, inwiefern die Entwicklungstheorie Montessoris hilfreich ist, um Kinder besser zu verstehen.

2 Entfalten Sie Handlungsmaximen, die im Einklang mit der Entwicklungstheorie Montessoris stehen.

1.1.5 Der Kerngedanke: Freiheit als Weg und Ziel der Erziehung

Montessoris kindorientierte Grundlegung der Erziehung umfasst ein Konzept, das von der Geburt über die frühe Kindheit, das Grundschul- und Jugendalter bis zum jungen Erwachsenen reicht.
Das ausschlaggebende Kriterium für Montessoris pädagogische Zielsetzungen ist die absolute Hinwendung zum Kind als Subjekt. Das schließt zwangsläufig die Anerkennung des kindlichen Selbstwertes ein. Jedes Kind ist einmalig und unverwechselbar. Die Beachtung seiner Individualität und Würde sind Grundrechte, die es zu achten gilt. Sie dürfen weder eingeschränkt, noch können sie außer Kraft gesetzt werden. Der Selbstwert des Individuums kann aber nur geachtet werden, „wenn wir es mit der Freiheit ernst meinen, denn: Freiheit als Prozess ist rückgekoppelt an Möglichkeiten, sich selbst zu bestimmen, und zwar im Kontext von sozialen Situationen und im Aufbau von Bindung und Verantwortung".
Montessoris Definition ihres Erziehungszieles, „Hilfe für die menschliche Person, ihre Unabhängigkeit zu erobern", wird häufig durch die griffigere Formulierung „Hilf mir, es selbst zu tun!" ersetzt. Diese Aussage bezieht sich auf die Entwicklung der Selbstständigkeit in allen Altersstufen. Die wörtliche Übersetzung dieses Satzes [...] fügt noch einen anderen Aspekt hinzu. Sie lautet: „Hilf mir, mich selbst zu finden." An anderen Stellen spricht Montessori vom Ziel der Erziehung als „dem Leben zu helfen, die Persönlichkeit zu entwickeln" und damit die „Gesundheit der Psyche" zu bewirken. Als Resultat des Ziels der psychischen Hygiene entstehen in jedem normalen Kind soziale Haltungen, freiwillige Disziplin, Gehorsam (sich selbst und eingeschränkt anderen gegenüber) und Willensstärke. Die Interdependenz der einzelnen Persönlichkeitsmerkmale wird in der Formung des Charakters deutlich. Verwirklicht werden kann dieser Ansatz nur,

(© Renate Alf)

wenn die pädagogischen Hilfestellungen zum richtigen Zeitpunkt der Entwicklung gegeben werden. Sie in Übereinstimmung mit den kindlichen Lernbedürfnissen zu bringen, ist ein pädagogischer Balanceakt, der dem Erwachsenen nur durch intensive Beobachtung des Kindes gelingt. Der Erwachsene sollte sich dabei immer wieder die Frage stellen: Was braucht das Kind, wo zeigt es mir seine Interessen?
Montessoris auf Freiheit angelegte Erziehung muss die Aspekte dieses Begriffs im Rahmen der pädagogischen Arbeit berücksichtigen. So kann die altersangemessene Freigabe von Aktivitäten, Energien, Wünschen und Vorstellungen nur in Verbindung mit entwicklungsabhängigen Interessen, Lernbereitschaften und Fähigkeiten gesehen werden. „Das Kind ist im Zeichen der Ohnmacht, in der es geboren wird, als soziales Individuum von Bindungen umgeben, die seine Aktivität einschränken. Eine auf Freiheit gegründete Erziehungsmethode muss darauf abgestellt sein, dem Kind zu helfen, eben diese Freiheit zu erobern, und muss die Loslösung des Kindes von den Bindungen bezwecken, [...] [um das Kind] zur Unabhängigkeit zu führen." Im pädagogischen Feld führt die Freigabe der kindlichen Selbsttätigkeit („alleine machen." „Ich kann das schon!") zur Selbstständigkeit und schließlich mit zunehmendem Alter zur Unabhängigkeit und einer Freiheit, die jedoch auf Sach-, Selbst-, Sozial- und Werteverantwortung gründen muss. Die Ausbildung sozialer Verhaltensweisen und die verantwortliche Einbindung des Menschen in den Kosmos sind zugleich eng verbunden mit Montessoris Erziehungsziel verknüpft, nur dann ist Freiheit als Erziehungsmaxime gerechtfertigt.

(Aus: Ingeborg Waldschmidt: Maria Montessori. Leben und Werk. C. H. Beck Verlag: München 2001, S. 41 f.)

1 Skizzieren Sie die Grundgedanken des Textes und konkretisieren Sie diese.
2 Nehmen Sie – unter dem Gesichtspunkt pädagogischer Alltagstauglichkeit – Stellung.

Projektvorschlag zum Thema „Elementarpädagogische Institutionen"

Sie können ...
- eine Montessorieinrichtung (Kindergarten oder Grundschule) besuchen und den Unterricht beobachten.
- einen Montessorizweig an einem Gymnasium analysieren.
- einen anderen Kindergarten hautnah erleben und Kinder bei ihrer Tätigkeit beobachten und auch beschreiben.
- usw.

1.1.6 Reformpädagogik – zu Begriff und Sache

Eine genaue Definition des Begriffs „Reformpädagogik", der bereits im 19. Jahrhundert erstmals in wissenschaftlicher Literatur auftaucht und bis heute vielen privaten Schulen – von Montessori bis Waldorf – zugrunde liegt, ist schwierig. Was die Schulen eint, ist der geringere Leistungsdruck für Schüler. Im Zentrum stehen – als Gegensatz zum „Drill" autoritärer Bildungskonzepte – Selbstständigkeit und ein handlungsorientierter Unterricht. Auf Noten, starre Stundenpläne oder Sitzenbleiben wird meist verzichtet. Der Lehrer gilt als Begleiter und Förderer.
Zur älteren Reformpädagogik im weiteren Sinne zählen in diesem Sinne also bereits die von Comenius, Rousseau, Pestalozzi und dem Philanthropismus ausgehenden reformpädagogischen Ansätze der Anschauungspädagogik und Erlebnispädagogik. Sie wendet sich nicht nur gegen den klassischen Schulbetrieb, sondern auch gegen den Herbartianismus, dem man vorwarf, Herbarts Forderungen nach „eigener Beweglichkeit" der Schüler und die emotionale Bildung ursprünglicher Werturteile an ästhetischen Beispielen vernachlässigt zu haben, weshalb von seinem Anliegen, über die Bildung des Intellekts den sittlichen Willen

Reformpädagogik geht es um „Freiheit“.
(Foto: Georg Bubolz, Erkelenz)

wecken zu wollen, nur noch ein starres Unterrichtsschema übriggeblieben sei.
Reformpädagogik im engeren Sinne meint jene Versuche, die sich Ende des 19. Jahrhunderts und im ersten Drittel des 20. Jahrhunderts gegen die Lebensfremdheit und unterwerfenden Autoritarismus der vorherrschenden „Pauk- und Drillschule“ wandten. Anstelle einer Didaktik, die aus heutiger Sicht als Kindesmisshandlung und Entfremdung im Bildungssystem zu werten ist, wollten die Reformpädagogen über eine veränderte Bildungstheorie und Lerntheorie zu einer veränderten Didaktik gelangen, die in einem handlungsorientierten Unterricht vor allem die Selbsttätigkeit der Schüler in den Mittelpunkt stellt.
Reformpädagogische Ansätze nach 1945 werden häufig als Alternativpädagogik bezeichnet.
(http://lexikon.stangl.eu/2299/reformpaedagogik/ – [01. 04. 2013])

Gemeinsame Merkmale reformpädagogischer Ansätze in Stichworten

- Betonung von „Freiheit“
- Lebensgemeinschaft
- Favorisierung des Prinzips der natürlichen Entwicklung
- Prinzip der Eigenverantwortung
- Akzentuierung der Lebensbezogenheit
- Betonung der Schüleraktivität
- Schule als Ort der ganzheitlichen Menschenbildung

1.2 Förderung kindlicher Bildungsprozesse: Sprachentwicklung und Bedeutung des Spiels nach Gerd E. Schäfer

1.2.1 Sprachentwicklung und Sprachförderung nach Gerd E. Schäfer

1.2.1.1 Hinführung: Durch Bilderbücher besser sprechen lernen – Eine Zeitungsnotiz

Sprachberatung – Die Erzieherinnen und Kinderpflegerinnen im Bammersdorfer Kinderhaus haben einen zweijährigen Sprachberatungslehrgang absolviert. Auch eine Leihbücherei wurde eingerichtet.

Der kleine Moritz aus der Kinderkrippe in Bammersdorf spricht noch nicht sehr viel. Das ist typisch für einen Zweijährigen. Trotzdem schleppt er ein großes Bilderbuch herbei, legt es Kindergartenleiterin Katrin Wölker in die Hand und schlägt es ungeduldig auf. „Bulldog!", ruft er, grinst stolz und deutet mit dem Finger auf einen Traktor.
Das „Kinderhaus Rappelkiste" in Bammersdorf ist eine von drei Kindertagesstätten der Gemeinde Eggolsheim, die am Projekt „Sprachberatung" des Bayerischen Staatsinstituts für Frühpädagogik (IFP) teilgenommen haben. Seit Sommer 2009 hat Sprachberaterin Marlis Frey das Kindergartenteam neben dessen Erziehungsarbeit mit Rat und Tat begleitet und unterstützt. Ziel der Fortbildung ist es, wissenschaftliche Erkenntnisse in den praktischen Erziehungsalltag umzusetzen. „Wir haben zusammen Ideen erarbeitet, den Kindergartenkindern eine möglichst sprachanregende Umgebung zu schaffen", erklärt die Leiterin des Kinderhauses. „Wie schaffen wir zum Beispiel Sprechanlässe? Wie sprechen wir untereinander, mit den Kindern und mit den Eltern?"
Einen besonderen Stellenwert in der Sprachförderung nehmen Bilderbücher ein: „Die Kinder sind begeistert von den Büchern und tragen sie uns ständig hinterher", erzählt Katrin Wölker. Das gemeinsame Lesen sei sehr wichtig. Man

Die Kinder sind begeistert, wenn ihnen in der Kita die Geschichte vom kleinen Hasen Rudi vorgelesen wird. *(Foto: Stephanie Pilick/dpa/picture alliance)*

muss aber auch Zeit und Geduld aufwenden, damit die Kinder sich einbringen können. Stures Vorlesen bringe wenig. Stattdessen sollte man mit dem Kind reden und auch Worte wiederholen, die es sagt. „Wir müssen die Kinder ernst nehmen, sonst verlieren sie schnell das Interesse."

(Aus: Sonja Lengenfelder: Durch Bilderbücher besser sprechen lernen, in: Fränkischer Tag, 06. 04. 2011. In: inFranken.de; aus: http://www.infranken.de/nachrichten/lokales/forchheim/Durch-Bilderbuecher-besser-spre chen-lernen;art216,149277 – [20. 09. 2011])

1 Skizzieren Sie das beschriebene Projekt zur Sprachberatung.
2 Nennen Sie eigene Ideen, wie Sprachförderung bei Kleinkindern erfolgen könnte.
3 Überprüfen Sie Ihre eigenen Vorstellungen anhand der wissenschaftlichen Erkenntnisse von Gerd E. Schäfer aus den folgenden Texten.

1.2.1.2 Anfänge der Bildung sprachlichen Denkens

Prof. Dr. Gerd E. Schäfer war ab 1997 an der Humanwissenschaftlichen Fakultät der Universität Köln mit den Forschungsschwerpunkten frühkindliche Bildungsforschung und Fortbildung im Bereich der Frühpädagogik befasst. Als Gründer und Leiter des Fortbildungsinstituts WeltWerkstatt e. V. hat er sich zum Ziel gesetzt, durch entsprechende Fortbildung von Multiplikatoren es zu ermöglichen, dass Kinder schöpferisch und weitestgehend selbstbestimmt lernen können.

Die Bildung des Sprechens und des sprachlichen Denkens zielt nicht in erster Linie auf die Frage, wie Kinder ihre sprachlichen Kompetenzen erwerben. Unter dem Blickwinkel von Bildung wird es wichtig, zu wissen, wie Sprechen das kindliche Denken und damit die Art und Weise der kindlichen Welterfahrung verändert. Dazu gehört auch das Wissen darüber, wie Kinder vor der Sprache denken und welche Vorformen sprachlichen Denkens bereits vor dem eigentlichen Sprechenlernen in Gebrauch sind.

Ästhetische „Vorläufer" des Sprechens

Auch das Sprechenlernen beginnt mit der Bildung der Wahrnehmung. Eines der grundlegenden Probleme besteht dabei darin, dass Kinder Laute unterscheiden und Wörter und Sätze als Einheiten begreifen müssen. Das ist zunächst ein Wahrnehmungs-, genauer: ein ästhetisches Problem, denn es geht darum, das Wahrnehmungsvermögen so zu schulen, dass das kleine Kind in die Lage kommt, die spezifischen Klänge, Satzmelodien und Intonationsformen der Sprache zu erkennen, in die es hineingeboren wurde.

Das Problem des Sprechens beginnt nicht mit dem ersten Wort, sondern mit dem Erkennen der Laute. Jede Sprache, ja, jeder Dialekt hat seine eigenen Lautformen. Ein „a" wird im Deutschen anders ausgesprochen als im Englischen oder Französischen. Ein fränkisches „a" hört sich anders an als ein hessisches oder

„Deutsche Babys schreien auf Deutsch, französische auf Französisch: Forscher glauben, dass Kinder den Rhythmus und die Melodie ihrer Muttersprache verinnerlichen, noch bevor sie auf die Welt kommen. Das Ergebnis bekommen die Eltern nach der Geburt zu hören." (spiegel.de, 07. 11. 09)
(Foto: Matti Kolho/dpa-Report/picture alliance)

hamburgisches. Für einen Zuhörer, der in die Sprache nicht eingeführt ist – und dies sind Babys zunächst einmal nicht – klingen diese a-Laute alle unterschiedlich. Um seine Muttersprache zu erlernen, muss das Baby daher erst einmal herausfinden, welche Klangfarben dem a-Laut zuzuordnen sind und welche hingegen keine „a's" sind. Es gibt eine Lautreihe, in der sich zum Beispiel der a-Laut allmählich in einen o-Laut verwandeln lässt. Rein akustisch ist dies ein kontinuierlicher Übergang. Dennoch machen wir an einer Stelle eine kategoriale Unterscheidung: Wir können sagen: Bis hierher höre ich ein „a"; dies hier erkenne ich bereits als ein „o". Diese Grenze ist nicht eindeutig, wenn wir die unterschiedlichen Dialekte einbeziehen. Für jede Sprachgruppe und jedes Individuum ist eine solche Grenze jedoch hörbar.

Das bedeutet, dass auch das Baby lernen muss, das Klangbild zu entziffern, das in seiner Umgebung gilt. Die Forschung hat ein erstaunliches Ergebnis hervorgebracht. Bereits sehr kleine Babys bis zum dritten Lebensmonat können differenziert Laute unterscheiden. Mehr noch, sie können offensichtlich auch Laute unterscheiden, die nicht zu ihrer sprachlichen Umgebung gehören. Das bedeutet, dass Babys alle möglichen Laute und Klänge aller möglichen Sprachen unterscheiden können. Indem sie die Sprache hören, die sie umgibt, lernen sie jedoch, ihr Lautunterscheidungsvermögen genau auf diese Sprache auszurichten. Das Ergebnis ist ein scheinbarer Verlust: Etwa vom achten bis zum zwölften Lebensmonat stellen sich Babys auf die Laute ihrer jeweiligen Muttersprache ein. Sie können dann keine universellen Unterscheidungen mehr vornehmen. Dagegen werden die spezifischen Lautunterschiede der Muttersprache deutlicher wahrgenommen.

Ähnliches gilt für das Erkennen von Wörtern. Ebenfalls bis zum letzten Drittel des ersten Lebensjahres haben Babys gelernt, dass es in ihrer Muttersprache bestimmte Betonungsmuster gibt, mit denen man Worteinheiten identifizieren kann. Sie können dann bereits „Melodien" erkennen, die die Wörter im kontinuierlichen Fluss der Sprache abgrenzen und identifizierbar machen. Darüber hinaus haben sie in diesem Alter Kenntnisse erworben, welche Lautkombinationen in ihrer Muttersprache möglich sind. Und später, im zweiten Lebensjahr, noch bevor sie wirklich zu sprechen beginnen, können sie auch Satzeinheiten unterscheiden, die auch durch ganz bestimmte Muster der Intonation, durch Satzmelodien strukturiert sind. Kinder sind also bereits Laut-, Wort- und Satzmusiker, noch bevor sie die ersten Wörter sprechen.

Diesem Prinzip „Aus mehr mach weniger!" folgen viele der frühesten Entwicklungen des Kindes. Es wurde schon bei der Nervenarchitektur festgestellt, dass Säuglinge mit einer Vielzahl vorgegebener innerer Verknüpfungen im Netz des Zentralen Nervensystems geboren werden. Durch die ersten Wahrnehmungserfahrungen werden die Verbindungen ausgewählt, die sich in der gegebenen Umwelt bewährt haben. In gleicher Weise gilt dies offensichtlich auch für die Grundlagen der Sprachwahrnehmung: Eine Überzahl an Unterscheidungsmöglichkeiten wird durch die unmittelbaren Spracherfahrungen des Babys auf diejenigen reduziert, die sein Sprachumfeld als wesentlich ansieht. Der scheinbare Verlust wird dadurch wieder aufgewogen, dass nun die Feindifferenzierung innerhalb des gegebenen Rahmens gesteigert wird. Wir finden also einerseits eine Reduktion des Rahmens, der gesamten Reichweite der Wahrnehmungsmöglichkeiten vor, andererseits kann sich dadurch eine Binnendifferenzierung innerhalb dieses nun enger abgesteckten Feldes einstellen.

Dieses Prinzip findet in der vorsprachlichen Entwicklung Anwendung, wenn Kinder anfangen zu glucksen, zu lallen und zu brabbeln. Diese vorsprachlichen Dialoge sind zunächst international. Alle Babys auf der Welt tun dies in gleicher Weise: „Babys aus allen Kulturen brabbeln zunächst auf identische Weise: Sie produzieren Kombinationen aus Konsonanten und Vokalen und benutzen Laute wie b, d, m und g, jeweils zusammen mit dem Vokal a." (Gopnik, Alison, Meltzoff, Andrew, N., Kuhl, Patricia, K.: Forschergeist in Windeln – Wie ihr Kind die Welt begreift; Kreuzlingen, München 2000, S. 137.)

„Wenn Babys erst den Meilenstein des Brabbelns erreicht haben, ist die universale Phase der Sprachproduktion zu Ende. Irgendwann im Alter von einem bis eineinhalb Jahren beginnen Babys aus verschiedenen Kulturen … diejenigen Geräusche von sich zu geben, die für ihr eigenes Volk charakteristisch sind.“ (ebenda, S. 138.) Das bedeutet, dass sie in die Welt der Laute Unterscheidungen eingeführt haben, die zum einen das eher chaotische „Alles-ist-möglich“ ästhetisch ordnen, so dass sprachliche Einheiten, die eine Bedeutung haben, unterscheidbar werden. Zum anderen trägt diese Ordnung den Stempel der Muttersprache, wie sie im Umfeld des Babys gesprochen wird. Das Baby ist genau darauf vorbereitet, diejenigen zu verstehen, die es verstehen muss, wenn es in diesem Umfeld überleben will. Das weist darauf hin, dass das Eintauchen in die Welt der Sprache nicht nur ein individuelles Bildungsproblem enthält, sondern auch ein soziales. Dadurch wird es wesentlich, in einem zweiten Schritt die sozialen Vorläufer genauer zu betrachten, aus denen die kindliche Sprachwelt hervorgeht.

(Aus: Gerd E. Schäfer, Aufgaben frühkindlicher Bildung. In: Ders. [Hrsg.], Bildung beginnt mit der Geburt. Ein offener Bildungsplan für Kindertageseinrichtungen in Nordrhein-Westfalen, 2. erweiterte Auflage, Cornelsen Scriptor: Berlin – Düsseldorf – Mannheim 2007, S. 137 ff.)

1 Beschreiben Sie, was Gerd E. Schäfer über die Vorläufer des Spracherwerbs sagt.
2 Erläutern Sie das Prinzip „Aus mehr mach weniger!“ im Hinblick auf viele der frühesten Entwicklungen des Kindes.
3 Erörtern Sie, was es für das Leben in einer multisprachlichen Gesellschaft bedeuten könnte, wenn im Alter von einem bis eineinhalb Jahren die universale Phase der Sprachproduktion bereits zu Ende geht.

1.2.1.3 Zur Entstehung von Bedeutung beim Erwerb von Sprache

(Es) […] wurde erläutert, dass Kinder die Bedeutung eines Ereignisses, einer Sache oder Person über ihr Gefühl erfassen. Mit den Gefühlen nehmen wir Beziehungen wahr, Gefühle werden durch Beziehungen gebildet. Damit sind Bedeutung und Beziehung über die Gefühle miteinander verbunden. So wird verständlich, dass die Entstehung von Bedeutung bis zu ihrem sprachlichen Ausdruck an soziale Situationen geknüpft ist, allen voran an die Beziehungen zu den wichtigen Anderen – in der Regel zu Mutter, Vater, gegebenenfalls zu Geschwistern. Doch zunächst muss man fragen, wie sich aus den konkreten Handlungen eine Art Bedeutungshorizont ergibt.

Die Aufmerksamkeit der kleinen Kinder für Dinge, die in ihrer Umwelt geschehen, wächst gerade dann, wenn die grundlegenden Bedürfnisse gestillt und die Kinder noch nicht wieder müde sind. In diesen Zeitspannen entwickeln sie eine Art gelassener, aber neugieriger Aufmerksamkeit für alles, was um sie herum geschieht. Sie bleiben ein Weilchen an das gefesselt, was ihre Aufmerksamkeit erregt. Aber wie nehmen sie das wahr, was sie bemerken? Natürlich sehen, hören, schmecken, fühlen sie etwas. Wie jedoch bekommt dieses Etwas Gestalt, solange es noch keine inneren Bilder und keine Sprache gibt? Die Antwort […] lautete: über sensorisch gelenktes, motorisches Handeln. Möglicherweise spielen auch rudimentäre Formen der Nachahmung dabei eine wichtige Rolle. Einfache Formen der Nachahmung, deren elementarste Ausgangspunkte sich bis kurz nach der Geburt zurückverfolgen lassen, sowie deren individuelle Variationen tragen ebenfalls zu solchen Handlungsmustern bei. Damit ist der Ausgangspunkt für das gegeben, was Bruner (Wie das Kind sprechen lernt; Bern, Stuttgart, Toronto 1987) Aufmerksamkeitsverhandlung nennt. Darunter versteht er eine Kommunikation zwischen Mutter und Kind (beginnend um den sechsten Lebensmonat), durch die die Mutter die Aufmerksamkeit des Kindes auf Gegenstände seiner Umgebung lenkt, die sie schließlich auch in Worten benennt. Selbst wenn das Kind das, was da benannt und gesprochen wird, noch nicht im eigentlichen Sinne versteht, so geschieht in diesen Situationen doch dreierlei in Richtung

auf sprachliche Kommunikation: Erstens sind dies sicherlich die bevorzugten Situationen, in denen das kleine Kind Laut-, Wort- und Satzmelodien zu erkennen lernt; zum Zweiten bekommt es eine Ahnung von einem Dialog, der sich nicht nur zwischen Mutter und Kind abspielt, sondern über etwas Drittes, ein Ding oder Ereignis in seiner Umwelt, geführt wird. Drittens erfährt das Kind über den Handlungszusammenhang der gesamten Szene und seine emotionale Bewertung etwas über die Bedeutung dessen, was es erlebt.
Gesprochen wird also innerhalb bestimmter Szenen. Der szenische Zusammenhang ist wesentlich dafür, dass das Kind die Bedeutung dessen erfasst, was da gesprochen wird. Allmählich entstehen zwischen Mutter und Kind Situationen, die sich wiederholen. Sie erleichtern dem Kind das Erfassen von Bedeutungen. Dazu gehören insbesondere Formen des Hinweisens, der Markierung, des Lokalisierens, des Hervorhebens bis zum Übertreiben. Der Spracherwerb des Kindes beginnt – auch unter dem Aspekt der Bedeutungsgebung – bevor das Kind wirklich in Worten zu sprechen beginnt. Er beginnt, wenn Mutter und Kind einen gemeinsamen Mikrokosmos aus Gesten, vertrauten mimischen Äußerungen, einer ruhigen, positiv gestimmten Atmosphäre schaffen. Er dient als Hintergrund, vor dem sich die neu auftauchenden Gegenstände und/oder Ereignisse abheben und vom Kind verstanden werden können. Wörter kommen also nicht isoliert vor, sondern stehen in einem erfahrenen Zusammenhang, in dem sie begriffen werden können und durch den sie dann auch zu Begriffen werden können. Dieser Zusammenhang ist wichtig, damit verstanden werden kann, was die Wörter bedeuten. Ihre Bedeutung wird dem Kind nicht mitgeteilt und dem Gedächtnis einverleibt, sondern von den Kindern aus dem Zusammenhang der gesamten erlebten Szene erschlossen. Das funktioniert sicherlich nicht in einem Schritt. Vielmehr wird die so gefundene erste Bedeutung in den darauf folgenden Situationen immer genauer erfasst. […]
Mit dem Eintritt in die Sprache ist das Kind einen wichtigen Schritt auf dem Weg zum symbolischen Denken gegangen. (Vgl. Greenspan […]) Miteinander zu sprechen ermöglicht es, über die eigene Erfahrung hinauszugehen. Man kann dem Kind die Erfahrungen anderer mitteilen. Damit ist es nicht mehr nur auf seine subjektiven Verständnishorizonte angewiesen, wenn es sich die Welt erschließen möchte, sondern kann prinzipiell auf alles zurückgreifen, was eine soziale Gemeinschaft, eine Kultur zur Interpretation von Wirklichkeit an Denkmodellen bereitstellt.
Doch man sollte vorsichtig sein, dies alles nur der Sprache – und später der Schrift – zu unterstellen. Man sollte dabei nicht vergessen, dass Sprache nur ein – wenn auch sehr wesentliches – Symbolsystem ist. Wie uns die Mediendiskussion lehrt, haben wir inzwischen wirkmächtige bildhafte Formen der Symbolisierung entwickelt. Wir können davon ausgehen, dass jede Form der Sinneswahrnehmung im Verbund mit geeigneten Medien symbolische Formen hervorbringen kann. (So könnte man – um nur ein etwas ausgefalleneres Beispiel zu wählen – die klassische französische Küche als ein System für geschmackliche Symbole ansehen, in dem die Gerichte die Symbole wären.)
Aber es ist wohl auch so, dass mit der Sprache noch nicht alle Symbolsysteme, die unsere Kultur ausgebildet hat, dem Kind zur Verfügung stehen. Damit sei nur angedeutet, dass sich in vielen kulturellen Bereichen symbolische Systeme entwickeln können, die nur speziellen Kennern wirklich begreifbar sind. (Die Vielfalt symbolischen Denkens im Bereich des frühen Kindesalters beschreibt aus pädagogischer Sicht Gardner, Howard: Der ungeschulte Kopf, Stuttgart 1993, insbes. S. 77 ff.)

(Aus: Gerd E. Schäfer, Aufgaben frühkindlicher Bildung, a. a. O., S. 140–143)

1 Skizzieren Sie den Gedankengang des Textauszuges.

2 Erläutern Sie, welche Rolle das Phänomen Nachahmung beim Spracherwerb spielt.

3 Erörtern Sie pädagogische Probleme, die sich daraus ergeben, wenn Sprache als Symbolsystem erlernt wird.

1.2.1.4 „Bei sprachlichen Fördermaßnahmen kommt es pädagogisch jeweils auf den Kontext an!" – Pädagogische Folgerungen

Schließlich ist die Sprache ein konventionelles, kulturelles Symbolsystem. Sie wissen, dass jedes Sprachsystem nur bestimmte Laute benutzt und in bestimmter Weise kombiniert. Das wird untersucht durch das, was man Phonologie nennt. Wenn Sie sich einen polnischen Satz ansehen, sehen Sie Konsonanten kombiniert, die für uns Deutsche in dieser Kombination unaussprechbar sind, weil für uns zu wenig Vokale dazwischen sind. Umgekehrt, wenn Sie an das Italienische denken, sind ein paar Vokale mehr zwischendrin. Die Sprache wird dadurch melodiöser als unsere Sprache. Unsere krächzt, raschelt und knirscht viel mehr als Italienisch und Polnisch natürlich noch mehr.

Dass wir „Hund" sagen und nicht „Wachs", ist einerseits rein zufällig. Andererseits ist es nicht ganz zufällig, weil es uns die Tradition unserer Kultur vorgibt. Aber es hätte genauso gut anders laufen können, wie wir das aus anderen Kulturen mit anderen Sprachen kennen. Im Prinzip ist die Zuordnung dieses sprachlichen Zeichens „Hund" nicht zwingend. Nur, damit es funktioniert, müssen wir uns einig sein, dass wir alle unter diesem Zeichen „Hund", dieses vierbeinige Wesen, das bellt und mit dem Schwanz wedelt, verstehen. Wir müssen uns einig sein, welche Wörter welchen Gegenständen, Ereignissen und Vorgängen zugeordnet werden. Das heißt, wir müssen wissen, was die Wörter (in unserem kulturellen Zusammenhang) bedeuten. Ich muss wissen, was der Begriff Hund abgrenzt, was er in sich aufnimmt. Hier habe ich die verschiedensten Hunde und da wundert man sich manchmal, dass dies immer noch ein Hund ist. Es ist die Semantik, die untersucht, was sprachliche Wendungen in einem kulturellen Zusammenhang bedeuten. Wie man Wörter und Sätze bildet, das ist in der Grammatik und der Syntax festgelegt.

Mit diesen linguistischen Begriffen möchte ich an dieser Stelle nur zeigen, wie viel Konvention in einer Sprache steckt. Und das ist noch nicht alles. Wenn ich sage, „oh, du kleiner Dreckspatz", dann kann ich das sehr wörtlich meinen. Ein dreijähriges Kind würde das auch sehr wörtlich nehmen. Aber dass ich das in einem übertragenen Sinn meine, das muss man kennen. Kinder lernen das sehr schnell. Das sind die Konventionen der Pragmatik des Sprachgebrauchs.

Sprechenlernen und sozialer Bezug

Alle diese Systeme erlernt ein Kind, das sprechen lernt, ohne dass sie ihm jemand erklärt. Es lernt dies allein durch den Gebrauch in dem Alltagszusammenhang, in dem Wörter, Sätze oder Geschichten dazu benutzt werden, sich zu verständigen. Das heißt aber auch, in einem sprachlichen Alltag, in dem wenig gesprochen, die Begriffe wenig differenziert, Ereignisse eher unkommentiert bleiben und es wenige Bereiche gibt, über die gesprochen wird, wird auch die Sprache des Sprechen lernenden Kindes sich in diesem schmalen Horizont eines sprachlichen Universums bewegen. Gerade die konventionelle-kulturelle Seite der Sprache und des Sprechens ruft Unterschiede der sprachlichen Ausdrucksfähigkeit hervor und macht deutlich, dass sprachliche Bildung in einen soziokulturellen Alltag eingebettet ist und nicht auf ein paar Fördermaßnahmen eingeschränkt werden kann.

Ich fasse (in einem Satz) zusammen:

Sprechen heißt, einen Erfahrungszusammenhang (*Ereignissystem*) über eine Ordnung der Laute (*sensorisches System*) als Form von Kommunikation (*kommunikatives System*) auf der Basis einer emotionalen Ordnung der Beziehungen (*emotionales System*) in symbolischer Form (*Symbolfunktion*) und mit Hilfe einer soziokulturellen Ordnung der Laute, Wörter und Sätze (*kulturelles System*) so zu gestalten, dass er für Menschen mit vergleichbarem sprachlichen kulturellem Hintergrund verständlich und nachvollziehbar ist.

Jetzt schauen Sie einmal, was davon tatsächlich in Sprachtests und in Sprachfördermaßnahmen berücksichtigt wird. Die meisten umfassen nur einen, höchstens zwei dieser Aspekte. Man muss verstehen, dass Sprachtests nicht aus pädagogischem Interesse konzipiert werden, sondern in der Regel aus einem wissenschaftlichen Interesse von Sprachpsychologen, Linguisten usw., die einen schmalen Blick auf die Sprache haben, der legitim und wichtig ist für die Forschung. Wenn daraus Tests konstruiert werden, dann erfassen diese tatsächlich nur einen kleinen Ausschnitt aus dem Gesamthorizont sprachlicher Bildung. Und wenn daraus dann Fördermaßnahmen abgeleitet werden, dann betreffen sie eben auch nur einen solchen schmalen Ausschnitt. Als Pädagoge muss ich jedoch immer überlegen, wie die einzelnen Ausschnitte in den gesamten Kontext sprachlicher Bildung eingebunden sind. Aber dazu muss ich von diesen Kontexten etwas wissen. Das Reden über einzelne sprachliche Fördermaßnahmen geht genau an dieser zentralen Aufgabe vorbei. Zudem fehlt auch bisher eine frühpädagogische Forschung, die nicht nur einzelne Aspekte in den Blick nimmt, sondern Sprache und Sprechenlernen als Entwicklung eines kindlichen Erfahrungszusammenhangs erfasst.

(Aus: Gerd E. Schäfer, Spracherwerb als frühes Erfahrungslernen. Thesen aus kognitionswissenschaftlicher und pädagogischer Sicht. Vortrag zum GEW-Workshop „Sprache – Kommunikation – Bildung" zum Förderprogramm „Sprache & Integration" des BMFSFJ 2. und 3. Dezember 2011 in Steinbach/Ts.; in: http://www.gew.de/Binaries/Binary84637/VortragSpracherwerbSchäfer.pdf – [01. 05. 2013])

1.2.2 Zur pädagogischen Bedeutung des Spiels

1.2.2.1 Hinführung: Gesellschaftsspiele – die beliebtesten Spiele für Kinder und Erwachsene

Gesellschaftsspiele erfreuen sich nach wie vor großer Beliebtheit. Dies sind die beliebtesten Gesellschaftsspiele und das aktuelle Spiel des Jahres.

Trotz Spielkonsole und PC-Games hat das Gesellschaftsspiel nicht an Attraktivität verloren. Jedes Jahr wird in unterschiedlichen Kategorien das Spiel des Jahres gekrönt. Manche

Monopoly – das mit Abstand beliebteste Gesellschaftsspiel.
(Foto: picture alliance/CTK/Josef Horazny)

Weltrekordversuch mit Monopoly
(Foto: Jonathan Short/UPPA/Photoshot/dpa-Report/picture alliance)

Spiele verschwinden nach einigen Jahren wieder vom Markt, während andere immer wieder gerne gespielt werden. So überrascht es nicht, dass die beliebtesten Gesellschaftsspiele teilweise schon sehr alt sind.

Spiel des Jahres
[…] wurden gleich zwei Spiele […], einmal in der Kategorie Kinderspiele und einmal in Spiele für Kinder und Erwachsene. Zum besten Kinderspiel wurde das Gesellschaftsspiel „Diego Drachenzahn" gewählt. Dieses Brettspiel ist im Prinzip sehr einfach. Es ist eine Mischung aus Strategie- und Geschicklichkeitsspiel. Die Kinder müssen versuchen, mit ihren Drachen verschiedene Gegenstände, die sie zuvor über eine Karte gezogen haben, in Brand zu stecken. Dies geschieht, indem sie einen kleinen Feuerstein mit dem Finger über das Spielfeld schnipsen. Der Clou dabei ist, dass die anderen Kinder nicht wissen, welchen Gegenstand der Spieler in Brand setzen muss. Am Ende gewinnt nicht unbedingt der geschickteste Spieler, sondern der, der am besten bluffen kann.

Das zweite Spiel des Jahres ist das Gesellschaftsspiel Dixit. In diesem Spiel geht es darum, die Fähigkeiten der Kommunikation und Assoziation einzusetzen. Die Spieler müssen Ideen aufbauen und ihre Fantasie einsetzen. Die Spielkarten sind aufwendig illustriert und erinnern ein wenig an die Gemälde von Salvador Dalí.

Weitere Spieletrends für Gesellschaftsspiele
Seit vielen Jahren kann man beobachten, dass Gesellschaftsspiele sich immer auch an erfolgreichen Fernsehserien, Quizshows und Kinofilmen orientieren. Spiele wie „Wer wird Millionär" oder „Herr der Ringe" gehören zu den beliebtesten Gesellschaftsspielen. Fantasiespiele, die von Magie, Mystik, fantastischen Gestalten, Helden und Elfen erzählen, sind ebenfalls seit einigen Jahren sehr beliebt.

Das beliebteste Gesellschaftsspiel ist Monopoly
Wer hätte das gedacht, Monopoly ist das beliebteste Gesellschaftsspiel seit seiner Entstehung.

Kritiker nennen Monopoly auch das Kapitalistenspiel. Tatsächlich liegt der Reiz des Spiels darin, seinen Reichtum zu vermehren und durch Glück und Geschick möglichst viel Geld zu verdienen. Monopoly wurde immer wieder neu aufgelegt. Monopoly gibt es heute zu allen möglichen Themen, die Grundidee des Spiels ist jedoch immer noch die selbe. Die Auswahl reicht vom dreidimensionalen Städte Monopoly über das Simpson Monopoly bis hin zum Banker Monopoly, bei dem mit Kreditkarte gezahlt werden kann. Sogar ein Monopoly Schweiz ist mittlerweile erhältlich.

Die beliebtesten Gesellschaftsspiele

Jahr für Jahr werden die beliebtesten Gesellschaftsspiele ermittelt. Einige der beliebtesten Brettspiele wie beispielsweise Schach, tauchen jedes Jahr in dieser Bestenliste auf. Im Jahre 2010 war das beliebteste Gesellschaftsspiel Monopoly, gefolgt von Risiko und „Herr der Ringe“. Die Klassiker Schach, Dame, Mühle, Halma und Backgammon belegten die Plätze 4–8. Die letzten vier unter den zwölf beliebtesten Gesellschaftsspielen sind „Trivial Pursuit“, „Der eiserne Thron“, „Abalone“ und „Die Siedler von Catan“.

(Aus: http://www.pageballs.com/gesellschaftsspiele-das-sind-die-beliebtesten-spiele-fuer-kinder-und-erwachsene – [20. 09. 2011]; © 2010, 2011 Pageballs GmbH – Die Autoren Community / E-Mail: support@pageballs.com)

1 Beschreiben Sie die angeführten Spiele. Nennen Sie auch weitere Spiele.

2 Vergleichen Sie das genannte Ranking mit den Vorlieben in Ihrem Kurs.

3 Ein Leben ohne Spiele? Erörtern Sie mögliche Konsequenzen für den Einzelnen wie für das soziale Miteinander.

1.2.2.2 Spielen als Bildungsprozess

Im Rahmen des Forschungsschwerpunktes „frühkindliche Bildungsforschung“ hat sich Prof. Dr. Gerd E. Schäfer vor allem auch mit der Bedeutung des kindlichen Spiels beschäftigt.

Einem Beobachter, der Kindern bei ihren Tätigkeiten zusieht, fällt ins Auge, dass sie spielen. Wenn sie nicht spielen, langweilen sie sich – wie mir ein Kind einmal bekannte. Eine Bildungstheorie für das frühe Kindesalter, die von der Eigenaktivität des Kindes ausgeht, wird also damit beginnen müssen, ein Verständnis für die Bildungsprozesse zu entwickeln, die im kindlichen Spiel wie selbstverständlich ablaufen.

Spiel ist freilich nur ein sehr allgemeiner Oberbegriff für eine Fülle von Tätigkeiten, die das Kinderleben und auch das der Erwachsenen durchziehen. Als Spiel gelten die Gestaltungen des Kindes, das Bauen und das Malen, das Imitieren, das Übernehmen von Rollen, das Durchprobieren von Situationen, das Wiederholen und Ordnen starker Eindrücke. Im Spiel vollzieht sich Einübung, Entlastung, Aneignung, Austragen von Kräfteverhältnissen, symbolische Weltdeutung, seelische Heilung und vieles mehr. Will man nun die bildenden Prozesse all dieser Spielphänomene erfassen, gibt es zwei Möglichkeiten: Man kann die Funktionen untersuchen, die durch das Spiel aktiviert werden, oder die Strukturen ausfindig machen, die ein bestimmtes Verhalten zum Spiel machen.

Funktionen des Kinderspiels

Hält man sich an die Funktionen, so scheint es nahezu keine menschliche Möglichkeit zu geben, die nicht auch ins Spiel einbezogen werden kann: Sinnliche, körperliche, kognitive, emotionale, moralische, soziale Fähigkeiten hat man in den Kinderspielen nachweisen können, so dass man sich fragen muss, ob das Spiel eine spezifische Aufgabe in der Ausbildung von Funktionen oder Fähigkeiten übernehmen kann. Diese Frage wird spätestens seit den Arbeiten von Groos (Die Spiele der Tiere; Jena 1896; ders.: Die Spiele der Menschen; Jena 1899) intensiv bei Tier und Mensch untersucht. Bleiben wir zunächst bei den Tieren, dann möchte man Groos zustimmen, das Spiel als eine Einübung in die spezifischen Lebensweisen und Aufgaben einer Tierart zu betrachten. Jeder kann an Hunden und Katzen beobachten, wie sie ihre Fähigkeiten zur Jagd, ihr Geschlechtsverhalten oder ihre körperliche Geschicklichkeit in ihrer Kindheit und Jugend im Spiel trainieren, um dann für den Ernstfall gerüstet zu sein. Neben der Ausbildung für das Leben eines erwachsenen Tiers scheint das Spiel aber auch der Erholung zu dienen. Schließlich finden wir, dass Tiere auch Lebensbereiche ins Spiel einfließen lassen, die in der Wirklichkeit nicht genügend gefordert werden. Die neuere Tierverhaltensforschung hat aber nicht nur einzelne Funktionen und Fähigkeiten aus dem Spiel analysiert, sondern die Vielfältigkeit und

Paul Klee: Ein Kinderspiel (1939). Kleisterfarbe und Aquarell auf Karton 43 × 32 cm. Staatliche Museen zu Berlin, Nationalgalerie, Museum Berggruen
(Foto: Bridgeman)

Flexibilität des Spiels selbst als eine wesentliche Funktion herausgearbeitet. Danach ist jedes Spiel ein Informationsgewinn für das Individuum. „Die beste Strategie, um anwendbare Information zu gewinnen, besteht ja darin, möglichst unbeschränkt Information aufzunehmen, denn unter dieser Voraussetzung ist darin mit der größten Wahrscheinlichkeit auch die nützliche Information enthalten." (Hassenstein, B.: Instinkt, Lernen, Spielen, Einsicht; München 1980, S. 121.)

Eine ähnliche Entwicklung findet man in den psychologisch orientierten Untersuchungen zum Kinderspiel. Hier dominieren Aussagen zu drei Bereichen: Spiel scheint besonders für die kognitive, emotionale und soziale Entwicklung von großer Bedeutung zu sein. Im kognitiven Bereich geht es dabei nicht nur um die Entwicklung des logischen Denkens, das seinerseits dem Spiel ja gar nicht so nahe steht, vielmehr öffnen sich spielend Felder, in denen sich Neugier, Ausprobieren und Erfindung tummeln können. Spiel braucht – wie Heckhausen (Entwurf einer Psychologie des Spielens; in: Psychologische Forschung, 27. Jg. 1964, S. 225–243) beschrieben hat – ein mittleres Erregungsniveau, damit es einerseits nicht langweilig, andererseits nicht zur geistigen Plage wird. In neuerer Zeit wird die Betonung auf die imaginativen Aspekte des Spiels gelegt, auf die Möglichkeiten, sich spielerisch verschiedenste Wirklichkeiten zu „vergegenwärtigen" und im Bereich des Als-Ob zu durchdenken. Die emotionale Bedeutung des Spiels wurde vorrangig in der Kinderpsychotherapie herausgearbeitet. Hier steht die Möglichkeit im Vordergrund, im Spiel emotionale Beziehungen zu vergegenwärtigen, zu strukturieren und zum Teil zu bewältigen. In diesem Sinne hat Spiel eine Selbstheilungsfunktion für emotionale Probleme. Wo diese Funktion durch biografische Bedingungen verloren gegangen ist, kann Spieltherapie versuchen, sie wieder herzustellen. Ebenso scheint die soziale und moralische Entwicklung dem Spiel so viel zu verdanken, dass manche Pädagogen vor allem darin eine Rechtfertigung für die pädagogische Bedeutung des Spiels sehen. Aber Kinder werden vermutlich sehr schnell zu spielen aufhören, wenn man an ihrem Spiel nur ihre Fähigkeiten zur Beachtung moralischer und sozialer Prinzipien ablesen würde. Fragt man nur nach den Funktionen des Kinderspiels, so bleibt unklar, ob Kinder spielen müssen, um die genannten Kompetenzen zu erwerben. Oder gäbe es vielleicht andere oder sogar bessere Förderungsmöglichkeiten dafür? Deshalb muss man auch die Frage beantworten, was denn das Spiel – unabhängig von seinen unterschiedlichen Inhalten – zum Spiel macht. Es geht um eine Grammatik des Spiels, die offensichtlich anders vorgeht als eine Grammatik des Lernens oder der Arbeit.

(Aus: Gerd E. Schäfer, Aufgaben frühkindlicher Bildung. In: Ders. (Hrsg.), Bildung beginnt mit der Geburt. Ein offener Bildungsplan für Kindertageseinrichtungen in Nordrhein-Westfalen, 2., erweiterte Auflage, Cornelsen Scriptor: Berlin – Düsseldorf – Mannheim 2007, S. 104–106)

1 Skizzieren Sie den Gedankengang des Autors und erläutern Sie diesen anhand von selbst gewählten Beispielen.
2 Erörtern Sie, welche Bedeutung der Spieltherapie bei psychischen Problemen beigemessen werden kann.

1.2.2.3 Grammatik des Spielens

Eine solche Grammatik setzt mit Beschreibungen der typischen Merkmale des spielerischen Verhaltens ein. Über einen gewissen Grundkanon in diesen Beschreibungsmerkmalen ist man sich weitgehend einig (dazu besonders Scheuerl, Spiel: Untersuchungen über sein Wesen, seine pädagogischen Möglichkeiten und Grenzen; Weinheim, Basel 1996): Spiel ist frei von äußeren Zwecken und erstrebt auch keine bestimmten Ziele. Damit bildet es einen eigenen Verhaltensbereich, erzeugt seine Spannung und Motivation immer wieder aus sich selbst und hält diese so lange aufrecht, wie gespielt wird. Der Spielbereich grenzt sich von anderen

Verhaltensbereichen ab; man betritt ihn, wenn man sagt: „Ich spiele!", man verlässt ihn, wenn man etwas anderes macht. Diesem psychischen Raum, in dem das Spiel sich ansiedelt, entspricht ein zeitlicher Raum: Das Spiel hat einen Anfang und ein Ende. Dazwischen bildet jedes Spiel seine eigene zeitliche Gestalt, spürbar im Ablauf seiner spezifischen Dramatik. Diese Dynamik wird wesentlich auch dadurch in Gang gesetzt, dass im Spiel Gegensätze und Widersprüche nebeneinander bestehen bleiben können und nicht in der einen oder anderen Richtung logisch entschieden werden müssen. Im Raum des Spiels versammeln sich schließlich Vorstellungskraft und Fantasie. Sie bilden einen Bereich eigener Gesetzlichkeit, neben den Regeln, die die Wirklichkeit steuern.

Aus psychoanalytischer Sicht verbindet Winnicott (Vom Spiel zur Kreativität; Stuttgart 1973) die Entstehung eines psychischen Zwischenbereichs mit dem Spiel. Er nennt den Zwischenbereich einen „intermediären Raum". Er ist dadurch gekennzeichnet, dass er einerseits mit Vorstellungen aus der Wirklichkeit gefüllt wird. Insofern besteht das Spiel aus Bildern aus der Wirklichkeit. Kinder spielen etwas, was sie kennen. Andererseits können sie diese Wirklichkeiten so behandeln, wie es ihren Wünschen entspricht. Weil Spiel keine Wirklichkeit ist, sondern eine Simulation der Wirklichkeit, ein So-tun-als-ob, können sie mit ihren Wünschen die Wirklichkeit verändern. So kann Neues entstehen.

Spielerische Beziehungen prägen insbesondere die frühe Kindheit. Dort scheinen sie die zentrale Möglichkeit zu sein, zu den verschiedensten Wirklichkeiten des Lebens Verbindung aufzunehmen, sie kennen zu lernen und auszuprobieren. Weil die Kinder die Gesetze der Wirklichkeit noch nicht kennen, weil für sie aber auch wichtig ist, ihre eigenen Wünsche und Hoffnungen in die Wirklichkeit hineinzutragen, um ein Leben zu leben, das als sinnvoll und erfüllt erlebt werden kann, brauchen sie einen Spielraum, in dem sie ausprobieren können, wie viel Wunschwelt die Wirklichkeit verträgt und wie viel Wirklichkeit notwendig ist, damit die Wünsche nicht nur Fantasie bleiben. Kinder brauchen Spiel, um Utopie und Wirklichkeit miteinander zu versöhnen.

Warum also spielen Kinder? Indem sie sich im Spiel der Wirklichkeit hingeben, erfahren sie zum einen die Wirklichkeit, ohne ihr gleich realistisch gerecht werden zu müssen. Sie tragen zum Zweiten ihre Wünsche in die Wirklichkeit und verändern sie danach. Und sie probieren drittens die neu entstehenden Wirklichkeiten in einem Bereich der Simulation aus, stellen spielend fest, welche Konsequenzen sich aus diesen vorgestellten Wirklichkeiten ergeben könnten. Spielen ist also eine wichtige Tätigkeit, um die Welt als etwas zu erfahren, wo man mit seinen Wünschen und Vorstellungen zu Hause sein kann. Im Spiel lernt man nicht nur etwas über die Welt, sondern richtet sein Verhältnis zur Wirklichkeit so ein, dass man allmählich die Notwendigkeiten der Wirklichkeit mit den persönlichen Bedürfnissen versöhnt. Für diese Versöhnung brauchen Kinder Zeit und Möglichkeit zum Ausprobieren. Deshalb und nicht nur, weil das Spiel das Sozialverhalten, die körperliche und geistige Geschicklichkeit, das Vorstellungsvermögen oder sonst etwas übt; kein Kind würde aus solch einem Grund spielen – ist das Spiel das wichtigste Lernfeld in der frühen Kindheit. Und auch die Erwachsenen spielen noch, wenn sie in Kunst und Wissenschaft Neues erfinden oder sich dem Lesen, dem Musikhören, dem Besteigen von Bergen, Fliegen oder Reisen hingeben.

Einige Facetten dieses Weges, über das Spiel mit der Wirklichkeit Verbindung aufzunehmen, sollen in den folgenden Abschnitten nachgezeichnet werden.

(Aus: Gerd E. Schäfer, Aufgaben frühkindlicher Bildung, in: Ders. (Hrsg.), Bildung beginnt mit der Geburt. Ein offener Bildungsplan für Kindertageseinrichtungen in Nordrhein-Westfalen, 2., erweiterte Auflage, Cornelsen Scriptor: Berlin – Düsseldorf – Mannheim 2007, S. 107–109)

1 Geben Sie die wesentlichen Überlegungen des Textautors wieder.
2 Entwickeln Sie pädagogische Möglichkeiten, die sich aus einer „Grammatik des Spielens" ergeben können.

(Foto: Georg Bubolz, Erkelenz)

In den ersten drei Lebensmonaten scheint es noch keine spielerischen Phänomene zu geben, die man bei Säuglingen beobachten könnte. Allerdings gibt es eine wichtige Einsicht über einen Vorläufer des Spiels, die Nachahmung. Meltzoff/More (Newborn infants imitate adult facial gestures; in: Child Developement 54, 1983, S. 702–709) haben zeigen können, dass Säuglinge vom ersten Lebenstag an fähig sind, ihre Eltern zu imitieren. Allerdings beziehen sich diese Möglichkeiten vor allem auf drei mimische Gebärden des Gesichts: das Herausstrecken der Zunge, das Öffnen des Mundes und das Schürzen der Lippen.
Zum Zweiten gibt es ein wichtiges Merkmal, das für das Spiel in vielen Fällen wesentlich zu sein scheint, und das ebenfalls bereits in den ersten Lebensmonaten erfahrbar ist: Kinder unterscheiden nicht, auf welche Weise sie die Wirklichkeit um sich herum wahrnehmen. Sie nutzen alle Wahrnehmungsweisen gleichzeitig und können von Anfang an all das, was sie hören, sehen oder fühlen, miteinander in Beziehung setzen.
Es wurde bereits dargestellt, dass Kinder zunächst einmal Objekte und Personen aus dem unendlichen Fluss von Wahrnehmbarem ausgrenzen müssen. Dann erfahren sie diese Dinge jedoch nicht als einzelne Gegenstände, sondern als Teil einer erlebten Szene. Damit ist das zentrale Element gewonnen, mit dem man spielen kann. Im Spiel wird vorgestellte Wirklichkeit in Szenen gefasst.
Damit sind zu diesem frühen Entwicklungszeitpunkt zwei wesentliche Grundbausteine spielerischen Verhaltens in ihren Grundelementen gegeben: einfache Formen der Nachahmung (ein wichtiger Baustein der Kommunikation) und die Erfahrung szenisch handelnder Strukturierung (als Organisator und Gestalter eines Zusammenhangs).
Dies geht einher mit einer Art des Eltern-Kind-Dialogs, dem bereits deutliche Elemente spielerischen Verhaltens anzumerken sind: Funktionslust, Wiederholung und Variation. Sie finden sich in dem, was die Säuglingforschung „Mitziehen“ nennt. Brazelton und Cramer haben es zusammengefasst: „Lächelt die Mutter, so lächelt das Baby zurück; nun wird sie ihr Lächeln intensivieren, das Baby wird erneut lächeln. Mit dem dritten Lächeln verlegt das Baby sich unter Umständen darauf zu „erzählen“. Wenn sie merkt, dass das Spiel sich geändert hat, wird sie dem Baby auf gleiche Weise antworten. Nun variiert das Baby den Tonfall seiner Lautäußerungen. Die Mutter erweitert ihre Antwort um ein Wort, um ihr Nachdruck zu verleihen. Das Baby strahlt auf und wiederholt den Laut. Sie fügt ein weiteres Wort hinzu; das Baby antwortet ein drittes Mal. Nun wird sie versuchen, den Dialog noch weiter zu steigern. Der Säugling wird die Sequenz bald beenden und wegsehen, als wolle er sagen: „Das reicht für's Erste.“ Im nächsten Spiel verlegen sie sich vielleicht auf motorische Aktivitäten und ahmen einander nach: Achselzucken, Gesichterschneiden usw.“ (Brazelton, T. B., Cramer, B. G.: Die frühe Bindung – Die erste Beziehung zwischen dem Baby und seinen Eltern; Stuttgart 1991, S. 153.)
„Sobald es möglich ist, einen längeren Dialog miteinander zu führen, beginnen sowohl die Eltern als auch die Säuglinge, die Grenzen des Babys zu testen und zu erweitern. Sie versuchen, die Fähigkeit des Babys zu steigern, (1) Informationen aufzunehmen und auf sie zu reagieren, und (2) sich zurückzuziehen und sein Gleichgewicht wiederzugewinnen. Im Laufe des dritten und vierten Lebensmonats bringen sensible Erwachsene das Baby an die Grenzen dieser beiden Fähigkeiten und geben ihm dabei Zeit und Gelegenheit wahrzunehmen, dass sie diese gesteigerten Fähigkeiten in ihr eigenes Verhaltensrepertoire aufgenommen haben. Die Mutter hat ihre Rolle gelernt; jetzt kann das Baby „üben“. Da Mutter und Säugling nun über einen längeren Zeitraum hinweg in harmonischem Einklang kommunizieren, können sie miteinander spielen: Auf jedes Lächeln, jede Lautäußerung und jede Berührung erfolgt die entsprechende Antwort.“ (ebenda, S. 141.)
Die Rolle von Mutter und Vater sind bei diesen „Mitziehspielen“ bis an die Grenzen der Fähig-

keiten des Babys durchaus unterschiedlich: „Väter neigen eher zu lebhaften, animierenden Spielen. Sie knuffen und berühren das Baby und steigern auf diese Weise seine Erregung. Die Interaktionen zwischen Säuglingen und ihren Vätern sind im Vergleich zur Mutter-Säugling-Interaktion durch höhere Erregbarkeitsgrade und längere Erholungsphasen gekennzeichnet.“ (Brazelton, T. B., Cramer, B. G.: Die frühe Bindung; 1991.)

Indem die Grenzen der Möglichkeiten des Kindes in diesen Spielen erprobt werden, zeigen sich dem Kind auch seine eigenen Grenzen. Ihm wird klarer, was es kann, was es nicht kann, wo seine Möglichkeiten enden und die Möglichkeiten der Erwachsenen ihm entgegenkommen. Es entwickelt eine erste Ahnung von den Grenzen seines Selbst.

Szenisches Erleben, Mitziehen und Testen der eigenen Grenzen, die Suche nach den Grenzen von Selbst und Anderem, das scheinen die wichtigsten Momente zu sein, die in dieser Zeit den kindlichen Spielen zu Grunde liegen.

In der nächsten Zeit erweitert sich das kindliche Selbst durch eifrige Beobachtung seiner sozialen Umwelt und vor allem durch deren Imitation. Über die Imitation versetzt es sich in andere hinein und macht deren Verhaltensmuster und die daran geknüpften Gefühle in sich selbst lebendig. Damit beginnt seine Fähigkeit zur empathischen Einfühlung. Indem es eine Zeit lang ein anderer als es selbst sein kann – zum Beispiel in Imitationsspielen – gewinnt es auch Distanz zu sich selbst und vermag sich selbst von außen wahrzunehmen.

Dann setzt sich erweitert fort, was unter dem Begriff des „Mitziehens“ an spielerischen Interaktionen zwischen Eltern und Kind bereits früher begonnen hat, mit dem wesentlichen Unterschied, dass nun viel mehr Initiative von den Kindern ausgeht. Sie stacheln nicht nur zu solchen Spielen an, sie ergreifen auch die Initiative bei Veränderungen und wissen sich dem Geschehen zu entziehen.

Das Spiel gewinnt Bedeutung für die Abstimmung von Gefühlen und Affekten zwischen den Erwachsenen und dem Kind. Indem Erwachsene sich auf das Spiel des „Mitziehens“ einlassen, treiben sie nicht nur das Spiel als Spiel voran, sondern spiegeln auch zurück, wie sie das Kind in dieser Situation erleben. Indem sie eine Geste des Kindes aufgreifen, heben sie diese aus dem Fluss der Ereignisse heraus. Indem sie die Geste wiederholen und variieren, spiegeln sie auch die Gefühle zurück, die das Kind in ihnen erzeugt hat. Diese Gefühle werden aber nicht beiläufig geäußert. Vielmehr werden sie betont, vielleicht sogar ein klein wenig übertrieben, damit sie wirklich bemerkt werden. Indem sie miteinander spielen, stimmen Kind und Erwachsener nicht nur ab, was sie miteinander tun, sondern auch, wie sie miteinander fühlen. Auf diese Weise trägt das Spiel zur Regulierung der Affekte bei und bringt die feinere Abstimmung von Gefühlen voran.

Beobachtung der sozialen Umwelt und Imitation weiten auch in den folgenden Monaten die Handlungsmöglichkeiten des Kindes aus. Es reagiert nun nicht mehr unmittelbar auf das, was um es herum geschieht. Zunehmend tritt ein zeitlicher Abstand zwischen der Wahrnehmung eines Verhaltens und seiner (spielerischen) Imitation ein. Die Nachahmung tritt zeitlich verschoben auf. Damit das möglich wird, muss das Kind über Fähigkeiten verfügen: Zunächst muss es zur Person, die es nachahmt, eine Beziehung haben. Dann muss es in der Lage sein, die Verhaltensmuster anderer Menschen, die es nachahmt, in geeigneter Weise in sich wiederzugeben. Diese innere Wiedergabe muss drittens gespeichert werden. Zum Vierten muss es die Fähigkeit besitzen, die imitierten Handlungsmuster selbst auszuführen.

Muster der Selbst- und Welterfahrung und Muster der Imitation dienen der Vorstellungskraft, der Fantasie und dem Spiel als Ausgangspunkt. Vorstellung, Fantasie und Spiel werden zu einem wesentlichen Teil der Wirklichkeitserfahrung und des Umgangs mit ihr. Entscheidend dabei ist, dass sich über diese Prozesse ein (innerer und äußerer) Raum des Als-ob öffnet, in dem das Kind das, was es bisher erfahren und als Erfahrungsmuster in sich gespeichert hat, in neuer und individueller Weise zusammensetzen und ausprobieren kann. Damit entsteht die Möglichkeit, nicht nur die konkret erfahrenen Zusammenhänge zu denken, nicht nur die Muster der Vergangenheit von der Zukunft zu erwarten, sondern mit den Erfahrungsmustern der Vergangenheit zu spielen, mit ihnen neue Möglichkeiten zu entwerfen und zu erproben, zu simulieren, wie sie zu neuen Erfahrungsmustern zusammengesetzt werden und welche Konsequenzen sich daraus ergeben könnten. Die (aufgeschobene) Nachahmung und ihre fantasievollen Variationen bilden die Grundlage der „Als-ob-Spiele", die Kinder im Laufe des zweiten Lebensjahres zunehmend spielen: „Zunächst besteht dieses Spiel aus feststehenden Stücken wie Geburtstagskaffee oder Püppchen schlafen legen. Dann entwickelt es sich zu Dramen, in denen ein Geburtstagskaffee, ein Streit, Sichherrichten und Schlafengehen einander in rascher Folge ablösen, und wenn dann die Darsteller lebendig werden, beginnt ein ganz neues Abenteuer. Mit wachsender Komplexität gehen immer mehr Grundthemen des Lebens in das Spiel ein: Fürsorge und Vertrauen, Selbstbewusstsein und Aggression, Neugier und Faszination, Empathie und Liebe, Grenzen und Schranken, Ängste und Sorgen. Im Idealfall wird das alles zum Bestandteil des reichen kindlichen Innenlebens." (Greenspan, St.: Die bedrohte Intelligenz; München 2001, S. 112.)

In diesen Als-ob-Spielen bildet sich zum einen die erlebte Wirklichkeit in all den bedeutungsvollen Beziehungen ab, die das spielende Kind zu ihr unterhält. Indem diese Beziehungen inszeniert werden, kann das Kind zum anderen darüber „nachdenken". Das Spielen bildet einen Zwischenbereich zwischen Handeln und Denken. Es spielt und denkt mit der szenischen Repräsentation und ihren Variationsmöglichkeiten.

Durch die Als-ob-Spiele des Kindes erreichen nun auch Bildung und Regulierung der Gefühle und Empfindungen eine neue Dimension.

Paul Klee: Fröhliches Kind (1937, 90). Kohle, Kleisterfarbe und Aquarell auf Grundierung auf Papier auf Karton 29,3 × 22,5 cm. Privatsammlung *(Foto: Zentrum Paul Klee, Bern)*

Während bei den Spiegelspielen eine Person anwesend sein musste, die dem Kind ihre Gefühle in geeigneter Weise zurückspiegelt, macht sich das Kind in den Als-ob-Spielen von einer solchen Person unabhängig. Im Spiel projiziert es seine Gefühle in die Szene. D.h. die Spielfiguren selbst spiegeln ihm etwas von seinen eigenen Gefühlen zurück. Es merkt sie also nicht nur an sich, sondern kann sie auch dadurch erkennen, dass sie sich in den Figuren seines Spiels widerspiegeln. Indem die Spielfiguren mit den Mustern der eigenen Erfahrung spielend-fantasierend, simulierend umgehen, gestaltet das Kind in dieser Gegenüberstellung einen Kommentar zu seinen eigenen Erlebnis- und Erfahrungsmustern. Indem es sich mit diesen Möglichkeiten identifiziert, erweitert es die Variationsbreite dieser Muster.

Es kommt aber noch etwas hinzu. Vielfach spielen Kinder ja nicht allein, sondern mit anderen zusammen. So können auch die Mitspieler an die Stelle des spiegelnden Erwachsenen treten. Das bedeutet aber auch: Das Kind ist unabhängiger davon geworden und verfügt in freierer und selbstbestimmterer Weise über den Gebrauch dieser Kommentare bei der Konstruktion seiner Selbst- und Wirklichkeitserfahrung.

(Aus: Gerd E. Schäfer, Aufgaben frühkindlicher Bildung, in: Ders. (Hrsg.), Bildung beginnt mit der Geburt. Ein offener Bildungsplan für Kindertageseinrichtungen in Nordrhein-Westfalen, 2., erweiterte Auflage, Cornelsen Scriptor: Berlin – Düsseldorf – Mannheim 2007, S. 109–115)

1 Erläutern Sie, wo das Spiel in der Beziehung zwischen Kind und Welt nach Gerd E. Schäfer verortet wird.
2 Erörtern Sie mögliche pädagogische Handlungsimpulse, die sich aus dem Textauszug ergeben können.

1.2.2.5 Überlegungen zur „Zweckfreiheit" des Spiels und seiner Pädagogisierung

Die Zusammenfassung der zuerst zitierten Gedanken von Gerd E. Schäfer stehen im Kontext einer „Pädagogik des Spielens". Darauf folgt ein Plädoyer von Gisela Miller-Kipp gegen die Pädagogisierung zweckfreien Spielens.

Wer das Kind als einen Menschen begreift, der sich seine Welt mit den ihm zur Verfügung stehenden Mitteln bedeutungsvoll erschließt, wird das kindliche Spiel nicht als Spielerei abtun, sondern nach den Voraussetzungen und Bedingungen fragen, die dazu beitragen, dass es als Bildungsgeschehen erfahren werden kann. Dabei liegen die wesentlichen bildenden Momente des Spiels nicht so sehr in den Funktionen, die Kinder im Rahmen ihrer Spiele schulen und üben, sondern in der Art und Weise der Welterfahrung, die Spielen ermöglicht:

1. Im Spiel wendet sich das Kind seiner Um- und Mitwelt freiwillig zu. Es verfügt selbst darüber, wie weit und auf welche Weise es sich auf diesen Umgang einlässt.

2. Kinder verbinden immer einen Sinn mit dem, was sie spielen. Sie können nicht sinnlos spielen (wohl aber sinnlos und oberflächlich etwas lernen).

3. Im Spiel gebrauchen Kinder alle Formen körperlich-sinnlicher Erfahrung, szenischer oder bildhafter Vorstellungen, subjektiver Fantasien, sprachlichen oder nichtsprachlichen Denkens sowie des sozialen Austauschs und der Verständigung. Sie werden im Spiel zu einem zusammenhängenden Prozess gestaltet.

4. Spiel folgt dem Rhythmus des subjektiven Erfahrungsprozesses. Man kann Kinder durch äußere Zeitpläne aus diesem Rhythmus reißen oder sie darin unterstützen, ihn zu finden. Wo er gefunden wird, gestaltet sich Spiel als zeitliche Ordnung mit Anfang und Ende, Höhepunkten und Phasen des Dahingleitens, der An- und Aufregung, der Entspannung, des Versunkenseins oder körperlichen Agierens, des Alleinseins oder Zusammenfindens mit anderen. Auf diese Weise finden Kinder ihre eigenen Zeitgestalten, ihren eigenen Rhythmus, Dinge zu tun.

5. Für das Spiel schafft sich das Kind Räume in der gegebenen Umgebung. Es braucht aber auch

Räume, die sich als Spielräume eignen. Solche Räume müssen es zulassen, alleine und/oder mit (einer kleinen Anzahl) von anderen zu spielen. Sie müssen Gelegenheiten, Anregungen, Herausforderungen enthalten, die einladen, sich spielend mit ihnen auseinanderzusetzen.

6. Spiel bildet den Prototyp einer vielsinnlichen, komplexen Erfahrung und steht im Gegensatz zu einem Lernverständnis, das auf der Förderung einzelner Kompetenzen beruht.

7. Am Spiel können sich Gleichaltrige – zuweilen auch Erwachsene – beteiligen, indem sie eigene Facetten ihrer Wahrnehmungs-, Auffassungs-, Handlungs- und Denkmöglichkeiten als Angebote im Rahmen gegenseitiger Verständigung anbieten.

8. Spiel ist ein Bereich, in dem nicht nur Erfahrungen in der genannten Weise gemacht, sondern auch ausprobiert, neu zusammengesetzt und in ihren Möglichkeiten und Folgerungen ausgedacht und getestet werden. Spiel ist deshalb nicht nur rezeptiv verarbeitend, sondern auch produktiv schöpferisch, indem es die Bedingungen schafft, unter denen verschiedenste – selbst widersprüchlich erscheinende – Lebenserfahrungen sich miteinander verbinden lassen.

9. So gesehen ist Spiel die Arbeit des Kindes. Auch die Arbeit der Erwachsenen erhält ihren schöpferischen Charakter, wenn sie spielerische Elemente zum Zuge kommen lässt.

(Aus: Gerd E. Schäfer, Aufgaben frühkindlicher Bildung, in: Ders. (Hrsg.), Bildung beginnt mit der Geburt. Ein offener Bildungsplan für Kindertageseinrichtungen in Nordrhein-Westfalen, 2., erweiterte Auflage, Cornelsen Scriptor: Berlin – Düsseldorf – Mannheim 2007, S. 115–116)

1 Vergleichen Sie die in den neun Punkten dargelegten Positionen Schäfers zum Spiel mit den Überlegungen von Gisela Miller-Kipp (Lehrstuhl für Allgemeine und Historische Pädagogik in Düsseldorf), die im folgenden Textauszug angesprochen sind.

(Foto: Georg Bubolz, Erkelenz)

Der pädagogisch-anthropologische Diskurs über das Spiel ist heillos, wie es scheint, dualistisch befangen. Das berühmteste der vorgehaltenen begrifflichen Duale ist das Dual von „Freiheit und Zwang", pädagogisch-praktisch gewendet das Dual von „Spielen und Lernen". Man kann es für unsere Diskurstradition zurückführen auf das Bemühen, das Spiel als menschliche Lebenstätigkeit und Praxis eigener Würde gegen Platon zu rehabilitieren. Platon ist einer der einflussreichsten Verbreiter des anthropologischen Misstrauens gegenüber dem Spiel – es ist bis heute in der Welt. In seiner Folge wird dem Spiel unaufhörlich ein „höherer" Sinn oder Zweck zugeschrieben, was sich praktisch in seiner permanenten Pädagogisierung niederschlägt.

In praxi wird dem Spiel Zweckfreiheit allenfalls transitorisch konzediert. Denn, so ist die gesellschaftliche Generaleinstellung, es spielt der Mensch *eigentlich,* i. e. zweckfrei und interesselos, nur als – kleines – Kind. Der erwachsene Mensch spielt nicht *eigentlich* – er spielt zum Kulturzweck, zur Geselligkeit, ja auch zum

Wenn Erwachsene Kindern das freie Spielen als Lebenstätigkeit ermöglichen, setzen sie diese zugleich mannigfaltigen Gefährdungen aus. *(Foto: Georg Bubolz, Erkelenz)*

Blick in ein Geschäft für Kindermoden: Durch passende oder unpassende Kleidung kann das Spielverhalten von Kindern beeinflusst werden.
(Foto: Georg Bubolz, Erkelenz)

Zeitvertreib. „Eigentlich“ aber wendet er seine Wesenskräfte zweckhaft an: er arbeitet. In dieser eingefleischten sozio-anthropologischen Sicht wird das Spiel als „Arbeit des Kindes“ begriffen, obschon es in Opposition zur Arbeit gedacht wird. An der nahezu zwanghaften gesellschaftlichen Funktionalisierung des Spiels sind besonders Pädagogen beteiligt.

Die pädagogische Vereinnahmung des Spiels geht in bester humanistischer Tradition zurück auf die Idee einer ästhetischen Erziehung des Menschen. Diese Idee hat im Spiel eines ihrer adäquaten Mittel bzw. Medien gefunden. Sie sei hier bei Schiller zitiert: „Denn, um es endlich auf einmal herauszusagen, der Mensch spielt nur, wo er in voller Bedeutung des Wortes Mensch ist, und er ist nur da ganz Mensch, wo er spielt“ (Schiller 1994, S. 291). Hier wird das Spiel menschlich *wesentlich*. […]

Es gibt ein Kapitel in der neueren Erziehungs- und Kulturgeschichte, das Freiheit […] der Natur, nicht der Vernunft attachiert. Das ist die deutsche Romantik und ihre Idee des Kindes samt dazugehörenden Bildern, Diskursen und Praxisversuchen. Hier figuriert das Kind als reines – im empirischen wie im moralischen Sinne des Wortes – Naturwesen. An diese Idee des Kindes ist in den zur Jahrtausendwende aufgelegten Bilanzierungen des „Jahrhundert des Kindes“ mit Wehmut erinnert, sie ist jedoch als ein Stück Utopie zugleich der Praxis noch weiter enthoben worden. Die romantische Idee des Kindes gebiert die romantische Idee des Kinderspiels. Sie schreibt das Spiel dem Kinde als wesensgemäße kreatürliche Tätigkeit zu. Doch reüssiert diese Idee nicht in der pädagogischen Praxis. Dort wird das natürliche als das vom Kind aus sich, aus seinem natürlichen (kreatürlichen) Wesen heraus betriebene Spiel – das so gesehen wirklich freie Spiel – zum entwicklungspsychologisch geschickten Anfang von Erziehung und/oder Lernen genommen. Aus der wesentlichen Freiheitsbestimmung wird so ein didaktisches Kalkül. Das Dual von „Spielen und Lernen“ verkommt zur Einheitsformel von „spielend lernen“.

Die historische Kontroverse über das „freie“ gegen das angeleitete Spiel liegt innerhalb der Pädagogisierung des Spiels. Gestritten wird über das „Wie“ des Spiels, nicht über das Spiel als Modus von Freiheit. Unter pädagogischem Vorbehalt wird „freies Spielen“ „gewährt“

(Scheuerl 1990, S. 182) und die Handlungsoption umgekehrt: nicht das Spiel hilft dem Lernen, sondern das Spielen muss aus diesem oder jenem Förderungsgrunde seinerseits wieder gelernt werden – „Spielen lernen“ heißt derzeit die Parole dazu.

Damit ist die ideelle wie die praktische Einheit von Spiel, Natur und Freiheit gründlich verloren. Bleibt die Aufgabe, sie und damit die einst gedachten humanen Potenzen des Spiels zurückzugewinnen. Diese Aufgabe liegt offenkundig konträr zur Pädagogisierung des Spiels, und sie stellt sich heute so, dass das Spiel nicht mehr *gegen* „Natur“ – im materiellen Begriff –, sondern *mit* „Natur“ zu begreifen wäre als menschliche Tätigkeit *zwischen* Kultur und Natur, formalisiert: zwischen Freiheit und Zwang. Was wären deren prozessualen Momente und wie hängen Natur und Kultur dabei zusammen?

[...]

Im Diskurs selbst werden in unterschiedlicher Auslegung folgende eigentümliche Momente des Spiels genannt und damit begrifflich bewahrt: der Augenblick, die Kreativität, die Phantasie, die Spontaneität, die Unordnung, der Unsinn und der Zufall. Diese Momente sind freilich im Prozess der Zivilisation ebenso gefährdet wie das freie als das natürliche Spiel(en) wie oben dargelegt. Auf den Prozess der Zivilisation gesehen, könnte man die Pädagogisierung des Spiels auch als seine Domestizierung auffassen. Sie rührt daher, dass die aufgeführten Momente sich nicht organisieren lassen [...] Sie sind dem planenden Zugriff entzogen.

Planung aber ist das Handwerk von Pädagogen. Sie handeln – und denken – intentional und zweckhaft. Wo sie das Spiel zu fassen bekommen, wird ein Plan daraus, paradoxerweise auch wider besseres Wissen um die „natürlichen“ Kräfte oder Momente des Spiels. So ist hier und dort durchaus bewusst, dass diese sich *von sich aus* entfalten und einstellen, dennoch werden sie ständig eingeplant, nicht abgewartet. Wäre etwa „Selbstorganisation“ auf der Handlungsebene eine angemessene Bestimmung des Spiels im Blick auf seine Unverfügbarkeit, und ist „Selbstorganisation“ auch eine in vielen historischen Varianten vorkommende (reform) pädagogische Idealvorstellung vom Lernprozess, so lassen Pädagogen nicht davon ab, Selbstorganisation stets organisieren zu wollen – aus pädagogischem Verfügungseifer, aus inhärentem Zeitmangel, besonders aber auch aus Unsicherheit über die Regulative von Selbstorganisation.

Mit dieser Unsicherheit oder Unwissenheit mag zusammenhängen, dass Pädagogen die Handlungsebene vernachlässigten, wo immer sie das Spiel als eigenes Phänomen zu fassen suchten. Das geschah zuletzt in einer intensiven Diskussion in den 70er Jahren. [...]

Das Spiel [...] zuzulassen, als menschliche Lebenstätigkeit zu respektieren, es nicht in pädagogischer Absicht zu nutzen, nicht pädagogisch zu fördern, setzt bei professionellen Pädagogen gewiss Vertrauen voraus in die Natur des Spiels bzw. in das natürliche, das naturgeschichtlich geerbte Spielvermögen des Menschen. [...]

Das zweckhafte, das organisierte, das funktionale Spiel macht den Großteil der gesellschaftlichen Spielwelt aus. Dort sind die professionellen Pädagogen zu Hause. Ihre Grundstimmung ist der Ernst und ihr Handlungsregulativ heißt „Ordnung“. Unordnung herzustellen und damit Heiterkeit zu erzeugen, ist der Beruf des Clowns, des Lieblings aller Kinder. Heiterkeit – „Spaß“ – ist die Grundstimmung des Spiels. Sie stellt sich ein, wenn man das Spiel so (zu)lässt, wie es sich im Leben ereignet: als kreative Selbstorganisation menschlicher Wesenskräfte. Sie ist möglicherweise und, wenn man der hier vorgelegten Argumentation folgen will, auch tatsächlich ein Geschenk der Natur.

(Aus: Gisela Miller-Kipp, Zufall, Selbstorganisation und Kreativität. Ein Versuch über „die Natur“ des Spiels wider seine Pädagogisierung, in: Johannes Bilstein, Matthias Winzen, Christoph Wulf (Hrsg.), Anthropologie und Pädagogik des Spiels. Beltz Verlag: Weinheim und Basel 2005, S. 274–289)

2 Beziehen Sie Stellung zu den tendenziell kontroversen Überlegungen.

1.3 Erziehung durch Medien und Medienerziehung

1.3.1 Hinführung: Erziehungssituationen

(© Wilfried Gebhard)

1.3.1.1 Eichhörnchen-Gruppe in der Kindertagesstätte „Waldwichtel" – ein Fallbeispiel

Die Eichhörnchen-Gruppe wird von insgesamt 22 Kindern besucht und von 3 Erwachsenen betreut: Einer Erzieherin, einer Kinderpflegerin und einer Berufspraktikantin im Anerkennungsjahr. In der Einrichtung befinden sich noch zwei weitere Gruppen. Aufgrund des Standorts der Kita und dem ausgeprägten Interesse einiger Teammitglieder hat die Einrichtung einen inhaltlichen Schwerpunkt im Bereich Naturerfahrung und Umwelterziehung. Dies ist auch ein wichtiges Argument für viele Eltern, sich für die Kita „Waldwichtel" zu entscheiden.

Das Team der Eichhörnchen-Gruppe beobachtet seit einigen Wochen mit wachsendem Unbehangen die anscheinend wachsende Bedeutung der „Montags-Krankheit": Viele Kinder sind montags unausgeschlafen und deutlich aggressiver als an anderen Wochentagen. In den Freispielphasen werden insbesondere von den Jungs ständig Schusswechsel mit ausgedachten Waffen geprobt. Der Wortschatz wird durch markige Sprüche dominiert und es herrscht ein „cooler" bis ruppiger Tonfall, wie man ihn aus Fernsehsendungen kennt. Die Erzieherinnen Claudia, Nadine und Steffi haben schon auf verschiedenste Arten versucht, dieser „Montags-Krankheit" zu begegnen:

Sie haben die Kinder gebeten, mit dem Geballer aufzuhören, sie haben die Eltern zu geringerem

Fernsehkonsum ermahnt, sie haben bestimmte Montags-Regeln mit den Kindern erarbeitet – und sind inzwischen beim entnervten Gewährenlassen angekommen. Darüber hinaus herrschen im Team jedoch unterschiedliche Einstellungen: Claudia ist inzwischen zu einer handfesten Anti-Fernseh-Aktivistin geworden; sie macht immer wieder deutlich, dass sie davon gar nichts hält und Kinder damit am besten überhaupt nicht in Berührung kommen sollten. Nadine hingegen sieht selbst gerne fern und liebt die entspannten Stunden vor dem Bildschirm – sie kann deswegen Eltern und Kinder ganz gut verstehen. Steffi hingegen erlebt durch ihre eigenen Kinder im Grundschulalter vor allem die wachsende Anforderung an Kinder, sich mit Medien auseinanderzusetzen. Gerade die Heranführung an den Computer sieht sie deswegen als wichtig an.

(Aus: Helen Knauf, Bildungsbereich Medien, Vandenhoeck & Ruprecht: Göttingen 2010, S. 39–40)

1 Beschreiben Sie die angeführten pädagogischen Probleme, erläutern und erörtern Sie diese.

2 Stellen Sie – unter Bezug auf die eigene Biographie – mögliche eigene Medienerfahrungen dar, die unter pädagogischer Perspektive interessant werden können, und erörtern Sie diese.

1.3.1.2 Lästereien im Internet: Cybermobbing trifft jeden dritten Schüler – eine Untersuchung

Sie pöbeln, tratschen, lästern – und zwar online: Jeder dritte Schüler hat bereits Erfahrungen mit Cybermobbing gemacht, zeigt eine neue Studie. Viele sind sowohl Täter als auch Opfer.

Berlin – Wo verläuft die Grenze zwischen normaler Lästerei und Cybermobbing, also dem systematischen Fertigmachen von Mitschülern im Netz? Eine neue Studie fasst darunter bereits das mehrmalige Verschicken beleidigender Mails oder Nachrichten, aber auch das Hochladen peinlicher Videos oder das Posten gemeiner Facebook-Nachrichten. Es ist eine relativ weit gefasste Definition.

Die Studie kommt zu dem Ergebnis, dass ein Drittel der Schüler von Mobbing-Attacken im Netz betroffen ist. Wissenschaftler der Universitäten Münster und Hohenheim haben dafür eine Umfrage durchgeführt, mit mehr als 5 600 Schülern an 33 Schulen im süddeutschen Raum. Die Studie zeigt den Forschern zufolge aber auch, dass besonders verletzende Formen des Cybermobbings vergleichsweise selten sind. Repräsentativ sei die Studie allerdings nicht, sagt die Wissenschaftlerin Ruth Festl, die daran mitgearbeitet hat.

Am weitesten verbreitet sind der Umfrage zufolge beleidigende Nachrichten (14,5 Prozent). In 7,9 Prozent der Fälle wurden vertrauliche Informationen an Dritte weitergeleitet. Gut 5 Prozent haben Nachrichten unter falschem Namen verschickt. Für die breite Öffentlichkeit zugängliche Formen von Cybermobbing wie das Hochladen peinlicher Bilder und Videos bei YouTube kommen dagegen eher selten vor (1,9 Prozent).

Die Autoren der Studie betonen, dass eine klare Unterscheidung zwischen Tätern und Opfern oft nicht möglich ist. Viele Jugendliche berichteten, dass sie selbst Opfer wurden, gleichzeitig aber auch andere über das Internet gemobbt haben. Etwa ein Drittel der Betroffenen gehört zu dieser „Täter/Opfer“-Kategorie, während sich der Rest der Betroffenen jeweils zur Hälfte auf die Täter- und die Opfer-Gruppe verteilt.

Überraschend sei, so Festl, dass das Mobbing in höheren Klassenstufen eher zu- als abnehme. Bisherige Erkenntnisse aus der Mobbing-Forschung und auch die Erfahrungen von Lehrern deuteten eher darauf hin, dass vor allem in der Mittelstufe gemobbt werde. Jetzt zeige sich aber, dass in der siebten Klassenstufe nur rund acht Prozent der Schüler als Täter gelten können, in der zehnten Jahrgangsstufe jedoch schon über 14 Prozent. Die Befragung ist Teil des von der Deutschen Forschungsgemeinschaft (DFG) geförderten Projekts „Cybermobbing an Schulen“.

Bisherige Umfragen kommen bei der Bestimmung der Häufigkeit von Cybermobbing-Fällen zu teils stark abweichenden Ergebnissen. In anderen Untersuchungen wurde die Zahl der Mobbing-Opfer deutlich niedriger angegeben.

(Aus: otr/AFP, Lästereien im Internet © SPIEGEL ONLINE 2013; in: http://www.spiegel.de/schulspiegel/ein-drittel-der-schueler-von-cybermobbing-betroffen-a-913320.html – [28. 08. 2013])

1 Interpretieren Sie die im Textauszug angesprochene Untersuchung zum Cybermobbing.

2 Erörtern Sie pädagogische Möglichkeiten angesichts des Forschungsstandes.

1.3.2 Medienerziehung

Die folgenden Ausführungen sind von der Bundesprüfstelle für jugendgefährdende Medien (BPjM) publiziert.

Kinder und Jugendliche reden auf dem Schulweg oder dem Schulhof miteinander, treffen dort und bei anderen Gelegenheiten Verabredungen für den Nachmittag oder tauschen den neuesten Klatsch aus. Doch immer hat sich ihre Kommunikation in soziale Netzwerke verlagert oder geschieht mittels SMS oder WhatsApp. Das World Wide Web wird nicht nur genutzt um Informationen für die Hausaufgaben und über den Lieblingsstar zu suchen, sondern auch um (Mit-)Schüler bei Facebook kennenzulernen und Musik herunterzuladen. Natürlich sind Jugendliche auch deshalb gerne in der Internet-Community, weil sie eigene Seiten gestalten und sich präsentieren können. Die Anerkennung im Clan oder in der Gilde, die sich als virtuelle Gruppe rund um ein (Online-)Computerspiele gebildet hat, ist einigen sehr wichtig. Und das Fernsehen ist immer noch eine beliebte Quelle für Information und Unterhaltung.

Medienkompetenz muss erlernt werden

Medien spielen eine bedeutende Rolle im Leben unserer Gesellschaft und gerade auch im Leben von Kindern und Jugendlichen. Aber die Fähigkeit, die Medien so zu nutzen, dass sie das Leben bereichern statt es zu bestimmen oder es eintöniger zu machen, ist Kindern und Jugendlichen nicht angeboren. Diese Fähigkeit, die man Medienkompetenz nennt, muss erlernt werden.

Bei näherem Hinsehen erkennt man, dass derjenige, der medienkompetent ist, nicht nur eine, sondern mehrere Fähigkeiten erworben hat. Medienkompetenz ist mehr als die Fähigkeit, technische Mediengeräte zu bedienen. Zur Medienkompetenz gehört unter anderem:

- die Fähigkeit ein Medium auszuschalten, wenn es nicht mehr gut tut oder wenn es Inhalte wiedergibt, die zu belastend sind
- die Fähigkeit, das richtige Medium auszusuchen, um die Antwort zu bekommen, die man sucht
- das Wissen, welcher Information man mehr, welcher man weniger vertrauen kann
- das Wissen, welche Interessen wer mit der Verbreitung von Medieninhalten verfolgt
- technisches, ästhetisches und rechtliches Wissen, um ein Medium, z. B. eine Homepage, selber zu erstellen.

Medienkompetenz durch Medienerziehung: Grenzen setzen, Freiräume schaffen

Um Medienkompetenz zu erwerben, brauchen Kinder und Jugendliche Freiräume zum Ausprobieren und um eigene Erfahrungen mit Medien zu machen. Aber erst die Grenzen, die die (Medien-)Erziehung setzt, schaffen die Freiräume, die für den Erwerb von Medienkompetenz genutzt werden können. Fernsehen bietet Kindern in der Regel den Einstieg in die Nutzung anderer Medien. Mit einer bewussten Fernseherziehung vermitteln Eltern ihren Kindern wichtige Grundlagen zur verantwortungsbewussten Nutzung auch der Neuen Medien. Wenn ein Kind zum Beispiel frühzeitig gelernt hat, zeitliche Grenzen bei der Fern-

sehnutzung zu beachten, wenn es zudem sich mit den Eltern darüber auseinandergesetzt hat, ob ein Computerspiel oder ein Film für sein Alter geeignet ist oder nicht, sind wichtige Voraussetzungen für den Erwerb von Medienkompetenz geschaffen.
Diese Voraussetzungen helfen ihm als Jugendlichen und Erwachsenen selbstbestimmt, nach den eigenen Bedürfnissen gezielt Medien auszusuchen und zu nutzen. Deshalb ist die wichtigste Voraussetzung für den Erwerb von Medienkompetenz zweifellos das, was durch Erziehung und Vorbild im Elternhaus vermittelt wird.

Jugendmedienschutz und Medienerziehung
Welche Grenzen aber sollen Eltern setzen, um ihre Kinder vor den Gefahren der Medien zu schützen und sie zu befähigen, ihre Chancen zu nutzen? Indizierung und Alterskennzeichnung beschränken die Abgabe von Medien an Kinder und Jugendliche durch den Handel. Doch Indizierungen und Alterskennzeichnungen geben Eltern auch Orientierung, welche Medien Kinder nicht nutzen sollten, um nicht gefährdet oder beeinträchtigt zu werden. Sie sind damit auch eine Hilfe, um geeignete Grenzen in der Erziehung zu setzen.

(Aus: Bundesprüfstelle für jugendgefährdende Medien (BPjM), Jugendmedienschutz: Medienerziehung, in: http://www.bundespruefstelle.de/bpjm/Jugendmedienschutz-Medienerziehung/Erziehung-Medienkompetenz/medienerziehung.html – [29. 08. 2013])

1 Arbeiten Sie die Grundgedanken des Textes heraus und setzen Sie sich mit ihnen auseinander.
2 Entwickeln Sie Leitlinien für die Medienerziehung, die Erziehenden als Tipps dienen können.
3 Vergleichen Sie Ihre eigenen Tipps mit denen der Bundesprüfstelle für jugendgefährdende Medien im folgenden Text und beurteilen Sie die „Tipps für Erziehende: Aufwachsen mit Medien“ nach dem Kriterium ihrer pädagogischen Brauchbarkeit.

1. Ab wann wird Medienerziehung für Eltern wichtig?
Sinnvolle Mediennutzung lernen Kinder nicht von selbst oder durch den täglichen Gebrauch der Medien. Auch Mediennutzung will gelernt sein. Eltern sind Vorbild vom ersten Tag an. Wie Medien sinnvoll genutzt werden können, erlernen Kinder erst durch die Eltern und Erziehenden, durch Erfahrungen in der Familie und später auch mit Freunden und Gleichaltrigen. Medienerziehung beginnt also schon in den ersten Lebensjahren. Kinder bekommen schon sehr früh und – je älter sie werden – immer bewusster mit, welche Medien vorhanden sind und wie sie genutzt werden.

2. Sollen Eltern ihre Kinder so lange wie möglich vor Mediennutzung schützen?
Nicht jede Mediennutzung und nicht jeder Medieninhalt ist für jedes Alter geeignet. Eine Zweijährige kann beispielsweise mit Bilderbüchern oder mit Kinderlieder-CDs positive Erfahrungen machen. Für alle Kinder in den ersten drei Lebensjahren ist jedoch z. B. das Fernsehen ein ungeeignetes Medium.
Trotzdem gilt: Durch Medienerziehung sollen Kinder lernen, Medien sinnvoll auszuwählen und zu nutzen. Ziel der Medienerziehung ist nicht, sie von Medien fernzuhalten. Medien bieten Unterhaltung, ermöglichen Kommunikation und vermitteln neue Informationen über unsere Welt. Medien, gerade auch digitalen Medien unvoreingenommen gegenüberzustehen, hilft, im Umgang mit Kindern und Jugendlichen Konflikte zu vermeiden und erleichtert Erziehung. Interessieren Sie sich für die Medien Ihrer Kinder. Wer die Vorteile der Mediennutzung kennt und weiß, dass Medien für Kinder und Jugendliche zum Alltag auch der Kommunikation gehören, wird von Kindern und Jugendlichen auch dann ernst genommen, wenn er die Gefahren und Nachteile von Mediennutzung und -inhalten anspricht. Wenn Eltern und Erziehende Interesse an den von ihren Kindern genutzten Medien zeigen, erleichtert dies den Heranwachsenden, die Argumente der Erwachsenen zu verstehen und gesetzte Grenzen zu respektieren.

3. Wie viel Zeit sollten Kinder mit der Nutzung von Medien verbringen?

Je jünger die Kinder sind, desto wichtiger ist es, darauf zu achten, wie lange Kinder Medien nutzen und mit welchen Inhalten sie konfrontiert werden. Heranwachsende brauchen mit zunehmendem Alter mehr Freiräume.

Vereinbaren Sie mit Ihrem Kind klare Regeln (und achten Sie auf deren Einhaltung), welche Medien wann und wie lange genutzt werden dürfen.

In der Vorschulzeit und den ersten Grundschuljahren (7–8 Jahre) sollten Kinder täglich nicht mehr als eine halbe Stunde mit der Nutzung verschiedener Medien verbringen. Mit zunehmendem Alter Ihres Kindes können Sie schrittweise und bei Bedarf eine Erhöhung der Zeiten der Mediennutzung zulassen und beispielsweise auch eine Ausweitung der Inhalte. Die durchschnittlichen Mediennutzungszeiten von täglich 90 Minuten der 6 bis 13-Jährigen sind entschieden zu lang!

Die Vereinbarungen über solche Zeiten sollten bei älteren Kindern ein Wochenbudget und keine einheitliche tägliche Höchstgrenze vorsehen, damit sie lernen, ihre Zeiten der Mediennutzung mit den unterschiedlichen Schul- oder Freizeitverpflichtungen an einzelnen Wochentagen zu vereinbaren.

4. Wie kann ich mein Kind vor gefährdenden Medieninhalten schützen?

Medien können positiven Einfluss auf die Entwicklung von Kindern und Jugendlichen ausüben, sofern sie – von Medienerziehung begleitet – angemessen genutzt werden. Die Medienwirkungsforschung zu Gewalt in Filmen, Fernsehen, Computerspielen oder Lese- und Hörmedien belegt andererseits aber auch, dass bestimmte Medieninhalte negative Auswirkungen auf die Entwicklung von Kindern und Jugendlichen haben können.

Wenn Ihr Kind häufig durch gefährdende Inhalte überfordert oder verängstigt wird und es aufgrund zeitintensiver Nutzung dieser Medien zu wenige Freiräume für soziale und andere Aktivitäten hat, bringt dies Defizite an Lebens- und Lernerfahrungen mit sich und kann Einschränkungen seiner Entwicklungs- und Lebensperspektiven zur Folge haben.

Es ist wichtig, dass Eltern und Erziehende vor Kindern und Jugendlichen einen eindeutigen Standpunkt zu negativ bewerteten Medieninhalten vertreten. Informieren Sie sich über die Medieninhalte, die Ihr Kind nutzt, sei es im Internet, beim Fernsehen oder bei PC-Spielen. So bleiben sie in Kontakt mit der Medienwelt Ihres Kindes und können reagieren, wenn es Probleme gibt. In aller Regel bekommen Sie dann auch mit, wenn Ihr Kind mit Medieninhalten konfrontiert wird, die seinem Alter nicht angemessen sind. Erläutern Sie Ihrem Kind, warum solche Inhalte nicht geeignet sind und warum Sie deren Nutzung nicht erlauben.

Je älter das Kind wird, desto mehr Freiheit möchte es im Umgang mit den Medien. Wenn dieser Freiraum schrittweise und vorbereitet gewährt wird, ist dies eine Chance, die selbstständige und verantwortliche Nutzung der Medien zu lernen. […]

5. Ist es sinnvoll, einem Kind einen Fernseher ins Kinderzimmer zu stellen?

Bei unter Dreijährigen kann Fernsehen bleibende Schäden verursachen. Wenn Ihr Kind einen eigenen Fernseher im Kinderzimmer hat, verlieren Sie Ihren Einfluss darauf, was es sich ansieht. Außerdem sind die Verlockungen des Fernsehens zu groß, so dass Schularbeiten oder kreatives Spielen vernachlässigt werden. Deshalb: Bitte keinen Fernseher ins Kinderzimmer!

6. Wie kann ich meinem Kind einen verantwortungsvollen Umgang mit Medien vermitteln?

Sie sollten ihr Kind bei seinen ersten Erfahrungen zur Mediennutzung begleiten, damit es mit Ihnen über seine Eindrücke reden und sie verarbeiten kann. Grundsätzlich gilt: Beobachten Sie, wie Ihr Kind auf verschiedene Medien reagiert: Macht es ihm Spaß? Lernt es dabei? Verliert es schnell die Lust? Entwickelt es aggressive Verhaltensweisen? Beachten Sie die altersangemessenen Nutzungszeiten.

Auch wenn es nicht immer einfach ist: Nehmen Sie sich Zeit und erkunden Sie mit Ihrem Kind gemeinsam beispielsweise die Sphären des

Internets, die es kennen lernen möchte und die für ihr Kind geeignet sind oder ein Computerspiel. Nehmen Sie ihre Vorbildfunktion ernst und lassen Sie sich da, wo es unproblematisch ist, auch einmal bei einer eigenen Internetrecherche von Ihrem Kind begleiten.
In späteren Jahren sollten Sie den Kindern größere Freiräume in der Auswahl von beispielsweise Filmen, Fernsehsendungen und auch bei den Nutzungszeiten einräumen, damit sie lernen, selbstständig und selbstverantwortlich damit umzugehen.

7. Was muss ich beim Kauf von Medien wie Filmen oder PC-Spielen beachten?
Ein Film (DVD, Video) für Kinder und Jugendliche sollte auf jeden Fall ein Alterskennzeichen der Freiwilligen Selbstkontrolle der Filmwirtschaft (FSK) tragen, das ihrem Alter entspricht. Kaufen Sie nur PC-Spiele, die für die Altersgruppe Ihres Kindes freigegeben sind und somit ein entsprechendes Alterskennzeichen der Unterhaltungssoftware Selbstkontrolle (USK) tragen, da sonst Kinder und Jugendliche in ihrer Entwicklung durch den Inhalt des Spiels beeinträchtigt werden können. Diese Altersfreigaben sagen aber nichts über den pädagogischen Wert eines Films aus, sie sind keine pädagogischen Empfehlungen!
Bei keinem anderen Medium wie dem Buch ist eine so präzise alters- und entwicklungsgemäße Auswahl möglich. [...]

8. Was leisten pädagogische Empfehlungen?
Pädagogische Empfehlungen informieren darüber, ob die Inhalte eines Mediums den intellektuellen Fähigkeiten von Kindern unterschiedlicher Altersgruppen entsprechen, ihnen Freude bereiten, Fähigkeiten fördern und Kenntnisse vermitteln. [...]

9. Wann wird Mediennutzung zur Sucht?
Eine phasenweise intensive Beschäftigung mit Medien muss noch kein Grund zur Sorge sein. Gesundheitliche Beeinträchtigungen, die Vernachlässigung schulischer oder häuslicher Pflichten, der Verlust sozialer Kontakte oder der Verzicht auf sonst regelmäßig ausgeübte sportliche Betätigung deuten aber auf schwerwiegende bestehende Probleme hin. Radikale Verbote sind bei Abhängigkeit nicht hilfreich. Nehmen Sie in diesen Fällen Kontakt zu Fachleuten der örtlichen Suchtberatungsstellen (Computerspielsucht, Medienabhängigkeit) auf. [...]

10. Was ist sonst noch zu beachten?
Bewegung und frische Luft sind für die Entwicklung Ihres Kindes ebenso wichtig wie musische und kreative Betätigung oder gemeinsames Spielen in der Familie und mit Gleichaltrigen. Wenn es gelingt, unseren Kindern diese Entwicklungsspielräume zu eröffnen, werden sie weniger auf mediale Freizeitgestaltung angewiesen sein.

(Aus: Bundesprüfstelle für jugendgefährdende Medien [BPjM], Tipps für Erziehende: Aufwachsen mit Medien, in: http://www.bundespruefstelle.de/bpjm/Jugendmedienschutz-Medienerziehung/erziehung-medienkompetenz,did=108862.html – [29. 08. 2013])

1.3.3 Erziehung durch Medien

„Erziehung durch Medien" geschieht zumeist funktional, kann aber auch intentional verfolgt werden. Um Wirkungen, die auf Beeinflussungsmechanismen oder Manipulationstechniken beruhen, bewusst wahrzunehmen, kann es hilfreich sein, sich um Aufklärung offener und auch verborgener Auswirkungen von Medien zu bemühen. Unter der Zielperspektive eines verantworteten Medienumgangs sind pädagogisch vor allem solche Techniken und Methoden der Beeinflussung von Menschen durch Medien interessant, die unbewusst ablaufen, d.h. als „heimliche Miterzieher" fungieren. Werden diese durchschaut, ist ein erster Schritt getan, um der „Macht" des Mediums nicht hilflos ausgeliefert zu sein.

Im Fach Erziehungswissenschaft wird nicht nur angestrebt, selbst medienkompetent handeln zu können, sondern zudem die Kompetenz zu erwerben, wie anderen beim Umgang mit Medien Hilfestellung zu humaner Lebensführung angeboten werden kann. Im Folgenden geht es exemplarisch um das Medium Fernsehen, näherhin um einzelne Aspekte, die in einem Projekt über „Die ‚versteckte Pädagogik' des Mediums Fernsehen" im Fach Erziehungswissenschaft bedacht werden können.

1. Aspekt: Motivation zur Beschäftigung mit der „versteckten Pädagogik" des Mediums Fernsehen anhand von einem oder gegebenenfalls von mehreren Fallbeispielen aus dem alltäglichen Umgang mit Fernsehen; eigene biographische Medien-/Fernseherfahrungen können artikuliert werden; mögliche Probleme, die aus dem potenziell unkritischen Gebrauch des Mediums erwachsen, werden gesammelt; als eine unumgängliche Voraussetzung für die Diskussion medienpädagogischer Fragen ist der Wunsch, die Kompetenz zu erwerben, die im Medium selbst liegenden Wirkmechanismen und Beeinflussungsmöglichkeiten in Grundzügen zu kennen und im konkreten Fall zu durchschauen.

2. Aspekt: Charakterisierung des Mediums selbst, wobei etwa Eigenart, dramaturgische Gestaltung, Gattungen, Stilzüge herauszustellen sind, welche den Fernsehmachern zur Verwirklichung ihrer Ziele dienen sollen. Bei der Analyse und Erörterung der intendierten und funktionalen Wirkungen von einzelnen Fernsehsendungen werden die von den Sendeanstalten verfolgten Ziele sowie die tatsächlichen Wirkungen zu untersuchen sein, um sich so der „versteckten Pädagogik" des Mediums, etwa eines Films, zu nähern. – Falls technisch von den Voraussetzungen her möglich, können gegebenenfalls eigene Erfahrung bei der „Produktion" eines Films gesammelt werden, welche Gestaltungsmittel und Wirkmechanismen bei Fernsehsendungen eine Rolle spielen.
Eberhard Kreye weist im Rahmen einer Erläuterung der Darstellungsmittel des Films darauf hin, das Fernsehen erscheine vielen heute als das Medium, das die „Wirklichkeit" am getreuesten wiederzugeben imstande sei. Andererseits wüssten auch jüngere Schülerinnen und Schüler bereits, dass kaum ein Medium so viele Möglichkeiten habe, Wirklichkeit zu verfälschen, zu verändern, zu verdecken. Es sei wichtig, dass Zu-Erziehende im Raum der Schule rechtzeitig erführen, welche Darstellungsmittel und Aussagemuster er besitzt. Es gelte, Schülerinnen und Schüler mit der Zeit zu befähigen, erkennen zu können, dass Wirkung und Funktion einzelner Bilder bzw. Filmszenen von unterschiedlichen formalen Faktoren abhängig sind. Und Kreye führt weiter aus, man müsse vor allem auf folgende Darstellungsmittel achten:

1. Größe der Einstellung (weit, Totale, halbnah, amerikanisch, nah, groß, Detail),
2. Perspektive der Einstellung (z. B. Frosch-, Vogel- und Normalperspektive),
3. Länge der Einstellung,
4. Montage,
5. Bewegung der Kamera,
6. Bewegung des Objektivs (Schwenk, Zoom),
7. Achsenverhältnis von Kamera und Objektiv,
8. Verbindung von Ton und Bild.

Diese – vorwiegend technischen – Darstellungsmittel sind zu ergänzen durch andere – wie künstlerische Gestaltung, Wahl von Gattung und Stil –, mit denen sie zusammen in den Dienst versteckter oder offen erkennbarer Ziele gestellt werden.
Als ein solches erklärtes Ziel kann identifiziert werden, Fernsehen habe „den Auftrag, Meinungsbildung herbeizuführen, genauer: an der Meinungsbildung mitzuwirken“ (Eberhard Kreye).
In diese Richtung weisen auch die ausdrücklichen Intentionen von ARD und ZDF.
Im Staatsvertrag über den Norddeutschen Rundfunk heißt es ergänzend dazu: „Der NDR soll internationale Verständigung fördern, zum Frieden und zur sozialen Gerechtigkeit mahnen, die demokratischen Freiheiten verteidigen und nur der Wahrheit verpflichtet sein.“ Und in den Richtlinien für die Sendungen des ZDF wird bestimmt: „Das Programm soll zu kritischem Denken ermutigen, zu Gespräch und Eigentätigkeit anregen.“ Fernsehen hat also demnach die erklärte Absicht, u. a. zu „Urteilsbildung“, „Gewissensbildung“, „Gespräch“ und „Eigentätigkeit“ zu führen, mit anderen Worten: auch mögliche „pädagogische“ Intentionen.
Es wird danach zu fragen sein, inwiefern die zuvor mit dem Prädikat „pädagogisch“ qualifizierten Intentionen der Fernsehmacher auch tatsächlich pädagogische Auswirkungen zeigen. Wie stimmen diese erklärten Ziele der Sendeanstalten mit den Wirkungen bei den Rezipienten überein? Welche generalisierbaren Ergebnisse der Medienwirkungsforschung liegen vor? Um bei der Thematisierung von „Erziehung durch Fernsehen“ nicht nur über das entsprechende Medium zu theoretisieren, sollten auch praktische Analysen von Fernsehsendungen/-filmen vorgenommen werden. Beim Anschauen werden durch Introspektion „am eigenen Leibe“ erfahrene Wirkungen von Sendungen bewusst und können dann kritisch reflektiert werden.
Die Auswahl der Filme dürfte nicht nur solche Sendungen betreffen, die keinesfalls bewusst Pädagogisches intendieren. Auch explizit pädagogische Programme wie die „Sesamstraße“ oder die „Sendung mit der Maus“ können analysiert werden, wobei allerdings zu beachten ist, dass gerade bei den Sendungen für die „Kleinen“ entwicklungspsychologische Kenntnisse sowie Empathie als Fähigkeit, sich in das Erleben des Vorschulkindes einzufühlen, vorauszusetzen sind. Bei der Auswahl der Filme können verschiedene Fragen aufkommen, z. B.:

- Was ist mit Hilfe welcher Sendung(en) didaktisch intendiert? Soll etwa die Wirkung gewalttätiger Verhaltensmodelle problematisiert werden, könnte ein Krimi gewählt werden. (Generell gilt: Es besteht ein Primat der Ziele vor den auszuwählenden Medien.)
- Sollen nur Filmausschnitte gezeigt werden? Oder ist es sinnvoller, ein „Ganzheitserlebnis“ zu ermöglichen?
- Stammt der Film, der in die nähere Auswahl gezogen wird, aus einem anderen Kulturkreis? Sind Zusatzinformationen über die zugrundeliegenden geschichtlich-gesellschaftlichen Wertvorstellungen nötig, um den Film angemessen zu verstehen? Filme aus einem anderen Kulturkreis werden oft – was diesen Gesichtspunkt betrifft – unkritisch rezipiert. Wie wirken sie sich bei hiesigen Zuschauern aus? Stellen sie aber nicht auch „Erziehungswirklichkeit“ dar, die also pädagogisch zu beurteilen ist?
- Welche Analysemethoden sind bei dem gewählten Film zu bevorzugen? Sollen Beobachtungsaufgaben (etwa zu Personen und ihrem Verhalten in Spielfilmen) vor der Präsentation des Filmes gestellt werden? Sollen Beobachtungsaufgaben – dem betreffenden ausgewählten Film entsprechend – bereits so gestellt werden, dass unmittelbar pädagogische Implikationen des Films zu analysieren sind?

3. Aspekt: Erarbeitung von Beurteilungskriterien für den Umgang mit dem Fernsehen auf dem Hintergrund eines zu erörternden Sinnkriteriums für pädagogisches Handeln: Einerseits können/sollen mögliche Leitsätze für den eigenen Fernsehgebrauch erarbeitet werden, die auch humanwissenschaftlichen Erkenntnissen gerecht werden. Andererseits ist zu bedenken, wie Ziele und Mittel von Medien-/Fernseherziehung in den Dienst der pädagogischen

Absicht gestellt werden, anderen Menschen in der Frage eines angemessenen Umgangs mit dem entsprechenden Medium zu helfen.
Mit dem zuletzt Genannten scheint die „eigentlich pädagogische“ Dimension des Fachs Erziehungswissenschaft angesprochen. Entscheidend bei diesem Aspekt ist es, dass die erzieherische Kompetenz im Hinblick auf Medienerziehung gefördert wird. Diese medienerzieherische Kompetenz entspringt nicht einfach aus der Fähigkeit, selbst verantwortlich mit dem Medium Fernsehen umzugehen. Sie ist vielmehr explizit zu thematisieren und praktisch zu ermöglichen.

(Aus: Georg Bubolz, „Versteckte Pädagogik“ im Fernsehen? – Überlegungen zur Didaktik der Medienerziehung im Pädagogikunterricht, in: Heinrich Kreis/Udo von der Burg (Hrsg.), Pädagogikunterricht – Überlegungen für die Praxis, Europäische Hochschulschriften XI/214, Verlag Peter Lang, Frankfurt/M. – Bern – New York – Nancy 1984, S. 75–78)

1 Geben Sie die Aspekte zu einem Projekt über Fernseherziehung wieder.

2 Beurteilen Sie, ob die genannten Aspekte zur Fernseherziehung auf andere Bereiche von Medienerziehung übertragen werden können.

3 Überprüfen Sie, ob bzw. inwiefern die Anregungen in die Praxis umsetzbar sind. Führen Sie gegebenenfalls selbst ein Projekt zur Fernseherziehung (oder zu einem anderen Bereich der Medienerziehung) durch.

4 Erörtern Sie, ob die Methode der „Webquests“ bei einem solchen Projekt nutzbar ist. Webquests sind ein didaktisches Mittel für die Arbeit mit Internet, PC und Printmedien. Es wird aktiv an der Aneignung von Wissen gearbeitet, indem man sich auf „Spurensuche“ im Internet und in anderen zur Verfügung gestellten Medien begibt (z. B. in Büchern, Zeitungen, originalen Gegenständen usw.)
Idealtypischer Ablauf einer Webquest-Aufgabe:
a) Fragestellung / Problemsituation
b) Aufgabenstellung, meist für Gruppenarbeit
c) Sichtung der Materialien
d) Prozessbeschreibung bzw. -erarbeitung des Lösungsprozesses
e) Lösung der Aufgabe/des Problems
f) Präsentation
g) Evaluation des Lernprozesses

Als Chancen von Webquests können angeführt werden:
a) Webquests fördern das lernerzentrierte Lernen und damit die Selbstständigkeit.
b) Sie fördern einen zielorientierten Einsatz von Internet und Computer.
c) Sie zeigen vielfältige Verknüpfungsmöglichkeiten zur Nutzung ergänzender Medien auf.
d) Sie können genau auf die Lernvoraussetzungen zugeschnitten werden.
e) Durch den Bezug zu realen Kontexten steigt die Motivation bei den Lernenden.
f) Sie bieten eine Chance für interaktives Lernen.
g) Sie dienen als didaktisches Modell zur Realisierung des Lernens mit Computer und Internet.

(Abgewandelt nach: Staatliches Studienseminar für das Lehramt an Grund- und Hauptschulen Simmern, Medienerziehung, in: http://studienseminar.rlp.de/fileadmin/user_upload/studienseminar.rlp.de/gs-sim/allgemeines_seminar/medien.pdf – [28. 08. 2013])

2. Jugend und Erwachsenenalter

(Foto: Georg Bubolz, Erkelenz)

2.1 Pädagogisches Handeln und Modelle der Beschreibung der Entwicklung im Jugendalter: Erikson und Hurrelmann

2.1.1 Hinführung: Konflikte zwischen Jugendlichen und Eltern in Hongkong – Eine Untersuchung

Haben im Kulturvergleich Jugendliche mit ihren Eltern die gleichen Konflikte? Forscher haben sich für die Untersuchung von Konflikten bei chinesischen Adoleszenten in Hongkong interessiert, weil die chinesische Kultur vergleichsweise weniger Wert auf Autonomie legt als westliche Kulturen. […] Schüler der siebten, neunten und zwölften Klasse wurden gebeten, eine Liste mit tatsächlich aufgetretenen Konflikten zwischen sich und ihren Eltern zu erstellen und auch die Häufigkeit und Schwere dieser Konflikte anzugeben. Die Schüler sollten auch Rechtfertigungen für ihren Standpunkt in diesen Konflikten angeben: „Warum, glaubst du, ist es in Ordnung, wenn du das machst (nicht machst)?" Die Daten zeigten eine beeindruckende Übereinstimmung mit denen, die man an Gleichaltrigen in westlichen Kulturen erhoben hatte – die chinesischen Adoleszenten hatten vorwiegend Konflikte moderater Häufigkeit und Schwere, vorwiegend mit ihren Müttern, es ging vor allem um alltägliche Dinge wie Telefonbenutzung und Fernsehen. Darüber hinaus spiegelten die Rechtfertigungen der Jugendlichen größtenteils das Bedürfnis wider, Autonomie zu demonstrieren oder eine eigene

Identität durch eigenständige Entscheidungen zu konturieren. Sogar in einer Kultur, welche die individuelle Autonomie im Vergleich eher unterbetont, konzentrieren sich die Konflikte zwischen Jugendlichen und ihren Eltern also oft auf das Bestreben nach der Schaffung einer eigenen Identität (Yau & Smetana, 1996).

(Aus: Philip G. Zimbardo/Richard J. Gerrig: Psychologie. 16. Aufl., Pearson Studium: München 2004, S. 482)

1 Analysieren Sie die dargestellte Untersuchung.

2 Erörtern Sie, ob bzw. inwiefern die Ergebnisse der Untersuchung als Hinweis auf die Berechtigung einer universal gedachten Entwicklungstheorie (wie der Eriksons) dienen können.

2.1.2 Eriksons Entwicklungsmodell im Blick auf das Jugendalter

2.1.2.1 Der Ansatz

Im folgenden Textauszug referieren die Psychologen Philip G. Zimbardo und Richard J. Gerrig den Ansatz Eriksons.

Erik Erikson, ein Schüler von Sigmund Freuds Tochter Anna Freud, nahm an, dass jedes Individuum eine Reihe von psychosozialen Stadien erfolgreich durchlaufen muss, von denen jedes einen bestimmten Konflikt oder eine Krise bereithält. Erikson identifizierte acht Stadien im Lebenszyklus. In jedem Stadium rückt eine bestimmte Krise in den Mittelpunkt. […] Erikson nahm an, dass die essenzielle Krise der Adoleszenz zur Entdeckung der wahren eigenen *Identität* führt, trotz der Verwirrung, die durch die Übernahme vieler unterschiedlicher Rollen für unterschiedliches Publikum in einer sich expandierenden sozialen Welt entsteht. Die Bewältigung dieser Krise hilft dem Individuum dabei, ein kohärentes Selbstbild zu entwickeln; wird die Krise nicht bewältigt, kann ein Selbstbild ohne stabilen Kern entstehen. […]

Nach Eriksons Beschreibung der Entwicklung ist die wesentliche Aufgabe in der Adoleszenz die Entdeckung der eigenen wahren Identität. Wir werden uns damit befassen, welche Rolle soziale Beziehungen und Ziele für die Zukunft bei der Entstehung dieses Gefühls für die eigene Identität spielen. […]

Ein Großteil der Forschung zur sozialen Entwicklung in der Adoleszenz konzentriert sich auf die sich wandelnden Rollen von Familie (oder erwachsenen Bezugspersonen) und Freunden (Bukowski et al., 1998; Paikoff, 1991). Wir wissen bereits, dass Bindungen an Erwachsene kurz nach der Geburt entstehen. Kinder fangen auch früh an, Freunde zu haben. Die Adoleszenz ist jedoch der erste Lebensabschnitt, in dem Gleichaltrige mit den Eltern darum zu konkurrieren scheinen, die Einstellungen und Verhaltensweisen einer Person zu formen. Durch die Interaktionen mit Gleichaltrigen definieren Jugendliche nach und nach die soziale Komponente ihrer sich entwickelnden Identität. Sie bestimmen, was für ein Typ Mensch sie sein und welche Beziehungen sie pflegen wollen (Berndt, 1992; Hartup, 1996). Aus diesem Grund sind Jugendliche und ihre Freunde oft sehr ähnlich beispielsweise in Bezug auf ihren Drogenkonsum (Dinges & Oetting, 1993).

Weil Gleichaltrige zu einer immer wichtigeren Quelle sozialen Rückhalts werden, steigt auch die Furcht vor einer Zurückweisung. Infolgedessen steigt die Konformität gegenüber den Werten und Verhaltensweisen von Gleichaltrigen – der *Gruppendruck*, vor dem Eltern Angst haben – und erreicht seinen Höhepunkt mit 12 oder 13 Jahren (Brown, 1989). Eltern machen sich oft Sorgen, dass sie, wegen der Gefahren des Gruppendrucks, mit den Freunden ihres Kindes um Einfluss auf das Kind konkurrieren müssen, wenn sie verhindern wollen, dass ihr Kind schädliche Einstellungen oder Verhaltensweisen entwickelt. Wahrscheinlich richtiger ist aber, dass Jugendliche im Allgemeinen mit ihren Eltern und ihren Freunden über unterschiedliche Kategorien von Lebenserfahrungen sprechen. Jugendliche geben beispielsweise an, dass sie mit großer Wahrscheinlichkeit mit ihren Eltern, aber nicht mit ihren Freunden über ihren schulischen Erfolg sprechen. Mit ihren Freunden, aber nicht mit ihren Eltern besprechen sie ihre Ansichten zu Liebesbeziehungen und Sex (Youniss & Smollar, 1985). Insofern müssen Eltern, die mit den Freunden ihres Kindes in bestimmten Bereichen „konkurrieren" wollen, Mittel und Wege finden, wie sie ihre Jugendlichen dazu bringen, Themen mit ihnen zu besprechen, die eigentlich für „Freunde" reserviert sind.

Eltern und ihre adoleszenten Kinder müssen eine Änderung in ihrer Beziehung zueinander überstehen. Zuvor verfügen die Eltern über eine nicht infrage gestellte Autorität, nach der Änderung wird den Adoleszenten ein gewisses Maß an Unabhängigkeit oder *Autonomie* bei wichtigen Entscheidungen zugestanden. (Allen & Land, 1999; Holmbeck & O'Donnell, 1991). Dieser Übergang kann sich schwierig und anstrengend gestalten, wenn die Eltern die Fortschritte der Jugendlichen auf das Erwachsensein hin respektieren wollen, indem sie Widerspruch zulassen – ohne zuzulassen, dass unangemessene Entscheidungen des Kindes seine Zukunft gefährden.

[...] Obwohl sich Freundschaften im Laufe der Adoleszenz leicht verändern (Shulman, 1993), spiegeln diese Veränderungen eher ein gesteigertes Maß an wechselseitiger Abhängigkeit zwischen den Freunden wider und nicht so sehr Veränderungen in der Symmetrie der Beziehung. In Eltern-Kind-Beziehungen steckt also wahrscheinlich ein größeres Konfliktpotenzial als in Beziehungen unter Gleichaltrigen.

Die Entwicklung der Identität erfordert letztendlich von den Jugendlichen, dass sie selbstständige Verpflichtungen eingehen, die auf die Umgebung von Eltern und Gleichaltrigen Rücksicht nehmen, ohne nur eine bloßes Spiegelbild einer der beiden zu sein. Wichtig ist, dass Jugendliche einige verlässliche Quellen sozialer Unterstützung in ihrer Umgebung finden (Bachar et al., 1997; Fuligni, 1997). Diese soziale Unterstützung befähigt sie, für die Zukunft zu planen – das ist unser nächstes Thema. [...]

Die Adoleszenz ist der Lebensabschnitt, in dem erwartet wird, dass Individuen anfangen, ernsthafte Antworten auf die allgegenwärtige Frage zu geben „Was willst du sein, wenn du erwachsen bist?" [...] Die Frage „Was willst Du werden?" spiegelt selbst schon die allgemeine Annahme wider, dass die Identität einer Person teilweise durch ihre Ziele festgelegt wird. Bei der Wahl des zukünftigen Berufes beispielsweise müssen Aufgaben bewältigt werden, die zentral für die Identitätsbildung sind: Bewertung der eigenen Fähigkeiten und Interessen, Bewusstsein für realistische Alternativen und die Fähigkeit, eine Wahl zu treffen und den Entschluss durchzuhalten. Jugendliche befassen sich sowohl auf der persönlichen als auch auf der gesellschaftlichen Ebene mit zukünftigen Belangen: Sie sorgen sich um ihre berufliche Zukunft und ihre Familien ebenso wie um globale Bedrohungen durch Wirtschaftskrisen oder Atomkriege (Nurmi, 1991). Sie haben auch eindeutige Vorstellungen davon, wie ihre Zukunft aussehen soll. Zuerst müssen Ausbildungsziele erreicht werden, gefolgt von beruflichen Zielen und zuletzt familiären Zielen. An jedem Scheideweg werden die Ziele durch begrenzende Faktoren wie Geschlechterrollen, Familienkontext und verfügbare Ressourcen beeinflusst.

Selbstverständlich haben nicht alle Jugendlichen die gleichen Erwartungen an die Zukunft.

(Aus: Philip G. Zimbardo/Richard J. Gerrig: Psychologie. 16. Aufl., Pearson Studium: München 2004, S. 470–471 und 481–482)

1 Skizzieren Sie, wie die Autoren Entwicklung in der Adoleszenz beschreiben.
2 Arbeiten Sie heraus, welche Krisen, welche Herausforderungen und welche Chancen sich nach dem Textauszug den Jugendlichen eröffnen.
3 Entwickeln Sie pädagogische Handlungspläne angesichts der geschilderten Jugendkrise.
4 Vergleichen Sie Ihre Vorschläge mit denen von Erikson, die im folgenden Text aus dem Jahr 1959 angedeutet sind.

In der Pubertät werden alle Identifizierungen und alle Sicherungen, auf die man sich früher verlassen konnte, erneut infrage gestellt, und zwar wegen des raschen Körperwachstums, das sich nur mit dem in der frühen Kindheit vergleichen lässt und dem sich jetzt die gänzlich neue Eigenschaft der physischen Geschlechtsreife zugesellt. Der wachsende und sich entwickelnde Jugendliche ist nun, angesichts der physischen Revolution in ihm, in erster Linie damit beschäftigt, seine soziale Rolle zu festigen. Er ist in manchmal krankhafter, oft absonderlicher Weise darauf konzentriert, herauszufinden, wie er, im Vergleich zu seinem eigenen Selbstgefühl, in den Augen anderer erscheint und wie er seine früher aufgebauten Rollen und Fertigkeiten mit den gerade modernen Idealen und Leitbildern verknüpfen kann. Manche Jugendliche müssen in ihrer Suche nach einem neuen Gefühl von Dauer und Identität die Kämpfe früherer Jahre noch einmal durchfechten und sind niemals bereit, sich bleibende Idole und Ideale als Hüter ihrer schließlichen Identität aufzurichten.

Die Integration, die nun in der Form der Ich-Identität stattfindet, ist mehr als die Summe der Kindheitsidentifikationen. Sie ist das innere Kapital, das zuvor in den Erfahrungen einander folgender Entwicklungsstufen angesammelt wurde, wenn eine erfolgreiche Identifikation zu einer erfolgreichen Ausrichtung der Grundtriebe des Individuums auf seine Begabung und seine Chancen geführt hat. In der Psychoanalyse werden solche erfolgreichen Ausrichtungen der „Ich-Synthese" zugeschrieben; ich habe darzustellen versucht, dass die in der Kindheit gesammelten Ich-Werte in die Ich-Identität münden. Das Gefühl der Ich-Identität ist also das angesammelte Vertrauen darauf, dass der Einheitlichkeit und Kontinuität, die man in den Augen anderer hat, eine Fähigkeit entspricht, eine innere Einheitlichkeit und Kontinuität (also das Ich im Sinne der Psychologie) aufrechtzuerhalten.

Dieses Selbstgefühl, das am Ende jeder der Hauptkrisen erneut bestätigt sein muss, wächst sich schließlich zu der Überzeugung aus, dass man auf eine erreichbare Zukunft zuschreitet, dass man sich zu einer bestimmten Persönlichkeit innerhalb einer nunmehr verstandenen sozialen Wirklichkeit entwickelt. Das wachsende Kind muss aus jedem Schritt ein belebendes Realitätsgefühl gewinnen, indem es sieht, dass sein individueller Weg der Bewältigung von Erfahrungen eine erfolgreiche Variante der Wege ist, auf denen andere Leute um es herum Erfahrungen bewältigen, und die Tatsache, dass man es tut, anerkennen.

In diesem Punkt kann man Kinder nicht durch gedankenloses Loben und herablassende Ermutigung täuschen. Vielleicht muss ein Kind in Ermangelung eines Besseren mit einer künstlichen Stützung seiner Selbstachtung vorliebnehmen, aber das, was ich seine sich aufspeichernde Ich-Identität nenne, erhält seine wirkliche Stärke nur durch die vorbehaltlose und ernsthafte Anerkennung seiner wirklichen Leistungen, d. h. eines Erfolges, der für die bestehende Kultur von Bedeutung ist. Wenn andererseits ein Kind fühlt, dass seine Umgebung es zu radikal aller der Ausdrucksmittel berauben will, mit denen es den nächsten Schritt seiner Ich-Identität entwickeln und integrieren kann, so wird es diese mit erstaunlicher Kraft verteidigen, wie man es sonst nur von Tieren kennt, die plötzlich um ihr Leben kämpfen müssen.

In der Tat gibt es in dem gesellschaftlichen Dschungel menschlicher Existenz kein Lebensgefühl ohne dieses Gefühl der Ich-Identität. Wenn man das versteht, versteht man auch die Kämpfe der heranwachsenden Jugend besser, besonders die Mühen all jener, die nicht einfach „nette" Jungen und Mädchen sein können, sondern die verzweifelt nach einem sie befriedigenden Gefühl der Zugehörigkeit suchen, sei es zu Cliquen und Banden in Amerika oder zu begeisternden Massenbewegungen in anderen Ländern.

Die Ich-Identität entwickelt sich also aus einer gestuften Integration aller Identifikationen; aber auch hier hat das Ganze eine andere Qualität als die Summe seiner Teile. Unter günstigen Umständen erhalten Kinder den Kern einer abgehobenen Identität schon sehr frühzeitig; oft verteidigen sie ihn sogar gegen den Zwang, sich mit einem Elternteil übermäßig zu identifizieren. Das lässt sich allerdings schwer an Patienten beobachten, denn das neurotische Ich ist per definitionem Beute einer Überidentifikation, einer fehlerhaften Identifikation mit neurotisch gestörten Eltern, durch die das kleine Individuum sowohl von seiner keimenden Identität als auch von seinem Milieu isoliert wurde. Wir können es aber an den Kindern amerikanischer Minoritätengruppen studieren, die das Stadium einer deutlichen und sorgsam gelenkten Autonomie hinter sich lassen und in das für die amerikanische Kindheit entscheidende Stadium der Initiative und Arbeit eintreten.

Die sich herauskristallisierende Ich-Identität verknüpft also die früheren Kindheitsphasen, in denen der Körper und die Elternfiguren führend waren, mit den späteren Stadien, in denen eine Vielfalt sozialer Rollen sich darbietet und im wachsenden Maße aufdrängt. Eine dauernde Ich-Identität kann sich nicht bilden ohne das Vertrauen der ersten oralen Phase; sie kann sich nicht vollenden ohne das Versprechen einer Erfüllung, das von dem dominierenden Bild des Erwachsenseins hinabreicht in die ersten Kindheitstage und auf jeder Stufe dem Kinde einen Zuwachs an Ich-Stärke bringt.

(Erik H. Erikson: Identität und Lebenszyklus. Drei Aufsätze. Übers. von Käte Hügel. 17. Aufl., Suhrkamp Verlag: Frankfurt/Main 1998, S. 106–109)

2.1.2.2 Kann man heute noch erwachsen werden? – Überlegungen zum Modell Eriksons

Aus einem Gespräch zwischen Hans Hobelsberger (geb. 1960), Referent für jugendpolitische Bildung bei der Deutschen Bischofskonferenz, und Prof. Dr. Heiner Keupp (geb. 1943), Sozialpsychologe und pensionierter Hochschullehrer an der Universität München, über „Identitätssuche und Identitätsentwicklung" nach Erik H. Erikson.

Hobelsberger: Herr Prof. Keupp, nach einer Zeit der Sicherheit in der Frage, was denn Identität sei, haben Sie uns diese Sicherheit weitgehend genommen. Mit Erikson konnten wir uns auf abschließbare Identitätsaufgaben in bestimmten Lebensphasen verlassen. Sie sagen nun, man muss lebenslang aus verschiedenen Versatzstücken Identität zusammenbasteln. Kann man denn dann heute noch erwachsen werden?

Keupp: Sie dürfen natürlich den Botschafter nicht dafür prügeln, was er vermittelt. Dass wir heute nicht mehr wie unser großer Lehrmeister Erikson von einer durch und durch geordneten Identität sprechen können, das haben Sie nicht dem Forscher vorzuwerfen, sondern den veränderten Verhältnissen.

Die Frage, ob es heute noch möglich ist, erwachsen zu werden oder nicht, würde ich allenfalls als rhetorische Frage betrachten. Natürlich werden Menschen heute erwachsen. Sie werden aber anders erwachsen als früher und bestimmte Vorstellungen, was Erwachsensein ist, haben sich auch verändert. Was meine ich damit? In der von Erikson klassisch formulierten Identitätstheorie existiert die Vorstellung, dass wir in der Adoleszenz, also in der Altersphase, die den Übergang vom Jugendalter ins Erwachsenenalter bezeichnet, all die wichtigen Bauteile erwerben, die dann eine Plattform ergeben, auf der sozusagen Erwachsenenleben möglich wird. Erikson spricht sehr anschaulich, sehr metaphernreich von dem inneren Kapital, das wir anhäufen müssen, um die Fähigkeiten zu haben, erwachsen zu sein. Die Vorstellung, der Erwerb dieser Kompetenzen könnte mit dem Erwachsenwerden abgeschlossen werden, die hat sich total aufgelöst. Ein durchschnittlicher Amerikaner mit akademischem Abschluss z. B. nimmt im Laufe seines Berufslebens sechs oder sieben grundlegende berufliche Veränderungen, nicht nur einfache Jobwechsel vor.

Hobelsberger: Können wir dann trotzdem noch Bauteile benennen, die gerade im Jugendalter für die Identitätssuche und Identitätsentwicklung wichtig sind?

Keupp: Es bleibt natürlich richtig, dass in der Phase der Adoleszenz Menschen anfangen, ihre Vorstellung von einer Partnerin, einem Partner zu einem zentralen Thema für sich zu machen. Oder eine ganz zentrale Aufgabe des Jugendalters ist es, den Prozess der Ablösung von den vorbildenden Vorgaben und den Erwartungen der Eltern vorzunehmen. Das bleibt ein wichtiger Punkt, obwohl die konkrete Gestaltung durch die zunehmende und lebensgeschichtlich frühere Bedeutung der Peergroups wahrscheinlich anders aussieht als früher. Aber trotzdem bleibt in dieser Altersphase die Ablösung von den Eltern, die Überprüfung der eigenen inneren Bilder, die Überprüfung der eigenen Identifikationen mit den Eltern, mit den Erwachsenen, eine wichtige Entwicklungs- oder Handlungsaufgabe, um herauszufinden, was ist denn meins, was trägt denn für mich. Die Lösung dieser Aufgabe ist natürlich nicht abgekoppelt vom kulturellen und gesellschaftlichen Umfeld. Ferner bleiben die Aufgaben, die mit dem biologischen Entwicklungsschub verbunden sind. Aber auch da beobachten wir, dass es sich nicht um rein biologische Prozesse handelt. Warum eigentlich erfolgt die körperliche Reife immer früher? Trotz zahlreicher Spekulationen – eine gute Erklärung dazu habe ich noch nicht gefunden.

Hobelsberger: Gibt es denn bestimmte Ressourcen, Fähigkeiten, die notwendig sind, dass Jugendliche unter den sich gewandelten Bedingungen ihre Identitätsaufgaben im Jugendalter lösen können?

Keupp: Ich fange es mal von der kritischen Seite her an. Wenn ich von Kindern und Jugendlichen höre, die keine Einbindung in ein tragfähiges, eigenständiges soziales Netzwerk haben, dann fange ich an, mir Sorgen zu machen. Dahinter steckt natürlich auch eine bestimmte normative Vorstellung: nämlich dass Jugendliche heute ihr Leben ganz stark über die Entwicklung kommunikativer Fähigkeiten und Fertigkeiten bewältigen müssen. Das hat einen klar erkennbaren Grund. Wenn das soziale Erbe unserer Eltern, das, was sie uns weitergeben wollen im Beruflichen, im Persönlichen, wenn diese Modelle längst nicht mehr so tragen wie in früheren Generationen, dann müssen Menschen heute in einem viel höheren Maß die Passform für ihr eigenes Leben in dem jeweiligen kulturellen und sozialen Rahmen selber herausarbeiten und finden. Und das ist ein hochkommunikativer Akt – ich muss mich mit anderen Menschen abstimmen, ich muss sozusagen die Passung jeden Tag neu herstellen.

Hobelsberger: Wie muss ich denn dann heute Identität denken, um überhaupt von Identität sprechen zu können? Kann ich Identität noch mit Begriffen wie Kohärenz, Stimmigkeit, Dauerhaftigkeit verbinden?

Keupp: Als ich als Identitätsforscher begonnen habe, habe ich den so tragenden, klassischen Begriff der Kohärenz erst mal auf den Prüfstand gestellt. Es war gar nicht sicher, ob ich mit ihm würde weiter arbeiten wollen. Jetzt, nach zehn Jahren, gehe ich davon aus, dass er unabdingbar notwendig ist. Aber wir mussten ihn anders denken, als er klassischerweise gedacht war. Klassischerweise war Kohärenz etwas, was irgendwie in den kulturellen Vorgaben mit enthalten war. So konnte ich einen stimmigen Lebensentwurf bei den Erwachsenen, bei anderen Menschen um mich herum beobachten – der kulturelle Entwurf hat sozusagen die Kohärenz schon ein Stück weit mit angeboten. Heute sind die kulturellen Vorgaben immer weniger tragfähig oder immer weniger griffig und erkennbar. Deshalb ist die Aufgabe, die der Einzelne zu lösen hat, für sich die unterschiedlichen Erfahrungseindrücke, die unterschiedlichen Wünsche in eine persönlich stimmige Passung zu bringen, schwieriger geworden. Übrigens ist das für mich Identität: Herstellung von Passung, wo das Innere mit dem Äußeren in eine lebbare Verknüpfung kommt. Und diese Passung ist nach wie vor auch von einem Prinzip der Kohärenz, der Stimmigkeit bestimmt. Aber wir müssen uns verabschieden von der Vorstellung: Das finde ich einmal und dann habe ich es. Ein Philosoph, den ich sehr schätze, Wolfgang Welsch, sagt, Identität müsse als ein permanenter Prozess des Übergangs betrachtet werden. Dinge, die ich mitbringe, müssen mit dem, was sozusagen eine offene, zu gestaltende Zukunft von mir fordert, immer wieder verknüpft werden. Es ist eine transversale Identität, so nennt er das, ein Prozess des Übergangs. Und so kann man auch Kohärenz betrachten. Mit dem, was ich bisher für mich als stimmig und gültig betrachte, werde ich mit neuen Situationen konfrontiert, und ich werde schauen, ob ich das, was für mich bisher als wichtig und zentral gegolten hat, mit dem verknüpfen kann, was neu auf mich zukommt. Aber dabei wird Kohärenz eher ein fließender Prozess, nennen wir es eine „transversale Kohärenz".

Hobelsberger: Gibt es Kohärenz dann nur unter der Bedingung, dass kollektive Identitäten nicht mehr möglich sind?

Keupp: Da würde ich auf keinen Fall zustimmen. In jeder personalen Identität gibt es eine Wir-Schicht, in der wir sozusagen als Teil eines Kollektivs, als Teil einer Gruppe, als Teil einer Kultur uns definieren. Aber diese Komponente hat auch keine zementierte Form – also keine rigide, feste, stabile und dauerhafte Form. Sowohl auf der personalen als auch auf der sozialen Identitätsebene ist Kohärenz notwendig, aber auf beiden Ebenen – und in der Verknüpfung wird es dann noch mal ein komplexerer Prozess – ist es ein prozessuales Geschehen.

Hobelsberger: Sie haben jetzt zwei wesentliche Punkte für die Identitätsarbeit genannt: zum einen die Notwendigkeit der Selbsttätigkeit des Individuums und zum anderen Identität als soziale Komponente – ohne Selbsttätigkeit keine Identität und also ohne soziale Beziehung keine Identität. Welche Rolle spielt dann das Geschlecht, wenn Identität unabdingbar auf Eigentätigkeit und sozialer Wahrnehmung beruht, zumal Geschlecht eine Kategorie der Selbstthematisierung und der sozialen Wahrnehmung ist?

Keupp: Das Geschlecht ist natürlich eine zentrale Komponente. Die eigene körperliche Entwicklung, die Wahrnehmung, dass man jetzt zum Mann oder zur Frau wird und auch als solche/r wahrgenommen wird – das ist nach wie vor ein zentraler Bezugspunkt. Wie prekär in dieser Phase die Identitätssuche sein kann, zeigt die Fülle von jungen Frauen, die z. B. schwerwiegende Essstörungen haben. Erschwerend kommt dazu, dass in unserer Kultur die Vorstellungen, was denn ein Mann, was denn eine Frau sein könnte, sein sollte, sein müsste, sich verändert haben, durcheinandergeraten sind und die Klarheit, die wir einst hatten oder die unsere Eltern hatten, uns abhanden gekommen ist. Die geschlechtsspezifische Arbeitsteilung z. B., die auch auf der psychologischen Ebene ihre Spuren hinterlassen hat, ist in einem sehr starken Maße infrage gestellt worden, und das wirkt sich bei jungen Frauen und jungen Männern natürlich aus: Wir haben bei unseren Interviews von jungen Frauen keine einzige gefunden, die nicht eine Doppeloption in ihrem Leben vornehmen würde, also beruflich etwas zustande bringen möchte und natürlich auch irgendwie auf der familiären Ebene ihre Vorstellungen verwirklichen möchte. Beides zu wollen ist eine radikale Veränderung des weiblichen Lebensentwurfes.

Für die jungen Männer hat das natürlich auch Konsequenzen. Ich denke manchmal, auch anhand unserer eigenen Empirie, dass sie sich oft als Verlierer dieser Entwicklung sehen, sie dürfen ganz bestimmte männliche Machträume nicht mehr ohne weiteres betreten. Die sind sozusagen verstellt oder da sind junge Frauen, die ihnen nicht einfach erlauben, sie zu besetzen. Also müssen sie kapieren, dass die Modelle ihrer Eltern, Väter, ihrer Großväter für sie nicht mehr ohne weiteres lebbar sind. Für sie ist nicht immer sofort erkennbar, dass das auch eine Chance ist, sich nicht in die männliche Ritterrüstung zu kleiden und den starken, taffen Mann zu spielen. Und interessanterweise spielt da das Geschlechterverhältnis auf eine ganz andere Weise auch noch eine Rolle: Es gibt viele junge Männer, die auch darüber klagen, dass sie bei ihrem Versuch, eine andere Art von Männlichkeit zu leben, mit den Frauen ganz gewaltig Probleme kriegen – die nämlich sagen, du bist kein richtiger Mann. Es ist ein sehr schwieriger Prozess, diese neuen Formen von Männlichkeit und Weiblichkeit in eine lebbare Gestalt zu bringen.

Hobelsberger: Die Pädagogik arbeitet stark mit dem Begriff der Identität und die Pädagogik arbeitet auch mit normativen Vorstellungen von Identität. Wie wirken denn normative Vorstellungen von Identität in pädagogischen Prozessen? Darf es die überhaupt noch geben angesichts dieser Suche nach Identität, die im Grunde genommen ohne objektive Vorstellungen oder Vorgaben auskommt und auskommen muss? Gibt es dann in der Pädagogik noch unterstützende Maßnahmen für die Identitätsarbeit, die jenseits dieser formalen Kompetenzen wie die soziale Fähigkeit, die Kritikfähigkeit oder die Fähigkeit, Widersprüchliches zu einem Ganzen zusammenzubauen, liegen?

Keupp: Es ist wirklich nicht mehr ganz einfach, inhaltliche Ziele des gelingenden Lebens so klar normativ vorzugeben. Deshalb scheint mir auch im pädagogischen Feld immer mehr die Frage des „Wie macht man das?", für sich Kohärenz zu finden, zentral. Wenn ich wüsste, wie die Generation, die jetzt heranwächst, in zehn Jahren zu leben hat, dann könnte ich ja sagen, genau da will ich sie hinführen. Wer kann uns das aber heute sagen? Und deshalb kann man eigentlich nur eins tun, man kann Bildungsprozesse in die Richtung stärken, dass Menschen möglichst viele von den Ressourcen erwerben, die sie brauchen. Wir haben vorhin ja nicht alle angesprochen. Ich würde auch gerne eine Ehrenrettung von Erikson an dieser Stelle nachholen! […] Denn ich glaube, dass er für die basalen Grundprozesse der menschlichen Entwicklung nach wie vor gültige, zumindest ganz wichtige Hinweise gegeben hat. Also das, was er als die grundlegende Fähigkeit, nämlich Urvertrauen auszubilden, bezeichnet hat, wird, so glaube ich, immer wichtiger, wenn ich mich auf ein offenes Zukunftsprojekt einlassen soll. Oder auch das wichtige Prinzip der Autonomie, sich selber vorstellen zu können, was das Eigene sein könnte, womit ich in dieser Welt auch meinen Ort finde, womit ich meinen Lebenssinn finden kann. […]

(Aus: Hans Hobelsberger und Heiner Keupp: Kann man heute noch erwachsen werden? Identitätssuche und Identitätsentwicklung. In: Katechetische Blätter 6/99, S. 375–380. © Kösel-Verlag: München 1999)

1 Wie beurteilen Hans Hobelsberger und Heiner Keupp die Theorie Eriksons?
2 Wie sehen Sie nun selbst Eriksons Theorie – nach der Lektüre des Gesprächs zwischen Hans Hobelsberger und Heiner Keupp?
3 Was spricht für, was gegen die Theorie von Erik H. Erikson? Führen Sie in Ihrem Kurs eine Pro-und-Kontra-Debatte durch.

2.1.2.3 Eriksons Bedeutung für pädagogisches Denken und Handeln

Eltern bzw. Erziehende müssen […] in allen Phasen der psychosozialen Krisen nach Erikson ihr Verhalten immer wieder neu zwischen möglichen extremen Polen ausbalancieren. Wie dies konkret realisiert werden kann, muss jeweils mit Blick auf ein individuelles Kind (bzw. einen Jugendlichen; Anm. des Hrsg.) immer wieder neu bestimmt und herausgefunden werden.

In diesem Sinne bietet das Modell Eriksons Orientierungen, aber keine erzieherischen Rezepte. Darin liegt auch der besondere pädagogische Wert dieses Modells. Es deutet an, welche erzieherischen Verhaltensweisen welche Auswirkungen haben könnten. Weiter wird ersichtlich, dass aus dem Modell nicht einfach ein pädagogisch „richtiges" oder „falsches" Verhalten abgeleitet werden kann. […]

Zudem sollte daran erinnert werden, dass Erikson Psychologe, nicht Pädagoge war. So sehr seine Einsichten pädagogisch Bedeutung gewinnen können, muss dennoch konstatiert werden, dass er nicht pädagogisch fragte.

(Aus: Christoph Storck: Entwicklung, Sozialisation und Identität – Normen und Ziele in der Erziehung. Abitur-Training Erziehungswissenschaft. Zentralabitur NRW 2009. Stark Verlag: Freising 2008, S. 38–39)

1 Erläutern Sie die Überlegungen von Storck zur Beurteilung der Entwicklungstheorie Eriksons aus pädagogischer Perspektive.
2 Erörtern Sie, ob bzw. inwiefern jede Theorie – auch eine pädagogische – keine Rezepte für pädagogisches Handeln bereitstellt, sondern die aus der Theorie zu ziehenden Handlungskonsequenzen „mit Blick auf ein individuelles Kind [bzw. einen Jugendlichen; Anm. des Hrsg.] immer wieder neu bestimmt" werden müssen.
3 Beurteilen Sie die These Storcks, dass Erikson psychologisch und nicht pädagogisch gefragt habe.

2.1.3 Das sozialisationstheoretische Konzept des produktiv realitätsverarbeitenden Subjekts nach Hurrelmann

2.1.3.1 Der Ansatz

Die Pädagogen Jürgen Raithel, Bernd Dollinger, Georg Hörmann erläutern im Folgenden den Ansatz von Hurrelmann.

In der sozialisationstheoretischen Konzeption des „produktiv realitätsverarbeitenden Subjekts" von Hurrelmann (1986; 2002; Hurrelmann/Mürmann/Wissinger 1986) ist die Entwicklung zu einem gesellschaftlich handlungsfähigen Subjekt dann gegeben, wenn die Interdependenz zwischen innerer und äußerer Realität produktiv verarbeitet wird (s. Abb.). Diesem sozialisationstheoretischen Ansatz liegt ein handlungstheoretisches Modell zugrunde, welches besonders den reziproken Prozess zwischen endogenen und exogenen Impulsen bzw. bio-psychischen und gesellschaftlich-natürlichen Faktoren eines aktiv selbstreflektierenden Subjekts herausstellt. Die Beziehung zwischen Umwelt und Individuum wird dabei als eine komplexe Wechselwirkung gesehen (vgl. Mead 1934/1973).

Eine gelingende Sozialisation im Sinne einer wünschenswerten Persönlichkeitsentwicklung nach gesellschaftlichen Kriterien vollzieht sich in der produktiven Auseinandersetzung mit der sozialen und dinglich-materiellen Umwelt einerseits und den biogenetischen und biophysischen Potenzialen, biochemischen Prozessen sowie psychischen Dispositionen andererseits. Sozialisation bezeichnet den Prozess der Konstituierung der Persönlichkeit und bezieht sich auf die parallel ablaufenden und miteinander verwobenen Prozesse der *Individuation* und gesellschaftlichen *Integration*. „Mit *Persönlichkeit* wird das einem Menschen spezifische organisierte Gefüge von Merkmalen, Eigenschaften, Einstellungen, Fertigkeiten und Handlungskompetenzen bezeichnet, das sich auf der Grundlage der biologischen und psychischen Ausstattung als Ergebnis der Bewältigung von Lebensaufgaben jeweils lebensgeschichtlich ergibt. Als *Persönlichkeitsentwicklung* lässt sich die sequenzhafte und langfristige Veränderung

Das Verhältnis von innerer und äußerer Realität nach Hurrelmann

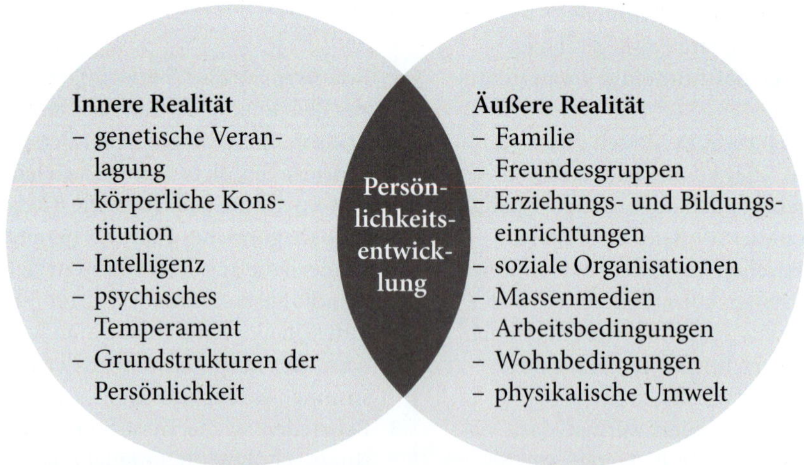

wesentlicher Elemente dieses Gefüges im historischen Zeitverlauf und im Verlauf des Lebens bezeichnen" (Hurrelmann 1991, 98). Der Prozess der sozialen Integration bezieht sich auf die Anpassung des Individuums an die gesellschaftlichen Werte und Normen sowie an vorherrschende Verhaltensstandards und Konventionen. Die Perspektive der Integration zielt auf eine relative Stabilität sozialer Systeme ab. Im Prozess der Individuation findet der Aufbau einer individuellen Persönlichkeitsstruktur mit unverwechselbaren und komplexen kognitiven, motivationalen, sprachlichen, moralischen und sozialen Merkmalen und Kompetenzen statt. Mit der personalen Identität ist das subjektive Erleben als einzigartige, einmalige Persönlichkeit verbunden (vgl. Hurrelmann 1994, 72 ff.).
Die Person-Umwelt-Beziehung ist als eine sich permanent gegenseitig beeinflussende zu verstehen. Dabei befindet sich die Umwelt in ständiger Veränderung und wirkt auf die Aktivität von Personen ein. Diese wiederum wirkt auf die Umwelt ein. Es lässt sich also von einer Interdependenz in perpetuum ausgehen. Das Individuum beschäftigt sich mit der Umwelt suchend und sondierend sowie konstruktiv eingreifend und gestaltend, nimmt Umweltbedingungen auf und bringt sie mit den vorhandenen Vorstellungen und Möglichkeiten in Einklang und ist zugleich um eine ständige Abstimmung zwischen den Umweltanforderungen und den eigenen Bedürfnissen, Interessen und Fähigkeiten bemüht. Die Persönlichkeitsentwicklung ist also zum einen biogenetisch, denn Körper und Bewegung können nicht beliebig beherrscht werden, und zum anderen sozial, da Körper und Bewegung durch kulturelle Regelungen auch soziale Gebilde sind, definiert (vgl. Hurrelmann 1988).

(Aus: Jürgen Raithel, Bernd Dollinger, Georg Hörmann: Einführung Pädagogik. 2., durchgesehene und erweiterte Auflage, VS Verlag für Sozialwissenschaften: Wiesbaden 2007, S. 64–65)

1 Fassen Sie die Kernaussagen des Textes zusammen.
2 Ordnen Sie den dargestellten Modellansatz von Hurrelmann den folgenden genannten Entwicklungsaufgaben des Jugendalters zu.

Der *Übergang ins Erwachsenenalter* ist [...] erst dann zufriedenstellend möglich, wenn alle jugendaltersspezifischen Entwicklungsaufgaben bewältigt und zugleich die psychodynamischen Veränderungen sowie der Prozess der inneren Ablösung von den Eltern abgeschlossen sind, wenn also die „Adoleszenzkrise" bewältigt wurde. Die Gewinnung der Identität wird als der Kernkonflikt des Jugendalters verstanden, denn das von der Gesellschaft angebotene Weltbild wird systematisch nach seiner Deutungsleistung abgefragt, wobei Defizite und Leerstellen, Widersprüche und Ambivalenzen Ausgangspunkt und Auslöser für heftige Orientierungs- und Selbstwertkrisen sein können. Die Suche nach der eigenen Identität ist somit ein phasenspezifisches Charakteristikum des menschlichen Entwicklungsprozesses, das in der gegebenen Form typisch und charakteristisch für das Jugendalter ist und in der Regel in dieser Form auch nur im Jugendalter auftritt. Nach Hurrelman et al. werden in heutigen Industriegesellschaften für die Adoleszenzphase im menschlichen Lebenslauf folgende Entwicklungsaufgaben klassifiziert (Hurrelmann, Rosewitz & Wolf, 1985):

- Entwicklung einer *intellektuellen und sozialen Kompetenz*, um selbstverantwortlich schulischen und anschließend beruflichen Qualifikationen nachzukommen, mit dem Ziel, eine berufliche Erwerbsarbeit aufzunehmen und dadurch die eigene ökonomische und materielle Basis für die selbstständige Existenz als Erwachsener zu sichern.
- Entwicklung der eigenen *Geschlechterrolle* und des sozialen Bindungsverhaltens zu Gleichaltrigen des eigenen und des anderen Geschlechts, Aufbau einer heterosexuellen Partnerbeziehung, die langfristig die Basis für die Erziehung eigener Kinder bilden kann.

Holger Bunk: Balkon (1985/86). Öl auf Leinwand, 245 × 150 cm. Neue Galerie, Kassel.
(Foto: Museumslandschaft Hessen Kassel/Ute Brunzel/ Bridgeman/© VG Bild-Kunst, Bonn 2014)

- Entwicklung eines eigenen *Wert- und Normsystems* und eines ethischen und politischen Bewusstseins, das mit dem eigenen Verhalten und Handeln in Übereinstimmung steht, sodass langfristig ein verantwortliches Handeln in diesem Bereich möglich wird.
- Entwicklung eigener Handlungsmuster für die Nutzung des Konsumwarenmarktes und des kulturellen Freizeitmarktes (einschließlich Medien und Genussmitteln) mit dem Ziel, einen eigenen Lebensstil zu entwickeln und zu einem autonom gesteuerten und bedürfnisorientierten Umgang mit den entsprechenden Angeboten zu kommen.

(Aus: Einführung in die Psychologie. Fernuniversität Hagen, http://arbeitsblaetter.stangl-taller.at/PSYCHOLOGIEENTWICKLUNG/EntwicklungsaufgabeJugend.shtml [14. 01. 2009])

3 Erörtern Sie, ob bzw. inwiefern die genannten Entwicklungsaufgaben als pädagogisch zu charakterisieren sind.

2.1.3.2 Das Modell der produktiven Realitätsverarbeitung – eine Metatheorie?

In acht Thesen (Hurrelmann benutzt den Begriff „Maximen") werden Einzelannahmen zum Jugendalter in einen größeren theoretischen Rahmen gestellt, der verschiedenste Einzeltheorien integrieren soll.

Erste Maxime

Wie in jeder Lebensphase gestaltet sich im Jugendalter die Persönlichkeitsentwicklung in einem Wechselspiel von Anlage und Umwelt. Hierdurch werden auch die Grundstrukturen für Geschlechtsmerkmale definiert.

- Etwa die Hälfte der Persönlichkeitsmerkmale und Verhaltenseigenschaften eines Menschen kann vermutlich auf die genetische Ausstattung zurückgeführt werden. Hierdurch werden die Grundstrukturen von Geschlecht, körperlicher Konstitution, Intelligenz, Temperament und Psyche bestimmt. Die andere Hälfte wird durch die soziale und physische Umwelt (Größe und Zusammensetzung der Familie, Anregungen in Freizeit und Freundesgruppe, Wohnsituation, Kultur- und Bildungsangebote, finanzielle Ressourcen, Wirtschaftslage, Klima usw.) bestimmt.
- Die genetische Ausstattung legt die Spiel- und Möglichkeitsräume für Eigenschaften und Verhalten fest, die durch Umwelteinflüsse verändert und geformt werden. Es herrscht ein ständiges Wechselspiel von Anlage und Umwelt.
- Im Jugendalter wird das interaktive Verhältnis von Anlage und Umwelt bei der Ausprägung von männlichen und weiblichen Persönlichkeitsmerkmalen deutlich. Die angeborenen Unterschiede nach Körperbau, Organen und hormoneller Ausstattung werden durch kulturelle Vorstellungen von „Weiblichkeit" und „Männlichkeit" überformt. Viele Persönlichkeitsmerkmale und Verhaltensweisen von jungen Frauen und Männern sind sozial erlernt und werden im Verlauf des Sozialisationsprozesses gebildet. Die genetische Ausstattung mit der Anlage der Persönlichkeitsmerkmale dient als Ausgangslage und Möglichkeitsraum für die geschlechtsspezifische Entfaltung.

Zweite Maxime

Im Jugendalter erreicht der Prozess der Sozialisation, verstanden als die dynamische und produktive Verarbeitung der inneren und äußeren Realität, eine besonders intensive Phase und zugleich einen für den ganzen weiteren Lebenslauf Muster bildenden Charakter.

- Wie in keiner anderen Lebensphase kommt es durch körperliche, psychische und soziale Umbrüche zu einem intensiven Prozess der Auseinandersetzung mit der inneren und äußeren Realität. Die körperlichen und psychischen Grundstrukturen bilden dabei die „innere" Realität, die sozialen und physischen Umweltbedingungen die „äußere" Realität.

- Sozialisation im Jugendalter ist die ständige Beobachtung und Diagnose der eigenen Anlagen und ihrer Veränderung. Durchgehend stellt sich einem jungen Menschen die Aufgabe, die jeweilige Veränderung von körperlichen und psychischen Ausgangsgrößen sensibel aufzunehmen und das eigene Handeln hierauf abzustellen. Analoges gilt für die Auseinandersetzung mit der sozialen und physischen Umwelt.
- Das Wort „produktiv" soll ausdrücken, dass es sich bei der individuell je spezifischen Verarbeitung der inneren und der äußeren Realität um „agentische" Prozesse handelt, bei denen ein Jugendlicher eine individuelle, den eigenen Voraussetzungen und Bedürfnissen angemessene und flexibel angepasste Form wählt. Die Verarbeitung ist „produktiv", weil sie sich aus der jeweils individuell kreativen Aneignung der inneren und der äußeren Bedingungen ergibt.
- Im Jugendalter sind die inneren und äußeren Anforderungen an die Verarbeitung, die sich aus den entwicklungsgemäßen Konstellationen ergeben, besonders hoch. Diese Anforderungen lassen sich als „Entwicklungsaufgaben" bezeichnen. Entwicklungsaufgaben sind Zielprojektionen, die in jeder Kultur existieren, um die Anforderungen zu definieren, die ein Jugendlicher bei der Auseinandersetzung mit den Lebensbedingungen zu erfüllen hat.
- Die Entwicklungsaufgaben werden in einem Prozess der Selbstregulation bearbeitet. Voraussetzung ist die ständige „Arbeit an der eigenen Person", eine „Selbstorganisation" mit dem permanenten Bemühen um eine Strukturierung und Gestaltung der Persönlichkeit. Die soziale und gegenständliche Umwelt wird nach Inhalt und Struktur mit allen Sinnen aufgenommen, eingeordnet, bewertet und interpretiert, in Vergleiche einbezogen, erneut eingeordnet, bewertet und interpretiert und dann auf der kognitiven wie der affektiven Ebene mit den eigenen Bedürfnissen und Handlungsplänen abgestimmt.
- Im Jugendalter werden Formen und Strategien der Selbstorganisation entwickelt, die in der Regel für den gesamten weiteren Lebenslauf bestehen bleiben. Sie stellen ein Muster der Lebensführung dar, auf das ein Mensch immer wieder zurückgreift, wenn er vor Herausforderungen und Beanspruchung steht.

Dritte Maxime

Menschen im Jugendalter sind schöpferische Konstrukteure ihrer Persönlichkeit mit der Kompetenz zur eigengesteuerten Lebensführung.

- Menschen in der Lebensphase Jugend müssen sich – gerade weil sie im Vergleich zu Erwachsenen typischerweise noch nicht den vollen Grad der Autonomie des Handelns und das volle Spektrum von Kompetenzen für den Umgang mit den Lebensanforderungen besitzen – als aktiv handelnde Individuen profilieren. In der Lebensphase Jugend kommt es wegen der alterstypischen Umbruchsituationen zu einem ständigen Prozess des Suchens und Tastens, des Ausprobierens von Spielräumen und Verhaltensmöglichkeiten und zum Versuch, aktiven Einfluss auf die gegebenen Bedingungen in der sozialen und physischen Umwelt zu nehmen. Der unfertige, noch offene Charakter dieses Lebensabschnittes ermöglicht eine eigengesteuerte und letztlich auch selbstverantwortliche Lebensführung.
- Jugendliche sind Repräsentanten einer Lebensführung […], die auf die jeweils neuesten kulturellen, sozialen und ökonomischen Veränderungen der Gesellschaft reagiert. Sie entwickeln eine individuelle Ordnung der alltäglichen Tätigkeiten mit selbst gesetzten Zielen und Sinngebungen, die ihnen ein Mindestmaß an Stabilität und ein Höchstmaß an Bedürfnisbefriedigung ermöglichen.
- Durch die Verlängerung der Lebensdauer und die heute typischen großen Spielräume für einen individuellen Lebensstil ist die Persönlichkeitsentwicklung in keiner Phase des Lebens wirklich „abgeschlossen", son-

dern befindet sich in mehr oder weniger großen Schüben ständig im Fluss. Die für das Jugendalter charakteristische suchende und sondierende Haltung gilt heute vielen Menschen auch in späteren Lebensphasen als Muster und Vorbild für die Persönlichkeitsbildung. Die „jugendtypischen" Formen der Lebensführung werden immer aussagekräftiger für die Lebensphasen im frühen und späten Erwachsenenalter,weil auch in diesen Phasen Umbrüche und Unsicherheiten typischer und häufiger werden.

Vierte Maxime

Die Lebensphase Jugend ist durch die lebensgeschichtlich erstmalige Chance gekennzeichnet, eine Ich-Identität zu entwickeln. Sie entsteht aus der Synthese von Individuation und Integration, die in einem spannungsreichen Prozess immer wieder neu hergestellt werden muss.

Im Unterschied zum Kindesalter wird es im Jugendalter möglich, Individualität zu entwickeln. Jugendliche besitzen die Fähigkeit, in einen Prozess der Kommunikation mit Anderen über Werte, Normen und soziale Bedeutungen einzutreten und diese mit ihren eigenen Interessen, Neigungen und Handlungsmöglichkeiten in Verbindung zu bringen. Sie werden zur Teilnahme an sozialen Interaktionen fähig, weil sie sich selbst im Prozess des Handelns auch als „Akteur" und „Objekt" für andere wahrzunehmen vermögen. Sie bauen auf diese reflexive Weise ein Bild von sich selbst auf, indem sie alle Ergebnisse der bisherigen Interaktionen auswerten und zu einem in sich stimmigen und schlüssigen Entwurf als „Selbstbild" („Selbstkonzept") zusammenfügen. Im Jugendalter bietet sich zum ersten Mal im Lebenslauf die Chance, ein Identität stiftendes Selbstbild zu entwickeln.

- Von „Identität" kann gesprochen werden, wenn ein Mensch über verschiedene Entwicklungs- und Lebensphasen hinweg eine Kontinuität des Selbsterlebens auf der Grundlage des positiv gefühlten Selbstbildes wahrt. Obwohl sich Körper und Psyche verändern und soziale und physische Umweltbedingungen in jedem Lebensabschnitt eine andere Ausprägung haben, steht jeder junge Mann und jede junge Frau vor der Aufgabe, sich als „sich selbst gleiche" Persönlichkeit wahrzunehmen. Voraussetzung dafür ist die Synthese von Individuation und Integration.
- Unter Integration kann der Prozess der „Vergesellschaftung" der menschlichen Natur verstanden werden, also die Anpassung an die gesellschaftlichen Werte, Normen, Verhaltensstandards und Anforderungen und die Platzierung in der ökonomischen Chancenstruktur. Der Prozess der sozialen Integration ist die Basis für die Entwicklung der „sozialen Identität" von Jugendlichen, also für das subjektive Erleben einer anerkannten gesellschaftlichen Mitgliedschaftsrolle.
- Unter Individuation kann der Prozess des Aufbaus einer individuellen Persönlichkeitsstruktur mit unverwechselbaren kognitiven, motivationalen, sprachlichen, moralischen und sozialen Merkmalen und Kompetenzen verstanden werden. Zur Individuation gehört auch das subjektive Erleben als einzigartige, einmalige Persönlichkeit, das mit dem Aufbau der „personalen Identität" gleichzusetzen ist.
- Eine Kontinuität des Selbsterlebens und des inneren Sich-selbst-gleich-Seins kann nur aus der Verbindung von Individuation und Integration entstehen. Das sich hieraus notwendig ergebende Spannungsverhältnis wird im Jugendalter zum ersten Mal bewusst erlebt. Das Austragen dieses Spannungsverhältnisses entscheidet über die Belastbarkeit und damit über die Entfaltungsmöglichkeiten der weiteren Persönlichkeitsentwicklung.

Typisch für das Jugendalter ist es, dieses Spannungsverhältnis in einer besonders intensiven Weise zu erleben. Jugendliche befinden sich im Aufbau ihrer personalen und sozialen Identität, sie fragen die dazu vorhandenen Sozial- und Wertstrukturen der Gesellschaft nach Sinn und Bedeutung ab und stellen sie mitunter fundamental infrage. Die sozial-strukturellen Gegebenheiten, denen sich Jugendliche gegenübersehen, werden zum Gegenstand von Reflexion, Widerstand und möglicher Veränderung. Das bezieht sich sowohl auf die institutionellen und organisatorischen Strukturen der gesellschaftlichen Welt wie auf die Normstrukturen und Wertmuster. Aus diesen Impulsen ergibt sich die innovative Kraft, die von der jungen Generation in einer Gesellschaft ausgeht.

Fünfte Maxime

Der Sozialisationsprozess im Jugendalter kann krisenhafte Formen annehmen, wenn es Jugendlichen nicht gelingt, die Anforderungen der Individuation und der Integration aufeinander zu beziehen und miteinander zu verbinden. In diesem Fall werden die Entwicklungsaufgaben des Jugendalters nicht gelöst und es entsteht Entwicklungsdruck.

- Die Lebensphase Jugend birgt wegen des Zusammentreffens von Individuations- und Integrationsprozessen ein erhebliches positives Stimulierungspotenzial, aber zugleich auch ein hohes Belastungspotenzial in sich. Jugendliche müssen eine schnelle Veränderung ihrer psychophysischen Disposition, also der Struktur ihrer Motive, Gefühle, Denkweisen und Reaktionsmuster verarbeiten und mit dem Aufbau von Selbstbild und Identität in Verbindung bringen. Im gleichen Zeitraum, in dem sich diese wichtigen biopsychischen Gestaltveränderungen und individuellen Persönlichkeitsformungen abspielen, werden von ihnen mit massivem Nachdruck soziale Integrationsleistungen verlangt, insbesondere die soziokulturelle Anpassung und die ökonomisch relevante Qualifizierung. Aus der Dichte und Vielfalt von Entwicklungsaufgaben in einem knappen Zeitraum der Lebensspanne können sich Belastungen ergeben, wenn die Bewältigungskompetenzen nicht ausreichen.
- Im Bereich der schulischen und berufsvorbereitenden Entwicklungsaufgaben ist eine Entfaltung der Leistungsfähigkeiten in verschiedenen Dimensionen zwingend, und auch im Bereich partnerschaftlicher, konsumorientierter und politischer Entwicklungsaufgaben ist eine entsprechende qualitative Entwicklung von Kommunikations- und Interaktionskompetenzen notwendig, um zu einer produktiven Auseinandersetzung mit den Anforderungen der Umwelt und den unvermeidlichen krisenhaften Zuspitzungen zu kommen. Wird eine wichtige Entwicklungsaufgabe nicht bewältigt, dann ergeben sich zwangsläufig Schwierigkeiten bei der Lösung einer anderen. Die Schwierigkeiten können zu einem Lösungsstau mit unangemessenem Entwicklungsdruck führen.
- Ein wachsender Anteil von Jugendlichen ist durch die komplexe Kombination von Entwicklungsaufgaben überfordert. Sie verfügen weder über die personalen noch die sozialen Ressourcen, um den Belastungs-Bewältigungs-Prozess erfolgreich zu durchlaufen. Die Überforderung drückt sich in sozialen und gesundheitlichen Entwicklungsstörungen aus. Diese Störungen sind gewissermaßen der „Preis", den Jugendliche für den heute typischerweise sehr hohen Grad der Selbststeuerung der Lebensführung mit der Chance zur individuellen Gestaltung der Biografie zu zahlen haben.

Sechste Maxime

Um die Entwicklungsaufgaben zu bewältigen und das Spannungsverhältnis von Individuations- und Integrationsanforderungen abzuarbeiten, sind neben individuellen Bewältigungsfähigkeiten („personale Ressourcen") auch soziale Unterstützungen durch die wichtigsten Bezugsgruppen („soziale Ressourcen") notwendig.

- Jugendliche, die sich noch im Aufbau ihrer Persönlichkeit befinden, sind mit den Widersprüchen und Inkonsistenzen ihrer körperlichen und psychischen Entwicklung und zugleich den vielfältigen Erwartungen der Umwelt konfrontiert. Die permanente Neuorganisation der Persönlichkeitsstruktur und der Handlungskompetenzen wird dadurch erschwert, dass die normativen Vorgaben und Erwartungen sehr komplex und oft sogar widersprüchlich sind und auch nicht eindeutig von der sozialen Umwelt an die Jugendlichen herangetragen werden, sondern oft durch eigenaktives Verhalten erschlossen werden müssen.

- Wie Jugendliche mit diesen Anforderungen zurechtkommen, hängt in entscheidendem Ausmaß von den Hilfestellungen ihrer sozialen Umwelt ab. Die sozialen Unterstützungen können dabei materiellen Charakter haben und sollten so eingesetzt werden, dass sie die Fähigkeit zur Selbstorganisation stärken. Wichtig ist auch, dass Spielräume für verschiedene Lösungswege akzeptiert werden und probeweises Handeln erlaubt ist. Die Existenz solcher Spielräume kann das vorübergehende Einschlagen eines vom Erwartungsspektrum abweichenden Entwicklungsweges für die Bewältigung von Überforderungen ermöglichen – bis hin zur vorübergehenden Weigerung, eine Entwicklungsaufgabe anzugehen und eine vorgesehene Rolle zu übernehmen. In Familie, Schule, Freundeskreis und anderen wichtigen Bezugsgruppen müssen möglichst flexible, wenn auch in ihren Kernstrukturen eindeutige und „Mindeststandards" festlegende Haltepunkte für die Gestaltung der sozialen Beziehungen vereinbart werden.
- Diese Mischung aus dem Einräumen von Spielräumen und einem Festlegen von Regeln und Umgangsformen ist in vielen sozialen Beziehungsnetzen heute aus der Balance geraten. Einseitig liberalistische oder einseitig autoritäre Impulse sind für die Stabilisierung der Persönlichkeit im Jugendalter nicht hilfreich. Vielmehr ist eine ausgewogene Mischung zwischen der Anregung von Selbstständigkeit auf der einen Seite und der Übernahme von Verantwortung und dem Einhalten von gesellschaftlichen Regeln auf der anderen Seite notwendig, um den Prozess der Identitätsbildung zu fördern. Hierbei spielt die Unterstützung und Hilfe durch die unmittelbare Umwelt eine entscheidende Rolle.

[...]

Siebte Maxime

Neben der Herkunftsfamilie sind Schulen, Ausbildungsstätten, Gleichaltrige und Medien als „Sozialisationsinstanzen" die wichtigsten Vermittler und Unterstützer im Entwicklungsprozess des Jugendalters. Günstig für die Sozialisation sind sich ergänzende und gegenseitig anregende Impulse dieser Instanzen.

Grundsätzlich steht jede Gesellschaft vor der Aufgabe, Jugendliche auf solche Motivations- und Kompetenzstrukturen einzustimmen, die bei ihrem Nachrücken in Erwachsenenpositionen das Funktionieren des gesellschaftlichen Systems sichern. Es ist die Aufgabe der gesellschaftlichen Sozialisationsinstanzen, hierfür die Voraussetzungen zu schaffen. [...] Die vorgegebenen Handlungsspielräume für die persönliche Entfaltung von Jugendlichen dürfen nicht so eng werden, dass eine restriktive Anpassung an soziale Verhaltenserwartungen und eine mechanische Einpassung in die traditionelle Sozialstruktur der Gesellschaft verlangt wird. In einer solchen Konstellation kann weder das entwicklungsbedingt starke Individuationsverlangen der Jugendlichen noch das systemnotwendige Integrationsverlangen der Gesellschaft erfüllt werden. Andererseits dürfen die gesellschaftlich vorgegebenen Handlungsspielräume auch nicht so weit und in sich möglicherweise widersprüchlich sein, dass Jugendliche keine Orientierungs- und Verhaltenssicherheit finden können und hierdurch der Individuations- und der Integrationsprozess gestört wird.

Den in den heutigen westlichen Gesellschaften speziell für die Aufgabe von Erziehung und Sozialisation eingerichteten Instanzen, insbesondere Schulen, Ausbildungsstätten, Jugendfreizeitstätten, Jugendberatungsstellen und Einrichtungen der Jugendhilfe kommt die Aufgabe zu, diese Ziele zu erreichen. Diese formellen Sozialisationsinstanzen stehen unter ständiger öffentlicher Kontrolle und werden in der Regel durch professionell geschultes Personal geleitet. Ihre Rolle ist aber begrenzt. Immer größer wird die Bedeutung und der Einfluss von Gleichaltrigengruppen, die wegen der frühen Ablösung Jugendlicher von der „primären"

Sozialisationsinstanz Familie für Fragen des Lebensstils und der Wertorientierungen zu einer […] „sekundären" Sozialisationsinstanz geworden sind. Das gilt auch für die Massenmedien und Freizeitorganisationen, deren Beitrag überwiegend anonym und kollektiv über Informations- und Unterhaltungsimpulse erfolgt. In vielen Bereichen sind die Impulse dieser „heimlichen" Sozialisationsinstanzen effektiver als die der öffentlichen. Besonders günstig ist eine gegenseitige Ergänzung, Verstärkung und Kontrolle der Impulse dieser verschiedenen Instanzen.

Achte Maxime

Die Lebensphase Jugend muss unter den heutigen historischen, sozialen und ökonomischen Bedingungen in westlichen Gesellschaften als eine eigenständige Phase im Lebenslauf identifiziert werden. Sie hat ihren früheren Charakter als Übergangsphase vom Kind zum Erwachsenen verloren.

Das Jugendalter entstand vor etwa 100 Jahren als ein neuer, zunächst durch schulische und berufliche Bildung definierter und geprägter Lebensabschnitt im Anschluss an die Kindheit und war durch den Charakter eines Übergangs von der abhängigen in die unabhängige, volle gesellschaftliche Autonomie gewährende Erwachsenenphase charakterisiert. Sie dauerte nur wenige Jahre an und endete mit der Übernahme der Erwerbs-, Familien-, Konsumenten- und Bürgerrolle, die den Erwachsenenstatus kennzeichnen. Heute, am Beginn des 21. Jahrhunderts, hat sie diesen Übergangscharakter zumindest teilweise verloren, unter anderem deshalb, weil keine ausreichende Zahl von Erwerbsrollen im Berufssystem zur Verfügung steht. Aus diesen und anderen Gründen handelt es sich inzwischen um eine lang gestreckte, eigenständige Phase im menschlichen Lebenslauf.

Angesichts der Länge von in der Regel 15 Jahren muss die Lebensphase Jugend heute als ein biografischer Abschnitt mit Eigenbedeutung konzipiert werden. Die Komponenten der Transition und des Moratoriums verbinden sich miteinander und geben dem Jugendalter damit eine unverwechselbare und im Vergleich zu früheren Generationen höhere biografische Bedeutung im gesamten Lebenslauf.

(Aus: Klaus Hurrelmann: Lebensphase Jugend. Eine Einführung in die sozialwissenschaftliche Jugendforschung. 7. vollständig überarbeitete Aufl., Juventa Verlag: Weinheim und München 2004, S. 64–71)

1 Skizzieren Sie den vorliegenden Text, indem Sie den Gedankengang grafisch darstellen (z. B. Mindmap).
2 Erörtern Sie die einzelnen Thesen Hurrelmanns. Welche Überlegungen sind Ihnen bereits aus anderen Kontexten bekannt? Welchen Gedanken stimmen Sie spontan zu? An welchen Stellen haben Sie gegebenenfalls Bedenken/Anfragen? Belegen Sie jeweils Ihre Auffassung.
3 Prüfen Sie, welche Ihnen bekannten theoretischen Modelle in den Thesen von Hurrelmann verarbeitet sind. Erörtern Sie, inwiefern seine „Maximen" tatsächlich eine „Metatheorie" darstellen.
4 Setzen Sie sich mit der folgenden Analyse von Entwicklungsproblemen und Problemverhalten bei Jugendlichen auseinander. Die Aussagen von Hurrelmann sind in gewisser Weise eine inhaltliche Füllung seiner theoretischen Überlegungen.

Im Unterschied zu den Ländern der Dritten Welt sind die Lebensbedingungen der Jugendlichen unserer Ersten Welt für die meisten sehr günstig. Die lebensbedrohenden Infektionskrankheiten sind weitgehend zurückgedrängt, der Hunger ist besiegt, die materielle Ausstattung ist oft üppig, es gibt große Spielräume für die Selbstentfaltung.

Doch trotz dieser unbestreitbaren Erfolge geht es einer wachsenden Zahl von Kindern und Jugendlichen bei uns schlecht. Die „moderne" Lebensweise der hoch entwickelten Industriegesellschaften mit ihren Reizen und Verlockungen, der Verstädterung und hochkomplexen Verplanung des Lebens kostet auch bei den jungen Bürgerinnen und Bürgern ihren psychischen und gesundheitlichen „Preis". Jedenfalls ist eins unbestreitbar: Auffälligkeiten und Krankheiten von Jugendlichen nehmen in der letzten Zeit wieder zu. Trotz eines hohen materiellen Lebensstandards, trotz eines ausgebauten Bildungswesens und trotz recht guter medizinischer und psychologischer Beratung und Hilfe reichen bei immer mehr Kindern die Fähigkeiten und Fertigkeiten nicht aus, um mit der sozialen und ökologischen Umwelt zurechtzukommen. Untersuchungsergebnisse sprechen eine eindeutige Sprache:

Mindestens 10 bis 15 % der Kinder und Jugendlichen leiden an psychischen Störungen: Hyperaktivität, Aggressivität, Leistungsschwäche, Lese-Rechtschreib-Störungen, Verunsicherungen des Gefühlslebens. Depressionen sowie versuchte und erfolgte Selbstmorde werden teilweise mit wachsender Tendenz berichtet. Im ersten Lebensjahrzehnt leiden ganz offensichtlich die Jungen stärker, im zweiten Lebensjahrzehnt die Mädchen.

Neuartige Krankheitsbilder greifen um sich. Mindestens 10 % aller Kinder und Jugendlichen, so schätzt die Fachliteratur, sind von lang andauernden (chronischen) Krankheiten betroffen: Allergien verschiedenster Art, insbesondere Asthma (dessen Verbreitung schon auf 4 % geschätzt wird), und Neurodermitis, Bronchitis, Epilepsie (ca. 300 000 Krankheitsfälle im Bundesgebiet), Diabetes, Herzfehler und Krebskrankheiten.

Das Spektrum von psychosomatischen Symptomen wird breiter. Vor allem nehmen Nahrungs- und Essstörungen zu und sind heute schon bei etwa 1 % der Jugendlichen festzustellen. Unter Übergewicht leiden mindestens 15 %. In Untersuchungen des Zentrums für Kindheits- und Jugendforschung der Universität Bielefeld wurden bei Jugendlichen hohe Werte von Kopfschmerzen, Nervosität und Unruhe, Kreuz- und Rückenschmerzen, Schwindelgefühl, Magenbeschwerden und Schlafstörungen festgestellt. Diese Beeinträchtigungen, die Körper und Seele in gleicher Weise belasten, hingen ganz eindeutig mit Anspannungen und Konflikten in Familie, Schule und Freizeit zusammen.

Das Suchtverhalten nimmt zu. Alkohol, Nikotin, Arzneimittel und illegale Drogen gehören schon in den ersten Lebensphasen zu den heimlichen und unheimlichen Tröstern. Bis zu 30 % der Jugendlichen sind ständige Raucher, bis zu 20 % haben mindestens einmal illegale Drogen genommen. Bis zu 3 % der Jugendlichen müssen heute als alkoholkrank gelten. Die Langzeitfolgen des Genussmittel- und Drogenmissbrauchs für die Gesundheit sind verheerend.

Wo liegen die Ursachen? Ganz offensichtlich nicht allein in genetischen Anlagen oder körperlichen Fehlsteuerungen, sondern zusätzlich in sozialen und psychischen Überlastungen. Die zunehmenden Krankheiten und Auffälligkeiten sind ein Signal für Stress, für die Überstrapazierung der Fertigkeiten und Fähigkeiten, mit sich selbst und der gesellschaftlichen Umwelt ins Reine zu kommen. Sie sind, so gesehen, ein Ausdruck der „Kosten der modernen Lebensweise". Sie drücken die Probleme aus, die junge Menschen bei der Aneignung des eigenen Körpers und der sozialen und ökologischen Umwelt haben. Sie sind letztlich ein Indiz dafür, dass Jugendliche nicht das Ausmaß von Achtung, Würde und freier Entfaltung ihrer Persönlichkeit erfahren, das sie für eine gesunde Entwicklung benötigen. In vielen Bereichen des täglichen Lebens werden ihre elementaren Bedürfnisse nach Anerkennung, Zuwendung, Sicherheit und Sinnerfüllung missachtet.

Eine Schlüsselrolle kommt hier dem Familienbereich zu. Ein immer größerer Teil der Eltern kann der hohen Verantwortung nicht gerecht werden, die das Zusammenleben mit Kindern heute mit sich bringt. Die Beziehungen der Eltern werden immer instabiler. Mehr als ein Drittel der einmal eingegangenen Ehebeziehungen werden getrennt. Etwa ebenso viele Kinder und Jugendliche haben die psychischen und sozialen Folgen dieser Trennung der Eltern zu bewältigen. Die Zahl der Kinder, die nur mit einem Elternteil aufwachsen, nimmt schnell zu.

Der Hintergrund für diese Entwicklung liegt in dem Bestreben der Erwachsenen, so viel persönliches Glück und individuelle Freiheit wie irgend möglich zu gewinnen. Dieses legitime Streben nach Selbstentfaltung hat einen Haken: Es geht auf Kosten der Kinder. Sie sind diejenigen, die den höchsten Preis für Beziehungsverluste und -trennungen zahlen müssen, die sie selbst nicht ausgelöst haben.
Die schwierige Lage der Familie ist aber nicht die einzige Ursache. Soziale und psychische Anspannungen entstehen auch in Schule und Freizeit. Die Leistungsanforderungen sind zu mechanisch, die Unterrichtsinhalte gehen oft an den wirklichen Interessen der Kinder vorbei. Unsere Schulen verstehen sich immer noch als Einrichtungen der Wissensvermittlung, die mit sozialem Lernen und Persönlichkeitsbildung eigentlich nichts zu tun haben. Eltern erwarten von ihren Kindern heute vor allem gute und hochwertige Schulabschlüsse. Sie setzen ihre Kinder unter erheblichen Druck, wenn Leistungsabfälle auftreten. Das alles braut sich zu ganz erheblichen Spannungen zusammen, die den Hintergrund für viele der Stresskrankheiten abgeben, die heute so stark zunehmen.

Sinn- und Orientierungskrisen

Unter diesen Umständen ist nach den Erkenntnissen der Studie der Bedarf an Orientierungshilfe und Beratung bei allen Jugendlichen stark gewachsen, auch wenn die jungen Menschen sich selbst und anderen dieses nicht gerne eingestehen. Jugendliche möchten cool und beherrscht erscheinen, aber sie spüren auch selbst, dass sie sich in einer verwirrenden Situation befinden. Verbindliche Zukunftsperspektiven, klar strukturierte Berufslaufbahnen und kalkulierbare Realisierungsmöglichkeiten für die eigenen Pläne in Beruf und Privatleben sind für sie oft objektiv nicht möglich. Improvisation, permanentes Umdenken und ständige Neuanfänge sind gefragt. Viele nehmen Zuflucht in langwierige Doppelausbildungen und zeitraubende Zusatzqualifikationen.
Viele Jugendliche – nach unseren Erhebungen etwa 20 % eines Jahrganges – kommen mit dieser „neuen Unübersichtlichkeit“ ihrer weiteren Berufs- und Zukunftsplanung nicht zurecht. Im Anforderungsdickicht zwischen schulischen und beruflichen Ansprüchen, dem Aufbau sozialer Beziehungen zu Gleichaltrigen, der Nutzung des Konsumwaren- und Medienmarktes geht die eigene Orientierungslinie verloren. Psychosomatische Auffälligkeiten, psychische Störungen, politische und ethische Irritation, Depression und Selbstaggression sind nach den Untersuchungen Signale für die nicht bewältigbaren Lebensanforderungen. In extremen Fällen, die an Häufigkeit zunehmen, kommt es zu einer tief greifenden Demoralisierung: Diese Jugendlichen verfügen nicht über die Widerstandskräfte, die erforderlich wären, um mit der spannungsreichen, reizüberfluteten und widersprüchlichen Lebenswelt zurechtzukommen. Es fehlt an tragfähigen moralischen, ethischen, religiösen und politischen Orientierungen und Werten, die dem eigenen Leben Sinn geben und eine Identität stiften können. Entsprechend verunsichert sind Selbstbild und Selbstwertgefühl dieser jungen Menschen.
(Aus: Pädagogikunterricht. 20. Jahrgang, Heft 1, Februar 2000, S. 8–11)

1 Erläutern Sie die von Klaus Hurrelmann angeführten Entwicklungs- und Sozialisationsprobleme.
2 Erörtern Sie pädagogische Präventions- und Interventionsmöglichkeiten.

2.2 Jugendkrisen, insbesondere im Bereich von Gewalt – „klassische" sozialpsychologische, psychoanalytische und konkurrierende andere Ansätze zu ihrer Erklärung und Möglichkeiten der pädagogischen Einwirkung unter besonderer Berücksichtigung der „Erlebnispädagogik"

2.2.1 Hinführung: Anna Massek (15 Jahre), Wunsch und/oder Wirklichkeit

Ich stehe mit einer brennenden Gauloise vor dem Haus und teile mir mit meiner Freundin ein Bier. Da kommt meine Mutter heraus.

Ich erschrecke nicht, obwohl ich weder rauchen noch trinken dürfte.

Sie läuft auf mich zu und fängt an zu schreien. Ich höre sie nicht. Ich verstehe sie nicht. Ich höre nur meinen eigenen Atem, der den Rauch meiner Geliebten bis in die letzte Ecke meiner Lunge verteilt.

Weil es mich wirklich nicht interessiert, was meine Mutter zu erzählen hat, drehe ich mich um und gehe.

Doch plötzlich sind nur noch sie und ich übrig. Ich frage: „Was würdest du tun, wenn ich Selbstmord begehen würde?"

Sie: „Ich würde deine Möbel und den Rest wegschmeißen und mir in deinem Zimmer einen Arbeits- und Aufenthaltsraum einrichten."

Da wache ich auf.

In meiner Hand ein Messer. Es ist blutverschmiert, genau wie meine Hände, mein T-Shirt. Vor mir liegen meine Eltern, tot. Erstochen.

Von ihrer fünfzehnjährigen Tochter, die sich nun abwendet und wegläuft. In den Tunnel, dessen Ende sich in der Hölle befindet.

(Aus: Anna Massek:15 Jahre, Wunsch und/oder Wirklichkeit. In: Anne Teuter und Abraham Teuter [Hrsg.]: Wie erziehe ich meine Eltern? Erzählungen junger Autorinnen und Autoren über fliegende Fetzen, knallende Türen und echte Enttäuschungen – aber auch über Liebe. touchdown Alibaba Verlag: Frankfurt/Main 1999, S. 137. © bei den Autorinnen und Autoren)

1 Interpretieren Sie die Geschichte auf dem Hintergrund Ihrer Kenntnisse über Pubertät und Jugendalter.

2 Gewaltfantasien – typisch für Mädchen? Gewaltausübung – typisch für Jungen? Nehmen Sie differenziert Stellung zu diesen Alternativen.

2.2.2 Zur geschlechtsspezifischen Verteilung von Straftaten aggressiven Charakters – Statistische Angaben

Um zu Erkenntnissen über die Verteilung von Gewalttaten bei Jungen und Mädchen zu gelangen, kann man Kriminalitätsstatistiken heranziehen. Man sollte sich dabei allerdings bewusst sein, dass „aggressives Verhalten" auf diese Art nicht immer eindeutig identifizierbar ist. Franz und Ulrike Petermann geben zu bedenken:

Aus unserer praktischen Arbeit mit aggressiven Kindern wissen wir, dass so unterschiedliche Phänomene wie Aggression und soziale Unsicherheit nicht voneinander losgelöst betrachtet werden dürfen. Sie bilden oft auf der Ebene der sozialen Motive, die solche Verhaltensweisen begründen, eine Einheit und im Hinblick auf beobachtbares Verhalten unterschiedliche Pole einer Dimension auffälligen Sozialverhaltens. [...] Unter Sozialverhalten versteht man das Handeln, das auf einen Partner ausgerichtet ist und von bestimmten Zielen geleitet wird. Solche Ziele beziehen sich normalerweise darauf, mit anderen in Kontakt zu kommen, zu kooperieren, zu helfen, und auf das eigene Bedürfnis nach Nähe und Geselligkeit. Von einer Verhaltensstörung spricht man, sofern diese Ziele gar nicht oder mit unangemessenen Mitteln angestrebt werden. Es kommt dann vor, dass ein Sozialverhalten nicht (defizitär), kaum oder zu stark (exzessiv) ausgeprägt ist. Ein Verhaltensmangel liegt zum Beispiel vor, wenn man bei kontaktscheuen und sozial unsicheren Jugendlichen initiativeloses, passives, gleichgültiges und sich zurückziehendes Verhalten feststellt. Hingegen stehen Formen von Aggression und Delinquenz für Verhaltensweisen, die zu stark ausgeprägt sind. Vielfach wird der Begriff „Verhaltensstörung“ auf aggressives und delinquentes Verhalten beschränkt. Dies hängt vermutlich mit der starken Verbreitung dieser Verhaltensweisen und ihrem hohen Maß an Bedrohung zusammen. Wie aus Kriminalstatistiken zu entnehmen ist, sind junge Menschen unverhältnismäßig häufig kriminell aufgefallen. So stellen die unter 25-Jährigen fast die Hälfte aller von der Polizei registrierten Tatverdächtigen (Pfeiffer 1990; Walkenhorst 1990). Der Waffenbesitz nimmt in dieser Altersgruppe deutlich zu. In einer Umfrage unter Chemnitzer Jugendlichen gaben 3 % an, eine Pistole zu besitzen, 6 % einen Baseballschläger, 6 % eine Gaspistole, 21 % Reizgas, 41 % ein Messer und 14 % eine andere Waffe. Fast alle Jugendlichen äußerten Angst, abends das Haus zu verlassen (Starke & Starke 1995).

(Aus: Franz Petermann/Ulrike Petermann: Training mit Jugendlichen. Förderung von Arbeits- und Sozialverhalten. 5., überarbeitete und erweiterte Auflage. Beltz Psychologie Verlags Union: Weinheim 1996, S. 16–17)

Straftaten Jugendlicher in der Statistik

Straftat	Altersklasse*					
	bis 14 Jahre		bis 18 Jahre		bis 21 Jahre	
	m	w	m	w	m	w
Mord, Totschlag	0,3	0,0	4,9	0,3	11,8	0,5
Raub, räuberische Erpressung, räuberischer Angriff auf Kraftfahrer	4,7	0,5	22,8	2,5	16,6	0,8
Körperverletzung (leicht und schwer)	5,0	1,0	21,4	4,0	21,4	1,7
Diebstahl (ohne erschwerende Umstände)	7,0	2,9	11,4	4,9	6,6	2,3
Diebstahl (unter erschwerenden Umständen)	5,7	0,5	23,3	1,6	18,8	0,9
Brandstiftung	19,3	2,5	9,2	1,2	5,3	0,5
Sachbeschädigung	9,9	1,1	19,6	1,7	11,9	0,7
Rauschgiftdelikte	0,2	0,0	7,5	1,2	17,3	2,0
Straftaten gegen das Waffen- und Kriegswaffengesetz	1,3	0,1	11,8	0,3	12,7	0,2

**) Prozentualer Anteil einzelner Altersklassen als Tatverdächtige. Differenziert werden die Straftaten und das Geschlecht der Betroffenen (m = männlich; w = weiblich). Bundeskriminalamt, 1995*

1 Interpetieren Sie die Tabelle unter der Fragestellung geschlechtsspezifischer Verhaltensweisen aggressiver Art.

2 Stellen Sie Hypothesen auf, wie das von Ihnen gefundene Ergebnis zu erklären sein könnte.

2.2.3 Erklärungsmodelle für aggressives Verhalten – Protokoll eines fiktiven Symposiums

Es war eine erregte und allgemeine Debatte damals, die Debatte um die Ursachen der menschlichen Aggression, die der Verhaltensforscher und nachmalige Nobelpreisträger Konrad Lorenz 1963 losgetreten hatte. Schon der Titel seines Bestsellers war ein kleiner Skandal gewesen: „Das sogenannte Böse" … Sollte es etwa Gesichtspunkte geben, unter denen Aggression nur scheinbar böse war? Ja, war die ungewohnte Antwort des Ethologen. Dass es unter Tieren Aggressivität gebe, sei keine bloß boshafte Laune der Natur. Aggression im Tierreich gebe es, weil sie eine Funktion habe. Sie diene nützlichen Zwecken – zum Beispiel und vor allem verteile sie die Individuen einer Population über das zur Verfügung stehende Terrain, indem sie für Abstand sorge. Aber hieß das, dass auch die menschliche Aggression ihr Gutes haben könnte? Verallgemeinerungen auf den Menschen sind in diesem Punkt immer besonders heikel gewesen. Der Mensch hat sich schließlich Lebensbedingungen geschaffen, unter denen seine natürlichen Anpassungen, sollten sie noch immer vorhanden sein, funktionslos geworden sein könnten, unsinnig, gefährlich.
Wie viele Debatten verlief auch jene irgendwo im Sand. Was aber ist aus ihren Argumenten geworden? Wie sieht die Wissenschaft die Dinge heute? Das folgende Dramolett gibt die Antwort. In Form eines Hearings stellt es die wesentlichen Aggressionstheorien dar, die bisher miteinander konkurriert haben. Die einzelnen Herren vertreten sinngemäß die Ansichten, die sie tatsächlich vertreten haben oder vertreten; alles Kursive sind sogar wörtliche Zitate. Keinem wurde ein Gedanke unterstellt, der nicht tatsächlich der seine war.
(Ein Kongresssaal. Stühlescharren, Stimmengewirr)

Vorsitzender: Meine Damen und Herren! (Es wird noch nicht ganz ruhig) Damen sehe ich nicht, also meine Herren! (Stille)
Hiermit erkläre ich das internationale und interepochale Hearing über die Wurzeln menschlicher Gewalttätigkeit für eröffnet. Ich begrüße die illustren Gelehrten, die von weit her angereist sind, um ihre Theorien vorzustellen und uns Gelegenheit zu geben, sie miteinander zu vergleichen. Ganz besonders begrüße ich jene, die den unendlich weiten Weg aus dem Totenreich nicht gescheut haben. Es geht also um Aggression, ein Thema, das uns allen aus nahe liegenden Gründen auf den Nägeln brennt oder brennen sollte.
Ich nehme an, dass wir uns hier nicht auf unfruchtbare semantische Erörterungen einlassen müssen, da alle Versammelten ja wohl ganz genau wissen, was unter Aggression zu verstehen ist … (Gemurmel, wachsende Unruhe)
Zurufe: Was denn wohl? Das ist überhaupt nicht klar? Diskutieren!
Vorsitzender: Ich verstehe unter Aggression jedenfalls den tätlichen Angriff auf einen anderen Menschen.
Zurufe: Wenn ich jemanden mit dem Auto anfahre, ist das auch ein tätlicher Angriff, aber doch keine Aggression. Zur Aggression gehört, dass sie in voller Absicht geschieht.

- Es gibt auch eine reine verbale Gewalttätigkeit. Wer jemanden anschnauzt, ist sehr wohl aggressiv. Er greift jemanden seelisch an, will ihn seelisch verletzen.
- Ich verstehe nicht, wie man überhaupt die Verletzungen zum springenden Punkt machen kann. Wer Aggression als absichtsvolle körperliche oder seelische Verletzung eines anderen definiert, schließt die instrumentale Aggression aus. Nämlich die Aggression, die man als Werkzeug einsetzt, um einen Vorteil für sich selber zu erlangen. Besitz, Ansehen, Macht, was weiß ich. Sie ist nicht auf Verletzung aus, sondern nimmt sie nur in Kauf. Ist das Ziel erreicht, erlischt sie. Wahrscheinlich ist die instrumentale Aggression sogar häufiger als die feindselige.
- Gibt es Aggression gegen Tiere? Oder nur gegen Artgenossen? Ist eine Fuchsjagd nicht eine verdammt aggressive Handlung?
- Ist nicht auch aggressiv, wer gar nichts tut, sondern nur Rachefantasien brütet?
- Ja, gehört zur Aggression denn nicht immer die Wut? Gibt es auch eine kalte, bloß berechnende Aggression?
- Sie mit Ihrer Wut. Ist es etwa eine Aggression, wenn man einen Angriff wütend zurückschlägt?
- Das Wort Aggression kommt doch von ad-gredi, an jemanden oder etwas herangehen. Also auch: etwas anpacken, etwas in Angriff nehmen, etwas durchsetzen. Wenn man sie so versteht, geht es gar nicht ohne Aggression. Immer packen wir etwas an. Wer sie abschaffte, brächte das Leben überhaupt zum Stillstand.
- Was ist der schlimmste Fall von Aggression, den wir uns heute vorstellen können, der GAU menschlicher Gewalttätigkeit? Nicht wahr, der Atomkrieg. Und nun stellen Sie sich einen Soldaten im Raketensilo vor, der den Schalter umlegt und damit eine Waffe auf den Weg schickt, die Hunderttausende zerfetzen, verbrennen, zerstrahlen wird. Er kennt die Opfer nicht. Er ist ihnen gegenüber nicht notwendig feindselig eingestellt. Er befindet sich weder im Zustand der Wut noch dem der Angst. Er sucht auch keinen persönlichen Vorteil, abgesehen vielleicht von dem mageren Vorteil, keine Scherereien mit dem Vorgesetzten zu bekommen. Ist das Umlegen des Schalters überhaupt eine aggressive Handlung? Gibt es heute nicht eine sozusagen unpersönliche, dienstliche Aggression? Hat bei der die Suche nach psychischen Motiven irgendeinen Sinn?

Vorsitzender: Meine Herren! Ich nehme meine Ansicht zurück, der Begriff „Aggression“ sei problemlos. Gestatten Sie trotzdem, dass ich die interessante Diskussion abbreche. Ich fürchte, wenn wir auf diese Weise weiterdiskutieren, weiß am Ende niemand mehr, was er einmal unter Aggression glaubte verstehen zu dürfen. Das wäre bedauerlich für den Fortgang dieses Hearings. Es übertriebe aber auch unsere Verlegenheit, glaube ich. Wie die meisten Begriffe wird auch der Begriff Aggression zu den Rändern hin immer unschärfer. Wir sind nicht sicher, was er alles umfassen kann. Aber

nicht strittig unter uns ist, was er ganz bestimmt umfasst, was sozusagen den Prototyp von Aggression darstellt. Die willentliche körperliche oder seelische Schädigung eines Artgenossen würde jeder von uns eine Aggression nennen. Und damit wollen wir es bewenden lassen, damit wir nun endlich zur Sache kommen können.
Ich schlage vor, dass wir bei allem eine prototypische Aggression im Auge haben, warum nicht gleich die prototypischste: Kain.
Wie wir alle wissen, war der Bauer Kain neidisch auf seinen Bruder, den Hirten Abel. „Und es begab sich, da sie auf dem Felde waren, erhob sich Kain wider seinen Bruder und schlug ihn tot."

(Aus: Dieter Zimmer: Kain und Konsorten. Über die Wurzeln der Aggression. In: Experimente des Lebens, Haffmans Verlag: Zürich 1989, S. 217–254)

1 Der Begriff „Aggression" – ein problemloser Begriff?
2 Welche Begriffsdefinition bevorzugen Sie? Begründen Sie Ihre Auffassung.

2.2.3.1 Sigmund Freud in der Diskussion – zur Auseinandersetzung mit der Psychoanalyse

Das Wort erteile ich dem Begründer der Psychoanalyse, dem Wiener Arzt Dr. Sigmund Freud. Wenn ich bitten darf.
Freud (wienerisch): Wenn das Objekt Quelle von Lustempfindungen wird …
Vorsitzender: Objekt? Was für ein Objekt?

Salvadore Dalí: Bildnis Sigmund Freud (1938)
(SZ Photo/Rue des Archives/Collection/© Salvador Dalí, Fundació Gala – Salvador Dalí/VG Bild-Kunst, Bonn 2014)

Freud: … wenn ein anderer Mensch meine Lust erregt, so stellt sich eine notorische Tendenz heraus, welche denselben dem Ich annähern, dem Ich einverleiben will …
Vorsitzender: Soll das heißen, man holt ihn an sich heran, um ihn aufzufressen?
Freud: Als Psychoanalytiker waren wir Hohn und Unverständnis von Anfang an gewöhnt und wir haben derlei als Bestätigung für unsere Annahmen zu deuten gelernt. Immerhin bitte ich Sie, uns ausreden zu lassen. Wir sprechen dann auch von der „Anziehung", die das Lust spendende Objekt ausübt, und sagen, dass wir das Objekt „lieben". Umgekehrt, wenn das Objekt Quelle von Unlustempfindungen ist, bestrebt sich eine Tendenz, die Distanz zwischen ihm und dem Ich zu vergrößern … Wir empfinden die „Abstoßung" des Objekts und hassen es; dieser Hass kann sich dann zur Aggressionsneigung gegen das Objekt, zur Absicht, es zu vernichten, steigern …
Vorsitzender: Also doch. Wenn jemand Lustgefühle in uns erregt, dann gehen wir gern nah heran, und das nennen wir dann Liebe. Und wenn er Unlustgefühle hervorruft, dann suchen wir das Weite oder wir werden aggressiv, und hinter dieser Aggression steht unser Wunsch, ihn zu vernichten. Also wir meiden oder attackieren, wer unsere Unlust erregt. Ja?
Freud: Bitte schön, wenn Sie wollen. Das war aber nur unsere erste Theorie der Aggression. Um 1920 haben wir unsere Ansicht geändert. […] In unserer Theorie nehmen wir an, dass es ein Bestreben des seelischen Apparates …

Salvador Dalí: Stadt der Schubladen (1936). Die Schubladen des Unbewussten nach Freuds Theorie. Es handelt sich hier um „eine Art Allegorie, die dazu bestimmt ist ..., den unzähligen narzisstischen Düften nachzuspüren, die aus jeder unserer Schubladen aufsteigen.“ *(Foto: Bridgeman/© Salvador Dalí, Fundació Gala – Salvador Dalí/VG Bild-Kunst, Bonn 2014)*

Vorsitzender: Apparats? Welches Apparats?
Freud: … also dass es ein Bestreben der Seele sei, die in ihr vorhandene Quantität von Erregung möglichst niedrig oder konstant zu halten. Diese zumeist aus dem Innern kommenden Nervenerregungen heißen wir Triebe. Sie treiben uns zu ihrer Beseitigung. Die Beseitigung erzeugt Lust. Doch Lust ist nichts anderes als die Beseitigung solcher Erregungsspannungen. Die Triebe sind also immer darauf gerichtet, einen früheren Zustand wiederherzustellen, den Zustand, der herrschte, bevor die Erregungsspannung ihn störte. Darum dürfen wir sie konservativ nennen. Und nun möchte ich einer weit ausholenden Spekulation nachgehen. Es war doch gewiss das Leblose früher da als das Lebende, das Anorganische früher als das Organische. So darf man von dem Organismus erwarten, dass er auch einen Trieb besitzt, in den früheren Zustand der Leblosigkeit zurückzukehren. Wir wollen ihn den Todestrieb nennen. Somit haben wir Veranlassung, zwei Gruppen von Trieben im Menschen anzunehmen: jene, welche die Schicksale der das Einzelwesen überlebenden Keimzellen in Acht nehmen, also die Fortpflanzung sichern. Es sind dies die Sexual- oder Lebenstriebe. Und jene anderen, die die Unbelebtheit wiederherstellen wollen – die Todestriebe. Eros und Thanatos in ewigem Widerstreit. Die eine Triebgruppe (die Gruppe der Todestriebe) stürmt nach vorwärts, um das Endziel des Lebens möglichst bald zu erreichen, die andere schnellt an einer gewissen Stelle dieses Weges zurück, um ihn … nochmals zu machen und so die Dauer des Weges zu verlängern. Um nun auf die Aggression zurückzukommen – sie ist das Werk der Todestriebe, die von der eigenen Person abgezogen und auf andere Objekte verschoben wurden.
Vorsitzender: Kain wollte eigentlich Selbstmord begehen, hat dann aber stattdessen seinen Bruder erschlagen? Kann man so sagen?
Freud: 1933 habe ich an Albert Einstein geschrieben: Interessenkonflikte unter den Menschen werden prinzipiell durch die Anwendung von Gewalt entschieden. Der Gegner soll ausgeschaltet, am besten getötet werden … […] Und zweitens: Die Tötung des Feindes befriedigt außerdem – außerdem! – eine triebhafte Neigung.
Vorsitzender: Also sind die Menschen aus doppeltem Grund aggressiv. Erstens um eines

Nutzenkalküls willen. Zweitens, weil auch noch ein Trieb sie dazu anhält. (Starke Unruhe)
Bemerkungen: Ach du meine Güte! Das kann er doch nicht ernst meinen! Beweise!
Zurufe: Dieser angebliche Todestrieb ist ja wohl das bizarrste Monster aus Freuds gesamter Monstergalerie! (William McDougall) – Die Todestriebtheorie widerspricht einfach allen biologischen Prinzipien. (Ernest Jones)

- Freuds gewundene Äußerungen über den Todestrieb können mit aller Sicherheit in den Mülleimer der Geschichte geworfen werden. (Ernest Becker)
- Mystik! (Irenäus Eibl-Eibesfeldt)
- Der einzige Beweis für den Todestrieb ist, dass Organismen sterben. Warum sterben sie? Wegen ihres Todestriebs. Das Argument dreht sich im Kreis. Wenn die Psychoanalyse eine wissenschaftliche Disziplin werden will, dann muss sie sich von den Lebens- und Todestrieben trennen! (Paul Kline)

Vorsitzender: Ihre Todestriebtheorie scheint ja nicht einmal bei Psychoanalytikern viel Anklang gefunden zu haben. Bleibt die These, dass Aggression dazu da sein soll, sozusagen der Lust den Weg freizumachen.
(Aus: Dieter Zimmer, a. a. O., S. 217–254)

1 Beschreiben Sie die Freud'sche Vorstellung von Aggression mit eigenen Worten.
2 Was halten Sie von den Einwänden gegenüber Sigmund Freud?

2.2.3.2 Die Frustrations-Aggressions-Hypothese von John Dollard im Gespräch

Unser nächster Referent hat dazu 1939 eine explizite Hypothese vorgetragen. Das Wort hat der Psychologe John Dollard.
Dollard: Meine Herren, ich spreche hier nicht nur für mich allein, sondern für ein ganzes Team von Psychologen an der Yale-Universität. Wir haben in der Tat eine Hypothese vorgelegt, die sich von den wolkigen Sittengemälden, die uns bisher vorgesetzt wurden, wie wir hoffen, wohltuend unterscheidet. Und die sogar testbar sein sollte. Sie lässt sich in einem einzigen Satz zusammenfassen: Aggression ist immer die Folge einer Frustration. Sie haben sich nicht verhört: immer, immer! Auftreten von aggressivem Verhalten setzt immer die Existenz einer Frustration voraus und umgekehrt führt die Existenz einer Frustration immer zu irgendeiner Form der Aggression.
Vorsitzender: Würden Sie Aggression bitte doch einmal definieren?
Dollard: Jede Verhaltenssequenz, deren Zielreaktion die Verletzung eines Organismus (oder Organismusersatzes) ist.
Vorsitzender: Und Frustration?
Dollard: Ein Zustand, der eintritt, wenn eine Zielreaktion eine Interferenz erleidet.
Vorsitzender: Also wenn jemand etwas tun möchte und ein anderer kommt ihm in die Quere und hindert ihn daran?
Dollard: Geht man von alltäglichen Beobachtungen aus, erscheint es plausibel, anzunehmen, dass die gewöhnlich beobachteten Formen aggressiven Verhaltens immer rückführbar sind auf … irgendeine Art von Frustration. Jedoch ist es keinesfalls so offensichtlich, dass Aggression in irgendeiner Form und von einem gewissen Intensitätsgrad unausweichlich auftritt, wann immer eine Frustration vorausgeht. Häufig beobachtet man bei Erwachsenen und selbst bei Kindern, dass sie sich unmittelbar nach einer Frustration anscheinend mit der Situation abfinden und sich ihr anpassen … Man darf jedoch nicht vergessen, dass eine der ersten Lektionen, die der Mensch aufgrund des sozialen Zusammenlebens lernt, darin besteht, seine offenen aggressiven Reaktionen unter Kontrolle zu bringen. Dies bedeutet jedoch nicht, dass solche Reaktionstendenzen dadurch beseitigt werden; vielmehr findet man, dass diese Reaktionen nicht zerstört werden, obgleich sie vorübergehend komprimiert, verzögert, entstellt, verschoben oder sonst irgendwie von ihrem unmittelbaren und logischen Ziel abgelenkt werden. Unsere Frustrations-Aggressions-Theorie – wir nennen sie kurz F-A-Theorie – erlaubt es uns im Prinzip, genau vorherzusagen, wie stark die Bereitschaft zur Aggression sein wird. Nämlich: je größer die Frustration, desto stärker die Aggressionstendenz. Und die

Größe der Frustration hängt von dreierlei ab: wie sehr mir daran gelegen war, wir sagen: wie sehr ich dazu instigiert war, das zu tun, woran ich gehindert wurde; wie stark die Verhinderung war und ob mehrere solcher Verhinderungen zusammenkamen, denn Frustrationen summieren sich.

Vorsitzender: Das hört sich ja nun wirklich mächtig wissenschaftlich an. Ich fühle mich instigiert, Sie um ein paar Beispiele für Frustrationen zu bitten.

Dollard: Das Leben in unserer Gesellschaft ist voll davon. Der Säugling wird oft jäh von der Mutterbrust entwöhnt. Das Sauberkeitstraining verläuft harsch. Das Erkundungsbedürfnis des Kleinkinds, seine Beweglichkeit wird oft eingeschränkt. Dem Kind wird das Onanieren verboten. Ihm wird die Geschlechtsrolle anerzogen, die seine Gesellschaft von ihm erwartet. Die Disziplin in der Schule. Die Rivalität unter Mitschülern. Die Monogamie. Die lange Berufsausbildung. Der Anblick von Bessergestellten. Kriege. Revolution. Naturkatastrophen. Krankheit. Tod.

Vorsitzender: Na, da sind wir denn ja wohl immer in der einen oder anderen Weise frustriert, von der Wiege bis zur Bahre ohne Unterlass. Aber warum sind wir dann nicht auch immer aggressiv?

Menninger: Karl Menninger, Psychoanalytiker aus Topeka, Kansas. Ich möchte zu diesem Punkt etwas beisteuern, das ich auch praktisch für sehr wichtig halte. Aus der Beobachtung von kleinen Kindern und dem Persönlichkeitsprofil vieler Erwachsener, die mit ihrem Leben nicht zurechtgekommen sind, geht hervor, dass es gewisse auffällige und unbestreitbare Korrelationen zwischen dem Verhalten des Erwachsenen und den Traumata seiner frühen Kindheit gibt. Es stellt sich ganz einheitlich heraus: Die Unfähigkeit Erwachsener, alltägliche Frustrationen zu ertragen, hängt regelmäßig damit zusammen, dass sie in der Kindheit zu stark, zu rasch oder zu inkonsequent (wie im Fall des „verzoge-

Keine Lust auf Frust
(Foto: Georg Bubolz, Erkelenz)

nen" Kindes) frustriert wurden und sich auf diese Weise aggressive Verhaltensmuster überstark entwickelten. Diese Kinder werden nicht nur von der Brust, sondern auch von den nachfolgenden Befriedigungen (zum Beispiel der Defäkation und dem Verschmieren ihres Kots) in einer Art entwöhnt, dass sie sich beraubt und betrogen fühlen [...] Darum raten wir: Wenn ihr friedliche Kinder haben wollt, dann dürft ihr sie nicht frustrieren!

Vorsitzender: Hierzu gleich eine Wortmeldung des Psychologen Paul Kline aus Exeter.

Kline: Der verehrte Kollege Menninger sprach eben von auffälligen unbestreitbaren Korrelationen zwischen frustrierenden Erziehungspraktiken beim Abstillen und bei der Sauberkeitsgewöhnung einerseits, der späteren Aggressivität andererseits. Ich habe sämtliche empirischen Studien gesichtet, die diese Zusammenhänge untersuchten, und ich muss, bei aller Sympathie für die Psychoanalyse, hier ein Märchen berichtigen: Diese Korrelation gibt es einfach nicht. Zwar gibt es Beweise für die Existenz von Persönlichkeitsdimensionen, die dem sogenannten oralen und analen Charakter ähneln, aber es gibt keinerlei Beweis dafür, dass diese mit [...] bestimmten Erziehungspraktiken in Verbindung stünden. (Unruhe)

Vorsitzender: Meine Herren! Bitte sehr! Darf ich aus dieser Bemerkung entnehmen, dass der Anwendung der Frustrations-Aggressions-Theorie bei der Kindererziehung kein Erfolg beschieden war? Möchte jemand dabei bleiben, dass unfrustrierte Kinder zu friedlichen Menschen heranwachsen? (Schweigen) Nein? Dann scheint das ja irgendwie entschieden zu sein. Aber wir wollen zur F-A-Theorie selber zurückkommen. Herr Dollard, wenn jedes Leben von Anfang bis Ende eine ununterbrochene Folge von Frustrationen ist und nach Ihrer Theorie jede davon zur Aggression führt, warum sind dann nicht alle Menschen ständig und im gleichen Maß aggressiv?

Dollard: Wahrscheinlich sind diejenigen, die am stärksten dazu neigen, jede Frustration sofort mit offener Aggression zu beantworten, jene Menschen, die [...] nicht gelernt haben, dass sich eine belohnende Alternativreaktion ergeben wird; oder sie leiden anhaltend durch ihnen selbst verborgene Quellen schwerer Frustration [...]

Vorsitzender: Wenn ich das einmal auf den Fall Kain anwenden darf. Er wäre aggressiv geworden, weil er frustriert war. Und er hätte keine mildere Aggression gewählt, sondern wäre gleich zu einem Brudermord „instigiert" gewesen, weil er entweder durch verschiedene andere Erlebnisse ganz besonders stark frustriert war, ohne selber etwas davon zu wissen, oder weil er nicht gelernt hatte, dass es glimpflichere Weisen gibt, seine Frustration loszuwerden. Was hat ihn frustriert? Dass Gott sein Opfer nicht so geschmeckt hat wie das seines Bruders Abel. Jetzt weiß ich, was mir an der F-A-Theorie nicht so recht gefallen will. Sie nennt einfach alles, was je zur Aggression führt oder führen könnte, Frustration. Damit lautet die Theorie eigentlich nur: Die Ursachen der Aggression sind alles, was zur Aggression führt, und wir sind so schlau wie vorher. Ja? Herr Berkowitz?

Berkowitz: Mein Name ist Leonard Berkowitz, Psychologe an der Universität Wisconsin. Mir scheint die Theorie nicht völlig falsch, aber in der ursprünglichen Form nicht haltbar. Das Vorhandensein einer Frustration führt nicht immer zu irgendeiner Form von Aggression und aggressives Verhalten setzt nicht notwendig das Vorhandensein einer Frustration voraus. Frustration ist nur ein Faktor unter mehreren, die zu Aggressionen führen können – können, wohlgemerkt, nicht müssen. Vor allem aber stört auch mich die Vagheit des Begriffs Frustration. Ist das immer eine äußere Behinderung? Oder auch das Ausbleiben einer gewohnten Belohnung? Diese Vagheit hat viel Verwirrung angerichtet. Ich selber neige zu der Ansicht, dass Frustrationen durchaus zu Aggressionen führen können, aber nicht direkt, sondern nur, insofern sie die Person wütend machen, wenn ich das einmal so simpel und salopp sagen darf. Die Emotion – die Erregung, der Zorn – stellt eine Zwischenvariable zwischen Frustration und Aggression dar.

Scott: Scott, Bewling Green, Ohio. Die F-A-Theorie ist nicht ganz falsch, aber stark übertrieben. Aus Tierexperimenten wissen wir doch ganz genau: Manchmal führt eine Frustration zur Aggression, manchmal aber nicht. Um nur kurz ein Experiment des Kollegen Tinbergen anzuführen: Wenn sich einem Stichlingsmännchen, das sein Nest verteidigt, ein männlicher Artgenosse nähert, ist es zwar hochgradig erregt und aggressiv, aber auch stark motiviert, sein Nest weiter zu hüten. Der Stichling ist also offensichtlich frustriert, doch statt zu kämpfen, beginnt er vielleicht, mit dem Maul ein zweites Nest in den Sand zu graben. Hier führt die Frustration also nicht zur Aggression, sondern zu Nestbauverhalten.

Vorsitzender: Ich glaube, wir können die F-A-Theorie hiermit verlassen. Es scheint etwas Wahres dran zu sein, aber die Universalerklärung für jede Aggression liefert sie jedenfalls nicht.

(Aus: Dieter Zimmer: Kain und Konsorten. Über die Wurzeln der Aggression. In: Experimente des Lebens. Haffmans Verlag: Zürich 1989, S. 217–254)

1 Was ist die Kernaussage der Frustrations-Aggressions-Hypothese der Aggressivität?

2 Welche Geltung kann dieser Aggressionstheorie zugesprochen werden?

2.2.3.3 Konrad Lorenz und die Debatte über seine verhaltensbiologische Theorie

Das Wort erteile ich nun einem der Pioniere der Verhaltensforschung, der 1963 mit seinem Buch „Das sogenannte Böse" die Aggressionsdebatte so befeuert hat wie kein Zweiter. Konrad Lorenz, bitte!

Lorenz: Bisher haben wir die Ansichten von Philosophen und Psychologen gehört. Ich möchte das Phänomen der Aggression nun aber einmal aus der Sicht des Biologen angehen. Gestatten Sie mir, dass ich mich hier auf drei Punkte beschränke, die mir besonders wichtig sind. Punkt eins. Aus der Sicht ihres Opfers ist eine Aggression gewiss eine unerfreuliche und schmerzliche Tatsache. Das verstellt uns leicht den Blick dafür, dass Aggression, wenn auch nicht in jeder Form, ein biologisch sinnvolles Phänomen ist. Hätte Aggression keine sinnvolle Funktion, so hätte der Artenwandel sie ausgemerzt oder gar nicht erst entstehen lassen. Wir müssen immer nach den Zwecken fragen. Was sind die Zwecke der innerartlichen Aggression, über die wir hier sprechen? Gegenseitige Abstoßung verteilt die Tiere über den Lebensraum. Wir dürfen als sicher annehmen, dass die gleichmäßige Verteilung gleichartiger Tiere im Raum die wichtigste Leistung der intraspezifischen Aggression ist. Hierher gehören alle Formen der territorialen Aggression: Jedes Tier verteidigt sein Revier, also den Teil des Lebensraums, den es zu seinem Überleben benötigt; die Konkurrenten müssen andere Reviere aufsuchen. Innerhalb der Gruppe etabliert die Aggression Rangordnungen und erhält sie aufrecht. Die Rangordnung aber sorgt wiederum dafür, dass die Stärkeren die meisten Nachkommen haben, dass also die natürliche Zuchtwahl zu besonders großen und wehrhaften Familien- und Herdenverteidigern führt und dass die größte Bedeutung innerhalb der Gruppe den erfahrensten Tieren zukommt.

Vorsitzender: Wollen Sie sagen, dass wir schlecht beraten waren, Aggression immer für etwas Böses zu halten?

Lorenz: Sie ist durchaus nicht der Teufel, das vernichtende Prinzip, ... sondern ganz eindeutig Teil der system- und lebenserhaltenden Organisation aller Wesen, der zwar, wie alles Irdische, in Fehlfunktionen verfallen und das Leben vernichten kann, der aber doch vom großen Geschehen des organischen Werdens zum Guten bestimmt ist. Damit aber bin ich schon bei Punkt zwei. Es haben sich vielfältige Tötungshemmungen entwickelt, die die Folgen der Aggressivität abmildern. Auch sind die innerartlichen Kämpfe zumeist so ritualisiert, dass sie nicht tödlich ausgehen. Niemals haben wir gefunden, dass das Ziel der Aggression die Vernichtung der Artgenossen sei, wenn auch durch einen unglücklichen Zufall gelegentlich im Revier- oder Rivalenkampf ein Horn ins Auge oder ein Zahn in die Halsschlagader dringen kann und wenn auch unter unnatürlichen Umständen – [...] zum Beispiel in Gefan-

genschaft – aggressives Verhalten vernichtende Wirkungen entfalten kann.
Vorsitzender: Sehen Sie beim Menschen etwa natürliche Tötungshemmungen?
Lorenz: Das Furchtbare ist, dass den Menschen eben keine instinktive oder moralische Hemmung daran hindert, Waffen, Fernwaffen zu gebrauchen. Seine natürlichen Hemmungen waren und sind auf den körperlichen Kampf, auf die natürliche Bewaffnung abgestimmt. Mit der kulturellen Entwicklung der Waffen haben sie nicht Schritt gehalten. Schon auf die Wirkung des Faustkeils waren sie nicht zugeschnitten. Ob Kain betreten war, als der … Bruder tot vor ihm lag? Wir dürfen es mit Sicherheit annehmen.
Und nun zu Punkt drei. Herr Dollard sprach wie die meisten Psychologen immer von Reaktionen. Aggression aber ist keine bloße Reaktion, sie ist ein Trieb. Gerade die Einsicht, dass der Aggressionstrieb ein echter, primär arterhaltender Instinkt ist, lässt uns seine volle Gefährlichkeit erkennen: Die Spontaneität des Instinktes ist es, die ihn so gefährlich macht. Wäre er nur eine Reaktion auf bestimmte Außenbedingungen, was viele Soziologen und Psychologen annahmen, dann wäre die Lage der Menschheit nicht ganz so gefährlich … (wachsende Unruhe im Publikum), dann könnte man grundsätzlich die reaktionsauslösenden Faktoren erforschen und ausschalten. Aber wie viele andere Instinkte quillt auch der Aggressionstrieb „spontan" aus dem Inneren des Menschen. (Tumultartige Unruhe)
Zurufe: Biologist! Dann können wir ja gleich einpacken! Dann hilft uns nichts! Beweise! Bringen Sie Beweise!
Lorenz: Sie wollen Beweise. Gut. Wenn ein Organismus längere Zeit nicht aggressiv war, staut sich sein Aggressionstrieb und erzeugt eine wachsende Appetenz auf aggressive Akte. Sein Schwellenwert für aggressionsauslösende Reize sinkt. Eventuell kommt es sogar zu dem, was wir in der Verhaltensforschung Leerlaufhandlungen nennen. Das Tier verhält sich ohne Anlass aggressiv. Ich denke da zum Beispiel an die Stare, die schließlich sogar nach nicht existenten Fliegen schnappen.
Vorsitzender: Das ist aber ein Fall von Beuteverhalten und gar keine innerartliche Aggression. Außerdem sollten Sie wohl bei einer so wichtigen Frage nicht in Tieranalogien sprechen, von denen immer unsicher ist, in welchem Maße sie auf den Menschen übertragbar sind. Welche Beweise führen Sie an, dass sich ein spontaner menschlicher Aggressionstrieb staut und entladen muss?
Lorenz: Eine sehr liebe Tante von mir hat alle acht bis zehn Monate ihr Dienstmädchen hinausgeworfen. (Gelächter)
Vorsitzender: Anekdoten über Tanten werden, wenn ich das recht sehe, in der Wissenschaft nicht als Beweismittel anerkannt.
Lorenz (unbeirrt): In der Kriegsgefangenschaft habe auch ich manchmal einen Koller gekriegt. In einer Stituation nämlich, in der man sich nicht mit Menschen auseinandersetzen kann, die nicht zum eigenen Freundeskreis gehören, kommt es so weit, dass man seinen besten Freund ohrfeigen könnte. Dagegen hilft nur, dass man still aus der Baracke schleicht und einen nicht zu teuren, aber mit möglichst sinnfälligem Krach in Stücke springenden Gegenstand zu Schanden haut.
Vorsitzender: Ist das die Möglichkeit! Gibt's noch einen Beweis?
Lorenz: Die Ute-Indianer leiden schwer an einem Übermaß aggressiver Triebe. Als Prärieindianer haben sie ein wildes, fast nur aus Krieg und Raub bestehendes Leben geführt, das bei ihnen in wenigen Jahrhunderten die Herauszüchtung größter Aggressivität zur Folge hatte. Da sie diese heute nicht mehr ausleben können, leiden sie so häufig an Neurosen wie keine andere menschliche Gruppe sonst […] Gewalttätigkeit und Totschlag gegen nicht zum Stamme Gehörige sind an der Tagesordnung.
Vorsitzender: Das wäre ja nun in der Tat ein schlagendes Beispiel. Aber hierzu haben wir nun gleich eine Wortmeldung von einem Ute-Experten.
Stewart: Omer Stewart, Anthropologe. Alles Märchen. Erstens sind die Ute keine Prärieindianer. Zweitens sind sie Büffeljäger gewesen, die zwar auch Kriege und Raubzüge unternahmen, aber nur im Rahmen des unter Bergindianern Üblichen. Drittens haben sie sich niemals

Johannes Muggenthaler: Vergiss, dass Du ein Wolf warst!, 1990

besessen der Neigung hingegeben, Stammesfremde zu töten; vielmehr wurden sie in früher historischer Zeit zu einem freundlichen, kooperationswilligen Händlervolk. Viertens sind Neurosen bei ihnen kaum häufiger als bei anderen Stämmen. Fünftens gibt es bei ihnen heute zwar leider viele Verbrechen und Unfälle, aber der Grund dafür ist der gleiche wie bei anderen Indianern: übermäßiger Alkoholgenuss.

Vorsitzender: Sehe ich es recht, möchte sich noch ein anderer Anthropologe zu Herrn Lorenz' These vom spontanen Aggressionstrieb äußern.

Sipes: Richard Sipes, Buffalo. Wenn sich ein Aggressionstrieb im Menschen staute, müsste er sich durch aggressive Handlungen abreagieren lassen. Herr Lorenz hat selber einmal empfohlen, dass die Leute Sport treiben sollen, um ihren Aggressionsstau loszuwerden. Je mehr Sport betrieben wird, desto weniger andere Aggressionen wären also zu erwarten. Ich habe zwanzig Naturvölker daraufhin untersucht. Das Ergebnis widerspricht Lorenz' Theorie. Sport treibende Völker sind nicht die, die besonders wenige Kriege führen. Das genaue Gegenteil ist der Fall – je mehr kämpferischer Sport, desto mehr Kriege, desto mehr interne Aggressionen, Selbstverstümmelungen, schwarze Magie gegen Stammesgenossen, Härte gegenüber Normverletzern. Ganz offenbar leitet der Sport keinen Aggressionstrieb ab.

Tinbergen: Verzeih, Konrad, in dieser Sache kann auch ich dir einfach nicht folgen. Ach so: Niko Tinbergen, Verhaltensforscher, Oxford. Als Freund und Kollege muss ich Konrad Lorenz widersprechen. Du betonst unser Wissen – ich möchte betonen, dass unsere Wissenschaften sehr viel eben noch gar nicht wissen. Du benutzt den unglückseligen Begriff „Spontaneität des Instinktes" [...] Aber Kämpfe zwischen Tieren können von einer Vielzahl von Faktoren ausgelöst werden. Einige von ihnen sind innere, andere äußere [...] Ich kann einfach nicht glauben, dass du nur die inneren siehst, dass du nicht genau weißt: Aggression wird auch von der Situation verursacht.

Wenn wir die Ursache der Aggression suchen, müssen wir aber nicht nur innere und äußere Variablen in Betracht ziehen und zwischen offensiver und defensiver Aggression unterscheiden. Wir müssen uns auch in drei Zeitmaßstäben bewegen. Wir müssen den Moment absuchen, die Sekunden und Minuten der Aggression. Wir müssen die Lebensgeschichte absuchen und fragen, wie ein Tier im Laufe seines Lebens dazu gekommen ist, sich aggressiv zu verhalten. Und wir müssen schließlich den Zeitmaßstab der Evolution anlegen und fragen, wie und warum sich bei einer Art bestimmte Formen aggressiven Verhaltens entwickelt haben. Konrad, du erweckst den Eindruck, als sähest du nur die momentanen und die evolutionären Ursachen; die dazwischen ignorierst du. Was wir brauchen, wäre eine Embryologie des Verhaltens. Bisher gibt es dazu aber höchstens Ansätze. Ich fürchte allerdings, Konrad, du wirst trotz (deiner) verfrühten Siegesgewissheit und (deiner) Tatsachenirrtümer in einem wichtigen Punkt Recht behalten: Unseren inneren Kampfdrang durch Erziehung auszumerzen wird schwer, wenn nicht unmöglich sein.

Montagu: Ashley Montagu, Anthropologe aus Princeton. Ich finde Herrn Lorenz' Theorie ganz und gar unerträglich. Es dürfte doch langsam dem Letzten klar geworden sein, dass der Mensch kaum angeborene Triebe oder Instinkte besitzt. Aber in einer Welt, in der Feindseligkeit und Aggression zu jedermanns Natur zu gehören scheinen, in der individuelle und Gruppengewalt der unwiderlegliche Beweis für das Kainsmal zu sein scheinen, das jeder an seiner Stirn trägt, hört man wohl sehr gern, dass das so ist und auch so sein muss. Wenn einem die Aggressivität angeboren ist, kann sie einem schließlich nicht zum Vorwurf gemacht werden. Herrn Lorenz' Theorie ist ein Ruhekissen. Sie predigt uns: Der Aggressionstrieb ist angeboren, da kann man nichts machen, und er hat ja schließlich sogar seine guten Seiten. Sie will uns lehren, uns mit dem Unerträglichen abzufinden. Sie ist politisch zutiefst verwerflich. (Starke Unruhe. Teils wilder Beifall)

Widerspruch: Nun mal langsam! Demagogie! Schneidige politische Deklarationen dienen nicht der Wahrheitsfindung!

Vorsitzender: Wenn wir Menschentiere von einem spontanen inneren Trieb zur Aggression gedrängt werden, wäre Aggression in der Tat unvermeidlich. Diese Frage ist so wichtig, dass dazu noch ein Experte angehört werden soll. Das Wort hat Professor Robert Hinde aus Cambridge.

Hinde: Die These, es gebe einen spontanen Aggressionstrieb, beruht auf einem Energiemodell der Motivation. Im Organismus soll sich irgendetwas aufstauen, das zwar nicht Energie im Sinne der Physik ist, aber gewisse Eigenschaften der physikalischen Energie hat. Derlei Energiemodelle sind überholt. Warum sie unbrauchbar sind, wird einem am ehesten klar, wenn man sich ansieht, wie ein Verhalten zu einem Ende kommen kann. Wenn das Verhalten auf einer inneren Energiequelle beruht, so kann es nur dadurch zu einem Ende kommen, dass jene Energie durch Handlungen aufgebraucht wurde. Also müssen wir erwarten, dass jede Verhaltenssequenz beendet ist, wenn die entsprechende Energie abgeführt wurde. Aber was geschieht wirklich? Zum Beispiel dies: Wenn wir müde genug sind, suchen wir Geborgenheit, Ruhe und Dunkel, und wenn wir sie gefunden haben, schlafen wir ein. Auch kommt ein Verhalten oft dann zum Ende, wenn neue Reize wahrgenommen werden … – eine Tatsache, die sich mit Energietheorien ebenfalls nicht leicht vereinbaren lässt. Ich muss aber auch davor warnen, „Hunger“, „Durst“, „Aggressivität“ und so weiter zu verdinglichen. Es sind keine Dinge, die wir klar umrissen in der Natur vorfinden, es sind Konstrukte, die wir uns selber bilden. Wir wissen nur, dass manche Arten von Input zu manchen Arten von Output führen.

(Aus: Dieter Zimmer: Kain und Konsorten. Über die Wurzeln der Aggression. In: Experimente des Lebens. Haffmans Verlag: Zürich 1989, S. 217–254)

1 Zeichnen Sie den Verlauf der Debatte mit Konrad Lorenz nach.
2 Überzeugen Sie die Argumente von Konrad Lorenz?

Vorsitzender: Bisher haben wir ja nicht sehr viel in der Hand behalten. In der Natur hat Aggression ihren Sinn; Frustration könnte vielleicht manchmal zu Aggressivität führen – das ist so ziemlich alles. Den endogenen Theorien der Aggression ist es schlecht ergangen. Versuchen wir es also einmal anders. Ich bitte wieder einen Psychologen um sein Statement, Professor Albert Bandura von der Universität Stanford.

Bandura: Danke. Was wir bisher gehört haben, waren alles Triebtheorien der Aggression. Doktor Freud hat uns das Gerücht vom Todestrieb vorgetragen. Professor Lorenz glaubte einen spontanen Aggressionstrieb dingfest gemacht zu haben. Selbst Professor Dollards Frustrations-Aggressions-Theorie lässt sich am ehesten als eine Triebtheorie verstehen: Beliebige Frustrationen erzeugen einen Aggressionstrieb, der sich in beliebigen Aggressionen verausgaben muss. Alle diese Herren suchen die Ursachen der Aggression also im Innern. Und nun halten Sie sich fest, meine Herren. Die Aggression hat ihren Ursprung gar nicht im Innern. Aggression stammt von außen, aus der Gesellschaft. Aggression wird gelernt.

Welche Arten des sozialen Lernens gibt es? Es gibt einmal das Lernen durch eigene Erfahrung. Das wird reguliert durch die unterschiedliche Belohnung oder Bestrafung bestimmter Handlungen. Wenn Kinder für Aggressionen gelobt und belohnt werden, werden sie darin bestärkt. In der Sprache der Lerntheorie: ihr aggressives Verhalten wird verstärkt. So zieht man aggressive Menschen heran.

Und es gibt das Lernen durch Nachahmung eines Modells. Das Modell – das Vorbild, wenn Sie so wollen – lehrt neue Verhaltensweisen und es stärkt oder schwächt bestehende Hemmungen. Wenn das Kind andere bei Akten der Aggression beobachtet, Eltern, Mitschüler, Film- und Fernsehhelden, gehen diese Formen der Aggression potenziell in sein eigenes Verhaltensrepertoire über, und die Wahrscheinlichkeit, dass sie auch angewendet werden, ist dann besonders hoch, wenn die beobachteten Aggressionen unbestraft blieben oder sogar gerechtfertigt oder verherrlicht wurden. Im Falle der Aggression spielt das soziale Lernen am Modell die größere Rolle. Der Mensch aber ist ein kognitiv so begabtes Wesen, dass bei ihm auch die im Geist vorweggenommene Belohnung eine große Rolle spielt. Das heißt, er ist aggressiv oft, weil er sich Vorteile von seinem Verhalten verspricht und sich gute Erfolgschancen ausrechnen kann. Dies alles ist keine bloße Spekulation. Es ist auf ein solides empirisches Fundament gebaut. Zahlreiche Kollegen, ich selber auch, haben in den letzten Jahrzehnten eine Vielzahl von Studien im Labor und im Feld durchgeführt, die alle zeigten, wie sehr Modellimitation und Verstärkung das aggressive Verhalten formen. Bei einem typischen Versuch wurden Kindern Filme gezeigt, in denen sie ein „Modell“ bei einer für sie neuartigen Aggression beobachten konnten. Wenn das „Modell“ belohnt worden war, waren auch die Kinder im Anschluss aggressiver. Am aggressivsten aber waren sie, wenn sie selber ebenfalls zur Aggression ermutigt wurden.

Vorsitzender: Wie wäre Gewalt also zu vermindern oder zu verhindern?

Bandura: Das kann ich Ihnen sagen. Wer Aggression eindämmen will, muss verhindern, dass die Menschen durch soziales Lernen aggressive Verhaltensmuster erwerben. Kinder dürfen keine Gelegenheit bekommen, Aggressionen zu beobachten, vor allem keine erfolgreichen. Sie dürfen nicht belobigt oder sonst wie belohnt werden, wenn sie sich selber aggressiv verhalten. Aggression darf sich niemals lohnen. Von Bestrafungen verspreche ich mir weniger, denn die meisten Strafen sind selber wiederum Modell von Aggression.

Vorsitzender: Ich danke Herrn Bandura sehr für diese klaren Worte. Da sie auch empirisch wohl begründet sind, dürfte es in Zukunft kaum mehr möglich sein, die sozialen Ursachen der Aggression zu ignorieren. Ich frage mich allerdings, ob die Theorie ausreicht. Sie zeigt, dass Aggressionsverhalten durch soziales Lernen veränderbar ist, aber nicht eigentlich, woher es kommt. Nur ein Beispiel: Gewaltdarstellungen im Film scheinen also nicht etwa, wie die Katharsistheorie behauptet, einen inneren Aggres-

sionsdrang abzuleiten und damit die Aggressivität im Leben zu senken; vielmehr scheinen sie die Gewalttätigkeit im Leben zu fördern. So weit reicht die Lerntheorie. Aber warum sehen sich die Leute das überhaupt an? Warum finden sie Gewaltdarstellungen spannender als Aufnahmen vom Pilzesammeln? Darauf gibt sie keine Antwort. Den Fall Kain erklärt sie auch nicht; also warum Gewalt auch unter Menschen vorkommt, die keine Gelegenheit hatten, sie irgendwo zu lernen. Die Lerntheorie zeigt ferner nicht, warum die Menschen, die heute doch alle etwa den gleichen „Modellen" ausgesetzt sind, trotzdem so verschieden aggressiv sind. Warum immer und überall Jungen und Männer im Schnitt aggressiver sind als Mädchen und Frauen. Kurz, sie ignoriert eventuelle endogene Ursachen eigentlich noch konsequenter, als die früheren Theorien die äußeren ignoriert haben. Hierzu ein Wort, Herr ...?
Hacker: Friedrich Hacker, Psychiater, Kalifornien. In der polarisierten Vereinfachung auf das Entweder-oder von Biologie oder Sozietät ... tritt jene Gewalt zu Tage, die es durch das Bedenken aller einander wechselseitig bedingender Faktoren, durch Tolerieren der Komplexität und Betrachtung des Gesamtphänomens der Aggression zu verhindern gilt.
Vorsitzender: Ich ahne, was Sie sagen wollen. Wir sollen Einseitigkeiten meiden, sonst sind wir selber sozusagen aggressiv. Dieser Regel kann man immer unbesehen zustimmen. Biologie oder Sozietät – das ist sicher nicht die Frage; es müssen biologische und gesellschaftliche Ursachen in Betracht gezogen werden und wie sie sich gegenseitig bedingen. Bisher hatten wir: zwei Instinkttheorien der Aggression, die von Herrn Lorenz und in gewisser Weise auch von Herrn Freud, die Frustrations-Aggressions-Theorie von Herrn Dollard und Herrn Berkowitz, und Herrn Banduras Lerntheorie. Sehe ich recht, ist es keiner dieser Theorien so richtig gut ergangen. An jeder scheint etwas dran zu sein, aber die volle Wahrheit trifft offenbar keine. Damit will es die Psychologie doch sicher nicht bewenden lassen, oder?

(Aus: Dieter Zimmer: Kain und Konsorten. In: Experimente des Lebens. Haffmans Verlag. Zürich 1989, S. 217–254)

1 Was besagt der lerntheoretische Ansatz im Blick auf die Erklärung aggressiver Verhaltensweisen?
2 Wie wird die Theorie von Albert Bandura von den Teilnehmern des Symposiums gewürdigt? Wie sehen Sie selbst das lerntheoretische Modell?
3 Setzen Sie sich mit den folgenden weiterführenden Aspekten aus dem Gespräch mit Herrn Kornadt auseinander.

Bitte, Herr Kornadt, Saarbrücken.
Kornadt: Man gewinnt tatsächlich den Eindruck, dass die empirische Forschung etwas richtungslos geworden ist und dass vor allem das theoretische Verständnis keine besonderen Fortschritte mehr gemacht hat. Das hat auch unangenehme praktische Folgen. Jede der drei konkurrierenden Theorien gibt den Leuten nämlich einen anderen Ratschlag, wie Aggressivität zu vermeiden wäre. Die Triebtheorie sagt: Man muss den Kindern Gelegenheiten zum Ausleben der Aggression (wenn auch in harmloser, vielleicht ritualisierter Form) bieten. Die Frustrations-Aggressions-Theorie empfiehlt, dass man Frustrationen vermeiden muss, damit kein Anlass zum Lernen von Aggression entsteht, impliziert aber auch, dass Aggression nicht unterdrückt werden darf, weil dies wiederum eine aggressionssteigernde Frustration wäre. Und die Lerntheorie rät: Man darf gerade keinerlei Gelegenheit zum Aggressionsverhalten bieten, und schon gar nicht zu erfolgreichem. Aus dieser Verlegenheit kann uns nur eine integrative psychologische Theorie helfen, die aus jeder der drei anderen Theorien das Richtige herausfiltert und es miteinander verbindet. Es kommt darauf an, dass nicht nur ein Nebeneinander verschiedener theoretischer Prinzipien grundsätzlich eingeräumt wird, sondern dass auch erklärt wird, wie diese Prinzipien und ihre Wirkungsweise miteinander systematisch zusammenhängen. Den theoretischen Rahmen dafür gibt es im Übrigen längst. Es ist die Motivationstheorie, wie sie seit den frühen Fünfzigerjahren von David McClelland für die Leistungsmotivation entwickelt wurde. Ihn und seine Kollegen interessierte, welche Bedingungen es sind, die manche Men-

schen – und auch manche Kulturen – stärker zur Leistung motivieren als andere.

Vorsitzender: Kein Mensch kann je ein Motiv sehen. Es lässt sich nur indirekt erschließen: Wir beobachten ein bestimmtes Verhalten und wir schließen aus ihm auf einen bestimmten inneren Zustand. Sehe ich recht, ist Motivation eine Zwischenvariable: Auf der einen Seite haben wir physiologische Zustände und psychische Bedürfnisse, auf der anderen das Verhalten. Dazwischen nehmen wir psychische Zustände an, Motive wie Hunger, Durst, Angst, Liebe, Leistungswillen. Die Motivationstheorie reicht also von der Biologie bis zum Verhalten; sie setzt Biologie und Psychologie miteinander in Beziehung.

Kornadt: Die neuere Motivationstheorie geht von einem intentionalistischen und interaktionistischen Grundkonzept aus. Nach ihr werden Ziele erwogen, gesetzt und angestrebt, Situationen werden interpretiert und aufgesucht oder gemieden, Reaktionen des Partners als Konsequenzen eigenen Handelns antizipiert beziehungsweise während der Handlung – diese modifizierend – berücksichtigt; und Erfahrungen hierüber werden gespeichert und bilden als Teile generalisierter Zielsysteme beziehungsweise von Handlungsmustern einen Teil des überdauernden Motivs. Die Motivationstheorie sieht also einmal die Person, zum anderen die Situation – und die Wechselwirkung zwischen beiden.

Ich – und nicht nur ich – finde, die Motivationstheorie lässt sich sehr schön auf die Aggression übertragen. Meine Theorie nimmt an, dass Aggression in der Tat eine biologische Basis hat, dass es ein überdauerndes psychisches Motiv oder besser Motivsystem der Aggression gibt und dass dieses zwei selbstständige Komponenten hat. Aufsuchen und Meiden, Aggression und Aggressionshemmung. Genauer gesagt: Die Motivation zu einer bestimmten situationsbezogenen Aggressionshandlung ist eine Funktion des überdauernden Aggressionsmotivs, der Erwartung, die infrage stehende Aggressionshandlung in der Situation erfolgreich ausführen zu können, und des antizipierten Anreizes, den eine Erreichung des konkreten Aggressionsziels hat – sowie andererseits des überdauernden Motivs, Aggressionen zu vermeiden, und der Erwartung negativer Konsequenzen (Strafe, Schuld) der infrage stehenden Handlung sowie des (negativen) Anreizes (oder der Bedeutung), den die antizipierten negativen Konsequenzen einer Erreichung des konkreten Aggressionszieles haben.

Vorsitzender: Uff! Zu einem aggressiven Akt kommt es also, wenn alles in allem das Aggressionsmotiv stark und das Hemmungsmotiv schwach genug ist. Logisch.

Kornadt: Ja. Aber das Aggressionsmotiv ist kein fester Charakterzug, kein trait, und auch keine Augenblicksreaktion, kein state. Es ist als ein System zu verstehen, das ständig – und nicht unbedingt bewusst – viele Faktoren miteinander verrechnet, Gefühle, Überlegungen, moralische Werthaltungen, Vorbilder, Erwartungen, Gelegenheiten, Aussichten.

Vorsitzender: Gibt es dazu ein bisschen Empirie?

Kornadt: Wir arbeiten seit Jahren an einem Kulturvergleich. Frustrationen und Beeinträchtigungen machen die Menschen ärgerlich. Das ist überall so und es ist wohl die biologische und letztlich vermutlich genetische Basis für das Aggressionsmotiv. Aber was dann mit dem Ärger geschieht, das ist von Mensch zu Mensch und von Kultur zu Kultur verschieden. Deutsche sind auch nach objektiven Kriterien äußerst aggressiv, Schweizer schon weniger, in Japan ist die Aggressivität sonderbar gering, obwohl gewiss nicht weniger äußere Anlässe bestehen. Wir haben bisher vor allem untersucht, ob Mütter in den beiden Kulturen mit ihren kleinen Kindern irgendwie anders umgehen. Das Ergebnis: Ja, sie tun es. Konflikte werden in Japan anders gehandhabt als in Mitteleuropa. Provoziert ein deutsches Kind seine Mutter, so gibt es nur Sieger und Verlierer; bestenfalls wird ein (meist fauler) Kompromiss zwischen ihnen ausgehandelt. Der Konflikt eskaliert also und wird am Ende nicht aufgelöst; das Kind wird in der Regel zurückgewiesen oder ausgeschimpft und damit in seinem Selbstwertgefühl gekränkt. Japanische Mütter lassen es dagegen meist gar nicht zum Machtkampf kommen. Sie sind vor allem darauf bedacht, im Kind keine negativen Gefühle entstehen zu lassen. Sie wittern nicht prinzipiell Aufruhr, der nur unterdrückt werden kann, ärgern sich nicht so sehr über das Kind, gehen über die Provokation hinweg, einigen sich mit dem Kind oder geben seinen Wünschen schrittweise nach. So wachsen japanische Kinder von Anfang an in einem viel harmonischeren Klima auf, und dieser Umstand ist es wohl, der sie später weniger aggressiv macht. Das Aggressionsmotiv kann trotz seiner biologisch bedingten universalen Ausgangsbasis nur schwach ausgebildet werden, wenn die aggressionsfördernden Sozialisationsbedingungen fehlen.

Vorsitzender: Ein interessanter Vergleich. Obwohl zu prüfen bleibt, ob das geringere Aggressionsniveau und der größere Harmoniebedarf in Japan nicht teilweise ebenfalls biologisch bedingt sind. Ehe wir zum Schluss kommen, soll nun aber auch das Volk noch das Wort erhalten. Es ist ja nicht so, dass der Nicht-Psychologe völlig rat- und fassungslos vor einem Phänomen wie der Aggression steht. Es gibt für vieles psychologische Alltagstheorien, die möglicherweise nicht richtig sind, in denen möglicherweise aber auch eine Weisheit steckt, zu der sich die Wissenschaft erst durchkämpfen muss. Herr Langfeldt aus Würzburg, Sie können uns sagen, wie sich das Volk aggressives Verhalten erklärt?

Langfeldt: „Das Volk" ist zu viel gesagt. Der deutsche Normalbürger. Genauer: jüngere deutsche Frauen im Jahre 1988. Für die mit Abstand wichtigste Ursache aggressiven Verhaltens halten sie Frustrationen und frustrierende Bedingungen wie Überforderung und akute Schwierigkeiten. Die zweitwichtigste Ursache ist ein aggressiver Charakter. Die drittwichtigste ist eine Situation, die Aggressionen provoziert. Die viertwichtigste Ursache sind negative Gefühle – Unsicherheit, Unzufriedenheit und vor allem Angst. Die fünftwichtigste Ursache ist das Lernen am Modell.

Einiges ist auffällig an diesen Alltagstheorien. „Angst" taucht als wichtige Bedingung auf. In psychologischen Theorien spielt sie – bei wenigen Ausnahmen – nur eine untergeordnete Rolle. Sind Wissenschaftler an dieser Stelle blind? In den Alltagstheorien wird „Lernen" als

(Foto: Boris Schmalenberger)

Bedingungskomplex relativ wenig genannt. Demgegenüber spielt (Nachahmungs-)Lernen in psychologischen Theorien eine herausragende Rolle. Sind Alltagstheoretiker an dieser Stelle blind? Alltagstheorien enthalten nahezu keine kognitiven Elemente, während kognitive Theorien immer bedeutsamer werden. Unterstellen Wissenschaftler in diesem Zusammenhang zu viel Rationalität?

Vorsitzender: Da wären also noch ein paar Fragen. In der Allgemeinheit, von der hier eben die Rede war, hat die Kontroverse, die auch in diesem Hearing wieder im Mittelpunkt stand, oft die Form von zwei einander entgegengesetzten Glaubenssätzen angenommen. Der eine sagt: Aggression – das ist ein biologischer Trieb. Der andere: Aggression wird uns von der Gesellschaft anerzogen. Das ist sicher eine falsche Alternative und ich habe den Eindruck, dass alle unsere Wissenschaften noch weit entfernt sind, die Interaktion von inneren und äußeren Ursachen erklären zu können. Sie haben bisher nur Spuren.

Trotz aller Gräuel scheint mir der Mensch alles in allem ein ziemlich friedfertiges Wesen zu sein. Was die Menschheit plagt, womit sie sich selber plagt, das ist das maschinelle Töten, die industrielle Menschenvernichtung – die sozusagen unpersönliche Aggression, die Aggression, bei der auf der einen Seite keine oder nur schwache aggressive Gefühle bestehen, auf der anderen aber der unbekannte Feind oder Gegner massenweise verstümmelt wird oder stirbt. Eine persönliche Aggression ist ein seltener und dramatischer Akt und er wird unweigerlich mit fasziniertem Grausen beredet – ein Zeichen dafür, dass er eben nichts Selbstverständliches hat. Bei einem Akt dieser Art erwarten wir, dafür auch eine dramatische einzelne Ursache aufspüren zu können. Aber wenn dieses Hearing mit seinem verwirrenden Meinungsgeschwirr etwas gezeigt hat, dann ja wohl dies: Diese Ursache werden wir niemals finden. Und zwar darum nicht, weil es sie nicht gibt. Wir müssen mit dem Zusammenwirken vieler Ursachen rechnen.

(Aus: Dieter Zimmer: Kain und Konsorten. Über die Wurzeln der Aggression. In: Experimente des Lebens. Haffmans Verlag: Zürich 1989, S. 217–254)

4 Aus jeder Aggressionstheorie etwas nehmen ... Was halten Sie von einer solchen Integrationstheorie?

5 Wie bewerten Sie die angesprochenen Alltagstheorien?

2.2.3.5 John Paul Scott zieht Bilanz des Aggressionssymposiums

Scott: John Paul Scott, Psychologe. [...] Die Aggression können und müssen wir auf fünf Ebenen untersuchen. Die unterste ist die der Gene: wie bestimmte genetische Ausstattungen zu bestimmten Graden an Aggressivität disponieren. Die nächste Ebene ist die physiologische, etwa die der Hormone. Darüber liegt die organismische; hier haben wir es dann zum Beispiel mit psychischen Zuständen, also mit Motiven zu tun. Damit verlassen wir das Individuum. Oberhalb der organismischen Ebene gelangen wir in die soziale; hier wissen wir etwa, dass der Zerfall sozialer Strukturen bei Tieren und wohl auch beim Menschen zu vermehrten Aggressionen führt. Die oberste Ebene schließlich ist die ökologische; hier haben wir in Betracht zu ziehen, wie weit Umstände wie Nahrungsknappheit oder zu große Bevölkerungsdichte zu einer verhängnisvollen Zunahme der Aggressionen führen. Dies sind die naheliegenden, die unmittelbaren, die proximaten Ursachenebenen, die untersucht werden müssen. Dazu aber müssen auch die verschiedenen historischen Ebenen in Betracht gezogen werden. Wir müssen nach der Ontogenese fragen: Wie hat sich aggressives Verhalten bei einem Einzelwesen entwickelt? Wir müssen nach der Geschichte der Kulturtradition fragen, die ja beim Menschen an der Verhaltensformung stark beteiligt ist. Und schließlich müssen wir nach der Phylogenese fragen, also nach der evolutionären Entwicklung der Aggression, nach ihren Zwecken und Funktionen. Früher habe ich mir die Einflüsse der verschiedenen Ebenen als Faktoren gedacht, die sich unabhängig voneinander auswirken. Heute meine ich,

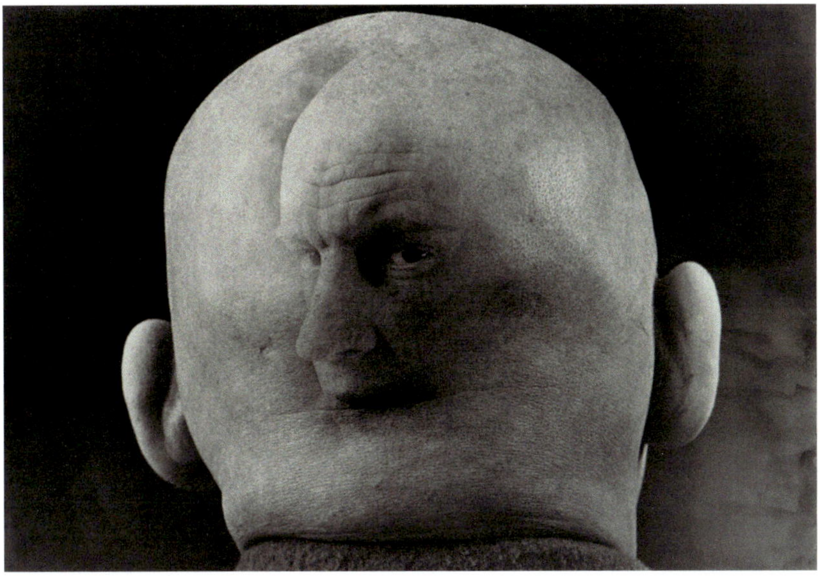

Georgij Petrussov: Karikatur Rodtschenko (1933/1934). *(Foto:Museum Ludwig, Köln)*

dass wir es auf jeder Ebene mit komplexen Regulationssystemen zu tun haben und dass diese Systeme über mehrere Ebenen hinweg Einfluss aufeinander nehmen. Das alles hört sich vielleicht noch etwas abstrakt an. Es ist auch keine Theorie, sondern eher ein Wegweiser für die künftige Forschung.

Vorsitzender: Danke sehr, Herr Scott. Wenn ich Ihre Worte gleich in einen praktischen Appell ummünzen darf, dann möchte ich sagen: Das Phänomen der menschlichen Aggression ist nicht die Domäne ausschließlich einer Disziplin. Es sind nicht die Sozialwissenschaften allein, die sich mit ihr befassen können. Aber es kann auch gar keine Rede davon sein, dass das Thema den Sozialwissenschaften entwunden und der Biologie zugeteilt werden müsste. Sehr wohl haben jene eine Menge dazu zu sagen – oder vielmehr zu ermitteln. Die Soziologie muss sich der Frage annehmen, welche gesellschaftlichen Strukturen Aggression fördern und wie sich deren Zerfall auf das Gewaltpotenzial auswirkt; auch, ob es eine Dichte des Zusammenlebens gibt, die Gewalttätigkeit brütet. Die soziale Lerntheorie muss weiter untersuchen, wie es auf die individuelle Aggressionsbereitschaft abfärbt, wenn man aggressiven „Modellen" ausgesetzt ist; sie muss wohl ihr Augenmerk weiter besonders auf die Medien richten – lohnend scheint mir etwa die Frage, ob die beständige Berieselung mit Akten symbolischer Aggression nicht zu einer seelischen Abstumpfung und Verhärtung führt, die der wirklichen Gewalttätigkeit den Boden bereitet; einige empirische Befunde deuten genau darauf hin. Die Sozialpsychologie muss sich weiter der Deindividuation zuwenden: dem Ausnahmezustand, in dem die Individualität von Tätern wie Opfern reduziert ist. Nur darf keine dieser Wissenschaften meinen, sie allein hätte den Schlüssel in der Hand. Alle sind befugt, alle sind aufgerufen. Die Genetik hat etwas über das in uns in verschiedenem Maß angelegte Gewaltpotenzial zu sagen, die Neurobiologie über die molekularen und zellulären Vorgänge, die das materielle Substrat aggressiven Verhaltens bilden, die Physiologie über die hormonelle Steuerung der Gewalt, die Ethologie über die Wirklichkeit inner- und zwischenartlicher Aggression, die Evolutionsbiologie und die Ökologie schließlich über den Platz der Aggression in der Natur, ihre Kosten und ihren Nutzen, ihren Sinn und ihren Unsinn.

So viel scheint klar: Es ist falsch, dass der Mensch ein von Natur aus zutiefst friedliches Wesen sei, das nur von bösen gesellschaftlichen Verhältnissen korrumpiert wurde. Seine Vergangenheit dürfte keine ganz und gar unblutige, aber auch keine besonders blutige gewesen sein; in einem Ausmaß, das mit seiner genetischen

Mitgift, seiner Erziehung und einer Vielzahl von situativen Faktoren variiert, etwa seiner Frustration oder seiner Angst oder seinem Stress, hat er das Zeug, aggressiv zu agieren und zu reagieren. Es ist ebenso falsch, dass der Mensch von Natur aus zum Kriegführen verdammt sei. Analoges zum menschlichen Krieg – die gemeinschaftliche, systematische, massenhafte, anonyme Vernichtung von Artgenossen, die einen nicht unmittelbar persönlich bedrohen – ist in der ganzen Natur schwer zu finden; schon darum ist es unwahrscheinlich, dass der Krieg ein biologisches Fatum ist. Zwar beruht er unter anderem auch auf solchen menschlichen Verhaltensweisen, die stammesgeschichtliches Erbe sind; aber kein angeborener Trieb erzwingt den Krieg.
Die Zeit der grandiosen Vereinfachungen ist vorbei. Wenn noch einer auftreten sollte und erklärte, er habe sie nun aber doch noch gefunden, die eine wirkliche Ursache der Aggression – dann wissen wir von vornherein, dass er im Irrtum ist. Allerdings, bis das nötige Detailwissen beschafft und zusammengefügt ist, um zu einer großen Synthese schreiten zu können, wird noch so mancher Tag ins Land gehen, und einfach wird die Wahrheit nicht sein. Ich hoffe, die Menschheit wird sie erleben. Für Ihre vereinte Gedankenanstrengung danke ich Ihnen.

(Aus: Dieter Zimmer: Kain und Konsorten. Über die Wurzeln der Aggression. In: Experimente des Lebens. Haffmans Verlag: Zürich 1989, S. 217–254)

1 Was ist der Ertrag des Symposiums?
2 Gibt es (wissenschaftlich gesicherte) Erkenntnisse über das Phänomen „Aggressivität", die pädagogisch bedeutsam sind?

2.2.4 Perspektiven moderner Erlebnispädagogik – Anregungen für eine „bessere" Pädagogik angesichts des Gewaltpotenzials von Jugendlichen?

Welche Interventionen sind sinnvoll, wenn dem Gewaltpotenzial von Jugendlichen pädagogisch begegnet werden soll? Die folgenden Ausführungen wollen keine Patentrezepte geben, können Ihnen aber vielleicht Anstöße zum Weiterdenken bieten.

2.2.4.1 Ein Beispiel: „Thor Heyerdahl" (Fischer/Ziegenspeck)

Torsten Fischer und Jörg W. Ziegenspeck gehen in ihrem Textauszug auf segelpädagogische Initiativen ein, deren pädagogische Intention auf der Einsicht basiert, dass Jugendliche sich langfristig nicht durch Zwang, sondern nur durch eigene Motivation verändern, die es anzuregen und zu erhalten gilt.

Seit 1983 werden auf der „Thor Heyerdahl" in enger Anlehnung an die Outward-Bound-Konzeption für Jugendliche und junge Erwachsene Kursprogramme angeboten. Diese Programme orientieren sich konsequent an den Elementen der Erlebnistherapie von K. Hahn. Die ein- bis zweiwöchigen Segeltörns wenden sich an „Mädchen und Jungen zwischen 15 und 25 Jahren, die aus allen Bevölkerungsschichten kommen" und „soziale Mischung wird ange-

(Foto: picture alliance/dpa)

strebt". Von diesen Teilnehmern wird erwartet, „dass sie auf Schwächere Rücksicht nehmen, [...], dass sie gerne und freiwillig kommen, dass sie bereit sind, Neues auf sich einwirken zu lassen und auf alte Gewohnheiten zu verzichten, dass sie keine Urlaubsstimmung mitbringen: an Bord wird gearbeitet, gelernt, mit neuen Erfahrungen sozial umgegangen, und die neuen Erkenntnisse können zu Hause angewandt werden." Die spezifischen Zielgruppen, die in der ganzen Bandbreite zwischen sozial benachteiligten Jugendlichen, Schulklassen und auch Auszubildenden variieren, werden in einer Zieloptik erfasst, die die ganzheitliche Anlage dieser segelpädagogischen Aktivitäten unterstreicht: „Im Gegensatz zu theoriebildenden Lernsituationen werden auf dem Segelschiff Fertigkeiten und Kenntnisse praktisch vermittelt. Nicht das Lernen über den Kopf ist Trumpf [...], sondern das Lernen über die Hand und die Beobachtung wird angebahnt." Die inhaltliche Ausrichtung dieser Segelpädagogik, der „Bühnenwechsel" mit seinen neuen Erfahrungsmomenten und die gruppendynamischen Beziehungen, reicht weit über den Anspruch einer praktisch-aktionalen Sozialisationspädagogik hinaus. Und die Gründe, die eine solche Feststellung rechtfertigen, sind vielfältig:

1. Abstand von den täglichen Routinen des Lebens und Lernens kann gewonnen werden.
2. Routinetätigkeiten im Denken und Handeln werden auf den Prüfstand der Bewährung in ungewohnten Handlungszusammenhängen gestellt.
3. Aufgaben- und Rollenverteilungen müssen neu verhandelt werden, da sie sich in den konkreten Verantwortungen an Bord spezifisch vollziehen.
4. Teamerfahrungen können praxisbezogen und auf erweitertem Niveau wirksam werden.
5. Ein vertrauensvolles Gruppenklima kann dafür sorgen, dass reflexiver Rücklauf zu individuellem Verhalten und Tätigkeit offen erfolgt.
6. Reflexion und Selbstbestimmung in den konkreten Aufgabenfeldern bleiben auf hohem Niveau miteinander verbunden.
7. Bewältigungsszenarien von Herausforderungen natursportlicher und sozialer Natur können zu echten Risiko- und Eigenpotenzialerfahrungen beitragen.
8. Die Kompensation von Bewegungsarmut findet in handwerklichen und sportlichen Betätigungen statt.
9. Körperbewusstsein, sinnliche Wahrnehmung und geistige Tätigkeiten können im natursportlichen Zusammenhang aufeinander bezogen werden.
10. Selbstwirksamkeit kann in der handlungsechten Situation überprüft und verändert werden. Zu dieser Selbstwirksamkeit gehören Handlungs- und Verhaltenswirksamkeit, die sich im Kontext der aufgaben- und zielorientierten Situation erreichen sowie entwickeln lassen.

Diese segelpädagogische Variante des handlungs- und erlebnisorientierten Erfahrungslernens richtet sich auch an übergeordnete Lernziele: „Die angeführten Lernziele sind in einem übergreifenden Sinn komplex aufeinander bezogen. Sie sind weder isoliert zu betrachten, noch einzeln, getrennt voneinander erlernbar. Von daher sollten sie nicht dogmatisch verfolgt, sondern von den Teilnehmern relativiert, offengelegt und diskutiert werden." Bei all diesen erlebnispädagogischen Initiativen unter dem Slogan – Erziehung durch die See – bleibt eine Grundposition oberstes Gebot: Die angestrebten Lernerfolge sollen sich nicht nur aus einem Diskurs zwischen Erziehern und zu Erziehenden ergeben, also durch den kommunikativen Austausch schlechthin. Sie sollen sich durch die praktisch vollzogene Tätigkeit in einem natursportlichen sowie sozialtherapeutischen Prozess einstellen. Im sozial-kognitiven Kontext gruppendynamischer Veränderungen sollen gemeinsame Erfahrungen und in der emotional-affektiven Ebene individuelle Erlebnisse gefördert werden. Wie diese Veränderungen in erlebnispädagogischer Praxis zur umfassenden Darstellung gelangen, welche „Ziel-Inhalt-Methode-Relation" gesehen wird und welche natürlichen Lernmedien bedeutsam sind, kann exemplarisch mit der theoretischen Konzeption für die „Thor Heyerdahl" gezeigt werden.

Ziele der Outward-Bound-Konzeption für die „Thor Heyerdahl"

Kognitive Lernziele: Seemännische Fertigkeiten (Segelmanöver); handwerkliche Kenntnisse; hauswirtschaftliche Kenntnisse (Küchenarbeiten); allgemeine Umweltkunde; Freizeitvorbereitung; Knotenkunde; Navigation; Schiffspflege und Wetterkunde.

Affektiv-emotionale Lernziele: Förderung der eigenen Identität, Steigerung des Selbstwertgefühls; intrinsische Motivation entwickeln; Versagenserlebnisse ohne Resignation ertragen lernen, Frustrationstoleranz entwickeln; mit eigenen inneren Impulsen (z. B. Angst) umzugehen lernen; Konfliktbewältigung lernen, Kooperations- und Kompromissbewusstsein bilden; Achtung vor der Intimität und Autonomie des andern haben; sensibel werden, Einfühlung lernen.

Soziale Lernziele: Verantwortung für sich und andere übernehmen und tragen lernen; Zuverlässigkeit, Hilfsbereitschaft und Freundlichkeit als Bedingungen des gemeinsamen Lebens erfahren und schätzen lernen; Regeln als vereinfachend für das Zusammenspiel vieler erkennen; gemeinsame Arbeit erkennen und Aufgaben delegieren können, Kooperation und Verantwortungsbewusstsein.

Motorische Lernziele: Durch Schiffsbewegungen im Seegang, das Steigen in die Masten, durch Segelsetzen [...] werden Grob- und Feinmotorik gleichermaßen geschult.

Mit der Neufassung des Kinder- und Jugendhilfegesetzes (KJHG) im Jahre 1990 wurde vielen Initiativen und Anstrengungen legitimer Raum geboten, um erlebnispädagogische Arrangements in das alltägliche Angebotsspektrum

Das ganze Leben ist ein einziges Abenteuer
(Foto: picture alliance)

einfließen zu lassen. Vor allem durch folgende Richtlinien im KJHG:

§ 34: Heimerziehung, sonstige betreute Wohnformen.

§ 35: Intensive sozial (erlebnis-)pädagogische Einzelbetreuung.

§ 41: Hilfen für junge Volljährige, Nachbetreuung.

Gerade die freien Träger der Heimerziehung [...] sahen seit Beginn der 80er-Jahre vielfältige Chancen in erlebnispädagogischen Hilfen der Erziehung. Chancen vor allem für solche Jugendliche, die mit den konventionellen Methoden und Milieus von Jugendhilfemaßnahmen nicht mehr erreicht wurden. Intensive sozialpädagogische Einzelbetreuung durch erlebnispädagogische Projektarbeit im Ausland wurde seit dieser Zeit systematisch auf- und ausgebaut. Delinquente und deprivierte Heranwachsende in psycho-sozialen Notlagen, wie Schulverweigerer oder hyperaktive Kinder, bekamen zunehmend Angebote. Resozialisation und Rehabilitation auf der Grundlage handlungs- und erlebnisorientierter Lernprojekte konnten im Ausland verwirklicht werden. Diese projektorientierten Lernformen im Ausland, die auch im „Kinder- und Jugendhilfeverbund e.V. Kiel" zum festen Bestandteil des erzieherischen Gesamtprogramms und -profils wurden, sollten dazu dienen, zwischenmenschliche Beziehungsprobleme schrittweise abzubauen und damit erfolgreiches Erfahrungslernen in anderen Zusammenhängen anzubahnen: „Mit diesen Projekten bieten wir ihnen (den Jugendlichen – T. F.) unter einem Betreuungsschlüssel von 1.1 bis 1.2 ein neues Lernfeld, in dem sie ihre Fähigkeiten – ohne massive Sanktionen befürchten zu müssen – ausprobieren können. Insbesondere die damit verbundenen neuen Erfahrungen im emotional-sozialen Bereich mit ihren Bezugspersonen führen zu anderen Einstellungen, Haltungen und Werten, die dann nach ihrer Rückkehr im engeren und weiteren Lebensumfeld bzw. in der Herkunftsfamilie zu neuen Integrationsmöglichkeiten führen."

[...]

Erlebnispädagogik als Rehabilitationspädagogik wurde unter sozialtherapeutischen Gesichtspunkten vielfältig thematisiert. Rehabilitation und Resozialisation dissozialer, delinquenter sowie devianter (verhaltensauffälliger) Jugendlicher wurden von Michael Bünger, Norman Hefford oder von Jürgen Andorff unter erlebnispädagogischer und sozialpsychologischer Fragestellung auf unterschiedlichen Ebenen durchdacht und dargestellt. Die Stärkung des Selbstwertgefühls im kooperativen Kontakt zur Gruppe und der schrittweise Selbstaufbau emotionaler und körperlicher Dispositionen wurden auf handlungs- und erlebnisorientierte Lernmilieus zurückgeführt. Die Integration der Jugendlichen in arbeitsbezogene und handwerkliche Techniken war bei diesen Untersuchungen unter verschiedenartigen Sozialisationsaspekten mit erlebnispädagogischen Inhalten und Methoden direkt verbunden.

(Aus: Torsten Fischer, Jörg W. Ziegenspeck: Erlebnispädagogik: Grundlagen des Erfahrungslernens. Klinkhardt: Bad Heilbrunn 2009, S. 269–272, 283)

1 Arbeiten Sie die Hauptgedanken des Textauszuges heraus.

2 Weisen Sie anhand der Ziele der Outward-Bound-Konzeption für die „Thor Heyerdahl" nach, dass erlebnispädagogische Methoden zu Verhaltensverbesserung von gewaltbereiten Jugendlichen führen können.

3 Erörtern Sie anhand von Beispielen, wie das Konzept der „Stärkung des Selbstwertgefühls im kooperativen Kontakt zur Gruppe und der schrittweise Selbstaufbau emotionaler und körperlicher Dispositionen" pädagogisch genutzt werden kann.

4 Beurteilen Sie die im folgenden Tagebucheintrag von Rainer Winkel geschilderte Situation und den pädagogischen Umgang mit ihr unter Berücksichtigung Ihrer erworbenen theoretischen Kenntnisse.

In der Silvesternacht ging ich gegen 20 Uhr zur Schule; dumpfe Befürchtungen im Kopf. Ein gutes Dutzend (z. T. mir fremder) Jugendlicher hatte sich schon versammelt – Alkohol und Zigarette, Knallkörper und laute Musik bildeten das Milieu. Was tun? Wache schieben? Vorsichtshalber die Polizei informieren? Vor allem die Feuerwehr? Den Hausmeister benachrichti-

gen? Nur das Letztere tat ich: Herr Füllgraf wusste Bescheid. [...]
Eine Zeit lang beobachtete ich das Treiben und die sich von nah und fern vermehrenden Jugendlichen. Dann redete ich die einen an und scherzte mit den anderen; wies diskret auf die vielen Holzbauten hin und den eingefrorenen Teich – die drei Wortführer lud ich kurz in die Schule ein, um mit ihnen etwas auszuhandeln. Unsicher und verlegen (also sehr laut!) folgten sie mir. Dann erläuterte ich noch einmal meinen Wunsch, dass alle hier und jetzt (wenn sie denn wollen) eine feuchtfröhliche Silvesternacht erleben können, dass ich andererseits aber auch eine Gewähr brauche, dass nichts zerstört und nichts abgefackelt wird. „Okay, Chef! Aber wie soll das geschehen?" Ich schlug ihnen vor, dass sie selbst (diese drei also) gemeinsam die Sheriffs heute Nacht sind und gegen einen gewissen Lohn die Aufsicht übernehmen. „Ich hab jedenfalls keinen Bock" (ein fürchterliches Wort), „hier die ganze Nacht herumzustehen und aufzupassen, dass nichts passiert", so meine Begründung.
Gesagt – getan: Wir einigten uns auf 50 Euro, für jeden versteht sich, 20 Euro jetzt sofort, 30 Euro gegen 1 Uhr. „Okay, Chef!" Handschlag, ab nach draußen, die Meute nahm's zustimmend-gelassen auf. Ich blieb noch ein Stündchen drin und draußen, ging dann nach Hause und kam kurz nach 1 Uhr zurück. Knapp die Hälfte der Jugendlichen waren noch da – natürlich auch meine drei Sheriffs. Sie erhielten den restlichen Sold, klatschten mich ab und meinten, nicht mehr so nüchtern wie noch drei Stunden vorher: „Alles klar, Chef! Nichts kaputt und, vor allem, kein Feuer!" Billiger hätte dies kein Wachdienst gewährleistet, aber darauf kam es mir gar nicht an. Entscheidend war eine pädagogische Absicht: Die Grundlage der Erziehung ist in der Tat ein personales Verhältnis, das ein Erwachsener einem jungen Menschen anbietet und das ihm etwas zutraut, indem es ihm vertraut. Dies mag man ein „leidenschaftliches Verhältnis" nennen, ich bevorzuge es, von einem personalen Bezug zu sprechen, ohne den niemand zu seiner möglichen Entwicklung kommt: zu seinem Leben und seiner Form.

(Aus: Rainer Winkel: Die Schule neu machen. Glanz und Elend einer Schulgründung. Teil 2. Schneider Verlag: Baltmannsweiler 2009, S. 336 f.)

2.2.4.2 Ein Beispiel: „Wie Schule gelingt ..." (Meise)

Sylvia Meise, freie Journalistin und Autorin, arbeitet für verschiedene Medien zu den Schwerpunktthemen Bildung und Erziehung.

Keiner der Schüler war bis dahin mehr als 15 Kilometer mit dem Fahrrad gefahren. Aber der Hamburger Lehrer Holger Butt fuhr mit ihnen im Sommer 2007 von Hamburg bis zur Zugspitze. Dabei durften pro Tag nur sieben Euro verbraucht werden. Übernachtet wurde also in Pfarrers Garten, in Schulen und Kindergärten oder auf dem Campingplatz. Die Schüler halfen sich gegenseitig, wurden gründlich nass, bekamen unterwegs Brötchen geschenkt, kämpften sich über Höhen und durch Tiefen. Eine Kamera dokumentierte das Siegerlächeln auf dem Gipfel: Welch grandioser Schulstart in die achte Klasse!
Die Aktion gehört zu den „Herausforderungen", die an der Integrierten Reform- und Gesamtschule Hamburg-Winterhude seit drei Jahren für die Jahrgänge 8 bis 10 veranstaltet werden. Sie fußt auf Hartmut von Hentigs Aufforderung, Jugendlichen in der Pubertät die Möglichkeit zur Bewährung zu verschaffen. 2008 gab es 17 verschiedene Angebote, etwa Flusswanderungen mit dem Kanu, Tauchen in der Ostsee oder Arbeit auf dem Bauernhof.

(Aus: Sylvia Meise: Wie Schule gelingt. In: Publik-Forum Nr. 2/2009, S. 21)

1 Beschreiben Sie das Anliegen des Textauszuges.
2 Beurteilen Sie die Aufforderung des Pädagogen Hartmut von Hentig, Jugendlichen in der Pubertät die Möglichkeit zur Bewährung zu verschaffen, vor dem Hintergrund von Jugendkrisen, insbesondere im Bereich von Gewalt.

2.2.4.3 Ein Beispiel: „Durchboxen im Leben“ (Kannenberg)

Lothar Kannenberg ist der Gründer des 1999 ins Leben gerufenen Jugendsozialprojekts „Boxcamp“ in Kassel. 2004 gründete der ehemalige Boxer und Hessenmeister den Verein „Durchboxen im Leben“ und das „Trainingscamp Lothar Kannenberg“ im hessischen Diemelstadt-Rhoden. Der ehemals Drogen- und Alkoholsüchtige hilft heute 14- bis 17-jährigen Straftätern, die eine Jugendstrafe erwartet, mit ihren Aggressionen klarzukommen und den Weg in die Gesellschaft zurückzufinden.

sueddeutsche.de: Wenn man das Wort Erziehungscamp hört, dann hat man auch die Bootcamps in den USA im Kopf, in denen durch Drill und Erniedrigung der Wille der Jugendlichen gebrochen werden soll. Wie unterscheidet sich Ihre Einrichtung von den amerikanischen Modellen?
Kannenberg: Wir haben ein anderes Motto, es lautet: „aktiv sein“. Aktive Lebensführung ist bei uns der Schlüssel. Von morgens um fünf vor sechs bis abends um 22.30 haben wir einen durchstrukturierten Tagesplan. Dieser Tagesplan ist genau das, was den Jugendlichen hilft, wieder klarzukommen. Das Wort Freizeit ist gestrichen. Jugendlichen, die nicht wissen, was sie mit sich anfangen sollen, ist spätestens nach einer Stunde langweilig. Und dann kommt nur Scheiß raus. In dem halben Jahr, das die Jugendlichen hier sind, begehen sie keine Straftat. Das unterscheidet uns von fast allen anderen Einrichtungen, die es sonst gibt.
sueddeutsche.de: Wie sieht neben dem Sport das Programm bei Ihnen aus?
Kannenberg: Wir haben das „Respekttraining“ etabliert. In Gesprächsrunden und Aufsätzen sollen sich die Jugendlichen dem Thema Respekt nähern. Ganz wichtig ist uns auch die Arbeit mit Ritualen: Wir haben feste Essenszeiten, bei denen morgens, mittags und abends die Kerzen leuchten. Ganz einfache Werte wie Wärme und Gelassenheit wollen wir damit näherbringen. Das ist meistens das, was den Jugendlichen in der Kindheit gefehlt hat. Wir holen bisschen was nach, was normalerweise im Vorschulalter vermittelt wird: Wärme, Liebe, Geborgenheit. Diese drei Worte sind bei uns wichtig. Auf der einen Seite werden die Jugendlichen angeschoben, auf der anderen Seite werden sie in den Arm genommen.
sueddeutsche.de: Und das Prinzip funktioniert bei Ihnen?
Kannenberg: Von allen Teilnehmern am Trainingscamp, das es seit drei Jahren gibt, befinden sich noch 80 Prozent in weiteren Maßnahmen, also in Langzeitheimen, bei Pflegeeltern, in der Schule und so weiter. Nur 20 Prozent sind wieder rückfällig geworden und sitzen heute im Knast. Das ist ein superguter Wert. […] Wir gehen mit den Jugendlichen einmal im Monat ins Altersheim, in diesem Jahr haben wir ein Krippenspiel aufgeführt. Unsere Jugendlichen haben Kontakt zu den Menschen und tun was für sie. Das sind die, denen sie früher die Handtasche geklaut haben.

(Aus: Erziehung jugendlicher Straftäter. Interview von Gökalp Babayigit mit Lothar Kannenberg: „Wir holen nach, was sonst im Vorschulalter vermittelt wird“. In: http://www.sueddeutsche.de/deutschland/artikel/802/150430/3/ [1. 2. 2009])

1 Arbeiten Sie die Position von Lothar Kannenberg zur Erziehung jugendlicher Straftäter heraus.
2 Erörtern Sie Alternativen zum Boxcamp.
3 Beziehen Sie Stellung zur Nachhaltigkeit des Projektes von Lothar Kannenberg.

2.3 Pädagogische Handlungsmöglichkeiten bei Gewalt auf der Grundlage verschiedener weiterer Erklärungsansätze

2.3.1 Ein psychologischer Ansatz zur Erklärung von Gewalt

2.3.1.1 Hinführung: Mit U-Bahn-Überfall geprahlt – Eine Zeitungsmeldung

Die Ärzte haben den Maler aus Berlin, der von Jugendlichen zusammengeschlagen wurde, ins künstliche Koma versetzt. Die Polizei sucht unterdessen nach Zeugen.

Nach dem brutalen Überfall auf einen 30-Jährigen auf dem U-Bahnhof Lichtenberg ist das Opfer ins künstliche Koma versetzt worden. Der Mann habe „schwere Kopfverletzungen“ erlitten, sagte ein Sprecher des Unfallkrankenhauses Marzahn. Sein Zustand sei „nach wie vor kritisch“.

Die Polizei hatte am Dienstag vier Jugendliche unter dringendem Tatverdacht festgenommen. Sie sollen den 30-jährigen Malergesellen am Freitagabend auf dem U-Bahnhof so lange getreten und geschlagen haben, bis er bewusstlos am Boden liegen blieb. Ein Kollege des Malers konnte den Schlägern entkommen. Die Polizei kam den Jugendlichen durch Bilder einer Überwachungskamera auf die Spur.

Die vier mutmaßlichen Täter im Alter von 14 bis 17 Jahren haben der Staatsanwaltschaft zufolge die Tat gestanden und Haftbefehl erhalten. Gegen die aus Einwandererfamilien stammenden Jugendlichen wird unter anderem wegen versuchten gemeinschaftlichen Raubmordes ermittelt.

Eine Reaktion auf das Sicherheitsbedürfnis der Bevölkerung
(Foto: Werner Baum/dpa-Report/picture alliance)

Am Tag danach
(Foto: imago/Bernd Friedel)

Der 14-Jährige, der laut Zeitungsberichten aus Bosnien stammt und bereits polizeibekannt ist, wurde nach Polizeiangaben in einem Heim in Brandenburg untergebracht.

Zwei der 17-jährigen Schläger, ein gebürtiger Kenianer und ein Kosovare, sollen die Oberschule Am Rathaus in Lichtenberg besucht haben. Laut „Bild“-Zeitung soll sich der Kenianer vor seiner Freundin mit dem brutalem Überfall gebrüstet haben. „Er war total stolz darauf“, wird die 15-Jährige zitiert. […]

Der brutale Überfall hätte noch schlimmer enden können. Ein Autofahrer habe offenbar den zweiten Maler gerettet, sagte der Sprecher der Staatsanwaltschaft, Martin Steltner. Die beiden 30 Jahre alten Handwerker waren nach den Ermittlungen auf dem Weg zum U-Bahnhof Lichtenberg, als sie ohne ersichtlichen Grund angegriffen wurden. Während der Berliner Handwerker zusammengeschlagen und getreten wurde, habe es sein Kollege aus Rostock in Mecklenburg-Vorpommern noch geschafft, sich zunächst zu verstecken.

Doch die Angreifer hätten ihn aufgespürt und zurück auf die Straße getrieben, wo sie auf ihn

einschlugen. Dort habe ein vorbeikommendes Auto gehalten, der Fahrer sei ausgestiegen und habe eine klare Ansage gemacht. Die Schläger seien daraufhin geflüchtet. „Den Autofahrer suchen wir jetzt dringend als Zeugen", sagte der Sprecher.
Zudem werden andere Augenzeugen des Überfalls gesucht. Unklar blieb, warum sich der Angegriffene aus Rostock zunächst nicht selbst bei der Polizei meldete. […]

(Aus: Schläger soll mit U-Bahn-Überfall geprahlt haben, in: Welt-online 17. 02. 2011; in: http://www.welt.de/vermischtes/weltgeschehen/article12574632/Schlaeger-soll-mit-U-Bahn-Ueberfall-geprahlt-haben.html# – [20. 09. 2011]; © Axel Springer AG 2011; dapd/sv)

1 Analysieren Sie das dargestellte Fallbeispiel.
2 Erörtern Sie die Schuldfrage.
3 Setzen Sie sich damit auseinander, ob das Strafmaß von zwei Jahren und zehn Monaten Jugendstrafe wegen versuchten Totschlages für den U-Bahn-Schläger angemessen ist.
4 Erörtern Sie mildernde und verschärfende Faktoren.

2.3.1.2 Entwicklung und Persönlichkeit von Straffälligen – Theoretische Überlegungen von Udo Rauchfleisch

Der im Jahr 2007 emeritierte Schweizer Klinischer Psychologe und Psychotherapeut Udo Rauchfleisch (Jahrgang 1942) studierte an den Universitäten Kiel und Lubumbashi Psychologie. Er arbeitete als Klinischer Psychologe, ließ sich in Freiburg im Breisgau zum Psychoanalytiker ausbilden, habilitierte sich an der Universität Basel und hatte dort eine außerordentliche Professur inne. Seine Tätigkeit ist nicht nur akademisch, sondern auch durch seine Arbeit als Psychotherapeut praktisch ausgerichtet.

Untersucht man die Bedingungen, unter denen Menschen, die später straffällig werden, aufgewachsen sind, so fällt auf, dass sie in der frühen Kindheit ebenso wie im weiteren Verlauf ihres Lebens zum Teil schwerste Verlust- und Mangelerfahrungen durchgemacht haben. Eine in diesem Zusammenhang im psychologischen Schrifttum immer wieder aufgeworfene und kontrovers diskutierte Frage ist, ob die vom Erwachsenen rückblickend als traumatisch geschilderten Ereignisse in der Kindheit tat-

Jugendlicher vor Gericht *(Foto: picture alliance/dpa; Arne Dedert)*

sächlich diese Qualität gehabt haben oder ob es, zumindest von der äußeren Realität her betrachtet, eher harmlose, alltägliche Ereignisse waren, die jedoch subjektiv als sehr belastend erlebt und aufgrund der früh einsetzenden Fehlentwicklung verzerrt wahrgenommen worden sind.

Im Hinblick auf viele später straffällig werdende Menschen ist diese Frage relativ eindeutig dahingehend zu beantworten, dass die frühkindlichen Traumatisierungen zumeist der äußeren Realität entsprechende, schwerwiegende Beeinträchtigungen waren, die vor allem aus der sozialen Instabilität der Herkunftsfamilie mit zum Teil gravierenden ökonomischen Problemen und intrafamiliären Spannungen und aus den vielfältigen Beziehungsabbrüchen resultieren, denen diese Kinder ausgesetzt waren. Diese Informationen erhalten wir nicht nur von den erwachsenen Klienten selbst oder – im Fall von Kindern und Jugendlichen – von ihren Angehörigen, sondern wir finden die entsprechenden Angaben in einer Fülle von Akten, die über diese Familien in den verschiedensten Institutionen, psychiatrische Kliniken, Beratungsstellen, Vormundschaftsbehörden, Heimen etc. vorliegen.

Die in der frühen Kindheit durchgemachten Mangel- und Verlusterfahrungen sind von solchen Kindern vielfach als existentielle Bedrohung erlebt worden. Diese psychischen Verletzungen haben tiefe Spuren in ihrer Persönlichkeit hinterlassen, vor allem in Form eines zum Teil extremen Misstrauens („Urmisstrauen"). Eindrücklich hat ein Jugendlicher mit schwerer dissozialer Fehlentwicklung dieses Gefühl mit den Worten umschrieben, das Leben sei für ihn „wie ein Dschungelkampf, wo in jedem Augenblick die Gefahr besteht, dass hinter einem Busch oder Baum ein Feind hervorspringt" (Heinemann et al., 2003). Aufgrund der Mangelerfahrungen haben sich in diesen Menschen im Verlauf der Zeit ungeheure Wünsche und Ansprüche angestaut, und sie sind von einem unstillbaren Hunger nach Zuwendung und Bestätigung erfüllt (oral-aggressiver Kernkonflikt). Zugleich bestehen bei ihnen aber auch große Ängste vor jeder intensiveren mitmenschlichen Nähe und Verbindlichkeit, so dass diese Menschen gerade das fürchten und vermeiden, was sie eigentlich am meisten ersehnen (Sehnsucht-Angst-Dilemma). Sie weichen deshalb vielfach auf „Ersatzgebiete" aus, indem sie sich Alkohol and andere Suchtmittel einverleiben oder sich Gegenstände aneignen, in der allerdings irrigen Hoffnung, dadurch die innere Leere ausfüllen zu können. Die Beziehungen, die sie aufnehmen, sind zumeist überladen mit unrealistischen Erwartungen, und andere Menschen sind für sie in der Regel nur „Mittel zum Zweck" (narzisstisch-funktionalisierte Beziehungen). Man darf diese Aussage jedoch nicht im wertenden Sinne verstehen, sondern muss sich darüber klar sein, dass die später straffällig werdenden Menschen aufgrund ihrer Lebenserfahrungen nichts anderes als einen solchen Beziehungsstil kennengelernt haben und deshalb letztlich auch gar keine Möglichkeit besitzen, eine andersartige Beziehung zu pflegen. Sie haben gelernt, dass andere Menschen für sie vor allem und nur so lange von Bedeutung sind, wie sie die Erfüllung ihrer Wünsche nach Zuwendung, Unterstützung und Ansehen garantieren. Können die Bezugspersonen dies nicht mehr, so werden sie für den Straffälligen „uninteressant". Nicht selten richtet sich gegen sie nun aber auch aus Enttäuschung ungeheurer Hass, da sie die in sie gesetzten Erwartungen nicht erfüllen.

Jugendvollzugsanstalt Oldenburg
(Foto: Georg Bubolz, Erkelenz)

Die frühkindlichen Entwicklungsbedingungen dissozialer Menschen führen bei ihnen zu spezifischen Störungen in der Wahrnehmung und Steuerung ihrer Gefühle sowie zu Beeinträchtigungen in den Funktionen, die sie benötigen, um sich in der Gesellschaft bewegen zu können. Vieles von ihrer inneren Befindlichkeit und von der sozialen Realität nehmen sie nicht oder durch ihre Ängste und Hoffnungen verzerrt wahr. Betroffen sind insbesondere die nach der psychoanalytischen Theorie dem Ich zuzuordnenden Funktionen der Realitätsprüfung sowie der Fähigkeit, realistische Zukunftsentwürfe zu entwickeln und sich vor einer Überflutung durch innere und äußere Reize zu schützen. Im Bereich der Abwehrmechanismen herrschen archaische (vor allem aus der frühen Kindheit stammende) Formationen vor wie Spaltung (der betreffende Mensch vermag die „guten“ und „bösen“ Teilqualitäten einer anderen oder auch der eigenen Person nicht gleichzeitig wahrzunehmen, sondern erlebt diese je absolut als unvereinbare Gegensätze, wobei es charakteristischerweise immer wieder zu einem abrupten Umschlagen in das gegenteilige Gefühl kommt), Projektion und projektive Identifizierung (eigene, bei sich selbst aber nicht akzeptierte Gefühle und Impulse werden in anderen Menschen gesehen und dort oft heftig bekämpft), Ausblenden von Aspekten der sozialen Realität (Verleugnung) sowie Idealisierungen und Entwertungen von Bezugspersonen. Diese Mechanismen dienen zwar ursprünglich dem Schutz der Persönlichkeit vor dem Gewahrwerden der inneren Konflikte, vor der daran gebundenen unerträglichen Angst und vor dem Überflutetwerden durch Aggressivität. Sie sind insofern „Erhaltungsmechanismen“. Zugleich wirken sie sich aber auch unheilvoll aus, weil sie die weitere Entwicklung dieser Menschen erheblich beeinträchtigen, indem sie beispielsweise Reifungsschritte stören, den Realitätsbezug behindern und dazu beitragen, dass diese Menschen viele für ihre soziale Integration wichtige Erfahrungen nicht oder in nur ungenügendem Maße machen, zum Beispiel mangelnde Schul- und Berufsausbildung und Schwierigkeiten beim Erlangen sozialer Kompetenzen. Die Störung in den Abwehrformationen führt ferner auch zu der für Straffällige charakteristischen Beeinträchtigung in ihrer Angst- und Spannungstoleranz.

(Aus: Udo Rauchfleisch, Begleitung und Therapie straffälliger Menschen. 3. Auflage, Vandenhoeck & Ruprecht: Göttingen 2011, S. 119ff.)

1 Skizzieren Sie den bisherigen Gedankengang der Überlegungen von Udo Rauchfleisch.

2 Nennen Sie psychoanalytische Begriffe aus dem Textauszug und erläutern Sie diese im Kontext der Straffälligenthematik.

2.3.1.3 Weitere Störungskomponenten bei der Persönlichkeitsentwicklung Straffälliger

Der folgende Textauszug schließt unmittelbar an den vorhergehenden von Udo Rauchfleisch an.

Eine weitere Störungskomponente betrifft die Gewissensbildung dieser Menschen, in der psychoanalytischen Theorie das Über-Ich. Immer wieder wird das Fehlen einer Gewissensinstanz gleichsam als Kardinalsymptom des straffälligen Menschen postuliert. Diese Annahme trifft nach meiner Erfahrung jedoch keineswegs zu! Diese Menschen haben sehr wohl eine Gewissensinstanz aufgebaut, nur weist sie in ihrer Entwicklung und Struktur spezifische Störungen auf. Ein Teil ihres Über-Ich besteht aus geradezu grausamen, sich stets entwertenden Stimmen, die sich von frühkindlichen traumatischen Beziehungserfahrungen herleiten. Gegen die von diesem Teil ihrer Gewissensinstanz ausgehende Verurteilung und Selbstentwertung suchen sich diese Menschen vor allem durch eine Projektion der selbstquälerischen Impulse auf Menschen in der Außenwelt zu schützen. Gegen diese „Über-Ich-Träger“ führt der Straffällige dann oft einen geradezu verzweifelten Kampf in der irrigen Hoffnung, damit die ihn verurteilenden Stimmen im eigenen Innern zum Schweigen bringen zu können. Eine weitere Auffälligkeit straffälliger Menschen liegt im Bereich ihres Über-Ich darin, dass ihr Ich-Ideal, das heißt ihre Vorstellungen von dem, was sie sich als Leitlinie und Idealentwurf vor Augen stellen, zum Teil enorm

überhöht und so hochgeschraubt sind, dass sie in Realität nie erreicht werden können.
Die Folge dieser Über-Ich-Probleme sind einerseits extreme Selbstentwertungen und Selbstverurteilungen und andererseits so hoch gesteckte Ziele, dass ein Versagen programmiert ist. Außerdem kommt es zu einem oft abrupten Umschlagen von zentralen Selbstunwertgefühlen zu völlig unrealistischen Größenvorstellungen. Beide Reaktionsweisen sind Ursache vielfältiger sozialer Konflikte und verstärken nochmals die Störungen im Realitätsbezug.
Aufgrund ihrer frühkindlichen Entwicklungsbedingungen ist es bei den straffälligen Menschen im Verlauf ihres Lebens ferner zu schwerwiegenden Störungen in ihrem Selbstwerterleben, nach der psychoanalytischen Theorie in ihrer narzisstischen Entwicklung gekommen. Zentrale Ohnmachts- und Selbstunwertgefühle stehen unvermittelt neben grandiosen, völlig unrealistischen Vorstellungen von den eigenen Möglichkeiten. Beide Gefühlszustände sind gleichermaßen extrem und nicht der Realität entsprechend. Die narzisstische Störung prägt wesentlich die Beziehung dieser Menschen. Partnerinnen und Partner ebenso wie die Professionellen sind für sie vor allem insofern von Bedeutung, als sie ihnen Befriedigung ihrer Wünsche nach Anerkennung und Geltung garantieren und als idealisierte Menschen zur Aufwertung der eigenen, sich insuffizient fühlenden Person benutzt werden können. Auch die starke Neigung Straffälliger, sich durch Manipulation anderer Menschen das Gefühl eigener Macht und Größe zu verschaffen, sowie ihre erhöhte Kränkbarkeit und ihre geringe Frustrationstoleranz sind Ausdruck der Selbstwertstörung.
Diese ist bei straffälligen Menschen insbesondere deshalb so verhängnisvoll, weil sie zum einen den ohnehin schon geringen Realitätsbezug immer noch weiter lockert und zum Ausweichen vor jeglicher Konfrontation mit irgendeiner unangenehmen, belastenden Situation führt. Zum anderen resultieren aus der Selbstwertproblematik gerade bei diesen Menschen so große Schwierigkeiten, weil sie durch ihre vielfältigen sozialen Einschränkungen und ihren Mangel an sozialen Kompetenzen dauernden Kränkungen ausgesetzt sind und kaum über Erfolgserlebnisse und realitätsgerechte Kompensationsmöglichkeiten verfügen.
Bei der Auseinandersetzung mit dem Phänomen Straffälligkeit ist meiner Ansicht nach gerade dieser zuletzt erwähnten sozialen Komponente besondere Beachtung zu schenken. Die sozialen Beeinträchtigungen spielen in der Entwicklung dieser Menschen eine zentrale Rolle, sie sind charakteristisch für das aktuelle Erscheinungsbild und sie sind auch wichtig für die Behandlung dieser Persönlichkeiten und für die Prognose ihrer weiteren Entwicklung. Zu den sozialen Beeinträchtigungen gehören etwa die Probleme in der Schul- und Berufsausbildung, die aus der frühen Sozialisation und aus den Heim- und Strafanstalts-„Karrieren" resultierenden Beeinträchtigungen im Hinblick auf wichtige soziale Kompetenzen, die negativen Etikettierungen als „Verwahrloste", „Delinquenten" oder „Strafentlassene" sowie die vielen anderen Folgeerscheinungen der Delinquenz wie finanzielle Überschuldung, Wohn- und Arbeitsprobleme und Partnerkonflikte.
Als Fazit dieser hier nur stichwortartig skizzierten Theorie der Entwicklung und Persönlichkeit straffälliger Menschen lässt sich festhalten: Wir haben es vielfach mit Menschen zu tun, die bereits in frühester Kindheit schwere reale Mangel- und Verlusterfahrungen erlebt haben. Die Folge sind schwerwiegende Beziehungsstö-

Wegweiser – gesehen in Düsseldorf
(Foto: Georg Bubolz, Erkelenz)

Paul Klee: Mutter und Kind (1938). 140 Aquarell auf Grundierung auf Jute 56 × 52 cm. Privatbesitz, Schweiz, Depositum im Zentrum Paul Klee, Bern
(Foto: akg-images)

rungen, die Ausbildung eines erheblichen Aggressionspotenzials sowie Beeinträchtigungen in verschiedenen Ich-Funktionen und im Aufbau der Gewissensinstanz. Ferner leiden viele dieser Menschen unter einer zentralen Selbstwertstörung, die sich einerseits in Insuffizienz- und Ohnmachtsgefühlen, andererseits in einem grandiosen Gebaren und starken manipulativen Tendenzen äußert. Ihre spezifische Prägung erhält diese Persönlichkeitsstörung jedoch erst durch die gravierenden sozialen Schwierigkeiten, welche für die Entwicklung und die aktuelle Situation dieser Menschen ausschlaggebend sind und der in der Begleitung und Therapie unbedingt Rechnung getragen werden muss (bifokales Behandlungskonzept). Auf eine Gefahr ist indes in diesem Zusammenhang hinzuweisen: Bei einer solchen Sicht, die von der Fülle psychischer und sozialer Probleme dieser Klientinnen und Klienten dominiert wird, kann es in der Gegenübertragung, das heißt in den Gefühlen der Professionellen, leicht zu einer hoffnungslosen, resignativen Haltung ihren Klienten gegenüber kommen. Dies könnte so weit gehen, dass die Professionellen Therapien und Begleitungen von Straffälligen, die sie als „Bündel von Defiziten" empfinden, prinzipiell ablehnten oder, wenn dies, beispielweise im Rahmen der Bewährungshilfe, unumgänglich wäre, mit nur geringem Engagement, gleichsam als „lästige Pflicht" täten, von der sie sich keinen Erfolg versprächen.
Eine solche Haltung hätte unzweifelhaft einen erheblichen negativen Einfluss auf die Interaktion zwischen den Professionellen und den Klientinnen und Klienten und könnte leicht zu einer Self-Fulfilling Prophecy werden: Die Professionellen wären von vornherein von der Sinnlosigkeit ihres Handelns überzeugt, und die daraus resultierenden Misserfolge ihrer Begleitungen und Therapien von Straffälligen würden diese Vorannahme scheinbar bestätigen.
Angesichts dieser Gefahr erscheint mir das Konzept der Salutogenese (Antonovsky, 1997) wichtig und hilfreich. Es bietet uns einen theoretischen Rahmen, der es uns ermöglicht, Abstand von der pathogenetischen, allein auf die Störungen und Defizite gerichteten Sicht zu nehmen und das Augenmerk auf die intakten Persönlichkeitsdimensionen der Klientinnen und Klienten zu richten, auf ihre konstruktiven Kräfte und auf die in ihnen schlummernden Ressourcen, die es zu entdecken und zu entwickeln gilt. Letztlich ermöglicht es uns erst ein solcher Paradigmenwechsel von der Pathogenese zur Salutogenese, in den Begleitungen und Therapien von Straffälligen den dazu notwendigen Funken von Hoffnung in uns, oft stellvertretend für die Klientinnen und Klienten, lebendig zu halten und damit professionell handlungsfähig zu bleiben.

(Aus: Udo Rauchfleisch, Begleitung und Therapie straffälliger Menschen. 3. Auflage, Vandenhoeck & Ruprecht: Göttingen 2011, S. 119–125)

1 Geben Sie die Überlegungen in Grundzügen wieder.
2 Erläutern Sie die salutogenetische Perspektive und erörtern Sie deren Wert bzgl. der Frage nach der Begleitung und Therapie straffälliger Menschen.
3 Der Autor des Textauszuges ist Psychologe/Psychotherapeut. Erörtern Sie, inwiefern seine Überlegungen auch pädagogisch wertvoll sind.

2.3.2 Ein sozialwissenschaftlicher Ansatz zur Erklärung von Gewalt

2.3.2.1 Hinführung: Amoklauf in Emsdetten

Amoklauf in Emsdetten: „Es ist die Hölle auf Erden" – So der Titel des Berichts in der Frankfurter Allgemeinen Zeitung.

„Er wurde immer geärgert", erinnert sich eine Schülerin an den Amokläufer in der Geschwister-Scholl-Realschule in Emsdetten. Sebastian B. hinterließ im Internet viele Spuren. Sie zeichnen ein schockierendes Bild vom Leben des 18-Jährigen.

Sebastian B., wie er sich in einem Video präsentierte
(Foto: picture alliance/dpa-Report)

21. November 2006
„Es war in der ersten Pause, da habe ich auf dem Schulhof mehrere Knalle gehört. Alle sind weggerannt, dann sind orange Gasbomben in der Luft explodiert. Und dann gab es einen Knall direkt neben mir an der Stange, da hat er reingeschossen. Er stand ungefähr zwanzig Meter weit weg, hatte eine schwarze Maske auf und einen schwarzen Mantel, der ging bis zum Knie. Und eine Waffe in der Hand. Und dann läuft er, als wenn nichts wär', in die Schule rein. Die Lehrer haben gesagt: Geht auf den Parkplatz, und da waren dann alle am Heulen. Später kamen die anderen Schüler aus dem Hinterausgang raus."
So schildert ein Fünfzehnjähriger, der die Geschwister-Scholl-Realschule in der nördlich von Münster gelegenen Kleinstadt Emsdetten besucht, die Minuten, bevor am Montag der achtzehnjährige Sebastian B. in seine ehemalige Schule eindrang. Dort verletzte er 27 Menschen, drei von ihnen schwer, mit Schüssen oder Rauchgasgranaten, unter ihnen sieben Kinder, eine Lehrerin, den Hausmeister und 16 Polizisten. Danach beging er Selbstmord, während die Polizei das Gebäude stürmte.

„Er war ein Außenseiter"
Von dem Schüler, der nach der zehnten Realschulklasse auf die Berufsschule gewechselt war, heißt es, er sei ein unbeliebter Einzelgänger gewesen: „Er wurde immer geärgert, war ein Außenseiter", sagt der siebzehnjährige Tuncay Aygün. „Er war immer nur zu Hause und immer alleine." Der vierzehnjährige Patrick Sander berichtet, dass Sebastian B. ein virtuelles Bild der Realschule auf einer eigenen „Map" des Computerspiels Counterstrike angelegt habe: „Aber da gab es nur den Altbau, der Neubau fehlte. Man konnte auf dem Schulhof oder auf dem Dach starten. Ich schätze mal, dass er damit geübt hat."
Sebastian B. scheint nicht nur einsam, sondern auch hasserfüllt und gedemütigt gewesen zu sein. An diesem Dienstag hätte er sich zudem wegen unerlaubten Waffenbesitzes vor Gericht verantworten müssen. Das alles scheint ihn zu der Tat motiviert haben. „Bei unserer Abschlussfeier hat er gesagt, dass wir bereuen werden, dass wir ihn immer geärgert haben", berichtet ein ehemaliger Mitschüler.

„Ich fresse die ganze Wut in mich hinein"
Sebastian B. habe eine „Todesliste" gehabt, eine Schülerin habe aus Angst vor ihm die Schule verlassen wollen, und auf seiner Tour durch die Schule habe er gezielt die Klasse 9d und die Rektorin aufsuchen wollen. Im Internet kündigte er die Tat ebenfalls an. Auf einer inzwischen gesperrten Seite, auf der er sich auch im Tarnanzug präsentierte, schreibt er, das Einzige, was er in der Schule je gelernt habe, sei, dass er ein Verlierer sei. Der Eintrag schließt mit: „Ich bin

weg.“ Ferner äußerte sich B. in einem Forum lobend über eine Waffe, die er gekauft hatte. Noch während die Nachrichtensender am Montagmittag über Identität und Motive des Täters rätseln, ist in Diskussionsforen und Chats des Internet die Geschichte aufgedeckt. Denn Sebastian B. war ein begeisterter Internet-Surfer – und er war sehr mitteilungsbedürftig. Immer wieder ließ er in den vergangenen Jahren seinen Hass auf sich und die Welt heraus, häufig unter seinem Spitznamen „ResistantX“. So vertraut er sich bereits im Juni 2004 der Website www.das-beratungsnetz.de an: „Diese Angst schlägt so langsam in Wut um. Ich fresse die ganze Wut in mich hinein, um sie irgendwann auf einmal rauszulassen, und mich an all den Arschl**hern zu rächen, die mir mein Leben versaut haben!“ Dann wird er konkreter: „Für die, die es noch nicht genau verstanden haben: Ja, es geht hier um Amoklauf!“
In seiner Selbstdarstellung in der Singlebörse www.abgefuckt-liebt-dich.de zitiert Sebastian B. aus einem Lied der Düsterrock-Band Weena Morloch, das auf den Amoklauf im Erfurter Gutenberg-Gymnasium vor vier Jahren anspielt: „Wer noch einmal meinen Weg kreuzt, hat zehn Kugeln im Gesicht.“ In einem Interview sagte Songschreiber Alexander Kaschte über einen möglichen Zusammenhang zwischen Erfurt und seinen Liedern: „Einer der ersten Gedanken, als ich von dem Attentat erfuhr, war, dass mich möglicherweise Mitschuld an dem Amoklauf treffen könnte; dass dieser Mensch meine Platten gehört und meine Texte falsch verstanden haben könnte.“ Nun ist die Befürchtung doch noch eingetroffen.

Fassungslosigkeit greift um sich
(Foto: Friso Gentsch/dpa/picture alliance)

„Ich werde ein abgefuckter Looser bleiben“

Das Motiv des Sebastian B. lässt sich auch in seinem Online-Tagebuch auf http://resistantx.livejournal.com erahnen. Dort klagt er im Juni 2005: „ich werde den rest meines lebens ein abgefuckter looser sein, und da mir alles egal ist bekomme ich auch keinen abschluss. das ist die hölle, wenn einem alles egal ist. ich mein; ich lerne nicht mehr, ich beteilige mich nicht mehr und . . . ich tue eigentlich gar nichts mehr ausser vor mich hinvegetieren. es ist die hölle auf erden.“ Immer wieder kommt seine Wut auf die Schule zum Ausdruck, seine Einsamkeit, eine unglückliche Liebe und seine Neigung zu Waffen: „Ich hasse es, ich hasse es immer der Doofmann für alle zu sein. Ich hasse es immer als Depp hingestellt zu werden. Ich hasse es immer das Individoum zu sein, welches als überflüssig erscheint.“
Im Forum von www.chemikalien.de erkundigt sich „ResistantX“ nach Rezepten für Sprengstoff: „Habe mal meinen Freund Google gefragt. Der hat mir dann gesagt das ich mit Dünger und Öl, Benzin, Kerosin oder sonst was eine Bombe bauen kann.“ Am Sonntagabend wird unter dem Namen _Bastian_ und dem Stichwort ResistantX auf der Website www.myvideo.com ein zwei Minuten langes Video eingestellt, in dem er den Amoklauf probt. Doch kaum hat Sebastian B. seine Tat begangen, reagiert auch das schnellste Medium der Welt, das Internet. Wenige Stunden nach seiner Tat löschen Forenbetreiber seine Nachrichten und sperren seine Profile. Sei es, um die Sensationslust einzudäm-

men. Sei es aus Angst vor Konsequenzen, die Puzzleteile, die zu dem Amoklauf führten, auf der eigenen Website zu behalten.

„Zu den Eltern hatten wir auch keinen Kontakt“ Und auch in der wirklichen Welt herrscht Erschütterung. Die Nachbarn der B.s können es am Montag nachmittag noch gar nicht fassen. „Wir wohnen seit 36 Jahren nebeneinander“, sagt die Nachbarin, „aber gekannt haben wir ihn kaum. Er hat nie gegrüßt, war immer schwarz gekleidet, zum Schluss trug er auch Tarnanzüge. Zu den Eltern hatten wir auch keinen Kontakt.“ Sebastian hat zwei jüngere Geschwister, der Vater ist Postbote, die Mutter Hausfrau. Die Familie wohnt hinter hohen Hecken in einem rot verklinkerten Einfamilienhaus in einer Wohngegend, die in den Fünfzigern und Sechzigern bebaut wurde.

Mehrere Polizisten haben sich am Nachmittag vor dem Haus versammelt. Einer, mit Gesichtsmaske und Helm, fragt Nachbarn, ob sie eine Leiter hätten. Kurz darauf sieht man, wie die Leiter ganz oben am Haus am Fenster des Spitzbodens angelehnt wird: Sprengsätze sollen geborgen werden. Sebastian B. selbst trug während seines Amoklaufs Sprengsätze am Körper. Da kommen die Großeltern B.s zu Fuß herbei, die Großmutter in beigefarbenem Mantel, der Großvater in hellbrauner Lederjacke. Die Nachbarin beginnt zu weinen: „Die tun mir so leid!“

(Text: Katrin Hummel, René Meyer F.A.Z. 21. 11. 2006, in: faz.net – [21. 09. 2011]; www.faz.net/aktuell/gesellschaft/Kriminalität/amoklauf-in-emsdetten-es-ist-die-Hoelle-auf-Erden-1381024.html)

1 Beschreiben Sie Ihre ersten Eindrücke und Gefühle angesichts dieses Zeitungsberichtes.

2 Analysieren Sie den Bericht in Hinblick auf vermutete Ursachen für die Entwicklung des Amokläufers.

3 Entwickeln Sie Hypothesen, wie angesichts eines solchen Amoklaufes die Entstehung von Gewalt theoretisch erklärt werden könnte. Vergleichen Sie Ihre Vermutungen mit dem Erklärungsansatz von Wilhelm Heitmeyer, nachdem Sie sich mit dessen Überlegungen vertraut gemacht haben.

2.3.2.2 Desintegration und Kontrolle – Zum Ansatz von Wilhelm Heitmeyer

Wilhelm Heitmeyer (Jahrgang 1945) ist Professor für Pädagogik mit dem Schwerpunkt Sozialisation an der Universität Bielefeld. Sein Forschungsinteresse gilt Rechtsextremismus, Gewalt, Fremdenfeindlichkeit, ethnisch-kulturellen Konflikten, sozialer Desintegration und der sogenannten Gruppenbezogenen Menschenfeindlichkeit. Heitmeyer gründete 1996 das Institut für interdisziplinäre Konflikt- und Gewaltforschung und leitet es seitdem.

Die zentrale These, die Heitmeyer in seinem Werk vertritt, ist das sogenannte **Desintegrationstheorem**, *das auch als „Bielefelder Desintegrationsansatz“ in den Sozialwissenschaften bekannt wurde. Heitmeyer geht von einer desintegrierenden Gesellschaft aus, in der umfassende Institutionen und Normgebäude immer mehr an Bedeutung verlieren und die Individuen immer stärker auf sich selbst verwiesen sind. Unter Desintegration versteht er die nicht eingelösten Leistungen gesellschaftlicher Institutionen und Gemeinschaften, die in der Gesellschaft zur Sicherung der materiellen Grundlagen, der sozialen Anerkennung und der persönlichen Unversehrtheit dienen. Die Grundthese – hier nur verkürzt dargestellt – lautet, dass mit dem Grad der Desintegrationserfahrungen und -ängste auch das Ausmaß und die Intensität der genannten Konflikte zunimmt, aber zugleich ihre Regelungsfähigkeit abnimmt. Hierbei besteht aber kein direkter Zusammenhang zwischen der gesellschaftlichen Makro- und Mikro-Ebene, sondern es sind milieuspezifische Brechungsfaktoren dazwischen geschaltet.*

In Anlehnung an Arbeiten von Bernhard Peters versteht man im Desintegrationsansatz unter sozialer bzw. gesellschaftlicher Integration von Individuen und Gruppen ein gelungenes Verhältnis von Freiheit und Bindung, in dem drei spezifische Problemstellungen in adäquater Weise gelöst werden:

- *die Teilhabe an materiellen Gütern (Arbeits-, Wohnungs- und Konsummärkte) muss gesichert sein. (individuell-funktionale Systemintegration)*
- *der Ausgleich zwischen konfligierenden Interessen (Fairness, Gerechtigkeit, demokratisch-rechtsstaatliche Verfahren) muss gesichert sein. (kommunikativ-interaktive Sozialintegration)*
- *die Herstellung emotionaler, expressiver Beziehungen, Sinnstiftung und Selbstverwirklichung muss gesichert sein. (kulturell-expressive Sozialintegration)*

Den in den 90er Jahren entwickelten sehr populären Desintegrationsansatz hat Wilhelm Heitmeyer um den ***kontrolltheoretischen Ansatz****, der in der Kriminologie gängig war, ergänzt. Dieser Ansatz wird weithin als der wichtigste angesehen. Dabei wird das Individuum prinzipiell als ein „a-soziales", „a-moralisches", „aggressives" und „impulsives" Wesen gedacht, dem die von einem Wertekonsens getragene Gesellschaft als ordnende Einheit gegenübersteht. Durch Sozialisation soll das Individuum an diese gesellschaftliche Norm gebunden werden. Je weniger dies gelingt, desto größer ist die Wahrscheinlichkeit, dass sich die Person entsprechend ursprünglicher devianter Strukturen verhält.*
Im Folgenden wendet Wilhelm Heitmeyer seine Theorie auf das Phänomen der Amokläufe an. Die Frage, warum das geschehen sei, ist Heitmeyers Anknüpfungspunkt für seine analytischen Überlegungen.

Diese Analyse … basiert … auf desintegrations- und jugendtheoretischen Überlegungen sowie empirischen Auswertungen der Vorgänge in Littleton (1999), Erfurt (2002) und Emsdetten (2006). […]
Um diese Abläufe angemessen zu analysieren, soll hier von einer These ausgegangen werden, die auf einen doppelten Kontrollverlust fokussiert. Der Kontrollverlust bei den Tätern besteht im Anerkennungszerfall und damit im Verlust der Kontrolle über das eigene Leben. Auf der gesellschaftlichen Seite gibt es einen Kontroll-

Graffito an der Wand einer deutschen Schule *(Foto: Georg Bubolz, Erkelenz)*

verlust, weil zwar vielfältige Hintergrundkonstellationen bekannt sind, es aber keine Kenntnisse über die situativen Auslöser gibt, sodass die Verhinderung kaum gelingt. Dies hat Effekte.

Die Einordnung solcher Massaker durch Öffentlichkeit und Politik folgt immer wieder typischen rituellen Erklärungsmustern, sodass die Kontrollverluste überdeckt werden. Von „Heimsuchung" sprach etwa 2002 der Ministerpräsident Thüringens, von einem „psychisch schwer gestörten Täter" ein kriminalpsychologischer Experte per Ferndiagnose im Fernsehen.

Die ersten Einordnungen erklären solche Verbrechen zum quasi übernatürlichen Ereignis oder pathologisieren sie. Beiden Erklärungen gemeinsam ist ihre Distanz zur sozialen Realität. Es werden gesellschaftlich entlastende Deutungen geliefert, um schnell wieder „Normalität" herzustellen: Gegen eine „Heimsuchung" kann man nichts tun, weil sie schicksalhaft ist. Und pathologische Täter können von einer ansonsten angeblich intakten Gesellschaft isoliert werden.

Beide Interpretationen lassen die konstitutiven Merkmale von Gewalt unberücksichtigt: Gewalt ist eine für jedermann verfügbare und hocheffektive Ressource. Sie hat immer eine Vorgeschichte und ist stets, gegen wen sie sich auch richtet, eine Machtaktion. Diese Einsicht verunsichert ebenso, wie die Tatsache, dass Massaker jederzeit möglich und kaum zu vermeiden sind, eben Kontrollverluste erzeugt. Um sich nicht mit den Ursachen des strukturellen Kontrollverlusts auseinandersetzen zu müssen und um sich zu beruhigen, zielt der dominierende öffentliche Diskurs darauf, derartige Phänomene von gesellschaftlicher Normalität abzutrennen.

Wo aber sind die beunruhigenden Quellen dieser Prozesse zu suchen? Ist es die anthropologische Grundausstattung? Die Forderung nach Aufrüstung der Polizei zwecks Überwachung „anfälliger" Institutionen wie Schulen, Kirchen und Stadien ist populär, zielt aber nur auf Symptome. Um in die Tiefe zu gehen, muss man bei den Bedingungen des Aufwachsens von Jugendlichen ansetzen.

Diese zeigen ein Doppelgesicht: Die Gestaltbarkeit von Lebenswegen wird größer, aber der Gestaltungszwang nimmt zu. Allerdings ohne dass junge Menschen genau wissen, ob sie Chancen und Optionen haben – und ohne dass sie wissen, für welche davon sie sich entscheiden sollen, um in der Gesellschaft eine Stellung und Anerkennung zu erreichen. Dabei gibt es für sie drei Möglichkeiten: über Leistungen in der Schule, über äußerliche Attraktivität oder über die Demonstration von Stärke. Das gesellschaftliche Leitbild besagt, dass eine anerkannte Stellung nur zu erreichen ist, wenn man andere unter „Kontrolle" hat und man sich von anderen unterscheidet. Wer nicht auffällt, wird nicht wahrgenommen, und wer nicht wahrgenommen wird, ist ein Nichts.

Es gehört zur Ideologie der Aufstiegsgesellschaft, dass Jugendliche zumindest den Status ihrer Herkunftsfamilie erreichen müssen. Am besten aber verbessern sie diesen noch. Das allerdings fällt immer schwerer, denn heute sind eher prekäre Lebensplanungen und Lebensläufe der Normalfall. Ambivalenz wird zum zentralen Lebensparadigma: Die Chancen zur eigenen Lebensgestaltung steigen, aber die Berechenbarkeit der Lebensplanung nimmt ab. Die prekäre Normalität wird zum Normalfall.

Wir fühlen uns sicher, wenn wir von Normalität sprechen, also in unserer Welt nichts „auffällig" ist. Entsprechend groß ist die Irritation, wenn ein scheinbar „ganz normaler" Junge unfassbare Gewalt anwendet. Es liegt dann nahe, ihm den Stempel „psychisch schwer gestört" aufzudrücken. Sobald wir ihn als „Anormalen" aus unseren Kreisen ausgegrenzt haben, können wir uns behaglich zurücklehnen und uns in „unserer Normalität" wieder sicher fühlen.

Normalität – das heißt in dieser Gesellschaft: Ein Mensch identifiziert sich in hohem Maße mit den zentralen prämierten Werten wie Leistung, Selbstdurchsetzung und Aufstieg. Diese Botschaft ist auch bei den Jugendlichen angekommen und erzeugt einen hohen Druck. An dieser Normalität, an diesen festen wie rigiden Normen zu scheitern, ist umso schmerzhafter, je intensiver man diese Wertvorstellungen aufnimmt und verinnerlicht; also wenn man zum Beispiel mit allen Mitteln das

Abitur machen will. Die Erschütterung der Normalität ist vorprogrammiert, wenn es nicht klappt oder wenn Statusdruck erzeugt wird, aber kaum entsprechende Statuspositionen zur Verfügung stehen. Eine mögliche Folge: Die Reaktionen des „Gescheiterten" werden – gerade wenn er sich wie bei einem Schulverweis, der tief in das weitere Leben eingreift, ungerecht behandelt fühlt – außer Kontrolle geraten. Es entsteht ein „Tunnelblick", der kaum noch ein anderes Konfliktlösungsmuster als die Gewalt zulässt. Erfurt hat z. B. deutlich gemacht, wie prekär die gesellschaftliche Normalität ist, wie schnell sie fundamental erschüttert werden kann.

Deshalb ist die Frage zu stellen, was Gewalt hervorbringt, warum ein Mensch das Leben, auch das eigene, so radikal abwertet und so extrem auf die Demonstration von Macht setzt. Die Antworten führen in die Richtung sozialer Desintegration. Damit geht es um das Problem der Anerkennung und im negativen Fall um Anerkennungszerfall, wenn Jugendliche keine befriedigende Antwort auf die basalen Fragen bekommen: Wer braucht mich? Wer hört mir zu? Wozu gehöre ich? Bin ich gleichwertig? Werde ich gerecht behandelt? Werden meine Gefühle akzeptiert?

Bedenkt man, dass niemand auf die Dauer ohne Anerkennung leben kann und insbesondere Jugendliche unter den skizzierten Bedingungen der Ambivalenz des Aufwachsens in einer prekären Normalität leben, dann ist hohe Aufmerksamkeit auf das gesamte Setting der Anerkennungsquellen des sozialen Umfeldes, der Entscheidungs- und Handlungskompetenzen des Täters sowie auf die Beeinflussungsfaktoren wie vor allem den Medienkonsum zu richten. Diese drei Komponenten sind in ihrem Zusammenwirken zu betrachten, um einschätzen zu können, ob und wie sich in einem weiteren Schritt ein Eskalationsprozess abzeichnen kann. Die Anerkennungsquellen stellen den zentralen Ansatzpunkt dar.

Für Jugendliche sind drei Erfahrungsbereiche von höchster Relevanz: Die Schule stellt vielfältige Anerkennungsressourcen bereit, insbesondere über Leistung, um Voraussetzungen für eine positionale Anerkennung im späteren Leben zu erwerben. Zugleich ist die Institution von Missachtungsaktivitäten durch die Lehrerschaft, vor allem auch Mitschüler und Mitschülerinnen durchsetzt.

Die Familie variiert in ihrer Bedeutung mit dem Lebensalter, gleichwohl bleibt die Anerkennungsquelle der Liebe, mithin die emotionale Anerkennung. Gleichzeitig ist der Entzug durchaus relevant, wenn etwa das Statusverhalten von Eltern ausgeprägt ist, d. h. Leistung und Aufstiegsambitionen an emotionale Anerkennung gebunden werden.

Die Gleichaltrigengruppe ist gerade in der Jugendphase von höchster Relevanz sowohl bei gleichgeschlechtlichen wie geschlechtlich unterschiedlichen Gruppen. Die Anerkennungsquellen sind Zugehörigkeiten und Stärke sowie erwiderte Attraktivität.

Für Jugendliche stellt sich aus desintegrationstheoretischer Sicht nun die Frage nach der Anerkennungsbilanz. Ist sie positiv, oder muss sich der Jugendliche mit einem subjektiv empfundenen Anerkennungszerfall auseinandersetzen?

Da es sich immer um Interaktionsprozesse mit Lehrern, Eltern und Gleichaltrigen handelt, sind diese Kontakte oder Beziehungen bei einem Anerkennungszerfall immer mit Ohnmachtsgefühlen verbunden. Da jede Person immer darum bemüht ist, eine positive Identität aufzubauen und zu sichern, stellt sich die Frage, wie Auswege aus dieser Ohnmacht bzw. Unterlegenheit gelingen können. Dabei sind die Kompetenzen zur Bewältigung solcher Konflikte vielfältig verteilt. Eine Variante ist die Überwindung der negativen Anerkennungsbilanzen und damit verbundener Ohnmacht durch Machtdemonstration. Gewalt ist die effektivste Variante, der die Gewaltfantasien gewissermaßen „zwischengeschaltet" sind, sie vermitteln also zwischen den Ohnmachtsempfindungen und der einsetzenden Planung von Gewalthandlungen.

Diese Planungen sind zum Teil langfristig angelegt. Im Columbine-Fall dauerte es über ein ganzes Jahr, denn es müssen die als effektiv angesehenen Verhaltensstrategien ausgewählt werden. So werden, wie im Fall von Emsdetten, die Gänge der Schule im Computer nachgebaut.

Die medial bereitgestellten Gewaltspiele stellen Verhaltensmuster dar, um das „Wie“ zu klären. Solche Einflüsse können also allenfalls die „Strategien“ beeinflussen, die der Gewalttäter wählt. Sie sind aber meist nicht ausschlaggebend für die Entscheidung, das eigene Leben und das Leben anderer auszulöschen. Von größerem Gewicht dafür ist etwas anderes: dass der spätere Täter auf die oben genannten Fragen keine Antworten gefunden hat.

Das „Ob“, also die Gewaltfähigkeit, wird nicht durch das Medienangebot bzw. die Mediennutzung erzeugt, sondern durch die nicht ertragbare negative Anerkennungsbilanz hervorgerufen. Dies reicht aber zur Taterzeugung noch nicht aus, denn es braucht Gewaltrechtfertigungen („Warum“), um Gewaltschwellen abzusenken. Das heißt, es geht um Schuldzuweisungen für die negativen Anerkennungsbilanzen. Die Schule und die Gleichaltrigen sind zentrale Ziele dieser Zuweisungen, die zugleich zeitlich und örtlich berechenbar als Aktionsfeld der Machtdemonstration zur Verfügung stehen, um eine möglichst hohe Opferzahl zu erzeugen. Die Täter in Columbine wollten 250 Opfer. Schließlich gehört zum Setting die Handlungs-, das heißt die Waffenkompetenz („Womit“), um tatsächlich die Unsterblichkeit, die endgültige, zeitgeschichtliche Anerkennung, zu erreichen. Die genannten Bedingungen sind die Voraussetzungen für einen äußerlich unauffälligen, zunächst verdeckten Eskalationsprozess, dessen Richtung zunächst offenbleibt.

Dieser Prozess kann zur Anerkennungssucht, zum Streben nach Überlegenheit führen. Auch das Ziel der Gewalttat ist die Wiederherstellung von Anerkennung. Dabei spielt es keine Rolle, ob die Umwelt darauf negativ oder positiv reagiert. In der Wahrnehmung eines Täters ist es schon positiv, wenn er mit seinem Verbrechen berühmt wird. Grandios erscheint ihm die Aussicht, sich durch Exzesse wie in Erfurt oder Littleton unsterblich zu machen.

Rache als Ausdruck von Hass stellt nur ein vordergründiges Motiv für Gewalt dar. Rache ist das letzte Glied in einer langen Ursachenkette. Man hat es mit Anerkennungszerfall zu tun – mit einem Gefühl, das entweder nur befürchtet wird oder sich auf Erfahrungen stützt. Ein solcher Prozess greift die Substanz eines jeden Menschen an, wobei der Punkt, wann dieser Anerkennungszerfall einsetzt und wann er einen „Grenzwert“ erreicht, von Fall zu Fall variiert. Es gibt keinen Automatismus, der in Gewalt gegen andere mündet. Das bedeutet aber auch, dass es kaum Vorwarnungen an die Außenwelt gibt. Dies ist der gesellschaftliche Kontrollverlust. Deshalb führen solche Taten zu einer so tiefen Verunsicherung der ganzen Gesellschaft.

Der Anerkennungszerfall ist also ein Prozess. Zentrale Normen wie die der Unantastbarkeit menschlichen Lebens respektiert der Betroffene nur noch, wenn er sich selbst von den anderen ausreichend anerkannt fühlt. Das heißt: Die Anerkennung von Personen und der Respekt von Normen stabilisieren sich gegenseitig.

Dieser Prozess ist allerdings äußerst störanfällig, wenn Lehrer oder Eltern das Gerechtigkeitsgefühl verletzen. Die Folgen: Soziale Bindungen, emotionaler Rückhalt können verloren gehen. Dieser Weg in die Einsamkeit kann für einen Menschen so bedrohlich werden, dass er die Folgen seines Tuns für andere nicht mehr berücksichtigt. Die anderen verlieren an Bedeutung und damit aber auch die sie schützende Norm der Unversehrtheit: Die Gewaltschwelle sinkt bzw. löst sich völlig auf.

Der Prozess des Anerkennungszerfalls lässt sich am Beispiel des Massakers in Littleton nachzeichnen, wo zwei Jugendliche 15 Menschen ermordeten. Die beiden Täter entwickelten gesellschaftlich durchaus prämierte Überlegenheitsfantasien, mussten aber gleichzeitig erkennen, dass sie nicht anerkannt waren. Sie wurden ignoriert, sodass sie ihre Einstellungen zum Leben insgeheim über einen längeren Zeitraum radikalisierten: Ihr Hass entlud sich gerade an besonders anerkannten Mitschülern, den Sportlern, aber auch an den besonders verachteten Personen, den Hispanics. Während der Tat lachten und kicherten die Mörder, um ein einziges und letztes Mal ihre Überlegenheit gegenüber denen zu demonstrieren, die ihnen Anerkennung verweigert hatten.

Die öffentliche Debatte über die Konsequenzen dreht sich immer wieder um schärfere Kontrollen, vor allem aber um die Werteerziehung junger Menschen. Doch empirische Studien zeigen: Unabhängig von ihrem persönlichen Schicksal und ihrem Scheitern sind oft gerade Jugendliche mit eigenen rigiden Normvorstellungen besonders gewaltbereit gegenüber anderen, die diese Normen missachten. Die Aufwertung der Moral, auch der Forderungen nach Gewaltfreiheit kann schnell ins Gegenteil umschlagen, wenn sich Enttäuschung über die Nichtrealisierbarkeit von Lebensplänen einstellt. Überdies: Wir haben es nicht mit einem „Werteverfall", sondern mit einer Wertepluralisierung zu tun. Aber auch Wertepluralisierung erzeugt Probleme der Geltung von Normen: Grenzen werden strittiger und Grenzüberschreitungen häufiger.

Die Debatte setzt auf die Verbreitung von proklamierten Werten wie Menschlichkeit und Solidarität. Doch die gesellschaftliche Realität wird von anderen Werten bestimmt, von Werten, die auch besonders belohnt werden: der Verabsolutierung von Selbstdurchsetzung, dem Aufstieg um jeden Preis, dem Erfolg auf Kosten anderer. Dieser Wertefundus ist längst durchgesetzt. Und die Jugendlichen haben die Doppelbödigkeit dieser Wertedebatte längst durchschaut. Die Frage der Zukunft muss deshalb lauten: Woher bekommen junge Menschen, die nicht mithalten können, ihre Anerkennung?

Die strukturellen Ursachen des Kontrollverlusts zur Vermeidung von Amokläufen können nicht aufgehoben werden, weil wir die trigger causes, also die situativen Auslöser, in der Regel nicht kennen. Die einzig sinnvolle Konsequenz ist eine gesellschaftliche Debatte über eine neue Kultur der Anerkennung. Dafür gibt es derzeit keinerlei Anzeichen, das heißt die Probleme des doppelten Kontrollverlustes werden weiterbestehen.

(Aus: Wilhelm Heitmeyer, Jugendliche Massenmörder. Der doppelte Kontrollverlust – Wer die Ursachen von Amokläufen verstehen will, muss die Bedingungen beachten, unter denen Jugendliche aufwachsen – und die Konsequenzen mangelnder Anerkennung. In: taz vom 19. 03. 2009 http://www.taz.de/!32009/ – [20. 09. 2011])

1 Skizzieren Sie den Gedankengang des Textes von Heitmeyer.
2 Erläutern Sie, inwiefern dessen Ansatz über den psychoanalytischen von Udo Rauchfleisch hinausgeht.
3 Beurteilen Sie die beiden Ansätze und kommen Sie zu einer eigenen Stellungnahme aus pädagogischer Perspektive.
4 Berücksichtigen Sie bei der Einordnung des Ansatzes von Heitmeyer auch dessen Ausführungen zur „Zukunft von Gewalt" aus dem folgenden Abschnitt.

2.3.2.3 Wie sieht die Zukunft der Gewalt angesichts von „Kontrollverlusten" aus? – Ein Ausblick von Wilhelm Heitmeyer

Die These: Zunehmende Gewalt durch Kontrollverluste

Es ist festzustellen, dass sich vielfach die Ursachen von Gewalt nicht mehr beseitigen lassen, es sei denn durch die völlige Vernichtung eines Gegners, so dass es keine Gegenüber mehr gibt, wie dies z. B. in ethnischen Genoziden geschehen ist. Hinzu kommen im Wesentlichen unaufgeklärte Konjunkturen einer „beweglichen Gewalt" (Neidhardt 1997: 7), d. h. Zuwächse in einem Bereich stehen abnehmenden Gewaltquoten in anderen Bereichen gegenüber, die eine Ursachenbekämpfung erschweren und auch prognostische Aussagen begrenzen.

Da Gewalt eine jederzeit für Individuen, Kollektive und Staaten verfügbare Ressource darstellt, die je nach bestimmten Risikoabschätzungen eingesetzt wird oder nicht, ist Hondrich davon überzeugt, dass es sich nicht um ein „Ausmerzen, sondern um ein Verschieben und Verteilen von Gewalt und Kontrollgewalt" (2002:8) handelt. Aber: „Was kontrolliert wird, bleibt" (ebd.). Deshalb stellt sich nun die Frage, ob es Anzeichen dafür gibt, dass sich individuelle, kollektive, staatliche und internationale Kontrollverluste einstellen bzw. ausdehnen. Es ist zu untersuchen, ob die auf den jeweiligen Ebenen und in den Instanzen vorhandenen unterschiedlichen Mechanismen aus verschiedenen Gründen ihre Wirksamkeit zu verlieren drohen und dann begründet angenommen werden müsste, dass die Zukunft der Gewalt (vgl. auch Trotha 2002) aus einer Verbindung von veränderter Qualität etwa im Sinne einer Entgrenzung der Gewalt durch technologische Mittel und einer zunehmenden Quantität bestehen könnte.

Die These des Kontrollverlustes speist sich aus dem Befund, dass es eine zunehmende vagabundierende Gewalt gibt, die dazu führt, dass überall und unberechenbar Gewalteskalationen entstehen können und von den jeweiligen Kontrollregimen, wie Polizei, staatliche Überwachungsinstitutionen, nationalstaatliche Repressionsapparate, internationales Recht, nicht mehr hinreichend eingehegt werden können. Hinzu kommt, dass die Ambivalenz des Kontrollparadigmas auch zu einer Ausweitung beitragen kann, wenn die Kontrollregime ihrerseits Gewalt anwenden.

Die Untersuchungsbereiche

Die angeführte These erzeugt eine Nachweispflicht. Dazu sind solche individuellen, kollektiven oder staatlichen Gewaltvarianten ausgewählt worden, die neue quantitative und/ oder qualitative Entwicklungen aufweisen. Veränderte Steigerungsraten wie veränderte Gewaltintensitäten gehören in den Untersuchungsfokus, der auf Homizid/Amok, ethnisch-religiösen Terror, Privatisierung von Gewalt und Präventivkriege gerichtet ist. Die Abbildung [S. 431] zeigt diese Untersuchungsfelder im Überblick mitsamt weiteren Analysekategorien. [...]

Fazit: Das eskalative Sicherheitsparadoxon

Die These von der zunehmenden Bedrohung durch Gewalt lässt sich quantitativ nicht zweifelsfrei belegen. Dagegen werden die neue Qualität der vagabundierenden Gewalt und die Variante des Krieges betont, die begünstigt sind durch die Wirksamkeitsverluste der verschiedenen Kontrollregime, die zum Teil ihrerseits mit Gewalt antworten und an der Spirale drehen, so dass man aufgrund der expressiven Gewalt, etwa des Terrors u. a. von Bali, Washington, Moskau von einer Globalisierung der Angst sprechen kann. Insofern stellt sich die Frage, wie eskalierende bzw. deeskalierende Strategien aussehen können. Ein wichtiger Faktor in diesem Prozess ist die Rolle des Staates, denn sowohl eine Unterreaktion als auch Überreaktion kann den Radikalisierungsprozess beschleunigen (Neidhardt 1989). Einerseits findet eine „Ermunterung" statt, andererseits kann unverhältnismäßige Repression in Wut und Hass ausarten, zumal dann, wenn die schon angeführte Repressionskonsistenz (Gurr 1969: 473)

Pablo Picasso: Mutter mit totem Kind auf einer Leiter (1937) [Studie zu Guernica]. Blei- und Farbstifte, 45,5 × 24,5 cm. Museo Nacional Centro de Arte Reina Sofia), Madrid

(Foto: Archivo fotográfico Museo Nacional Centro de Arte Reina Sofia, Madrid. © Succession Picasso/VG Bild-Kunst, Bonn 2014)

Untersuchungsfelder und Analysekategorien			
Unterschiedliche Erscheinungsformen von Gewalt	**Zentrale Ursachenmechanismen**	**Besondere Faktoren zu einzelnen Erscheinungsformen**	**Kontrollverluste**
Amok	Individueller Anerkennungszerfall (Ziel: Rache)	Technologisierung/ Präzisierung der Ausführungen	Wirkungsverlust der sozialen Integration und polizeilichen Kontrolle
Ethnisch-religiöser Terror	Kollektive Demütigung (Ziel: Panik/Angst)	Ästhetisierung	Kontrollverlust des staatlichen Gewaltmonopols
Privatisierung von Gewalt in Staaten	Krieg als Gewerbe (Ziel: Gewinnmaximierung)		Kontrollverlust des staatlichen Gewaltmonopols
Zwischenstaatliche Präventivkriege	Angenommene Verfügung über Massenvernichtungsmittel (Ziel: Veränderung der (Welt-) Ordnung/Schutz)	Expressivität symbolische Aufladung	Kontrollverlust des Völkerrechts

nicht gegeben ist, also Schuldige wie Unschuldige getroffen sind.
Eskalationen werden zudem begünstigt durch Kommunikationsabbrüche.
Insbesondere durch schockierende Gewalttaten werden die moralischen Postulate in einer Gesellschaft sowohl (re-)aktiviert als auch in der Regel in ihrem Niveau angehoben, um Distanz und Überlegenheit gegenüber den Motiven der terroristischen Gruppen deutlich zu machen. Dies kann aber auch Eskalationen erklären, denn je höher die Moralstandards, desto geringer werden die Kommunikationschancen, um die zugrundeliegenden Konflikte in gewaltarme Verfahren einzubetten. Insofern ist es besorgniserregend, wenn „religiöse" Kategorien (wieder) das Regierungshandeln auch liberaler Demokratien beeinflussen. Der Grund liegt darin, dass dann die zugrundeliegenden Konflikte nicht als „Mehr-oder-Weniger"-, sondern nur noch als „Entweder-Oder-Konflikte" (Hirschman 1994) interpretiert werden, was die entsprechenden Verhaltensweisen auf Seiten des Staates bzw. von terroristischen Gruppen nach sich zieht.
Hier wird abschließend angenommen, dass zukünftige Kontrollverluste gepaart sind mit solchen „fehlerhaften" Reaktionen und verbunden werden mit einer Aufrüstung von Sicherheitsapparaten. Dieser Versuch, die Kontrollverluste auszugleichen bzw. die Kontrollgewalt wieder zu erreichen, dürfte – so die These – nicht erfolgversprechend sein. Der Grund ist ein Sicherheitsparadox. Dieses besagt, dass mit dem Aufbau von neuen Sicherheitsagenturen immer mehr Sicherheitslücken entdeckt werden. Sie eröffnen neue Möglichkeiten der Gewalt, auf die wiederum staatliche und internationale Gewaltkontrolleure z. T. mit Repression, z. T. mit neuen Sicherheitsapparaturen reagieren. Daraus kann aufgrund des Sicherheitsparadoxes der Effekt folgen, dass nicht mehr Sicherheit entsteht, sondern Freiheit verringert und Eskalation befördert wird.

(Aus: Wilhelm Heitmeyer, Kontrollverluste. Zur Zukunft der Gewalt, in: Wilhelm Heitmeyer und Hans-Georg Soeffner [Hrsg.], Gewalt, Entwicklungen, Strukturen, Analyseprobleme. Suhrkamp: Frankfurt/ Main 2004, S. 88–101)

2.4 Essstörungen: ein Entwicklungsproblem vor allem bei Mädchen – wissenschaftliche Zugänge unter besonderer Berücksichtigung des systemischen Zugangs bei Schlippe und Stierlin

2.4.1 Hinführung: Familie A. mit magersüchtiger Tochter Beate – eine Fallstudie

Die Ausgangssituation und die Reaktionen der Familie

Zur Familie gehören der Vater (Ingenieur, 46 Jahre), die Mutter (Hausfrau, 41 Jahre), ein Sohn (Schüler, 10 Jahre) und eine Tochter (Schülerin, 16 Jahre). Die Großmutter mütterlicherseits wohnt fünf Minuten von der Familie entfernt, sie ist verwitwet. Die Großeltern väterlicherseits leben in einer anderen Stadt. Zu anderen Verwandten besteht kein Kontakt. Die Familie lebt in geordneten sozialen Verhältnissen. In der Dreizimmerwohnung der Familie teilen sich Beate und ihr Bruder ein Zimmer. Man fährt regelmäßig gemeinsam in Urlaub, häufig auch mit der Großmutter zusammen. Die Tochter war ein Wunschkind, der Sohn kam zwar ungeplant, aber die Eltern freuten sich über das zweite Kind. Das Familienklima ist harmonisch. Man hat keine Geheimnisse voreinander.

Der Vater: Jetzt ist aber genug ...

Der Vater liebt seinen Beruf, er hat sich durch ein Zweitstudium dafür qualifiziert. Er arbeitet sehr viel, häufig auch am Wochenende. Er ist für das finanzielle Wohlergehen der Familie verantwortlich. Manchmal fühlt er sich überfordert. Dann will er nur noch seine Ruhe haben. Er neigt zu Übergewicht, ist jedoch nicht wirklich dick. Wenn er Zeit hat, joggt er; mit seiner Frau geht er regelmäßig zum Tanzkurs. Besonders stolz ist er auf seine Tochter. Wenn seine Frau ihn Beate gegenüber als Autoritätsperson einzuschalten versucht, er sie zum Essen bewegen soll, reagiert er genervt, spricht aber mit seiner Tochter. Mit leichter Ironie – wie es seine Art ist – vermittelt er ihr, dass sie nun dünn genug sei und diese Hungerei aufgeben könne. Seiner Frau gibt er den Rat, dass sie sich deswegen nicht verrückt machen solle. Junge Mädchen verhielten sich eben manchmal so.

Die Mutter: Was habe ich nur falsch gemacht?

Die Mutter hatte vor der Geburt ihrer Tochter ihr Studium abgeschlossen, ihr fehlt jedoch die berufliche Praxis. Heute sieht sie keine Chance mehr für sich, wieder in einen qualifizierten Beruf einzusteigen. Eigentlich hatte sie das vor, nach der Geburt des zweiten Kindes aber entschied sie sich dafür, doch zu Hause zu bleiben. Sie kümmert sich liebevoll um jede Kleinigkeit. Manchmal hat sie keine Lust dazu, aber es nimmt ihr ja keiner etwas ab und schließlich ist es ja auch ihre Aufgabe. Sie hat einige Hobbys, so z. B. den Tanzkurs, den sie auf ihre Anregung hin gemeinsam mit ihrem Mann besucht, und manchmal belegt sie auch einen Sprachkurs an der Volkshochschule. Freundinnen hat sie wenige. Sie konzentriert sich auf ihre Familie. [...] Die Mutter ist weder dick noch dünn, kämpft ab und zu mal mit einigen Pfunden zu viel. Sie wünscht sich ein eigenes Zimmer und eigentlich wäre sie doch gerne wieder berufstätig, dazu fehlt ihr allerdings zurzeit der Mut. Die Mutter hat Beate vor einigen Tagen zufällig nackt im Badezimmer gesehen. Der Anblick ihrer Tochter löste einen Schock bei ihr aus: Beate war nur noch Haut und Knochen. Ihr war zwar aufgefallen, dass Beate in letzter Zeit sehr wenig aß und häufig auf der Waage stand. Sie ist auch auf Beates Wunsch eingegangen, gesünder und kalorienärmer zu kochen. Warum auch nicht? Jetzt ist sie zutiefst erschrocken darüber, wie sehr ihre Tochter abgemagert ist. Wenn sie Beate auf ihr Essverhalten anspricht und versucht, sie zum Essen zu überreden, stößt sie auf eisige Abwehr. Je mehr sie bittet und bettelt, desto aggressiver wird ihre Tochter. Die Mutter fühlt sich hilflos, weint viel, kann den Anblick ihrer Tochter kaum noch ertragen. Schuldgefühle quälen sie. Sie wagt es nicht, mit anderen darüber zu sprechen, und hofft auf eine baldige Besserung.

Der Bruder: Die spinnt ja …

Der Sohn entwickelt sich altersgerecht, hat viele Freunde und ist wenig zu Hause. Er mag seine Schwester, versteht sie aber oft nicht; die Mutter akzeptiert er; zum Vater hat er wenig Kontakt, da er ihn wenig sieht. Er weiß, dass er das Geld verdient. Das Verhalten seiner Schwester irritiert ihn. Obwohl sie sich sehr an ihn klammert und seine Nähe sucht, ist sie ihm fremd. Immer soll er Sachen essen, die sie ihm kocht, auch wenn er das gar nicht will. Außerdem nervt es ihn, dass die Mutter ständig traurig ist, alles dreht sich nur noch um seine Schwester. Wie gut, dass er seine vielen Freunde hat.

Die Großmutter: Nun iss doch ein bisschen …

Die Großmutter ist eine energische Frau. Sie taucht gern unangemeldet im Hause ihrer Tochter auf und übernimmt dann das Regiment. Manchmal jammert sie auch und möchte dann umsorgt werden. Ihre Tochter macht das aber nie gut genug, stets muss sie ihr auch heute noch zeigen, wo es langgeht. Ihre Enkelkinder liebt sie, obwohl sie in der Erziehung einiges anders machen würde. Aber wer hört schon auf sie. Ihren Schwiegersohn akzeptiert sie inzwischen. Sie hat natürlich längst bemerkt, dass mit Beate etwas nicht stimmt. Sie will sich ja nicht einmischen, trotzdem wird sie ihre Enkelin erst einmal richtig bekochen und dann mit ihrer Tochter sprechen.

Beate: Ich will meine Ruhe haben …

Mit Beate gab es als Kind nie Schwierigkeiten. Sie ist sehr ehrgeizig, auch Klassenbeste. Ihr Hobby ist Tanzen, sie ist schon in den Leistungskurs aufgestiegen. Mit ihrem Tanzpartner ist sie befreundet, jedoch nur platonisch. Von

Essstörung
(Foto: Imago Source/corbis)

mehr will sie nichts wissen. Sie hat einen guten Draht zu ihrem kleinen Bruder; den Vater mag sie, obwohl sie ihn selten sieht; zur Mutter war ihr Verhältnis bis vor kurzer Zeit hervorragend. Im Moment versteht sie sich mit ihr überhaupt nicht mehr, es gibt nur noch Streit.
Beate ist magersüchtig. Ihr selbst ist das überhaupt nicht bewusst. Sie will, dass ihre Eltern sie einfach in Ruhe lassen; bloß weil sie ein bisschen abgenommen hat, muss sich doch niemand so aufregen. Ihrem Vater würden ein paar Pfunde weniger auch ganz gut tun. Beate fühlt sich von allen missverstanden und unter Druck gesetzt. Ihr Bruder geht ihr aus dem Weg, lässt sie aber wenigstens in Ruhe. Die Großmutter meint es gut mit ihr, sie will sie auch nicht enttäuschen, also wird sie ab und zu ein wenig bei ihr essen. Das kann sie ja später wieder durch Nichtessen ausgleichen bzw. einfach ein paar Abführmittel schlucken. Die Mutter jammert nur noch herum, aber eigentlich will sich Beate damit nicht auseinandersetzen müssen, soll sie doch selbst sehen, wie sie damit fertig wird. Irgendwie tut sie ihr aber auch leid. Der Vater spielt sich ganz schön auf. Dabei weiß sie, dass er sie heimlich bewundert, wie willensstark und leistungsfähig sie ist. Sie wird ihm schon zeigen, was er an ihr hat.

Wie sind die Beziehungen zueinander, wie gehen die Familienmitglieder miteinander um?
Jedes Familienmitglied weiß immer genau, was das andere denkt. Die Türen in der Wohnung stehen immer offen; es ist ja sowieso schon alles so eng. Streit gilt es zu vermeiden, man kann doch alles vernünftig miteinander besprechen. Harmonie ist das oberste Gebot, dem alles andere, alle individuellen Bedürfnisse untergeordnet werden.
Die Mutter beendet häufig Beates Sätze. Sie sagt: Wir fühlen uns heute nicht gut. Beate braucht kaum Entscheidungen zu treffen, die Mutter macht es schon. Schließlich weiß sie, was gut für ihre Tochter ist. Und wenn es Beate gut geht, geht es ihr auch gut. Sie haben sich immer hervorragend verstanden, sie war immer überzeugt, ihre Tochter ganz und gar zu kennen. Jetzt hat sich Beate so verändert, dass sie überhaupt nicht mehr weiß, was in ihrem Kind

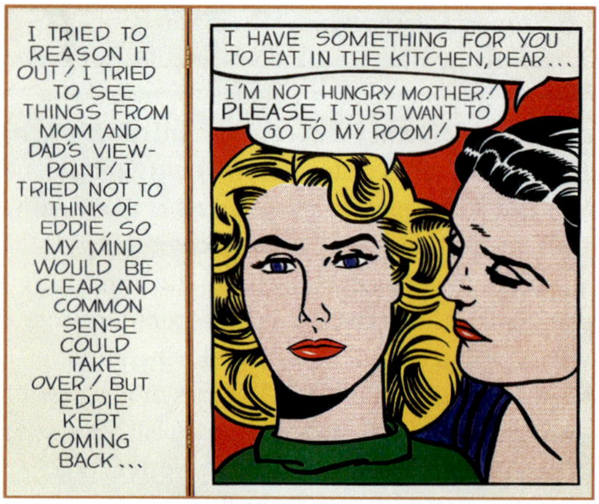

Roy Lichtenstein: Eddie Diptychon (1962). Öl auf Leinwand, zwei Tafeln: 118 × 132,1 cm. Paris, Sammlung Mr. und Mrs. Michael Sonnabend
(Foto: akg-images/© VG Bild-Kunst, Bonn 2014)

vorgeht. Darunter leidet die Mutter sehr. Zu ihrem Sohn hat sie keine enge Beziehung. Ein wenig bewundert sie seine Selbstständigkeit und Unabhängigkeit. Ihre eigene Mutter geht ihr manchmal auf die Nerven. Ihre Rechthaberei kann sie kaum noch ertragen. Aber das darf sie nicht sagen. Schließlich ist ihre Mutter allein und hat sonst niemanden. Das Verhältnis zu ihrem Mann ist nach zwanzig Jahren Ehe relativ illusionslos; sie würde aber nie daran denken, sich von ihm zu trennen. Sie fühlt sich von ihm im Stich gelassen, er ist mehr mit seinem Beruf verheiratet. Aber sie will nicht klagen, denn dadurch sichert er der Familie einen gewissen Wohlstand. Viel zu sagen haben sie sich nicht. Neuerdings sprechen sie vermehrt über ihre Tochter. In der Familienkommunikation übernimmt die Mutter oft eine Vermittlerrolle: Vater hat doch gesagt … Großmutter meint … Um der Harmonie willen puffert sie immer wieder Konflikte ab, mischt sich ein, versucht zu schlichten. Wie sie sich selbst fühlt, kann sie manchmal gar nicht mehr sagen; umso besser kennt sie sich in den Bedürfnissen und Gefühlen ihrer Kinder aus.
Der Bruder sagt, was er denkt, egal, ob es den anderen passt oder nicht. Nur dem Vater gegenüber hält er sich etwas zurück. Er fühlt sich zurzeit mit seinen Freunden wohler als in der Familie; manchmal denkt er, dass er hier zu

kurz kommt. Aber in anderen Familien ist es wahrscheinlich auch nicht viel besser. Seine Mutter akzeptiert er, die Großmutter hat er gern, sie verwöhnt ihn mit einer Aufbesserung des Taschengeldes.

Der Vater hat sich innerhalb der Familie einen gewissen Freiraum geschaffen. Er wird respektiert, und wenn er Ruhe braucht, wird das akzeptiert. Seine Frau ist für die Erziehung zuständig, er greift nur im Notfall ein. Dann sagt er nicht viel, einige Andeutungen reichen aus und alle wissen schon Bescheid. Er liebt es, ironische Spitzen zu verteilen. Im Allgemeinen verlässt er sich darauf, dass seine Frau die Familie organisiert. Er nimmt es auch nicht so richtig ernst, was sie ihm abends über die Familie erzählt. Überhaupt reden sie immer weniger miteinander. Auf seine Tochter war er immer stolz. In letzter Zeit hat er sie selten gesehen, deswegen ist ihm auch ihr Gewicht nicht weiter aufgefallen. Er weiß, dass sie sehr klug ist, nach einem vernünftigen Gespräch mit ihm wird sie schon einsehen, dass das Hungern ein Ende haben muss. Er hat das Gefühl, dass sie zurzeit öfter als früher seine Nähe sucht. Bisher war sie mit ihrer Mutter fast symbiotisch verbunden und er fühlte sich häufig ausgeschlossen. Mit seinem Sohn hat er noch große Pläne, zurzeit ist der Kontakt zu ihm aus Zeitgründen jedoch nicht sehr eng. Seine Schwiegermutter toleriert er, er sieht sie sowieso selten. Die Großmutter fühlt sich gebraucht. Mit ihren Ansichten hält sie nicht hinter dem Berg. Ab und zu gibt es mit ihrer Tochter Reibereien, aber das ist ja normal. Ihr wäre es lieber gewesen, wenn ihre Tochter einen anderen Mann geheiratet hätte, aber ihr Schwiegersohn ist wenigstens ehrgeizig und sorgt dafür, dass es der Familie finanziell gut geht. Ihr gegenüber ist er höflich, und mehr verlangt sie nicht. Ihre Enkelkinder liebt sie, besonders ihren Enkelsohn. Im Moment macht sie sich große Sorgen, weil Beate sich immer mehr zurückzieht, sich ihr nicht mehr wie früher anvertraut.

Beate fühlt sich einsam, manchmal zugleich auch mächtig: zumindest ihrer Mutter gegenüber, die Beate – wenn sie ganz ehrlich ist – auch nicht für besonders klug hält. Sie möchte sie zwar nicht verletzen, aber diese ständigen Diskussionen um das Essen kann sie nicht ertragen. Sie verschließt sich und reagiert aggressiv. Beate merkt, wie ihre Mutter unter diesem Verhalten leidet, und fühlt sich schuldig deswegen. Beate sieht sich in einem Konkurrenzverhältnis zu ihrer Mutter: Beate kann ihrer Meinung nach besser kochen, sich besser unterhalten, weiß viel mehr und ist überhaupt ihrer Mutter überlegen. Den Vater dagegen bewundert sie, ihm vertraut sie in letzter Zeit auch ab und zu etwas an. Die Mutter versteht sie sowieso nicht. Beate und ihr Vater, auch wenn er so wenig Zeit hat, sind ein gutes Team. Sie versucht ihn in Diskussionen zu verwickeln, ihm mit ihren Leistungen zu imponieren. Beate respektiert auch ihre Großmutter, auch wenn sie sich im Moment durch sie genervt fühlt, was sie ihr natürlich so nie sagen würde. Der Bruder ist zwar manchmal frech zu ihr, aber insgesamt schon in Ordnung.

(Aus: Sylvia Baeck: Essstörungen bei Kindern und Jugendlichen. Ein Ratgeber für Eltern, Angehörige, Freunde und Lehrer. Lambertus Verlag: Freiburg i. Br. 1994, S. 36–41)

1 Fassen Sie die Daten knapp zusammen.
2 Können Sie sich erklären, wo die Ursachen für die Magersucht von Beate zu suchen sind? Stellen Sie Hypothesen auf.
3 Überlegen Sie, ob Sie bereits – im Vorgriff auf Kommendes – therapeutische bzw. pädagogische Methoden kennen, die den Genesungsprozess von Beate fördern können. – Sie können dabei gegebenenfalls auf die Kursthemen „Lernen und Entwicklung“ und „Entwicklung und Sozialisation in der Kindheit“ zurückgreifen.
4 „Härte statt Harmonie!“ (Jochen Paulus) – Was halten Sie von diesem Leitsatz im Blick auf das Verhalten der Familienmitglieder untereinander und speziell in Bezug auf das Essverhalten von Beate?
5 Wie schätzen Sie den Wert einer Fallstudie – wie der zur Magersucht von Beate – ein, um zu pädagogisch relevanten Erkenntnissen zu kommen?

2.4.2 Zur Diagnose und Ätiologie von Essstörungen

2.4.2.1 Der Ansatz beim Symptom: Tabelle zum Toleranzbereich um das Referenz-Körpergewicht – ein erster diagnostischer Anhaltspunkt

Vor der Therapie kommt die Diagnose. Um abschätzen zu können, ob ein Kind oder ein Jugendlicher untergewichtig oder übergewichtig ist, gibt es Tabellen, in denen Körpergröße und Körpergewicht in Beziehung gesetzt sind (siehe rechts!).

Körpergröße in cm	Toleranzbereich (Körpergewicht in kg)		Körpergröße in cm	Toleranzbereich (Körpergewicht in kg)		Körpergröße in cm	Toleranzbereich (Körpergewicht in kg)		Körpergröße in cm	Toleranzbereich (Körpergewicht in kg)	
	von	bis		von	bis		von	bis		von	bis
80	11	13	108	15	22	136	26	37	164	44	59
82	11	13	110	16	23	138	27	38	166	46	61
84	11	14	112	16	23	140	28	39	168	47	63
86	11	14	114	17	24	142	29	41	170	49	65
88	11	15	116	17	25	144	30	42	172	51	67
90	12	15	118	18	26	146	31	44	174	52	69
92	12	16	120	19	27	148	33	45	176	54	72
94	12	17	122	20	28	150	34	47	178	56	74
96	12	17	124	20	29	152	35	48	180	58	76
98	13	18	126	21	30	154	37	50	182	60	78
100	13	19	128	22	32	156	38	52	184	62	81
102	14	19	130	23	33	158	39	54	186	64	83
104	14	20	132	24	34	160	41	55	188	66	86
106	15	21	134	25	35	162	42	57	190	69	88

(Aus: Sylvia Baeck: Essstörungen bei Kindern und Jugendlichen. Ein Ratgeber für Eltern, Angehörige, Freunde und Lehrer. Lambertus Verlag, Freiburg i. Br. 1994, S. 79)

1 Worin besteht der Wert der Tabelle?
2 Was gibt die Tabelle nicht wieder?

2.4.2.2 Die Frage nach den Ursachen: Vorurteile und Schuldzuweisungen

Peggy Claude-Pierre setzt sich in ihrem Buch „Der Weg zurück ins Leben" mit den Ursachen von Essstörungen auseinander. Sie hat in ihrer Spezialklinik in Montreux/Kanada beobachtet, dass bei allen Betroffenen eine grundlegend negative Einstellung („Negativismussyndrom") anzutreffen ist. – Aufgrund ihrer Erfahrungen meint sie, herkömmliche Ursachenbeschreibungen als Vorurteile über Anorexie, Bulimie und Übergewicht entlarven zu können.

„Ich bekam immer zu hören, ich sei perfektionistisch und müsse immer alles im Griff haben."
„Ich kann nicht geheilt werden. Ich bin zu schlecht. Ich werde mich für den Rest meines Lebens damit herumschlagen müssen. Ich muss einfach damit leben."
„Das sind bloß diese Bilder von den Supermodels in den Illustrierten, die Jamie zu dieser unaufhörlichen Diät treiben."

„Man hat mir mitgeteilt, dass meine Tochter am Sonntag entlassen wird. Sie ist erst sechzehn. Ihre Versicherung läuft aus. Sie haben mir gesagt, ich solle mich darauf gefasst machen, dass sie stirbt. Ihnen bleibe nichts mehr zu tun."

„Ich verdiene es nicht, gesund zu werden. Ich fühle mich so schmutzig, hoffnungslos, böse, fett, verängstigt, gescheitert, unsicher. Ich verdiene wirklich nicht zu leben."

„Ich ekle mich vor mir selbst, weil ich die Ursache für all das bin."

„Meine Tochter ist 1,70 Meter groß und wiegt 27 Kilo. Es ist kaum noch etwas von ihr übrig. Sie hört auf niemanden. In den letzten drei Jahren war sie nur zweimal je vier Monate lang nicht im Krankenhaus. Sie hat die Familie zugrunde gerichtet."

„Mein Mann und ich reden nicht mehr miteinander. Wir haben eigentlich gar keine Beziehung mehr. Meine Kinder hassen mich, denn ich habe sie vernachlässigt, weil meine eigenen Probleme wichtiger waren als sie. Ich habe alles versucht; können Sie mir helfen? Das geht jetzt schon fast zwölf Jahre so. Unser Zuhause ist ein Kriegsgebiet und mein Therapeut weigert sich, mich weiterzubehandeln, weil ich zu viel abgenommen habe und mich nicht an die Vereinbarungen halte, die wir getroffen haben."

„Sie sagen, dass ich egoistisch sei; dass mich nur interessiert, wie ich aussehe."

„Mein Arzt hat zu mir gesagt, ich wolle nicht erwachsen werden."

„Ich bin der schlimmste Fall, den sie je hatten, und ich bin unheilbar."

„Sie weigert sich, sich mit ihren unbewussten Problemen auseinanderzusetzen, gleichgültig, wie viele Psychiater sie auch aufsucht."

„Ich war immer das Musterkind, bei dem einfach alles glatt ging, aber das ist jetzt alles vorbei!"

„Ich bin es nicht wert, gerettet zu werden, aber vielleicht gebe ich ein interessantes Experiment ab."

„Ich will nicht, dass meine Tochter stirbt. Man hat uns gesagt, wir seien eine gestörte Familie, doch meine Frau und ich sind noch zusammen. Wir streiten nicht und wir lieben unsere Tochter sehr. Sie sagen, sie können für meine Tochter nichts mehr tun. Sie ist erst neunzehn. Es ist einfach nicht der natürliche Lauf der Dinge, dass sie zuerst stirbt. Da muss doch etwas zu machen sein."

Alle diese Aussagen beruhen auf Fabeln und Fehlschlüssen über Magersucht und Bulimie. Leider sind viele dieser Märchen heute immer noch sehr einflussreich und sie bilden häufig die Grundlage für das Bild, das wir uns von Patienten mit Essstörungen machen, und für die Art, wie wir sie behandeln.

Ich hoffe in diesem Kapitel eine Alternative zu diesen Märchen vorstellen und sie durch das ersetzen zu können, was ich für den wahren Kern von Essstörungen halte – das Negativismussyndrom und die negative innere Stimme.

„Anorexie ist die Begleiterscheinung einer Kultur, die Schlankheit über alles andere stellt."

Einer weit verbreiteten Theorie zufolge wird Anorexie teilweise durch eine Kultur verursacht, die mehr Wert auf die äußere Erscheinung als auf innere Substanz legt und Frauen nur dann schätzt, wenn sie schlank sind. Es wurde schon vieles geäußert über den Schlankheitskult, über den Aufstieg des Supermodels zur Pop-Ikone und über die Ansicht, dass die Opfer von Essstörungen deshalb abnehmen, weil sie einem vermeintlichen körperlichen Ideal nacheifern.

Frauen sind achtmal häufiger von Essstörungen betroffen als Männer. Einer der Schauplätze, die die Gesellschaft zur Perfektionierung äußerer Werte bereitstellt, ist mit Sicherheit der weibliche Körper. Frauen wachsen mit der Erfahrung auf, dass sie mehr Anerkennung für ihr Aussehen erhalten als für jede andere Eigenschaft. Es ist bekannt, dass viele Frauen permanent Diät halten. Trotzdem müssen wir uns davor hüten, diesem Aspekt der modernen Gesellschaft die Schuld an Essstörungen zuzuschreiben, ohne den breiteren Kontext zu berücksichtigen. [...]

Ich bin durchaus davon überzeugt, dass die Bilder in den Medien und in der Werbung mit ihrer Glorifizierung von Perfektheit und Schönheit dazu beitragen, dass viele Frauen über ihren unvollkommenen menschlichen Körper so unglücklich sind. Ich würde eine konzertierte Aktion zur Zurückdrängung des Supermodel-Syndroms begrüßen. Doch ich glaube nicht,

Johannes Muggenthaler:
Kann man Gedanken heilen?
Hinterglasmalerei (1985)

dass die Häufigkeit von Essstörungen dadurch zurückginge; ich bin überzeugt, dass diejenigen mit Negativismussyndrom andere Perfektionsmodelle zur Nachahmung fänden. […]

Ich glaube, dass die negative innere Stimme den Opfern nicht erlaubt, sich selbst so zu sehen, wie sie sind, weil Körpergewicht synonym ist mit Leben. Wenn die Opfer, die ja unbewusst auf dem Weg zur totalen Selbstverneinung (Tod) sind, sich als dick wahrnehmen, dann erhält die negative innere Stimme damit die Chance, von ihnen noch mehr Gewichtsverlust zu fordern.

Auf die Frage, ob sie gegessen haben, lügen Anorektikerinnen, weil die negative innere Stimme, die grundlos und gegen alle Vernunft auf ihrem Sterben besteht, es ihnen befiehlt. Sie tragen Kleidung, die ihre Magerkeit verdeckt, um die negative innere Stimme zu schützen, um Auseinandersetzungen mit den Menschen in ihrem Umfeld vorzubeugen. In den wenigen Fällen, wo Anorektikerinnen ihre Auszehrung zur Schau stellen, wollen sie damit betonen, dass sie wertloser sind als andere. Sie wetteifern darum, die Besten beim Sterben zu sein.

Anorexie bedeutet Abscheu vor sich selbst und Selbsthass wegen mangelnder Perfektion. Nora schreibt mehrere Jahre nach ihrer Genesung: „Ich schielte nicht nach Models und träumte nicht davon, so auszusehen wie sie. Ich glaubte nicht, schön zu werden. Ich glaubte, ich sei die hässlichste, selbstsüchtigste und schrecklichste Person überhaupt." […]

„Anorexie wird verursacht durch körperliche oder seelische Misshandlung oder sexuellen Missbrauch.“

Misshandlung und Missbrauch fallen in die Kategorie „zugrunde liegende Probleme“. Diese Probleme sind real und sie müssen angegangen werden. Ich begrüße in diesem Zusammenhang ausdrücklich die Arbeit, die für und mit Menschen geleistet wird, die solche Erfahrungen machen mussten. Zugleich jedoch bezweifle ich, dass diese Probleme direkt mit Anorexie zusammenhängen. […]

Ich habe allerdings in der Tat mehrere Anorektikerinnen behandelt, die missbraucht worden waren. Sie glaubten, dass sie ihr Schicksal verdient hätten, und fühlten sich nicht traumatisiert; in erster Linie waren sie erleichtert, dass es nicht einem anderen Menschen zugestoßen war. In aller Regel hießen sie das, was uns Nichtbetroffenen als grausame Strafe erscheinen muss, gut (das Werk der durch und durch perversen negativen inneren Stimme) und machten sich immer noch vorwiegend Gedanken um andere – sogar um ihre Missbraucher. Sie waren außer Stande, ihre wahre Realität und Verantwortlichkeit angemessen wahrzunehmen.

Infolgedessen glaube ich, dass wahrscheinlich nicht das Trauma des Missbrauchs als solches die Anorexie verursacht, sondern die Realitätswahrnehmung der Betroffenen. Die Realität können wir nur in begrenztem Ausmaß ändern (indem wir das Trauma und die Qual, die als Auslöser wirken, therapeutisch bearbeiten), wir können aber versuchen, die Einstellungen zur Realität und die Wahrnehmung der Realität zu ändern. […]

„Anorexie wird verursacht von distanzierten, wenig fürsorglichen, fordernden oder anderweitig unzulänglichen Eltern.“

Es gibt eine weit verbreitete Ansicht, wonach Anorexie häufiger in Familien auftritt, wo rigide, kompromisslose Eltern, die hohe Anforderungen stellen, gehorsamen kleinen Kindern die eigene Persönlichkeit aufzwingen. Im Stereotyp des „artigen kleinen Mädchens“ schwingt mit, dass nichts, was das Kind tut, den

Duane Hanson: Supermarket Lady (1970)
(Foto: dpa/picture alliance/© VG Bild-Kunst, Bonn 2014)

unersättlichen, übermäßig anspruchsvollen Eltern genügt, sodass das Kind sich immer mehr anstrengt, um sie zufrieden zu stellen. Dieses Szenario trifft auf die überwältigende Mehrzahl meiner Fälle in keiner Weise zu. Ich war sogar beunruhigt, als ich feststellte, wie falsch dieses Stereotyp ist. Die Lösung des Rätsels der Essstörungen wäre nämlich viel einfacher, hätten sich mangelnde Fürsorge oder Überforderung durch die Eltern als Ursache entpuppt. […]

Langfristig kann sich die Schuldzuweisung an die Eltern – selbst wenn sie tatsächlich „schuld“ sind, dass Auslöser für Essstörungen entstanden – als schädlich und gefährlich für ihr Kind erweisen. Sie kann die Eltern daran hindern, sich für das Kind verfügbar zu halten, obwohl es sie doch als grundlegendes Unterstützungssystem ganz notwendig braucht. Sie vergeuden ihre Energien auf der fruchtlosen Suche nach ihrem Fehler, mit dem sie die Erkrankung und den möglichen Tod ihres Kindes „verursacht" haben. Ihr Schuldgefühl raubt ihnen die Kraft, um der negativen inneren Stimme entschiedenen Widerstand entgegenzusetzen, und so kapitulieren sie denn vor dem vermeintlichen Wunsch ihres Kindes, während sie in Wahrheit die Waffen vor dem Negativismussyndrom strecken. [...]

„Anorexie wird verursacht durch geringes Selbstwertgefühl."
Als Nicole krank war, sagte eine alte Freundin zu ihr, sie sei eitel, weil sie ständig in den Spiegel schaute. „Versteht sie denn nicht? Darum geht es doch gar nicht, Mama", schluchzte sie. „Ich habe hineingeschaut, um mich selbst zu finden. Ich war auf der Jagd nach mir."
Es hat wenig Sinn, von Selbstwertgefühl in einem Atemzug mit Anorexie zu sprechen. [...] Um sie zu überwinden, muss das Opfer zunächst einmal ein Selbst entwickeln; erst dann kann es an seinem Selbstwertgefühl arbeiten.
Mich erfüllt es mit Besorgnis, wenn ich höre, dass jemand versucht, bei einer akut kranken Patientin das Selbstwertgefühl zu steigern; die Betroffene besitzt doch gar kein klar definiertes Selbst, dem sie Wertschätzung zuschreiben könnte. So fühlt sich das Opfer nur noch wertloser und die Eltern noch schuldiger.
Das Selbstwertgefühl entsteht ganz von selbst, wenn das Selbst sich zu entwickeln beginnt.

„Anorexie ist die Folge eines Traumas, bedingt durch die Scheidung der Eltern, Pubertät und Adoleszenz oder andere Lebenskrisen."
Im Fall meiner eigenen Scheidung liegt natürlich die Frage nahe, ob Spannungen in der Familie vor der Trennung oder die Belastung der Trennung selbst die Auslöser waren, die meine Töchter in die Anorexie trieben. Kirsten, Nicole und ich haben darüber lang und breit diskutiert, und wir glauben nicht, dass diese Probleme die Essstörungen auslösten. Die Beziehung zwischen meinem früheren Mann und mir verlief nicht etwa turbulent; es schälte sich nur allmählich heraus, dass wir unterschiedliche Erwartungen an die Ehe hatten. Wir trennten uns nicht nach bitteren Auseinandersetzungen; der Bruch war schon länger abzusehen gewesen; die Mädchen wussten es und waren damit einverstanden. (Nur unsere Freunde und Nachbarn waren überrascht.)
[...]
Natürlich ist jede Scheidung anders, weil jede Ehe und jede Familie anders ist, und ich bin überzeugt, dass es Kinder gibt, die durch die Trennung ihrer Eltern traumatisiert werden. Doch nach meiner Erfahrung sind es in diesen Fällen nicht die besonderen Umstände der Scheidung, die die Essstörung auslösen, sondern die Art und Weise, in der das negativismusanfällige Kind die Schuld auf sich nimmt. Dies kann auch bei Scheidungen passieren, die ganz zivil über die Bühne gehen. Eine Scheidung steht für eine gescheiterte Ehe und die Person mit Negativismussyndrom sieht sich unweigerlich als die Verantwortliche für dieses Scheitern – oder als Versagerin, weil sie dieses Scheitern nicht verhindern konnte.
Es trifft zu, dass die Mehrzahl der Essstörungen in der Adoleszenz einsetzt. Was ist heute an dieser Phase besonders? Die Jugendlichen leben in einer ängstlicheren Gesellschaft. Die Person, die an einer Essstörung erkrankt, übernimmt die Rolle der Hegenden und Pflegenden. Sie muss in einem sehr viel früheren Alter Entscheidungen über ihre Zukunft treffen. Die Botschaft der Gesellschaft lautet also Angst, Furcht und Verzweiflung. [...]
Meiner Ansicht nach bürden Eltern heutzutage den Kindern zu früh Verantwortung für Entscheidungen auf, nach dem Motto: „Was hättest du gerne, Liebes?" Es gibt weniger Regeln, weniger Strukturen, weniger Schwarz und Weiß. Vielleicht scheuen sich die Eltern, die Anlagen ihres Kindes zu stark zu kanalisieren, weil sich die Menschen in der modernen Gesellschaft ganz allgemein ihrer Umwelt und daher auch ihrer Rolle darin weniger sicher sind. Vielleicht geschieht es auch aus einem missverstandenen „Respekt" vor dem Kind mit Negativitätssyndrom heraus; wir fürchten so

Henrik Plenge Jakobsen: Everything is wrong (1996), Wallrawing, acrylic paint, ∅ 250 mm.
(Foto: Henrik Plenge Jakobsen/© VG Bild-Kunst, Bonn 2014)

sehr, seine Integrität als Individuum zu verletzen, dass wir in einer frühen Lebensphase, wo es dies braucht, nicht ausreichend für Struktur und Halt sorgen. […]

„Anorexie ist eine psychosomatische Störung, die auf der Weigerung des Kindes gründet, erwachsen zu werden."

Einem verbreiteten Fehlschluss zufolge kämpfen Magersüchtige darum, kindähnlich zu bleiben. […] Doch unsere Fallgeschichten bestätigen immer wieder aufs Neue, dass die Angst vorm Erwachsenwerden zwar eine Folge der Essstörung sein kann, aber keinen Ursachencharakter hat.

Bevor sie erkrankten, zeigten diese jungen Menschen eine außergewöhnliche Fähigkeit, sich selbst Ziele zu setzen, sowie ein ausgeprägtes soziales Verantwortungsbewusstsein. Gemessen an ihrem Alter, brillierten sie in jedem Bereich. Sie taten alles andere, als sich vor den Pflichten der Erwachsenen zu drücken, sondern schulterten in Übererfüllung der gesellschaftlichen Werte zu viel davon. Offenkundig waren sie so willfährig aus Furcht, andere zu kränken. Ihre Aufmerksamkeit kreiste stets um das Wohlergehen anderer statt um das eigene.

Doch indem die Negativismusopfer sich selbst zu „Beschützern" und „Eltern" erklären, versuchen sie vorzeitig erwachsen zu werden. Sie übernehmen Erwachsenenpflichten, lange bevor sie über die Objektivität und die Urteilskraft der Erwachsenen verfügen, die sie befähigen würden, ihre Grenzen zu erkennen; selbstredend sind sie der selbst gesetzten Aufgabe nicht gewachsen.

[…]

Das Individuum im akuten Stadium einer Essstörung ist […] asexuell. Ich habe zahlreiche Briefe von Frauen bekommen, die es fertig brachten, zu heiraten und Kinder zu bekommen, während sie mit einer Essstörung kämpften. Sie lavieren sich so durch und ihre Rückfälle sprechen dafür, dass es ihnen zwar zeitweise gelingt, den inneren Aufruhr zu unterdrücken, dass sie jedoch in ihrem sexuellen Selbst nicht wirklich zu Hause sind.

„Anorexie ist ein unbewusstes Mittel, um Aufmerksamkeit auf sich zu lenken, ein Hilfeschrei."

Magersüchtigen ist es äußerst peinlich aufzufallen. In aller Regel tragen sie unförmige Kleidung, um ihre Magerkeit zu kaschieren. Darin steckt jedoch ein Widerspruch. Die Opfer des Negativismussyndroms sehnen sich nach dem Verständnis anderer, doch die negative innere Stimme verbietet ihnen, um Hilfe zu bitten; sie glauben ohnehin nicht, dass sie sie verdienen.

Wenn Hungern ein unbewusster Schrei nach Aufmerksamkeit ist, warum hören dann die Opfer nicht damit auf, wenn die Eltern und andere ihnen Nahestehende zu helfen versuchen, oft mit heldenhaftem Mut? Die Antwort lautet: weil ihr unbewusstes Motiv darin liegt zu sterben, nicht darin, Zuwendung zu erhalten. Wenn es möglich wäre, an Anorexie zu sterben, ohne abzumagern – ein sichtbares Zeichen –, dann würden sie es tun. […]

Wenn wir die Existenz der negativen inneren Stimme ignorieren oder ihre Rolle falsch einschätzen, lässt es sich gar nicht vermeiden, dass wir missverstehen, was das Kind zu beherrschen versucht. Stets muss die wahre innere Stimme den Kopf für die negative innere Stimme hinhalten, weil Letztere so sorgfältig vor unseren Blicken verborgen bleibt. Logische Folge ist, dass das Kind als manipulativ abgestempelt wird.

Je mehr Macht die negative innere Stimme gewinnt, desto mehr inneres Chaos löst sie aus. […]

„Je länger die Anorexie besteht, desto schwerer ist sie zu heilen."

Gelegentlich mag dies zutreffen, weil sich der Zustand verfestigt hat, möglicherweise aufgrund zahlreicher nutzloser Klinikaufenthalte. Mit jeder gescheiterten Maßnahme bestätigt sich die negative innere Stimme selbst und wird noch bösartiger. Und je länger die wahre innere Stimme sich an eine kümmerliche Randexistenz gewöhnt hat und je länger sie den negativen Trost dieser Existenz zu spüren bekommt, desto schwieriger ist eine Essstörung zu heilen. Ich habe jedoch auch die Erfahrung gemacht, dass der Genesungsprozess bei Magersüchtigen, die seit kürzerem erkrankt sind, genauso schwierig und langwierig verläuft wie bei langjährigen Patientinnen. Wenn die negative innere Stimme erst einmal so fest im Sattel sitzt, dass sie sich als Essstörung manifestiert, scheint die Heilung eher von der Persönlichkeit der Betroffenen abzuhängen als von der Dauer der Erkrankung.

„Anorexie ist nicht heilbar; du kannst nur damit umzugehen lernen. Du musst damit leben und du wirst daran sterben."
Essstörungen sind eine stumme Epidemie. Magersüchtige haben keine Lobby. Sie können nicht massenhaft auf die Barrikaden steigen und Hilfe fordern. Sie tun sich nicht zusammen, um Forschungsgesellschaften und Interessenverbände zu gründen, auch wenn andere dies in ihrem Namen getan haben. Dennoch sind diese Störungen vollständig heilbar, auch wenn der Heilungsprozess ein umfassendes „Aufpäppeln" des betroffenen Individuums erfordert. Dagegen heißt „mit der Anorexie umgehen" nur, den Zustand als solchen aufrechtzuerhalten. Dies fordert Rückfälle geradezu heraus. Um das Symptom „Essstörung" zu beseitigen, muss das Negativismussyndrom in Angriff genommen und beseitigt werden. Dieser Prozess verlangt Geduld, uneingeschränktes Verständnis und so viel Zeit, wie jede einzelne Betroffene benötigt.
Wie können wir diesen Ansatz in die heute bestehende Gesellschaft integrieren? Wie könnten wir dies angesichts der ungeheuren Tragödie, die sich vor unseren Augen abspielt, unterlassen?

(Aus: Peggy Claude-Pierre: Der Weg zurück ins Leben. Magersucht und Bulimie verstehen und heilen. Aus dem Amerikanischen von Dr. Gabriele Herbst. 3. Auflage. Wolfgang Krüger Verlag: Frankfurt/Main 1999, S. 85–111)

1 Halten Sie die Ausführungen von Peggy Claude-Pierre für plausibel?
2 Welche Schussfolgerungen für ein pädagogisches und therapeutisches Vorgehen sehen Sie? Beziehen Sie Ihre Überlegungen auch auf die Fallstudie „Beate" (2.4.1.).

2.4.3 Esstörungen aus systemischer Sicht

2.4.3.1 Rolf Reinlaßöder und Brigitte Lämmle im Gespräch

Rolf Reinlaßöder: Brigitte, je mehr Stress ich hab und je hektischer es bei mir im Job wird, desto mehr Süßigkeiten schieb ich in mich rein. Gehör ich damit schon zu den Essgestörten?
Brigitte Lämmle: Na ja, wenn du ohne Schokolade deine Arbeit nicht mehr hinkriegst, dann wird's schon bedenklich (lacht).
Rolf Reinlaßöder: So weit ist es nicht, aber sag mir doch mal ein Patentrezept, wie's auch ohne geht. Aber komm mir bloß nicht mit „Umsteigen auf Karotten" …
Brigitte Lämmle: Tja, wenn du auf gar nichts verzichten kannst, seh ich schwarz (lacht) … Sosehr wir beide jetzt mit diesem Einstieg flachsen, so tief sind wir schon im Thema drin: Wenn eine Familie mit einem suchtkranken Kind – und eine Essstörung ist eine Sucht – zu mir in die Praxis kommt, heißt es meistens: „Mach du die Sucht weg. Mach du, dass das Kind auf die Sucht verzichtet." Und ganz ähnlich, wie wir jetzt miteinander geredet haben, arbeite ich dann auch mit der Familie.
Rolf Reinlaßöder: Heißt das, dass du auf die Bitte, die Sucht einfach „wegzumachen", gar nicht anspringst?
Brigitte Lämmle: Ich stelle oft so etwas wie eine Gegenfrage an die Eltern: Ja, wenn euer Kind auf die Sucht verzichten würde, auf was würdest du, Vater, oder du, Mutter, denn dann verzichten? Als Gegenleistung sozusagen." Einerseits versuche ich damit so etwas wie „Normalität" herzustellen. Essstörungen haben ja oft so eine ganz merkwürdige, geheimnisvolle Aura. Wenn man da so einen kleinen Wettbewerb in Gang bringt „Okay: Leni verzichtet auf die Magersucht, Mama verzichtet auf das Rauchen im Wohnzimmer und Papa auf seine 20 Minuten Zeitunglesen aufm Klo. Wer schafft's zuerst?",

dann verfliegt schon viel von diesem mysteriösen Klima. Vor allem aber bringt es die Familie in Bewegung.

In fast allen Familien, in denen eine Essstörung auftaucht, gibt es irgendeine Form von Starrheit. Und da Bewegung hineinzubekommen ist ein ganz wichtiger Punkt. Aber es kommt natürlich auch darauf an, um was für eine Essstörung es sich handelt.

Rolf Reinlaßöder: Essstörungen sind ja eigentlich eine irre Sache. Bei den einen, da dreht sich alles ums Essen: die Fresssüchtigen. Bei den anderen heißt es: „Bloß nicht essen", das sind die Magersüchtigen. Und dann gibt es noch die, die möglichst viel essen, es dann aber auch wieder loswerden wollen: Die leiden unter einer Ess-Brech-Sucht. Bei allen dreien ist es so, dass sich fast das ganze Leben nur noch ums Essen dreht. Sonst scheint das ja alles sehr unterschiedlich zu sein.

Brigitte Lämmle: Es gibt noch was anderes, das gleich ist: Essstörungen sind Süchte, die vorwiegend Mädchen betreffen.

Rolf Reinlaßöder: Wie kommt das?

Brigitte Lämmle: Ein Suchtverhalten, ein Symptom, entsteht in der Familie, im Familiensystem. Es drückt jedes Mal was ganz Spezielles aus, und das werden wir uns bei allen drei Essstörungen anschauen. Ich nenne Essstörungen immer eine „stille Sucht", und das gilt für alle Formen. Alkohol dagegen wird eher von Jungs so ab zwölf bevorzugt …

Rolf Reinlaßöder: Also eine „laute" Sucht, mit Rumkrakeelen und Aggressivsein …

Brigitte Lämmle: Richtig. Das mit dem Essen kann ich dagegen heimlich machen. Es fällt nicht weiter auf. Es fällt sogar Eltern oft erst sehr spät auf, dass da bei ihrem Kind ein extrem zickiges Essverhalten vorliegt. Ich erlebe in der Praxis manchmal wirklich, dass ich den Eltern richtig vorrechnen muss, dass 45 Kilo bei 1,68 m die allerunterste Grenze ist. Also, das heißt, diese Mädchen sind so heimlich, so leise …

Rolf Reinlaßöder: Aber das müssten die Eltern doch sogar schon vorher merken. Essen solche Mädchen denn normal am Tisch?

Brigitte Lämmle: Schon, die haben aber die tollsten Strategien. Zum Beispiel Verzögerungsmechanismen. Das geht so: „Mami, soll ich schnell noch den Salat holen? Komm, ich mach den Salat noch an!"

Papa hat bis dahin schon vier Knödel reingeschoben, sie hat überhaupt noch nicht mit dem Tomätchen angefangen und keiner merkt's. Das ist immer so, dass die sich wirklich ganz clever anstellen und das Umfeld es nicht merken lassen. Nur die Fresssucht hat eine andere Rolle. Dadurch, dass ich immer dicker werde, „stelle ich etwas in den Raum". Etwas, was nicht klar läuft. Das wird oft zu einer extremen Bedrohung für die Eltern. Das ist eine hohe Provokation, wenn ich plötzlich als Tönnchen rumlaufe. Das ist nicht mehr heimlich. Es ist nicht heimlich zu halten.

Rolf Reinlaßöder: Okay, lass uns das auseinanderhalten: Die Bulimikerinnen – also die Ess-Brech-Süchtigen – und die Magersüchtigen, die sind wirklich so clever, dass das Umfeld erst mal gar nichts merkt.

Brigitte Lämmle: Damit hast du auch schon 'ne ganz treffende Einteilung. Du musst ja immer schauen, welches Mädchen findet sozusagen welche Sucht. Bei den Fresssüchtigen sind ganz andere Sachen charakteristisch: Die stellen ja eben durch dieses Tönnchen-Dasein eine Provokation dar. Und sie haben auch einen extrem aggressiven Anspruch an die Familie.

Rolf Reinlaßöder: So was wie „Kümmert euch um mich"?

Brigitte Lämmle: Etwas in der Art. Auf jeden Fall ein Hilferuf.

Rolf Reinlaßöder: Also jemand, der ständig was in sich reinschiebt, da denk ich mir: Der will bestimmt was haben; der braucht was von außen. Ist das eine Vorstellung, mit der man in der Therapie weiterkommt?

Brigitte Lämmle: Das ist ein Bild, das wird aber begleitet von vielen anderen. Ich hab da 'ne Geschichte. Die Lebensgeschichte einer fresssüchtigen Klientin von mir. Als junges Mädchen hatte sie ein Rückenleiden. Damit lag sie ein Jahr lang bewegungslos in einer Gipsschale. Da lag sie und musste brav sein. Und sie kriegte sehr, sehr, sehr viel Zuwendung dafür, dass sie so brav war. Vor allem hat sie jede Menge Süßig-

keiten bekommen. Und dann hat sich da was entwickelt: so ein Muster „Ich nehm es mir auf diese Art und Weise". Ich glaube, das ist das, was du meinst.
Es kam aber noch etwas anderes dazu: Diese Klientin kam aus einem Zweifrauenhaushalt, es war kein Vater da, aber eine sehr geschäftstüchtige, sehr energische Mutter. Die hatte wenig Zeit, weil sie einfach das Geschäft vorwärtsbringen musste. Und noch was kam dazu: Sie war hochattraktiv. Plötzlich wird ihre Tochter dicker und dicker. Für sie eine ungeheure Kränkung: ihre Tochter so ein Fettklößchen! Also setzte sie ihren geballten Ehrgeiz und ihre ganze Tüchtigkeit ein, um die Tochter zu „erschlanken". Sie probierte die ganze Palette: schleppte ihre Tochter zum Arzt, machte Diätpläne, kontrollierte, was sie aß …
Rolf Reinlaßöder: … und die Tochter?
Brigitte Lämmle: Die Tochter saß das alles aus und nahm kein Gramm ab. So entstand mit einem Mal eine enorme Ohnmacht für diese ansonsten unendlich potente, patente Mutter.
Rolf Reinlaßöder: War das für die Tochter auch so was wie „Schutz unterm dicken Panzer"?
Brigitte Lämmle: Einerseits – und andererseits 'ne Provokation. In diesem Fall war es so, dass die Mutter eigentlich immer Bedingungen gestellt hat. Jede Liebesäußerung von ihr war mit einer Forderung an die Tochter verknüpft. Unbewusst hat sie ihr die Botschaft vermittelt „Ich hab dich lieb, wenn du fleißig bist. Ich hab dich lieb, wenn du gut in der Schule bist, ich hab dich lieb, wenn du mir im Geschäft hilfst." Durch die Fresssucht hat die Tochter sozusagen zwei Fliegen mit einer Klappe geschlagen: Einerseits hat sie sich durchs Futtern getröstet, andererseits die Mutter schachmatt gesetzt und sich dadurch vor den ständigen Forderungen geschützt. Das hatte auch etwas Hochaggressives. So was von „Dir zeig ich's".
Gleichzeitig muss man sagen, dass dieser Schutz bei Fresssüchtigen hochdramatische Formen annehmen kann. Selbst wenn Fresssüchtige damit konfrontiert werden, dass ihnen die Knöchel brechen, selbst wenn die sich schon ausgerechnet haben, dass sie nicht alt werden können, selbst das hindert sie nicht daran, an dieser Sucht festzuhalten.
Rolf Reinlaßöder: Und in der Therapie – wie kriegt man Fresssüchtige runter von ihrem Trip?
Brigitte Lämmle: Auf keinen Fall, wenn man die Haltung einnimmt: „Hör auf damit." Nur dann, wenn man gerade von der anderen Seite kommt. Sozusagen von der Freundinnenseite. Die Fragen „Was bringt mir die Sucht?", „Was hol ich mir da?", sich die anzusehen, das hilft weiter.
Rolf Reinlaßöder: Du meinst also, dass Essstörungen so was wie versteckte Vorteile haben?
Brigitte Lämmle: Genau. In diesem Fall eben den Schutz. Die Freundinnenseite nennen wir das. Auch bei Ess-Brech-Süchtigen wird das sehr deutlich: Jede Bulimikerin erzählt von ihren Fressattacken mit leuchtenden Augen: „Dann fühl ich mich! Dann bin ich stark, dann geht es mir in dem Moment gut."
Rolf Reinlaßöder: Kann da die Therapie einsetzen?
Brigitte Lämmle: Nur da. Nur wenn man diesen Freundinnenteil wirklich sehr ernst nimmt und nicht in die therapeutische Haltung geht: „Du musst dich von dieser Freundin verabschieden."
Rolf Reinlaßöder: Wie kann sich dann etwas verändern?
Brigitte Lämmle: Lass uns mal damit anfangen, die Beziehung zu dieser Freundin genauer anzusehen. Wenn meine Freundin da ist, sprich: wenn die Sucht ausgelebt wird, geht es mir als Bulimikerin gut. Und wo ist die Freundin, wenn es mir schlecht geht, wenn ich unzufrieden bin und unruhig? Mit solchen Fragen kann man Bewegung in das Bild von der Freundin bekommen. Denn schließlich hat sie zwei Seiten: Auf der einen Seite schützt sie mich und auf der anderen Seite kostet sie eine Menge Geld, stört meine Beziehungen zu anderen Freundinnen und macht meinen Körper kaputt. Also: Die Beziehung zu dieser Freundin muss geklärt werden.
Rolf Reinlaßöder: Bei den Magersüchtigen ist das wahrscheinlich anders. Wollen die quasi verschwinden?
Brigitte Lämmle: Auf jeden Fall muss man ganz deutlich sagen: Magersüchtige nehmen letztendlich den Tod als Ende der Entwicklung

billigend in Kauf. Und es stimmt: Magersüchtige opfern sich auf.

Rolf Reinlaßöder: Also ist es nicht das Schönheitsideal aus der Zeitschrift: Schlank sein wie die Models. Die erste Diät, die zweite Diät …

Brigitte Lämmle: … sie entdecken die Magersucht häufig über eine Diät. Aber das Bild ist tatsächlich: „Ich opfere mich auf, ich verschwinde, ich werde immer weniger." Und das taucht in Familien auf, die harmoniesüchtig sind. Dort haben die magersüchtigen Mädchen eine ganz wichtige Funktion. Sie beschäftigen die Eltern sozusagen durch ihre Sucht: „Kind, iss doch!", heißt es dann, oder: „Wir machen uns Sorgen." Die Eltern haben durch die Essstörung eine echte Aufgabe und die verbindet sie auch miteinander.

Rolf Reinlaßöder: Was bedeutet „Harmoniefamilie" genau? Wird da nie gestritten?

Brigitte Lämmle: Doch, schon. Das Wichtigste ist aber: Harmoniefamilien sind unbeweglich. Wie so ein zur lächelnden Maske erstarrtes Gesicht. Es sind zwar Konflikte da, eine Menge sogar, die werden aber mit so 'ner Art Dampfkessel-mit-Tröte-Technik unterdrückt: Unten drin kocht's und brodelt's und oben kommt nur so ein dünnes Pfeifen raus. Und vor allem: Es ändert sich nie konkret etwas.
Die Eltern in so einer Familie hätten zwei Möglichkeiten: entweder sich aufeinander zu bewegen oder sich trennen. Aber keins von beiden geschieht. In Magersuchtfamilien beobachte ich sehr häufig, dass ein Elternteil eigentlich schon den heimlichen Dritten im Hintergrund stehen hat, aber er oder sie kann nicht gehen, weil sie sich ja um dieses schwierige Kind kümmern müssen.

Rolf Reinlaßöder: Demnach sagt das Kind: Für den Zusammenhalt opfere ich mich auf?

Hugo Simberg: Der verwundete Engel (1903). Öl auf Leinwand, 1,27 x 1,54 m. Ateneumin taidemuseo, Helsinki. *(Foto: Interfoto)*

Brigitte Lämmle: Genau das ist sehr oft der Fall. Es geht aber auch noch vertrackter. Man kann sich nämlich auch aufopfern, indem man ein richtiger Kotzbrocken wird.

Rolf Reinlaßöder: Klingt ziemlich widersprüchlich …

Brigitte Lämmle: … lässt sich aber einfach erklären. Magersüchtiges Verhalten kann für eine Familie auch eine ungeheuer scharfe Provokation bedeuten. Stell dir das mal vor: Da hast du ein Mädchen vor dir, das lässt sich vor deinen Augen buchstäblich verhungern. Und alles, was du als Eltern versuchst, scheitert: gut zureden, Autorität zeigen, an die Vernunft appellieren – nichts hilft. Die isst einfach nichts – Schluss! Das kann einen ja rasend machen. Und genau das ist es! Sehr oft steckt hinter einer solchen provozierenden Haltung der Versuch, diese lähmende Familienstarre aufzulösen, endlich was in Bewegung zu bringen. Dahinter können Sätze stecken wie: „Mama, wehr dich endlich“, oder „Papa, hör auf zu saufen.“ Nur: Der Preis, den die Magersüchtigen dafür bezahlen, ist auch bei dieser – ich sag mal: „Variante“ – gleich hoch: Sie opfern sich auf.

Rolf Reinlaßöder: Gilt das auch für Bulimikerinnen?

Brigitte Lämmle: In vieler Hinsicht kann man Bulimie als verkappte Magersucht betrachten. Da werden zwar bis zu 30 000 Kalorien am Tag gefressen, aber dann mit Absicht wieder erbrochen. Du musst dir das einfach auch mal vorstellen: Das ist ein Kilo Spaghetti; das ist ein 1-Pfund-Glas Nutella, das sind 2 Liter Coca-Cola; – es ist ganz viel Flüssigkeit dabei – also ich merk, ich mag's gar nicht aufzählen. Aber es sind wirklich unvorstellbare Mengen, die da heimlich gefressen und danach wieder erbrochen werden. Auch in Familien, in denen Fress-Brech-Sucht auftaucht, spielt die Harmonie eine wichtige Rolle.

Ich habe mal mit einer Frau gearbeitet, da ist die Tochter, die schließlich bulimisch wurde, praktisch benutzt worden. Die Eltern waren extrem weit auseinander. Die Mutter hatte letztendlich schon Angst, mit dem Vater überhaupt nur in Kontakt zu treten. Von Harmonie zwischen Vater und Mutter konnte also überhaupt nicht die Rede sein. Und statt zum Vater hat sie dann zur Tochter gesagt: „Ach, komm du mal mit zum Teetrinken, ach, sei du mal lieb.“

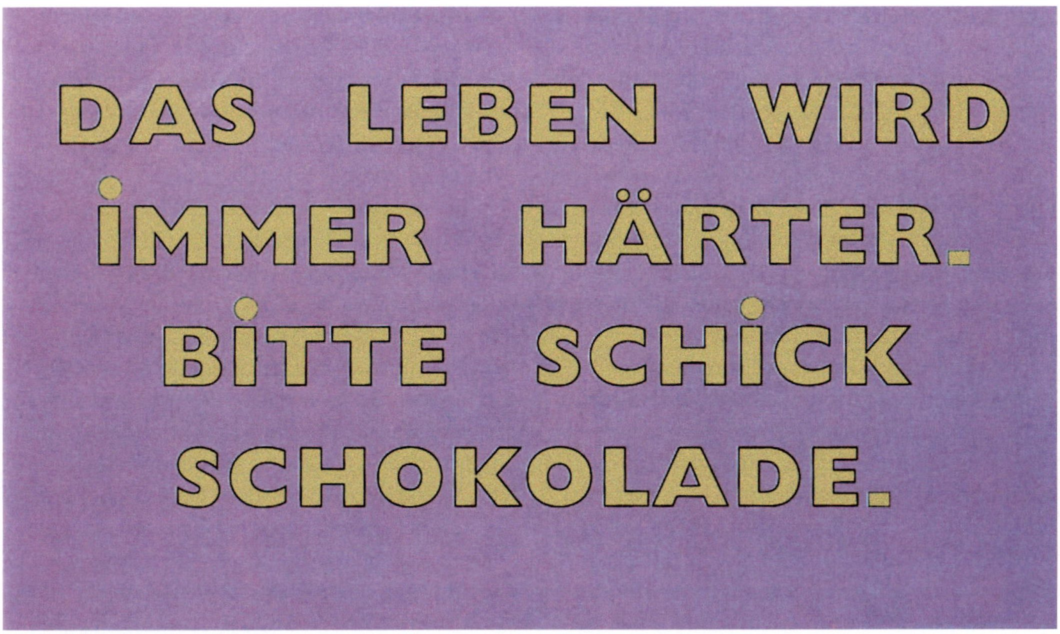

Chic Choc.
(© Bizarrverlag, München)

Übrigens, ich möchte nicht, dass an diesem Punkt der Begriff „Schuld“ entsteht. Was ich da beschrieben habe, ist eine Entwicklung im System. Wir stehen ja jetzt sozusagen auf der Meta-Ebene und schildern die Familie von außen. Wer in dem System drinsteckt, sieht das nicht so. Die Mutter hat nicht das Gefühl oder gar die Absicht, ihre Tochter zu benutzen. Im Gegenteil: Das ist sogar 'ne Entwicklung in der Familie, die eigentlich mal mit Liebe begonnen hat.

Rolf Reinlaßöder: Aber die Kinder in solchen Familien werden doch zumindest überfordert, oder?

Brigitte Lämmle: Ja. Die Entwicklung nimmt ja auch einen anderen Verlauf. Der Haken ist, dass in solchen Familien auf Krisensituationen nicht adäquat reagiert werden kann. Der Satz „Man muss lieb sein“ ist da ganz tief verankert. In der Familie, die ich gerade geschildert hab, war schon die Mutter mit dieser Botschaft groß geworden. Wenn jetzt ein Konflikt auftaucht, dann kracht es nicht in dieser Familie. Da haut niemand auf den Putz und sagt „Kipp dir deinen Tee in den Gummibaum und mach den Mist mit deinem Mann gefälligst selber aus. Ich geh jetzt 'ne Runde lachen“ oder so ähnlich. Stattdessen wird nach dem Prinzip „mehr desselben“ reagiert: ganz besonders lieb. Und mit jedem nicht gelebten Konflikt, mit jedem Streit, der nicht ausgetragen wird, steigt der Druck in dieser Dampfkesselfamilie. Das ist das Klima, in dem es dann stattdessen an einer anderen Stelle im System kracht: Ein Familienmitglied entwickelt ein Symptom. Zum Beispiel wird die Tochter bulimisch.

Rolf Reinlaßöder: Gut, aber wäre da die Magersucht nicht genauso naheliegend? Warum taucht da dieses Fressen und Erbrechen auf?

Brigitte Lämmle: Nimm noch mal die Freundinnenseite, von daher versteht man's am besten. Jede Essgestörte sucht sich sozusagen eine „Freundin“, die zu ihr passt: Magersüchtige fühlen sich eben auch gut, wenn sie das Gefühl haben „Ich hab alles unter Kontrolle“. Bulimikerinnen fühlen sich in dem Moment, in dem sie diese Massen von Essen in sich reinstopfen, gut. Das hat auch viel mit dem Satz zu tun: „Ich nehm's mir jetzt.“

Bei der Bulimie kommt aber noch etwas anderes hinzu: Ekelgefühle. Ich möchte das nicht dramatisieren, aber dieser Ekel und dieses Kotzen sind häufig auch noch Anzeichen für Grenzüberschreitungen. Ich will es mal so sagen: Aus der Praxis weiß ich ein Beispiel, da musste ein Kind den Kopf des Vaters massieren und hat sich stark davor geekelt …

Rolf Reinlaßöder: … du meinst Missbrauch?

Brigitte Lämmle: Du sagst das jetzt sehr direkt, ich möchte nicht sagen, „bei jedem Fall“. Es kann auch Ekel vor etwas anderem sein. Aber dass Ekel eine Rolle spielt, ist sehr häufig der Fall. Ganz sicher ist aber: Essstörungen haben ihre versteckten Vorteile …

Rolf Reinlaßöder: … die Freundin …

Brigitte Lämmle: … die Freundinnenseite, wie gesagt. Auf der anderen Seite muss noch mal gesagt werden, dass eine Magersucht tödlich verlaufen kann, wenn sie nicht behandelt wird. Da geht es dann um jedes Gramm. Wenn die 40 kg wiegen, haben sie unter Umständen nicht mehr lange zu leben. Vielleicht muss da wirklich erst mal in einem stationären Klinikaufenthalt mit der Familie gearbeitet werden, damit diese Botschaft: „Ich beschäftige die Eltern“, oder: „Ich muss die Eltern retten“, oder: „Ich opfere mich für euch auf“ aufgearbeitet wird.

Rolf Reinlaßöder: Wenn jetzt ein Mädel mit 15, 16 die erste Diät macht, weil sie sich ein bisschen pummelig fühlt, ist das schon ein Alarmsignal für Eltern?

Brigitte Lämmle: Nein,

Rolf Reinlaßöder: Die dritte? Vierte? Fünfte?

Brigitte Lämmle: Ich glaube, mit Diäten müssen wir heutzutage leben. Irgendwie sind die offensichtlich ein Teil der Mode.

Alarmsignale würd ich woanders erkennen. Und zwar immer nur zusammenhängend im ganzen Kontext: Wir haben bei der Fresssüchtigen gesagt: Unnahbarkeit. Wir können bei den Magersüchtigen sagen: Kontrollverhalten, Überaktivität, extrem starre Grenzen. Bei Bulimikern sind es oft extreme Schwankungen, Leistungsschwankungen, geringe Belastbarkeit. Die kommen dann vielleicht mit so einem „Ach, wieder Knatsch in der Schule“ oder „Ich will ins Internat“, und in der nächsten Schule ist es wieder das Gleiche.

Also das heißt, wenn solche Probleme sich ausweiten, das ist ein Indiz. Aber die Diät alleine macht's nicht. Mein Gott, wie viele Diäten hast du schon gemacht?
Rolf Reinlaßöder: Ich hab einmal eine gemacht, und das war's dann.
Brigitte Lämmle: Ich hab immer wieder Diätversuche und fall immer wieder um. Wir kennen es alle, dass wir mal mit Diäten angefangen haben. Ich würde das in den gesamten Kontext eingebettet beobachten.
Rolf Reinlaßöder: Es gibt therapeutische Möglichkeiten. Wie sind da die Chancen und wie lange dauert es, bis jemand mit Essstörungen wieder „normal“ ist – und glücklich?
Brigitte Lämmle: Je früher mit der Therapie begonnen wird, umso besser. Wenn zu mir 'ne junge Frau kommt, die 28, 29 ist, die hat in der Regel mit 12, 13 Jahren mit der Essstörung angefangen. Sie hat also 'ne lange, lange Suchtkarriere hinter sich. Und das heißt auch: Sie hat lange Zeit mit einer „Freundin“ gelebt. So eine Frau ist sehr, sehr misstrauisch, ob ich ihr etwas anbieten kann, was die Freundin ersetzt. Also je früher die Therapie, desto besser.
Rolf Reinlaßöder: Und die Chancen?
Brigitte Lämmle: Optimal.

(Aus: Brigitte Lämmle, Rolf Reinlaßöder, Nikolai Vialkowitsch: Lämmle live: Psycho-logisch! Zehn Grundfragen aus Therapie und Lebenshilfe. 4. Aufl. Carl-Auer-Systeme Verlag und Verlags-Buchhandlung: Heidelberg 1999, S. 139–147)

1 Welche Passagen des Gesprächs halten Sie für besonders wichtig? Begründen Sie Ihre Meinung.
2 Was ist unter der „Freundinnenseite“ bei Brigitte Lämmle zu verstehen?
3 Erläutern Sie, warum Essstörungen nach Ansicht von Brigitte Lämmle systemisch zu behandeln sind.

2.4.3.2 Worin besteht systemisches Denken? – Zum Ansatz der Theorie

Charakteristisch für ein operational geschlossenes System sind Selbstreferenz und Rekursivität, d. h. Rückbezüglichkeit. Menschliches Erkennen resultiert aus den eigenen Erkenntnisstrukturen und früheren Erkenntnissen, es ist „strukturdeterminiert“ und nicht etwa determiniert durch die äußere Realität. Diese Rückbezüglichkeit des Erkennens hat aber einen Teufelskreis („circulus vitiosus“) zur Folge. Metaphorisch gesprochen: Wir drehen uns im Kreis, die Katze beißt sich in den eigenen Schwanz. Diesen Zirkel hat M. Escher in dem Bild einer Hand, die eine Hand zeichnet, dargestellt. Diese Selbstreferenz äußert sich in autologischen Formulierungen (z. B. „wir beobachten unsere Beobachtung“, „wir sehen nicht, was wir nicht sehen“) und Paradoxien (wörtl. para doxa: gegen die Meinung), d. h. widersinnigen Aussagen (z. B. „ich weiß, dass ich nichts weiß“, wir erkennen, dass wir nichts erkennen können).
Häufig wird die paradoxe Behauptung des Kreters Epimenides zitiert: „Alle Kreter sind Lügner.“ Wenn das stimmt, ist auch Epimenides ein Lügner, dann aber stimmt seine Feststellung nicht.
Die Paradoxie ergibt sich daraus, „dass eine Aussage, die wir über etwas machen, nicht ein konstitutives Element dieses Etwas sein sollte […]. Um im Bild zu bleiben: Nur ein Nichtkreter kann eine (nicht paradoxe) Aussage über die Kreter machen.
Paradoxe Sätze lassen sich nur auflösen, wenn man aus der Selbstreferenz heraustritt und den Standpunkt eines „Beobachters II. Ordnung“ einnimmt. Aus dieser Metaposition lässt sich die zugrunde liegende Leitdifferenz (z. B. Lügner/Nicht-Lügner) infrage stellen. Doch auch diese Außenperspektive ändert nichts an der grundsätzlich paradoxen Struktur rekursiven Erkennens.

(Aus: Horst Siebert: Über die Nutzlosigkeit von Belehrungen und Bekehrungen. Beiträge zur konstruktivistischen Pädagogik, hrsg. vom Landesinstitut für Schule und Weiterbildung. Soest, 2. Auflage 1997, S. 67)

(Illustration: Ferdinand Lutz, Köln)

2.4.3.3 Was sind die Grundannahmen systemischer Therapie?

Die systemische Therapie beruht auf Erkenntnissen der modernen Systemwissenschaften wie Kybernetik, System- und Regelungstheorie, Informations- und Kommunikationstheorie sowie der Spieltheorie. Vor allem die Palo-Alto-Gruppe (Bateson 1972, 1981; Haley 1963, 1976; Watzlawick et al. 1974; Fisch et al. 1987) und die Mailänder Gruppe (Selvini Palazzoll et al. 1978, Boscolo et al. 1987) machten diese Erkenntnisse für die therapeutische Praxis nutzbar. So wurden herkömmliche Grundannahmen infrage gestellt, psychische Störungen neu verstanden und neue therapeutische Vorgehensweisen entwickelt.

Die im Folgenden dargestellten Grundannahmen der systemischen Therapie sind nicht vollständig. Wir greifen lediglich die uns am wichtigsten erscheinenden heraus:

1. Wir betrachten nicht isolierte und durch die Sprache verdinglichte Phänomene, sondern Wechselbeziehungen. Dadurch „verflüssigen“ sich individuelle Eigenschaften („Maria ist magersüchtig“ oder „Maria hat eine Magersucht“) zu Elementen eines dynamischen Geschehens: Sie zeigen sich als Verhaltensbeiträge zur Organisation eines Systems sowie als Ausdruck und Folge kontextgebundener Etikettierungen und Zuschreibungen. Aus solcher System- oder Beziehungssicht ließen sich dann die in den genannten Eigenschaftszuweisungen implizierten Tatbestände folgendermaßen beschreiben: „Wenn der Vater Maria ermahnt, mehr zu essen, wenn die Mutter sie dann in Schutz nimmt und die Schwester vorwurfsvoll schaut, verweigert Maria weitere Nahrungsaufnahme.“

2. Dem derart auf Wechselbeziehungen gerichteten Blick eröffnen sich neue Zusammenhänge: Wir konstruieren nicht mehr einseitig gerichtete Ursache-Wirkungs-Ketten (verkürzt: lineare Kausalität), sondern versuchen zu beschreiben, wie sich Verhaltensweisen gegenseitig bedingen (wir nennen das verkürzt Zirkularität oder Rekursivität). Ein solches zirkuläres Verständnis von Beziehungsprozessen ergab sich vor allem aus der Anwendung kybernetischen Denkens auf psychosoziale Systeme und verdankt sich insbesondere Gregory Bateson (1972, 1981). Bateson hatte aber auch in Deutschland Vorläufer. Viktor von Weizsäcker

(1987), der zuletzt in Heidelberg wirkende Internist und Psychosomatiker, beschrieb schon 1927 einen „Gestaltkreis“, das heißt einen „Kreisprozess, in dem die Kette der Ursachen und Folgen in sich zurückläuft in Bezug auf das Gestaltetsein des Vorganges“.
Wesentliches Charakteristikum lebender Systeme ist also ihre Selbstreferenz: Annahmen- und Verhaltensweisen wirken auf sich selbst zurück. Diese Sicht wirkt nicht nur einem für lebende Systeme unangemessenen linearen Ursache-Wirkungs-Denken entgegen, sie entzieht auch den damit verbundenen einseitigen Schuldzuweisungen den Boden.
3. Wechselwirkendes menschliches Verhalten gerinnt zu Mustern und zeigt sich Regeln unterworfen. Es ist nur aus dem Kontext heraus zu verstehen, in dem es auftritt. Sähe zum Beispiel ein des Fußballspiels unkundiger Mensch einen Film, in dem ausschließlich das Verhalten eines Schiedsrichters während eines Fußballspiels gezeigt wird, so käme er vermutlich zu dem Schluss: Hier übt sich ein Mensch in totaler Irrationalität (Simon 1985).
Erst die Einbeziehung des Kontextes und die Kenntnis der Regeln, denen die Beteiligten folgen, gibt dem Verhalten des Schiedsrichters Sinn. In ähnlicher Weise wird ein als anorektisch etikettiertes Verhalten erst dann verstehbar, wenn wir die Muster und Regeln betrachten, nach denen die jeweiligen Interaktionen ablaufen.
4. Die Erkenntnis von der Vernetztheit der Verhaltensabläufe führt den systemischen Therapeuten nicht zu dem Schluss, dass individuelle Entscheidungsfähigkeit und Eigenverantwortlichkeit aufgehoben sind. Im Gegenteil. Wir gehen davon aus, dass jeder Mensch seine Situation mit gestaltet und nicht (nur) Opfer einer Krankheit, innerer oder äußerer Umstände ist. Wir fragen daher nicht: „Warum bekam Maria ihre Magersucht?“, sondern: „Wann hat sich Ihrer Meinung nach Maria entschieden, in einen Hungerstreik zu treten?“
5. Unser Verhalten wird aber nicht nur vom Verhalten anderer beeinflusst, sondern auch von den Ideen und Bedeutungsgebungen, die die Handlungen der Mitglieder eines Systems leiten und koordinieren. Je begrenzter und verdinglichter diese sind, umso enger werden auch die Handlungsspielräume.
6. Auch die Ideen davon, was Realität darstellt, bestätigen, erhalten und verändern sich durch rekursive Prozesse. Sie wirken oft als sich selbst erfüllende Prophezeiungen und führen zu Problemlösungsversuchen, die Probleme aufrechterhalten, anstatt sie zu beseitigen. Je drastischer zum Beispiel ein Elternteil versucht, das trotzige Verhalten einer Magersüchtigen zu ändern, desto wahrscheinlicher wird sich diese dagegen wehren und sich noch trotziger zeigen.
7. Ein System ist das, was ein Beobachter als „geordnete Ganzheit“ definiert. Ein Problem ist das, was eine Person als Schwierigkeit oder als Quelle eines Unbehagens definiert. Diese (Problem-)Sicht kann man allein haben oder mit anderen teilen. Wir fragen uns also stets, welches System als behandlungsrelevante Ganzheit zu wählen ist und welche Personen als Problemdefinierer und -mitgestalter in die Therapie einzubeziehen sind. Also: Wer gehört „zum Problemsystem“, wer gestaltet es in Sprache und Handeln mit? (Anderson et al. 1986)
Oft erweist sich als nützlich, auch nicht zur Familie gehörende Personen – etwa betreuende Ärzte, Sozialarbeiter, Kollegen am Arbeitsplatz – dem Problemsystem zuzurechnen.
In den letzten Jahren haben Theoretiker mit unterschiedlichem Forschungshintergrund die systemische Therapie beeinflusst. Dazu rechnen Heinz von Foerster (1979, 1985), Humberto Maturana und Francisco Varela (1987). Deren für die Systemtherapie wohl wichtigste Erkenntnis ist, dass es keine vom Beobachter unabhängige Wirklichkeit gibt, dass bereits der Vorgang der Beobachtung das ändert, was beobachtet wird. Man spricht in diesem Zusammenhang von der „zweiten Kybernetik“ (Auerswald 1971; Keeney 1983). Der therapeutische Kontext und die Beziehungen zwischen Therapeuten und behandeltem System zeigen sich darin als Elemente, die in jedem Augenblick den therapeutischen Prozess mitgestalten (Simon und Weber 1987 b). In diesem Prozess geht es wesentlich darum, Wirklichkeiten zu eröffnen oder zu erzeugen, die Wahlmöglichkeiten erweitern und so der Entwicklung

(des Einzelnen wie der Familie) neue Wege weisen.

(Aus: Gunthard Weber, Helm Stierlin: In Liebe entzweit. Ein systemischer Ansatz zum Verständnis und zur Behandlung der Magersuchtsfamilie. Rowohlt Verlag: Reinbek bei Hamburg 1991, S. 75–78)

1 Welche Grundannahmen erscheinen Ihnen diskussionswürdig?
2 Sehen Sie auch Probleme bei systemischem Denken?

2.4.3.4 Systemisches Fragen – Überlegungen von Arist von Schlippe und Jochen Schweitzer

Im Rahmen systemischer Therapie ist das Fragenstellen von zentraler Bedeutung. Mit den Fragen des Therapeuten wird der Verlauf des Gesprächs und der Therapie entscheidend bestimmt. Arist von Schlippe lehrt als Professor für Führung und Dynamik von Familienunternehmen an der Universität Witten, er ist Lehrtherapeut am Institut für Familientherapie, Weinheim. Jochen Schweitzer ist Professor für Medizinische Psychologie am Zentrum für psychosoziale Medizin der Universität Heidelberg und Leiter des Helm-Stierlin-Instituts in Heidelberg.

Jacob Jordaens (1593–1678): Der Künstler mit der Familie seines Schwiegervaters Adam van Noort (um 1615/16). Öl auf Leinwand 116,3 x 148,2 cm. Gemäldegalerie Alte Meister, Kassel.
(Foto: Museumslandschaft Hessen Kassel/Ute Brunzel/Bridgeman)

1 Versuchen Sie eine „systemische" Bildinterpretation, indem Sie den abgebildeten Personen mögliche Fragen in den Mund legen. Achten Sie darauf, dass die Fragen auch der jeweiligen Körpersprache entsprechen.

Fragen zu stellen ist nicht nur eine Art der Informationsgewinnung, vielmehr wird immer gleichzeitig auch Information geschaffen, generiert. In jeder Frage versteckt sich nämlich auch eine implizite Aussage, die die gewohnte

Art, wie in der Familie die Dinge gesehen werden, potenziell verstören kann.
Wenn etwa eine Therapeutin fragt: „Ist das Symptom stärker, wenn Sie dabei sind oder Ihr Mann?", dann steckt darin implizit das Angebot, das Symptom als Beziehungsphänomen zu sehen und nicht als individuelles Problem des Kindes. Wenn die Frage dadurch beantwortet wird, dass ein Unterschied beschrieben wird („bei mir" oder „bei meinem Mann"), dann ist damit das implizite Angebot der Wirklichkeitsbeschreibung angenommen.
Ähnliches gilt für die Frage: „Wann hat Ihre Tochter sich entschieden, nicht mehr zu essen?" oder: „Gesetzt den Fall, Herbert hätte sich damals nicht entschieden, depressiv zu werden, wie hätte sich der Streit zwischen Ihrer Frau und Ihrer Mutter weiterentwickelt?" Jede Antwort außer einer vollständigen Verwerfung der Frage bestätigt die Implikation, dass die „Krankheit" etwas ist, das zumindest in Grenzen in der Kontrolle des „Kranken" ist. Die Frage, ob diese Art von Implikation dauerhaft von einer Familie akzeptiert wird, zeigte sich in einer empirischen Untersuchung als zentraler Punkt für die Stabilität therapeutischer Veränderungen (Retzer et al. 1989).
Therapie stellt sich auf dieser subtilen Ebene als ein gemeinsames Ringen um Wirklichkeitsdefinitionen dar [...].
Eine kleine Denkaufgabe hierzu (in Anlehnung an Hargens 1996): Überlegen Sie einmal, welche Implikationen sich in den folgenden Fragen verstecken, mit denen ein Erstgespräch eröffnet werden könnte:
Seit wann besteht die Krankheit?
Weshalb sind Sie hier?
Was ist Ihr Problem?
Was können wir heute für Sie tun?
Welche Lösung möchten Sie heute erreichen?
Was sollte heute hier geschehen, damit Sie nachher zufrieden nach Hause gehen?
Der genauere Blick auf die scheinbar harmlose Methode des Fragens zeigt, dass es sich um eine Form der Intervention handelt, die nicht unterschätzt werden sollte. Entsprechend dem kommunikationstheoretischen Axiom, dass man „nicht nicht kommunizieren" kann (Watzlawick et al. 1969), ist es unmöglich, Fragen zu stellen, ohne damit zugleich bei den befragten Personen eigene Ideen anzustoßen. Schmidt (1985) beschreibt entsprechend die systemische Therapie auch als eine Form der Hypnotherapie: Durch die Fragen werden implizite Botschaften übermittelt, derer man sich als Therapeut bewusst sein sollte. Da systemische Therapie und Beratung vielfach mit mehreren Personen gleichzeitig geschieht, potenziert sich natürlich auch die Wirkung der Fragen, denn es entsteht nicht nur neue Information für den, dem die Frage gestellt wurde, sondern auch für die Zuhörer des Gesprächs.

a) Zirkuläres Fragen: Zur Form systemischer Gesprächsführung

Eine besondere Rolle spielt in der systemischen Therapie das zirkuläre Fragen. Die grundlegende Überlegung dieser Methode ist, dass in einem sozialen System alles gezeigte Verhalten immer (auch) als kommunikatives Angebot verstanden werden kann: Verhaltensweisen, Symptome, aber auch die unterschiedlichen Formen von Gefühlsausdruck sind nicht nur als im Menschen ablaufende Ereignisse zu sehen, sondern sie haben immer auch eine Funktion in den wechselseitigen Beziehungsdefinitionen. Daher kann es interessanter sein, diese kommunikativen Bedeutungen sichtbar zu machen, als den betreffenden Menschen ausführlich nach seinen eigenen Empfindungen zu befragen.
Konsequenterweise steht daher auch bei Fragen bezüglich der Symptome im Zentrum, wie jedes Familienmitglied diese versteht, welche Erwartungen und Beobachtungen damit verbunden sind und wie darauf reagiert wird.
Man kann direkt fragen ...: „Wie fühlst du dich?" Wir tun das nicht ..., wir fragen jemand anderen: „Was denkst du, wie deine Schwester sich fühlt?" Ein Gefühl ist eine Botschaft an einen anderen. Und so fragen wir den, der die Botschaft empfängt, nicht den, der sie sendet. Und auch bei einer Beziehung ... fragen wir einen anderen: „Wie siehst du diese Beziehung?", weil auch eine Beziehung eine Botschaft an einen anderen ist (Cecchin, Diskussionsbeitrag 1987).

Ein Beispiel

Die Autoren ziehen im Weiteren ein Beispiel aus einer früheren Veröffentlichung heran. Dieses bezieht sich auf einen weinenden Mann mit Namen Helmut, der seitens eines Therapeuten gefragt wird, warum er weine, was in ihm los sei. In dieser Perspektive werde ein Gefühl als Ausdruck der Existenz wahrgenommen und für wichtig erachtet. Dieser „Ausdruck" enthalte aber auch mehr, könne als Botschaft von jemandem an jemanden verstanden werden.

Helmuts Partnerin Hannelore nehme sein Weinen wahr, während er wiederum wisse, dass Hannelore es wahrnehme. Diese kommunikative Seite aufzunehmen mache eine andere Art von Frage, eine Ausweitung der Fragetechnik erforderlich. Sie müsse darauf gerichtet sein, was Helmut denke, was sein Weinen für Hannelore bedeute.

Zudem gäbe es stets auch weitere Personen, die mit ihrer Perspektive auf die Beziehungen anderer einzubeziehen und in entsprechenden Fragen zu berücksichtigen wären: Was denke z.B. der Sohn Stefan, was seine Mutter Hannelore empfinde, seinen Vater Helmut weinen zu sehen.

Mit dieser Fragetechnik entsteht neue Information im System. Helmut erhält eine Information über die mögliche Bedeutung seines Weinens für Hannelore, Hannelore erhält Information über die möglichen Intentionen von Helmut und beide erhalten eine Rückmeldung über ihre Beziehung aus der Sicht von Stefan. Bei allen Beteiligten werden so neue Sichtweisen und Denkprozesse angeregt.

„Menschen denken ständig über andere nach und darüber, was andere über sie denken und was andere denken, dass sie über andere denken, usf. Man fragt sich, was nun in den anderen vorgehe, man wünscht oder fürchtet, dass andere Leute wissen könnten, was in einem selbst vorgeht" (Laing et al. 1971, S. 37).

Diese Art der Informationssammlung fragt nach Mustern, nicht nach Dingen. Ein Symptom, ein Problem, eine Krankheit sind keine Dinge, sondern Prozesse, gebildet durch Handlungen und Kommunikationen verschiedener Personen:

- Was tut Ihr Mann, wenn Ihr Sohn das tut, was Sie verhaltensgestört nennen?
- Wie reagiert der Sohn darauf?
- Wie genau verhält sich Ihr Sohn anders, wenn Ihr Mann ihn als „gesund" beschreibt?

Auf diese Weise wird Krankheit entdinglicht, „verflüssigt" (Simon U. Weber 1988a), und es wird möglich, die Verhaltensweisen, die sie bilden, in Beziehungskontexte zu stellen:

- Für wen ist denn das, was Ihre Tochter tut, ein Problem?
- Wer ist darüber am meisten beunruhigt, wer am zweitmeisten? (usw.)
- Wer merkt es in der Familie zuerst, wenn das auftritt, was Dr. Meier als Schizophrenie bezeichnet?

Auch eine Beziehung kann als Kommunikation an einen Dritten angesehen werden. Informationen hierzu werden durch Fragen danach erzeugt, wie ein Familienmitglied die Beziehung zwischen zwei anderen sieht. Man nennt dies auch „Tratschen über Anwesende":

- Was denken Sie, wie Ihre Frau die Beziehung zwischen Ihnen und Ihrem Vater einschätzt? Sieht Ihre Schwiegermutter das wohl so ähnlich oder ganz anders?
- Angenommen, Ihre Schwester würde laut aussprechen, was sie über Ihre Mutter denkt, was wäre das am ehesten, was sie sagen würde?

Auf diese Weise wird Information sowohl gesammelt als auch sichtbar gemacht, sind Frage und Intervention kaum noch zu trennen. Beziehungsmuster werden deutlich, ohne dass man sich in inhaltliche Auseinandersetzungen verwickelt. Mit jeder zirkulären Frage wird auch ein Angebot zum Einnehmen einer Außenperspektive auf das eigene soziale System gemacht. Das Klientensystem wird damit zum einen herausgefordert, die „Wirklichkeit" nicht in den gewohnten Interpunktionsmustern zu beschreiben. Zudem geben die Familienmitglieder einander in ihren Antworten indirekt Rückmeldung und klären auf diese Weise ihre Vermutungen übereinander ab (ihre „Erwartungs-Erwartungen" […]). Manche Menschen setzen sich […] extremen Qualen aus, weil sie anderen

(Foto: Georg Bubolz, Erkelenz)

Unsere Wahrnehmung ist nicht nur geprägt durch das, was wir sehen. Nicht minder bedeutsam ist, wer etwas sieht und wie er es sieht. Eine Fülle von Sichtweisen, Perspektiven und auf diese bezogenen wechselseitigen Denkprozessen tritt zutage. An einer fotografierten Szene lässt sich dies exemplarisch – keinesfalls erschöpfend – verdeutlichen.

Eine Frau hat am befestigten Ufer mit ihren Malutensilien Platz genommen und malt ein Boot. Die Frau sieht ein Boot, jedoch ersichtlich in künstlerischer Perspektive. Was sie in dieser Sicht „sieht", ist nicht allein das blau-weiße, ans Ufer gezogene Ruderboot in seinem materiellen Bestand. Sie nimmt es als Ausdruck für etwas anderes auf, für beschauliche Ruhe, für das Angekommen-Sein oder für den Aufbruch, für die Sehnsucht nach Veränderung ...

Was denkt die Frau, was dem Fotografen ihr Malen des Bootes bedeutet?

Was denken die Passanten, was es beim Fotografen auslöst, die Frau malen zu sehen?

beharrlich eine viel größere Fähigkeit unterstellen, zu wissen, was in ihnen vorgeht, als diese anderen tatsächlich haben. Hier kann das zirkuläre Fragen wohltuend helfen, Missverständnisse übereinander aufzuklären.
Es liegen mittlerweile eine ganze Reihe von verschiedenen Versuchen vor, zirkuläre Fragen zu klassifizieren und zu ordnen [...]. Einige von diesen unterscheiden nach der Form, andere nach den Zielsetzungen, dritte nach den Inhalten der Fragen. Wir haben uns in unserer Darstellung an zwei großen Inhaltsbereichen orientiert: Fragen zur Wirklichkeitskonstruktion in Systemen und Fragen zur Möglichkeitskonstruktion. Selbstverständlich werden dadurch Inhaltsbereiche benannt, die nur in einer didaktischen Abhandlung wie dieser trennbar sind, sich im Gespräch aber ständig mischen.

b) Frageformen, die Unterschiede verdeutlichen

Zuvor sei aber noch auf einige spezielle Formen zirkulären Fragens hingewiesen, die besonders hilfreich bei der Herstellung und Verdeutlichung von Unterschieden sind [...].

Klassifikationsfragen
Klassifikationsfragen arbeiten Unterschiede in den Sichtweisen und Beziehungen besonders intensiv und deutlich heraus, indem sie diese in eine Rangreihe bringen:

- Wen schätzt die Chefin aus dem Mitarbeiterkreis Ihrer Meinung nach am meisten, wen am zweitmeisten, wen am wenigsten?
- Angenommen, hier würde jemand kündigen: Wer wäre der Erste?
- Wer freut sich über den Einzug der Schwiegermutter in den Haushalt am meisten, wer am wenigsten?
- Wer ist heute mit dem meisten Optimismus hergekommen, wer ist am skeptischsten?
- Wird die Tochter als Erste Lust kriegen, den Familienhaushalt zu verlassen, oder werden die Eltern schon zuvor Lust kriegen, sie zum Auszug aufzufordern?

Prozentfragen
Prozentfragen („Zu wie viel Prozent halten Sie dies für ... und zu wie viel Prozent hingegen für ...?“) laden dazu ein, Ideen, Überzeugungen, Stimmungen, Krankheitskonzepte, Meinungen übereinander genauer zu differenzieren. Sie vermögen insbesondere Ambivalenzen, widersprüchliche Strebungen in einzelnen und in sozialen Systemen zunächst zu verdeutlichen und im weiteren Verlauf zu „verflüssigen“.

- Zu wie viel Prozent halten Sie Ihr Verhalten für den Ausdruck einer Stoffwechselerkrankung, zu wie viel Prozent für den Ausdruck Ihres Lebensstils? Wenn Sie es noch stärker als Stoffwechselerkrankung betrachten würden: Würde Ihr Leben dadurch leichter oder komplizierter, angenehmer oder trostloser?
- Wenn es im Herzen Ihrer Frau zwei Tendenzen gäbe: eine will sich von ihrem Mann trennen, eine will bei ihm bleiben – wie viel Prozent des Herzens Ihrer Frau möchten sich derzeit von Ihnen trennen? Wie viel Prozent möchten bei Ihnen bleiben?
- Wenn man Mutters ganze Energie in einem runden Energiekuchen darstellen könnte: Wie viel Prozent von diesem Kuchen werden derzeit dadurch verbraucht, dass sie sich mit den Schulschwierigkeiten der Kinder herumschlägt?
- Für wie felsenfest halten Sie auf einer Skala von 0 bis 100 % die Kündigungsabsicht der Kollegin Schmidt? Und wie hoch schätzen Sie auf dieser Skala die Kündigungsabsichten der anderen Kolleginnen ein?

Übereinstimmungsfragen
Übereinstimmungsfragen („Sehen Sie das genauso oder anders?“) nach der Zustimmung oder Ablehnung zu Antworten auf vorausgegangene Fragen geben zum einen Hinweise auf das „Wer mit wem?“, auf Koalitionen und Kartelle. Zum anderen ermöglichen sie nach einer längeren Phase des zirkulären Fragens denjenigen eine eigene Stellungnahme, über die zuvor gesprochen wurde.

- Sehen Sie das genauso wie Ihre Kollegin oder würden Sie ihr da eher widersprechen?

- Der Unternehmensvorstand hält die Krise Ihrer Firma für konjunkturbedingt, der Personalrat führt sie auf Managementfehler zurück. Welcher Sicht neigt Ihres Erachtens der Aufsichtsrat eher zu?
- Papa hält dich für Mamas Kind – du dich auch, oder hältst du dich eher für Papas Kind?

Subsystemvergleiche

Man kann einen Dritten einladen, die Intensität verschiedener dyadischer oder triadischer Beziehungen miteinander zu vergleichen. Noch direkter als die Übereinstimmungsfragen verdeutlichen die Antworten darauf, „wer mit wem besser kann".

- Wie sehen Sie das als Sohn und Bruder: Hat Ihr Vater zurzeit eine engere Beziehung zu seiner Frau oder zu seiner Tochter?
- Wie sehen Sie das als Kirchenälteste: Sympathisiert der Gemeindepfarrer stärker mit den traditionsbewussteren Kirchenmitgliedern oder stärker mit den moderneren?

Gerade in Klientensystemen, in denen jede Art von Unterschiedlichkeit angstbesetzt ist, können solche Frageformen ein wichtiger therapeutischer Schritt sein. Sie vermitteln, dass Unterschiede und Veränderungen akzeptierbar, zu erwarten, eigentlich selbstverständlich sind. Mit ihnen kann man relativ leicht und relativ bald vermeintliche Tabuthemen anschneiden – denn man unterstellt (deutet) nichts, man fragt ja nur. Man muss nicht darauf warten, dass solche Themen, oft nach qualvollem Zögern, von den Teilnehmern selbst angesprochen werden, sondern kann alle Hinweise, Hypothesen, Spekulationen, Vermutungen, Intuitionen sofort in solche Fragen übersetzen.

c) Wirklichkeits- und Möglichkeitskonstruktionen: Inhaltsbereiche systemischer Gesprächsführung

Damit ein System sich verändern kann, wenn es sich verändern will, braucht es über seine internen und externen Beziehungszustände zweierlei Informationen: über das, was ist, und über das, was sein könnte. Entsprechend unterscheiden wir Fragen zur Wirklichkeitskonstruktion und Fragen zur Möglichkeitskonstruktion.
Erstere sollen den aktuellen Kontext erhellen, die zweiten neue Möglichkeiten in den Blick rücken. Zwischen beiden gut hin und her wechseln zu können, macht viel von der Kunst systemischer Interviewführung aus (siehe die Kästen auf den folgenden Seiten).

d) Fragen zur Wirklichkeitskonstruktion

Fragen zur Wirklichkeitskonstruktion oder Gegenwartsfragen dienen dazu, aktuelle Beziehungsmuster deutlich zu machen. Sie befassen sich im Wesentlichen mit zwei großen Bereichen: dem Kontext des Arbeitsauftrags und dem Kontext des präsentierten Problems bzw. den vielen verschiedenen Perspektiven, die zusammengenommen dieses erst konstituieren.

(Aus: Arist von Schlippe/Jochen Schweitzer: Lehrbuch der systemischen Therapie und Beratung. 9. Aufl. Vandenhoeck & Ruprecht: Göttingen 2003, S. 137–145)

1 Skizzieren Sie, inwiefern dem angemessenen Fragen eine zentrale Bedeutung in systemischer Therapie zukommt.

2 Arbeiten Sie die Unterschiede zwischen systemischem Fragen und „normalem" Fragen heraus.

3 Erarbeiten Sie ein Planspiel anhand der Fallgeschichte von einer Jugendlichen mit Essstörungen (beteiligte Personen: die Jugendliche, die Eltern, die Therapeutin/der Therapeut). Konstruieren Sie Fragen, die systemisches Denken erkennen lassen. Werten Sie das Planspiel vor allem unter der Perspektive aus, inwiefern den Ansprüchen systemischen Fragens genügt wurde. Zur Erarbeitung der speziellen Fragen können Sie sich an dem folgenden allgemeinen Fragenkatalog orientieren. Dahinter befindet sich die Darstellung eines idealtypischen Ablaufs einer Therapiesitzung zur Orientierung.

Fragen zur Wirklichkeitskonstruktion
– Fragen, die aktuelle Beziehungsmuster deutlich machen –

1. Fragen zum Auftragskontext

1.1 Den Überweisungskontext erfragen:
Wer hatte die Idee zu diesem Kontakt?
Was möchte er/sie, was hier passieren soll?
Warum gerade dieser Klient, warum gerade zu mir, warum gerade jetzt?

1.2 Die Erwartungen erfragen:
Wer will hier was von wem (von mir, von uns)?
Wer ist optimistisch, wer skeptisch?
Was müsste ich (müssten wir) tun, um die Erwartungen zu erfüllen?
Was müsste ich (müssten wir) tun, damit es ein Misserfolg wird?

2. Fragen zum Problemkontext

2.1 „Das Problempaket aufpacken“:
Aus welchen Verhaltensweisen besteht das Problem?
Wem wird dieses Problemverhalten gezeigt, wem nicht?
Wo wird es gezeigt, wo nicht?
Wann wird es gezeigt, wann nicht?
Woran würden Sie erkennen, dass es gelöst ist?

2.2 Die Beschreibungen rund ums Problem erfragen:
Wer hat es zuerst als Problem bezeichnet?
Wer würde am ehesten bestreiten, dass es sich überhaupt um ein Problem handelt?
Was genau meint Dr. X, wenn er/sie sagt „verhaltensgestört“?

2.3 Den „Tanz um das Problem“ erfragen:
Wer reagiert am meisten auf das Problemverhalten, wer weniger? Wen stört es, wen nicht?
Wie reagieren welche anderen darauf?
Wie reagiert das „Problemkind“ auf die Reaktionen der anderen?
Wie reagieren die anderen auf die Reaktionen des „Problemkindes“? (bis ein Kreislauf deutlich wird)

2.4 Erklärungen für das Problem erfragen:
Wie erklären Sie sich, dass das Problem entstanden ist, wie, dass es dann und dann auftritt und dann und dann nicht? Welche Folgen haben diese Erklärungen?

2.5 Bedeutung des Problems für die Beziehungen erfragen:
Was hat sich in den Beziehungen verändert, als das Problem begann?
Was würde sich in den Beziehungen verändern, wenn das Problem wieder aufhören würde?

Fragen zur Möglichkeitskonstruktion
– Fragen, die bisher noch nicht verwirklichte Beziehungsmöglichkeiten durchspielen –

1. Lösungsorientierte Fragen („Verbesserungsfragen")

1.1 Fragen nach Ausnahmen vom Problem:
Wie oft (wie lange, wann) ist das Problem nicht aufgetreten?
Was haben Sie und andere in diesen Zeiten anders gemacht?
Wie haben Sie es geschafft, in diesen Zeiten das Problem nicht auftreten zu lassen?

1.2 Fragen nach Ressourcen:
Was möchten Sie in Ihrem Leben gern bewahren, wie es ist?
Was machen Sie gern, gut?
Was müssten Sie tun, um mehr davon zu machen?

1.3 Die Wunderfrage:
Wenn das Problem plötzlich weg wäre (weil eine Fee Sie geküsst hat, nach einer Operation, durch Gottes Wirken oder aus sonstigen Gründen):
Was würden Sie am Morgen danach als Erstes anders machen? Was danach?
Wer wäre am meisten überrascht davon?
Was würden Sie am meisten vermissen in Ihrem Leben, wenn das Problem plötzlich weg wäre?

2. Problemorientierte Fragen („Verschlimmerungsfragen")

Was müssten Sie tun, um Ihr Problem zu behalten oder zu verewigen oder zu verschlimmern? Was könnte ich/könnten wir tun, um Sie dabei zu unterstützen?
Wie könnten Sie sich so richtig unglücklich machen, wenn Sie dies wollten?
Wie könnten die anderen Sie dabei unterstützen? Wie könnten die anderen Sie dazu einladen, es sich schlecht gehen zu lassen?

3. Kombination lösungsorientierter und problemorientierter Fragen

3.1 Fragen nach dem Nutzen, das Problem (vorläufig) noch zu behalten:
Wofür wäre es gut, das Problem noch eine Weile zu behalten oder es gelegentlich noch einmal einzuladen?
Was würde schlechter, wenn das Problem weg wäre?

3.2 Zukunfts-Zeitpläne:
Wie lange werden Sie Ihrem Problem noch einen Platz in Ihrer Wohnung gewähren?
Wann werden Sie es vor die Tür setzen? Wie lange wäre es dafür noch zu früh?

3.3 Fragen nach einem „bewussten Rückfall":
Wenn Sie Ihr Problem schon längst verabschiedet hätten, es aber noch einmal „einladen" wollten: Wie könnten Sie das tun?

3.4 „Als-ob"-Fragen:
Wenn Sie gegenüber anderen nur so tun wollten, als ob Ihr Problem wieder zurückgekehrt wäre, ohne dass es da ist, wie müssten Sie sich verhalten?
Würden die anderen erkennen, ob Ihr Problem tatsächlich wieder da ist, oder ob Sie nur so tun, als ob?

(Aus: Arist von Schlippe/Jochen Schweitzer: Lehrbuch der systemischen Therapie und Beratung. 9. Aufl. Vandenhoeck & Ruprecht: Göttingen 2003, S. 146–147)

2.4.3.5 Orientierungshilfen und Handwerkszeug: Der idealtypische Ablauf einer Therapiesitzung

Therapiesitzungen werden vom Therapeuten und der Familie oder dem Einzelklienten gemeinsam gestaltet. Daher ist die Macht des Therapeuten, sie zu steuern, begrenzt. Er muss sich mit seinen Gesprächspartnern darüber einigen, worüber gesprochen wird. Diese Einigung fällt im Allgemeinen nicht schwer, da auch die Klienten ein Interesse daran haben, dass der Therapeut all die Informationen bekommt, die er für seine Arbeit als Experte benötigt. Daher eröffnet sich dem Therapeuten die Möglichkeit, die Sitzung zu lenken, wenn er bereit ist, direktiv vorzugehen (was nicht mit allen Psychotherapiekonzepten vereinbar ist). Um die hier propagierte aktive Rolle übernehmen zu können, muss der Therapeut nicht nur wissen, was er wissen will, sondern auch wissen, welche Ideen er streuen oder lieber nicht streuen möchte. Nur so kann er seine Aufmerksamkeit fokussieren und in eine zielorientierte Konversation mit seinen Klienten eintreten. Es reicht aber nicht aus, zu wissen, welche Themen aus familien- und systemdynamischer Sicht wichtig sind oder sein könnten, ganz entscheidend für den Verlauf der Sitzung ist auch die zeitliche Abfolge, in der bestimmte Fragen angesprochen werden. So macht es wenig Sinn, die Frage nach dem Therapieziel am Ende der Therapie zu stellen, und wer den Überweisungskontext nicht klärt, wird – wenn er Pech hat – irgendwann später davon eingeholt, dass er stillschweigend Aufträge Dritter übernommen hat, die er sehenden Auges nicht übernommen hätte.

Der folgende Leitfaden soll zur Strukturierung einer idealtypischen Sitzung dienen. Dabei ist hinzuzufügen, dass reale Sitzungen selten idealtypisch verlaufen. Aber das ist nicht weiter schlimm, solange der Therapeut die Orientierung nicht verliert, d. h. seinen Auftrag nicht vergisst.

Wo er den thematischen Schwerpunkt in der Sitzung legt und wie er seine Auswahl und Gewichtung unter den verschiedenen Fragenkomplexen vornimmt, muss jeder Therapeut letzten Endes allein von Augenblick zu Augenblick entscheiden.

Schema des Sitzungsablaufs (es empfiehlt sich, die zeitliche Reihenfolge in etwa einzuhalten):
1. Klärung des Überweisungskontextes […]
2. Zieldefinition konkretisieren […]
3. Was haben die Beteiligten bislang probiert, um dieses Ziel zu erreichen? […]
4. Wie erklären sich die Beteiligten, dass das Ziel bislang nicht allein erreicht wurde? […]
5. Welche Einflussmöglichkeiten haben die Beteiligten? […]
6. Welches sind die offenen oder auch heimlichen Erwartungen, Hoffnungen und Befürchtungen an den Therapeuten? […]
7. Hypothetische Zukunftsfragen […]
8. Zeitperspektiven […]
9. Fragen zur Neutralität […]
10. Vorbereitung des Schlusskommentars […]

Der Ablauf der Folgegespräche ist im Prinzip ähnlich. Der Überweisungskontext braucht nicht mehr geklärt zu werden, aber auch bei der 10. Sitzung kann man davon ausgehen, dass die Lust, an der Sitzung teilzunehmen, bei den einzelnen Familienmitgliedern unterschiedlich ist. Auch die Ziele für die Sitzung können sich von Sitzung zu Sitzung ändern. In den Folgegesprächen ist es wichtig, [...] mit dem/den Klienten zu reflektieren, wie nah oder fern das Ziel noch ist, was nützlich war und was nicht, welche Rolle der Therapeut bislang gespielt hat, welche er spielen sollte [...]. Auf diese Weise wird die Verantwortung für die Therapie mit den Klienten geteilt – was angesichts der Tatsache, dass sie gemeinsam von allen Beteiligten gestaltet wird, [...] angemessen ist. Die Verantwortung für konkrete [...] Veränderungen im alltäglichen Leben der Klienten sollte aber immer bei den Klienten bleiben.

(Aus: Fritz B. Simon/Christel Rech-Simon: Zirkuläres Fragen – Systemische Therapie in Fallbeispielen. 6. Aufl. Carl Auer Verlag: Heidelberg 2004, S. 265 ff.)

1 Erläutern Sie anhand der Thematik „Systemische Therapie" den Unterschied zwischen Therapie und Pädagogik.
2 Erörtern Sie, inwiefern in der Beschäftigung mit „Systemischer Therapie" auch für Pädagogen ein Gewinn liegen könnte.

(Foto: Georg Bubolz, Erkelenz)

V. Werte, Normen und Ziele in der Erziehung

(Foto: Boris Schmalenberger)

„Jede wohlverstandene Erziehung geht darauf aus, sich zu erübrigen."

André Gide

1. Historische und kulturelle Bedingtheit von Erziehungsprozessen

1.1 Hinführung: „Wir lebten in einer Einheitskultur ..." (Jostein Gaarder) – Rückblick auf einen Erziehungskontext in der Mitte des 20. Jahrhunderts

Jostein Gaarder, geboren 1952, studierte Philosophie, Theologie und Literaturwissenschaft in Oslo und unterrichtete danach zehn Jahre lang Philosophie an Schulen und in der Erwachsenenbildung. Daneben schrieb er Romane und Erzählungen für Kinder und Erwachsene. Sein philosophischer Bestseller „Sofies Welt" wurde mehrfach ausgezeichnet. Jostein Gaarder lebt heute als freier Schriftsteller in Oslo.

Jeden Samstag hörte ich den Kinderfunk im Radio. Alle norwegischen Kinder hörten samstags den Kinderfunk. Später entnahm ich einer offiziellen Statistik, dass zwischen 1950 und 1960 98 Prozent aller norwegischen Kinder samstags den Kinderfunk gehört hätten. Ich glaube, das ist noch eine zu vorsichtige Schätzung.

Wir lebten in einer Kultur, die von der einschlägigen Wissenschaft als „Einheitskultur" bezeichnet wird. Alle Kinder mit Selbstachtung hörten Stompa, Der Weg nach Agra, Karlsson vom Dach und Der kleine Lord. Alle lasen die Bobsey-Kinder, die Nancy Drezv-Bücher und die Fünf Freunde-Serie. Wir wurden mit Lauritz Johnson, Torbjorn Egner, Alf Proysen und Anne-Cath. Vestly aufgezogen. Darüber hinaus verfügten wir über den gemeinsamen kulturellen Hintergrund der ausführlichen Wetterberichte des Meteorologischen Instituts, der knochentrockenen Börsenkurse, der Samstagsunterhaltung aus dem Großen Studio des Norwegischen Rundfunks, der Sendungen Verkehr und Musik und Dickie Dick Dickens, der Schrecken Chikagos. Alle Norweger in meinem Alter verfügen darüber. Wir waren wie eine einzige große Familie.

Zur samstäglichen Kinderstunde bekamen wir einen Schokoriegel zu fünfzig Öre und eine Limonade von 1,75 Deziliter, dazu entweder eine Tüte Russisches Brot, eine Schachtel Rosinen oder eine Tüte Erdnüsse. Manchmal gab es auch Rosinen und Erdnüsse, die wir dann vermischten. Die Samstagsschleckereien waren fast ebenso standardisiert wie das Schulfrühstück. Zum Schulfrühstück lud die Gemeinde zu Vollmilch, Knäckebrot mit Ziegenkäse und Graubrot mit Leberwurst, Kaviar und Hagebuttenmarmelade. Beim Schulfrühstück machte ich gelegentlich Stichproben, um festzustellen, was andere Kinder zum samstäglichen Kinderfunk bekamen. Es stellte sich heraus, dass sie alle dasselbe bekamen wie ich. Für mich war es eine unheimliche Erfahrung, dass es eine unsichtbare Verschwörung der Eltern zu geben schien. Ich wusste noch nicht, wie tief eine Einheitskultur uns prägen kann.

Es kam auch vor, dass wir eine Krone bekamen, um zum Kiosk zu gehen und uns unsere Samstagsschleckerei selber auszusuchen, dann war das Ergebnis natürlich köstlicher als die übliche Mischung von Erdnüssen, Rosinen und Russischem Brot. Für eine Krone gab es zehn Schokotäfelchen zu zehn Öre, aber für zehn Öre gab es auch einen großen Gummibären, zwei Salzlakritze, ein Sweetmint, zwei Schokokugeln zu fünf Öre oder vier Himbeerbonbons. Wir konnten uns auch einen Schokoriegel zu fünfundzwanzig Öre kaufen, eine Safttüte zu fünfundzwanzig Öre und zum Beispiel zwei Schokotäfelchen, zwei Gummibären und ein Sweetmint. Ich schaffte es immer, viel für mein Geld zu bekommen. Außerdem stahl ich Mutter ab und zu ein wenig Kleingeld aus der Manteltasche, wenn sie im Badezimmer war oder Mittagsschlaf hielt. Ich hatte kein schlechtes Gewissen, wenn ich mir eine oder zwei Münzen nahm, zumal ich es nur tat, wenn ich ein paar Tage lang nicht telefoniert hatte. Vier Anrufe bedeuteten eine Krone, ich war schon damals ein Ordnungsmensch. Natürlich achtete ich darauf, dass keine Schlüssel oder Münzen klirrten, wenn ich die Hand in Mutters Manteltasche schob. Meter schaute mir oft dabei zu, verriet mich aber nicht. Wenn ich eine Krone oder fünfzig Öre zusätzlich hatte, konnte ich mir meine Samstagsschleckereien gleich viel leichter zusammenstellen.

Nicht alle besaßen einen modernen Radioapparat, Mutter und ich jedoch hatten einen. Wir hatten eine alte Radionette gegen einen nagelneuen Tandberg Huldra eingetauscht. Der Apparat stand in einem Teakholzregal im Wohnzimmer und war mit Bananensteckern an zwei Lautsprechern angeschlossen, was einen sehr viel besseren Klang ergab als bei den alten Radioschränken. Auf dem Regalbrett unter Radio und Plattenspieler standen Mutters Schallplatten, eine ansehnliche Menge von alten Achtundsiebzigern, aber auch eine hübsche Sammlung von modernen Langspielplatten und Singles. Wenn ich mir meine Süßigkeiten für die Kinderstunde gekauft hatte, setzte ich mich vor einen Lautsprecher auf den persischen Puff und legte alle Süßigkeiten nebeneinander auf das Radio. Wenn ich mehr hatte, als ich unbedingt brauchte, legte ich in aller Heimlichkeit noch eine kleine Reihe Schokokugeln und Gummibärchen neben die Schallplatten. Diese untere Reihe aß ich dann als erste.

Auch die Erwachsenen kauften sich zum Samstagskaffee etwas Gutes, und auch darüber hatte ich während des Schulfrühstücks Untersuchungen angestellt. Mein Eindruck stimmte wieder auf beinahe unheimliche Weise mit den Erfahrungen überein, die ich zu Hause hatte machen können. Die Erwachsenen verzehrten große Geleefrüchte zu fünfundzwanzig Öre, Cognacbohnen der Firma Bergene, Orangenschokoladescheiben und Blockschokolade Marke Negerprinz. Wenn sie am späten Vormittag Besuch bekamen, gab es Tee und frische Brötchen mit italienischem Salat, und wenn es besonders fein zugehen sollte, halbierten sie Weißbrot der Länge nach und belegten es mit Roastbeef, Krabbensalat, gekochtem Schinken und Leberpastete.

Mutter glaubte, ich hörte den Kinderfunk, weil ich ihn lustig fand. Sie begriff nicht, dass ich mich dabei in meine eigenen Gedanken vertiefte. Sie begriff nicht, dass ich auf dem Puff saß und mir Verbesserungsmöglichkeiten für die Kinderstunde überlegte. Wenn das Radio jeden Samstag eine ganze Stunde lang die Aufmerksamkeit aller norwegischen Kinder beanspruchte, dann durfte es doch für die Qualität der Sendung keine Obergrenze geben. Ich stellte ganze Sammlungen von guten Programmvorschlägen zusammen – alles zwischen Preisausschreiben, Witzen, Spukgeschichten, Sketchen, Tiergeschichten, wahren Erlebnissen, Märchen und Hörspielen, die ich selber verfasste. Ich stoppte bei jedem Beitrag die Zeit und hielt mich innerhalb des Rahmens von sechzig Minuten. Das war lehrreich. Es war beeindruckend, wie viel sich in sechzig Minuten unterbringen ließ, wenn man kritisch genug an die Sache heranging. Ich ging kritisch an die Sache heran, was sich von Lauritz Johnson leider nicht behaupten ließ. Sogar ein Mann wie Alf Proysen hätte sich fragen sollen, wie oft wir uns anhören mochten, dass er ein Zweieinhalb-Öre-Stück in sein Sparschwein gesteckt hatte. Walt Disney besaß Selbstkritik, er war göttlich, er hatte sein eigenes Universum erschaffen. Walt Disney und ich hatten überhaupt viel gemeinsam. Auch er hatte sich seinerzeit vom Kopenhagener Tivoli inspirieren lassen, um dann später sein eigenes Disneyland zu entwerfen. Ich dachte mir witzige Donald-Geschichten aus, die ich Walt Disney schicken wollte, aber dazu kam es nie.

Auch meine Vorschläge an den Norwegischen Rundfunk sandte ich nicht ab. Sie hätten sie natürlich angenommen, aber ich hatte gar nicht das Bedürfnis, mir eine Kinderstunde im Radio anzuhören, die ich mir schon in allen Einzelheiten vorgestellt hatte. Also behielt ich meine großartigen Ideen für mich. So zurückhaltend sind nicht alle. Wie die Entwicklung des Fernsehens beweist.

Als 1960 die ersten landesweiten Sendungen ausgestrahlt wurden, war ich bei Nachbarn zu Besuch und konnte die Eröffnungsrede des Ministerpräsidenten mit anhören. Ministerpräsident Einar Gerhardsen erklärte, dass viele Menschen verständlicherweise befürchteten, das Fernsehen könne das Familienleben und die Entwicklung der Kinder störend beeinflussen. Viele fürchteten, das Fernsehen könne die Kinder von den Hausaufgaben und vom aktiven Spiel in Licht, Luft und Sonne ablenken, wie er sagte. Mit dem Fernsehen verhalte es sich aber kaum anders als mit dem Radio, betonte der Ministerpräsident, wenn etwas neu sei, wolle natürlich jeder so viel wie möglich davon haben. Er glaube, das werde sich bald und von selbst wieder legen. Nach einiger Zeit würden wir gelernt haben, sorgfältig auszuwählen. Wir müssen lernen, das auszusuchen, was wirklich Wert hat, sagte Einar Gerhardsen, wir müssen lernen auszuschalten, wenn eine Sendung uns nicht wirklich interessiert. Erst dann wird das Fernsehen Nutzen und Freude zugleich bringen. Er hoffe, das Fernsehen werde zu einem wichtigen Faktor in Unterricht und Volksaufklärung, zu einem neuen Mittel der Wissensverbreitung im Land. Das Fernsehen sei ein Schlüssel zu neuen Werten, und vor allem an Sendungen für Kinder und Jugendliche müssten strenge Ansprüche gestellt werden.

Einar Gerhardsen war von einem unerschütterlichen Fortschrittsglauben geprägt. Außerdem war er ein guter Mensch, der zum Glück nicht mehr miterleben musste, wie sich das Medium Fernsehen entwickelte. Wenn er heute noch lebte, hätte er die Wahl zwischen Seifenoper und Reality-TV. Er könnte sehen, wie die Sender um Qualität wetteifern, wenn es um Sendungen für Kinder und Jugendliche geht. Und er wäre Zeuge, wie treffsicher wir uns für besonders wertvolle Programme entscheiden.

(Aus: Jostein Gaarder: Der Geschichtenverkäufer. Roman. Aus dem Norwegischen von Gabriele Haefs. Carl Hanser Verlag: München, Wien 2002, S. 50-55)

1 Erläutern Sie, wie Gaarder sein Hineinwachsen in eine „Einheitskultur" erlebt hat.
2 Vergleichen Sie seine Erfahrungen mit denen heutiger Kinder und Jugendlicher in Deutschland.

1.2 Stimmungsbilder aus pluraler Gesellschaft der Gegenwart

1.2.1 „Aussichten auf den Bürgerkrieg" (Hans Magnus Enzensberger) – Indizien und Selbstversuche nach dem Ende der „Einheitskultur"

Hans Magnus Enzensberger, geboren 1929 in Kaufbeuren, studierte Literaturwissenschaft, Philosophie und Sprachen an den Universitäten Erlangen, Freiburg im Breisgau, Hamburg und an der Sorbonne in Paris. Er wurde 1955 im Fach Literaturwissenschaften promoviert. Enzensberger war tätig als Redakteur beim Rundfunk, als Verlagslektor und lehrte als Dozent an verschiedenen Hochschulen im In- und Ausland. Als Lyriker, Essayist, Hörspielautor, Übersetzer und Herausgeber zählt er zu den größten lebenden Lyrikern der deutschen Sprache. Enzensberger lebt und arbeitet in München.

Der Anfang ist unblutig, die Indizien sind harmlos. Der molekulare Bürgerkrieg beginnt unmerklich, ohne allgemeine Mobilmachung. Allmählich mehrt sich der Müll am Straßenrand. Im Park häufen sich Spritzen und zerbrochene Bierflaschen. An den Wänden tauchen überall monotone Graffiti auf, deren einzige Botschaft der Autismus ist: sie beschwören ein Ich, das nicht mehr vorhanden ist. Im Schulzimmer werden die Möbel zertrümmert, in den Vorgärten stinkt es nach Scheiße und Urin. Es handelt sich um winzige, stumme Kriegserklärungen, die der erfahrene Städtebewohner zu deuten weiß.

Bald macht sich die Sehnsucht nach dem Ghetto mit deutlicheren Signalen Luft. Reifen werden zerstochen, Nottelefone mit der Drahtschere unbrauchbar gemacht, Autos angezündet. In spontanen Handlungen drückt sich die Wut auf das Unbeschädigte aus, der Hass auf alles, was funktioniert, der mit dem Selbsthass ein unauflösliches Amalgam bildet. Die Jugendlichen sind die Vorhut des Bürgerkriegs. Das liegt nicht nur an dem normalen physischen und emotionalen Energiestau der Adoleszenz, sondern auch an der unverständlichen Erbschaft, die sie vorfinden, an den unlösbaren Problemen eines trostlosen Reichtums. Doch ist alles, was sie exekutieren, latent auch bei ihren Eltern vorhanden: eine Zerstörungswut, die nur notdürftig in gesellschaftlich geduldeten Formen kanalisiert wird, als Autowahn, Arbeits-

und Fresssucht, Alkoholismus, Habgier, Prozesswut, Rassismus und Familiengewalt.
Von wem in diesem Gemenge der Aggressionen die Gefahr ausgeht, ist schwer zu sagen. Die Wahrnehmung kippt wie bei einer optischen Täuschung von einem Augenblick zum andern um. Einer, der kein Auto fährt, erzählt: „Wenn ich spätabends in die S-Bahn steige, passiert Folgendes. Der Wagen ist schwach besetzt und schlecht beleuchtet. Ein alter Mann schläft in seiner Ecke, ein paar Angetrunkene unterhalten sich am anderen Ende des Abteils. Die Leute neben mir sind vielleicht zwei Angestellte, die Überstunden gemacht haben. Der Zug hält, und es steigen vier Kerle um die zwanzig ein. Die üblichen Lederjacken, die üblichen Stiefel. Sie sind ziemlich laut und reden in einer Sprache, die ich nicht verstehe, vielleicht Arabisch. Ihre Haltung ist herausfordernd, sie bewegen sich durch den Wagen, als seien sie auf der Suche nach Opfern. Sie kommen näher, und sofort fühle ich mich bedroht. Sie fixieren mich. Es kommt mir vor, als liege ein Überfall in der Luft. Dann gehen sie weiter, und mein Blick fällt auf die Gesichter der anderen Passagiere. Sie sind verbittert, wuterfüllt, von einer eigentümlich verzerrten Hässlichkeit. Die Sätze, die sie hervorstoßen, kenne ich nur zu gut. Sogar der alte Mann ist aufgewacht und murmelt etwas von Aufhängen und Abknallen. Nun sind es nicht mehr die Fremden, vor denen ich Angst habe, sondern meine Landsleute."
„Der Schulausflug meiner Tochter", sagt ein anderer, „scheitert daran, dass es in ihrer Klasse drei Türkinnen gibt; die Eltern verbieten die Teilnahme, weil ihnen das Risiko zu groß ist."
Das ist ein Indiz dafür, dass es öffentliche Räume gibt, die off limits sind; man kann sie nicht mehr ungefährdet betreten. Neu ist das nicht. Schon vor Jahren wurde Berlin-Kreuzberg von zweihundert Personen beherrscht, die sich Autonome nannten. Das Wort autonom bedeutet in diesem Zusammenhang: eine menschliche Gesellschaft existiert für uns nicht. Ihr Ziel, den Rest der Bevölkerung mundtot zu machen, haben sie damals weitgehend erreicht. Es entstand ein rechtsfreier Raum, in dem Zensur, Angst und Erpressung herrschten. Die Institutionen zogen sich zurück; die zivilen Restbestände wurden nach und nach verdrängt. Ähnliche Räume gibt es auch in Osteuropa und in der ehemaligen DDR. Es ist nicht ohne Ironie, dass die einstige Zone auf diese Weise wieder zur Zone wird. In manchen Stadtteilen gilt das Faustrecht. Die Polizei, die sich unterlegen fühlt, wagt sich nicht mehr hinein und wird damit zum stillen Komplizen. Man kann hier in dem Sinne von befreiten Gebieten sprechen, als es den Tätern gelungen ist, sich von der Zivilisation und ihren Lasten zu befreien.
Unter solchen Bedingungen kommt es zu einer doppelten Migration: zur Zuwanderung von Schlägerbanden im rechtsradikalen Kostüm und zur Flucht der Gefährdeten, zu denen anfangs Ausländer und Andersdenkende zählen, letzten Endes aber alle, die sich dem Terror nicht unterwerfen wollen. Die Perspektive ist der Zerfall des Territoriums. Ein wesentlicher Faktor bei solchen Prozessen ist, wie in den USA, die Desindustrialisierung. Der Durchschnitt der Lebensverhältnisse löst sich auf. Es entstehen geschützte Gebiete mit eigenen Sicherheitsdiensten auf der einen, Slums und Ghettos auf der anderen Seite. In den preisgegebenen Stadtteilen haben Ämter, Polizeistreifen und Gerichte nichts mehr zu sagen. Sie werden unkontrollierbar.
Ein Sonderfall sind die Grenzregionen mit ihren eigenen Spielregeln und Turbulenzen. Schmuggel, Schleppergeschäft und Kriminalität haben dort die Standards des Umgangs bereits gründlich verändert. Dazu tragen auch die illegalen Zuwanderer bei, die meist ganz anders sozialisiert sind und für die üblichen Verkehrsformen kaum Verständnis aufbringen. Aber auch von den Einheimischen fallen die Normen der Zivilisation rasch ab. Elementargesetze der Gewalt treten an ihre Stelle.

(Aus: Hans Magnus Enzensberger: Aussichten auf den Bürgerkrieg. Suhrkamp Verlag: Frankfurt/Main 1993, S. 51–56)

1 Charakterisieren Sie das „Stimmungsbild" von Enzensberger.
2 Vergleichen Sie seine Schilderungen mit denen von Gaarder.
3 Erörtern Sie mögliche Probleme.

4 Entwickeln Sie mögliche pädagogische Leitlinien für den Umgang von Kindern und Jugendlichen aus den unterschiedlichsten Kulturen.

Moschee in Duisburg: Innenansicht

Projektvorschlag
zum Thema „Interkulturelle Erziehung"

Sie können …

- eine Moschee besuchen und sich über Grundsätze und Praxis religiöser Erziehung informieren lassen. (Hinweis: Die neue Merkez Moschee/Begegnungsstätte an der Warbruckstraße in Duisburg-Marxloh veranstaltet an jedem Montag um 15.00 Uhr eine kostenlose Führung, Anmeldung nicht unbedingt erforderlich, aber Kontakt und Reservierung sinnvoll unter 0203 5789840.)
- Religionsbücher auf den Aspekt interkultureller und interreligiöser Themen hin analysieren.
- im eigenen Umfeld in einem Kindergarten oder einer Grundschule die Erziehenden befragen, welche Erfahrungen sie mit einzelnen Kindern aus anderen Ländern gemacht haben und wie sie diese pädagogisch beurteilen.
- …

Moschee in Duisburg: Außenansicht
(Fotos: Georg Bubolz, Erkelenz)

Junge Musliminnen besuchen die Koranschule.
(Foto: Künzig/Laif)

1.2.2 „Interkulturelle Erziehung in der Schule" (Marga Bayerwaltes) – Herausfordernde Praxisreflexionen einer Pädagogin

1.2.2.1 Im Lehrerzimmer mitgehört ... – Von einer nicht ganz gewöhnlichen Konferenz

Marga Bayerwaltes, geboren 1948, hat Erziehungswissenschaft, Romanistik, Germanistik und Philosophie studiert. Sie arbeitete ein Vierteljahrhundert als Lehrerin an einer weiterführenden Schule, in der ein kollegiales Verhältnis der Lehrerinnen und Lehrer untereinander herrscht: Man nennt sich beim Vornamen. Und Theo ist der Chef.

Einmal, vor langer Zeit, gab es bei uns einen kurzen Moment der Hoffnung. Theo eröffnete eine Konferenz mit den Worten: „Einen Punkt, meine Damen und Herren, möchte ich aus aktuellem Anlass der heutigen Tagesordnung noch hinzufügen. Er betrifft unsere ausländischen Schüler, genauer gesagt, die Muslime. Wir sollten uns hier einmal gemeinsam über bestimmte Dinge verständigen, damit wir in Zukunft den Eltern dieser Schüler entschiedener gegenübertreten können."
Tosender Beifall.
Theo guckt erstaunt von seinen Papieren hoch. Einen solchen Beifall, eine solche Zustimmung hat er von seinem Kollegium noch nie bekommen.
Und alle warten nun gespannt auf diesen besonderen Tagesordnungspunkt. Aber sie werden enttäuscht. Der Theo spricht leider nur ein kleines, uninteressantes Randproblem an. Alle hatten gedacht: *Endlich! Jetzt kommt's. Jetzt dürfen wir sprechen. Jetzt dürfen wir endlich alles*

sagen. Der Chef hat es erlaubt. Und er geht uns voran.
Aber Theo sagte nur: „Ich möchte Sie noch einmal daran erinnern, meine Damen und Herren, dass Klassenfahrten und Studienfahrten und selbstverständlich die Aufenthalte im Schullandheim keine Vergnügungsreisen sind, sondern von der Schulkonferenz ausdrücklich für verbindlich erklärte außerunterrichtliche schulische Veranstaltungen, für die selbstverständlich Teilnahmepflicht besteht. Es geht nicht an, dass muslimische Eltern, wie es immer wieder geschieht, aus einer grundsätzlichen Ablehnung heraus ihre Töchter, in seltenen Fällen auch ihre Söhne, von diesen Fahrten ohne Begründung einfach fern halten ..."
Enttäuschte Stille.
Der Kollege neben mir lässt frustriert den angehaltenen Atem ab. „Klassenfahrten! Als ob das einen interessierte! Uns doch scheißegal, ob die zu Hause bleiben. Je weniger mitfahren, desto besser. Das fehlte noch, dass wir ausgerechnet die Mohammeds zur Teilnahme zwingen, um uns anschließend Vorwürfe wegen verletzter Aufsichtspflicht anzuhören ..."
Vorn muss sich einer zu Wort gemeldet haben, denn wir hören, wie Theo jetzt laut und ziemlich gereizt sagt: „... geht es *nicht um Einzelzimmer,* sondern um einen *einzelnen,* separaten *Raum,* in dem die Mädchen sich hin und wieder von ihren Kopftüchern befreien können und in dem die Schüler ihre vorgeschriebenen täglichen Gebete ungestört verrichten können. Wenn diese Bedingung erfüllt ist ..."
Der Kollege neben mir stöhnt auf.
„Müssen wir in diesem *Separee* denn nicht auf die strikte Einhaltung der Geschlechtertrennung achten?", ruft einer.
„Wie das denn?", ruft ein anderer. „In das Zimmer darfst du doch gar nicht rein, Olaf!"
„Noch nie was von *Fernaufsicht* gehört?", ruft wieder ein anderer.
Allgemeine Erheiterung. Stühlerücken. Durcheinander. Ein paar Frauen nutzen die Gelegenheit und gehen zur Toilette, andere holen sich einen Kaffee. Theo läutet mit seiner Tischglocke.
Langsam wird es wieder ruhig, aber mit der Aufmerksamkeit ist es nun vorbei. Die Kollegen kehren zu ihrer Zeitungslektüre zurück, die Kolleginnen zu ihren Korrekturen.
Von der Entscheidung und Urteilsbegründung des Oberverwaltungsgerichts zur *Befreiung vom Sportunterricht aus religiösen Gründen* berichtet der Theo vor tauben Ohren. Landauf, landab ist es immer dasselbe. Vor den Verwaltungsgerichten bekommen die klagenden Eltern, deren Kinder sich wegen ihrer Religion nicht den Normen des staatlichen Schulwesens unterwerfen wollen, bisher immer Recht. Die individuelle Bekenntnisfreiheit wird zurzeit offensichtlich höher eingestuft als der ebenfalls im Grundgesetz verankerte Erziehungs- und Bildungsauftrag des Staates und das staatliche Gebot der Gleichbehandlung aller Schüler. Einige Grundsätze gilt es jedoch zu beachten, sagt Theo. Es müsse ein schriftlicher Antrag der Erziehungsberechtigten vorliegen. Es müsse geklärt werden, ob dieser Antrag auch dem Willen des Kindes entspricht. (Irgendwo lacht einer höhnisch auf.) Die Eltern und die Schüler müssen nachweisen, dass sie auch sonst nach den Geboten ihrer Religion leben. Der Schule stehe es hingegen nicht zu, den Sinn eines religiösen Gebots zu werten, und auch nicht, auf die eventuellen negativen Folgen für die Kinder hinzuweisen ...
Der Kollege neben mir fasst sich an den Kopf. „Nicht auszuhalten", murmelt er. „Solch einen Schwachsinn gibt es nirgendwo, nur hier bei uns, im schönen Land Absurdistan ..."

(Aus: Marga Bayerwaltes: Große Pause! Nachdenken über Schule. Verlag Antje Kunstmann: München 2002, S. 266 ff.)

1 Erläutern Sie, welche Einstellungen und Vorurteile in dem Text angesprochen werden, und erörtern Sie diese.
2 Analysieren Sie den Text unter pädagogischer Perspektive.

Im Unterricht der 10. Klasse will uns Soheila, ein muslimisches Mädchen aus Afghanistan, etwas über ihre Weltanschauung erzählen. Was uns alle am meisten interessiert, ist natürlich das Verhältnis von Mann und Frau und das Kopftuch. Trägt sie es wirklich freiwillig? Was würden ihre Eltern, vor allem ihr Vater sagen, wenn sie es nicht trüge? Und was sagt der Prophet dazu?

Meistens musste ich die Fragen stellen. Soheilas Klassenkameradinnen fragten nur sehr vorsichtig, und wenn sie die Antworten nicht verstanden, dann ließen sie es dabei bewenden und schauten auf ihre Fingernägel. Die deutschen Jungen sagten gar nichts. Aber dauernd sprachen ein paar Schüler aus dem Iran dazwischen, die zwar, wie sie sagten, aus aufgeklärten Elternhäusern stammten, sich aber dennoch mit den einschlägigen Texten und Vorschriften auszukennen schienen. Sie widersprachen allem, was Soheila sagte, und lachten sie aus. Ein paar Mal hatte ich sie schon ermahnt. Daraufhin riefen sie ihre Kommentare auf Persisch in die Klasse. An ihrem Tonfall und ihrem Grinsen war abzulesen, dass sie das Mädchen mit ihren Bemerkungen ärgern wollten. Aber Soheila wehrte sich. Immer wieder unterbrach sie ihren Vortrag und schoss auf Persisch ein paar, wie mir schien, saftige Repliken zurück. Aber mir reicht es. Ich drohe den Jungen mit Rauswurf, falls sie sich nicht auf der Stelle ordentlich zu Wort melden und Deutsch sprechen. Aber sie hören nicht. Wieder ruft einer Soheila etwas zu, das ich nicht verstehe. Da springt das Mädchen plötzlich auf, stürzt sich auf den Wortführer, schreit und schlägt wie von Sinnen auf ihn ein, kratzt ihn mit den Nägeln, beißt ...

Der Junge musste seine Verletzungen im benachbarten Krankenhaus ärztlich versorgen lassen. Danach fehlte er ein paar Tage. Auch Soheila fehlte ein paar Tage.

Nie haben wir erfahren, welcher Art die Beleidigung war, die bei Soheila das Fass zum Überlaufen brachte. Als sie wieder in die Schule kam, durfte man sie nichts fragen. Sonst weinte sie. Auch ihren Freundinnen gegenüber schwieg sie. Ebenso übrigens wie Nima, der Junge, den sie so übel zugerichtet hatte.

Als ich nach dieser schlimmen Stunde einer Kollegin, einer nüchternen Mathematikerin, von dem Vorfall erzähle, sagt diese: „Schade, dass die das Schwein nicht abgemurkst hat."

So nämlich sehen die Gefühle aus. So sprechen Lehrerinnen, denen das Wasser bis zum Hals steht, weil es ihnen jeden Tag so geht wie Soheila. Jeden Tag müssen sie sich bei den Pausenaufsichten von Schülern in fremden Sprachen Frechheiten und Beleidigungen an den Kopf werfen lassen, gegen die sie sich nicht wehren können. Fordern sie eine Gruppe älterer Schüler auf, den Klassenraum zu verlassen und sich auf den Hof zu begeben, oder nehmen sie jüngeren Schülern einen Hartgummiball weg, können sie sicher sein, dass ihnen unflätige Ausdrücke hinterherfliegen. Aber sie können nichts machen. Sie verstehen ja nichts. Die Schüler grinsen. Man möchte ihnen gern rechts und links eine kleben. Stattdessen aber tut man besser so, als hätte man nichts gehört. Aber die Gesichter dieser Jungen, die vergisst man nicht. Und sollte man sie eines Tages im Unterricht vor sich sitzen haben, dann gnade ihnen Gott. So schließt sich ein Teufelskreis.

Ein einziger Satz könnte, wie ich meine, dieses ganze Unheil verhindern. Oder zumindest deutlich mildern. Er stünde in der Haus- oder Schulordnung. Er hieße: *Unterrichts- und Umgangssprache an unserer Schule ist das Deutsche*. Vielleicht könnte man diesen Satz noch mit ein, zwei weiteren Sätzen freundlich erläutern. Was spräche dagegen?

Aber diesen hilfreichen, die Vielfalt der Sprachen und Ethnien geradezu voraussetzenden, Frieden stiftenden, auf Verständigung und Zusammengehörigkeit zielenden Satz traut sich in den Schulen niemand auch nur zu denken. Stattdessen hängen die polnischen Schüler im Foyer ihre Bekanntmachungen auf Polnisch aus, die Araber die ihrigen auf Arabisch, die Russen auf Russisch, die Türken auf Türkisch. [...]

Das sieht für einen, der von draußen reinkommt, schön bunt und weltoffen aus. Aber der Eindruck täuscht. Die Gruppen sind geschlossen, die Grenzen klar, die Abkapselung und die romantische Überhöhung der eigenen Herkunft vollziehen sich immer bewusster und selbstbewusster. Den Endpunkt dieser Entwicklung, die alle spüren, von der aber niemand zu sprechen wagt, hat Enzensberger 1993 in einem prophetisch anmutenden Essay (*Aussichten auf den Bürgerkrieg*) beschrieben.
Von diesem Ende sind wir noch weit entfernt. Unterwegs aber sind wir. Wenn Vielfalt vor Einheit geht, wenn die Ausnahmen mehr gelten als die Regel und die Unterschiede wichtiger sind als die Gemeinsamkeiten, dann nehmen die Zentrifugalkräfte zu, und die Integrationskraft nimmt ab.

Auf die Schule bezogen heißt das: Die Schule kann ihre wichtige assimilatorische (ähnlich machende, angleichende, Unterschiede ausgleichende) Aufgabe als *Schmelztiegel der Nation* nicht mehr erfüllen. Stattdessen wird sie zum Tummelplatz konkurrierender Gangs und der Schulhof zum Übungsplatz für die Macht- und Verteilungskämpfe der Zukunft.
Schon jetzt stellen Schüler in den Philosophiekursen immer häufiger die Frage: *Warum machen wir hier eigentlich nur europäische Philosophie?* Und meine Antwort: *Weil wir hier in Europa sind,* wird schon lange nicht mehr als politisch korrekt empfunden.

(Aus: Marga Bayerwaltes: Große Pause! Nachdenken über Schule. Verlag Antje Kunstmann: München 2002, S. 268–271)

Erörtern Sie die angesprochenen Fragen unter pädagogischer Perspektive.

(© Wilfried Gebhard)

1.2.3 „Sich gegenseitig respektieren und sich an Unterschieden freuen“ (Hartmut von Hentig) – Kulturelle Bereicherungen durch gesellschaftliche Pluralität

Gerade als der 10-jährige Tobias nach einem Besuch bereits auf dem Bahnsteig steht, um wieder abzureisen, stellt er seinem Onkel die Frage: „Warum muss ich eigentlich zur Schule gehen?“ Sein Onkel, das ist der Professor für Erziehungswissenschaft Hartmut von Hentig (geboren 1925 in Posen), der sogleich beschließt, seinem Neffen in verständlicher Sprache Briefe zu schreiben, die seine Frage beantworten. Darin ist immer wieder von einer besonderen Schule die Rede. Auch im folgenden Brief wird auf sie rekurriert. Es handelt sich um die polis-Schule, die sich am griechischen Ideal der „Polis“, der demokratisch verfassten überschaubaren Gemeinde, ausrichtet.

Lieber Tobias,
auch dies hat sich die Schule vorgenommen, von der ich dir erzählt habe:
„Wir respektieren die Ordnungen, die andere sich gegeben haben, und erwarten, dass sie die unseren respektieren; wir schließen darüber einen Vertrag mit ihnen.“ Wenn Regeln so zustande kommen wie an dieser Schule, dann wird es so viele unterschiedliche Regelwerke geben, wie es selbstständige Gruppen oder Schulklassen gibt. Das kann zu Ärger, ja, zu Streit führen. Eine Gruppe hat beschlossen, den Unterricht morgens mit einem Lied zu beginnen, das sie dann auch in der Zeit einübt. Eine andere Gruppe will in der gleichen Zeit ihre Versammlung abhalten, eine dritte vielleicht sogar eine Andacht. Das stört sich gegenseitig. Man verhandelt also miteinander, einigt sich über Zeiten, in denen Stille herrschen soll, oder übernimmt die Gewohnheit der anderen Gruppe, weil sie einem einleuchtet.
Die verschiedenen Gruppen nutzen bestimmte Räume gemeinsam: den Projektraum (wo sie zum Beispiel die Kulissen für eine Theateraufführung malen oder das Modell eines neuen Schulspielplatzes aufgebaut haben), den Essraum (Cafeteria), die Sporthalle und nicht zuletzt die Klos und die Flure. Keiner will sein Frühstück an einem verschmierten Tisch einnehmen; keiner findet die herumliegenden Pappbecher und Hüllen von Mars oder Bounty schön; keiner möchte die Pflanzen vermissen, die die Schule hier und da aufgestellt hat. Aber keiner fühlt sich dafür verantwortlich, den Schmutz zu beseitigen und die Pflanzen zu gießen. Deshalb hat diese Schule lauter Reviere gebildet und jeder Gruppe eines zugeteilt, dieser das eine, weil sie es am meisten benutzt, jener das andere, weil es am nächsten dran ist, einer dritten eines, das sie sich besonders gewünscht hat: den Vorgarten am Schuleingang. Die Schule hat überall Abfallkübel und Reinigungsmittel bereitgestellt – und jede Gruppe putzt ihr Revier nach einem festen Zeitplan. Die 50 000 Euro, die die Schule dadurch an der Reinigung spart, benutzt sie für verschiedene Zwecke: für eine Gartenanlage oder für ein Jahresfest oder für Theateraufführungen oder für Reisen der Schüler.
„Unterschiede zwischen den Menschen sind interessant. Wir freuen uns an ihnen. Wenn Menschen nicht nur anders aussehen, sondern auch anders leben und denken als wir, geben wir uns besondere Mühe, sie zu verstehen.“
Auf der Straße sieht man in Deutschland Menschen ganz verschiedener Haut- und Haarfarbe. Oft sind sie auch anders gekleidet als wir. Sie sind aus fernen Ländern zu uns gekommen, weil sie gern in Deutschland leben oder weil sie in ihrer Heimat nicht leben können. Sie sprechen vielleicht nicht Deutsch, jedenfalls nicht Deutsch wie wir. Sie kennen sich vielleicht nicht gut aus. Sie brauchen vielleicht unsere Hilfe. Sie sind Gäste und viele von ihnen sind auch deutsche Bürger. – In der Schule hat man Zeit und Gelegenheit, wenigstens mit den Kindern der Fremden näher bekannt zu werden, sich gegenseitig zu verständigen, Freunde zu werden. Die polis-Schule macht dies zu ihrer Aufgabe, und die wiederum macht Freude.

Schon aus diesem Grund ginge selber wieder zur Schule dein dich grüßender
Onkel Hartmut

(Aus: Hartmut von Hentig: Warum muss ich zur Schule gehen? Eine Antwort an Tobias in Briefen. Hanser Verlag; München und Wien 2001, S. 76–78)

1 Geben Sie den Gedankengang des Autors strukturiert wieder.

2 Beziehen Sie Stellung unter pädagogischer Perspektive.

1.2.4 Schwerpunkte der aktuellen Diskussion

Nach dem unfruchtbaren bildungstheoretischen Streit darüber, ob die Wahrnehmung kultureller Unterschiedlichkeiten per se bereits diskriminierend sei, wird die Anerkennung kultureller Differenz heute als unabdingbar begriffen. Betont wird auch, dass „Ausländer" ein gesellschaftliches Konstrukt ist, gesellschaftswissenschaftlich gesehen geht es um Einwanderer, die zum normalen Alltag in der modernen globalisierten Weltgesellschaft geworden sind. Migration wird damit zu einer ganz gewöhnlichen Angelegenheit mit einer (im Kontext zunehmender Mobilität) wachsenden Heterogenität. [...] Allerdings: Anerkennung der Differenz bei Zuerkennung gleicher Rechte (Auernheimer 2003).

Darüber hinaus zeichnen sich in der gegenwärtigen Diskussion um interkulturelle Bildung verschiedene Schwerpunktsetzungen ab:

1. Betonung des allgemeinen sozialen Lernens, es geht um Qualifikationen wie Empathie, Toleranz, Konfliktfähigkeit, Solidarität, Kooperationsfähigkeit, Überwindung von Vorurteilen u. a. m.

2. Umgang mit kultureller Differenz, Befähigung zum Umgang mit Fremdheit. Dabei muss das Befremden, die Beunruhigung, ja das Gefühl der Bedrohung eingestanden werden: Es ist nämlich gefährlicher, Unterschiede zu ignorieren, als sie zu benennen.

3. Multiperspektivische Bildung, vor allem im Hinblick auf das Schulcurriculum.

4. Um dem Vorwurf des Kulturalismus (einseitige Bevorzugung des Kulturellen) zu entgehen, muss interkulturelle Bildung immer auch politische Bildung sein. Sie muss auf die politische und ökonomische Seite der Problematik ebenso eingehen, wie sie die Grenzen pädagogischer Einflussmöglichkeiten zugunsten politischen Handelns markiert.

5. Was indes jenseits der Theorie die schulische Wirklichkeit und die Bildungsbeteiligung von Migrantenkindern betrifft, so ergibt sich (trotz einer vermutlich hohen Bildungsmotivation von Arbeitsmigranten, – man möchte ja den sozialen Aufstieg erreichen) ein sehr ernüchterndes Bild der Bildungserfolge: Ausländische Schüler und Schülerinnen sind in Realschule und Gymnasium unterrepräsentiert, während sie in der Hauptschule und in Sonderschulen überrepräsentiert sind. (Daten bei Herwartz-Emden 2005, 683 ff.)

Kulturelle Vielfalt als pädagogische Grunderfahrung

Als Konsequenzen für die Schule ergeben sich z.B.: Vorbereitungsklassen zur Erleichterung des Übergangs in den „regulären Unterricht; muttersprachlicher Ergänzungsunterricht in der Amtssprache des Herkunftslandes; Wahl der Muttersprache anstelle einer Pflichtfremdsprache; aber auch zusätzliche Lehrerstunden für einen Intensivunterricht in Deutsch; Unterricht durch Lehrkräfte aus den Herkunftsländern; geeignetes Lernmaterial für Kinder mit Migrationshintergrund; gezielte Lehrerfortbildung und schließlich auch sozialpädagogische Maßnahmen. [...]"

(Aus: Herbert Gudjons: Pädagogisches Grundwissen. 10. Aufl., UTB Klinkhardt: Bad Heilbrunn 2008, S. 370)

1.3 Aus der Geschichte der Kindheit – Aufstieg oder Verfall?

Gottfried Helnwein: Kindskopf, Installation in der Minoritenkirche Krems/Stein, Niederösterreichisches Landesmuseum
(Foto: Bernhard Schaub, Köln)

Gottfried Helnwein: Arbeit am Kindskopf (1991)
(Foto: Bernhard Schaub, Köln)

Die Verschiedenheit von Normen und Zielen in der Erziehung lässt sich beobachten, wenn man sich transkulturell mit räumlich entfernten Kulturkreisen beschäftigt; Kulturdifferenzen sind zu erkennen, wenn Subsysteme innerhalb ein- und derselben Gesellschaft betrachtet werden, die dem Mainstream nicht entsprechen. Die Relativität von Normen und Erziehungszielen wird aber auch bewusst, wenn man innerhalb einer Gesellschaft unter historischer Perspektive danach fragt, wie unter der Kategorie der Zeit normative Wandlungen erfolgt sein könnten, aber auch wie diese bis in die Gegenwart hin weiterwirken; schließlich ist auch zu reflektieren, wie diese Wandlungen von einem heutigen Standpunkt aus angemessen bewertet werden können. Dass eine solche bewertende Geschichtsbetrachtung methodisch nicht einfach zu bewerkstelligen ist, liegt auf der Hand.

Die Auseinandersetzung mit der historischen Betrachtung anhand der Thematik „Kindheit“ bietet die Chance eines exemplarischen Vorgehens, das solche methodischen wie auch neue inhaltliche Einsichten anzubieten vermag, die das Handeln für die Zukunft befruchten können. Geradezu klassisch eignen sich die Ansätze zu einer „Geschichte der Kindheit“ von Ariès und de Mause. Sie werden ergänzt durch neuere Überlegungen zum Ansatz von Neil Postman zur „Zweiten Aufklärung“, die sich im Blick auf vorhandene und sich abzeichnende Entwicklungen mit Kindheit im 21. Jahrhundert beschäftigen.

1.3.1 Hinführung: Kinderbilder der Kunst aus verschiedenen Zeiten – Quellen für eine historisch angemessene Annäherung an das Thema „Kindheit“?

1 Betrachten Sie die Bilder von Kindern aus verschiedenen Zeiten. Besorgen Sie sich – wenn irgend möglich – Zusatzinformationen zum Künstler und zu dessen Zeit.

2 Lassen sich aus den Bildern hinreichende Schlüsse ziehen? Welche methodischen Schwierigkeiten sehen Sie? Setzen Sie sich in diesem Kontext auch mit den Ausführungen des Erziehungswissenschaftlers Hartmut von Hentig auseinander.

Die Bilder täuschen, indem sie einen so großen Raum einnehmen, darüber, was es sonst für Quellen gäbe und mehr noch: worauf man sonst noch achten könnte. Kleidung, Spielzeug, Schule und Werkstatt, Wohnung und Straße werden dem Leser deutlich, nicht aber der weitere ökonomische Hintergrund: Wie teuer war die Lebenshaltung? In welchen Stufen und Einteilungen, also Klassen? Was für Abhängigkeiten, Arbeitsmöglichkeiten, Berechtigungen gab es? Mit welchen Ängsten, welchen Sicherungen lebte man? Welche Rolle spielten die Familie, die Schule, die Gemeinde, die Kirche dabei?

(Aus: Hartmut von Hentig: Vorwort. In: Philippe Ariès: Geschichte der Kindheit, aus dem Französischen von Caroline Neubaur und Karin Kersten. dtv: München 1978, S. 30; die Originalausgabe erschien 1960 im Verlag Plon, Paris, unter dem Titel „L'enfant et la vie familiale sous l'ancien régime“, die deutsche Erstausgabe 1975 in der Reihe Hanser Anthropologie, hrsg. von Wolf Lepenies und Henning Ritter)

Andrea Mantegna (1431–1506):
Ludovico Gonzaga erwartet
die Rückkehr seines Sohnes
Francesco (1474).
Palazzo Ducale, Mantua
*(Foto: akg-images/Erich
Lessing)*

Umkreis Ludger Tom Ring
(1522–1584): Gruppenporträt
mit Kindern (1565). Öl auf Holz,
75,1 x 84,4 cm. Privatsammlung
(Foto: Artothek)

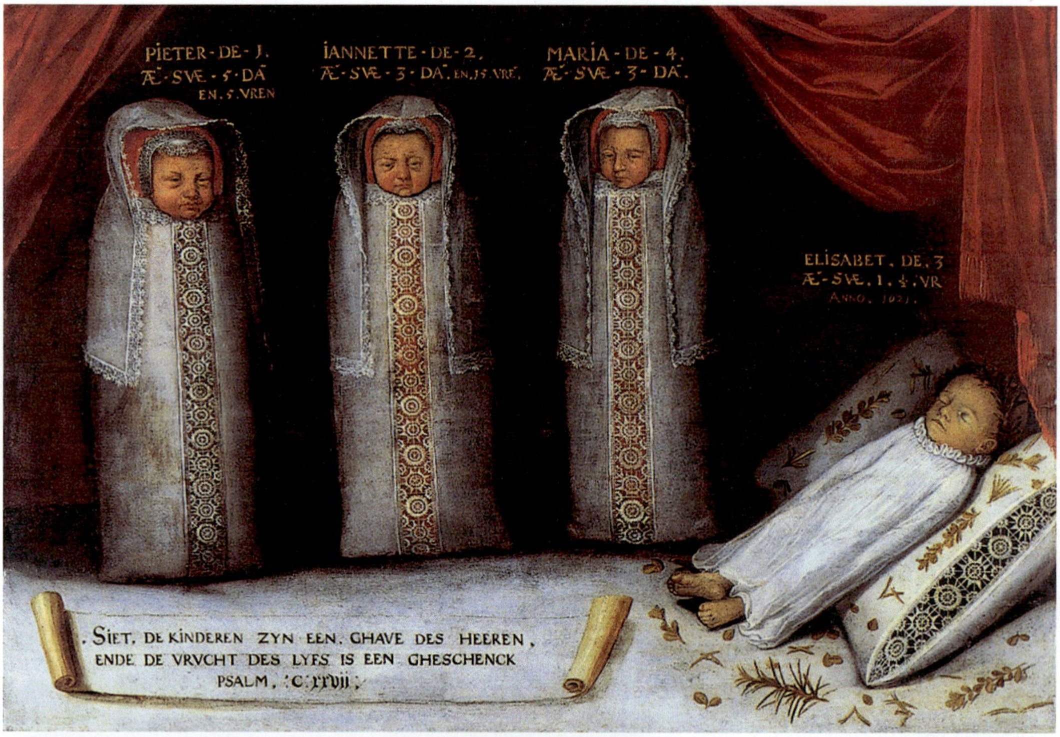

Anonymus: Die Kinder von Jacobus Pietersz. Costerus und Cornelia Jans Coenradsdochter („The Dordrecht Quadruplets“) (1621). Paneel, 75 x 104 cm.
(Foto: Collection Dordrechts Museum, The Netherlands)

Charles Beaubrun (1604–1692): Ludwig XIV. und seine erste Amme, Madame Longuet de la Giraudère (1638). Öl auf Leinwand, 97,8 x 81,3 cm.
(Foto: akg-images)

Johann Michael Millitz (1725–nach 1779):
Graf István Illésházy im Alter von vier Jahren (1766). Öl auf Leinwand, 93 x 74 cm.
(Foto: Museo Sa Bassa Blanca – Fundación Yannick y Ben Jakober)

W[illem] van der Eertbruggen:
Porträt eines Mädchens im Alter von drei Jahren (um 1670–1680).
Öl auf Leinwand, 101,7 x 78,8 cm.
(Foto: Museo Sa Bassa Blanca – Fundación Yannick y Ben Jakober)

Adreaen Cornelisz. Beeldemaker (1618–1709): Porträt eines Knaben mit Hund (1674). Öl auf Leinwand, 86,4 x 73,7 cm.
(Foto: Museo Sa Bassa Blanca – Fundación Yannick y Ben Jakober)

Fritz von Uhde: Das Bilderbuch (1889). Öl auf Leinwand, 145,0 x 116,0 cm. Hamburger Kunsthalle
(Foto: © bpk/Elke Walford, Hamburger Kunsthalle)

Carl Larsson: Brita und ich (1895).
Aquarell, 64,0 x 28,0 cm, Kunstmuseum Göteborg
(Foto: akg-images)

Fritz von Uhde: Kinderprozession im Regen (1897). Öl auf Leinwand, 50,0 x 62,0 cm. Privatbesitz *(Foto: akg-images)*

Karl Hubbuch: Der Veilchenverkäufer (1930/32). Öl auf Leinwand, 44,0 x 48,0 cm. Privatbesitz *(Foto: akg-images/ © Karl Hubbuch Stiftung, Freiburg)*

1.3.2 Philippe Ariès und Lloyd de Mause

Der Erste, der die Kindheit nicht als eine biologische, sondern als soziologische Entwicklung sehen lehrte, war der holländische Psychologe Jan Hendrik van den Berg. Er schrieb 1956 ein Buch „Metabletica über die Wandlung des Menschen". Darin überraschte er mit der These: „Das Kind ist Kind geworden." Er schildert Kindheiten, die den heutigen Menschen ebenso fremd erscheinen wie exotische Schaustücke auf einem Jahrmarkt.

Da wurde – zum Beispiel – 1550 ein Theodore Agrippa d'Aubigne geboren, von dem bezeugt wird, dass er mit 6 Jahren Griechisch, Latein und Hebräisch las und Platon aus der griechischen Fassung ins Französische übertrug, noch bevor er das 8. Lebensjahr beendet hatte.

Etwa zur gleichen Zeit gab Montaigne den Rat, Kindern philosophische Reden oder Gespräche vorzulesen und zu deuten. Was waren das damals für „Kinder"?

Von Goethe wird überliefert, er habe vor seinem 8. Lebensjahr Deutsch, Französisch, Griechisch und Latein geschrieben. Italienisch habe er spielenderweise gelernt, während sein Vater dem siebenjährigen Schwesterchen darin Unterricht gab. Christoph Martin Wieland las Cornelius Nepos mit 8 Jahren, den schwierigen Horaz vom 10. bis zum 13. Lebensjahr. [...] In dieser Reihung kann es lange weitergehen: Es zeigt sich ein schier unübersehbarer Zug von – wie wir heute meinen – frühreifen Kindern. Es habe Mädchen gegeben, die schon mit 5 Jahren die ganze Bibel gelesen hätten, und es sei nicht anzunehmen, dass sie von alldem nur wenig verstanden hätten. An Pascal gingen die Signale der erwachsenen Welt offensichtlich nicht vorbei, und wenn von Heinrich Jung-Stilling berichtet wird, dass er mit 11 Jahren Luther und Calvin las, ist es kaum wahrscheinlich, dass er nur Worte buchstabiert hat, deren Sinn ihm fremd geblieben wäre.

Johann Heinrich Campe führt 1786 darüber Klage, dass es keineswegs ein Vergnügen sei, einen acht- oder zehnjährigen Jungen zu sehen: „Er nennt uns eine ganze Bibliothek von Büchern, die er schon gelesen hat, schwatzt von Tieren und Gewächsen, die es in beiden Indien gibt, hat schon seinen dicken Kursus der Erdschreibung und der Geschichte absolviert, spricht schon in mehreren Zungen, kann alle Paradigmata der lateinischen Grammatik schon an dem Finger hersagen, rechnet wie ein Kaufmann und exponiert seinen Klassiker mit einer Fertigkeit, die einen ehrlichen Schulpedanten bis zu Freudentränen rühren möchte."

Während Campes Zeitgenossen in der damals dem Kind auferlegten Anforderung nichts Besonderes sahen, wird heute umso bewusster, wie viel Mühe es kostet, ein paar Werke bis zum Abitur zu lesen; während zu jener Zeit ein Schüler „alle Paradigmata der lateinischen Grammatik kennt", bleibt dies heute, auch mit höheren Lebensjahren, eine unsägliche Quälerei, und „die Klassiker mit tränenbringender Fertigkeit" auszulegen, will schon erst recht keine Parallele mehr erlauben. Was ist seitdem geschehen?

Van den Berg antwortet: „Das Kind ist Kind geworden. Nehmen wir das nicht an, dann muss es uns dunkel bleiben, dass das Kind Jahrhunderte hindurch Lektüre vorgesetzt bekam, die es, in unseren Augen, nicht verdauen konnte."

Philippe Ariès

Wenige Jahre nach van den Bergs „Metabletica" legte der französische Kulturhistoriker Philippe Ariès eine „Geschichte der Kindheit" vor („L'enfant et la vie familiale sous l'ancien régime"), die – erst spät beachtet – die Augen für ein neues Forschungsinteresse öffnete. „Die mittelalterliche Gesellschaft hatte kein Verhältnis zur Kindheit", lautet Ariès' Ausgangsthese. Er meint damit nicht, es habe keine Zuneigung zum Kind gegeben, sondern an einem bewussten Verhältnis zur Kindheit gemangelt. Die Kindheit als soziales Phänomen sei damals noch nicht entdeckt gewesen. „Deshalb gehörte das Kind auch, sobald es ohne die ständige Fürsorge seiner Mutter, seiner Amme oder seiner Kinderfrau leben konnte, der Gesellschaft der Erwachsenen an und unterschied sich nicht länger von ihr. Von dieser Erwachsenengesellschaft haben wir heute den Eindruck, dass sie recht häufig kindlich gewesen ist –

zweifellos eine Frage der geistigen, aber auch der physischen Reife, denn teilweise setzte sich diese Gesellschaft ja aus Kindern und sehr jungen Leuten zusammen." Die ungemein hohe Kindersterblichkeit – zeitweilig erfasste sie vier von fünf Kindern – erlaubte es den Eltern nicht, mit der gleichen Affektivität ihren Nachwuchs zu lieben, wie dies heutigen Menschen möglich ist. „Ich habe zwei oder drei Kinder im Säuglingsalter verloren und dies zwar nicht ohne Bedauern, aber doch ohne Verdruss", stellte Montaigne fest. Sobald aber das Kind dieses Alter überschritten hatte, in dem die meisten Kinder starben, mischte es sich unter die Erwachsenen.

Philippe Ariès' zentrale These behauptet nun, „die Kindheit" als ein über die Säuglings- und Kleinkinderzeit hinausreichender Lebensabschnitt sei erst zwischen dem 16. und 18. Jahrhundert „entdeckt" worden. Er erklärt diese Geschichte der Kindheit als einen Vorgang, der Kinder und Erwachsene, die im Mittelalter in ungetrennter sinnlicher Gemeinschaft lebten, immer mehr auseinander führt. Vordem haben – wie auch Norbert Elias breit belegt – die „Kinder" und die „Erwachsenen" dieselben Arbeiten verrichtet, die gleiche Kleidung getragen, dieselben Dinge gehört und gesehen; es gab keinen für die Kinder von der Erwachsenenwelt abgespaltenen Lebensbereich, auch keinen sexuellen.

Ariès Buch zeigt, welch lange Übergangszeit die neuzeitlichen Jahrhunderte konstruierten, die nun das Kind durchlaufen und lernend bestehen muss, um Anerkennung in der Erwachsenenwelt finden zu können. Im Urteil Ariès' ist dies eine Entwicklung zum Negativen: von kindlicher Freiheit und Gleichberechtigung zu Unfreiheit, Disziplinierung durch Schule, Kirche und Familie und zur Unterwerfung unter die kleinkarierten Maßstäbe von Moralisten und Pädagogen. Er unterstellt also, vor der Einführung der Kindheit als einer exklusiven Sphäre, welche die Erwachsenen mit besonderer Aufmerksamkeit hüten, sei es den Kindern besser ergangen als heute. Obwohl er als Gegenstück hierzu die Gleichgültigkeit gegenüber Kindern deutlich herausstellt, wird ihm diese keineswegs zum Problem.

Lloyd de Mause

Eine solche Position blieb nicht ohne Widerspruch. Der amerikanische Psychoanalytiker Lloyd de Mause trug in dem von ihm herausgegebenen Sammelband „The History of Childhood" 1974 eine pointierte Gegenposition vor. De Mause widerspricht der Ansicht von Ariès, dass Kinder in der „vorzivilisatorischen" Gesellschaft glücklicher gewesen seien als nach ihrer Gettoisierung in einer behüteten „Kindheit": „Je weiter wir in der Geschichte zurückgehen, desto unzureichender wird die Pflege der Kinder, die Fürsorge für sie, und desto größer die Wahrscheinlichkeit, dass Kinder getötet, ausgesetzt, geschlagen, gequält und sexuell missbraucht wurden." Er unterscheidet sechs Phasen in der Entwicklung der Eltern-Kind-Beziehung. Die Antike (bis zum 4. Jahrhundert n. Chr.) sieht er durch den gesellschaftlich sanktionierten Kindesmord gekennzeichnet; für die nächste Phase (4.–13. Jahrhundert) gilt ihm die Weggabe als charakteristisch. (Elisabeth von Thüringen ist dafür ein Beispiel – in ihrem eigenen Schicksal und in dem ihrer Kinder.) Das Eltern-Kind-Verhältnis in der Folgezeit (14.–17. Jahrhundert) betrachtet de Mause danach von Ambivalenz bestimmt. Die vierte Phase (18. Jahrhundert) beschreibt er als Intrusion (Eindringen), die fünfte Phase (19. bis Mitte 20. Jahrhundert) als Sozialisation, das derzeitige Verhältnis als Unterstützung. Diese letzte Phase scheint ihre volle Entfaltung noch vor sich zu haben, und es bleibt offen, ob de Mause danach noch weitere Verbesserungen für möglich hält: „Die Beziehungsform Unterstützung beruht auf der Auffassung, dass das Kind besser als seine Eltern weiß, was es in jedem Stadium seines Lebens braucht. Sie bezieht beide Eltern in das Leben des Kindes ein; die Eltern versuchen, sich in die erweiternden Bedürfnisse des Kindes einzufühlen und sie zu erfüllen. Bei dieser Beziehungsform fehlt jeglicher Versuch der Disziplinierung oder der Formung von Gewohnheiten. Die Kinder werden weder geschlagen noch gescholten, und man entschuldigt sich bei ihnen, wenn sie einmal unter großem Stress angeschrien werden. Diese Form verlangt von beiden Eltern außerordentlich viel Zeit, Energie und Diskussionsbereitschaft, insbesondere während der ersten sechs Jahre, denn einem kleinen Kinde dabei zu helfen, seine täglichen Ziele zu erreichen, bedeutet, ständig auf es einzugehen, mit ihm zu spielen, seine Regressionen zu tolerieren, ihm zu dienen, statt sich von ihm bedienen zu lassen, seine emotionalen Konflikte zu interpretieren und ihm die für seine sich entwickelnden Interessen erforderlichen Gegenstände zur Verfügung zu stellen." De Mause kommentiert seine Beschreibung allerdings, dass bisher nur wenige Eltern konsequent versucht hätten, in dieser Form für ihre Kinder zu sorgen. Viele Eltern seien „anscheinend in früheren historischen Formen stecken geblieben".

(Aus: Hubertus Halbfas: Die Erfindung der Kindheit. In: Religionsunterricht in der Grundschule. Lehrerhandbuch 4. 2. Auflage, Patmos Verlag: Düsseldorf 1989, S. 26–32)

1.3.3 Zum Ertrag der Beschäftigung mit den beiden Deutungen zur „Geschichte der Kindheit" für die moderne Kindheitsforschung

1.3.3.1 Die Kontroverse zwischen Ariès und de Mause in ihrer pädagogischen Relevanz

Prof. Dr. Hans Günter Rolff, Diplom-Soziologe, ist Professor für Schulpädagogik und Bildungsplanung an der Universität Dortmund und Leiter des Instituts für Schulentwicklungsforschung.

Dr. Peter Zimmermann, Diplom-Pädagoge, ist Akademischer Oberrat am Institut für Schulentwicklungsforschung der Universität Dortmund.

„Kindheit" ist einem ständigen Wandel unterworfen – analog zum Wandel der Gesellschaft. Veränderte Familienformen und Veränderungen in der Eltern-Kind-Beziehung, Massenkultur, Mediatisierung der Kindheit und die zunehmende Übergabe der Erziehung an professionelle Einrichtungen, Konsumverhalten und sich wandelnde Arbeitsbedingungen – alle diese Faktoren wirken sich auch auf den Kinderalltag aus und müssen – will man Kindern angemessen begegnen, ihnen helfen und sie unterstützen – mitbedacht werden. Rolff und Zimmermann bieten neben einer Analyse der wesentlichen Veränderungen Erklärungsmuster für den Wandel auf der Grundlage einer umfassenden, kultursoziologischen Sozialisationstheorie. Die Analyse führt die Autoren zum Bild eines neuen Sozialcharakters, der geprägt ist von der Durchsetzung der Massen- und Medienkultur, von einer Reduktion der Eigentätigkeit durch konsumierende Aneignung der materiellen Kultur. Aber die Autoren sehen auch Widersprüchlichkeiten und Gegenbewegungen. Ihr Fazit: Die Veränderungen des Kinderalltags und der Gesellschaft sind ambivalent und lassen sich nicht einseitig als Fortschritt oder Reduktion bestimmen – es kommt darauf an, was Erzieher, Erziehungspolitik und nicht zuletzt die Aufwachsenden selbst daraus machen.

Seit Ariès und de Mause wissen wir, dass ein anscheinend selbstverständlicher Tatbestand wie die „Kindheit" als bewusst wahrgenommener und auch wahr gemachter prinzipieller Abstand zwischen Erwachsenen und Kindern sich erst langsam im Laufe des 16. Jahrhunderts entwickelte.

Kinder gab es natürlich immer, jedoch im Mittelalter beispielsweise war die Lebenssphäre der Kinder von der der Erwachsenen weder räumlich noch kulturell in nennenswerter Weise getrennt. Im sogenannten „Großen Haus" arbeiteten und spielten Kinder wie Erwachsene. Auch im Äußeren war die Unterschiedslosigkeit sichtbar. Sobald ein Kind den Windeln entwachsen war, wurde es in eine Kleidung gesteckt, die derjenigen der Erwachsenen seines Standes völlig glich.

Ohne eine besondere Art pädagogischer Betreuung oder Beeinflussung lernten Kinder, was sie zu ihrem Leben brauchten. Durch Nachahmung und Gewöhnung eigneten sich die Heranwachsenden im Mittelalter die notwendigen Handgriffe und Kenntnisse an, um ein Handwerk auszuüben oder um den Boden zu bestellen u. v. m. Besondere pädagogische Institutionen für Kinder waren im Mittelalter unbekannt. Kinder wurden aufgezogen, aber sie genossen keine Erziehung, die gezielt und systematisch unter pädagogischen Gesichtspunkten vorgenommen wurde.

Ein für heutige Erwachsene nahezu selbstverständlicher Aspekt, dass Kinder ganz spezifische Probleme haben, war der mittelalterlichen Gesellschaft unbekannt. Ungefähr im siebten Lebensjahr nahmen die Kinder ihren Platz neben den Erwachsenen ein – ein besonderes Interesse an der Kindheit kannte man ganz einfach nicht und folglich gab es auch keinen besonderen Begriff von Kindheit.

Dies änderte sich allmählich im Laufe des 16. und vor allem im 17. Jahrhundert. Ariès macht es anschaulich anhand von Bildern deutlich. Die mittelalterliche Kunst stellte Kinder lediglich als verkleinerte Erwachsene dar. Muskulatur, Ausdruck und die übrigen Merkmale hatten nichts spezifisch Kindliches. Erst im 17. Jahrhundert wurden zum Beispiel Kinderporträts üblich. Auch wurden Kinder verstärkt zum Mittelpunkt der Komposition von Familienbildern. Kinder bekamen nun auch eine spezielle von den Erwachsenen verschiedene Kleidung, besonderes Spielzeug, was Ariès als Weg der Ausgrenzung der Kinder aus der Welt der Erwachsenen beschreibt. […]

Die „Entdeckung“ der Kindheit war jedoch kein Produkt der Künstler oder Spielzeugmacher, sondern ein Ergebnis der vorherrschenden Anschauungen und sozialen Umstände. Genauer: Kindheit als ausgegrenzter Lebensbereich ist ein Produkt der bürgerlichen Gesellschaft. Die verstärkte Verlagerung der Produktionsarbeit aus dem „Großen Haus“ heraus führte auch zu dessen allmählicher Auflösung.

Das Ergebnis war im 15. und 16. Jahrhundert die Entstehung der modernen (Kern-)Familie, die auch eine neue Aufgabe übernahm. Sie war nicht nur die Institution, die Gut, Stand und Namen erhalten sollte, sondern zudem moralische Anstalt, hervorgerufen durch das neu geweckte Interesse der Moralisten, Pädagogen und Kirchenmänner an der Erziehung und einem Bewusstsein von pädagogischer Verantwortlichkeit. Kindheit galt nun als „grundständige“ Zeit, die zur Formung des Menschen als notwendig angesehen wurde. Kinder wurden nicht mehr als für das Leben reif angesehen; sie bedurften nun einer Art „Sonderbehandlung“. Der soziale Ort hierfür wurden die private bürgerliche Kleinfamilie wie auch die Schule. Was die Familie an Erziehung oder Ausbildung nicht leisten konnte, wurde zunehmend der Schule übertragen. Konsequenz war ein außergewöhnlicher Aufschwung der Schule während des 17. Jahrhunderts. Erziehung und Unterricht waren durch eine Vielfalt von Lehr- und Erziehungsmeinungen bestimmt. Alles, was die Diskussion der Moralisten, Pädagogen, Kirchenmänner, Philosophen und Aufklärer bewegte, fand sich in der Art des Unterrichts wieder. So gab es in einigen Schulen die Vermittlung naturwissenschaftlicher Erkenntnisse, neben lateinischem auch nationalsprachlichen Unterricht, an anderen Schulen wurden wiederum altphilosophische Unterrichtsstoffe vermittelt. Der Unterricht wurde nach scholastischen, aber auch nach moderneren Methoden gestaltet. Man sieht: Mit der „Entdeckung“ der Kindheit beginnt auch gleichzeitig die Diskussion um die Art und Weise der „richtigen“ Erziehung und Ausbildung.

Für Ariès begründet dieses die Anfänge einer Leidenszeit der Kinder. Mit Beginn der Moderne wurden sie aus der Ungezwungenheit des Aufwachsens im „Großen Haus“, d. h. aus einer ganzheitlichen Lebenswelt, herausgedrängt und ausgegrenzt und fanden sich in pädagogischen Anstalten und Veranstaltungen wieder.

Eine geradezu konträre These zur Geschichte der Kindheit ist bei Lloyd de Mause zu finden, mit Ariès der populärste Forscher zur Geschichte der Kindheit. Er geht von einer psychoanalytischen Interpretation der Qualität der Beziehung zwischen Kindern und Erwachsenen aus und kommt zu dem Ergebnis, dass die Geschichte der Kindheit als Fortschrittsgeschichte zu bewerten sei.

Nach den Beschreibungen von de Mause erging es den Kindern im Mittelalter und in der frühen Neuzeit gar nicht so gut, wie wir es von Ariès geschildert bekommen. Falsche Ernährung und fehlende Hygiene zogen eine hohe Kindersterblichkeit nach sich. In ärmeren Familien wurden

„unnütze" Esser ausgesetzt oder man ließ sie verhungern. In bessergestellten Familien wurden Kinder häufig in auswärtige Pflege gegeben. Nicht wenige Kinder erstickten im Bett, in dem sie mit den Eltern oder mit anderen Erwachsenen schliefen. Viele Kinder wurden geschlagen, gequält und sexuell missbraucht.

Bis hinein ins 17. Jahrhundert fehlte nach de Mause den Eltern die „emotionale Reife", um ihren Kindern Empathie und Unterstützung zukommen zu lassen. Die Evolution der Eltern-Kind-Beziehungen hat dazu geführt, dass heutige Kinder umsorgt, geliebt und beschützt aufwachsen können – ein Modernitätsglaube, der häufig kritisiert wurde. Andererseits legt de Mause viel Material für die Leidensgeschichte des Kindes in der vorbürgerlichen Zeit vor, sodass es einem schwer fallen kann, sich der Verfallsthese von Ariès anzuschließen, Kindheitsgeschichte sei die Geschichte von zunehmender Gewalt, Ausgrenzung und Disziplinierung von Kindern.

Vermutlich sollten Pädagogen beide Ansätze beachten: Es ist die Kritik der Erziehung als Disziplinierung und Domestizierung ernst zu nehmen, aber zu warnen ist ebenfalls vor der Idyllisierung und Romantisierung der nicht pädagogisch reglementierten Kindheit des Mittelalters.

Unstrittig ist auf jeden Fall bei beiden Ansätzen, dass Kinder als gesonderte Gruppe und mit spezifischen Bedürfnissen ins Blickfeld des pädagogischen Interesses geschichtlich erst dann geraten, wenn sie aus der Welt der Erwachsenen ausgegliedert werden und als Sonderbereich gelten, aber dass sich dadurch die Erwachsenen auch Gedanken über die Entwicklungsmöglichkeiten in der Kindheit machen und Kinder vor allem als eigenständige Menschen anerkannt werden.

Viele, die zur heutigen Kindheit eine rein pessimistische Vorstellung vertreten, von einer Verarmung von Kindheit sprechen, laufen Gefahr, der Sehnsucht nach der Vergangenheit zu verfallen. So gibt es nicht wenige Pädagogen, die sich im Unterricht Schüler wünschen, wie sie angeblich selbst einmal waren: diszipliniert, fleißig, ruhig, lernwillig und mit Ordnungssinn versehen.

Wir teilen diese „Schwarz-Weiß-Malerei" nicht. Und wir teilen auch nicht die Sehnsucht nach disziplinierender Dressurpädagogik. Ein sehnsüchtiger Blick muss eher schon in die Zeit der Renaissance zurückgreifen, wo wir – wie es scheint – ein Idealbild finden: die vielseitig bis allseitig entwickelte Persönlichkeit. Der florentinische Kaufmann im 15. Jahrhundert z. B. war ein solch vielseitiger Mensch. Er war nicht nur Kaufmann und Staatsmann, sondern „ […] oft zugleich ein Gelehrter in beiden alten Sprachen; die berühmtesten Humanisten müssen ihm und seinen Söhnen des Aristoteles Politik und Ethik vortragen; auch die Töchter des Hauses erhalten eine hohe Bildung […]."

Aber dieser Vielseitige ist noch gar nichts gegen den wahrhaft Allseitigen, von Jakob Burckhard am Beispiel Leon Battista Alberti illustriert: „In allem, was Lob bringt, war Leon Battista von Kindheit an der Erste. Von seinen allseitigen Leibesübungen und Turnkünsten wird Unglaubliches berichtet, wie er mit geschlossenen Füßen den Leuten über die Schulter hinweg sprang, wie er im Dom ein Geldstück emporwarf, bis man es oben an den fernen Gewölben anklingen hörte, wie die wildesten Pferde unter ihm schauderten und zitterten – denn in drei Dingen wollte er den Menschen untadelhaft erscheinen: im Gehen, im Reiten und im Reden. Die Musik lernte er ohne Meister, und doch wurden seine Kompositionen von Leuten des Faches bewundert. Unter dem Drucke der Dürftigkeit studierte er beide Rechte, viele Jahre hindurch, bis zur schweren Krankheit durch Erschöpfung; und als er im 24. Jahre sein Wortgedächtnis geschwächt, seinen Sachensinn aber unversehrt fand, legte er sich auf Physik und Mathematik und lernte daneben alle Fertigkeiten der Welt, indem er Künstler, Gelehrte und Handwerker jeder Art bis auf die Schuster um ihre Geheimnisse und Erfahrungen befragte. Das Malen und Modellieren – namentlich äußerst kenntlicher Bildnisse, auch aus dem bloßen Gedächtnis – ging nebenbei.

[…] Dazu kam eine schriftstellerische Tätigkeit zunächst über die Kunst selber, Marksteine und Hauptzeugnisse für die Renaissance der Form, zumal der Architektur. Dann lateinische Prosadichtungen, Novellen u. dgl., von welchen man Einzelnes für antik gehalten hat, auch scherzhafte Tischreden, Elegien und Eklogen; ferner ein italienisches Werk, vom Hauswesen in vier Büchern, ja eine Leichenrede auf seinen Hund. [...] Endlich aber wird auch die tiefste Quelle seines Wesens namhaft gemacht: ein fast nervös zu nennendes, höchst sympathisches Miterleben an und in allen Dingen. [...] Es versteht sich von selbst, dass eine höchst intensive Willenskraft diese ganze Persönlichkeit durchdrang und zusammenhielt; wie die Größten der Renaissance sagte auch er: ‚Die Menschen können von sich aus, sobald sie wollen.'"

Diese „Größen" der Renaissance konnten natürlich ihre Vielseitigkeit nur auf Kosten der großen Mehrheit ausbilden. Das zitierte Dokument soll auch nicht als Leitbild für die Persönlichkeitsentwicklung in unserer bestehenden oder einer gewünschten Gesellschaft gelten, sondern soll lediglich aufzeigen, was möglich sein kann.

Der Ausschnitt aus der Biografie von Leon Battista Alberti erweist uns sehr drastisch den Dienst für die u. E. wesentliche Problematik von Sozialisation. Er hilft uns, das Spannungsfeld des anstehenden Themas zu umreißen. Wir können zwei Pole abstecken, zwischen welchen sich Sozialisation bewegt, nämlich zwischen allseitiger Erfahrung und einseitiger Reduzierung. Was allseitige Entfaltung heißen könnte, davon geben uns die Universalmenschen der Renaissance eine nicht zu überbietende Vorstellung.

Genau im Spannungsfeld von Entfaltung und Reduktion müssen die Bedingungen und Möglichkeiten (die alle Mal gesellschaftliche sind) des Wandels von Kindheit aufgespürt und interpretiert werden.

Wir gehen nicht von vornherein von einer Verarmung der Kindheit aus, um in allen Artikulationsformen heutiger Heranwachsender eine reduzierte Persönlichkeit zu entdecken und um dieser die Sozialisation vorangegangener Generationen als einer „geglückten" gegenüberzustellen.

Wir sind aber auch nicht der Meinung, Kindheit heute sei reiner Fortschritt, da es den Kindern insgesamt „besser gehe", auch wenn in der Schule nicht mehr geprügelt wird, Kinder kaum noch gezwungen sind zu arbeiten und die heutigen Erwachsenen fähig sind, „ ... auf die Stufen der kindlichen Bedürfnisse zurückzugehen und sie richtig einzuschätzen, ohne ihnen eigene Projektionen beizumessen" (de Mause 1977, S. 20 f.). Wir meinen, dass der Wandel von Kindheit von negativen und positiven Elementen, von Reduktion und Fortschritt zugleich angetrieben wird, aber nicht in einem Nebeneinander, sondern zusammengekettet in einem widersprüchlichen Verhältnis. So ist es wohl als fortschrittlich zu bezeichnen, dass Kinder nicht mehr (körperlich schwer) zu arbeiten brauchen, doch verlieren sie dadurch auch einen wesentlichen Erfahrungsraum. Und wenn es auch gut ist, dass die Erwachsenen sich um die kindlichen Bedürfnisse kümmern, führt dies oftmals zu einer Verunsicherung auf der Seite der Erwachsenen, ob nun wirklich die „richtigen" Bedürfnisse erkannt werden, und zu Hilferufen an Experten. In der Sache selbst – in der Kinderarbeit oder im elterlichen Erziehungsweg – sind so gesehen fortschrittliche und enteignende Elemente miteinander verbunden.

Wird der Wandel von Kindheit in diesem Widerspruchsverhältnis dargestellt – was uns gar nicht anders möglich erscheint, wenn nicht der Vorwurf der Einseitigkeit gelten soll – und die Gewichtung erkannt, ist auch die Versuchung gebannt, eine vorschnelle Wertung des Wandels zu formulieren.

(Aus: Hans-Günter Rolff, Peter Zimmermann: Kindheit im Wandel. Eine Einführung in die Sozialisation im Kindesalter. Vollständig überarbeitete Neuausgabe der 5. Auflage, Beltz Verlag: Weinheim und Basel 1997, S. 9–15)

1 Erörtern Sie, worin nach Rolff und Zimmermann der Sinn einer Beschäftigung mit der Kontroverse von Ariès und de Mause liegt?
2 Beurteilen Sie den pädagogischen Ertrag aus dieser Beschäftigung.

1.3.3.2 Vom pädagogischen Nutzen der Beschäftigung mit Geschichte – Konsequenzen für die Kindheitsforschung

Dr. Klaus Hurrelmann, Jg. 1944, war Professor für Sozial- und Gesundheitswissenschaft an der Universität Bielefeld, Direktor am Institut für Bevölkerungsforschung und Sozialpolitik.

Dr. Heidrun Bründel, Jg. 1944, war als Diplompsychologin Psychotherapeutin in der Bildungs- und Schulberatung des Kreises Gütersloh.

Die Entstehung von Kindheit
Es war die Vorstellung von Bildung und Erziehung zur „reifen Persönlichkeit", die bis zum Beginn des 19. Jahrhunderts zur Entstehung des Begriffs „Kindheit" führte. Kinder nahmen nun nicht mehr direkt am Erwachsenenleben teil, sondern wurden in speziellen Einrichtungen darauf vorbereitet. Je mehr sich der Gedanke der Bildung durchsetzte, desto mehr kristallisierte sich die Idee der Institution Schule heraus, die nun an die Stelle des traditionellen Lehrverhältnisses zwischen Eltern und Kindern trat. Dieser Prozess wurde in den bürgerlichen Familien durch ein soziales und pädagogisches Verständnis von Kindsein begleitet. Kinder galten nicht mehr als „kleine Erwachsene", sondern vielmehr als „Menschen", die noch nicht erwachsen waren und sich in einer dynamischen Entwicklungsphase befanden. Sie wurden als unfertige Gesellschaftsmitglieder wahrgenommen, die besondere Verhaltensansprüche stellen und denen noch nicht alle Handlungsmöglichkeiten und Teilnahmerechte eines Erwachsenen zugesprochen werden können.
Diese Tendenzen konsolidierten sich im Laufe des 19. Jahrhunderts in den bürgerlichen Familien. Immer mehr Kinder aus diesen Schichten besuchten Schulen. In krassem Gegensatz dazu stand die Kindheit in armen Familien. Bei ihnen zog sich die Entflechtung von Kinder- und Erwachsenenleben bis ins 20. Jahrhundert hinein. Sie konnten nicht zur Schule gehen, sondern mussten in Manufakturen, in Handel und Gewerbe und in frühkapitalistischen Fabriken wie Erwachsene schwer arbeiten. Ihre Lebenslage war durch Armut, Ausbeutung ihrer Arbeitskraft, durch Elend und Krankheit gekennzeichnet. Erst nach der Industrialisierung änderte sich ihre Lage, weil Eltern nun selbst ausreichend für ihre eigene Arbeitskraft entlohnt wurden. Zugleich kam der Gedanke der allgemeinen Schulpflicht auf. Mit der Umsetzung dieses Gedankens hat sich dann für alle sozialen Schichten die Lebensphase Kindheit gesellschaftlich etabliert.
Das preußische Gesetz aus dem Jahre 1891, das Kinderarbeit bis zur Vollendung der Schulpflicht verbot, führte auf rechtlichem Wege zu dieser Etablierung. Bildung und Ausbildung, vor allem als Schulung für berufliche Anforderungen im Arbeitsprozess verstanden, wurden nun von gesellschaftlich organisierten und zu diesem Zweck eingerichteten Institutionen übernommen. Dadurch entstanden für Kinder spezifische Lebensräume, die sich von denen der Erwachsenen erheblich unterschieden, und damit war auch der entscheidende Schritt zur Abgrenzung einer gesonderten Lebenssphäre für Kinder vollzogen [...].
Es hat also vom Mittelalter an Jahrhunderte gedauert, ehe die Vorstellungen von Persönlichkeit, Erziehung und Bedeutung des Kindes, so wie sie heute bestehen, verwirklicht wurden. Im Frühmittelalter herrschte die Ansicht vor, dass Kinder weder Persönlichkeit noch Individualität besitzen und dass jeweils ein Kind durch ein anderes zu ersetzen sei. Heute überwiegt die Vorstellung von der Einmaligkeit und der unverwechselbaren Persönlichkeit eines Kindes (Abbildung).

Wandel des kulturellen Bildes vom Kind
Kindheit ist, wie diese Analyse zeigt, ein gesellschaftlich, also kulturell, wirtschaftlich und wissenschaftlich gestaltetes Phänomen, das sich nicht allein durch seine biologische Natürlichkeit definieren lässt [...]. Erst Prozesse der Privatisierung des Familienlebens mit der Lenkung der Aufmerksamkeit auf die Eigenart der kindlichen Daseinsweise und der Ausdifferenzierung von Einrichtungen der Erziehung

und Bildung von Kindern, also „Familialisierung“ und „Scholarisierung“ führten zu einer Anerkennung von Kindheit als vollwertige Form des Menschseins (Honig 1999, S. 16). Kindheit ist nicht durch genetische, biologische oder anthropologische Kriterien ein für alle Mal definiert, sondern wird auf dieser „natürlichen“ Basis in jeder historischen Epoche neu begriffen und gedeutet.
Das biologische Lebensalter und der körperliche, psychische und soziale Reifungsprozess bestimmen nur zu einem Teil, welche Phase im Lebenslauf als „Kindheit“ wahrgenommen und wie in einer Kultur auf diesen Lebensabschnitt reagiert wird. So bilden sich seit der „Entdeckung“ von Kindheit als einem kulturellen Phänomen in jeder historischen Epoche spezifische soziale Bilder von „Kindsein“ heraus.
Im 18. Jahrhundert, im Zeitalter von Aufklärung und Bildungsbürgertum, werden Kinder als Menschen wahrgenommen, die noch nicht mit ihrer Entwicklung fertig sind. Kinder sind gewissermaßen menschliches „Rohmaterial“, das erst durch Bildung und Erziehung geformt und „erwachsen gemacht“ werden muss […]. Diese Konzeption von Kindheit findet ihre literarische Form im Buch „Emile“ von Rousseau, das 1762 zum ersten Mal erschien […].
Dieses Buch prägte ein „pädagogisches Jahrhundert“ mit der Vorstellung, nur durch eine intensive Bildung und Erziehung sei die Persönlichkeit des Kindes zu vermenschlichen und zu vervollkommnen. „Vervollkommnungsfähigkeit des Menschen bedeutet, dass die Vollkommenheit auch herstellbar ist; in diesem Sinne ist das Kind objektiv und subjektiv erziehungsbedürftig im Sinne einer Selbstwerdung seiner Natur: Kindheit ist eine Entwicklungsaufgabe.“ (Honig 1999, S. 41)
Hiervon setzt sich fast 150 Jahre später, als auch in Deutschland ein verpflichtendes Schulsystem etabliert ist, die Bewegung der „Reformpädagogik“ ab. Sie betrachtet Kinder nicht mehr als defizitäre Wesen, die nur durch Erziehung zu vollständigen Subjekten werden können, sondern proklamiert zum ersten Mal eine Vorstellung von der „Autonomie“ des Kindes. Ein Denken „vom Kinde aus“ soll in Arbeitsschulen, Landerziehungsheimen und im handwerklich-künstlerischen Unterricht verankert werden. Konzepte wie Erleben, Selbstschöpfung, Gegenwart und kreative Spontaneität des Kindes

Vorstellungen von der Persönlichkeit, Erziehung und Bedeutung des Kindes im historischen Verlauf

	Persönlichkeit des Kindes	Erziehung des Kindes	Bedeutung des Kindes für Eltern
Frühes Mittelalter (bis ins 13. Jahrhundert)	Keine Unterscheidung von Erwachsenen	Lehrverhältnis zwischen Erwachsenen und Kind	Das Kind als Fortbestand des Familienhaushaltes
Spätes Mittelalter (14. bis 16. Jahrhundert)	Anerkennung eines spezifischen kindlichen Wesens	Aufkommendes öffentliches Interesse an Bildung des Kindes; das Kind als Objekt der Erziehung	Das Kind als Familienmitglied und soziale Zukunftssicherung
Industrielles Zeitalter (19. Jahrhundert)	Anerkennung der kindlichen Eigenständigkeit	Gezielte Bildung und Ausbildung; zugleich Ausbeutung der Arbeitskraft des Kindes	Das Kind als zu versorgendes Familienmitglied
Heutige Zeit (20. und 21. Jahrhundert)	Anerkennung der kindlichen Individualität und Subjektivität	Erziehung nur noch teilweise in der Familie; Schule und Kindergarten als Sozialisationsinstanzen	Emotionaler Wert des Kindes als Sinnerfüllung im Leben der Eltern; das Kind als Kostenfaktor

brechen mit der traditionellen Vorstellung des Kindes als „Objekt der Erziehung“ (Honig 1999, S. 49). Das 20. Jahrhundert soll nach der Vorstellung der schwedischen Reformpädagogin und Feministin Ellen Key zum „Jahrhundert des Kindes“ werden, wie ihr 1902 erschienenes Buch heißt […]. Key setzt sich für die Anerkennung des Kindes als einer sich entwickelnden Persönlichkeit ein. Sie fordert eine Verwissenschaftlichung der Erziehung in Familie, Kindergarten und Schule und eine Aufwertung der Rolle von Müttern und verlangt zugleich ein Verbot von körperlicher Züchtigung und Misshandlung der Kinder und eine umfassende Schutzgesetzgebung.

Bis zur Mitte des 20. Jahrhunderts steigert sich diese Vorstellung von der Autonomie der kindlichen Entwicklung teilweise bis zu einem Mythos des Kindes als reines Wesen und moralisches Vorbild des Erwachsenen. Ihren Ausdruck findet diese Vorstellung in den zuerst 1950 erschienenen Schriften von Maria Montessori […], in denen auf die völlige Andersartigkeit von Kindern gegenüber Erwachsenen und ihr seelisches Leiden gegenüber den Erziehungsansprüchen der Gesellschaft verwiesen wird. […]

Heute herrscht ein durch wissenschaftliches Denken geprägtes Kindheitsbild vor, wobei vor allem die entwicklungspsychologischen und sozialisationsorientierten Theorien dominieren […]. Das Kind wird als eine werdende Persönlichkeit verstanden, die sich in intensiver Auseinandersetzung mit der inneren und äußeren Realität bildet. Die modernen entwicklungspsychologischen Konzepte gehen dabei von der Formbarkeit der kindlichen Persönlichkeit aus und betonen individuelle Unterschiede und Varianten der Entwicklungsbedingungen mit einer hohen Plastizität […]. Durch die soziologischen Theorien und die Sozialisationstheorie werden die kulturellen und sozialen Umweltbedingungen für die Entwicklung der Persönlichkeit in der Lebensphase Kindheit thematisiert und Vorschläge für eine reichhaltige Gestaltung der sozialen und physischen Umwelt abgeleitet […]. Neben den historisch jeweils aktuellen Vorstellungen herrschen aber zugleich typisierte Bilder von Kindheit als Anspruch und Idee vor, die kulturell von einer Generation zur anderen transportiert werden. Diese kulturell vermittelten Kindheitsbilder sind „wie Brillen, durch die wir auf die wirklichen Kinder schauen“ (Ziehe 1992, S. 63). Sie strukturieren die Wahrnehmung von Kindern. In diese Strukturierung gehen eigene Erfahrungen ebenso wie in der öffentlichen Diskussion vermittelte Vorstellungen ein. Besondere Kraft geht dabei von stereotypen Kindheitsbildern aus, in denen eine „fundamentalistische“ Strömung enthalten ist. Ziehe kritisiert vor allem die folgenden „Kindheits-Fundamentalismen“ die sich auch heute immer wieder Bahn brechen können:

- eine übertriebene Pädagogisierung von Kindheit, in der die Persönlichkeit von Kindern lückenlos beobachtet und evaluiert wird und Spielräume für Eigenentwicklung von Kindern übersehen werden;
- eine Moralisierung von Kindheit, indem Kinder in die Rolle des ethisch Guten und Unschuldigen gedrängt werden, also eine abstrakte Idealisierung zum Gegenbild der bösen Erwachsenenwelt vorgenommen wird;
- eine Intimisierung von Kindheit, indem das Kind zum absoluten Mittelpunkt der Weltwahrnehmung von Erwachsenen wird und der Sinn- und Themenlieferant für die eigene Elternbiografie und/oder die Paarbeziehungen wird.

Hinter solchen stereotypen Kinderbildern steht heute meist ein Weltbild, das – entgegen den Modernisierungsströmungen und Individualisierungstendenzen in heutigen Gesellschaften – auf Nähe, Überschaubarkeit, Identität und Ursprünglichkeit setzt. Damit werden Kinder in eine problematische Position gebracht, weil sie angeblich den Gegenpol zur distanzierten, komplexen, differenzierten und emotionslosen Gesellschaft bilden, in die sie ja aber hineinwachsen und mit der sie tagtäglich konfrontiert sind […].

(Aus: Klaus Hurrelmann, Heidrun Bründel: Einführung in die Kindheitsforschung. 2. vollständig überarbeitete Aufl., Beltz Verlag: Weinheim – Basel – Berlin 2003, S. 60–70)

1 Skizzieren Sie die Überlegungen zur „Geschichte der Kindheit“ nach Hurrelmann und Bründel.
2 Erörtern Sie die Konsequenzen, die die Autoren im Blick auf ein Verständnis von Kindheit heute andeuten.
3 Vergleichen Sie Ihre Sicht mit den weiteren Ausführungen von Klaus Hurrelmann und Heidrun Bründel. Beziehen Sie sich besonders auf die Sicht des Wandels der biografischen Bedeutung von Kindern sowie des gewandelten Stellenwerts von Kindheit im Lebenslauf.

Wandel der biografischen Bedeutung von Kindern

In den westlichen Gesellschaften nimmt der Anteil der jüngeren Menschen an der Bevölkerung kontinuierlich ab. Das liegt zum einen an der Zunahme des Anteils der älteren Bevölkerung, weil die Lebenserwartung steigt. Sie liegt heute in Deutschland im Durchschnitt bei 81 Jahren für Frauen und 75 Jahren für Männer. Zum anderen aber liegt es daran, dass heute weniger Kinder geboren werden als jemals zuvor. Dadurch hat sich die Altersschichtung der deutschen Bevölkerung sehr stark verändert.

Der „Lebensbaum“ der deutschen Bevölkerung hatte bis in die 1950er-Jahre eine Pyramidenform mit einer großen und breiten Basis in den jüngsten Altersgruppen, die von Jahrgang zu Jahrgang immer schmaler wurde. Kinder und Jugendliche waren die stärksten Jahrgänge.

Zum Ende des 20. Jahrhunderts hat der Lebensbaum nicht mehr die Form einer Tanne, sondern eher die einer Bergkiefer: Die untersten Jahrgänge sind jetzt am schwächsten besetzt, die stärksten Jahrgänge sind in der Altersgruppe der 30- bis 40-Jährigen und der 50- bis 60-Jährigen anzutreffen […].

Es gibt vielfältige Gründe für die relativ kleine Kinderzahl: Männer und Frauen im „kinderfähigen“ Alter überlegen sich heute sehr genau, ob sie ein Kind haben wollen oder nicht. Bei diesen Überlegungen überwiegen offensichtlich bei immer mehr Paaren die negativen Gesichtspunkte. Noch bis 1950 waren die Einstellungen zur Geburt von Kindern „natürlich“ und „gottgegeben“. Kinder galten vor allem in der ländlichen und handwerklichen Bevölkerung als Reichtum und Segen und wurden auch in der Arbeiterbevölkerung als eine Zukunftssicherung wahrgenommen. Die Entscheidung für oder gegen Kinder fiel normalerweise nicht nach langen Abwägungen, sondern wurde pragmatisch und „selbstverständlich“ vorgenommen. Das ist heute nicht mehr der Fall.

Heute werden die Entscheidungen nach sorgfältiger Abwägung von Vor- und Nachteilen getroffen, außerdem wird auch der Zeitpunkt für die eventuelle Geburt eines Kindes sehr genau mit dem sonstigen Lebensrhythmus der Mütter und Väter abgestimmt. Möglich geworden ist diese gezielte und geplante Entscheidung für Kinder nicht zuletzt auch durch die breit verfügbaren Verfahren und Methoden der Geburtenregelung und der Schwangerschaftsverhütung. Auch die starke finanzielle Belastung durch Kinder spielt eine große Rolle. Im Unterschied zur Zeit vor der Industrialisierung sind Kinder heute finanziell kein Vorteil, sondern stellen im Gegenteil eine teure Investition dar und verursachen Kosten, pro Kind im Durchschnitt etwa 400 Euro pro Monat.

Heute sprechen nicht mehr überwiegend wirtschaftliche und versorgungsbezogene Kriterien für einen Kinderwunsch, sondern eher emotionale und auf Sinngebung des elterlichen Lebens ausgerichtete „ichbezogene“ Beweggründe: „Eltern wollen vom Aufziehen und Versorgen der Kinder etwas haben, wollen sich durch eigene Kinder selbst verwirklichen.“ (Schäfers 1992, S. 39) Für den Kinderwunsch rücken die persönlichen, emotionalen und biografischen Motive in den Vordergrund. Im Umgang mit dem Kind wollen offenbar viele Frauen und Männer Fähigkeiten wieder entdecken und Bedürfnisse ausleben, die in der technisch-wissenschaftlichen Zivilisation vielfach vermisst werden: Geduld und Gelassenheit, Fürsorglichkeit und Einfühlungsvermögen, Zärtlichkeit, Offenheit und Nähe. Über die Mutterschaft suchen viele Frauen einen Gegenbereich zur Berufswelt, in der instrumentelle Vernunft vorherrscht und Gefühle meist störend sind.

Obwohl vorab so viele Interessenabwägungen vorgenommen werden, sind viele Mütter und Väter schon wenige Monate nach der Geburt des Kindes irritiert und überfordert von den tatsächlich auf sie zukommenden Anforderungen, auf die sie innerlich nicht eingerichtet sind. Hilflosigkeit und Verunsicherung sind die Folge. In einer Gesellschaft, die Kindererziehung offiziell als eine den Eltern „zuvörderst obliegende Pflicht" (so das Grundgesetz der Bundesrepublik Deutschland) versteht, müssen sich die Eltern von lieb gewordenen und selbstverständlichen Lebensgewohnheiten ihrer Single-Zeit verabschieden und zusätzlich noch soziale und ökonomische Nachteile auf sich nehmen.

Der gewandelte Stellenwert von Kindheit im Lebenslauf

Die meisten Kulturen legen den Beginn der Kindheitsphase zeitlich mit der Geburt fest. Damit wird eine Unterscheidung zwischen der prä- und postnatalen, also vor- und nachgeburtlichen Entwicklung des Kindes und den intrauterinen (im Mutterleib) und extrauterinen (außerhalb des Mutterleibes) Bedingungen gemacht. Während man in der vorgeburtlichen Lebensphase von Embryo und Fetus spricht, wird der Begriff Kindheit mit der postnatalen Entwicklung verbunden. Diese Festlegung hat sich in allen westlichen Gesellschaften durchgesetzt, obwohl sie streng genommen den Erkenntnissen der vorgeburtlichen Verhaltens- und Entwicklungsforschung, der Geburtsforschung, Neugeborenenpsychologie und Psychotherapie nicht gerecht wird. Danach hat die vorgeburtliche Entwicklung erheblichen Einfluss auf die Gesamtentwicklung der Persönlichkeit eines Kindes, die nicht erst mit dem Zeitpunkt der Geburt beginnt. [...]

Auch für das Ende der Kindheit hat sich eine kulturelle Konvention etabliert. Das Ende wird mit dem Eintritt der Geschlechtsreife festgelegt: bei Mädchen die erste Menstruation (Regelblutung), bei Jungen die erste Pollution (Samenerguss). Dieser Zeitpunkt markiert biologisch gesehen den Übergang zum Jugendalter, unterliegt jedoch erheblichen zeitlichen Schwankungen und hat sich insgesamt im Laufe der letzten Jahrhunderte immer weiter nach vorne geschoben. Bei Mädchen tritt die Geschlechtsreife um etwa ein Jahr eher – nämlich heute im Durchschnitt mit elfeinhalb Jahren – ein als bei Jungen. Der Abstand zwischen den Geschlechtern ist gleich geblieben, aber noch 1900 lagen diese Werte weit über zwei Jahre höher als heute [...].

Das Kindesalter lässt sich nach zwei Abschnitten gliedern:

- die frühe Kindheit, unterteilt in das Säuglingsalter (bis zum ersten Lebensjahr) und das Kleinkindalter (erstes bis drittes Lebensjahr);
- die späte Kindheit, unterteilt in das Vorschulalter (vier bis fünf Jahre) und das Grundschulalter (sechs bis elf Jahre).

Diese zwei Abschnitte der Kindheit sind jeweils durch die veränderte körperliche, seelische und soziale Entwicklung voneinander abgegrenzt. Sie unterscheiden sich aber auch maßgeblich in der Art und Weise, wie das Kind jeweils von seiner Umwelt wahrgenommen wird.

Die Lebensphase Kindheit bildet den ersten Abschnitt im Lebenslauf. Noch um 1900 bestand der Lebenslauf im Prinzip nur aus dem Abschnitt Kind und dem Abschnitt Erwachsener. Der Übergang von der Kinderzeit in die Erwachsenenzeit fiel meist mit dem Übergang in das Erwerbsleben und dem Aufbau einer eigenen Familienbeziehung mit Kindern zusammen. Ein Jugendalter war nur in den bürgerlichen Schichten typisch. Das Ende des Erwachsenenalters erfolgte aus der Erwerbsphase heraus mit dem für heutige Verhältnisse früh einsetzenden Tod um die 50 Jahre.

Erst um 1950 hatte sich das Jugendalter als eigenständiger Lebensabschnitt zwischen Kind und Erwachsenen in allen Bevölkerungsgruppen und Schichten durchgesetzt. Auch am Ende des Lebenslaufs gab es jetzt eine Differenzierung, denn die Pensionierung wurde neu etabliert. Die Lebensdauer hatte sich deutlich verlängert.

Heute ist der Lebenslauf stark untergliedert und durch eine kurze Kindheit bis zum Einsetzen der Pubertät um etwa das 12. Lebensjahr gekennzeichnet. Es schließt sich eine lange Jugendzeit an, die bis zum 30. Lebensjahr dauern kann, gefolgt von einem Erwachsenenalter, das meist schon mit 55 oder 60 Jahren mit dem Austritt aus dem Erwerbsalter abgeschlossen ist und in ein langes Seniorenalter übergeht, das bis über das 80. Lebensjahr hinausreicht (Abbildung).

Lebensphasen im historischen Vergleich
Für die Gestaltung des Lebenslaufs steht in unserem Kulturkreis ein weit verbreitetes Deutungsmuster zur Verfügung, das die Vorstellung von einem „normalen Lebenslauf“ enthält. Nach dieser Vorstellung lebt ein Mensch in der Kindheitsphase im Schonraum der Familie und kann die wesentlichen Handlungskompetenzen und persönlichen Fertigkeiten ausbilden. In der sich anschließenden Schulzeit werden intellektuelle und fachliche Fertigkeiten trainiert, die durch den Schulabschluss dokumentiert werden. Hiermit ist zugleich die Jugendzeit beendet und der Übergang in den Erwachsenenstatus erfolgt. Dieser Erwachsenenstatus wird durch die Aufnahme einer Berufsausbildung und anschließend einer Erwerbstätigkeit realisiert. Die Ablösung von der Herkunftsfamilie wird mit dem Übergang in den Erwachsenen- und Erwerbsstatus vollzogen, die Gründung einer eigenen Familie mit Kindern ist die Regel. Während dieser Phase verlassen die erwachsen gewordenen Kinder das Elternhaus und etablieren ihre eigene Nachwuchsfamilie. Der Erwachsenenstatus erstreckt sich über eine lange aktive Lebensspanne bis zur Pensionierung. Mit der Pensionierung wird kulturell und rechtlich der Austritt aus dem Erwerbsleben und der Übergang in die Seniorenphase des Lebenslaufes eingeleitet, die sich bis zum Tode erstreckt […].
Ein solcher „Normal-Lebenslauf“ ist bis heute das Orientierungsmuster der Gesellschaftspolitik und wird durch eine Reihe von gesellschaftlichen Institutionen und politisch-rechtlichen Regelungen formal abgestützt. So wird etwa die häusliche Erziehung durch die Mutter als „Hausfrau“ als Standard angesehen, entsprechende finanzielle und rechtliche Regelungen (Steuervorteile, soziale Anerkennung des Status Hausfrau) stabilisieren diese Phase. Die Erziehungseinrichtungen Kindergarten und Hort und die Bildungseinrichtungen Schule und später Hochschule bilden den formalen Rahmen für die Jugendphase.
Dieses aus der Zeit der Industrialisierung stammende Muster verliert wegen der demografischen und kulturellen Veränderungen an orientierender Kraft. Eine standardisierte Dreiteilung des Lebenslaufs nach der Idealform aus dem vorigen Jahrhundert kann wegen der sich wandelnden Arbeitsmarkt- und Lebensbedingungen von einem wachsenden Anteil der Gesellschaftsmitglieder nicht mehr umgesetzt werden. Durch die Emanzipation der Geschlechterrollen sind viele Frauen heute nicht mehr bereit, auf die Möglichkeit einer außerhäuslichen Erwerbstätigkeit zu verzichten und

Lebensphasen im historischen Vergleich

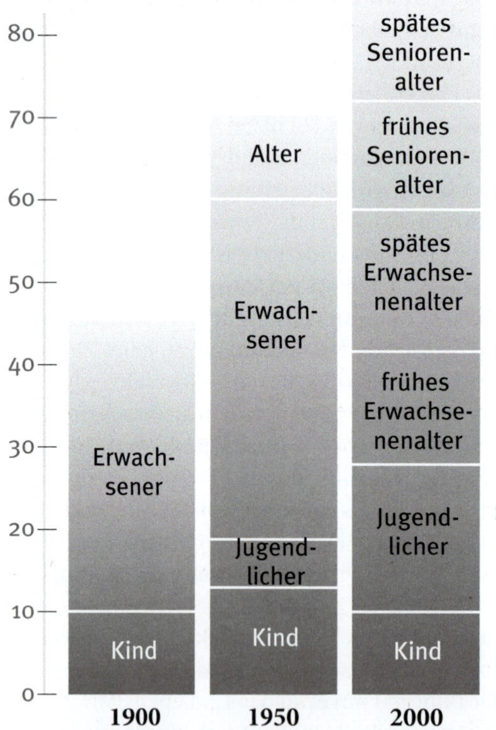

auf das „Standardmodell", einer Hausfrauenehe einzugehen […] . Hieraus ergeben sich Konsequenzen für die Gestaltung des gesamten Lebenslaufs, auch solche für die Lebensphase Kindheit […].

(Aus: Klaus Hurrelmann, Heidrun Bründel: Einführung in die Kindheitsforschung. 2. vollständig überarbeitete Aufl., Beltz Verlag: Weinheim, Basel, Berlin 2003, S. 60–70)

4 Skizzieren Sie, was die Auseinandersetzung um die „Geschichte der Kindheit" nach Hurrelmann und Bründel bringt.

5 Erörtern Sie, ob bzw. inwiefern Hurrelmann und Bründel über Rolff und Zimmermann hinausgehen.

6 Beurteilen Sie, ob die Kontroverse Ariès–de Mause eine pädagogische Auseinandersetzung von exemplarischer Tragweite darstellt.

1.3.3.3 Vom Verschwinden der Kindheit – Anstöße von Neil Postman

Neil Postman (1931–2003) war US-amerikanischer Medienwissenschaftler, er wurde insbesondere als Kritiker des Mediums Fernsehen bekannt.

Zweifellos hat die „Geschichte der Kindheit" von Philippe Ariès einen neuen Forschungsbereich eröffnet. „Warum gerade jetzt?", fragt der amerikanische Professor für Media Ecology, Neil Postman, und meint, die besten historischen Darstellungen würden immer dann geschrieben, wenn ein Ereignis abgeschlossen sei, wenn eine Periode zu Ende gehe und es unwahrscheinlich sei, dass sie einen neuen Aufschwung erlebe. „Die Historiker kommen im Allgemeinen nicht zur Hochzeit, sondern zum Begräbnis. In jedem Fall tun sie sich mit einer Autopsie leichter als mit der Berichterstattung über offene Entwicklungsprozesse." Postman hat selbst keine historischen Forschungen betrieben, wohl aber ein griffiges Erklärungsmodell für das Entstehen und die Zerstörung der Kindheit beigesteuert.
Er fürchtet, im Gegensatz zu Jean Piaget, dass die Kindheit nicht eigentlich eine biologische, sondern eine kulturelle Erscheinung ist, die einstmals durch die Kultur des gedruckten Wortes erfunden worden sei und durch die Informationsumwelt von heute wieder zum Verschwinden gebracht werde: „Erstens, es verschwindet die Fähigkeit zu lesen und zu schreiben, kurz die ‚Literalität'. Zweitens, es verschwindet die Erziehung. Drittens, es verschwindet das Schamgefühl. Und viertens, infolge der drei anderen Prozesse kommt es zum Erlöschen der Kindheit."

Dieselben Gründe erklären nach Postman, warum es in der mittelalterlichen Welt keine „Kindheit" gab: Eine Vorstellung von literarischer Erziehung war unbekannt; Lernen entsprach der Mündlichkeit und vollzog sich in Lehr- und Dienstverhältnissen. Ebenso fehlten Vorstellungen von einem Lernen in geordneten Schritten und in Abhängigkeit von der kindlichen Entwicklung. Kindheit existierte nicht in einer gesonderten Welt. Kinder spielten die gleichen Spiele wie die Erwachsenen, sangen die gleichen Lieder, hörten die gleichen Märchenerzählungen. Erwachsene und Kinder lebten zusammen, nicht getrennt voneinander. Das Wort „Kind" verwies auf ein Verwandtschaftsverhältnis, nicht auf eine Altersbegrenzung. „Bei den derben Dorffestlichkeiten auf Bruegels Gemälden essen und trinken Kinder gemeinsam mit den Erwachsenen – inmitten von berauschten Männern und Frauen, die einander in ungezügelter Gier zu umarmen versuchen." Also resümiert Postman: „Fehlen von Literalität, Fehlen einer Idee von Erziehung, Abwesenheit von Schamgefühl – dies sind die Gründe dafür, dass es in der Welt des Mittelalters keine Vorstellung von Kindheit gab." Die Wandlung der Verhältnisse, wie sie in der Folgezeit eintraten, erklärt Neil Postman aus einer veränderten kommunikativen Umwelt, wie sie seit Erfindung des Buchdrucks und der Ausbreitung einer sozialen Literalität entstand. „Die Druckerpresse brachte eine neue Definition von Erwachsenheit hervor, die auf dem Lesenkönnen beruhte." Dieser Prozess vollzog sich nicht auf einmal und nicht überall gleichzeitig, aber im Verlauf eines Jahrhunderts entstand in der kulturtragenden Gesellschaft eine von Grund auf andere symbolische Umwelt: „Diese Umwelt war erfüllt von neuem Wissen mit abstrakter Erfahrung. Sie erforderte neue Fertigkeiten, neue Verhaltensweisen und, vor allem, ein neues Bewusstsein. Individualität, die Fähigkeit zu begrifflichem Denken, geistige Regsamkeit, der Glaube an die Autorität des gedruckten Wortes, die Leidenschaft für Klarheit, Folgerichtigkeit und Vernunft – dies alles trat in den Vordergrund, während der von Mündlichkeit bestimmte Verständigungskontext des Mittelalters allmählich verschwand." Geschehen war dies: Der literatus, der des Lesens und Schreibens kundige Gebildete, war geschaffen worden. Und indem er hervortrat, hatte er die Kinder hinter sich gelassen. Denn im Mittelalter konnte weder Jung noch Alt lesen, und das Leben aller vollzog sich im Hier und Jetzt, im „Unmittelbaren und Lokalen". Deshalb bedurfte es auch keiner Vorstellung von Kindheit, denn alle hatten Teil an der gleichen Wissensumwelt und lebten insofern in der gleichen gesellschaftlichen und kulturellen Formation. Als aber die Druckerpresse zur Wirklichkeit gelangt war, da zeigte sich, dass mit ihr eine neue Art von Erwachsenheit erworben war. Sie wurde zu einer symbolischen Leistung, war nicht länger Resultat einer biologischen Entwicklung. Seit der Erfindung des Buchdrucks mussten Kinder Erwachsene erst werden, und dazu mussten sie lesen lernen, die Welt der Typografie betreten. Damit ihnen das gelang, brauchten sie Erziehung. Deshalb erfand die europäische Zivilisation die Schule von Neuem. Und damit machte sie aus der Kindheit eine Institution.

Die Zeit zwischen 1850 und 1950 stuft Postman als die Hochphase der Kindheit ein, in der man erfolgreiche Anstrengungen unternahm, alle Kinder aus der Fabrik heraus und in die Schule zu bringen, den Kindern eine eigene Kleidung, eigenes Mobiliar, eigene Literatur, eigene Spiele, die eigene soziale Welt zu schaffen. „In hundert Gesetzen wurden Kinder stets anders eingestuft und behandelt als Erwachsene, – in hundert Sitten und Gepflogenheiten wurde ihnen ein bevorzugter Status eingeräumt und Schutz vor den Unbilden des Erwachsenenlebens gewährt." Dennoch war dies zugleich jene Zeit, in der die Voraussetzungen zum erneuten Verschwinden der Kindheit heranreiften. So wie Postman in der Druckerpresse das Schlüsselsymbol für die kulturelle Ermöglichung der Kindheit sieht, erkennt er in den elektronischen Medien die Ursachen für deren längst eingeleitete Zerstörung. Seine These lautet, „dass das Fernsehen die Trennungslinie zwischen Kindheit und Erwachsenenalter aus drei Gründen verwischt, die alle mit seiner undifferenzierten Zugänglichkeit zusammenhängen: erstens, weil es keiner Unterweisung bedarf, um seine Form zu begreifen; zweitens, weil es weder an das Denken noch an das Verhalten komplexe Anforderungen stellt; drittens, weil es sein Publikum nicht gliedert. Unterstützt von anderen, elektronischen, nicht auf dem gedruckten Wort beruhenden Medien, bringt das Fernsehen erneut Kommunikationsverhältnisse hervor, wie sie im 14. und 15. Jahrhundert bestanden haben. Biologisch sind wir so ausgestattet, dass wir Bilder sehen und deuten und so viel Sprache hören können, wie erforderlich ist, um diese Bilder in einen Zusammenhang zu stellen. Die neue im Entstehen begriffene Medienumwelt beliefert jeden gleichzeitig mit derselben Information. Unter den von mir beschriebenen Bedingungen ist es unmöglich, irgendwelche Geheimnisse zu bewahren. Ohne Geheimnisse aber kann es so etwas wie Kindheit nicht geben."

Fernsehkindheit

Gegen den letzten Satz steht das Fernsehen als Technologie des freien Eintritts. Während die Welt des gedruckten Wortes nur nach erheblichen Vorleistungen offen steht, kennt das Fernsehen keine Schranken, weder für junge noch für alte Menschen, nicht für Gebildete noch für Ungebildete. [...] Er muss nichts vorweg gelernt haben, um diese Bildsequenzen in sich aufzunehmen; für jedes Alter und jeden Bildungsstand ist der Zutritt frei: „Kein Kind und kein Erwachsener wird durch mehr Fernsehen zu einem besseren Fernsehzuschauer. Die erforderlichen Fähigkeiten sind so elementar, dass uns von einem Fall von Fernsehschwäche bisher noch nichts zu Ohren gekommen ist", urteilt eine amerikanische Untersuchung. Aber wie sollte das auch geschehen, da das Grundgesetz des Fernsehens Entertainment heißt und nur das als „fernsehgerecht“ zulässt, was unterhaltenden Wert hat, die Tagesnachrichten eingeschlossen. Darum darf es auch niemanden wundern, dass Kinder, die sich an langen Wochenenden dem Unterhaltungsangebot des Fernsehen auslieferten, am Montag abgeschlafft in der Schule sitzen und nur mühsam aus ihrer Konsumentenlethargie zu aktiver Fähigkeit erweckt werden können. In ihren unterschwelligen Dispositionen wünschen sich solche Schüler eine Schule als Fortsetzung des Fernsehprogramms, also Unterricht als Unterhaltung, und es soll nicht wenige Lehrer geben, die in dieser Programmgestaltung den Beweis didaktischen Könnens sehen.

(Aus: Hubertus Halbfas: Die Erfindung der Kindheit. In: Religionsunterricht in der Grundschule. Lehrerhandbuch 4. 2. Auflage, Patmos Verlag: Düsseldorf 1989, S. 26–32)

(Foto: Your Photo Today)

1 Skizzieren Sie die Thesen von Neil Postman zum Verschwinden der Kindheit.

2 Postman nimmt den Blickwinkel des Medienwissenschaftlers ein. Erläutern Sie, inwiefern sich diese Perspektive von einer pädagogischen Betrachtungsweise unterscheidet.

3 Erörtern Sie, ob bzw. inwiefern die Überlegungen von Postman pädagogisch relevant sein dürften.

1.3.3.4 Die Gefährdung von Kindheit aufgrund psychischer Entwicklungsstörungen

Michael Winterhoff, geboren 1955, ist Facharzt für Kinder- und Jugendpsychiatrie. Ihm geht es um das Phänomen „Kindheit“ im Wandel aus einer anderen Perspektive als Neil Postman.

Für die große Mehrheit der Menschen [...] gleicht die moderne Situation einem Hamsterrad. Sie mühen sich ab, wollen gerne Schritt halten mit dem Fortschritt, haben Angst, als rückständig und unmodern zu gelten. Da die Entwicklung selbst aber immer schneller ist, als es der Lerneffekt des Menschen überhaupt sein kann, kommt dieser letztlich keinen Schritt voran, dreht sich also gleich dem Hamster im Kreis, obwohl er ständig in Bewegung ist. Mit dem Blick des Psychiaters gesehen führt diese ständige Überforderung den erwachsenen Menschen in eine Depression, deren Erscheinungsbild sich jedoch von dem unterscheidet, was klassischerweise darunter verstanden wird. Denn zieht sich der depressive Mensch normalerweise eher zurück, versteckt sich und will mit der Außenwelt am liebsten nichts zu tun haben, so ist der Effekt hier genau umgekehrt, sodass ich in diesem Fall von einer „agitierten Depression“ spreche. Agitiert deshalb, weil der in der Depression befindliche Mensch mit einer immer größeren Aktivität, einem ständigen Agieren also, reagiert.
Doch, wer ständig agiert, muss auch ständig geben; aktiv zu sein, bedeutet, aus sich selbst herauszugehen und etwas von sich selbst preis-

zugeben. Da bleibt dann im Verhältnis zu anderen Erwachsenen kaum noch Platz dafür, etwas zurückzubekommen, das sich auf der emotionalen Ebene abspielt. Der Austausch von Bestätigung und Zuwendung findet folglich innerhalb der Gesellschaft nur noch stark reduziert statt und ist nicht mehr in der Lage, die eigentlichen Bedürfnisse in diesem Bereich zu befriedigen.

In dieser Situation kommt Kindern dann eine grundsätzliche neue Rolle zu. Sie werden vom Erwachsenen funktionalisiert, bekommen den Status des Zuwendungslieferanten zugewiesen, sodass sich der Erwachsene in die Lage versetzt sieht, über das Medium des Kindes sein Zuwendungsdefizit zu kompensieren.

Diese dem defizitären Erwachsenen bis dato unbewusste Kompensation stellt letztlich einen emotionalen Missbrauch des Kindes dar. Dieses hätte Anspruch darauf, abgegrenzte Eltern, Erzieher und Lehrer um sich zu haben, die dafür Sorge tragen, dass sich psychische Funktionen optimal entwickeln können, die für ein Leben in der Gesellschaft unabdingbar sind. Stattdessen wird das Kind ständig in der frühkindlichen Fantasie bestätigt, es sei alleine auf der Welt, könne alles um sich herum steuern, indem es seine Zuwendung selektiv vergibt, wenn der Erwachsene sich entsprechend verhalten hat.

Stellen Sie sich eine Geburtstagsparty vor, auf der zehn Erwachsene zusammenstehen, um sich zu unterhalten. Plötzlich kommt ein Kind hinzu und sagt „Hallo", fordert also Zuwendung ein. Fast immer wird es heute so sein, dass die Unterhaltung der Erwachsenen sofort unterbrochen wird und man sich dem Kind zuwendet, anstatt das begonnene Gespräch zunächst zu beenden, um dann dem Kind Aufmerksamkeit zukommen zu lassen. Das Kind macht also in diesem Moment die Erfahrung, zehn Erwachsene auf einmal steuern zu können. Gigantisch! Niemand jedoch bemerkt, dass dem Kind in dieser Situation, die nur aus Zuwendung und Aufmerksamkeit zu bestehen scheint, eine existenzielle Erfahrung verweigert wird, nämlich die, sich ausrichten zu müssen, warten zu müssen, bis das eigene Begehren befriedigt werden kann. Würden die zehn Erwachsenen sich entsprechend verhalten, würde das heute fast immer als lieblos, abweisend oder schroff fehl gedeutet.

Wenn diese Kinder im Laufe des Älterwerdens schließlich zunehmend Fremdbestimmung erfahren, vor allem im Arbeitsleben, stehen sie vor einem fast unlösbaren Problem, da Fremdbestimmung in ihrem psychischen Konzept nicht vorgesehen ist. Das Tolerieren unterschiedlicher Frustrationen, das Aushaltenkönnen von nicht lustbefriedigenden Situationen, das Warten auf die Erfüllung eines Wunsches, all das wird zu krisenhaften Momenten, die die (Über-)Lebensfähigkeit des Individuums langfristig infrage stellen.

Wenn ich vom emotionalen Missbrauch des Kindes spreche, ist damit auch klar ausgedrückt, dass nur die Erwachsenenwelt in der Lage ist, die immer problematischere Lage zu entschärfen. Es kann also nicht darum gehen, Kinder strenger zu erziehen, sondern es muss ein Bewusstsein für die entstandenen Beziehungsstörungen bei allen erfolgen, die erzieherisch auf Kinder einwirken.

Solange dieses Bewusstsein nicht vorhanden ist, sind wir in unserer Gesellschaft auf dem besten Wege, Kindheit als Phase menschlicher Entwicklung abzuschaffen. Das Kind wird quasi im Kreißsaal als kleiner Erwachsener in die Welt hineingeworfen und sofort in alles einbezogen, ohne dass über die Angemessenheit der Anforderungen nachgedacht wird. Das ist der Grund, warum sich heute Kinder in allen klassischen Erwachsenenbereichen wie selbstverständlich aufhalten. Anstatt zu sehen, dass damit jegliche Schutzbereiche innerhalb der Gesellschaft für Kinder abgeschafft werden, begreift der in der Projektion oder Symbiose befindliche Erwachsene diese Tatsache als Gewinn für das Kind, weil es damit in die Lage versetzt wird, ein gleichwertiger Partner zu sein.

[...] Wenn wir die Entwicklung, die ich mit meiner Analyse aufzeige, so weiterlaufen lassen, geraten wir in die Gefahr, eine ganze Generation schlicht und ergreifend zu verlieren. Kinder, die von klein auf wie Erwachsene behandelt und gesehen werden, haben keine Chance, sich kindgerecht zu entwickeln und als Erwachsener wiederum einer neuen Generation gegenüber

eine nicht nur erziehungsberechtigte, sondern auch erziehungsbefähigte Elternschaft zu sein. Die Tendenz in der Erwachsenenwelt ist fatal. [...]
Erst wenn wir als Erwachsene in der Lage sind, zu erkennen, dass die kindliche Psyche der Formung durch ein älteres Gegenüber bedarf, versetzen wir uns wieder in die Lage, für eine zukunftsweisende Gesellschaft zu sorgen, in der auch unsere Kinder noch als „zoon politikon" leben und wirken können.
Dabei ist das ausdrücklich nicht als Absage an die moderne, horizontale Denkweise zu verstehen. Diese ist selbstverständlich eine Errungenschaft der aufgeklärten Gesellschaft, sie muss jedoch wieder als Ziel definiert werden, auf das auch bei der Kindererziehung langsam hingearbeitet werden muss. Kleine Kinder brauchen zunächst einmal ein erwachsenes Gegenüber, das eine traditionelle, vertikale Denkweise beherzigt und sich darüber im Klaren ist, dass bisweilen negativ besetzte Begriffe wie Autorität und Hierarchie genau die Eckpunkte im Verhalten gegenüber Kindern sind, die diesen die notwendige Struktur und Orientierung geben, um sich in der Welt zurechtzufinden.

(Aus: Michael Winterhoff: Warum unsere Kinder Tyrannen werden. Oder: Die Abschaffung der Kindheit. Gütersloher Verlagshaus: Gütersloh 2008, S. 178–181, 183–184)

1 Skizzieren Sie die Thesen des Autors zum Verschwinden der Kindheit.
2 Der Autor nimmt den Blickwinkel des Psychiaters ein. Erläutern Sie, inwiefern sich diese Perspektive von einer pädagogischen Betrachtungsweise unterscheidet.
3 Erörtern Sie, ob bzw. inwiefern die Überlegungen von Winterhoff pädagogisch relevant sein dürften.

1.3.4 Über die Real- und Sozialgeschichte der Erziehung

Im Gegensatz zur Geschichte großer Ideen und der Bildungsinstitutionen wissen wir über die Real- und Sozialgeschichte der Erziehung immer noch recht wenig. Wie lebten die Familien wirklich, wie gestalteten sie ihren Alltag, welche sozialen und ökonomischen Bedingungen prägten ihr Leben und damit die Erziehung der Kinder? [...]
Ariès stellt die These auf, dass das Mittelalter noch keine eigentlichen pädagogischen Einrichtungen kannte. Schulpflicht (oder Schulzwang) war unbekannt, Kindergärten oder andere eigens für die Aufbewahrung und Erziehung von Kindern eingerichtete Institutionen ebenfalls. Die Lebenssphäre von Kindern war von der der Erwachsenen weder räumlich noch kulturell getrennt. Man arbeitete, kochte, spielte, lebte in einem gemeinsamen Raum, Kinder schliefen bei den Erwachsenen im Bett. In ärmeren Familien wurden die Kinder schon früh zum Broterwerb herangezogen, sie waren unmittelbar in die Geschäfte und Sorgen der Erwachsenen einbezogen.
Im Laufe des 16. und 17. Jahrhunderts setzt nun eine Ausgliederung der Kinder aus dem Leben der Erwachsenen ein, spezielle Kleidung für Kinder, Erfindung besonderen Spielzeugs und eine Tendenz zur Übergabe der Kinder in spezifisch auf Lernen ausgerichtete Institutionen sind u. a. kennzeichnend. Für Aries ist dies der Weg der Kinder aus der Freiheit und Ungezwungenheit ihrer ganzheitlichen Lebenswelt in die pädagogische Dressur der Gesellschaft mit Schule und Kleinfamilie: Die Leidenszeit der Kinder beginnt mit der Entdeckung der Kindheit, deren Erforschung in den folgenden Jahrhunderten zu immer mehr Unterdrückung kindlicher Emotionalität und Ursprünglichkeit führt.
Ganz anders die Forschungsgruppe um Lloyd de Mause (1977). Zunächst kommt auch sie – unter psychoanalytischen Gesichtspunkten – zum Ergebnis, dass Kinder bis hinein in das 17. Jahrhundert weitgehend schutzlos waren, dass die Empathie der Erwachsenen weitgehend fehlte. Aber das wird nun sehr kritisch interpretiert: Pflegepraktiken verursachten eine hohe Kindersterblichkeit, die Ernährung war oft mangelhaft, Hygiene fehlte usw. Als Mittel der Geburtenkontrolle diente die Kindestötung

oder die Aussetzung (Hänsel und Gretel!). Den großen Wandel in den Eltern-Kind-Beziehungen durch „Entdeckung der Kindheit" (vor allem dann im 18. Jahrhundert) begreift de Mause folglich als Beginn einer Entwicklung weg von Disziplinierung und fremdbestimmten Formungsabsichten hin zu einer befreiten Kindheit, in der Eltern ihren Kindern Empathie und Unterstützung gewähren, ohne sie vorschnell für eigene Bedürfnisse zu missbrauchen. Vom 17. Jahrhundert an beginnt das, was wir heute eine moderne Erziehungslehre nennen würden: Man beobachtet Kinder, gewinnt ein Verständnis für die eigene Art des Aufwachsens von Kindern und den Zusammenhang von Kindheit und späterer Persönlichkeit. Die Kategorie der Entwicklung gewinnt an Bedeutung, auf die nun große Pädagogen wie Comenius und vor allem Rousseau reagieren. Doch Kindheit gibt es bis ins 19. Jahrhundert für einen großen Teil der Bevölkerung immer noch nicht, Kinder von Tagelöhnern, Bauern, Kleinhandwerkern und des Industrieproletariats finden überhaupt keine pädagogische Beachtung. Erst im 20. Jahrhundert wird Kindheit in Europa allgemein als ein dem Spielen, der Entwicklung, dem Lernen dienender und von Erwerbsarbeit befreiter Lebensraum anerkannt (Wagner-Winterhager 1985, 5). [...]
Die moderne Kindheitsforschung umfasst auch den historischen, sozialen, gesellschaftlichen und kulturellen Kontext dieses Lebensabschnittes. Gefragt wird danach, „welche Wechselbeziehungen es zwischen dem sich entwickelnden Menschen und der sich wandelnden Umwelt gibt" (Oerter/Montada 2002, V). Aber „Kindheit" ist zugleich (historisches) Konstrukt [...].

(Aus: Herbert Gudjons: Pädagogisches Grundwissen, 10. Aufl., UTB Klinkhardt: Bad Heilbrunn 2008, S. 76–79, 109)

Projektvorschlag
zum Thema „Kindheit in der Geschichte"

Sie können ...
- ältere Menschen ihrer Umgebung (z. B. Großeltern, Urgroßeltern) nach deren Erleben von Kindheit in ihrer Lebenszeit befragen und
- die Befragung im Hinblick auf den historischen Wandel von Erziehungsvorstellungen auswerten.
- alte Fotoalben (aus der Familie oder vom Flohmarkt) im Hinblick auf Kinderbilder auswerten und die erschließbaren Werte analysieren.
- Tagebücher von Verstorbenen im Hinblick auf die Fragestellung sichten und
- individuelle Lebensläufe herausarbeiten und auf Verallgemeinerungsfähigkeit hin untersuchen.
- usw.

2. Erziehung im Nationalsozialismus

2.1 Hinführung: Joachim Fest, „Ich nicht" – Kindheitserinnerungen

Der Historiker Joachim Fest (1926–2006) erzählt in seiner Biografie, wie er die Zeit des Nationalsozialismus erlebt hat. In diesem Zusammenhang werden auch pädagogisch interessante Episoden aus dieser Zeit geschildert, die einen ersten Einblick in diese Periode deutscher Geschichte vermitteln.

Es war eine ganz und gar politisierte Welt, in der wir aufwuchsen, viele Gespräche und fast alle persönlichen Entscheidungen waren vom Blick auf die herrschenden Verhältnisse bestimmt. Zwar kenne ich Altersgenossen, die ebenfalls um diese Zeit in Berlin groß wurden, aber sie nahmen die Umstände anders wahr. Außer dem „Völkischen Gebet", das in manchen Schulen an NS-Feiertagen gemeinschaftlich aufgesagt wurde, der HJ-Uniform und den bündischen Liedern wie etwa dem von den Wildgänsen, die mit schrillem Schrei durch die Nacht rauschten, kam nichts politisch Gemeintes je an sie heran.

Gleichwohl galten die hergebrachten Erziehungsregeln im einen wie im anderen Fall weiterhin, wenn auch womöglich in unserem Haus etwas mehr. Aber die Rede war nie davon, außer in den paar geronnenen Formeln, die wir immer wieder gehört, doch in ihrem hintergründigen Sinn erst später begriffen haben: „Zieh keinen Flunsch!", „Hab dich nicht so!", „Kinder reden nicht ungefragt!" Und dass man bei Tisch nicht über Geld, Affären oder das aufgetragene Essen sprechen dürfe. Die Grundsätze, die in solchen Regeln zum Ausdruck kamen, wurden nie sonderlich vertieft. Man machte keine Worte darüber, sie verstanden sich sozusagen von selbst und galten als Leitsätze fürs richtige Benehmen. Als meine Mutter einmal über meine Frechheiten klagte, sagte mein Vater: „Lass ihn nur! Frech sein darf er! Hier jedenfalls. Wir müssen ihm nur beibringen, wo die Grenze ist. Draußen wird man ihm diese Grenze, wenn er sie hier nicht begreift, früh genug zeigen."

Mit alledem war unsere sozusagen stumme Erziehung noch einmal ein Gegenbild zu der von antibürgerlichen Affekten geprägten Welt des Regimes, und heute, im Abstand der Jahre, stellt sie sich mir vor allem als eine Art bürgerlicher Entwicklungsgeschichte in unbürgerlicher Zeit dar. Die Machthaber wüssten nichts vom zivilisierten Umgang, versicherte mein Vater, und deshalb herrschten sie nicht, wie er manchmal hinterdrein höhnte, über ein tausendjähriges Reich, sondern über eines, das mindestens fünftausend Jahre zurück bis „tief hinein in den Urwald" reiche. In einem pädagogischen Gedankenstück notierte er: „Alle Erziehungslehren gehen auf einen vielstimmigen Chor zurück. Er reicht von den Zehn Geboten über die Moraltraktate der Philosophie und die große Literatur bis zu vielem anderen, wovon ganze Bibliotheken zeugen. Und das alles verfolgt ein eigentlich bescheidenes Ziel: den Menschen ein paar Selbstverständlichkeiten beizubringen." Ins Alltägliche übersetzt, lauteten diese Selbstverständlichkeiten: auf „Anstand" zu achten, auf gute „Manieren" und „Rücksicht" zu üben. Außerdem dürfe man Formen, wie Hans Hausdorf, der Elternfreund, einmal mit seiner Vorliebe für Paradoxe sagte, nicht „als bloße Formsache" ansehen. Und meine Mutter beschloss die erzieherischen Episteln gern mit einem Satz, den wir seit frühester Jugend unendlich oft gehört haben, ob einer sich nun das Knie aufgeschlagen hatte und sie mit der Jodflasche kam, ob wir uns über ungerechte Noten beklagten oder über einen Schiedsrichter, der für unser Gefühl stets zum Nachteil unseres Kickerclubs SC Karlshorst gepfiffen hatte: „Nur kein genre sentimental!", was für sie so viel bedeutete wie: nicht jammern, nicht wehleidig sein, sich keine Träne fürs Unvermeidliche gestatten. Als die wildere meiner beiden Schwestern, Christa, einmal gestürzt war und mit aufgeschlagenem Knie bei ihr Hilfe suchte, hörte ich meine Mutter mit einem begütigenden Streicheln sagen: „Nicht weinen, mein Liebes! Nicht weinen! Die Heulerei ist fürs Dienstmädchenzimmer!“ Ein gewisser sozialer Hochmut war beim Verbot der Wehleidigkeit immer dabei. Aber weit davor stand das Empfinden, selbst einem strengeren Haltungskodex zu unterliegen.

Viel häufiger jedoch gab es die Welt der ungetrübten Tage, in der keine Schulaufgabe zu leisten, keine der mit dem Alter wachsenden Pflichten zu erfüllen und weit und breit keine Jodflaschen zu sehen waren. [...]

An einem Sonntag zu Anfang Februar, kurz nach unserer Rückkehr vom Kirchgang, betraten zwei höhere HJ-Führer mit lautem Türschlagen das Haus und verlangten meinen Vater zu sprechen. Sie hätten jetzt erst herausgefunden, rief der eine ihm schon vom Fuß der Treppe entgegen, dass keiner seiner drei Söhne im Jungvolk gewesen sei noch je der Organisation für die Älteren, der HJ, angehört habe. Das müsse ein Ende haben. „Drückebergerei!“, bellte der andere dazwischen. „Unverschämtheit! Was erlauben Sie sich!“ Pflichten habe jeder. „Sie auch!“, ließ sich der erste wieder vernehmen.

Inzwischen war mein Vater bei den beiden angelangt. „Wer immer Sie sind“, erwiderte er mit einer Unmutsfalte auf der Stirn, „ich erlaube Ihnen nicht, mir auch noch am Sonntag mit einer Lüge zu kommen. Denn wir sind schon mehrfach, ebenfalls am Sonntagmorgen, von Ihren Jungens belästigt worden. Also haben Sie nichts erst jetzt herausbekommen.“ Und immer lauter werdend, brüllte er schließlich los: „Sie werfen mir Drückebergerei vor und sind selber Feiglinge!“ Und nach ein paar weiteren Zurechtweisungen schrie er von der zweiten Treppenstufe über die militärisch geschorenen Köpfe hin: „Und nun fordere ich Sie auf, mein Haus zu verlassen. Raus! Und zwar sofort!“ Die beiden schienen sprachlos über den Ton, den sich mein Vater erlaubte, doch ehe sie antworten konnten, trieb er sie sozusagen durch den Eingangsflur vor sich her und zur Tür hinaus.

Der Lärm hatte zunächst das ganze Haus aufgescheucht, mehrere Mitbewohner waren auf der Treppe erschienen. Beim Anblick der Uniformierten indessen schlossen sie leise ihre Wohnungstüren.

Kaum war der Hauszugang hinter den beiden HJ-Führern ins Schloss gefallen, eilte mein Vater die Treppe in großer Hast hinauf, um meine Mutter zu beruhigen. Sie stand wie erstarrt in der Tür und sagte nur: „Diesmal bist du zu weit gegangen!“ Mein Vater legte seinen Arm um sie und gestand, er habe sich einen Augenblick lang vergessen. Aber erst hätten die Nazis ihm den Beruf und das Auskommen gestohlen, jetzt machten sie sich über den Sonntag und die Söhne her. Man müsse den Leuten wenigstens einmal ihre Grenze zeigen. „Sie kennen keine“, sagte meine Mutter mit tonloser Stimme. Umso wichtiger sei es, hielt mein Vater dagegen, sie ihnen deutlich zu machen. Nicht er sei zu weit gegangen, sondern die HJ-Bengels. Es definiere einen Nazi geradezu, dass er stets zu weit gehe.

Zu aller Erstaunen blieb der Vorgang ohne Folgen. Nur der Blockwart Fengler kam zwei Tage später vorbei und belehrte meinen Vater, während wir gerade bei Tisch saßen, vor der ganzen Familie: „Benehmen Sie sich! Sie sind nicht allein auf der Welt. Merken Sie sich das endlich! Und die Zugehörigkeit zur HJ ist schließlich Gesetz!“ Meine Mutter forderte meinen Vater auf, sitzen zu bleiben, und brachte den verhassten Blockwart zur Wohnungstür: „Mein Mann ist sonst nicht so“, sagte sie, um Freundlichkeit bemüht. „Aber am Sonntag gehen wir nun mal zur Kirche. Das lassen wir uns von keinem verbieten!“ Der Besuch Fenglers brachte uns beim Abendtisch noch einmal auf den Vorgang zurück. Mein Vater war grimmig und belustigt zugleich: „Volksgemeinschaft – du meine Güte! Der reine Ekel kommt einem hoch!“ Nach den offiziellen Unfassbarkeiten durch die Gesetze, dem Ausschluss aller Juden von den bürgerlichen Berufen, selbst der Ärzte und Apotheker, der Kündigung der Telefonanschlüsse und dem „Gelben Stern“, griffe jetzt, sagte er, mehr und mehr der kleine Mann von der Straße ein und denke sich für die Behörden immer neue Schikanen aus. Juden dürften nicht mehr auf Parkbänken sitzen, nicht „die gute Luft des deutschen Waldes durch Spaziergänge verpesten“. Sie dürften keine Zeitungen und Zeitschriften mehr beziehen, und Dr. Meyer, der bis vor kurzem einen „Wanderer“ gefahren

8. HEFT - ERNTING 1934

Reichszeitung der deutschen Erzieher

NATIONALSOZIALISTISCHE LEHRERZEITUNG

Herausgeber: Nationalsozialistischer Lehrerbund, Reichsleitg. Bayreuth / Verlag: Gauverlag Bayer. Ostmark GmbH.
Erscheint monatlich - Einzelpreis 20 Pfg., ab 20 Stück 15 Pfg., ab 100 Stück 13 Pfg. - Fernruf: Bayreuth 1347 - Postschließfach 6
Postscheckkonto: N.S. Lehrerbund Reichsleitung Bayreuth, Nürnberg 34641 - Gauverlag Bayer. Ostmark GmbH. (für Anzeigen) Nürnberg 37502

„Dein größter Erzieher, deutsches Volk, heißt Adolf Hitler."

Hans Schemm

9

(Foto: Interfoto)

habe, habe sein Fahrrad und seine Schreibmaschine abliefern müssen – neuerdings dürften Juden auch keine Haustiere wie Hunde, Katzen, Kanarienvögel oder Hamster halten. Als ein jüdischer Freund von Hans Hausdorf Blumen für das Grab seiner gerade verstorbenen Frau kaufen wollte, fuhr der Verkäufer ihn an, Blumen seien ein Schmuck nach deutscher Art, Juden hätten keinen Anspruch darauf; er solle sich davonmachen. Und die Deutschen selber müssten die Frage des Standesbeamten, ob sie bereit seien, sich lebenslang aneinander zu binden, nicht wie seit Generationen üblich mit einem einfachen „Ja" beantworten, sondern mit „Jawohl! Heil Hitler!". Was sei nur aus dem Land geworden?

Ende März begannen meine beiden Brüder und ich unsere Abschiedsbesuche. Mit der Hilfe eines Freundes meiner Eltern war es gelungen, uns in einem katholischen Internat in Freiburg unterzubringen, dessen Zöglinge einem der beiden städtischen Gymnasien zugewiesen waren.

(Aus: Joachim Fest: Ich nicht – Erinnerungen an eine Kindheit und Jugend. Rowohlt Verlag: Reinbek 2006, S. 101–168)

1. Skizzieren Sie, welche Eindrücke die Ausführungen von Joachim Fest bei Ihnen hinterlassen.
2. Arbeiten Sie heraus, unter welcher Perspektive der Verfasser seine Darstellung erstellt hat.
3. Untersuchen Sie das Erzählte im Blick auf pädagogisch Relevantes.

2.2 Erziehung im Nationalsozialismus: Die Perspektive des Regimes

2.2.1 Hitlers Erziehungsgrundsätze

Wenn wir als erste Aufgabe des Staates im Dienste und zum Wohle seines Volkstums die Erhaltung, Pflege und Entwicklung der besten rassischen Elemente erkennen, so ist es natürlich, dass sich diese Sorgfalt nicht nur bis zur Geburt des jeweiligen kleinen jungen Volks- und Rassegenossen zu erstrecken hat, sondern dass sie aus dem jungen Sprössling auch ein wertvolles Glied für eine spätere Weitervermehrung erziehen muss.

Und so wie im Allgemeinen die Voraussetzung geistiger Leistungsfähigkeit in der rassischen Qualität des gegebenen Menschenmaterials liegt, so muss auch im Einzelnen die Erziehung zuallererst die körperliche Gesundheit ins Auge fassen und fördern; denn in der Masse genommen wird sich ein gesunder, kraftvoller Geist auch nur in einem gesunden und kraftvollen Körper finden. […]

Der völkische Staat hat in dieser Erkenntnis seine gesamte Erziehungsarbeit in erster Linie nicht auf das Einpumpen bloßen Wissens einzustellen, sondern auf das Heranzüchten kerngesunder Körper. Erst in zweiter Linie kommt dann die Ausbildung der geistigen Fähigkeiten. Hier aber wieder an der Spitze die Entwicklung des Charakters, besonders die Förderung der Willens- und Entschlusskraft, verbunden mit der Erziehung zur Verantwortungsfreudigkeit, und erst als Letztes die wissenschaftliche Schulung. […]

Die körperliche Ertüchtigung ist daher im völkischen Staat nicht eine Sache des Einzelnen, auch nicht eine Angelegenheit, die in erster Linie die Eltern angeht und die erst in zweiter oder dritter die Allgemeinheit interessiert, sondern eine Forderung der Selbsterhaltung des durch den Staat vertretenen und geschützten Volkstums. So wie der Staat, was die rein wissenschaftliche Ausbildung betrifft, schon heute in das Selbstbestimmungsrecht des Einzelnen eingreift und ihm gegenüber das Recht der Gesamtheit wahrnimmt, indem er, ohne Befragung des Wollens oder Nichtwollens der Eltern, das Kind dem Schulzwang unterwirft, so muss in noch viel höherem Maße der völkische Staat dereinst seine Autorität durchsetzen gegenüber der Unkenntnis oder dem Unverständnis des Einzelnen in den Fragen der Erhaltung des Volkstums. Er hat seine Erziehungsarbeit so einzuteilen, dass die jungen Körper schon in

Adolf Hitler mit „Arbeitsmaiden“ im Führerhauptquartier „Tannenberg“ auf dem Kniebis im Schwarzwald (Ende Juni 1940).
(Foto: Walter Frentz)

ihrer frühesten Kindheit zweckentsprechend behandelt werden und die notwendige Stählung für das spätere Leben erhalten. Er muss vor allem dafür sorgen, dass nicht eine Generation von Stubenhockern herangebildet wird […]. *Gerade unser deutsches Volk, das heute zusammengebrochen, den Fußtritten der anderen Welt preisgegeben daliegt, braucht jene suggestive Kraft, die im Selbstvertrauen liegt. Dieses Selbstvertrauen aber muss schon von Kindheit auf dem jungen Volksgenossen anerzogen werden. Seine gesamte Erziehung und Ausbildung muss darauf angelegt werden, ihm die Überzeugung zu geben, andern unbedingt überlegen zu sein. Er muss in seiner körperlichen Kraft und Gewandtheit den Glauben an die Unbesiegbarkeit seines ganzen Volkstums wiedergewinnen. […]*
Der völkische Staat wird genauso wie die geistige Erziehung auch die körperliche Ausbildung der Nachschulzeit als staatliche Aufgabe betrachten müssen und durch staatliche Einrichtungen durchzuführen haben. Dabei kann diese Erziehung in großen Zügen schon die Vorbildung für den späteren Heeresdienst sein. Das Heer soll dann dem junge Manne nicht mehr wie bisher die Grundbegriffe des einfachsten Exerzierreglements beizubringen haben, es wird auch nicht Rekruten im heutigen Sinne zugeführt erhalten, es soll vielmehr den körperlich bereits tadellos vorgebildeten jungen Menschen nurmehr in den Soldaten verwandeln. […]
Analog der Erziehung des Knaben kann der völkische Staat auch die Erziehung des Mädchens von den gleichen Gesichtspunkten aus leiten. Auch dort ist das Hauptgewicht vor allem auf die körperliche Ausbildung zu legen, erst dann auf die Förderung der seelischen und zuletzt der geistigen Werte. Das *Ziel* der weiblichen Erziehung hat unverrückbar die kommende Mutter zu sein […].
Es fehlte unserer Erziehung die Kunst, aus dem geschichtlichen Werden unseres Volkes einige wenige Namen herauszuheben und sie zum

Allgemeingut des gesamten deutschen Volkes zu machen, um so durch gleiches Wissen und gleiche Begeisterung auch ein gleichmäßig verbindendes Band um die ganze Nation zu schlingen. Man hat es nicht verstanden, die wirklich bedeutsamen Männer unseres Volkes in den Augen der Gegenwart als überragende Heroen erscheinen zu lassen, die allgemeine Aufmerksamkeit auf sie zu konzentrieren und dadurch eine geschlossene Stimmung zu erzeugen. Man vermochte nicht, aus den verschiedenen Unterrichtsstoffen das für die Nation Ruhmvolle über das Niveau einer sachlichen Darstellung zu erheben und an solchen leuchtenden Beispielen den Nationalstolz zu entflammen. Es würde dies der damaligen Zeit als übler Chauvinismus erschienen sein […]. Dass eines Tages ein Krieg kommen könnte, der in Trommelfeuer und Gasschwaden eine gründliche Prüfung der inneren Haltbarkeit patriotischer Gesinnung vornehmen würde, schien niemand für möglich zu halten. Als er dann aber da war, rächte sich der Mangel an höchster nationaler Leidenschaft in furchtbarster Weise. Für ihre kaiserlichen und königlichen Herren zu sterben, hatten die Menschen nurmehr wenig Lust, die „Nation" aber war den meisten unbekannt. […] Der völkische Staat wird für sein Dasein kämpfen müssen. Er wird es durch Dawesunterschriften weder erhalten noch seinen Bestand durch sie verteidigen können. Er wird aber zu seiner Existenz und zu seinem Schutz gerade das brauchen, auf was man jetzt glaubt verzichten zu können. […] Der beste Schutz wird dann nicht in seinen Waffen liegen, sondern in seinen Bürgern; nicht Festungswälle werden ihn beschirmen, sondern die lebendige Mauer von Männern und Frauen, erfüllt von höchster Vaterlandsliebe und fanatischer Nationalbegeisterung.

Als Drittes muss daher bei der wissenschaftlichen Erziehung berücksichtigt werden: *Auch in der Wissenschaft hat der völkische Staat ein Hilfsmittel zu erblicken zur Förderung des Nationalstolzes. Nicht nur die Weltgeschichte, sondern die gesamte Kulturgeschichte muss von diesem Gesichtspunkte aus gelehrt werden. Es darf ein Erfinder nicht nur groß erscheinen als Erfinder, sondern muss größer noch erscheinen als Volksgenosse. Die Bewunderung jeder großen Tat muss umgegossen werden in Stolz auf den glücklichen Vollbringer derselben als Angehörigen des eigenen Volkes. Aus der Unzahl all der großen Namen der deutschen Geschichte aber sind die größten herauszugreifen und der Jugend in so eindringlicher Weise vorzuführen, dass sie zu Säulen eines unerschütterlichen Nationalgefühles werden. […]*

Die gesamte Bildungs- und Erziehungsarbeit des völkischen Staates muss ihre Krönung darin finden, dass sie den Rassesinn und das Rassegefühl instinkt- und verstandesmäßig in Herz und Gehirn der ihr anvertrauten Jugend hineinbrennt. Es soll kein Knabe und kein Mädchen die Schule verlassen, ohne zur letzten Erkenntnis über die Notwendigkeit und das Wesen der Blutreinheit geführt worden zu sein. Damit wird die Voraussetzung geschaffen für die Erhaltung der rassenmäßigen Grundlagen unseres Volkstums und durch sie wiederum die Sicherung der Vorbedingungen für die spätere kulturelle Weiterentwicklung.

(Aus: Adolf Hitler: Mein Kampf. 2 Bde. Verlag Franz Eher: München 1925–1927. S. 451 f., 453, 456, 458, 459, 471, 472, 473 f.)

1 Arbeiten Sie die Grundzüge der Erziehungsvorstellungen Hitlers heraus.

2 Erläutern Sie anhand des folgenden Textauszuges, wie diese Erziehungsvorstellungen auf die Praxis des Schulwesens bezogen werden.

Neuordnung des höheren Schulwesens vom 29. 1. 1938

1. Aus wichtigen bevölkerungspolitischen Gründen habe ich die neunjährige Höhere Schule auf acht Jahre verkürzt. Durch diese Maßnahme darf jedoch die Bildungshöhe der Höheren Schule nicht herabgemindert werden. […]

3. Eine gemeinsame Schulerziehung der Geschlechter widerspricht nationalsozialistischem Erziehungsgeiste. Für Jungen und Mädchen sind daher grundsätzlich getrennte Schulen eingerichtet; die neue hauswirtschaftliche Form der Oberschule für Mädchen steht dabei in ganz besonderem Maße im Dienste der Forderungen, die das Leben an die deutsche Frau und

Mutter in Familie, Beruf und Volksgemeinschaft stellt. […]

6. Von der Veröffentlichung neuer Religionspläne sehe ich ab. Für den Unterricht ist zu beachten, dass alle Stoffe ausscheiden, die geeignet sind, die Einheitlichkeit der Erziehung zu gefährden. […]

Grundsätzliches

Die deutsche Schule ist ein Teil der nationalsozialistischen Erziehungsordnung. Sie hat die Aufgabe, im Verein mit den anderen Erziehungsmächten des Volkes, aber mit den ihr eigentümlichen Erziehungsmitteln, den nationalsozialistischen Menschen zu formen. […]

Wenn der Nationalsozialismus den Vorrang des Lebens und der Tat vor allen Systemen der Erziehung und Bildung behauptet, dann spricht er das Gesetz der Entwicklung jeder großen Kultur aus. Politisches Handeln ist die Stiftung einer neuen Ordnung. Bevor von einer neuen Erziehung die Rede sein kann, muss die Ordnung, der überzeugende Kraft innewohnt, geschaffen sein. Der Staat Adolf Hitlers ist darum zum Erziehungsstaat geworden, weil der Führer durch die Schöpfung seines Reiches die Kraft seines Volkes in einem einzigen politischen Willen, in einer einzigen alle durchdringenden Weltanschauung zusammenfasste und damit wieder große und sinnvolle Erziehung möglich machte. […]

Die nationalsozialistische Revolution der Weltanschauung hat an die Stelle des Trugbildes der gebildeten Persönlichkeit die Gestalt des wirklichen, d. h. durch Blut und geschichtliches Schicksal bestimmten deutschen Menschen gesetzt und anstelle der humanistischen Bildungsideologie, die bis in die jüngste Vergangenheit fortgelebt hatte, eine Erziehungsordnung aufgebaut, die sich aus der Gemeinschaft des wirklichen Kampfes entwickelt hatte. Nur aus dem Geiste dieser politischen Zucht kann auch echte Bildung als die zentrale Aufgabe der kommenden Schule erwachsen, die die Begeisterungsfähigkeit des jungen Deutschen nicht lähmt, sondern steigert und zur Einsatzfähigkeit fortführt. Jede Bildung, die abseits von dieser nationalsozialistischen Erziehungswirklichkeit erfolgt, bleibt abstrakt und volksfremd, weil sie, selbst wenn der völkische Charakter des Bildungsgutes feststeht, nicht den Menschen in seiner Wirklichkeit, sondern als bloßes Verstandeswesen anspricht. […]

Alle Erziehungsformen haben *ein* Ziel: die Formung des nationalsozialistischen Menschen. Aber jede von ihnen hat ihre besonderen Aufgaben, die sie begreifen und erfüllen muss, wenn sie sich nicht selbst schaden will. Die Schule ist wesentlich dadurch bestimmt, dass sie durch Unterricht erzieht. Das heißt nicht, dass sie einseitig den Verstand ausbilden und Gelehrte oder gar „Intellektuelle“ züchten soll. Wer wirklich erkannt hat, dass der Mensch eine Einheit und nicht etwa aus Leib und Seele und Geist „zusammengesetzt“ ist, wird nicht leugnen, dass auch die Zucht des Geistes, die Entwicklung der Verstandeskräfte und die Vermittlung lebendiger Bildungsstoffe den ganzen Menschen ergreifen und seinen Charakter zur Reife bringen helfen. […]

Eine Schule ist so viel wert wie die Erzieher, die in ihr wirken. Die wirkliche Erneuerung auch der Höheren Schule wird nur durch die stetige und schwere Arbeit in den Schulstuben geschaffen werden. Richtlinien können nur die Wege dazu ebnen. Vom nationalsozialistischen Lehrer und von seinem Einsatz wird es abhängen, wie die Höhere Schule ihrer Aufgabe, volksverbundene und entscheidungsfähige Menschen zu erziehen, gerecht wird. Die neue Schule wird die Seele der Jugend nur dann ergreifen, wenn sie von Männern und Frauen getragen wird, die selbst vom neuen Leben erfasst und von der Verantwortung gegenüber ihrem Amt erfüllt sind. […]

Die nationalsozialistische Weltanschauung ist nicht Gegenstand oder Anwendungsgebiet des Unterrichts, sondern sein Fundament. Sie ermöglicht, dass die Schlagbäume zwischen den einzelnen Fachgebieten fallen und auf eine ungezwungene Weise ein Unterricht in Querverbindung und Konzentration betrieben werden kann. Mit ihr lösen sich alle Lehrplan- und Stundenplanschwierigkeiten, die im Zeitalter des Bildungspluralismus unüberwindlich schienen. Denn die Weltanschauung gibt dem Unterricht nicht so sehr neue Bildungsstoffe als vielmehr eine neue Sicht, ein neues Erziehungsverfahren und ein neues Ausleseprinzip für das Bildungsgut […].

Die Höheren Schulen haben 2 Grundformen:

A. Hauptform
I. Oberschule für Jungen:
1. grundständig, mit den Klassen l bis 8. Die Oberstufe (Klassen 6 bis 8) jeder Schule ist grundsätzlich gegabelt: a) Naturwissenschaftlich-Mathematischer Zweig, b) Sprachlicher Zweig. Dazu kommen Arbeitsgemeinschaften: a) in Naturwissenschaften und Mathematik, b) in einer lebenden Fremdsprache. Pflichtsprachen: Englisch, Latein und im Sprachlichen Zweig eine weitere lebende Fremdsprache.
2. Aufbauform, mit den Klassen 3 bis 8 (Aufbauschule). Die Oberstufe ist nicht gegabelt. Pflichtsprachen: Englisch, Latein.
II. Oberschule für Mädchen:
1. grundständig, mit den Klassen l bis 8. Die Oberstufe hat zwei Formen: a) Hauswirtschaftliche Form, b) Sprachliche Form. Pflichtsprachen: bei a) Englisch, bei b) Englisch und Latein oder eine weitere lebende Fremdsprache. Wahlsprachen: bei a) keine, bei b) eine lebende Fremdsprache oder Latein.
2. Aufbauform, mit den Klassen 3 bis 8 (Aufbauschule). Die Oberstufe hat die Hauswirtschaftliche Form.

B. Sonderform
Gymnasium für Jungen, grundständig, mit den Klassen l bis 8. Die Oberstufe ist nicht gegabelt. Pflichtsprachen: Latein, Griechisch, Englisch. Die achtjährige Höhere Schule baut auf den ersten 4 Klassen – in besonderen Fällen 3 Klassen –, die sechsjährige Aufbauschule auf den ersten 6 Klassen der Volksschule auf. […] Die Oberschule in Aufbauform (Aufbauschule) soll in ländlicher Umgebung körperlich leistungsfähige, begabte und charakterlich wertvolle Jugendliche aus allen Schichten unseres Volkes zusammenfassen und zur Reife führen. Damit öffnet sie vor allem auch den Kindern der an das Land gebundenen Volksgenossen den Weg zur Höheren Schule, der ihnen sonst erschwert würde. Die dadurch erforderliche gemeinsame Unterbringung der Schüler in Verbindung mit der Schule auf der Grundlage nationalsozialistischer Gemeinschaftserziehung bestimmt in hohem Maße Lebensform, Arbeitsweise und Unterricht und gewährleistet einen besonders nachhaltigen Erziehungserfolg. […]

(Neuordnung des höheren Schulwesens vom 29. 1. 1938. In: Deutsche Wissenschaft, Erziehung u. Volksbildung. Jg. 4. Verlag Weidmann: Berlin 1938, S. 46–56)

3 Setzen Sie sich mit den Grundsätzen detailliert auseinander. Differenzieren Sie dabei zwischen ideologischen Normen und Vorstellungen über die Mittel zur Umsetzung dieser Normen in die Erziehungspraxis.

2.2.2 Das politisch-pädagogische Konzept von Ernst Krieck: Der Erziehungsstaat

Ernst Krieck (1882–1947) gilt als einer der wenigen wissenschaftlichen Pädagogen des Nationalsozialismus. Er trat 1932 in die NSDAP ein. Seine Schriften erzielten hohe Auflagen. Sein Buch „Nationalpolitische Erziehung" von 1932 wurde zu einer politisch-pädagogischen Bibel für Studenten und Lehrer.
Der Autor des folgenden Textes, Hermann Giesecke (geboren 1932), ist emeritierter Professor für Pädagogik und Sozialpädagogik an der Universität Göttingen. Er hat sich unter anderem mit „Hitlers Pädagogen" beschäftigt.

Krieck hat wie ein Besessener geschrieben, als habe er damit die Hoffnung verbunden, umso besser verstanden zu werden, denn die Thematik war im Grunde immer dieselbe, und irgendein Fortschritt – sei es im thematischen Sinne, sei es im Hinblick auf größere Präzision – ist nicht zu erkennen. Im Gegenteil lässt sich seine Entwicklung von der „Philosophie der Erziehung" bis zur „Völkisch-politischen Anthropologie" eher als Rückschritt verstehen. Gleichwohl hat er pädagogische Themen aufgegriffen, die in der Luft lagen und die uns teilweise heute noch beschäftigen. Im Einzelnen sollen folgende Aspekte noch einmal kritisch hervorgehoben werden.

[…]

Die Idee des Erziehungsstaates, die wir schon bei Hitler gefunden haben, wird auch von Krieck propagiert. Bei Hitler war diese Vorstellung eine Konsequenz seines Rassismus: Die rassische Erneuerung des Volkes sei nur möglich, wenn alle gesellschaftlichen Institutionen – nicht nur die für Kinder bestimmten – an einem Strang zogen.

Bei Krieck erwuchs diese Vorstellung einerseits aus der Sicht des völkischen Organismus; wenn dieser sich erneuern solle, so konnte es nicht genügen, die Erziehung sozusagen als ein besonderes Glied des Organismus zu betrachten, vielmehr musste der ganze Organismus pädagogisiert werden. Das gesellschaftliche Leben sollte so eingerichtet werden, dass es selbst wieder erzieherisch im gewünschten Sinne wirkt.

Andererseits erwuchs dieser Gedanke aus seiner in der „Philosophie der Erziehung“ entwickelten „funktionalen“ Erziehung; denn schon damals ging es ihm nicht nur um Beschreibung von Erziehungswirkungen, sondern auch um die Hoffnung, das öffentliche Leben wieder nach pädagogischen Gesichtspunkten gestalten zu können.

Das ist die Vision eines Erziehungsstaates, der so eingerichtet werden soll, dass gleichsam das Leben selbst wieder durch intakte Gemeinschaften erziehen kann. Schon 1922 hatte er an der Weimarer Republik beklagt, dass ein zerrüttetes Volk wie das deutsche nach 1918 seinen Nachwuchs nur ungenügend erziehen könne.

Ich vermag in Kriecks Hinwendung zum Nationalsozialismus also keinen Bruch zu erkennen. Schon 1922, als er mit den Nazis noch nichts im Sinn hatte, plädierte er für eine pädagogisierte Staatsordnung, und so war es nur konsequent, dass er sich ab 1932 dafür einsetzte, als die NS-Bewegung ihm die Chance dafür zu bieten schien. Allerdings musste Krieck dafür sein Wissenschaftsverständnis ändern; 1922 betrieb er eine beschreibende „autonome“ Erziehungswissenschaft, die sich im Wesentlichen historischen Phänomenen zuwandte, ab 1932 eine handlungsorientierte „völkisch-realistische“ Erziehungswissenschaft.

Die Idee des Erziehungsstaates ist ein verführerischer pädagogischer Gedanke. Seine bislang letzte Ausprägung hat er im SED-Staat erlebt. Arbeit, Freizeit, Massenkommunikation sollten so organisiert und geregelt sein, dass der Mensch, wo immer er sich in der Öffentlichkeit aufhielt, stets sich „sozialistisch“ verhalten sollte und konnte. Selbst die Sicherheitsorgane – einschließlich Stasi – hatten die Aufgabe, bei nonkonformem Verhalten auch zu belehren. Da eine solche Gesellschaft zumindest äußerlich frei von gravierenden Widersprüchen ist, kommt sie dem Harmoniebedürfnis vieler Menschen entgegen. Warum soll man nicht das, was alle oder zumindest die meisten Menschen für schlecht halten, nicht gleich von Staats wegen verbieten? Verbote und Repressionen sowie die Ausgrenzung von Menschen, die in ein solches harmonisches Bild nicht hineinpassen, sind die notwendige Kehrseite des Erziehungsstaates, der also zwangsläufig autoritäre Tendenzen hat. Die innere Zerrissenheit und Polarisierung am Ende der Weimarer Zeit war der Boden, auf dem Kriecks Sehnsucht – und nicht nur seine – nach einem harmonischen Volk erwuchs, in dem es zwar innere Variationen und Differenzierungen, aber keine massiven Interessenwidersprüche mehr gibt.

Die Idee des Erziehungsstaates resultiert aus einer pädagogisch formulierten, aber politisch gemeinten Kritik gesellschaftlicher Erscheinungen. In der pädagogischen Form ist diese Kritik plausibler und spricht manche Gruppen der Bevölkerung leichter an, weil sie sich auf weithin anerkannte Werte beruft und scheinbar interessen- und selbstlos daherkommt. Die pädagogische Politikkritik ist eine typisch bildungsbürgerliche Strategie, die sich aufs moralisch verstandene Gemeinwohl beruft und eben nicht auf partikulare Interessen etwa der politischen Parteien oder Gewerkschaften. Der deutsche Bildungsbürger mahnte das Gemeinsame an, das über den Parteien und Interessen Stehende, und Krieck befindet sich ganz in dieser Tradition, wozu auch die politische Fehleinschätzung der Hitler-Bewegung gehört:

Nur ein Bildungsbürger konnte so viel Selbstlosigkeit von den neuen Herren erwarten, dass sie die Revolution weiter trieben, bis das Völkische am Volk im Sinne Kriecks seinen Höhepunkt erreicht hätte.
Der Traum vom Erziehungsstaat, in dem sich Kinder überall bewegen können, ohne Schaden zu nehmen, in dem sie überall den gleichen normativen Erwartungen begegnen, der dafür sorgt, dass die Maximen des Lehrers auch die des Fernsehens sind – und umgekehrt –, ist ein anti-pluralistischer und in modernen Industriegesellschaften entweder nur als Fiktion oder nur mit Gewalt realisierbar. Solange er noch nicht verwirklicht ist, führt er zu einer illusionären Gesellschaftskritik.
Pädagogen haben immer wieder geeifert gegen Phänomene der modernen Gesellschaft wie Kino, Fernsehen, Schmutz und Schund und gegen die Konsumgesellschaft überhaupt, und manches davon hätten sie am liebsten verboten. Teilweise ist das ja auch mit den sogenannten Jugendschutzgesetzen gelungen. Alles dies steht in der Tradition der bildungsbürgerlichen pädagogischen Politikkritik. Erst in der jüngsten Zeit vollzieht sich ein Perspektivenwechsel, insofern die Pädagogik es immer mehr als ihre Aufgabe betrachtet, Kindern und Jugendlichen Lernhilfen dafür zu geben, auch mit den unerfreulichen Erscheinungen der Gesellschaft selbstständig und souverän umgehen zu können. Wir erwarten also nicht mehr, dass die Gesellschaft sich so formiert, dass sie nur noch im positiven Sinne auf Kinder und Heranwachsende erzieherisch einwirkt.

Faszination der „bewegten Masse“
Kriecks politische Fehleinschätzung der Hitler-Bewegung beruhte also zu einem guten Teil auf einer bildungsbürgerlichen Fehldeutung von Politik überhaupt. [...]
Aber diese Fehleinschätzung des Politischen ist nicht der einzige Grund, weshalb Krieck auf die Hitler-Bewegung hereinfiel. Mit vielen Intellektuellen seiner Zeit teilte er die ästhetische Faszination, die vom Massenkult der Hitler-Bewegung ausging. Die jubelnden oder ergriffenen Massen schienen eine zukunftsträchtige Vitalität auszustrahlen, die Volksgemeinschaft wurde scheinbar zur sinnlichen Erfahrung. [...]
Seinen eigentlichen Beitrag zur Aufwertung der NS-Bewegung leistete Krieck durch sein Konzept der „Formations-Erziehung“. SA, SS, HJ und die anderen „Formationen“ der Partei konnten sich demnach als Erziehungs-Gemeinschaften verstehen – und zwar im doppelten Sinne einer Selbsterziehungsgemeinschaft und als Träger für die Erziehung anderer.
Damit gab Krieck sowohl der Lagererziehung als auch der nun einsetzenden Schulungsarbeit nicht nur eine Legitimation, sondern auch eine scheinbare erziehungswissenschaftliche Grundlage. Das war nur möglich auf dem Fundament seines erweiterten Erziehungsbegriffs, vorher hätte die Pädagogik gar keine Kategorien dafür gehabt, z. B. einem Verband wie der SA, der ja als politischer Kampfverband gegründet worden war, außer vielleicht im metaphorischen Sinne eine erzieherische Funktion zuzuweisen.
Krieck unterschied nicht – wie wir heute – zwischen Sozialisation und Erziehung, sondern subsumierte beides unter seinen ausgedehnten Begriff von Erziehung. Erst diese begriffliche Unterscheidung macht es jedoch möglich, die „Formationen“ als Sozialisationsfaktoren für die ihr zugehörigen Menschen zu verstehen – unabhängig davon, wie diese Verbände sich sonst definieren mögen –, indem man die Wirkungen untersucht, die sie auf die Persönlichkeit ihrer Mitglieder ausüben.
Eine pädagogische Legitimation ihrer Existenz – wie bei Krieck – wäre damit aber nicht verbunden. Die pädagogische Legitimation dieser Formationen kommt also dadurch zustande, dass Krieck in diesem Zusammenhang den positiv besetzten Begriff Erziehung verwendet.

Grenzen der Gemeinschaft
Kriecks Einsicht in die soziale Funktion aller Erziehung ist sicher zutreffend, und sie ist uns heute unter dem Stichwort der „Sozialisation“ selbstverständlich geworden. Mit dem Begriff der „Sozialisation“ bezeichnen wir alle Wirkungen, die die Persönlichkeit von Kindern und Jugendlichen, aber auch von Erwachsenen beeinflussen, ob sie nun von einzelnen Men-

(Foto: akg-images)

schen, von Gruppen, Gemeinschaften oder von den Massenmedien ausgehen. Wir wissen inzwischen, dass die geplante Erziehung – z. B. durch Lehrer in der Schule – nur einen kleinen Teil der gesamten Sozialisation ausmacht. Sehr viel lernt das Kind auch dadurch, dass es an dem ihm zugänglichen sozialen Leben handelnd teilnimmt. Allerdings trennen wir dabei nicht von vornherein wie Krieck zwischen Gemeinschaften und anderen Formen sozialer Zusammenhalte. Zutreffend ist auch, dass Individualität nicht erzieherisch geplant werden kann, und dass sie auch nicht durch die Wirkungen der Sozialisationsmächte zustande kommt, sondern eine Leistung des jeweiligen Individuums ist – in der Sprache Kriecks: ein Ergebnis der „Selbsterziehung". Indem das Kind sich mit den widersprüchlichen Erfahrungen seiner sozialen Umwelt tätig auseinandersetzt, formt es seine Persönlichkeit heraus. Die planmäßige Erziehung kann Individualität nicht herstellen, sie kann sie fördern oder behindern. Aber um solche pädagogischen Einsichten und um weitere Forschung in deren Rahmen ging es Krieck nicht in erster Linie. Am Herzen lag ihm die völkische Weltanschauung, und deshalb zog er aus seinen pädagogischen Entdeckungen falsche Schlüsse. […]

Krieck entdeckte die erzieherische Bedeutung der sozialen Gemeinschaften zu einem Zeitpunkt, als ihre prägende Kraft im Entschwinden begriffen war. Die herausragenden Faktoren der modernen Gesellschaft, die Trennung von Privatsphäre und Öffentlichkeit, die rationale Ausdifferenzierung gesellschaftlicher Arbeitsteilung, die radikale Individualisierung der Menschen zu Rechtssubjekten gerade unter Ignorierung ihrer konkreten sozialen Kontexte, der von Marx vorausgesagte Siegeszug der Prinzipien des Marktes überall im gesellschaftlichen Leben und schließlich die Massenmedien haben notwendigerweise zur Emanzipation des Menschen – inzwischen auch der älteren Kinder – *von* jenen Erziehungsgemeinschaften geführt, die Krieck im Sinne hatte. Die historische Unausweichlichkeit dieser Prozesse, ihre Notwendigkeit im Rahmen sich entwickelnder Industriegesellschaften hat er nicht verstanden.

(Aus: Hermann Giesecke: Hitlers Pädagogen. Theorie und Praxis nationalsozialistischer Erziehung. Juventa Verlag: München 1993, S. 61–67)

1 Erarbeiten Sie die politisch-pädagogische Konzeption von Krieck.
2 Vergleichen Sie diese mit den Vorstellungen Hitlers.
3 Beurteilen Sie Kriecks Ansatz eines Erziehungsstaates.

2.2.3 Baldur von Schirachs „Gebrauchspädagogik"

Baldur von Schirach (1907–1974) stand an der Spitze der Hitlerjugend. Schon 1933 wurde er als Reichsjugendführer im Alter von gerade 26 Jahren für die außerschulische Erziehung der Jugend zuständig. 1940 wurde er Gauleiter und Reichsstatthalter in Wien. Nach Kriegsende wurde er festgenommen […]. Als einziger Angeklagter bei den Kriegsverbrecherprozessen in Nürnberg distanzierte er sich von Hitlers Nationalsozialismus und vom Antisemitismus. Er wurde als gebrochener Mann aus dem Spandauer Gefängnis entlassen. Unter dem Titel „Ich glaubte an Hitler" (1967) sind seine Memoiren veröffentlicht, die der fast Erblindete für die Illustrierte „Stern" diktierte. – Der Autor des folgenden Textes, Hermann Gieseke (geboren 1932), ist emeritierter Professor für Pädagogik und Sozialpädagogik an der Universität Göttingen. Er hat sich u. a. mit „Hitlers Pädagogen" beschäftigt.

Schirach hat seine pädagogischen Vorstellungen über die HJ nicht systematisch ausformuliert. Dennoch fällt es nicht schwer, sein Konzept zu rekonstruieren. Die NS-Ideologie im Ganzen war ja – wie eingangs am Beispiel der pädagogischen Ideen Hitlers schon gezeigt wurde – ein Konglomerat aus allen möglichen Versatzstücken des bürgerlich-kleinbürgerlichen „gesunden Volksempfindens". Schirachs pädagogische Konzeption der HJ ist deshalb ebenfalls am besten dadurch zu beschreiben, dass man diesen Populismus sinngemäß über-

Baldur von Schirach vor Hitlerjungen
(Foto: akg-images)

trägt. Demnach verkörperte die HJ im Wesentlichen das, was das erwähnte „Volksempfinden" für richtig hielt. Was war ein „anständiger" deutscher Junge bzw. ein „anständiges" deutsches Mädchen? Wer den Verführungen der Straße auswich und sich stattdessen in die Obhut von HJ bzw. BDM begab, dort neben körperlicher Ertüchtigung – was ja nie verkehrt sein kann – alle möglichen nützlichen Dinge lernte, jedenfalls „sinnvoll beschäftigt" wurde und deshalb nicht auf Abwege geriet oder „auf dumme Gedanken" kam. Auch gegen „Disziplin" und „Ordnung" sowie gegen für die Allgemeinheit nützliche „Dienste" hatte das „Volksempfinden" nichts einzuwenden, solange dies alles „maßvoll" blieb. Während Schirach – wie wir sahen – an der damaligen Schule teilweise massive öffentliche Kritik übte, versuchte er von Anfang an die Zustimmung der Eltern zu gewinnen. Das aber wäre mit einem unverhüllten Indoktrinationsprogramm auf die Dauer nicht erfolgreich gewesen.

Auf diesem populistischen Hintergrund müssen die pädagogischen Leitmotive gesehen werden, die immer wieder auftauchen: „Erlebnis", „Vorbild", „Kameradschaft", „Ehre", „Dienst". Alle diese Stichworte spielten schon vorher in der Reformpädagogik und in der bürgerlichen, teilweise auch in der sozialistischen Jugendbewegung eine Rolle, sie lagen sozusagen in der Luft.

Wie Krieck und Baeumler ging es auch Schirach im Kern um die Neufundierung eines Gemeinschaftslebens und eines Gemeinschaftsbewusstseins – von den unteren HJ-Einheiten bis hin zur Volksgemeinschaft im Ganzen. Der junge Mensch sollte sich erfahren als Mitglied solcher Sozialitäten, von daher seine Identität erwerben und in diesem Rahmen auch seine individuellen Fähigkeiten entwickeln. Wie schon bei Krieck und Baeumler machte dieses Gemeinschaftskonzept Front gegen die gemeinschaftsungebundene Individualisierung (polemisch „Individualismus" genannt), wie sie bei Jugendlichen vor allem erkennbar war in der Beliebigkeit des relativ unkontrollierten Freizeitverhaltens. Die nun zu erörternden pädagogischen Stichworte bekommen nur Sinn, wenn man sie im Rahmen dieses Gemeinschaftskonzeptes sieht.

Die Bedeutung der Gemeinschaft kann man nicht lehren, man muss sie „erleben". Dieser Gedanke Schirachs war nicht neu. „Erlebnis" war z. B. ein zentrales Motiv der Reformpädagogik. Der Reformpädagoge Kurt Hahn etwa, der u. a. das Internat „Schloss Salem" gründete, nach England emigrierte und dort seine pädagogische Arbeit fortsetzen konnte, forderte ausdrücklich eine „Erlebnispädagogik". In kritischer Distanz zur „verkopften" Schule, die ihren Bildungsauftrag auf die Vermittlung abstrakten Wissens ohne Bezug zum Leben reduziert habe, sollte die emotionale und ästhetische Dimension des Menschen wieder zur Geltung kommen, der Mensch in seiner Ganzheit wieder in den Blick treten können. Schirachs Schulkritik lag auf dieser Linie. Nur ging es ihm primär nicht um die Schule, sondern um das außerschulische Jugendleben. Die „weltanschauliche Schulung" sollte nicht im Stile des Unterrichts erfolgen, sondern Gefühle wie Ehrfurcht, nationale Zugehörigkeit, Freude und Trauer ansprechen. Diese Erlebnisorientierung war – übrigens auch schon bei Kurt Hahn und anderen Reformpädagogen – gegenaufklärerisch orientiert. Nicht rationale Aufklärung –

z. B. über historische oder politische Probleme – sollte ermöglicht werden, sondern die gemeinsam-emotional erlebte Erfahrung sozialer Zugehörigkeit. Die rationale Aufklärung wurde dagegen erlebt als sozial-zersetzend.

Nun kann man bekanntlich Erlebnisse und bestimmte Gefühle nicht dadurch hervorrufen, dass man sie verbal propagiert. Sie bedürfen bestimmter Situationen, in denen sie zum Vorschein kommen können, und solche Situationen müssen hergestellt, arrangiert werden. Auf diesem Hintergrund gewinnen die vielfältigen Rituale ihre pädagogische Bedeutung: Aufmärsche mit entsprechender „kultischer" Musik und den dazugehörigen mehrdeutigen bzw. inhaltlich unbestimmbaren gesprochenen Texten; die Lageratmosphäre; die Uniformierung sowie die an Rangabzeichen erkennbaren Führer-Karrieren schon für „Pimpfe" und „Jugendmädel"; die Feier- und Weihestunden; der Fahnenkult; die Lagerfeuerromantik, das gemeinsame Singen und so fort. Solche Inszenierungen vermochten Erlebnisse zu produzieren, die teils durchaus individueller Natur waren, vor allem aber kollektive Gestimmtheiten hervorrufen konnten, die etwa einen Satz wie: „Du bist nichts, dein Volk ist alles!" unmittelbar erfahrbar werden ließen. […]

In diesem Sinne ist „Erlebnispädagogik" seit geraumer Zeit wieder aktuell, um nicht zu sagen: zu einer „Mode" geworden. Auch dabei geht es um die Suche nach Alternativen zur bloß verbalen, rationalen Kommunikation, auf der ja sogar die therapeutischen Verfahren beruhen. So versucht man etwa, mit dissozialen Jugendlichen Segel-Touren zu unternehmen, bei denen sie von der täglichen Verpflegung bis zum Segelsetzen ihr Leben selbst in die Hand nehmen müssen. Man setzt dabei auf positive Erlebnisse und Erfahrungen z. B. im Hinblick auf die individuelle Leistungsfähigkeit und auf das Gemeinschaftsleben. In der Jugendarbeit gibt es auch weniger spektakuläre Beispiele, z. B. Alternativen zum üblichen Komfort-Tourismus in Gestalt von Kanu- und Radtouren. Auch die Schule bemüht sich um Erlebnisorientierung, indem sie z. B. Schullandheimaufenthalte oder Studienfahrten organisiert oder vor Ort Dichterlesungen, Theater- und Museumsbesuche, Betriebsbesichtigungen usw. ermöglicht.

Es handelt sich hier offensichtlich um ein pädagogisches Thema und Problem, das über die HJ hinausreicht, und deshalb wollen wir uns diesem Aspekt später noch einmal gründlicher zuwenden.

Im „Erlebnis" der Gemeinschaft als Inbegriff der sozialen Zugehörigkeit, verbunden mit entsprechenden Rechten und Pflichten, sollte auch eingeschlossen sein die Erfahrung des – fast altersgleichen – „Führers" als *„Vorbild"*. Im Idealfall repräsentierte der Führer in seiner Person und in seinem Verhalten optimal das, was die Gemeinschaft an positiven Erwartungen über sich selbst hegte. Führer sollte derjenige werden, der – ohne formal demokratisch gewählt zu werden – dem „Geist" der Gemeinschaft am besten entsprach. Wie „Erlebnis" war auch „Vorbild" anti-rational gemeint: „Richtiges" Verhalten sollte nicht gepredigt, sondern vorbildhaft vorgeführt und vorgelebt werden.

Nun ist in der modernen Pädagogik die Bedeutung von Vorbildern für Kinder und Heranwachsende unbestritten; sie werden gebraucht als Orientierungen für die eigene Lebensperspektive und für die Identitätsbildung. Im Allgemeinen gehen wir jedoch davon aus, dass die Vorbilder erwachsen sind, weil nur dann die nötige Spannung und Differenz zur Lage des Jugendlichen entstehen kann, die eine produktive Perspektive „nach vorne", also für den Lebensentwurf herzugeben vermag. Die HJ jedoch erhob nun auch Gleichaltrige in den Rang von Vorbildern – nämlich die Führer bzw. die, die es wegen ihres vorbildhaften Verhaltens werden sollten. Diese Vorstellung war in der vorhergehenden Jugendbewegung allenfalls in ersten Ansätzen zu finden. Im Allgemeinen jedoch blieb es dabei, dass man Vorbildwirkungen von den – wenn auch relativ jungen – Erwachsenen erwartete, nicht jedoch von den Gleichaltrigen, die sich eher als untereinander gleichrangig ansahen. Die Idee des Gleichaltrigenvorbildes wurde nun massenhaft propagiert und sie erwuchs aus der Idee des Jugendstaates, der eben auch von Jugendlichen wenigstens auf der unteren Ebene geführt werden sollte. Schon damals ist öffentlich diskutiert worden, ob eine

Skulpturen auf dem Olympiagelände, Berlin, 1936
(Foto: action press)

derartige Erwartung nicht zu einer massenhaften Überforderung führen müsse oder nicht gar zu einer dem Alter nicht angemessenen Frühreife. Auch darauf wird noch näher einzugehen sein, hier sei nur festgehalten: Die Vorbild-Erwartungen an die Gleichaltrigen bezogen sich zunächst einmal lediglich auf „Jugendleben“ in der HJ, nicht auch auf die künftigen Erwachsenen-Rollen.

Die dienstliche Beziehung der HJ-Mitglieder untereinander – auch zwischen Jungen und Mädchen – sollte „kameradschaftlich“ sein. [...] Unbeschadet bestehender Rangunterschiede hatte der „Kamerad“ als gleichrangig zu gelten. Für die HJ bedeutete Kameradschaft in Verbindung mit dem zu leistenden „Dienst“ eine nicht-private, öffentliche Verhaltensnorm, die jedem Mitglied der HJ zustand – ob man ihn nun persönlich ausstehen konnte oder nicht. Auch diese Verhaltensnorm war schon vorher in der bürgerlichen Jugendbewegung anzutreffen, aber dort überwogen doch eher introvertierte, auf persönliche Freundschaften gegründete Gruppenbeziehungen. Diesen eher privatistisch-individualistischen Normen setzte die HJ mit der Norm der Kameradschaft für die 10- bis 18-Jährigen eine nicht-private, kollektive Norm gegenüber, was zumindest in diesem Umfange neu in der modernen Jugendgeschichte war und ein Gegengewicht bildete zur spontanen Freundes- bzw. Cliquen-Gruppe, wie sie unter Jugendlichen im Allgemeinen zu finden ist. Wie jede auf eine bestimmte Gruppe begrenzte Verhaltensnorm grenzt auch diese andere Personen aus. Mit Juden und Kommunisten oder anderen von den zuständigen Organen der Erwachsenen definierten „Feinden“ konnte es keine kameradschaftliche Beziehung geben, im Gegenteil: In solchen Fällen wäre sie als „Verrat“ bewertet und unter Umständen auch entsprechend geahndet worden. In diese Vorstellungen fügt sich das Stichwort „Ehre“ zwanglos ein. „Ehre“ gebührte dem Einzelnen, insofern er Mitglied einer Gruppe war, aber auch der Gruppe selbst. Beide – Einzelner wie Gruppe – konnten ihre „Ehre“

Vernichtungslager Birkenau. Losungen auf den Dachsparren der Baracken.
(Foto: Erich Hartmann/Magnum Photos/Agentur Focus)

verlieren. So hatte angeblich das deutsche Volk durch den Versailler Vertrag seine „Ehre“ verloren.

Bis heute ist „Ehre“ diskreditiert und wird allenfalls von Rechtsradikalen noch öffentlich verwendet. Damit ist die Sache nicht verschwunden. Jede soziale Gemeinschaft braucht nämlich ein Leitbild ihrer Integrität, eine Vorstellung von ihrer Vollkommenheit. An diesem Selbstanspruch werden das einzelne Mitglied wie die Gemeinschaft im Ganzen gemessen. „Vorbild“ ist demnach der, der dieses normative Leitbild optimal in seiner Person zu repräsentieren vermag. Das Individuum als solches kann also keine Ehre haben, sondern nur, insofern es einer Gemeinschaft angehört.

Zwei praktische Beispiele für die Ehre eines HJ-Mitgliedes sind uns schon begegnet: Es galt in den Adolf-Hitler-Schulen als unehrenhaft, bei Klassenarbeiten zu „mogeln“. Andererseits war es gemäß der Rede von Schirach über die „Einheit der Erziehung“ nicht unehrenhaft, in der üblichen Schule Widerstand gegen den Lehrer zu leisten und ihn auch bei Klassenarbeiten zu beschummeln. Die Erklärung für diesen scheinbaren Widerspruch liegt auf der Hand: Die normale Schulklasse war eben keine von der HJ selbst geführte soziale Gemeinschaft und konnte deshalb auch nicht an deren Ehrbegriffen gemessen werden; deren Ehre begründete sich vielmehr im Widerstand gegen den Lehrer und seine Ansprüche.

Sieht man die erwähnten pädagogischen Stichworte im Zusammenhang, so zeigt sich, dass die HJ-Erziehung im Sinne von Ernst Krieck eine „funktionale“ war, d. h., sie setzte nicht auf rationale Belehrung, sondern auf das Arrangement von Erlebnis-Situationen, von denen sie sich eine bestimmte pädagogische Wirkung erhoffte, nämlich im Hinblick auf die Stabilisierung einer erwünschten sozialen Gemeinschaft. Nur aus der Perspektive dieser Gemeinschaft ergeben die pädagogischen Einzelheiten einen Sinn.

Da wir es hier jedoch nicht mit einer rational durchgeformten pädagogischen Theorie zu tun haben, sondern mit intuitiv und emotional fundierten Überzeugungen, lässt sich das Gemeinte auch nur in Stichworten andeuten; einer rationalen Analyse ist es nur begrenzt zugänglich, wie Baeumlers Versuch zeigt, den Begriff „Kameradschaft“ für das Lehrer-Schüler-Verhältnis als „Leistungskameradschaft“ zu präzisieren.

[...]

Nun bekommen Gemeinschaften ihren Sinn und ihre Daseinsberechtigung nur dadurch, dass sie eine Funktion ausüben, dass ihre Mitglieder also im Rahmen einer Aufgabe tätig werden können. Dafür stand bei der HJ der Begriff „Dienst“.

Mit ihm sollte das „Jugendleben“ auf die Volksgemeinschaft im Ganzen bezogen werden. Einmal galt das organisierte Jugendleben selbst als Dienst, insofern es ja im Sinne einer allgemeinen Lebensertüchtigung der Vorbereitung der Heranwachsenden auf ihre künftigen Aufgaben in Staat und Volk diente. Zum anderen aber sollten die Jugendlichen darüber hinaus bereits nützliche Dienste z. B. im Rahmen von Sammelaktionen und Ernteeinsätzen für die Allgemeinheit leisten – auch dies in Konsequenz der „Erlebnis-Pädagogik“.

Der „Dienst“ öffnete also den „jugendeigenen Raum“ zur Öffentlichkeit hin, räumte dem Jugendlichen einen öffentlichen Status ein. Ähnlich wie die Schulpflicht einerseits dem Kinde die pädagogische Atmosphäre eines Schonraumes gewähren soll, aber gleichzeitig schon ein Stück vom Ernst des Lebens in Gestalt der Leistungserwartungen in sich enthält, sollte auch das außerschulische Leben der Jugend sich in dieser Kombination von Schonraum und allgemeiner Pflichterfüllung entfalten. [...]

Ich möchte Schirachs pädagogisches Konzept im Unterschied zu einer wissenschaftlich oder wenigstens systematisch entwickelten und fundierten Pädagogik eine „Gebrauchspädagogik“ nennen. Das ist nicht von vornherein abwertend gemeint. Die bürgerliche und die proletarische Jugendbewegung, die zu Beginn unseres Jahrhunderts entstanden, verstanden sich ebenfalls primär als Lebensformen und nicht als geplante pädagogische Veranstaltung, erste Versuche einer erziehungswissenschaftlichen Theorie der außerschulischen Jugendarbeit gab es erst in den Sechzigerjahren.

Den Begriff der „Gebrauchspädagogik“ kann man also getrost für diese ganze Zeit verwenden – in Analogie etwa zur „Gebrauchsmusik“. Er weist auf den eher funktionalen Charakter dieser Pädagogik hin, auf ihre eher sekundäre Bedeutung. Im Vordergrund steht immer die Herstellung bestimmter Lebens- und Erlebnissituationen. Die HJ war nicht primär eine pädagogische Veranstaltung, sondern eine Lebensform, weshalb es eigentlich zutreffender wäre, von „HJ-Sozialisation“ statt von „HJ-Erziehung“ zu sprechen.

(Aus: Hermann Giesecke: Hitlers Pädagogen. Theorie und Praxis nationalsozialistischer Erziehung. Juventa Verlag: München 1993, S. 218–225)

1 Geben Sie die Leitgedanken von Schirachs zur Erziehung im Nationalsozialismus wieder.
2 Vergleichen Sie von Schirachs „Erlebnispädagogik“ mit der von Kurt Hahn (siehe dazu auch 2.3.1).
3 Erörtern Sie, inwiefern bei von Schirach von einer „Gebrauchspädagogik“ zu reden ist.
4 Erörtern Sie den pädagogischen Wert der Pädagogik von Schirachs anhand seiner Vorstellungen zur Gesundheitserziehung (siehe folgenden Textauszug).

Das Jahr 1939 wurde zum „Jahr der Gesundheit“ proklamiert und Schirach erfand dafür im Rahmen von „10 Geboten“ das Motto: „Du hast die Pflicht, gesund zu sein!“ Die „10 Gebote“ lauteten:

„1. Dein Körper gehört Deiner Nation, denn ihr verdankst Du Dein Dasein. Du bist ihr für Deinen Körper verantwortlich.
2. Du musst Dich stets sauber halten und Deinen Körper pflegen und üben. Licht, Luft und Wasser helfen Dir dabei.
3. Pflege Deine Zähne. Auf ein kräftiges, gesundes Gebiss kannst Du stolz sein.
4. Iss reichlich rohes Obst, rohe Salate und Gemüse, nachdem Du sie gründlich mit sauberem Wasser gereinigt hast. Im Obst sind wertvolle Nährstoffe enthalten, die beim Kochen verloren gehen.
5. Trink flüssiges Obst. Lass den Kaffee den Kaffeetanten. Du hast ihn nicht nötig.
6. Meide Alkohol und Nikotin, sie sind Gifte und hemmen Dein Wachstum und Deine Arbeitskraft.
7. Treibe Leibesübungen! Sie machen Dich gesund und widerstandsfähig.
8. Du musst jede Nacht mindestens neun Stunden schlafen.
9. Übe Dich in der „Ersten Hilfe“ bei Unglücksfällen. Du kannst dadurch der Lebensretter Deiner Kameraden werden.
10. Über all Deinem Handeln steht das Wort: *Du hast die Pflicht, gesund zu sein!*“

Im selben Jahr wurde allen Führern und Führerinnen sowie den im Gesundheitsdienst Tätigen zur Pflicht gemacht, das Rauchen aufzugeben – getreu der von Schirach vertretenen Erziehungsmaxime, dass das *Vorbild* das beste Erziehungsmittel sei. Ob diese „Pflicht“ bei so manchem nicht lediglich zur Heuchelei führte, darf nach unserer heutigen Lebenserfahrung gewiss vermutet werden.

Wie die „10 Gebote“ zeigen, hatte dieses Gesundheitsprogramm eine ideologische und eine praktische Komponente. Die ideologische war von Hitler vorgegeben, indem er, wie schon erwähnt wurde, der körperlichen Ertüchtigung den Vorrang vor anderen Erziehungszielen einräumte – nicht um des Einzelnen willen, sondern um des starken, wehr- und gebärtüchtigen Volkes willen.

Die praktische Komponente hatte zwei Aspekte – aus der Sicht der Veranstalter und aus der Sicht der Jugendlichen und deren Eltern. Wir wissen heute, dass der NS-Staat eine umfassende gesundheitliche Bestandsaufnahme der ganzen Bevölkerung angestrebt und zum Teil verwirklicht hat. Vorrangiges Ziel war, diejenigen zu erfassen, die den Vorstellungen der Rassereinheit bzw. der Erbgesundheit widersprachen, um sie aus der „Volksgemeinschaft“ auszugrenzen oder gar – wie im Fall der geistig schwer Behinderten – zu ermorden.

Nichts spricht dafür, dass Schirach und Axmann solche Konsequenzen im Auge hatten, als sie diese Reihenuntersuchungen begannen. Aber immerhin verbanden sie von vornherein damit den Gedanken der Ausgrenzung. Wer

nicht in einem vorgegebenen Durchschnittstempo mitmarschieren konnte, musste draußen bleiben. Was aber ist von einer „volksgemeinschaftlichen“ Jugendorganisation zu halten, die z. B. körperlich behinderte junge Menschen nur wegen dieser Behinderung von vornherein ausschließt? Denkbar wäre doch auch gewesen, für solche Jugendlichen spezielle Angebote zu machen, so wie dies etwa für die Motorrad- oder Flugzeuginteressierten auch geschah. Aber das für alle HJ- und BDM-Mitglieder Gemeinsame war eben der regelmäßige „Dienst“, der in militärähnlicher Form betrieben wurde und eine bestimmte körperliche Verfassung voraussetzte.
Aus der Perspektive der Jugendlichen und deren Eltern ergab sich jedoch ein anderes Bild. Vor allem in den unteren sozialen Schichten herrschte damals weitgehend Unkenntnis über gesundheitliche und hygienische Fragen. Hinzu kam oft Gleichgültigkeit, die [...] aus der Überforderung durch den Lebenskampf resultierte: aus Arbeitslosigkeit, wirtschaftlicher Not, geringer Bildung usw. Kinderkrankheiten, soweit sie nicht zur Bettlägerigkeit führten [...], wurden oft nicht erkannt, und die Folgen, z. B. bei der weit verbreiteten Rachitis, nicht behandelt. Tuberkulose wurde vielfach erst in einem späten Stadium wahrgenommen. Vor der Hitlerjugend hatte sich niemand öffentlich um diese Probleme so nachhaltig und systematisch gekümmert. Deshalb musste die Gesundheitsfürsorge der HJ und des BDM bei vielen Menschen als ein Fortschritt verstanden werden, der er ja insoweit auch war. Allerdings galt das wohl weniger für diejenigen Familien, die als „asozial“ angesehen wurden; denn die hatten meistens gelernt, dass eine derartige Fürsorge auch eine Form sozialer Kontrolle war, der man sich am besten entzog.

(Aus: Hermann Giesecke: Hitlers Pädagogen. Theorie und Praxis nationalsozialistischer Erziehung. Juventa Verlag: München 1993, S. 183–184)

1 Geben Sie die Intention der 10 Gebote nationalsozialistischer Gesundheitserziehung wieder.
2 Erläutern Sie die ideologischen sowie die praktischen Komponenten dieses Gesundheitsprogramms. Setzen Sie sich damit auseinander und geben Sie eine Beurteilung ab.

2.3 Erziehung im Nationalsozialismus: Die Perspektive der Gegner

2.3.1 Kurt Hahn: „Es steckt mehr in Euch“

Der Name des Politikers und Pädagogen Kurt Hahn (1886–1974) wurde bereits im Zusammenhang der „Erlebnispädagogik“ Baldur von Schirachs erwähnt. Im folgenden Textauszug geht es um diesen Aspekt der Pädagogik Kurt Hahns.

Kurt Hahn wächst in Berlin auf. Er studiert unter anderem in Oxford, Berlin und Heidelberg. Im Ersten Weltkrieg arbeitet er für die „Zentralstelle für Auslandsdienst“ und analysiert vor allem die britische Presse. Er kämpft für einen Verständigungsfrieden, für die Souveränität Belgiens, gegen den unbeschränkten U-Boot-Krieg, für eine humane Kriegführung; er wird Vertrauter des Prinzen von Baden, überzeugt ihn, Reichskanzler zu werden, und wird 1918 sein Privatsekretär. Nach Kriegsende nimmt er an den Friedensverhandlungen von Versailles als Berater der deutschen Delegation teil. 1920 gründen Prinz Max von Baden und Kurt Hahn die Schule Schloss Salem. Sie wollen eine Erziehungsbewegung ins Leben rufen, um junge Menschen zu politisch mündigen Bürgern zu erziehen. 1933 wird Hahn verhaftet, wandert nach Schottland aus und gründet 1934 Gordonstoun School. Für Hahn war Pädagogik die Fortsetzung von Politik mit anderen Mitteln; seine „Erlebnispädagogik“ beinhaltet die obligatorische Teilnahme an sozialen Diensten. Der „Duke of Edinburgh's Award“ für soziale und sportliche Aktivitäten wird zu einem Welterfolg. 1962 steht er an der Wiege des Atlantic College, des ersten United World College. Kurt Hahn stirbt 1974.

Kurt Hahn in seinem Arbeitszimmer (1965). *(Foto: picture alliance/dpa)*

Sogar in J. K. Rowlings Zauberinternat Hogwarts hat dieser Mann Spuren hinterlassen. Sein Leitsatz war Pindars Forderung „Werde, der du bist“. Kurt Hahn, der einflussreichste Pädagoge des zwanzigsten Jahrhunderts, wusste, dass auch Andersdenken gelernt sein will, und zwar möglichst früh. Denn die meisten Menschen überfällt erstmals in der Schule der Wunsch, sich anzupassen, so zu sein wie alle anderen. Der Sohn jüdischer Eltern glaubte aus tiefstem Herzen an die guten Eigenschaften der Menschen, befürchtete aber, dass ihnen diese mit zunehmendem Alter abhanden kämen. Das Studium unter anderem der alten Sprachen führte ihn über viele Stationen ans Christ Church College in Oxford. Hier, wo es um die Erziehung der künftigen Führungselite ging, scheint er selbst die Chance, sich zu entdecken, genutzt zu haben: Keine Fachidioten oder fleißige Lieschen sollten herangezüchtet werden, sondern Gentlemen, denen man das Empire anvertrauen konnte.

Hahn war vom Erfolg, den man damit hatte, beeindruckt – und übte sich in der Nachahmung. 1914 erfolgt die schicksalhafte Berufung zum Privatsekretär von Prinz Max von Baden. Dieser stellte Hahn 1920 einen Teil seines Schlosses Salem am Bodensee zur Verfügung, um seine pädagogischen Ideen in die Tat umzusetzen. Bald schon gaben mutige Eltern ihre Söhne in die Obhut des charismatischen Erziehers. Der Schuldirektor selbst unterrichtete Geschichte und Politik, doch geriet seine Lehrauffassung zwangsläufig in Konflikt mit dem aufkommenden Nationalsozialismus. 1932 schickte Hahn einen – aus taktischen Gründen später widerrufenen Brief – an die Altschüler: „Hitler führte eine Krise herbei, die weit über alle Politik hinausgeht. Deutschland steht im Begriff, seine christliche Kultur, seinen guten Ruf und die Ehre seiner Soldaten zu verlieren. Salem kann nicht neutral bleiben. Ich fordere alle in der SA oder der SS aktiven Mitglieder der Altsalemer Vereinigung auf, entweder mit Salem – oder mit Hitler zu brechen.“ Hahns unbedingter Glaube an die „Herrschaft der Besten“ bezog sich weniger auf herausragende akademische Leistungen als auf die positiven Charaktereigenschaften seiner Schüler. Bei ihm gab es Noten für „Gerechtigkeitsgefühl“, allemal wichtiger als die letzte Mathearbeit. Hahns größte Begabung jedoch war es, andere für sich und seine Sache einzunehmen. So brachte er die Mächtigen dazu, jene Hebel zu betätigen, die er selbst nicht erreichen konnte.

Erziehen sei überzeugen, schrieb denn auch Salem-Absolvent Golo Mann zum 85. Geburtstag des Pädagogen: „den Einzelnen von sich

selber – Selbstvertrauen; und von den anderen, nämlich, dass sie ihrer Möglichkeit nach hilfswillig, vernünftig, gut sind, wenn man sie anzusprechen weiß“.
Anzusprechen wusste Kurt Hahn nicht nur die Schüler der Schulen und Colleges, die er selbst gründete oder die sich bis heute auf seine Prinzipien berufen, sondern auch die Politiker und Geldgeber. Seine Überzeugung, dass man die Menschen zum Guten verführen kann, dass man selbst seine niederen Instinkte durch die richtigen Ventile in gute Taten umleiten kann, trug seine pädagogischen Grundsätze in alle Welt – und bis in die Literatur hinein.
Eines seiner wichtigsten Ziele, nämlich in großem Umfang begabte Kinder aus weniger vermögenden Elternhäusern aufzunehmen, erfüllte sich erst in der Idee des Atlantic Colleges in Südwales, das unter seiner Mitwirkung 1962 gegründet wurde.
Als Kurt Hahn 1974 starb, schrieb die Londoner Times: „In unserer Zeit hat niemand mehr innovative Ideen und Vorstellungen im Bereich des Erziehungswesens entwickelt und gleichzeitig die Gabe besessen, diese auch in die Tat umzusetzen.“ Hahns Beispiel hat Schule gemacht – wenngleich er dafür bis heute in der angelsächsischen Welt geachteter ist als in seiner deutschen Heimat.

1 Arbeiten Sie die Grundgedanken des Textes heraus.

2 Vergleichen Sie – in einem ersten Zugang – die pädagogischen Vorstellungen von Kurt Hahn mit denen von Baldur von Schirach. Beziehen Sie sich bei der Charakterisierung der erlebnispädagogischen Position Hahns auch auf den folgenden Textauszug.

Die Sieben Salemer Gesetze

1. Gebt den Kindern Gelegenheit, sich selbst zu entdecken.
2. Lasst die Kinder Triumph und Niederlage erleben.
3. Gebt den Kindern Gelegenheit zur Selbsthingabe an die gemeinsame Sache.
4. Sorgt für Zeiten der Stille.
5. Übt die Phantasie.
6. Lasst Wettkämpfe eine wichtige, aber keine vorherrschende Rolle spielen.
7. Erlöst die Söhne reicher und mächtiger Eltern von dem entnervenden Gefühl der Privilegiertheit.

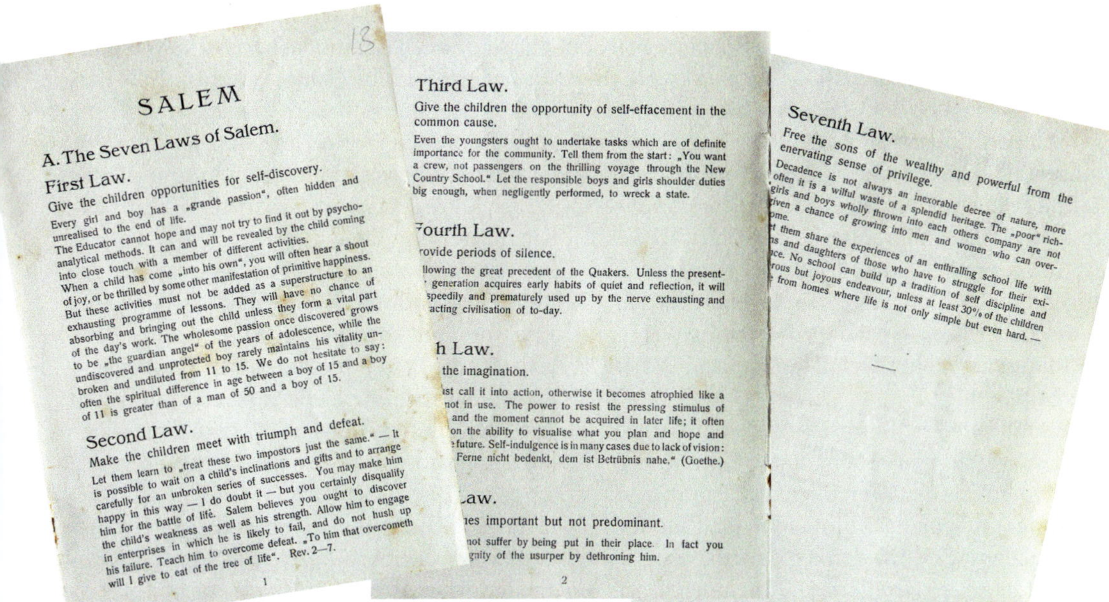
13

SALEM

A. The Seven Laws of Salem.

First Law.

Give the children opportunities for self-discovery.

Every girl and boy has a „grande passion“, often hidden and unrealised to the end of life. The Educator cannot hope and may not try to find it out by psychoanalytical methods. It can and will be revealed by the child coming into close touch with a member of different activities. When a child has come „into his own“, you will often hear a shout of joy, or be thrilled by some other manifestation of primitive happiness. But these activities must not be added as a superstructure to an exhausting programme of lessons. They will have no chance of absorbing and bringing out the child unless they form a vital part of the day's work. The wholesome passion once discovered grows to be „the guardian angel“ of the years of adolescence, while the undiscovered and unprotected boy rarely maintains his vitality unbroken and undiluted from 11 to 15. We do not hesitate to say: often the spiritual difference in age between a boy of 15 and a boy of 11 is greater than of a man of 50 and a boy of 15.

Second Law.

Make the children meet with triumph and defeat.

Let them learn to „treat these two impostors just the same.“ — It is possible to wait on a child's inclinations and gifts and to arrange carefully for an unbroken series of successes. You may make him happy in this way — I do doubt it — but you certainly disqualify him for the battle of life. Salem believes you ought to discover the child's weakness as well as his strength. Allow him to engage in enterprises in which he is likely to fail, and do not hush up his failure. Teach him to overcome defeat. „To him that overcometh will I give to eat of the tree of life“. Rev. 2—7.

1

Third Law.

Give the children the opportunity of self-effacement in the common cause.

Even the youngsters ought to undertake tasks which are of definite importance for the community. Tell them from the start: „You want a crew, not passengers on the thrilling voyage through the New Country School.“ Let the responsible boys and girls shoulder duties big enough, when negligently performed, to wreck a state.

ourth Law.

rovide periods of silence.

llowing the great precedent of the Quakers. Unless the present- generation acquires early habits of quiet and reflection, it will speedily and prematurely used up by the nerve exhausting and acting civilisation of to-day.

h Law.

the imagination.

ist call it into action, otherwise it becomes atrophied like a not in use. The power to resist the pressing stimulus of and the moment cannot be acquired in later life; it often on the ability to visualise what you plan and hope and future. Self-indulgence is in many cases due to lack of vision: Ferne nicht bedenkt, dem ist Betrübnis nahe.“ (Goethe.)

aw.

es important but not predominant.

not suffer by being put in their place. In fact you gnity of the usurper by dethroning him.

2

Seventh Law.

Free the sons of the wealthy and powerful from the enervating sense of privilege.

Decadence is not always an inexorable decree of nature, more often it is a wilful waste of a splendid heritage. The „poor“ rich-girls and boys wholly thrown into each others company are not iven a chance of growing into men and women who can overome.

t them share the experiences of an enthralling school life with s and daughters of those who have to struggle for their exice. No school can build up a tradition of self discipline and rous but joyous endeavour, unless at least 30% of the children from homes where life is not only simple but even hard. —

—

3

Textausschnitte im Faksimile
(Foto: Schule Schloss Salem)

Es folgt ein Zusatztext zur „Erlebnispädagogik“ Kurt Hahns

Ich beschränke mich mit meinem Anliegen in diesem Bericht bewusst auf die erlebnispädagogischen Ideen innerhalb Kurt Hahns Gesamtwerk, die er wie kein anderer auf eine breite, auch praktikable pädagogische Basis gestellt hat und die sich in der zweiten Hälfte unseres Jahrhunderts weltweit ausgebreitet haben (30 Kurzschulen rings um den Erdball, in Deutschland zwei). Gerade sein individueller Ansatz scheint mir heute für unsere vielfältig individuell gestörten Jugendlichen gut zu passen; seine Ideen gewinnen auf jeden Fall wieder innerhalb der sich wandelnden Heimerziehung der Jetztzeit an gewichtiger Aktualität.

Kurt Hahn, 1886–1974, ist der Begründer der Landschulheime Salem in Deutschland und Gordonstoun in England. Merkmale seiner Pädagogik waren, dass er Erziehung eher als Übung des Charakters als des Verstandes betrachtete. Wichtigster Gesichtspunkt war bei Hahn die Erziehung des jungen Menschen in seiner Gesamtheit, also nicht nur schulische Bildung, Wissensvermittlung, sondern auch soziales Lernen auf der emotional-affektiven Ebene. Schon vor seinen Erfahrungen der Kriegs- und Nachkriegszeit hatte er den Standpunkt vertreten, die herrschende Erziehung und allgemein die Einflüsse der Umwelt würden die Möglichkeiten der Erziehung Jugendlicher nicht ausschöpfen bzw. ihnen sogar entgegenstehen. Er glaubte, dass die gegenwärtige Zivilisation krank sei und krank mache, dass sie der Jugend oft die Kraft raube, bevor sie erwachsen ist. Bei genauerer Analyse der Probleme der Jugend stellte Hahn vier grundlegende Verhaltensschwierigkeiten bzw. -probleme fest:

a) Mangel an menschlicher Teilnahme – Verfall des Mitgefühls.

Hahn führt den schlimmsten Verfall auf die Hast des modernen Lebens zurück. Ermöglicht durch die Technik, jagen intensive Erfahrungen einander und „man kommt nicht dazu, einen Gedanken zu Ende zu denken oder gar ein Gefühl zu Ende zu fühlen“. Die Sucht nach schnellem Wechsel und damit oberflächlich erlebte neue Eindrücke vermindert die Fähigkeit zu tiefem Erleben und einem echten Mitgefühl.

b) Mangel an Sorgfalt – oder wie Hahn auch drastisch formuliert, die „Seuche der Schlamperei“. Dafür nimmt er in der Hauptsache Konsumorientiertheit als Ursache an (Zuschauerkrankheit).

c) Mangel an Initiative

d) und Mangel an körperlicher Leistungsfähigkeit hängen für Hahn eng zusammen. Er spricht von der Krankheit des Zuschauens, deren Gefahr darin liege, an künstlichen, unverdienten Sensationen mit unbewussten körperlichen Reaktionen teilzunehmen, wobei diese Sensationen aber lediglich kurzlebiger Schwindel seien. Der Mensch wird dadurch als Zuschauer zum „teilnahmslos Beteiligten“, im körperlichen wie im geistigen Bereich. „Im geistigen Bereich wird der Zuschauer der persönlichen Entscheidung entwöhnt und zu einem gerade dem Jugendalter unangemessenen passiven Erleben verurteilt, was den Verfall der Unternehmenslust bzw. der Initiative bewirkt.“ Durch die Vernachlässigung der körperlichen Tauglichkeit sieht Hahn die Grundlage der „Überwindenskraft“ gefährdet, wie man sie zu langwierigen und mühseligen Unternehmungen braucht. Drei Gründe macht er dafür verantwortlich: „die Methoden der modernen Fortbewegung“, die „ungebührliche Heldenverehrung, die den hervorragenden Sportlern entgegengebracht wird“, und „den Mangel an Selbstdisziplin gegenüber Rausch- und Beruhigungsmitteln“. Da die Jugend, wie Hahn es später nachdrücklich aufweisen sollte, „resistent ist gegen offenkundige Verbesserer“, war er immer gegen Belehrung und stattdessen für etwas, was er Erlebnis oder Abenteuer nannte. „Hahns Beitrag war die Erziehung durch das Abenteuer. Abenteuerliebe, die Liebe zur Gefahr und zum Sich-Beweisen waren – nach Hahn – die größten der grandes passions, die die Jugend schätzten. […]“ Mit diesem originären Beitrag kann Hahn mit Recht als ein pädagogischer Neuerer des 20. Jahrhunderts bezeichnet werden. Erlebnis und Abenteuer ist aber nicht immer in der Vielzahl von Lebensmöglichkeiten vorhanden und somit für jedermann erfahrbar, sondern eine pädagogische Aufgabe. Hahn selbst

formulierte: „Es ist Vergewaltigung, Kinder in Meinungen hineinzuzwingen, aber es ist Verwahrlosung, ihnen nicht zu Erlebnissen zu verhelfen, durch die sie ihrer verborgenen Kräfte gewahr werden können." Für Hahn ist damit klar, dass für eine umfassende Erziehung der Gesamtpersönlichkeit mehr nötig ist als der herkömmliche Schulunterricht und rein theoretisches Wissen, für ihn gehören die Herausforderung durch Ernstsituationen und die Bewährung in ihnen unabdingbar dazu. Seine daraus resultierende Erlebnistherapie, die er in Landschulheimen und Kurzzeitschulen verwirklichte, umfasste die vier Elemente: körperliches Training, Expedition, Projekt und Rettungsdienst, z. B. auf einer Küstenwachstation, die Hahn als „vorbeugende Heilmittel" den bereits geschilderten Verfallserscheinungen entgegensetzt.
Zu seinem Programm gehörten u. a. sorgfältig geplante und vorbereitete Projekte, z. B. im Bereich der Umweltforschung sowie die Planung und Durchführung von Expeditionen (bis nach Finnland z. B.), vorwiegend in ursprüngliche Landschaften mit hohem Erlebniswert.
Diese rege Wechselbeziehung zwischen pädagogischer Theorie und den praktischen Erfahrungen trugen zu einer permanenten Dynamik der Pädagogik Hahns bei. Vom pädagogischen Optimismus getrieben, versuchte Hahn als Praktiker v. a. in seiner Landschulheimbewegung den beschriebenen Missständen entgegenzuwirken.

Die Zielsetzung der Erlebnispädagogik
Erlebnispädagogik in ihren verschiedenartigsten Ausprägungsformen bezieht sich immer auf die Gruppe und ist somit auch festgelegt auf deren dynamische Prozesse.
Der erlebnispädagogische Ansatz geht davon aus, dass Erziehungs- und Bildungsprozesse wesentlich über affektiv besetzte Auseinandersetzungsformen laufen. Es wird dabei versucht, die gewonnenen Erlebnisse des Einzelnen in gemeinsamer Gruppenreflexion verhaltenswirksam zu machen, Verhalten zu stabilisieren, um sie letztlich zu verhaltensanleitenden Erfahrungen verarbeiten zu können. Es können folgende didaktische Kennzeichen festgehalten werden:

- Die Individualität des Jugendlichen wird berücksichtigt.
- Lerninhalte knüpfen bei den Fähigkeiten des Jugendlichen sowie seiner Lebenswelt an.
- Ganzheitliches Lernen findet statt – d. h., Lernelemente im handwerklichen, emotionalen, künstlerischen und sozialen Bereich treten neben den kognitiven Bereich.
- Die psychische Stabilität wird gefördert.
- In der Interaktion der Gruppe entsteht eine Basis zur konstruktiven Konfliktbewältigung.

Um auf die von Kurt Hahn geschilderten gesellschaftlichen Mangelerscheinungen zurückzugreifen, versteht sich Erlebnispädagogik auch heute wieder, oder immer noch, diese im kompensatorischen Sinne ausgleichen zu helfen. Es soll sich verwandeln:

- Teilnahmslosigkeit in Anteilnahme
- Ablehnung von Verantwortung in Verantwortungsbereitschaft
- Mangel an Sorgfalt, „Drauflosandeln", in planvolles Tun
- Körperliche Leistungsmängel in Fitness und Ausdauer
- Mangel an Initiative in Initiative

Erlebnispädagogik sieht ihre Aufgabe darin, Jugendlichen ein adäquates Lernfeld anzubieten, welches ihrem Abenteuer-, Erlebnis- und Tatendrang entgegenkommt, somit attraktiv und motivierend ist. Dieses Lernfeld ermöglicht, mehr als durch kognitive Anforderungen erreicht werden kann, eine stärkere Ich-Beteiligung, da Emotionen aktiviert werden. Dadurch entsteht erst eine Möglichkeit der Motivation, sie erhöht Verstehen, Begreifen, was wiederum Basis für höhere Leistungen sein kann. Erfolgsvermittlung und Befriedigung wirken auf Gefühle und Stimmungen, womit sich die Wirkungskette schließen kann.
„Plötzliche Einsichten und Erlebnisse bezeichnen wir als Aha-Erlebnisse. Sie werden durch den Aktivierungszirkel ganz außergewöhnlich wirksam, als pädagogisch fruchtbare Momente, als Erkenntnis oder Einsicht, und präsentieren sich den Betroffenen als Bereicherung und

Fortschritt. Solche ‚Spitzenerlebnisse' sind allerdings nicht planbar, aber ein wichtiges Ziel der Erlebnispädagogik."

Bereiche der Erlebnispädagogik
Es haben sich aufgrund gegebener Möglichkeiten verschiedene, schwerpunktmäßig bedingte Formen und Gebiete in Deutschland für die Durchführung einer Erlebnispädagogik herausgebildet. In ihren Angeboten sind sie verschieden, doch ist die beschriebene Zielsetzung allen gemeinsam. Ob Segeln, Bergsteigen, Kanufahren, Expeditionen, Sport und anderes, das Streben, dem Jugendlichen ein Erlebnis zu vermitteln, aus dem heraus er sich selbst korrigieren lernt, ist und bleibt das Hauptziel.
Das vor allem in Norddeutschland angesiedelte so genannte sozialtherapeutische Segeln, das dort inzwischen auch einer größeren Öffentlichkeit bekannt ist, soll mir als exemplarisches Beispiel dienen. In der Bundesrepublik und vor allem in Skandinavien hat sich in den letzten Jahren das „Segelschiff als Vehikel der Erlebnispädagogik" etabliert. Inzwischen gibt es eine Vielzahl von segelpädagogischen Projekten, deren Zielgruppen aus allen Bereichen der Sozialpädagogik kommen. Innerhalb dieser Vielzahl zeichnet sich derzeit ab, dass sich Träger und Projekte mit ihrem pädagogischen Konzept und Törnprogramm auf die Anforderungen einer Problemgruppe spezialisieren und entsprechend dreiwöchige bis sechsmonatige Törns anbieten. So gibt es ein Projekt zur Resozialisierung Haftentlassener, ein anderes fährt mit berufseingliederungsunfähigen Jugendlichen zur See, andere bieten einer breiteren Zielgruppe ihren Dienst an. […]
Neben dieser Vielzahl von segeltherapeutischen Projekten im In- und Ausland, vor allem an der See, gibt es „zu Lande" inzwischen vielfältige Versuche mit den gleichen erlebnispädagogischen Zielsetzungen wie beim therapeutischen Segeln. Richard Günder berichtet von zwei Heimen, einem Kinderkurheim und einem Heim mit geschlossener Abteilung, die für ihr schwieriges Klientel zwei abgelegene Almhütten im Allgäu und in Österreich zu heilpädagogisch therapeutischen Aufenthalten mit sehr guten ersten Erfolgen nutzen. Er verwendet dabei den Begriff „Hüttenpädagogik". Daneben gibt es eine Vielzahl von Heimen, die derzeit sehr verschiedene und vielfältige erlebnispädagogische Projekte in Angriff nehmen: „Der Katalog der alternativen, aber zugleich realistischen Möglichkeiten erstreckt sich über ein weites Gebiet: längere Aufenthalte auf Bauernhöfen, Kurse zum Lkw-Führerschein, internationale Ferienlager, Saharadurchquerung, Fallschirmspringen, Umgang mit und Pflege von Tieren, Segelschifftherapien, lang andauernde Aufenthalte in Berghütten, etc." […]

(Aus: Hans-Dieter Güntner: Korsika – oder: „Wie man Pädagogik vermeidet". In: Unsere Jugend. Heft 8/1987. Ernst Reinhardt Verlag: München/Basel, S. 306–314)

1 Geben Sie mit eigenen Worten wieder, was im vorliegenden Artikel unter „Erlebnispädagogik" zu verstehen ist.
2 Erläutern Sie die Gemeinsamkeiten und Unterschiede von Kurt Hahns und Baldur von Schirachs Ansatz der Erlebnispädagogik.
3 „Erlebnispädagogik" – heute noch ein gangbarer Weg? Erörtern Sie Chancen und Grenzen.

2.3.2 Janusz Korczak: „Nicht mich will ich retten"

Janusz Korczak (1878–1942) wurde in Warschau als Sohn jüdischer Eltern geboren. Er studierte Medizin in Warschau. Schon in frühen Jahren schrieb er u. a. Romane und Essays, Theaterstücke und Zeitschriftenbeiträge. Seit 1911 war er aber auch tätig als Leiter des Waisenhauses „Dom Sierot". 1942 wurde er zusammen mit seinen Waisenkindern ins Vernichtungslager Treblinka abtransportiert und dort ermordet. 1972 wird Korczak posthum der Friedenspreis des Deutschen Buchhandels verliehen. Im Klappentext zum Buch „Nicht mich will ich retten" – Die Lebensgeschichte des Janusz Korczak von Monika Pelz heißt es: „Der Kinderarzt und Pädagoge wurde zur Legende, doch über sein Leben und über seinen Tod weiß man auch heute nur wenig. In der Hölle des Warschauer Gettos schrieb er in sein Tagebuch: ‚Nicht mich will ich retten, sondern meine Idee!' Als Schriftsteller, der das berühmteste polnische Kinderbuch verfasste, das Märchen vom König Hänschen, und als Verfasser bitterer Satiren über die Welt der Erwachsenen wurde Korczak berühmt. Als Leiter eines Warschauer Waisenhauses war er in einer Zeit des Krieges und der Verfolgung stets bereit, für die ihm anvertrauten Kinder alles zu opfern, auch das Leben."

Demokratie in der Nussschale

„Dom Sierot" und „Nasz Dom", die beiden Waisenhäuser, haben Platz für jeweils hundert Kinder. Sie kommen verschüchtert, verschnupft, manchmal auch verlaust in ihren neuen Heimen an. Die meisten haben ihre Eltern verloren, aber es sind auch „soziale Waisen" darunter: Kinder, die einem Elternteil fortgenommen werden, der nicht für sie sorgen kann oder will – einem Kriminellen oder Säufer.

Korczak beschreibt den Neuankömmling: „Du hast ihm die Haare geschnitten, die Fingernägel gekürzt, ihn gebadet und umgezogen, und schon sieht er allen anderen ähnlich. Er kann sich sogar schon verbeugen, er sagt nicht ‚ich will', sondern ‚bitte'; wenn ein Fremder eintritt, so weiß er, dass man grüßen muss. Schon sagt er bei einer kleinen Feier ein paar Verse auf und putzt seine schmutzigen Schuhe ab; er spuckt nicht mehr auf den Fußboden und benutzt ein Taschentuch. Gib dich keiner Täuschung hin, du könntest aus seinem Gedächtnis bereits dumpfe Erinnerungen, schlimme Einflüsse und schmerzliche Erfahrungen getilgt haben.

Diese sauber gewaschenen und ordentlich gekleideten Kinder bleiben noch lange verworren, mit Schmerzen behaftet und farblos. Da gibt es unsaubere Wunden, die man monatelang geduldig ausheilen lassen muss; und dann bleiben doch noch Narben zurück, die immer wieder aufbrechen können."

Korczak notiert Erfolge und Scheitern, versucht aus jeder Erfahrung zu lernen. Immer wieder werden die Regeln des Zusammenlebens überdacht und nach Möglichkeit verbessert. Als Ergebnisse der Versuche in den Sommerkolonien und in den Horten in Kiew sind die einzelnen Institutionen der Heime entstanden: der Gemeinschaftsdienst, die „Betreuung" (ältere Kinder übernehmen die Patronanz für jüngere), die Internatszeitung, der „Briefkasten", die Wandzeitung, das Gemeinschaftsgericht.

Eine große Rolle in Korczaks und Falskas Erziehungsprogramm spielt die Arbeit. Und es gibt bei den verschiedenen Diensten, die geleistet werden müssen, keine Trennung zwischen „Kopfarbeitern" und „Handarbeitern".

„Ich setze mich dafür ein, dass es im Waisenhaus keine feine oder grobe, gescheite oder dumme, saubere oder schmutzige Arbeit gibt; Arbeit für feine Damen oder für gewöhnliches Gesinde. Es sollte niemanden geben, der nur körperlich oder nur geistig arbeitet."

Als sichtbares Symbol dieses Prinzips sind an einer Wand eine Scheuerbürste und ein Wischtuch ausgestellt.

Auf der anderen Seite werden die Zöglinge immer wieder ermutigt, sich schriftlich auszudrücken: in der Zeitung, in schriftlichen Mitteilungen an den Heimleiter oder an ihre „Betreuer". Diese „Schreibmanie" ist Korczak zum Vorwurf gemacht worden, so als ob er seine eigene Lust am Schreiben auf die Waisenkinder projizierte. Aber den Kindern wird keine „gewählte" oder „künstlerische" Ausdrucksweise aufgezwungen. Im Gegenteil: Stilistische Verbesserungen durch die Erwachsenen sind verboten. Die Kinder sollen ihre eigenen Ausdrucksmittel finden.

„Schreibmanie", sagt Korczak, „ist keine Krankheit. Analphabetismus ist eine Krankheit!"

Die Kinder sollen auch schriftlich bekannt geben, wen in ihrer Gemeinschaft sie mögen und wen nicht. Durch die Gemeinschaft wird bestimmt, welchen Status jeder Einzelne hat. Das geht von der Klasse des „lieben Ankömmlings" bis zur Klasse des „Bürgers", vom „gleichgültigen Bewohner" bis zum „lieben Gefährten". Dieses „Plebiszit des Wohlwollens" ist eingerichtet worden, weil Korczak die Entdeckung gemacht hatte, dass einzelne Kinder imstande sind, dem Erzieher perfekt eine Rolle vorzuspielen; heimlich tyrannisieren sie die anderen Kinder und erpressen sie. Mithilfe einer schriftlichen Abstimmung kann festgestellt werden, ob ein Kind unterdrückt wird oder sonst wie

gequält. Jeder soll sagen können, wen er wirklich mag und wen er fürchtet.
Ein wichtiges Instrument zur Rechtfertigung ist das „Gemeinschaftsgericht". Hier urteilen von Kindern gewählte Richter über einzelne Vergehen gegen die Gemeinschaftsordnung und setzen eine Strafe fest. Diese Strafe kann „öffentliche Bekanntgabe" sein, Ausschluss von verschiedenen Gemeinschaftsaktivitäten (Essen, Spielverbot); im schlimmsten Fall ist es Ausschluss aus der Gemeinschaft. [...]
Neben dem Gericht gibt es den „Kinder-Sejm", das Parlament, mit 22 Abgeordneten. Wer vier Stimmen auf sich vereinigen kann, wird Abgeordneter.
Der Sejm fasst Beschlüsse über besondere Festtage. So wird z. B. der erste Schnee gefeiert: An diesem Tag wird ein Ausflug gemacht.
Die Parlamentsabgeordneten haben auch ein Mitspracherecht bei der Aufnahme oder dem Ausschluss von Zöglingen.
Auch mit diesem Kinderparlament im Waisenhaus ist ein Stück vom Traum König Hänschens in Erfüllung gegangen.
Korczak kennt den Vorwurf, der ihm am häufigsten gemacht wird: Die Kinder in seinem Haus sind verwöhnt und überbehütet. Sie werden nur schlecht auf das harte, erbarmungslose Leben vorbereitet, das nachher auf sie wartet.
Einige von ihnen können zwar als Erzieher in „Dom Sierot" bleiben; aber die meisten kommen mit vierzehn in die Lehre und verlassen die Anstalt, sobald sie sich selbst erhalten können. Korczak sieht selbst die Gefahr, dass die „heile Welt" des Waisenhauses die Kinder zu wenig auf „draußen" vorbereitet. Immer wieder schreibt er, dass es ihm nicht darum geht, den

Auf Transport. Viele Menschen sterben bereits während dieser Tortur, auf die Überlebenden warten Konzentrationslager und oft genug die Gaskammer.
(Foto: dpa/picture alliance)

Kindern alle schlechten Erfahrungen zu ersparen. An den Anforderungen der Arbeit, an den Konflikten und Auseinandersetzungen mit den Kameraden sollen sie lernen, Probleme zu lösen, mit Enttäuschungen und Spannungen fertig zu werden. Aber die objektive Wirklichkeit scheint seinen Kritikern recht zu geben. Die „Schule des Lebens", die er für die Zöglinge schaffen wollte, ist nicht hart genug. Die Vierzehnjährigen verlassen das Waisenhaus – wie Hanna Mortkowicz-Olczakowa es beschreibt – „noch nicht flügge, noch nicht genügend erstarkt, und, was noch schlimmer ist, nicht mit Klauen und Krallen versehen, sondern durch die vorangegangenen mühelosen Jahre verzärtelt. Sie gingen in ein Leben voller Brutalität, ein Leben, das vom Hass der Klassenkämpfe und von wirtschaftlicher Not erfüllt war. Sie traten in eine Welt, in der niemand auf sie achtgab, in der sie niemand vor dem Gericht rechtfertigte, in der niemand farbige Postkarten verteilte und sich nachts behutsam über ihr Bett beugte."

Als ob der Verfasser von *König Hänschen* das nicht wüsste! In einem seiner Vorträge sagt Korczak: „Ein Herr warf mir vor, dass ich aus meinem Waisenhaus eine Oase für meine Zöglinge gemacht hätte, sodass sie bei der Konfrontation mit dem wirklichen Leben zusammenbrechen mussten. Ich erwiderte ihm: Sie sind wohlhabend und essen gut, viel und fett. In zehn Jahren werden Sie darauf verzichten und Grütze essen müssen. Das wird für Sie ein Schock sein. Darum empfehle ich Ihnen, fangen Sie schon heute an, Grütze zu essen."

In einem Brief an einen Freund in Palästina schreibt Korczak 1936 über das Konzept von „Dom Sierot": „Die Organisation der Kinder auf gegenseitige Sympathie und Gerechtigkeit gründen. Sie frühzeitig von schlechten Einflüssen der Erwachsenenwelt fernhalten. Ihnen ruhige, milde Jahre der Entwicklung und Reife gewähren. Nicht unterdrücken, nicht quälen, nicht belasten, nicht vernachlässigen, nicht benachteiligen. Ich gebe zu, ich tat es nicht für alle, sondern nur für das Waisenhaus. Ungeachtet der schweren Bedingungen ist es immer noch eine Oase, die leider von dem bösen Sand der Wüste, die sich ringsum erstreckt, allmählich zugeschüttet wird."

Der 1929 publizierte Aufsatz *Das Recht des Kindes auf Achtung* ist eine aufrüttelnde Streitschrift. Es ist kein Appell mehr, das Kind zu lieben, sondern eine Anklage gegen die Welt der Erwachsenen, ihre Unredlichkeit und Gewalttätigkeit: „Die Genfer Gesetzgeber haben das Verhältnis von Pflichten und Rechten verwechselt: Der Tenor ihrer Deklaration ist Überredung, nicht Forderung. Ein Appell an den guten Willen, eine Bitte um Einsicht.

Wir fordern: Beseitigt den Hunger, das Elend, die Feuchtigkeit und die Stickigkeit, die Enge und die Übervölkerung.

Ihr seid es doch, die ihr die Voraussetzungen für Rebellion und Seuche schafft: eure Leichtfertigkeit, euer Unverstand und eure Unfähigkeit zur Ordnung.

Nehmt euch in Acht: Der starke brutale homo rapax bestimmt das moderne Leben, er diktiert die Verhaltensweisen. Seine Zugeständnisse an die Schwachen sind eine Lüge, unehrlich ist die Ehrerbietung für den Greis, die Gleichberechtigung für die Frau und das Wohlwollen für das Kind. Obdachlos irrt das Gefühl umher – ein Aschenbrödel. Kinder jedoch – in ihrem Empfinden sind sie Königskinder, Dichter und Weise. Wir sollten Achtung haben, wenn nicht gar Demut vor der hellen, lichten, unbefleckten, seligen Kindheit [...]."

Die „Internationale Erklärung der Rechte des Kindes" von 1959 nimmt Korczaks Forderungen auf:

Alle Kinder sollen sich nach Möglichkeit gesund und in Freiheit entwickeln können: körperlich, geistig, seelisch und sozial. Alleinstehenden und mittellosen Kindern, körperlich oder geistig behinderten Kindern soll besonderer Schutz und Hilfe zuteilwerden. Sie sollen unentgeltlichen Schulunterricht erhalten, aber auch die Gelegenheit zu Spiel und Erholung. Kinder sollten in allen Notlagen die Ersten sein, die Schutz und Hilfe erhalten. Sie sollen vor Vernachlässigung, Grausamkeit und Ausnutzung jeder Art geschützt werden.

Grundsatz Nr. 10 dieser Forderungen lautet: „Das Kind wird vor Handlungen bewahrt, die rassische, religiöse oder andere Herabsetzung fördern. Es wird erzogen in einem Geist des Verstehens, der Duldsamkeit, der Freundschaft zwischen den Völkern, des Friedens, weltumspannender Brüderlichkeit und in der Vorstellung, dass seine Kraft und Fähigkeiten dem Dienst an seinen Mitmenschen zu widmen sind."

In jeder Zeile seiner Bücher und Schriften bemüht Korczak sich um diesen „Geist des Verstehens". Selbst im „Krieg der Geschlechter", der schon in der Kindheit beginnt – in den Feindseligkeiten zwischen rauflustigen Jungen und spitzzüngigen Mädchen –, vermittelt er, versöhnt er. Seiner Meinung nach ergibt sich die Kluft nur aus der rollenspezifischen Erziehung, die die Buben aggressiv und die Mädchen heikel und boshaft macht.

Die schwarze Häuptlingstochter Klu Klu begreift die Unterschiede zwischen den Geschlechtern in den zivilisierten Ländern nicht: „In Afrika sind die Jungen nicht geschickter als die Mädchen, alle laufen gleich schnell, klettern auf die Bäume und schlagen Saltos. Was hier bei euch los ist, verstehe ich nicht. Dauernd zanken sich die Jungen mit den Mädchen, dauernd stören sie beim Spiel, wollen aber selbst nicht mit ihnen spielen. [...]"

Obwohl sie „nur ein Mädchen" ist, wird Klu Klu Hänschens bester, treuester Freund. Sie ist tapfer, aufopfernd, klug und einfallsreich. Korczak weiß, was er Frauen verdankt. Ohne ihre Arbeit und Unterstützung wäre „Nasz Dom", wäre „Dom Sierot" nicht möglich.

Nicht nur als Pädagoge, auch als Autor beliebter Kinderbücher will Janusz Korczak „Arzt und Baumeister der kindlichen Seele" sein.

In *Ruhm* beschreibt er, wie drei Proletarierkinder sich aus bitterer Armut emporkämpfen. Sie haben nicht einmal eine reguläre Volksschule besuchen können, aber Olek wird Arbeiter und Gewerkschaftsführer – vielleicht sogar einmal Abgeordneter; Mania ist Arbeiterin, daneben aber veröffentlicht sie in einer Zeitschrift, und Wladek wird ein berühmter Arzt. „Kinder, habt ehrgeizige Pläne. Lasst eurer Phantasie freien Lauf, dann werdet ihr es schaffen, sie zu verwirklichen."

Auch in der phantastischen Erzählung *Kajtus, der Zauberer* versetzt der Wille Berge. „Man muss stark und beharrlich wollen. Man muss den Willen härten. Man muss sich nützlich machen."

In *Der eigensinnige Junge* schreibt Korczak die Geschichte des jungen Louis Pasteur, um zu zeigen, wie zähes und gewissenhaftes Arbeiten zu Erfolg führt.

Gegen die ermutigenden Fabeln seiner übrigen Kinderbücher hebt *König Hänschen* sich deutlich ab. In diesem Buch scheint es, als hätte der „Arzt und Baumeister" die Hoffnung verloren. Auch Kinder können böse sein. Auch sie unterdrücken die Schwächeren. Auch zwischen ihnen gibt es keinen Frieden – das ist die bittere Einsicht des verbannten Königs.

1930 wird ein Theaterstück von Janusz Korczak aufgeführt: *Der Senat der Verrückten*. Eine Handvoll Wahnsinniger bespricht die Zukunft der Menschheit. Geht es ins Paradies oder in den Untergang?

In einer dieser Gestalten, dem „Obersten", ist der Faschismus verkörpert. Die Vision des wahnsinnigen Obersten ist der Massenmord – die Ausrottung von Kultur und Wissenschaft, Humanität und Zivilisation. [...]

Und der „Lehrer" Janusz Korczak versieht weiter pflichtbewusst seinen Dienst: im Waisenhaus, am Schreibtisch, als Bittgänger in den Häusern der Reichen, in der Redaktion. Was immer er tut, er tut es mit vollem Engagement und auf eine originelle, persönliche Art. Seine Phantasie und sein Einfallsreichtum beeindrucken die Menschen genauso wie seine Ehrlichkeit und Integrität.

[...]

(Aus: Monika Pelz: Nicht mich will ich retten – Die Lebensgeschichte des Janusz Korczak. Beltz & Gelberg: Weinheim und Basel 1997, S. 60–68)

1 Geben Sie wieder, worin die Lebensleistung des Janusz Korczak besteht.
2 Erläutern Sie seine pädagogischen Vorstellungen.
3 Beurteilen Sie sein Lebenswerk. Suchen Sie gegebenenfalls Zusatzmaterialien, die über den Inhalt der vorliegenden Textauszüge hinausgehen, und beziehen Sie diese in Ihre Urteilsbildung mit ein.

2.3.3 Die Edelweißpiraten – Oppositionelle Jugendgruppen im Dritten Reich

Die „Edelweißpiraten“ genannten Jugendlichen stammten häufig aus Familien der Arbeiterklasse, die der KPD, SPD und den Gewerkschaften nahestanden. Die Grundeinstellung in vielen dieser Familien war antifaschistisch, für das Nazi-Regime waren sie verdächtig, sie wurden beobachtet oder verfolgt. Die Jugendlichen lehnten sich gegen den Totalitätsanspruch der Hitlerjugend auf und schlossen sich den im Gegensatz zu der HJ viel freieren und abenteuerlustigeren Jugendgruppen an. Die Cliquen trugen unorthodoxe Kleidung und sangen eigene Lieder; es gab feste Treffpunkte und Ausflüge. Sie lieferten sich Schlägereien mit der Hitlerjugend, die zum Teil in bandenkriegartige Straßenschlachten ausuferten. Der HJ-Streifendienst, eine Spezialeinheit der Hitlerjugend, wurde eingesetzt, um sie zu verfolgen, zu verprügeln und der Polizei oder Gestapo vorzuführen. Außer im rheinisch-westfälischen Raum (allein in Köln gab es 3 000 „Edelweißpiraten“) gab es „Edelweißpiraten“ in Frankfurt am Main, Offenbach und Kassel. Die Entstehung des Begriffs „Edelweißpiraten“ steht nicht definitiv fest. Wahrscheinlich stammt er von der Gestapo und wurde von den Jugendlichen als eine Art „Ehrenname“ übernommen.

An einem trüben Novemberabend an einer Bahnunterführung in Köln-Ehrenfeld. Es regnet. Gruppen von singenden Kindern mit Laternen ziehen vorbei. Heute ist Sankt Martin. Mit noch einigen anderen Menschen stehe ich vor einer bronzenen Gedenktafel, die an 13 Menschen erinnert, die am 10. November 1944 an dieser Stelle öffentlich und ohne Gerichtsurteil erhängt wurden. Redner unterschiedlicher politischer Gruppierungen gedenken der Ermordeten.

„Alternative“ Jugendgruppe
(Foto: © NS-Dokumentationszentrum der Stadt Köln, Bp 23408)

Sechs von den Erhängten waren Edelweißpiraten zwischen 16 und 18 Jahren. Ihre Namen sind Bartholomäus Schink, Günther Schwarz, Gustav Bermel, Franz Rheinberger, Johann Müller und Adolf Schütz. Sie stammten aus Arbeiterfamilien und waren Dreher-, Installateur- oder Dachdeckerlehrlinge: ganz normale Jungens.

Köln aber war 1944 nicht mehr normal. Es war eine Trümmerwüste. Die sechs in Ehrenfeld ermordeten Edelweißpiraten hatten sich einer Gruppe „Illegaler" angeschlossen, von denen viele ebenfalls am 10. November erhängt wurden. Ihr Versteck war ganz in der Nähe, in der Schönsteinstraße 7. Dort wohnte Cilly Serve mit ihrem Freund, dem geflohenen KZ-Häftling Hans Steinbrück. Steinbrück war der Mittelpunkt der Gruppe, die Juden, Fremdarbeiter und Deserteure versteckte, ein Waffenlager anlegte, Anschläge auf die Gestapo plante und sich Schießereien mit den Nationalsozialisten lieferte. Die Edelweißpiraten besorgten Waffen, beteiligten sich an Diebstählen, deren Erlös teilweise zum Kauf neuer Waffen verwendet wurde, und nahmen teil an der bewaffneten Befreiungsaktion von Cilly Serve und ihren drei kleinen Kindern.

Lange wurden die Mitglieder dieser Gruppe als Kriminelle angesehen und ihren Handlungen jedweder Widerstandscharakter aberkannt. Erst am 16. Juni 2005 wurden vier der ermordeten Edelweißpiraten und die überlebenden Mitglieder der Ehrenfelder und Sülzer Gruppen von den Kölner Behörden geehrt.

Obwohl in Köln geboren, habe ich erst als Erwachsene von den Edelweißpiraten gehört. Ihre Geschichte hat mich viele Jahre nicht mehr losgelassen. Sie ist eine der widerspenstigsten „Widerstandsgeschichten" der Nazizeit, aber gerade deshalb so erzählenswert. Sie enthält keine Erlösung, nur Hoffnung.

Bei der Recherche für den Film „Edelweißpiraten" bin ich Jean Jülich und Wolfgang Schwarz begegnet. Jean Jülich war befreundet mit mehreren der erhängten Edelweißpiraten. Er spricht in Schulen, gibt Interviews und hat sich jahrelang unermüdlich für die Rehabilitierung seiner Freunde eingesetzt. Ganz anders ist Wolfgang Schwarz. Er spricht nicht gerne über seinen ermordeten Bruder Günther, und es hat lange gedauert, bis er mir ein Interview gegeben hat. In den Gesprächen mit Jean Jülich und Wolfgang Schwarz wurde mir klar, wie viel Mut es brauchte, am Ende des Krieges im nationalsozialistischen Deutschland nicht nur zu überleben, sondern sich auch gegen das Regime zur Wehr zu setzen. Der Mut, den sie bewiesen haben, war menschlicher Mut. Sie haben das getan, was sie für richtig hielten. Ich bin dankbar dafür, dass Jean Jülich und Wolfgang Schwarz, die während der Arbeit an dem Film Freunde geworden sind, dies auch heute noch sind.

Es regnet jetzt stärker. Die Redner sind kaum zu verstehen. Viele sind schon gegangen. Vereinzelt nur noch ziehen Kinder mit Laternen vorbei. Frierend trete ich von einem Fuß auf den anderen. Bis mich jemand am Arm berührt. „Komm lass uns jon!" Es ist Jean Jülich. Wir gehen in die nahe gelegene Eisdiele und wärmen uns auf bei Kaffee und heißem Kakao.

(Aus: Kirstin von Glasow: Die Edelweißpiraten. In: Ulrich Kühne [Hrsg.]: Mutige Menschen. Frauen und Männer mit Zivilcourage. Elisabeth Sandmann Verlag: München 2006, S. 101–103)

1 Skizzieren Sie das Anliegen der Edelweißpiraten.
2 Vergleichen Sie die oppositionellen Edelweißpiraten mit der Hitlerjugend.
3 Setzen Sie sich mit Zielen und Mitteln der Edelweißpiraten und der Hitlerjugend auseinander und beurteilen Sie diese.

2.4 Phänomene, die zu denken geben …

2.4.1 Der Kampf um verlorene Identität

Zu den bis heute beunruhigenden Aspekten der NS-Herrschaft gehören vor allem zwei Phänomene: das bis dahin in der modernen deutschen Geschichte beispiellose und insofern nicht leicht voraussehbare Maß an politischer Kriminalität einerseits und die hohe Akzeptanz dieses Regimes in der deutschen Bevölkerung andererseits. Zur Erklärung beider Phänomene gibt es bis heute keine schlüssige, lückenlose Deutung. Möglich sind offenbar nur jeweils begrenzte Erklärungen aus ebenso begrenzten wissenschaftlichen Perspektiven.

Als Pädagoge möchte ich in diesem ersten Fazit eine ebenfalls begrenzte Erklärung versuchen für das Phänomen der Akzeptanz, und zwar mit einem Begriff, der schon mehrfach aufgetaucht war: Identität. […] Ich wage dazu folgende These und möchte sie in diesem letzten Kapitel begründen: Die Menschen, die Hitler folgten, waren auf der Suche nach ihrer verlorenen Identität, und Hitler versprach, sie ihnen zurückzugeben.

„Identität" meine ich nicht im Sinne einer der bekannten Identitätstheorien. Diese sind durchweg psychologischer Herkunft, viel später entstanden und beziehen sich deshalb auf andere historische Situationen. Ich folge hier überhaupt keiner besonderen Theorie, sondern verbleibe im alltagssprachlichen Erfahrungshorizont. Dann stellt sich Identität als ein bedeutsames soziales Phänomen dar, das vom Individuum her gesehen aus der subjektiv befriedigenden Antwort auf einige wenige existenzielle Grundfragen resultiert, z. B. Wer bin ich? Zu wem gehöre ich? Wozu bin ich da? Holt man sich die Antworten daraus aus der NS-Ideologie, dann bekommt deren konfuse, irrationale und widersprüchliche Kontur einen Sinn. Wer bin ich? Ein Deutscher. Zu wem gehöre ich? Zur deutschen Volksgemeinschaft. Wozu bin ich da? Um in dieser Volksgemeinschaft meine Pflicht zu tun. Diese Antworten schließen ein, dass der Betreffende mit einem sozial anerkannten Status in der Volksgemeinschaft rechnen kann.

Sie hätten damals auch anders lauten können: Ich bin ein Kommunist. Ich gehöre zur kommunistischen Internationale. Ich bin dazu da, im Rahmen meines Parteiauftrages an der Weltrevolution mitzuwirken.

Die Nazis waren damals also nicht die einzigen Identitäts-Anbieter und der wechselseitige Hass von Kommunisten und Nationalsozialisten mag auch darin begründet gewesen sein, dass sie gerade auf diesem Gebiet die schärfsten Konkurrenten waren. Rationale Argumentationen, Versuche zu einer kompromissorientierten Verständigung und Toleranz nicht nur zwischen diesen beiden Identitätslagern, allgemein in der politischen Auseinandersetzung der Weimarer Zeit, waren deshalb kaum möglich, weil sie sofort die eigene Identität angegriffen hätten. Der politisch-ideologische Fanatismus der Auseinandersetzungen hatte etwas von psychosozialer Heimatverteidigung an sich, etwa nach dem Motto, dass, wenn die andere Seite recht hat, die eigene soziale Heimat bedroht ist. […]

Als soziale Tatsache ist Identität immer auch auf Abgrenzung aus. Soziales unterscheidet sich von anderem Sozialen. Zu der Frage: „Wer bin ich?" gehört die Gegenfrage: „Wer bin ich nicht?" Üblicherweise ist eine solche Abgrenzung nicht mit Feindschaft verbunden. In besonderen Situationen jedoch, wo das Selbstwertgefühl wie in den Jahren vor 1933 erheblich angeschlagen ist, wird Feindschaft gegen andere zu einem – wesentlichen – Bestandteil des sonst zu schwachen Wir-Gefühls. Damals beruhte die Idee der „Volksgemeinschaft" von vornherein auf der Feindschaft zu anderen, vor allem zu Juden, Kommunisten oder linken Intellektuellen, deren Bücher als Symbole dafür verbrannt wurden – nicht weil sie eine andere Meinung vertraten, sondern weil diese Meinung als eine Bedrohung der Identität empfunden wurde. Toleranz, Respekt vor anderen Überzeugungen und Lebensstilen und verhandelnde Kompromissbereitschaft kann man im Allgemeinen nur

erwarten von Menschen, die eine zumindest relativ stabile soziale Identität aufweisen.
Im geschichtlichen Zusammenhang gesehen war das Identitätsangebot der „Volksgemeinschaft" jedoch nicht nach vorne, sondern nach rückwärts orientiert, weil ihm die schon erwähnte Pluralität fehlte bzw. weil es den Ausschluss der Pluralität zu seiner Voraussetzung hatte. Das Problem der modernen Identitätsfindung und Identitätsbewahrung besteht aber gerade darin, dass sie unter den genannten Bedingungen der Pluralisierung und der Individualisierung erfolgen muss, sonst ist sie objektiv eine Scheinidentität, mag sie subjektiv auch anders, nämlich als gelungene soziale Integration erlebt werden.
Die „Volksgemeinschaft" als Identitätsangebot war also ein rückwärts gerichteter Traum, und das wurde schnell deutlich, als nach dem ersten Rausch der nationalsozialistische Alltag eingekehrt war. […]
Als Fazit lässt sich vielleicht festhalten, dass die Suche nach sozialer Identität und der Wunsch, diese zu stabilisieren, offensichtlich einem tiefen menschlichen Bedürfnis entsprechen.
Massenhafte Identitätskrisen, wie wir sie z. B. jetzt in den neuen Bundesländern erleben, enthalten immer einen unkalkulierbaren politischen Sprengstoff. Der Hass gegen die moderne parlamentarisch verfasste Industriegesellschaft, die einerseits den Menschen erhebliche persönliche Entscheidungsspielräume und damit Freiheiten verschafft, andererseits aber auch deren soziale Geborgenheiten ständig bedroht, war ein wichtiger Motor der Hitler-Bewegung und kann jederzeit neu ausbrechen. Anzeichen dafür sind unübersehbar. Die Ausländerfeindlichkeit ist auch ein Signal dafür, dass Identität zur Not gegen andere erprügelt wird.
Wir wären gut beraten, wenn wir bei der Lösung sozialer und ökonomischer Probleme nicht nur an finanzielle Kosten-Nutzen-Rechnungen denken, sondern auch daran, dass die Menschen eine soziale Heimat brauchen. Die meisten Menschen schaffen sie sich, indem sie die durch Pluralisierung und Individualisierung gebotenen Freiheitsräume nutzen zur Herstellung entsprechender sozialer Felder – sei es in Form verlässlicher Familien- und Freund-

Nach dem Prinzip „Jugend führt Jugend" finden Heimabende oder Fahrten in die nähere Umgebung statt. Die Teilnahme ist attraktiv – hier ist man frei von der elterlichen Bevormundung.
(Foto: akg-images)

schaftsbeziehungen, sei es im Rahmen von informellen Beziehungen unter Gleichgesinnten.

Es gibt aber auch eine nicht geringe Zahl von Menschen, die dies nicht schaffen, die z. B. den modernen Arbeits- und Leistungserwartungen nicht gewachsen sind, die randständig werden und sich soziale Nischen in der Gesellschaft suchen, wo sie eine wenn auch noch so labile Identität finden können. Wir sehen sie unter anderem in der radikalen Jugendszene. Bei der Beurteilung dieser Szenen und im Umgang mit ihr sollten wir deren psychosoziale Funktion bedenken. Wenn wir z. B. eine neonazistische Jugendorganisation verbieten, haben wir die Probleme derer noch nicht gelöst, die sich dorthin geflüchtet haben.

(Aus: Hermann Giesecke: Hitlers Pädagogen. Theorie und Praxis nationalsozialistischer Erziehung. Juventa Verlag: München 1993, S. 265–280)

1 Erarbeiten Sie die Grundgedanken der Textvorlage.

2 Setzen Sie sich mit den Überlegungen Gieseckes auseinander und beurteilen Sie diese.

2.4.2 Erziehung angesichts krimineller Politik

Der Blick auf die Erziehung darf den Blick auf die Politik nicht trüben. Zu lernen aus der NS-Zeit ist nicht, wie man Erziehung verbessern könne, um Ähnliches für die Zukunft zu vermeiden; zu lernen ist vielmehr, dass politische Verhältnisse verhindert werden müssen, in denen nur noch Helden moralische Prinzipien durchhalten können. Die politische Kriminalität des NS-Regimes offenbarte sich den Menschen erst allmählich und schleichend: „Röhm-Affäre“, Boykott jüdischer Geschäfte, Nürnberger Gesetze, „Reichskristallnacht“. Die Aktionen gegen die deutschen Juden fanden während der Friedensjahre in der Bevölkerung ebenso wenig Resonanz wie der Kriegsbeginn, nicht einmal die Reichsjugendführung jubelte damals. Der von Hitler mutwillig provozierte Krieg, der – an klassischen politischen Maßstäben gemessen – keinerlei Interessen der deutschen Bevölkerung diente, brachte jenes politisch-moralische Milieu hervor, in dem die politische Kriminalität nicht nur gedeihen, sondern sogar teilweise einen Schein von Rechtfertigung gewinnen konnte. Erpresst durch die scheinbare Notwendigkeit der Landesverteidigung und der Sicherung des Überlebens des eigenen Volkes, wurden mehr und mehr Deutsche in die Verbrechen als Mittäter involviert – gleichgültig, wie und nach welchen Maßstäben sie vorher erzogen worden waren. Schirach ist da nur ein Beispiel von vielen.

Aus pädagogischer Sicht stellt sich dabei die Frage, ob und in welchem Maße Erziehung und Sozialisation normativ übereinstimmen. Deckt sich das, was die zuständigen Erzieher (Eltern, Lehrer) an normativen Leitmotiven übermitteln, mit dem, was das Kind außerhalb dieser pädagogischen Einflüsse – nämlich im Rahmen seiner allgemeinen gesellschaftlichen Teilhabe – an Einwirkungen erfährt? Für die Kindheit und Jugendzeit der vor 1933 zur NS-Bewegung gestoßenen Erwachsenen traf das wohl im Großen und Ganzen noch zu. Ein Bruch wird jedoch sichtbar nach dem Ersten Weltkrieg, dessen Ergebnis unter anderem die […] normative Pluralisierung der Gesellschaft war. Nun traten Erziehung und Sozialisation auseinander, und was die zuständigen Erzieher in Familie und Schule an Werten vermittelten, wurde außerhalb dieser pädagogischen Felder zumindest relativiert, wenn nicht gar verhöhnt (wie das Heroische durch Pazifisten). Mit der Idee des Erziehungsstaates haben die Nationalsozialisten die Einheit von Erziehung und Sozialisation wiederherstellen wollen.

Das Problem des Verhältnisses von Erziehung und Sozialisation stellt sich jedoch nicht nur für die Phase der Kindheit und Jugend, sondern auch für die spätere Phase des Erwachsenseins. Wenn man als „erfolgreiche“ Erziehung die Tatsache versteht, dass die in Kindheit und Jugend vermittelten Werte auch für das Leben des Erwachsenen zumindest prinzipiell gültig bleiben, dann setzt das voraus, dass in den Lebenssituationen, in denen sich der Erwachsene bewähren muss, diese Werte auch „nachgefragt“ werden, also auf soziale Resonanz treffen können. Die Bewährungssituationen müssen also den früheren Erziehungs- und Sozialisationserwartungen einigermaßen entsprechen, biografische Kontinuität muss hinreichend gesichert sein.

Dies traf nun für viele Männer der Kriegsgeneration nicht mehr zu, die sich nach dem Ersten Weltkrieg an die gewandelten Verhältnisse nicht gewöhnen konnten. Die „verlorene Generation“, zu der auch Hitler und seine „alten Kämpfer“ gehörten, erlebte, dass den Versprechungen der Kindheit nun keine angemessene Realität entsprach. Einen vielleicht noch radikaleren biografischen Bruch verursachte der Zweite Weltkrieg. Er bewirkte für nicht wenige Menschen eine Art von „Gegen-Sozialisation“ zu den in Kindheit und Jugend erworbenen Normen. Da das Töten des von der Politik definierten Feindes in dieser Ausnahmesituation auch moralisch selbstverständlich wird – was das Getötetwerden einschließt –, gelten hier andere Maßstäbe, als sie in der Erziehung gelernt wurden. Spätestens dann, als die politische Führung – also Hitler – zumindest im Osten nicht den Sieg über den Gegner – mit der Chance eines anschließenden Friedens –, sondern seine Vernichtung anstrebte und zu diesem Zweck den Feind als „Untermenschen“ definierte, war die Grenze zur politischen Kriminalität überschritten und jeder Deutsche war nun in mehr oder weniger direkter Weise darin verwickelt, ein Mittäter geworden. Die Ermordung der europäischen Juden war nur möglich unter den Ausnahmebedingungen des Krieges – als in den Kriegshandlungen versteckte Maßnahme, in Friedenszeiten wäre sie trotz des Machtmonopols der Nazis in Deutschland kaum möglich gewesen.

Man kann in Friedenszeiten nicht für den Krieg erziehen und im Krieg nicht für den Frieden danach, weil die Sozialisationsbedingungen als Summe der realen sozialen Erwartungen und Zwänge weder hintergangen noch antizipiert werden können. Möglich wäre dies nur dann, wenn Erziehung lediglich die Formung eines von allen konkreten sozialen Bezügen losgelöst gedachten „Charakters“ wäre. So ähnlich hat sich Hitler dies wohl vorgestellt, wenn er von „Erziehung des Charakters“ sprach und ein boxerisches Härtetraining favorisierte. Aber gerade die NS-Zeit hat bewiesen, wie bedeutungslos Erziehung wird, wenn später diejenige soziale und gesellschaftliche Kultur nicht mehr vorhanden ist, für die sie gedacht war. Dann bleibt nur übrig ein Repertoire von angeborenen und angelernten Verhaltensmöglichkeiten, die im Hinblick auf die neue Situation um des Überlebens willen bzw. um einer erfolgreichen Karriere willen neu kombiniert werden müssen. Das Ergebnis konnte sein der mordende SS-Mann, dessen brave Kindheit vergessen war. Weder die Schule der preußischen Armee, noch das humanistische Gymnasium, noch die katholische Konfessionsschule haben die Barbarei verhindern können.

Dies ist eine bittere Erkenntnis, wenn man daran denkt, mit wie viel Hartnäckigkeit und Kampfeseifer für diese Erziehungsformen gestritten worden ist, weil doch ohne sie der Mensch nicht zum Menschen werden könne. Adornos Hoffnung, dass eine bessere Erziehung künftig so etwas wie Auschwitz verhindern möge, wird nur dann nicht trügen, wenn dies in erster Linie *politisch* verhindert werden kann, nämlich durch die *rechtzeitige* Klärung der Machtfrage.

Wohl zu ihrer eigenen Überraschung hatten die Nazis schon sehr bald, nämlich etwa ab 1935, keinen innenpolitischen Gegner mehr zu fürchten, der sich noch hätte machtvoll organisieren können. Übrig blieben mutige Einzeltaten, die so wenig politische Relevanz hatten, dass die Nazis nicht einmal zum offenen, im Alltag jedermann erkennbaren Terror greifen mussten, sondern sich darauf beschränken konnten, einzelne Missliebige in den Morgenstunden „abzuholen“.

Erziehung allein kann also die Barbarei nicht verhindern, wenn nicht zugleich die Politik dafür sorgt, dass die Alltagsverhältnisse die Menschen nicht zur Inhumanität zwingen oder diese ermutigen. […]

Betrachten wir auf diesem Hintergrund die pädagogischen Gedanken und Konzepte Kriecks, Baeumlers und Schirachs, so sind daran spezifisch nationalsozialistisch zunächst nur bestimmte *politische* Implikationen: ihr antidemokratischer, antiliberaler und antipluralistischer Affekt. Der aber schlägt nicht unbedingt durch auf die pädagogischen Vorstellungen und Praktiken im engeren Sinne. Die HJ z. B. war ein monopolistischer Jugendverband, das war *politisch* gewollt. Aber was dann im Einzelnen an pädagogischen Maßnahmen innerhalb dieser Monopolorganisation geschah, unterschied sich wenig von dem, was auch vorher in der Jugendarbeit geschehen war – wenn man von der Jugenddienst*pflicht* absieht, die aber wiederum eine *politische* Entscheidung war und die pädagogisch nur insofern relevant war, als sie von denjenigen als Zwang zur Teilnahme wahrgenommen wurde, die eigentlich nicht mitmachen wollten. Immer wieder treffen wir auf *politische* Eigentümlichkeiten, wenn wir nach dem spezifisch Pädagogischen des Nationalsozialismus fragen.

Das gilt auch für den von den drei Pädagogen favorisierten Begriff der „Gemeinschaft", dem keine soziale Wirklichkeit mehr entsprach. Die damalige Gesellschaft bestand nicht aus Gemeinschaften, sondern aus nach rationalem Kalkül und für unterschiedliche Zwecke strukturierten Organisationen und Verbänden. Im Unterschied zu den früheren bündischen Gruppen bestand nicht einmal die HJ aus

(Foto: Jürgen Escher/Laif)

Gemeinschaften. Wer wie Schirach eine monopolistische Massenorganisation schaffen will, kann als Ergebnis nicht eine Summe von Gemeinschaften erwarten. Dem widersprach auch der militärähnliche regionale Rekrutierungsmodus. Paradoxerweise hat die HJ, die sich angeblich der Gemeinschaft so verpflichtet fühlte, die Versuche jugendlicher Gemeinschaftsbildungen, wie sie etwa in der bündischen Jugend zu finden waren, zerschlagen, ohne etwas Gleichartiges an deren Stelle setzen zu können; bei Baeumler war „Gemeinschaft" kaum mehr als eine ideologische Phrase (die Volksgenossen sollten sich bitte so fühlen), bei Krieck eine vernarrte Fiktion. Faktisch glich Schirachs Leitmotiv der „gemeinschaftsgebundenen Persönlichkeit" weitgehend dem, was wir heute als „soziales Lernen" propagieren.

Sieht man ab von dem eigentümlichen *politischen* Hintergrund, so kann das, was Krieck und Baeumler über pädagogische Fragen geschrieben haben, durchaus als diskutable Auseinandersetzung mit der deutschen Erziehungs- und Bildungsgeschichte verstanden werden. Die Erkenntnis, dass die „Formationen" der Nazis eine eigentümliche Wirkung – von heute aus gesagt: eine Sozialisationswirkung – hatten, die zu erforschen durchaus lohnenswert wäre, ist nicht begrenzt auf NS-Organisationen, sondern kann auf den Kommunistischen Jugendverband ebenso angewandt werden wie auf jede andere relativ dauerhafte gesellschaftliche Organisation. Wesentlich ist die Einsicht, dass alles soziale Leben eine erzieherische Implikation in sich enthält. Baeumlers anthropologische „Wende" zum Menschen als handelndem Wesen lag in der Luft und wäre wohl auch ohne die Nazi-Bewegung früher oder später formuliert worden. Diese Betrachtungsweise, wie auch Kriecks weit ausgreifender Erziehungsbegriff, waren eine Konsequenz des modernen sozialwissenschaftlichen Denkens, dessen wahre Tragweite beide wegen ihrer völkischen bzw. germanisierenden Befangenheit nicht verstanden haben, die vielmehr erst nach 1945 durch die sich allmählich etablierende Soziologie allgemein bekannt und akzeptiert wurde.

Weder aus der Tatsache, dass bestimmte pädagogische Gedanken in der NS-Zeit geäußert wurden, noch aus der anderen Tatsache, dass die Autoren sich politisch zum Nationalsozialismus bekannt haben, lassen sich diese pädagogischen Gedanken hinreichend als spezifisch nationalsozialistisch qualifizieren.

Folgern lässt sich daraus, dass die moralische Qualität eines politischen Systems nur aus der angemessenen *politischen* Analyse sichtbar werden kann, nicht vom Ansatz der Erziehung her. Erziehung und Bildung haben ihre eigenen Erfolgskriterien: der Schüler, der durch Unterricht zu Wissen gelangt, der Verwahrloste, der wieder lernt, legal und sozial angepasst zu leben. Gelungenes Lernen ist also das Erfolgskriterium. Das pädagogische Handlungsrepertoire, das dafür zur Verfügung steht, ist begrenzt und kann deshalb auch nur begrenzt der politischen Zensur unterworfen werden. Insofern alle politisch-ideologischen Systeme der Moderne zumindest im Prinzip auf dieses pädagogische Erfolgskriterium angewiesen sind, wenn sie ihren Nachwuchs gesellschaftlich integrieren wollen, ist das pädagogische Handlungsrepertoire in hohem Maße systemunabhängig. Es ist also jedem System dienstbar zu machen – dem demokratischen ebenso wie dem faschistischen oder kommunistischen. Aus dieser Tatsache lässt sich nun Verachtung ableiten, als sei das pädagogische Handwerk per se ein gesinnungsloses. Andererseits aber setzen die pragmatischen pädagogischen Erfolgskriterien, auf die auch die Nazis angewiesen waren, Grenzen für die politisch-ideologische Instrumentalisierung. Die erlebnishaft-emotional und antiintellektuell orientierte HJ-Pädagogik kam an ihre Grenzen, als die Lehrer und die qualifizierten Schulabgänger zu fehlen begannen.

Das Verhältnis von Politik und Pädagogik ist immer kompliziert. Die Pädagogik – also die Organisation von Lernprozessen – bedarf eines Mindestmaßes an politischen Rahmenbedingungen, um überhaupt tätig werden zu können. So müssen z. B. die Institutionen, in denen sich Pädagogik vollzieht, politisch im Hinblick auf ihre Stabilität wie im Hinblick auf ihre Zwecksetzung vorgegeben und garantiert sein. Was z. B. eine Schule und wozu sie da ist, muss mit einem hinreichenden Konsens allen Beteiligten klar sein, sonst könnte man dort ja auch Gemüse verkaufen statt zu unterrichten. Ferner muss die Pädagogik einigermaßen genau wissen, wie das spätere Leben der Kinder und Jugendlichen aussieht, welche Bewährungen dann erwartet werden. Schon diese beiden Gesichtspunkte reichen aus zu erkennen, dass die Pädagogik der Politik bedarf, um erfolgreich handeln zu können, dass sie aus sich heraus nicht existieren könnte. Deshalb sind politische Einflüsse auf die pädagogischen Handlungsfelder im Prinzip unvermeidlich, die Frage ist nur, in welchem Umfang, in welcher Weise und mit welchen Zielen sie wirksam werden. […]

Wie intensiv die politischen Einwirkungen auf die Erziehungseinrichtungen auch jeweils sein mögen, eine einfache und direkte Deduktion ist nicht möglich, ohne das pädagogische Erfolgskriterium außer Kraft zu setzen und damit pädagogisches Handeln wirkungslos zu machen. Der politische Wille ist dem pädagogischen nicht vollständig aufzwingbar, er kann immer nur Rahmenbedingungen setzen. Im Unterschied zu Krieck und Schirach hatte Baeumler das erkannt, wenn er betonte, dass der Lehrer „frei", also pädagogisch relativ autonom sei, wenn er den Auftrag des Führers verstanden habe.

Neben den Einwirkungsmöglichkeiten in das pädagogische Feld selbst sind natürlich die Personalentscheidungen von herausragender Bedeutung: Wer darf als Lehrer in das pädagogische Feld eintreten und wer wird dafür gar nicht erst zugelassen? Jüdische Lehrer und Hochschullehrer wurden von den Nazis ebenso entlassen wie andere, die Mitglieder der kommunistischen oder der sozialdemokratischen Partei gewesen oder aus anderen Gründen als politische Gegner angesehen waren. Die richtige Gesinnung sollte garantiert sein – nicht zuletzt auch durch eine stark an der Lagererziehung orientierte Lehrerbildung. Die irrige Idee, dass auch die politisch-ideologische Gesinnung zum pädagogischen Erfolgskriterium gehöre, hat die NS-Zeit überlebt und ist bis heute z. B. im Umgang mit DKP- und neuerdings mit SED-Lehrern eine offenbar unausrottbare Fiktion von Politikern.

Alle diese politischen Einwirkungs- und Behinderungsmöglichkeiten reichen jedoch nicht aus, eine spezifisch nationalsozialistische Pädagogik zu rekonstruieren. Die hat es nicht gegeben, es gab nur pädagogische Theorien und Praktiken *im* Nationalsozialismus. Und die waren durchaus kontrovers. […]

Diejenigen, die die Nazis unterstützten, hatten im Wesentlichen dieselbe Erziehung erfahren wie diejenigen, die sich zu widersetzen versuchten. Die Art und Weise der erlebten Erziehung erlaubt also keinerlei Prognose für das künftige Handeln und Verhalten. Deshalb sind alle Versuche illusorisch, mithilfe der Erziehung und durch deren Verbesserung Einfluss auf die Zukunft nehmen zu wollen. Ihre Möglichkeiten sind sehr viel bescheidener anzusetzen: Sie kann über Natur und Gesellschaft aufklären, sozial bedeutsame Tugenden und Verhaltensweisen fordern, zur Identifikation mit positiven Vorbildern ermutigen. Was die so Erzogenen und Gebildeten später mit dieser Ausstattung anfangen werden, ist nicht antizipierbar, zumal damit kein Glücksversprechen verbunden werden kann. Aufklärung z. B. über die politisch-gesellschaftlichen Zusammenhänge entfremdet auch, kann Geborgenheiten und Loyalitäten brüchig werden lassen. Das ist ein Teufelskreis, in dem wir uns immer noch befinden.

Spezifisch nationalsozialistisch war nicht die öffentliche Erziehung, sondern das Arrangement des öffentlichen Lebens: die geradezu kultischen Selbstinszenierungen der Machthaber; das Fehlen jeder politischen Kontrolle und Gegenmacht; die Gleichschaltung der veröffentlichten Meinung; die kulturelle Zensur auf allen Ebenen; das allgemeine Klima von Drohung und Einschüchterung. Das waren schon zu Friedenszeiten Sozialisationsfaktoren, die ihre Wirkung auf alle Generationen gewiss nicht verfehlten. Der Krieg schließlich akkumulierte diese Wirkungen und fügte hinzu die Notwendigkeit des Überlebens – im wörtlichen wie im übertragenen Sinne. Aber diese Wirkungen können nicht allgemein beschrieben werden, sie lassen sich nur festmachen an einzelnen Biografien und Autobiografien, von denen es inzwischen einige gibt.

Zu lernen ist also, dass Auschwitz nicht pädagogisch, sondern nur politisch verhindert werden kann, aber die Pädagogik könnte diese Einsicht verbreiten.

(Aus: Hermann Giesecke: Hitlers Pädagogen. Theorie und Praxis nationalsozialistischer Erziehung. 2. Aufl., Juventa Verlag: München 1999, S. 283–292)

1 Erarbeiten Sie die Grundgedanken der Textvorlage.
2 Setzen Sie sich mit den Überlegungen Gieseckes auseinander und beurteilen Sie diese.
3 Vergleichen Sie die Einschätzung der Wirkung von Erziehung bei Giesecke mit der im folgenden Text von Wolfgang Keim.

Erstens verweisen die Ergebnisse der historischen Analyse auf eine kaum zu unterschätzende *gesamtgesellschaftliche Bedeutung des Erziehungswesens.* Der Artikulation rassistischen Hasses gegenüber Minderheiten unterschiedlicher Art, den Rachegelüsten für Versailles, der Bereitschaft, in einen Krieg gegen „Untermenschen" zu ziehen, aber auch der freiwilligen Unterordnung unter das Führer-Gefolgschafts-Prinzip bis hin zum bedingungslosen und widerspruchslosen Funktionieren im Sinne des NS-Systems sind entsprechende Sozialisations- und Erziehungsprozesse vorangegangen, wie sie bereits lange vor 1933 in der zeitgenössischen Literatur, etwa in Heinrich Manns Roman „Der Untertan", anschaulich beschrieben, von Theodor W. Adorno und Max Horkheimer im amerikanischen Exil wissenschaftlich analysiert worden sind (vgl. Adorno 1973). Anhand von Extrembeispielen wie dem des Auschwitz-Kommandanten Rudolf Höß lassen sich solche Zusammenhänge exemplarisch veranschaulichen (vgl. Gamm 1995).
Dasselbe gilt in umgekehrter Richtung, wie nicht nur die Biografien oppositioneller Lehrer/-innen, sondern ebenso die von „Lebensrettern/-innen im Angesicht des Holocaust" zeigen (vgl. Fogelman 1995). So schwierig es im Einzelnen oft ist, Kausalzusammenhänge herzustellen, weisen die Sozialisationsbedingungen der genannten Gruppen doch verblüffende Übereinstimmungen auf, insbesondere bezüglich der bei ihnen ausgebildeten „Fähigkeit, sich dem Rassismus zu widersetzen und mit den Verfolgten zu sympathisieren" (ebd., S. 248), also jener Qualifikation, die Lutz van Dijk mit dem Bloch'schen Begriff vom „aufrechten Gang" beschrieben hat (vgl. van Dijk 1988 a). Zwar wissen wir spätestens seit Schleiermachers „Vorlesungen zur Pädagogik" von 1826, dass Erziehung kaum dazu in der Lage ist, sich von ihren historisch-gesellschaftlichen Kontexten zu lösen oder sich gar darüber hinwegzusetzen, gleichwohl jedoch auch, dass sie nach der einen *oder* der anderen Seite *verstärkend* wirken kann. Die Erfahrungen des Faschismus wie seine weiterwirkenden Potenziale *verschärfen* die Notwendigkeit des Nachdenkens darüber.
Zweitens belegen sowohl der Prozess von Gleichschaltung und Selbstgleichschaltung als auch die Unterstützung des NS-Systems durch Teile der Erziehungswissenschaft, dass deren philosophische und gesellschaftspolitische *Grundannahmen* und *Konzepte* dabei eine nicht unwesentliche Rolle gespielt haben. Sie waren zwar größtenteils nicht nazistisch, wiesen aber – wie bei den meisten Vertretern Geisteswissenschaftlicher Pädagogik – deutliche Affinitäten zur NS-Ideologie auf. Solche Erfahrungen legen zwingend nahe, dass erziehungswissenschaftliche Theorien und Konzepte nicht beliebig sein dürfen, sondern eindeutig auf *generelle* individuelle Selbstbestimmung, auf Menschenrechte und demokratische Teilhabe hin orientiert sein müssen. Die oft gestellte Frage, ob eine andere Pädagogik den Faschismus hätte verhindern können, entspricht nicht den realen Möglichkeiten von Erziehung und Pädagogik, insofern selbstverständlich auch Erziehungstheorien, ebenso wie das Erziehungswesen insgesamt, nur *ein* – wenn auch wichtiges – Element gesamtgesellschaftlicher Prozesse darstellen.
Drittens gibt das im Wesentlichen *systemkonforme Verhalten der Disziplin* unter der Nazi-Diktatur wie ihre jahrzehntelange Beteiligung am Beschweigen und Verdrängen der eigenen Geschichte nach 1945 Anlass zu der kritischen Rückfrage, inwieweit die heutige Erziehungs-

wissenschaft auf reale und aktuelle Menschenrechtsverletzungen oder gar den Rückfall in eine andere Form von Barbarei besser vorbereitet ist als 1933. Die zunehmenden Verflechtungen und damit Abhängigkeiten des Wissenschaftssektors vom „Markt" und seinen Gesetzen, aber auch die wachsende Perspektivlosigkeit des akademischen Nachwuchses dürften die Entwicklung von Reflexivität und Kritikfähigkeit nicht gerade begünstigen. Die selbstkritische, vorbehaltlose Auseinandersetzung mit der eigenen Geschichte könnte immerhin zu einer „Schärfung des Blicks" (Himmelstein/Keim 1996) beitragen.
Schließlich führt *viertens* – als letzter Anstoß zum Nachdenken – jede Beschäftigung mit dem Faschismus, und zwar gerade auch in der Pädagogik, zurück zum Ausgangspunkt unserer heutigen Gesellschaftsform, nämlich *zur Aufklärung* und zu ihrem Projekt einer durch Freiheit, Gleichheit, Brüder- und Schwesterlichkeit getragenen Gesellschaft, die vor allem durch „Erziehung des Menschengeschlechts" (Lessing) herbeigeführt werden sollte. Der Faschismus hat nicht nur die Aufklärung als ein durch Vernunft statt durch Rasse und Instinkt bestimmtes System diffamiert, sondern zugleich mit seiner Barbarei die Frage nach der Vernunftfähigkeit des Menschen – mithin das Postulat der Aufklärung selbst – neu gestellt und damit Hoffnungen und Erwartungen auf eine an Mündigkeit und Humanität orientierte Gesellschaft erheblich gedämpft. Angesichts derzeitiger Herausforderungen scheint es deshalb umso notwendiger, dass die Pädagogik im Verbund mit anderen Sozial- und Humanwissenschaften nach den Voraussetzungen und Bedingungen eines vernünftigen wie menschenwürdigen Zusammenlebens fragt und damit auch den Rückfall in eine neue Form von Barbarei verhindert.

(Aus: Wolfgang Keim: Erziehung unter der Nazi-Diktatur. Band II: Kriegsvorbereitung und Holocaust. Wissenschaftliche Buchgesellschaft: Darmstadt 1995, S. 375–377)

4 Skizzieren Sie die Konsequenzen, die Keim aus der „Aufarbeitung" der Geschichte zieht.
5 Untersuchen Sie die Konsequenzen im Blick auf deren Qualität und Vollständigkeit.
6 Erörtern Sie erzieherische Möglichkeiten gegen faschistisches Denken und Handeln, die in schulischer und außerschulischer Bildungsarbeit zum Tragen kommen können. Beziehen Sie sich auch auf Bereiche wie historisch-politische Bildung, Werteerziehung, Aktivitäten gegen neonazistische Umtriebe.

2.4.3 „Was haben wir daraus gelernt?" – Antworten von Zeitzeugen

Die folgenden Zitate stammen aus einem Projektbericht von Schülerinnen und Schülern aus Kassel. Sie hatten prominente Zeitzeugen gebeten, über ihre Erfahrungen mit dem Nationalsozialismus zu berichten und darüber, welche „Lehren" sich daraus für sie ergeben.
Die Antworten stammen aus der ersten Hälfte der 1980er-Jahre.

Ich habe aus dieser Zeit auch die Erfahrung mitgenommen, dass es wahrscheinlich unmöglich ist, eine ideologisch begründete Diktatur durch passiven Widerstand, also durch das, was man heute soziale Verteidigung nennt, zu überwinden.

Heiner Geißler (geb.1930; CDU-Politiker; 1982–1985 Bundesminister für Jugend, Familie und Gesundheit; 1977–1989 CDU-Generalsekretär)

Nach dem Zusammenbruch des Dritten Reichs habe ich ab 1946 zunächst eine Schule in Bayern besucht, und dort ist eigentlich das geschehen, was mich in Bezug auf die Indoktrination mit nazistischem Gedankengut am nachhaltigsten berührt hat. Es gab nämlich eine Reihe von Lehrern, die ihren nationalsozialistischen Vorstellungen verhaftet blieben und sich nicht scheuten, dies zum Beispiel in der Bewertung des 20. Juli 1944 auch zum Ausdruck zu bringen. Dies führte damals an der Schule im Zusammenhang mit der Wiederkehr dieses Tages im Jahre 1946 oder 1947 zu starken Spannungen. Es gab nämlich auf der anderen Seite Lehrer, die in ganz überzeugender Weise Demokraten waren und für ihre Sache auch eintraten. Dass nach diesen fürchterlichen Erfahrungen ein solcher Streit über den 20. Juli überhaupt noch möglich war, hat mich tief betroffen. In den weiteren Jahren meines Schulunterrichts nach dem Zusammenbruch ist mir immer wieder aufgefallen, wie gering die Bereitschaft bei einer ganzen Reihe von Lehrern war, sich mit der nationalsozialistischen Gewaltherrschaft kritisch auseinanderzusetzen. Diese wurde einfach totgeschwiegen. Der Geschichtsunterricht widmete sich beispielsweise dem Mittelalter und gelangte selten bis in das 20. Jahrhundert hinein. Aber das galt auch für andere Bereiche des Unterrichts. In der Schule habe ich nur wenig über die deutsche Exilliteratur erfahren, um nur ein Beispiel zu nennen.

Gerhart Baum (geb. 1932; FDP-Politiker; 1978 bis 1982 Bundesinnenminister)

Was heute aus der Schulsituation von damals zu lernen ist, das ist, dass man aufmerksam wird, wenn eine Situation in sich widersprüchlich wird. Wenn also Schüler sehen, dass sie etwas vertreten, was sie eigentlich nicht vertreten wollen; dass ihnen etwas gelehrt wird, hinter dem die Lehrer nicht stehen können; dass ihnen ein Staat Ideale einbläut, der vor dem Lebensrecht anderer keinen Respekt hat. Das lässt sich nun mühelos auf die heutige bundesdeutsche Situation übersetzen, wenn freilich auch nicht in so krassem Maße wie in den Schulen des Dritten Reichs.

Jörg Zink (geb.1922; evangelischer Theologe und Publizist)

Liebe Schüler, es mag, ja, es muss Sie wohl verwundern (weil es auch für mich aus heutiger Sicht kaum zu verstehen ist), dass mein Bruder und ich in Berlin sehr bald wünschten, in das Deutsche Jungvolk, eine kindliche Vorstufe zur Hitlerjugend, einzutreten und auch ein „Pimpf“ zu werden. Ja, uns lockten die Erzählungen der Klassenkameraden von Zeltlagern mit Lagerfeuer, mit Essen aus dem „Hordentopf“ über dem Feuer, von Nachtmärschen und Geländespielen; wir wollten nicht am Rande stehen, sondern dabei sein. Wie schwer es meinem stillen Vater und der ernsten Mutter wurde, uns Kindsköpfen diesen Wunsch zu gestatten, habe ich erst viel später begriffen; das Begreifen fing im Grunde erst 1938 richtig an, als ich sechzehn Jahre alt war. […]

„Deutschland erwache!“ Das war ja damals der Kampfruf der Nationalsozialisten. Bei mir fing das allmähliche „Erwachen“ in entgegengesetzter Richtung im Grunde erst an, als wir 1935 in Berlin-Charlottenburg nahe beim Lietzensee wohnten. Dort gab es ein paar „vornehmere“ Straßen, in denen einige reiche Juden wohnten. Ganz nahe bei uns war jedoch auch ein „Sturm-Lokal“ der SA. Da sammelten sich an manchem Sonntagmorgen um sieben Uhr früh viele SA-Männer zum Marsch durch die Straßen; dabei wurde sehr oft auch das „Lied vom Sturmsoldaten“ gesungen, in dem es an einer Stelle hieß: „Wenn das Judenblut vom Messer spritzt, dann geht's noch mal so gut …“ Ich empfand das mit meinen dreizehn Jahren als bedrohlich schlimm, aber mein Kinderkopf konnte oder wollte sich das damals noch nicht in letzter Praxis vorstellen, zumal diejenigen Verwandten, die im Gegensatz zu meinen Eltern (!) mehr oder weniger bejahend zur Nazi-Bewegung standen, der Meinung waren, dergleichen würde sich sehr bald legen, als „Rest aus der Kampfzeit der Bewegung“.

Ein Wesentliches […] war schon damals letztlich nicht zu verstehen – und machte auch mir damals schwer zu schaffen: Zwischen den sogenannten hundertprozentigen Nazis und den relativ wenigen passiven oder gar aktiven Nazi-Gegnern gab es eine enorm große Zahl von Menschen, zu denen auch etliche unserer Verwandten, Nachbarn und Bekannten gehörten. Das waren „sehr anständige Leute“, die […] ein „sittliches“ Leben führten und persönlich jede Kleinigkeit mieden, die sie in Konflikt mit irgendeinem Gesetz gebracht hätte. Sie setzten im Grunde die bürgerliche Tradition aus dem

19. Jahrhundert fort, selbst ein „anständiges, rechtschaffenes, solides" Leben zu führen und sich um die Politik nicht zu kümmern. Viele waren es seit Generationen nicht anders gewöhnt, als dass „Politik immer auch ein schmutziges Geschäft" sei und dass der Bürger nichts am Handeln der Obrigkeit ändern könne. Der erste demokratische Versuch, die Weimarer Republik, hatte viel zu kurze Zeit gedauert und war unter zu verwirrenden Umständen gescheitert, um beim Gros der Deutschen die demokratischen Ideale von Menschenrechten, Freiheit, Mitbestimmung und Mitverantwortung zur persönlichen Lebenseinstellung zu machen. So lehnten gewiss viele die öffentlichen oder (halb)„geheimen" Unrechts- und Gewalttaten der Nazis/des Naziregimes rein gefühlsmäßig ab, doch viele fühlten sich da in keiner Weise mitverantwortlich! Viele sogenannte gebildete Bürger machten es so, wie es schon ihre Vorfahren getan hatten: Sie wandten sich ganz dem Familienleben und den „schönen Dingen des Lebens", unter anderem der Literatur, dem Theater, dem Konzertsaal, dem Opernhaus zu. […] Berlin war geradezu ein idealer Platz zum Erleben großer Kunst, und die Nazis taten sehr viel dazu, dass auch ärmere Menschen die Kunststätten besuchen konnten. […] Für sehr viele lebte es sich damals „besser" als in den Weimarer Jahren; man durfte nur halt kein Jude, kein Sozi, kein allzu auffälliger Kirchgänger und ganz gewiss kein Kommunist sein – und das alles waren ja die meisten Deutschen schon vor Hitler nicht gewesen. Dass aber sie alle schon vor dem Zweiten Weltkrieg und der grausamen „Endlösung der Judenfrage" auf einem geschichtlich-gemeinsamen Weg von Schuld und unendlicher Tragik waren, das sehen selbst heute noch viele Menschen der damaligen Jahre nicht ganz ein. […]

Jürgen Gaede (Schulleiter in Kassel)

Freizügigkeit für Menschen, Informationen und Meinungen sichern Frieden. Wo Grenzen offen sind, ist Volksverhetzung unmöglich. Und Krieg gibt es nur, wo Propaganda die Information verdrängt, die Gehirne vernebelt und die Herzen verführt. Das ist die Erfahrung meiner Generation.

Schon bevor es zum Kriege kam, durften wir Deutsche nicht ins Ausland reisen, konnten keine Zeitungen von dort kaufen. Es war verboten, ausländische Sender zu hören, zu „fremdländischer" Musik zu tanzen. So wurden wir abgeschirmt, ausgesondert – aus der Vielfalt der Meinungen als praktisch Eingesperrte in die Manipulation und die Indoktrination überführt. Wir wurden „berieselt", wie wir das nannten – und das heißt: belogen.

Wegen dieser Erfahrungen kämpfe ich, wo auch immer, für die Freizügigkeit als hohes menschliches Gut und einen für den Frieden unerlässlichen Eckstein.

Rainer Barzel (1924–2006; CDU-Politiker; 1964 bis 1973 Fraktionsvorsitzender im Bundestag; 1971 bis 1973 CDU-Bundesvorsitzender; 1983–1984 Präsident des Deutschen Bundestages)

Was Hitler und die Nazis mit Deutschland machten, war nationaler Verrat in mehrfacher Hinsicht. Und dies gilt es, den nachwachsenden Generationen zu vermitteln: Wie wurde die Freiheit im eigenen Land mit Füßen getreten! Wie gewissenlos wurde der Name des deutschen Volkes mit dem Fluch der Unmenschlichkeit belastet! Und wie sah das Deutschland aus, das die NS-Größen ihrem geplagten Volk hinterließen!

Wenn wir dann aus Umfragen erfahren, dass ein Viertel der befragten Bundesbürger der Aussage zustimmt, der Nationalsozialismus sei im Grunde eine gar nicht so schlechte, sondern nur eine schlecht ausgeführte Idee, und wenn mehr als ein Drittel der über Dreißigjährigen die Annahme gutheißen, Hitler wäre ohne den Krieg einer der größten deutschen Staatsmänner gewesen, dann wirft dies die ernste Frage auf: Hat es sich unser Staat und hat es sich eine Großzahl der Bürger unseres Landes nicht lange Zeit zu leicht gemacht mit der Bewältigung der auf uns überkommenden Hypotheken? […]

Worauf es ankommt, ist, die demokratische Erziehung zu vertiefen, Fremdenhass durch internationale Partnerschaft, Feindseligkeit des Denkens und Handelns durch tägliche Friedensbereitschaft, Autoritätsgläubigkeit durch Eigen- und Mitverantwortung, Vorurteile durch Wissen zu ersetzen. Dies gehört zu dem permanenten Kampf gegen die lauernden Gefahren von Rassismus und Faschismus. Doch hat die Holocaust-Erfahrung gezeigt, dass wahrscheinlich der richtige Zugang zu den jungen Menschen nicht gefunden wurde. Anders ist es kaum zu erklären, dass ein vergleichsweise einfach gemachter Film auf Anhieb ein so nachhaltiges Echo auslöste. Dass die hierdurch angestoßene Diskussion zum Thema Menschenwürde schnell wieder verebbt ist, darf für sich noch nicht enttäuschen. Erziehungsarbeit kann sich nicht auf die Medien beschränken. Neben den Schulen sind vor allem die Elternhäuser gefordert, wobei ich mir der Schwierigkeiten durchaus bewusst bin. Wie kann man heute von jüngeren Eltern Aufklärung erwarten über eine Vergangenheit, die nicht mehr ihre eigene ist und die ihnen zumeist selbst unterschlagen wurde? Aber nur, wenn auch und gerade sie bereit sind zur Auseinandersetzung mit dem dunkelsten Kapitel deutscher Geschichte, nur dann kann im Bewusstsein der jetzt nachfolgenden Generation der Wert von Freiheit und Demokratie und ihrer Institutionen fest verankert werden.

Willy Brandt (1913–1992; SPD-Politiker; 1933 nach Norwegen emigriert; 1957–1966 Regierender Bürgermeister in Berlin; 1966–1969 Bundesaußenminister; 1969–1974 Bundeskanzler; 1964–1987 SPD-Bundesvorsitzender; 1971 Friedensnobelpreis)

Im Jahre 1939, im Alter von zehn Jahren, kam ich zum Deutschen Jungvolk. Wir hatten mindestens einmal in der Woche Dienst. Dieser Dienst fand in Gestalt von sogenannten Heimabenden, von Geländespielen, von Aufmärschen und von Sportveranstaltungen statt. Heimabende waren so etwas wie ein Gemisch aus ideologischer Schulung, Liederabend (das gesamte nationalsozialistische Liedgut wurde uns beigebracht) und theoretischer Wehrkunde. Bei den Aufmärschen wurde die Fahne vorangetragen, außerdem marschierte meistens eine Musikkapelle voraus. Im Sommer wurden Zeltlager veranstaltet [...]. Ich wurde nach einiger Zeit zum Jungenschaftsführer bestellt (eine Jungenschaft bestand aus zehn Jungen) und war bestätigter Oberhordenführer. Ein Jungenschaftsführer trug eine rot-weiße Schnur, ein Oberhordenführer hatte zwei Winkel auf dem Ärmel. Ich erhielt verschiedene Leistungsabzeichen, durfte sogar einmal die Fahne tragen [...].

Acht Tage nach meinem fünfzehnten Geburtstag, am 1. Januar 1944, wurde ich als Luftwaffenhelfer zu einer Batterie einberufen, die mit 3,7-cm-Flakgeschützen ausgerüstet war. Anfang 1945 kam ich mit sechzehn Jahren zum Arbeitsdienst, wo wir [...] als Infanteristen ausgebildet wurden. Ich geriet dann Ende April 1945 in französische Gefangenschaft und wurde im September 1945 entlassen, immer noch sechzehn Jahre alt. Im Alter von sechzehn Jahren hatte ich 21 Monate Wehrdienst geleistet.

Wenn man mich als jungen Menschen gefragt hätte, ob ich Nationalsozialist sei, hätte ich diese Frage mit einem klaren Ja, oder besser Jawohl, beantwortet. Ich wusste zwar nicht genau, was Nationalsozialismus sei; ich stellte mir da wunder was vor wie: Der Einzelne ist nichts, die Gemeinschaft ist alles, der Einsatz für Deutschland, gleich dem Führer Adolf Hitler, ist Ehrensache, Bekämpfung des Bolschewismus, Errichtung eines germanischen Großreichs, neue Menschen, die sich nicht wegen des Geldes, sondern wegen der Ehre einsetzen. Um für eine Sache zu sein, braucht man sie nicht zu kennen; im Gegenteil, es ist umso leichter, sich für eine Sache zu begeistern, je weniger man über sie nachdenkt. Selbstverständlich war ich auch gegen die Juden, was mir leicht fiel, weil ich nur wenige kannte, die ich selbstverständlich als positive Ausnahme betrachtete. Ich fühlte mich keineswegs unfrei, sondern im hohen Maße frei, tat ich doch alles, was mir befohlen wurde, freiwillig. Außerdem störten mich von meiner Meinung abweichende Ansichten selten, denn kaum jemand wagte, solche abweichenden Meinungen zu äußern. Zu Hause war das anders. Wenn ich das, was ich aufgeschnappt hatte, zu Hause erzählte, trug es meine Mutter mit Fassung, mein Vater, wenn er gelegentlich nach Hause kam, war etwas verärgert und bezeichnete das als dummes Geschwätz, das ich, während er am Tische sitze, für mich behalten sollte. Aber das focht mich nicht weiter an, zeigte es doch, dass die Älteren mit der neuen Zeit nicht richtig mitkamen. Der Natio-

Am 6. Dezember 1992 setzten in München mehr als 400 000 Menschen ein Zeichen gegen Ausländerfeindlichkeit und Rechtsradikalismus. Das Foto zeigt die Lichterkette in der Ludwigstraße.
(Foto: Regina Schmeken, München)

nalsozialismus wurde eben von der Jugend getragen. Die Jugend war die Hoffnung, so wie man es uns beigebracht hatte. In der Schule neigte ich zu Unverschämtheiten gegenüber meinen Lehrern, die nach meiner Einschätzung die neue Zeit auch nicht richtig begriffen hatten. Die örtlichen Parteifunktionäre, die ihre oft unvorteilhaften Gestalten in enge Uniformen pressten, waren bei uns nicht so angesehen. Aber dass Adolf Hitler der größte aller lebenden Menschen sei, daran hatte ich keinen Zweifel. Diese Meinung wurde von meinen Kameraden geteilt. Wir bestätigten uns immer gegenseitig, dass wir recht hätten. […]

In meiner jugendlichen Grundhaltung trat erst dann ein grundsätzlicher Wandel ein, als am 14. Oktober 1944 mein Vater verhaftet und getötet wurde. Zu diesem Zeitpunkt entdeckte ich, dass ich in einem Unrechtsstaat lebte, dass die Ziele Hitlers mit den Interessen des deutschen Volkes nicht das Geringste zu tun hatten, dass man uns für dumm verkauft hatte und dass der Staat selbst die Rolle des Terroristen spielte. Aber diese meine neu gewonnene Meinung behielt ich weithin für mich. Ich teilte sie nur wenigen Kameraden mit, aus deren Äußerungen ich entnommen hatte, dass sie auch nicht oder nicht mehr zu den Anhängern des Regimes zählten. Aber ich war im Blick auf die möglichen Folgen sehr vorsichtig.

Aus meinen Lebenserfahrungen ziehe ich folgende Lehren:

Wenn sich eine Diktatur einmal in einer Nation eingerichtet hat, hat das Volk kurzfristig keine Chance, sie wieder loszubekommen. Die Diktatur arbeitet nur hilfsweise mit Unterdrückung. Sie arbeitet hauptsächlich mit dem Mittel der Verführung. Insbesondere jungen Leuten, die sich im Allgemeinen unsicher fühlen, wird eingeredet, welchen großen Wert sie hätten. Sie werden durch ständige Berieselung mit Propaganda, durch Auszeichnungen, Beförderungen und ähnliche Belohnungen in die Illusion versetzt, sie seien erwachsen. Das vom Staat organisierte Gruppenerlebnis führt dazu, dass kaum einer der jungen Menschen ausbricht. Eine Diktatur kann eine Demokratie nur dann ablösen, wenn das Volk die Demokratie aufgibt. Deshalb ist das wichtigste Mittel zur Verhinderung einer Diktatur die Erhaltung der Demokratie. Dies bedeutet aber auch, dass die Demokratie auch imstande sein muss, unpopuläre Maßnahmen zu treffen und Macht auszuüben. […]

Es ist nicht auszuschließen, dass in Deutschland nochmals eine politische Bewegung entsteht, die auf Diktatur hinausläuft. Diese Bewegung wird sich nicht Diktatur nennen. Sie wird Worte mit positiven Gefühlswerten verwenden wie Freiheit, Kultur, Menschlichkeit und so weiter. Sie muss nicht unbedingt Hitlerbild und Hakenkreuz vorantragen und sich mit dem Nationalsozialismus gleichsetzen. Sie wird sich stets selbst auf die Gesetze der Demokratie berufen, aber, wenn es darauf ankommt, die Gesetze nicht achten. Sie wird von sich behaupten, dass sie im Namen des Volkes tätig werde, ohne das Volk auch nur einmal befragt zu haben. Sie wird verschwommene Trugbilder von Vergangenheit und Zukunft vorgaukeln. Einer solchen Bewegung entschiedenen Widerstand entgegenzusetzen, ist die Aufgabe aller Demokraten, die etwas aus der Geschichte gelernt haben wollen.

Manfred Rommel (geb. 1928; CDU-Politiker; 1974 bis 1996 Oberbürgermeister von Stuttgart)

(Aus: Geert Platner und Schüler der Gerhart-Hauptmann-Schule in Kassel [Hrsg.]: Schule im Dritten Reich. Erziehung zum Tod. Eine Dokumentation. 4. vollständig überarbeitete Auflage. Pahl-Rugenstein Verlag: Bonn 2005, S. 106–115)

1 Skizzieren Sie die jeweilige Intention der vorliegenden Zitate und belegen Sie dies exemplarisch an von Ihnen ausgewählten Texten.

2 Erläutern Sie diese Intentionen auf dem Hintergrund Ihres Wissens über Erziehung im Nationalsozialismus.

3 Erörtern Sie, inwiefern das aus den subjektiven Erfahrungen mit der Geschichte Gelernte in gegenwärtigen Erziehungssituationen relevant werden könnte.

Das Holocaust-Mahnmal in Berlin
(Foto: Mauricio Abreu/JAI/Corbis)

Die Forderung, dass Auschwitz nicht noch einmal sei, ist die allererste an Erziehung. Sie geht so sehr jeglicher anderen voran, dass ich weder glaube, sie begründen zu müssen, noch, zu sollen. Ich kann nicht verstehen, dass man mit ihr bis heute so wenig sich abgegeben hat.

Theodor W. Adorno, 1966

3. Konzepte der Moralerziehung im Überblick

Zur Einordnung des Modells der moralischen Urteilsbildung (Kohlberg) werden im folgenden vier Modelle ethischer Bildung dargestellt, die deutlich machen können, worin das Spezifische des Kohlberg-Ansatzes liegt. Danach soll eine Einordnung einer auf Reflexionsfähigkeit hin ausgerichteten Moralerziehung vorgenommen werden. Das Modell von Kohlberg ist in Kapitel III bereits unter dem Entwicklungsaspekt thematisiert worden. Es kann darauf zurückgegriffen werden.

3.1 Wertübertragung

Wertübertragung in einer wertpluralen Gesellschaft anzustreben bedeutet, eine Selektion von Werten und Normen vorzunehmen, die von einer bestimmten sozialen Gruppe präferiert werden. Dabei kann es um die Erhaltung von Werten gehen, die in der Vergangenheit von Bedeutung waren, aber auch um Werte, die als „Emanzipation" von der Tradition verstanden werden. Welchen Werten auch immer der Vorzug gegeben wird, die formale Prozedur ist vergleichbar. Es geht darum, die Einstellung der Jugendlichen zu formen und ihr Handeln zu beeinflussen. Dieses Verfahren setzt voraus, dass Lehrerinnen und Lehrer aus der faktischen Vielfalt von Wertkonzepten eine Selektion vornehmen. Das bedeutet, dass zu Beginn von Lernprozessen feststeht, welche Haltungen in Jugendlichen geformt werden sollen. Mit anderen Worten: ein ausgewählter Bestand an Werten und Normen wird als wichtig und unaufgebbar betrachtet und gilt durch die Ziele, die man damit verbindet (Traditionserhalt oder Traditionskritik), gleichzeitig als legitimiert, ihn an Jugendliche weiterzugeben.

Das Konzept der „Wertübertragung" kann kognitiv, affektiv und voluntativ akzentuiert werden (Van der Ven 1985; Ziebertz/Van der Ven 1991). In der *kognitiven* Akzentuierung geht es vor allem um die Verarbeitung von Informationen. Im Vordergrund steht der Erwerb von Wissen und die Entwicklung des Denkens. Die kognitive Struktur der Lernenden soll gebildet werden, indem sie Werte kennen lernen, sie reproduzieren und klassifizieren können. Die *affektive* Akzentuierung sieht im Lernen von Werten und Normen vor allem einen Internalisierungsvorgang. Werthaltungen sollen eingeprägt und zu einem persönlichen Bekenntnis werden. Wird die affektive Akzentuierung betont, erscheint die kognitive Zuspitzung als eine Intellektualisierung der Moralerziehung. In der affektiven Variante wird dem Lernen an Vorbildern, Tugenden und (gemeinsamen) Idealen der Vorzug gegeben (vgl. Brezinka 1986), die *voluntative Akzentuierung* intendiert das Ziel, die Willensausrichtung Jugendlicher zu beeinflussen. Häufig wird damit die Formung bestimmter Einstellungen und Haltungen verbunden (Mauermann 1988, 141ff.). Für die Wertübertragung ist kennzeichnend, dass der Lernprozess gesteuert ist, d. h. der inhaltliche Rahmen dessen, was die Motivationsstruktur des Jugendlichen durchdringen und welche Haltung er einnehmen soll, wird durch die Auswahl des Stoffes vorgegeben, den Lehrerinnen und Lehrer für bedeutsam halten. Die Zielstellung der Wertübertragung kann wie folgt kurz zusammengefasst werden: *Jugendliche sollen Werte und Normen übernehmen, die in intentionalen Lernprozessen vonseiten der Lehrerinnen und Lehrer aus einer Reihe möglicher Alternativen ausgewählt und für wichtig befunden werden, damit sie daraus eine Werthaltung ausbilden und ihr Handeln danach ausrichten.*

(Aus: Hans-Georg Ziebertz: Ethisches Lernen. In: Georg Hilger, Stephan Leimgruber, Hans-Georg Ziebertz: Religionsdidaktik. Kösel-Verlag: München 2001, S. 407–413)

1 Skizzieren Sie die Grundzüge des Modells.
2 Erörtern Sie mögliche Stärken und Schwächen des Modells.

3.2 Werterhellung

Das Konzept der Werterhellung ist eine direkte Alternative zum Modell der Wertübertragung. Es geht nicht von bestehenden Werten und Normen aus, die von Jugendlichen internalisiert werden sollen, sondern von den Werten, die Heranwachsende verinnerlicht haben. Aus der Perspektive der Werterhellung stellt sich nicht das Problem einer Krise der Moral oder dass bestimmte Moralsysteme durch die Pluralität Schaden nehmen könnten. Sie nimmt den Einzelnen in den Blick und nimmt gewahr, dass und wie sich die Vielfalt in Verunsicherung, Apathie oder Ziellosigkeit ausdrückt. Die Moralkrise, so Hall (1979, 10), sei nach diesem Modell in Wirklichkeit eine Identitätskrise. Entsprechend liegt das moralpädagogische Interesse dieser Akzentuierung ausschließlich beim Einzelnen. Jugendliche sollen lernen, über ihre eigene Werttradition nachzudenken und über den Weg einer biografischen Reflexion zur Einheit ihres Denkens, Fühlens und Handelns zu gelangen (vgl. Mauermann 1988, 143). Diese Werte sollen ans Licht gehoben und der Bearbeitung zugänglich gemacht werden, um sie nach einer Reflexion „im Licht von heute" entweder zu bestätigen, zu korrigieren oder zu verwerfen. Das, was als Ergebnis der Wertübertragung angesehen werden kann (Übernahme/Internalisierung von Werten), wird durch die Werterhellung biografisch rekonstruiert und problematisiert. Ziel ist das Aufspüren von Konsistenzen und Inkonsistenzen im Wertempfinden entlang der eigenen Biografie zwischen „früher" und „jetzt". Gefragt wird, ob sich die erworbenen Werthaltungen mit dem aktuellen Bewusstsein und den aktuellen Gefühlen im Einklang befinden. Methodisch geht es um den Prozess des „unfreezing", „involvement" und „freezing", also dem „Auftauen" erworbener Werte, dem „Sich-Einlassen" auf eine neue Wahl- und Entscheidungssituation und schließlich dem „Einfrieren" der neuen Haltung.
Raths u. a. (1976) verstehen ihr Konzept der Werterhellung als entschiedene Alternative zum Konzept der Wertübertragung. Für sie kommt die Wertübertragung selbst dann der Indoktrination gleich, wenn die internalisierten Werte nicht mit negativen Gefühlen belegt sind. Erstens würden Jugendlichen Alternativen vorenthalten, zweitens basiere die Legitimation der ausgewählten Werte auf Willkür, drittens seien Werte relativ und veränderten sich, sodass heute nicht vorausgesagt werden könne, welche Werte morgen angemessen seien, und viertens werde der Wertentwicklung hinsichtlich der individuellen Identitätsentwicklung nicht hinreichend Bedeutung geschenkt. Die Freiheit der Selbstfindung des Individuums steht im Mittelpunkt. Der Weg der individuellen Wertklärung soll unter allen Umständen gewahrt bleiben und kein objektiver Wert wird als so bedeutend angesehen, dass mit ihm die freie Orientierung des Einzelnen eingeschränkt werden dürfte. Die Ziele der Arbeit werden nicht aus den Inhalten heraus entwickelt, sondern ihnen gegenübergestellt.
Die Zielstellung der Werterhellung kann wie folgt kurz zusammengefasst werden: Jugendliche sollen (sich) die Werte und Normen reflexiv bewusst machen, die sie in der Vergangenheit internalisiert haben, und im Hinblick auf ihre Gefühle, die sich heute dabei einstellen, Konsistenzen sowie Inkonsistenzen wahrnehmen und bearbeiten mit dem Ziel, durch die Herstellung einer Einheit von Denken, Fühlen und Handeln ihre persönliche Identität zu finden und zu stabilisieren.

(Aus: Hans-Georg Ziebertz: Ethisches Lernen. In: Georg Hilger, Stephan Leimgruber, Hans-Georg Ziebertz: Religionsdidaktik. Kösel-Verlag: München 2001, S. 407–413)

1 Erarbeiten Sie den Ansatz des Modells.
2 Erörtern Sie mögliche Stärken und Schwächen des Modells.

3.3 Wertentwicklung

Als Hauptvertreter dieses Ansatzes gilt Lawrence Kohlberg (1981; 1984), der die moralische Entwicklung, genauer, moralisches Urteilen als eine Sequenz von sechs Stufen beschreibt, die Menschen durchlaufen (können). Ein vorkonventionelles Stadium wird dadurch gekennzeichnet, dass sich Menschen an Bestrafung und Gehorsam oder an instrumentellen Werten orientieren. Angedrohte Sanktionen oder die Einstellung „eine Hand wäscht die andere" kennzeichnen die beiden Stufen dieses Stadiums. Konventionell sind für Kohlberg die Stufen drei und vier, in denen Konformität und Loyalität gegenüber den Regeln der Bezugsgruppe oder gegenüber Autoritäten maßgeblich sind. Was die Mehrheit „für gut" befindet oder was in sozialen Ordnungen als „richtig" („Recht und Ordnung") gilt, findet auch die persönliche Zustimmung. Autonom (oder postkonventionell) nennt Kohlberg die Stufen fünf und sechs. Die fünfte Stufe wird gekennzeichnet durch die Orientierung an Übereinkünften, die auf Konsensus beruhen und die in öffentlich-rechtlichen Verträgen und Gesetzen ihren Niederschlag finden. Die letzte Stufe schließlich enthält einen universalistischen Kern. Menschen, die sich auf dieser Stufe befinden, orientieren ihr Handeln an abstrakten ethischen Prinzipien, deren Gültigkeit im Licht aller Betroffenen erwiesen werden muss. Kohlberg nennt als Beispiel für solche Prinzipien die „Goldene Regel" oder den „Kategorischen Imperativ": *Handle nur nach derjenigen Maxime, von der du zugleich wollen kannst, dass sie ein allgemeines Gesetz werde!*

Modelle der Werterziehung, die auf diesem Ansatz aufbauen, interessieren sich vor allem für die Erhöhung der ethischen Urteilskompetenz Jugendlicher. Kohlberg hat in diesem Zusammenhang eine Reihe von moralischen Dilemma-Geschichten entwickelt, mittels derer Jugendliche Entscheidungen diskutieren sollen, welches Handeln in den vorgestellten Situationen anzustreben sei. Für die pädagogische Begleitung stellt sich die Aufgabe, erstens diagnostisch zu ermitteln, auf welcher Stufe sich Jugendliche befinden und sie zweitens mit Argumentationsformen der nächst höheren Stufe zu stimulieren, um einen Stufenwechsel vorzubereiten.

Die Zielstellung der Wertentwicklung kann wie folgt kurz zusammengefasst werden: *Jugendliche sollen ihre moralische Urteilsfähigkeit stufenweise erweitern und über die Arbeit an Dilemmata zu einem prinzipiengeleiteten moralischen Urteil befähigt werden. [...]*

(Aus: Hans-Georg Ziebertz: Ethisches Lernen. In: Georg Hilger, Stephan Leimgruber, Hans-Georg Ziebertz: Religionsdidaktik. Kösel-Verlag: München 2001, S. 407–413)

1 Skizzieren Sie die Grundzüge des Modells.
2 Erörtern Sie mögliche Stärken und Schwächen des Modells.

3.4 Wertkommunikation

In der Wertkommunikation ist „Interaktion" ein entscheidender Faktor für den Erwerb von Werten und Normen. Im Rückgriff auf den symbolischen Interaktionismus (George H. Mead) stellt Habermas (1988, 187 ff.) heraus, dass Beteiligte in Interaktionsprozessen kontinuierlich aufeinander Bezug nehmen. Das wichtigste Medium der Interaktion ist die Sprache. Habermas sieht die besondere Bedeutung der Sprache in der Leistung, Verständigung (idealiter einen Konsensus) über strittig gewordene Selbstverständlichkeiten herbeizuführen. Die Wertkommunikation macht sich diese Einsicht zu Nutzen und versteht entsprechend die Kommunikation über Werte und Normen hinsichtlich der Fragen, was für mich und für alle anderen wünschbar ist und gültig sein soll, als Kern ethischer Lernprozesse. Schülerinnen und Schüler lernen zu argumentieren, indem sie in einer realen Kommunikation Geltungsansprüche von Normen vor dem Forum der argumentierenden Vernunft verteidigen (Habermas 1983, 53 ff., 6417). Ein wichtiges Prinzip, den argumentativen Gebrauch der

Sprache zu nutzen, ist das Konzept der *Dezentrierung*. Unter ethischer Dezentrierung wird im Anschluss an Mead und Piaget der Wechsel zwischen Ich-, Du- und Sie-Perspektive verstanden. Jugendliche lernen beispielsweise, Werte nicht nur aus ihrer eigenen Perspektive zu formulieren und zu erwarten, dass andere sie teilen, sondern sie lernen sich in die/den Andere/-n hineinzudenken und deren/dessen Sichtweise zu rekonstruieren. Aber die Frage nach dem, was gelten soll, bleibt nicht auf die Zweierbeziehung begrenzt, sondern schließt eine dritte Perspektive ein. Diese dritte Perspektive fragt danach, ob auch andere, die potenziell von diesen Werten betroffen sind, diesen zustimmen könnten oder nicht. Das Konzept der Dezentrierung hilft, die Frage nach Werten oder der Gültigkeit moralischer Normen zu universalisieren und die Reflexion aus subjektivistischer Befangenheit und Egozentrismus herauszuführen. Maßstab ist nicht allein der andere, sondern allgemeine (universale) Interessen, das übergeordnete Wohl oder die Bedürfnisse derer, die die geringste Chance haben, ihre Belange öffentlich zu vertreten. Damit wird auch die normative Basis der Wertkommunikation berührt. Dieses Konzept ist nicht wertneutral, sondern es orientiert sich am allgemeinen Willen, wie er in der Goldenen Regel oder dem Kategorischen Imperativ formuliert ist.

Pädagogisch enthält die Wertkommunikation einen Vorgriff auf eine ideale Sprechsituation, in der sich die Partner als gleichberechtigt anerkennen, die Argumente der/des Anderen wie eigene behandeln, und davon ausgehen, dass Verständigung grundsätzlich möglich ist (vgl. Bender 1988). Diese Unterstellungen werfen in der Arbeit mit Jugendlichen das Problem der faktischen Ungleichheit in Kompetenz und Macht zu den Lehrerinnen und Lehrern auf.

Benner und Peukert meinen zu diesem pädagogischen Paradox, dass Moralität beim Heranwachsenden weder vorausgesetzt noch einfach anerzogen werden kann. Könnte man sie voraussetzen, wären moralpädagogische Überlegungen überflüssig. Könnte man sie anerziehen, würde das neuzeitliche Freiheitsprinzip unterlaufen, weil statt unbedingter Achtung vor der Einsicht des anderen in moralische Prinzipien eine Art „moralische Heteronomie" praktiziert würde. Das Paradox wäre dann, freie Einsicht heteronom herbeiführen zu wollen. Jugendlichen muss folglich die noch fehlende Kompetenz in einer Weise zugestanden werden, dass ihr Tätigwerden aus eigener Einsicht stimuliert wird (Benner/Peukert 1983). Dieser Punkt berührt wiederum die normative Grundstruktur des kommunikativen Ansatzes. Freiheit und Autonomie werden nicht nur anthropologisch behauptet, sondern durch die Dialogstruktur des Handelns faktisch ermöglicht; im Blick auf Jugendliche durch einen Vorgriff auf die noch zu erreichende volle Reziprozität. Auf diese Weise bleiben ethische Aussagen nicht außerhalb der Sachgesetzlichkeit der Kommunikationsstruktur, sondern werden in sie verwoben.

Der kommunikative Ansatz, darin liegt die entscheidende Neuerung, macht die Pluralität, also das Zerbrechen einer Selbstverständlichkeit, selbst zum Problem. Es löst die Pluralitätskonflikte nicht „vor" dem Unterricht auf, sondern thematisiert sie mit dem Ziel, dass Schülerinnen und Schüler selbst den Prozess der Begründung und Abwägung differenter Werte durchholen und durch diese Praxis ihre ethische Kompetenz erhöhen. Schülerinnen und Schüler werden ermuntert, eine Bewertung der Ist-Situation vorzunehmen; sie diskutieren über den Soll-Zustand und sie üben sich in der kritischen Prüfung, welche Schlussfolgerungen daraus gezogen werden können bzw. sollen.

Die Zielstellung der Wertkommunikation kann wie folgt kurz zusammengefasst werden: *Jugendliche sollen über Werte und Normen kommunizieren, indem sie mittels argumentativer Verfahren eine Urteilskompetenz ausbilden und „problematisch gewordene Selbstverständlichkeiten" nach Inhalt und Begründung zu rekonstruieren lernen, um von einer ethischen Perspektive aus zu klären, welche Werte und Normen als Leitorientierung für das konkrete Handeln Geltung beanspruchen können.*

(Aus: Hans-Georg Ziebertz: a. a. O., S. 407–413)

1 Geben Sie die Grundzüge des Modells wieder.

2 Beurteilen Sie mögliche Stärken und Schwächen des Modells.

3.5 Vergleich der Modelle

In der nachfolgenden Übersicht ist ein Vergleich der vier Modelle nach vier Prinzipien dargestellt. Gefragt wird, welche Ziele diese Modelle verfolgen, welche Methode sie präferieren, welche Wertorientierung ihnen zugrunde liegt und wie sie mit der Wertpluralität umgehen. Da es sich um idealtypische Formulierungen handelt, wird es in der Praxis immer Schnittmengen zwischen Modelltypen geben. Für eine allgemeine Bewertung sollen die Modelle hier kurz hinsichtlich ihrer Ziele verglichen werden.

Das Ziel der Wertübertragung ist, kurz gesagt, Konformität zu herrschenden Auffassungen. Die ethische Qualität bestimmter Werte gilt als erwiesen, was ihre Weitergabe auf direktem Weg legitimiert. Die faktische Wertpluralität kommt nicht zur Sprache, weil quasi stellvertretend für die Jugendlichen eine Auswahl getroffen wird.

Gegenüber dem deduktiven Charakter der Wertübertragung ist die Werterhellung induktiv orientiert. Für sie sind die Methoden der Wertübertragung indoktrinär, weil sie Jugendlichen nicht wirklich die Freiheit einräumen, ihre Wertorientierung selbsttätig festzulegen und ihre Gefühle, ihr Denken und Handeln in Einklang zu bringen. Darauf kommt es der Werterhellung an. Sie richtet sich kritisch gegen jede Art der Bevormundung. Werte und Normen erhalten ihre Qualität vor allem dadurch, dass sie individuell als wertvoll gelten.

Dagegen zielt die Wertentwicklung auf die Erhöhung der ethischen Urteilskompetenz, die stufenweise auf ein prinzipiengeleitetes Denken hin fortschreiten soll. Aus der Perspektive der

Zusammenfassender Vergleich der vier Modelle

	Wertübertragung	Werterhellung	Wertentwicklung	Wertkommunikation
Ziel	Jugendliche sollen vorab ausgewählte Werte und Normen übernehmen und sich ggf. davon emanzipieren	Jugendliche sollen erworbene moralische Einstellungen erkennen	Jugendliche sollen ihre moralische Urteilskompetenz stufenweise erhöhen	Jugendliche sollen die Wünschbarkeit und Haltbarkeit von Werten und Normen aus einer ethischen Optik beurteilen
Methode/ Verfahren	Weitergabe von Werten und Normen auf direktem Weg durch kognitive, affektive und volitive Lernprozesse	Bewusstmachung von und Konfrontation mit erworbenen Werten und Normen	Diskussion moralischer Konflikte anhand von Dilemma-Geschichten	Teilnahme an argumentativen Diskussionsprozessen mit Perspektivwechsel
Wertorientierung	liegt in den Inhalten („dem Wert") der Werte und Normen, die tradiert werden	liegt in der Optimierung des subjektiven Denkens, Fühlens und Handelns	liegt im Aufbau eines prinzipiengeleiteten ethischen Urteils	liegt im Ziel der ethischen Mündigkeit des Jugendlichen, die Ziel und Methode ist
Wertpluralität	wird auf jene Werte reduziert, die von Jugendlichen übernommen werden sollen	wird auf die Werte reduziert, die individuell bedeutsam sind	kommt in ausgesuchten Dilemmata in funktionaler Absicht zur Sprache	ist Ausgangspunkt und Gegenstand der Kommunikation über Werte und Normen

Wertentwicklung verfolgt die Wertübertragung Ziele, die auf dem (prä-)konventionellen Niveau angesiedelt sind. Allerdings steht die Wertentwicklung in der Gefahr, tatsächliche Wertkonflikte zu instrumentalisieren, um über sie einen „Stufenfortschritt" zu erreichen.
Die Wertkommunikation schließlich nimmt faktische Wertkonflikte zum Anlass, um die ethische Wünschbarkeit der konfligierenden Wertvorstellungen argumentativ zu überprüfen. Ihr Ziel ist es, aus der Perspektive des Anderen (aller Anderen) danach zu suchen, welche Werte es verdienen, dass sie als Leitorientierung für das Handeln herangezogen werden. Erziehung zur ethischen Mündigkeit verlangt in der Perspektive der Wertkommunikation, Heranwachsenden diese Mündigkeit bereits im Verfahren der Kommunikation über Werte tatsächlich zuzugestehen. Mündigkeit darf nicht nur behauptet, sondern muss in der Dialogstruktur praktisch eingelöst werden. Die diesem Modell implizite Wertorientierung liegt also in der Anerkennung der Jugendlichen als sittlich autonome Subjekte. Welchen Werten und Normen sie letztlich folgen, ist das Ergebnis eines Lernprozesses und nicht, wie bei der Wertübertragung, ihr Ausgangspunkt.
An welchem Modell sich Lehrerinnen und Lehrer auch immer praktisch orientieren: Ethische Bildung in der Schule muss zwei Extreme vermeiden: Rigidität und Gewährenlassen. Moralische Rigidität in ethischen Lernprozessen intendiert Vereinnahmung und Konformität. Einer rigiden ethischen Bildung können wohlwollende Motive zugrunde liegen, etwa keine Unsicherheit aufkommen zu lassen und die „richtigen" Antworten zu geben, aber solche Lernprozesse unterliegen der Gefahr der Indoktrination.
Auf der anderen Seite kann Gewährenlassen ein soziales Vakuum schaffen. Schülerinnen und Schüler lernen nicht, ein Urteil zu bilden und zu vertreten. Selbst bei der besten Absicht, etwa die Entscheidungsfreiheit der Heranwachsenden unangetastet zu lassen, tendiert Gewährenlassen zu moralischer Verwahrlosung. Die meisten Chancen, der Freiheit der Schüler Rechnung zu tragen und sie zugleich zu befähigen, zu Werten interpretativ Stellung nehmen zu können, bieten die Modelle Wertentwicklung und Wertkommunikation. Mit der Wertentwicklung wird die Frage nach der Alters- und Entwicklungsgemäßheit in den Mittelpunkt gerückt und mit der Wertkommunikation die edukative Bedeutung faktischer Aushandlungsprozesse. Die Aussage „Prüfet alles und das Gute behaltet" ist ein Imperativ. Er fordert zum eigenen Urteilen und Entscheiden auf – nicht zum Übernehmen der Urteile und Entscheidungen Anderer.

(Aus: Hans-Georg Ziebertz: Ethisches Lernen: In: Georg Hilger, Stephan Leimgruber, Hans-Georg Ziebertz: Religionsdidaktik. Kösel-Verlag: München 2001, S. 407–413)

1 Setzen Sie sich mit den Modellen auseinander.
2 Arbeiten Sie den Stellenwert des Kohlberg-Modells im Kontext der anderen Modelle heraus.

3.6 Moralische Erziehung als Ausbildung von Reflexionsfähigkeit?

Wenn man davon ausgeht, dass moralisches Handeln und Urteilen vor allem auf der Basis von vernünftigem Nachdenken und ethischer Reflexion ausgebildet wird, dann müsste Moralerziehung im Wesentlichen darauf ausgerichtet werden, die dritte Grundart der Erziehungsziele [neben der Anpassung an die gegebene Lebenswelt und die Ausbildung der Leistungsfähigkeit; Anm. der Hrsg.] zu verwirklichen: die Ausbildung der Reflexion bezüglich moralischer Themen, Probleme und Inhalte. Der Ethikunterricht wäre somit die ideale Form der Moralvermittlung, seine kognitive Zentrierung wäre der Garant dafür, dass Schüler moralische Urteils- und Handlungsfähigkeit erlangen könnten. Ist das tatsächlich so?
Ich möchte hier nicht […] vorgreifen. Allerdings müssen die allgemeinen Voraussetzungen des Adressaten bekannt sein und bei der Aufstellung der Erziehungsziele berücksichtigt

werden, wenn das Kriterium der Erreichbarkeit erfüllt sein soll. In dieser Hinsicht ist es sicherlich nicht angemessen, mit einem Vorschulkind die Diskurstheorie zu erörtern, wohingegen es für Jugendliche und sogar für junge Erwachsene noch durchaus zuträglich sein kann, gemeinsam zu handeln, etwa in einer Ferienfreizeit, in einem Sommer-Arbeitscamp o. Ä.

Insgesamt müssen sich die moralischen Erziehungsziele an den von der Gemeinschaft gewollten Soll-Werten orientieren; zugleich müssen sie jedoch auf den Entwicklungsstand der Kinder und Jugendlichen zugeschnitten sein, damit sie sowohl prinzipiell als auch in der jeweiligen Entwicklungsstufe erreichbar sind.

Immer mehr praktische Pädagogen, die im Bereich der Moralerziehung tätig sind, gehen eher auf die täglichen Konflikte in der Klasse und auf dem Schulhof, auf die emotionale Lage und Befindlichkeit der Schüler, auf konkrete und akute Ereignisse vor Ort ein, als dass sie abstrakte moralische Dilemmata erörtern lassen und die moralische Urteilsfähigkeit der Adressaten theoretisch anheben. […]

Das moralische Empfinden ist dem moralischen Räsonieren vorgängig. Deshalb muss es an erster Stelle moralpädagogischer Bemühungen stehen und nicht an letzter. Gefördert wird es dadurch, dass der Säugling Sicherheit und Geborgenheit erfährt. Später muss das moralische Empfinden der Kinder in konkreten sozialen Situationen und Aktionen des gemeinsamen Handelns entwickelt werden. Gerade das gemeinsame Handeln gibt Gelegenheiten dazu, dass Eltern und ältere Kinder oder Jugendliche als moralisches Vorbild fungieren, wodurch die Kinder zugleich an moralisches Handeln gewöhnt werden.

Die zentrale Aufgabe der Eltern in der ersten Lebensphase der Kinder besteht zuallererst darin, für die Kinder da zu sein und dadurch die Sicherheitsgrundlage im Erfahrungshorizont der Kinder zu schaffen.

Die Gefahr moderner Wohlstandsgesellschaften besteht darin, dass Kinder sogenannte Entbehrungsneurosen erleiden; sie kommen dadurch zustande, dass „echte vitale Bedürfnisse […] in der Kindheit und Jugend nicht oder nicht genügend erfüllt (werden), z. B. zureichende seelische Zuwendung und Wärme […]“ (Schulze 1977, S. 32). Das daraus entstehende schlechte Gewissen ist oft genug die Ursache für einen Folgefehler: Die beschäftigten Eltern verwöhnen ihre emotional vernachlässigten Kinder materiell, ohne von ihnen für die übermäßig gewährten Gaben eine angemessene (Gegen-)Leistung einzufordern. Sie sollten es auf jeden Fall vermeiden, ihre Kinder aus freien Stücken einer emotionalen Entbehrung auszusetzen und diese an eine materielle Verwöhnung zu koppeln, denn damit ist nicht nur der Moralerziehung die Basis entzogen!

Das gemeinsame Handeln kann sicherlich nicht allein in der Familie selbst durchgeführt werden. Umso wichtiger ist es jedoch, die Kinder andernorts angemessene Erfahrungen des gemeinsamen Handelns machen zu lassen. Konkret gesagt geht es darum, die Sportart, den Verein oder das Orchester ausfindig zu machen und die aktive Teilnahme der Kinder am jeweiligen gemeinsamen Handeln zu unterstützen. Ganz offensichtlich kommt gerade in diesem Bereich der Schule eine neue Aufgabe zu.

Wenn wir erneut auf die Liste der moralischen Erziehungsmittel schauen, bemerken wir, dass die Förderung moralischer Urteilsfähigkeit bzw. Wertungsklarheit bereits zum reflektorischen Anteil der Moralerziehung gehört. Die Vermittlung moralischen Wissens und die Förderung der ethischen Einsicht sind ebenfalls stark reflexionsorientiert; deshalb gehören sie nicht in die erste Phase der Moralerziehung, sondern in eine zeitlich nachgeordnete. Denn das Reflexionsmaterial muss ja zuerst – am besten in eigener Handlungserfahrung – zusammengetragen werden, ehe man es mit dem Verstand spiegeln kann.

Die Steuerung durch positive und negative Sanktionen ist eine Hilfsmaßnahme, die eher unterstützende Wirkung bei klaren und begrenzten erzieherischen Handlungen hat, als dass sie in der Moralerziehung eine Hauptmaßnahme aus eigenem Recht wäre. Bei der Moralerziehung handelt es sich ja gerade nicht um eine soziale Konditionierung mit moralischem Reflex, sondern um wiederholte Teilnahmen am gemeinsamen Handeln mit ethischer Reflexion.

Weil Moralerziehung zur Allgemeinbildung gehört, d. h., weil die Orientierung der eigenen Handlungen an sozietären Standards für alle Mitglieder einer Gesellschaft Geltung hat, scheint es geraten, die ethische Reflexion auf einem konkreten Niveau zu betreiben. Regeln, Gesetze und Normen müssen einseh- und nachvollziehbar sein, sodass zu ihrem Verständnis nicht unbedingt das Studium der Diskursethik notwendig ist, man kann auch erfolgreich einen Großeinkauf vornehmen, ohne die Kurvendiskussion zu beherrschen.

(Aus: Klaus Dehner: Lust an der Moral. Die natürliche Sehnsucht nach Werten. Primus Verlag: Wissenschaftliche Buchgesellschaft Darmstadt 1998, S. 72–73, 134–136)

1 Skizzieren Sie den Gedankengang des Textes.
2 Vergleichen Sie die Position des Textes mit dem Modell von Kohlberg.
3 Beurteilen Sie die beiden Positionen/Modelle zur Moralerziehung.

Projektvorschlag
zum Thema „Moralische Erziehung“

Sie können …
- Dilemmageschichten entwerfen und diese Kindern aus der Unterstufe zur Entscheidung vorlegen.
- untersuchen, ob Mädchen und Jungen ähnlich oder unterschiedlich reagieren.
- usw.

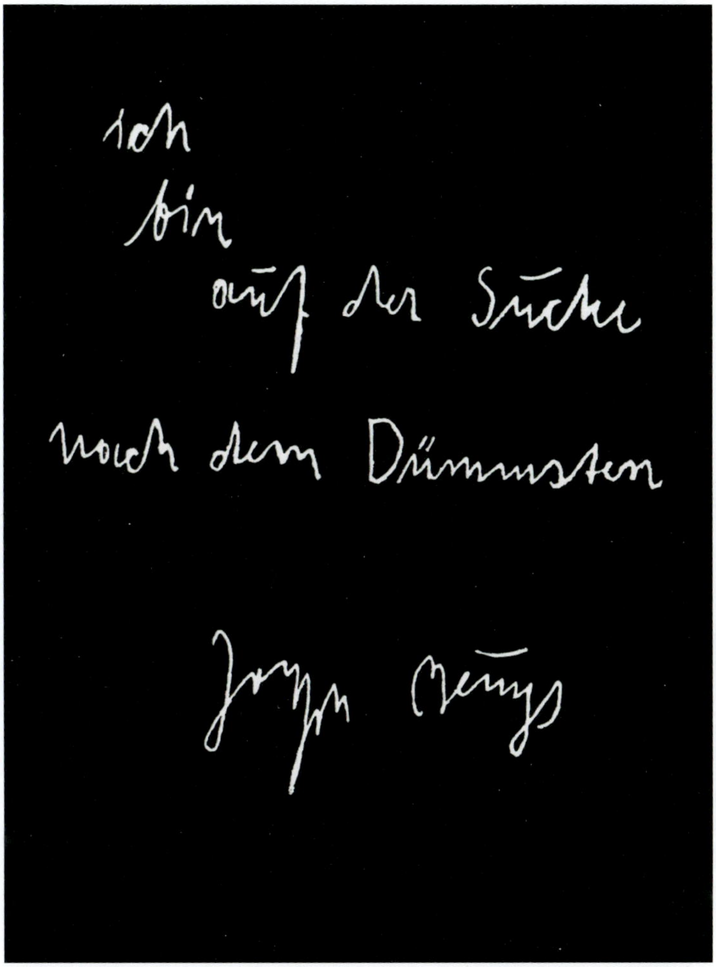

Joseph Beuys: Auf der Suche (1979)
(© VG Bild-Kunst, Bonn 2014)

4. Bildungs- und schultheoretische Perspektiven

4.1 Hinführung: Zwei divergierende Einschätzungen zu PISA

Inzwischen sind schon mehrfach PISA-Ergebnisse veröffentlicht worden. Die beiden Meinungen beziehen sich auf 2004.

4.1.1 Eine erste Meinung: Interview mit GEW-Chefin Eva-Maria Stange

taz: Frau Stange, wie bewerten Sie die neue Pisa-Studie?

Eva-Maria Stange: Es sind leichte Verbesserungen zu verzeichnen. Deutschland hat ein paar mehr Punkte in Mathematik, auch in Naturwissenschaften geht es aufwärts. Aber es gibt keinen Grund zur Entwarnung, denn das größte Problem bleibt: Die Ungerechtigkeit in unserem Schulsystem nimmt weiter zu.

Die ohnehin besseren Schüler sind es, die laut Studie bei den Kompetenzen zulegen …

… ja, weil gerade Gymnasien ihre Schüler für den Pisa-Test fleißig trainieren ließen. Von den Werten der Spitzenreiterländer wie Finnland

(Illustration: Ferdinand Lutz, Köln)

sind wir dennoch meilenweit entfernt. Unser gegliedertes Schulsystem führt am unteren Ende ins Elend – und am oberen ins Mittelmaß.

Was muss passieren?

Es ist an der Zeit, den grundlegenden Umbau hin zu einer „Schule für alle Kinder“ endlich in Angriff zu nehmen. Aber die Wurstelei der Kultusminister und der Föderalismuskommission lassen nichts Gutes erwarten.

Was hat die Föderalismuskommission mit Pisa zu tun?

Mehr, als uns lieb sein kann. Selbst zurückhaltend argumentierende Pisa-Forscher mahnen doch als Konsequenz aus nun zwei internationalen Studien an: Eine bundesweit gut abgestimmte Entwicklung des Schulwesens – regelmäßig überprüft durch eine unabhängige Agentur – ist unverzichtbar. Gleichzeitig tagt die Föderalismuskommission und will genau in die andere Richtung: zurück in die Schrebergärten. Die Länder wollen den Bund fast völlig aus der Bildungspolitik verdrängen. Auf dass jeder Provinzfürst Bildungspolitik nach eigenem Gusto machen kann. Eine Posse. Die Welt globalisiert sich – und Deutschland verkleinstaatet sich wieder.

Sie sind eine Zentralistin!

Die Länder sollen ruhig alles tun, um für ihren Nachwuchs das beste Bildungssystem zu schaffen. Aber bitte innerhalb eines nationalen Rahmens. Deutschland wird doch von außen als Gesamtstaat wahrgenommen und nicht als Brandenburg plus Bayern plus Sachsen-Anhalt. Wenn die Föderalismuskommission so weitermacht wie bisher, ist das Schlimmste zu befürchten: nämlich dass allein Deutschland im gemeinsamen Europa 17 Vertreter ins Rennen schickt – mit unterschiedlichen Positionen.

Warum trauen Sie den Bundesländern so wenig zu?

Weil die über 50 Jahre ihre Chance hatten, in Eigenregie etwas für gute Schulen zu erreichen. Die Folgen können wir heute bestaunen: Kein anderer Pisa-Staat hat in seinen Regionen so weit auseinanderklaffende Ergebnisse produziert. Die Lerndifferenz gleichaltriger Schüler zwischen den Bundesländern beträgt teilweise mehr als zwei Jahre.

Das ist schlimm. Aber könnte der Bund daran etwas ändern?

Keiner weiß, was ohne die Anstöße des Bundes in der Bildungspolitik in den letzten Jahren überhaupt in Gang gekommen wäre. Die Ganztagsschulen etwa, die heute in Deutschland aus dem Boden sprießen, hat der Bund gegen den hinhaltenden Widerstand der Länder durchsetzen müssen. Das inzwischen so viel beachtete Sinus-Projekt für besseren Mathematikunterricht hat der Bund mit erfunden und bezahlt. Die Vergangenheit hat gezeigt, dass es ohne ein institutionelles Forum wie die Bund-Länder-Kommission gar nicht geht. Ausgerechnet dieses Gremium für Bildungsplanung aber wollen die Länder ersatzlos streichen. […]

(Aus: Interview Christian Füller: „Deutschlands Schulen: unten Elend, oben Mittelmaß“ – Die Föderalismuskommission muss Pisa zur Kenntnis nehmen, fordert GEW-Chefin Eva-Maria Stange. Sonst droht Kleinstaaterei bei den Schulen. In: taz, Nr. 7533 vom 7. 12. 2004, S. 3)

4.1.2 Eine zweite Meinung: Nach PISA – individuelle Förderung in einem differenzierten Bildungswesen

Die Deutschen würden gut daran tun, sich wieder der Stärken zu besinnen, die einst ihr Schulsystem zu einem weltweit beneideten machten. Zu diesen Stärken gehört vor allem der hohe Differenzierungsgrad des Schulwesens, das heißt das gegliederte Schulwesen. Der jetzt sogar von manch Konservativem immer wieder aufgelegte Topos, dass die Schulstruktur keine Rolle spiele, ist ein Phantom. Die innerdeutschen Leistungsvergleiche zeigen überdeutlich, dass die Gesamtschule in keinem Bereich schulischen Lernens mithalten kann. Zu unseren Stärken gehören im Detail somit die äußere Fachleistungsdifferenzierung, das Eignungsprinzip bei der Positionierung der Schüler im verzweigten System, die Unterrichtung nach einem klar gegliederten Fächerprinzip, die Wissenschaftsorientierung der Unterrichtung, die Lehrerzentrierung des Unterrichtsgeschehens, das sogenannte Abitur statt dem Aditur-Prinzip, das duale Berufsbildungssystem und die zweiphasige Lehrerbildung.

Das mehrgliedrige Schulwesen ist nicht überholt. Es ist vielmehr aktueller denn je. Allerspätestens seit der innerdeutschen PISA-E-Studie (E = Erweiterung) ist klar, dass ein gegliedertes Schulwesen zumindest in Deutschland der vernünftigere und kindgerechtere schulpolitische Bauplan ist. Sonst hätten Bayern und Baden-Württemberg nicht so eindeutig die beiden nationalen Spitzenplätze eingenommen. Gegliedertes Schulsystem ist ansonsten kein Wert an sich; seinen Wert entfaltet es erst im Kontext mit relativ verbindlichen Lehrplänen im inhaltlichen Kernbereich, mit einem transparenten Leistungsprinzip, mit einer frühen Differenzierung nach einer vierjährigen Grundschule sowie mit anspruchsvollen zentralen Abschlussprüfungen.

(Aus: Josef Kraus: Der PISA-Schwindel. Amalthea Signum Verlag: Wien 2005, S. 167)

1 Vergleichen Sie die beiden Positionen.
2 Entwerfen Sie Kriterien für eine angemessene Beurteilung der beiden Äußerungen.

4.2 Internationale Schulleistungsmessungen: Anlass – Konzeption – Ergebnis

4.2.1 Anlass

Die Akronyme PISA, TIMSS und PIRLS stehen für Programme internationaler Schulleistungsvergleiche: PISA (Program for International Student Assessment) ist ein von der OECD entwickeltes multinationales Forschungsprogramm zur Erfassung von Basisqualifikationen 15-jähriger Jugendlicher. Dieses Programm soll für die Bildungsberichterstattung der OECD (Education at a Glance, u. a. 2006) turnusmäßig Leistungsindikatoren zur Verfügung stellen (Baumert u. a. 2001; Prenzel u. a. 2004). TIMSS (Trends in Mathematics and Science Study) ist ein Erhebungsprogramm, mit dem die International Association for the Evaluation of Educational Achievement (IEA) auf periodischer Grundlage international vergleichbare Leistungsdaten im mathematisch-naturwissenschaftlichen Bereich erhebt (Baumert 1997; Baumert u. a. 2000). PIRLS (Progress in International Reading Literacy Study, in Deutschland als IGLU bekannt) hat das Leseverständnis untersucht (Bos u. a. 2003). Diese internationalen Schulleistungsvergleiche bedienen sich repräsentativer Stichproben ausgewählter Altersgruppen oder Schuljahrgänge, um komparative Aussagen über Niveau und Verteilung von Leistungsergebnissen in zentralen schulischen Lernbereichen treffen zu können (Large Scale Assessments). In Deutschland waren diese Studien Meilensteine auf dem Wege zur Herstellung von Leistungstransparenz im Bildungswesen. Mittlerweile sind TIMSS, PIRLS und PISA integrale Bestandteile der Bildungsberichterstattung von Bund und Ländern (Konsorium 2006).

(Aus: Jürgen Baumert: Internationale Schulleistungsmessungen. In: Heinz-Elmar Tenorth, Rudolf Tippelt [Hrsg.]: Beltz Lexikon Pädagogik. Beltz Verlag: Weinheim und Basel 2007, S. 358–360)

1 Geben Sie den Inhalt des Textes wieder.
2 Erklären Sie, welche weiteren Informationen erforderlich sind, um den Wert von Schulleistungsmessungen einschätzen zu können.

3 Untersuchen Sie zunächst die folgenden (ausgewählten) Aufgaben aus den PISA-Tests im Jahr 2003 und arbeiten Sie dann die Grundzüge des Forschungskonzepts heraus.

Problemlösung

Aufgabe

Die folgende Abbildung zeigt einen Ausschnitt des öffentlichen Verkehrsnetzes einer Stadt in Zedland mit drei U-Bahn-Linien. Der Ort, an dem du dich zurzeit befindest, sowie dein Zielort sind eingezeichnet.

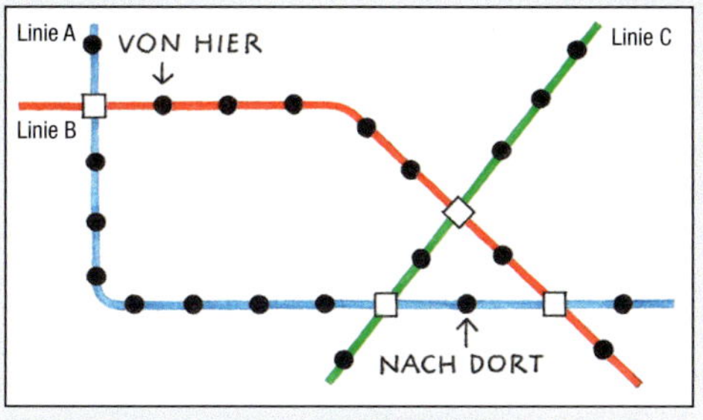

● Kennzeichnet eine Station auf einer der U-Bahn-Linien.

□ Kennzeichnet eine Umsteigestation, an der man von einer U-Bahn-Linie in eine andere umsteigen kann (Linie A, B oder C)

Der Preis richtet sich nach der Anzahl der angefahrenen Stationen (die Abfahrtsstation nicht mitgerechnet).
Die Kosten betragen 1 Zed pro angefahrener Station.
Die Fahrzeit zwischen zwei aufeinander folgenden Stationen beträgt ungefähr 2 Minuten. Um an einer Umsteigestation von einer U-Bahn-Linie in eine andere umzusteigen, benötigt man ungefähr 5 Minuten.

Frage
Die Abbildung zeigt die Station, an der du dich zurzeit befindest („Von hier"), und die Station, zu der du fahren möchtest („Nach dort"). Markiere in der Abbildung die beste Strecke in Bezug auf Kosten und Zeit und nenne nachfolgend den Fahrpreis sowie die ungefähre Fahrzeit.

Lösung

Fahrstrecke wie unten eingezeichnet
Fahrpreis: 8 Zeds; ungefähre Fahrzeit: 21 Minuten

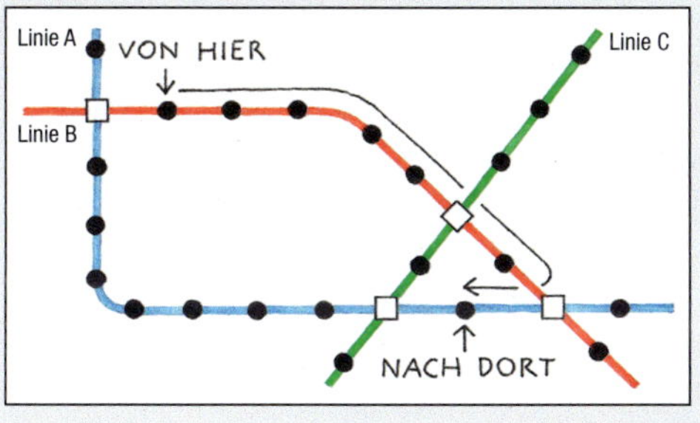

Mathematik

Aufgabe

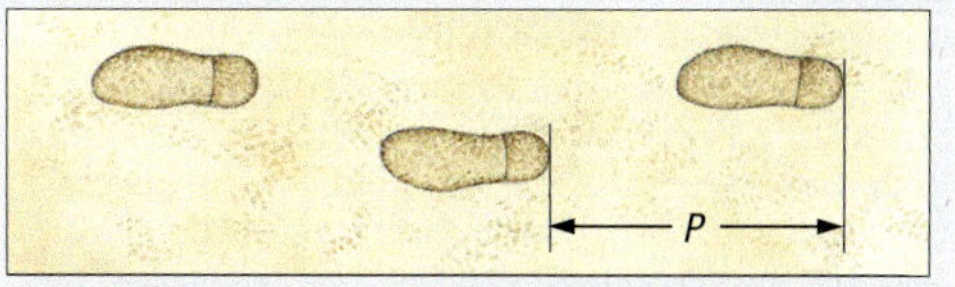

Das Bild zeigt die Fußabdrücke eines gehenden Mannes. Die Schrittlänge *P* entspricht dem Abstand zwischen den hintersten Punkten von zwei aufeinander folgenden Fußabdrücken.

Für Männer drückt die Formel $\frac{n}{P} = 140$
die ungefähre Beziehung zwischen *n* und *P* aus,
wobei
n = Anzahl der Schritte pro Minute und
P = Schrittlänge in Meter

Frage 1
Wenn die Formel auf Daniels Gangart zutrifft und er 70 Schritte pro Minute macht, wie viel beträgt dann seine Schrittlänge?
Gib an, wie du zu deiner Antwort gekommen bist.

Frage 2
Bernhard weiß, dass seine Schrittlänge 0,80 Meter beträgt.
Die Formel trifft auf Bernhards Gangart zu.
Berechne Bernhards Gehgeschwindigkeit in Metern pro Minute und in Kilometern pro Stunde.
Gib an, wie du zu deiner Antwort gekommen bist.

Lösung

Frage 1
0,5 m oder 50 cm, $\frac{1}{2}$ (Einheiten nicht nötig).

- $\frac{70}{P} = 140$
  $70 = 140\,p$
  $p = 0{,}5$
- $\frac{70}{100}$

Frage 2
Richtige Antworten (keine Einheiten nötig) sowohl für m/min als auch km/h:
$n = 140 \cdot 0{,}80 = 112$
Pro Minute geht er $112 \cdot 0{,}80$ Meter = 89,6 Meter.
Seine Geschwindigkeit beträgt 89,6 Meter pro Minute.
Seine Geschwindigkeit beträgt daher 5,38 oder 5,4 km/h.

Rundungsfehler sind akzeptabel. Zum Beispiel 90m/min und 5,3 km/h (89 · 60) sind akzeptabel.

Naturwissenschaften

Aufgabe

Lies folgende Informationen und beantworte die anschließenden Fragen.

Das Tageslicht am 22. Juni 2002
Wenn sich heute die Leute in der nördlichen Hemisphäre über den längsten Tag des Jahres freuen, erleben die Australier gleichzeitig den kürzesten. In Melbourne* geht die Sonne um 7.36 auf und um 17.08 wieder unter: An diesem Tag ist es nur während neun Stunden und 32 Minuten hell. Vergleichen wir den heutigen Tag mit dem längsten im Jahr in der südlichen Hemisphäre, der am 22. Dezember erwartet wird: Die Sonne geht dann bereits um 5.55 Uhr auf und um 20.42 Uhr wieder unter, und spendet demnach während 14 Stunden und 47 Minuten ihr Licht. Der Präsident der Astronomischen Gesellschaft, Perry Vlahos, erklärte, dass der Wechsel der Jahreszeiten in der nördlichen und südlichen Hemisphäre mit der 23-Grad-Neigung der Erde zusammenhängt.

* Melbourne ist eine Stadt in Australien, die sich ungefähr auf dem 38. Breitengrad südlich des Äquators befindet.

Frage 1
Welche Aussage erklärt, warum es auf der Erde Tageslicht und Dunkelheit gibt.

A) Die Erde rotiert um ihre Achse.
B) Die Sonne rotierte um ihre Achse.
C) Die Erdachse ist geneigt.
D) Die Erde dreht sich um die Sonne.

Frage 2
In der Abbildung wird gezeigt, wie Lichtstrahlen von der Sonne auf die Erde scheinen.

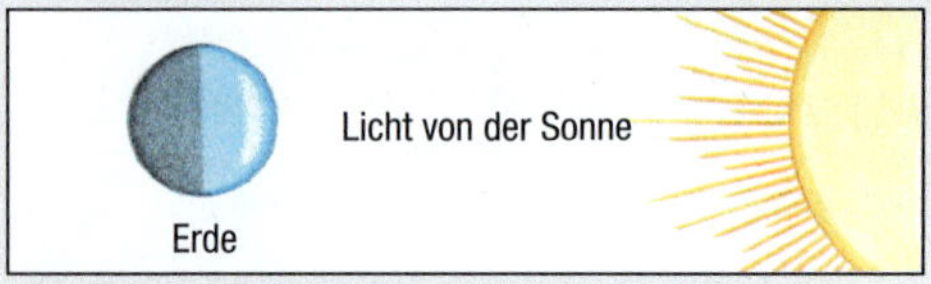

Nimm an, es wäre der kürzeste Tag in Melbourne.
Zeichne die Erdachse, die nördliche Hemisphäre, die südliche Hemisphäre und den Äquator in die Abbildung ein.
Beschrifte alle Teile deiner Antwort.

Lösung

Frage 1
Antwort A – Die Erde rotiert um ihre Achse.

Frage 2
Das Diagramm mit dem Äquator ist in einem Winkel zwischen 10° und 45° (von der Vertikale) zur Sonne geneigt und die nördliche und/oder die südliche Hemisphäre sind korrekt beschriftet (oder eine beschriftet, die andere impliziert).

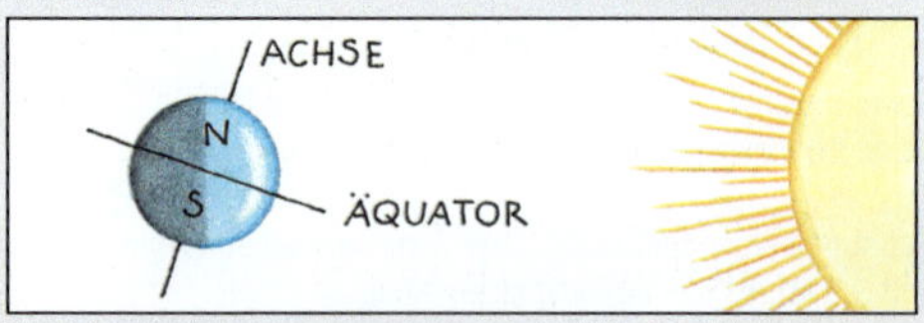

Internationale Schulstudien sind Beispiele politiknaher Bildungsforschung. Die wichtigsten Träger sind die IEA und die OECD. Beide Organisationen haben unterschiedliche Konzeptionen, und die jeweiligen Teilnehmerstaaten überschneiden sich nur teilweise.
Die IEA ist eine internationale Forschungsorganisation, der Regierungs- und Forschungseinrichtungen als Mitglieder angehören können. Unter ihrer Leitung wurde eine Reihe von Schulleistungsvergleichen durchgeführt, deren Schwerpunkt auf dem mathematisch-naturwissenschaftlichen Gebiet liegt. Die erste Mathematikuntersuchung fand bereits im Jahre 1964 statt. Später folgten andere Fächer und Sachgebiete (Naturwissenschaften, Englisch und Französisch als Fremdsprachen, Leseverständnis, Schreiben, politische Bildung oder informationstechnische Grundbildung). Seit 1995 führt die IEA in vierjährigem Rhythmus TIMSS und seit 2001 in fünfjährigem Rhythmus PIRLS durch. Die IEA verfolgt das Konzept, Tests zu entwickeln und einzusetzen, die hinreichende transnationale curriculare und unterrichtliche Validität besitzen. Die Erfassung der tatsächlichen Lerngelegenheiten (Opportunity to learn) spielt deshalb bei allen IEA-Untersuchungen eine große Rolle. Internationale Schulleistungsvergleiche konzentrieren sich auf ausgewählte Schlüsseljahrgänge. Als Schlüsseljahrgänge gelten die Abschlussklassen der Grundschule, die letzte Jahrgangsstufe während der Vollzeitschulpflicht und der letzte Jahrgang im beruflichen oder allgemeinbildenden Schulwesen der Sekundarstufe II. TIMSS untersucht periodisch die obere der beiden Jahrgangsstufen, auf der sich die meisten 9- bzw. 13-Jährigen befinden. I. d. R. handelt es sich dabei um die 4. bzw. 8. Jahrgangsstufe. Die Untersuchung des Abschlussjahrgangs der Sekundarstufe II wurde im Rahmen von TIMSS nach einem ersten Durchlauf 1995 bislang nicht wiederholt. PIRLS ist eine Grundschul-Lese-Untersuchung, die sich auf die 4. Jahrgangsstufe beschränkt. An den IEA-Untersuchungen nehmen im Allgemeinen zwischen 30 und 50 Länder teil – ein Teilnehmerkreis, der breiter ist als bei OECD-Untersuchungen.

Parallel und durchaus im Wettbewerb mit der IEA hat die OECD ein eigenes Forschungsprogramm PISA aufgebaut, das in dreijährigem Turnus Leseverständnis sowie mathematische und naturwissenschaftliche Kompetenzen erfasst. Das Erhebungsprogramm wird schrittweise um fächerübergreifende Kompetenzen, wie z. B. selbstreguliertes Lernen und allgemeine Problemlösungsfähigkeiten, erweitert. PISA wird durch eine internationale Steuerungsgruppe (Board of Participating Countries [BPC]) geleitet, der Regierungsvertreter aller teilnehmenden OECD-Staaten angehören. Die erste PISA-Untersuchung fand im Jahre 2000 statt, PISA hat als Zielpopulation die Altersgruppe der 15-Jährigen definiert, sofern sich diese noch in allgemeinbildenden Schulen befinden. PISA verfolgt das Ziel, am Ende der Vollzeitschulpflicht kumulativ erworbene Basiskompetenzen zu erfassen, die als Voraussetzungen für selbstständiges Weiterlernen und den erfolgreichen Übergang in die berufliche Erstausbildung und den Beruf gelten. Dementsprechend bezieht sich Leseverständnis (Reading Literacy) auf ein breites Spektrum von Textsorten, das von literarischen Texten bis zu Gebrauchstexten, Tabellen und Grafiken reicht. Mathematische Grundbildung wird primär als Modellierungskompetenz verstanden, die dazu befähigt, einfache alltagsbezogene Problemkonstellationen zu mathematisieren, algorithmisch zu bearbeiten und die Ergebnisse auf das Ausgangsproblem zu beziehen. Naturwissenschaftliche Grundbildung (Scientific Literacy) meint die Kompetenz, mit grundlegendem naturwissenschaftlichem Wissen umzugehen, es sich anzueignen und aus naturwissenschaftlichen Befunden die richtigen Schlüsse ziehen zu können. Um deutlich zu machen, dass sich die PISA-Tests nicht nur auf die Erfassung von deklarativem Faktenwissen beschränken, sondern auch konzeptuelles Verständnis und praktische Anwendung berücksichtigen, wird durchgängig der Begriff Kompetenz gebraucht. Zusätzlich zur Fortführung des laufenden Erhebungsprogramms befindet sich derzeit eine Reihe von neuen Studien in der Vorbereitung. So plant die OECD mit dem Program for International Assessment of Adult Competencies (PIAAC) einen internationalen Vergleich von Kompetenzen Erwachsener. Darüber hinaus wird auch eine PISA-Studie für den Bereich der beruflichen Bildung diskutiert (Baethge u. a. 2006).

(Aus: Jürgen Baumert: Internationale Schulleistungsmessungen. In: Heinz-Elmar Tenorth, Rudolf Tippelt [Hrsg.]: Beltz Lexikon Pädagogik. Beltz Verlag: Weinheim und Basel 2007, S. 358–359)

4.2.3 Befunde und Konsequenzen

Die Befunde der internationalen Vergleichsstudien sind für Deutschland konsistent über verschiedene Sachgebiete hinweg wenig schmeichelhaft. Die Ergebnisse der zweiten Lesestudie der IEA, in der Deutschland einen mittleren Platz einnahm, blieben praktisch noch unbeachtet; die ersten Alarmglocken läuteten, als TIMSS deutschen Schülern der Sekundarstufe I, aber auch Abiturienten in Mathematik und den Naturwissenschaften Mittelmaß bescheinigte. Aufgerüttelt wurden Politik und Öffentlichkeit aber erst durch die PISA-Studie, die für Transparenz über das in Deutschland erreichte Niveau und die Verteilung von Basiskompetenzen am Ende der Vollzeitschulpflicht sorgte. Das mittlere Kompetenzniveau von 15-Jährigen liegt in Deutschland in allen untersuchten schulbezogenen Domänen innerhalb der OECD-Staaten im (unteren) Mittelfeld. Dies war für Fachleute im Wesentlichen bekannt. Der Tatbestand erhielt jedoch durch Zusatzbefunde neue, die Öffentlichkeit aufrüttelnde Bedeutung. Zu den wichtigsten Ergebnissen gehören:
(1) In Deutschland ist die Leistungsstreuung ungewöhnlich groß. In kaum einem OECD-Staat sind die Unterschiede zwischen den Leistungsgruppen vergleichbar ausgeprägt.
(2) Der Anteil der Schüler, die Mindestkompetenzniveaus unterschreiten, ist in Deutschland unverhältnismäßig hoch. Sie bilden eine Gruppe von Risikopersonen, die eine schlechte Prognose für den Übergang in die berufliche Erstausbildung und das Erwerbsleben haben.

(3) In praktisch keinem OECD-Staat sind die sozialen Disparitäten der Bildungsbeteiligung und des Kompetenzerwerbs so deutlich wie in Deutschland.
(4) Die Förderung von Kindern aus Zuwanderefamilien gelingt vergleichsweise unbefriedigend. Dies gilt auch für Migranten der zweiten Generation.
(5) Die regionalen Disparitäten sind schließlich weitaus größer, als man erwarten konnte.
Diese Resultate trafen vermutlich auf ein schon länger vorhandenes, aber nicht offen artikuliertes Unbehagen über den Zustand des Bildungssystems, das sie schlagartig verstärkten. Die öffentliche Resonanz leitete in erstaunlich kurzer Zeit einen bemerkenswerten Politikwandel ein, der auch zu einer Modernisierung und internationalen Anschlussfähigkeit der Arbeit der KMK führte. Die Länder haben sich zur Leistungstransparenz und zu gemeinsamen Bildungsstandards bekannt und mit einem Institut zur Qualitätsentwicklungan der Humboldt-Universität zu Berlin (IQB) eine gemeinsame Infrastruktur geschaffen.

(Aus: Jürgen Baumert: Internationale Schulleistungsmessungen. In: Heinz-Elmar Tenorth, Rudolf Tippelt [Hrsg.]: Beltz Lexikon Pädagogik. Beltz Verlag: Weinheim und Basel 2007, S. 359–360)

1 Nennen Sie die von Bildungsforscher Baumert, der maßgeblich an den Schulleistungsmessungen beteiligt war, gefundenen Ergebnisse.
2 Interpretieren Sie die Ergebnisse.

4.3 Kriterien und Voraussetzungen zur Einordnung und Beurteilung

4.3.1 Zugrunde gelegte Begriffe: „Begabung" und „Bildung"

4.3.1.1 Was bedeutet „Bildung"?

In der Internet-Enzyklopädie Wikipedia heißt es zu diesem unscharfen und ideologieanfälligen Begriff:

Wilhelm von Humboldt (1767–1835), Bildungsreformer: Bildung bezeichnet die Formung des Menschen im Hinblick auf sein „Menschsein".
Während in der Umgangssprache mit dem Begriff Bildung eher andere Begriffe, wie „Belehrung", „Schulbildung" oder „Wissensvermittlung" assoziiert werden, haftet seit Wilhelm von Humboldt in der Theorie und der Programmatik „dem Wort Bildung das Moment der Selbstständigkeit, also des Sich-Bildens der Persönlichkeit" an (Hartmut von Hentig).
Nach Humboldt ist Bildung „die Anregung aller Kräfte des Menschen, damit diese sich über die Aneignung der Welt entfalten und zu einer sich selbst bestimmenden Individualität und Persönlichkeit führen".
Der Begriff bezieht sich sowohl auf den Prozess („sich bilden") als auch auf den Zustand („gebildet sein"). Dabei entspricht die zweite Bedeutung einem bestimmten Bildungsideal (zum Beispiel dem Humboldt'schen Bildungsideal), das im Laufe des Bildungsprozesses angestrebt wird. Ein Zeichen der Bildung, das nahezu allen Bildungstheorien gemein ist, lässt sich umschreiben als das reflektierte Verhältnis zu sich, zu anderen und zur Welt.
Der Begriff *Bildung* wurde von dem mittelalterlichen Theologen und Philosophen Meister Eckhart in die Deutsche Sprache eingeführt. Er bedeutete für ihn das „Erlernen von Gelassenheit" und wurde als „Gottessache" angesehen, „damit der Mensch Gott ähnlich werde".
Wolfgang Klafki bezeichnet Bildung als „Erschlossensein einer dinglichen und geistigen Wirklichkeit für einen Menschen – das ist der objektive oder materiale Aspekt; aber das heißt zugleich: Erschlossensein dieses Menschen für diese seine Wirklichkeit – das ist der subjektive und der formale Aspekt zugleich im ‚funktionalen' wie im ‚methodischen' Sinne". […]

Den Kern der *funktionalen Bildungstheorie* kann man laut Klafki in wenigen Sätzen formulieren. Das Wesentliche der Bildung ist nicht Aufnahme und Aneignung von Inhalten, sondern Formung, Entwicklung, Reifung von körperlichen, seelischen und geistigen Kräften. Die zweite Grundform formaler Bildung nennt Klafki nach Lemensick methodische Bildung. Sie wendet sich dem Bildungsvorgang zu. Bildung bedeutet hier Gewinnung und Beherrschung der Denkweisen, Gefühlskategorie, Wertmaßstäbe, kurz: der Methode.
Aus Klafkis Sicht zielt Bildung auf die Vermittlung und den Erwerb von drei grundlegenden Zielen:

- Selbstbestimmungsfähigkeit
- Mitbestimmungsfähigkeit
- Solidaritätsfähigkeit

Erweiternd werden folgende Punkte von ihm genannt:

- Auseinandersetzung mit dem Begriff des Allgemeinen, das als „uns alle Angehendes" verstanden werden soll
- Bildung soll alle humanen Fähigkeitsdimensionen des Menschen umfassen

Bildung solle in allen Grunddimensionen menschlicher Fähigkeiten vonstatten gehen, das bedeutet *über kognitive Funktionen hinaus*:

- handwerklich-technische Bildung
- Ausbildung zwischenmenschlicher Beziehungsmöglichkeiten
- ästhetische Wahrnehmungs-, Gestaltungs- und Urteilsfähigkeit
- ethische und politische Handlungsfähigkeit

Im Bildungsprozess seien spezifische Einstellungen und Fähigkeiten zu vermitteln und zu erwerben:

- Kritikbereitschaft und -fähigkeit, einschl. Fähigkeit zur Selbstkritik
- Argumentationsbereitschaft und -fähigkeit
- Empathie
- Fähigkeit zu vernetztem Denken

(Aus: http://de.wikipedia.org/wiki/Bildung [14.01.2009])

1 Arbeiten Sie wesentliche Elemente von „Bildung" heraus.

2 Erklären Sie, ob bzw. inwiefern der Bildungsbegriff für die Erörterung bildungspolitischer Fragen unerlässlich ist.

(Illustration: Ferdinand Lutz, Köln)

3 Setzen Sie sich mit der folgenden Position zum Wert von Bildung im Kontext der bildungspolitischen Diskussion um PISA auseinander.

Schulpolitik und Schulpädagogik müssen schließlich den Grundsatz verteidigen, dass Bildung einen übernützlichen Wert hat. [...] Mit anderen Worten: Bildung ist nicht „functional fastfood", denn gerade erst das „unnütze" Wissen macht den Menschen zum Menschen. [...]

Wie Nietzsches Zeit ist jedoch auch unsere Zeit geprägt von einem Klima, wenn nicht gar einem Primat des Materialismus, des Empirismus, des Ökonomismus und des Utilitarismus. Dementsprechend rechnet er es 1872 im ersten seiner Vorträge „Über die Zukunft der Bildungsanstalten" zu den beliebtesten nationalökonomischen Dogmen, den Nutzen, ja den möglichst großen Geldgewinn als Ziel und Zweck der Bildung auszugeben. Wörtlich: „Dem Menschen wird nur so viel Kultur gestattet, als im Interesse des Erwerbs ist." [...]

Eine solche Reduktion von Bildung auf das Marktgängige bedeutet einen Verlust an kulturellen Optionen, an Denk-Spielräumen und an „bereichernden Fremdheits-Erfahrungen" (Aleida Assmann). Bildung kann ansonsten nicht eigentlich zweckgebunden sein. Denn – so Hans-Georg Gadamer – Bildung kennt, so wenig wie die Natur, außerhalb ihrer gelegene Ziele. Darin übersteigt – so Gadamer weiter – der Begriff der Bildung den der bloßen Kultivierung vorgegebener Anlagen. Deshalb muss es in Schule zum Beispiel um einen Grundbestand an Literaturkenntnis gehen, im Fach Musik um einen Grundbestand an Werkkenntnis. Und zwar deshalb, weil kanonisches Wissen eine Kommunikationsgrundlage ist und weil ein zu schmales Wissen (ein Wissen unter aller „Kanone") anspruchsvolle Kommunikation erst gar nicht entstehen ließe. Im Lande eines Bach und Beethoven, eines Kant und Hegel, eines Goethe und Schiller, eines Humboldt und Spranger darf man das nicht vergessen.

Leider kommt der Kanongedanke (der Werk-Kanon-Gedanke) in Zeiten der Diskussion um Bildungsstandards zu wenig zum Tragen. Wahrscheinlich ist bereits der Begriff „Bildungsstandards" falsch, er ist im Grunde Hochstapelei. Für umfassend verstandene Bildung kann es keine „Standards" geben. Man sollte deshalb allenfalls von schulischen „Leistungsstandards" sprechen. Mit Bildung jedenfalls haben Standards nichts zu tun, sie sind nur Teilvoraussetzungen, um Bildung zu erwerben. Man nehme allein die Standards der KMK für die Hauptschule: 112 Standards sind es. Da möchte man sagen: Wenn alles Standard ist, dann ist nichts mehr Standard. Der Kanongedanke findet sich jedenfalls nicht darin.

Die Abkehr von der Literatur ist im Übrigen nicht kind- und schülergerecht. Deshalb sagt der Deutschdidaktiker Kaspar H. Spinner [...] zu Recht: „Der standardisierte Schüler wird im standardisierten Unterrichtsprozess zurechtgestutzt. Entfaltung von Individualität und das Ernstnehmen von Subjektivität werden [...] durch die Standardisierungsprozesse zurückgedrängt. Es geht nicht um Schülerinnen und Schüler in ihrer individuellen Vielfalt, sondern es interessieren die einheitlichen Standards." Und weiter: Durch die Standards in Deutsch werde vieles verdrängt und vergessen – das Staunen, das selbstvergessene Lesen, das intuitive, kreative Schreiben. Hier sollten wir nicht zu anspruchslos werden. Jedenfalls wäre es eine Horrorvorstellung, was die FAZ [...] berichtete, nämlich dass eine große Bank für ihre Jungmanager kulturgeschichtliche Crashkurse eingerichtet hat. Die jungen Bänker sollen damit so weit fit gemacht werden, dass sie beim Prosecco-Empfang ein kulturrelevantes „name-dropping" praktizieren können – nach dem Motto: „Ach ja, dieser Ludwig van, das war doch der mit der Schicksalsmelodie – oder so!?" Das kann es nicht sein. Unser Land braucht keine solchen Funktionsfuzzis, sondern Persönlichkeiten mit kulturellem Hintergrund.

(Aus: Josef Kraus: Der PISA-Schwindel. Unsere Kinder sind besser als ihr Ruf. Signum Verlag, Amalthea Signum Verlag: Wien 2005, S. 219–221)

4.3.1.2 Was bedeutet „Begabung" im bildungspolitischen Kontext?

Bemühungen, den Begriff Begabung zu definieren, existieren bereits seit annähernd hundert Jahren. Diese Bemühungen haben im letzten Jahrhundert zur Entwicklung einer Vielzahl von Messinstrumenten, Intelligenztests geführt, die relativ gute Messeigenschaften aufweisen: Das Ergebnis ist weitgehend unabhängig vom Untersucher, die Messergebnisse sind einigermaßen stabil und ermöglichen in gewissen Grenzen eine Prognose zukünftigen Verhaltens vor allem der Schulleistung. Sehr hohe Intelligenz, wie sie der Intelligenztest misst, ist zweifellos das populärste Kriterium, um Kinder als begabt oder hochbegabt zu bezeichnen. Allerdings ist der IQ als Maß für Intelligenz oder Begabung nicht unumstritten. Ein Grund dafür ist die Tatsache, dass der gemessene Intelligenzquotient nicht unabhängig vom angewandten Test ist. Daher beginnt sich in den letzten Jahren eine breitere Definition des Begabungsbegriffs durchzusetzen, die Begabung auffasst als individuelle Fähigkeit, Wissen zu organisieren und zu benutzen. Dabei ist diese Fähigkeit nicht nur abhängig von relativ stabilen Eigenschaften der Person, sondern auch von der sozialen und physischen Umwelt des Kindes. Eine der einflussreichsten Konzeptionen stammt von dem Harvard-Psychologen Howard Gardner (1983). In seiner multiplen Intelligenztheorie beschreibt er menschliche Begabungen als Ausdruck von mindestens sieben unterschiedlichen „Intelligenzen" oder Intelligenzfaktoren. Nur zwei davon stimmen mit der traditionellen Definition überein, wie sie manchen Intelligenztests zugrunde liegt, sprachliche und logisch-mathematische Intelligenz. Die übrigen fünf, räumliche (Schachspielen, Malen), musikalische, kinästhetische (Sport), interpersonale (soziale Fähigkeiten) und intrapersonale (Selbstbewusstsein) sind Fähigkeiten, die von klassischen Intelligenztests nicht erfasst werden. […]

Die Ausdifferenzierung des Intelligenzkonstrukts und die offensichtlich komplexe Beziehung zwischen Begabungsfaktoren und Leistung haben vor allem zwei Implikationen: Die Abkehr vom Intelligenzquotienten als globalem Begabungsmaß und die Aufgabe eines Konzepts von Begabung als einem stabilen, prognosemächtigen Attribut der betroffenen Personen.

Verschiedene Übersichtsreferate resümieren übereinstimmend, dass hohe Intelligenztestwerte keinen zuverlässigen Indikator für herausragende Leistungen im Erwachsenenalter darstellen. (Eine Ausnahme bilden die Personen, die ihren weiteren Lebensweg in der Schule oder an der Universität suchen. Z. B. Freeman, 1991.) Trost (1993) kommt in einem Überblick über die verfügbare Literatur zum Problem der Vorhersage der Leistung Erwachsener zu dem Ergebnis, dass weniger als die Hälfte dessen, was man als herausragende Leistung bezeichnet, auf Maße oder Beobachtungen von Begabung in der Kindheit zurückgeführt werden kann. Zwar stellten Intelligenz und andere kognitive Faktoren die zuverlässigsten Indikatoren dar, aber wenn ein bestimmtes Maß an Begabung vorhanden war, hing der weitere Erfolg der betroffenen Personen im Wesentlichen vom Ausmaß ihrer Motivation ab (dedication). Ganz ähnlich schlussfolgert Hunt (1995), dass ein bestimmtes Maß an Intelligenz notwendig ist, um den Anschluss an anspruchsvolle intellektuelle Herausforderungen zu bekommen. Über dieses Maß an Intelligenz hinaus ist der Erfolg in einem Gebiet jedoch abhängig von Anstrengung, sozialer Unterstützung und Erfahrung. […]

Darüber hinaus hat sich gezeigt, dass „Begabung", wie sie sich in herausragenden Leistungen zeigt, kein statisches Phänomen ist. In einer sorgfältig angelegten Studie verfolgten Gottfried und Mitarbeiter (1994) 130 Kinder vom ersten bis zum neunten Lebensjahr. Während des gesamten Untersuchungszeitraums wurden regelmäßig Daten zu verschiedenen intellektuellen, körperlichen und sozialen Variablen erhoben. Zusammenfassend kommen die Autoren zu dem Schluss, dass Begabung kein statisches Phänomen ist, sondern im Laufe der Entwicklung hervortreten, aber auch wieder verschwinden kann.

Alles in allem führte der konvergierende Forschungsstand in den letzten Jahrzehnten dazu, dass die meisten international anerkannten Begabungsforscher (Hany, Freeman, Heller, Feldhusen, Treffinger) ein globales Hochbegabungskonzept, das bereits in früher Kindheit als stabile (angeborene) Disposition in Erscheinung treten und mithilfe eines IQ-Tests präzise messbar sein soll, ablehnen.
Treffinger und Feldhusen (1996) bezeichnen dieses allgemeine Begabungskonzept als „unhaltbar“ (indefensible).
Mit der Aufgabe dieses Konzepts war naturgemäß eine Neuorientierung bei der Identifikation besonders begabter Kinder verbunden. Das Interesse verlagerte sich von einer relativ statischen Etikettierung einiger Kinder als begabt zu einem flexibleren, entwicklungsbezogenen Ansatz.

(http://www.learn-line.nrw.de/angebote/schulberatung/main/foyer/lands/hobedef.html [14.01.2009])

1 Skizzieren Sie, was in der gegenwärtigen Diskussion um „Begabung“ und „Begabungsförderung“ als wissenschaftlicher Konsens gelten kann.
2 Erklären Sie, was von Intelligenztests als Prognoseinstrument von Leistungen im Erwachsenenalter zu halten ist.
3 Erörtern Sie, welche pädagogisch relevanten Konsequenzen aus den Ausführungen gezogen werden können.

(Foto: Georg Bubolz, Erkelenz)

4.3.2 „Chancengleichheit" oder „Chancengerechtigkeit" im Blick auf „Bildungschancen"?

4.3.2.1 „Chancengleichheit"

„Chancengleichheit" bezeichnet in modernen Gesellschaften das Recht auf eine gerechte Verteilung von Zugangs- und Lebenschancen. Dazu gehört insbesondere das Verbot von Diskriminierung beispielsweise aufgrund des Geschlechtes, des Alters, der Religion oder der sozialen Herkunft, das in den Menschenrechten festgeschrieben ist.
Während in der Natur Chancen nach statistisch beschreibbaren Regeln, per Zufall oder über die Macht des Stärkeren / Ersteren / Angepasstesten (engl. fittest) verteilt werden, werden Chancen in menschlichen Gesellschaften durch Menschen reguliert. In den Bemühungen um Chancengleichheit drückt sich das Verständnis von Gerechtigkeit als Demokratie aus. Mangelnde Chancengleichheit wird als ungerecht empfunden und kann den sozialen Frieden gefährden. [...]
Chancengleichheit ist ein zentrales Ziel des Liberalismus. Im Unterschied zum Sozialismus, der eine Gleichheit im Ergebnis anstrebt, fordern Liberale gleiche Rahmenbedingungen und gleiche Aufstiegschancen. [...]
Die Chancengleichheit im Bildungssystem wird auch durch den Begriff Bildungschance ausgedrückt.

(Aus: http://de.wikipedia.org/wiki/Chancengleichheit [14. 01. 2009])

1 Stellen Sie die Hauptaussage des Textes dar.
2 Erörtern Sie den Satz, „in den Bemühungen um Chancengleichheit" drücke sich „das Verständnis von Gerechtigkeit als Demokratie aus".

4.3.2.2 „Chancengerechtigkeit"

Unter „Chancengerechtigkeit" ist in Abgrenzung zur „Chancengleichheit" zu verstehen, dass ein möglichst breit gefächertes Chancensystem unterschiedlichen Begabungen gerecht werden soll. Während der Fokus bei Chancengleichheit auf Gleichheit der Chancen für Bevölkerungsgruppen liegt, fokussiert der Begriff der Chancengerechtigkeit die Aufstiegschancen von Individuen entsprechend ihrer Begabung. Der Begriff der Chancengerechtigkeit wurde von den 1970er- bis 1990er-Jahren hauptsächlich von Bildungspolitikern der CDU benutzt, gehört nun aber seit einigen Jahren auch zum Vokabular von liberalen und sozialdemokratischen Bildungspolitikern. [...]
Von der Bourdieu'schen Bildungsforschung wird der Begriff Chancengerechtigkeit als Teil einer politischen Kampagne kritisiert: „Chancengerechtigkeit", wie sie seit Anfang der 80er-Jahre in der Bundesrepublik diskutiert wurde, meint jene „Gerechtigkeit", die die „Leistungen" der „Eltern gerechterweise" an die Kinder weiterzugeben erlaubt und die „ungerechte Gleichmacherei" konterkariert. Sie meint somit nichts als die Legitimation sozial-hereditärer Privilegienweitergabe.

(Aus: http://de.wikipedia.org/wiki/Chancengerechtigkeit [14. 01. 2009])

1 Beschreiben Sie den Unterschied zwischen „Chancengleichheit" und „Chancengerechtigkeit".
2 Erklären Sie, warum der Begriff der „Chancengerechtigkeit" in einer bestimmten Richtung der Bildungsforschung als Teil einer politischen Kampagne kritisiert wurde.

4.3.2.3 „Bildungschancen"

„Bildungschance" bezeichnet die Chance von Personen oder Personengruppen, am Bildungssystem teilzunehmen, Bildung zu erlangen. Für die Unterschiedlichkeit der Bildungschancen Einzelner wird in westlichen Industrienationen heute insbesondere die Zugehörigkeit zu einem bestimmten sozialen Milieu verantwortlich gemacht. In anderen Staaten oder Gesellschaftssystemen kann der Hauptgrund aber auch die Zugehörigkeit zu einer Religion, Rasse oder einem Geschlecht sein. [...]

Der soziale Status, als die Zugehörigkeit zu einem bestimmten sozialen Milieu, gilt als mitverantwortlich für den Bildungserfolg. In diesem Zusammenhang wird auch von schichtspezifischer Ungleichheit der Bildungschancen gesprochen. Als Gründe werden angeführt:

- der familiäre Hintergrund: Zwischen dem Bildungsniveau der Eltern und dem ihrer Kinder findet sich oft ein signifikanter Zusammenhang. Deren Erfahrungen und Erfolg im Bildungssystem gilt als mitverantwortlich für den Erfolg der nachfolgenden Generation. Der französische Soziologe Pierre Bourdieu prägte in diesem Zusammenhang auch den Begriff Kulturelles Kapital oder Bildungskapital.
- ungleiche Einkommensverteilung: Bei geringem Einkommen besteht kaum eine Möglichkeit, schulexterne Angebote wie kostenpflichtige Nachhilfe in Anspruch zu nehmen. Auf Privatschulen, die gegebenenfalls mehr individuelle Förderung bieten, kann nicht ausgewichen werden. Im Hochschulbereich können Studiengebühren zur Hürde werden.
- räumliche Segregation: Durch soziale Segregation, die räumliche Trennung sozialer Gruppen, treffen Kinder und Jugendliche aus sozial benachteiligten Milieus seltener auf Angehörige gehobenerer Bildungsschichten. Die Qualität einer Bildungseinrichtung kann dabei mit der sozialen Zusammensetzung der Einwohnerschaft bestimmter Stadtviertel korrelieren: Die „besseren" Schulen finden sich in „besseren" Vierteln.

(Aus: http://de.wikipedia.org/wiki/Bildungschance [14.01.2009])

1 Nennen Sie die Hauptaussagen des Textes.
2 Setzen Sie sich damit auseinander, ob die folgenden Beispiele die Einschätzung von Bildungschancen in Deutschland aus dem Text angemessen stützen.

In der Bundesrepublik Deutschland existiert eine statistische Bildungsbenachteiligung, die international kritisiert wird. Studien belegen eine Korrelation von Bildungschancen und sozio-ökonomischer Herkunft. Das Bundesministerium für Bildung schloss 2006 daraus: Es „entscheidet in keinem anderen Industriestaat die sozio-ökonomische Herkunft so sehr über den Schulerfolg und die Bildungschancen wie in Deutschland".

Im deutschen Bildungssystem sind bislang die formalen Voraussetzungen auf Chancengleichheit erfüllt:

- Es gibt nicht nur ein Recht auf Schulbesuch, sondern sogar Schulpflicht.
- Der Schulbesuch ist, bedingt auch durch die Lernmittelfreiheit, kostenlos.
- Das Curriculum ist an allen staatlichen Grundschulen grundsätzlich gleich.

Diese formalen Voraussetzungen für Chancengleichheit sind im konkreten Fall häufig bedroht. Beispiel dafür sind:

- Für Migrantenkinder gilt nur bedingt die Schulpflicht.
- Der kostenlose Schulbesuch wird durch die Aufhebung des Zuschusses für Fahrtkosten und Bücher in Nordrhein-Westfalen sowie der Einführung von Büchergeld in Bayern und Hamburg konterkariert. Da auch die Übermittagsbetreuung kostenpflichtig ist und die Kinderarmut in Deutschland explosiv gewachsen ist, kann auch nur von einer kostenlosen Halbtagsschule gesprochen werden, nicht jedoch von einer kostenlosen Ganztagsschule.

- In Nordrhein-Westfalen wird durch die Aufhebung der Grundschulbezirke 2008 ein zunehmendes soziales Auseinanderklaffen verschiedener Grundschulen in Kauf genommen, wodurch ein formal gleiches Curriculum unmöglich gemacht wird. Die Grundschulbezirke und die Verpflichtung der Eltern, ihre Kinder in diese Bezirke einzuschulen, hatte den Hintergrund, eine soziale Gettoisierung der Schulen zu verhindern.
- Eine neue Studie weist zudem auf einen deutlichen Unterschied zwischen Land- und Stadtkindern hin. So wechseln in Schwaben (Bayern) auf dem Land nur 22 Prozent der Mädchen von der Grundschule auf das Gymnasium. In der Stadt dagegen gehen 44 Prozent der Mädchen auf die Oberschule – trotz gleicher Noten. Mögliche Gründe sind u. a. das traditionelle Rollenverständnis, weite Wege, schlechte Busverbindungen und die geringe Auswahl an Fachgymnasien.
- Kinder von Eltern mit höherem Einkommen haben prinzipiell bessere Entwicklungsmöglichkeiten, da sich die finanziellen Spielräume, die für die Bildung eine Rolle spielen, deutlich unterscheiden. So stehen wohlhabenden Familien deutlich mehr bildungsfördernde Instrumente im Elternhaus zu Verfügung als ärmeren Schichten. Diese Ungleichheit setzt sich fort in der Kostenpflichtigkeit von Kindergärten und Kindertagesstätten. Gerade die Verfügbarkeit von Plätzen in Kindertagesstätten ist in Westdeutschland sehr gering, sodass auch vielen interessierten Familien diese Förder- und Betreuungsmöglichkeit nicht zur Verfügung steht. […]

Internationale Vergleichsuntersuchungen wie die IGLU-Studie für Viertklässler, die PISA-Studie für 15-Jährige und der EURO-Student-Report stellen fest, dass im deutschen Bildungssystem die bestehenden Verhältnisse in einem besonderen Maß bei den kommenden Generationen aufrechterhalten werden. Dies liegt neben der verpassten frühkindlichen Förderung auch an der schwachen personellen Ausstattung der Schulen, die eine individuellere Betreuung der Kinder schwer möglich macht und weswegen so die Aufgabe der Förderung stärker in den Elternhäusern bleibt. Insbesondere Kinder aus Arbeiterfamilien haben kaum Chancen auf eine höhere Bildung. In jüngster Zeit sind deren Chancen nochmals deutlich gesunken. Während 1986 die Wahrscheinlichkeit, ein Studium zu beginnen, bei Beamtenkindern 9-mal so hoch wie bei Arbeiterkindern war, lag sie 2003 20-mal so hoch.

(Aus: http://de.wikipedia.org/wiki/Bildungschance [14. 01. 2009])

4.3.3 Funktionen von Schule?

Der gesellschaftliche Auftrag der Schule, der in Deutschland meist im Schulgesetz eines Bundeslandes festgehalten wird, liegt in der Entwicklung der Schüler zu mündigen und verantwortungsvollen Persönlichkeiten. Sie soll Bildung, also Wissen, Fähigkeiten und Werte im Unterricht gezielt vermitteln. Die gesellschaftlichen Grundwerte sind durch das Grundgesetz vorgegeben. Als weitere Aufgaben werden verschiedentlich Erziehung zur Ehrfurcht vor dem Leben, zur Bewahrung der Umwelt und Verantwortung für künftige Generationen genannt.

Die schulische Persönlichkeitsbildung entbindet die Eltern nicht von ihrem Erziehungsauftrag, sondern ergänzt diesen. Die Eltern sollen bei innerschulischen Konflikten mäßigend auf ihre Kinder einwirken. Bei Wertkonflikten zwischen Eltern und Gesellschaft (z. B. in Fragen der Sexualität, Schwimmunterricht für muslimische Mädchen, Hausunterricht) sucht die Schule eine Lösung im Sinne des Kindes, muss aber wenn nötig auch gegen den Willen der Eltern die schulische Bildung durchführen. In Streitfällen entscheiden die zuständigen Verwaltungsgerichte.

Die klassischen Schulfunktionen (vgl. Helmut Fend: Theorie der Schule, 1980) sind:

- Qualifikation: Vorbereitung auf spätere Lebensanforderungen in Beruf, Privatleben und gesellschaftlichen Funktionen
- Sozialisation: Vermittlung gesellschaftlich erwünschten Verhaltens
- Selektion: Auslese und Zuweisung einer sozialen Position oder Berechtigung
- Legitimation: Vermittlung gesellschaftlicher Grundwerte zur Sicherung der Loyalität und Integration (Soziologie)

Qualifikation und Sozialisation vermitteln den Heranwachsenden zusätzlich zum elterlichen Beitrag das kulturelle Kapital einer Gesellschaft von den Grundfähigkeiten wie Schreiben und Lesen bis zum erfolgversprechenden Auftreten. Manche Gesellschaftskritiker sprechen von einem zusätzlichen „heimlichen Lehrplan", der all das umfasst, was neben dem offiziellen Lernprogramm angeeignet wird, um Erfolg zu haben, beispielsweise die Bildung von Netzwerken mit den Mitschülern oder Schummelstrategien.

Die Schule erfüllt neben der Förderung auch die Funktion der Selektion, d. h. die Heranwachsenden nach ihrer Leistungsfähigkeit einzuschätzen und ihnen am Ende der Schulzeit durch Vergabe von Schulabschlüssen für weitere Ausbildungsgänge eine vorläufige soziale Position zuzuweisen. Die schulische Funktion einer Berechtigungsvergabe ist im deutschen Schulwesen traditionell stärker ausgeprägt als etwa in den USA, wo andere Selektionsmechanismen greifen. So richtet sich auch die Gehaltsstruktur des öffentlichen Dienstes in Deutschland (vom einfachen bis zum höheren Dienst) nach dem erreichten Schulabschluss. Auf dem Wege dahin sind Schullaufbahnentscheidungen zu treffen. In der demokratischen Gesellschaft soll jedem Schüler eine gerechte Chance gegeben werden. Die Realisierung von Chancengleichheit gehört zu den zentralen Streitpunkten der Bildungspolitik. Auch der angemessene Zeitpunkt der Selektion ist umstritten. Die Persönlichkeit der Schüler wird vorwiegend geprägt, sich gegenüber gestellten Leistungsanforderungen und ihrer Bewältigung positiv einzustellen. Kritiker der Selektionsfunktion wenden ein, dass die Schule faktisch weitgehend die soziale Schichtlage, in die jemand hineingeboren wird, reproduziert und insofern eine demokratische Chancengleichheit nur auf dem Papier existiert. Die Berechtigungen, die etwa ein Hauptschulabschluss verleiht, sind zudem recht gering geworden.

Loyalität zu gesellschaftlichen und politischen Normen stellt sicher, dass die bestehenden Institutionen und Verfahren überhaupt von der nächsten Generation akzeptiert werden und weiter funktionieren. Loyalitätssicherung ist in allen politischen Systemen eine zentrale Funktion des Bildungssystems. […] In demokratischen Systemen ist die Ausbildung eines Demokratiebewusstseins eine Hauptaufgabe der gesellschaftswissenschaftlichen Fächer. Das Auftreten von jugendlichem politischem Extremismus führt in der Regel zu einer Verstärkung der entgegensteuernden Schulaktivitäten im gefährdeten Bereich. In dieser Hinsicht erweist sich die Schule als ein die Gesellschaft stabilisierendes System. […]

Die Aufsicht über alle Einrichtungen, in denen Schüler ihrer Schulpflicht nachkommen, liegt nach Art. 7 (1) GG beim Staat.

(Aus: http://de.wikipedia.org/wiki/Schule [16. 01. 2009])

1 Erläutern Sie die genannten Funktionen von Schule.

2 Erörtern Sie, welche Bedeutung die Kenntnis der Funktionen von Schule für die Einschätzung und Beurteilung der PISA-Studien hat.

4.3.4 Die Struktur des deutschen Schulwesens als Verstehenshorizont von PISA

Grundstruktur des Bildungswesens in der Bundesrepublik Deutschland

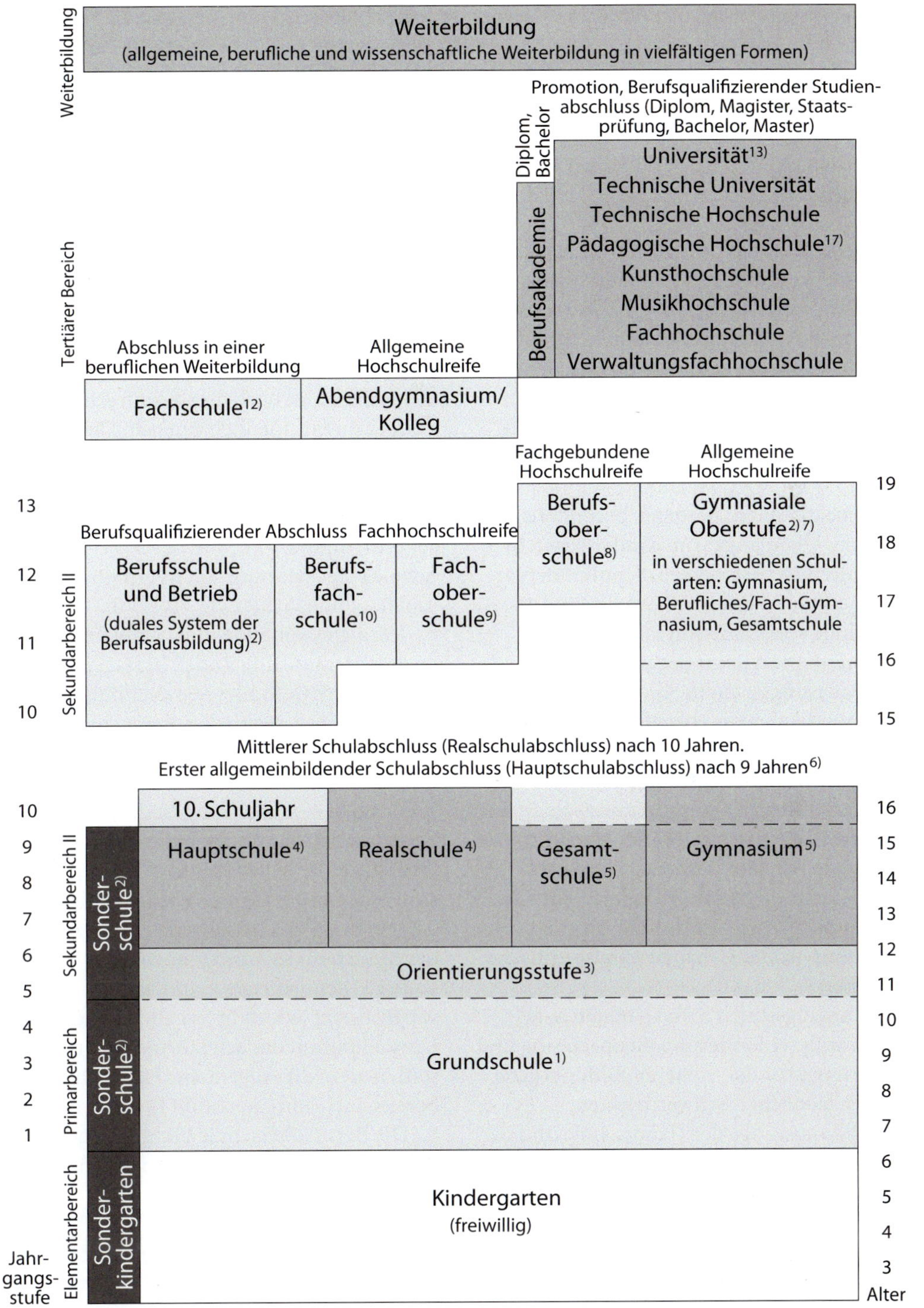

Anmerkungen

Schematisierte Darstellung des Bildungswesens. Die Verteilung der Schülerzahlen in der Jahrgangsstufe 8 für das Jahr 2010 stellt sich im Bundesdurchschnitt wie folgt dar:

- Hauptschule 16,6 %,
- Realschule 25,0 %,
- Gymnasium 36,3 %,
- integrierte Gesamtschule 9,2 %,
- Schularten mit mehreren Bildungsgängen 7,8 %,
- Förderschulen 4,2 %.

Die Durchlässigkeit zwischen den Schularten und die Anerkennung der Schulabschlüsse ist bei Erfüllung der zwischen den Ländern vereinbarten Voraussetzungen grundsätzlich gewährleistet. Die Dauer der Vollzeitschulpflicht (allgemeine Schulpflicht) beträgt neun Jahre, in vier Ländern 10 Jahre, und die anschließende Teilzeitschulpflicht (Berufsschulpflicht) drei Jahre.

1. In einigen Ländern bestehen besondere Formen des Übergangs vom Kindergarten in die Grundschule (Vorklassen, Schulkindergärten). In Berlin und Brandenburg umfasst die Grundschule sechs Jahrgangsstufen.
2. Beschulung von Behinderten entsprechend den Behinderungsarten in Sonderformen der allgemeinbildenden und beruflichen Schulen, teilweise auch integrativ zusammen mit Nichtbehinderten. Schulbezeichnung nach Landesrecht unterschiedlich (Förderschule/Schule für Behinderte/Sonderschule/Förderzentrum). Die Förderschule mit dem Förderschwerpunkt „Lernen" (Schule für Lernbehinderte) und die Förderschule mit dem Förderschwerpunkt „Geistige Entwicklung" haben schulspezifische Abschlüsse.
3. Die Jahrgangsstufen 5 und 6 bilden eine Phase besonderer Förderung, Beobachtung und Orientierung über den weiteren Bildungsgang mit seinen fachlichen Schwerpunkten.
4. Die Bildungsgänge der Hauptschule und der Realschule werden auch an Schularten mit mehreren Bildungsgängen mit nach Ländern unterschiedlichen Bezeichnungen angeboten. Die folgenden Schularten fassen die Bildungsgänge der Haupt- und der Realschule pädagogisch und organisatorisch zusammen: Mittelschule (Sachsen), Regelschule (Thüringen), Sekundarschule (Bremen, Sachsen-Anhalt), Erweiterte Realschule (Saarland), Verbundene Haupt- und Realschule (Hessen), Haupt- und Realschule (Hamburg), Regionale Schule (Mecklenburg-Vorpommern), Realschule plus (Rheinland-Pfalz), Regionalschule (Schleswig-Holstein), Oberschule (Brandenburg), Mittelstufenschule (Hessen).
5. Der Bildungsgang des Gymnasiums wird auch an Gesamtschulen angeboten. In der kooperativen Gesamtschule sind drei Bildungsgänge (der Hauptschule, der Realschule und des Gymnasiums) pädagogisch und organisatorisch zusammengefasst, in der integrierten Gesamtschule bilden sie eine pädagogische und organisatorische Einheit. Die Einrichtung von Gesamtschulen ist nach dem Schulrecht der Länder unterschiedlich geregelt. Die folgenden Schularten umfassen ebenfalls drei Bildungsgänge: Integrierte Sekundarschule (Berlin), Oberschule (Bremen, Niedersachsen), Stadtteilschule (Hamburg), teilweise die Regionale Schule (Mecklenburg-Vorpommern), Gemeinschaftsschule (Schleswig-Holstein, Thüringen).
6. Die allgemeinbildenden Schulabschlüsse nach Jahrgangsstufe 9 oder 10 tragen in einzelnen Ländern besondere Bezeichnungen. Der nachträgliche Erwerb dieser Abschlüsse an Abendschulen und beruflichen Schulen ist möglich.
7. Zugangsvoraussetzung ist die formelle Berechtigung zum Besuch der gymnasialen Oberstufe, die in der Regel nach Jahrgangsstufe 9 oder 10 erworben wird. Der Erwerb der Allgemeinen Hochschulreife erfolgt zurzeit in der Mehrzahl der Länder noch nach Jahrgangsstufe 13 (neunjähriges Gymnasium). Gegenwärtig findet jedoch in fast allen Ländern die Umstellung auf das achtjährige Gymnasium statt, in dem die Allgemeine Hochschulreife bereits nach Jahrgangsstufe 12 erworben wird.
8. Die Berufsoberschule besteht bisher nur in einigen Ländern und bietet Absolventen mit Mittlerem Schulabschluss und abgeschlossener Berufsausbildung bzw. fünfjähriger Berufstätigkeit die Möglichkeit zum Erwerb der Fachgebundenen Hochschulreife. Bei Nachweis von Kenntnissen in einer zweiten Fremdsprache ist

der Erwerb der Allgemeinen Hochschulreife möglich.

9. Die Fachoberschule ist eine zweijährige Schulart, die aufbauend auf dem Mittleren Schulabschluss mit Jahrgangsstufe 11 und 12 zur Fachhochschulreife führt. Für Absolventen mit Mittlerem Schulabschluss und einer beruflichen Erstausbildung ist der unmittelbare Eintritt in Jahrgangsstufe 12 der Fachoberschule möglich. Die Länder können auch eine Jahrgangsstufe 13 einrichten. Der Besuch der Jahrgangsstufe 13 führt zur Fachgebundenen Hochschulreife und unter bestimmten Voraussetzungen zur Allgemeinen Hochschulreife.

10. Berufsfachschulen sind berufliche Vollzeitschulen verschiedener Ausprägung im Hinblick auf Zugangsvoraussetzungen, Dauer und Abschlüsse. In ein- oder zweijährigen Bildungsgängen wird eine berufliche Grundausbildung, in zwei- oder dreijährigen Bildungsgängen eine Berufsausbildung vermittelt. In Verbindung mit dem Abschluss eines mindestens zweijährigen Bildungsgangs kann unter bestimmten Voraussetzungen die Fachhochschulreife erworben werden.

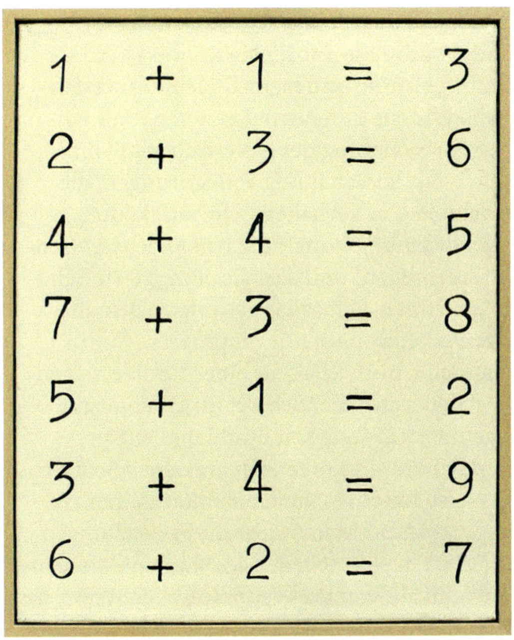

Sigmar Polke: Lösungen VII (1968)
(Foto: akg-images/© VG Bild-Kunst, Bonn 2014)

11. Zusätzlich zum berufsqualifizierenden Abschluss ggf. Erwerb des Hauptschulabschlusses oder des Mittleren Schulabschlusses.

12. Fachschulen dienen der beruflichen Weiterbildung (Dauer 1–3 Jahre) und setzen grundsätzlich den Abschluss einer einschlägigen Berufsausbildung in einem anerkannten Ausbildungsberuf und eine entsprechende Berufstätigkeit voraus. Unter bestimmten Voraussetzungen ist zusätzlich der Erwerb der Fachhochschulreife möglich.

13. Einschließlich Hochschulen mit einzelnen universitären Studiengängen (z. B. Theologie, Philosophie, Medizin, Verwaltungswissenschaften, Sport).

14. An Pädagogischen Hochschulen (nur in Baden-Württemberg) wird für verschiedene Lehrämter ausgebildet. Im Einzelfall ist auch ein Studium für Berufe im außerschulischen Bildungs- und Erziehungsbereich möglich.

15. Die Berufsakademie ist eine Einrichtung des tertiären Bereichs in einigen Ländern, die eine wissenschaftsbezogene und zugleich praxisorientierte berufliche Bildung durch die Ausbildung an einer Studienakademie und in einem Betrieb im Sinne des dualen Systems vermittelt.

(Stand: Januar 2012)

Sekretariat der Ständigen Konferenz der Kultusminister der Länder in der Bundesrepublik Deutschland (Hrsg.): Das Bildungswesen in der Bundesrepublik Deutschland 2011/2012. Darstellung der Kompetenzen, Strukturen und bildungspolitischen Entwicklungen für den Informationsaustausch in Europa. Bonn 2013, S. 30. In: http://www.kmk.org/fileadmin/doc/Dokumentation/Bildungswesen_pdfs/dossier_de_ebook.pdf – 01. 08. 2013

1 Erklären Sie die Grundstruktur des deutschen Schulwesens.
2 Erörtern Sie, ob bzw. inwiefern nach den Ergebnissen der PISA-Studien das deutsche Schulwesen zu reformieren ist.
3 Beurteilen Sie, welche Rolle bei der Bearbeitung der zweiten Teilaufgabe persönliche politische Positionen spielen.

4.4 Kontroverse Positionen zu den Konsequenzen: Reaktionen nach PISA in der Diskussion

Die beiden folgenden Textauszüge sind im Zusammenhang zu lesen. Hartmut von Hentigs Überlegungen zu den Reaktionen auf PISA aus seinem Buch „Die Schule neu denken" sollen sodann mit den Gedanken von Konrad Adam aus seiner Schrift „Die deutsche Bildungsmisere. PISA und die Folgen" verglichen werden. Aus der Beschäftigung der kontroversen Positionen soll schließlich eine eigene Beurteilung erwachsen.

4.4.1 Hartmut von Hentig: „Die Schule neu denken"

Der erste Textausschnitt stammt von Hartmut von Hentig, geboren 1925, Wissenschaftler, Publizist und Lehrer, Professor emeritus für Pädagogik an der Universität Bielefeld. Er war bis 1987 Wissenschaftlicher Leiter der Laborschule und des Oberstufenkollegs des Landes Nordrhein-Westfalen. Hartmut von Hentig lebt in Berlin.

Woher dieser Pessimismus hinsichtlich der öffentlichen, der gesellschaftlichen Reaktion? Nach PISA sind die Erkenntnisse davon, was falsch gemacht worden sei, die Vorschläge dazu, was die deutsche Bildung wieder in Ordnung bringen könne, wie ein Platzregen auf uns niedergegangen: eine wundersame Fülle sich heftig widersprechender einzelner Maßnahmen, fast alle bekannt und prêt à porter, fast keine einer weiteren Erkundung und Erprobung bedürftig. Ich gebe eine kleine Auswahl, damit man versteht, wovon ich rede:

- Die Verlängerung der Unterrichtszeit
- Die Beendigung des auf eine Million bezifferten Stundenausfalls
- „Inhalte statt Strukturen"
- Einführung eines festen Kanons
- Die Entscheidungsbefugnis der Direktoren vermehren
- Nachrüsten mit „interaktivem Equipment"
- Früheinschulung
- Sprachförderung im Kindergarten
- Engere Verknüpfung von Kindergärten, Vorschulen und Grundschulen
- Keine Aufnahme von Ausländerkindern, die die deutsche Sprache „nicht beherrschen" (ich selber konnte kein Englisch, als ich in San Francisco eingeschult wurde)
- Ganztagsschule „flächendeckend"
- „Mut zu strenger Benotung"
- „Weniger Staat, mehr Familie"
- „Das Berufsbild des Lehrers korrigieren"
- Deutliche Maßstäbe für die erwartete Leistung (Benchmarking)
- Eine größere „Abnehmerorientierung" („Schulen und Schüler, die sich als Kunden auf dem Bildungsmarkt begegnen")
- „Mehr Wettbewerb unter den Bundesländern" …

Das Institut für Schulentwicklung/IFS in Dortmund hat zwei Monate nach Bekanntgabe der PISA-Ergebnisse ermittelt, dass die Eltern „mehr Leistung und mehr Erziehung" verlangen (wobei sie unter dem Letzteren Maßnahmen zur Sicherung des Unterrichts im Sinn haben: die Ausschaltung von Störungen, die Behebung von Verhaltensschwierigkeiten, Selbstdisziplin, Einhaltung von Regeln, Durchhaltevermögen) und dass sie „integrierte Schulen" ablehnen. Selbst das gewerkschaftsnahe Netzwerk Europäische Lernprozesse (NELP) setzt sich – nach PISA für eine „flexible, dezentrale Steuerung" der Schule, für Qualitätsmanagement, für freie Schulwahl und entsprechende Bildungskonten der einzelnen Schüler ein – also für einen neuen ökonomischen Pragmatismus. Man münzt die Feststellungen von PISA in eine „Niederlage" um und diese in eine radikale Wende: Wettbewerb nicht nur unter den Bundesländern und Schularten, sondern unter allen möglichen Einrichtungen, an denen sich „Bildung“ erwerben lässt. So würden die besten Leistungen erzielt, weiß der ehemalige Arbeitgebervertreter Hans-Olaf Henkel in der Süddeutschen Zeitung.

Der verstörendsten Enthüllung von PISA weicht man aus: der in Deutschland fortbestehenden „Koppelung von sozialer Lage der Herkunftsfamilie und dem Kompetenzerwerb der nachwachsenden Generation“ – altmodisch gesprochen von Milieu und erreichter/erreichbarer Schulleistung. Diese „Koppelung“ sei in Deutschland „ungewöhnlich straff“ (PISA 2000, S. 393). Zwar ist sie in allen Ländern nachweisbar, aber in vielen gelingt es – bei ähnlicher Sozialstruktur –, deren Auswirkung zu begrenzen, ohne das Niveau der Anforderung zu senken: indem den Kindern und Jugendlichen aus den schwächeren Schichten besondere Förderung zuteil wird.

Unsere Politiker und Verbandsfürsten sehen unseren schlechten Platz in der Rangliste; sie sehen, dass bei uns die Schere zwischen den Schulen auf dem niedrigsten und denen auf dem höchsten Leistungsniveau am weitesten auseinanderklafft – also zwischen „Gettoschulen“ und Eliteschulen, zwischen Slums und Suburbs […]; sie wissen, dass es vor allem die Sprachkompetenz ihrer Schüler ist, die diese Schulen zurückwirft (PISA 2000, S. 379 und 397), – und so folgern sie, dass die sprachliche Schulung von Migranten und bildungsfernen

Lernen in der Schule – wie ein Freizeitvergnügen?
(Foto: Georg Bubolz, Erkelenz)

Gruppen forciert werden müsse. Aber die Sprach- und Lesefähigkeit ist nicht allein eine Sache von früher systematischer Unterweisung und Überprüfung – sie ist in viel höherem Maße eine Sache der Beheimatung der Kinder und Jugendlichen, ihrer sogenannten „sozialen Integration“ in ihrer Stadt und in einer Schule, die für sie auch Lebensraum und nicht nur Unterrichtsanstalt ist. Die Mischung der Kinder verschiedener Herkunft muss pädagogisch und psychologisch gut bedacht sein und nicht dem „Zufall“ überlassen bleiben, der ja keiner ist, sondern die Wohnverhältnisse widerspiegelt und eine „Selbstauslese“ nach sich zieht.

So wichtig und richtig das ist, was wir aus den Unterstützungsprogrammen der „erfolgreichen“ Länder lernen können – ihre historischen und kulturellen Lebensbedingungen werden wir nicht übernehmen können (die geografischen und demografischen Verhältnisse, die ethnische Homogenität und die Traditionsverbundenheit Japans, die größere soziale Durchlässigkeit der Gesellschaft in Schweden und Norwegen, PISA 2000, S. 396 f.). Aber wir können den Schülern eine „deutsche“ Schule bieten, die ihnen etwas bedeutet und gleichzeitig den Lebensnotwendigkeiten Rechnung trägt, eine Lern- und Lebensgemeinschaft auf Zeit, ein freundliches, vielseitig forderndes Feld der Selbsterprobung, a decent place to grow up in.

Unter den Maßnahmen, auf die sich die Kultusminister geeinigt haben, ist darum sicher die Vermehrung von Ganztagsschulen die wichtigste: Sie erlaubt die Umwandlung der wirkungslosen Schule als Anstalt konzentrierter Belehrung in eine Schule als geordneten Lebens- und Erfahrungsraum. Aber das scheint nicht das zu sein, was die Kultusminister wollen. Sie müssten ja sonst für die durchgehende Versorgung aller Gemeinden mit Ganztagsschulen eintreten – handelt es sich dabei doch um einen ganz anderen Auftrag, den Auftrag einer neu gedachten Schule. Wenn die Ganztagsschule nur die Ausdehnung des (heute geläufigen) Unterrichts von fünf auf acht Stunden bedeutet und nicht ein verändertes Lernen, ist sie ein Unglück für die Kinder und vermutlich auch für die Schulleistung: Woher kämen die Erfahrungen, die die Schule auslegen und ordnen soll? Und woher die Beweggründe für das Lernen? Alles aus der Retorte der Lehrpläne und der Lehrerseminare, aus dem Internet und den Arbeitsbögen? Die Ganztagsschule müsste, um ihre gedachte Funktion zu erfüllen, die größte Veränderung der Schule seit Comenius sein – oder sie ist ein Selbstbetrug. Wer hat die richtigen Vorstellungen von den in ihr bekömmlichen Umgangsformen, von den möglichen Einteilungen der Lern- und Arbeitsgruppen, von der benötigten Zeiteinteilung, von der richtigen Abfolge und Anordnung der Gegenstände, von den tauglichen Räumen und ihrer Ausstattung? Dass die vorhandenen Ganztagsschulen weit hinter dem zurückbleiben, was hier zu fordern ist, kann man sich in Deutschland und im Ausland mühelos bestätigen. Im Ganztagsschulparadies Schweden seufzte unser zwölfjähriger kleiner Führer aus tiefer Brust: „Never alone!“; die Mahlzeiten waren eine unappetitliche Abfütterung; die unmittelbar anschließenden Lernveranstaltungen („Unterricht“ sollte das nicht sein) wurden friedlich verdöst – teils in Kuschelecken, teils am Computer; das Gebäude glich nicht nur äußerlich einem Gewächshaus.

Wer bereitet, wenn man die richtigen Vorstellungen von der Ganztagsschule hat, die Lehrer darauf vor, sie richtig zu nutzen? Unsere Hochschulen? Die sind mit ihrer Theorie und Evaluation beschäftigt.

Neben dem „Ausbau der Ganztagsschule“, haben die Kultusminister beschlossen, die „Maßnahmen zur Förderung von Lesefreude und Lesefähigkeit schon im vorschulischen Bereich“ anzusetzen; insbesondere sollen Programme für Schüler nicht-deutscher Abkunft in Kindergärten und in der Grundschule deren Sprachproblem zuleibe gehen. Auch das ist löblich – und hat seine Haken. Wie bringt man einem Türkenkind Deutsch bei? Und gleichzeitig noch einem kleinen Griechen, einer kleinen Bosnierin, einem Vietnamesen? Das sind hohe Künste, für die die Erzieherinnen nicht ausgebildet sind und für die es auf Jahre hinaus keine Lehrgänge oder Lehrwerke geben wird. Den Grundschullehrern geht es nicht besser. Ja, man muss darauf achten, dass nicht ihnen die ganze Last der Schadensbehebung aufgehalst wird: Leistungsrückstände aufholen, Sprachfähigkeit sichern, Lesekompetenz anheben, mit den Eltern zusammenarbeiten und selber lernen, wie man die schwachen und die starken Schüler erkennt und ihre Bedürfnisse befriedigt.

Hinzu kommt die PISA-Feststellung, dass gemischte Lerngruppen und gezielte Maßnahmen für bestimmte Schüler sich nicht ausschließen, sondern ergänzen. Jeder deutsche Gesamtschullehrer weiß, wie schwer allein das erste und wie rar die Möglichkeit zum zweiten ist. Wer ihre Kombination an die Stelle der Selektion setzt, dem stellt sich nicht nur die alte Gewohnheit entgegen, sondern auch die neue Leistungspädagogik.

Durch sie sollen der Schlendrian und die Selbsttäuschung der Schulen beendet werden. Besondere Erwartungen setzt man dabei in „verbindliche – bundesweit gemeinsame – Standards". Nicht immer wird man diese so deutlich von Wissensbeständen trennen können, wie man das im PISA getan hat. Man wird also den Unterricht – seine Gegenstände und Verfahren – vereinheitlichen, um bei standardisierten Abschlusstests nicht schlechter abzuschneiden als andere. Das steht im Widerspruch zur Dezentralisation, die man sonst betreibt, zur Unterschiedlichkeit der örtlichen und landschaftlichen Verhältnisse, zur Rücksicht auf die Gegebenheiten in den Mitgliedsstaaten der Europäischen Union, ja, es bringt, wie man im September 2002 in England erleben konnte, nicht unerhebliche politische Eingriffsmöglichkeiten ins Spiel: Dort hatten das Oxford-Cambridge-Examination-Board und das Schulministerium die Standards kurzerhand heraufgesetzt, um die Zahl der Hochschulberechtigten zu drosseln. Den Irak-Krieg konnten die Politiker über der hierdurch ausgelösten Erregung vergessen. Dass die „Qualitätssicherung" genannten Bemühungen um Auslöschung der PISA-Schmach vornehmlich durch permanente interne und externe Evaluation gelingen werde, ist die vierte große Hoffnung der Kultusminister. Aber diese Maßnahme wird nichts als Panik oder Abstumpfung bewirken, wenn nicht tatsächlich große Veränderungen im System statthaben. Überprüfungen und die Angst vor ihnen tragen in der Regel zur Verbunkerung, nicht zum Wandel bei. Hilfreich ist die „Evaluation" – die objektivierende systematische Beobachtung der Schulwirklichkeit, ihrer Veränderungen und ihrer Resultate –, wenn die Auswertungsberichte selber verständlich sind: ihre Absichten, ihr Vorgehen, ihre Folgerungen. Die 548 Seiten, die das Deutsche PISA-Konsortium vorgelegt hat, strapazieren das „sinnentnehmende" Lesevermögen der Lehrerinnen und Lehrer, der Politikerinnen und Politiker, der allgemeinen Öffentlichkeit, an die sie sich richten. Zahlreiche Zahlennachweise – beispielsweise Tabelle 8.22: „Sozioökonomischer Status (HISEI) und Lesekompetenz von 15-Jährigen nach Staaten (Mittelwerte, Standardabweichungen sowie unstandardisierte und standardisierte Regressionskoeffizienten)", S. 391, mit vierstelligen Angaben für 31 Länder – und komplizierte Grafiken – beispielsweise Abbildung 8.14, in der vier Quadranten unterschiedliche Kombinationen unter- und überdurchschnittlicher Ausprägung der mittleren Leistung und der sozialen Gradienten der Lesekompetenz zeigen – sind nur für die Forscher aufschlussreich und wichtig. Die Zusammenfassungen in den Kästen – wie die auf 50 Seiten komprimierte Ausgabe des Berichts für die Presse – basieren aber darauf wie auch der sie umgebende Text. Der spricht die opake Sprache der Spezialisten, die die Laien von den Begründungen abschneidet, die doch die eigentliche Aufklärung der Sachverhalte enthalten. Der Nichtspezialist muss sich mit Urteilssätzen wie diesem abfinden: „Eine starke Entkoppelung von sozialer Herkunft und Kompetenzerwerb muss nicht mit einer Absenkung des Niveaus verbunden sein. Im Gegenteil: Eher deutet sich eine Tendenz an, dass bei einer Verminderung sozialer Disparitäten auch das Gesamtniveau steigt, ohne dass an der Leistungsspitze Einbußen zu verzeichnen wären." (PISA 2000, S. 393)

Welch gute Botschaft! Und wie gern wüsste man nun, woran sich das „muss nicht“ und das „im Gegenteil“ und das „eher deutet sich an“ festmachen. Man hat den Eindruck, es werde ex cathedra verkündet, was hier zu lernen sei. So etwas weckt Widerstand und macht evaluationsresistent. Vor allem aber vermag der Lehrer, der den PISA-Bericht liest, nicht mehr zu glauben, dass er, wie ihm und seinesgleichen angesonnen wird, je so etwas wie Selbstevaluation zustande bringen könne, wenn es dabei so viel zu bedenken und zu berechnen gilt – wie er ja auch nicht nach Japan oder Finnland oder Schweden reisen wird.

(Aus: Hartmut von Hentig: Die Schule neu denken. Eine Übung in pädagogischer Vernunft. Erweiterte Neuausgabe, hier: Vorwort. Beltz Verlag: Weinheim, Basel, Berlin 2003, S. V 34–V 40)

4.4.2 Konrad Adam: „Die deutsche Bildungsmisere. PISA und die Folgen“

Konrad Adam, 1942 in Wuppertal geboren, studierte Alte Sprachen, Geschichte und Rechtswissenschaft in Tübingen, München und Kiel. 1979–2000 Mitglied der Feuilleton-Redaktion der FAZ. Seit Herbst 2000 politischer Chefkorrespondent der Welt in Berlin. Zahlreiche Buchpublikationen zur deutschen Innenpolitik. Die Bildungspolitik steht seit vielen Jahren im Mittelpunkt seiner journalistischen Arbeit.

Strukturell rücksichtslos hat man die Haltung genannt, in der Staat und Gesellschaft ihren jüngeren Mitgliedern begegnen. Belege dafür findet man überall, im Steuerrecht, in der Sozialpolitik, im Verkehrswesen, im Familienleistungsausgleich; und in den Hochschulen und Schulen natürlich auch. Mit dem Seniorenstudium dringt der Ruheständler als postmoderne Leitfigur in eine der letzten Bastionen der Jugend vor, in die Hörsäle der Universitäten, und dort natürlich in die ersten Reihen. Inzwischen gibt es etliche Lehrveranstaltungen, in denen die Rentner und Pensionäre den Ton angeben, Philosophie und Kunstgeschichte sind die beliebtesten von ihnen. An den Schulen garantieren Gewerkschaften und Berufsverbände, dass die Interessen der Lehrer nicht zu kurz kommen. Wann Unterricht beginnt und wann er endet, ob er den freien Samstag einschließt oder nicht, wie man den Stundenausfall, eines der größten Ärgernisse im aktuellen Schulbetrieb, vermeidet und ob Fehlstunden nachgeholt werden: Solche und ähnliche Fragen werden im Interesse von allen möglichen Berufsgruppen entschieden, nur nicht mit Rücksicht auf die Kinder. Das Wohlfahrtswesen und der Wirtschaftsstandort, das öffentliche Dienstrecht und die Lage am Arbeitsmarkt verdienen allemal mehr Aufmerksamkeit und stärkere Zuwendung als das, was Kinder brauchen. Sie sind die Letzten, und die werden von den Hunden gebissen.

Der Beitrag, den der Staat zur Bildung und Erziehung von Kindern leistet, ist begrenzt; in diesen Grenzen allerdings entscheidend. Wie er den Rahmen setzt, womit er lockt, was er erlaubt und was er verbietet, davon hängt eine ganze Menge ab; auch das hat PISA eindrucksvoll bewiesen. Kaum war die Studie erschienen, ließen sich die Staatsvertreter mit der Botschaft vernehmen, sie fühlten sich zum Handeln aufgerufen. Für diesmal soll die Antwort Ganztagsschule heißen. Vier Milliarden Euro will allein der Bund für diese Schulform ausgeben, die Länder dürfte es ein Mehrfaches davon kosten. Auch dies Geld dient jedoch, wenn es denn je zusammenkommt, nicht eigentlich der Schule und den Kindern, sondern den Berufswünschen ihrer Eltern. Beruf und Familienleben sollen miteinander vereinbar gemacht werden, darüber sind sich alle Parteien einig. Über die Grenzen, die dieser Vereinbarkeit mit Rücksicht auf die Kinder gezogen sind, hört man jedoch nur wenig. Anstatt den Kindern die Chance zu geben, in die Belastungen, die das Leben mit sich bringt, allmählich hineinzuwachsen, sucht man nach einer Lösung im deutschen Stil, einförmig und flächendeckend. Die Ganztagsschule ist etwas für ältere Kinder, in den unteren Schulklassen sollte sie Ausnahme bleiben, im Grundschulalter ist sie unerwünscht. Ähnliche Unterschiede wären zwischen Kindergarten und Kinderkrippe zu machen. Doch gerade dafür, für Augenmaß und Rücksicht auf Belastbarkeit, lässt der Ruf nach Ganztagsbetreuung für Kinder von null bis sechzehn Jahren, wie er vom Verband alleinerziehender Mütter und Väter erhoben wird, keinen Raum.

Nachdem Durchlässigkeit, die zentrale Forderung der Reformbewegung, durch neue Übertrittsregeln und ein reiches Angebot an Abendgymnasien und Berufsakademien garantiert ist, hat sich die Gesamtschule erledigt. Kein Spätberufener wird heute um den Aufstieg durch Bildung nur deshalb betrogen, weil er die falsche Schule besucht hat. Die Schwächen des gegliederten Systems zeigen sich eher in umgekehrter Richtung, nicht im versperrten Aufstieg, sondern im allzu schnellen Abstieg, in der Durchlässigkeit nach unten. In den oberen Etagen der Schulhierarchie hält man es für ein Gewohnheitsrecht, schwierige Fälle auf die nächstniedrigere Stufe abzuschieben, vom Gymnasium in die Realschule und von dort auf die Hauptschule oder die Sonderschule für Lernbehinderte. Würden sie dort das Maß an Unterstützung finden, das ihnen vorher abging, wäre dagegen wenig einzuwenden; doch davon kann nach allem, was man weiß und was durch PISA noch einmal bestätigt worden ist, keine Rede sein. Dieser besonderen Schwäche des mehrfach gegliederten Schulwesens wird man im Wege der Ganztagsbetreuung nur dann beikommen, wenn die Schule mehr bietet als das Elternhaus. Was hoffentlich sehr oft, aber doch nicht immer der Fall sein wird. Der umgekehrte Fall, das Elternhaus, in dem die Kinder mehr Anregung erfahren als in der Schule, wäre ja auch denkbar; auch wenn er im Weltbild der Ganztagsbegeisterten von Links und Rechts nicht vorgesehen ist.

Wenig erstrebenswert sind Zustände, wie sie im englischen und amerikanischen Bildungswesen, teilweise wohl auch in Frankreich herrschen. Dort existieren neben oder besser gesagt: über einem öffentlichen Schul- und Hochschulangebot Privatschulen und private Universitäten mit hohem Anspruch und hohen Gebühren für diejenigen, die sich das leisten können. Der Bildungsunternehmer als erste, der Staat als zweite Adresse: Anzeichen dafür, dass es so weit kommen konnte, gibt es inzwischen auch in Deutschland, und sie werden sich stärker bemerkbar machen, wenn das öffentliche Angebot weiterhin verkommt. Das Grundgesetz hat eine solche Entwicklung nicht gewollt, denn es hat Vorschulen aufgehoben und den Betrieb weiterführender Schulen in privater Hand von der Voraussetzung abhängig gemacht, dass eine Sonderung der Schüler nach den Besitzverhältnissen der Eltern vermieden wird. Diese Vorschrift ist vernünftig, weil es eine Zeit geben sollte, in der alle Kinder, ohne Rücksicht auf Herkunft und Vermögen, auf Vorbildung und Glauben, gemeinsam lernen. Das traurige Schicksal von Immigrantenkindern, die von falschen Freunden dazu überredet worden sind, ihr Sonderbewusstsein zu kultivieren, hat gezeigt, wie hoch der Preis für die misslungene Integration ist. Wann sich die Wege trennen, lässt sich nicht ein für alle Mal entscheiden, und wirklich sehen die einzelnen Länder in dieser Sache ja auch ganz verschiedene Zeitpunkte vor. Das Prinzip der Auswahl, [...] fehlt aber nirgends, schon gar nicht in Amerika und Japan, wo schon der Kindergarten darüber entscheidet, ob man nach Harvard oder Kyoto kommt. Fördern und Auslesen sind eben, anders als die Einheitsideologie das wahrhaben will, keine Gegensätze. Das ist und bleibt der Grund für die Stärke differenzierter Schulsysteme mit halbwegs leistungshomogenen Klassen, wie sie in vielen Bundesländern üblich sind. Unterschiede gibt es auch dort, und sie sind groß genug, um den Schülern Gelegenheit zum sozialen Lernen zu geben. „Hier ist ein Pferd, das immer doppelt Futter braucht", schrieb ein Lehrer über den jungen Lessing, nachdem er ihn im Internat von Schulpforta kennen gelernt hatte. Und Pforta war schon damals eine Eliteschule, die nur die Besten nahm.

Die Grundsätze einer vernünftigen Bildungspolitik sind bekannt, man muss sie sich nicht neu ausdenken oder vom Ausland, wo alles anders ist, abschreiben. Wer nach Beispielen sucht, wie man es besser oder schlechter machen kann, findet sie in den PISA-Bänden. Das meinte Roman Herzog, als er davon sprach, die Deutschen litten nicht unter dem Mangel an Erkenntnissen, sondern unter einem Vollzugsdefizit. Die Schule taugt nicht zur Probebühne für die permanente Revolution, sie braucht Beständigkeit und Verlässlichkeit. Ein Lehrer, heißt ein alter Merksatz, sei so lange ein guter Lehrer, wie er seine eigene Schulzeit nicht vergessen habe; von Eltern lässt sich wohl dasselbe sagen. Um für die Kinder da zu sein, ihre Fragen zu verstehen und zu beantworten, müssen sie sich in dem, was Kinder erleben und erleiden, wiedererkennen. Das werden sie aber nur dann können, wenn ihnen die Erinnerung an die eigene Jugend durch den galoppierenden Fortschritt nicht immer wieder ausgetrieben wird. Die Neophilie, die Neuerungssucht, hat nirgendwo hässlichere Blüten getrieben als in der Pädagogik; überflüssigere freilich auch nicht. Die Deutschen haben sich einiges erlaubt, um das Verhältnis zwischen den Generationen zu belasten. Jetzt werden sie einiges unternehmen müssen, um es wieder gut einzurichten. Denn daran hängt nun einmal ihre Zukunft.

(Aus: Konrad Adam: Die deutsche Bildungsmisere. PISA und die Folgen. Econ Ullstein List: Berlin, München 2003, S. 199–201)

4.5 Überblick: Bildungsforschung

Bildungsforschung (engl. Research in educational systems and process). Ihr zentrales Aufgabenfeld ist die Beschreibung, Analyse und nach Möglichkeit auch Prognose wichtiger Prozesse innerhalb des gesamten Bildungswesens in Abhängigkeit von übergreifenden politischen, demografischen, ökonomischen und ideologischen Rahmenbedingungen. Bildungsforschung arbeitet folglich weitgehend mit empirischen Forschungsmethoden und bedient sich allgemeiner statistischer Daten, wie sie z. B. vom Statistischen Bundesamt laufend veröffentlicht werden. Typische Untersuchungsgegenstände der Bildungsforschung sind Anlässe, Abläufe und Ergebnisse der stetigen Veränderungen der Lehrpläne, Fragen nach Möglichkeiten für eine effektivere Schularbeit, Studien über den Zusammenhang von Schulstruktur, Schulorganisation und Schulabschlüssen oder über die Ursachen für die Verteilung der Angehörigen eines Jahrganges auf verschiedene Bildungseinrichtungen. An diesen Beispielen wird deutlich, dass sowohl qualitative politische Interessen (mehr Chancengleichheit im Bildungswesen) als auch solche quantitativer Art (Sicherung des zukünftigen Bedarfs an Nachwuchskräften) bei der Entstehung der Bildungsforschung eine ausschlaggebende Rolle gespielt haben. Innerhalb der Bildungsforschung arbeiten in Entsprechung zur Komplexität der Aufgabenstellung Pädagogen, Soziologen, Psychologen, Wirtschaftswissenschaftler, Politologen u. a. Fachwissenschaftler eng zusammen.

(Aus: Horst Schaub und Karl G. Zenke: Wörterbuch Pädagogik. dtv: München 1995, S. 75–76)

(© Jürgen Siegmann)

5. Interkulturelle Erziehung

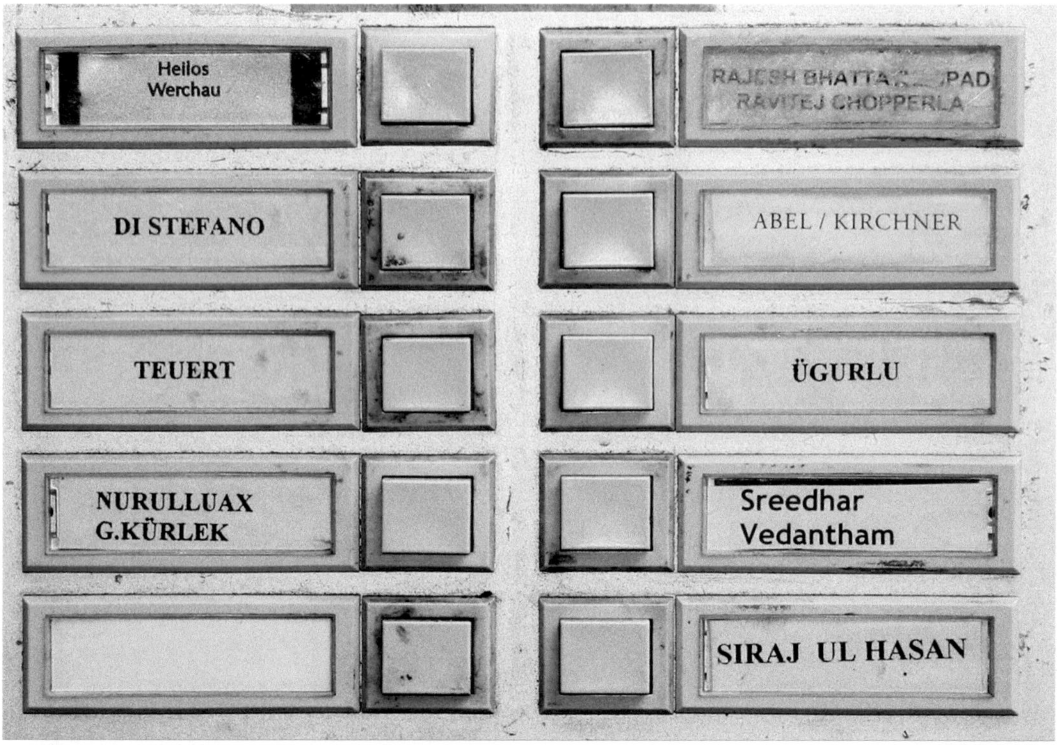

Hauseingang in Düsseldorf
(Foto: Georg Bubolz, Erkelenz)

Um die aktuelle Diskussion um interkulturelle Erziehung angemessen verstehen zu können, ist es hilfreich, sich zu vergegenwärtigen, wie sie entstanden ist, wie sich die Fragestellungen im Laufe der Zeit gewandelt haben, auf welches Zentralproblem sich jeweils die Suche nach praktischen und theoretischen Lösungen gerichtet und wie die Beschreibung dieses Zentralproblems sich im Laufe der Entwicklung gewandelt hat. Grundsätzlich werden vor allem drei Konzepte unterschieden:
1) Die „Ausländerpädagogik", die als erste Reaktion auf die Einwanderung von Arbeitsmigranten und von Arbeitsmigrantinnen in die Bundesrepublik entstand. Insbesondere die Migrantenkinder sollten nicht in der Kultur des Herkunftslands befangen bleiben, sondern sich den kulturellen Standards in Deutschland anpassen. Die als defizitär aufgefasste Kultur der Migrantenkinder sollte kompensiert werden, u. a. durch Verbesserung der Sprachkenntnisse im Deutschen.
2) Die „klassische interkulturelle Pädagogik", nach deren Konzept die Kultur der Arbeitsmigranten nicht als defizitär, sondern als different zur einheimischen Kultur anzusehen sei. Ziel ist der Umgang mit kultureller Pluralität, Zielgruppe sind also auch die Einheimischen.
3) Die „Antidiskriminierungspädagogik", die davon ausgeht, dass Wahrnehmung und Thematisierung kultureller Differenz oftmals gerade zu institutioneller Diskriminierung führt.

5.1 Hinführung: Zwei Zugänge zu einem weiten Feld interkulturellen Lebens in Deutschland – „Candlelight Döner", Geschichte über eine deutsch-türkische Familie von Asli Sevindim – Aber auch: Interview von Ahmet Toprak mit Hasan, der eine Zwangsehe eingehen musste …

Die Autorin Asli Sevindim wurde 1973 in Duisburg geboren. Mit erfrischendem Humor erzählt sie von deutsch-türkischen Befindlichkeiten, Ritualen und Komplikationen und zeigt so, dass der „Türke um die Ecke" längst mittendrin ist.

In meinem Leben gibt es zwei entscheidende Faktoren: Familie und Essen.
Von beidem reichlich.
Das könnte daran liegen, dass ich Türkin bin, mag aber auch nur ein Klischee sein.
Meine Mutter heißt Gül und ist eine warmherzige, sehr lebhafte und resolute Person. Sie ist die ordnende Kraft in unserer Familie und verliert tatsächlich nur selten die Kontrolle – und das dann meist über die von ihr mühsam gezügelte deutsche Sprache.
Mein Vater Ali interessiert sich für Naturwissenschaften und Ingenieurskunst, und er kann gut zeichnen. In einem anderen Leben wäre er Leonardo da Vinci gewesen. Na, zumindest Daniel Düsentrieb.
Meine Schwester Sila ist sechzehn Monate jünger als ich, hat unglaublich große dunkle Augen und macht mit ihrer Sturheit ihrem Sternzeichen Widder alle Ehre.
Unsere Jüngste Gözde, gerade mal zwanzig, hat die schönsten Haare von uns drei Schwestern, die schönste Nase, die schönste Haut – meine Eltern hatten anscheinend genug geübt.
Ich habe eine Hakennase, viel zu blasse Haut und – als Türkin! – griechische Füße, das heißt, mein zweiter Zeh ist länger als der große. Oder ist das vielleicht auch ein Klischee?
Egal, denn immerhin habe ich dem Klischee entsprechend mit unschuldigen einundzwanzig Jahren geheiratet. Doch mich hat niemand dazu gezwungen! Im Gegenteil, meine Mutter hätte sich zunächst lieber die Fußnägel ziehen lassen, als in meine Heirat einzuwilligen, denn ich hatte mir Stefan ausgesucht. Eine Kartoffel.
So nennen wir Türken manchmal deutsche Erdenbewohner. Weil sie – ganz einfach – ziemlich viele Kartoffeln essen. Manche heißblütigen Türken und Türkinnen wollen damit sicher auch zum Ausdruck bringen, dass Deutsche ungefähr genauso aufregend und sexy sind wie Kartoffeln, nämlich gar nicht. Aber meine Kartoffel ist ganz anders. Knackig, knusprig, würzig.
Für den Geschmack meiner Familie war Stefan anfangs trotzdem zu deutsch. Schwächeanfälle diesseits und jenseits des Bosporus waren die Folge meiner untürkischen Partnerwahl. Die ohnehin herabhängenden Mundwinkel meiner Tante Ferya in der Türkei sanken ins Bodenlose, wie mein Cousin Semih mir treu ergeben am Telefon berichtete. Unter ihrem penibel gebundenen Kopftuch soll sie wochenlang etwas von „ganz und gar untürkisch und unislamisch!" gezischelt haben.
Ihre berüchtigten Mundwinkel hätten sich dabei kaum bewegt, gerade so, als spräche sie zu sich selbst. Aber ihre Botschaft ist definitiv an die unzüchtige und ungläubige Welt da draußen gerichtet. Tante Ferya hatte auch handfeste Gründe für ihre Abscheu: Deutsche Männer eigneten sich nicht als Ehemänner, denn sie kennten keine Eifersucht, erklärte sie Semih. Nicht, dass sie das am eigenen Leib schon einmal erlebt hätte, um Allahs willen, nein. Doch laut meiner unfehlbaren Tante gibt es einen wissenschaftlich nachweisbaren Grund für dieses unduldbare Verhalten des deutschen Mannes: Er isst Schweinefleisch und wer Schweinefleisch isst, der kennt keine Eifersucht, schließlich kennt das Schwein auch keine Eifersucht. So einfach ist das.
Dass Tante Ferya gerne und oft dumm dreinschauende Rindviecher isst, hat zwar auch Folgen für ihr Verhalten, aber der bei uns Türken obligatorische Respekt vor älteren Menschen verbietet es mir, ungehörige Bemerkungen dazu zu machen.
Von der zunächst breiten Ablehnung in meiner Familie motiviert, habe ich Stefan behalten und ihn geheiratet […]. Die Einzelheiten erzähle ich Ihnen dann später. Zwei Dinge kann ich aber

Er lebt seit über 100 Jahren in seinem Dorf in Südostanatolien – und hat die meisten anderen gehen sehen.
(Foto: dpa/picture alliance)

jetzt schon verraten: Erstens habe ich bei der Eheschließung meinen türkischen Nachnamen behalten. Und zwar aus gutem Grund. Mein Mann heißt hinten „Müller“ und das ist ja wohl mehr ein Sammelbegriff als ein Name.
Und zweitens sind wir inzwischen seit über acht Jahren verheiratet und haben damit die prophezeite Halbwertzeit unserer deutsch-türkischen Verbindung laaaaaaaaaaange hinter uns gelassen. Das verwundert viele.
Genauso merkwürdig finden einige aber auch, dass wir noch immer keine Kinder haben. Wir sind überhaupt nicht abgeneigt, warten allerdings noch etwas planlos auf den richtigen Moment. Wir sind überzeugt, er wird in absehbarer Zeit kommen. So entspannt sehen andere das nicht: Acht Jahre Ehe, ohne Nachwuchs gezeugt zu haben – das finden sie nun wirklich nicht normal. Noch dazu, wenn einer der beiden Beteiligten türkischer Herkunft ist.
Der Türke an und für sich liebt nämlich Kinder und kann gar nicht genug davon um sich haben. Daher die latente Neigung zu Kingsize-Familien. Doch für meine Generation gilt das nicht mehr uneingeschränkt, deshalb zählt es auch zur Lieblingsbeschäftigung unserer Eltern, sich über uns junge Leute zu beschweren. *Ah, vah, vah* – angeblich verkommen wir völlig, will heißen, wir verdeutschen immer mehr, entfernen uns von unserer Kultur und wissen die wahren Werte im Leben, wie zum Beispiel das Gründen einer Familie, nicht mehr zu schätzen. Es ist aber auch wirklich keine Kleinigkeit, im Beruf genauso erfolgreich zu sein wie „die Deutschen“ (das erwarten unsere Eltern durchaus) und nebenbei treutürkisch eine Großfamilie zu gründen – und diese auch noch durchzubringen!
Wenn mein Vater sich für das Thema „Nachwuchs“ interessieren sollte, so behält er es für sich. Auch meine Mutter erkundigt sich inzwischen nicht mehr ganz so häufig danach wie früher, sie erwähnt es höchstens zwei- oder dreimal am Tag, damit die beklagenswerte Tatsache auch ja präsent bleibt. Richtig schlimm ist die Gemütslage allerdings bei meinen Tanten und älteren Cousinen in der Türkei.
„Das ist doch nicht normal. Seid ihr so unsozial veranlagt und mögt keine Kinder? Oder tut ihr es einfach nicht mehr?“ Diese indiskreten und infamen Fragen musste ich mir bisher noch jedes Mal im Türkeiurlaub anhören. Letztes Jahr erlaubte ich mir daraufhin den Spaß, das traurigste Gesicht Anatoliens aufzusetzen, tieftürkisch *(of, of)* zu seufzen und sie alle zu fragen: „Was, wenn ich gar keine Kinder bekommen kann?“
Die eine Hälfte bekam vor Scham und Mitleid Tränen in die Augen, die andere Hälfte war starr vor Schreck. Als ich dann erklärte, dass alles in Ordnung sei mit meinem Geburtszubehör, wir jedoch lieber einen Hund haben wollten (hallo, das ist ein Spaß!), musste ich um mein Leben laufen.
Damit treibe man keine Späße, riefen sie, Allah solle mich strafen für solche Unflätigkeiten – und warfen mit Kissen und Käsecrackern nach mir. Seitdem grübeln sie, ob sie sich Sorgen um meine Fruchtbarkeit machen sollen oder doch eher um meinen Geisteszustand. Wie angenehm kinderlos sind da meine beiden Cousinen Betül und Tülin und meine Cousins Burak und Levent, die wie wir in Duisburg wohnen (in der Türkei habe ich noch ungefähr einhundertvierundzwanzig weitere, von denen sich manche allerdings bereits vermehrt haben, und zwar gleich mehrmals). Ihre Eltern drängen sie auch nicht gerade dazu. Wie auch, die vier sind noch nicht verheiratet – und der türkische Klapperstorch darf nur an offiziell anerkannte Ehegemeinschaften ausliefern. Andernfalls würde ihr Vater, mein Onkel Yusuf, dem blöden Vogel in null Komma nichts den Kopf abreißen, und das nicht nur im übertragenen Sinn, denn als junger Mann in der Türkei war er ein ganz passabler Ringer. Heute ist er eher ein mittelschwerer Choleriker. Eine gefährliche Mischung.
Onkel Yusuf ist übrigens mein *Dayi*. Das ist die türkische Bezeichnung für den Onkel mütterlicherseits. Damit wissen Sie also, dass er der Bruder meiner Mutter ist. Der Onkel väterlicherseits würde *Amca* heißen, aber so was habe ich leider nicht zu bieten. Und aus den vorangegangenen Informationen können Sie auch schließen, dass mein *Dayi* eine Frau hat (sonst hätte der türkische Klapperstorch doch nicht …), Tante Fatma nämlich. Beide sind

ziemlich rabiat. Jeder auf seine Weise. Das werden Sie auch noch merken.
Ganz aktuell steht bei uns ein logistisches Großprojekt ins Haus: Wir wollen ein ambitioniertes deutsch-türkisches Weihnachtsfest feiern, bei Stefan und mir zu Hause. Alle sind eingeladen, meine Schwestern, unsere Eltern, meine Schwägerin mit Freund und Tochter, mein Onkel und seine Familie.

(Aus: Asli Sevindim: Candlelight Döner. Geschichten über meine deutsch-türkische Familie. Ullstein Buchverlage: Berlin 2005, S. 7–14)

1 Analysieren Sie die in der Geschichte vorkommenden Normen und Werte.
2 Wie setzt sich die Autorin mit den Normen- und Wertunterschieden auseinander?
3 Was haben Normen und Werte mit kultureller bzw. interkultureller Erziehung zu tun?
4 Vergleichen Sie Ihre Beobachtungen zu der deutsch-türkischen Beziehung, die von Asli Sevindim aus weiblicher Sicht geschildert wurde, mit den Aussagen aus dem Interview, das Ahmet Toprak als Mann geführt hat.

Ahmet Toprak geht es in seinem Interview mit Hasan darum, die Motive und die Deutungsmuster, mit denen türkische Männer zuweilen operieren, besser zu verstehen. Das Heimatdorf des befragten Mannes wird ausführlich beschrieben, da auch Ahmets Frau aus diesem Dorf stammt. Dadurch erhält der Leser einen fundierten Einblick in das soziale und wirtschaftliche Umfeld der Braut vor der Migration nach Deutschland. – Es ist darauf hinzuweisen, dass es sich im folgenden Text um einen Einzelfall handelt. Es dürfen also nicht vorschnell generalisierte Schlüsse gezogen werden.

Hasan und seine Eltern stammen ursprünglich aus einem kleinen Dorf in der Nähe von Diyarbakir. Diyarbakir ist eine große Metropole im Osten der Türkei. Der überwiegende Teil der Bevölkerung sind Kurden. Seit Jahrzehnten herrschen in der Region eine hohe Arbeitslosigkeit und eine entsprechende Armut. Während die Menschen in der Stadt unter schwierigen Bedingungen ihren Lebensunterhalt einigermaßen bestreiten können, ist die Lage auf dem Land katastrophal. Der Geburtsort von Hasan liegt ca. 90 Kilometer östlich von Diyarbakir. Die Menschen dort leben von Kleinviehzucht und ein wenig Ackerbau. Die Infrastruktur ist schlecht, das Dorf hat erst vor wenigen Jahren einen Stromanschluss bekommen. Für Trinkwasser müssen die Menschen zwei Kilometer zu einem Brunnen laufen. Im Dorf leben ca.120 Menschen, zwei Drittel davon sind Frauen und Kinder. Ihr Anteil ist überproportional hoch, weil die meisten Männer im Ausland oder in großen türkischen Metropolen (Istanbul, Ankara oder Izmir) arbeiten, um Geld zu verdienen. Da das Dorf sehr klein ist und die meisten Menschen miteinander verwandt sind, ist die soziale Kontrolle innerhalb des Dorfes enorm. Die Kinder werden nicht nur von den Eltern erzogen, sondern von allen erwachsenen Dorfbewohnern. Jedes abweichende Verhalten eines Kindes wird sofort bemerkt und korrigiert. Freundschaften zwischen Mädchen und Jungen werden, vor allem zwischen 10 und 16 Jahren, nicht geduldet. Die Mädchen zeigen sich kaum in der Öffentlichkeit. Sie befinden sich in der Regel im häuslichen Umfeld der Familie. Ohne die Erlaubnis der Eltern dürfen die Mädchen das Haus nicht verlassen. Spätestens mit dem zehnten Lebensjahr dürfen sie das Haus nur in Begleitung der Eltern beziehungsweise einer der Brüder verlassen. Die Jungen dagegen genießen alle Freiheiten. Sie können sich frei bewegen, werden nicht reglementiert, können sogar ab zehn, elf Jahren mit Freunden die 25 Kilometer entfernte Kreisstadt besuchen. Im Dorf gibt es eine Grundschule, die auch von den Mädchen besucht wird. Viele Väter aber nehmen ihre Töchter von der Schule, bevor sie einen Grundschulabschluss erworben haben. Die Jungen dagegen beenden alle die Grundschule und besuchen sogar eine weiterführende Schule in der Kreisstadt. Für Mädchen – auch wenn sie die Grundschule abgeschlossen haben – kommt der Besuch einer weiterführenden Schule nicht infrage. Das durchschnittliche Heiratsalter der Mädchen in diesem Dorf liegt bei ca. 15,5 Jahren. […]
Für die damals vierköpfige Familie ist die Perspektive auf dem Land sehr eingeschränkt. Der Vater kann das Einkommen der Familie

nicht mehr absichern, nachdem Hasan als drittes Kind der Familie geboren wurde. Der Winter auf dem Land ist so hart, dass das Dorf über Monate durch die Schneemassen von der Außenwelt abgeschnitten ist. Die Menschen müssen im Sommer intensiv arbeiten, damit sie für die Wintermonate vorsorgen können. Hasans Familie lebt dort von der Viehzucht. Aufgrund der starken Klimaschwankungen (lange Frostperioden im Winter, Hitze- und Dürreperioden im Sommer) kann die Familie ihre Felder nicht immer bearbeiten. Wie viele andere beschließt der Vater 1972 nach Deutschland zu gehen. Er will binnen weniger Jahre mit so viel Geld zurückzukommen, dass er ausgesorgt hätte. Über einen Bekannten kommt er nach München. Drei Monate später bekommt er eine Anstellung bei Audi in Ingolstadt. Dort lebt er seit 1972 und ist seit 1999 Frührentner. Hasans Mutter folgt erst 1985 mit ihren vier Kindern. Der Grund für die spätere Einreise der Mutter und der Kinder liegt darin, dass der Vater ursprünglich nach wenigen Jahren zurückkehren wollte. Doch die Rückkehr wird immer wieder verschoben, bis die Mutter schließlich Druck macht, so die Aussage von Hasan. Den eigentlichen Grund für die Verschiebung erfährt Hasan später: Sein Vater hat eine deutsche Freundin. Aus dieser Beziehung gibt es sogar ein Kind, das der Vater seiner Familie zunächst verschweigt. Hasans Eltern haben beide keine Schule besucht, können allerdings etwas lesen und schreiben. Hasans Mutter arbeitet in Deutschland sporadisch, um das Familieneinkommen aufzubessern. Alle Kinder der Familie heiraten nach traditionellen Vorgaben der Eltern Partnerinnen oder Partner aus der Türkei. […]

Als Hasan gemeinsam mit seiner Mutter und den Geschwistern nach Deutschland kommt, ist er bereits elf Jahre alt. Bis dahin hat er seinen Vater selten gesehen, weil er erst zwei Jahre alt war, als sein Vater nach Deutschland gegangen ist.

Da er kein Deutsch spricht, geht er in eine Hauptschule, in eine „Türkenklasse", wie er die Vorbereitungsklassen beziehungsweise die Orientierungsstufen nennt. Diese besucht er zwei Jahre, ab der siebten Klasse kommt er in die Regelklasse der gleichen Hauptschule in Ingolstadt. Dem Unterricht kann er nicht immer folgen, weil seine Deutschkenntnisse „nicht gut genug" sind. In der achten Klasse bleibt er zweimal sitzen, woraufhin er die Schule ohne einen Abschluss verlässt. Nach einem Jahr Berufsschule fängt er an, in diversen Firmen zu arbeiten, allerdings immer nur vorübergehend. Abends geht er immer mit seinen Freunden weg, die ausnahmslos Türken sind. Mit Deutschen kann er sich nicht befreunden, weil er sich mit ihnen nicht gut versteht. Zu den deutschen Mädchen fühlt er sich jedoch hingezogen, weil sie nicht so „kompliziert und zickig" sind wie die türkischen Mädchen. Diese Aussage bezieht er aber lediglich auf die Sexualität. Eine deutsche Frau könne man nicht heiraten, weil die deutschen Frauen nicht treu sind und mit jedem Mann schlafen, so die Begründung von Hasan. Nach seinen eigenen Angaben hatte er bereits mit vielen deutschen Mädchen Sex. Da der Vater dem Treiben seines Sohnes nicht länger zusehen möchte, beschließt er, ihn mit der Cousine in der Türkei zu verheiraten. Der Vater will mit dieser Verheiratung erreichen, dass der Sohn ein geregeltes Leben führt. Die Mutter und die Schwestern werden vom Vater erst gar nicht nach ihrer Meinung gefragt. Überhaupt wird die Mutter kaum in Entscheidungen einbezogen, sie sagt selten etwas und geht Konflikten aus dem Weg. […]

Als Hasan im Jahre 1996 22 Jahre alt wird, reist er gemeinsam mit seinen Eltern in die Türkei. In diesem Sommer soll er in einem Schnellverfahren seine Cousine heiraten. Das Prozedere der Brautwerbung wird kurz gehalten, weil die beiden Väter sich einig sind. Niemand fragt, ob die beiden Kinder heiraten wollen. Gleich am selben Abend kommt ein Imam und verheiratet das junge Paar. Hasan möchte seine Frau mit nach Deutschland nehmen, daher schließen sie auch eine standesamtliche Ehe. Doch nach dem Türkeiurlaub kann Hasan seine Frau noch nicht mit nach Ingolstadt nehmen, weil er nicht über ein geregeltes Einkommen verfügt. Erst ein Jahr später kann seine Frau nach Deutschland einreisen, und auch dann nur, weil sein Vater für ihn finanziell bürgt. In der Phase als „verheirateter Single" führt Hasan sein Leben ohne

große Einschränkungen weiter: Er arbeitet hin und wieder, trifft seine Freunde und hat Sex mit anderen Frauen, insbesondere mit deutschen. Türkische Frauen kommen nicht infrage, weil er verheiratet ist, argumentiert Hasan.
Als seine Frau 1997 nach Deutschland kommt, muss das Paar bei Hasans Eltern wohnen. Er bemüht sich nicht um eine eigene Wohnung, weil er weiterhin bei seinen Eltern wohnen möchte, um unter anderem Miete zu sparen. Bis zum Zeitpunkt des Interviews wohnt Hasan mit seiner Frau und den zwei Kindern bei seinen Eltern in Ingolstadt. [...]
Auch nach der Familienzusammenführung ändert sich Hasans Leben prinzipiell nicht. Er arbeitet sporadisch als Hilfsarbeiter und das Geld, das er verdient, gibt er weiterhin mit seinen Freunden aus. Mit seiner Frau geht er weder aus noch stellt er sie seinen Freunden vor. Er führt sein Männerleben weiter wie vor der Eheschließung. Ob seine Frau Probleme hat oder einen Deutschkurs besucht, weiß er nicht.
Die sozialen Kontakte seiner Frau beschränken sich auf die Schwiegereltern und wenige Verwandte, die in Ingolstadt leben. Seine Frau darf das Haus nur unter der Aufsicht seiner Mutter oder seines Vaters verlassen, zum Beispiel zum Einkaufen. Zu Behördengängen begleitet er seine Frau selbst, weil weder sein Vater noch seine Mutter genügend Deutsch sprechen.
Wenn seine Frau andere Frauen aus der Verwandtschaft trifft, dann nur im Familienverbund. Er möchte nicht sehen, dass seine Frau geschminkt in einem Café mit anderen Frauen sitzt. Das machen nur Türkinnen, die keine Ehre haben. Und davon gibt es sehr viele in Ingolstadt, so Hasan. [...]
Bis sein Vater ihm vorschreibt, dass er jetzt seine Cousine heiraten müsse, beschäftigt sich Hasan nicht mit dem Thema Heiraten. Anfangs möchte er sich dieser Ehe widersetzen, lässt es dann aber, weil er keine „Lust" hat, sich mit seinem Vater zu streiten. Er denkt später, dass es für ihn besser ist, wenn er ein geregeltes Leben führt. Ein geregeltes Leben führen bedeutet für Hasan, dass man heiratet, Kinder bekommt und eine eigene Familie gründet. Schließlich müssen alle Männer heiraten, damit jemand da ist, der für sie kocht, spült, den Haushalt macht, die Kinder erzieht und der Mann seine Sexualität ausleben kann. [...]
Da Hasan zum Zeitpunkt des Interviews bei seinen Eltern wohnt, hat der Vater das absolute Sagen. In der Familienhierarchie folgen dem Vater Hasan, dann Hasans Mutter. Die Ehefrau von Hasan kommt in dieser Hierarchie überhaupt nicht vor. Die Kommunikation zwischen der jungen Ehefrau und dem Schwiegervater besteht aus Anforderungen (Schwiegervater) und Umsetzung (Schwiegertochter). Diese Anforderungen formuliert der Schwiegervater nicht direkt, sondern über seinen Sohn oder über seine Ehefrau. Alle wichtigen Entscheidungen, welche die Familie betreffen, werden vom Vater getroffen. Die Entscheidung, wann Hasan ausziehen soll, fällt auch der Vater. Diese Entscheidung steht bereits fest: Im Sommer 2006, wenn Hasans Eltern für immer nach Diyarbakir fahren, bleibt das junge Ehepaar in der Wohnung in Ingolstadt. [...]
Aus Hasans Sicht ist es legitim, seine Frau zu schlagen, wenn sie nicht auf ihn hört. Es ist bereits gerechtfertigt, seine Frau zu schlagen, wenn sie beispielsweise die Wohnung nicht ordentlich aufräumt, wenn sein Vater im Wohnzimmer beten möchte. Er schlägt sie auch, um sie zu disziplinieren und die Gehorsamkeit zu fördern. Außerdem kommt es vor, dass seine Mutter seine Frau schlägt, wenn sie nicht gut und ausreichend kocht oder die Kinder nicht ordentlich gepflegt werden. Um seine Kinder zu guten Jungen zu erziehen, bestraft Hasan die Söhne (sechs und acht Jahre alt) öfters mit Schlägen. Seine Kinder haben schon mehrfach beobachtet, wie Hasan seine Frau schlägt. Die beiden Jungen wollen die Mutter dann zwar schützen, aber daraufhin bekommen sie so viel Prügel vom Vater, dass sie nicht mehr dazwischengehen können. [...]
Die Gewaltanwendung gegen seine Frau wird begleitet mit sexueller Erniedrigung. [...] Eine weitere sexualisierte Gewalt impliziert die Wortwahl Hasans: Er beschimpft seine Frau immer als „orospu" (Nutte) und „basit kadin" (leichte Frau). Diese Ausdrücke darf nur er verwenden und er setzt sie bewusst und präven-

tiv ein, damit seine Frau nicht so werden soll. Als Kind beziehungsweise Jugendlicher bezeichnete ihn sein Vater als „ibne" (schwul). Seine beiden Söhne beschimpft er nicht mit diesem Ausdruck, sie seien noch zu jung. [...] Der Wert der Ehre ist Hasan und seinen Eltern sehr wichtig. Mit Ehre verbindet Hasan das Ansehen der Familie in der Öffentlichkeit und das Verhalten seiner Frau im sozialen und öffentlichen Kontext. Mit Ansehen der Familie in der Öffentlichkeit meint Hasan, dass die Familie respektiert wird, dass über sie nicht schlecht geredet wird und sie nur positiv auffällt. Das Verhalten seiner Frau in der Öffentlichkeit ist entscheidend für ihn, weil die Ehre des Mannes über das Verhalten der Frau definiert wird. Wenn seine Frau sich nicht „anständig" benimmt, dann wird seine eigene Ehre verletzt, so die Argumentation von Hasan.

(Aus: Ahmet Toprak: Das schwache Geschlecht – die türkischen Männer: Zwangsheirat, häusliche Gewalt, Doppelmoral der Ehre. 2. Auflage. Lambertus Verlag: Freiburg/Br. 2007, S. 21–24)

1 Analysieren Sie den „Fall Hasan", indem sie
- Gründe für die Migration,
- die Herkunft der Familie,
- Schul- und Berufsausbildung,
- soziale Kontakte,
- persönliche Motive für die Eheschließung,
- die Geschlechterrollen sowie Gewalt in Ehe und Familie,
- den Wert der Ehre

herausarbeiten.

2 Erörtern Sie, welche Aspekte auf den Großteil von türkischen Familien in Deutschland zutreffen dürften und welche nur als singulär betrachtet werden dürfen. Berücksichtigen Sie dabei auch, dass die türkische Bevölkerung in der Türkei nicht zu vergleichen ist mit der türkischen Bevölkerung in Deutschland. „Die Migranten versuchen ‚türkischer' zu leben als die in der Türkei lebenden Türken ..." (Sepil Aydin).

3 Welche Rolle spielen Vorurteile bei der Auseinandersetzung und beim Dialog mit unterschiedlichen Kulturen?

5.2 „Interkulturelle Erziehung in einer multikulturellen Gesellschaft" (Wolfgang Nieke)

5.2.1 „Anfänge einer Epoche" – Ein ehemaliger türkischer Gastarbeiter erzählt

Im März des Jahres 1962 war ich in Ankara noch Soldat, als ich mein Gesuch einreichte, um als Arbeiter nach Deutschland zu kommen. Mein Schwager hatte darauf bestanden. Eine Woche später bekam ich eine positive Antwort. Mit den Formalitäten begann ich schon, bevor ich meinen Militärdienst beendete.

Nach der Auslese blieben wir dreizehn übrig. Ich reichte bei der Türkischen Bundesanstalt für Arbeit einen Antrag ein. Ich listete auf, wo ich ausgelernt und gearbeitet hatte. Ich bin Berufsschulabsolvent. Nach dem Antrag kam eine Einladung. Als ich dort war, sah ich einen Freund aus der gleichen Berufsschule, der für die Formalitäten zuständig war. Ich überreichte die Kopien meiner Arbeitszeugnisse. Vor dem Militärdienst hatte ich in Manisa auf einem Staudamm gearbeitet, der von einer französischen Firma gebaut wurde. Er war damals der größte Staudamm in der Türkei. Als sie meine Unterlagen hatten, sahen sie von Prüfungen ab. Anschließend begann ich mit den Passformalitäten. Mithilfe meiner Bekannten bekam ich in drei Tagen einen Pass. Dann das Visum [...]. Die ärztliche Untersuchung hatte vor den Passformalitäten stattgefunden. Bei dieser Untersuchung wird Ihr ganzer Körper kontrolliert. Während der Untersuchung gab's nur einen deutschen Arzt. Wir zogen uns aus [...]. Der Arzt kontrollierte unsere Zähne, unsere Rücken, unseren ganzen Körper [...]. Wir waren ziemlich viele Leute, 79 Personen. Zum Schluss blieben nach der Auslese dreizehn übrig. Blutproben, Röntgenaufnahmen usw. fanden bei uns nicht statt; diese wurden später eingeführt.

Damals glaubte meine Familie, dass ich nach dem Militärdienst in Ankara bleiben werde und dass ich dort schon einen Job habe. Ich informierte sie erst, nachdem ich hierher gekommen war.

Wir waren die ersten Türken.

Nach Deutschland kamen wir ziemlich bequem mit dem Zug, zusammen mit den Leuten, die in Istanbul zu uns stießen. Als wir in München ankamen, gaben sie uns Lebensmittel. Ich kann mich noch gut erinnern, dass es darunter auch *Wurst* gab. Ich hatte sie nicht gegessen. Ich nahm sie mit nach Bremen und gab sie hier den Italienern.

In München wurden wir je nach Zielort, wo wir hinmussten, verteilt. Ich kam zusammen mit dreizehn Freunden nach Bremen. Wir sollten auf der AG Weser arbeiten. Wir waren die ersten Türken, die durch die Vermittlung der Türkischen Bundesanstalt für Arbeit auf die AG Weser kamen. Die Türken, die vor uns hier waren, waren meistens Kollegen von den Schiffen. Sie gingen hier an Land, bewarben sich bei der Firma und blieben dann hier. Manche kamen auch auf Einladung der Firma hierher. Sie haben zum Beispiel einen Freund bei der Firma. Er teilt Ihren Namen und Beruf an die Firma mit. Diese schickt Ihnen die Unterlagen und übernimmt die Kosten. Sie erledigen die Passformalitäten und kommen dann hierher auf der Grundlage der Einladung dieser Firma. Vor uns gab es auf der AG Weser etwa 15 Türken, die entweder nach diesem Verfahren hierher gekommen waren oder vorher als Seeleute auf den Schiffen gearbeitet hatten.

Die AG Weser war für uns nicht nur eine Arbeitsstätte ...

Mit diesen türkischen Kollegen gab es keinerlei Probleme. Auch in unseren Beziehungen zu den deutschen Kollegen hatten wir nie ein Fremdheitsgefühl. Nicht nur mit deutschen, sondern auch mit griechischen, spanischen, algerischen, tunesischen, portugiesischen, italienischen Kollegen waren wir wie Brüder. Später kamen auch Jugoslawen. Die AG Weser war für uns nicht nur eine Arbeitsstätte, sondern auch eine Familie. Sie war außer unserer Verdienststelle ein Symbol des Zusammenkommens von Menschen, die eine tiefe Freundschaft zueinander pflegten und keinen Wert auf Unterschiede von Nationalität, Hautfarbe und Sprache legten.

Blick in eine Grundschule eines Dorfes bei Antalya/Südtürkei
(Foto: Mauritius Images/Alamy)

Sie war wie unser gemeinsames Zuhause. Die Atmosphäre der ersten 22 Jahren, die ich auf der AG Weser erlebt habe, konnte ich nirgendwo finden [...].

Zwölf Leute in einem Zimmer

Als wir hierher kamen, gab es zunächst Baracken. In diesen Baracken waren zuerst Italiener und Griechen in der Mehrheit. Später nahm aber die Anzahl der Türken zu. In diesem Wohnheim, wo Ledige untergebracht waren, waren wir zwölf Leute in einem Zimmer. Deswegen blieb ich nur sechs Monate dort und mietete dann im gleichen Stadtteil mit einem Freund zusammen, mit dem ich mich gut verstand, ein Zimmer.

In diesem Zimmer blieb ich ein Jahr. 1963 fuhr ich in die Türkei in Urlaub, heiratete und kam zusammen mit meiner Frau zurück. Zunächst wohnten wir in diesem Einzelzimmer. Weil es zu klein war, mieteten wir später eine Zweizimmerwohnung in Walle. Als meine Frau schwanger wurde, begann ich, eine neue Wohnung zu suchen. Ich wandte mich an die AG Weser. Sie gaben mir sofort eine Unterkunft in dem *Heim* am Halmer Weg, das aus Baracken bestand. Hier gab's einen Abschnitt für Familien, wo Portugiesen, Griechen und Türken wohnten. Dort wohnten wir etwa zwei Jahre lang und bevor unser zweites Kind zur Welt kam, zogen wir in eine Wohnung, die der AG Weser gegenüber lag. Damals zahlten wir für diese Dreizimmerwohnung 43 Mark Miete. Auch sie gehörte der AG Weser.

„Nächstes Jahr kehren wir zurück."

Als ich nach Deutschland kam, dachte ich überhaupt nicht daran, auf Dauer hierzubleiben. Nach einer Weile entschied ich mich aber für hier; denn ich wollte nicht, dass man über mich sagte: „Es war für ihn nur ein Abenteuer, er konnte nichts auf die Beine stellen." Damals arbeitete ich auf der AG Weser als Schweißer und verdiente sehr wenig Geld. Ich hatte mit einem Stundenlohn von 2 Mark 42 Pfennig angefangen. Es gab in dieser Zeit sowieso nur zwei Lohngruppen: 2 Mark 42 und 2 Mark 63. Als Schweißer begann ich ein paar Monate später 2 Mark 63 zu verdienen. Dieser Lohn galt für alle, auch die Deutschen bekamen so viel.

Eigentlich dachten wir noch daran, nachdem wir im Jahr 1967 unser zweites Kind bekamen, dass wir im „nächsten Jahr" zurückkehren würden. Auch mein Schwiegervater bestand darauf. Er wollte, dass wir in die Türkei zurückkehren. Auch wenn wir ständig von der „Rückkehr" redeten, konnten wir es doch nicht; denn die Ideen in unseren Köpfen waren noch nicht verwirklicht. Was sollte denn die Rückkehr bringen? Hier fühlten wir uns wohl, auf der AG Weser waren wir wie eine Großfamilie. Dagegen waren wir dort auf den Schwiegervater angewiesen.

Meine Frau war sowieso bei mir. Die Kinder waren inzwischen größer geworden und in die Schule gekommen. Die Möglichkeiten hier konnten wir in der Türkei bestimmt nicht finden. Mit der Vorstellung „wir konnten keine höhere Schulbildung genießen, unseren Kindern soll es aber gegönnt sein" blieben wir hier. [...] Ich habe schon 39 Jahre hier verbracht und bin jetzt Rentner. Neben schönen Sachen habe ich auch Trauriges erlebt. Doch ich kann sagen, dass die positiven Erlebnisse überwiegen. [...] Ich wäre vielleicht nicht geneigt, in der Türkei bestattet zu werden, wenn auch meine Jüngste in Deutschland geblieben wäre. Dann könnten nämlich meine Kinder und meine Enkelkinder meine Grabstätte hier besuchen, ein paar Blumen einpflanzen. Doch jetzt ... jetzt ist die eine dort, die andere hier.

(Aus: Metin K.: Die Atmosphäre dort konnte ich nirgendwo finden. In: Hasan Cil: Anfänge einer Epoche. Ehemalige Gastarbeiter erzählen. Verlag Hans Schiler: Berlin 2003, S. 30–37)

1 Arbeiten Sie aus dem Erzählten heraus, was eher typisch für damalige Gastarbeiter in Deutschland war und was eher der individuellen Biografie zuzuschreiben ist.
2 Erörtern Sie, welche Herausforderungen die ehemaligen Gastarbeiter zu bestehen hatten und vor welche Herausforderungen sich das Gastgeberland gestellt sah.
3 Untersuchen Sie die pädagogischen Probleme, die mit der Einwanderung nach Deutschland verbunden waren.

5.2.2 Sechs Phasen der Entwicklung in der Konzeptualisierung von „Ausländerpädagogik“ und „Interkultureller Erziehung“ in Deutschland nach Nieke

I. Gastarbeiterkinder an deutschen Schulen: „Ausländerpädagogik“ als Nothilfe

Naheliegenderweise dominierte in den deutschen Schulen anfangs das Problem kaum vorhandener Deutschkenntnisse der ausländischen Schüler, die von den Eltern aus den Heimatländern nachgeholt wurden, als für die Familien erkennbar wurde, dass sie nicht nur – wie es das im Rahmen der Anwerbungsverträge ursprünglich angekündigte Rotationsprinzip erfordert hätte – für kurze Zeit in Deutschland bleiben würden. Nach einigem Hin und Her wurde die Schulpflicht in der deutschen Regelschule für die Kinder ausländischer Wanderarbeitnehmer verpflichtend gemacht. Die erste grundlegende Aufgabe, die sich daraus ergab, wurde darin gesehen, den ausländischen Schülern möglichst schnell so viel Deutsch beizubringen, dass sie dem Unterricht überhaupt folgen konnten. Dies war eine neuartige Aufgabe, der sich die deutsche Schule bisher nicht hatte zu stellen brauchen. Dabei machte man zunächst Anleihen bei Konzepten der Didaktik des Deutschen als Fremdsprache, also einer Fremdsprachendidaktik, wie sie für die Sprachlerner vor allem im Ausland entwickelt worden war. Je mehr jedoch die ausländischen Schüler bei längerem Aufenthalt in der Bundesrepublik Deutschland außerhalb der Schule in ungesteuerter Weise Deutsch lernten, desto stärker wurde die Notwendigkeit, an die Stelle der Fremdsprachendidaktik eine spezielle Didaktik des Deutschen als Zweitsprache treten zu lassen, um adäquat auf die besonderen Bedingungen des Spracherwerbs in einer solchen Situation eingehen zu können.

Die Aufgabe, alsbald so viel Deutsch zu lernen, dass dem Unterricht gefolgt werden konnte, erforderte eine schul- und unterrichtsorganisatorische Neuerung: Zu diesem Zweck wurden die ausländischen Schüler in besonderen Lerngruppen so lange außerhalb des regulären Unterrichts zusammengefasst, bis dieses Ziel erreicht war. Es wurden spezielle Vorbereitungsklassen eingerichtet, in denen vor allem Deutsch unterrichtet wurde, aber auch die zentralen Sachfächer, damit die ausländischen Schüler während dieser Zeit den Anschluss an das reguläre Curriculum nicht ganz verloren. Die besonderen didaktischen Probleme dieser Vorbereitungsklassen sowie die neu entstehenden Aufgaben einer gemeinsamen Unterrichtung von deutschen und ausländischen Schülern im Regelunterricht bedurften einer speziellen Thematisierung (vgl. dazu Boos-Nünning/Hohmann/Reich 1976; Hohmann 1980).

Entsprechend einer allgemeinen Entwicklungsrichtung in der Erziehungswissenschaft, sich nicht nur nach Institutionen der Erziehung und Bildung zu differenzieren (Schulpädagogik, Sozialpädagogik, Erwachsenenbildung), sondern auch nach Zielgruppen, deren besondere Lebenslage und Bedürfniskonstellationen spezifische Handlungskonzepte erfordern (z. B. Jugendbildung, Arbeiterbildung), konstituierte sich in dem Bemühen einer solchen Spezialisierung auf die besondere, neuartige Aufgabenkonstellation die Ausländerpädagogik als eine neu zu den bisherigen hinzutretende Zielgruppenpädagogik.

(Aus: Wolfgang Nieke: Interkulturelle Erziehung und Bildung, Wertorientierungen im Alltag. 3. überarbeitete Aufl., VS Verlag für Sozialwissenschaften: Wiesbaden 2008, S. 14–15)

1 Nennen Sie die Hauptmerkmale der Ausländerpädagogik nach der Darstellung von Wolfgang Nieke.
2 Erörtern Sie mögliche Einwände gegenüber der Konzeption von Ausländerpädagogik und vergleichen Sie diese mit denen des folgenden Abschnitts.

II. Kritik an der „Ausländerpädagogik“

Verschiedene Ursachen und Gründe wirkten um 1980 so zusammen, dass die bisherigen praktischen und konzeptionellen Bemühungen um Ausländer scharf kritisiert wurden. Diese Kritik fand ihren Ausdruck in dem Motto der Jahrestagung 1980 des Verbandes der Initiativgruppen in der Ausländerarbeit: „Wider die

Pädagogisierung des Ausländerproblems". Die einsetzende wirtschaftliche Rezession zog die Aufmerksamkeit der in der Ausländerbetreuung Engagierten fort von den pädagogischen Problemen auf deren Ursachen im gesellschaftlichen, vor allem im politischen Bereich.
Grundaussage dieser Kritik ist der Vorwurf, durch vorschnelle Hilfsangebote pädagogischer Art könne der Eindruck erweckt werden, dass durch diese Hilfen die Problematik wirksam und zufriedenstellend gelöst werden könne, während sie in Wirklichkeit eine politisch erzeugte sei und deshalb nur mit den Mitteln der Politik zu lösen sei. So trägt denn auch ein vielzitierter Aufsatz von Hamburger u. a. den Titel: „Über die Unmöglichkeit, Politik durch Pädagogik zu ersetzen" (1981).
Diese Kritik folgte einem Muster, das vor allem in der Sozialpädagogik entwickelt worden war. Danach wurde gegenüber allen sozialpädagogischen Hilfsangeboten die Sorge geäußert, durch solche Hilfe könnte die Aufmerksamkeit von den soziostrukturellen Ursachen der sozialen Missstände abgelenkt werden, während die Hilfen lediglich die Auswirkungen dieser Missstände zu lindern in der Lage seien.
Zugleich wurde die Stigmatisierung der Zielgruppe kritisiert: Wenn Ausländer zum Gegenstand besonderer praktischer und theoretischer Bemühungen gemacht werden, dann erklärt sie das zu einer Gruppe mit besonderer Bedürftigkeit, mit Defiziten im Vergleich zur Normalität, d. h. zur Situation der Einheimischen. Diese Kritik an der Ausländerpädagogik gleicht einer Argumentationsfigur in der Sonderpädagogik; hier wird die äußere schulorganisatorische Abgrenzung des Sonderschulwesens wegen seines stigmatisierenden Effekts für die behinderten Schüler kritisiert und als Abhilfe eine Integration der Behinderten in das reguläre

(Foto: Oliviero Toscani)

Bildungswesen und in das Alltagsleben gefordert.

In der Konsequenz einer solchen Kritik liegt die Forderung, statt einer zielgruppenorientierten Ausländerpädagogik die Bemühungen um die Kinder von Wanderarbeitnehmern und Zuwanderern allgemein in den übergreifenden Zusammenhang einer „Pädagogik des Ausgleichs von Benachteiligungen“ (Hamburger 1983, 273) zu stellen, d. h. in den Zusammenhang der Bemühungen um Chancengleichheit für sozialstrukturell Benachteiligte (Boos-Nünning u. a. 1983, 340 ff.).

Die Abwehr des zunächst selbstverständlichen Orientierungsmusters, für die pädagogischen Förderkonzepte Defizite bei den ausländischen Kindern und Jugendlichen im Vergleich zu den Einheimischen festzustellen, um diese Defizite schnellstmöglich beheben zu können, führte zu einer Kritik an einigen Implikationen des für diese Förderkonzepte leitenden Zielbegriffs der Integration. Ihm wurde die als fragwürdig angesehene Tendenz vorgeworfen, faktisch zu einer Assimilation und einer Akkulturation, einer „Germanisierung“, zu führen. Dies solle nicht sein. In den Begründungen für diese Kritik lassen sich zwei verschiedene Argumentationslinien erkennen: Zum einen steht ein solches Konzept von Integration in Widerspruch zu der zunächst offiziell stark vertretenen Zielsetzung einer Erhaltung der Rückkehrfähigkeit; zum anderen regte sich Widerstand gegen die darin zum Ausdruck kommende Dominanz der Kultur der Majorität, an welche sich die Angehörigen der zugewanderten Minoritäten umstandslos zu akkulturieren hätten: Alle Kulturen seien gleichwertig.

In der Konsequenz dieser Kritik entstanden die Konzepte einer Interkulturellen Erziehung in der multikulturellen Gesellschaft. Darin sollte zum Ausdruck kommen, dass die zugewanderten Minderheiten keiner Akkulturationszumutung unterworfen sein sollten, sondern ihre Lebensweise ungehindert und von der Majorität akzeptiert sollten leben und dauerhaft beibehalten können. Für Erziehung und Bildung entstand damit die neuartige Aufgabe, auf ein Leben in einer in diesem Sinne neu entstehenden multikulturellen Gesellschaft vorzubereiten. Sie war damit von Anfang an vor allem auf die Kinder der Majorität gerichtet und hatte die in den Konjunkturabschwüngen schnell entstehende Feindlichkeit gegen die Arbeitsmigranten aufzuarbeiten und möglichst abzuwehren.

(Aus: Wolfgang Nieke: Interkulturelle Erziehung und Bildung, Wertorientierungen im Alltag. 3. überarbeitete Aufl., VS Verlag für Sozialwissenschaften: Wiesbaden 2008, S. 15–17)

1 Skizzieren Sie die dargestellte Problematik nach Wolfgang Nieke.
2 Erörtern Sie mögliche Entwicklungslinien, die sich aus dem folgenden Text erarbeiten lassen.

III. Konsequenzen aus der Kritik: Differenzierung von Förderpädagogik und Interkultureller Erziehung

Eine nur oberflächliche Konsequenz aus der Kritik an dem Terminus und den Konzepten von „Ausländerpädagogik“ bestand bei einigen Autoren darin, nun einfach und umstandslos für dasselbe, was bisher mit diesem Terminus bezeichnet worden war, „Interkulturelle Erziehung“ zu setzen, ohne inhaltlich etwas zu verändern.

Die meisten Autoren begannen aber zu differenzieren zwischen dem, was weiterhin an Förderung für die Kinder und Jugendlichen ausländischer Herkunft für erforderlich gehalten wurde, und der neu hinzutretenden Aufgabe der Vorbereitung auf ein Leben in einer dauerhaft multikulturellen Gesellschaft, und bezeichneten diese neue Aufgabe mit „Interkultureller Erziehung“ – oder, zunächst für die Erwachsenenbildung, auch mit „Interkulturellem Lernen“.

Die so entstehenden Konzeptionen von Interkultureller Erziehung sahen sich ihrerseits alsbald einer neuen Kritik ausgesetzt: Zum einen wurde befürchtet, dass mit der Hinwendung zu kulturellen Verschiedenheiten der Blick auf die eigentlichen Ursachen der Diskriminierung der zugewanderten Minderheiten in der sozialstrukturellen Marginalisierung verloren gehen könne (so etwa Gaitanides 1983); zum anderen wurde die Gefahr gesehen, durch die Konzentration auf die in der Wanderung mitgebrachte Kultur aus der Lebenswelt des Herkunftslandes eine im Aufnahmeland funktionslos werdende Kultur als bloße Folklore zu konservieren. Eine etwas anders argumentierende Kritik sieht die Gefahr einer zu starken Betonung der kulturellen Verschiedenheiten, womit die Diskriminierung ungewollt verstärkt und der für problematisch gehaltenen Tendenz der weltweit auftretenden Re-Ethnisierung Vorschub geleistet werden könne.

(Aus: Wolfgang Nieke: Interkulturelle Erziehung und Bildung, Wertorientierungen im Alltag. a. a. O., S. 17–18)

1 Beschreiben Sie, was unter „interkultureller Erziehung“ verstanden wird.
2 Beurteilen Sie, ob die angeführten Einwände stichhaltig sind.

IV. Erweiterung des Blicks auf die ethnischen Minderheiten

Bei der Beschäftigung mit der besonderen Lebenslage der Minderheiten von Wanderarbeitnehmern zeigten sich zusehends, vor allem auch durch die Rezeption von entsprechenden Analysen und Konzeptualisierungen in Staaten mit sprachlich und kulturell definierten Minderheiten, Ähnlichkeiten mit der Lebenslage von Minderheiten generell, deren Status als Minderheit durch ihre Zugehörigkeit zu einer Ethnie (vgl. dazu Heckmann 1991) definiert ist, und zwar sowohl von den Angehörigen dieser Gruppierungen selbst als auch von den Angehörigen der gesellschaftlichen Mehrheit. Der Blick erweiterte sich von der Situation der Wanderarbeitnehmer auf die übrigen ethnischen Minderheiten:

- die Flüchtlinge,
- die lange vorhandenen einheimischen Minderheiten, etwa die Sinti und Roma sowie auf sprachliche Minderheiten wie die Dänen in Schleswig-Holstein oder die Sorben in Brandenburg.

Grundsätzlich weitergedacht, führt ein solcher Blick über die ethnischen Minderheiten hinaus zu strukturell benachteiligten und als andersartig definierten Gruppierungen in der Gesellschaft, ohne dass diese Gruppierungen zahlenmäßig in der Minderheit sein müssen: auf Behinderte und Frauen (vgl. etwa Prengel 1993), aber auch auf sexuell Andersartige und gebrechliche Alte (vgl. Schmalz-Jakobsen/ Hansen 1995)

(Aus: Wolfgang Nieke: Interkulturelle Erziehung und Bildung, Wertorientierungen im Alltag. 3. überarbeitete Aufl., VS Verlag für Sozialwissenschaften: Wiesbaden 2008, S. 18)

1 Benennen Sie, was der Abschnitt an Neuem beinhaltet.
2 Bewerten Sie, ob bzw. inwiefern dies pädagogisch weiterführend ist.

V. Interkulturelle Erziehung und Bildung als Bestandteil von Allgemeinbildung

Allmählich setzt sich allgemein die Einsicht durch, dass eine Vorbereitung auf ein Zusammenleben von Angehörigen verschiedener Lebenswelten in einer pluralen und damit auch multikulturellen Gesellschaft selbstverständlicher und obligatorischer Bestandteil aller Bildungsbemühungen sein soll – und das heißt eben Interkulturelle Erziehung.

Da diese Überlegungen besonders intensiv und nachhaltig für den obligatorischen Teil der Vorbereitung der Nachwachsenden auf die Anforderungen in der Gesellschaft angestellt werden, nämlich für die Schule mit ihrem Pflichtcharakter, wird nun deutlich, dass der Terminus Erziehung für diesen Bereich ergänzt werden muss durch Bildung (vgl. etwa Nieke 1994). Vom politischen und fachwissenschaftlichen Selbstverständnis dessen, was in Schule zu leisten sei, her ist die Vorbereitung auf ein vernünftiges Zusammenleben von Angehörigen differenter Lebenswelten sowohl eine Aufgabe für Erziehung in der mit diesem Begriff angesprochenen Formung von Handlungsorientierungen als auch für Bildung in der mit diesem Begriff angesprochenen durch Schule zwar arrangierbaren, aber grundsätzlich nicht verfügbaren Aneignung der Welt durch das einzelne lernende Individuum. […]

(Aus: Wolfgang Nieke: Interkulturelle Erziehung und Bildung. Wertorientierungen im Alltag. 3. überarbeitete Auflage. VS Verlag für Sozialwissenschaften: Wiesbaden 2008, S. 19–20)

1 Arbeiten Sie den Unterschied zwischen „Erziehung" und „Bildung" heraus.
2 Überprüfen Sie, ob bzw. inwiefern diese Unterscheidung in Hinblick auf die interkulturelle Pädagogik bedeutsam werden kann.

VI. Neo-Assimilationismus

Seit dem Terroranschlag von New York 2001 hat sich der Diskurs über eine dauerhafte und grundsätzlich wünschenswerte multikulturelle Gesellschaft grundlegend verändert. Das hat auch Folgen in Deutschland gehabt. Seither stehen alle Muslime unter einem – zwar unbegründeten, aber offenbar von vielen heimlich unterstützten – Generalverdacht, mit Gewalt ihre Vorstellung von einem Gottesstaat auch in Deutschland durchsetzen zu wollen. Dabei wird nicht zwischen den vielen Ausprägungsformen des Islam differenziert, sondern der Blick ist auf die kleinen Gruppen gerichtet, die zusammenfassend unter die Orientierung eines Islamismus subsumiert werden. In der Konsequenz dieser neuartigen Bedrohungswahrnehmung ist eine starke Rücknahme der Toleranzbereitschaft gegen Muslime zu verzeichnen, und das verstärkt sich mit jedem neuen Terroranschlag von Tätern, die dem Umkreis dieses gewaltbereiten Islamismus zugerechnet werden. Bei solchen Kollektivzuordnungen von Menschen geschieht oft eine kognitive Operation, die von der Sozialpsychologie der Stereotypen als Übergeneralisierung bezeichnet wird, und im Zuge einer solchen Simplifizierung geraten dann auch Angehörige anderer Herkunftskulturen in diesen Generalverdacht der potenziellen Gefährlichkeit.

In Deutschland reagieren die politischen Eliten weitgehend übereinstimmend mit einer Orientierung, die als Neo-Assimilationismus (vgl. Nieke 2006) bezeichnet werden kann: Sie fordern von den Zuwanderern eine Anpassung, die über funktionale Kompetenzen und eine Loyalität zum Staatssystem hinausgeht und auch die zentralen Grundüberzeugungen der Mehrheitskultur mit einschließt. Diese Akkulturationsforderung an die Zuwanderer ist historisch nicht neu; sie wurde vor 1980, vor dem Beginn des Diskurses über die Anerkennung kultureller Vielfalt als gleichwertig in einer dauerhaft multikulturellen Gesellschaft, bereits einmal erhoben. Im Zuge dieser Umorientierung wird die Anerkennung kultureller Besonderheiten aus dem Diskurs über die gebotene Anerkennung von Diversität in Lebenslagen und Lebenslagen – die sich auf die Diversität der Geschlechter, der sexuellen Orientierungen, der Behinderung und Nichtbehinderung bezieht – herausgenommen.

So plädiert etwa Hartmut Esser (1998), einer der frühen Wortführer der deutschen Migrationssoziologie, für eine entschiedene Affirmation von Assimilation mit dem Hinweis, dass die bisherige Geschichte zeige, dass eine soziale Integration ohne Assimilation nicht möglich gewesen sei. Dieser Befund ist freilich nicht überraschend, wenn in der Operationalisierung von Integration unvermeidlich Bestandteile von Assimilation enthalten sind.

Die bisherigen Diskurse des Neo-Assimilationismus sind davon gekennzeichnet, dass sie faktisch eine Zwangsakkulturation fordern, also eine eigene Anstrengung der Zuwanderer, ihre Herkunftskultur zu verlassen und sich der Mehrheitskultur möglichst vollständig anzupassen. Wer dies nicht mag oder kann, wird Sanktionen unterworfen, die bis zur dauerhaften Ausweisung gehen sollen. Die pädagogischen Bemühungen wenden sich zunehmend von der interkulturellen Erziehung und Bildung ab und hin zu einer Integrationsförderung mit Akkulturationsunterstützung.

Noch ist nicht absehbar, ob das eine nur vorübergehende Entwicklung sein wird [...].

(Aus: Wolfgang Nieke: Interkulturelle Erziehung und Bildung. Wertorientierungen im Alltag. 3. überarbeitete Auflage. VS Verlag für Sozialwissenschaften: Wiesbaden 2008, S. 20–21)

1 Erläutern Sie, was unter „Neo-Assimilationismus" verstanden werden kann.
2 Wie soll es weitergehen? Entwerfen Sie Zukunftsperspektiven.

5.2.3 Zwei Grundrichtungen interkultureller Erziehung und Bildung: Begegnung und Konflikt

Die meisten Ansätze Interkultureller Erziehung haben, bei aller Verschiedenheit in ihren jeweiligen Akzentuierungen und ihrer unterschiedlichen Orientierung an verschiedenen Weltanschauungen und Paradigmen für die Konzeptualisierung pädagogischen Handelns, einen gemeinsamen Kern: Interkulturelle Erziehung wird verstanden als die notwendige Antwort auf die entstandene und dauerhaft bestehen bleibende Gesellschaft mit Zuwanderern aus anderen Kulturen sowie mit daraus entstehenden oder schon vorher existierenden ethnischen Minoritäten, d. h. als Antwort auf eine als dauerhaft zu akzeptierende multi-ethnische oder multikulturelle Gesellschaft.
Hohmann hat versucht, die gegenwärtig erkennbaren Ansätze – in Anschluss an Fase/van den Berg – in zwei Grundrichtungen zu typologisieren. Man könne sie „nach zwei Richtungen beschreiben, die man kontrovers, aber auch als zwei Dimensionen einer einzigen Auffassung, verstehen kann: Pädagogik der Begegnung und Konfliktpädagogik. Die Pädagogik der Begegnung unterschiedlicher Kulturen in einer kulturell pluralen Gesellschaft ist in ihrer simpelsten Form zu beschreiben als die schlichte Repräsentation einer fremden Kultur in einem mono- oder multikulturellen Zusammenhang, affektiv und/oder kognitiv. In ihrer am weitesten entwickelten Form vertritt interkulturelle Erziehung den hochgreifenden, wenn nicht utopischen Anspruch auf kulturellen Austausch und kulturelle Bereicherung im Verhältnis zwischen kulturell unterschiedlichen Gruppen. Insgesamt geht es hier um ein Erfahren und Kennenlernen fremder Kultur in einer weitgehend harmonischen Atmosphäre. Die andere typologisch unterscheidbare Form ist dagegen eher konfliktorientiert. Sie lässt sich zwar auch als Fortsetzung des begegnungspädagogischen Ansatzes verstehen, muss aber in ihren prägnantesten Formen von diesem eher abgesetzt werden. In der Grundintention handelt es sich hier um einen Ansatz, der sich die Beseitigung von Barrieren zum Ziel setzt, die der Entwicklung einer multikulturellen Gesellschaft entgegenstehen: die Bekämpfung von Ausländerfeindlichkeit, Diskriminierung und Rassismus, die Beseitigung von Ethnozentrismus und Vorurteilen, aber auch die Herstellung von Chancengleichheit als Voraussetzung für die angestrebte Begegnung von Kulturen.“ (1987, S. 103) Auf ein Schema gebracht, differenziert Hohmann die Ansätze […]:
Interkulturelle Erziehung als:

1. Pädagogik der Begegnung
   - 1.1 Zurkenntnisnahme der zugewanderten Kulturen, gegenseitige Information
   - 1.2 Repräsentation der fremden Kulturen im öffentlichen Leben für die Majorität
   - 1.3 gegenseitige kulturelle Bereicherung
2. Konfliktpädagogik
   - 2.1 Bekämpfung von Ausländerfeindlichkeit, Diskriminierung und Rassismus
   - 2.2 Beseitigung von Vorurteilen und Ethnozentrismus
   - 2.3 Herstellung von Chancengleichheit

Diese Einteilung in zwei Grundformen, in eine Konzeptualisierung von Interkultureller Erziehung als Pädagogik der Begegnung und als Konfliktpädagogik, korrespondiert den im Folgenden aufzuzeigenden zwei Grundtypen der Reaktion von Einheimischen auf Zuwanderer, von Majoritäten auf ethnische Minoritäten, nämlich Befremdung und Konkurrenz. Die Konzeptualisierungen Interkultureller Erziehung greifen also, wenn jener Einteilung gefolgt wird, diese Reaktionsformen auf und binden sie in die jeweils vorgeschlagene pädagogische Antwort auf die neue Herausforderung ein. Dabei können die Akzente jeweils unterschiedlich gesetzt und häufig auch Momente beider Grundformen miteinander verbunden werden.

(Aus: Wolfgang Nieke: Interkulturelle Erziehung und Bildung. Wertorientierungen im Alltag. 3. überarbeitete Auflage. VS Verlag für Sozialwissenschaften: Wiesbaden 2008, S. 34–35)

1 Erarbeiten Sie den Hauptgedanken des Textes.

2 Erörtern Sie mögliche Handlungsziele aus den Überlegungen.

5.2.4 Zehn Ziele interkultureller Erziehung und Bildung

a) Die Ziele im Überblick

1. Erkennen des eigenen, unvermeidlichen Ethnozentrismus
2. Umgehen mit der Befremdung
3. Grundlegen von Toleranz
4. Akzeptieren von Ethnizität, Rücksichtnehmen auf die Sprachen der Minoritäten
5. Thematisieren von Rassismus
6. Das Gemeinsame betonen, gegen die Gefahr des Ethnizismus
7. Ermunterung zur Solidarität; Berücksichtigung der asymmetrischen Situation zwischen Mehrheit und Minderheit
8. Einüben in Formen vernünftiger Konfliktbewältigung – Umgehen mit Kulturkonflikt und Kulturrelativismus
9. Aufmerksamwerden auf die Möglichkeit gegenseitiger kultureller Bereicherung
10. Thematisierung der Wir-Identität: Aufhebung der Wir-Grenze in globaler Verantwortung oder Affirmation universaler Humanität?

(Aus: Wolfgang Nieke: Interkulturelle Erziehung und Bildung. Wertorientierungen im Alltag. 3. überarbeitete Auflage. VS Verlag für Sozialwissenschaften: Wiesbaden 2008, S. 75–76)

1 Analysieren Sie die zehn Ziele unter der Fragestellung, welche Elemente aus den vorhergehenden Überlegungen hier aufgegriffen sind.

2 Beurteilen Sie, ob die entscheidenden Überlegungen zur interkulturellen Pädagogik angesprochen und wie sie inhaltlich beschrieben sind.

b) Erkennen des eigenen, unvermeidlichen Ethnozentrismus

Auf den 1. Punkt der zehn Ziele wird paradigmatisch näher eingegangen.

Ethnozentrismus meint die unvermeidliche Eingebundenheit des eigenen Denkens und Wertens in die selbstverständlichen Denkgrundlagen der eigenen Lebenswelt oder Ethnie. Er kann überhaupt nur sichtbar werden in der Konfrontation mit anderen Sichtweisen auf die Welt. Da diese Eingebundenheit abhängt von den kollektiven Deutungs- und Orientierungsmustern der jeweiligen Lebenswelt, wäre im Sinne der in diesem Buch gegebenen Definition von Kultur genauer von Kulturzentrismus oder Soziozentrismus zu sprechen, aber gegenwärtig geht die Sprachkonvention auf Ethnozentrismus.

Wenn Angehörige verschiedener Ethnien, die auch verschiedene Deutungsmusterhorizonte, d. h. Lebenswelten oder Kulturen haben, im Alltag, z. B. in der Schule, zusammen leben und miteinander auskommen müssen, können Verständnisprobleme dann entstehen, wenn jemand aus der einen Kultur seine Deutungen selbstverständlich für jedermann bekannt unterstellt, jemand aus einer anderen Kultur diese jedoch nicht kennt oder an ihrer Stelle andere hat. Aufgabe Interkultureller Erziehung und Bildung ist es, solchen Verständnisproblemen im gemeinsamen Alltag nachzuspüren, sie in ihrer lebensweltlichen, kulturellen Bedingtheit deutlich zu machen, um so Missverständnisse aufzuklären oder ihnen vorzubeugen, und ein Bewusstsein davon zu schaffen, dass jeder ohne eine solche Sensibilität unvermeidlich in seinem eigenen Kulturzentrismus befangen und gefangen bleibt.

Das ist etwas anderes und mehr, als über die andere Kultur zu informieren, wie es häufig von Befürwortern Interkultureller Erziehung gefordert und praktiziert wird, ausgehend von der sozialpsychologisch inspirierten Annahme, dass Misstrauen und Angst gegenüber Angehörigen kultureller Minderheiten durch Unvertrautheit entstehen und durch Kontakt und Information abgebaut werden können. Es hat sich jedoch gezeigt, dass solche Informationen ohne weitere Einordnung leicht zur Verstärkung der bestehenden Vorurteile führen können und damit das Gegenteil dessen bewirken, was intendiert wurde.

Die Eingebundenheit in die Denk- und Wertgrundlagen der eigenen Lebenswelt ist notwendig für eine rasche und routinisierte Orientierung in der Welt und für die Aufrechterhaltung einer alltäglichen Handlungsfähigkeit. Der so verstandene Ethnozentrismus ist also unvermeidlich. Eine vollständige Überwindung dieser Eingebundenheit scheint also weder möglich noch sinnvoll zu sein. Ziel Interkultureller Erziehung und Bildung kann also nicht eine völlige Lösung von der kognitiven und emotionalen Eingebundenheit in die eigene Lebenswelt sein; Ziel kann vielmehr nur so etwas wie ein aufgeklärter Ethnozentrismus sein, ein Bewusstsein von der Unvermeidlichkeit dieses Eingebundenseins in die Denk- und Wertgrundlagen der eigenen Lebenswelt sowie davon, dass andere in ihren Lebenswelten in ebensolcher Weise verankert sind. Dies kann dann die Grundlage werden für so etwas wie eine interkulturelle Kompetenz, die Fähigkeit, beim Umgang mit anderen diese Verschiedenheiten und Schwierigkeiten in Rechnung zu stellen und sie so zu thematisieren, dass keiner der Beteiligten in seiner Sichtweise der Welt von vornherein als rückständig oder falsch denkend entwertet wird.

(Foto: Les Arts Décoratifs, Paris/akg-images)

Ein solcherart aufgeklärter Ethnozentrismus erlaubt weder die zweifelsfreie Gewissheit, dass die eigenen Positionen unbedingt die richtigen seien, obwohl sie mit den besten Gründen für richtig gehalten werden müssen, noch kann er zu einer unbegrenzt relativistischen Anerkennung aller anderen Positionen führen, und zwar dann nicht, wenn diese Positionen den eigenen Quasi-Heiligkeiten widersprechen, an denen aus den oben erläuterten Gründen festgehalten werden muss. Aufgeklärter Ethnozentrismus ist die, durchaus schwierig zu erreichende und auszuhaltende, Voraussetzung für die im Folgenden dargelegten weiteren Zielsetzungen Interkultureller Erziehung und Bildung.

(Aus: Wolfgang Nieke: Interkulturelle Erziehung und Bildung. Wertorientierungen im Alltag. 3. überarbeitete Auflage. VS Verlag für Sozialwissenschaften: Wiesbaden 2008, S. 76–77)

1 Erläutern Sie, was Nieke unter „aufgeklärtem Ethnozentrismus" versteht.
2 Beurteilen Sie unter pädagogischer Perspektive, ob die Vorschläge zur Überwindung von interkulturell bedingten Verständnisschwierigkeiten alltagstauglich sind.

c) Akzeptieren von Ethnizität; Rücksichtnehmen auf die Sprachen der Minoritäten

Wegen seiner Bedeutsamkeit wird auch auf den 4. Punkt der zehn Ziele näher eingegangen.

Ethnizität bezeichnet das Bewusstsein und die Präsentation der Zugehörigkeit zu einer Ethnie. Dass eine solche Zugehörigkeit öffentlich deutlich und unbefangen präsentiert werden darf, ist alles andere als selbstverständlich. Die Erwartung und Zumutung, dass die Angehörigen ethnischer Minderheiten sich möglichst unauffällig anzupassen hätten, überwiegt. Interkulturelle Erziehung und Bildung in dem bisher diskutierten Sinne erfordert jedoch die Akzeptanz von Ethnizität, d. h. der Präsentation vor allem (aber nicht nur) kulturell bedingter Andersartigkeiten durch Angehörige ethnischer Minoritäten. Dies verweist auf die Notwendigkeit der Einübung in einen reflektierten Umgang mit dem Fremdheitserlebnis, das durch die Auseinandersetzung mit der anderen befremdenden Kultur ausgelöst wird und das eigene kulturelle Selbstverständnis infrage stellt; dabei wäre der eigene und unvermeidliche Ethno- oder Soziozentrismus ins Bewusstsein zu heben, um zu einer Haltung eines aufgeklärten Eurozentrismus zu gelangen.
Eine solche Akzeptanz von Ethnizität kann sich auf den verschiedenen Institutionalisierungsebenen von Erziehung und Bildung realisieren: in der verständnisvollen Reaktion auf lebensweltlich, d. h. kulturell bedingte Äußerungsformen, Kleidungsgewohnheiten und -vorschriften oder religiös bestimmte Essensvorschriften im alltäglichen Umgang. In diesem Zusammenhang werden in der Literatur zur Interkulturellen Erziehung oft die Beispiele von Kopftuch tragenden Mädchen aus islamischen Traditionskulturen oder das von ebendort bestimmte Verbot von Schweinefleisch herangezogen. Das oft dagegengehaltene Verlangen nach Anpassung wäre im zuvor diskutierten Sinne ethnozentrisch, eurozentrisch; Akzeptanz von Ethnizität respektiert diese Äußerungsformen als für die Betroffenen wichtig, auch wenn sie für den pädagogischen Alltag oft unbequem sein mögen. In der Schule gehört hierher die achtbare Behandlung der Familiensprachen der Schüler aus Zuwandererminoritäten von alltäglicher Sichtbarkeit – z. B. mehrsprachige Beschriftungen und Morgengrüße – bis hin zu Angeboten zum Erlernen dieser Sprachen für die Angehörigen der Minoritäten, aber auch die der Majorität (s. auch Luchtenberg 1989 b).
Auch die Diskussion über die Einführung eines (meist islamischen) Religionsunterrichts parallel zu den obligatorischen Religionslehren der [...] christlichen Konfessionen gehört in den Kontext der Zielsetzung einer Akzeptanz von Ethnizität; denn damit wird ja offiziell und institutionell das Recht der Minoritäten auf ihre spezifische religiöse Unterweisung im Rahmen der Schule akzeptiert. Allerdings ergeben sich bei der Realisierung dieser Zielsetzung regelmäßig große institutionelle Schwierigkeiten dadurch, dass die meisten Religionen in der Bundesrepublik Deutschland nicht so organisiert sind, dass dem Staat als Schulträger ein von den Religionsausübenden akkreditierter Verhandlungspartner gegenüberstände, sodass jede

konkrete Realisierung stets der Kritik der an entsprechenden Verhandlungen nicht beteiligten Gruppierungen ausgesetzt bleibt. Die hier vorgestellte Zielsetzung einer Akzeptanz von Ethnizität ist jedoch kein einfaches Patentrezept, sondern eine handlungsregulierende Orientierung, die mit viel Umsicht gehandhabt werden muss. Sie muss insbesondere auch die möglichen Gegenreaktionen einer zu forcierten Thematisierung von Unterschieden mit bedenken, wobei die Lösung nicht im einfachen Verschweigen oder Betonen der Gemeinsamkeiten liegen kann, weil diese Unterschiede ja weiterhin unterschwellig oder ausdrücklich in den Alltagsdeutungen der Schüler und Edukanden vorhanden und wirksam sind. […]

(Aus: Wolfgang Nieke: Interkulturelle Erziehung und Bildung. A. a. O., S. 79–81)

1 Beschreiben Sie die Intention dieses Punktes der zehn Ziele interkultureller Pädagogik nach Wolfgang Nieke.
2 Erläutern Sie, was mit dem Gedanken gemeint ist, die „vorgestellte Zielsetzung einer Akzeptanz von Ethnizität" sei „kein einfaches Patentrezept, sondern eine handlungsregulierende Orientierung".
3 Erörtern Sie mögliche pädagogische Handlungskonsequenzen, wenn der Ethnizität im Sinne Niekes Rechnung getragen wird.

d) Einüben in Formen vernünftiger Konfliktbewältigung – Umgehen mit Kulturkonflikt und Kulturrelativismus

Die 8. Zielsetzung betrifft Konfliktbewältigungsstrategien, die vor allem aufgrund ethnischer Zugehörigkeit erforderlich erscheinen.

Der von engagierten Pädagogen als am schwierigsten bezeichnete Bereich Interkultureller Erziehung ist der Umgang mit Konflikten in Verhaltensorientierungen und Wertüberzeugungen. Für ein und dieselbe Handlungssituation gibt es dabei sich widersprechende Handlungsvorschriften aus den zwei zumeist daran beteiligten Kulturen, der deutschen Majoritätskultur, zu der auch Schule und Lehrer gehören, und der jeweils betroffenen Minoritätskultur des Schülers ausländischer Herkunft.
Wenn etwa ein türkischer Vater seiner Tochter die Teilnahme am Schwimmunterricht verbietet, gerät die Lehrerin unvermeidlich in den Konflikt, einerseits diese Auffassung als aus der Herkunftskultur des Vaters als Erziehungsberechtigten sehr wohl begründet zu respektieren und andererseits den staatlichen Erziehungsauftrag zu erfüllen, allen Kindern das Schwimmen beizubringen. Die Schülerin selbst mag darüber hinaus noch in den Konflikt zwischen elterlicher Autorität und der Orientierung an den anderen Schülerinnen und Schülern geraten, die für einen solchen Ausschluss in der Regel kein Verständnis aufbringen können und die Betroffene bemitleiden oder aufziehen.
An solchen, im Schulalltag nicht seltenen Konflikten wird deutlich, dass Verfahren erforderlich sind, mit denen begründet entschieden werden kann, welcher Anforderung nachzukommen ist und welche zurückgewiesen werden muss. Die von dem Konflikt Betroffenen müssen dabei nachvollziehen können, von welchen Grundlagen die Entscheidung ausgegangen ist und welche Folgen alternative Wege voraussichtlich haben würden.
In realen Situationen kann man nicht nicht handeln; die Konflikte müssen also durch eine Entscheidung gelöst werden. Die erkenntnistheoretische Position des Kulturrelativismus – alle Kulturen seien als gleichwertig anzusehen – ist in praktischen Situationen nicht durchzuhalten. Zur Lösung kulturbedingter Konflikte sind vernünftige Formen der Beachtung der verschiedenen Sichtweisen und Wertungen zu verwenden, gegebenenfalls neu zu erproben; denn die gängigen Formen sind von den Selbstverständlichkeiten und Heiligkeiten der nordwesteuropäischen Majoritätskultur geprägt und tun damit möglicherweise Angehörigen anderer Kulturen Unrecht. Darin drückt sich eine selbstverständliche und nur schwer infrage zu stellende Dominanz der Orientierungen von Moderne, aber auch von Urbanität und sozialer Mittelschicht gegenüber allen anderen Möglichkeiten von Weltorientie-

rungen aus. Diese Dominanz aber ist mit guten Gründen gegenwärtig kaum zu rechtfertigen.

(Aus: Wolfgang Nieke: Interkulturelle Erziehung und Bildung. Wertorientierungen im Alltag. 3. überarbeitete Auflage. VS Verlag für Sozialwissenschaften: Wiesbaden 2008, S. 84–85)

1 Erläutern Sie die Überlegungen von Nieke zur Einübung in Formen vernünftiger Konfliktbewältigung.

2 Erörtern Sie eigene Vorschläge und erläutern Sie diese an Alltagsbeispielen.

5.2.5 Diskurse zum vernünftigen Umgang mit kulturbedingten Konflikten

Wolfgang Nieke bezieht sich beispielhaft auf ein Mädchen aus Südeuropa.

(1) Den Konflikt von allen beteiligten Seiten her beschreiben.
Missverständnisse und andere lebensweltliche Selbstverständlichkeiten können überhaupt erst deutlich werden, wenn die Sicht auf den Konflikt nicht nur von einer der beteiligten Seiten aus beschrieben wird, sondern von allen Seiten. Oft handelt es sich um zwei konträre Positionen und Perspektiven, manchmal jedoch müssen noch weitere differente Positionen [...] hinzugenommen werden. Ein oft berichteter Konflikt besteht zwischen dem Engagement der Lehrerin für die bestmögliche Förderung des Mädchens aus Südeuropa einerseits und der Ankündigung des Vaters, es bei Erreichen der entsprechenden Altersgrenze (16 Jahre) auch gegen seinen Willen im Herkunftsland zu verheiraten. Hier stehen sich zunächst der Auftrag der Lehrerin, dem gesetzlich vorgeschriebenen Kindes- und Jugendwohl zur Geltung zu verhelfen, und die traditionale, aber nicht weniger gut begründbare Orientierung des Vaters am Familienwohl gegenüber. Als dritte Perspektive ist jedoch die des betroffenen Mädchens hinzuzunehmen, die sich von den beiden Grundpositionen unterscheiden kann, indem sie Kompromisse und Vermittlungen zwischen den beiden konträren Positionen anstreben kann und in der Praxis oft auch unternimmt.

(2) Die Deutungen aller Beteiligten ermitteln und nach allen erforderlichen Stützungen fragen.
Die Beschreibung der Sichtweise auf den Konflikt enthält zwar manchmal schon Erklärungen, oft aber nur Hinweise auf die zugrunde liegenden Deutungen. Im Diskurs sind daher die Beteiligten zu bitten, ihre Positionen den anderen am Konflikt Beteiligten möglichst genau zu erläutern und zu begründen. Dabei machen alle Beteiligten oft die Erfahrung, dass es ihnen gar nicht leicht fällt, ihre für selbstverständlich gehaltene Position anderen nachvollziehbar zu erläutern. Sie ziehen dafür Stützungen heran, die ihnen als unhinterfragbar gelten, die aber den anderen am Konflikt Beteiligten weiter stützungs- und begründungsbedürftig sind.
In dem oben dargestellten Beispiel kann etwa der Vater – oder im virtuellen Diskurs ein Diskursteilnehmer, der dessen Position anwaltschaftlich vertritt – der Lehrerin vorwerfen, sie nehme ihm seine Tochter durch ihre Bemühungen, sie sich ohne Rücksicht auf die Familie selbst verwirklichen zu lassen, und sie fragen, warum sie das tue, wo er doch die Verantwortung für seine Tochter habe. Die Lehrerin muss dann ihre selbstverständlich für richtig gehaltene Position, dieser Schülerin – wie allen anderen auch – zur höchstmöglichen Entfaltung ihrer Individualität zu verhelfen, zu begründen versuchen. Oft haben Lehrerinnen in solchen virtuellen Diskursen sinngemäß argumentiert: Ich möchte nicht, dass Frauen in patriarchalischen Verhältnissen unterdrückt werden. Wenn dieses Mädchen gegen seinen Willen und viel zu früh verheiratet wird, dann ist das eine solche Frauenunterdrückung. Der Vater oder sein anwaltschaftlicher Vertreter im virtuellen Diskurs haben dann sinngemäß nach weiterer Stützung gefragt: Woher kannst du wissen, was gut für ein Mitglied meiner Familie ist, wo ich doch der Vater und damit allein verantwortlich vor Gott und den Menschen für das Wohl meiner Familie bin? Die Lehrerinnen mussten nun ihre engagierte Position für das, was sie

unter Emanzipation und Gleichberechtigung der Frau verstanden, eingehender begründen. Da ihnen das so selbstverständlich und unbezweifelbar war, fiel es ihnen zunächst nicht leicht, sie zogen dann aber die Menschenrechte heran und hier das Recht auf Gleichheit aller Individuen. Der Vater oder sein anwaltschaftlicher Vertreter im virtuellen Diskurs entgegneten, ihm gebiete Gott, dass er seine Verantwortung als Vater der Familie wahrzunehmen habe und dass er deshalb für eine achtbare Verheiratung der Tochter zu sorgen habe, und Gottes Wille stehe über den Gesetzen der Menschen. Die Lehrerinnen zogen als weitere Stützung ihrer Position den Anspruch der Universalität der Menschenrechte heran und verwiesen darauf, dass seine religiöse Auffassung gar nicht mit modernen Auffassungen seiner Religion übereinstimme, in denen eine Kongruenz mit den universal gültigen Menschenrechten angestrebt und in der Auslegung der heiligen Schriften auch möglich sei. Der Vater entgegnete: Wie willst du mir etwas über meine Religion sagen können, wo du doch gar nicht die Sprache gelernt hast, in der die heiligen Schriften geschrieben sind und allein verstanden werden können? Er kann nach seinem Verständnis seiner Religion nicht akzeptieren, dass eine Ungläubige etwas Richtiges über seine Religion sagen kann, was seiner eigenen Überzeugung zuwiderläuft.

(3) Die Betroffenen zu Wort kommen lassen, oder – wenn das nicht möglich ist – virtuelle Diskurse führen.

Naheliegenderweise sollten reale Diskurse zwischen den an einem Konflikt Beteiligten geführt werden, sodass diese ihre Positionen und Begründungen dafür einbringen können. Oft ist dies aber nicht möglich, weil die Beteiligten für solche Diskurse nicht zur Verfügung stehen – wie in dem Beispiel etwa die Väter in solchen nicht seltenen Konflikten – oder weil die Betroffenen die möglichen Erklärungen für ihre Positionen nur unzureichend geben können, sodass die Basis des Konflikts dann nicht hinreichend deutlich werden kann. In solchen Fällen müssen virtuelle Diskurse geführt werden, in denen versucht werden muss, die Positionen der nicht real teilnehmenden Konfliktbeteiligten möglichst genau anwaltschaftlich vertreten zu lassen. Dazu sollte wenn möglich Expertise genutzt werden, vorzugsweise also Diskursteilnehmer herangezogen werden, denen eine anwaltschaftliche Vertretung zugetraut wird. Wenn dies nicht möglich ist, sollten sich diejenigen Diskursteilnehmer so weit wie möglich sachkundig machen, welche die anwaltschaftliche Vertretung übernehmen. […]

(4) Die konträren Positionen aus dem Hintergrund der Deutungen begründen, und dies immanent, zunächst noch ohne eigene Wertung.

Wenn die Deutungen aller Beteiligten in dem Diskurs deutlich geworden und für alle Teilnehmer nachvollziehbar geworden sind, kann die Begründung der verschiedenen Positionen beginnen. Wie schwierig das oft werden kann, mag das obige Beispiel zeigen, weil die Selbstverständlichkeiten und Heiligkeiten der eigenen Lebenswelt normalerweise nicht begründungsbedürftig sind, sodass Stützungen zur Begründung nicht eingeübt worden sind. Solche Stützungen für die eigenen Überzeugungen werden ja auch erst erforderlich, wenn die eigene Selbstverständlichkeit in Konflikt gerät mit den Selbstverständlichkeiten anderer. Damit die übrigen Diskursteilnehmer die darzustellende Position so weit wie möglich nachvollziehen können, ist es erforderlich, sie möglichst aus ihren Denk- und Wertungsvoraussetzungen darzustellen und zu begründen und das Bekenntnis zu einer persönlichen Wertung möglichst lange hinauszuschieben; denn eine solche persönliche Wertung ist nicht weiter begründungsfähig und begründungsbedürftig. […]

(5) Eine Lösung des Konflikts suchen und begründen.

In pädagogischen Situationen muss gehandelt werden. Auch Nichtstun ist ein Handeln, kann zur Unterlassung werden. Deshalb muss zu einem vernünftigen Umgang mit dem Konflikt gefunden werden. Dabei wird es nicht immer zu befriedigenden Lösungen kommen können, sondern oft nur zu Kompromissen. Aber auch diese müssen so gut wie möglich begründet werden, um von allen Beteiligten akzeptiert zu werden.

(6) Die Wertentscheidung der Beteiligten deutlich werden lassen.
Nachdem zunächst so lange wie möglich im Diskurs die persönlichen Wertentscheidungen zurückgehalten werden sollen, um eine möglichst weitgehende Begründung und damit Nachvollziehbarkeit der Positionen zu ermöglichen, erfordert die Lösung des Konflikts zum Schluss dieser Begründungsversuche die klare Äußerung der Wertentscheidung der Beteiligten. Das ist die Konkretisierung des früher dargelegten Ziels, zu einem zwar unvermeidlichen, aber aufgeklärten Ethnozentrismus oder Kulturzentrismus zu kommen. Der Diskurs kann also für diese Klärungsphase enden mit der Erklärung: Hier stehe ich, ich kann nicht anders, weil …

(7) Lösungsweg: Prinzip der situativen Geltung von Normen.
Das obige Beispiel endet mit der Gegenüberstellung der Universalität der Menschenrechte, hier des Rechts auf Gleichbehandlung aller Individuen, einerseits und der Position, die Religion gebiete ein konträres Handeln, andererseits. Beide Begründungen beanspruchen Universalität und Unbedingtheit, Relativierungen und Kompromisse sind also nicht möglich.
In dieser Situation kann das Prinzip der situativen Geltung von Normen zu einer Lösung führen, die zwar für die eine Seite eine arge Zumutung und ein Kompromiss ist, aber immerhin grundsätzlich akzeptabel. Das Prinzip fordert eine Beschränkung der Geltung von Handlungsgeboten auf bestimmte Situationen, hebt also den allgemein aufgestellten Universalitätsanspruch auf. Meist wird dafür eine öffentliche und eine private Sphäre unterschieden, wobei nicht alle Gebote der öffentlichen in der privaten Sphäre gelten müssen und umgekehrt die Gebote der privaten Sphäre keinen Anspruch darauf haben, in der öffentlichen gelten zu müssen. […]
Bezogen auf das obige Beispiel wird durch diese Geltung von Normen und Wertvorstellungen der Majoritätsgesellschaft in der öffentlichen Sphäre die Definition des Vaters über das Wohl seiner Familie und damit das Bestimmungsrecht über seine Tochter situativ auf die Bereiche begrenzt, in denen diese Definition nicht in Konflikt gerät mit den von der Staatsgesellschaft definierten Normen für das Zusammenleben der Menschen auf dem Territorium dieses Staates. Wenn der Vater eine solche situative Begrenzung der Geltung seiner Weltdeutung ganz unerträglich findet, bleibt ihm keine andere Möglichkeit, als in einem Staat seinen Wohnsitz zu nehmen, in dem diese Weltdeutung unangefochten in Geltung bleiben kann. Selbstverständlich ist diese Definition der Grenzen für die Toleranz gegenüber religiös oder anders begründeten Lebensformen in der Familie durch ein solches Prinzip wie das des Kindes- und Jugendwohls kulturzentrisch. Jedoch würde ein Verzicht auf ein solches Prinzip den Grundnormen der Verfassung zuwiderlaufen. […]
Es scheint keine andere Möglichkeit zu geben, das geordnete Zusammenleben von Menschen durch solche die Freiheit begrenzenden Prinzipien zu gewährleisten, und solche Prinzipien enthalten stets unvermeidlich Grundvorstellungen der sie definierenden Majoritätskultur – es sei denn, es gelänge, diese Prinzipien in praktischen Diskursen in allseits akzeptierter Form zu ermitteln […].

(Aus: Wolfgang Nieke: Interkulturelle Erziehung und Bildung. Wertorientierungen im Alltag. 3. überarbeitete Auflage. VS Verlag für Sozialwissenschaften: Wiesbaden 2008, S. 245–251)

1 Skizzieren Sie die angesprochenen sieben Schritte zur Konfliktlösung nach Wolfgang Nieke.
2 Überprüfen Sie, ob bzw. inwiefern diese Schritte angemessen sind. Entwickeln Sie gegebenenfalls eigene Alternativen/Ergänzungen.

5.3 Interkulturalität in Schule und Unterricht (Alfred Holzbrecher)

Während es bei Wolfgang Nieke grundsätzlich um Ziele Interkultureller Erziehung und deren Umsetzung in der Praxis geht, richtet Alfred Holzbrecher darüber hinaus seinen Blick auf Fragen der Didaktik der Interkulturalität. Es geht um Interkulturelles Lernen in Schule und Unterricht. Dabei wird exemplarisch am Schulfach „Erziehungswissenschaft" eine Didaktik verdeutlicht, die der „Vielfalt als Herausforderung" gerecht zu werden versucht.

5.3.1 Erfahrungen aus einem Praktikum

Der Hochschullehrer Alfred Holzbrecher berichtet von einer seiner Studentinnen, die ein Schulpraktikum durchführte.

In ihrer Selbstbeobachtung am Anfang des Praktikums beschreibt sie sich als zurückhaltend und schüchtern. „Die Schule ist groß, und ich bin der Eindringling. Ich sehe keinen Bezug zu mir und fühle mich fehl am Platz." Während der ersten Unterrichtshospitationen bemerkt sie, dass sie von den Schülern und Schülerinnen beobachtet wird. „Jedoch nimmt niemand mit mir Kontakt auf. Ich tue das auch nicht, wieso, weiß ich nicht." Die Offenheit der Lehrer/-innen und dass man als Praktikantin einen Schulschlüssel bekommt, lassen langsam das Gefühl des Fremdseins verschwinden. Doch dann, so die Studentin, folgte eine intensive Krisenphase, ausgelöst durch folgende Situation:

„Wir warten vor dem Bioraum auf den Lehrer. Ich besitze zwar einen Schlüssel, will den Raum aber nicht aufschließen, weil ich dann das Gefühl habe, die Seite der Schülerinnen zu verlassen, was ich jedoch nicht möchte. Während wir warten, beobachte ich das Begrüßungsverhalten der türkischen Schüler/-innen; es ist sehr körperlich. Mädchen wie Jungen begrüßen sich mit einem Kuss. Sie stehen zusammen und unterhalten sich auf Türkisch. Sie scheinen sich zu mögen. Ich spüre, wie stark diese Gruppe ist. Ich fühle mich ausgeschlossen."

Kurze Zeit später erlebt sie in einem Philosophiekurs „eine Unruhe wie in der 5. Klasse. Ich bin genervt ... und über mich selbst erschrocken, da mich dieser Kurs erschreckt, fast schockiert und ich ihn spontan als Problemkurs bezeichne. Er besteht bis auf ein rumänisches Mädchen aus türkischen Schüler/-innen, die sehr laut auf Türkisch reden und eine sehr starke Gruppe bilden. Ich fühle mich sehr unwohl und möchte am liebsten gehen."

Bei der Auswertung zu Hause „sehe ich zum ersten Mal einen Bezug zu mir. Ich bin gezwungen, mir Fragen zu stellen: Was schockiert mich? Wieso will ich nicht mehr in diesen Kurs zurück? Wieso kann ich das nicht aushalten? Lehne ich das Fremde vielleicht mehr ab, als ich es bisher annahm?"

In einem anderen Kurs, in dem nette, ruhige und interessierte Schüler sitzen, ist ihre Stimmung ganz anders, und sie stellt fest:

„Ich bin wohl kein Mensch für Konflikte. Ich mag's am liebsten unkompliziert! Wieso will ich mich nicht mit dem Chaos beschäftigen, mit dem, was ich nicht verstehe? Weil es mir Angst macht! Weil ich dort nicht weiß, wo mein Platz ist!"

In der 3. Woche, so schreibt die Studentin, wird die Krisenerfahrung überwunden zugunsten eines wachsenden Interesses für das Fremde, das sich in dem Maße entwickelt, wie sie sich als Person anerkannt fühlt:

„Ein türkisches Mädchen erzählt mir von den Problemen, die sie mit einem Lehrer hat. Zwei deutsche Mädchen reden über einige Lehrer und fragen mich nach meiner Meinung. Mir wird meine Rolle als Praktikantin bewusst. Viele Schülerinnen freuen sich, wenn ich im Unterricht sitze, und fragen, wie lange ich noch bei ihnen bleibe. Sie stellen mir auch persönliche Fragen, z. B. warum ich Lehrerin werden will."

Erst jetzt ist sie in der Lage, die geplanten Schüler-Interviews durchzuführen und „neue Gedanken" (so ihre Kennzeichnung der letzten Praktikumsphase) zu entwickeln.

Bei der Analyse dieser Erfahrung wird deutlich: Die Entwicklung der Fähigkeit, Dinge differenziert wahrzunehmen, ist zum einen abhängig von der Stellung im System, zum anderen von der Selbstwahrnehmung. Erst nachdem die Praktikantin für sich ihre eigene Position im System Schule geklärt hatte (Wer bin ich? Wie sehen mich andere? Wie kann ich mich mit meinen Fähigkeiten einbringen?) und nachdem sie ihre Wahrnehmung selbstreflexiv verarbeitet hat, können sich die Grundlagen für eine sensible und realistische Fremdwahrnehmung entwickeln.

So zerbricht etwa ihr euphorisch-harmonistisches Bild eines multikulturellen Zusammenlebens, es wird als irreal eingeschätzt. Dagegen entsteht die Erkenntnis, dass es notwendig ist, sich mit den bestehenden Abgrenzungen unter den Schülern oder zwischen Schülern und Lehrern auseinanderzusetzen. Eine idealistische Leitvorstellung weicht dem Blick auf das Prozesshafte und die aktive Gestaltung des Kontakts mit dem als „fremd" Wahrgenommenen. Indem sie sowohl zur Beschreibung des eigenen Lernprozesses als auch zur Einordnung von Schüleräußerungen den hermeneutischen Zirkel nutzt, wird ihr deutlich, dass das „Störende" und „Chaotische" umgedeutet werden kann, wenn man seine Wirkung auf einen selbst zu beschreiben versucht und Strategien entwi-

Kinder in Diyarbakir/Osttürkei
(Foto: Mauritius Images/Alamy)

ckelt, mit denen das verloren gegangene Selbstbewusstsein wiedergewonnen werden kann. Im hermeneutischen Prozess geht es zunächst (1) um eine Klärung des eigenen Vorverständnisses (Was weiß ich – z. B. über die schulische Realität, über Migranten/-kinder … ? Welche Erwartungen/Vorstellungsbilder habe ich?). (2) Dann um einen Verstehensversuch der Realität, bei dem man das Fremde zu verstehen versucht, indem man die Kontaktgrenze bewusst wahrnimmt: Was macht dieses „Fremde“ (z. B. die schulische Realität) mit mir? In welcher Weise berührt es mich, ist es für mich persönlich bedeutsam? (3) Mithilfe welcher Methoden kann ich mich ihm annähern und dabei (4) mich selbst beobachten: Wer bin ich/wie bin ich, dass ich dieses „Fremde“ in dieser Weise wahrnehme? (5) Welche neuen professions- und subjektbezogenen Wahrnehmungs-, Reflexions- und Gestaltungskompetenzen kann und will ich entwickeln (vgl. „Entwicklungsaufgaben“)? Schließlich wird (6) das Wahrgenommene mit dem Vorverständnis und dem Vor-Urteil in Beziehung gesetzt: Damit wird das Vorverständnis/Kontextwissen erweitert, wodurch ein differenzierterer Blick auf die Realität möglich wird.

(Aus: Alfred Holzbrecher: Interkulturelle Pädagogik. Cornelsen Scriptor: Berlin 2004, S. 162–165)

1 Analysieren Sie die Erfahrungen der Praktikantin im Blick auf die Frage, ob diese verallgemeinerungsfähig sind.
2 Setzen Sie sich mit den hermeneutischen Schlussfolgerungen des Autors Alfred Holzbrecher auseinander.

5.3.2 Interkultureller Kompetenzerwerb im Pädagogikunterricht/ im Fach Erziehungswissenschaft

Interkulturelle Vergleiche gehören zu den zentralen didaktischen Grundfiguren des Pädagogikunterrichts. Die didaktische Bedeutung von Vergleichen liegt vor allem darin, dass der Konstruktcharakter des Eigenen durch die Konfrontation mit dem Fremden deutlich werden kann. […] Die entscheidende Frage ist jedoch, in welcher Weise die Erfahrung des Andersseins des Anderen verarbeitet wird. […] Wie kann die Gefahr verringert werden, mithilfe interkultureller Vergleiche ethnozentrische Einstellungsmuster zu verfestigen? Meine Antwort darauf lautet – im Anschluss an Georges Devereux: durch eine transparente Methodologie, d. h. eine klar erkennbare Unterscheidung zwischen unterschiedlichen Phasen des Fremdverstehens und Vergleichens.
In Anlehnung an den hermeneutischen Zirkel geht es in einer 1. Phase einerseits um eine Aktualisierung des Vorwissens, ein Zum-Ausdruck-Bringen von auch unbewussten Vorstellungsbildern zum Objekt des Vergleichs; andererseits sollte geklärt werden, welche Erkenntnisse und Erfahrungen man sich von diesem Vergleich verspricht. – In der 2. Phase wird versucht, den Anderen/das Fremde in seinen Selbstdeutungen zu untersuchen – und dabei nach Möglichkeit eine bewertende Sprache/Haltung zu vermeiden: Was sagt der Andere, indem er sich in dieser Weise ausdrückt, über sich selbst und seine Lebenswelt aus? Welche Bedeutung haben seine Wahrnehmungs-, Deutungs- und Handlungsmuster für ihn, für sein Selbstbild und für sein Bild der Welt? – In einer 3. Phase wird dieses Bild in Beziehung gesetzt zum Vorverständnis und Vorwissen – im Sinne eines „Davor-Stehens“: In welcher Weise berührt es mich? Was macht das Fremde mit mir? Welche biografischen, lebensweltlichen und gesellschaftlichen Erfahrungen, welche Ängste und Wünsche provoziert es? In welchem der vier Modi des Fremderlebens wird es wahrgenommen? Was sagt dies über mich/uns selbst aus? etc. – Erst in einem weiteren Schritt, der 4. Phase, geht es um eine begründete Be-/Wertung, bei der „das Eigene“ und „das Fremde“ in ihrer Gleichheit und in ihrer Differenz gewürdigt werden. „Interkulturelles Lernen“ heißt nicht Preisgabe des eigenen Standpunkts zugunsten eines ethisch nicht durchhaltbaren Kulturrelativismus. Aber es beinhaltet notwendigerweise die Relativierung

von Einstellungen, die im Gewande eines unhistorischen Universalismus daherkommen. Der Ethnopsychoanalytiker Mario Erdheim hat m. E. am besten die Aktivität dieser 4. Phase mit dem Begriff der „Pendelbewegung zwischen den Kulturen“ (1990: XIII) gefasst.

Gerade im Unterrichtsfach Pädagogik besteht die Chance, Fremdverstehen nicht nur theoretisch, sondern auch praktisch (und methodisch angeleitet) als Suchbewegung und als Annäherungsprozess zu gestalten. Gemeint ist damit ein didaktisch-methodisches Konzept, das es den Lernenden ermöglicht, interkulturelles Lernen und die Arbeit an der eigenen Subjektentwicklung miteinander zu verknüpfen und als kreative Aufgabe der Konstruktion von Selbst- und Weltbildern zu begreifen. Dabei können auf folgenden drei Ebenen Erkenntnisse und Kompetenzen entwickelt werden:

1. auf der makrostrukturellen Ebene, d. h. der Gesellschaft in globalisierten ökonomischen und politischen Strukturen,
2. der Ebene der Lebenswelt bzw. der kultur-, geschlechts- und milieuspezifischen Deutungsmuster und
3. der Ebene der psychosozialen Entwicklung des lernenden Subjekts. […]

Vermutlich sind es weniger kognitive Einsichten als vielmehr soziale (Gegen-)Erfahrungen, die interkulturell wünschenswerte Dispositionen entstehen lassen. „Erziehung zur Verantwortung“ wird nicht durch Appelle realisiert, sondern entwickelt sich aus der Praxis der Solidarität. Die Unterstützung von Kinderhilfsprojekten in Lateinamerika, die Betreuung politischer Gefangener in einer Amnesty-International-Gruppe, der Kontakt zu Flüchtlingsfamilien vor Ort, Hausaufgabenhilfe oder die Mitarbeit bei Freizeitaktivitäten für Migrantenkinder im benachbarten Stadtteilzentrum, Schulpartnerschaften … Alle derartigen Aktivitäten einer „geöffneten Schule“ stellen zentrale Lerngelegenheiten dar. Im handelnden Umgang mit dem Fremden entwickelt sich psychische Stärke. Es ist v. a. diese Erfahrung von Kompetenz und Selbstwirksamkeit, die das handelnde Subjekt befähigt, die Ambivalenz riskanter gewordener Verhältnisse weniger als Bedrohung und eher als Herausforderung wahrzunehmen (vgl. Holzbrecher 1997 a). Verstehen wir mit Erhard Meueler (1993: 151 f.) „Bildung als Subjektentwicklung“, wird deutlich, dass die schöpferische Auseinandersetzung mit gesellschaftlichen Problemen zum Medium der eigenen Subjektentwicklung wird. Denn Subjekthaftigkeit setzt Beziehungsfähigkeit voraus: „Sie bedarf, um zustande zu kommen, der solidarischen Wertschätzung durch andere ebenso wie der eigenen Offenheit für fremdes Leid“ (Meueler 1993: 8). Indem sie für eine Verbesserung der Lebensbedingungen benachteiligter Gruppen hier und anderswo arbeiten und indem sie sich mit ihrem Anderssein auseinandersetzen, entdecken die Lernenden ihre Kompetenzen und entwickeln persönliche Stärken und Fähigkeiten.

(Aus: Alfred Holzbrecher: Vielfalt als Herausforderung. In: Ders. [Hrsg.]: Dem Fremden auf der Spur. Interkulturelles Lernen im Pädagogikunterricht. Schneider Verlag: Hohengehren 1999, S. 15–17)

1 Skizzieren Sie die Phasen interkulturellen Lernens und der angesprochenen drei Ebenen, auf denen Erkenntnisse und Kompetenzen entwickelt werden sollen.

2 Erörtern Sie die Chancen des Unterrichtsfaches Erziehungswissenschaft, „Fremdverstehen nicht nur theoretisch, sondern auch praktisch (und methodisch angeleitet) als Suchbewegung und als Annäherungsprozess zu gestalten“.

3 Interpretieren Sie das folgende Zitat und setzen Sie sich damit auseinander:

„Unsere Identität ist nicht ein Museumsstück, das in eine Vitrine gesperrt wird, sondern die Synthese unserer alltäglichen Widersprüche, die stets aufs neue überrascht.“ So der Schriftsteller Eduardo Galeano […]. In diesem Sinne eröffnet die interkulturelle Perspektive (gerade) im Pädagogikunterricht eine Fülle von Möglichkeiten der Selbst- und Fremdwahrnehmung.

(Aus: Alfred Holzbrecher: a. a. O., S. 26)

5.4 Zusammenfassender Ausblick: Konzepte interkultureller Erziehung und Bildung

Die verschiedenen Ansätze der Interkulturellen Pädagogik [...] tauchen in der Literatur selten „in Reinform" auf. Vielmehr kommunizieren sie miteinander – widersprechen sich teilweise und ergänzen einander in vielen Aspekten. Insgesamt stützen sie sich inzwischen auf eine reflexive Auffassung von „Kultur" und ihren Funktionen im pädagogischen Kontext und in anderen gesellschaftlichen Zusammenhängen. Nach dieser Auffassung geht es nicht um das Beharren auf „Differenz" nach fundamentalistischen Vorstellungen. Es geht also nicht darum, den Anderen in seiner Andersheit zwar wahrzunehmen und vielleicht sogar anzuerkennen, ihn aber dadurch zugleich „in das Getto seiner Andersheit" einzusperren und „ihn so loszuwerden" (Welsch 1992, S. 10). Nicht die Fundamentalisierung kultureller, ethnischer, sprachlicher Verschiedenheit in diesem Sinne [...] ist Ziel der theoretischen und begrifflichen Bemühungen, sondern im Gegenteil die Option, sich vom Eingesperrtsein in vermeintlich reine „kulturelle Identitäten" befreien zu können. Die Entwicklung der Interkulturellen Pädagogik wurde vor allem durch die Beschäftigung mit Migration und ihren Folgen angeregt. Dabei ist inzwischen jedoch nicht mehr der Migrant das vornehmliche Objekt der Betrachtung. Vielmehr geht es um die Untersuchung der gesellschaftlichen Konstellationen und Institutionen, in denen Gewanderte und Nichtgewanderte interagieren. Dies kann als in der wissenschaftlichen Interkulturellen Pädagogik erreichter Konsens herausgestellt werden. Die ursprüngliche Perspektive der Entwicklung einer Zielgruppenpädagogik, gerichtet auf „das Fremde" oder „die Fremden", die im bildungspolitischen und praktischen Diskurs nach wie vor eine große Rolle spielt, ist in wissenschaftlichen Arbeiten überholt.
Nicht aufgegeben wurde das Interesse daran, den Ursachen für ungleiche Bildungschancen auf die Spur zu kommen und – soweit das pädagogischem Modellieren und Handeln überhaupt möglich ist – an ihrer Beseitigung mitzuwirken. Überwunden wurde aber das anfangs auch im wissenschaftlichen Diskurs weit verbreitete Verständnis, dass die Erklärung für Benachteiligungen und die Ansatzpunkte für ihre Beseitigung zuallererst bei den Betroffenen selbst liegen: bei den ihnen zugeschriebenen Merkmalen, Eigenschaften und Verhaltensweisen. In dieser Hinsicht ist vermutlich die größte Differenz zwischen den wissenschaftlichen Ansätzen der Interkulturellen Pädagogik – sofern sie auf dem heute erreichten Stand argumentieren – und manchen Entwicklungen zu finden, die in pädagogischen Praxisfeldern weit verbreitet sind. In vielen dieser Arbeiten gilt die Aufmerksamkeit nach wie vor nicht der Frage, welche Herausforderungen die zunehmende kulturelle und sprachliche Heterogenität an Erziehung und Bildung stellt, sondern sie gilt immer noch der qua Pass oder sonstigen Anzeichen für „Fremdheit" gekennzeichneten Zielgruppe und der pädagogischen Beschäftigung mit ihrer „Besonderheit".

(Aus: Ingrid Gogolin, Marianne Krüger-Potratz: Einführung in die Interkulturelle Pädagogik. UTB. Verlag Barbara Budrich: Opladen & Farmington Hills 2006, S. 134)

VI. Pädagogische Professionalisierung in Institutionen

(Foto: Georg Bubolz, Erkelenz)

„Das Geheimnis der Erziehung liegt in der Achtung vor dem Schüler."

Ralph Waldo Emerson

1. Institutionalisierung von Erziehung

1.1 Schule

1.1.1 Hinführung: Isaac Asimov, Die Schule

Isaak Asimov hat im Jahr 1957 eine utopische Geschichte veröffentlicht, die im Original „The Fun They Had", deutsch lapidar „Die Schule", betitelt ist. Interessant sind die Visionen von der Schule und ihrem Wandel.

Margie schrieb es am Abend sogar in ihr Tagebuch. Auf die Seite mit der Titelzeile 17. Mai 2157 schrieb sie: „Heute hat Tommy ein richtiges Buch gefunden!"

Es war ein sehr altes Buch. Margies Großvater hatte ihr einmal erzählt, dass er als kleiner Junge von seinem Großvater gehört hätte, wie in früheren Zeiten alle Geschichten auf Papier gedruckt gewesen wären.

Sie wendeten die Seiten, die schon vergilbt und brüchig waren, und es war ungemein komisch, Worte zu lesen, die stillstanden, statt sich über den Bildschirm zu bewegen, wie es sich gehörte. Und dann, wenn sie wieder zurückblätterten, konnten sie auf den vorhergehenden Seiten dieselben Worte lesen, die sie schon beim ersten Mal gelesen hatten.

„Denk mal", sagte Tommy, „was für eine Verschwendung. Wenn du mit dem Buch fertig bist, musst du es wegwerfen. Unser Fernseher hat schon viele tausend Bücher gezeigt, und er ist noch gut für viele Tausend mehr. Den braucht man nie wegzuwerfen."

„Wo hast du das Buch gefunden?", fragte Margie neugierig. Sie war elf und hatte noch nicht so viele Telebücher gesehen wie Tommy. Er war dreizehn.

„Bei mir zu Haus." Er zeigte mit dem Daumen in die Richtung, ohne hinzusehen, denn er war mit Lesen beschäftigt. „Auf dem Dachboden."

„Wovon handelt es?"

„Schule."

Margie wurde zornig. „Schule? Was kann man denn schon über die Schule schreiben? Ich hasse die Schule!"

Margie hatte die Schule schon immer gehasst, aber jetzt hasste sie sie mehr als je zuvor. Der mechanische Lehrer hatte sie wieder und wieder in Geographie abgefragt, und bei jedem Mal war sie schlechter gewesen, bis ihre Mutter bekümmert den Kopf geschüttelt und die Schulinspektion angerufen hatte.

Der Schulinspektor war ein runder kleiner Mann mit einem roten Gesicht gewesen, der eine ganze Kiste mit Instrumenten, Drähten und Werkzeugen bei sich getragen hatte. Er hatte Margie angelächelt und ihr einen Apfel gegeben, dann hatte er sich über den mechanischen Lehrer hergemacht und ihn auseinandergenommen. Margie hatte gehofft, dass er ihn nicht wieder zusammenbringen würde, aber er hatte Bescheid gewusst, und nach einer Stunde oder so hatte das Ding wieder dagestanden, groß und schwarz und hässlich, mit einer großen Mattscheibe darauf, wo alle Lektionen gezeigt wurden, und mit einem Lautsprecher daneben, der die Fragen stellte. Aber das war nicht das Schlimmste. Der Teil, den Margie am meisten hasste, war ein Schlitz, in den sie alle Hausarbeiten und die Antworten auf seine Fragen stecken musste. Alles das musste sie in einem Lochkode schreiben, den sie mit sechs Jahren gelernt hatte, und der mechanische Lehrer rechnete die Noten im Nu aus.

Der Schulinspektor hatte Margie noch einmal angelächelt und ihr den Kopf getätschelt, nachdem er seine Arbeit beendet hatte. Und zu ihrer Mutter hatte er gesagt: „Ihre Tochter kann nichts dafür, Mrs. Jones. Ich glaube der Sektor Geographie war ein wenig zu schnell eingestellt. So etwas kann mitunter vorkommen. Ich habe ihn verlangsamt, dass er dem durchschnittlichen Leistungsniveau einer Zehnjährigen entspricht. Ansonsten sind die Fortschritte Ihrer Tochter recht befriedigend." Und er hatte Margie wieder über die Haare gestrichen.

Margie war enttäuscht gewesen. Sie hatte gehofft, dass man den Lehrer ganz fortschaffen würde. Einmal hatten sie Tommys Lehrer fast für einen Monat weggebracht, weil er auf dem

Sektor Geschichte überhaupt nicht mehr funktioniert hatte.

So sagte sie jetzt zu Tommy: „Warum sollte jemand über die Schule schreiben?"

Tommy blickte auf sie und sah sie überlegen an. „Weil es nicht unsere Art Schule ist, du Dummkopf. Das ist die alte Art Schule, wie man sie vor Hunderten von Jahren hatte." Von oben herab und mit sorgfältiger Betonung fügte er hinzu: „Vor Jahrhunderten."

Margie war verletzt. „Woher soll ich denn wissen, was für eine Art Schule sie vor so langer Zeit hatten." Sie schaute ihm über die Schulter und las eine Weile mit, dann sagte sie: „Jedenfalls hatten sie auch einen Lehrer."

„Sicher hatten sie einen Lehrer, aber es war kein richtiger Lehrer. Es war ein Mann."

„Ein Mann? Wie kann ein Mann ein Lehrer sein?" „Na, er hat eben den Jungen und Mädchen Sachen erzählt, ihnen Fragen gestellt und Hausaufgaben gegeben."

„Ein Mann ist dafür nicht klug genug."

„Klar. Mein Vater weiß so viel wie mein Lehrer."

„Das kann er nicht. Ein Mann kann nicht so viel wissen wie ein Lehrer." „Er weiß beinahe so viel, darauf wette ich mit dir." Margie fühlte sich für eine Diskussion nicht stark genug. Sie sagte: „Mir würde es nicht gefallen, wenn ein fremder Mann ins Haus käme, um Schule zu halten."

Tommy kreischte vor Lachen. „Du weißt nichts, Margie. Die Lehrer haben nicht bei den Kindern im Haus gelebt. Sie hatten ein besonderes Haus, und alle Kinder gingen dorthin."

„Und alle Kinder lernten dasselbe?"

„Klar, wenn sie im gleichen Alter waren."

„Aber meine Mutter sagt, ein Lehrer muss genau für den Jungen oder das Mädchen eingestellt werden, die er lehrt, und dass jedes Kind andere Lektionen bekommen muss, weil die Kinder im Lernen ganz verschieden sind."

„Trotzdem haben sie es damals nicht so gemacht. Wenn es dir nicht gefällt, brauchst du das Buch ja nicht zu lesen."

„Ich habe nicht gesagt, dass es mir nicht gefällt", sagte Margie hastig. Sie wollte gern mehr über diese komischen Schulen lesen. Sie hatten das Buch noch nicht einmal zur Hälfte durch, als Margies Mutter vor die Tür kam. „Margie! Schule!" Margie blickte auf: „Noch nicht, Mama!" „Jetzt!", sagte Mrs. Jones. „Und für Tommy wird es wahrscheinlich auch schon höchste Zeit." Margie fragte Tommy schüchtern: „Darf ich nach der Schule mit dir weiter in dem Buch lesen?" „Vielleicht", erwiderte er herablassend.

Dann schlenderte er pfeifend davon, das staubige alte Buch unter den Arm geklemmt.

Margie trottete unlustig in ihr Schulzimmer. Es befand sich neben ihrem Schlafzimmer, und der mechanische Lehrer war bereits eingeschaltet und wartete auf sie. Der Unterricht fand jeden Tag um die gleiche Zeit statt, außer samstags und sonntags, weil ihre Mutter sagte, dass kleine Mädchen besser lernten, wenn es nach einem regelmäßigen Stundenplan geschah.

Der Bildschirm war erleuchtet, und der Lautsprecher sagte: „Unsere heutige Rechenaufgabe besteht aus der Addition einfacher Brüche. Bevor wir anfangen, steckst du die gestrige Hausaufgabe in den Aufnahmeschlitz."

Margie gehorchte seufzend. Sie dachte an die alten Schulen zu der Zeit, als der Großvater ihres Großvaters ein kleiner Junge gewesen war. Alle Kinder aus der ganzen Nachbarschaft kamen dort lachend und schreiend im Schulhof zusammen, saßen miteinander im Klassenzimmer und gingen nach dem Unterricht zusammen nach Hause. Sie lernten dieselben Aufgaben, damit sie einander bei der Hausarbeit helfen und darüber sprechen konnten.

Und die Lehrer waren Leute …

Auf dem Bildschirm des mechanischen Lehrers erschienen die Worte: „Wenn wir die Brüche ½ und ¼ addieren wollen …"

Margie musste daran denken, wie glücklich die Kinder in den alten Tagen gewesen sein mussten. Wie schön sie es gehabt hatten.

(Aus: Geliebter Roboter. Utopische Stories, deutsche Übersetzung von Walter Brumm, Wilhelm Heyne Verlag: München 1957, S. 112–115 © 1957 by Isaac Asimov)

1 Interpretieren Sie die utopische Geschichte aus dem Jahr 1957. Berücksichtigen Sie dabei die Frage, wie Schule der Zukunft heute von Ihnen gesehen würde.

2 Erörtern Sie, welche Kompetenzen eine Schule der Zukunft anstreben sollte.

1.1.2 Funktionen der Schule

Schule ist eine Institution der Gesellschaft. Sie ist auch eine für die Gesellschaft. Sie wird deshalb von bestimmten gesellschaftlichen Interessen bestimmt, gleich, ob es sich um eine Schule in staatlicher oder in freier Trägerschaft handelt. Als Vermittlungsinstrument dient die Schule bestimmten Zwecken, die von den vielfältigen Erwartungen und Ansprüchen des Staates und der Gesellschaft, der Eltern, der Schüler und der „Abnehmer" abhängig sind. Wegen des Mittel-Zweck-Zusammenhangs spricht man hier von Funktionen der Schule. Der Schule werden im Wesentlichen drei Funktionen zugeschrieben:

- *die Qualifikationsfunktion:* sie bedeutet, dass die Schüler mit Fertigkeiten, Kenntnissen und Fähigkeiten ausgestattet werden, die für das spätere Leben in Beruf und Gesellschaft erforderlich erscheinen. Dies geschieht vor allem im Unterricht. Da sich die Arbeitswelt durch kulturelle und technologische Trends rasch wandelt, ändern sich auch die Qualifikationsanforderungen an den Unterricht. Heute wird z. B. erwartet, dass neben Lesen, Schreiben und Rechnen auch Kenntnisse in wenigstens einer Fremdsprache und die Fähigkeit zum Umgang mit Computern als Teil einer „informationstechnischen Grundbildung" vermittelt werden. Ferner erwartet man je nach Schulform auch propädeutische Qualifikationen im Sinne von wissenschaftsbezogenen Grundkenntnissen. Darüber hinaus wird in letzter Zeit von der Schule auch gefordert, dass sie sog. Schlüsselqualifikationen vermittelt. Sie werden in der Regel als gewünschte Verhaltensdispositionen formuliert, wie etwa Lernfähigkeit, Kooperationsbereitschaft und Entscheidungskompetenz. Solche Erwartungen werden gelegentlich auch als „Erziehungsziele" ausgewiesen. Wegen der damit in der Regel verknüpften Verwertungsinteressen ist jedoch eine solche Bezeichnung irreführend und wenig sinnvoll.
- *die Selektionsfunktion:* sie bedeutet, dass die Schüler im Hinblick auf verschiedene Schullaufbahnen und Lebenschancen sortiert werden. Bildlich gesprochen ist die Schule einem großen Rüttelsieb vergleichbar, das zwischen den Generationen angeordnet ist und den Zugang zu beruflichen Positionen, sozialem Prestige und materiellem Erfolg steuert. Deshalb ist in diesem Zusammenhang auch gelegentlich von der Allokationsfunktion die Rede. Steuerungsmittel sind in erster Linie die Zensuren und Abschlüsse, die jeweils bestimmten Öffnungen des Siebes zugeordnet sind. Freilich ist die Schule bei der Verteilung der Lebenschancen nicht allein ausschlaggebend; neben regionaler und sozialer Herkunft, Begabung, Geschlecht, Beziehungen spielen nicht zuletzt auch Glück und Zufall eine große Rolle.
- *die Integrationsfunktion:* sie bedeutet, dass die Schüler möglichst reibungslos in die Gesellschaft eingefügt werden. Dies geschieht durch das Einüben gesellschaftlich erwünschter Verhaltensweisen und durch die Vermittlung entsprechender Einstellungen, Überzeugungen und Haltungen. Dazu gehören beispielsweise Genauigkeit, Fleiß und Sorgfalt im Umgang mit Aufgaben, Kooperationsbereitschaft, Verlässlichkeit und Pünktlichkeit im Umgang mit Menschen und Anpassung, Loyalität und Treue gegenüber dem Staat. Weit verbreitet ist die Annahme, dass dies die eigentliche Erziehungsaufgabe der Schule sei.

Die Erfüllung der Schulfunktionen wird in erster Linie von der Bildungspolitik und der Schulverwaltung beeinflusst [...]. Aber auch gesellschaftliche Trends (z. B. das Streben nach höherwertigen Bildungsabschlüssen), schulpädagogische Einsichten (z. B. die Forderung nach veränderten Unterrichtsformen) und veränderte Akzente in der Lehrerbildung (z. B. Erhöhung des Anteils der Grundwissenschaften in Prüfungsordnungen) bestimmen mehr oder weniger die Art und Weise der Funktionserfüllung. Insgesamt wird die gesellschaftliche Bedeutung der Schulfunktionen so hoch eingeschätzt, dass eine allgemeine *Schulpflicht* gerechtfertigt erscheint.

Institutionen regeln und sichern das Leben in einem begrenzten raum-zeitlichen Ausschnitt; sie haben einen *fürsorglichen* Charakter. Durch die Festlegung bestimmter Rollen und Tätigkeiten sichern und stabilisieren sie grundlegende Lebensvollzüge wie Arbeit, Verkehr, Religion, Kunst, Gesundheit und eben auch Bildung. Dadurch tragen sie dazu bei, dass die Existenz des Einzelnen gewährleistet und der jeweils erreichte Stand einer Kulturgemeinschaft erhalten werden. Das gilt auch für die Institution Schule, in der die Rollen und die jeweiligen Tätigkeiten in didaktischer, methodischer und organisatorischer Hinsicht geregelt sind.

Die Entlastung für die Beteiligten liegt auf der Hand: Schüler brauchen sich nicht selbst um die Auswahl der richtigen Lerninhalte, um die Entscheidung für die geeigneten Methoden, die Differenzierung nach Begabungshöhe und -richtung und um die Festlegung von Räumen und Zeiten zu kümmern. Das alles ist ihnen abgenommen. Und in der Regel haben die Schüler keinen Zweifel daran, dass diese Festlegungen gut für sie sind. Auch Eltern, Lehrer und „Abnehmer“ teilen diese funktionalen Erwartungen. Die Eltern schicken ihre Kinder nicht nur wegen der Schulpflicht, sondern auch deswegen zur Schule, damit sie das Richtige und möglichst viel davon lernen; die Lehrer beanspruchen für ihren Unterricht, dass die Schüler durch ihn tatsächlich hinreichend qualifiziert, gerecht selektiert und erfolgreich integriert werden; die „Abnehmer“, wie weiterführende Schulen, Hochschulen und Arbeitgeber, erwarten ausdrücklich Qualifizierungs-, Integrations- und Selektionsleistungen von der Schule. Die aus ihren Reihen gelegentlich vorgebrachte Kritik richtet sich meistens auf die angeblich mangelhafte Erfüllung der Schulfunktionen. Die pädagogische Schulkritik greift dagegen tiefer. Ihren verschiedenen „Spielarten“ ist gemeinsam, dass sie ein Erziehungsdefizit der Schule als Folge der Funktionalisierung beklagen.

(Foto: Georg Bubolz, Erkelenz)

Kritisiert wird, dass Schülern und Lehrern in der funktionalisierten Schule wenig Spielraum zur Selbstentscheidung und Verantwortung bleibt. So erfahren die Schüler kaum Hilfen zur Förderung ihrer Selbständigkeit und erhalten wenig Gelegenheit zur Übernahme von Verantwortung.

Sie werden dagegen durch soziale Kontrollmechanismen auf erwünschtes Verhalten getrimmt. Das Lernen selbst geschieht im Hinblick auf verordnete Zwecke, die der eigenen Rechtfertigung und Bewertung entzogen sind.

Die Legitimation der Unterrichtsinhalte erfolgt – wenn überhaupt – durch Verweise auf formale Lernzielkataloge und Rahmenrichtlinien oder durch Hinweise auf den vermeintlichen Selektionszwang.

Diese pädagogische Kritik gilt sinngemäß auch im Hinblick auf die Arbeit der Lehrer. Die Inhalte des Unterrichts können sie selten nach Maßgabe der Realbedingungen vor Ort entscheiden; die Vorgaben des Lehrplans ziehen in der Regel enge Grenzen. Unter dem Druck der Stofffülle und der Zeitknappheit muss das methodische Vorgehen weitgehend normiert werden, d.h. es wird überwiegend ein Frontalunterricht durchgeführt, der auf die Individuallage der Schüler wenig Rücksicht nehmen kann. Die Dominanz der Schulfunktionen macht die Lehrer tendenziell zu Funktionären, die ihre eigentliche pädagogische Aufgabe vernachlässigen müssen.

Die Schulkritiker stellen weiter fest, dass das Lehrer-Schüler-Verhältnis auf Grund der Funktionalisierung des Lehrerhandelns zu einer hierarchischen Rollenfixierung degeneriert, bei der der Lehrer anordnet und kontrolliert, anstatt Hilfe zur Selbsthilfe zu leisten. Die Schüler werden kaum als Subjekte ihrer Lernprozesse, sondern vorrangig als Objekte von Lehrstrategien begriffen. Da die Funktionen nicht von der Schule abzulösen sind, bezweifelt die radikalste Variante der Schulkritik jegliche Möglichkeit zur pädagogischen Reform. Aus der Perspektive der Bildung ist ihrer Ansicht nach die Schule nicht krank, sondern selbst eine unheilbare Krankheit.

Lehrer mit einem ausgeprägtem Berufsethos geraten angesichts ihrer pädagogischen Aufgabe und der erwarteten Funktionserfüllung in einen inneren Konflikt, etwa dann, wenn sie die Schüler in der Auseinandersetzung mit den Aufgaben des Unterrichts zur Selbständigkeit und Eigenverantwortung führen wollen, aber zugleich bestimmte Qualifikationen an vorgegebenen Inhalten in einer vorgegebenen Zeit vermitteln sollen. Der Konflikt zwischen pädagogischem Handeln und funktionaler Verrichtung ist in der Regel am größten, wenn es um Zensuren und Zeugnisse geht. Denn die Zensierung steht ganz im Dienst gesellschaftlicher Selektionserwartungen, und die herangezogenen vergleichenden und generalisierenden Kontrollnormen widersprechen dem pädagogischen Sinn des Beurteilens als individueller Führungshilfe.

(Aus: Jürgen Rekus, Thomas Mikhail: Neues schulpädagogisches Wörterbuch. 4., überarbeitete Auflage, Beltz Juventa: Weinheim und Basel 2013, S. 124–129)

1 Arbeiten Sie die Funktionen von Schule nach der Textvorlage heraus.
2 Nennen Sie, was an Schule kritisiert wird, und beziehen Sie Stellung.

1.1.3 Positionen zur Institutionalisierung von Schule

a) Schule als Institution ist unverzichtbar …

Auf die Schule als institutionalisierten Ort des Lehrens und Lernens kann gegenwärtig – trotz aller Kritik – nicht verzichtet werden, da ihre Funktionen für die Sicherung und Stabilisierung des Einzelnen wie der Gesellschaft notwendig sind und zur Zeit von keiner anderen Institution erfüllt werden können.

Vorerst bleibt es den einzelnen Lehrern und den Lehrerkollegien überlassen, in ihrem täglichen Lehrerhandeln die funktionalen Erwartungen mit den pädagogischen Aufgaben zu verbinden. Dabei gilt es zu bedenken,

- dass das Leben und die Lebensbedingungen der Schüler in die inhaltliche, methodische und organisatorische Unterrichtsvorbereitung einbezogen werden sollten,

- dass die erzieherische Zielsetzung des Unterrichts, nämlich zunehmende Selbständigkeit und Eigenverantwortung, nur durch vermehrte Selbsttätigkeit der Schüler erreicht werden können,
- dass fachübergreifend-projektorientierter Unterricht und Freiarbeit der erzieherischen Zielsetzung des Unterrichts besonders entgegenkommen,
- dass das Beurteilen von Leistungen in erster Linie als Hilfe für den Lernfortschritt der Schüler zu verstehen ist und dass das bloße Zensieren dieser pädagogischen Sinngebung nicht entspricht (Leistung/Leistungsbeurteilung),
- dass alle Versuche zur pädagogischen Profilierung der Schule nur dann Erfolg haben, wenn sie von dem jeweiligen Kollegium einsinnig getragen werden (Lehrer-Lehrer-Verhältnis) und Elternhaus und Schule in dieser Hinsicht eng kooperieren (Lehrer-Eltern-Verhältnis).

Die Chancen zur Entfunktionalisierung und Pädagogisierung der Schule erscheinen zur Zeit günstig. Das Interesse der Gesellschaft an einer erzieherischen Profilierung der Schule nimmt zu. Die Forderung nach der Vermittlung von sog. „Schlüsselqualifikationen" mag dafür – trotz ihres missverständlichen Charakters – als Indiz gelten. Sofern darunter nicht bloß zweckbestimmte (Arbeits-)Tugenden, sondern vorrangig selbstzweckbezogene, d. h. selbsterzieherische Leistungen verstanden werden, gehören sie in der Tat zur Aufgabe der Erziehung im Unterricht. Sie wird „erleichtert" durch den gegenwärtig festzustellenden Trend einer Verlagerung der Selektionsfunktion auf die der Schule nachfolgenden Institutionen.

(Aus: Jürgen Rekus, Thomas Mikhail: Neues schulpädagogisches Wörterbuch. 4., überarbeitete Auflage, Beltz Juventa: Weinheim und Basel 2013, S. 124–129); http://www.uni-potsdam.de/fileadmin/projects/erziehungswissenschaft/documents/studium/Textboerse/pdf-Dateien/hintz_funktionen.pdf – [01. 04. 2013]

1 Beschreiben Sie die Position der Autoren zur Frage der Berechtigung von Schule als Institution.

b) Das Dilemma von Schule als Organisation …

In der Literatur und in Diskussionen werden Institutionen und Organisationsformen sehr häufig in einem Atemzug genannt. Der Grund ist darin zu sehen, dass Organisationen bzw. die Formen der Organisation die Grundstruktur der Institutionen bilden, um die Grundfunktionen durchzuführen, nämlich die Umsetzung der vorgegebenen Regeln und Normen zu kontrollieren und die Abweichungen zu sanktionieren. Im Bild gesprochen, machen die Organisationsformen die Installation der Institutionen aus. Organisation ist ein soziologischer bzw. organisationssoziologischer Begriff.

Unter Organisation kann verstanden werden: Ein Zusammenschluss von Menschen zur Erreichung gemeinsamer Ziele, z. B. ein Verein, eine Bürgerinitiative, eine Arbeitsgruppe, oder ein System von vorgegebenen Handlungseinheiten (Muster), für deren Ausführung Personen aufgrund bestimmter Positionen zuständig sind, z. B. ein Betrieb, eine Schule oder Instrumente zur Durchsetzung von Zielvorgaben in sozialen Systemen, z. B. Heer, Gefängnis (Hillmann 1994, 638ff, Stichwort Organisation).

Organisationsformen können als Regelsysteme begriffen werden, die auf Normsystemen beruhen und durch diese legitimiert sind. Zur Funktionsfähigkeit von Organisationen gehören u. a. folgende Systemelemente:

- eine bestimmte (z. T. festgelegte) Anzahl von Mitgliedern,
- definierte Binnen- und Außenbeziehungen,
- ausgebildetes oder als kompetent bestimmtes Personal,
- vorgegebene Ziele und Funktionen, arbeitsteilige Rollen- und Positionsgliederung, Rechtsverordnungen oder Satzungen als Grundlagen und formalisierte Verhaltensweisen oder Handlungen.

Die Mitglieder solcher organisierten Gruppen oder Organisationen handeln auf „genau fixierte Gruppenziele hin. So etwa in einer Fabrik für die Herstellung von Krippenfiguren oder Naschpulver, in einer Baufirma für die Erstellung von Raketensilos oder Kirchen, beim

Militär für die Verteidigung von Handelsinteressen oder die Bewahrung staatlicher Einheit, in Kirchen für die Beeinflussung der Parteien oder die Pflege von Kontakten zwischen Diesseits und Jenseits. Jedes Gruppenmitglied hat seinen Arbeitsplatz, sein genau umschriebenes Arbeitsgebiet. Die im Außendienst tätige Fürsorgerin besucht einen Klienten und schreibt einen Bericht, der Sachbearbeiter im Innendienst liest den Bericht und hakt ab, der Abteilungsleiter liest ebenfalls und genehmigt, die Sekretärin schreibt die Zahlungsanweisung …“ (Bellebaum 1994, 33f).

Unter pädagogischer Perspektive produzieren Institutionen ein ständiges Dilemma. Dieses besteht darin, dass Heranwachsende einerseits über Enkulturation, Sozialisation und Erziehung in die bestehenden Institutionen eingefädelt werden müssen, damit sie ihre „Grundpersönlichkeit“ […] herausbilden können, dass aber andererseits sie auch zu eigenverantwortlichen Persönlichkeiten erzogen werden sollen, ein Prozess, der in vielen Fällen auch gegen die bestehenden Vergesellschaftungsprozesse durchgesetzt werden muss, der aber von den offiziellen Vertretern der Organisationen auch verhindert werden kann. Das Organisationssystem und seine Vertreter sind geradezu als ein „Durchsetzungsapparat“ (Parsons …) anzusehen, mit dem auch gegen Widerstreben der einzelnen Personen die Einhaltung der gesetzten Regeln und Normen durchgesetzt werden kann und z. T. unter Anwendung legitimer Gewalt durchgesetzt wird (Weber 1972). Damit ist eine systemadäquate Lösung aufgezeigt, die E. Goffman „Totale Institution“ nennt (Goffman 1973), zu denen er nicht nur die Heere und Gefängnisse, sondern auch die Internate und die Schulen zählt.

(Aus: Friedrich W. Kron, Grundwissen Pädagogik, 7. Auflage, Ernst Reinhardt UTB, München 2009, S. 49–50)

2 Erörtern Sie, worin Kron das pädagogische Dilemma von Erziehungsinstitutionen sieht.

c) Schule als Institution ist abzuschaffen …

JA ABSOLUT… Ich bin jetzt 34, habe 19 Jahre meines Lebens Schule und Schulen besucht… (Grundschule, Hochschule, Fachakademien …) … katastrophalerweise jetzt sogar indirekt noch im Schuldienst tätig … ich weiß, wovon ich rede … Menschen, so ist meine feste Überzeugung!!, werden mit den Kompetenzen, ein Leben zu meistern, Geboren!! VOR ALLEM mit der Kompetenz (teilweise zumindest) zur (überlebenswichtigen) EMPATHIE … Dies wird in der Schule ausgetrieben … durch das SYSTEM Schule … … das ist vielen bzw. fast allen Menschen, so finde ich, nicht bewusst … es schafft durch sein (FALSCHES!) Wertesystem katastrophale Weltbilder in den Köpfen der Menschen, und vor allem aber auch unbemerkt bzw. kaum bemerkt in der Gesellschaft … ich hoffe, dass das Erbe, dieses SCHRECKLICHE Erbe, und dessen Folgen, das wir seit Hunderten von Jahren nicht hinterfragt haben, einmal GRUNDLEGEND hinterfragt und überdacht wird … Natürlich bleibt die Frage nach der bzw. einer Alternative … und da gestehe ich, ist das natürlich keine einfache Sache … aber da stehe ich z. B. so etwas wie der Idee des „bedingungslosem Grundeinkommens“ z. B., ohne mich jetzt festschreiben zu wollen, gedanklich schon viel näher … als dem meisten, was wir bisher hatten … weil dieser Gesellschafts- und Finanzentwurf (zumindest auf den ersten Blick, das müsste man noch diskutieren …) einer „persönlichen Entfaltung in Freiheit“ viel näher kommt, und sich das auch ganz stark auf alles, was die Entwicklung von Kindern betrifft, so denke ich, auswirken würde … zum Positiven, so hoffe ich …

(http://www.gutefrage.net/frage/schule-abschaffen-oder-nicht-xd – [01. 04. 2013])

3 Erörtern Sie die pädagogischen Schlussfolgerungen des Bloggers und vergleichen Sie diese mit denen von Kron sowie von Rekus und Mikhail. Beziehen Sie Stellung.

4 Beurteilen Sie, inwiefern der folgende Textauszug zu „Heterogenität und institutionalisierter Bildung“ neue pädagogisch relevante Aspekte zu bedenken gibt.

d) Schule durch Nutzung von Heterogenität gestalten …

Heterogenität hat „Konjunktur“ […]; unklar bleibt, warum dies so ist. […] Neben dem Begriff „Heterogenität“ tauchen vergleichbare Begriffe auf: Differenz, Diversität, Exklusion, Verschiedenheit und Ungleichheit. […] Mit der Ausdehnung institutionalisierter Erziehung auf alle Nachwachsenden einer Gesellschaft – erst untere soziale Schichten, später Mädchen, dann Kinder und Jugendliche ohne deutschen Pass sowie schließlich „Behinderte“ – veränderten sich die Normalitätsvorstellung durchschnittlicher Schülerinnen und Schüler und die Heterogenitätserwartung an eine Lerngruppe. In einer Jungenschule führt beispielsweise ein Mädchen zu einer Heterogenitätswahrnehmung, in einer gemischten Schule nicht. In einer homogenen Gymnasialklasse führt das Auftauchen eines Schülers mit besonderem Förderbedarf zu einer irritierenden Heterogenitätswahrnehmung, in einer integrativen Grundschulklasse nicht. […]

Heterogenität und institutionalisierte Bildung
Das Verhältnis von institutionalisierter Erziehung und Bildung zu Heterogenität ist zwiespältig: Institutionalisierung setzt einerseits Heterogenität voraus, andererseits behindert Heterogenität Institutionalisierung.
Die Institutionalisierung von Erziehung und Bildung in modernen Gesellschaften ist auf gesellschaftlicher Ebene notwendig, da es eine Differenz zwischen den Kenntnissen und Kompetenzen der nachwachsenden Generation und den als notwendig zur Aufrechterhaltung der Gesellschaft angesehenen Anforderungen an sie gibt. Diese Differenz (Heterogenität) ist nur durch Institutionalisierung zu reduzieren. Institutionalisierte Bildung geht deshalb von zu verringernder Heterogenität aus.
Auf der bildungstheoretischen und auf der gesellschaftlichen Zielebene von Erziehung und Bildung ist Heterogenität dagegen erwünscht. Bildungstheorie betont den zieloffenen Charakter institutionalisierter Bildung. Mündigkeit, Individualität usw. kennzeichnen, dass jede Peron das Ziel ihrer Bildung herausarbeitet – im Ergebnis also Heterogenität. Solche institutionalisierte Bildung will Heterogenität produzieren.
Gesellschaftliche Funktionen institutionalisierter Bildung sind noch komplexer. Sie stellen Gleichheit her und sollen Ungleichheit produzieren. Die Reduktion der Kinder und Jugendlichen auf die Schülerrolle ist eine *Homogenisierung*, alle Kinder und Jugendlichen werden gleich und vergleichbar gemacht. Zugleich hat das Bildungswesen eine Selektionsaufgabe: Es muss Unterschiede zwischen Schulabsolventen entdecken und so *heterogenisierend* wirken.
Für das moderne Bildungswesen ist Heterogenität grundlegend. Gleichzeitig ist sie widerspenstig gegen Institutionalisierung. Deren grundlegende Kennzeichen sind bestimmte Regeln in den Institutionen, die mit Sanktionen durchgesetzt werden, konkrete Ziele, eine beabsichtigte normierende Wirkung, der überindividuelle Charakter der Institution und ihre gesellschaftliche Entlastungsfunktion. Institutionen gehen von Annahmen über Prozesse und Ergebnisse aus, die homogenisierend auf die in die Institution aufgenommenen Personen wirken. Deshalb ist Heterogenität auf relevanten Ebenen für die Institution ein Problem. Geht Schule etwa von bestimmten Lern- und Entwicklungsgeschwindigkeiten der Lernenden aus, stören alle, deren Lernen und Entwicklung zu langsam oder zu schnell geht. Heterogenität ist damit für Institutionen ein widersprüchliches Phänomen. Und deshalb befassen sich Bildungsinstitutionen mit Heterogenität als Voraussetzung ihres Handels.

Umgangsweisen mit Heterogenität
Historisch und aktuell sind drei Arten des Umgangs mit Heterogenität in institutionalisierten Bildungseinrichtungen beobachtbar:

- *„Ignorieren“* – diese Art des Umgangs galt lange für viele der beschriebenen Kategorien von Heterogenität und wird heute häufig in der Praxis gefunden. Die wachsende Aufmerksamkeit für bestimmte Formen von Heterogenität und das Bewusstsein für Diskriminierung, etwa in der Geschlechterfrage, hinterfragen diese Umgangsweise allerdings zunehmend.

- *„Reduzieren"* – auch diese Umgangsweise will vorgefundene Differenzformen weniger beachten. Sie tritt als „Unterdrückung" und als „Abbau von Unterschieden" auf.
- *„Unterdrücken"* – diese Umgangsweise will bestimmte Formen von Heterogenität für pädagogische Vorgänge nicht handlungsrelevant werden lassen. Das schulöffentliche Auftreten sprachlicher Vielfalt kann z. B. durch ein Verbot anderer Sprachen als der deutschen Sprache gewaltsam reduziert werden. Dieses „Bekämpfen" von Heterogenität hat Tradition; so wurden z. B. vor Jahrzehnten Verbote für die Kinder so genannter „Ruhrpolen" erlassen (vgl. Hansen/Wenning 2003). Auch das Verbot bestimmter Kopfbedeckungen ist eine Unterdrückung von Heterogenität.
- *„Abbauen"* – will durch Fördermaßnahmen Heterogenität in für Lehr-Lernprozesse relevanten Bereichen reduzieren. Die kompensatorische Erziehung der 1960er-Jahre zur Angleichung als defizitär eingestufter sprachlicher und sozialer Voraussetzungen benachteiligter Kinder ist hierzu zu zählen. Auch die Förderung sprachlicher Fähigkeiten in vorschulischer Erziehung und Grundschule ist ein „Abbau" von Heterogenität. Diese Bemühungen, Heterogenität zu unterdrücken bzw. abzubauen, werten die für Erziehungs- und Bildungsprozesse als relevant wahrgenommene Differenz negativ und wollen sie beseitigen. Ausgangspunkt ist eine Normalitätsidee, die als richtig, gegeben und positiv bewertet gilt. Jeder, der in Sprache, Kultur, Migrationserfahrung, Leistungsfähigkeit oder Geschlecht negativ davon abweicht, gilt zwingend als defizitär. Deshalb führen Maßnahmen der Unterdrückung wie der Kompensation zur Benachteiligung abweichender Personen.
- *Akzeptieren* – meint, die jeweilige Heterogenität als Bedingung institutionalisierter Erziehung und Bildung anzunehmen. Zu unterscheiden sind hierbei die „reflexive" Reaktion und die „produktive" Nutzung.
- *Reflexiver Umgang* mit Heterogenität geht von Differenz aus, nimmt vorhandene Differenz wahr, analysiert sie in Bezug auf Erziehungs- und Bildungsprozesse und bearbeitet aktiv negative Folgen. Ein Beispiel hierfür ist der reflexive Umgang mit Koedukation. Es gibt keinen Königsweg, vielmehr sind unterschiedliche, der jeweiligen Situation angemessene Maßnahmen zu ergreifen. Das Ergebnis kann jedoch immer nur ein relativer Erfolg sein.
- *Produktive Nutzung* – Heterogenität als produktive Ressource für Erziehung und Bildung zu nutzen erscheint utopisch, bestehende Normalitätsvorstellungen werden in Frage gestellt. Beispiele hierfür gibt es jedoch: didaktische Arrangements, die auf Heterogenität beruhen, etwa Helfersysteme oder Altersheterogenität, z. B. in der neuen Eingangsstufe der Grundschule. Mehrsprachigkeit weniger als sprachliches Hindernis für institutionalisierten Unterricht zu betrachten denn als individuelle und gesellschaftliche Ressource, die bei ökonomischer Internationalisierung vorteilhaft ist, führt u.a. dazu, neben den klassischen weitere Fremdsprachen in die Schule aufzunehmen, etwa Türkisch, Russisch oder Polnisch. Heterogenität als Ressource zu begreifen meint z. B. auch, „Managing Diversity" als Leitlinie für unternehmerische und schulische Entwicklung zu nehmen […]. Vom Ziel des Unternehmens ausgehend wird gefragt, wie Heterogenität für die Zielerreichung zu nutzen ist – eine interessante Idee für den Umgang mit Heterogenität in Bildungseinrichtungen.

Für verschiedene Kategorien von Heterogenität sind unterschiedliche Reaktionen sinnvoll: Ein institutionsinternes Problem ist anders anzugehen als eine von außen kommende Kategorie. Zugleich sind Bildungseinrichtungen in gesellschaftliche Rahmenbedingungen eingebunden, die Reaktionsmöglichkeiten vorstrukturieren.

(Aus: Norbert Wenning, Heterogenität als Dilemma für Bildungseinrichtungen, in: Sebastian Boller/Elke Rosowski/Thea Stroot [Hrsg.], Heterogenität in Schule und Unterricht. Handlungsansätze zum pädagogischen Umgang mit Vielfalt, Beltz Verlag: Weinheim und Basel 2007, S. 21–31 [22, 25–27])

1.2 Pädagogische Institutionen und ihr Wandel – am Beispiel des Kindergartens/der Kita

Ein Blick in die Zeit ab 1970 in Westdeutschland:

Die Selbstverständlichkeit, mit der heute familienergänzende Erziehung akzeptiert und eingefordert wird, hat noch keine lange Tradition: Auch wenn es bereits Mitte des letzten Jahrhunderts Bestrebungen gab, den Kindergarten als Bildungsangebot für alle Kinder auszubauen, hatte dies bis zur Reformphase der 70er Jahre keine Chance auf flächendeckende Verwirklichung. Noch weit bis in die 60er Jahre galten belastete Familienverhältnisse und dabei insbesondere die Erwerbsarbeit von Müttern als Legitimation für die Bereitstellung von Tageseinrichtungen für Kinder. Insofern standen Kindergartenplätze in der Nachkriegszeit nur einem kleinen Teil der Bevölkerung zur Verfügung, ein größeres Angebot wurde eher als Bedrohung für die Familien wahrgenommen. So schrieb 1960 der damalige Familienminister Wuermeling: „Dabei ist allerdings sehr sorgfältig zu erwägen, inwieweit die Familie durch Schaffung solcher Sozialeinrichtungen (Kindergärten und ähnliche Einrichtungen, d. Verf.) zwar von außen geschützt, aber von innen entkräftet wird". Die Erwerbstätigkeit von Müttern galt als soziales Problem, da die gewohnten Ressourcen für die Kindererziehung in Gefahr gerieten.
Erst in den 70er Jahren bekam der Kindergarten ein neues Profil. Damals bestand unter dem Einfluss der günstigen wirtschaftlichen Entwicklung wie auch der Forderung nach Chancengleichheit und nach Ausschöpfung der Begabungsreserven weitgehende Übereinstimmung über die bildungspolitische Priorität des Ausbaus vorschulischer Erziehung. Die öffentliche Diskussion bezog sich auf Aussagen der Begabungs- und Sozialisationsforschung, in denen der Zusammenhang von Begabung und sozialer Herkunft und die Chancen frühkindlicher Förderung akzentuiert wurden. Die ideologischen Auseinandersetzungen um die Frage, ob institutionelle Kleinkindererziehung den Kindern schade und die Familie aushöhle, verlagerte sich damit auf den Bereich der unter Dreijährigen. Der Kindergarten hingegen wurde als erste Stufe des Bildungsweges (Elementarbereich) nunmehr bildungspolitisch definiert. Wie im Strukturplan für das Bildungswesen (1970), in den Entwürfen der Bund-Länder-Kommission und im Bildungsgesamtplan (1973) niedergelegt, sollte der Besuch des Kindergartens nicht mehr von defizitären Lebensumständen der Familien abhängen, sondern als Bildungsangebot möglichst allen Kindern zugänglich sein. Die bildungspolitische Offensive richtete sich damals auf einen infrastrukturell unterentwickelten und personell schlecht ausgestatteten Bereich sozialer Dienstleistung. Noch 1970 waren für nur ein Drittel der drei- bis fünfjährigen Kinder Plätze vorhanden, die Einrichtungen waren mit übergroßen Gruppen zwangsläufig auf bloße Verwahrfunktionen reduziert.
Die Reformbewegung begann mit heftigen Kontroversen. Frühlesekurse, Intelligenztrainingsprogramme auf der einen, antiautoritäre Kinderläden auf der anderen Seite entstanden in Absetzung von der als veraltet betrachteten Kindergartenpraxis. Öffentlich ausgetragene Auseinandersetzungen zwischen Wissenschaftlern und Vertretern der Praxis stifteten Verwirrung bei Erzieherinnen und Eltern. Mit dem Interesse der staatlichen Bildungsplanung an der Vorschulerziehung verengten sich die Kontroversen auf die Zuordnung der Fünfjährigen. Es begann ein jahrelanger Streit um Abgrenzungen zwischen Schule und Jugendhilfe, zwischen dem Zugriff staatlicher Bildungsplanung und den Bestandsinteressen der freien Träger, zwischen den unterschiedlichen sozialpädagogischen und schulpädagogischen Förderkonzepten.
Anfang der 80er Jahre kam es nach zahlreichen Modellversuchen der Länder und auf der Basis eines von Bund und Ländern getragenen überregionalen Erprobungsprogramms – in dem sich Erzieherinnen und Eltern selbst als Träger der Reform verstanden und entsprechend engagiert hatten – zu einer Verständigung zwischen den zuständigen Ressorts der meisten

Länderministerien und den beteiligten Verbänden über eine eigenständige sozialpädagogische Konzeption der Kindergartenerziehung. Es besteht nunmehr ein bildungspolitischer Grundkonsens darüber, die Lern- und Erfahrungsprozesse von Kindern an ihren Lebenssituationen zu orientieren, altersgemischte Gruppen zu bilden, das sachbezogene Lernen auf soziale Kontexte zu beziehen, Eltern einzubeziehen und Kindergärten als offene, im Gemeinwesen verankerte wohnungsnahe Lernorte zu verstehen.

(Aus: Hedi Colberg-Schrader: Wandel und Annäherung. Kindergarten und Familien. In: Deutsches Jugendinstitut [Hrsg.], Wie geht's der Familie? Kösel-Verlag: München 1988, S. 297 ff.)

1 Beschreiben und erläutern Sie die historischen Schlaglichter zur Situation der Kindergartenerziehung.

2 Vergleichen Sie die geschilderte Situation mit den Fragen, die in der Gegenwart zur Thematik „Kindergarten/Kita" anstehen. Beziehen Sie sich auf den folgenden Text.

Anspruch auf einen Betreuungsplatz
Seit 1996 hat jedes Kind, welches das *dritte Lebensjahr* vollendet hat, bis zur Einschulung einen Rechtsanspruch auf einen Kindergartenplatz. Dies legt § 24 des SGB VIII, Artikel 1 fest. Im Rahmen einer *Ausbauphase,* die bis zum *31. Juli 2013* dauern wird, sollen mehr Kinder die Möglichkeit der Frühförderung erhalten. In dieser Phase werden Kinder unter drei Jahren, die aufgrund ihrer persönlichen Entwicklung einen besonderen Bedarf an Betreuung haben, profitieren. Neben berufstätigen Eltern soll außerdem auch arbeitsuchenden Eltern ein Betreuungsplatz für ihre unter dreijährigen Kinder zur Verfügung gestellt werden.

Genug Kita-Plätze, aber zu wenige Erzieher
(Foto: picture alliance/dpa; Waltraud Grubitzsch)

Ab dem *1. 8. 2013* werden Kinder schon *ab Vollendung des ersten Lebensjahres* bis zum dritten Lebensjahr einen Rechtsanspruch auf frühkindliche Förderung in einer Tageseinrichtung oder in der Kindertagespflege haben. Ein Drittel der neuen Plätze soll im Bereich der Kindertagespflege geschaffen werden, für den außerdem klare Standards festgelegt werden. Diese Neuerungen wurden durch das Kinderförderungsgesetz (KiföG) eingeführt. Dessen Ziel ist es, den Ausbau von Betreuungsangeboten voran zu treiben. Darüber hinaus hält das KiföG auch fest, dass für Eltern, die ihre Kinder unter drei Jahren selber betreuen wollen, ab 2013 eine monatliche Zahlung (Betreuungsgeld) eingeführt werden soll. Außerdem sollen alle Träger bei der Förderung gleich behandelt werden, sofern sie die fachlichen und rechtlichen Voraussetzungen erfüllen. [...]

§ 24 – Fassung vom Inkrafttreten ab 1. August 2013 – Anspruch auf Förderung in Tageseinrichtungen und in Kindertagespflege

(1) Ein Kind, das das erste Lebensjahr noch nicht vollendet hat, ist in einer Einrichtung oder in Kindertagespflege zu fördern, wenn

1. diese Leistung für seine Entwicklung zu einer eigenverantwortlichen und gemeinschaftsfähigen Persönlichkeit geboten ist oder
2. die Erziehungsberechtigten

a) einer Erwerbstätigkeit nachgehen, eine Erwerbstätigkeit aufnehmen oder Arbeit suchend sind

b) sich in einer beruflichen Bildungsmaßnahme, in der Schulausbildung oder Hochschulausbildung befinden oder

c) Leistungen zur Eingliederung in Arbeit im Sinne des Zweiten Buches erhalten. [Gemeint ist das zweite Buch Sozialgesetzbuch von 2005, in dem die Grundsicherung für Arbeitssuchende in der Bundesrepublik Deutschland geregelt wird; Anm. des Hrsg.]

Lebt das Kind nur mit einem Erziehungsberechtigten zusammen, so tritt diese Person an die Stelle der Erziehungsberechtigten. Der Umfang der täglichen Förderung richtet sich nach dem individuellen Bedarf.

(2) Ein Kind, das das erste Lebensjahr vollendet hat, hat bis zur Vollendung des dritten Lebensjahres Anspruch auf frühkindliche Förderung in einer Tageseinrichtung oder in Kindertagespflege. Absatz 1 Satz 3 gilt entsprechend.

(3) Ein Kind, das das dritte Lebensjahr vollendet hat, hat bis zum Schuleintritt Anspruch auf Förderung in einer Tageseinrichtung. Die Träger der öffentlichen Jugendhilfe haben darauf hinzuwirken, dass für diese Altersgruppe ein bedarfsgerechtes Angebot an Ganztagsplätzen zur Verfügung steht. Das Kind kann bei besonderem Bedarf oder ergänzend auch in Kindertagespflege gefördert werden.

(4) Für Kinder im schulpflichtigen Alter ist ein bedarfsgerechtes Angebot in Tageseinrichtungen vorzuhalten. Absatz 1 Satz 3 und Absatz 3 Satz 3 gelten entsprechend.

(5) Die Träger der öffentlichen Jugendhilfe oder die von ihnen beauftragten Stellen sind verpflichtet, Eltern oder Elternteile, die Leistungen nach den Absätzen 1 bis 4 in Anspruch nehmen wollen, über das Platzangebot im örtlichen Einzugsbereich und die pädagogische Konzeption der Einrichtungen zu informieren und sie bei der Auswahl zu beraten. Landesrecht kann bestimmen, dass die erziehungsberechtigten Personen den zuständigen Träger der öffentlichen Jugendhilfe oder die beauftragte Stelle innerhalb einer bestimmten Frist vor der beabsichtigten Inanspruchnahme der Leistung in Kenntnis setzen.

(6) Weitergehendes Landesrecht bleibt unberührt.

(Aus: http://www.kita.de/wissen/kinderbetreuung/rechte-und-pflichten/anspruch-betreuungsplatz – [01. 04. 2013])

3 Erörtern Sie Probleme, die sich aus den gesetzlichen Ansprüchen ergeben können.

4 In dem Gesetzestext ist von „Betreuung" die Rede. Erörtern Sie, ob hier nicht auch der Gedanke von „Frühförderung" bedeutsam werden sollte.

1.3 Vielfalt und Wandelbarkeit pädagogischer Handlungs- und Berufsfelder

Wie anhand der Beschäftigung mit den Erziehungsinstitutionen Schule und Kindergarten/Kita deutlich wurde, unterliegen diese Erziehungsinstitutionen einem historischen Wandel. Wer eine Tätigkeit innerhalb dieser Berufsfelder anstrebt, sollte sich daher bewusst werden, dass man sich möglichst nicht ausschließlich auf ein konkretes Berufsfeld vorbereiten sollte, sondern pädagogische Kompetenzen erwerben sollte, die es ermöglichen, flexibel auf den Wandel pädagogischer Berufsfelder zu reagieren und diese zu gestalten.

Daher ist es gut, über pädagogische Maßnahmen, Hilfe-, Beratungs-, Unterstützungs- und Präventionsprozesse Bescheid zu wissen, aber sich darüber hinaus auch mit der Entwicklung, Planung, Leitung, Evaluation und Sicherung dieser Maßnahmen auseinanderzusetzen. Die Handlungsfelder reichen entlang aller Altersgruppen – von der frühen Kindheit bis ins Erwachsenenalter. Insgesamt liegt der Akzent zumeist auf den thematischen Feldern „Kindheit, Jugend und Familie". Aufgabenbereiche wie z. B. die interkulturelle Bildungsarbeit, die Mädchen- und Frauen- bzw. die Jungen- und Männerarbeit, die Medienpädagogik, die kulturelle Bildung, die antirassistische und Anti-Diskriminierungs-Arbeit sowie die politische Bildungsarbeit finden in diesem Kontext oft eine besondere Berücksichtigung.

Neben der Kinder- und Jugendhilfe, der Erwachsenen-, Fort- und Weiterbildung, der Kinder-, Jugend- und Familienbildung sind angrenzende und sich neu entwickelnde Arbeitsfelder wie z. B. die pädagogische Arbeit in Ganztagsschulen, die kommunale Bildungs- und Sozialpolitik, die pädagogische Arbeit in Unternehmen, die Mitarbeit bei Fachverlagen und der gesamte Bereich des Managements pädagogischer Dienstleistungen zukünftige Berufsfelder. Aber es ist auch – aufgrund des demographischen Wandels in der deutschen Gesellschaft – damit zu rechnen, dass Tätigkeiten im Bereich der „Altenbildung" (Geragogik) an Bedeutung gewinnen werden. – In allen Bereichen ist Engagement und Professionalität gefragt.

Unter dem Begriff pädagogische Handlungsfelder werden Arbeitsbereiche, z. B. Institutionen und Organisationen, verstanden, in denen Pädagoginnen und Pädagogen professionell tätig sind. Pädagogische Handlungsfelder sind immer mehrdimensional strukturiert. In ihnen treffen gesellschaftliche, institutionelle, gruppenspezifische und individuelle Interessen und Perspektiven aufeinander und verknüpfen sich miteinander.

Der Begriff […] scheint geeignet, die klassischen Begriffe pädagogische Praxis- und Berufsfelder abzulösen. Der Begriff setzt sich aus den beiden Wörtern Handeln und Feld zusammen. In der näheren Bestimmung als „pädagogisches Handeln" und „pädagogisches Feld" werden in der Literatur mit den beiden Begriffen strukturelle Grunddimensionen pädagogischer Arbeit definiert.

Phänomenologisch gesehen ist jede pädagogische Tätigkeit ein Handeln. […] Die Pädagogik könnte somit – wie bei Max Weber die Soziologie – auch als Handlungswissenschaft bezeichnet werden, die sowohl zur Erforschung und Erklärung als auch zum Verstehen pädagogischen Handelns der Handlungstheorien bedarf […].

Der Begriff pädagogisches Feld wurde von Kurt Lewin in seinen sozialwissenschaftlichen Forschungen verwendet. Dabei interessierte Lewin in erster Linie der Einfluss von Wirkungsfaktoren aus der gesellschaftlichen Umwelt und der Lebenswelt auf das Verhalten und Handeln von Individuen. Situation und Feld werden dabei zu zentralen Begriffen, die ihren Niederschlag in der „Feldtheorie" gefunden haben (Lewin 1982).

In der Feldtheorie werden mindestens vier Faktoren empirisch untersucht und miteinander in Beziehung gesetzt: 1. die interagierenden Personen, 2. die Umwelt, wie sie von den Personen wahrgenommen und interpretiert wird, 3. die die Interaktionen mitbestimmenden Faktoren in ihrer mikrosozialen Interdependenz und 4. die makrosozialen Einflussfaktoren.

Die Abbildung gibt einen Überblick über die verschiedenen Handlungsfelder. Den Kern bilden die Familie, die Schule, die Berufsbildung, die Hochschule und die Erwachsenenbildung.

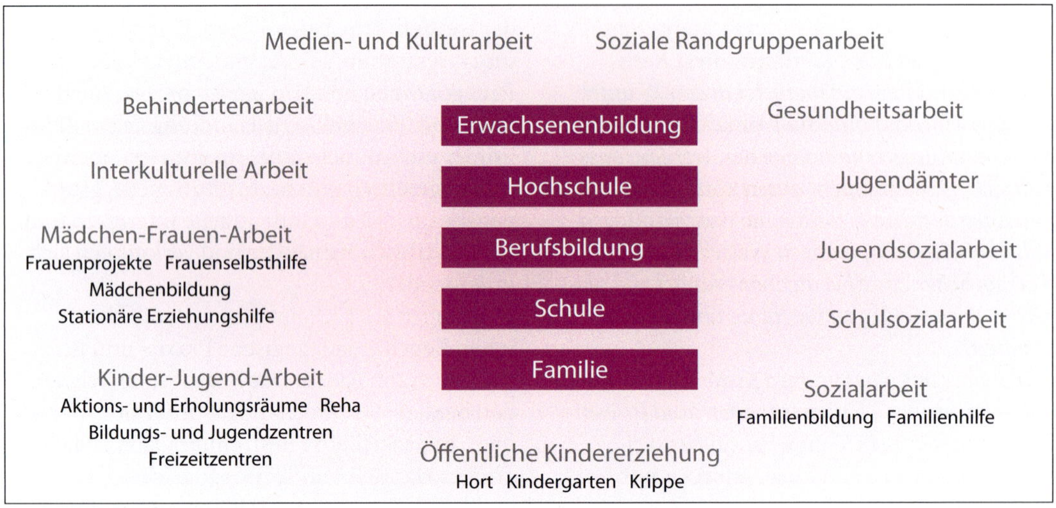

Pädagogische Handlungsfelder, aus: Krüger, H.-H., Rauschenbach, Th. (Hrsg.) (2000): Einführung in die Arbeitsfelder des Bildungs- und Sozialwesens, 2000, S. 7f.

Dabei geht Lewin von der dynamischen Interdependenz der Faktoren und von ihrer strukturellen sozialen Bedingtheit aus, die von den gesellschaftlichen und politischen Machtstrukturen bis in die Mikrostrukturen der Interaktion und Kommunikation und die Personstruktur hineinreicht.

Im Horizont dieser Ausführungen sind bei der folgenden Skizzierung pädagogischer Handlungsfelder noch einige Gesichtspunkte zu beachten:

- Alle Handlungsfelder sind in Institutionen verankert und in der Regel an Organisationsformen gebunden. Das bedeutet, dass die kulturellen und sozialen Inhalte und Zielstellungen und die Sprachregelungen vorgegeben sind. Sie bilden die Rahmenbedingungen, mit denen sich pädagogisch Handelnde auseinandersetzen müssen, in denen sich pädagogisches Handeln entfalten muss und die auch akzeptiert werden müssen.
- Die Institutionen und Organisationsformen werden durch Träger legitimiert und finanziert –, z. B. sind Kommunen, Kirchen, Landkreise, Bundesländer Träger von Kindergärten, von Kinder- und Jugendsozialarbeit, von Jugendämtern und Erwachsenenbildung. Es sind auch die Träger, die die pädagogischen Leitideen vorgeben.
- In pädagogischen Handlungsfeldern sind in der Regel auch Personen tätig, die nicht in Pädagogik, sondern in anderen Disziplinen qualifiziert sind, – z. B. Juristen, Verwaltungsbeamte, Seelsorger, Wirtschaftsexperten. Aus diesem Personenkreis kommen wichtige Kooperationspartner. Homfeldt, H. G. (Hrsg.) (2003): Handlungsfelder der sozialen Arbeit

(Aus: Friedrich W. Kron: Grundwissen Pädagogik, 7. Auflage, Ernst Reinhardt UTB: München 2009, S. 29-31)

1 Erläutern Sie mithilfe des Textes das Schaubild.

2 Prüfen Sie das Schaubild auf Vollständigkeit hin. Überprüfen Sie, ob bzw. gegebenenfalls an welcher Stelle Einrichtungen der Jugendpflege, Familienberatungseinrichtungen, gegebenenfalls Einrichtungen der Erwachsenenbildung in das Schaubild einzuordnen sind. Beschaffen Sie sich Informationen zu den Einrichtungen gegebenenfalls aus dem Internet.

2. Nicht-professionelles und professionelles pädagogisches Handeln

2.1 Bei Kindererziehung mehr auf Intuition setzen

Bei Kindererziehung auf Intuition zu setzen und nicht auf den Verstand, ist ein Weg zu einem harmonischen und fröhlichen gemeinsamen Familienleben. Wie Sie bei Kindererziehung auf Ihre Intuition setzen können.
Eine typische Situation für die Familie: Die Eltern wollen bei schönem Wetter mit den Kindern eine Radtour machen. Allerdings haben die Kinder überhaupt keine Lust darauf. Hier ist Selbstbewusstsein und Einfühlungsvermögen der Eltern in Sachen Kindererziehung gefragt. Bei der Erziehung spüren Eltern, was für die Kinder gut ist – Eltern müssen bei der Kindererziehung auch Entscheidungen treffen, die oft nicht den Wünschen der Kinder entsprechen. Das geht ganz ohne Kindererziehungs-Theorie oder spezielle pädagogische Planung. Es ist in der Erziehung wichtig, dass Eltern sich in ihre Kinder einfühlen können – und in deren Gefühlswelt über die nächsten Momente hinaus. Die Gabe, sich in Ihre Kinder hineinzuversetzen, zu fühlen, was sie fühlen, und Kinder auch einmal besser zu verstehen als sie sich in diesem Moment selbst, diese Gabe funktioniert bei der Erziehung nicht ohne unser Bauchgefühl – unsere Intuition. Für Eltern spontan zu wissen, was für ihr Kind jetzt bei der Erziehung richtig ist und was verkehrt, das läuft nämlich nicht nach einer bestimmten Anleitung – so sehr wir auch versuchen, stets prinzipienfest und konsequent in der Erziehung zu sein. Eltern brauchen bei der Kindererziehung diesen inneren Kompass der Intuition. Der lässt uns spüren, ob wir richtig bei unserer Erziehung liegen, ob die Beziehung zu Sohn oder Tochter prima läuft oder ob unser Kind gerade jetzt ein wenig bedingungslosen Trost vertragen könnte. Das Schöne an der Intuition ist: Jeder besitzt sie – denken Sie an Situationen, in denen Ihnen blitzartig klar wurde, was „gerade läuft“: Aufschrecken mitten in einem Gespräch zum Beispiel – nicht, weil es im Kinderzimmer gerummst und gescheppert hat, sondern weil mit einem Mal eine verdächtige Stille herrscht. Und die Stimme aus dem Bauch sagt: Nanu, das klingt genau wie die konzentrierte Lautlosigkeit, die es braucht, um mit einer Haarnadel den Sicherheitsstöpsel aus der Steckdose zu pulen. Und oft hat diese innere Stimme der Eltern recht.

Kindererziehung und dem Bauchgefühl vertrauen

Meistens wissen es Eltern nicht, wie, aber spezielle elterliche Sensoren scheinen zu melden, wenn im Kinderleben etwas nicht stimmt: Normal aus der Schule heimgekommen, aber das Kind ist fünf Prozent stiller und fahriger als sonst? Bei der Erziehung spüren Eltern, wann sie den Gemütszustand der Kinder ergründen sollten. In den vergangenen Jahren hat die Wissenschaft sich intensiv mit der Intuition im Zusammenhang mit Kindererziehung beschäftigt. Staunend bemerkt sie, wie gut die Intuition Eltern bei der Erziehung leitet – oft viel erfolgreicher als der „kühle“ Verstand und rationale Regeln für Kindererziehung. Es gibt eindrucksvolle Beispiele dafür – wie jene von Alpinisten, die abschätzen müssen, ob Gefahr droht: Werner Munter, einer der besten schweizerischen Lawinen-Experten, hat das erforscht. Er fand heraus, dass die Gefahr, verschüttet zu werden, mit größerem Wissen über Gelände, Skitechnik oder Wetterkunde … nein, nicht kleiner, sondern sogar größer wird! Die, die aufs Bauchgefühl, das kleine Einmaleins und den Angsthasen in sich vertrauen, kommen eher heil zu Tal. Daraus schließt Munter: „Unser Hirn hat sich entwickelt, um das Überleben zu sichern, nicht, um wissenschaftliche Erkenntnisse zu produzieren.“ Und deswegen ist es ein Segen, dass unsere Kinder von der Natur ohne Gebrauchsanweisung für die Erziehung geliefert werden. Denn beinahe alles, was Eltern brauchen, um glücklich mit ihnen zu leben und in der Kindererziehung zurechtzukommen, wird ihnen mit dem Baby in die Wiege gelegt. Am eigenen Kind können Eltern beobachten, wie Kindererziehung funktioniert. Gerd Gigerenzer, Intuitions-Experte und Direktor am Max-Planck-Institut

für Bildungsforschung in Berlin, erklärt: „Mit rund zwei Jahren beginnen Kinder, die Blicke anderer zu nutzen, um Vermutungen über deren Absichten und Wünsche anzustellen, und mit drei Jahren fangen sie an, Blicke als Hinweise auf Täuschungen zu verstehen. Dabei verfolgen Kinder wie Erwachsene nicht nur die Blickrichtung anderer Menschen, sondern auch deren Körperbewegungen, um auf ihre Absichten zu schließen." [...]
Eltern haben also schon frühzeitig täglich Erfahrungen damit gesammelt, vorauszuahnen, was andere Menschen tun, denken und fühlen. Sie merken, ob etwas gut oder schlecht ist, ohne es immer in vernünftige Worte gießen zu können. Das Gespür zwischen Eltern und Kindern ist vorhanden, schon zwischen der stillenden Mutter und ihrem trinkenden Baby. Und füttert sie es dann mit dem ersten Brei, öffnet sie – ohne es zu merken – den Mund. Denn das Kind tut das dann auch. Bei den schon etwas älteren Kindern wissen wir, wann es Zeit ist, sie still in den Arm zu nehmen, ohne „Predigt" und Verhör. „Spiegeln" nennt Joachim Bauer, Arzt und Psychotherapeut an der Freiburger Uniklinik, diese Fähigkeit zur Einfühlung in andere. Er erklärt, wie ganz spezielle Nervenzellen in unserem Gehirn, die „Spiegelneurone", ein Gefühl für die Befindlichkeiten unserer Mitmenschen entwickeln. Daher sollte jedes gute oder schlechte Gefühl bei der Erziehung der Kinder Beachtung finden. Eltern fühlen es, wie es ihrem Kind geht, was das Beste wäre und was nicht: Meistens liegen Eltern damit genau richtig. Allerdings ist bei der Kindererziehung dieses Einfühlungsvermögen nicht identisch mit der weitverbreiteten Aufforderung, „einfach spontan" zu sein: Gerade Eltern sollten bei der Erziehung eben nicht nur „ihrem Bauch folgen", sich gedankenlos durch den Alltag treiben lassen und spontanen Gefühlsausbrüchen nachgeben. Die Vernunft bleibt bei der Kindererziehung angeschaltet – aber statt „nur vernünftig" zu sein, nutzen Eltern die Vernunft in der Kindererziehung als Aufseher, damit uns die Intuition bei der Erziehung unserer Kinder nicht auf die falsche Fährte führt. Denn das, was uns spontan und meist zuverlässig als die richtige Erziehung für unsere Kinder erscheint, beruht auf „Faustregeln", wie Gigerenzer es nennt. Das sind keine superdetaillierten Lösungsanweisungen für jedes Problem, sondern Schnellrezepte des Gehirns, die gewährleisten, dass wir in 90 % der Fälle gut zurechtkommen. Eltern, die diesen Draht zu ihren Kindern nutzen, sollten also nicht das Denken einstellen. Sie werden nur immer weniger abhängig sein von komplizierten Grübeleien, ob etwas jetzt richtig ist oder verkehrt, selbstbewusster werden und öfter sagen können: „Wir machen das jetzt mal so, denn ich habe ein sicheres Gefühl, dass es richtig ist. „Zum Beispiel eine Radtour !"

(Aus: Ohne Autorenangabe, familie.de, in: http://www.familie.de/kind/erziehung/artikel/bei-kindererziehung-auf-intuition-setzen/bei-kindererziehung-auf-intuition-setzen/ – [01. 04. 2013]; http://www.familie.de/kind/erziehung/artikel/bei-kindererziehung-auf-intuition-setzen/kindererziehung-und-dem-bauchgefuehl-vertrauen/ – [01. 04. 2013]; http://www.familie.de/kind/erziehung/artikel/bei-kindererziehung-auf-intuition-setzen/erziehung-mit-intuition-und-vernunft/ – [01. 04. 2013])

1 Arbeiten Sie die im Auszug genannte Grundthese heraus und erläutern Sie diese.
2 Vergleichen Sie diese Vorstellungen mit denen des folgenden Textauszuges. Beziehen Sie Stellung.

(Foto: Georg Bubolz, Erkelenz)

2.2 Bei institutioneller Erziehung stärker auf Vernunft setzen

Gesellschaften delegieren ihre sensiblen, potentiell krisenhaften Überlebensbereiche – Krise deutet hier immer auf das in diesem Bereich schlummernde Risiko des Zerfalls, des Ab- und Aussterbens hin – an Experten, welche entweder, wie im Fall der klassischen Professionen, die akute oder, wie im Fall von Wissenschaft und Kunst, die simulierte bzw. antizipierte Krisenbewältigung stellvertretend für die Gesellschaft bzw. das Kollektiv übernehmen. Die Profession – *„professio" als öffentliches Bekenntnis zu einer Tätigkeit* – hebt sich von anderen Berufen dadurch ab, dass sie über den allgemeinen Leistungsanspruch des Fachmenschentums hinaus eine *Dienstleistungsethik* vertritt, welche von *gemeinwohlbezogener Bedeutsamkeit* geprägt ist. Professionen bieten demnach klientenbezogene Dienstleistungen auf der Grundlage wissenschaftlicher Expertise an und zwar in gesellschaftlich sensiblen, krisengefährdeten, *aushandlungsintensiven* Bereichen (vgl. Oevermann 2003, S. 6). Dazu zu zählen sind die Bereiche Recht, Gesundheit, Wissenschaft *und* Bildung. Die Gründe dafür, dass der Bereich Bildung bisher keine volle Entfaltung von Professionalität entwickelt hat, können in der historisch jungen Stellung, die das Bildungssystem innehat, zu suchen sein und möglicherweise auch in dem widersprüchlichen Auftrag, den es von der Gesellschaft auszuführen hat. Neben den Bereichen professionalisierten Handelns gibt es den Bereich der Routinetätigkeiten, die all jene beruflichen Felder umfasst, welche ihre Aufgaben in standardisierten Handlungsfolgen und vorgeschriebenen Abläufen erfüllen – Beispiel: Verwaltungsbeamtentum.

Die Professionen der Ärzt/innen, Jurist/innen, Therapeut/innen, Berater/innen und Pädagog/innen sind der akuten Krisenbewältigung zuzurechnen, der Bereich Kunst und Wissenschaft übernimmt die antizipative bzw. simulierte Bewältigungspraxis (vgl. Oevermann 2003, S. 10).

Die Krise stellt also den Normalfall professionalisierten Handelns dar (vgl. Oevermann 1996; Helsper 2001), die mit einem konstitutiven Moment der Ungewissheit in der Konfrontation mit dem individuellen Fall einhergeht und das Wissen des Nicht-Wissens in der unmittelbaren Anforderung der Situation beinhaltet (vgl. Wimmer 1996; Tenorth 2006). Professionalität zeigt sich damit nicht zuletzt im Anspruch, in der Erfassung der Situation die Komplexität des Einzelfalls zu erfassen und nicht zu reduzieren. Professionalität im Lehrberuf verlangt dafür die Verankerung der Lehrer/innen in einem theoriefundierten pädagogischen Diskurs, eine wissenschaftliche Begründungsverpflichtung und die Verpflichtung zur kontinuierlichen Weiterbildung in einer „professional community". Aus dieser Problematik ergeben sich zwei oszillierende Modi professionalisierten Handelns: Eine unmittelbare Deutungs-, Entscheidungs- und Handlungsfähigkeit in der Situation, sowie eine distanzierte Analysefähigkeit – erfahrungsgesättigtes Wissen trifft auf methodisch gerahmte und theoriefundierte Reflexion. Professionelle Kompetenzen sind damit dynamische Kompetenzen, die nicht ein für allemal erlernbar sind, sondern sich in ständiger Weiterentwicklung befinden. In der Ausbildung kann dafür nur die Grundlage geschaffen werden (inkl. „Handwerkzeug"),

Akute Krisenbewältigung	Simulierende Krisenbewältigung
bedeutet Entscheidungen unter unmittelbarem Handlungsdruck zu treffen und die Entscheidungen rekonstruierend verbindlich an wissenschaftlich gesichertes Wissen und an abwägende Reflexion zurückzubinden.	dient dem vorausgreifenden Durchspielen möglicher Krisen und sinnvoller Krisenlösungen (in der Wissenschaft: das Experiment, in der Kunst: der fremde, ästhetisierende Blick), um durch die vorweg durchgespielte Simulation im Aufdecken von Risiken und Gefahren reales gesellschaftliches Leiden gering zu halten.

die Entfaltung von Professionalität ist erst im Tun möglich (vgl. Schrittesser 2006; Schrittesser 2004; Helsper 2001).
Diese Grundlagen, die sich im Falle von Lehrerinnen und Lehrern aus den wissenschaftlichen Bereichen der Bildungswissenschaft und ihrer Subdisziplinen, der Fachwissenschaft und der wissenschaftlichen Fachdidaktik ergeben, befinden sich in ständiger Weiterentwicklung. Nicht zuletzt aus professionsethischen Gründen sind diese Wissensbestände durch Weiterbildung immer auf dem neuesten Stand zu halten.

Das Spannungsfeld zwischen Subjekt und Strukturen
Nach Oevermann sind Gerichtsbarkeit, Therapie und Pädagogik sowie Wissenschaft und Kunst als die drei Hauptbereiche professionalisierten Handelns aufzufassen. Die Schnittstelle, die sie in der Vermittlung zwischen Individuum und Gesellschaft bilden, lässt sich aus den Problembereichen, die sie bearbeiten sollen, folgendermaßen bestimmen: Im Bereich des Rechts geht es um „die Aufrechterhaltung und Gewährleistung von Recht und Gerechtigkeit"; im Bereich Therapie und Pädagogik geht es um „die Aufrechterhaltung und Gewährleistung von leiblicher und psychosozialer Integrität des Einzelnen im Sinne eines geltenden Entwurfs der Würde des Menschen". In der Wissenschaft geht es um die vorwegnehmende Gewinnung von Wirklichkeit und Entlastung der Praxis durch Simulationen von Praxis. In der Kunst, schließlich, geht es um die Spiegelung von Praxis im „fremden Blick". Alle genannten Bereiche erfordern *die typischen Momente professionalisierten Handelns,* die sich in der *„widersprüchliche Einheit von ganzer Person und Rolle"*, in der Einheit von vollkommener Hingabe an und Einfühlung in die Situation einerseits

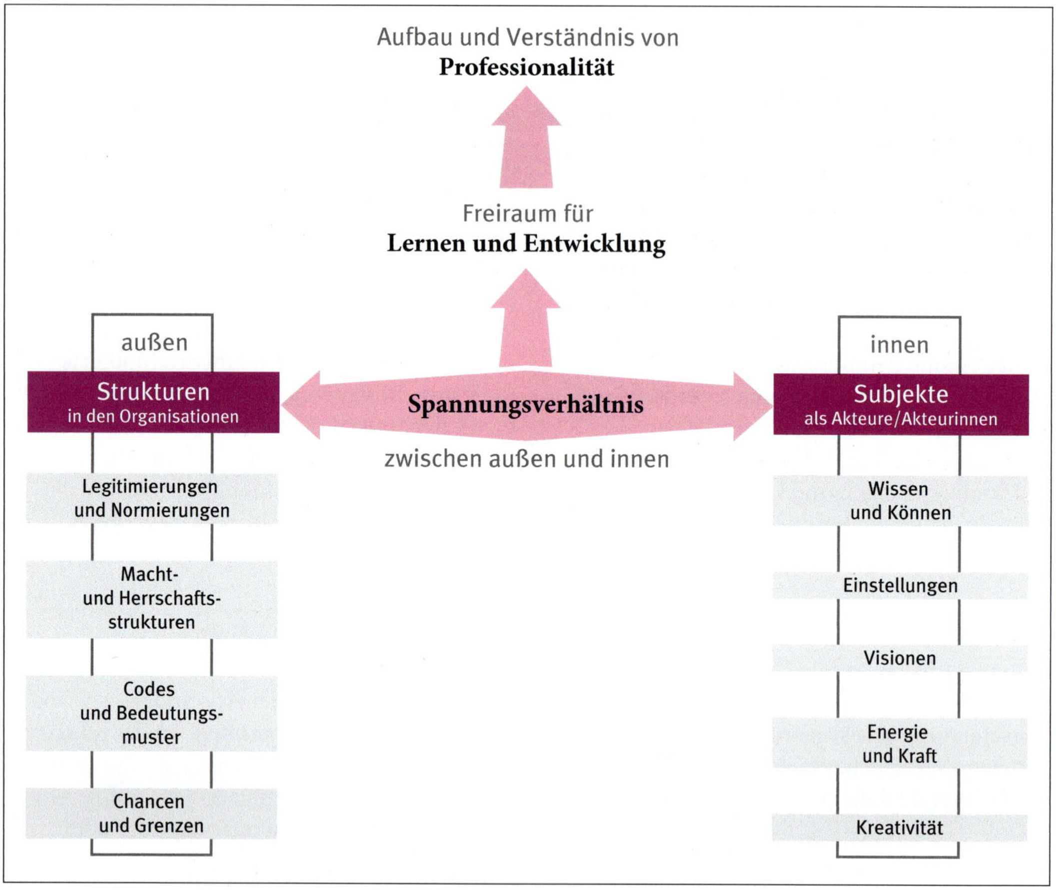

und die Aufrechterhaltung kühler Distanz andererseits bestimmen lassen.

Professionalisierung ist daher aus zwei miteinander verschränkten Blickwinkeln zu sehen:

- **Subjekt:** Diskussion um die Kompetenzen von Lehrer/innen, die autonom handeln, aber in Strukturen eingebunden sind und
- **Struktur:** Diskussion um Ressourcen, Regeln und Praktiken, die Handeln ermöglichen, aber auch einschränken.

Pädagogische Professionalität befindet sich also in einem Spannungsfeld von institutionellen Vorgaben, ihren Legitimierungen und Normierungen, Machtstrukturen, Codes und Bedeutungsmustern, ihren Chancen, aber auch ihren Grenzen einerseits, zwischen den Akteurinnen und Akteuren, ihrem Wissen und Können, ihren Einstellungen und Visionen, ihrer Energie, Kraft und Kreativität andererseits. Aus diesem Spannungsverhältnis ergibt sich aber gerade ein Freiraum, der für den Aufbau und das Verständnis von Professionalität konstitutiv ist.

Um dieses Spannungsverhältnis produktiv nutzen zu können, sind nach Berliner (2004) drei Kernqualifikationen notwendig:

- Die **Entwicklung von Handlungsroutinen**, die bei Bedarf flexibel adaptiert und an eine neue Situation angepasst werden können
- **Abstraktionsfähigkeit** in der Erkennung von Mustern (pattern recognition) und Tiefenstrukturen
- Die Wahrnehmung von **Komplexität** und ihre Interpretation, ohne sie zu reduzieren

[...]

Zusammenfassend bedeutet Professionalität also:

- Theoretisch und empirisch abgesicherte Expertise;
- Einen gesellschaftlichen Auftrag;
- Einen verbindlichen Verhaltenskodex;
- Die Zugehörigkeit zu einer „professional community";
- Weitreichende Autonomie, selbst in institutionellen Fragen;
- Und die erfolgreiche Vermittlung zwischen gesellschaftlichen Normen bzw. Strukturen, wissenschaftlicher Expertise und dem individuellen Fall.

(Aus: Ao.Univ.Prof. Dr. Ilse Schrittesser (Wien), Einführung in professionalisiertes pädagogisches Handeln, Institut für Bildungswissenschaft. Forschungseinheit LehrerInnenbildung und Professionalisierungsforschung, Universität Wien, Wintersemester 2009/10, Seite 7–8, 19 in: https://skriptenforum.net/w/images/3/3c/Skript-2009w-1.pdf – [01. 04. 2013])

2.3 Der Blick über den „Gartenzaun" – Lehrerprofessionalität im internationalen Vergleich

Agnes-Miegel-Realschule, Düsseldorf, Deutschland – Jahrgangsstufe 7, 14. Dezember 2007
(Foto: Julien Germain)

Koishikawa School of Secondary Education, Tokyo, Japan – Grade 4, International Studies, September 7th, 2009
(Foto: Julien Germain)

Das Thema der Eignungsreflexion für den Lehrerberuf ist von entscheidender Bedeutung in der derzeitigen Professionalitätsdebatte, denn die Weichenstellung für die Qualität von Schule und Unterricht erfolgt bei der Entscheidung der „richtigen" Interessenten und Interessentinnen für den Lehrerberuf, in der Attribuierung und Auswahl der „Besten" sowie deren optimaler Förderung und Unterstützung. […]

Leistungsevaluation der Lehrkräfte in Chile
Seit 2003 werden in Chile alle Lehrkräfte in einem vierjährigen Rhythmus evaluiert. Die Evaluationen werden von den Gemeinden organisiert, die auch für die Einhaltung der Entwicklungsvorgaben der Lehrkräfte verantwortlich sind. Die Evaluationen selbst werden von Evaluatorinnen und Evaluatoren des Bildungsministeriums durchgeführt. Die Evaluationsinstrumente und -designs sind, genauso wie die zugrunde gelegten Standards, vom Ministerium entwickelt.
Die Lehrkräfte werden in vier Bereichen evaluiert: Vorbereitung des Unterrichts, eine lernförderliche Unterrichtsorganisation, Berücksichtigung aller Schülerinnen und Schüler im Unterricht und professionelle Verantwortungsübernahme. Jeder Bereich wird durch weitere Kriterien ausdifferenziert.
Die Evaluation wird anhand von vier Instrumenten durchgeführt: ein Portfolio der Lehrperson über ihre Arbeit inklusive eines Videos, das eine Unterrichtssituation zeigt, eine schriftliche Selbstevaluation der Lehrkraft, ein Interview, das sich auf die vier Evaluationsbereiche mit ihren Kriterien bezieht, sowie ein schriftlicher Bericht über die Lehrkraft, den die Schulleitung verfasst hat.
Der Evaluationsbericht hebt Stärken und Schwächen der Lehrkraft hervor und gibt Hinweise für die persönliche Weiterentwicklung, zum Beispiel welche weiteren Handlungsschritte zur Verbesserung nötig sind. Dieser Bericht wird nicht nur an die evaluierte Person, sondern auch an die Schulleitung und Gemeinde geschickt.
Die Lehrerinnen und Lehrer werden im Rahmen der Evaluation in vier Kategorien eingeteilt: „exzellent“, „kompetent“, „grundlegende Fähigkeiten“ und „nicht zufriedenstellend“.
Lehrkräfte, die als exzellent oder kompetent beschrieben wurden, erhalten unterschiedliche Arten der Belohnung, um weitere Leistungsanreize zu geben. Sie haben unter anderem die Möglichkeit, in die Schulleitung aufzusteigen, Praktika im Ausland zu absolvieren, Mentor/-in für Junglehrer zu werden, an internationalen Konferenzen und Seminare teilzunehmen usw. Lehrerinnen und Lehrer, denen grundlegende oder nicht zufriedenstellende Fähigkeiten nachgewiesen werden, müssen ein speziell auf sie zugeschnittenes Entwicklungsprogramm durchlaufen und werden im darauffolgenden Jahr noch einmal evaluiert. Ist nach einem Jahr immer noch keine deutliche Verbesserung festzustellen, wird die Lehrkraft ihrer schulischen Aufgaben enthoben und absolviert ein intensives zweites Entwicklungsprogramm. Eine dritte nicht zufriedenstellende Evaluation führt dazu, dass die Person aus dem Bildungssystem ausscheidet (vgl. OECD 2005)

(Aus: Anne Sliwka, Britta Klopsch, Auf den Lehrer/die Lehrerin kommt es an, in: Birgit Weyand, Monika Justus, Michael Schratz [Hrsg.], Auf unsere Lehrerinnen und Lehrer kommt es an. Geeignete Lehrer/-innen gewinnen, [aus-]bilden und fördern, Stifterverband für die Deutsche Wissenschaft, Essen 2012, S. 10, 22, 23, 27 © Edition Stifterverband – Verwaltungsgesellschaft für Wissenschaftspflege, Essen 2012; aus: http://stifterverband.info/publikationen_und_podcasts/positionen_dokumentationen/lehrerbildung/lehrerbildung_epaper.html – [01. 04. 2013])

1 Stellen Sie die länderspezifischen Besonderheiten zur Leistungsevaluation in Chile dar. Erörtern Sie diese.
2 Entwickeln Sie Kriterien, die es einer Abiturientin/einem Abiturienten erleichtern, die eigene Neigung und Eignung für einen pädagogischen Beruf herauszufinden.

Projektideen

- Praktikum durchführen in einem Kindergarten, einer Grundschule oder der eigenen Schule
- Einrichtungen der Jugendpflege, Familienberatung usw. erkunden.
- Berufsfindungshilfen wahrnehmen (vgl. z. B. Uwe Schaarschmidt, in: Birgit Weyand, Monika Justus, Michael Schratz (Hrsg.), Auf unsere Lehrerinnen und Lehrer kommt es an. Geeignete Lehrer/-innen gewinnen, (aus-)bilden und fördern, Stifterverband für die Deutsche Wissenschaft, Essen 2012, S. 58–77)

Teil B

I. Lern- und Arbeitstechniken: pädagogisch relevante Informationen suchen – verarbeiten – speichern
1. Was sind „Lern- und Arbeitstechniken“?
2. Die Suche nach Informationen: Literaturrecherche
3. Das rationelle Lesen: Zeitökonomisch arbeiten
4. Exzerpte, Lesenotizen und Karteikarten: Anfertigen eines Protokolls, Referats oder einer pädagogischen Facharbeit
5. Die Verwendung von Zitaten: wissenschaftlich korrektes Arbeiten
6. Ein Literaturverzeichnis anlegen

II. Theoretische Grundlagen: Hermeneutik – Empirie und Statistik – Ideologiekritik
1. Was sind Forschungsmethoden der Erziehungswissenschaft?
2. Hermeneutik
3. Empirische Forschung und Statistik
4. Ideologiekritik

III. Praxisanregungen: Von der operatorengesteuerten Texterschließung bis zur methodischen Bearbeitung von Klausuraufgaben
1. Die Operatoren der verschiedenen Anforderungsbereiche
2. Die Textwiedergabe als wesentliche Kompetenz des Anforderungsbereiches I
3. Texte vergleichen – eine Kompetenz des Anforderungsbereiches II
4. Die Argumentation verstehen – eine Kompetenz des Anforderungsbereiches II bzw. III
5. Texterörterung und Textbeurteilung als Kompetenz des Anforderungsbereiches III
6. Praxismodell: Arbeitsschritte zur aspektgeleiteten Erschließung von problemerörternden/argumentativen Sachtexten
7. Praxismodell: Fallstudie
8. Hinweise zur Anfertigung einer Klausurarbeit

IV. Praxismodelle: Spezifische methodische Hilfen für den Umgang mit einzelnen Unterrichtsmedien in Erziehungswissenschaft
1. Bilder der Kunst/Fotografien
2. Karikaturen
3. Filme/Audiovisuelle Texte

V. Praxisanregung: Ergebnisse präsentieren – zum Beispiel: Ein Referat in Erziehungswissenschaft halten
1. Reden – eine Schlüsselqualifikation
2. Ziel und Funktion von Referaten
3. Aufbau von Referaten
4. Medien gezielt einsetzen
5. Lampenfieber: Was tun?

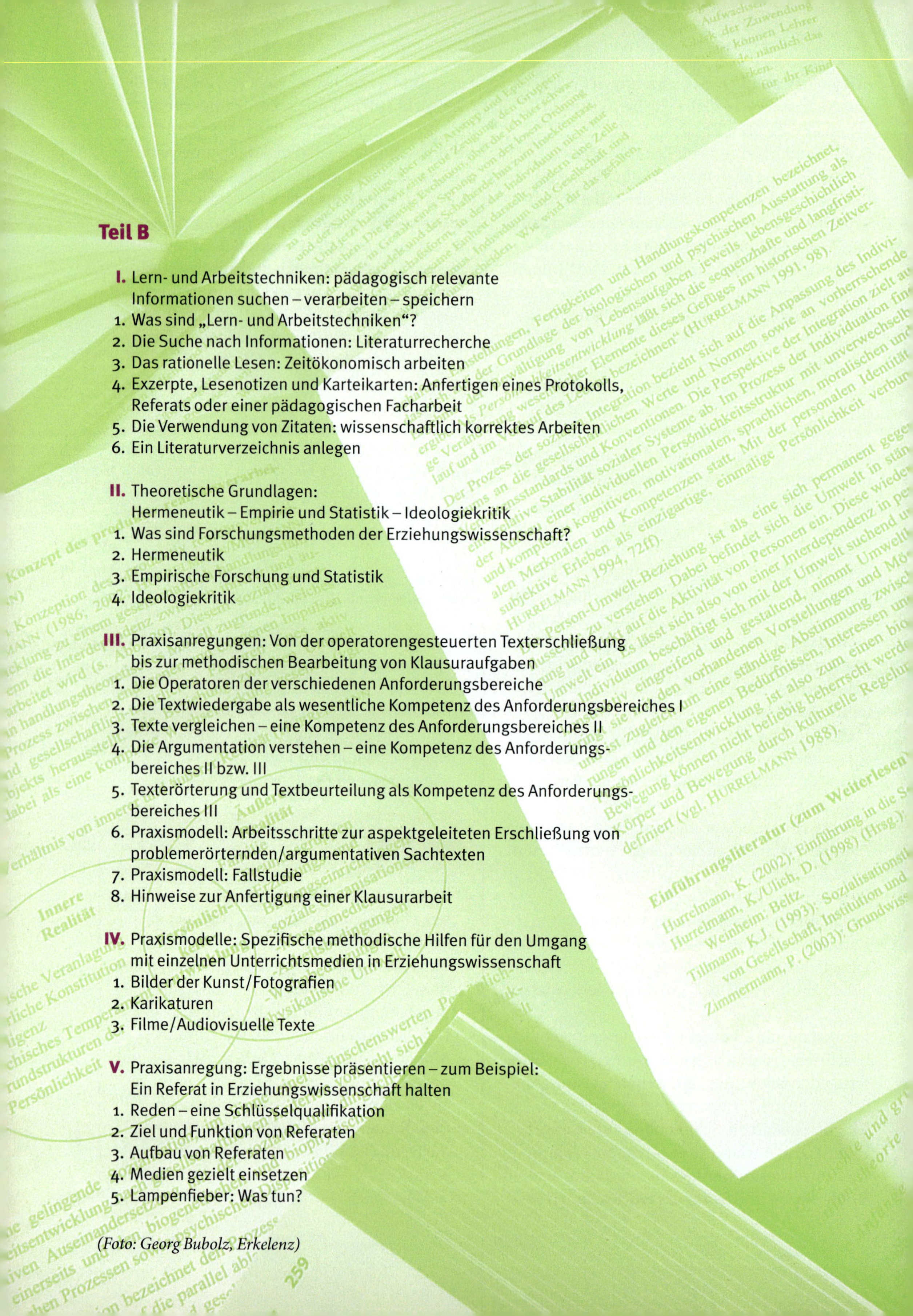

(Foto: Georg Bubolz, Erkelenz)

Was in Erziehungswissenschaft Methode ist … – rezipieren, forschen und präsentieren: Methoden lernen und anwenden

B

I. Lern- und Arbeitstechniken: pädagogisch relevante Informationen suchen – verarbeiten – speichern

Textarbeit
(Foto: Interfoto)

*„Wenn du einen Freund hast,
schenke ihm einen Fisch.
Aber wenn du ihn wirklich liebst,
lehre ihn fischen."*

André Kostolany

Ohne Beherrschung grundlegender Lern- und Arbeitstechniken ist die Fülle der heute verfügbaren Informationen nicht mehr effektiv zu bewältigen.
In diesem Kapitel geht es nach einer Erläuterung dessen, was unter „Lern- und Arbeitstechniken" zu verstehen ist, um handfeste „handwerkliche" Verfahren und Arbeitsweisen, die dabei helfen sollen, neue Informationen selbstständig zu beschaffen, rationell zu verarbeiten und effektiv für die Weiterarbeit zu nutzen – Techniken also, die zeitsparend und zugleich sachangemessen sein wollen.
Danach steht die Frage im Vordergrund, mit welchen Forschungsmethoden Erziehungswissenschaft zu ihren Ergebnissen gelangt. Angesprochen werden Hermeneutik, Empirie, Statistik und Ideologiekritik.
Überlegungen und Praxisanleitungen von der operatorengesteuerten Texterschließung bis zur methodischen Bearbeitung von Klausuraufgaben stehen dann im Fokus des Interesses.
Spezifische methodische Hilfen für den Umgang mit einzelnen Unterrichtsmedien in Erziehungswissenschaft schließen sich an.
Am Ende werden Hilfen für die Präsentation eines Referates angeboten.
Praxismodelle geben jeweils Anstöße für die Arbeit.

1. Was sind „Lern- und Arbeitstechniken"?

„Lern- und Arbeitstechniken" sind in folgendem Kontext zu bestimmen als grundlegende „handwerkliche" Verfahrensweisen, mit deren Hilfe die Lösung komplexer Aufgaben vorbereitet, unterstützt, kontrolliert und erleichtert wird und neues Wissen selbstständig erworben und verfügbar gehalten werden kann.

Die verschiedenen Verfahren und Operationen sollen als ein überschaubares System kennen gelernt werden, das aus einzelnen, praktikablen Handlungs- und Arbeitsschritten besteht, die sich einüben, auf ähnliche Fragestellungen und Aufgaben übertragen, erproben und anwenden lassen. Nötig sind dafür Elementarisierung und Training, das heißt: die Erarbeitung eines Themas, die Erschließung und Auswertung von Medien (Texte, Bilder, Statistiken u. a.), die Lösung eines Problems usw. muss jeweils in die einzelnen nötigen Teilschritte zerlegt werden, sodass die Komplexität der Sache und des Vorgehens transparent wird. Zugleich ist an neuen Aufgaben ähnlicher Art das Vorgehen in Einzelschritten so lange zu trainieren, bis es zunehmend leichter fällt, eigene Lösungswege zu finden und neue Aufgaben selbstständig zu bewältigen, bis schließlich die Arbeit rationell und effektiv verläuft, das heißt: zeitsparend und doch sachangemessen.
Beim Versuch einer Systematisierung lassen sich Lern- und Arbeitstechniken z. B. nach ihrem Zweck folgendermaßen ordnen:

- **Arbeitstechniken zur Gewinnung und Sammlung von Informationen**
  (z. B. Literaturrecherche; Exzerpte; Speichern und Verwalten von Infos)
- **Arbeitstechniken zur Verarbeitung von Informationen**
  (z. B. rationelles Lesen, Unterstreichen)
- **Arbeitstechniken zur Darstellung von Ergebnissen**
  (z. B. Referieren, Möglichkeiten der Veranschaulichung: Skizzen, Modelle)

2. Die Suche nach Informationen: Literaturrecherche

„Die wissenschaftliche Auseinandersetzung [...] sollte im Idealfall einen neuen Blickwinkel oder bestimmten Aspekt eines Textes herausarbeiten und in Verbindung zum jeweiligen Forschungsstand bringen.
Um dieser Anforderung gerecht zu werden, ist es notwendig, sich mit der vorhandenen Sekundärliteratur vertraut zu machen. Es muss überprüft werden, welche Ergebnisse zu einem bestimmten Thema, Text oder Autor bereits veröffentlicht sind." (M. Klarer, Neuere Literaturwissenschaft 1999, S. 104)

Wissenschaftliches Arbeiten setzt also die Kenntnis des gegenwärtigen Wissensstandes zum Thema voraus und kann daher nicht auf das Studium der neueren Fachliteratur und die Erschließung und Bearbeitung der relevanten Literaturquellen verzichten. So unterschiedlich die Fächer und Fachgebiete sind, in der Regel hat jede Arbeit einen theoretischen Teil, der die aktuelle wissenschaftliche Diskussion widerspiegeln soll.
Bei der Suche und Bearbeitung von Fachliteratur ist eine grundsätzliche Unterscheidung zwischen Primärliteratur und Sekundärliteratur wichtig:

- **Primärliteratur** (von lat. primus = an erster Stelle): sie umfasst die originalen Werke von Autoren (Dichter, Philosophen, Pädagogen u. a.), also die Quellen selbst, und
- **Sekundärliteratur** (von lat. secundus = an zweiter Stelle) umfasst wissenschaftliche Veröffentlichungen „über" die Primärliteratur und setzt sich mit ihnen auseinander.

Die Suche nach Informationen, die möglichst genau auf das zu bearbeitende Thema zugeschnitten sind, ist über das Internet relativ leicht möglich; in gedruckten Bibliografien ist sie demgegenüber ziemlich mühsam und zeitaufwändig, dies lässt sich aber wohl – besonders für Artikel in Fachzeitschriften – auf längere Zeit noch nicht ganz vermeiden. Es gibt jedoch inzwischen käuflich zu erwebende Bücher-Datenbanken auf CD, wie z. B. das an Aktualität unübertroffene *Verzeichnis Lieferbarer Bücher (VLB)*, das für den Buchhandel monatlich alle Neuerscheinungen im europäischen Sprachraum erfasst und in überarbeiteten Versionen herausbringt (eine Erprobung beim Buchhändler lohnt sich). Die *Deutsche Bibliografie* (Frankfurt: Buchhändler Vereinigung) kommt wöchentlich als Amtsblatt der Deutschen Bibliothek heraus, aber auch in Halbjahres- und Fünfjahresverzeichnissen (mit Register) und enthält die Bücher, die nach 1966 erschienen sind. Für die Suche nach älteren Werken steht das *Gesamtverzeichnis des deutschsprachigen Schrifttums (GV)* zur Verfügung, das die Zeit von 1700 bis 1910 in 160 Bänden abdeckt und die Zeit von 1911 bis 1965 in 150 Bänden erfasst.
Manche Universitätsbibliotheken bieten zu ihren Bücherbeständen eine kostenlose Literaturrecherche per Computer an, was die Arbeit sehr erleichtert. Denn gesucht werden kann nach Autorennamen, Schlagwörtern und Themen. Die gefundenen Ergebnisse lassen sich ausdrucken oder speichern. Die Recherche wird umso erfolgreicher verlaufen, je intensiver dazu die gedankliche Vorarbeit über den für die Arbeit benötigten „Stoff" geleistet ist und je konkreter es gelungen ist, seine Wünsche in Such-Begriffe zu fassen.
Am schwierigsten gestaltet sich die Recherche in Fachzeitschriften, da deren Artikel nur selten in den Bibliothekskatalogen erfasst sind. Für einzelne Fachgebiete gibt es allerdings auch schon CDs, die thematisch geordnet Beiträge gängiger Zeitschriften verzeichnen.
Meist gestaltet sich die Literaturrecherche in der Anfangsphase des wissenschaftlichen Arbeitens sehr zeitaufwändig und nicht selten frustrierend, sei es wegen einer vergeblichen Suche (was bei den technischen Möglichkeiten kaum vorkommt) oder – im Gegenteil – wegen der Überfülle des gefundenen Materials.
Eine Suche nach Informationen sollte – wie jede Detektivarbeit – systematisch betrieben werden und nicht auf zufällige Funde bauen.

2.1 Informationsquellen aufspüren und speichern

Erfolgte früher zumeist eine Erstinformation zu einem Thema so, dass man einen Lexikonartikel (aus einer nicht virtuellen Buchreihe) zur Hand nahm, haben sich inzwischen Gewohnheiten geändert: Vorzugsweise wird das Internet als erste Informationsquelle genutzt. Aber auch vertiefende Texte können virtuell über die elektronischen Medien herangezogen werden. Ganze Bibliotheken sind sekundenschnell per Mausklick verfügbar. Je nach Thema oder Problemstellung und intendierter Vertiefung kann sich eine Bibliothek-Recherche sogar ganz erübrigen.

Unter der Internetadresse http://lotse.uni-muenster.de ist es sogar inzwischen möglich, ein Navigations- und Schulungssystem (LOTSE) in Anspruch zu nehmen, das neben der Zielgruppe Wissenschaftler/-innen speziell für Studierende entwickelt wurde. Es bietet Hilfe beim Erlernen wissenschaftlicher Arbeitstechniken und unterstützt bei allen Arbeitsschritten des Lernens, Forschens und Lehrens. Die Ausrichtung des Schulungssystems ist fachspezifisch nutzbar („Pädagogik“ als Fach angeben!) und kann auf das Leistungsniveau des Lernenden eingestellt werden („Anfänger“ oder „Experte“). Im Einzelnen bietet LOTSE

- Informationen zur Suche und Beschaffung von Literatur und Fakten,
- Hilfe beim Finden und Bewerten fachspezifischer und interdisziplinärer Informationsressourcen,
- lokale Ressourcen – und weltweite Hilfe beim Erlernen wissenschaftlicher Arbeitstechniken,
- Unterstützung bei allen Arbeitsschritten des Lernens, Forschens und Lehrens,
- erste einführende Links zu Datenbanken und Katalogen, in denen eine Recherche nach konkreten wissenschaftlichen Fragestellungen möglich ist.

Es haben sich inzwischen die verschiedensten Internet-Dienste etabliert, etwa Suchmaschinen, Online-Foren, Newsgroups, Verzeichnisse, Web-Quests usw. Je nach Thema und der gewünschten Informationsart stehen Suchdienste verschiedenen Typs zur Verfügung. Für die erste Recherche sind Suchmaschinen wie GOOGLE (www.google.de) oder YAHOO (www.yahoo.com) brauchbar.

Zum Thema „Erziehung“ soll hier exemplarisch auf das „Portal Pädagogik“ von Wikipedia hingewiesen werden:

Das Portal Pädagogik von Wikipedia

Das Portal Pädagogik von Wikipedia bietet einen raschen Einstieg in alle zentralen Themen der Erziehungswissenschaft.

- Portal Pädagogik http://de.wikipedia.org/wiki/Portal:Pädagogik

Über das Portal Pädagogik sind auch verwandte Portale erreichbar, etwa:

- Bildung http://de.wikipedia.org/wiki/Portal:Bildung
- Psychologie http://de.wikipedia.org/wiki/Portal:Psychologie
- Soziologie http://de.wikipedia.org/wiki/Portal:Soziologie
- Philosophie http://de.wikipedia.org/wiki/Portal:Philosophie
- Bildungsbeteiligung http://de.wikipedia.org/wiki/Portal:Bildungsbeteiligung

Das Portal Pädagogik von Wikipedia

Die Listen umfassen die Themenfelder

• Pädagogik allgemein	http://de.wikipedia.org/wiki/Portal:Pädagogik/Themenliste
• Pädagogen	http://de.wikipedia.org/wiki/Liste_bedeutender_Pädagogen
• Pädagogische Schriften	http://de.wikipedia.org/wiki/Liste_bedeutender_pädagogischer_Schriften
• Unterrichts-methoden	http://de.wikipedia.org/wiki/Liste_der_Unterrichtsmethoden

Hier nochmals die wesentlichen Schritte und Verfahren im Überblick:

1. Vorüberlegungen zum Thema und erste Internetsuche

Fragen klären:
- Um welches fachliche Problem geht es genau?
- Wie lautet die zentrale Frage, auf die eine Antwort gegeben werden soll?
- Welche Hauptbegriffe/Schwerpunkte/Sachaspekte enthält das Thema bzw. die Aufgabenstellung?
- In welcher Relation und Gewichtigkeit stehen sie zueinander?
- Wie ist das Thema ausdrücklich eingegrenzt bzw. wie könnte es sinnvoll begrenzt werden?

Erläuterung
Je klarer das Thema formuliert und der Untersuchungsgegenstand eingegrenzt ist, desto gezielter und wirkungsvoller kann die Literaturrecherche und Materialsuche erfolgen (etwa bei der Eingabe in die Maske einer Internet-Suchmaschine). Daher sollten die aufgelisteten Fragen im Vorfeld geklärt und auch bei der Weiterarbeit als Leitlinie und Kontrolle dienen.

2. Literaturrecherche

a) mit eigenen Büchern anfangen bzw. mit Büchern, die man bereits kennt
Überprüfen:
- Welche Informationen passen zu meinem Thema?
- Welche weiterführende Literatur wird im Literaturverzeichnis genannt?

b) mehrbändige allgemeine Lexika (z. B. Meyers Enzyklopädisches Lexikon, Brockhaus Enzyklopädie)
- Sie finden sich in den Lesesälen der öffentlichen Bibliotheken und bieten zum Einstieg gute Erst-Informationen.
- Sie definieren Begriffe aus Sicht der Fachwissenschaften und weiten so den Blick.
- Sie bieten schnellen Überblick zu größeren Sachgebieten und Problembereichen.
- Sie verdeutlichen zentrale Schwerpunkte eines vielschichtigen Themas.
- Sie erleichtern die Erkenntnis wichtiger Zusammenhänge.
- Sie nennen eine Auswahl von weiterführender Fachliteratur.

c) allgemeine Lexika auf CD (z. B. Bertelsmann Universal Lexikon, Der große Data Becker, Encarta Enzyklopädie)
Multimedia-Lexika mit tausenden Artikeln, Fotos, Bildern, Karten, Videos, Audios und 3-D-Animationen sowie Links zum Internet sind nicht nur preiswerter als die gedruckten Lexika, sondern auch unübertroffen an Schnelligkeit und Komfort bei der Recherche, Speicherung und Weiterverarbeitung von Informationen. Zudem bieten sie den Vorteil zügiger Aktualisierung.

d) Fachlexika, Fachzeitschriften, Fachbibliografien (= Verzeichnis aller Veröffentlichungen eines Fachgebietes)
Titel evtl. bei Fachlehrern, Buchhändlern, Bibliothekaren erfragen. Fachzeitschriften

(© Gerhard Glück)

bieten den aktuellen Forschungsstand und weisen auf neuere Literatur hin (im Literaturverzeichnis bzw. in den Anmerkungen). In gebundenen Zeitschriftjahrgängen sind das Gesamtinhaltsverzeichnis und das Stichwortregister hilfreich.

e) Buchverzeichnisse und Kataloge
Taschenbuchverzeichnisse der Verlage
Sie erscheinen im Frühjahr und Herbst neu und sind kostenlos im Buchhandel erhältlich. Sie bieten preiswerte Fachliteratur unterschiedlicher Wissenschaftszweige und sogar mehrbändige Lexika verschiedener Fach- und Sachgebiete an.
Kataloge der Buchhändler (bereits auf CD erhältlich, auch im Internet); „Verzeichnis lieferbarer Bücher" (VLB)
Diese Kataloge bieten einen Schlagwortindex mit alphabetischer Anordnung
- nach Verfassernamen
- nach Hauptstichworten der Titel („Kurztitel")
- nach Sachbegriffen und Themen

(hier mit der Suche beginnen)
Kataloge der öffentlichen Bibliotheken
Sie stellen die wichtigsten Hilfsmittel der Bibliotheksbenutzung dar. Während sie früher meist in Form von Karteien (in Kästen aufbewahrt) vorlagen, machen heute die meisten Stadt- und Universitätsbibliotheken ihren Gesamtbestand zusätzlich auch in Datenbanken und auf CD vor Ort zugänglich.
Der Verfasserkatalog bietet eine alphabetische Auflistung des Gesamtbestands der Bibliothek nach Autorennamen bzw. Werktiteln (bei anonymen Werken) und nennt für jedes Buch eine „*Signatur*" (= eine Ordnungsnummer bzw. Buchstaben-Zahlen-Kombination, die in einer Präsensbibliothek den Standort des Buches angibt bzw. auf dem Schein für die Ausleihe angegeben werden muss). Hier nachschlagen, wenn der Autor oder Herausgeber namentlich bekannt ist.
Der Sachkatalog (sog. Stichwort- oder Schlagwortkatalog) ist entweder systematisch gegliedert nach größeren Wissensbereichen bzw. Fachgebieten (z. B. Geschichte, Kunst, Literaturwissenschaft) oder in alphabetischer Ordnung nach „Schlagwörtern" (= zentrale Stichworte, Begriffe, Sachaspekte) aufgeschlüsselt und nennt jeweils die Veröffentlichungen dazu.

f) Neuerscheinungen
1. Lesesaal der Büchereien und Universitätsbibliothek: Insbesondere Zeitschriftenaufsätze bieten neueste Literatur zur Forschungslage und enthalten Hinweise auf neuere Literatur zu einem Thema. Regelmäßiger Besuch im Lesesaal zur Durchsicht der neuen Zeitschriften lohnt sich. Wichtig sind darin auch die Rezensionen (Buchbesprechungen) von Neuerscheinungen.
2. Buchhandlungen: Besonders in Universitätsstädten haben sich die Buchhandlungen oft auf bestimmte fachliche Gebiete spezialisiert und halten die Neuveröffentlichungen zur Ansicht bereit.

g) Internet
Mit Suchprogrammen recherchieren (s. o.): Zuerst sollte **noch vor der eigentlichen Suche** ein geeigneter Suchdienst offline ausgesucht werden. Sodann sollten Sie überlegen, wie Sie durch geschickte Formulierungen, durch die Wahl von präzisen Stichwörtern die Suche eingrenzen können. Mithilfe eines Synonym-Lexikons/des Thesaurus können Suchbegriffe spezifiziert werden.
Verwenden Sie Operatoren, die von den Suchdiensten bereitgestellt werden, um eine sinnvolle Kombination von Suchstichwörtern herzustellen.
Erstellen Sie einen persönlichen **Rechercheplan**, um zeitaufwändiges Mehrfachsuchen zu vermeiden. Schriftliche Notizen in Tabellenform (s. u. unter Pkt. 3) sind zu empfehlen.
Während der Internetrecherche sollten Sie bei zu vielen Suchergebnissen Ihre Anfrage durch weitere Suchbegriffe eingrenzen.
Die aufgerufenen Dokumente sollten nur kursorisch überflogen werden, um einen Überblick über die inhaltliche Verwertbarkeit zu erhalten.

Die als brauchbar identifizierten Seiten können genauer ausgewertet werden.
Wichtig ist die **kritische Beurteilung** der gefundenen Materialien. Es gibt ja im Internet keinerlei Kontrollsystem über den Wahrheitsgehalt von Websites und Informationen. Das bedeutet: Quelle, Autor, Betreiber einer Seite sind zu überprüfen. Die Anzahl der Verweise auf eine Seite, die Häufigkeit von Links zu anderen Seiten und Dokumenten, Referenzen, letzte Updates, die Trennung der Informationsangebote von Werbung, die gezeigte Animationen, die Daten der Zählmaschinen, die Logos, der Vergleich mit anderen Sites, werkimmanente Kriterien wie Einstellung des Autors, inhaltliche Tendenzen, Übersichtlichkeit, Sprachstil usw., alles das kann jeweils als Indikator dienen, ob eine Site es wert ist, weiter beachtet und ausgewertet zu werden, oder nicht.
Wichtige Websites sollten abgespeichert oder ausgedruckt werden, um doppelte Recherchearbeit zu vermeiden.
Selbstdisziplin ist gefordert, wenn Links auf neue Wege führen, die vom eigentlichen Rechercheziel wegführen.

3. Speichern und Verwalten von Literaturangaben

1. Karteikarten
Das traditionelle System zum Sammeln und Verwalten von Literaturangaben; hierbei ist darauf zu achten, dass für jeden Buchtitel eine eigene Karte angelegt wird. Das Karteikartensystem gilt heute jedoch als zu umständlich und zeitaufwändig für die Erstellung und Weiterverarbeitung der Informationen.

2. Datenbank-Programme z. B. Access (Microsoft); exakte bibliografische Angaben machen
Mit einem *Datenbank-Programm* Masken erstellen und dabei in abgekürzter Form die folgenden Angaben als Feldnamen benutzen: Familienname und Vorname des Verfassers, Titel und evtl. Untertitel, evtl. Name der Reihe und Bandnummer, Erscheinungsort, Verlag, Erscheinungsjahr und Auflage, ISBN-Nummer (s.u.), Bemerkung
So ist der Aufbau einer *kommentierten Bibliografie* möglich.
Für eine Bestellung im Buchhandel notieren:
„ISBN-Nummer" (seit 1973: Internationale Standard-Buch-Nummer; sie findet sich bei den Verlagsangaben): Sie kann zehnstellig, aber auch dreizehnstellig sein, identifiziert ein Buch eindeutig nach dem Land (1. Ziffer), dem Verlag (2. Ziffergruppe) und dem konkreten Titel einschließlich Auflage und Aufmachung (3. Ziffergruppe) und erleichtert so die Beschaffung in Bibliotheken und im Buchhandel.
„ISSN-Nummer": International Standard Series Number; sie besteht aus zwei Zifferngruppen zu je vier Ziffern und dient der Identifizierung von Zeitungen und Zeitschriften.
Für eine Ausleihe in der Bibliothek:
die „Signatur" (= Standort-Nummer) des Buches aufschreiben (siehe oben unter 2e).

3. „Verlauf" und „Favoriten" etc. sowie Rechercheplane nutzen
Nach einer Internetrecherche:
Es ist ratsam, die brauchbaren Texte/Materialien zu verwalten. Dazu kann die Funktion „Verlauf", d. h. die angezeigte Liste von Links auf die zuletzt besuchten Seiten, nützlich sein. Sie können auch Lesezeichen setzen (etwa bei Netscape Navigator) oder die Adressen zu Ihren „Favoriten" hinzufügen. Zum schnellen Wiederfinden ist die Verwendung eines Ordnungssystems anzuraten, das eine Übersicht nach Kategorien ermöglicht. Die als wesentlich erachteten Seiten sollten im HTML-Format oder als Textdatei zur späteren Bearbeitung gespeichert oder ausgedruckt werden. Wenn kommentierte Linklisten erstellt werden, kann der spätere Rückgriff auf bereits Erarbeitetes mit erheblich weniger Aufwand geleistet werden. Das Anfertigen von Erinnerungsstützen in der Form eines Rechercheplanes dient dem besseren Auffinden bereits gewonnener Kenntnisse und Erkenntnisse.

Beispiel eines Rechercheplans:

Thema:				
Suchbegriffe:				
Recherche bei: Adresse				
Ergebnis				
Speicherort				
Links				
Nachschlagewerk Online-Zeitung Suchdienst usw.				

2.2 Zur schnellen Einschätzung des Informationswertes von Büchern

Aus der Fülle der gefundenen und notierten Buchtitel, die eine Hilfe bei der Bearbeitung des Themas zu versprechen scheinen, muss eine Auswahl getroffen werden entsprechend dem Informationswert (Vielfalt und Kompetenz der Informationen) für die Weiterarbeit. Ist es in einer Bibliothek oder Buchhandlung möglich, Einblick in die Bücher zu nehmen, so kann mithilfe einiger Tricks relativ schnell und meist schon recht zuverlässig ein **erstes Bild von der Gesamtanlage und möglichen Eignung** für das Thema gewonnen werden kann.
Dazu genügt mit einiger Übung ein „kursorisches Lesen“, das heißt: ein im Buch „umherlaufendes“, grob orientierendes „Anlesen“, bei dem man noch nicht tiefer in die Problematik und inhaltliche Auseinandersetzung eindringen will, sondern nur **bestimmte Teile des Buches** genauer ins Auge fasst, die traditionell eine schnelle Orientierungshilfe bieten:

Teile des Buches	zu entnehmende Informationen/Hilfen
1. Titel und Untertitel	Das Thema u. seine Eingrenzung wird deutlich. Mit der Schwerpunktsetzung des Themas der eigenen Arbeit vergleichen.
2. Klappentext	Auf dem „Schutzumschlag“ stehen Werbetexte des Verlages, die einen ersten Eindruck vermitteln vom Verfasser, Thema, Inhalt und von der Darstellungsform.
3. Inhaltsverzeichnis	Es verdeutlicht die äußere Gliederung/Anordnung des Stoffes, die innere Sachlogik sowie die Gewichtung des Inhalts und seiner Schwerpunkte. Eventuell eine Anregung für den Aufbau der eigenen Arbeit und die Formulierung wichtiger Inhaltsaspekte als Überschriften von Kapiteln und Abschnitten.
4. Vorwort bzw. Einleitung	Neben persönlichen Bemerkungen finden sich hier Hinweise auf Zweck und Absicht des Buches, die Eingrenzung des Themas und seine inhaltlichen Schwerpunkte, den Aufbau und das methodische Vorgehen usw. Insgesamt eine beachtenswerte Lesehilfe.

Teile des Buches	zu entnehmende Informationen/Hilfen
5. Kapitelanfänge	Oft wird zu Beginn der einzelnen Kapitel (z. B. im 1. Abschnitt schon) etwas über die Zielsetzung, die Untersuchungsaspekte und das Vorgehen gesagt, sodass eine erste Vorstellung über das ganze Kapitel zu gewinnen ist.
6. Zwischenergebnisse/ Zusammenfassungen	Eine geraffte Darstellung von Ergebnissen der Untersuchung findet sich häufig – am Ende längerer Einzelkapitel – im Schlusskapitel des Buches – in einem Nachwort – nicht selten sogar schon knapp im Vorwort Hieran lässt sich relativ schnell der Informationsgehalt des Buches erkennen und sein Wert für unser eigenes Thema beurteilen.
7. Quellen- und Literaturverzeichnis	Es findet sich meist am Ende, seltener am Anfang des Buches. Eine Fundgrube für weitere Literatur zu unserem Thema, die wir bisher evtl. noch nicht gekannt haben. Stoßen wir in verschiedenen Veröffentlichungen mehrfach auf dieselben Titel, so handelt es sich offensichtlich um „Standardwerke“, die grundlegend für das Thema sind (ausleihen!).
8. Illustrationen und Schaubilder	Bilder, Tabellen, Statistiken, Skizzen usw. fallen schon beim schnellen Durchblättern auf. Sie veranschaulichen abstrakte Sachverhalte, machen komplexe Zusammenhänge überschaubar und erlauben es, Informationen schneller aufzunehmen und sich einzuprägen. Sie stellen gute Anregungen dar für unsere eigenen Versuche, das Thema zu veranschaulichen und übersichtlich zu gestalten.
9. Register	Als alphabetisches Verzeichnis der behandelten Sachaspekte und Personen ermöglicht es den gezielten inhaltlichen Zugriff auf das Buch und die schnellste Auskunft über die Brauchbarkeit der Informationen. Der Umfang der Ausführungen ist bei den Seitenzahlangaben ablesbar: „f“ (= plus folgende Seite) und „ff“ (= plus mehrere Seiten).

Aus diesen Beobachtungen zu einzelnen Teilen des Buches ergibt sich ein schon recht genauer Gesamteindruck seines Informationswertes und seiner Eignung für das Thema.
Es wäre ein Glücksfall, könnten die grundlegenden neueren Veröffentlichungen, die für die Arbeit das meiste Material bieten, gekauft werden, weil damit ein intensives Lesen und Durcharbeiten mit dem Bleistift erlaubt ist: Wichtige Informationen können dabei hervorgehoben, Zusammenhänge sichtbar gemacht und Querverweise angebracht werden; auf dem Blattrand können schwierige Sachverhalte erläutert, Fremdwörter erklärt und zusätzliche Hilfen gegeben werden. Auf Dauer lohnt es sich, eine kleine „Handbibliothek“ aufzubauen, z. B. mit Lexika verschiedener Fachgebiete in preiswerten Taschenbüchern, deren Nutzen weit über das gegenwärtige Interesse an einem Thema hinausreicht.
Ist geeignetes Material für die Bearbeitung des Themas gefunden, so stellt sich die Frage, auf welche Weise diese Informationen genutzt, das heißt: gelesen, gespeichert, geordnet und weiterverwendet werden sollen.

3. Das rationelle Lesen: zeitökonomisch arbeiten

3.1 Arten des Lesens

Viele kennen das entspannende, unterhaltsame Lesen z. B. von Kriminalromanen, historischen Romanen, Zukunftsromanen u. a. und genießen es in ihrer Freizeit. Daneben steht für viele die Notwendigkeit, in Schule oder Beruf anhand von Sachtexten eine Fülle komplexer Informationen in verdichteter Sprache aufnehmen und weiterverwenden zu müssen. Dabei können zwei Lesemaßnahmen helfen, den Überblick besser zu wahren und Informationsquellen systematisch auszuwerten:

- die **überlegte Auswahl des Materials** anhand einer schnellen und doch ausreichend sicheren Beurteilung seines Informationswertes
- die **Technik des rationellen Lesens** und Durcharbeitens ausgewählter Texte, um die es im Folgenden gehen soll

Die folgende Übersicht stellt vier weit verbreitete Arten des Lesens vor und nennt einige dazugehörende Techniken und Hilfsmaßnahmen.

1. Kursorisches Lesen: grob orientierend
(lat. cursare = umherlaufen) ein *erstes Überfliegen* des Buches oder Aufsatzes zur Groborientierung, um einen schnellen Gesamtüberblick über den Verfasser, die Themen, den Hauptinhalt, den Aufbau, die Zielsetzung und die Aufmachung der Veröffentlichung zu gewinnen und dementsprechend über seinen Informationsgehalt und Gebrauchswert für die Weiterarbeit (Themenrelevanz) entscheiden zu können. Orientierungshilfen bieten bei diesem diagonalen Lesen insbesondere der Klappentext, das Vorwort, das Inhaltsverzeichnis und das Literaturverzeichnis.

2. Selektives Lesen: interessegeleitet
(lat. eligere = auswählen) ein *gezieltes Lesen* ausgewählter Teile einer Veröffentlichung nach dem Informationsbedarf unter Auslassung der übrigen Textteile und Aussagen. Dieses bewusste „Ausschlachten" eines Buches für ein Thema erfolgt unter zuvor festgelegten Aspekten und setzt bereits Klarheit über die inhaltlichen Schwerpunkte und Eingrenzung des Themas voraus.

3. Intensives Lesen: textverarbeitend
(lat. intendere = anspannen) ein *konzentriertes Lesen* als behutsam fortschreitendes, detailliertes, auf der Sprache und dem Sinnzusammenhang verweilendes Lesen eines Textes – mit gründlicher Verarbeitung der Informationen durch Markieren wichtiger Textstellen und Notieren der wichtigsten Informationen. Dient der leichteren und schnelleren Orientierung beim wiederholenden Lesen (siehe 4.). (Dies wird im Folgenden näher erläutert.)

4. Repetierendes Lesen: einübend
(lat. repetere = wiederholen)
Den Informationsgehalt einübendes Lesen (z. B. für eine Prüfung), bei dem der Wissensstoff und das erarbeitete Verständnis durch erneutes Lesen der Grundlagen kontrolliert und vertieft angeeignet wird.

3.2 Das intensive textverarbeitende Lesen

Der Grad des Verstehens eines Textes ist u. a. abhängig von der Sprachkompetenz und vom Erfahrungs- und Erkenntnishorizont (Sachkompetenz) des Lesers, von seiner Konzentrationsfähigkeit und seinem Abstraktionsvermögen (also von langfristig zu übenden Fähigkeiten), kann aber andererseits auch gefördert werden durch gezielte „Lesestrategien", mit deren Hilfe die Erarbeitung z. B. von wissenschaftlichen Informationen in Sachtexten in ihren komplexen inhaltlichen und formalen Strukturen erleichtert werden kann.
Dabei handelt es sich um verschiedene Lesetechniken, um mnemotechnische Methoden sowie um Verfahren der gedanklichen Verarbeitung von Informationen. Es geht um

- **technische Mittel zur optischen Textaufbereitung (= Vorarbeiten am Text):** Zeilen

nummerieren; Begriffe/Kurzaussagen unterstreichen, einkreisen, umranden; Sinnabschnitte sichtbar machen; beschreibende bzw. wertende Randzeichen und -notizen anbringen
- **Maßnahmen zur inhaltlichen Texterfassung:** Begriffe klären; Text strukturieren; Sinnabschnitte in Überschriftenform formulieren; Hauptinformationen festhalten

Als Schülerin oder Schüler der Sekundarstufe II wird im schulischen Alltag ein gut funktionierendes **Markierungssystem** benötigt, das sich für die Erarbeitung von Texten verschiedener Fächer eignet und das sie mit der nötigen Routine anwenden können.

Der einfach scheinende Arbeitsauftrag: „Unterstreichen Sie die wichtigsten Aussagen im Text!" zeigt jedoch schnell, dass viele auch in der Sekundarstufe II noch kein sinnvolles System des Unterstreichens gefunden haben. In Hausaufgaben oder bei Klausuren zu bearbeitende Textblätter sollten nicht in einem so „sauberen" Zustand bleiben, dass sie keinerlei optische Hilfe bieten für einen schnellen „Textüberblick"; die Textblätter sollten aber auch nicht in wilden Farben fast lückenlos Zeile für Zeile unterstrichen werden, sodass der eigentliche Zweck ebenfalls verfehlt wird.

Es ist sinnvoll, in einem ersten Schritt den zu bearbeitenden Text zu lesen, um einen ersten Überblick über seinen Inhalt zu gewinnen. Danach kann in einem zweiten Textdurchgang durch Unterstreichungen und das Anbringen von Randzeichen der Text genauer erfasst, strukturiert und systematisch bearbeitet werden. In Klausuren ist man allerdings oft aus Zeitgründen gezwungen, längere Texte bereits beim ersten Lesen mit Unterstreichungen, Markierungen und Randnotizen zu versehen. Dies muss nicht von Nachteil sein. Es zwingt dazu, von Anfang an konzentriert zu lesen, mitzudenken und ein zutreffendes Verständnis des Textes zu gewinnen.

3.2.1 Auch das Unterstreichen will gelernt sein

Durch den Vergleich verschiedener Schülerlösungen zum selben Text kann verdeutlicht werden, dass es nicht „egal" ist, was wie unterstrichen wird, sondern dass im „sinnvollen" Unterstreichen bereits das Textverständnis zum Ausdruck kommt. Regelmäßige eigene Versuche und Vergleiche unterschiedlicher Lösungen des Unterstreichens sind nötig, um den Blick zu öffnen für die „Kunst des Unterstreichens" und die positiven Funktionen, die damit verbunden sind:
- Der formale Aufbau wird sichtbar.
- Die inhaltliche Gedanken- bzw. Handlungsabfolge wird deutlich.
- Zusammenhänge zwischen Textteilen und Aussagen treten klarer hervor.
- Das Einprägen wichtiger Informationen wird erleichtert.
- Eine zeitsparende Wiederholung des „Stoffes" wird möglich.
- Insgesamt: Das „richtige" Unterstreichen erfordert und sichert ein gründliches Lesen des Textes.

Es empfiehlt sich, die folgenden Grundsätze auszuprobieren und daraus ein eigenes System zu entwickeln:
- Sehr sparsam unterstreichen! Häufig wird eher zu viel als zu wenig unterstrichen. Daher gilt die Hauptregel: Nur das unverzichtbare „Gerippe" an sinntragenden Hauptbegriffen und zentralen Kurzaussagen des Textes ist zu unterstreichen, sonst gehen die wichtigen Textstellen in der Fülle des Unterstrichenen unter.
- Nie ganze Sätze oder gar Abschnitte unterstreichen (nötigenfalls eher am Rand die Zeilen mit zentralen Aussagen mit einer senkrechten Linie versehen und mit einem inhaltserläuternden Stichwort kennzeichnen).
- Das Unterstrichene und die Randstichworte müssen in Auswahl, Gewichtung und Abfolge die tatsächlichen inhaltlichen Schwerpunkte und gedanklichen Zusammenhänge des Textes widerspiegeln.
- Immer das gleiche System verwenden, das erprobt ist und sich bisher bewährt hat; so bekommt man die nötige Routine.

3.2.3 Beschreibende Randzeichen und -bemerkungen

Als Beispiele für **Beschreibungen** am Rand können genannt werden: „Definition“, „ Argument“, „These“ oder etwa „Einleitung“, „Hauptteil“, „Schluss“ bzw. „Zusammenfassung“. Diese Randmarkierungen sind natürlich auch in Form von Abkürzungen möglich: *T* = These/Behauptung; *Arg* = Argument; *Erl* = Erläuterung; *Bsp* = Beispiel; *Zit* = unterstützendes Zitat; *Def* = wichtige Definition; ↓ und ↑ = widersprüchliche Aussagen (Markierungen an zwei Textstellen; die Pfeile sind aufeinander gerichtet); *rh* = Besonderheit der Aussageweise/rhetorische Figur.

3.2.4 Wertende Randzeichen zur Verdeutlichung der eigenen Leseerfahrung

Schon beim ersten Lesen können wichtige Textteile, Anfragen und spontane vorläufige Wertungen durch bestimmte Zeichen am Blattrand verdeutlicht werden. Solche „Lesezeichen“ sind beim genaueren Erarbeiten des Textes hilfreich: So können z. B. die eigenen anfänglichen Verstehensschwierigkeiten sichtbar gemacht werden, um sie später systematisch zu klären. Oder wichtige Textaussagen sind für die Diskussion und Auseinandersetzung mit dem Text schneller aufzufinden.

|	**Senkrechter Strich**: „Das ist eine inhaltlich wichtige Textaussage!“
?	**Fragezeichen:** „Was bedeutet das?“ – „Das verstehe ich nicht!“ (z. B. Fremdwörter, Fachbegriffe, vorläufige Sinnschwierigkeiten)
+	**Pluszeichen:** „Dem stimme ich inhaltlich zu.“ – „Guter Gedanke!“ – „Brauchbare Anregung!“
!	**Ausrufezeichen:** „Gelungene Formulierung!“– „Merken!“ – „Herausschreiben!“
〰	**Wellenlinie:** „Das finde ich nicht so gut.“ – „Das bezweifle ich.“– „Genauer überprüfen!“ Die Wellenlinie kann unter den betreffenden Textaussagen angebracht werden oder auf dem Blattrand als senkrecht verlaufende Linie.

3.2.5 Zum Wert der Vorarbeiten am Text

Die Vorteile dieser optischen Textaufbereitung im Rahmen eines intensiven textverarbeitenden Lesens wirken sich erst dann effektiv aus, wenn der Leser ein bestimmtes System erprobt und sich angeeignet hat und dann auch routinemäßig beibehält. Im Unterricht haben sich folgende Vorteile des Verfahrens gezeigt:
Das Unterstreichen der leitenden Begriffe ermöglicht und erleichtert das Auffinden der wesentlichen Aussagen eines Textes.
Die Symbolzeichen machen dem Leser das Unklare und noch Unverstandene sichtbar.
Die Zeichen vermitteln dem Leser (Schüler) einen Überblick über seinen eigenen vorläufigen Standpunkt und erinnern ihn daran, worauf er bei der unterrichtlichen Besprechung besonders zu achten hat.
Der Schüler ist beim Lesen gezwungen, sich stark auf den Text zu konzentrieren.
Bei der Diskussion über die Thesen des Textes hat jede Schülerin/jeder Schüler genug „Materi-

al" über seine persönliche Einstellung gesammelt und kann leicht die betreffende Textstelle zitieren.
Durch eine Befragung der Klasse nach der Setzung bestimmter Zeichen (etwa: „Wo habt ihr Fragezeichen angebracht?" – „Wo habt ihr ein Minuszeichen gesetzt?") kann man leicht feststellen, wo und in welcher Breite die Besprechung anzusetzen hat.
Rückblickend ist es für die Lesenden aufschlussreich zu sehen: „Welche Zeichen über die eigene Einstellung zum Text sind am Schluss der Besprechung noch beizubehalten? Welche sind zu korrigieren? Warum?"

4. Exzerpte, Lesenotizen und Karteikarten: Anfertigen eines Protokolls, Referats oder einer pädagogischen Facharbeit

Für die Erarbeitung eines Sachgebietes bzw. zur Information über ein spezielles Thema ist auf der Stufe der Materialsammlung das **Exzerpieren** unverzichtbar. Es dient dazu, aus der Primärliteratur (Quellen) und/oder Sekundärliteratur (wissenschaftliche Darstellungen) bestimmte Textstellen mit wichtigen Informationen, Fakten und Details nach bestimmten Gesichtspunkten, Fragestellungen und Interessen auszuwählen und festzuhalten, um sie in der eigenen Arbeit zur Lösung eines Problems bzw. einer gestellten Aufgabe zu verwenden.
Unter einem **Exzerpt** (lat. excerptum = das Herausgenommene) ist die knapp zusammenfassende Wiedergabe des Inhalts einer Veröffentlichung bzw. einzelner Textstellen daraus unter einem bestimmten Thema, einer Fragestellung, einem bestimmten Leserinteresse zu verstehen. Dabei wird auf dem Weg eines „informierenden Lesens" der Text der Vorlage in der Regel mit eigenen Worten präzise zusammengefasst. Kurze Auszüge können aber auch ihrem Wortlaut nach mit den entscheidenden Formulierungen exakt abgeschrieben (zitiert) werden.
Die Auswahl der Textübernahmen sollte sparsam sein. Exzerpiert werden könnte:

- was besonders prägnante, treffende Aussagen sind
- was man mit eigenen Worten nicht besser und knapper formulieren könnte
- was wörtlich exakt so benötigt wird und nicht verändert werden darf (z. B. Statistiken)
- was sprachlich typisch ist für einen Autor usw.

Für jede exzerpierte Information sollte eine eigene **Karteikarte** (DIN A5) verwendet bzw. per Computer ein „Datensatz" angelegt werden.
Das Exzerpt sollte formal einheitlich gestaltet sein und konsequent folgende Informationen enthalten:

- zentrales Stichwort zur Kennzeichnung des Sachverhalts und des Problems, um das es geht
- genaue Angaben zur Textquelle (Verfasser, Titel, Erscheinungsort, -jahr, Seitenzahl)

Hilfreich für eine spätere Verwendung ist auch eine stichwortartige Angabe, in welchem Kontext und gedanklichem Zusammenhang sich die exzerpierte Textstelle befindet.
Das gewonnene Material ist anschließend zu gliedern, indem die Karten bzw. Datensätze nach Inhaltsaspekten und Teilbereichen angeordnet und gruppiert werden.
Trotz des großen Zeitaufwandes lohnt sich das Verfahren des Exzerpierens, weil dabei die Fragestellung stets vor Augen steht und das Material weit eigenständiger und einprägsamer durchdrungen wird als etwa mithilfe des bloßen Kopierens und Unterstreichens.

5. Die Verwendung von Zitaten: wissenschaftlich korrektes Arbeiten

Zitate (von latein. „citare“ = herbeirufen, namentlich anführen) sind Formulierungen, Gedanken, Ideen, Argumente und Informationen, die wir aus schriftlichen Werken oder auch aus mündlichen Äußerungen anderer wörtlich oder sinngemäß übernehmen und bewusst in unseren eigenen Reden, Diskussionen und schriftlichen Texten einsetzen.
Anhand von Zitaten in einer wissenschaftlichen Arbeit kann der Umfang und die Qualität der Eigenleistung eines Verfassers abgelesen werden. Im Rahmen eines Referates der Oberstufe oder in einer Arbeit in den ersten Semestern kann man zeigen, dass man in der Lage ist, themenbezogen Fachliteratur und Quellenmaterial aufzusuchen, gezielt auszuwählen und in Zitatform in seine eigene Argumentation zu integrieren.
Dabei erfordert es die Ehrlichkeit und wissenschaftliche Redlichkeit, alle Ausführungen und Meinungsäußerungen eines Dritten kenntlich zu machen und den Fundort (Quelle) exakt mitzuteilen. Diese Quellennachweise geschehen nach strengen Regeln und bewährten Verfahrensweisen.
Auch jede Art einer **textlichen Anlehnung oder sinngemäßen Verwendung** fremder Gedanken und Aussagen für die eigenen Ausführungen z. B. zur Darstellung eines Sachverhalts oder zur Stützung der eigenen Argumentation ist in Form eines indirekten Zitates nachzuweisen. Selbst wenn der eigene Text noch so selbstständig formuliert wird, muss die Herkunft aller Informationen, der geistige Urheber unserer Ausführungen und Überlegungen vollständig offengelegt werden. Diese „intellektuelle Redlichkeit“ bedeutet keineswegs eine Wertminderung der eigenen Darlegungen; denn es geht in einem Referat, in einer Fach- oder Seminararbeit gerade auch darum zu zeigen, dass man die Fähigkeit besitzt, mit Sekundärliteratur und Quellenmaterial sinnvoll und wissenschaftlich verantwortlich umzugehen.
Es haben sich für den Umgang mit indirekten Zitaten eine Reihe von Regeln herausgebildet:

(1) Auch das mit eigenen Worten formulierte indirekte Zitat muss unmittelbar aus dem Originaltext gewonnen und erarbeitet werden – mit genauer Angabe der Quelle.
(2) Genaues Lesen und Durcharbeiten des Originaltextes und die Beachtung des Sinnzusammenhangs sind nötig, um die Gefahr einer ungenauen Wiedergabe bei der Zusammenfassung des Textes zu vermeiden. Der Standpunkt des Autors darf nicht abgeschwächt werden.
(3) Bei der Verwendung von indirekten Zitaten in unserem eigenen, fortlaufenden Text (z. B. in einer Facharbeit, einem Referat) können zur besseren Unterscheidung diese von anderen übernommenen fremden Gedanken im Konjunktiv wiedergegeben werden. Eindeutigkeit wird auch hergestellt durch Hinweise wie:
- „in Anlehnung an …“ (mit Namen des Verfassers),
- „nach …“ (mit Namen des Verfassers).

Diese Wendungen können als Einleitungsformulierungen vor den indirekten Zitaten stehen. Am Ende sollte (evtl. in Klammer) eine Quellenangabe gemacht werden: „vgl. hierzu S. …“ (des Originaltextes).
(4) Es ist denkbar, im Rahmen von indirekten Zitaten auch knappe Wort- oder Satzzitate (diese in Anführungsstrichen) zu bringen.

Beispiel für das Zitieren
„Die Reggianer selbst beschreiben ihre Arbeit gern als ‚Pingpongspiel‘. Sie fangen die Bälle auf, die ihnen die Kinder zuwerfen und werfen sie wieder zurück, wobei sie häufig eine andere Flugbahn wählen und manchmal auch den Ball wechseln.“ (Romberg).
(Reggio Children [Hrsg.]: Hundert Sprachen hat das Kind. Beltz, Weinheim 2002, 15. Zitiert nach: Rainer Jaszus, Irmgard Büchin-Wilhelm, Martina Mäder-Berg, Wolfgang Gutmann unter Mitarbeit von Andreas Kibin: Sozialpädagogische Lernfelder für Erzieherinnen, Stuttgart 2008, S. 602)

6. Ein Literaturverzeichnis anlegen

Im engeren Sinne wird unter einer Bibliografie das sog. Literaturverzeichnis verstanden, das alle Veröffentlichungen (Bücher, Zeitschriftenartikel, Sammelwerke u. a.) alphabetisch aufführt, die der Verfasser eines wissenschaftlichen Beitrags für die Bearbeitung seines Themas benutzt hat. So ist es möglich, zum Beispiel Fundorte von Zitaten genau nachzuweisen, diese Werke in einer Bibliothek auszuleihen oder im Buchhandel zu bestellen. Dieses Verzeichnis der verwendeten Fachliteratur befindet sich meist am Ende der Arbeit.
„Bibliografische Angaben" sind nach strengen Regeln und einem festem Muster gestaltet. In der Anwendungspraxis können sich trotzdem Abweichungen zeigen: So kann etwa die Auflage des Buches kurz durch eine hochgestellte Ziffer vor dem Erscheinungsjahr verdeutlicht oder auch in Worten ausformuliert werden. Kleine Unterschiede bestehen auch zwischen den Angaben zu Büchern und zu Zeitschriftenartikeln (s. u.). Ein internationaler Vergleich zeigt zudem, dass es auch länderspezifische Besonderheiten des Bibliografierens gibt. Auf jeden Fall sollten die bibliografischen Angaben in sich einheitlich gestaltet sein.

Bibliografische Angaben zu Büchern
(in dieser Reihenfolge und Zeichensetzung!)
Familienname, Vorname(n) des Autors:
Haupttitel („Sachtitel") des Buches.
Untertitel. [evtl.] Herausgeber. Auflage. [evtl.] Bandnummer.
Erscheinungsort: Verlagsnachname Erscheinungsjahr.
(Reihentitel. Bd.-Nr.)
Evtl. Internationale Standard-Buchnummer (ISBN)
Beispiel:
Bauer, Joachim: Lob der Schule. Hamburg: Hoffmann und Campe 2007. ISBN 978-3-455-50032-5

Bibliografische Angaben zu Artikeln in Zeitschriften
Familienname, Vorname(n) des Autors:
Aufsatztitel. Untertitel.
In: Zeitschriftentitel
(Ort) Jahrgang, evtl. Band, (Jahr) Heft. Seite.
Beispiel:
Zwergel, Herbert A.: Bildungsstandards – eine Orientierung. In: rhs Religionsunterricht an höheren Schulen (Düsseldorf) 48. Jg., (2005) 4. 206–215.

Bei der wissenschaftlichen Arbeit sind zwei Arten von Literatur (siehe 2.) zu unterscheiden:
Primärliteratur: das sog. Originalschrifttum, d. h. die unmittelbaren Texte eines Autors, die historischen Dokumente und Quellen usw., die direkt zum Gegenstand einer wissenschaftlichen Untersuchung gemacht werden.
Sekundärliteratur: das wissenschaftliche, kritische Schrifttum über die Primärliteratur, zum Beispiel über einen Autor, ein Werk, eine Epoche, eine Fragestellung usw. Als sog. Fachliteratur informiert sie über den Forschungsstand und dient als Hilfsmittel für eine wissenschaftliche Untersuchung.

II. Theoretische Grundlagen: Hermeneutik – Empirie und Statistik – Ideologiekritik

(Foto: Mauritius Images/Alamy)

„Grundlagenforschung betreibe ich dann, wenn ich nicht weiß, was ich tue.“

Wernher Freiherr von Braun

1. Was sind Forschungsmethoden der Erziehungswissenschaft?

Um „Erziehungswirklichkeit“ zu verstehen, verwendet die Erziehungswissenschaft verschiedene Forschungsmethoden, durch die ihr Wissen zuverlässig abgesichert werden soll. Zu unterscheiden sind erfahrungswissenschaftliche (empirische) Methoden einerseits und geisteswissenschaftliche Methoden andererseits. Ob man Erkenntnisse der Erziehungswissenschaft als „wissenschaftlich“ ansehen kann, darf dabei nicht auf empirisch Überprüfbares beschränkt bleiben, vielmehr hat sich Pädagogik auch auf Werte und Normfragen zu beziehen, die über empirisches Nachforschen hinausreichen, wenn eine ganzheitliche Sichtweise zugrunde gelegt wird.

Forschungsmethoden der Erziehungswissenschaft

Empirische Methoden

zur Erhebung überprüfbarer Daten über Erziehung

Beispiele: Beobachtung, Befragung, Interview, Experiment

Methoden der Geisteswissenschaften

zur Erarbeitung von Wert- und Sinnzusammenhängen

Beispiele: Hermeneutik, Phänomenologie, Dialektik

(Grafik aus: Hermann Hobmair [Hrsg.]: Pädagogik. 4. Aufl., Bildungsverlag EINS: Troisburg 2008, S. 21)

2. Hermeneutik

2.1 Was das Wort „verstehen“ meint

Da sich menschliche Kommunikation bis heute weitgehend in Texten vollzieht, sind Erkenntnisse wichtig darüber,

- was Verstehen meint,
- welchen Bedingungen es unterliegt,
- mit welchen Verfahrensweisen ein Verstehen insbesondere von Texten gelingen kann.

„Verstehen“ ist eine Bildung aus dem Verb „stehen“ und weist somit einen Bedeutungszusammenhang auf mit einem sichtbaren, leibhaftigen Vorgang. Es wird angenommen, dass es ursprünglich das besondere Ereignis der feierlichen Volks- und Gerichtsversammlung in germanischer Zeit („Thing“) war, das die Bedeutung des Wortes „verstehen“ mitprägte: In einer ringförmigen Anlage hatte der jeweilige Sprecher in der Mitte seinen „Stand“; der Zuhörerkreis bildete den „Um-Stand“. Jedermann (!) „stand“ also so, dass er akustisch „ver-stand“, was an wichtigen Rechtsangelegenheiten verhandelt wurde.

„Verstehen“ bedeutet nach diesem konkreten Geschehenszusammenhang: das gute Hörenkönnen und richtige Aufnehmen des Gesagten aufgrund eines geeigneten „Stand-Ortes“ sowohl des Sprechers wie des Zuhörers als Voraussetzung für die Wahrnehmung des im akustisch Gehörten gemeinten Sinnes.

2.2 Hermeneutik als Lehre des Verstehens

2.2.1 Eine „Kunstlehre" der Textauslegung

Die theoretische Auseinandersetzung mit dem Problem des Verstehens führte bereits in der griechischen Antike bei der Auslegung der Epen Homers mithilfe der Allegorese zur Ausbildung von speziellen Verstehenshilfen und -regeln, einer sog. **Hermeneutik** (griech. „hermeneuein" = auslegen, übersetzen, verkünden, erklären). Insbesondere bedeutsame Schriftstücke mit einem hohen Gültigkeitsanspruch und Vorbildcharakter, wie z. B. Texte der Bibel, der großen Klassiker der Literatur, wichtige Gesetzestexte benötigen ein Instrumentarium von Verstehenshilfen, eine „Kunstlehre" der Auslegung, um den normativen Wahrheitsgehalt dieser Texte aufzudecken. Dabei wurden Methoden der Text-*erklärung* (Kommentar) und der *Deutung* (Interpretation) entwickelt.
Allgemein gilt der Theologe Friedrich Daniel Schleiermacher (1768–1834) als Begründer der neuen Hermeneutik, die er als „Kunstlehre des Verstehens" definierte. Bis in unsere Gegenwart hinein werden solche hermeneutischen Fragen weiter reflektiert und der Hermeneutik die Aufgaben zugewiesen:

- als **Theorie der Auslegung**: die Aufdeckung und Reflexion der grundsätzlichen Bedingungen und allgemeinen Prinzipien des sinngemäßen Verstehens und Auslegens von dokumentierten menschlichen Lebensäußerungen wie z. B. von sprachlichen Texten, aber auch von „nicht-sprachlich-sinntragenden Strukturen wie z. B. Gesten, Handlungen, Träumen, Bild- und Tonwerken, historischen Verläufen und sozialen Strukturen" (J. Vogt),
- als **Methode der Auslegung**: die Kunstfertigkeit des sinngemäßen Verstehens und Auslegens auf der Basis praktischer Verfahren, Hilfsmittel und Regeln zum Verstehen vor allem von schriftlichen Texten.

Die Hermeneutik ist also **Verstehenslehre** (Bedingungen und Prinzipien des Erfassens von Bedeutungen und Singehalten einschließlich des Horizontes, dem sie entstammen) und **Methodenlehre** zugleich (als konkreter Weg und systematische Anbahnung des verstehenden Erfassens von Bedeutung und Sinn durch Interpretation/Analyse).
Die Leistung der Hermeneutik besteht darin, dass ein Sinnzusammenhang aus einer anderen Welt in die eigene übertragen wird. Beim Verstehen handelt es sich also um einen Vorgang der Sinnfindung durch die Vermittlung und Auseinandersetzung zwischen Partnern; in einem erweiterten Sinn um ein Gespräch.
Auf Texte bezogen bedeutet dies: Der Leser/die Leserin hat es beim Verstehen eines Textes sowohl mit der Aufnahme eines Inhalts und vermittelten Sachverhalts zu tun, als auch mit einem lebendigen Gegenüber, das diese Inhalte vermittelt und das sich ihm sprachlich durch den Text zu „verstehen" geben will. Textverstehen umfasst demnach – wie alles Verstehen – immer eine inhaltliche Komponente und eine zwischenmenschlich-personale Seite zugleich.
In Veröffentlichungen findet sich häufig die auf den Philosophen Wilhelm Dilthey (1833–1911) zurückgehende Unterscheidung von „Verstehen" und „Erklären". Sie kann (bei aller Überspitzung) hilfreich sein zur Verdeutlichung eines unterschiedlichen Denkansatzes:
Die **Naturwissenschaften** wollen Gegebenheiten und Vorgänge der Natur durch exaktes Beobachten, Messen, Berechnen und Experimentieren in einen kausalen Zusammenhang stellen, das heißt: auf ihre Ursachen zurückführen, in ihren Gesetzmäßigkeiten festlegen und so **erklären**.
Demgegenüber wollen die **Geisteswissenschaften** Zeugnisse des menschlichen Geistes **verstehen**, vor allem sprachliche Dokumente der Vergangenheit (juristische, theologische, philosophische und vor allem poetische Texte) auf dem Weg des Interpretierens in der Besonderheit und Einmaligkeit ihres Sinngehaltes aufschließen und für die Gegenwart vermitteln.

Aber bereits Dilthey selbst betont, dass zwischen Auslegung und Erklärung nur ein gradweiser Unterschied besteht und keine feste Grenze zu ziehen ist. So gibt es heute in der Literaturwissenschaft z. B. statistische, mathematische und andere Verfahren exakter Art, und es gilt auch für die Interpretation der Maßstab einer sachlichen Beobachtung des Textes mit nachprüfbaren Ergebnissen.
Alle schriftlichen Dokumente haben als Texte die Eigenart, dass sie einerseits ein eigenständig existierendes, einmaliges, abgeschlossenes Ganzes mit einem sinnvollen Zusammenhang darstellen, andererseits aber ein geschichtlich gewordenes dynamisches Gebilde in einem sozialen, kommunikativen Zusammenhang von Autor und Leser verkörpern, das heißt: Texte sind in einem bestimmten geschichtlichen Kontext entstanden (konkrete Entstehungsbedingungen, biografische Situation des Autors, ursprünglicher Leserkreis usw.) und können vor allem als schriftlich fixierte Texte stets aufs neue zum Gegenstand verstehenden Bemühens für nachfolgende Lesergenerationen werden.
Dabei gehören Autor und Interpret wie der zu interpretierende Text einem bestimmten Überlieferungs- und Sprachzusammenhang an.

2.2.2 Die Bedeutung des „hermeneutischen Zirkels" im Verstehensprozess

Aus dieser Spannung ergibt sich als Grundgesetz geisteswissenschaftlichen Erkennens, dass sich alles Verstehen in einer „Kreisbewegung" [genauer: in einer Spiralbewegung] vollzieht (siehe unten). Dieser sog. **„hermeneutische Zirkel"** (griech. kirkos = Kreis, Kreislauf) tritt in zweierlei Hinsicht in Erscheinung: einmal in Bezug auf das Objekt, das erkannt werden soll (Text), und zum andern in Bezug auf das erkennende Subjekt (Leser).

2.2.2.1 Der „philologische Zirkel"

Er bezieht sich auf das komplexe Objekt Text mit seiner materiellen, sinnlich wahrnehmbaren, äußeren objektivierten Gestalt, auf das Verstehen des Textzusammenhangs (Sinnkonstanz) und auf die einzelnen Schritte seiner Erfassung.
Dabei wird von einer unaufhebbaren wechselseitigen Abhängigkeit von größeren Aussagezusammenhängen bzw. der Bedeutungsganzheit eines Textes und den einzelnen Ausssagen und sprachlichen Elementen als Einzelteilen ausgegangen. Jeder Text stellt eine **Ganzheit aus Einzelelementen** dar und konstituiert sich z. B. aus Wörtern, Sätzen, Zeilen, Abschnitten, Sinneinheiten, sprachlichen Bildern, Klängen. Das einzelne Wort wird erst im Zusammenhang eines Satzes verständlich, der einzelne Satz wiederum erst im Kontext größerer Zusammenhänge (z. B. Abschnitte, Kapitel). Die Funktion der Einzelelemente besteht darin, Mittel zu sein, um das Textganze zu konstituieren und „Sinngewinn" zu ermöglichen. Andererseits erwächst das Ganze, der umfassende Bedeutungszusammenhang aber erst aus dem Zusammenspiel der einzelnen Bausteine.
Aussagen, die später im Text auftauchen, wirken zurück auf früher Gesagtes, indem sie dieses in seinem Sinn ergänzen oder verändern. Die Textteile und das Textganze bedingen sich also wechselseitig.
Aus dieser Tatsache ergibt sich für das Verstehen eine paradoxe Situation: Um den Sinn eines Textes als ganzen zu verstehen, muss man den Sinn seiner Teile verstehen – und umgekehrt. Das Textganze ist nur nach und nach über die Einzelteile und ihr „richtiges" Verständnis zu erfassen; die Einzelelemente selber aber können nur angemessen verstanden werden, wenn ihr besonderer Stellenwert im Textganzen beachtet und der Sinnzusammenhang gewahrt bleibt. Das eine setzt also das andere gleichermaßen und gleichzeitig voraus und kann doch nur in einem zeitlichen Nacheinander erfasst werden. Ganzheit und Teil eines Textes stehen damit zueinander in einem unaufhebbaren Zirkelverhältnis.

Textverständnis

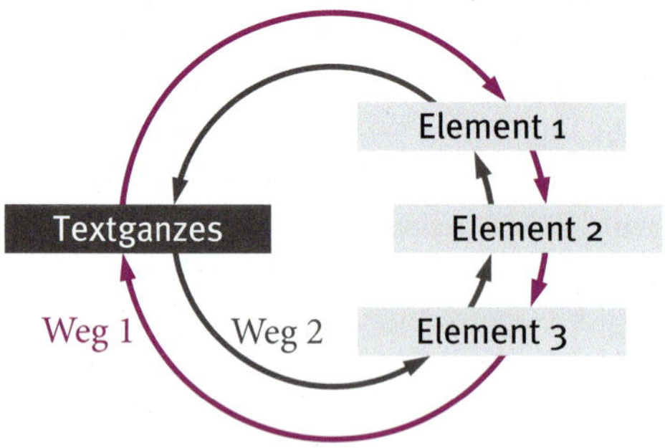

Verstehen von Texten setzt ein geübtes Sehen, Lesen und Hören voraus: ein Erfassen der Teile im Ganzen und des Ganzen in seinen Teilen. Der **Aufnahme- und Verstehensprozess** erweist sich so als ein zeitliches Geschehen, das jedoch nicht linear verläuft:
Der sichtbare Lesevorgang verläuft nicht gradlinig in eine Richtung: vom Textanfang über die einzelnen Sätze und Abschnitte bis zum Textende und dem Textganzen hin. Vielmehr erfolgen dabei zahlreiche „Rückkopplungsprozesse", in denen bereits gelesene Textteile von später aufgenommenen Elementen her neu interpretiert und genauer erfasst werden. So wird das Textganze oft in mehreren Lesedurchgängen umkreist bzw. in Schritten des Vor- und Zurücklesens aufgenommen.
Hinzukommt, dass Textphänomene nicht einfach für sich stehende, neutral zu beobachtende „Fakten" und „Daten" sind, sondern ihre Relevanz und Funktion ergibt sich erst auf der Grundlage einer bestimmten Textstrategie bzw. von einem bestimmten Textsinn her.

Es gibt also keine voraussetzungslose „objektive" Aufnahme und Analyse der Einzelelemente, die gradlinig zum Verstehen des Ganzen fortschreitet, sondern in diesem Wechselspiel von Gesamt- und Detailverständnis ist jede Wahrnehmung und Analyse spezieller Einzelheiten des Textes stets schon mitbestimmt von der Realisation des Sinnganzen.
„Wer einen Text verstehen will, vollzieht immer ein Entwerfen. Er wirft sich einen Sinn des Ganzen voraus, sobald sich ein erster Sinn im Text zeigt. Ein solcher zeigt sich wiederum nur, weil man den Text schon mit gewissen Erwartungen auf einen bestimmten Sinn hin liest. Im Ausarbeiten eines solchen Vorentwurfs, der freilich beständig von dem her revidiert wird, was sich bei weiterem Eindringen in den Sinn ergibt, besteht das Verstehen dessen, was dasteht." (Gadamer)
Beim eigentlichen **Verstehensvorgang** kann der Leser dem notwendigen Wechselverhältnis von Ganzem und Einzelteilen nur in einer Art von geistiger **Spiralbewegung** bzw. durch die Wahrnehmung des dialektischen Miteinanders beider Seiten gerecht werden. Den Gesamtsinn des Textes konstruiert er sich in einem kreativen Prozess, bei dem die inhaltlichen und formalen Einzelelemente erfasst, aus der Wechselwirkung ihre Besonderheit und Funktion erkannt und im Wahrnehmen der sprachlichen Elemente und ihres Zusammenhangs ein fortschreitend tieferes Verstehen geleistet wird. Dieser Beobachtung entsprechend ist anstelle der Formulierung „hermeneutischer Zirkel" das Bild der „*Spiral*bewegung" angemessener.

2.2.2.2 Der „Zirkel der Geschichtlichkeit des Verstehens" (Hans Georg Gadamer)

Dieser Zirkel betrifft den Interpreten selber, den **Leser** also und die Auswirkung seiner subjektiven Voraussetzungen, seines geschichtlich-gesellschaftlichen Kontextes, bestimmter wirkmächtiger Traditionen usw. auf das Verstehen des Textes. Der Leser geht notwendigerweise mit all seinen individuellen Lebensbedingungen an den Text heran und bringt sich mit seiner **Welt- und Spracherfahrung** aktiv in den Lese- und Verstehensprozess ein: mit seiner Herkunft und seinem Bildungsstand, seiner konkreten Lebenssituation und persönlichen Erfahrung, seinen besonderen Wertvorstellungen, Bedürfnissen und Neigungen, seinen bewussten oder unbewussten Erwartungen und Erkenntnisinteressen bezüglich des Textes. Diese Faktoren bilden den persönlichen **Leserhorizont**, der nicht ausgeblendet und neutrali-

siert werden kann, sondern unvermeidlich zu einem bestimmten **Text-Vorverständnis** führt, von dem her die Leserin/der Leser dem Text Sinn zu verleihen sucht. Es gibt demnach kein voraussetzungsloses Verstehen eines Textes.
Um ein bestimmtes Etwas zu verstehen, muss ich schon ein Vorverständnis des Zusammenhangs, in dem sich dieses Etwas befindet, mitbringen. Um jedoch von diesem Zusammenhang ein Vorverständnis zu haben, muss ich einzelne seiner Teile (Momente) bereits verstanden haben.
Der französische Schriftsteller und Philosoph Montaigne (1533–1592) hat die Beobachtung gemacht: „Ein begabter Leser entdeckt oft in den Schriften anderer andere Vorzüge als die, welche der Verfasser hineingelegt und bemerkt hat, und liest einen reichhaltigeren Sinn und Ausdruck hinein." (Müller)
Andererseits kann der Leser in einem Text auch das übersehen, was nicht seinem Erwartungshorizont entspricht, was mehrdeutig und im Sinn offen ist. Oder er kann sich von vornherein so gegen einen Text sperren, ihn vorschnell ablehnen oder auch so begeistert und unkritisch bejahen, dass die Wahrnehmung des geistigen Sinn- und Bedeutungsgehaltes beeinträchtigt wird.
Das notwendige Zusammenspiel von Leser und Text ist so komplex, dass sich die Qualität eines Werkes nicht allein vom Text her entscheidet, sondern auch wesentlich abhängt vom Wahrnehmungsvermögen und Erfahrungsreichtum seines Lesers.
Verstehen vollzieht sich somit nicht voraussetzungslos. Die Beziehung und Bindung zwischen Leser und Text besteht bereits *vor* der eigentlichen Lektüre und genaueren Interpretation, ist grundsätzlich unaufhebbar und prägt wesentlich den weiteren Verstehensvorgang. Beim Lesen trifft das Vorverständnis des Lesers auf die jeweilige Welt- und Daseinsdeutung des Textes. „Verstehen bedeutet dann, dass sich das Bewusstsein des Lesers in der Auseinandersetzung mit dem Text bestätigt, differenziert und vertieft oder infrage stellen lässt und verändert." (RL NW Deutsch 1982, 30)

Aufgrund dieser **hermeneutischen Situation** gibt es kein im strengen Sinne „objektives" Verstehen oder rein sachlich-neutrales Gewinnen von Wahrheit aus Texten. Da der erwähnte „Horizont" des Lesers durch fortschreitendes Wissen und neue Erfahrungen in ständiger Veränderung begriffen ist, ja in Gegensatz geraten kann zum früheren Denken und Handeln und den zugrunde liegenden Maßstäben, können auch Texte – zu verschiedenen Zeiten gelesen – auf unterschiedliche Weise wirken und ihr Sinnpotenzial entfalten. Der hermeneutische Prozess weist insofern den Charakter der tendenziellen Unabschließbarkeit auf, sodass „auch traditions- und autoritätsgestützte, ja institutionell verbindliche Auslegungen ihrerseits revidiert und überholt werden können" (Vogt).
Der Grad des Verstehens und der Aneignung eines Textes hängt davon ab, wieweit der Horizont der Leserin/des Lesers sich mit dem Horizont des Textes (bzw. des Verfassers) zur Deckung bringen und „verschmelzen" lässt.
Da der vom Autor als produzierendem Subjekt intendierte Sinn im Text „keine verlässliche Konservierung" erfährt (Scherner, HWBdPH 10, 1039), kann der vom rezipierenden Subjekt wahrgenommene Sinn des Textes aufgrund der Mehrdeutigkeit insbesondere bei literarischen Werken abweichen. Zwischen der Intention des Autors, die sich auf den Adressaten richtet, und dem Textverständnis des Lesers als Rezipienten besteht eine „hermeneutische Differenz" (Schutte). Sie soll durch folgende Skizze verdeutlicht werden:

Hermeneutische Differenz

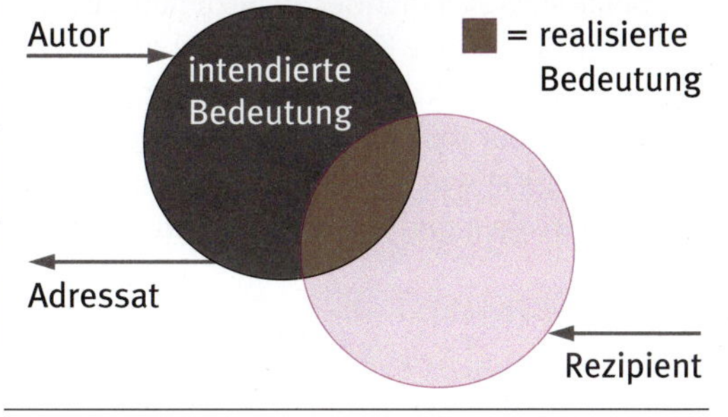

2.3 Einige Grundsätze der Hermeneutik und Interpretation

Der im hermeneutischen Zirkel sich zeigende Zusammenhang von Leserin/Leser und Text darf beim Interpretieren in seiner möglichen Auswirkung auf das Verstehen eines Werkes nicht außer Acht gelassen werden. Dazu einige grundsätzliche Überlegungen und Anregungen:

1. Jeder Text ist zunächst ein autonomes sprachliches Gebilde. Er hat sich von seinem Verfasser gelöst und ist als selbstständige Größe (be)greifbar. Insofern erhebt er den Anspruch, intensiv aufgenommen und zunächst einmal voll aus sich selbst heraus (= „werkimmanent") sorgfältig gedeutet zu werden. Dabei ist sein Sinn auf eine Weise zu erschließen, die seiner Gattung/Textsorte und individuellen Eigenart entspricht, bevor dann mithilfe von Sekundärliteratur weitere Informationen über textexterne Faktoren und Implikationen herangezogen werden, wie z. B. die Biografie des Autors, der zeitgeschichtliche Hintergrund (politischer, sozialer, kultureller, theologischer u. a. Art), die besonderen Entstehungsbedingungen des Werkes, seine Wirkung in der Zeit u. a.
2. Jeder Text stellt eine in sich geschlossene Ganzheit dar. Textteile sind daher stets als Teile eines Ganzen zu behandeln. Dies bedeutet:
   - Wenn Textauszüge, Einzelsätze oder gar einzelne Begriffe aus ihrem Zusammenhang im Satz- und Textganzen (Kontext) herausgelöst, für sich gedeutet oder mit solchen isolierten Aussagen argumentiert wird, dann führt dies leicht zu Miss-Verständnissen.
   - Der Aspekt der Ganzheit verlangt, bei der Textinterpretation die verschiedenen Arbeitsschritte und einzelnen Untersuchungsaspekte stets aufeinander zu beziehen, sodass eine wechselseitige Kontrolle darüber erfolgt, inwieweit diese Arbeitsweisen und Ergebnisse zueinander passen, sich im Aussagegehalt gegenseitig stützen und ergänzen oder etwa widersprechen und daher überprüft werden müssen.
   - Es kommt darauf an, das Besondere, Charakteristische und Relevante jedes Textes herauszufinden, das ihn von anderen Texten unterscheidet. Gegenstand der Analyse sind dabei nicht einzelne Sätze, sondern entscheidend ist die Erkenntnis des Zusammenhangs von Bedeutung und sprachlichen Bedeutungsträgern.
   - Das Ganzheitsprinzip bezieht sich auch auf die Einordnung des Textes in *übergeordnete Zusammenhänge*, wie z. B. das Gesamtwerk des Autors, die Epoche und Kultur, die Geschichte der Gattung mit ihrer Vielzahl vorangehender Textrealisierungen, die literarische Tradition, die Motivgeschichte. Die besondere Leistung und Bedeutung des einzelnen Textes und konkreten Werkes ist erst aus diesem vielfältigen, umfassenderen Zusammenhang heraus zu verstehen.
3. Jeder Text ist das *Ergebnis* eines eigenschöpferischen und zugleich geschichtlich geprägten *Entstehungsprozesses*. Im Vorgang der Analyse und des Interpretierens muss dieser Entstehungsprozess mit seinen wesentlichen Faktoren reaktiviert werden: in erster Linie am Text selbst durch eine innerliterarische Untersuchung, aber auch durch textexterne wichtige Zusatzinformationen über äußere Einflussbereiche. Solche für das Entstehen und das Verstehen des Textes wichtigen **Bedingungs- bzw. Wirkungsfaktoren** sind unter anderem:
   - **äußere Einflüsse**: Ereignisse, Personen, geistige Strömungen, Ideen usw. und ihre Auswirkung auf Thema, Stoff, Darstellungsform des Textes
   - der **Leserkreis** (ursprünglich und gegenwärtig): dessen gesellschaftliche und kulturelle Situation, dessen Rolle und Erwartungen, auf die der Text trifft (sog. „Sitz im Leben")
   - die Besonderheit der **Textsorte:** d. h. seine Grundrichtung als Ausgangspunkt für weitere Überlegungen
   - die vermutete **Intention des Autors** als das textorganisierende Prinzip, von dem her die Textsorte gewählt wird und ein Text seine „Struktur" erhält: die Einzelteile finden so ihren inneren Zusammenhang und werden in ihrer Funktion und Wirkung bestimmt
   - die **zentrale Frage** (Thema, Grundproblem), die dem Text zugrunde liegt, und die Antwort (Lösung), die der Text darauf gibt

- die besondere **Perspektive** und Interessenlage bei der Darstellung von Menschen, Sachverhalten, Problemen und die damit vermittelte Einstellung zur Wirklichkeit und zu Werten.

4. Jeder Text trifft auf einen bestimmten **Leserhorizont**, der als persönlicher Sinn- und Vorstellungsrahmen über den Grad der Ansprechbarkeit der Leserin/des Lesers mitentscheidet, das Verstehen lenkt, die Wahrnehmung des Textsinnes erleichtert, vertieft oder auch einengt und zu einem bestimmten **Text-Vorverständnis** führt. Schon bei der ersten Begegnung mit dem Text versucht die Leserin/der Leser auf dem Hintergrund persönlicher Lebenssituation und -erfahrungen einen subjektiven Sinn zu finden. Dabei kann es geschehen, dass man gerade das aus dem Text herausliest, was man aufgrund subjektiver Voraussetzungen und Lebensbedingungen hineingelegt hat, das heißt: was er an Textsinn *erwartet*. Es kommt zu einem **ersten Sinn-Entwurf**, zu einer Art **Sinn-Vorentscheidung**, die eine bestimmte inhaltliche Deutungsperspektive eröffnet, die das Verstehen lenkt, aber erst durch eine genaue Textinterpretation sich als tragfähig erweist und bestätigt oder auch abgewandelt werden muss. Literarisches Verstehen ist ein Prozess, der von der sprachlichen Vorgabe des Textes gesteuert ist und bei dem die Leserin/der Leser zugleich aktiv eigenes Vorwissen einsetzt. Das notwendige Zusammenspiel von Leserin/Leser und Text ist im konkreten Einzelfall sehr komplex. So entscheidet sich die Qualität eines Werkes nicht allein vom Text her, sondern hängt auch wesentlich vom Wahrnehmungsvermögen und Erfahrungsreichtum der Lesenden ab.

5. Jeder Text zeigt in einer bestimmten Lesesituation **Wirkungen**, ruft spontane erste Eindrücke hervor und signalisiert so Chancen und Hindernisse bei der Aneignung des Textes durch die Leserin/den Leser. Bei dieser spontanen Resonanz kann es sich um emotionale Prozesse und Wertungen bezüglich des Inhalts oder der formalen Textgestaltung im Sinne von „gut – schlecht“, „gefallen – nicht gefallen“, „sympathisch – abstoßend“ usw. handeln oder um kognitive Verstehensprozesse auf der semantischen Ebene im Sinne von „verständlich – unverständlich“. Diese vom „ersten Eindruck“ ausgelösten subjektiven, spontanen Reaktionen, Assoziationen, Ideen, Lesewiderstände usw. dürfen nicht verdrängt und als unwichtig oder gar störend abgetan werden, sondern sind in ihrer kognitiven und affektiven Dimension bewusst zu machen. Denn sie stellen individuelle Verstehensansätze dar und können als subjektiver erster Sinnentwurf den konkreten Ausgangspunkt und Anstoß bilden für die genauere Analyse und das tiefere Verstehen des Textes. Als **Leitfrage für die Weiterarbeit** könnte dienen: Was an dem Text (und an mir!) ist wie/so geartet, dass dadurch gerade diese spontanen Eindrücke ausgelöst werden?
Die Schritte vom ersten „Eindruck“ zur distanzierten Beschreibung (Analyse) des Textes sollen durch die folgende Übersicht verdeutlicht werden.

Schritte vom „ersten Eindruck“ zur Beschreibung (Analyse) des Textes

- Nach dem Lesen: **Formulierung eines Gesamteindrucks** unter der Fragestellung: Wie ist die Wirkung des Textes auf mich? Welche Empfindungen löst er aus? Was gefällt mir, was nicht? Für welche Person(en) habe ich Sympathien? Welche Verstehensschwierigkeiten sind aufgetreten? Welche noch offenen Fragen habe ich?
- Beim nochmaligen Lesen: **Festhalten der emotionalen und kognitiven Reaktionen und Einfälle** (des einzelnen Lesers oder der Gruppe)
- **Ordnen der festgestellten Eindrücke** nach den Aspekten „emotional“ und „kognitiv“, wodurch der Gesamteindruck gegliedert wird
- **Reflexion** des gewonnenen „subjektiven“ Materials und Ableitung einer interessierenden Fragestellung **(Arbeitshypothese)** für die distanzierte, genauere Textbeschreibung
- Einen geeigneten **Einstieg in den Text** wählen (z. B. vom Inhalt her, von formalen Besonderheiten her), von dem her sich die Fragestellung analytisch gut angehen lässt (vgl. „Die sechs Schritte der Texterschließung“)

2.4 Zusammenfassung: Grundmodell der Rezeption und des Verstehens von Texten

Als Zusammenfassung zur Eigenart der Texte und ihres Verstehens sollen die bisher gewonnenen Erkenntnisse zu einem Grundmodell der Rezeption und des Verstehens von Texten verdichtet werden. Indem dabei die wesentlichen „Teilschritte“ des Verstehensprozesses mit den ihnen zugeordneten „gedanklich-emotionalen Tätigkeiten“ und „sprachlichen Aktivitäten“ verdeutlicht werden, wird der komplexe hermeneutische Prozess in seiner inneren Struktur transparent.

Beim Verstehen von Texten kommt es darauf an, einerseits dem Text in seiner besonderen inhaltlichen und formalen Eigenart und Intention gerecht zu werden und andererseits auch den Leser mit seinen subjektiven Lese-Wahrnehmungen („Lesarten“) und seiner individuellen Sinnkonstruktion ernst zu nehmen und schließlich beide – Text und Leserin/Leser – in eine produktive Beziehung zueinander zu setzen.

Das folgende Kurz-Modell will dies verdeutlichen und zeigen, in welchen Einzelschritten der Prozess der Rezeption und des Verstehens eines Textes verläuft: Ausgangspunkt ist zunächst der Leser mit seinen Erfahrungen mit dem Text. Danach wird in einem ständigen Umkreisen des Textes die Wechselwirkung zwischen dem Textganzen und seinen Einzelelementen so weit wie möglich immanent erschlossen, bis der Text schließlich in verschiedene übergreifende Zusammenhänge („Kontexte“) eingeordnet wird, um das Verstehen zu vertiefen.

Zunehmend bedeutsamer wird heute auch ein handlungs- und produktionsorientierter Umgang mit den Texten, wobei die Leserin/der Leser in den Text eingreifen darf und in kreativer Auseinandersetzung mit ihm an unterschiedlichen Stellen der Texterschließung eigene Um- und Nachgestaltungen wagen darf.

Schritte im Verstehensprozess (Gedanklich-emotionale Tätigkeiten)

1. Vor-Verständnis

Vor-Eingenommenheit/Vor-Urteil subjektive Erwartungen des Lesers bezüglich des Verfassernamens, des Texttitels, Themas, der Textsorte u. a., bedingt durch Vorwissen und Vorerfahrungen .

2. Vorläufiges Verständnis

Erste Begegnung mit dem Text durch Lesen oder Hören

- Wahrnehmung von auffallenden Einzelheiten ansprechender oder widerständiger Art
- Verschmelzung zu einem gefühlshaften, noch naiven Gesamteindruck auf der Basis von:
  „verständlich – unverständlich“
  „befremdlich – vertraut“
  „gut – schlecht“
- dabei oft Dominanz eines als zentral empfundenen Textcharakteristikums inhaltlicher oder formaler Art (= mögliche Deutungsperspektive für die Interpretation)
- erster, subjektiver Sinnentwurf als Annäherung an die Aussage des Textes

3. Detail-Verständnis durch genaue Beschreibung

Erfassung des Textes auf der Basis weiterer Lesedurchgänge

- Abbau von Verstehensschwierigkeiten durch Klärung unbekannter Begriffe und Sachverhalte
- Verdeutlichung des Themas/Grundproblems/der zentralen Frage
- Kennzeichnung der Gattungszugehörigkeit/Textsorte und der vermutlichen Intention
- Überblick zum Inhalt (erzählende Texte): Verlauf der äußeren und inneren Handlung; zentrale Ereignisse; Konstellation und Verhalten der Personen, Konflikte usw. und Frage des Zusammenhangs mit dem Thema und zentralen Problem

- Analyse der Struktur (Sachtexte) distanziertes Beobachten der Texteigenart: gedanklicher Aufbau, Gliederung in Sinnabschnitte, Entfaltung des Themas
- sprachliche Machart: relevante sprachlich-stilistische Gestaltungsmittel auf semantischer, syntaktischer und rhetorischer Ebene

4. Tieferes Verstehen durch Deutung des Sinngehaltes
Erkennen und Verstehen von Funktionszusammenhängen
- Verfahren: „kreisendes" Durchlaufen des Textes mit Rückkoppelungen und Vergleich zwischen früheren und späteren Beobachtungen und Aussagen im Text
- Einordnung auffälliger Details in das Textganze; Erkenntnis ihrer Beziehung/Wechselwirkung/Funktion für das Ganze (Textstruktur)
- Beziehung zwischen Sinn und sprachlichen Sinnträgern
- Nachweis der Intention als das den Text sprachlich und inhaltlich spezifisch organisierende und strukturierende Prinzip
- Erfassung der Bildlichkeit (Symbolik als Hinweis auf Tiefenschichten der Wirklichkeit)
- Zusammenhang Inhalt – Form (Gehalt – Gestalt)

5. Erweiterung des Verstehens durch textexterne Faktoren/Einordnung des Werkes in historische, biografische u. a. Zusammenhänge
- besondere Einflüsse der Entstehungszeit
- Thematik und Eigenart des Textes im Rahmen des Lebenswerks des Autors (ein Grundthema des Autors? neu erprobte Form?)
- die Einflüsse durch die gesellschaftliche Stellung des Autors
- „Schulen", denen er angehört
- die gewählte Gattung im Rahmen der Gattungsgeschichte (Übernahme charakteristischer Züge der Gattung, Abweichungen u. a.)
- das Werk im Zusammenhang der Epoche (Kenntnis charakteristischer Züge des Zeitgeistes für das Entstehen und Verstehen des Werkes)
- vergleichendes Heranziehen von Motivkreisen, Stoffkomplexen, Formschemata

6. Auseinandersetzung mit dem Aussage- und Sinngehalt des Textes
Konfrontieren, vergleichen, kritisch aneignen:
- Überprüfung: Vorverständnis/Erwartungen/erster Eindruck ↔ Gesamtverständnis
- Konfrontation: eigene Lebenserfahrung/Daseinsdeutung ↔ Textaussagen
- Vergleich: andere Auffassungen/Werteinstellungen (aus Vergangenheit und Gegenwart) ↔ Textaussagen

7. Vertieftes Gesamtverständnis
Ganzheitliche Sinnerfassung des Textes
als Ergebnis der Schritte 1–5; evtl. als Basis für einen erneuten Zugang zum Text, zu seinem Gesamtsinn, seiner geistigen Aneignung

8. Textanwendung
Handlungs- und produktionsorientierter spielerischer Umgang mit dem Text
(an verschiedenen Stellen der Texterschließung)
Vergleich der eigenen Gestaltung mit dem Bezugstext zum tieferen Verstehen seiner inhaltlichen und formalen Besonderheiten

3. Empirische Forschung und Statistik

Der Prozess einer empirischen Untersuchung lässt sich in einen (1) Entdeckungs-, einen (2) Begründungs- und einen (3) Verwertungszusammenhang gliedern (vgl. dazu die Abb. am Ende dieses Abschnitts).

(1) Am Anfang steht ein Problem, das sich entweder aus vorhandenen theoretischen Widersprüchen ergibt, zu dessen Lösung der Wissenschaftler beauftragt wird oder das er selbst entdeckt. So kann er beispielsweise auf die Tatsache stoßen, dass in den Sonderschulen einer Großstadt die aus Obdachlosensiedlungen stammenden Kinder überrepräsentiert sind. Da er kein Fachmann für Vererbungsfragen ist und bereits über Kenntnisse aus der Milieuforschung verfügt, formuliert er das Problem etwa so: Der Einfluss der sozialen Umwelt auf das schulische Leistungsverhalten von Kindern aus Obdachlosensiedlungen.

(2) Aus Informationen, die er zum Thema besitzt (Theorien, Untersuchungsergebnisse, eigene – auch vorwissenschaftliche – Erfahrungen), bildet er sich eine Theorie. Sie besteht aus allgemeinen Hypothesen, d. h. aus vorläufigen Behauptungen über den Untersuchungsbereich. Inhalt und Form dieser Hypothesen müssen bestimmten Ansprüchen genügen. Dazu gehört der Realitätsbezug. Eine Vermutung wie „Obdachlosenkinder sind in der Sonderschule überrepräsentiert, weil Gott ihre Eltern für ihre Sünden strafen will", scheidet also von vornherein aus. Dagegen lässt sich die Behauptung: „Die Mehrzahl der Mütter von Obdachlosenkindern hat selbst die Sonderschule besucht." in der Wirklichkeit überprüfen. Ausgeschieden werden auch sog. Es-gibt-Sätze, weil sie sich zwar möglicherweise in einzelnen Fällen, niemals aber jederzeit und überall widerlegen lassen. Eine Aussage wie „Es gibt Obdachlosenmütter mit Sonderschulabschluss" müsste also gleichfalls gestrichen werden.

Ein weiterer Anspruch richtet sich auf die logische Verträglichkeit der Annahmen. Der Satz z. B.: „Die Mütter von Obdachlosenkindern haben zumindest Hauptschulabschluss" steht in einem logischen Widerspruch zur obigen (entgegengesetzten) Aussage. Es muss nun entschieden werden, welche Annahme sich in die Theorie einfügt und welche nicht. (Aller Voraussicht nach entfällt die letztgenannte Annahme. Sie wäre ja widerlegt, wenn nur eine der genannten Mütter die Sonderschule absolviert hätte.)

Die Hypothesen im Rahmen der vorläufigen Theorie können trotz dieser ersten Kontrollen noch nicht empirisch überprüft werden. Um die eigentlichen Forschungshypothesen zu bilden, sind weitere Schritte nötig. Zunächst sind die Begriffe in den übrig gebliebenen Annahmen zu definieren, d. h. in die Merkmale zu zerlegen, aufgrund derer sie in der Wirklichkeit identifiziert werden können. Angenommen, eine Hypothese lautet: „Je mehr Obdachlosenkinder in einer Schule sind, desto niedriger liegt der durchschnittliche Intelligenzquotient aller Schüler", dann ist genau zu bestimmen, welche Merkmale der „Obdachlosigkeit" zuzuordnen sind (z. B. Wohnfläche pro Person, Berufstätigkeit des Vaters/der Mutter, Geschwisterzahl, Kontakte zur öffentlichen Fürsorge) und was unter „Intelligenz" zu verstehen ist (Abstraktionsfähigkeit, Begriffspotenzial, Konzentrationsfähigkeit usw.). *Merkmale, die mindestens in zwei Ausprägungen vorkommen oder die in einer Ausprägung vorhanden bzw. nicht vorhanden sein können, heißen Variablen.* (So kann z. B. „Abstraktionsfähigkeit" in verschiedenen Ausprägungen vorhanden, Berufstätigkeit gegeben oder nicht gegeben sein.) Aus der Menge der Variablen wählt der Empiriker solche aus (er isoliert sie), die einen besonders engen Bezug zur Problematik aufweisen, und ordnet bestimmte Variablen einander in der Form von „je-desto"- oder „Wenn-dann"-Beziehungen zu (er korreliert sie). Die durch „je" bzw. „wenn" charakterisierten Variablen werden unabhängige Variablen (UV), die mit „desto" oder „dann" gemeinten abhängige Variablen (AV) genannt. Nun ist z. B. folgende Korrelation möglich: „Je weniger Raum der Schüler zuhause zur Verfügung (UV) hat und je größer die Zahl der im elterlichen Haushalt lebenden Personen

(UV) ist, desto geringer ist seine Konzentrationsfähigkeit in der Schule" (AV). Nun können weder „Raum" noch „Zahl" noch „Konzentrationsfähigkeit" als solche empirisch untersucht werden. Der Empiriker muss deshalb daran gehen, die Hypothesen zu operationalisieren, d. h., er muss die Merkmale der Begriffe immer konkreter darstellen, bis er entscheiden kann, ob sie mit dem Sachverhalt übereinstimmen, den der Begriff meint. Die letzte Stufe dieses Prozesses besteht in der operationalen Definition. Sie gibt genaue Anweisungen, wie der Sachverhalt nachzuprüfen ist. Zur Überprüfung der letztgenannten Hypothesen können etwa folgende Fragen an den Schüler nötig sein: „In welchem Raum hast du gestern deine Hausaufgaben gemacht?" „An welchem Tisch?" „Wer war außer dir im Zimmer?" „Haben sich die Anwesenden unterhalten?" „Lief das Radio/der Fernseher?"

Im Verlauf der Operationalisierung stellt sich heraus, welches die geeignetste Methode (oder Methodenkombination) ist, um die Hypothesen zu überprüfen. Die wichtigsten Verfahren, die dem Empiriker in den Sozialwissenschaften zur Verfügung stehen, sind Experiment, Befragung, Beobachtung und Test. [...]

„Experiment" meint „einen planmäßig und wiederholbar hervorgerufenen Vorgang, bei dem beobachtet wird, in welcher Weise sich unter Kontrolle anderer Bedingungsfaktoren mindestens eine abhängige Variable (AV) ändert, wenn mindestens eine unabhängige (UV) variiert wird" (A. Krapp/S. Prell). [...]

„Befragung" ist eine „besondere Art verbaler Interaktion, die zum Zwecke der Informationsansammlung eingeleitet und auf ein bestimmtes Themengebiet eingeschränkt wird, wobei unwesentliche Bestandteile ausgemerzt werden. Darüber hinaus ist eine Befragung ein Interaktionsmuster, in dem die Rollenbeziehung zwischen Interviewer und Befragtem höchst eigenartig ist, wobei ihre Eigenschaften im gewissen Maße von Zweck und Charakter der Befragung abhängen" (A. Schrader 1973, S. 95, n. Kahn und Cannel). Häufig verwendete Mittel der Befragung sind Fragebogen und Interviews.

Unter **Beobachtung** versteht man die systematisch geplante, direkte Wahrnehmung und Registrierung des sozialen Verhaltens von Individuen und Gruppen in Abhängigkeit von bestimmten, fest umrissenen sozialen Situationen, wobei der Untersuchende eine rezeptive Haltung einnimmt [...].

„Test" meint „ein wissenschaftliches Routineverfahren zur Untersuchung einer oder mehrerer empirisch abgrenzbarer Persönlichkeitsmerkmale mit dem Ziel einer möglichst quantitativen Aussage über den relativen Grad der individuellen Merkmalsausprägung" (G. A. Lienert 1969, S. 95). In der erziehungswissenschaftlichen Forschung wie in der pädagogischen Praxis kommen Intelligenz-, Schulreife- und Schulleistungstests oft zur Anwendung.

Zwei Ansprüchen sollen die Methoden genügen: Der erste betrifft den Genauigkeitsgrad der Messleistung (Reliabilität = Zuverlässigkeit), unabhängig von dem Merkmal, das eigentlich gemessen werden soll. Bei Wiederholungen des Messvorgangs müssen also immer wieder die gleichen Ergebnisse zustande kommen. Der zweite betrifft die Gültigkeit der Messleistung (Validität) im Hinblick auf das Merkmal, das tatsächlich gemessen werden soll. Die Ergebnisse müssen einen unmittelbaren Rückschluss auf den Ausprägungsgrad des Persönlichkeitsmerkmals zulassen, das erfasst werden soll (G. A. Lienert 1969, S. 102 f.). Besonders bei den Befragungs- und Beobachtungsmethoden gibt es teilweise erhebliche Schwierigkeiten, Reliabilität und Validität der Messvorgänge zu gewährleisten.

Mit einer oder mehreren der genannten Methoden (in unserem Fall voraussichtlich mit Befragung und Test) erfolgt die Datenerhebung. Ihr schließt sich die Auswertung an. Die Daten werden aufbereitet, ausgezählt, in Tabellen dargestellt, statistisch berechnet, evtl. für die elektronische Datenverarbeitung verschlüsselt. Bei der Interpretation erfolgt die genaue Beschreibung und Analyse der Ergebnisse. Der Empiriker befragt die Daten daraufhin, welche der eingangs aufgestellten Hypothesen sich bestätigen und welche nicht. (Möglicherweise lernen Kinder gerade bei einer lärmvollen häuslichen Umgebung sich zu konzentrieren; vielleicht ergibt sich dagegen ein Zusammenhang zwischen Geschwisterzahl und Noten-

Ablauf einer empirischen Untersuchung

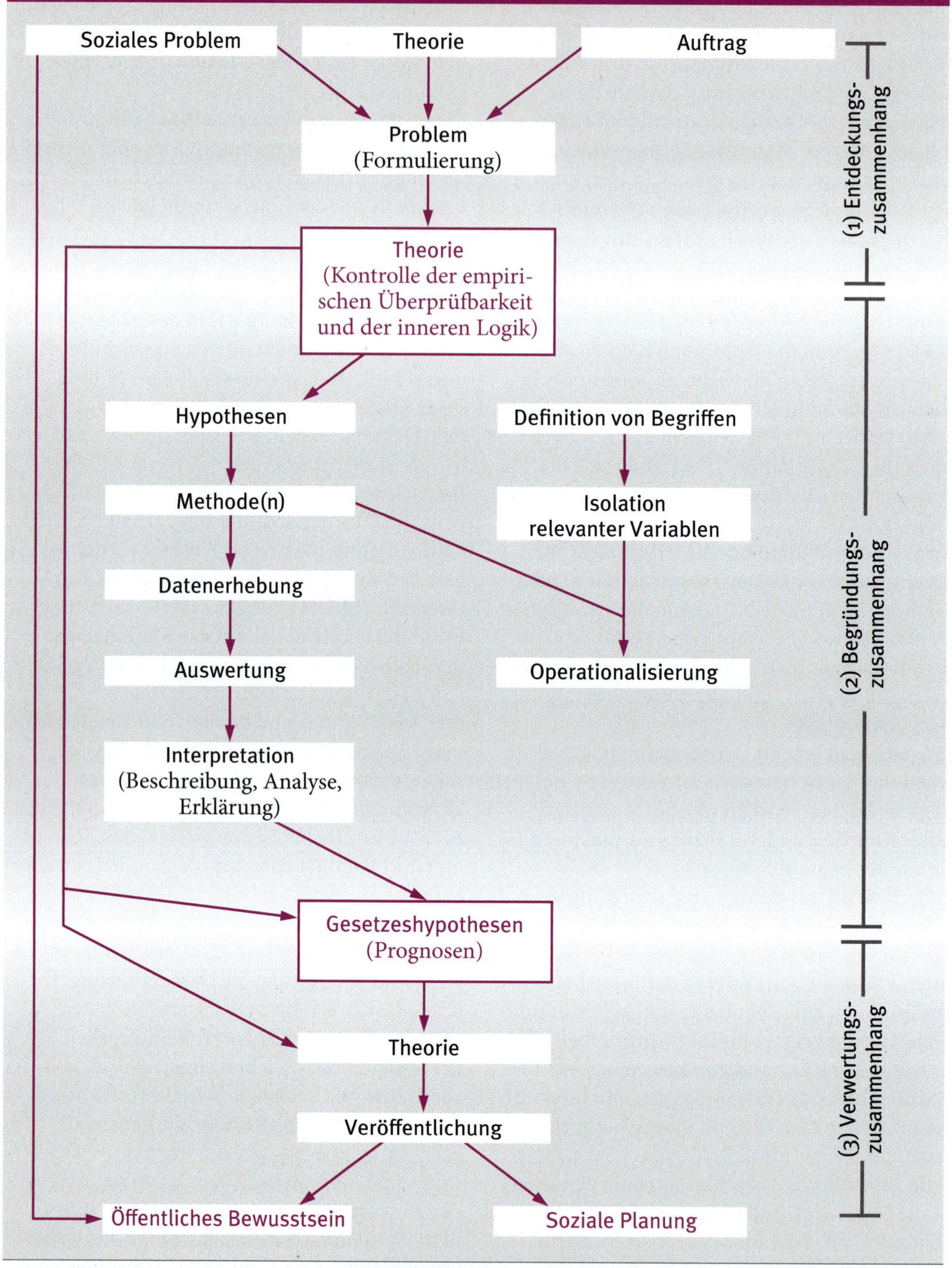

Ablauf einer empirischen Untersuchung (vereinfachte und ergänzte Fassung eines Schemas von J. Friedrichs 1974, S. 51)
(Aus: Helmwart Hierdeis: Basiswissen Pädagogik. Eine praxisbezogene Einführung. Band 1: Erziehungstheorie. 2. Auflage, Moderne Verlagsgesellschaft Wolfgang Dummer & Co: München 1981, S. 48–54)

durchschnitt.) Schließlich sucht er nach Erklärungen für den sich ihm darbietenden Sachverhalt (Lösung der Warum-Frage). Mit der Aufstellung neuer Hypothesen schließt der zweite Komplex. Sie unterscheiden sich von den der Untersuchung vorangestellten durch ihren Gesetzescharakter (nomologische Hypothesen) und haben die Form von „Wenn-dann"- oder „Je-desto"-Sätzen. Als Gesetzesaussagen bilden sie gleichzeitig Prognosen. Ihre Gültigkeit ist nicht absolut. Das Auftreten der Gesetzmäßigkeiten wird vielmehr nur für einen bestimmten Prozentsatz an Fällen behauptet, in denen die gleichen Ausgangsbedingungen vorliegen [...].
(3) Die gewonnenen Hypothesen lassen sich mit der Interpretation zu einer Theorie zusammenfassen. Sie enthält möglicherweise auch Vermutungen, die sich aus den neuen Erkenntnissen ergeben (z. B. über die Rolle der sozialen Diskriminierung oder der Solidaritätsgefühle von Obdachlosenkindern). Normalerweise wird der neue theoretische Zusammenhang publiziert. Damit kann der Forscher das Bewusstsein der Öffentlichkeit auf das Problem lenken oder gar die Basis für eine Planung liefern, die auf die Lösung des Problems zielt. Das Ergebnis der Untersuchung kann so auf die konkrete Ausgangslage zurückwirken – wie im Übrigen die neue Theorie auch die theoretische Ausgangsposition verändert.

(Aus: Helmwart Hierdeis: Basiswissen Pädagogik. Eine praxisbezogene Einführung. Band 1: Erziehungstheorie. 2. Auflage, Moderne Verlagsgesellschaft Wolfgang Dummer& Co: München 1981, S. 48–54)

4. Ideologiekritik

Nach Werner Hofmann (1969) soll „Ideologie" verstanden werden als „gesellschaftliche Rechtfertigungslehre. Ideologische Urteile wollen soziale Gegebenheiten absichern, legitimieren, aufwerten. Sie sind von konservierender Natur."
„Ideologie behauptet, sie beweist nicht. Ideologie tritt affirmativ auf. Wissenschaft ist methodisierter Zweifel. Ideologie rechtfertigt, Wissenschaft deutet. Wo Ideologien herrschen, wird Wissenschaftlichkeit zum gesellschaftlichen Oppositionsprinzip." [...]
Das Anliegen der Ideologiekritik besteht in der Aufgabe, Ideologien aller Art permanent infrage zu stellen. [...]
Werner Hofmann (1969) beschreibt für das Aufdecken von ideologischen Fehlern zwei Schritte:
„(1) Die Wahrheitsprobe: Den Fehler einer Aussage zu erschließen ist Aufgabe der immanenten Kritik. Die immanente Kritik prüft:
1. den Inhalt der Aussage an der Wirklichkeit;
2. die Entstehungsgeschichte des Fehlurteils.
Dabei können folgende ‚Fehler' aufgedeckt werden:
1. Deutungen werden als Tatsachen ausgegeben.
2. Den Tatsachen werden Werte als inhärente Eigenschaften beigemessen.
3. Der Begriff verselbstständigt sich gegenüber der Sache.
4. Man geht von falschen Voraussetzungen aus.
5. Zirkelschlüsse: Unbewiesene Voraussetzungen gehen in den Beweis mit ein.
6. Fehlschlüsse
7. Aussagen werden als der ‚Natur der Sache' entsprechend erklärt. Unerwünschtes wird durch Werturteile (‚böse') als ‚falsch' denunziert.
(2) Die soziologische Kritik prüft folgende Punkte:
1. Welche Interessen stehen hinter der ideologischen Aussage?
2. Besteht zwischen den Aussagen und dem Verhalten der Ideologieträger eine Diskrepanz?
3. Widersprechen die ideologischen Aussagen einander?
4. Welche offenen und verborgenen Konsequenzen hat eine Aussage?"

(Aus: Peter Köck: Artikel: Ideologie, Ideologiekritik, Theorie, pädagogische Forschungsmethoden. In: Peter Köck: Wörterbuch für Erziehung und Unterricht. Brigg Pädagogik Verlag: Augsburg 2008, S. 206ff.)

III. Praxisanregungen: Von der operatoren-gesteuerten Texterschließung bis zur methodischen Bearbeitung von Klausuraufgaben

(Foto: dpa/picture alliance)

„Das Mitspracherecht des Schauspielers ist der Text."

Fritz Kortner

1. Die Operatoren der verschiedenen Anforderungsbereiche

Im Rahmen der gegliederten Aufgabenstellung in Klausuren, die Texterschließungsverfahren beinhalten, wird zunehmend – auch unter dem Druck der Orientierung an zentralen Vorgaben bei Abschlussprüfungen – die Verwendung von **Operatoren**formulierungen empfohlen, die beschreiben, welche Tätigkeit ausgeübt werden soll, um eine Teilaufgabe zu lösen.
Die – hier an den Gebrauch in NRW angelehnten – Definitionen von Operatoren orientieren sich an den von der KMK gesetzten Anforderungsbereichen, sind diesen allerdings nicht immer ganz trennscharf zuzuordnen:

Anforderungsbereich I
In diesem Anforderungsbereich werden die für die Lösung einer gestellten Aufgabe notwendigen **Grundlagen an Wissen/Kennen** der konkreten Einzelheiten, der für die Lösung notwendigen Arbeitstechniken und Methoden, aber auch der übergeordneten Theorien und Strukturen erfasst.

Anforderungsbereich II
Im Zentrum dieses Anforderungsbereiches steht die **Organisation des Arbeitsprozesses** der Analyse/Interpretation/Erörterung/Gestaltung auf der Grundlage der Aufgabenstellung. Die Lösung der Aufgabe muss in einer miteinander verbundenen Darstellung formaler, sprachlicher und inhaltlicher Aspekte erfolgen. Sie setzt die Übertragung von Gelerntem auf neue Zusammenhänge voraus.

Anforderungsbereich III
Im Mittelpunkt dieses Anforderungsbereiches steht die **Fähigkeit zur eigenständigen Urteilsbildung**, aber auch der Bewertung von Fragestellungen, die in der Aufgabenstellung gefordert wird oder aber sich aus der Analyse/Interpretation/Erörterung/Gestaltung des vorgegebenen Materials ergibt. Voraussetzung dafür ist zwingend die methodisch wie inhaltlich eigenständige Entfaltung und Gestaltung einer Aufgabe.

Operatoren, die vornehmlich dem Anforderungsbereich I zugeordnet werden

Operatoren	Definitionen
Nennen **Benennen**	ausgewählte Elemente, Aspekte, Merkmale, Begriffe, Personen etc. unkommentiert aufzählen
Skizzieren	einen bekannten oder erkannten Sachverhalt oder Gedankengang in seinen Grundzügen ausdrücken
Formulieren **Darstellen**	den Gedankengang oder die Hauptaussage eines Textes mit eigenen Worten darlegen
Wiedergeben	einen bekannten oder erkannten Sachverhalt oder den Inhalt eines Textes unter Verwendung der Fachsprache mit eigenen Worten ausdrücken
Beschreiben	die Merkmale eines Bildes oder anderen Materials mit Worten in Einzelheiten schildern
Herausarbeiten*	aus Aussagen eines wenig komplexen Textes einen Sachverhalt oder eine Position ermitteln und darstellen
Zusammenfassen	die Kernaussagen eines Textes komprimiert und strukturiert darlegen

Operatoren, die vornehmlich dem Anforderungsbereich II zugeordnet werden

Operatoren	Definitionen
Einordnen **Zuordnen** **Anwenden**	einen bekannten oder erkannten Sachverhalt in einen neuen oder anderen Zusammenhang stellen oder die Position eines Verfassers bezüglich einer bestimmten Religion, Konfession, Denkrichtung etc. unter Verweis auf Textstellen und in Verbindung mit Vorwissen bestimmen
Belegen **Nachweisen**	Behauptungen durch Textstellen oder bekannte Sachverhalte fundieren
Konkretisieren	Beispiele für einen Sachverhalt finden und ihn verdeutlichen
Erläutern **Erklären** **Entfalten**	einen Sachverhalt, eine These etc. ggf. mit zusätzlichen Informationen und Beispielen nachvollziehbar veranschaulichen
Herausarbeiten*	aus Aussagen eines komplexeren Textes, einer Statistik o. Ä. einen Sachverhalt oder eine Position ermitteln und darstellen
Vergleichen	nach vorgegebenen oder selbst gewählten Gesichtspunkten Gemeinsamkeiten, Ähnlichkeiten und Unterschiede ermitteln und darstellen
Analysieren **Untersuchen**	unter gezielter Fragestellung Elemente, Strukturmerkmale und Zusammenhänge systematisch erschließen und darstellen, z. B. bei Experimenten/Studien: Forschungsbereich, Problemfeld, Hypothesen, Variablen, Operationalisierung, Durchführung, Design, Ergebnisse, Messverfahren, Auswertung, Präsentation benennen
In Beziehung setzen	Zusammenhänge unter vorgegebenen oder selbst gewählten Gesichtspunkten begründet herstellen
Befragen	eine Position aus einer anderen Perspektive beleuchten

Operatoren, die vornehmlich dem Anforderungsbereich III zugeordnet werden

Operatoren	Definitionen
Begründen	eigene Aussagen durch Argumente stützen und nachvollziehbare Zusammenhänge herstellen
Sich auseinandersetzen mit	ein begründetes eigenes Urteil zu einer Position oder einem dargestellten Sachverhalt entwickeln
Beurteilen **Bewerten** **Stellung nehmen** **Einen begründeten Standpunkt einnehmen** **Die eigene Überzeugung argumentativ vorstellen**	zu einem Sachverhalt unter Verwendung von Fachwissen und Fachmethoden sich begründet positionieren (Sach- bzw. Werturteil), z. B. bei Experimenten/Studien: Objektivität, Reliabilität, Validität, Generalisierbarkeit begründet bestimmen eine mögliche Gegenposition entwickeln und sich mit dieser kritisch auseinandersetzen, dabei Beurteilungskriterien bewusst machen und begründen

Erörtern	die Vielschichtigkeit eines Beurteilungsproblems erkennen und darstellen, dazu Thesen/gegebenenfalls Hypothesen erfassen bzw. aufstellen, Argumente formulieren und dabei eine begründete Schlussfolgerung erarbeiten (dialektische Erörterung)/gegebenenfalls Wege empirischer Überprüfung entwickeln
Prüfen **Überprüfen**	eine Meinung, Aussage, These, Hypothese, Argumentation nachvollziehen, kritisch hinterfragen und auf der Grundlage erworbener Fachkenntnisse begründet beurteilen
Interpretieren	einen Text oder ein anderes Material (Bild, Karikatur, Tondokument, Film etc.) sachgemäß analysieren und auf der Basis methodisch reflektierten Deutens zu einer schlüssigen Gesamtauslegung gelangen
Gestalten **Entwerfen**	sich kreativ (z. B. fiktives Gespräch oder Visualisierung) mit einer Fragestellung auseinandersetzen
Stellung nehmen aus der Sicht von … **eine Erwiderung formulieren aus der Sicht von…**	eine unbekannte Position, Argumentation oder Theorie aus der Sicht einer bekannten Position kritisieren oder infrage stellen und ein begründetes Urteil abgeben
Handlungspläne entwickeln	begründete Handlungskonsequenzen zu einer Fallstudie entwerfen
Konsequenzen ziehen **Perspektiven entwerfen**	aus einer Position Schlussfolgerungen ziehen

* *Operatoren sind als formale Formulierungen nicht immer eindeutig nur einem einzigen Anforderungsbereich zuzuordnen; unter Berücksichtigung des jeweiligen angesprochenen inhaltlichen Komplexitätsgrades können sie auch in einem weiteren Anforderungsbereich vorkommen.*

2. Die Textwiedergabe – wesentliche Kompetenz des Anforderungsbereiches I

Praxismodell: Arbeitsschritte und Untersuchungsaspekte zur Textwiedergabe (Inhaltsangabe) bei Sachtexten

1. Aufgabe und Funktion

Die Textwiedergabe **informiert sachlich, knapp und mit eigenen Worten** über die wesentlichen Informationen und gedanklichen Schwerpunkte eines Textes (in denen die Absicht des Textes besonders deutlich werden). In der Sekundarstufe II dienen als Textgrundlage meist Auszüge aus Fachbüchern oder Fachzeitschriften.

Die Textwiedergabe ist in der Regel **Bestandteil einer umfassenderen Aufgabenstellung** (z. B. als 1. Teilaufgabe in einer Klausur) und verlangt hier, die Hauptaussagen eines Textes zu einem Sachverhalt oder Problem inhaltlich zu sichern und damit eine Grundlage für die anschließend geforderte genauere, meist **aspektgeleitete Textbeschreibung (Analyse)** zu bieten (2. Teilaufgabe), auf die schließlich die **Textbewertung** (Auseinandersetzung und Stellungnahme zu den Aussagen des Autors) aufbaut (3. Teilaufgabe).

2. Typische Aufgabenstellungen:

- „Geben Sie den Inhalt des Textes mit eigenen Worten wieder."
- „Fassen Sie die zentralen/wichtigsten Aussagen des Textes zusammen."
- „Arbeiten Sie die Hauptaussagen des Textes heraus."
- „Geben Sie die Hauptgedanken/Hauptthesen des Textes in ihrem Argumentationszusammenhang/ihrer gedanklichen Struktur/ihrem gedanklichen Aufbau wieder."

3. Merkmale einer Textwiedergabe

- Die wesentlichen Aussagen des Textes sind kurz und ohne Ausmalung und mit eigenen Worten zusammenzufassen. Dabei dürfen Schlüsselbegriffe (z. B. als Fachbegriffe) übernommen werden, jedoch keine ausschmückenden Einzelheiten und nicht wörtlich ganze Sätze oder Teile davon.
- In der Regel kann die im Text vorgegebene Reihenfolge der Aussagen beibehalten werden. Umstellungen sind aber dann sinnvoll, wenn der gedankliche Zusammenhang der Textaussagen dadurch deutlicher hervortritt.
- Dabei ist zu beachten:
  1) die logische Abfolge der zusammengefassten Aussagen muss der Logik des Textes entsprechen,
  2) die Proportionen müssen stimmig sein: die Länge der Zusammenfassung jedes Einzelabschnittes muss dem Umfang und inhaltlichen Gewicht des Abschnittes im Originaltext gerecht werden.
- Die Wiedergabe des Inhalts ist kürzer als der Text selbst.
- Die Zeitform ist das Präsens, weil der Inhalt „vergegenwärtigt" wird.
- Es wird nicht in der Ich-Form geschrieben, sondern aus der Sicht eines „Berichterstatters" in der Er/Sie-Form.
- Es wird keine wörtliche Rede verwendet.
- Die Darstellung erfolgt in einer sachlich-distanzierten Sprache, d. h., es wird objektiv wiedergegeben, was den Inhaltskern angeht; verzichtet wird auf Kommentierungen und die Äußerung persönlicher Meinungen, Wertungen und Gefühle (keine polemisch abwehrenden Bemerkungen, keine begeisterte Zustimmung usw.).
- Die Inhaltswiedergabe soll sprachlich klar, verständlich und ohne Gedankensprünge den Hauptinhalt wiedergeben; sie soll formal übersichtlich gestaltet sein; deshalb Absätze machen, die Darstellung straffen und Selbstverständlichkeiten weglassen.

4. Aufbau einer Textwiedergabe
Einleitung: Kurzinformationen als Hinführung des Lesers zum Text und seiner Thematik Nennung des Autors, des Titels (Überschrift), der Textart, der Quelle; kurze Vorschau auf das Thema und Problem, d. h. worum es in der Hauptsache im Text geht und welches Ergebnis evtl. vorliegt.
Hauptteil: Zusammenfassende Wiedergabe des Textinhalts.

Vorgehen: Die Anzahl der Sinnabschnitte nennen und fortschreitend für jeden Abschnitt den inhaltlichen Schwerpunkt (die Hauptinformation) zusammenfassend formulieren – angereichert evtl. mit streng ausgewählten wichtigen Unteraspekten dieses Sinnabschnitts. Darstellungsform: ein zusammenhängender, vorlesbarer Text in ganzen Sätzen und in eigener Sprache.
Danach: Bearbeitung der nächsten Teilaufgabe.

3. Texte vergleichen – eine Kompetenz des Anforderungsbereichs II

Praxismodell: Arbeitsschritte und Untersuchungsaspekte zum Textvergleich bei Sachtexten

Im Rahmen von Klausuraufgaben wird häufig in der zweiten Teilaufgabe ein Textvergleich verlangt. Dahinter steht die Tatsache, dass verschiedene Texte (aber auch andere Informationsmedien) ein und dieselbe Sache unterschiedlich darstellen. Wie können Sie damit umgehen? Die hier erforderliche Vorgehensweise unterscheidet sich sowohl von der Textzusammenfassung als auch vom Referat: Während Sie sich bei der Textzusammenfassung in den Gedankengang des Textes, den Sie zusammenfassen wollen, hineinversetzen und den „roten Faden" des Textes aufspüren sollen, geht es hier darum, einen Standpunkt einzunehmen, der von den zu vergleichenden Texten unabhängig ist, sie gleichsam von außen betrachtet und nach Vergleichspunkten sucht. Im Verhältnis zu einem Referat, in dem ein komplexerer Problemzusammenhang dargestellt werden soll, betrifft der Textvergleich lediglich einen Teilaspekt.
Die folgende Anleitung schlägt Ihnen eine bestimmte Schrittfolge vor:

1. Schritt: Lesen
Lesen Sie alle zu vergleichenden Texte in rascher Folge. (Wenn Sie einen Text aus dem Kopf reorganisieren sollen, machen Sie sich Stichpunkte in Ihr Konzeptpapier.)

2. Schritt: Provisorische Gliederung
Halten Sie fest, zu welchen Fragen oder Aspekten sich die Texte vergleichen lassen. Machen Sie daraus eine provisorische Gliederung. Sie können auch eine vorläufige Tabelle für sich entwerfen, z. B. nach folgender Form:

	1. Text	2. Text
Vergleichspunkt/ Gliederungspunkt 1 …		
Vergleichspunkt/ Gliederungspunkt 2 …		
Vergleichspunkt/ Gliederungspunkt 3 …		

3. Schritt: Unterstreichen
Lesen Sie nun die zu vergleichenden Texte erneut. Unterstreichen Sie die Stellen, die zu einem der Gliederungspunkte passen, und ordnen Sie sie diesem zu (entweder durch Herausschreiben oder durch Kennzeichnung am Rand mit dem Gliederungspunkt).

4. Schritt: Überprüfen
Überprüfen Sie das Material, das Sie zu jedem Gliederungspunkt gefunden haben. Ist es ausreichend für einen Vergleich? (Wenn nicht: Die Texte nochmals durchsehen, ob Sie etwas übersehen haben; wenn nicht: Gliederungspunkt streichen.) Sind die Gliederungspunkte etwa gleichgewichtig? (Wenn nicht: weiter unterteilen bzw. zusammenfassen.)

5. Schritt: Endgültige Gliederung
Legen Sie die endgültige Gliederung fest.

6. Schritt: Ordnen und Schreiben
Ordnen Sie das Material zu Ihrem ersten Gliederungspunkt so, dass Sie es in einem in sich logischen Gedankengang darstellen können. Schreiben Sie! Verfahren Sie mit den übrigen Gliederungspunkten ebenso.

Gliederung
Bei einem Textvergleich bietet sich folgende Gliederung an:
- kurze Darstellung des Problems, mit dem sich die Texte beschäftigen
- Charakterisierung der Texte (Von wem wann wofür geschrieben, aus welchem Zusammenhang? Besonderheiten?)
- Hier bieten sich unterschiedliche Gliederungsverfahren an (s. Lt.):
- eigene Einschätzung der Besonderheiten, Stärken und Schwächen der Texte, Begründung, warum sich die Texte (vermutlich) unterscheiden bzw. ähneln.

Die Gliederung muss zu den Texten und zu der Fragestellung, mit der sie bearbeitet werden, passen. Deshalb kann die obige Gliederung nur ein Anhaltspunkt sein, der von Fall zu Fall abgewandelt werden muss.

Alternative 1:	Alternative 2:
Gemeinsamkeiten der Texte a) b) ... usw. Unterschiede a) b) ... usw.	Aspekte, die in mehreren Texten vorkommen und sich vergleichen lassen: a) b) c) d) ... usw.

(In Anlehnung an: Helga Jung-Paarmann: Textvergleich. In: Uwe Horst, Karl Peter Ohly [Hrsg.]: Lernbox. Lernmethoden – Arbeitstechniken. Friedrich Verlag: Seelze/Velber 2000, S. 80/81)

4. Die Argumentation verstehen – eine Kompetenz des Anforderungsbereiches II bzw. III

Praxismodell: Arbeitsschritte und Untersuchungsaspekte zur Analyse von Argumentationen bei Sachtexten

Welche sprachlichen Bausteine werden bei der Argumentation verwendet?

Wenn wir mit anderen diskutieren und dabei argumentieren, setzen wir oft unbewusst ganz unterschiedliche sprachliche Mittel ein, um zu überzeugen oder auch nur um recht zu behalten! Darauf ist sowohl beim Argumentieren im Gespräch wie auch bei der Analyse und Erörterung von Texten genau zu achten, um die Eigenart und Tragfähigkeit der Argumentation besser durchschauen, beurteilen und selber anwenden zu können.
So lassen sich die Aussagen beim argumentierenden Sprechen folgendermaßen unterscheiden und kennzeichnen:

Behauptung/Gegenbehauptung:
Eine Aussage, die jeweils für sich beansprucht, richtig zu sein – solange sie nicht als falsch widerlegt ist. Bildet sie den Ausgangspunkt einer Argumentation, so kann sie die Funktion einer These übernehmen.

These (griech. thesis = Setzung, Satz):
Wird ein knapper Behauptungssatz (z. B. in einer Diskussion) bewusst an den Anfang gestellt und so zum Ausgangspunkt einer Argumentation gemacht, dann gewinnt er dadurch die Funktion einer These und erfüllt die Aufgabe, alle vorgebrachten Argumente auf sich hin auszurichten und in eine überschaubare Ordnung zu bringen. Bezieht sich die These nicht auf Sachfragen und Sachverhalte, sondern auf Wertfragen, dann nimmt sie die Sprachform der „Bewertung“ oder „Handlungsempfehlung“ an.

Antithese:
Eine gegensätzliche Aussage (Gegenbehauptung) zu einer aufgestellten Behauptung

Meinungsäußerung:
Eine Aussage, in der ein Sprecher seine persönliche Einstellung zu einer Sache zum Ausdruck bringt. Meist wird die Äußerung eingeleitet mit Wendungen wie: „Meiner Meinung nach …“, „Ich glaube …“, „Ich denke …“

Argument (lat. argumentum = Gehalt, Beweis):
Eine Aussage, mit der eine These als richtig, berechtigt oder wünschenswert begründet („belegt“) und gestützt werden soll. Im strengen Sinne ein stichhaltiger Beweis („schlagendes Argument“) für die Richtigkeit einer Behauptung. Argumente sind die wichtigsten Bausteine für die gedankliche Überzeugungsarbeit in allen Diskussionen, Erörterungen und Stellungnahmen. Sie können sich auf Tatsachen stützen,

Schema zur Ausbildung der „Argumentationsstruktur“

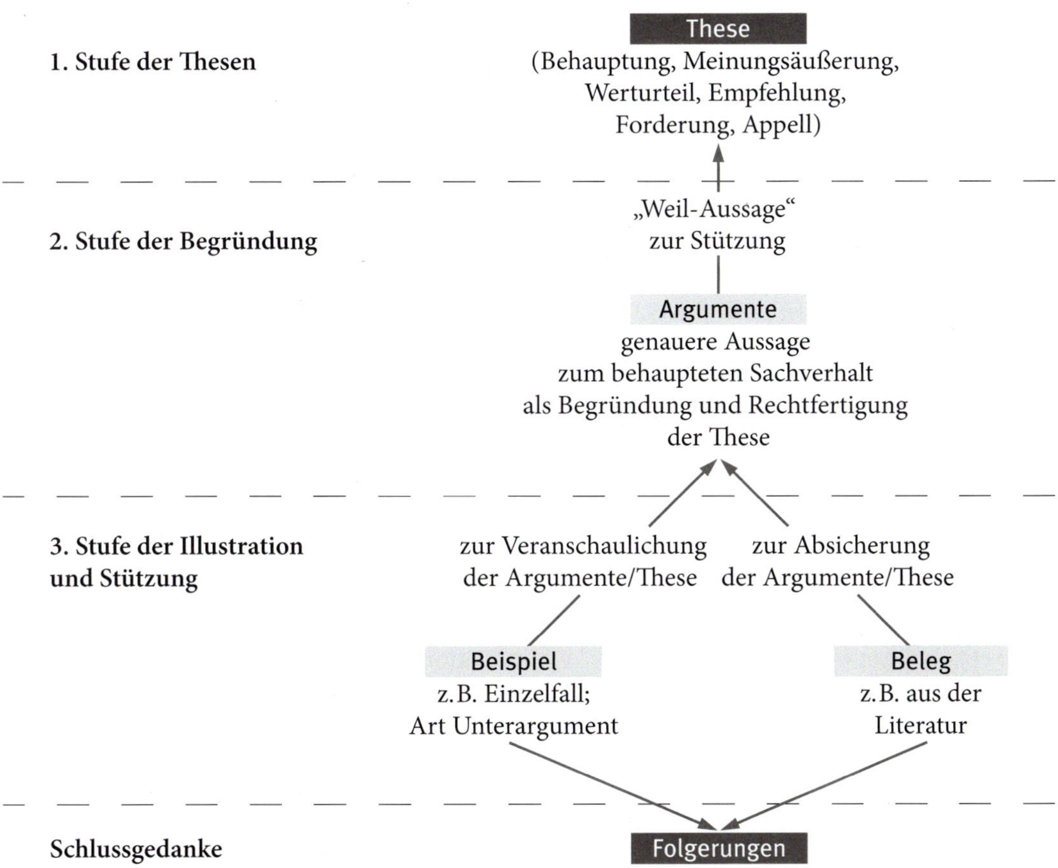

d.h. regelrechtes Beweismaterial darstellen, oder auch von allgemein anerkannten Normen und Wertvorstellungen abgeleitet sein.

Unterargumente (Subargumente):
Sie sollen bei schwierigen Gedankengängen das Hauptargument für eine These unterstützen, indem eine Begründung in kleineren, überschaubaren Schritten mit einem enger begrenzten Aspekt des Problems versucht wird.

Beispiel:
Ein besonders anschaulicher Tatbestand und einleuchtender Einzelfall aus der gemeinsamen Erfahrungswelt aller Beteiligten (Schreiber/Leser/Gesprächspartner) als Mittel der Verdeutlichung und leichteren Erkenntnis eines schwierigen Sachverhalts, Problems, Zusammenhangs oder einer abstrakten Aussage. Insofern ist das Beispiel eine besondere Form des Unterarguments und dient damit der argumentativen Ergänzung und Erhärtung von Aussagen.

Vergleich/Analogie:
Wenn Beispiele genau passender Art zur Veranschaulichung und Unterstützung der Argumente nicht zu finden sind, kann auf Fälle aus ähnlichen Erfahrungsfeldern zurückgegriffen werden. Allerdings muss bei diesen Vergleichsfällen trotz der Ungleichheit eine innere Entsprechung und hinreichende Ähnlichkeit bestehen im Hinblick auf die zu diskutierenden Sachverhalte, Dinge, Bereiche und Verhältnisse.

Schlussfolgerung:
Die Ableitung einer zusammenfassenden allgemeinen Aussage aus vorausgehenden Sätzen, deren vorgetragene Argumente die Basis für ein abschließendes Urteil bilden. Solche Folgerungen werden immer erst nach der Darstellung bzw. dem Anhören von Argumenten gezogen und sind sprachlich erkennbar an bestimmten Konjunktionen wie: „deshalb", „daher", „aus diesem Grunde", „folglich" usw.

Synthese:
Der Versuch eines Mittelwegs (Kompromiss) zwischen den gegensätzlichen Standpunkten (These–Antithese)

Praxismodell: Arbeitsschritte und Untersuchungsaspekte zur Analyse von empirischem Material im Rahmen von Sachtexten

Statt sprachlicher Argumente gibt es – abhängig von der Art des Sachtextes – auch den Hinweis auf empirische Untersuchungen, die eine Argumentation begründen oder eine Position auf der Stufe der Illustration stützen sollen. An die empirischen Forschungen sind Gütekriterien anzulegen [...].

Gütekriterien empirischer Forschung
Nach Lienert (1989) unterscheidet man bei empirischen Untersuchungen Haupt- und Nebengütekriterien. **Hauptkriterien** sind die Objektivität, die Reliabilität und die Validität, **Nebengütekriterien** sind die Ökonomie (Wirtschaftlichkeit), Nützlichkeit, Normierung und Vergleichbarkeit von empirischen Untersuchungen. Weist eine Untersuchung diese Gütekriterien nicht auf, fehlen die wissenschaftlich überprüften Grundlagen und notwendigen Kontrolluntersuchungen.
Objektivität ist das Ausmaß, in dem ein Untersuchungsergebnis in Durchführung, Auswertung und Interpretation vom Untersuchungsleiter nicht beeinflusst werden kann, bzw. wenn mehrere zu übereinstimmenden Ergebnissen kommen. Weder bei der Durchführung noch bei der Auswertung und Interpretation dürfen also verschiedene Experten verschiedene Ergebnisse erzielen. Die **Durchführungsobjektivität** fordert, dass das Untersuchungsergebnis vom Anwender unbeeinflusst bleibt. Die **Interpretationsobjektivität** fordert, dass individuelle Deutungen nicht in die Interpretation eines Ergebnisses miteinfließen dürfen. Ein nicht untypisches Beispiel für einen **Verstoß** gegen dieses Testgütekriterium ist z. B. ein **Test auf Schulreife**: Ein mit der Durchführung betrauter Lehrer lässt es aus missverstandener Humanität

zu, dass die Mütter im Raum bei den Kindern bleiben.
Reliabilität (Zuverlässigkeit) gibt die Zuverlässigkeit einer Messmethode an. Eine Untersuchung wird dann als reliabel bezeichnet, wenn es bei einer Wiederholung der Messung unter denselben Bedingungen und an denselben Gegenständen zu demselben Ergebnis kommt. Sie lässt sich u. a. durch eine Untersuchungswiederholung (Retest-Methode) oder einen andere, gleichwertige Untersuchung ermitteln (Paralleltest-Methode). Das Maß ist der **Reliabilitätskoeffizient** und definiert sich aus der Korrelation der beiden Untersuchungen. **Bildlich** gesagt: Wenn man mit einer Kanone ein Ziel anvisiert und die Kanonenkugeln zwar nicht das Ziel treffen, aber immer an der gleichen Stelle einschlagen, dann besitzt das Instrumentarium eine hohe Reliabilität.
Validität (Gültigkeit) ist das wichtigste Testgütekriterium, denn es gibt den Grad der Genauigkeit an, mit dem eine Untersuchung das erfasst, was sie erfassen soll (z. B. Persönlichkeitsmerkmale oder Verhaltensweisen). Die Überprüfung der Gültigkeit wird mithilfe der Korrelation mit einem **Außenkriterium** vorgenommen. Es wird gerne betont, *die* Validität gebe es nicht, es gebe vielmehr recht verschiedene Arten von Validitätsbestimmungen. Das ist sicher richtig, aber gemeinsam ist ihnen: Validitäts- oder Gültigkeitsmaße geben den Grad der Genauigkeit an, mit der ein Verfahren misst, was es zu messen vorgibt. Ein Intelligenztest trägt seinen Namen nur dann zu Recht oder ist nur dann valide, wenn er Intelligenzleistungen und nicht in erster Linie etwa das „Sitzfleisch" misst; ein Intelligenztest für Schulanfänger kann kaum valide sein, wenn er Kindern ohne ausreichende Pause 3 oder 4 Stunden lang konzentrierte Arbeit abverlangt. Ein Test muss also inhaltlich „zutreffen"; wie aber will man das bestimmen? Denn es ist klar, dass der Name „Intelligenz" (ebenso wie „Aggressivität", „Ängstlichkeit", „Überichstärke" etc.) ein sog. Konstrukt bezeichnet; Konstrukte sind Begriffe, die mehr oder weniger als theoretisch sinnvoll erscheinen; das Bezeichnete kann aber nicht direkt beobachtet, vielmehr nur aus Indikatoren erschlossen werden. Konstrukte gelten im Rahmen der Theoriebildung als nützliche Annahmen. […]
Im Grunde ist es das alte Problem der **„Wahrheit" von Aussagen,** das sich im Validitätskonzept versteckt: Sind Behauptungen zutreffend? Hier: Verdient z. B. ein Test, der als „Intelligenztest" verkauft wird, diesen Namen?
Psychologisch wichtiger sind zunächst die „empirischen Validitäten", d. h. die **Übereinstimmungs- und Vorhersagevalidität.** Die erste prüft man, indem man die Ergebnisse mit Kriteriumswerten korreliert; so könnte man die Validität eines Rechentests für das 3. Schuljahr durch die Korrelation der Testergebnisse mit den Lehrerurteilen (als sog. Außenkriterium) ausdrücken. Eine Vorhersagevalidität zu bestimmen liegt z. B. bei der Konstruktion eines Schulreifetests nahe: Nach der Testerhebung sollte man mindestens bis zum Ende des ersten Schuljahres warten, um dann die Korrelation zwischen Testresultaten und Schulleistungen zu beurteilen. Valide ist der Test, wenn die Korrelation hoch ausfällt.
Die Beispiele machen deutlich, dass die Validitätsbestimmung mithilfe eines sog. **Außenkriteriums** meist fragwürdig ist, denn die Außenkriterien (wie z. B. das Lehrerurteil) sind oft selbst problematisch, d. h., nicht valide zu erfassen. Vor allem bei Intelligenztests wird zur Validierung eines neuen Tests gern ein bereits bewährter Test als Kriterium herangezogen; das drastische Bild, dass hier ein Lahmer möglicherweise an einem Blinden validiert wird, soll zur Vorsicht mahnen. Grundsätzliche Zweifel sind somit an allen Verfahren zur Validitätsbestimmung angebracht. Eine befriedigende Reduzierung der Expertenwillkür ist nur durch wechselseitige konstruktive Kritik möglich, wie sie im wissenschaftlichen Diskurs üblich ist.
[…]
(http://arbeitsblaetter.stangl-taller.at/FORSCHUNGSMETHODEN/Guetekriterien.shtml – [01. 05. 2010])

5. Texterörterung und Textbeurteilung als Kompetenz des Anforderungsbereiches III

Die Aufgabenstellungen „Beurteilen Sie …“, „Beziehen Sie Stellung …“, „Nehmen Sie eine begründete Position ein …“ beinhalten, dass die zumeist in einer vorhergehenden Aufgabe **erarbeitete Argumentation** zu **überprüfen** und zudem eine **eigene Position** zu **entwickeln** ist. Eine kurze bewertende Darlegung der eigenen Meinung zum Text oder zu Positionen im Text in der Form einer Standortbestimmung reicht nicht aus, vielmehr stehen hier argumentative Gedankengänge im Zentrum, die sich mit Wertpositionen auseinandersetzen und die eigene Wertposition begründen. Daraus ergibt sich auch, warum es plausibel ist, dass die Bearbeitung der Aufgaben des Anforderungsbereiches III bei der Benotung der ganzen Arbeit eine besonders hohe Gewichtung erhält. Bei der Beurteilungsaufgabe geht es um den letzten Teil des folgenden Dreischritts:

- **Analyse des Argumentationsansatzes**
  Worum geht es in dem Text?
  Klärung der Prämissen/Voraussetzungen (genannte und ungenannte)
- **Analyse der Argumentationsstruktur:** Beschreibung des Strukturmusters, d. h. der Art und Weise, wie die Argumentationselemente These, Gegenthese, Argumente, Beispiele, Lösung (Ergebnis) aufeinander folgen und verknüpft sind und so den Aufbau der Argumentation ausmachen
- **argumentierende Stellungnahme zu den Problemen und Lösungsvorschläge des Textes in sachbezogener und argumentativer Darstellung**

Praxismodell: Arbeitsschritte und Untersuchungsaspekte zur eigenen Beurteilung/ Stellungnahme von Positionen in Sachtexten

Wie sind die zuvor erarbeiteten verwendeten sprachlichen Bausteine bei der Argumentation zu bewerten?
Ist die These des Textes durch dessen Argumentation tragfähig dargestellt? Kann sie übernommen werden? Wenn ja: Wie kann sie durch weitere eigene Argumente gestützt werden? Wenn nein: Welche Gegenthese ist tragfähig argumentativ selbst zu entwickeln? Wie kann diese Gegenthese argumentativ begründet werden? Welche Schlussfolgerungen sind aus der Beurteilung zu ziehen?

- Prüfung der **Behauptung/Prüfung der Gegenbehauptung**: Zustimmung oder Ablehnung?
- **These** (griech. thesis = Setzung, Satz): Zustimmung oder Ablehnung?
  Bei **Zustimmung**: Suche nach zusätzlichen Argumenten, etwa aus einer anderen Perspektive, die die Argumente des Textes stützen können
  Bei **Ablehnung**: Suche nach Argumenten, die die Argumente des vorgelegten Textes entkräften
- **Antithese bzw. Aufstellung einer eigenen These:** Eine gegensätzliche Aussage (Gegenbehauptung) zu einer aufgestellten Behauptung aufstellen und entfalten
- **Argumente und Unterargumente nennen**
- **Beispiele zur Verdeutlichung und Illustration suchen und anführen:** Ein besonders anschaulicher Tatbestand und einleuchtender Einzelfall aus der gemeinsamen Erfahrungswelt aller Beteiligten (Schreiber/Leser/ Gesprächspartner) als Mittel der Verdeutlichung und leichteren Erkenntnis eines schwierigen Sachverhalts, Problems, Zusammenhangs oder einer abstrakten Aussage. Insofern ist das Beispiel eine besondere Form des Unterarguments und dient damit der argumentativen Ergänzung und Erhärtung von Aussagen.
- **Vergleich/Analogie:** Wenn Beispiele genau passender Art zur Veranschaulichung und Unterstützung der Argumente nicht zu finden sind, kann auf Fälle aus ähnlichen Erfahrungsfeldern zurückgegriffen werden. Allerdings muss bei diesen Vergleichsfällen trotz der Ungleichheit eine innere Entsprechung und hinreichende Ähnlichkeit bestehen im Hinblick auf die zu diskutierenden

Sachverhalte, Dinge, Bereiche und Verhältnisse.

- **Schlussfolgerung(en) der abweichenden bzw. eigenen Position benennen:** Die Ableitung einer zusammenfassenden allgemeinen Aussage aus vorausgehenden Sätzen, deren vorgetragene Argumente die Basis für ein abschließendes Urteil bilden. Solche Folgerungen werden immer erst nach der Darstellung bzw. dem Anhören von Argumenten gezogen und sind sprachlich erkennbar an bestimmten Konjunktionen wie: „deshalb“, „daher“, „aus diesem Grunde“, „folglich“ usw.
- **Gegebenenfalls Synthese vorstellen:** Bei Abwägung aller vorgetragener Argumente kann es gegebenenfalls auch zur Beschreitung eines Mittelwegs (Kompromiss) zwischen den gegensätzlichen Standpunkten (These – Antithese) kommen.

Schema zur Verdeutlichung der „Argumentationsstruktur“

1. Stufe der Thesen/Hypothesen

These des Textes/Hypothesen
Überprüfen
Beurteilen
Eigene These zum Text/Hypothesen
Zustimmung oder Ablehnung?

2. Stufe der Begründung

„Weil-Aussage“
zur Stützung der eigenen Position/These

Argumente des Textes
genauere Aussage zum behaupteten Sachverhalt als Begründung und Rechtfertigung der These überprüfen und beurteilen

Argumente der eigenen Position suchen
genauere Aussage zum behaupteten Sachverhalt als Begründung und Rechtfertigung der eigenen Position/These herausstellen und bewerten

3. Stufe der Illustration und Stützung

zur Veranschaulichung der Argumente/These — zur Absicherung der Argumente/These

Beispiel
Einzelfall aus der Erfahrung der Hörer/Leser
Art Unterargument

Beleg
Literaturbeleg; empirische Untersuchung etc.
Art Unterargument

Schlussgedanke

Folgerungen

(= auch: Schema einer vollständigen Argumentation in drei Stufen!)

6. Praxismodell: Arbeitsschritte zur aspektgeleiteten Erschließung von problemerörternden/argumentativen Sachtexten (inklusive empirischer Untersuchungen)

Das Gesamt-Modell

1. Textaufnahme (Lesen/Hören)
Beim ersten, orientierenden Lesen kann es mit einiger Übung bereits gelingen, den Text optisch wenigstens grob aufzubereiten (siehe Schritt 3).

2. Spontane Reaktionen bewusst machen
Reaktionen, Assoziationen und spontane Gedanken zum Text sollen stichpunktartig notiert und bewusst gemacht werden. Es zeigt sich, in welche Richtung der Text inhaltlich und sprachlich auf uns wirkt und wie wir ihn vom ersten Eindruck und Gefühl her „verstehen" und werten. Auf dieser Basis kann eine **Arbeitshypothese** formuliert werden als Grundlage für die Weiterarbeit (Schritt 4).

3. Vor-Arbeiten auf dem Textblatt
In Verbindung mit weiteren Lesedurchgängen können Unklarheiten geklärt und wichtige Einzelheiten und Beziehungen im Text genauer sichtbar gemacht und gekennzeichnet werden:
1) *Unverstandene Fremdwörter, Fachbegriffe, Sachverhalte,* die das Verstehen behindern, kennzeichnen, z. B. durch gestricheltes Unterstreichen, die Bedeutung dazu aus dem Textzusammenhang klären oder im Lexikon nachschlagen und notieren.
2) *Zentrale Begriffe und Leit-Wörter,* von denen her sich der Sinn und geistige Zusammenhang des Textes aufschlüsseln lässt, durch Umrahmung, Einkreisung und durch verschiedene Arten des Unterstreichens (z. B. einfach, doppelt, mit Farben) markieren.
3) *Kerninformationen und semantische Einheiten* hervorheben und die Art ihrer inhaltlichen und formalen Beziehung (Verbindung, Gegensätzlichkeit usw.) durch Linien, Pfeile u. Ä. im Text oder am Blattrand verdeutlichen.

4. Arbeitshypothese formulieren
Von den ersten „Eindrücken" und Beobachtungen der Spontanphase her (Schritt 2) ergibt sich ein gutes Ausgangsmaterial für die weiteren Schritte der Texterarbeitung. Zu *Thema/Fragestellung, zentralen Aussagen, vermutlicher Intention* u. a. des Textes können Vermutungen angestellt und in Form einer vorläufigen Hypothese (versuchsweise auch in mehreren) formuliert werden. Diese Arbeitshypothese muss sich zwar erst noch als richtig erweisen, aber sie vermag bei den weiteren Lesedurchgängen den Blick verstärkt auf die inhaltlichen und sprachlichen Besonderheiten des Textes zu lenken und der genaueren Textuntersuchung eine klare Ausrichtung zu geben: was noch genauer befragt, beobachtet, beschrieben (Schritt 6) und gedeutet (Schritt 7) und bei der Wertung und Auseinandersetzung mit den Textaussagen (Schritt 8) differenzierter aufgegriffen und näher begründet werden sollte.

5. Textwiedergabe
Hierbei geht es um die knappe Zusammenfassung der Hauptgedanken des Textes mit eigenen Worten, evtl. auch schon unter Verdeutlichung des gedanklichen Aufbaus (vgl. Schritt 6).
„*Sinnabschnitte*" = gedanklich-inhaltlich eigenständige Abschnitte, wo inhaltlich etwas Neues beginnt an Gedanken, Ereignissen, Handlungsschritten. Sie können im Text durch ein Absatzzeichen // sichtbar gemacht werden.
Anhand der Abfolge der Überschriften zu den Sinnabschnitten kann der gedankliche *Aufbau und die inhaltliche Gliederung* der Textaussagen sichtbar werden.

6. Textbeschreibung
Sie zielt auf die inhaltliche und formale Erfassung und Charakterisierung des Textes (Inhalt, gedanklicher Aufbau, Struktur, Form, Textsorte,

relevante sprachlich-stilistische Mittel) und schafft die Grundlage für die folgende Textdeutung (Schritt 7).
In diesem Schritt ist zu zeigen, auf welche Weise der Autor seine Argumentation aufbaut, entwickelt und entfaltet und wie er dabei die ausgewählten Elemente der „Beweisführung" anordnet und verbindet, damit der Leser möglichst überzeugt wird (siehe unten: „Argumentationsstruktur").
Durch die Kennzeichnung von Textteilen mithilfe dieser Begriffe lassen sich einzelne Aussagen oder ganze Sinnabschnitte in ihrer Funktion und inhaltlichen Bedeutung für das Textganze und die argumentative Entfaltung des Themas bestimmen.
Das gedankliche Verhältnis der Aussagen zueinander verdeutlichen.
Der gedankliche Weg („Gedankengang") und das gedankliche Verhältnis der Aussagen zueinander soll in seinen Einzelschritten verdeutlicht und überprüft werden.
„Struktur" meint die Beziehung, die Verknüpfung und den *inneren Zusammenhang der einzelnen Bestandteile der Beweisführung* (siehe vorheriger Schritt). Zu verdeutlichen ist also, wie der Autor vorgeht, wenn er diese Argumentationselemente zu einem *Gedankengebäude aus Behauptungen, Begründungen und Beispielen* aufbaut und wie er insgesamt die gedanklich-logischen Schritte als Gedankenbewegung entfaltet.
Nur eine Auswahl wichtiger *Stilmittel* als „Bedeutungsträger" mit besonderer Funktion (z. B. für die Erkenntnis der Intention) ist zu untersuchen. Stilmittel sind wichtig, wenn sie quantitativ und/oder qualitativ auffallen, das heißt:
- öfter vorkommen (Wiederholungen von Wörtern, Bildern, Satzbau...) und/oder
- einen auffallenden sprachlichen Charakter aufweisen (ungewöhnlicher Sprachgebrauch, Wortschöpfungen und Kombinationen ...)

7. Textdeutung (Interpretation)
Sie will auf der Grundlage der Textbeschreibung (Schritt 6) den Sinn des Textganzen erschließen und die Aussage- und Wirkungsabsicht (Intention) begründet feststellen.
Dazu ist ein **mehrfaches intensives Lesen** zum Ende und wieder zum Anfang des Textes hin erforderlich mit einer genauen Überprüfung, inwieweit der Text die aufgestellte Arbeitshypothese (Schritt 4) abdeckt. Ausgegangen wird von den beschriebenen zentralen Worten und Satzaussagen, wobei die Textteile aufeinander bezogen werden.
Die Deutung stützt sich in der Hauptsache auf *textimmanente Faktoren,* greift aber auch auf *textexterne Zusammenhänge* zurück: z. B. Einordnung des Textes in den geistesgeschichtlichen Kontext der Entstehungszeit, Stellenwert des Textes im Denken und Gesamtwerk des Autors, Wirkung des Textes auf die ursprünglichen und die heutigen Leser (Rezeptionsgeschichte) u. a.
Die Intention kann nur auf der Grundlage der Beschreibung der sprachlichen Gestaltungsmittel angemessen erkannt werden (siehe Schritt).
Fragen zur Intention des Textes bzw. Autors:
- Was will der Autor mit seinem Text bei den Lesern erreichen?
- In welcher Hinsicht will er den Leser beeinflussen? (z. B. informieren? Stimmung machen für/gegen etwas? die Einstellung ändern? Handlungen auslösen?)

8. Textbewertung (Texterörterung)
Bei dieser persönlichen Sicht und Stellungnahme zu den Textaussagen geht es um eine begründete Auseinandersetzung mit der im Text vertretenen Auffassung, den Argumenten und Beispielen.
Leitfragen sind dabei z. B.:
- Welche Argumente überzeugen mich? Welche erscheinen anfechtbar?
- Wie schätze ich die Zahl, Eigenart und Wirkung der Beispiele ein?
- Wo denke ich anders?
- Wo benötige ich weitere Informationen?
- Wie beurteile ich die Art der Darstellung, die Vorgehensweise, die Angemessenheit zur Erreichung der Absichten?

7. Praxismodell: Fallstudie

Die Analyse von Fallstudien bietet als Vorteile: Eine Brücke zwischen Theorie und Praxis wird möglich, die eigenständige Problemlösungsfähigkeit wird gefördert, offene Lösungswege lassen Raum für Selbstständigkeit und Kreativität, Lernen wird durch höheren Praxisbezug stärker motiviert [...].
Als Nachteile kann gelten: Fallstudien bilden nur ein vereinfachtes Abbild der Wirklichkeit, deren Dynamik lässt sich nicht oder nur partiell nachzeichnen, Fallstudien sind punktuell angelegt, Routineprobleme werden in Fallstudien oftmals vernachlässigt, häufig verführen sie dazu zu übersehen, dass Informationen in der Realität nicht immer so vollständig vorhanden sind, es wird ein Maß an theoretischem Vorwissen bereits vorausgesetzt, Handlungsentscheidungen werden oft gefällt, ohne die Handlungskonsequenzen in der Praxis zu erfahren, eine Generalisierung ist im Rahmen von Fallstudien nicht möglich, nur ein Bruchteil des Problemlösungsprozesses wird simuliert [...].

1. Textaufnahme (Lesen/Hören)
Beim ersten Lesen kann es mit einiger Übung bereits gelingen, den Text optisch wenigstens grob aufzubereiten (siehe Schritt 3).

2. Spontane Reaktionen bewusst machen
Reaktionen, Assoziationen und spontanen Gedanken zum Text sollen stichpunktartig notiert und bewusst gemacht werden. Es zeigt sich, in welche Richtung der Text inhaltlich und sprachlich auf uns wirkt und wie wir ihn vom ersten Eindruck und Gefühl her „verstehen“ und werten. Auf dieser Basis kann eine *Arbeitshypothese* formuliert werden. Die im Fall enthaltenen Probleme und Entscheidungsnotwendigkeiten werden artikuliert.

3. Vor-Arbeiten auf dem Textblatt
In Verbindung mit weiteren Lesedurchgängen können Unklarheiten geklärt und wichtige Einzelheiten und Beziehungen im Text genauer sichtbar gemacht und gekennzeichnet werden:
1) *Unverstandene Fremdwörter, Fachbegriffe, Sachverhalte*, die das Verstehen behindern, kennzeichnen, die Bedeutung dazu aus dem Textzusammenhang klären oder im Lexikon nachschlagen und notieren.
2) *Zentrale Begriffe und Leit-Wörter*, von denen her sich der Sinn und geistige Zusammenhang des Textes aufschlüsseln lässt, durch Umrahmung, Einkreisung und durch verschiedene Arten des Unterstreichens (z. B. einfach, doppelt, mit Farben) markieren.
3) *Kerninformationen und semantische Einheiten* hervorheben und die Art ihrer inhaltlichen und formalen Beziehung (Verbindung, Gegensätzlichkeit usw.) durch Linien, Pfeile u. Ä. im Text oder am Blattrand verdeutlichen.
4) *Handlungen und Prozesse*, die in der Fallstudie angesprochen werden, sollen sichtbar gemacht werden.

4. Arbeitshypothese formulieren
Von den ersten „Eindrücken“ und Beobachtungen der Spontanphase her (Schritt 2) ergibt sich ein gutes Ausgangsmaterial für die weiteren Schritte der Texterarbeitung. Zu *Thema/Fragestellung, zentralen Aussagen, vermutlicher Intention* u. a. des Textes können Vermutungen angestellt und in Form einer vorläufigen Hypothese (versuchsweise auch in mehreren) formuliert werden. Dazu gehört auch die *Zuordnung zu einer bestimmten Theorie* („Paradigma“, etwa: Psychoanalyse, Verhaltenstherapie, systemischer Ansatz usw.), die im Fall noch nicht thematisiert sein muss bzw. oftmals auch nicht thematisiert ist. Das bedeutet, dass *Zusatzinformationen* theoretischer Art, die nicht im Text zu finden sind, hinzuzunehmen sind.

5. Informationswiedergabe als Vorbereitung für die Analyse des Falls
Hierbei geht es um die knappe Zusammenfassung der Hauptgedanken des Textes mit eigenen Worten, evtl. auch schon unter knapper Verdeutlichung des gedanklichen Aufbaus (vgl. Schritt 6), aber auch um die „Tools“, um den Fall theoretisch einzuordnen und analysieren zu können.

„*Sinnabschnitte*" = gedanklich-inhaltlich eigenständige Abschnitte, wo inhaltlich etwas Neues beginnt an Gedanken, Ereignissen, Handlungsschritten. Sie können im Text durch ein Absatzzeichen // sichtbar gemacht werden.
Anhand der Abfolge der Überschriften zu den Sinnabschnitten kann der gedankliche *Aufbau und die inhaltliche Gliederung* der Textaussagen sichtbar werden.
Analyseinstrumente erarbeiten und deren Brauchbarkeit probeweise mental durchspielen.

6. *Analyse des Falles*
Sie zielt auf die inhaltliche und formale Erfassung und Charakterisierung des Textes (Inhalt, gedanklicher Aufbau, Struktur, Form, Textsorte, relevante sprachlich-stilistische Mittel) und schafft die Grundlage für die folgende Analyse und Interpretation des Falles (Schritt 7).
In diesem Schritt ist zu zeigen, auf welche Weise der Autor explizit oder zumeist eher implizit eine bestimmte theoretische Deutung nahelegt, welcher Argumentation er sich dabei bedient und wie er dabei die ausgewählten Elemente der „Beweisführung" anordnet und verbindet, damit der Leser möglichst überzeugt wird.
Zugleich und vor allem geht es darum, eigene Argumente darzulegen, aus denen sich eine mögliche Interpretation und Deutung des Falles auf dem Hintergrund einer bestimmten wissenschaftlichen Richtung ergibt.

7. *Exploration und Resolution für Handlungsmöglichkeiten*
Aus der Analyse des Falles sind pädagogische Handlungsmöglichkeiten zu entwickeln. Alternativen sind mit zu bedenken.

8. *Disputation der Handlungsvorschläge und gegebenenfalls Abgleichung mit der Realität*
Die vorgesehenen Handlungsvorschläge sind zu erörtern, d. h. auch auf ihre voraussichtliche Praxistauglichkeit hin mental antizipierend zu prüfen. Die entworfene Lösung, wie gehandelt werden soll, wird mit der in der Realität zu treffenden bzw. getroffenen Entscheidung verglichen. So wird dem Als-ob-Handeln (in der Perspektive des Akteurs im Fall) die Ebene der Wirklichkeit an die Seite gestellt, was bei Diskrepanzen zu Bewertungen der Strukturen der Realität führt und zu Urteilen über die eigenen Entscheidungen. (Es kann eine weitere Teilphase der Fortführung zur Reflexion auf politische Änderungen angeschlossen werden.) – Im Pädagogikunterricht ist diese letzte Stufe nur partiell oder rudimentär erreichbar, da der pädagogische Praxisbezug meist eben nur mental antizipiert werden kann.

8. Hinweise zur Anfertigung einer Klausurarbeit

1. Zur Arbeitsweise
Vorarbeit: Die Teilaufgaben genau lesen und beachten, was in den Formulierungen für Sachaspekte verlangt werden und was zum Vorgehen (Methode) gefordert wird.
Mögliches Vorgehen:
a) zunächst Sammeln von Stichpunkten zu den Teilaufgaben
b) Ordnen der Stichpunkte, d. h. eine geeignete Reihenfolge für die Ausführung der Gedanken überlegen
c) Ausformulierung der Stichpunkte – aus Zeitgründen nicht selten sofort als „Endfassung"

Bei der Textarbeit ist zu beachten: Die Ausführungen (meist zu Teilaufgabe 1) sind genau am Text zu überprüfen und zu belegen; wörtliche Textübernahmen (nur kurze!) sind in Anführungsstriche zu setzen, mit Zeilenangaben zu versehen und auszuwerten.

2. Zur formalen Gestaltung der Ausführungen
Insgesamt: Die Ausführungen sollten **optisch gegliedert** und „strukturiert" sein nach Sinnabschnitten, d. h., wo die Aussagen einen neuen Aspekt und/oder Gedanken behandeln, sollte auch ein neuer Abschnitt/Absatz begonnen werden.

IV. Praxismodelle: Spezifische methodische Hilfen für den Umgang mit einzelnen Unterrichtsmedien in Erziehungswissenschaft

(Foto: Interfoto)

„Radio geht ins Ohr, Fernsehen ins Auge."

Robert Lembke

1. Bilder der Kunst/Fotografien

Grundlegung: Visuelle Wahrnehmung
Kunst in Erziehungswissenschaft ist zunächst für manche gewöhnungsbedürftig. Dennoch lohnt es –, in unserer von Bildern dominierten Wahrnehmungswelt – sich mit bildender Kunst zu beschäftigen: Erziehungstheorien und Erziehungspraxis u. a. auch in Kunstwerken im Sinne einer ganzheitlichen Annäherung zu eruieren und die gewonnenen Erkenntnisse für den Unterricht produktiv zu nutzen. Wie mit Bildern methodisch umgegangen werden kann, darauf gehen die folgenden Überlegungen ein. Auch wenn es nicht eine einzige Methode der Bildinterpretation gibt, auf die sich Fachleute für Bildende Kunst festlegen könnten, verlangt die Unterrichtspraxis in Erziehungswissenschaft doch nach einem praktikablen Modell. Das hier bevorzugte Modell belässt es nicht bei einer bildimmanenten Interpretation, sondern hält es für förderlich, auch solche Informationen für die Bildauslegung heranzuziehen, die dem Bild selber nicht entnommen werden können. Dabei werden eher subjekt-rezipientenorientierte Phasen und solche Phasen im Wechsel miteinander verbunden, die mehr auf die materielle bzw. bildnerische Gestalt auf dem Hintergrund der historischen Bedingtheit der Bildgestalt ausgerichtet sind. Ein Kunstdidaktiker gibt dazu zu bedenken: „Der Gehalt ergibt sich aus der Gestalt […]. Die Sprache des Bildes – Fremdsprache für viele unserer Adressaten – besteht aus Farbe und Form. Aus ihnen muss bis in die Nuancen hinein der Bildsinn erhoben werden. Die subjektive Befindlichkeit darf in Schwingung geraten vor dem Bild, aber sie muss ihren Grund in der Machart des Bildes haben und nirgendwo anders, auch nicht in der Ergriffenheit des Interpreten.“ (Günter Lange)
Dieses Prinzip – „Bildgehalt aus Bildgestalt“ – kann dementsprechend in eine idealtypische Phasenfolge der Bildbegegnung als Leitfaden für die Bildbetrachtung im Unterricht gebracht werden; diese ist allerdings nicht so intendiert, dass sie stets in starrer, fester Abfolge Verwendung finden sollte.

Ein Modell der Bildinterpretation

1. Was sehe ich?
Spontane, unzensierte Wahrnehmung und erste Äußerungen; im Bild spazieren gehen, hier und dort verweilen mit ungelenkter Aufmerksamkeit, stilles Abtasten und „Lesen“ des Bildes

2. Wie ist das Bild aufgebaut?
Analyse der Formensprache: systematische Wahrnehmung und Benennung der „Syntax“ des Bildes, seine Formen, seine Farben, Struktur und Rhythmus, einzelne Teile und der Zusammenhang des ganzen sichtbaren Formbestandes. Bewusstmachung der Bildordnung. Bei einem Foto: Analyse des „entscheidenden Augenblicks“ (Henri Cartier-Bresson) der Auslösung, Eruierung des Stils des Fotografen. Volle Außenkonzentration.

3. Was löst das Bild in mir aus?
Innenkonzentration: Gefühle und Assoziationen. Auf welche Gestimmtheit zielt das Bild selbst? An was erinnert es, z. B. Erziehungssituationen in der eigenen Biografie? Anziehend oder abstoßend? Bei einem Foto: Was fasziniert mich („punctum“ im Sinne Roland Barthes) am Foto?

4. Was hat das Bild zu bedeuten?
Analyse des Bildgehaltes: die „Semantik“ des Bildes; sein pädagogischer Gehalt; seine Innovationen bzw. Verstärkungen pädagogischer Tradition. Die pädagogischen Lebenserfahrungen und Theorien, individuelle und epochale, die sich im Bild niedergeschlagen haben. Auf dieser Ebene geht es um das bessere Verständnis eines Kunstwerkes als sichtbares Ergebnis einer bestimmten persönlichen oder zeitgeschichtlichen Entwicklung. Rückbindung des geistigen Gehalts an die sinnliche Gestaltung: der spezifische Gehalt, den das Bild dein Thema verleiht. In diesen Zusammenhang gehört auch die Biografie des Künstlers, soweit sie zum Verständnis des Kunstwerks hilfreich ist.

5. Wo siedle ich mich auf dem Bild an?
Als Edukand, als Erziehende/-r, als eine andere Gestalt? Sich in das Bild hineinziehen, in die Geschichte verwickeln lassen. In welcher Figur finde ich mich am ehesten wieder? Wie behandelt das Bild mich als Betrachter/-in, was erwartet es von mir? Bewirkt es Einverständnis oder Irritation? Oder kann es mich unmerklich verwandeln? Zieht es mich in seinen Bann? Überlasse ich mich ihm oder sträube ich mich? Bin ich ihm gewachsen oder überfordert es mich?

2. Karikaturen

Grundlegende Annäherungen
Karikaturen heben bestimmte Aspekte eines Problems in überzogener Zuspitzung hervor, um Aufmerksamkeit zu wecken. Eine Karikatur ist – laut Lexikon – eine als Spott- oder Zerrbild verstandene Darstellung, in der menschliche Eigenschaften oder Handlungen in übertriebener Weise dargestellt und einem allgemeinen Gespött preisgegeben werden. Ein Cartoon ist – in Abgrenzung zur Karikatur im strengen Sinne – ursprünglich ein Witz ohne Worte, man kann aber auch jede witzige Zeichnung als einen solchen bezeichnen.
In Karikaturen werden kurz und prägnant Hintergründe und Zusammenhänge aufgezeigt. Es gibt die unterschiedlichsten Arten von Karikaturen: sozialkritisch-politische Pressezeichnungen, aber eben auch einfach nur Witze. Es ist insofern nicht immer leicht, Karikaturen von Cartoons zu unterscheiden. Im politischen Raum fungieren Karikaturen als ein wichtiges Medium, um Missstände aufzudecken und Menschenrechte einzufordern. Wer eine Karikatur verstehen will, muss den historisch-gesellschaftlichen Kontext kennen lernen bzw. kennen, in dem sie entstanden ist. In den gesellschaftswissenschaftlichen Fächern werden daher Karikaturen gerne verwendet, wenngleich nicht immer kontextuell.
Im Unterricht kann eine Karikatur in unterschiedlicher Funktion eingesetzt werden: Als stummer Impuls kann eine auf Folie kopierte Karikatur projiziert werden. Sie dient dazu, die Aufmerksamkeit auf ein bestimmtes Thema zu fokussieren. Als Gegenstand der Analyse fordern Karikaturen dazu heraus, Aussagen und Wirkungen zu untersuchen, dabei Stilmittel, Stereotypen, Wortwahl, Sichtweisen herauszuarbeiten. Anhand von Karikaturen kann aber auch Zeitgeschichtliches nachgezeichnet und bewusst werden. Bezogen auf biografisches Lernen können Aussagen von Karikaturen den Blick auf die eigene Lebensgeschichte lenken, existenziell betroffen machen, Bewusstseinsprozesse provozieren und gegebenenfalls Veränderungen anstoßen.
Ein idealtypisches Analyseraster, das sich – jeweils modifiziert im Blick auf die einzelne Karikatur – dazu eignet, Karikaturen für den Einsatz im Unterricht fruchtbar zu machen, könnte wie folgt aussehen:

Ein Modell der Interpretation von Karikaturen

1. Was sehe ich? – Der Zugang
Beschreibung des Gesehenen. Welches Ereignis/Problem ist dargestellt? Welche Personen kann ich erkennen? In welchen Lebenssituationen befinden sie sich? Welche Widersprüche werden aufgedeckt?

2. Wie ist die Karikatur gestaltet? – Die Stilmittel
Welche Mittel verwendet der Karikaturist: Übertreibung, Paradoxie, Ironie, Situationskomik, Charakterkomik, Parodie, Witz, Individuation, Humor, Sarkasmus? Auf welche Weise spricht er mich an? Wie werden die Personen dargestellt? Welche Typisierungen können identifiziert werden?

3. Wer hat die Karikatur gezeichnet? – Der Karikaturist
Von wem ist die Karikatur gemacht worden? In wessen Auftrag? Was ist darüber zu erfahren? Welche Ziele werden verfolgt?

4. Wann und wo ist die Karikatur entstanden? – Zeit und Ort
Entstehungsort und -zeit herausfinden. Was ist aus anderen Quellen über diese Zeit erfahrbar?

5. Welche Absichten verfolgt der Zeichner vermutlich? – Intention
Was soll mit der Karikatur erreicht werden? Was wird angegriffen, wer wird attackiert? Wessen Partei wird ergriffen?

6. Welche Gefühle werden durch die Karikatur ausgelöst? – Wirkung
Welche Emotionen werden ausgelöst: bei Zeitgenossen (Zielgruppen, Gegnern, Nichtbetroffenen)? Wirkung auf den Betrachter? (Psychologie der Karikatur, psychische Funktion von Witz und Humor)

7. Wie wird die Karikatur verbreitet? (Falls zu erfahren) – Medium der Verbreitung
Wem gehört das Medium? Wer entscheidet über die Platzierung im Medium?

Die Punkte 5 und 6 sind entscheidend. Alle anderen Punkte sind didaktisch nachgeordnet.

3. Filme/Audiovisuelle Texte

Grundlegende Annäherungen
Gelegentlich wird von pädagogischer wie politischer Seite die Entstehung eines neuen Analphabetismus beklagt. Manchmal wird dies mit der Verbreitung der modernen audiovisuellen Medien in Verbindung gebracht, die Kinder und Jugendliche vom Lesen abhalten. Vor allem wegen des Fernsehens – so ist zu hören – gäbe es solche Defizite hinsichtlich des Beherrschung traditioneller Kulturtechniken. Dabei wird allerdings nicht gesehen, dass auch Fernsehen als eine Kulturtechnik eingestuft werden kann, dass es zahlreiche Fernseh-Analphabeten gibt, wahrscheinlich mehr als Schrift-Analphabeten. Der sachgemäße Umgang mit Film, Fernsehen wie Video ist – wie mit Christian Doelker konstatiert werden darf – eine Kulturtechnik, die gelernt werden muss wie Schreiben und Lesen. Mit zwei Kanälen und einer Aufmerksamkeit ist umzugehen, im anbrandenden Bild-Ton-Gemisch sind die verschiedenen Informationsstränge zu erkennen und zu bewerten, die präsentierte künstliche „Wirklichkeit" ist in die richtige Beziehung zur je eigenen zu setzen. Bewusste Wahrnehmung des Mediums ist dabei die vorrangige Zielvorstellung. Erlernen der „Sprache des Mediums", seiner „Grammatik" ist zur Erreichung dieses Zieles unabdingbare Voraussetzung.

Ein Modell der Analyse von Filmen/AV-Texten

1. Was nehme ich bei einer Erstbegegnung mit dem AV-Text auf? – Spontane Wahrnehmung
Erste Eindrücke notieren; Verstehensschwierigkeiten, Unverstandenes festhalten; Handlungsablauf / Sinnabschnitte in Grobstruktur organisieren; eigene Fragen an den AV-Text stellen und Erwartungen formulieren

2. Wie können (gegebenenfalls bei wiederholter Wahrnehmung) Inhalt und Struktur des audiovisuellen Textes (hier näherhin eines Filmes) genauer erfasst werden?
Identifikation von Sujetwahl und Realitätsebenen; Nachzeichnen der Handlungs- und Personalstruktur; erste Erkenntnisse bez. der vermuteten Verfasserintention artikulieren; vorläufige eigenständige Wiedergabe des Inhaltes und der Struktur des AV-Textes

Sujetwahl und Realitätsebenen:
- Aus welchem Lebens- und Erfahrungsbereich stammt das gewählte Thema? Parallelen zur eigenen Situation? Werden utopische, phantastische, produktive Sichtweisen eröffnet?

- Auf welcher Realitätsebene werden die Themen dargestellt (z. B. Trickfilm, Puppenfilm, Realfilm)? Um welche Gattung eines AV-Mediums handelt es sich (Spielfilm, Dokumentarfilm, Lehrfilm, Internet-Eintrag usw.)?

Handlungsstruktur/Inhaltsstruktur:
- Hat der AV-Text eine Handlung?
- Wie ist die Handlung aufgebaut (kontinuierlich, mit übersprungenen Handlungsteilen, ausgelassenen Handlungsfolgen)?
- Welche Bedürfnisse, Motive der Handelnden sind erkennbar?
- Enthält der Film einen Konflikt? Gegebenenfalls welchen?
- Wodurch werden Konflikte ausgelöst?
- Werden sie als gesellschaftlich oder individuell bedingt dargestellt?
- Welche Maßstäbe für Lösungsentwürfe werden erkennbar?
- Zeigt der AV-Text Möglichkeiten zu solidarischem, kooperativem Handeln?

Bei nicht handlungsbezogenen AV-Texten:
- Wie ist das Medium inhaltlich aufgebaut?
- Welche Sinneinheiten sind erkennbar?
- Welche Erkenntnisprogression ist erkennbar?
- Stehen die Einzelelemente logisch bzw. argumentativ in einem Zusammenhang? Wie ist dieser zu beschreiben?

Personalstruktur:
- Welche Personen treten auf? Vertreten sie bestimmte Berufe, Institutionen, Gesellschaftsschichten, kurz: soziale Rollen? Sind die Personen als Stereotypen oder Klischees charakterisiert und wie ist dies erkennbar?
- Verstärkung von Rollenklischees?
- Erwecken die Personen/Figuren Sympathie oder Antipathie (Identifikationsangebote)?
- In welchen Beziehungen stehen die Personen/Figuren zueinander?
- Gibt es Herrschafts- und Unterordnungs-, Freund- und Feindverhältnisse?
- Wie sind diese Beziehungen in die Handlungsstruktur eingebettet?
- Welche Figuren tragen die Handlung?
- Sind Gegenpole aufgebaut? Verhältnis von Haupt-, Neben- und Randpersonen? Gesprächsanteile dieser Personen? Nichtsprachliches Verhalten dieser Personen (Mimik, Gestik)?

3. Welcher audiovisueller Formen und ästhetischer Mittel bedient sich der Autor/die Autorin des AV-Textes?

Erfassen der spezifischen Form des AV-Textes; Offenlegen seiner Eigenart in seiner Verflechtung von inhaltlichen, formalen und sprachlich-stilistischen Elementen; vorläufige Klärung eines textimmanenten Verständnisses

Form:
- Welche Form wurde für das AV-Medium gewählt (Spielfilm, Kurzfilm, Reportage, Dokumentation, Trickfilm usw.)?
- Was sind die Kennzeichen der jeweiligen Form? Wurden sie entsprechend im vorliegenden AV-Text umgesetzt?

Ton:
- Wie ist die Sprache des AV-Textes gestaltet?
- Welches Sprachniveau wurde gewählt?
- Wie sind die sprachlichen Formulierungen gehalten (allgemein, konkret, unverbindlich, differenziert)?
- Wie ist der Sprachgestus?
- Wie steht es um Verständlichkeit und Komplexität von Sprache (Syntax, Wortwahl) und die Sprechgeschwindigkeit?
- Welche Geräusche sind wahrzunehmen?
- Welche Funktion erfüllen sie (Atmosphäre)?
- Welche Wirkung geht von der Musik aus (Stimmungsmalerei, Spannungssteigerung, Personencharakterisierung)?

Bild: Bei der Gestaltung und Analyse von Filmszenen:
- Kameraeinstellung (übernimmt die Rolle des Erzählers, steuert den Blick des Betrachters und bestimmt Aussageabsicht und Wirkung entscheidend.)
- Einstellungsgröße bestimmt das Gefühl der Nähe oder Distanz zu einer Person oder einem Objekt. Beispiele: Weite Einstellung: Landschaften mit verschwindend kleinen Menschen symbolisieren die Verlorenheit menschlicher Existenz. Totale: Eine allgemeine Orientierung wird vermittelt. Halbtotale: Der Zuschauer wird näher an das Geschehen herangeführt. Halbnah: diese

Einstellung wird häufig für Gesprächsdarstellungen genutzt. Groß: Zuschauerblick wird auf das Hauptmotiv gelenkt. Nah: Menschendarstellung vom Kopf bis zur Mitte des Oberkörpers ermöglicht die Darstellung des mimischen und gestischen Ausdrucks. Detail: Zuschauer wird ganz dicht an das Objekt herangerückt.

- Schärfenbereiche (bestimmen die Wahrnehmung der Objekte und beeinflussen die Interpretation des Dargestellten. Beispiele: Große Tiefenschärfe führt zu realistischer bzw. naturalistischer Darstellungsweise. Geringe Tiefenschärfe wirkt eher künstlich und wird zur Betonung des Traumhaften, Unrealistischen verwendet.)
- Kameraperspektive (steuert den Zuschauerblick. Beispiel: Normalsicht: aus Augenhöhe eines normal großen Menschen; Froschperspektive: lässt eine Person übermächtig, arrogant etc. erscheinen; Vogelperspektive vermittelt z. B. den Eindruck von Unterlegenheit.)
- Raumgestaltung (bezieht sich auf die Darstellung des Raumes, in den die Handlung eingebettet ist, und dessen Wirkung.)
- Licht (dient der Blicklenkung. Beispiel: Bei Gegen- oder Streiflicht befindet sich die Lichtquelle hinter dem Objekt und verbreitet eine eigentümliche Atmosphäre.)
- Beleuchtungsstil (kann Anteilnahme und Atmosphäre vermitteln. Beispiel: Low-Key-Stil: Ausgedehnte Schattenfläche kann den Eindruck harter Realität, von Brutalität vermitteln; etwas weichere Übergänge können Elend, Trostlosigkeit, Not und Armut assoziieren lassen. High-Key-Stil: Die helleren Farbwerte lassen eine freundliche Grundstimmung überwiegen.)
- Zeitgestaltung (spricht das Verhältnis von „Bezugszeit" und „Laufzeit" an. Bezugszeit meint die historisch-reale Zeit, Laufzeit ist die konkrete Zeit, die für die Vorführung der Szene erforderlich ist. Aus dem Verhältnis dieser beiden „Zeitarten" ergeben sich Hinweise für die Gewichtung des jeweils Dargestellten.)
- Schnitte (können, je nach der schnellen oder langsamen Abfolge, Stimmungen beim Rezipienten beeinflussen. Schnitte in schneller Folge können so etwa Spannung erzeugen.)

Verhältnis von Ton und Bild:

- Wie sind Bild und Sprache miteinander kombiniert (ergänzend, verstärkend, abschwächend, widersprechend, auf Kontrast abgestimmt)?
- Welche Wirkung wird durch die Verbindung von Ton und Bild hervorgerufen?

4. Was ist über den Drehbuchautor, Regisseur, die Akteure im jeweiligen geschichtlich-gesellschaftlichen Kontext in Erfahrung zu bringen?
Etwas über die Biografie des Drehbuchautors herausfinden, z. B. durch Heranziehen von, Lexika etc.; seine Zugehörigkeit zu einer bestimmten Gruppierung; den Kontext des Textes herausfinden; Zeitgeist, vorherrschende Weltanschauung, religiöse Situation der Entstehungszeit in Beziehung zum Autor zu erfahren suchen.
Regie als Interpretation erfassen: Wie ist inszeniert worden? Ist die übergreifende Koordinierung der verschiedensten Instanzen (z. B.: Kostüme, Requisiten, Licht, Geräusche, Musik, Schauspielkunst) gelungen?
Die Schauspieler in ihrer darstellerischen interpretatorischen Leistung würdigen; das Ergebnis ihrer Arbeit im Zusammenspiel mit den anderen Elementen herausarbeiten.

5. An wen richtet sich der Autor und welche Absicht verfolgt er mit seinem AV-Text?
Interessenlage des Autors, Voreingenommenheit zu einem Thema in Erfahrung bringen; Pragmatik (Was soll beim Rezipienten erreicht werden?); Gründe finden, warum der Text gelesen wird.

6. Welche Wirkung hat der audiovisuelle Text auf mich, den „Leser"/die „Leserin"?
Gesamtverständnis formulieren; Stellung beziehen; argumentative Auseinandersetzung; gegebenenfalls Einordnung der Gedanken in den eigenen Lebenskontext; Beurteilung, abschließende Wertung.

V. Praxisanregung: Ergebnisse präsentieren – zum Beispiel: Ein Referat in Erziehungswissenschaft halten

(Foto: Fotolia)

„Gedanken ohne Inhalt sind leer, Anschauungen ohne Begriffe sind blind.“

Immanuel Kant

1. Reden – eine Schlüsselqualifikation

Was im Folgenden für Studentinnen und Studenten ausgeführt wird, gilt auch für Schülerinnen und Schüler der Sekundarstufe II.

Referate werden in Seminaren häufig vergeben. Eine ganz normale Situation im Studienalltag und eine gute Gelegenheit, sein **Wissen, kreative Ideen** und auch seine **Persönlichkeit darzustellen.** Viele Studentinnen und Studenten trauen sich allerdings nicht, ein Referat zu übernehmen, sondern weichen auf schriftliche Arbeiten oder Prüfungen aus. Vielleicht hat man die **falsche Einstellung zu Referaten** und zum Reden allgemein, auf jeden Fall fehlt die Routine. Man/frau kann aber auch wenig positive Erfahrungen machen, wenn man das Referat herunterliest, um es irgendwie hinter sich zu bringen, ohne die Herausforderungen, die ein Referat vor einer größeren Zuhörerschaft bietet, zu nützen. Je weniger Routine man hat, desto mehr meidet man das Thema Referate. Daraus kann schnell ein Teufelskreis entstehen. [...] **Redefähigkeit und Redefertigkeit** sind **Schlüsselqualifikationen**, die bei Studienabschluss und im späteren Beruf vorausgesetzt werden. **Gute Präsentationen** im Studium wie auch im Berufsalltag **erleichtern die inhaltliche Auseinandersetzung** mit dem jeweiligen Thema und tragen so auch zu einem besseren Studien- und Arbeitsklima bei.

Erfassen Sie Ihren rhetorischen Ist-Zustand: Check!
- Wie viele Referate habe ich schon gehalten?
- Wie oft habe ich solche Situationen vermieden?
- Wie viel Zeit habe ich mit der Vorbereitung verbracht?
- Wie habe ich mich vor dem Vortrag gefühlt?
- Mit welchen Gefühlen denke ich an mein erstes und mein letztes Referat?
- Habe ich abgelesen oder frei geredet?
- Erinnere ich mich an die Rückmeldungen, die ich von anderen dazu erhalten habe?

2. Ziel und Funktion von Referaten

Ein Referat ist meist eine **Zusammenfassung über den Inhalt** eines oder mehrerer Texte. Es soll vor allem **den Aussagegehalt von Texten wiedergeben** und zunächst nicht bewerten oder beurteilen. Als Referent/-in kann man jedoch an seine Textwiedergabe **Bewertungen anschließen**, in denen man mitteilt, was man zu den im Text vertretenen Auffassungen denkt. In der Regel werden **Thema und Ziel eines Referats** vom Lehrenden festgelegt. Ist die umfassende inhaltliche Auseinandersetzung mit dem Thema abgeschlossen, legt man fest, was man seinen Zuhörern vermitteln will. Welche **Kerngedanken** sollen die Zuhörer von dem Referat mitnehmen? Damit ist gleichzeitig auch die **Zielrichtung des Referats** festgelegt. Vom Ziel abgeleitet kann man die **Gliederung** für das Referat erstellen.

3. Aufbau von Referaten

Tipp!
- Die **Grundgliederung** eines Referats besteht aus Einleitung, Hauptteil und Schluss.
- Ein Referat sollte in der Regel, wenn nichts anderes vorgegeben wird, 15–20 Minuten dauern.
- Als Referent/-in sollten Sie während des Vortrags möglichst frei reden und alle Seminarteilnehmer ansprechen, nicht nur den Seminarleiter.
- Zur Unterstützung der freien Rede kann man einen guten **Stichwortzettel** mitneh-

men, um keinen wichtigen Gedanken zu vergessen.
- Ein weiterer Vorteil des Stichwortzettels besteht darin, dass Sie immer mit vollem Blickkontakt zum Publikum sprechen und seine Reaktionen punkto Verständlichkeit, Redetempo, Lautstärke u. a. beobachten können.

Einleitung: Einstieg in das Thema
- **Die Zuhörer „ins Boot holen":** Diese Phase soll die Zuhörer aufmerksam machen und sie für das Thema interessieren. Man kann zum Beispiel das Thema durch eine Frage anreißen, zeigt ein Zitat, erzählt eine Anekdote, oder bezieht sich auf einen brisanten Anlass, der mit dem Thema in Zusammenhang steht.
- **Gegenstand und Gliederung angeben:** Das Thema des Vortrages wird vorgestellt und abgegrenzt. Eine Gliederung gibt an, wie das Referat strukturiert ist und welche Punkte behandelt werden.
- **Methoden offenlegen:** Hier sollten Sie erklären, wie Sie zu Ergebnissen gekommen sind. Ebenso gibt es hier Verweise, welche Quellen für das Referat herangezogen wurden.

Hauptteil: Zum Thema kommen
Sinnvoll ist es, die **Diskussion des Forschungsgegenstandes** in drei bis vier Informationsblöcken aufzuarbeiten, es präzise und wertfrei darzulegen. Was sagen Quellen, andere Autoren oder frühere Forschungsergebnisse? **Konzentrieren Sie sich bewusst auf das Wichtigste**, da zu viel Stoff ermüdet und die Aufmerksamkeit der Zuhörer erlahmen lässt. Diese Vorselektion der Fülle von Information gehört mit zu den schwierigsten Aufgaben der Vorbereitung, die aber über das Gelingen des Referates oft entscheidet!
Bei längeren Referaten ist es wichtig, **„Wegweiser" und Orientierungshilfen** durch die Information zu geben, z. B. die Gliederung immer wieder transparent zu machen, jeden neuen Punkt anzukündigen, Gliederungspunkte mit interessanten Überschriften zu benennen oder kleine Zusammenfassungen zwischen den Informationsblöcken einzuarbeiten.
Eigene Forschungserkenntnisse und eine mögliche Bewertung des Themas bilden den Abschluss des Hauptteiles. Welche Ergebnisse haben Sie selbst erarbeitet? Wie bewerten Sie diese Ergebnisse in Hinblick auf die oben genannten Theorien? Wie ist Ihre Interpretation des dargestellten Themas?

Schlussteil: Abrundung des Themas
Zusammenfassung: Hier resümieren Sie die Kerngedanken des Themas und deren Bedeutung und Wichtigkeit für den Zuhörer. Wurde das Referat mit einer Frage begonnen, kann die Beantwortung dieser Frage einen überzeugenden Abschluss darstellen.
Einleitung der Diskussion: Über welche Inhalte möchten Sie nach der Präsentation diskutieren? Formulieren Sie die Fragestellung entsprechend Ihrer Zielsetzung.

4. Medien gezielt einsetzen

Die Wirkung des gesprochenen Wortes kann und soll man mit Medien unterstützen. Je mehr Sinne angesprochen werden, desto mehr kann sich der Zuhörer merken. Informationen, die sich der Zuhörer schwer vorstellen kann, können durch optische Mittel dargestellt werden, damit werden sowohl das Verständnis als auch die Behaltensleistung unterstützt.

Es stehen verschiedene **Hilfsmittel zur Visualisierung** zur Verfügung: Kreidetafel, Flipchart, Overheadfolien, Moderationswand und Powerpoint-Präsentationen oder Videoclips mit Videobeamer.
Auf einem **Hand-out** sind die wichtigsten Inhalte und Thesen des Referats zusammengefasst. Es enthält – neben den üblichen Angaben zum Seminar, dem Thema, Angaben zum

Referenten – vor allem **Thesen, Zitate, Bildmaterial** in gegliederter Abfolge der vorgetragenen Argumentation. Genaue **Hinweise auf verwendete Quellen und Literatur** schließen das Papier ab. Die Zuhörer können das Thesenpapier mit nach Hause nehmen und als Lernunterlage verwenden. Das Thesenpapier wird besser erst *nach* dem Halten des Referats ausgegeben, da sonst die Gefahr besteht, dass die Zuhörer schon vor-lesen und Ihnen nicht mehr volle Aufmerksamkeit schenken.

5. Lampenfieber: Was tun?

Gerade zu Beginn des Studiums empfinden die meisten Studenten/-innen vor einem Referat mehr oder weniger starke Aufregung. Dies ist nichts Ungewöhnliches, auch das Publikum kennt solche Gefühle und hat Verständnis dafür. Mit zunehmender Routine bekommt man diese Nervosität aber in den Griff.

Tipps zum Umgang mit Lampenfieber

- **Ruhig atmen.**
  Bei Aufregung oder Anspannung atmen die meisten Menschen automatisch schneller und flacher. Atmen Sie zunächst kräftig aus und bei den folgenden Atemzügen langsam und tief durch. **Autosuggestionen** unterstützen den Übergang zur ruhigen Atmung: *„Mein Atem ist ruhig und entspannt."* Werden Sie während des Vortrages „atemlos", sprechen Sie langsamer und schalten ein paar solcher bewusster Atemzüge ein, bis der Atemrhythmus wieder passt.
- **Angstgedanken abschalten.**
  Sie können Ihre Angst durch Fantasien wunderbar „nähren", indem Sie sich z. B. ausmalen, was bei dem Vortrag alles passieren kann. *Stoppen Sie diese Gedanken*! Eine ganz einfache Technik dazu: *Sagen Sie sich beim Einatmen „eins" und beim Ausatmen „zwei"* so lange, bis Sie sich befreit fühlen. Damit blockieren Sie die Möglichkeit, in Sprache zu denken und weitere Angst-Gedanken zu produzieren. Sollten Sie Ihrer Angst nicht Herr werden und Hilfe benötigen, wenden Sie sich an eine Psychologische Beratungsstelle für Studierende.
- **Autosuggestionen einüben**
  Das sind Sätze, die man zu sich selbst spricht. Offensichtlich wirken diese Sätze beruhigend auf die emotionalen Teile des Denkens. Wenn man sich diese Sätze immer wieder vorsagt oder denkt, so automatisieren sie sich. In kritischen Momenten können sie dann abgerufen werden und wirken beruhigend. Außerdem blockieren Sie gleichzeitig die Angstfantasien. Autosuggestionen sollen positiv, aufbauend, für sich selbst glaubhaft sein und können wie folgt lauten: „Ich bin gut vorbereitet", „Ich bin ganz ruhig", „Ich gebe mein Bestes".
- **Sich bestmöglich vorbereiten**
  Angst wird auch reduziert, wenn man als Referent/-in weiß, dass man gut gearbeitet hat, das Referat also inhaltlich und didaktisch optimal aufbereitet ist. Alle Vorbereitungen sollten spätestens einen Tag vor dem Referat abgeschlossen sein. Die ersten und letzten Sätze können genau ausformuliert werden, damit sind Sie zu Beginn entlastet. Eine sehr gute Möglichkeit ist auch, das Referat vor Freunden oder aber auch für sich alleine zu halten. Nur so finden Sie beispielsweise heraus, ob Ihre Textmenge für die vorgegebene Zeit passt. Sie gewinnen überdies Sicherheit und Erfahrung, so lange durchgehend zu reden, werden aufmerksam auf heikle Passagen wie z. B. thematische Übergänge und können mit Redetempo und Lautstärke experimentieren. Gleichzeitig kann man die Beobachter fragen, ob die vorhandene Nervosität stark auffällt [...].

(Aus: Kathrin Wodraschke-Staudinger: Referate halten. In: http://www.studentenberatung.at/studentenberatung/de/referate-halten.htm#Aufbau – [09.08.2009])

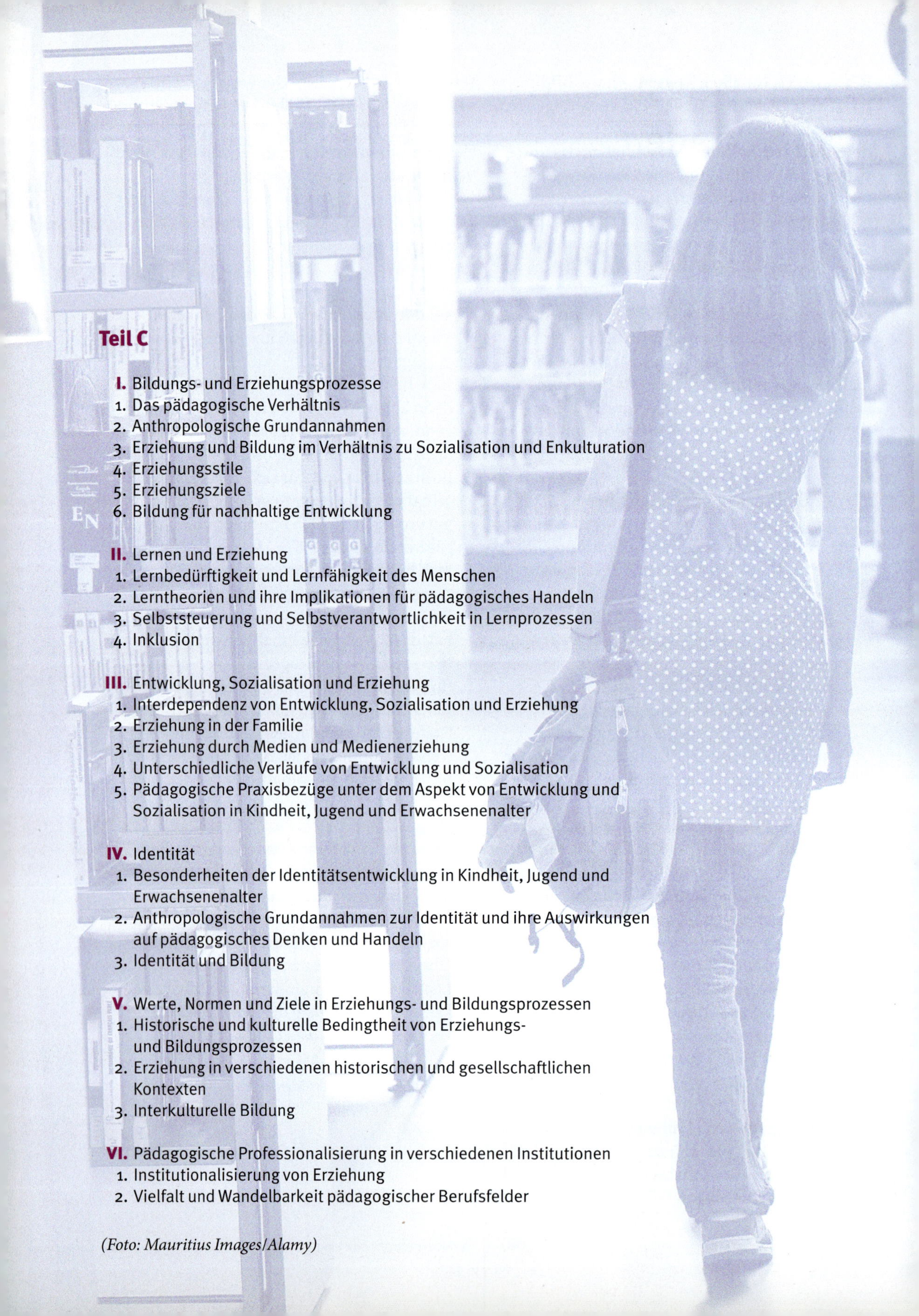

Teil C

I. Bildungs- und Erziehungsprozesse
1. Das pädagogische Verhältnis
2. Anthropologische Grundannahmen
3. Erziehung und Bildung im Verhältnis zu Sozialisation und Enkulturation
4. Erziehungsstile
5. Erziehungsziele
6. Bildung für nachhaltige Entwicklung

II. Lernen und Erziehung
1. Lernbedürftigkeit und Lernfähigkeit des Menschen
2. Lerntheorien und ihre Implikationen für pädagogisches Handeln
3. Selbststeuerung und Selbstverantwortlichkeit in Lernprozessen
4. Inklusion

III. Entwicklung, Sozialisation und Erziehung
1. Interdependenz von Entwicklung, Sozialisation und Erziehung
2. Erziehung in der Familie
3. Erziehung durch Medien und Medienerziehung
4. Unterschiedliche Verläufe von Entwicklung und Sozialisation
5. Pädagogische Praxisbezüge unter dem Aspekt von Entwicklung und Sozialisation in Kindheit, Jugend und Erwachsenenalter

IV. Identität
1. Besonderheiten der Identitätsentwicklung in Kindheit, Jugend und Erwachsenenalter
2. Anthropologische Grundannahmen zur Identität und ihre Auswirkungen auf pädagogisches Denken und Handeln
3. Identität und Bildung

V. Werte, Normen und Ziele in Erziehungs- und Bildungsprozessen
1. Historische und kulturelle Bedingtheit von Erziehungs- und Bildungsprozessen
2. Erziehung in verschiedenen historischen und gesellschaftlichen Kontexten
3. Interkulturelle Bildung

VI. Pädagogische Professionalisierung in verschiedenen Institutionen
1. Institutionalisierung von Erziehung
2. Vielfalt und Wandelbarkeit pädagogischer Berufsfelder

(Foto: Mauritius Images/Alamy)

Das Wichtigste in Kürze – der rote Faden zur Prüfungsvorbereitung

I. Bildungs- und Erziehungsprozesse

Dieses Kapitel liefert Ihnen Stichpunkte, anhand derer Sie die inhaltlichen Schwerpunkte des Unterrichts memorieren können. Dabei wird die Lektüre der Texte im ersten Teil des Buches vorausgesetzt. Diese kann nicht ersetzt werden. Auf weiterführende Ergänzungen sollte nicht verzichtet werden.

(Foto: Georg Bubolz, Erkelenz)

„Das wichtigste Resultat aller Bildung ist die Selbsterkenntnis."

Ernst Freiherr von Feuchtersleben

1. Das pädagogische Verhältnis

In der Erziehungswissenschaft wird gerne mit Modellvorstellungen gearbeitet. Bei der Reflexion, wie die Beziehung zwischen dem Erziehenden und dem Zu-Erziehenden begrifflich zu fassen ist, hat sich die Rede vom „pädagogischen Verhältnis", die ursprünglich aus der geisteswissenschaftlichen Pädagogik stammt, weitgehend durchgesetzt, um Klarheit in die Begriffsunordnung zu bekommen. Aber es gibt immer noch Ausdrücke, die Ähnliches im Blick haben, etwa „Pädagogischer Bezug", „Erzieherisches Verhältnis", „Generationenverhältnis", „Dialogisches Verhältnis" oder „Bildungsgemeinschaft".
Gemeinsam ist allen diesen Vorstellungen, dass sie von der Geschichtlichkeit jeglicher Erziehung ausgehen, die Beziehung zwischen „Erziehendem" und „Zögling" ins Zentrum ihrer Überlegungen stellen, sich der kulturellen Bedingtheit von pädagogischen Phänomenen bewusst sind, aber auch eine erzieherische Absicht voraussetzen, der es letztlich um das Wohl des Edukanden geht.
Die Theorie des pädagogischen Verhältnisses ist vielfach kritisiert worden. So wurde etwa gesagt, die Bindung zwischen älterem und jüngerem Menschen sei zu stark positiv getönt und gefühlsmäßig beschrieben, bei der Charakterisierung des Verhältnisses zwischen den Beteiligten sei zu wenig beachtet, dass es um Wechselwirkungen gehe, auch Erziehende erhielten Rückwirkungen, die ihr eigenes Verhalten beeinflussten.

Als ein Modell, das den größeren Zusammenhang – also auch die gesellschaftlichen Bezüge und den Einfluss der Politik auf pädagogisches Handeln – verdeutlicht, kann der „Pädagogische Kegel nach Josef Derbolav" gelten.

Pädagogischer Kegel nach Josef Derbolav

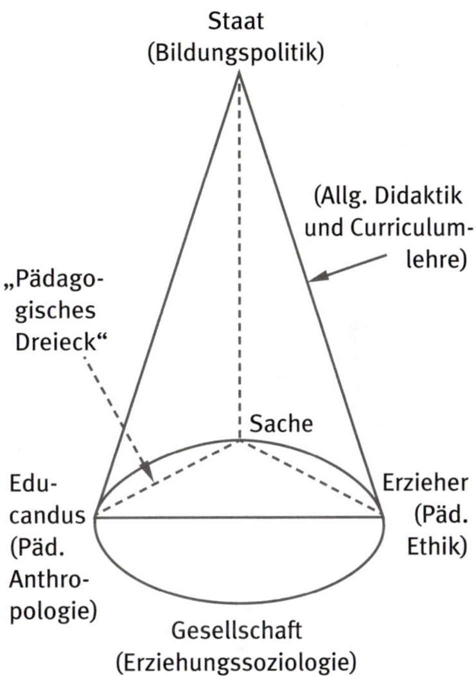

(Abbildung aus: Josef Derbolav, Pädagogik und Politik. Eine systematisch-kritische Analyse ihrer Beziehungen, Urban-TB, Kohlhammer, Stuttgart – Berlin – Köln – Mainz 1975, S. 126)

2. Anthropologische Grundannahmen

Wer pädagogisch denkt und handelt, hat zumeist eine Vorstellung vom „Menschen", auch „Menschenbild" genannt. Diese Vorstellung kann bewusst sein, manifestiert sich aber auch häufig unbewusst.
Die Einstellung zur Frage, ob mehr Anlage- oder Umweltfaktoren ein bestimmtes menschliches Handeln determinieren oder wie weit Menschen frei in ihrem Tun sind, wird auch pädagogische Einstellungen mit beeinflussen, etwa wie viel Lernprozessen zugetraut wird.
Die Analogie von der Schneeflocke, die nur möglich wird, wenn Lufttemperatur und Luftfeuchtigkeit als Faktoren gemeinsam wirken, mag verdeutlichen, dass eine eindeutige Zuordnung zu einem der beiden Faktoren wenig sinnvoll erscheint. Hinzu kommt die Erkenntnis der Epigenetik, dass auch Umweltfaktoren genetische Potenziale verändern können – inso-

fern ist eine Interdependenz der Faktoren anzunehmen. Bezüglich der Frage, ob es so etwas wie „freie Entscheidungsmöglichkeiten" gibt, wird man auf eine lange philosophische Denktradition mit unterschiedlichsten Ergebnissen verweisen müssen.
In pädagogischem Kontext erscheint es zumindest sinnvoll, „Freiheit" als Zielperspektive zu postulieren. Ohne ein solches Postulat wären Erziehungsziele wie „Mündigkeit", „Autonomie" u.a. nicht anzustreben. „Hilf mir, es selbst zu tun!" Dieser Satz eines Kindes gegenüber der Reformpädagogin *Maria Montessori* spiegelt so ein Grundverständnis von Erziehung als Hilfe zum Selber-Tun wieder.
Implizite, latente, unausgesprochene Menschenbilder, die mit bestimmten pädagogischen Theorien verbunden sind, bewusst zu machen oder diese bewusst werden zu lassen, ist eine ideologiekritische Aufgabe.

3. Erziehung und Bildung im Verhältnis zu Sozialisation und Enkulturation

Eine umfassende – von allen Seiten anerkannte – Definition der Begriffe „Erziehung", „Bildung", „Sozialisation", „Enkulturation" gibt es nicht, so dass sich eine allgemeingültige Verhältnisbestimmung als nicht möglich erweist. Am ehesten kann man unterschiedliche Perspektiven benennen, die tendenziell mit bestimmten Begriffen menschliche Entwicklung charakterisieren. Der Begriff **„Sozialisation"** – ein ursprünglich soziologischer Terminus – beschreibt in einer frühen Fassung, etwa der von *Émile Durkheim* aus dem Jahr 1907, die Vergesellschaftung des Menschen, die Prägung der menschlichen Persönlichkeit durch gesellschaftliche Bedingungen. Sieben Jahrzehnte später wird von *Dieter Geulen & Klaus Hurrelmann* (1980, S. 51) Sozialisation als „Prozess der Entstehung und Entwicklung der Persönlichkeit in wechselseitiger Abhängigkeit von der gesellschaftlich vermittelten sozialen und materiellen Umwelt" charakterisiert und thematisch vorrangig darauf abgehoben, dass es dabei besonders darum ginge, wie sich der Mensch zu einem gesellschaftlich handlungsfähigen Subjekt bilde. Demnach erfüllt Sozialisation eine Doppelfunktion, das Individuum handlungsfähig zu machen, aber auch ein soziales System über Generationen hinweg funktions- und überlebensfähig zu machen. Als Perspektiven auf das Mitglied-Werden in einer Gesellschaft sind herauszustellen:

- die *kulturbezogene Perspektive,* d. h. die Fragestellung, wie konstitutive Elemente von Kultur(en) an die nachfolgende Generation vermittelt werden können bzw. wie diese durch die nachwachsende Generation angeeignet werden können. – Hierher, in diesen Zusammenhang, gehören Überlegungen zur **„Enkulturation"**.
- die *institutionenbezogene Perspektive,* d. h. die Fragestellung, welche Zwecke, Funktionsweisen und Effekte sich in Institutionen im Sozialisationsprozess abspielen.
- die *subjektbezogene Perspektive,* d. h. die Fragestellung, welche aktive Rolle heranwachsende Menschen in der Auseinandersetzung mit ihrer Umwelt spielen können.

So wenig es einen einzigen Begriff von Sozialisation gibt, so wenig gibt es einen einzig gültigen und anerkannten Begriff von **„Erziehung"**. Ein gängiger Erziehungsbegriff wurde von *Wolfgang Brezinka* geprägt, der unter Erziehung soziale Handlungen versteht, „durch die Menschen versuchen, das Gefüge der psychischen Dispositionen anderer Menschen dauerhaft zu verbessern oder seine als wertvoll beurteilten Komponenten zu erhalten" (1990, S. 95). In der Fachsprache wird der Erziehungsbegriff verwendet, um zu verdeutlichen, dass es sich um einen intendierten Vorgang handelt, bei dem ein Kompetenzgefälle besteht, unterschiedliche Rollen eingenommen werden, dass ein methodisches Vorgehen zugrunde gelegt wird, und schließlich dass dieser Vorgang in Institutionen (wie Schule, Familie) bzw. in soziale Gruppen eingebettet ist, d. h. sich in einem gesellschaftlich-historisch-sozialen Kontext abspielt.

Im deutschen Sprachraum wird zwischen „Erziehung“ und **„Bildung“** unterschieden, die Angelsachsen kennen eine solche Differenzierung nicht. Hier umfasst der Terminus „education“ sowohl Erziehung als auch Bildung.
Im Bildungsideal eines *Wilhelm von Humboldt* wird der Mensch als Konstrukteur seiner Welt betrachtet, der sozial verantwortlich sein Leben gestaltet, um „dem Begriff der Menschheit in unsrer Person einen so großen Ausdruck als möglich zu verschaffen“. Dabei ist zu bedenken, dass nicht allein das Bildungssystem, sondern „das Leben selbst“ bildet, wie es einmal *Hartmut von Hentig* formuliert hat. Dennoch: das Bildungssystem bleibt weiterhin zentraler Bezugspunkt für Bildung. – Wird „Bildung“ als „Kultur nach der subjektiven Seite ihrer Zueignung“ (Horney) betrachtet, kommt zu Bewusstsein, dass mannigfache inhaltliche Bezüge zu „Enkulturation“ gegeben sind.

Während Erziehung mit dem Erreichen der „Mündigkeit“ zu einem Abschluss kommen kann, bleibt Bildung im Sinne „lebenslangen Lernens“ grundsätzlich bis ins höchste Alter möglich.

	Tendenzen in der Perspektive
Erziehungsbegriff	Perspektive absichtsgeleiteten Handelns mit dem Ziel von „Mündigkeit“, d. h. der Erziehende macht seine Tätigkeit selbst überflüssig
Sozialisationsbegriff	Perspektive der Wirkung von funktionalen Handlungen auf die Gesellschaft
Bildungsbegriff	Perspektive der subjektiven Aneignung von Kultur
Enkulturationsbegriff	Perspektive des Fortbestandes einer Kultur

4. Erziehungsstile

Im Rahmen der Erziehungsstilforschung haben sich unterschiedliche Typologien eingebürgert. Am bekanntesten dürften wohl die Pioniere auf diesem Gebiet *Kurt Lewin, Ronald Lippit* und *Ralph K. White* mit ihrer Feldforschung in den 1930er Jahren sein. Sie unterschieden zwischen einem autoritären, demokratischen und Laissez-faire-Stil. Zugrunde liegt die Vermutung, dass die Wahl des Erziehungsstils bestimmte Effekte auf die Entwicklung der Edukanden ausübt. In der Folgezeit wurden die Instrumente der Forschung verfeinert. Dennoch besteht bezüglich der Dimensionen, die für Erziehungsstile relevant sind, in der Forschung nur ein gewisses Maß an Konsens. Häufig werden als Dimensionen genannt:

- Fürsorge, Empathie
- Unterstützung
- Emotionale Wärme
- Responsivität
- Akzeptanz/Ablehnung
- Einschränkung
- Strenge
- Kontrolle/Autonomie
- milde/scharfe Disziplin
- Überbehütung/Unabhängigkeit
- Konsequenz

Die Erziehungsstilforschung ist ein noch nicht abgeschlossenes Forschungsprojekt für die Erziehungswissenschaft. Damit hat sie etwas mit vielen wissenschaftlichen Forschungen gemeinsam: sie stehen im Prozess.

	Erläuterung
Autoritär	Der Gruppenleiter trifft alle Entscheidungen allein, er hält zur Gruppe Distanz; sein Lob und seine Kritik erfolgen personenbezogen.
Demokratisch	Die Entscheidungen werden vom Leiter und der Gruppe gemeinsam getroffen; der Leiter diskutiert mit der Gruppe, unterstützt und ermutigt die Mitglieder.
Laissez-faire-Stil	Der Leiter macht keine Vorgaben und beteiligt sich nicht an Gruppenentscheidungen; die Arbeitsergebnisse der Gruppe werden nicht kommentiert oder bewertet.

5. Erziehungsziele

Wenn bei „Sozialisation“ perspektivisch eher die Wirkungen und bei „Erziehung“ eher die Intentionen des Handelns im Blick sind, ist es sinnvoll bei der Klärung dessen, was durch Erziehung geleistet werden soll, die Zieldimension gesondert zu reflektieren.
In einer Definition – unter vielen möglichen – wird unter „Erziehung jenes auf Vertrauen gründende, interpersonale Geschehen“ verstanden, „bei dem verantwortliche Personen noch nicht verantwortlichen unter deren aktiver Mitwirkung kompetent helfen, gegenwärtig und zukünftig in Eigenständigkeit mit Anderen zu leben und bestimmte sozio-kulturell und persönlich bedingte Ziele zu erreichen, was schließlich zu Mündigkeit, Verantwortlichkeit und Bildung führen soll“ (Helmut Danner, Verantwortung und Pädagogik, Forum Academicum in der Verlagsgruppe Athenäum, Meisenheim/Glan, Königstein 1983, S. 270).
Bei einer Definition wie dieser aus dem Umfeld „sinn-orientierter Pädagogik“ wird deutlich, wie stark die Intentionalität das Erzieherische bestimmt, zugleich aber auch an welche Grenzen erzieherisches Handeln stößt, das sich von simpler Manipulation und Verhaltensformung abgrenzt.

6. Bildung für nachhaltige Entwicklung

Auf der Suche nach allgemeingültigen normativen Vorgaben für Erziehung können Beschlüsse der Vereinten Nationen Denkanstöße anbieten. Die Dokumente zur UN-Dekade „Bildung für nachhaltige Entwicklung“ (BNE) stellen eine weltweite Bildungsoffensive der Vereinten Nationen dar. So soll es ermöglicht werden, aktiv an der Analyse und Bewertung von Entwicklungsprozessen mit ökologischer, ökonomischer und sozio-kultureller Bedeutung teilzuhaben. Ein gangbarer Weg wird darin gesehen, sich an Kriterien der Nachhaltigkeit im eigenen Leben zu orientieren und nachhaltige Entwicklungsprozesse gemeinsam mit anderen lokal wie global zu bewegen.
Auch wenn die Dekade der Vereinten Nationen „Bildung für nachhaltige Entwicklung“ zeitlich begrenzt ist, hat man sich vielerorts dazu verpflichtet, die Prinzipien der Nachhaltigkeit in den jeweiligen Bildungssystemen zu implementieren und über das Ende der Dekade hinaus weiter zu verfolgen. Die Deutsche UNESCO-Kommission hat die deutschen Aktivitäten zur UN-Dekade koordiniert.

Rudolf Hurzlmeier: „Intelligenzbestie“, Illustration aus „Meisterwerke der komischen Periode“
(© Rudolf Hurzlmeier)

II. Lernen und Erziehung

1. Lernbedürftigkeit und Lernfähigkeit des Menschen

Wilhelm Busch hat trefflich zum Ausdruck gebracht, was ein Alltagsbegriff von „Lernen“ mit dieser notwendigen menschlichen Tätigkeit verbindet:

Also lautet ein Beschluß:
Daß der Mensch was lernen muß. –
Nicht allein das Abc
Bringt den Menschen in die Höh;
Nicht allein im Schreiben, Lesen
Übt sich ein vernünftig Wesen;
Nicht allein in Rechnungssachen
Soll der Mensch sich Mühe machen;
Sondern auch der Weisheit Lehren
Muß man mit Vergnügen hören.

Wilhelm Busch: Der Lehrer Lämpel (*Foto: Interfoto*)

Warum jeder Mensch lernen muss, das ist bei Wilhelm Busch allerdings nicht angeführt. Die letzte anthropologische Begründung wird darin gesehen werden können, dass der Mensch lernbedürftig ist.
Folgt man den Überlegungen des Anthropologen *Arnold Gehlen,* handelt es sich beim Menschen um ein unspezialisiertes biologisches Mängelwesen, das deshalb auf Erziehung angewiesen ist. Im Vergleich zu manchem Tier verfüge er kaum noch über Instinkte, die sein Überleben sichern könnten. Als rudimentäre Restinstinkte können beispielhaft der Saug- und Greifreflex des Neugeborenen, aber auch das erste Lächeln genannt werden. Menschen sind in ihrem Verhaltensrepertoire demnach also nicht rein instinktgesteuert, sondern kulturell und sozial geformt.
Aus seiner mangelnden natürlichen Ausstattung ergibt sich die Erziehungs- und Lernbedürftigkeit des Menschen als Chance zur Kompensation dieser Defizite. Als ein unspezialisiertes biologisches Mängelwesen besitzt er auch Lern- und Erziehungsfähigkeit. So gesehen ist der hilflose Säugling potentiell „Universalgenie“. In seiner unspezifischen Ausstattung ist er grundsätzlich weltoffen. Er kann sich an verschiedene Lebensräume anpassen und sich diese sogar sich selbst passend gestalten. Er ist zwar biologisch relativ wenig determiniert, aber deshalb zu Vielem fähig. So könne er – wie zuweilen bemerkt wird – zwar nicht von Natur aus fliegen wie ein Vogel – aber menschlicher Erfindungsreichtum ließ Flugzeuge entstehen. Er könne wohl nicht unter Wasser atmen – aber er sei imstande, U-Boote zu konstruieren. Er habe zwar nicht die Kraft eines Bären – wie man sagt – und trotzdem könne er Bären mit Hilfe von Waffen erlegen.
Wie freilich die Lernfähigkeit inhaltlich gefüllt wird, ist mit diesen Überlegungen noch nicht tangiert.

2. Lerntheorien und ihre Implikationen für pädagogisches Handeln

In Lerntheorien soll erklärt werden, wie Lernen funktioniert. Zur Systematisierung verschiedener Lernvorgänge soll eine Übersicht (siehe unten) dienen, die unterschiedliche Richtungen zu Worte kommen lässt.
Zunächst wird der *Behaviorismus* als Strömung angesprochen, dem es um die Erklärung von Verhalten geht, das sich als Konsequenz auf die Darbietung oder den Entzug von Reizsituationen und Konsequenzen steuern und verändern lässt. Lob und Tadel, auch Formen von Strafe werden in Erziehungssituation oft genutzt, um gewünschte Verhaltensweisen beim Edukanden hervorzurufen oder unerwünschte Verhaltensweisen abzustellen.
Forscher, die Lernen im Sinne des *Kognitivismus* sehen, betrachten Lernvorgänge als mentale Prozesse, die analog zur Informationsverarbeitung im Computer ablaufen. Ergebnis ist Wissensrepräsentation im Gehirn. Manche schulische Vermittlung versteht pädagogisch-didaktische Vorgänge nach diesem Modell.
Anhänger des *Konstruktivismus* betrachten Lernen als aktiven und autopoietischen Konstruktionsvorgang, der durch Kontexte und komplexe Probleme allenfalls angeregt oder gestört werden kann. Dieses Modell korrespondiert mit pädagogischen Zielvorstellungen einer Erziehung zu Autonomie und Mündigkeit.
Im Sinne des *Konnektivismus* wird Lernen als selbstorganisierter Prozess in realen oder virtuellen Netzwerken beschrieben. Solche Lernvorgänge bestehen vor allem darin, Verbindungen herzustellen. Das sich selbst bestimmende Subjekt, das sich auch selbst organisieren kann, entspricht dem pädagogischen Ziel einer mündigen, selbstbestimmten Person in sozialer Verantwortung gegenüber Anderen.

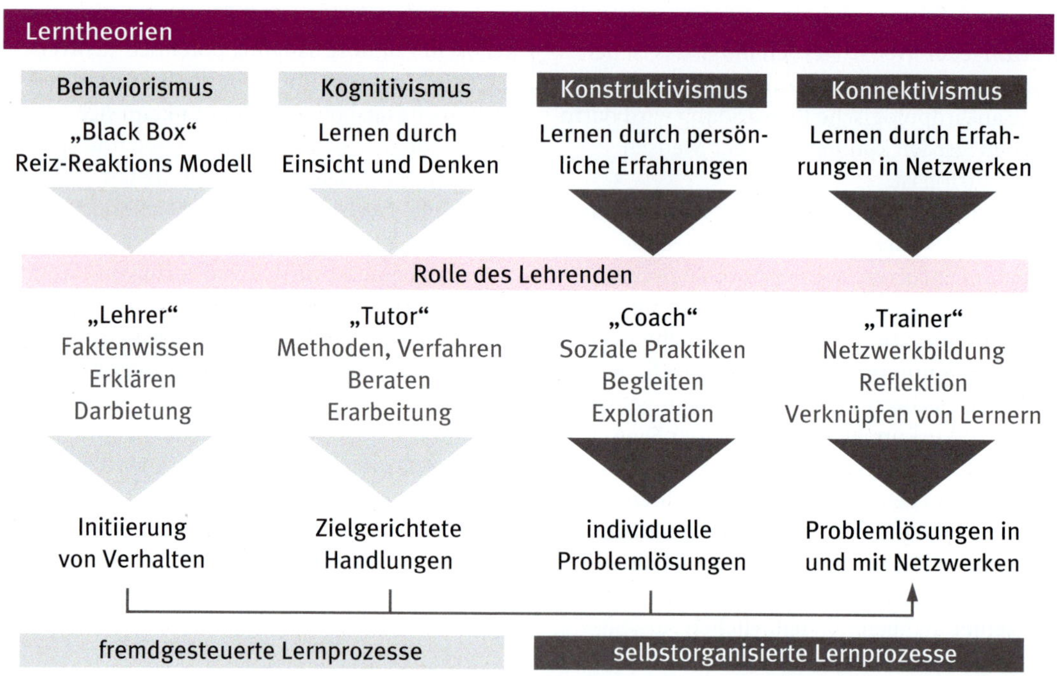

3. Selbststeuerung und Selbstverantwortlichkeit in Lernprozessen

Als Ergebnis aus der pädagogischen Praxis wird darauf verwiesen, dass die Übernahme von Eigenverantwortung durch Schülerinnen und Schüler als ein Schlüssel für individuelle Förderung gelten könne.
Erfahrungsberichte des Staatsinstituts für Schulqualität und Bildungsforschung München (ISB) weisen darauf hin, dass alle Bemühungen, Unterricht zu individualisieren, letztlich zu der zentralen Erkenntnis führen, dass ihr Erfolg maßgeblich davon abhängt, wie gut es gelingt, die Selbstständigkeit und Eigenverantwortung der Schüler in ihrem Lernen zu stärken. Zentral für das Gelingen von Individualisierung sei daher die Haltung bzw. Fähigkeit der Lehrenden, den Lernenden Raum und Zeit für selbstbestimmtes Arbeiten anzuvertrauen, aber auch die Konsequenz, mit der Ergebnisse eingefordert und an den vereinbarten Zielen gemessen werden.
Diese fundamentalen Sichtweisen zeigten sich sowohl in Fragen der Diagnose (vgl. z. B. Selbstdiagnosen), bei Ideen zur Individualisierung im Fachunterricht (vgl. z. B. Lerntagebücher) wie auch bei der Entwicklung methodischer und sozialer Kompetenzen.

Als Praxisbeispiele können angeführt werden (hier nur Stichworte):

- Selbstbestimmtes Arbeiten mit Hilfe von Portfolios und Umsetzung in eine Powerpointpräsentation
- Förderung von eigenverantwortlicher Heftführung
- Übernahme von Verantwortung – Mentorensystem „Sheriffs der Woche", d. h. Hilfestellung bei der Wochenplanarbeit.
- Förderung der Selbstständigkeit im Rahmen eines größeren Projekts
- Strukturiertes, eigenverantwortliches Arbeiten: Führen eines individuellen Tagesplans (Zeitmanagement)
- Stärkung von Eigenverantwortung durch Wochenplanarbeit
- „Expertenschüler" übernehmen Verantwortung in Freiarbeitsphasen
- Schüler übernehmen soziale Verantwortung – „Pausen-Helfer"
- Schüler unterstützen Lehrer bei der Pausen-Aufsicht.

(Vgl. ISB - Staatsinstitut für Schulqualität und Bildungsforschung München, info individuell fördern, in: http://www.foerdern-individuell.de/index.php?Seite=967.. – [01. 04. 2013])

Geradezu als Gegenbewegung zu Vorstellungen zu selbstverantwortetem Lernen scheint auf den ersten Blick John Hatties Studie „Visible Learning" aus dem Jahr 2008 zu fungieren. John Hattie hat sein Buch als Metastudie konzipiert: die Ergebnisse vieler Studien wurden von ihm zu einer Fragestellung gebündelt und analysiert. Die empirischen Befunde Hatties geben einen Eindruck von der Tragweite seiner Untersuchung. Etwas provokativ formuliert lässt sich das Ergebnis auf den Punkt bringen:

- Was schadet beim Lernen?
  Sitzenbleiben, Fernsehen und Sommerferien.
- Was hilft und schadet dem Lernenden nicht?
  Offener Unterricht, jahrgangsübergreifender Unterricht, Team Teaching.
- Was hilft ein wenig beim Lernen?
  Klassengröße, finanzielle Ausstattung, Hausaufgaben.
- Was hilft ein wenig mehr?
  Kooperatives Lernen, Zusatzangebote für Leistungsstarke, direkte Instruktion.
- Was hilft den Lernenden besonders gut?
  Lehrerfeedback, Lernstrategien, Unterrichtsqualität.

Nach Hattie zeigt sich, dass Lehrkräfte und deren Unterricht die zentralen Ursachen für erfolgreiches schulisches Lernen darstellen, zum anderen sind Reformen eher im Bereich der Unterrichtsentwicklung als im Bereich der Strukturreformen effektiv. Interessant, dass dem Feedback bei Lernprozessen so hohe Bedeutung beigemessen wird.

4. Inklusion

In einer Enzyklopädie wird „Inklusive Pädagogik" als ein pädagogischer Ansatz charakterisiert, „dessen wesentliches Prinzip die Wertschätzung der Diversität (Vielfalt) in der Bildung und Erziehung ist. Der Begriff leitet sich ab vom lateinischen Verb includere: beinhalten, einschließen, einsperren, umzingeln ab. Befürworter der Inklusion betrachten Heterogenität als ‚normale' Gegebenheit [...]. Inklusive Pädagogik soll ein Gegenmodell zur Exklusion sein, die in der Bildung homogener Lerngruppen einen Vorteil sieht. [...] Im ‚Handlexikon der Behindertenpädagogik' (2006) definiert Andreas Hinz den Ansatz der Inklusion als ‚... allgemeinpädagogische[n] Ansatz, der auf der Basis von Bürgerrechten argumentiert, sich gegen jede gesellschaftliche Marginalisierung wendet und somit allen Menschen das gleiche volle Recht auf individuelle Entwicklung und soziale Teilhabe ungeachtet ihrer persönlichen Unterstützungsbedürfnisse zugesichert sehen will. Für den Bildungsbereich bedeutet dies einen uneingeschränkten Zugang und die unbedingte Zugehörigkeit zu allgemeinen Kindergärten und Schulen des sozialen Umfeldes, die vor der Aufgabe stehen, den individuellen Bedürfnissen aller zu entsprechen – und damit wird dem Verständnis der Inklusion entsprechend jeder Mensch als selbstverständliches Mitglied der Gemeinschaft anerkannt.'
‚... Inklusion beendet das Wechselspiel von Exklusion (= ausgrenzen) und Integration (= wieder hereinholen).' – Bundesagentur für Arbeit, D (Hrsg.): Flyer Inklusion – Was bedeutet das?, November 2011.
Für die Vertreter des Inklusionskonzeptes gibt es keine zu separierenden und segregierenden Gruppen von Schülern und Schülerinnen, sondern eine Schülergesamtheit, deren Mitglieder unterschiedliche Bedürfnisse haben. Viele Bedürfnisse werden von der Mehrheit geteilt und bilden die gemeinsamen Erziehungs- und Bildungsbedürfnisse. Alle Schüler haben nach dieser Auffassung darüber hinaus individuelle Bedürfnisse, darunter auch solche, für deren Befriedigung die Bereitstellung spezieller Mittel und Methoden notwendig bzw. sinnvoll sein kann. Die Vertreter der Inklusionspädagogik halten den Besuch einer wohnortnahen allgemeinen Schule und die Berücksichtigung der individuellen Bedürfnisse aller für Menschenrechte und fordern, dass die Schule den Bedürfnissen ihrer Schülergesamtheit gewachsen sein soll. Es soll nach ihrer Auffassung eine Schule für alle konzipiert werden, aus der kein Kind mehr ausgeschlossen wird, weil es den jeweiligen Anforderungen nicht entsprechen kann."
(Artikel „Inklusion", in: http://de.wikipedia.org/wiki/Inklusion_(Pädagogik) – [01. 04. 2013])

Michael Sowa, Rollstuhl
(© inkognito, Berlin)

III. Entwicklung, Sozialisation und Erziehung

1. Interdependenz von Entwicklung, Sozialisation und Erziehung

(Foto: Georg Bubolz, Erkelenz)

Folgt man dem Konzept des „produktiv realitätverarbeitenden Subjekts" von *Klaus Hurrelmann,* der die Auffassung vertritt, dass der Edukand nicht als Objekt von Erziehungs- und Sozialisationsprozessen zu betrachten sei, sondern entscheidend aktiv bei den entsprechenden Prozessen beteiligt ist, so sind die folgenden Überlegungen der Autoren *Klaus Hurrelmann, Matthias Grundmann* und *Sabine Walper* bedenkenswert, die referieren, aus sozialisationstheoretischer Sicht stellten die Persönlichkeitsentwicklung und die Verfassung einer Gesellschaft wechselseitige Regulative dar (Habermas 1973).
Die konstitutive Annahme sei, dass jegliche Unausgewogenheit zwischen der personalen und gesellschaftlichen „Dimension" den sozialen Zusammenhalt einer Gesellschaft gefährde. Rigide und autoritäre Sozialbeziehungen stellten demnach ein Risiko für die Persönlichkeitsentwicklung dar, weil sie individuellen Autonomiebedürfnissen zuwiderliefen. (Garbarino 1995).
Aber auch allzu lockere Sozialbeziehungen führten dazu, dass die Betroffenen ganz zentrale Handlungsbefähigungen nicht entwickelten. Beides könne das Vertrauen in verlässliche, längerfristige Bindungen unterminieren, das für die Etablierung einer auf Dauer angelegten Beziehung erforderlich sei. Die soziale Verfassung einer Gesellschaft, einer Institution oder einer Bezugsgruppe – und damit auch die soziale Bindungskraft der Bezugsgruppen – hingen maßgeblich davon ab, wie diese es den

beteiligten Personen ermögliche, sich innerhalb der verbindlichen Handlungsstrukturen selbst zu entfalten und zu verwirklichen (Ryan 1991). Und schließlich: Personen, die nur bedingt in der Lage seien, sich auf andere Personen zu beziehen, erführen weniger soziale Anerkennung und seien deutlich isolierter als Personen, die in höherem Maße über diese Kompetenzen verfügten.
Indem die Sozialisationsforschung die Wechselwirkungen zwischen Personen und Umwelten sowie der Entwicklungs- und Gestaltungspotenziale thematisiere, kläre sie über die Notwendigkeiten einer minimalen Sozialintegration auf. Die Sozialisationsforschung untersuche, wie sich sozial vermittelte Erfahrungen auf die Persönlichkeitsentwicklung auswirken und welche Risiken oder Chancen sich für die Persönlichkeitsentwicklung ergeben, wenn die sozialen Umwelten bestimmte Eigenschaften aufwiesen. Sie thematisiere, wie soziales Handlungswissen kulturell über Generationen vererbt wird, sich sozial wandelt und aktuellen Lebensbedingungen anpasst, welche Grenzen Erziehung und Bildung als formaler Verhaltensmaßregel gesetzt sind und wie sich soziale Rollen und Werte im alltäglichen Miteinander bewähren müssen. Dabei folgten die unterschiedlichen Fragestellungen durchaus disziplinspezifischen Interessen. So werde aus soziologischer Perspektive thematisiert, wie eine Gesellschaft verfasst sein müsse, um sozial verträglich zu sein; aus psychologischer Perspektive, wie sich Personen entwickeln müssten, um soziale Anerkennung zu erfahren; aus pädagogischer Perspektive, worin die Grenzen der Erziehbarkeit lägen oder welches Mindestmaß an sozialer Verbindlichkeit für die Aufrechterhaltung von Sozialisationspraxen und Sozialbeziehungen notwendig sei.
Die Sozialisationsforschung habe ein facettenreiches und interdisziplinäres Forschungsfeld etabliert, aus dem sich zwei dominante Perspektiven auf den Forschungsgegenstand ergäben (Geulen/Neith 2004): (1) die Perspektive der sich entwickelnden Personen, also der Handlungssubjekte, vor allem bei Prozessen der Aneignung von Handlungswissen und der sozialen Integration, (2) die Perspektive der sozialen Beziehungen, kollektiven Orientierungen und sozialen Hierarchisierungen, wobei soziale Bezugsgruppen, kulturelle Vorstellungen oder gesellschaftliche Lebensverhältnisse eine besondere Rolle spielten.
(Vgl. Klaus Hurrelmann, Matthias Grundmann, Sabine Walper [Hrsg.]: Zum Stand der Sozialisationsforschung, in: Handbuch Sozialisationsforschung, 7. Auflage, Beltz Verlag: Weinheim und Basel 2007, S. 25–26)

2. Erziehung in der Familie

Auf dem Hintergrund der Überlegungen zur Interdependenz von Entwicklung und Sozialisation lässt sich primäre Sozialisation als Ergebnis einer konstruktiven Teilnahme an einer Primärgruppe (etwa am Zusammenleben in der Familie, der Ein-Elternfamilie u.a.) fassen. Eine idealtypische „familiale Dreiecksbeziehung mit einem Kind" („familial" hier im erweiterten Sinne) besteht im Arrangement von 1. Bezugsperson = „Mutterrolle", 2. Bezugsperson = „Vaterrolle", Kind = „Kinderrolle" innerhalb eines „wohlorganisierten", „themenzentrierten", „sinnhaftsozialen" Alltagshandelns unter den entsprechenden gesellschaftlichen Bedingungen, auch unter den Erwartungen gegenüber der Vater-, Mutter- Kinderrolle, den „familialen" Sozialisations- und Erziehungsleistungen.
Ein Blick in die Geschichte der Familie zeigt, dass der Alltag in traditionellen Familien in der Regel quasi nach einem überkommenen Drehbuch ablief, nach dem das Leben weitgehend vorbedacht und geregelt war. Demgegenüber erscheinen in postmodernen Zeiten oft nur noch einzelne Segmente des Zusammenlebens tatsächlich „abschließend" vorgebildet, während anderes ad hoc oder überhaupt nicht bzw. nicht mehr definiert ist.
Familie als Primärgruppe vermittelt den äußeren Eindruck hoher Homogenität, stellt sich aber intern oft geschlechter-, alters-, kultur-,

generationenspezifisch different, also heterogen dar. Das Leben in der Primärgruppe, zumeist der Familie, wird so oft als kinderarme Beziehungsstätte empfunden, „produktionsarm", „beziehungszentriert", „reflexionsintensiv" und damit zunehmend „pädagogisiert". Das bedeutet, dass Art und Weise des Zusammenlebens weitgehend offen erscheinen. Was von der Vorstellung der traditionellen Familie als primärer Sozialisationsinstanz übrigbleibt, ist so etwas wie eine unverbindliche sozio-kulturelle Grundeinstellung. So wird man resümieren können, dass es keine homogenen Primärerfahrungen mehr gibt und dass sogar „konkurrierende" Sozialisationsprozesse und Sozialisationseffekte auftreten können. (vgl. http://www.hf.uni-koeln.de/data/eso22/File/7202_ws0809/sozialisation.pdf – 01. 04. 2013)
Unter dieser Prämisse ist zu fragen, wie menschliche personale Identität in primärer Sozialisation fundiert wird und wie kognitive soziale Identität begründet werden kann. Wie werden grundlegende Gefühle herausgebildet? Wie bilden sich Wertorientierungen, kognitive Schemata, Kompetenzen sozialen Handelns, Leistungsmotivation und Sprachstil sowie Weltdeutungen? Wie kommt es zur Bildung des Gewissens? In welcher Primärgruppe auch immer: das Kind bleibt unaufkündbare Primärbeziehung. Oft bringt diese Einschränkungen mit sich, u.a. auch durch spontane Bedürfnisse des Kindes/der Kinder, die Mehrarbeit bedingen. Der lebendige Kinderwunsch bleibt, zugleich auch die Notwendigkeit oder das Verlangen, einer Erwerbstätigkeit nachzugehen und dabei der Erziehung und Sozialisation von Kindern gerecht zu werden. Diskutiert wird die Frage der Doppelorientierung an den Lebensbereichen Beruf und Familie. *Ursula Lehr* hat bereits 1975 als Antwort auf diese Problemlage herausgestellt, wichtigster Faktor in der Erziehung sei nicht die mit den Kindern verbrachte Zeit, sondern die Einstellung und die Persönlichkeit der Eltern.
Dass Kinder oft nachhaltiger durch die Peergroup geprägt werden als durch ihre Eltern passt tendenziell zur Vorstellung, dem Einfluss der Eltern nicht die große Bedeutung zuzumessen, wie dies in älteren Theorien zum Teil der Fall war.

Michael Sowa, Das Gespräch
(© inkognito, Berlin)

3. Erziehung durch Medien und Medienerziehung

Medien sind im Alltag ubiquitär anzutreffen. Sie reichen von Printmedien über Rundfunk und Fernsehen bis hin zum Internet. Ihre funktionalen Wirkungen auf Kinder und Jugendliche sind aufgrund ihrer Verbreitung unter pädagogischen Gesichtspunkten zu analysieren und im Hinblick auf mögliche pädagogische Maßnahmen hin zu reflektieren. Oftmals werden Medien in diesem Kontext als die „geheimen Miterzieher" bezeichnet, deren nicht-intendierte Wirkung auf die Zu-Erziehenden als hoch eingeschätzt werden.
Potenziell haben Medien die positiv bewertete Wirkung, z.B. das Weltwissen zu erweitern, zum Lesen, zu aktiver Gestaltung, zum Lernen anzuregen, emotional zu stimulieren, Meinungsbildung zu fördern, Schulleistungen durch Edutainment zu verbessern. Als negative Wirkungen werden aber auch angeführt, die Grenzen zwischen Realität und Fiktion würden verwischt, sie könnten zu kollektivem Irrtum führen, mit ihnen ginge die Gefahr der emotionalen Abstumpfung und der Prägung aggressiven Verhaltens durch gewalttätige und andere brisante Inhalte einher, es käme zum Absinken der Lese-, Sprach- und Rechenkompetenz und auch das Risiko für ADS und ADHS steige ...

Insofern ist Erziehungswissenschaft herausgefordert, Möglichkeiten intentionaler Medienerziehung im Rahmen von Medienpädagogik zu reflektieren. Dazu zählen die Mediendidaktik, d.h. die Nutzung von Medien in Lehr- und Lernprozessen, aber auch die Medienerziehung im engeren Sinne, der es um die Anleitung zur kritischen Reflexion der Arbeit an und mit Medien und zu einer sinnvollen Mediennutzung geht.
Medienkompetenzen umfassen die Nutzungskompetenz (Umgang mit Medien), die Kritikkompetenz (Reflexion medialer und digitaler Kommunikation), die ästhetische Kompetenz (die Konstruiertheit medialer Wirklichkeiten zu erkennen), aber auch die Gestaltungskompetenz (innovativ-kreativer Umgang mit Medien) sowie die Kultur der Selbstkontrolle (vernetzt die vier zuvor genannten Kompetenzen).
Erziehende sollten medienkompetent die Medienwelt von Kindern und Jugendlichen kennen und erfassen, über mediale Darstellungen offen und kritisch sprechen können, den eigenen Umgang mit Medien reflektiert haben sowie Medienangebote in ihren Wirkungsmöglichkeiten und in ihrer Beschaffenheit analysieren können.

Peter Gut, Nouvelle cuisine
(© Peter Gut)

4. Unterschiedliche Verläufe von Entwicklung und Sozialisation

Um sich „Unterschiedliche Verläufe von Entwicklung und Sozialisation" zu verdeutlichen, kann es hilfreich sein, *exemplarisch* vorzugehen und sich etwa auf Schule als Instanz zu beschränken. *Ingvelde Scholz* gibt in ihrem Buch „Das heterogene Klassenzimmer" zu bedenken: „In einer heterogenen Lerngruppe können sich die Schülerinnen und Schüler in vielfältiger Weise voneinander unterscheiden. Einige Aspekte der bunten Vielfalt seien im Folgenden genannt:

- *Kulturelle und nationale Identität:* Die Schüler einer Klasse haben möglicherweise eine unterschiedliche kulturelle und nationale Identität – ein Aspekt, der vor allem bei der Frage der Integration von Kindern und Jugendlichen mit Migrationshintergrund von großer Bedeutung ist.
- *Religiöse Sozialisation:* Die religiöse Sozialisation von Kindern und Jugendlichen kann in einzelnen Klassen und Schularten stark differieren, sodass der interreligiöse und interkonfessionelle Dialog in Schule und Unterricht zunehmend an Bedeutung gewinnt.
- *Familiärer und sozioökonomischer Kontext:* Sowohl in Deutschland als auch in Österreich und in der Schweiz werden der schulische und berufliche Erfolg maßgeblich von der sozialen Herkunft eines Menschen bestimmt. Die einschlägigen deutschsprachigen Studien zeigen sehr deutlich, dass vor allem Kinder aus bildungsfernen Schichten von Ausgrenzung und massiver Benachteiligung betroffen sind.
- *Kenntnisse und Lernvoraussetzungen:* Viele Kinder kommen mit unterschiedlichen Kenntnissen und Lernvoraussetzungen in die Grundschule. Bereits zu Schulbeginn weisen sie eine bisweilen stark differierende Sprachkompetenz auf. Zu Recht plädieren die Experten deshalb für entsprechende Maßnahmen im Bereich der vorschulischen Frühförderung.
- *Lernwege und Lernstrategien:* Immer wieder kann man im Unterricht die Beobachtung machen, dass Schüler auf unterschiedliche Art und Weise ein Thema erschließen oder die Ergebnisse eines Lernprozesses zusammenfassen.
- *Lern- und Arbeitsverhalten:* Manche Kinder und Jugendliche verfügen über ein gutes Zeitmanagement, sind wohl organisiert, arbeiten zielgerichtet und legen eine enorme Ausdauer an den Tag. Andere hingegen können nur mit Mühe ihre Materialien zusammenhalten und ordnen, trödeln herum oder lassen sich schnell entmutigen. Das hat nicht selten zur Folge, dass einige Schüler Aufgaben in Windeseile erledigen, während andere gerade erst anfangen.
- *Leistungsmotivation:* Die Lust und die Freude am Lernen – eine wesentliche Voraussetzung für schulischen Erfolg – sind nicht bei allen Schülern in gleicher Intensität anzutreffen und können von Fach zu Fach und von Inhalt zu Inhalt differieren und sind mitunter auch vom Lehrer abhängig.
- *Erfolgs- und Misserfolgsattribution:* Kinder und Jugendliche haben unterschiedliche Erklärungsmuster für ihre Erfolgs- und Misserfolgserlebnisse. Ob sie ihre guten oder schlechten Ergebnisse in der Schule eher äußeren oder inneren Faktoren zuschreiben, hat bekanntermaßen gravierende Konsequenzen für das Selbstwertgefühl und das Lernverhalten.
- *Temperamentsunterschiede:* Kinder zeichnen sich durch unterschiedliche Temperamente aus, was für Eltern und Lehrkräfte eine besondere Herausforderung darstellt. Im schulischen Kontext können Temperamentsunterschiede weitreichende Folgen haben: Während Lehrkräfte extrovertierte Schüler in der Regel als intelligenter einschätzen und entsprechend unterstützen und herausfordern, neigen sie bei introvertierten und ängstlichen Kindern eher dazu, diese zu unterschätzen und ihnen weniger zuzutrauen. Dies kann für die Entwicklung der betroffenen Kinder und Jugendlichen weitreichende Konsequenzen nach sich ziehen.
- *Geschlechtsbedingte Unterschiede:* In jüngster Zeit geraten die geschlechtsbedingten Unter-

schiede verstärkt in den Fokus, nachdem über viele Jahrzehnte eine geschlechtsindifferente Sichtweise vorherrschte. [...]

Statt den Unterricht an einem fiktiven Durchschnittsschüler auszurichten, gilt es, sich der Heterogenität bewusst zu werden und ihr durch differenzierende Maßnahmen auf der inhaltlichen, didaktischen, methodischen, sozialen und organisatorischen Ebene so weit wie möglich gerecht zu werden. [...] Die Verfassungen der Bundesländer weisen ausdrücklich darauf hin, dass man der Vielfalt der Schüler in der Schule Rechnung tragen muss."

(Aus: Ingvelde Scholz, Das heterogene Klassenzimmer. Vandenhoeck & Ruprecht: Göttingen 2012, S. 11 ff.)

5. Pädagogische Praxisbezüge unter dem Aspekt von Entwicklung und Sozialisation in Kindheit, Jugend und Erwachsenenalter

Paradigmatisch kommen pädagogische Maßnahmen der „Gewaltprävention" zur Sprache: „Die Verpflichtung auf eine Kultur der Gewaltlosigkeit ist eine Grundvoraussetzung menschlichen Zusammenlebens. Gewalt zerstört nicht nur die Grundlagen des Zusammenlebens, d. h. die Überzeugung und das Vertrauen, dass Probleme und Konflikte gewaltfrei ausgehandelt und gelöst werden können. Sie verursacht auch physische, psychische, soziale und materielle Kosten. [...]

Aus den Erfahrungen und empirischen Befunden lassen sich allgemeine Grundsätze der Gewaltprävention klar ableiten:

- Je früher eine Intervention erfolgt, desto größer sind die positiven Effekte.
- Programme, die mehrere Problembereiche gleichzeitig bearbeiten, sind effektiver als solche, die nur einen Risikofaktor im Blick haben.
- Langfristig angelegte Programme zeigen mehr Effekte als Kurzzeitprogramme.
- Programme, die vor der Adoleszenz einsetzen, sind erfolgreicher als andere.
- Je stärker verschiedene Personengruppen (Eltern, Peers, Lehrer, Schulleiter, Gemeinde) bei der Entwicklung und Implementierung von Maßnahmen einbezogen werden, desto effektiver sind die Maßnahmen.
- Je stärker ein Präventionsprogramm von allen Beteiligten getragen wird, desto besser sind die Erfolgsaussichten.

Gewaltprävention arbeitet (ob bewusst oder unbewusst) immer vor dem Hintergrund normativer Vorstellungen, wie in der Zukunft Entwicklungen verlaufen sollen und welche Verhaltensweisen und Verhältnisse als erwünscht und „normal" und welche als unerwünscht und problematisch eingestuft werden. Deshalb werden mit Gewaltprävention immer auch zentrale Fragen des Zusammenlebens und der gesellschaftlichen Entwicklung angesprochen und bearbeitet."

(Aus: Günther Gugel: Gewalt und Gewaltprävention: Grundfragen, Grundlagen, Ansätze und Handlungsfelder von Gewaltprävention und ihre Bedeutung für Entwicklungszusammenarbeit. Tübingen: Institut für Friedenspädagogik Tübingen e. V., 2006, S. 281, 286–287, auch in: http://www2.gtz.de/dokumente/bib/06-0210.pdf – [01. 04. 2013])

IV. Identität

1. Besonderheiten der Identitätsentwicklung in Kindheit, Jugend und Erwachsenenalter

„Identität" ist ein schillernder Begriff mit unterschiedlichen Implikationen aus verschiedenen Richtungen. Aus der Fülle der Ansätze hier drei pädagogisch interessante Zugänge:
Nach *Erik Erikson* kann „Ich-Identität" aus neopsychoanalytischer Sicht als „Zuwachs an Persönlichkeitsreife beschrieben werden, den das Individuum am Ende der Adoleszenz der Fülle seiner Kindheitserfahrungen entnommen haben muss, um für die Aufgaben des Erwachsenenlebens gerüstet zu sein. Ich-Identität ist nach dieser Vorstellung „eine soziale Funktion des Ichs", die darin bestehen soll, „die psychosexuellen und psychosozialen Aspekte einer bestimmten Entwicklungsstufe zu integrieren und zu gleicher Zeit die Verbindung der neu erworbenen Identitätselemente mit den schon bestehenden herzustellen". Identität hat hier mit einem Gefühl für ein inneres Sich-Selbst-Gleichsein zu tun, besteht in einem Wissen um die eigene Unverwechselbarkeit und deren Bejahung. Es ist „das subjektive Empfinden seiner eigenen Situation und seiner eigenen Kontinuität und Eigenart, das ein Individuum allmählich als ein Resultat seiner verschiedenen sozialen Erfahrungen erwirbt." (Erwin Goffman)
Im sozialpsychologischen Verständnis von *George Herbert Mead* entsteht die Identität medial durch Sprache, Spiel und Wettkampf. Der Denkprozess (die nach innen verlegte Übermittlung von Gesten), der dem Kommunikationsprozess vorausgeht, findet grundsätzlich mit Symbolen statt (wir verbinden Wörter mit Objekten). Dabei müssen diese Symbole beim Denkenden und beim Anderen die gleiche Reaktion hervorrufen, damit die Kommunikation gelingt. „Symbolische Interaktionen" basieren nach Mead auf der Unterscheidung von I und ME. Im ME sieht sich das Subjekt aus der Perspektive des (generalisierten) Anderen. Das eigene Handeln ist durch die Reaktion auf das ME geprägt, d. h. durch die verinnerlichten Erwartungen der Anderen. Die Reaktion des Subjekts auf die Hereinnahme der Haltungen des (generalisierten) Anderen nennt Mead I. I und ME erzeugen das SELF. Identität bildet sich individualbiographisch beim Kind im Kontext zweier Spielphasen: PLAY und GAME. Hier lernt das Kind, Haltungen anderer zu übernehmen, aber auch sein eigenes Verhalten nach deren Erwartungen abzustimmen. Ein Mensch gewinnt seine Persönlichkeit, wenn er einer Gemeinschaft angehört (ob Sportmannschaft, Schulklasse oder Gesamtgesellschaft) und mit dieser z. B. durch Sprache interagiert.
Bei *Lothar Krappmann* wird Identität über Sprache vermittelt charakterisiert. Für ihn entsteht Identität aus soziologischer Sicht situativ erst durch Kommunikation von Individuen. Insofern sieht er Identität nicht als etwas Starres, sondern von Situation zu Situation Veränderbares. Die Gesprächspartner tauschen über Sprache und mit Hilfe von Gestik bzw. Mimik Absichten, Wünsche und Bedürfnisse aus. (vgl. *Soziologische Dimension der Identität,* 1993). Sprache hat dabei drei Funktionen im Interaktionsprozess zu erfüllen, um jeweils Identitätsbildung zu ermöglichen: Sie muss die besonderen Erwartungen, die mehrere Interaktionspartner in einer speziellen Situation haben, dem Gegenüber übersetzen können. Es sollte möglich sein, mit Hilfe begrifflicher Differenzierungen von Sprache Problemlösungen zu finden. Sie muss auch Überschussinformationen weitergeben können. So kann in jeder Situation neu Identität durch Interaktion entstehen.
Ob in Kindheit oder Jugend – das Ziel jeglicher Erziehungsbemühungen im Hinblick darauf, Identitätsbildung zu ermöglichen, dürfte sein, dass weitere Erziehungsbemühungen von Erziehenden unnötig werden, spätestens im Erwachsenenalter. Im Rahmen der Entwicklung eines Kind zum Jugendlichen und Erwachsenen kann sich eine eigene Psychodynamik entfalten,

die es einerseits ermöglicht, gesellschaftliche Prozesse selbst und eigenständig – im Sinne seiner Identität – zu beeinflussen und zu gestalten, sowie andererseits sich bestimmten Einflüssen auszusetzen, um die individuelle Dynamik zu modifizieren. Daraus ergibt sich die Vorstellung von Identität als einer dynamischen und wandelbaren Größe, die sich weder in Erziehungsprozessen noch bei gesellschaftlichen Aktivitäten als statisch erweist.

2. Anthropologische Grundannahmen zur Identität und ihre Auswirkungen auf pädagogisches Denken und Handeln

Die verschiedenen Identitätstheorien implizieren bestimmte Menschenbilder, die auch pädagogische Relevanz besitzen. Im Folgenden geht es um solche anthropologischen Implikationen, aber auch anthropologische Fragestellungen aus den genannten Theorien zur Identitätsbildung. – Ein differenzierte Kritik der Identitätstheorien bleibt ausgeklammert.

Erik Eriksons Sicht des Menschen basiert auf der Psychoanalyse Sigmund und Anna Freuds, in deren Menschenbild der Einzelne durch Triebe bzw. Kräfte bestimmt wird, deren Abfuhr und Sublimierung beschrieben werden. Stichworte wie „Selbsterhaltungstrieb (Eros)" sowie „Todestrieb (Thanatos)" (beim späten Freud), „Libido/Lustprinzip", „Strukturmodell: Unterbewusstsein – Vorbewusstsein – Bewusstsein", „Instanzenmodell: Ich – Über-Ich – Es", „Entwicklungsmodell: orale, anale, phallische, genitale Entwicklungsphase", „Ödipuskonflikt" gehören in dem Umkreis dieses Verständnisses vom Menschen. Die Tatsache, dass Freud eine Phasenlehre der Entwicklung beschrieben hat, mag auch Erik Erikson mit bewogen haben, die Entwicklung der Ich-Identität in Phasen zu beschreiben. Dessen Entwicklungsmodell wird im Kontext einer psychoanalytischen Pädagogik bedeutsam, deren Anfänge mit dem Namen Anna Freud verbunden sind.

George Herbert Meads Schaffen ist vom Behaviorismus geprägt, er hat sich aber bei der Formulierung seiner anthropologischen Theorie zur Genese von Bewusstsein wiederholt sehr ausdrücklich von einzelnen Behavioristen abgegrenzt. Mead geht so weit über den Behaviorismus und dessen deterministisches Menschenbild hinaus, etwa indem er Bewusstsein als ein Produkt der Kooperation von Individuen fasst, eine Theorie, die dem behavioristischen Verständnis von Handeln nach Reiz-Reaktions-Modellen widerstrebt. Die soziale Komponente Meads sieht die Entwicklung von Bewusstsein im Zusammenhang mit der Entwicklung signifikanter Symbole, sprachlicher Interaktionen. Sprache in erzieherisch relevanten Interaktionen ist wesentliches Medium von Erziehung.

Für *Lothar Krappmanns* Theorie ist es charakteristisch, dass er seinen Identitätsbegriff von einem starren, „lediglich psychologischen", auf die herkömmliche Vorstellung von Persönlichkeitsstrukturen sich stützenden Konzept abgrenzt. Er beschreibt so etwa, „dass die Bedingungen der Möglichkeit der Identität eines Individuums und damit seiner Fähigkeit zu sozialer Interaktion auf der Ebene sozialstruktureller Faktoren zu suchen sind und Identität nicht zureichend als ein subjektives, im Belieben des Individuums stehendes Bestreben, sich in einer Welt angeblich zunehmender Konformität als ein einmaliges festzuhalten, beschrieben werden kann" (S. 11). Nach Krappmanns Position muss „der Aufbau einer individuierten Identität als eine den Strukturen sozialer Interaktionsprozesse entsprechende Leistung des Individuums angesehen werden, ohne die eine Beteiligung an Kommunikations- und Handlungsprozessen gefährdet oder sogar ausgeschlossen ist" (S. 11). Diese Leistung kann gleichwohl auch misslingen, nämlich wenn das Individuum sich nicht als identisches zu behaupten vermag. In diesem Verständnis ist das Streben nach Identität für das Individuum nicht als eine Art „anthropologischer Naturkonstante" zu verstehen. Identität muss immer wieder in Kommunikations- und Interaktionsprozessen neu gewonnen und präsentiert werden. Durch diesen „kreativen Akt" wird etwas noch nicht Dagewesenes hervorgebracht, nämlich die

Aufarbeitung der Lebensgeschichte des Individuums für die aktuelle Situation auf dem Hintergrund früherer Interaktionserfahrungen. Krappmann bezieht sich auf den soziologisch fundierten Interaktionismus, dem zufolge das Individuum auf soziale Beziehungen zu anderen angewiesen ist, „weil es nur in diesen Beziehungen ein ‚Selbst' aufbauen beziehungsweise Identität gewinnen kann." (S.20) (vgl. *Soziologische Dimension der Identität,* 1993; auch: Britta Daniel/Hans-Peter Tonn, Was bedeutet Identität nach Lothar Krappmann und Karl Haußer? Veranstaltung: Nachbereitung und Vertiefung von Praktika im Grundstudium, 2004; in: http://www.hausarbeiten.de/faecher/vorschau/31852.html – 01. 04. 2013)

Krappmanns Modell bietet gerade für pädagogisches Denken und Handeln Anregungen. Die Bedeutsamkeit von Kommunikation in Interaktionen für die Bildung von Identität liegt für jede und jeden Erziehenden auf der Hand. In seinem Modell werden die Gruppen, in denen solche Kommunikation erfolgt, dezidiert benannt. Auch wenn es bei Krappmann stellenweise nur bei Andeutungen bleibt, ist bei ihm doch der Hinweis auf „identitätsfördernde Fähigkeiten" zu entdecken, die es zu entwickeln gilt. Dass Empathie, Ambiguitätstoleranz, Role-Taking und Identitätsdarstellung zu erlernen sind, ist pädagogisch von hoher Relevanz.

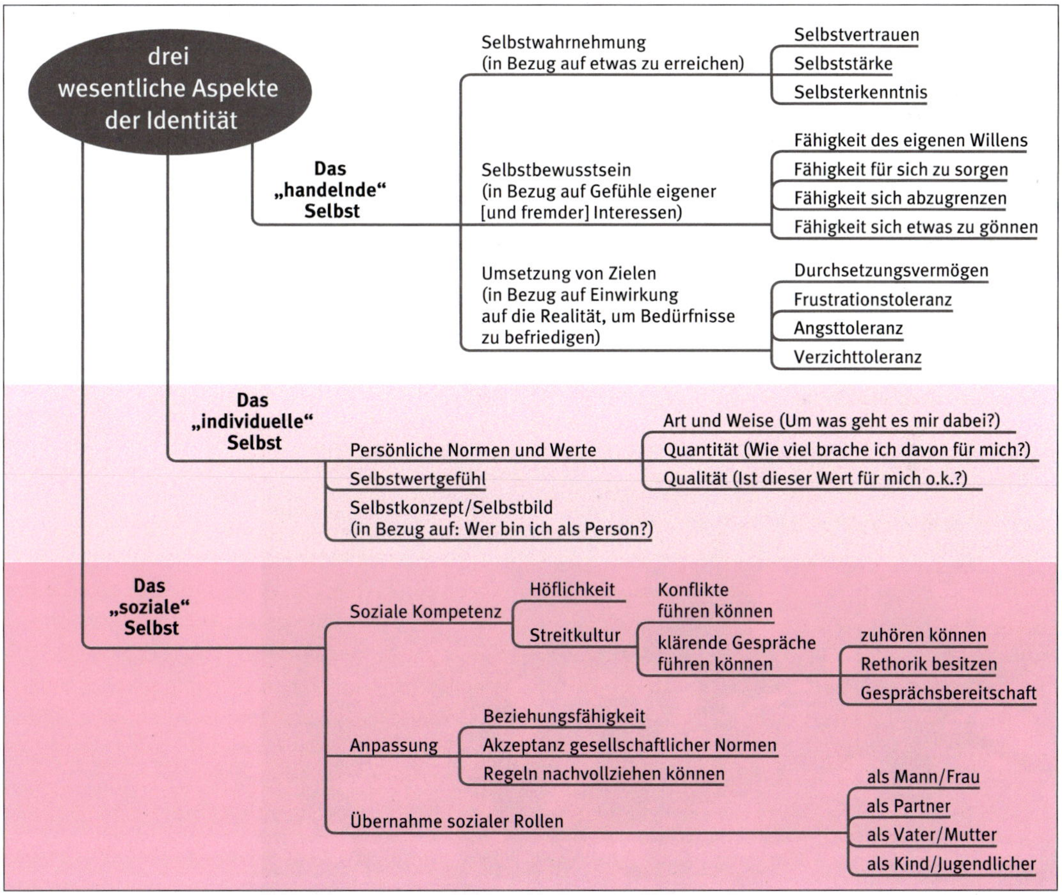

(Schema aus: Ulrich Weighardt, Die Identitätsbildung von Kindern und Jugendlichen. Ein Weg zum konstruktiven Umgang mit Aggressionen, orientiert an der sozialpädagogischen Arbeit mit Kindern und Jugendlichen im Heilpädagogischen Heim (Diplomarbeit), o. O., 1999, S. 100, in: http://www.foepaed.net/volltexte/weighardt/identitaet.pdf – 01. 04. 2013)

3. Identität und Bildung

Kinder und Jugendliche in der Entwicklung ihrer Identität zu unterstützen, ist pädagogisch geboten. Dazu gehört es auch, identitätsfördernde Bedingungen zu gestalten.
Identität kann nur im Austausch mit anderen entwickelt werden. Sie ist in Interaktion mit der Umwelt ständig neu zu erringen (vgl. Krappmann). Identitätsentwicklung ereignet sich im Spannungsfeld zwischen Selbstverwirklichung und sozialer Standortfindung. Identitätsbildung als Ausbalancierung von Personalem und Sozialem fordert vom Einzelnen, eigene Bedürfnisse und Interessen, aber auch Wertmaßstäbe einzubringen und sich auf die Erwartungen der Umwelt einzulassen. Dabei ist zwischen eigenen und fremden Ansprüchen auszugleichen. Einerseits hat man sich mit gesellschaftlich geltenden Werten und Normen auseinanderzusetzen, andererseits muss man sich der eigenen persönlichen Bedingungen, Bedürfnissen, Interessen und Einstellungen bewusst sein. Identitätsbildende Prozesse, die pädagogisch anzustoßen sind, können sich an folgenden Grundsätzen orientieren, die einem Ratgeber der Erziehungshilfe entnommen sind:

- „Begegnung und Dialog zwischen behinderten und nichtbehinderten Schülerinnen und Schülern ermöglichen
- soziale Integration, Interaktion und Arbeit im sozialen Netzwerk fördern und festigen
- Bezug zwischen der Erfahrungswelt der Schülerinnen und Schüler und den Unterrichtsinhalten herstellen
- geschlechtsspezifische Angebote vorhalten
- Entscheidungsfreiräume gestalten: Mitgestaltung und Mitbestimmung, offene Unterrichtsformen, Konfliktlösungsmodelle
- Regeln zur Orientierung und Kooperation entwickeln
- kooperative Arbeitsformen fördern
- verlässliche und beständige Bezugspersonen und -gruppen ermöglichen
- Lernfortschritte bestätigen und bewusst machen, Erfolgserlebnisse ermöglichen
- Wahrnehmung und Ausdruck von Gefühlen zulassen
- überschaubare Lerngruppen einrichten
- Tagesablauf strukturieren, Rituale pflegen
- Klassenräume, Flure, Schulhof als Lern- und Lebensraum gestalten
- …“

(Aus: Matthias Ahrens: Schulische Erziehungshilfe Schleswig-Holstein, in: http://www.erziehungshilfe-sh.de/htm/entw.htm – [01.04.2013])

(Foto: vario-images)

V. Werte, Normen und Ziele in Erziehung und Bildung

1. Historische und kulturelle Bedingtheit von Erziehungs- und Bildungsprozessen

„Wer liebhat seinen Sohn, hält stets den Stock für ihn bereit, damit er sich am Ende freuen kann. Wer seinen Sohn bestraft, wird Freude an ihm haben und sich vor den Bekannten seiner rühmen können" (Sir 30,1–2). Dieser Spruch aus der Bibel wurde über Jahrtausende hinweg bis weit ins 20. Jahrhundert von vielen Erziehenden als Legitimierung körperlicher Bestrafung verstanden. Züchtigungen galten als wirkungsvolles Erziehungsmittel. In Deutschland ist im 21. Jahrhundert die Möglichkeit der Züchtigung in der Erziehung ersatzlos abgeschafft: durch die Verschärfung des § 1631 des Bürgerlichen Gesetzbuches (BGB), dem Gesetz zur Ächtung von Gewalt in der Erziehung, besitzen Kinder ein „Recht auf gewaltfreie Erziehung". „Körperliche Bestrafungen, seelische Verletzungen und andere entwürdigende Maßnahmen sind unzulässig".

Die Vorstellung, wie zu erziehen sei, steht – wie dieser Blick in die Geschichte beispielhaft zeigt – nicht ein für alle Mal fest. Es hängt vielmehr von Zeit und Ort ab, welche Erziehungsideale gelten. Daraus ergibt sich eine topologische Abhängigkeit etwa von heutigen Erziehungseinstellungen, die sich in anderen Ländern und Kulturen und auch deren Subkulturen beobachten lässt, aber auch im historischen Wandel an ein- und demselben Ort. Aus der historischen und kulturellen Bedingtheit von Werten, Normen und Zielen in der Erziehung ergibt sich das Problem, ob es übergeordnete Prinzipien für erzieherisches Handeln gibt, die übergeschichtlich und über die verschiedenen Kulturen hinweg Gültigkeit beanspruchen dürfen. In der Neuzeit ist für die Menschenrechte von 1948 (UN) eine solche universale Gültigkeit postuliert worden, die u. a. auch gegen Unrechtsregime angeführt werden kann.

2. Erziehung in verschiedenen historischen und gesellschaftlichen Kontexten

Eine Konkretisierung der Überlegungen zur Relativität von Normen und Zielen in der Erziehung kann am Beispiel des Wandels von Familienerziehung verdeutlicht werden. Diese vollzog sich aber auch spezifisch in verschiedenen Schichten innerhalb einer Gesellschaft.
Die Beschäftigung mit dem historischen Wandel von Erziehungseinstellungen und Wertvorstellungen in der Familie ist unter verschiedenen Perspektiven sinnvoll. Ohne die historische und gesellschaftliche Dimension ist gegenwärtige hiesige Erziehungswirklichkeit nicht adäquat zu verstehen.
Das gängige Wort von der „Krise der Familie" wird etwa nur dann verständlich, wenn Kenntnisse über die Struktur der Familie in anderen Zeiten vorliegen. Die Auseinandersetzung mit dem Beitrag von Geschichte für die Lösung gegenwärtiger Probleme lässt u. a. die Frage nach der Methode historischer Forschung in den Vordergrund treten.
Folgende Fragen werden problematisiert und diskutiert:

- Wie kommen Urteile über geschichtliche Vorgänge bzw. soziale Zustände in vergangenen Jahrhunderten methodisch zustande?
- Welche Bedeutung hat dabei das „erkenntnisleitende Interesse", der ideologisch-politische Standpunkt des jeweiligen Autors?
- Kann Geschichtsforschung eine ideologiekritische Funktion übernehmen?

Und – thematisch an den Komplex „Familie" gebunden – kann weiter gefragt werden:

- Wie weit waren Großfamilien in vorindustrieller Zeit in Mitteleuropa tatsächlich verbreitet?

- Welche Faktoren haben den Einstellungswandel zum Kind wohl beeinflusst?
- Ist die Rede vom „Funktionsverlust der Familie“ und von der „Krise der Familie“ gerechtfertigt? Wie steht es mit der Erziehungs- und Sozialisationsfunktion?
- Welchen Sinn kann man Ehe und Familie zuschreiben?
- Welche Bedeutung kommt in der Gegenwart in Mitteleuropa außerfamiliären Institutionen im Rahmen von Erziehung und Sozialisation zu?
- Welche Alternativen zur Erziehung in der Kleinfamilie gibt es angesichts von Heterogenität?
- Usw.

3. Interkulturelle Bildung

Der wissenschaftliche Diskurs über die Ausrichtung einer interkulturellen Bildung und Erziehung zeichnet sich durch eine kaum überschaubare Vielschichtigkeit und Unübersichtlichkeit aus. Oftmals ist keine Trennschärfe zwischen idealtypischen Konzeptionen gegeben. Der folgende Beitrag von *Ingrid Gogolin* kann weiterhelfen:

„Im Gebiet der ‚interkulturellen Bildung‘ geht es um die Frage, wie die Schule und andere Institutionen der Bildung und Erziehung es leisten können, mit der sprachlichen, ethnischen, kulturellen und sozialen Heterogenität der Schülerschaft konstruktiv und förderlich umzugehen.

Die Ziele interkultureller Bildung und Erziehung liegen sowohl im affektiven und sozialen als auch im kognitiven und reflexiven Bereich. Dies gilt für jedes Anspruchsniveau, auf dem Ziele der interkulturellen Bildung und Erziehung angesiedelt sein können.

Sowohl die affektiven und sozialen als auch die kognitiven und reflexiven Ziele der interkulturellen Bildung und Erziehung sind für Schüler jedes Lernalters relevant und erreichbar. Die Erreichbarkeit hängt ab von der alters- und lernstandsangemessenen methodischen und inhaltlichen Gestaltung des Lehr-/Lernprozesses.

Interkulturelle Bildung und Erziehung versteht sich als eine permanente Dimension der üblichen Unterrichtsfächer. Die Progression der Ziele von interkultureller Bildung und Erziehung ist daher auch abhängig von den in den Fächern angestrebten Zielen.

Man kann übergreifende, aufeinander aufbauende Fälligkeitsstufen benennen, die durch interkulturelle Bildung und Erziehung erreicht werden können. Sie sind nachfolgend in der Folge von der niedrigsten zur höchsten Fälligkeitsstufe vorgestellt.

1. Kenntnisse über Phänomene, in denen sich kulturelle, sprachliche oder soziale Verschiedenheit zeigt (z. B.: Kleidung, Nahrung, Tageseinteilung, Namen, Bezeichnungen, Redensarten, religiöse oder andere Rituale, Feste und Feiertage etc.)
2. Kenntnisse über Gründe und Anlässe für Phänomene, in denen sich kulturelle, sprachliche oder soziale Verschiedenheit zeigt (z. B.: verhüllende Kleidung als Schutz vor Hitze oder Kälte, das Entstehen ‚regionaler Küchen‘ als Spiegel der Produkte einer Region und ihrer Armut oder ihres Reichtums, die Einteilung des Tages als Reaktion auf die klimatischen Verhältnisse in einer Region, das Namengeben als Tradierung der Namen der älteren Generation oder Namen mit anderen Bedeutungen etc.)
3. Fähigkeit, die Phänomene, die auf kulturelle, sprachliche oder soziale Verschiedenheit weisen oder zu weisen scheinen, in ihrem Wandel zu betrachten und zu reflektieren (z. B.: ‚Pizza‘ als ursprünglich regionales Produkt aus Süditalien, das die Nahrung der armen Bevölkerung war und mit einfachsten Zutaten hergestellt wurde; der ‚Export‘ der ‚Pizza‘ in andere Regionen der Welt als Spezialität ‚der italienischen Küche‘, verbunden mit ihrer Verfeinerung und der Verteuerung ihrer Zutaten; die ‚Internationalisierung‘ der ‚Pizza‘ und ihre Verbreitung als billiges fast-food – bis hin zur Veränderung ihrer Form in das Viereck zum Zwecke der Vereinfachung von Massenherstellung und Vertrieb. Oder: Kopftuch als Kopfbedeckung

ländlicher oder bäuerlicher Frauen in der ganzen Welt; Kopftuch als religiöses Symbol verschiedener Religionen, zu verschiedenen Zeiten, in verschiedenen Regionen; Kopftuch als Objekt der Mode zu verschiedenen Zeiten in verschiedenen Regionen; Kopftuch als Symbol der Selbstbehauptung und des Protests von jungen Frauen mit Migrationshintergrund in europäischen Metropolen).

4. Fähigkeit, die Phänomene, die auf kulturelle, sprachliche oder soziale Verschiedenheit weisen oder zu weisen scheinen, aus verschiedenen Perspektiven zu betrachten und zu reflektieren (z. B. Beurteilung einer Feier aus der Sicht von Mitfeiernden, aus der Sicht eines über den Lärm verärgerten Nachbarn oder aus der Sicht eines Nachbarn, der sich am Lachen und der Fröhlichkeit der Feiernden freut; Reflexion der Erinnerungen an Christoph Columbus aus der Sicht der Eroberer oder der Sicht der Eroberten; aus der Sicht eines Spielfilmregisseurs oder aus der Sicht eines Historikers; Beurteilung eines Liedes aus der Sicht der Mutter des Sängers, aus der Sicht eines Fans oder aus der Sicht eines Anhängers eines anderen Musikstils).

5. Fähigkeit zur Durchdringung und Verknüpfung historischer, politischer und gesellschaftlicher Zusammenhänge, aufgrund derer Phänomene, die auf Verschiedenheit deuten, für das Leben eines Menschen oder einer Gruppe bedeutsam werden (z. B.: die Selbstverortung einer Gruppe als Angehörige einer kulturellen Gemeinschaft' kann zum Zwecke des Ausdrucks von Zusammengehörigkeit oder eines gemeinsamen ästhetischen Empfindens geschehen; sie kann unter bestimmten historisch-politischen Umständen aber auch zum Zwecke der Verteidigung von Privilegien oder der Beseitigung von Benachteiligung dienen). Hierzu gehört auch das Erkennen und Verstehen möglicher oder scheinbarer Widersprüche (z. B.: ein Politiker einer rechtsradikalen deutschen Partei hält ausländerfeindliche Reden, bekundet aber zugleich eine enge Freundschaft zur Türkei; eine junge Frau trägt grellgefärbte Haare und Piercings, ist zugleich aber eine freundliche, aufmerksame Nachbarin und die liebevolle Mutter eines kleinen Kindes).

6. Fähigkeit, die eigenen Wahrnehmungen, Empfindungen und Verhaltensgewohnheiten bei der Begegnung mit Freunden oder Fremden zu erkennen und zu verstehen, worauf sie jeweils zurückzuführen sind (z. B.: durch welche Merkmale und Eigenarten ist mir die Stimme oder die Sprechweise eines Menschen sympathisch oder nicht sympathisch? Oder: Unter welchen Umständen fühle ich mich in einer Gruppe wohl oder nicht wohl? Oder: durch welche Merkmale des Aussehens eines Menschen schließe ich gewöhnlich auf seine Herkunft? Oder: Aufgrund wessen meine ich, dass ein Mensch ‚zu uns gehört' oder ‚nicht zu uns gehört' und welche wechselnden Bedeutungen hat ‚uns' für mich?)

7. Fähigkeit, das eigene Handeln und Verhalten, die eigenen Gewohnheiten und Werteorientierungen an den moralischen und ethischen Standards einer modernen, pluralen, weltoffenen und demokratischen Gesellschaft auszurichten.

Welche Ausschnitte der interkulturellen Bildung und Erziehung jeweils behandelt werden und welche Fähigkeitsstufen dabei erreicht werden können oder sollen, richtet sich nach der Thematik, die im jeweiligen Lernbereich oder Fach behandelt wird. Erforderlich ist stets eine altersangemessene Übertragung auf Teilschritte, konkrete Inhalte und Unterrichtsmethoden."

(Aus: Ingrid Gogolin: Fähigkeitsstufen der Interkulturellen Bildung. [Institut für International und Interkulturell Vergleichende Erziehungswissenschaft der Universität Hamburg], Mimeo, Hamburg 2003, nach: http://www.erzwiss.uni-hamburg.de/Personal/Gogolin/cosmea/core/corebase/mediabase/foermig/website_gogolin/dokumente/Gogolin_2002_F_higkeitsstufen_Mimeo.pdf – [01. 04. 2013])

VI. Pädagogische Professionalisierung in verschiedenen Institutionen

1. Institutionalisierung von Erziehung

Institutionalisierung von Erziehung und Bildung kann – wie jede andere Institutionalisierung auch – als eine Antwort auf soziokulturelle Bedürfnisse aufgefasst werden. Diese Bedürfnisse sind geschichtlich bedingt und unterliegen dem gesellschaftlichen Wandel.
Der – idealtypisch gehaltene – Blick in die Geschichte zeigt, dass es in der ständisch gegliederten Gesellschaft des Mittelalters genügte, sich auf die Rollen vorzubereiten, die dem Stand, in den man hineingeboren wurde, entsprachen. Aus den Quellen ist zu entnehmen, dass für eine solche Aufgabe, besonders in den unteren Ständen, die Familie zumeist völlig ausreichte. Für die oberen Stände kam es allerdings daneben zur Einrichtung von Schulen zur Ausbildung des ständischen Nachwuchses. Der einschlägigen Literatur ist zu entnehmen, dass der Stand der Kleriker als Ausnahme zu sehen ist. Denn er konnte sich wegen des Zölibats nicht aus sich selbst reproduzieren. So sah man sich gezwungen, Positionen aufgrund des erfolgreichen Abschlusses eines Bildungsganges zu besetzen, also nach dem Leistungsprinzip zu verfahren. Die Folge war, dass entsprechende Bildungseinrichtungen für die katholische Geistlichkeit prinzipiell allen Ständen offen standen. Als Jahrhunderte später zur Zeit der industriellen Revolution die alten Stände aufgelöst wurden und neue Aufgaben einen ausgebildeten Nachwuchs aus allen Schichten der Bevölkerung erforderten, wurden mit der sich ausdifferenzierenden Arbeitswelt auch neue Bildungsinstitutionen erforderlich. Die Forderung nach einem allgemeinbildenden Schulsystem kam auf und wurde vor dem Hintergrund der Erklärung der „Menschen- und Bürgerrechte“ (1789) mit der Idee der Gleichheit der Bildungschancen verbunden. Erst seit dieser Zeit kam es zu Erziehungs- und Bildungsinstitutionen im eigentlichen Sinne. Das in der mittelalterlichen Kirche gebräuchliche Leistungsprinzip bei der Bildung der Kleriker wurde nun in den neuen Bildungsinstitutionen aufgegriffen und wurde zunehmend gültig.
Auf diesem geschichtlichen Hintergrund sind die Erziehungs- und Bildungsinstitutionen der Gegenwart zu sehen, die sich heute den modernen Anforderungen an Erziehung und Bildung zu stellen haben. Die Erziehungs- und Bildungssinstitutionen der Gesellschaft sind grundsätzlich als Möglichkeiten anerkannt, Sozialisations- und Enkulturationsfunktionen angemessen wahrzunehmen.
Wie dies jeweils konkret zu leisten ist, unterliegt stets neuen reformerischen Anstrengungen.

2. Vielfalt und Wandelbarkeit pädagogischer Berufsfelder

Was kann man beruflich tun, wenn man ein Studium in Erziehungswissenschaft absolviert hat? *Simone Handlos* bei Studis Online informiert über Menschen und ihre Berufsfindung:
„Lena hat Erziehungswissenschaft an der Universität Karlsruhe studiert. Dort durfte sie sich die Frage, was sie damit mal werde, sogar von einem ihrer Dozenten anhören. Eine zwischenzeitliche Verunsicherung ihrer Studienfachwahl brachte ihr das schon ein. ‚Aber ich hab' mich nie beirren lassen, ich mochte die Inhalte im Studium immer sehr. Vor allem pädagogische Psychologie und die Geschichte der Pädagogik hat mich besonders interessiert.‘
Das Studium der Erziehungswissenschaft ist sehr vielfältig ausgerichtet. Je nach Uni gibt es eine Vielzahl von Möglichkeiten sich zu spezialisieren. Umweltpädagogik, Kulturpädagogik, Berufspädagogik, Devianzpädagogik, Medienpädagogik etc. … Die Auswahl ist groß.
Aber in welchen Bereichen arbeiten Erziehungswissenschaftler eigentlich? Diplom-Päda-

gogen finden sich in vielen Berufsfeldern wieder. Sie arbeiten

- in der Aus- und Weiterbildung
- in der Früherziehung und Frühförderung
- in der Kinder- und Jugendarbeit
- in der Personalentwicklung und im Personalwesen
- bei Unternehmensberatungen
- als Kinder und Jugendpsychologen
- in der Karriereberatung
- in der Lern- und Schulförderung
- als Medienpädagogen
- als Museumspädagogen
- als Freizeitpädagogen und Kulturpädagogen bei verschieden Institutionen
- in der Bildungspolitik
- in der Entwicklungsarbeit
- in der Elternberatung
- in der Bildungsarbeit
- in der Sozialarbeit
- in der Behindertenarbeit
- als Referenten
- als Dozenten und Trainer
- in der Gerichtshilfe und im Strafvollzug
- als Therapeuten

Pädagogisches gibt es in den unterschiedlichen Lebensaltern.
(Foto: Georg Bubolz, Erkelenz)

Die Vielfältigkeit erfordert Flexibilität, bietet aber auch viele Chancen."
(Simone Handlos, PERSPEKTIVE BERUF: Berufsfelder für Pädagogen, in: http://www.studis-online.de/Karriere/art-899-beruf_paedagogin.php – [01. 04. 2013])

Zu den gewandelten Anforderungen an erzieherisch ausgerichtete Berufe kann eine Studie informieren, die sich mit dem Berufsbild von Erziehern/Erzieherinnen beschäftigt. Dieses Berufsbild steht in gewisser Weise *exemplarisch* für pädagogische Berufe insgesamt:
„In der Auswertung der qualitativen Interviews mit Fachschulleitungen aus der gesamten Bundesrepublik zeigten sich zum einen vielfach übereinstimmende Einstellungen zum sich wandelnden Berufsbild der Erzieherinnen und Erzieher. Es scheint großen Konsens darüber zu geben, dass mit der Fokussierung auf den frühkindlichen Bildungsaspekt – nicht nur, aber auch hervorgerufen durch die Ergebnisse der PISA-Studie – die Anforderungen im Arbeitsfeld der Kindertageseinrichtungen gestiegen sind. Zum anderen wurden weitere Herausforderungen auf pädagogischem Gebiet genannt, die nicht zuletzt auf gesellschaftlichen Wandel zurückzuführen sind. Hierbei sind die zunehmende Pluralität und damit die Veränderungen von Lebens- und Familienformen zu nennen, die Einfluss auf die Entwicklung und auf das kindliche Verhalten haben können. Auch der zunehmende Anteil von Kindern mit Migrationshintergrund führt zu Veränderungen und neuen Herausforderungen im beruflichen Alltag der Kindertagesstätten. Beides fordert von den Erzieherinnen und Erziehern neben großer Empathie vielfache sozialintegrative und interkulturelle Fähigkeiten. Das erweiterte Aufgabenspektrum der Fachkräfte reicht nach Angaben der Schulleitungen von der Betreuung über die frühkindliche Bildungsförderung und ihrer Dokumentation, der Diagnostik von Verhaltensauffälligkeiten, der intensiven Zusammenarbeit mit Eltern bis hin zur Krisenintervention in Problemfamilien.
Darüber hinaus wird von den pädagogischen Fachkräften eine Anzahl administrativer Managementkompetenzen verwaltungstechnischer und betriebswirtschaftlicher Art erwartet. Viele der genannten Qualifikationen werden von den Fachschulen ür Sozialpädagogik in der klassischen Ausbildung vermittelt – andere müssen allerdings aus Zeitbudgetgründen der Fort- und Weiterbildung vorbehalten bleiben."
(Aus: Brigitte Rudolph, Das Berufsbild der Erzieherinnen und Erzieher im Wandel – Zukunftsperspektiven zur Ausbildung aus Sicht der Fachschulleitungen. Eine Studie der Weiterbildungsinitiative Frühpädagogische Fachkräfte (WiFF), München 2012, S. 42 f.; © 2012 Deutsches Jugendinstitut e. V. Weiterbildungsinitiative Frühpädagogische Fachkräfte (WiFF) Nockherstraße 2, 81541 München Telefon: +49 (0)89 62306-173, E-Mail: info@weiterbildungsinitiative.de; in: http://www.weiterbildungsinitiative.de/uploads/media/Studie_Rudolph.pdf – [01. 04. 2013])

(© Zensusa Collection)

Feier zum erfolgreichen Abschluss des Studiums
(Foto: Peter Günter/vario-images)

*„Es ist nicht genug, zu wissen,
man muss auch anwenden;
es ist nicht genug, zu wollen,
man muss auch tun."*

Johann Wolfgang von Goethe

1. Personen (Auswahl)

Aamodt, Sandra: Autorin, früher Chefredakteurin von „Nature Neuroscience".

Abels, Heinz (*1943): bis zu seiner Emeritierung 2008 Professor für Soziologie in Essen und Hagen.

Adam, Konrad (*1942): studierte Alte Sprachen, Geschichte und Rechtswissenschaft in Tübingen, München und Kiel, deutscher Journalist und Publizist.

Adorno, Theodor W. (1903–1969): Philosoph, Soziologe, Musiktheoretiker und Komponist. Einer der wichtigsten Vertreter der Frankfurter Schule und der **Kritischen Theorie.** Ihre Vertreter verfolgen das Ziel durch kritische Analyse der bürgerlich-kapitalistischen Gesellschaft, das heißt die Aufdeckung ihrer Herrschafts- und Unterdrückungsmechanismen und die Entlarvung ihrer Ideologien, zum Aufbau einer vernünftigen Gesellschaft mündiger Menschen beizutragen.

Ariès, Philippe (1914–1984): französischer Erforscher des Mittelalters (Mediävist) und Historiker der Annales-Schule. Seine späten Werke verfolgen einen mentalitätsgeschichtlichen Ansatz. In seinen international erfolgreichen, aber auch umstritten diskutierten Monografien erforschte er u. a. die Geschichte der Kindheit und die Geschichte des Todes.

Arnold, Rolf (*1952): Professor für Pädagogik an der Universität Kaiserslautern.

Asimov, Isaak (1920–1992): der russisch-amerikanische Biochemiker wurde als Sachbuchautor und vor allem als Science-Fiction-Schriftsteller bekannt. Einzelne Romane und Geschichtensammlungen haben Kultstatus.

Auernheimer, Georg (*1939): war nach der Promotion in Erziehungswissenschaft von 1972 bis 1995 Professor für Erziehungswissenschaft an der Philipps-Universität Marburg, zuerst mit dem Schwerpunkt Schulpädagogik, später mit dem Schwerpunkt interkulturelle Sozialisationsforschung. Ab 1995 lehrte er bis zu seiner Emeritierung 2005 als Professor für Interkulturelle Pädagogik an der Erziehungswissenschaftlichen, heute Humanwissenschaftlichen Fakultät der Universität Köln. Er ist Mitbegründer der Forschungsstelle für Interkulturelle Studien.

Ausubel, David Paul (1918–2008): amerikanischer Psychologe, studierte zunächst Medizin und spezialisierte sich auf die Bereiche pädagogischer Psychologie.

Bandura, Albert (*1925): ist amerikanischer Psychologe. Bis zu seiner Emeritierung arbeitete er an der Stanford-Universität.

Baumert, Jürgen (*1941): deutscher Bildungsforscher, der vor allem durch seine Beiträge zu PISA bekannt geworden ist.

Bayerwaltes, Marga (*1948): nach dem Studium von Erziehungswissenschaft, Romanistik, Germanistik und Philosophie Lehrerin am Gymnasium.

Becker, Jurek (1937–1997): der in Lodsch/Polen geborene deutschsprachige Schriftsteller und Drehbuchautor wurde 1973 in den Vorstand des Schriftstellerverbandes gewählt, unterzeichnete 1976 mit elf weiteren Schriftstellern einen Brief gegen die Ausbürgerung Wolf Biermanns, wurde daraufhin aus der SED und aus dem Vorstand des Schriftstellerverbands der DDR ausgeschlossen. Im Folgejahr trat Becker aus Protest gegen den Ausschluss des Schriftstellers Reiner Kunze aus dem Schriftstellerverband aus und kam mit Genehmigung der DDR-Behörden in den Westen, da ihm keine Arbeitsmöglichkeiten in der DDR mehr geboten wurden.

Berg, Philipp: Lehrbeauftragter im Bereich „Gesellschaftswissenschaften und soziale Arbeit" der Hochschule Darmstadt.

Berliner, David C.: US-amerikanischer Professor für Erziehungswissenschaft (Arizona, Massachusetts, Oregon, Stanford University).

Bittner, Günther (*1937): Professor für Pädagogik an der Universität Würzburg.

Blumer, Herbert (1900–1987): US-amerikanischer Soziologe und Schüler von George Herbert Mead. Blumer übernahm nach dem krankheitsbedingten Ausscheiden Meads dessen Hauptvorlesung und führte dessen Werk weiter – lehrte ab 1928 in Chicago und wechselte 1952 nach Berkeley. Er prägte 1937 den Begriff des symbolischen Interaktionismus und fasste die Ideen Meads in den folgenden drei Prämissen zusammen: Menschen handeln Dingen gegenüber aufgrund der Bedeutung, die diese Dinge für sie haben. Diese Bedeutung entsteht in einem Interaktionsprozess. Die Bedeutung wird von der Person in Auseinandersetzung mit den Dingen selbst interpretiert, daraufhin entsprechend gehandhabt und geändert.

Böhm, Winfried (*1937): in Schluckenau (ehem. Tschechoslowakei) aufgewachsen, war er für einen Zeitraum von 31 Jahren ordentlicher Professor für Pädagogik an der Universität Würzburg und lehrte weltweit an verschiedenen renommierten Universitäten.

Brecht, Bertolt (1898–1956): Dramatiker und Dichter aus Augsburg, von 1917 bis 1918 studierte er in München Naturwissenschaften, Medizin und Literatur. Ab 1922 arbeitete er als Dramaturg an den Münchener Kammerspielen. Von 1924 bis 1926 war er Regisseur an Max Reinhardts Deutschem Theater in Berlin. 1933 verließ Brecht mit seiner Familie und Freunden Berlin und flüchtete nach Dänemark. Außer Dramen schrieb Brecht auch Beiträge für mehrere Emigrantenzeitschriften in Prag, Paris und Amsterdam. 1948 kehrte er aus dem Exil nach Berlin zurück.

Brumlik, Micha (*1947): als Kind jüdischer Flüchtlinge in der Schweiz geboren, arbeitete nach dem Studium der Pädagogik und Philosophie als Erziehungswissenschaftler in Göttingen, Mainz, Hamburg, Heidelberg und Frankfurt.

Bruner, Jerome (*1915): von 1952 bis 1972 Professor der Psychologie in Harvard, wechselte dann nach Oxford, wo er bis 1980 verblieb. Heute ist er an der juristischen Fakultät NYU in New York. Bruners Hauptidee: Kinder erlernen mit dem Sprechen die Kultur, in der sie leben, und wie sie in dieser Kultur durch Sprache ihre Absichten verwirklichen und mit Worten Dinge geschehen machen können.

Bründel, Heidrun (*1944): war als Diplompsychologin und Psychotherapeutin in der Bildungs- und Schulberatung des Kreises Gütersloh tätig.

Bueb, Bernhard (*1938): studierte Philosophie und katholische Theologie. Nach seiner Promotion wurde er Assistent von Hartmut von Hentig. Von 1974 bis 2005 leitete er die Internatsschule Schloss Salem. Er ist verheiratet und hat zwei Töchter.

Buchwald, Petra: Dr. phil., habil., arbeitet an der Bergischen Universität Wuppertal im Institut für Bildungsforschung.

Bumke, Oswald (1877–1950): bedeutender deutscher Psychiater und Neurologe. Seine Hand- und Lehrbücher fanden in aller Welt Verbreitung.

Claxton, Guy (*1947): Professor der „Wissenschaften vom Lernen“, Co-Director des Centre for Real-World Learning, University of Winchester.

Dahrendorf, Ralf (1929–2009): war als Mitglied einer antinazistischen Schülergruppe 1944–45 inhaftiert; nach dem Studium der Philosophie und Klassischen Philologie in Hamburg und der Soziologie in London habilitierte er sich 1957 in Saarbrücken und lehrte seit 1958 Soziologie in Hamburg, Tübingen und Konstanz. Sein Engagement für demokratische Reformen führte ihn 1969 für die FDP in den Bundestag. Er wurde zunächst Parlamentarischer Staatssekretär im Außenministerium, 1970 dann EU-Kommissar. Dahrendorf lehrte u. a. in London und Konstanz und war von 1991–1997 Prorektor der Universität Oxford. Seit 1993 war Dahrendorf als Baron of Clare Market in the City of Westminster Mitglied des britischen Oberhauses und seit 1997 Direktor der Bankgesellschaft in London. Seit Januar 2005 war er Forschungsprofessor am Wissenschaftszentrum für Sozialforschung in Berlin.

Dehner, Klaus (*1963): ist Lehrbeauftragter am Erziehungswissenschaftlichen Seminar der Universität Heidelberg.

de Mause, Lloyd (*1931): in Detroit (Michigan) aufgewachsen, Psychoanalytiker und Leiter des Institute for Psychohistory in New York, Präsident der International Psychohistorical Association (IPA) und Herausgeber des Journal of Psychohistory.

Dreier, Annette (*1960): Diplom-Pädagogin, arbeitet als Autorin, Bildungsforscherin und Beraterin.

Dollard, John S. (1900–1980): studierte an der Universität von Wisconsin und promovierte 1931 im Fach Soziologie an der Universität von Michigan in Chicago. Psychoanalytische Ausbildung am Berliner Psychoanalytischen Institut. Nach seiner Rückkehr in die USA lehrte er Soziologie, Anthropologie und Psychologie an der Yale-Universität und traf mit Neal E. Miller zusammen, der ebenfalls ein Studium der Psychoanalyse, allerdings bei Anna Freud in Wien, absolviert hatte. In Zusammenarbeit mit anderen

entstand die sogenannte **Frustrations-Aggressions-Hypothese,** deren Hauptannahmen sind, dass Frustration immer zu Aggression führe und Aggression immer eine Folge von Frustration sei. Die Intensität der Aggression soll sich direkt aus der Intensität der Frustration ergeben, und aggressive Handlungen sollen zu einem Abbau der Aggression und zu einer geringeren Auftretenswahrscheinlichkeit weiterer aggressiver Handlungen führen.
Dollinger, Bernd (*1973): Promotion zum Thema Desintegration und deviantes Verhalten an der Universität Bamberg, seit 2010 Professor im Departement Erziehungswissenschaft – Psychologie, Sozialpädagogik und Sozialarbeit an der Universität Siegen.
Dweck, Carol S. (*1946): Professorin für Psychologie an der Stanford University in Kalifornien. Schwerpunkte ihrer wissenschaftlichen Arbeit sind: Persönlichkeitsentwicklung, soziales Verhalten, Sozialpsychologie und Entwicklungspsychologie, Selbstauffassung der Menschen und ihre Rolle beim Strukturieren und Führen des eigenen Handelns.

Emerson, Ralph Waldo (1803–1882): der in Boston/USA geborene Philosoph und Schriftsteller studierte in Harvard, erhielt die Ausbildung eines unitarischen Geistlichen, wandte sich aber 1832 von der traditionellen Theologie ab. Sein Bekenntnis, dass Menschen in einfacher Art und Weise und im Einklang mit der Natur leben sollten, basiert auf seinem Glauben, in der Natur die wahre Quelle göttlicher Offenbarung zu erfahren.
Enzensberger, Hans Magnus (*1929): studierte Literaturwissenschaft, Philosophie und Sprachen an den Universitäten Erlangen, Freiburg im Breisgau, Hamburg und an der Sorbonne in Paris. Er wurde 1955 im Fach Literaturwissenschaften promoviert. Enzensberger war tätig als Redakteur beim Rundfunk, als Verlagslektor und lehrte als Dozent an verschiedenen Hochschulen im In- und Ausland. Als Lyriker, Essayist, Hörspielautor, Übersetzer und Herausgeber zählt er zu den größten lebenden Lyrikern der deutschen Sprache. Enzensberger lebt und arbeitet in München.
Erikson, Erik Homburger (1902–1994): zählt zu den einflussreichsten Psychoanalytikern des 20. Jahrhunderts. Er wird als Freudianer bezeichnet, weil er den wesentlichen Grundsätzen Freuds treu blieb. Aber Erikson wuchs über den Status eines führenden Psychoanalytikers hinaus. Historiker, Theologen, Philosophen, Biologen und Studenten aller Fachrichtungen interessierten sich zunehmend für seine Arbeit. Man forderte ihn auf, an unzähligen Hochschulen und Universitäten auf der ganzen Welt Vorträge zu halten. Beim Kongress der Weltgesundheitsorganisation 1953 trafen sich führende Wissenschaftler, um den Einfluss in der Kindheit wirksamer Faktoren auf die Entwicklung der Persönlichkeit zu erörtern. Dabei wurden Eriksons Theorien herangezogen. Vor allem sein **Stufenmodell** hat große Resonanz erfahren.
Ernst, Karin (*1949): promovierte Erziehungswissenschaftlerin, Medienexpertin. Sie ist seit 2002 bei LIFE e.V. Expertin für entdeckendes Lernen, neue Lernformen, Konzeption und Entwicklung von Lernsoftware und eLearning.

Felten, Michael (*1951): arbeitet als Gymnasiallehrer für Mathematik und Kunst in Köln. Felten ist Lehrbeauftragter in der Lehrerausbildung sowie Autor von Unterrichtsmaterialien, Erziehungsratgebern und pädagogischen Essays. Ein Schwerpunkt seiner Arbeit ist u.a. die Studie von John Hattie „Visible Learning".
Fest, Joachim (1926–2006): deutscher Historiker, der 1973 eine auch international viel beachtete Hitler-Biografie veröffentlichte. Von 1983 bis 1993 war Fest Mitherausgeber der Frankfurter Allgemeinen Zeitung.
Feuchtersleben, Ernst Freiherr von (1806–1849): philosophisch ausgerichteter Arzt, Lyriker und Essayist aus Österreich.
Fischer, Torsten (*1964): Dr. paed., habil. Forschungen zur Erlebnispädagogik. Sein Motto: „Emotionale Erfahrungen sind das, was bleibt, wenn man alles vergessen hat." Seit 2006 Inhaber des Lehrstuhls Bildungsmanagement und Erwachsenenbildung am Baltic College, Güstrow.
Freud, Anna (1895–1982): Die Tochter Sigmund Freuds gilt als Begründerin der Kinderanalyse.
Freud, Sigmund (1856–1939): lebte bis zu seiner Emigration 1938 in Wien. Er gilt als Begründer der Psychoanalyse, die neben dem Bewusstsein vor allem das „Unbewusste" im Menschen untersucht und in ihre Theorie und Therapie mit einbezieht.
Fried, Amelie (*1958): deutsche Moderatorin und Schriftstellerin; studierte von 1976 bis 1983 Theater-

wissenschaft, Publizistik, Kunstgeschichte und Italienisch in München – ohne akademischen Abschluss. Danach absolvierte sie bis 1989 an der Hochschule für Fernsehen und Film München ein Diplomstudium in Dokumentarfilm und Fernsehpublizistik. Seit 1984 moderiert Amelie Fried im Fernsehen verschiedene Sendungen. Amelie Fried ist verheiratet und hat zwei Kinder.

Frisch, Max (1911–1991): Schweizer Architekt und Autor, gehört zu den bedeutendsten deutschsprachigen Schriftstellern der Nachkriegszeit.

Fromm, Erich (1900–1980): deutsch-amerikanischer Psychoanalytiker und Sozialpsychologe; er gilt als bedeutender Humanist des 20. Jahrhunderts. Wie kaum ein anderer in Deutschland geborener Humanwissenschaftler hat Erich Fromm mit seinen Theorien weltweite Bedeutung erlangt.

Fulghum, Robert (*1937): US-amerikanischer Theologe und Autor.

Gaarder, Jostein (*1952): studierte Philosophie, Theologie und Literaturwissenschaft in Oslo und unterrichtete danach zehn Jahre lang Philosophie an Schulen und in der Erwachsenenbildung. Daneben schrieb er Romane und Erzählungen für Kinder und Erwachsene. Sein philosophischer Bestseller *Sofies Welt* wurde mehrfach ausgezeichnet. Jostein Gaarder lebt heute als freier Schriftsteller in Oslo.

Gage, Nathaniel Lees (1917–2008): amerikanischer Vertreter pädagogischer Psychologie, Professor an der Stanford University und an der University of Illinois. Berliner nannte ihn den „Vater auf dem Feld der Unterrichtsforschung".

Gardner, Howard (*1943): Professor für Erziehungswissenschaften an der Harvard Graduate School of Education, außerordentlicher Professor für Psychologie an der Harvard University und außerordentlicher Professor für Neurologie an der Boston University School of Medicine. Er beschäftigte sich mit Fragen der Neuroethik.

Gerrig, Richard J. (*1959): Professor für Psychologie an der State University of New York at Stony Brook. Seine Forschungsarbeiten in Kognitiver Psychologie haben weltweit Beachtung gefunden.

Gide, André (1869–1951): der französische Schriftsteller wurde durch Romane, Theaterstücke und autobiografische Werke bekannt, die durch ihre gründliche Analyse individueller Selbstbestimmung und das für ihn typische bedingungslose Eintreten für Freiheit und Würde des Menschen bestechen. Zusammen mit seinen kritischen Werken hatten sie einen tief greifenden Einfluss auf die französische Literatur und Philosophie der Moderne.

Giesecke, Hermann (*1932): Erziehungswissenschaftler, lehrte als Professor für Pädagogik, Politikdidaktik und Sozialpädagogik in Göttingen.

Goethe, Johann Wolfgang von (1749–1832): wohl der bedeutendste deutsche Dichter, der zudem auch naturwissenschaftliche Forschungen unternahm. Goethe bekleidete am Herzogshof zu Weimar auch verschiedene politische und administrative Ämter.

Gudjons, Herbert (*1940): lehrte bis zur seiner Emeritierung Schulpädagogik und Allgemeine Erziehungswissenschaft an der Universität Hamburg.

Habermas, Jürgen (*1929): der in Düsseldorf geborene zeitgenössische Philosoph und Soziologe hat aufgrund seiner Arbeiten zur Sozialphilosophie mit diskurs-, handlungs- und rationalitätstheoretischen Akzenten weltweit Bekanntheit erlangt. In der von ihm vertretenen Kritischen Theorie werden kommunikative Interaktionen, in denen rationale Geltungsgründe erhoben und anerkannt werden, als gesellschaftliche Grundlage betrachtet. Mit seinem Ansatz hat Habermas auch pädagogisches Denken befruchtet.

Hahn, Kurt (1886–1974): leitete 1920 bis 1933 das Landerziehungsheim Schloss Salem; er gründete 1934 im britischen Exil die „British Salem School" in Gordonstoun (Schottland) und 1941 eine Kurzschule mit mehrwöchigen Kursen, die erlebnispädagogischen Modellcharakter gewann.

Halbfas, Hubertus (*1932): em. Professor für Religionspädagogik an der Pädagogischen Hochschule Reutlingen.

Hattie, John (*1950): der neuseeländische Pädagoge arbeitet seit 2011 als Professor für Erziehungswissenschaften und Direktor des Melbourne Education Research Institute an der University of Melbourne/Australien. Davor war er als Professor für Erziehungswissenschaft an der University of Auckland tätig. In seinen Studien beschäftigt er sich vor allem mit Einflussfaktoren auf gelingende Schülerleistungen, mit Kreativität und Modellen des Lehrens und

Lernens. Er bedient sich evidenzbasierter, quantitativer Forschungsmethoden, um die Wirkungsfaktoren auf Schülerleistungen zu untersuchen. Über den angelsächsischen Sprachraum hinaus bekannt wurde John Hattie durch die nach ihm benannte Hattie-Studie, eine Meta-Analyse über Meta-Analysen. Hier stellte er Indikatoren für gute Schülerleistungen zusammen.

Hentig, Hartmut von (*1925): Professor für Pädagogik, erst in Göttingen, dann an der Reformuniversität Bielefeld, wo er die im In- und Ausland berühmte Laborschule und das Oberstufen-Kolleg gründete und bis zu seiner Emeritierung 1987 deren Wissenschaftlicher Leiter war.

Hobelsberger, Hans (*1960): Dr. theol., Professor für Pastoraltheologie an der Katholischen Hochschule Abt. Paderborn, Berater der Jugendkommission der Deutschen Bischofskonferenz.

Holt, John (1923–1985): in New York aufgewachsen; er gilt als Wegbereiter einer Pädagogik, die von der Weltsicht des Kindes und seiner emotionalen Intelligenz ausgeht.

Holzbrecher, Alfred: Professor an der Pädagogischen Hochschule in Freiburg/Br.

Honig, Michael-Sebastian (*1950): studierte Erziehungswissenschaften und Soziologie (MA) an der Universität Göttingen und wurde zum Dr. rer. soc. von der Universität Tübingen promoviert. Seine Dissertation hat „Gewalt in der Familie" (1986) zum Gegenstand. Er habilitierte sich in Erziehungswissenschaften an der Universität Tübingen mit einer Studie über die Theorien der Kindheit (1996). Nach Forschungszeiten am Deutschen Jugendinstitut arbeitete er als Professor für den Themenkomplex Pädagogik/Sozialpädagogik/Sozialarbeit an der Universität Luxembourg.

Hörmann, Georg: em. Professor für Pädagogik an der Universität Bamberg. Er hat Philosophie, Latein, Theologie, Pädagogik studiert.

Huber, Andreas (*1956): Diplom-Psychologe. Er war zehn Jahre Redakteur bei der Zeitschrift Psychologie Heute. Heute arbeitet Andreas Huber als freier Wissenschaftspublizist und als Trainer in der Jugend- sowie Erwachsenenbildung.

Hurrelmann, Klaus (*1944): bis zu seiner Emeritierung Professor für Sozial- und Gesundheitswissenschaft an der Universität Bielefeld, Direktor am Institut für Bevölkerungsforschung und Sozialpolitik.

Kästner, Erich (1899–1974): deutscher Schriftsteller, Drehbuchautor und Kabarettist, aufgewachsen in Dresden, später in München lebend.

Kagan, Jerome (*1929): Vorreiter der Entwicklungspsychologie; seine Forschungen zeigten, dass es beim „Temperament" von Kindern eine gewisse Kontinuität über das Jugend- bis ins Erwachsenenalter gibt.

Kant, Immanuel (1724–1804): berühmter deutscher Aufklärungsphilosoph, dessen Denken auch für die Pädagogik große Bedeutung erlangte. Seine Überzeugung vom Wert der Erziehung gipfelt in dem Satz: „Gute Erziehung ist das, woraus alles Gute in der Welt entspringt."

Kannenberg, Lothar (*1957): deutscher Boxer und Streetworker. Kannenberg entwickelte ein Erziehungskonzept in der Jugendhilfe, bei dem die Jugendlichen einen fest strukturierten Tagesablauf haben, welcher mit viel Sport, Verhaltenstraining, Arbeitsprojekten, Handwerk und Musik kombiniert wird. Sein „Camp" ist 3,5 Kilometer von der nächsten Stadt entfernt und am Waldrand gelegen. Ziel des Konzepts ist es, feste Strukturen und Regeln aufzubauen und Aggressionen mit Sport und Arbeit zu bewältigen. Die Jugendlichen sollen Respekt vor ihren Mitbürgern lernen, deshalb tragen die Camp-Pädagogen auch den Namen „Respekttrainer".

Keim, Wolfgang (*1940): bis zu seiner Emeritierung Professor für Erziehungswissenschaft in Paderborn; besonderer Schwerpunkt: historische Pädagogik

Keup, Heiner (*1943): studierte Psychologie, Soziologie und Pädagogik, arbeitete bis zur Emeritierung als Professor für Sozialpsychologie an der Universität München. Schwerpunktthema: „Identitätskonstruktionen".

Kishon, Ephraim (1924–2005): wuchs in Budapest auf, „neugeboren" 1949 in Israel. Er war verheirat, Vater von drei Kindern und lebte als freier Schriftsteller in Israel. Seine Satiren machten ihn weltberühmt.

Klafki, Wolfgang (*1927): Erziehungswissenschaftler, lehrte von 1963 bis zu seiner Emeritierung 1992 an der Philipps-Universität in Marburg. Klafki hat den Begriff der **kategorialen Bildung** geprägt, der den Widerspruch von formalen und materialen Bildungstheorien aufheben soll. Die Bildungstheorie der 1960er-Jahre wird durch ihn zur „kritisch-konstruktiven Erziehungswissenschaft", indem sie in Auseinandersetzung mit der kritischen Theorie um einen expliziten Gesellschaftsbezug erweitert wird.

Methodologisch werden neben der klassischen Hermeneutik Empirie und Ideologiekritik mit einbezogen. In Anknüpfung an Comenius („omnes omnia omnino") und die Aufklärung ist Bildung für Klafki **Allgemeinbildung** in einem dreifachen Sinn: **Für alle:** umfasst die Forderung nach Chancengleichheit. **Allseitig:** Ziel ist eine vielseitige Interessen- und Kompetenzentwicklung. Das führt zu einer Erweiterung des Lernbegriffs, der einerseits kognitives soziales und emotionales Lernen einschließt und dieses nicht nur ergebnis- und produktorientiert, sondern auch prozessorientiert versteht, und der andererseits sich nicht nur auf den klassischen Bildungskanon beschränkt, sondern auch moderne Themen im Interesse von Kindern und Jugendlichen aufgreift. Unterricht soll damit die vergangene und gegenwärtige Kultur weitergeben und die zukünftige vorwegnehmen. **Durch das Allgemeine:** Klafki versteht didaktisch unter dem Allgemeinen „Schlüsselprobleme unserer kulturellen, gesellschaftlichen, politischen, individuellen Existenz", die anhand der Friedensfrage, der Umweltfrage, der Frage nach gesellschaftlich produzierter Ungleichheit, der Frage nach der Interkulturalität, der Frage nach neuen Medien und der Frage nach der Ich-Du-Beziehung im Unterricht behandelt werden. Als Kompetenzmodell ist dieses Konzept in deutsche Lehrpläne eingegangen.

Kleinbaum, Nancy H. (*1948): US-amerikanische Schriftstellerin und Journalistin. Bekannt wurde sie als Co-Autorin des Romans *Der Club der toten Dichter*, der im Jahr 1989 in der Folge des erfolgreichen gleichnamigen Films geschrieben worden ist. Entstanden ist ihr Roman unter Mitarbeit von Peter Weir auf der Grundlage des Filmscripts von Tom Schulman. Kleinbaums Roman ist weniger ein eigenständiges literarisches Werk als eine Art Merchandising-Produkt.

Kohlberg, Lawrence (1927–1987): nahm 1948 sein Psychologiestudium an der University of Chicago auf. 1968 erhielt er eine ordentliche Professur für Erziehungswissenschaft und Sozialpsychologie an der Harvard University in Cambridge, Massachusetts. In diese Zeit fällt auch der wissenschaftliche Durchbruch Kohlbergs, der ihm mit seinem 1969 veröffentlichten Werk *Stage and Sequences* gelang, in dem er seine in den 60er-Jahren entwickelte kognitive Entwicklungstheorie veröffentlichte. An der Graduate School of Education der Harvard University gründete Kohlberg das Zentrum für moralische Entwicklung und Erziehung, das er bis zu seinem Tod leitete. Während eines zehntägigen Forschungsaufenthalts von Dezember 1971 bis Januar 1972 in Punta Gordon (Belize) infizierte sich Kohlberg mit Giardia lambia, doch erst im Mai 1973 wurde diese Viruserkrankung diagnostiziert. Zu diesem Zeitpunkt war der Krankheitsverlauf aber schon so weit fortgeschritten, dass eine Heilung nicht mehr möglich war. Dennoch versuchte Kohlberg seine berufliche Aktivität nicht einzuschränken und arbeitete zunächst unermüdlich weiter. Doch dann resignierte er und ertränkte sich im Atlantik in der Nähe von Boston.

Korczak, Janusz (1878–1942): eigentlich: **Henryk Goldszmit**, polnischer Arzt, Kinderbuchautor und bedeutender Pädagoge. Als er 1911 die Leitung eines nach seinen Plänen neu errichteten jüdischen Waisenhauses angeboten bekam, gab er den Arztberuf auf. Das Waisenhaus wurde sein Lebensinhalt. Getragen von der jüdischen Gesellschaft *Hilfe für die Waisen* nahm es jüdische Kinder bis zum Alter von 14 Jahren auf. Korczak nutzte den pädagogischen Spielraum, um seine auf prinzipiellen Kinderrechten fußenden Ideen umzusetzen und nach neuen Wegen zu suchen, beispielsweise bei der Umsetzung eines Kinderrepublik-Modells. Schließlich wurden 1942 im Rahmen der Aktionen zur sogenannten „Endlösung der Judenfrage" die etwa 200 Kinder des Waisenhauses von der SS in das Vernichtungslager Treblinka verschleppt. Obwohl er wusste, dass dies wahrscheinlich den Tod bedeutete, wollte Korczak die Kinder nicht im Stich lassen und bestand darauf mitzufahren. Vermutlich am 5. August 1942 – dem Tag, an dem sein Tagebuch abbricht – wurde er von den Nationalsozialisten ermordet.

Kraus, Josef (*1949): seit 1987 Präsident des Deutschen Lehrerverbandes (DL), der größten Lehrerorganisation in Deutschland außerhalb des DGB bzw. der GEW. Er lebt bei Landshut.

Krappmann, Lothar (*1936): studierte Philosophie und katholische Theologie an der Philosophisch-Theologischen Hochschule Sankt Georgen in Frankfurt am Main, unter anderem bei Oswald von Nell-Breuning und Hermann Josef Wallraff. Nach dem

Magisterexamen 1961 schloss er ein Studium der Soziologie und Neueren Geschichte an, zunächst in Köln und später Berlin, wo er 1969 promoviert wurde. Seine Dissertation über *Soziologische Dimensionen der Identität* ist soziologisches Standardwerk. Die zentrale Aussage von Krappmanns Identitätstheorie ist, dass es vier Grundqualifikationen des Rollenhandelns gebe: Rollendistanz, Empathie, Ambiguitätstoleranz und Identitätsdarstellung.
Krieck, Ernst (1882–1947): nationalsozialistischer Pädagoge.
Kron, Friedrich W. (*1933): der in Bad Kreuznach geborene Hochschullehrer hat bis zu seiner Emeritierung die Richtung Allgemeine Erziehungswissenschaft u.a. in Mainz und Bonn vertreten.

Lämmle, Brigitte (*1946): studierte Psychologie und absolvierte eine Ausbildung zur Familientherapeutin. Seit 1971 arbeitete sie zunächst in der Zeitungsbranche, dann auch für den Rundfunk. Von 1971 bis 1975 war Lämmle Mitglied im *Dr.-Sommer-Team* der Jugendzeitschrift *BRAVO*. Lämmle ist verheiratet und hat zwei Kinder.
Lec, Stanislaw Jerzy (1909–1966): polnischer Aphoristiker und Lyriker.
Lorenz, Konrad (1903–1989): Der Österreicher studierte in Wien und New York Medizin, wechselte dann zur Zoologie, um 1933 in diesem Fach promoviert zu werden Er war einer der Hauptvertreter der sogenannten klassischen vergleichenden Verhaltensforschung. Er selbst nannte dieses Forschungsgebiet bis 1949 „Tierpsychologie". 1973 mit dem Medizin-Nobelpreis ausgezeichnet, gilt er als Mitbegründer der modernen Verhaltensforschung bei Tier und Mensch. Trotz seiner Mitwirkung an der nationalsozialistischen Rassenforschung stieg Lorenz in der Nachkriegszeit zu einem international anerkannten Vertreter der Ethologie auf. Dabei löste der „Vater der Graugänse" mit seiner Theorie über den tierischen und menschlichen Aggressionstrieb eine heftige kontroverse Debatte aus.

Martens, Thomas: arbeitet als Hochschullehrer zur Thematik „Soziale Arbeit" an der Fachhochschule Kiel.
Mead, George Herbert (1863–1931): US-amerikanischer Philosoph und Soziologe; sein Nachfolger Blumer hat seine Ideen aufgegriffen und daraus die **Theorie des symbolischen Interaktionismus** geformt.
Meise, Sylvia: freie Journalistin und Autorin, arbeitet für verschiedene Medien zu den Schwerpunktthemen Bildung und Erziehung.
Mersch, Sonja: Studium der Philologie an der Ruhruniversität Bochum, Schwerpunkte: Theater- und Tanzwissenschaft, Germanistische Linguistik, Anglistik; 1999–2008 Journalistin für die Westdeutsche Zeitung, derzeit freiberuflich tätig. Sonja Mersch ist Mutter einer Tochter.
Mikhail, Thomas: arbeitet u. a. zu Themen der Bildungsforschung am Karlsruher Institut für Technologie/Institut für Berufspädagogik und Allgemeine Pädagogik – Abteilung Allgemeine Pädagogik.
Miller, Neal E. (1909–2002): verfasste an der Yale University seine Dissertation über die Konzepte der „Verdrängung" und „Hemmung" von Freud bzw. Pawlow. 1935/36 studierte er Psychoanalyse bei Anna Freud in Wien und unterzog sich einer Analyse bei Heinz Hartmann. 1936 kehrte er nach Yale zurück und nahm eine wissenschaftliche Stelle an; er hat zusammen mit Dollard die **Frustrations-Aggressions-Hypothese** entwickelt.
Mollenhauer, Klaus (1928–1998): deutscher Pädagoge, der als Theoretiker der Kritischen Erziehungswissenschaft großen Einfluss auf die Sozialpädagogik ausübte.
Montessori, Maria (1870–1952): italienische Ärztin, Reformpädagogin, Philosophin und Philanthropin. Sie entwickelte die nach ihr benannte Montessori-Pädagogik.
Morris, Desmond (*1928): britischer Zoologe, Buch- und Fernsehautor, der komplizierte naturwissenschaftliche Zusammenhänge in einfache Sprache zu fassen versteht.

Nieke, Wolfgang (*1948): Nach dem Studium von Erziehungswissenschaft, Philosophie, Psychologie, Soziologie und Germanistik in Münster wurde er 1976 promoviert, er habilitierte sich 1991 an der Universität Essen. Der aus Paderborn stammende Erziehungswissenschaftler war zuletzt bis zu seiner Emeritierung Professor für Allgemeine Pädagogik an der Universität Rostock. Seine Forschungsschwerpunkte sind Bildungsphilosophie, interkulturelle Erziehung und Bildung, Umweltbildung und Identitätsbildung.

Nohl, Herman (1879–1960): Der Pädagoge und Philosoph lehrte ab 1919 an der Universität Jena, ab 1920 bis 1937 in Göttingen (Entlassung aus dem Hochschuldienst durch die Nationalsozialisten). Nach dem Krieg hatte er bis 1949 erneut in Göttingen einen Lehrstuhl inne. Nohl gilt als ein Hauptvertreter der geisteswissenschaftlichen Pädagogik.

Oerter, Rolf (*1931): deutscher Psychologe, bis zur Emeritierung Professor in München. Besonders bekannt wurde seine Entwicklungspsychologie.

Parsons, Talcott (1902–1979): der US-amerikanische Soziologe gilt als einer der einflussreichsten soziologischen Theoretiker in der zweiten Hälfte des 20. Jahrhunderts. Die von ihm entwickelte soziologische Handlungstheorie darf als Reaktion auf den Anfang des vergangenen Jahrhunderts vorherrschenden Empirismus in der angelsächsischen Soziologie verstanden werden. Seine allgemeine soziologische Theorie – mit dem Rollenbegriff als zentraler Kategorie – wurde in der Folge vielfach kritisiert. In der Auseinandersetzung mit seiner struktur-funktionalen Theorie wurden etwa durch den Ansatz von Mead oder Krappmann weiterführende Akzente gesetzt, die auch pädagogisch bedeutsam sind.

Paulsen, Friedrich (1846–1908): aus Nordfriesland stammender Philosoph und Pädagoge. Er war ein Befürworter der Reformpädagogik und wandte sich u. a. zugunsten des „deutschen Aufsatzes" erfolgreich gegen den „lateinischen Aufsatz" als Abitur-Leistung, wie er zuvor im Geiste des Neuhumanismus noch gefordert wurde. In gewisser Weise kann Paulsen als geistiger Vater des modernen Gymnasiums gelten, in dem die modernen Sprachen und die Naturwissenschaften neben den alten Sprachen als gleichberechtigt gelten.

Pawlow, Iwan Petrowitsch (1849–1936): ab 1890 Professor in St. Petersburg; arbeitete über die Innervation des Herzens, die Funktion der Leber und die Arbeitsweise der Verdauungsorgane, insbesondere die reflektorische Auslösung der Absonderung von Verdauungssäften (Speichel- und Magensekretion) durch Sinneseindrücke und den Mechanismus der Drüsentätigkeit, führte 1889 seine berühmten verdauungsphysiologischen Versuche mit einem Hund durch; begründete mit Bechterew die Lehre von den bedingten Reflexen (russische Reflexologie); erhielt 1904 den Nobelpreis für Physiologie oder Medizin.

Pennac, Daniel (*1944): in Casablanca aufgewachsen, lebt in Paris. Über zwei Jahrzehnte arbeitete er als Lehrer. Pennac hat auch Kinder- und Jugendbücher verfasst.

Pestalozzi, Johann Heinrich (1746–1827): Schweizer Pädagoge, dessen Ziel es war, „den Menschen zu stärken" und ihn dahin zu bewegen, „sich selbst helfen zu können". Sein Interesse richtete er u. a. besonders auf die Elementarbildung der Kinder, die intellektuell, sittlich-religiös und handwerklich allseitig und harmonisch gefördert werden sollten. Seine pädagogischen Ideen einer ganzheitlichen Erziehung legte er 1801 in seinem Buch *Wie Gertrud ihre Kinder lehrt* erstmals systematisch dar. Viele seiner Grundideen findet man in der modernen Pädagogik wieder.

Piaget, Jean (1896–1980): Der Schweizer Wissenschaftler war der Erste, dem es gelang, durch umfangreiche Beobachtungen an Kindern zu empirisch abgesicherten Ergebnissen zu kommen. Bei seiner Beschäftigung mit Problemen der Biologie und der Erkenntnistheorie und mit der geistigen Entwicklung des Kindes entdeckte Piaget einen genetischen Übergang zwischen biologischen und Erkenntnisphänomenen. Piaget versteht sich selbst weder als Biologe noch als Entwicklungspsychologe, sein Hauptanliegen ist vielmehr die Erkenntnistheorie. Die Grundthese dieser Erkenntnistheorie ist, dass erkenntnis- und wissenschaftstheoretische Untersuchungen, die mit der wissenschaftlichen Forschung einhergehen und sie begründen, die Entstehung der Erkenntnisfähigkeiten in der kindlichen Psychogenese an zentraler Stelle berücksichtigen müssen. Eine Erkenntnistheorie, die nur das vermeintlich reife Denken thematisiert, wie es beim Erwachsenen und zumal in den Wissenschaften anzutreffen ist, ist demzufolge unvollständig.

Pinker, Steven (*1954): leitet das Center for Cognitive Neuroscience am Massachusetts Institut of Technology (MIT).

Platon (427–348/347 v. Chr.): Schüler des Sokrates in Athen und gemeinsam mit seinem Schüler Aristoteles der wohl einflussreichste griechische Philosoph. Er gründete zwischen 387 und 367 v. Chr. die *Akademie* in Athen, die erst 529 n. Chr. von Kaiser Justinian aufgelöst wurde.
Postman, Neil (1931–2003): US-amerikanischer Medienwissenschaftler; er wurde insbesondere als Kritiker des Mediums Fernsehen bekannt.
Precht, Richard David (*1964): lebt als Schriftsteller und Publizist in Köln. Der promovierte Schriftsteller, Publizist, Essayist und Philosoph ist bekannt geworden als Autor sehr erfolgreicher populärwissenschaftlicher Bücher, die sich mit philosophischen Themen befassen und sie mit der modernen Wissenschaft verknüpfen.

Rabelais, François (1494/1483–1553): war wohl der bedeutendste Prosa-Autor der französischen Renaissance. Seine schriftstellerische Tätigkeit war auch begriffsbildend für die französische Sprache.
Raithel, Jürgen (*1969): promovierter Pädagoge und Psychologe, an der Universität Bamberg habilitiert im Bereich Humanwissenschaften. Arbeitsschwerpunkte u. a.: Jugend- und Genderforschung, Gesundheitspsychologie & Medizinsoziologie, Klinische Psychologie & Therapieforschung.
Rauh, Hellgard (*1942): studierte in Bonn Psychologie, ist seit 1995 Professorin für Entwicklungspsychologie an der Universität Potsdam.
Reble, Albert (1910–2000): bis zu seiner Emeritierung Professor für Pädagogik an der Universität Würzburg.
Regenbrecht, Aloysius (1929–2004): deutscher Pädagoge, der vor allem in Münster wirkte; sein besonderes pädagogisches Interesse galt den Problemen moralischer Erziehung und der Schule.
Reinlaßöder, Rolf: Koautor der Sendungen von Brigitte Lämmle.
Rekus, Jürgen (*1950): Von 1999 bis 2002 leitete er die Abteilung Allgemeine Pädagogik des Instituts für Bildungsforschung der Pädagogischen Hochschule Karlsruhe. Seit 2002 ist er Professor für Allgemeine Pädagogik an der Universität Karlsruhe und Abteilungsleiter am Institut für Berufspädagogik und Allgemeine Pädagogik.
Rieß, Werner (*1970): ist als Professor für Alte Geschichte an der Universität Hamburg tätig. Schwerpunkte seiner Arbeit liegen u. a. bei der Erforschung der Kultur- und Mentalitätsgeschichte des Klassischen Athen, der Sozialgeschichte der Römischen Kaiserzeit sowie bei Formen von Konflikt, Gewalt und Kriminalität in der griechisch-römischen Antike.
Rolff, Hans Günter (*1939): bis zu seiner Emeritierung Professor für Schulpädagogik und Bildungsplanung an der Universität Dortmund und Leiter des Instituts für Schulentwicklungsforschung.
Romberg, Johanna (*1958): deutsche Journalistin (u. a. *stern*, *Geo*).
Rousseau, Jean-Jacques (1712–1778): schweizerisch-französischer Philosoph, Schriftsteller und Staatstheoretiker. Als einer der größten Denker des 18. Jahrhunderts kritisierte er die Zivilisation und vertrat die Lehre von der Freiheit und Gleichheit der Menschen. Beeinflusste maßgeblich die Französische Revolution. Er begründete die moderne Autobiografie und erneuerte die Kindererziehung sowie die Auffassung vom modernen Staat.

Schaller, Klaus (*1925): der aus Erdmannsdorf/Riesengebirge stammende Erziehungswissenschaftler war Professor für Pädagogik an der Ruhr-Universität Bochum; er ist seit 1980 emeritiert. Schaller gilt als Vertreter einer kritischen Pädagogik und kommunikativen Didaktik.
Schaub, Horst (*1934): studierte Pädagogik, Psychologie und Germanistik in Köln, 1973–1993 Prof. für Schulpädagogik an der Pädagogischen Hochschule Niedersachsen, Abt. Göttingen/Universitätsprofessor im Fachbereich Erziehungswissenschaften der Universität Göttingen. Seit 1993 bis zu seiner Emeritierung Universitätsprofessor im Institut für Grundschuldidaktik und Sachunterricht an der Universität Hildesheim.
Schiefelbein, Ernesto (*1934): ehemaliger Erziehungsminister Chiles, weist u. a. im Hinblick auf Chile darauf hin, dass nicht der Besuch einer privaten oder öffentlichen Schule als solcher entscheidend für den Schulerfolg ist, sondern die soziale Herkunft.
Schirach, Baldur von (1907–1974): gab beim Kriegsverbrecherprozess in Nürnberg unverblümt

zu: „Ich habe meine erzieherische Aufgabe darin gesehen, die Jugend, die Jugendlichen zu guten Staatsbürgern des nationalsozialistischen Staates zu erziehen. Ich glaube, ich habe schon gesagt, dass ich die Jugend zur Gefolgschaft Hitlers erzogen habe." Nach der Machtergreifung der Nazis steigt Baldur von Schirach zum Reichsjugendführer auf und betreibt die Gleichschaltung der Jugend. Er formt aus der Hitlerjugend (HJ) eine Millionenbewegung. Welche Erziehungsideale dabei verfolgt werden, beschreibt Schirach in Nürnberg: „Opferbereite Vaterlandsliebe, Überwindung von Standesdünkel und Klassenhass, planmäßige Gesundheitspflege, Ertüchtigung durch Wandern, Spiel und Sport, Förderung der Berufsausbildung und insbesondere kameradschaftliche Verständigung mit der Jugend anderer Völker." Er verschweigt, dass die Erziehung im Dritten Reich einem einzigen Ziel untergeordnet ist, dem Krieg. Die Jugend wird im unabdingbaren Glauben an den Führer erzogen und im Hass auf andere Völker, insbesondere auf Juden und Osteuropäer. Die HJ bereitet die Jungen auf den Krieg vor. Millionen von ihnen werden auf den Schlachtfeldern Europas verbluten. Viele sind an unfassbaren Verbrechen beteiligt.
Dafür lehnte Baldur von Schirach in Nürnberg jede Verantwortung ab.

Schlippe, Arist von (*1951): deutscher Psychologe, Psychotherapeut und Hochschullehrer; von 1999 bis 2005 war er Erster Vorsitzender der Systemischen Gesellschaft. Seit 1986 ist Arist von Schlippe Lehrtherapeut und Lehrender Supervisor am Institut für Familientherapie Weinheim. Er ist Mit-Autor des *Lehrbuchs für systemische Therapie und Beratung.* Bei seiner wissenschaftlichen Tätigkeit ist ein Akzent auf Fragestellungen klinischer Psychologie zu erkennen, so interessiert ihn u. a. die Fragestellung von therapeutischen Fragen.

Schmidt-Denter, Ulrich (*1942): Professor für Entwicklungs- und Erziehungspsychologie an der Universität Köln.

Schneewind, Klaus A. (*1939): der aus Nürnberg stammende Psychologe war bis zu seiner Emeritierung an der Universität München tätig. Sein Arbeitsschwerpunkt lag im Bereich von Persönlichkeitspsychologie und Familienpsychologie, hier etwa bei der Erforschung von Bedingungen funktionierender Paarbeziehungen, Auswirkungen von Erziehungsstilen oder speziellen Aspekten der Familienpsychologie wie Kinderwunsch und Kinderlosigkeit, aber auch Methoden der Familientherapie und Familienberatung.

Schnurr, Eva-Maria (*1974): arbeitet in Hamburg als freie Journalistin. Ihre Themen für Reports, Portraits, Interviews oder Reportagen entnimmt sie meist Forschungen aus dem Umfeld der Humanwissenschaften, näherhin Medizin, Neuroforschung oder Psychologie. Ihren Focus legt sie besonders auf die gesellschaftlichen oder persönlichen Folgen der in der Forschung betrachteten Themenkomplexe. – Vor der Ausbildung an der Henri-Nannen-Schule schloss sie ihre Studien mit dem Magister in Geschichte, Politik und Theater-, Film-, Fernsehwissenschaft ab. Ihre Dissertation schrieb sie über „Mediengeschichte im 16. Jahrhundert".

Schüßler, Ingeborg (*1967): Professorin für Erwachsenenbildung und Bildungsmanagement an der PH Ludwigsburg.

Schweitzer, Jochen (*1954): Professor Dr. rer. soc., Dipl.-Psych., ist Psychotherapeut, Kinder- und Jugendlichentherapeut und arbeitet an der Universitätsklinik Heidelberg. Schwerpunkte: Paar- u. Familientherapie, Kreative Therapiemethoden, Dialog mit anderen Therapieschulen, Jugendhilfe, Klinische & Sozialpsychiatrie, Familienpsychosomatik, Team- u. Organisationsentwicklung.

Schwarzer, Christine: Leiterin der Abteilung für Weiterbildung und Beratung des Erziehungswissenschaftlichen Instituts der Universität Düsseldorf.

Scott, Paul (*1909): amerikanischer Zoologe und Psychologe, Universität Ohio.

Seichter, Sabine: hat ihre Dissertation zum Thema „Pädagogische Liebe. Erfindung, Blütezeit, Verschwinden eines pädagogischen Deutungsmusters" verfasst; Forschungsinteressen: Theoriegeschichte von Erziehung und Bildung, Pädagogik und Kindheit, Geschichte und Theorien personalistischer Konzepte in der Pädagogik.

Siebert, Horst (*1939): seit 1970 Professor für Erwachsenenbildung an der Universität Hannover, 1965 Promotion über den Einfluss Hegels auf Friedrich Hebbel, 1969 Habilitation über die Erwachse-

nenbildung der DDR, tätig in verschiedenen nationalen und internationalen Gremien der Erwachsenenbildung, Ökopädagogik und Dritte-Welt-Pädagogik.
Simon, Fritz B. (*1948): ist ein deutscher Psychiater, Psychoanalytiker und Familientherapeut. Er gilt als führender Vertreter der systemischen Therapie und zählt zur Heidelberger Schule. Sein gegenwärtiger Schwerpunkt liegt in Forschung und Lehre zur Organisationsberatung.
Skinner, Burrhus F. (1904–1990): führender Vertreter des amerikanischen Behaviorismus. Zugrunde liegt die Annahme, dass durch Introspektion keine zuverlässigen Daten zu gewinnen seien. Ihren Höhepunkt erlebte die auf den Zielen des logischen Positivismus basierende Theorie in den 1960er-Jahren in den USA, wo sie der akademischen Psychologie auf beeindruckende Weise ihren Stempel aufdrückte.
Sloterdijk, Peter (*1947): deutscher Philosoph, Kulturwissenschaftler und Essayist.
Spinnen, Burkhard (*1956): deutscher Schriftsteller aus Westfalen.
Spitzer, Manfred (*1958): Leiter der Universitätsklinik Ulm für Psychiatrie und des Transferzentrums für Neurowissenschaften und Lernen.
Stange, Eva-Maria (*1957): Staatsministerin für Wissenschaft und Kunst im Freistaat Sachsen (2004–2009). Sie ist Mathematik- und Physiklehrerin, Gewerkschaftsfunktionärin (GEW) und SPD-Politikerin, gehörte bis 1988 der SED an.
Stern, André (*1971): in Paris als Sohn des Forschers und Pädagogen Arno Stern aufgewachsen, wirkt heute als Komponist und Konzert-Gitarrenbaumeister.
Stierlin, Helm (*1926): studierte Philosophie und Medizin; von 1974 bis 1990 war er Inhaber des Lehrstuhls und Direktor der Abteilung für Psychoanalytische Grundlagenforschung und Familientherapie der Universität Heidelberg. Stierlin ist Mitgründer und war bis 1995 Herausgeber der Zeitschrift *Familiendynamik*. Er hat mit der 1974 gegründeten *Heidelberger Familientherapie* wesentlich zur Entwicklung der systemischen Therapie in Deutschland beigetragen. Stierlins Forschungsschwerpunkte sind psychotische und psychosomatische Störungen, der Ablösungsprozess der Adoleszenz, systemische Familientherapie sowie psychohistorische Studien.
Storck, Christoph (1956–2013): war Studiendirektor mit den Fächern Katholische Religionslehre, Deutsch und Erziehungswissenschaft an der Bischöflichen Marienschule in Mönchengladbach; er war im Verband der Pädagogiklehrer engagiert, Verbandsvorsitzender.

Toprak, Ahmet (*1970): hat in der Türkei die Grundschule besucht, bevor er anschließend auf eine Hauptschule in Köln ging. Nach dem Erwerb des Abiturs studierte er Anglistik in Ankara, Germanistik an der Universität Bonn und Pädagogik an der Universität Regensburg. Er wurde 2001 in Erziehungswissenschaft an der Universität Passau promoviert und ist seit 2007 Professor für Erziehungswissenschaften an der Fachhochschule Dortmund im Fachbereich Angewandte Sozialwissenschaften. An der Deutschen Islamkonferenz nimmt er als Mitglied der Arbeitsgruppe „Deutsche Gesellschaftsordnung und Wertekonsens" teil. Toprak hat sich besonders Themen mit interkulturellem Ansatz gewidmet, etwa dem interkulturellen Konfliktmanagement und der Situation deutsch-türkischer Migrantenfamilien, vor allem der Beratungsarbeit mit jungen Männern. Toprak plädiert in der pädagogischen Arbeit mit Jugendlichen dafür, Methoden der konfrontativen Pädagogik anzuwenden und die interkulturelle Kompetenz von Pädagogen zu fördern.
Twain, Mark (1835–1910): Pseudonym für **Samuel Langhorne Clemens**, US-amerikanischer Schriftsteller. Er ist vor allem als Autor der Bücher über die Abenteuer von Tom Sawyer und Huckleberry Finn bekannt geworden. Als Vertreter des amerikanischen Realismus wurde er besonders wegen seiner auf genauen Beobachtungen beruhenden humorvollen Darstellungen des sozialen Verhaltens in der amerikanischen Gesellschaft berühmt.

Vollmers, Burkhard (*1961): Dr. phil., Dipl.-Psych., an der Universität Hamburg tätig; Schwerpunkte: Kognitionspsychologische Didaktik, Qualitative Forschungsmethoden, berufliche Integration von Lernbehinderten.

Waldschmidt, Ingeborg: bis zu ihrer Emeritierung Professorin für Grundschulpädagogik in Berlin, u. a. mit Schwerpunkt Montessori-Pädagogik.
Wallner, Ernst M. (1912–2007): war bis zu seiner Emeritierung Professor für Soziologie in Freiburg/Br.
Wang, Samuel (*1967): Professor für Neurowissenschaften an der Princeton University.
Watzlawik, Paul (1921–2007): in Kärnten aufgewachsen, Studium der Philosophie und Sprachen. Psychotherapeutische Ausbildung am C. G. Jung-Institut in Zürich. 1960 war er Professor für Psychotherapie in El Salvador; seit 1960 war er Forschungsbeauftragter am Mental Research Institute in Palo Alto/Kalifornien. Außerdem lehrte er an der Stanford University.
Weber, Gunthard (*1940): Arzt für Psychiatrie-Psychotherapie, Leiter des Wieslocher Instituts für systemische Lösungen, Mitbegründer der IGST und der Systemischen Gesellschaft, langjährige Tätigkeit an der Universität Heidelberg in den Bereichen Psychiatrie, Psychosomatik und Familientherapie, Systemberater und Systemtherapeut.
Wenning, Norbert (*1957): der in Erziehungswissenschaft habilitierte Leiter des Arbeitsbereichs Interkulturelle Bildung an der Universität Koblenz-Landau richtet sein Interesse u.a. der Frage nach Heterogenität als Leitidee von Erziehungswissenschaft. Unter besonderer Berücksichtigung des Bildungssektors konstatiert er, seit den internationalen Schulleistungsstudien PISA und IGLU werde von Schulen und Lehrkräften erwartet, dass sie mit der „unterschiedlichen Verschiedenheit" von Schülerinnen und Schülern anders umgehen. Darüber hinaus werde gefordert, dass das moderne Bildungswesen von Gleichheit und Differenz auszugehen habe. Denn es wirke homogenisierend und heterogenisierend zugleich, denn es setze stets einen Maßstab, an dem alle gemessen werden. Spezielle erziehungswissenschaftliche Fachrichtungen für interkulturelle, integrative und geschlechterbezogene Fragen könnten den vom (impliziten) Maßstab als abweichend angesehenen Personen u.a. die Chance geben, ihre Belange stärker zu Gehör zu bringen und spezifische Reaktionen im Bildungswesen zu entwickeln.
Winkel, Rainer (*1943): war zunächst im Schuldienst tätig und absolvierte danach ein Zweitstudium an der Universität Bochum in Pädagogik, Psychologie und Psychiatrie. Seit 1980 ist Rainer Winkel Inhaber eines Lehrstuhls für Erziehungswissenschaft an der Berliner Universität der Künste. Ab 1998 hat er die Evangelische Gesamtschule Gelsenkirchen-Bismarck (EGG) mitgeplant und fungierte auch die ersten fünf Jahre als Gründungsdirektor dieser Reformschule. Zu diesem Zweck war er von seinen wissenschaftlichen Lehrverpflichtungen entbunden. Seit 2003 lehrt er zusätzlich an der Universität in Bonn.
Winterhoff, Michael (*1955): Facharzt für Kinder- und Jugendpsychiatrie.

Zenke, Karl G. (*1939): bis zur Emeritierung Inhaber des Lehrstuhls für Schulpädagogik an der Pädagogischen Hochschule Ludwigsburg.
Ziebertz, Hans-Georg (*1956): lehrt Religionspädagogik und Didaktik des Religionsunterrichts an der Kath.-Theol. Fakultät der Universität Würzburg.
Ziegenspeck, Jörg W. (*1941): in Ostpreußen geborener Erziehungswissenschaftler, seit 2007 emeritierter ordentlicher Professor an der Universität Lüneburg. Zahlreiche Publikationen zu Fragen der Bildungsforschung und Erziehung, insbesondere zur Erlebnispädagogik.
Zimbardo, Philip G. (*1933): Professor für Psychologie an der Stanford University. Er hat sich vor allem mit Arbeiten aus dem Bereich der Sozialpsychologie einen Namen gemacht. Von der American Psychological Association wurde Zimbardo mit dem Hilgard Award für seinen Beitrag zur Allgemeinen Psychologie geehrt.
Zimmer, Dieter (*1939): deutscher Fernsehjournalist und Schriftsteller.
Zimmermann, Peter (*1950): Akademischer Direktor des Praktikumsbüros für Erziehungswissenschaften der Technischen Universität Dortmund, Lehrstuhlinhaber für Entwicklungspsychologie an der Bergischen Universität Wuppertal.

2. Begriffe (Auswahl)

Adoleszenz: Zeit zwischen Pubertät und Erwachsenenalter.
Akquisitionsphase: Zeit des ersten Erlernens eines erwünschten Verhaltens.
Ambiguitätstoleranz: nach Krappmann die identitätsfördernde Fähigkeit, in der Interaktion mit anderen Individuen mit Widersprüchen und divergierenden Erwartungen fertig zu werden.
Amygdala: limbische Struktur im anterioren Teil des Temporallappens. Die Amygdala spielt wahrscheinlich eine Rolle bei Erkrankungen wie der Schizophrenie, der Temporallappenepilepsie, der Parkinsonschen Krankheit, der Alzheimer-Erkrankung sowie dem Klüver-Bucy-Syndrom. Die Amygdala ist an komplexen Hirnfunktionen wie bei Lernprozessen, bei der Gedächtnisbildung, bei Emotionen wie der Furcht und bei Verhaltensaktionen beteiligt.
animatorisch: durch ein passendes Arrangement der Lernsituation angeregt
anthropologisch: die Wissenschaften vom Menschen betreffend.
Ästhetische Erziehung: pädagogischer Ansatz, bei dem es um sinnliches Erfahren und Wahrnehmen geht, die selber Quelle von Wissen und Erkenntnis sein können
Ästhetisierung: Beurteilung nach dem Kriterium von Schönheit
Aufklärung: Der Philosoph Immanuel Kant hat in seiner Schrift „Beantwortung der Frage: Was ist Aufklärung?“ aus dem Jahr 1784 präzise formuliert: „*Aufklärung* ist der Ausgang des Menschen aus seiner selbstverschuldeten Unmündigkeit. Unmündigkeit ist das Unvermögen, sich seines Verstandes ohne Leitung eines anderen zu bedienen. Selbstverschuldet ist diese Unmündigkeit, wenn die Ursache derselben nicht am Mangel des Verstandes, sondern der Entschließung und des Mutes liegt, sich seiner ohne Leitung eines andern zu bedienen. *Sapere aude!* Habe Mut, dich deines eigenen Verstandes zu bedienen! ist also der Wahlspruch der Aufklärung…“ Unter Aufklärung versteht man entsprechend einen sowohl individuellen wie gesellschaftlichen geistigen Emanzipationsprozess. Dieser hinterfragt die allein auf dem Glauben an Autoritäten beruhenden Denkweisen kritisch. Es wird gefordert, sich „seines eigenen Verstandes zu bedienen“. Der aufgeklärte Mensch soll nicht mehr an die Vorgaben der Obrigkeiten oder Zwänge von Mode und Zeitgeist gebunden sein, sondern sein Leben und Denken selbst bestimmen. Zentral ist der Begriff „Mündigkeit“ mit seinen pädagogischen Implikationen.
Autonomie: Möglichkeit, sich ohne ungewollten Einfluss von außen selbst organisieren zu können; Eigenständigkeit, Selbstständigkeit, Selbstbestimmung, Selbstregierung, Selbstverwaltung, Unabhängigkeit.
aquatil: aus dem Wasser kommend.
aversiv: abstoßend, abweisend.
Axon: (auch als Neurit bezeichnet) ist der lange, faserartige Fortsatz einer Nervenzelle (Syn. Neuron), der elektrische Nervenimpulse vom Zellkörper (Perikaryon) wegleitet. Die Weitergabe von Nervenzelle zu Nervenzelle bzw. an das Erfolgsorgan erfolgt nicht elektrisch, sondern chemisch.

balancierende Identität: Jeder Mensch hat nach Krappmann die Vermittlungsaufgabe, Identität aufzubauen, die scheinbar den sozialen Erwartungen voll entspricht, aber in dem Bewusstsein, in Wahrheit die Erwartungen doch nicht erfüllen zu können. Diese balancierende Identität ist ein Verhalten, dass auch scheinbar ganz „normale“ Menschen in bestimmten Lebenszusammenhängen zeigen, z. B. die strikte Trennung von Berufs- und Privatleben.
basal: die Basis, die Grundlage bildend
bifokal: zwei Stärken betreffend, ein zweigleisiges Behandlungskonzept betreffend
Bindungstheorie: das Bedürfnis des Menschen, eine enge und von intensiven Gefühlen geprägte Beziehung zu Mitmenschen aufzubauen. Sie wurde von dem britischen Kinderpsychiater John Bowlby und der kanadischen Psychologin Mary Ainsworth entwickelt. Ihr Gegenstand ist der Aufbau und die Veränderung enger Beziehungen im Laufe des Lebens. Sie geht von dem Modell der Bindung der frühen Mutter-Kind-Beziehung aus. Sie verbindet ethologisches, entwicklungspsychologisches, psychoanalytisches, therapeutisches und systemisches Denken. Eines der großen Anliegen Bowlbys war es, eine wissenschaftliche Basis für den psychoanalytischen Ansatz der Objektbeziehungstheorien herzustellen und psychoanalytische Annahmen empirisch

überprüfbar zu machen. Dabei entfernte er sich im Laufe seiner Forschungsarbeit von der Psychoanalyse: Die Bindungstheorie wurde zu einer eigenständigen Disziplin.

Dawesunterschriften: Anspielung auf die Unterzeichnung des **Dawes-Plans** vom 16. August 1924, der die Reparationszahlungen Deutschlands an die Siegermächte des Ersten Weltkrieges regelte. Nach dem Dawes-Plan sollten die Zahlungen nunmehr der wirtschaftlichen Leistungsfähigkeit der Weimarer Republik angepasst werden. Damit verbunden war eine internationale Anleihe, mit der die deutsche Wirtschaft angekurbelt werden sollte.
deeskalieren: beruhigen, eine Eskalation zum Abklingen bringen
Delinquenz: Abweichung von „normalem" Verhalten
Desintegration: Ausschluss, Gegenteil von Integration
Determinismus: philosophisches Konzept und zusammen mit seinem Gegenstück, dem Indeterminismus, ein wesentliches Grundelement zur Herausbildung eines bestimmten Weltbildes. Er geht davon aus, dass alle Ereignisse nach feststehenden Gesetzen ablaufen und sie durch diese vollständig bestimmt bzw. determiniert seien. Deterministen glauben, dass bei bekannten Naturgesetzen und dem vollständig bekannten Zustand eines Systems der weitere Ablauf aller Ereignisse prinzipiell vorherbestimmt ist und folglich kein echter Zufall bzw. ähnliche nicht-physische Phänomene existieren.
deviant: abweichend
dialektisch: in Gegensätzen denkend oder argumentierend, die innere Gegensätzlichkeit einer Sache beachtend.
Didaktik: von griechisch: didáskein „lehren"; im engeren Sinn beschäftigt sich die Didaktik mit der Theorie des Unterrichts, im weiteren Sinne mit der Theorie und Praxis des Lehrens und Lernens.
didaktisch: das Lehren und Lernen betreffend
Dilemma: Zwangslage (Plural: Dilemmata).
Direkte Demokratie: Verfahren und politisches System, in dem die stimmberechtigte Bevölkerung unmittelbar über politische Fragen abstimmt
Diskurs: Erörterung, bei Habermas gesellschaftlicher „Schauplatz kommunikativer Rationalität"
Disposition: freie Verfügung; Plan, Einteilung, Gliederung, Anordnung von gesammeltem Material; physikalische und psychische Verfassung, Anlage, Empfänglichkeit.
Duales Berufsbildungssystem: die parallele Ausbildung in Betrieb und Berufsschule, wie sie in Deutschland, Österreich und der Schweiz üblich ist. Voraussetzung für eine Berufsausbildung im dualen System ist in Deutschland ein Berufsausbildungsvertrag mit einem Betrieb. Der praktische Teil der Ausbildung wird den Auszubildenden in den Betrieben vermittelt, den theoretischen Teil übernimmt die Berufsschule. Darüber hinaus ist es vielerorts an Berufsschulen auch möglich, Zusatzqualifikationen zu erwerben.
dualistisch: zwei gegensätzliche Pole betreffend
dysfunktional: nicht die Absicht erreichend, die vorgesehen ist.

elaboriert: herausgearbeitet, differenziert.
Empathie: Einfühlungsvermögen, sich in einen anderen hineinzufühlen, aber auch auf Gefühle anderer reagieren; nach Krappman die identitätsfordernde kognitive Fähigkeit, die Erwartungen der Interaktionspartner zu übernehmen. Gemeint ist hier nicht Einfühlungsvermögen in die Lage des anderen, sondern kognitive Erkenntnis.
epidemiologisch: die Lehre von der Verbreitung einer Krankheit o. Ä. betreffend.
Eros, pädagogischer: siehe: pädagogischer Eros.
etatistisch: auf den Staat bezogen
ethisch: auf die Ethik, die Reflexion moralischen Handelns, bezogen, die Ethik betreffend; gemäß der Ethik sich verhaltend.
ethnisch: die Kultur- und Lebensgemeinschaft einer bestimmten Volksgruppe betreffend
Etikettierung: Belegung bestimmter Begriffe, einzelner Personen, Gruppen, Sachverhalte usw. mit einer geläufigen negativen oder positiven Kurzbezeichnung, die leicht zu einer Vereinfachung von komplexeren Hintergründen und zur Bildung von Vorurteilen führen kann.
Expressivität: Ausprägungsgrad eines Erscheinungsmerkmals bei identischer Ausgangslage
Extinktion: Auslöschen, Verlernen, Entfernen.
extrinsisch: von außen kommend.

Flow: das Gefühl des völligen Aufgehens in einer Tätigkeit, auf Deutsch zu übersetzen etwa als Schaffens- oder Tätigkeitsrausch, Funktionslust: unüberspannt, wenn der Wille zentriert ist – Konzentration, ohne erzwingen zu wollen.
Frustrationstoleranz: Fähigkeit, eine Situation von Wunschversagen oder Triebverzicht über längere Zeit auszuhalten, ohne die objektiven Faktoren der Situation zu verzerren.
funktional: im Hinblick auf die Funktion, den Zweck, den jemand/etwas in einem System erfüllt; die Funktion berücksichtigend.

Generalisierung: Verallgemeinerung.
Glucocorticoide: Arzneimittel mit zahlreichen Wirkungen (unter anderem entzündungshemmend, antiallergisch und schwächen das Immunsystem). Sie sind identisch mit denen vom Körper selbst in der Nebenniere gebildeten Botenstoffen oder werden synthetisch hergestellt. Die körpereigenen Glucocorticoidhormone werden in der Nebenniere gebildet, die entsprechenden Wirkstoffe werden synthetisch hergestellt. Glucocorticoide werden bei einer Vielzahl von Erkrankungen verwendet, u. a. bei Hauterkrankungen, bei Asthma, Allergie und rheumatischen Erkrankungen.

Hippokampus: Bestandteil des Gehirns und zählt zu den evolutionär ältesten Strukturen des Gehirns. Er befindet sich im Temporallappen und ist eine zentrale Schaltstation des limbischen Systems.
Homizid-Suizid: Tötungsdelikt mit anschließender Selbsttötung
Hormone: übermitteln innerhalb eines Lebewesens Informationen von einem Organ zum anderen oder von einem Gewebe zum anderen, ähnlich wie es auch Nerven tun. Im Vergleich erreichen die durch Nerven vermittelten Informationen sehr schnell ihr Zielorgan, während der Informationsfluss durch Hormone vergleichsweise langsam vonstatten geht. Dabei sind die Zeiträume von der Hormonausschüttung bis zur Hormonwirkung je nach Hormon sehr unterschiedlich, einige Hormone wirken sehr schnell (z. B. Adrenalin), während die Wirkung von anderen Hormonen wie z. B. Steroidhormonen erst nach Stunden einsetzt.
humanistisch: eine Weltanschauung betreffend, die sich (oft auf die abendländische Philosophie der Antike zurückgreifend) an den Interessen, den Werten und der Würde des einzelnen Menschen orientiert
humanwissenschaftlich: die Wissenschaften betreffend, die sich mit dem Menschen unter den verschiedensten Perspektiven beschäftigen.
Hypertext: ist eine multi-lineare Organisation von Objekten, deren netzartige Struktur durch logische Verbindungen (sogenannte Hyperlinks) zwischen Wisseneinheiten (Knoten, z. B. Texten oder Textteilen) hergestellt wird. Hypertext ist eine Anwendung des *Verweis-Knoten-Konzepts*. Die Begriffe *Hypertext* und *Hypermedia* werden meistens unterschiedslos benutzt; *Hypertext* betont dabei jedoch den textuellen Anteil, *Hypermedia* dagegen mehr den multimedialen.

Identitätsdarstellung: Wie die Selbstdarstellung der eigenen Identität nach Krappmann erfolgt, ist situationsabhängig. So kann das Individuum darum bemüht sein, die eigene Identität darzustellen, aber über die konkrete Interaktion hinausgehen und noch weitere, für seine Person wichtige Informationen einstreuen. Es kokettiert etwa mit bestimmten Rollen, spielt mit ihnen, überdramatisiert sie und bringt möglicherweise so ein Element von Fragwürdigkeit, von Ambivalenz und Distanz in sein Handeln, das dem Beobachter Anlass bietet zu prüfen, wie das, was sein Gegenüber tut, zu verstehen ist. In schwierigen Situationen hilft es, die Ich-Identität zu wahren, wenn das Individuum es fertigbringt, die divergierenden Anforderungen, unterschiedliche Rollenerwartungen nach außen hin darzustellen. Auch die Fähigkeit, Identität zu präsentieren, ist Vorraussetzung und Folge von Ich-Identität.
Ideologie: System von Ideen, Vorstellungen, Werturteilen; Weltanschauung; politische Zielvorstellung
imaginal: die Vorstellung betreffend.
indifferent: gleichgültig, träge.
Individuierung: Selbstwerdung.
in praxi: in der Praxis (lat.)
insuffizient: ungenügend
intentional: mit Absicht, auf einer Absicht beruhend.
intermediär: zwischen den Vorstellungen aus der Wirklichkeit und den Wünschen, Wirklichkeit zu verändern
interpersonal: zwischen mehreren Personen ablaufend.

intrafamiliär: innerhalb der Familie
intrapersonal: innerhalb der Person ablaufend oder befindlich.
intrinsisch: von innen kommend.
Introjektion: die Übernahme von Lebens- und Moralauffassungen von Personen, mit denen sich der heranwachsende Mensch identifiziert. Sie werden daraufhin automatisch als die eigenen Normen und Werte angesehen und nicht bewusst überprüft. Werden diese verinnerlichten Pflichten vernachlässigt, empfindet der Mensch ein Schuld- oder Schamgefühl, hat ein schlechtes Gewissen.
intuitiv: auf einer plötzlichen Ahnung, Vermutung beruhend, durch sie bewirkt.

Kategorie: Mittel zur Ordnung von Begriffen; Einteilungskriterium.
kognitiv: auf das Wissen, Verstehen, Denken der Person bezogen.
konditioniert: erlernt.
Konditionierung: Lernvorgang, Erwerb einer Verhaltensweise.
konfligieren: sich widersprechen, in Konflikt zueinander geraten.
Konformität: Verhalten der Anpassung an vorgegebene Normen.
Konstrukte: Annahmen, die nicht gesichert sind, sondern nur hypothetisch vermutet werden.
Kritische Theorie: siehe: Adorno, Habermas.

Limbisches System: Funktionseinheit des Gehirns, die der Verarbeitung von Emotionen und der Entstehung von Triebverhalten dient. Dem limbischen System werden auch intellektuelle Leistungen zugesprochen. Nach heutigem Stand wird das Zusammenspiel vieler Gehirnanteile betont, die zusammenwirken.
Literacy: allgemein die „Lesekompetenz", die u. a. auch Text- und Sinnverständnis umfasst. Im Deutschen gibt es dafür kein entsprechendes Begriffsbild. Wörtlich übersetzt heißt es zwar „Lese- und Schreibkompetenz", aber es ist viel mehr damit gemeint: Erzählkompetenz, Textverständnis, Abstraktionsvermögen. Schon in der frühen Kindheit gibt es so etwa lernende Literacy, kindliche Erfahrungen rund um das Buch, um Erzähl-, Reim- und Schriftkultur.

Maxime: subjektiver Leitsatz moralischen Handelns.
metabolisch: im Stoffwechsel entstanden, stoffwechselbedingt.
Modul: Bauelement, Lehr- bzw. Lerneinheit

Narzissmus: umgangssprachlich: Selbstbewunderung, Selbstverliebtheit, übertriebene Einschätzung der eigenen Wichtigkeit und dem großen Wunsch nach Bewunderung; psychoanalytisch: vielschichtiger Begriff, der im Rahmen der Beschreibung von Persönlichkeitsstörungen bedeutsam ist
Neurotransmitter: biochemische Stoffe, welche die Information von einer Nervenzelle zur anderen über die Kontaktstelle der Nervenzellen, der Synapse, weitergeben.

operant: auf ein Verhalten bezogen, das verstärkt wird.

pädagogischer Eros: die „Liebe" zu den „Zöglingen", wobei Liebe hier eben keinen erotischen Aspekt hat. Man kann kein guter Pädagoge sein, ohne ein gewisses Maß an (unerotischer) Liebe für die Kinder zu empfinden, weil ohne Liebe auch keine Geduld und kein echtes Verständnis aufkommen. In Hinblick auf Schule: Der pädagogische Eros ist einem Menschenbild verbunden, nach dem Schüler und Schülerinnen innerhalb und außerhalb des Unterrichts als (Dialog-)Partner wertschätzend akzeptiert werden.
Paradigma: erkenntnistheoretischer Ausdruck, um wissenschaftliche Denkweisen zu beschreiben. Man kann den Begriff auch im Sinne unterschiedlicher (wissenschaftlicher) „Schulen" verwenden. Die gebräuchlichste Verwendungsweise des Wortes in diesem Zusammenhang geht jedoch auf den Wissenschaftstheoretiker Thomas Samuel Kuhn zurück, der darunter „Lehrmeinung" versteht und damit einen Satz von Vorgehensweisen beschreibt. In seinem Buch *Die Struktur wissenschaftlicher Revolutionen* definiert er ein wissenschaftliches Paradigma als: das, was beobachtet und überprüft wird, die Art der Fragen, welche in Bezug auf ein Thema gestellt werden und die geprüft werden sollen, wie diese Fragen gestellt werden sollen, wie die Ergebnisse der wissenschaftlichen Untersuchung interpretiert werden sollen.

Pathogenese: Sichtweise der Medizin, der es vor allem um die Faktoren geht, die einen Menschen krank werden lassen
patronatsorientiert: auf einen Schutzherrn hin ausgerichtet
Perik: Abkürzung für „Positive Entwicklung und Resilienz im Kindergartenalltag"
Personalisation: Werdung der Person, des Individuums.
pharmakologisch: die Lehre der Arzneimittel betreffend.
Philosophie: wörtlich aus dem Griechischen „Liebe zur Weisheit", Lehre vom Sein, Ursprung und Wesen der Dinge; Lehre über Erkenntnis und Wahrheit; persönliche Betrachtungsweise des Lebens.
Phobie: Angst, Angstzustand.
PISA: Program for International Student Assessment (Programm internationaler Schulleistungsvergleiche).
Polis: Stadtstaat des alten Griechenland.
Postulieren: fordern; als Grundsatz annehmen, der nicht aus einer gegebenen Definition abgeleitet werden kann
Primärerfahrungen: Erfahrungen, die unmittelbar gemacht werden.
Projektion: psychologischer Mechanismus, bei dem unbewusst eigene Wünsche, Gefühle oder Vorstellungen auf andere Personen oder Objekte verlagert werden. Bei der Übertragung handelt es sich Projektionen, die bei der Begegnung mit einer Person der frühen Kindheit erworben wurden.
prosozial: eine Hilfeleistung betreffend
Psychiater: Facharzt für Geistes- und Gemütskrankheiten.
Psychoanalyse: kann verstanden werden als Forschungsinstrument, Methode zur Behandlung psychischer Störungen sowie Gebäude von – aus den Bereichen der Forschung und Behandlung abgeleiteten – theoretischen Annahmen, die in ihrer Gesamtheit eine allgemeine Theorie der Persönlichkeit darstellen.
Pursuit of happiness: „Streben nach Glück" als Teil politischer Zielbestimmung

räsonieren: nachdenken, grübeln.
Reflex: angeborene Verhaltensreaktion.
Reformpädagogik: Sammelbegriff für verschiedene Ansätze zur Reform von Schule, Unterricht und Erziehung, die sich Ende des 19. Jahrhunderts und im ersten Drittel des 20. Jahrhunderts gegen Lebensfremdheit und Autoritarismus der vorherrschenden „Paukschule" wandten und zu einer veränderten Bildungstheorie und damit einer veränderten Didaktik beitragen wollten. Wichtige Prinzipien waren die Selbsttätigkeit der Schüler, das freie Gespräch, Erlebnispädagogik, Schulgemeindepädagogik, praktische Tätigkeiten oder Lernen durch Handeln. Somit enthielt diese pädagogische Richtung auch lerntheoretische Ansätze.
Regulativ: Vorschrift, Steuerung, ausgleichender Mechanismus
Repräsentative Demokratie: politische Entscheidungen werden nicht unmittelbar durch das Volk selbst, sondern durch Volksvertreter getroffen.
Resilienz: Widerstandsfähigkeit, etwa eines Systems, gegenüber Störungen
Rollendistanz: nach Krappmann identitätsfördernde Fähigkeit, um überhaupt eine Identität entwickeln zu können. Das Individuum muss in der Lage sein, bestimmte Erwartungen und Verhaltensmuster als Rollen zu erkennen. Erst im Unterschied zu diesen Rollen kann dann eine Ich-Identiät entwickelt werden.
Role-making: siehe: Role-taking
Role-taking: die überwiegend passive Übernahme einer Rolle, das role-taking, ist abzugrenzen vom Role-making, das die vornehmlich aktive Selbstdefinition sozialer Beziehungen durch die wechselseitige Abarbeitung der aneinander gerichteten Ansprüche und Erwartungen meint.

Säkularisation: ursprünglich die Einziehung oder Nutzung kirchlicher Besitztümer (Land oder Vermögen) durch weltliche Hände, meist durch den Staat. *Übertragen:* Verweltlichung, Entkirchlichung der Gesellschaft.
Salutogenese: Sichtweise der Medizin, der es um die gesundmachenden Faktoren, Ursachen eines vitalen Lebens geht
Sanktion: Bestätigung, Rechtfertigung; missbilligende Reaktion auf nicht geduldetes Verhalten; *Recht:* Bestrafung für Vergehen
Selbstorganisation: Gestaltung von Lebens- und Lernverhältnisse nach flexiblen, selbstbestimmten, autonomen Vereinbarungen

Seldak: Abkürzung für „Sprachentwicklung und Literacy bei deutschsprachig aufwachsenden Kindern"
Self-Fulfilling Prophecy: Vorhersage, die schon allein durch ihre Äußerung zur Erfüllung führt
Sismik: Abkürzung für „Sprachverhalten und Interesse an Sprache bei Migrantenkindern in Kindertageseinrichtungen"
Situationsethik: ethische Richtung, der entsprechend in der jeweiligen einmaligen Situation das moralisch Richtige je und je zu suchen ist.
stereotyp: stehend, feststehend, unveränderlich; *übertragen:* ständig wiederkehrend, leer, abgedroschen.
Stimulus: Reiz.
Sublimierung: nach Sigmund Freud (1856–1939) die Überführung *nieder*er Triebregungen in *höhere* Bereiche.
Synapse: Kontaktstellen zwischen Nervenzellen und anderen Zellen (wie Sinnes-, Muskel- oder Drüsenzellen) oder zwischen Nervenzellen untereinander. An ihnen findet die Erregungsübertragung statt.
Symbolischer Interaktionismus: siehe Blumer, Mead.
synthetisch: zusammengesetzt; das Ergebnis aus These und Antithese, eben die Synthese betreffend.

Therapie: (griechisch *therapeia* „das Dienen, die Bedienung, die Dienstleistung, die Pflege der Kranken") bezeichnet in der Medizin die Maßnahmen zur Behandlung von Krankheiten und Verletzungen. Ziel des *Therapeuten* ist die Heilung, die Beseitigung oder Linderung der Symptome und die Wiederherstellung der körperlichen oder psychischen Funktion.
Token-System: übersetzt etwa Münz-Eintausch/Verstärkungssystem, ist ein Begriff aus der Verhaltenstherapie. Synonym wird gelegentlich der Begriff *Belohnungsplan* verwendet.
transitorisch: vorübergehend
transkulturell: einen Kulturkreis überschreitend, über eine Kultur hinausgehend.
traumatisch: auf eine (seelische) Verwundung zurückzuführen
trivial: (allgemein) etwas, das ohne weitere Erklärungen und Begriffe verstanden werden kann; (abwertend:) altbekannt, simpel, banal.
Tugend: kommt von „taugen" im Sinne einer allgemeinen Tauglichkeit; eine Fähigkeit und innere Haltung, das Gute mit innerer Neigung (d. h. leicht und mit Freude) zu tun. Allgemeiner bezeichnet man mit Tugend auch den Besitz einer positiven Eigenschaft.
Typografie: die Kunst des Druckens; Wissenschaft und Lehre vom reproduzierbaren Schriftbild; die konkrete Gestaltung eines Druckerzeugnisses.

Übertragung: siehe: Projektion.
unkonditioniert: nicht gelernt, angeboren.

viable: lebensfähig, gangbar, lohnend.
vice versa: im umgekehrten Wechsel, andersherum; umgekehrt.
voluntativ: willentlich.

(Foto: Georg Bubolz, Erkelenz)

„Erst bei den Enkeln ist man dann so weit, dass man die Kinder ungefähr verstehen kann.“

Erich Kästner

Hinweis: Eine jeweils aktualisierte Übersicht zur Schriftlichen Abiturprüfung in Erziehungswissenschaft (NRW) bei Nutzung der entsprechenden Ergänzungsbände findet sich mit Downloadmöglichkeit unter der folgenden Internetadresse: http://www.schulbuecherundmehr.de/unterricht/titel-erziehung/anwendung-ergänzungsbände/